域外漢籍珍本文庫編纂出版委員會

域外漢籍珍本文庫

第一輯
集部

西南師範大學出版社
人民出版社

山谷詩集注

（二）

山谷詩集注卷第十三

次韻答斌老病起獨游東園二首

萬事同一機多慮乃禪病楞嚴曰雖見諸根動要以一機抽傳燈録僧亡名息心銘曰無多慮無多知多知多事不如息意多慮多失不如守一圓覺經曰大悲世尊快說禪病排悶有新詩忘蹄出兔徑老杜詩云排悶強裁詩莊子曰蹄者所以在兔得兔而忘蹄言者所以在意得意而忘言僧肇注維摩經曰爲回龍象於兔徑又傳燈録永嘉證道歌曰大象不游於兔徑蓮花生淤泥可見嗔喜性維摩經曰譬如高原陸地不生此花卑濕淤泥乃生此花山谷此句意謂花與泥俱出於一池非泥外有花言與嗔俱出於一性非嗔外有喜因所見以示人蓋得夫觀物之妙也小立近幽香心與晚色靜王立之詩話曰山谷詩云小立佇幽香儂家能有幾約絲韻聯與荊公頗相同當是睹合耳按介甫詩云月映林塘淡空涵笑語涼俯窺憐綠淨小立佇幽香然亦本於老杜稀疎小紅翠駐屐近微香之句老杜詩又曰水花晚色靜庶足充淹留主人心安樂花竹有和氣時從物外賞自益酒中味國語晉文公曰人生安樂孰知其他張平子歸田賦曰苟縱心於物外淵明詩酒中固多味斸枯蟻改穴掃籜筍迸地斸音株玉如斫也老杜詩藥任鄰人斸樂天筝詩曰穿墻迸路不依行萬籟

寂中生乃知風雨至萬籟見上注

又和二首

西風鏖殘暑如用霍去病漢書霍去病傳曰合短兵鏖皐蘭下疏溝滿蓮塘掃葉明竹逕魏都賦曰疏通溝以濱路注曰疏通也中有寂寞人自知圓覺性圓覺經曰無上法王有大陀羅尼門名爲圓覺心猿方睡起一笑六窗靜高僧求那跋摩傳曰知彼所依處從心猿猨起業及業報果依緣念念滅按遺教經曰此五根者心爲其主譬如猨猴得樹難可禁制傳燈録中邑禪師傳仰山問如何得見性師云譬如有屋屋有六窗內有一獼猴東邊喚山山山山應如是六窗俱喚俱應仰山云只如內獼猴困睡外獼猴欲與相見如何師即下繩床執仰山手作舞云山山與汝相見了外物攻伐人鐘鼓作聲氣莊子曰外物不可必劉子曰目愛綵色命曰伐性之斤耳樂淫聲命曰攻心之鼓左傳曰凡師有鐘鼓曰伐無曰侵又曰金鼓以聲氣也○又曰一鼓作氣待渠弓箭盡我自無味傳燈録僧問巖頭弓折箭盡如何師曰去老子曰爲無爲事無事味無味宴安衽席間蛟鰐垂涎地左傳曰宴安酖毒不可懷也莊子達生篇曰夫畏途者十殺一人則父子兄弟相戒也人之所最畏者衽席之上飲食之間而不知爲之戒者過也歐公乞致仕表曰不虞暗禍陷臣於風波必死之淵上賴至

仁。脫臣於蛟鰐垂延之口。文選枚叔七發
曰。往來游醼。縱恣乎曲房隱間之中。此甘
飡毒藥戲猛獸之爪牙也。君子履微霜即知堅冰至詩外
物之來當辨於早也。楚詞東方朔七諫曰
微霜下而夜降。易坤卦曰。履霜堅冰至

又答斌老病愈遣悶二首

百病從中來悟罷本誰病黃庭經。百病所鍾存無英。說文
曰。病病也。文選短歌曰。憂從中來不可斷
絕。維摩經曰。維摩詰言。今我此病皆從前
世妄想顛倒諸煩惱生。無有實法。誰受病
者。所以者何。四大合故。假名為身。四大無
主。身亦無我。西風將小雨涼入居士徑苦竹遶
蓮塘自悅魚鳥性唐人常建詩曰。山光悅鳥性。潭影空人心。紅

粧倚翠蓋不點禪心靜青箱雜記。曹修古詩云。荷葉罩芙蓉
圓青映嫩紅。佳人南陌上。翠蓋立春
風。太白詩。花將色不染。心與水俱閑
風生高竹涼雨送新荷氣老杜詩。旁舍連高竹。韋應物詩。
雨微荷氣涼。魚游悟世網鳥語入禪味選詩曰。世網嬰
我身。阿彌陀經云。水鳥樹林及與諸佛所
出音聲。皆演妙法。與十二部經合。維摩經
曰。雖復飲食而以禪悅為味。又按涅槃經
有出家味。讀誦味。坐禪味。○柳子厚詩云。
世網難嬰每自珍。南史褭寄云。魚游沸鼎。一揮四百病智刀有
餘地病來每厭客今乃思客至維摩經曰。是身為災。
百一病惱。僧肇注曰。一大增損則百一病
生。四大增損則四百四病同時俱作。經又

拒霜黃菊為誰開　坡詩十七

曰。以智慧劍破煩惱賊。文選頭陁寺碑曰。
智刃所游。日新月故。莊子曰。恢恢乎其於
游刃必有餘地矣。○
退之詩。清琴試一揮。

次韻黃斌老晚游池亭二首

路入東園無俗駕忽逢佳士喜同遊綠荷
菡萏稍覺晚黃菊拒霜殊未秋文選此山移文曰。請
回俗士駕。為君謝逋客。山有扶蘇詩注曰。
荷華。扶渠也。其花菡萏。陶岳零陵記曰。拒
霜花樹叢生。葉大而岐。花甚紅。九月霜降
時開。故謂之拒霜。文選江文通詩曰。佳人
殊未來。客位正須懸榻下主人自愛小塘幽
禮記冠義曰。醮於客位。後漢書徐穉傳曰。
太守陳蕃不接賓客。唯穉來特設一榻。去

則懸之。文選沈休文詩。賞至下塵榻。老杜詩。主人為卜林塘幽。老夫多病
蠻江上頗憶平生馬少游後漢馬援傳曰。吾從弟少游常
哀吾慷慨多大志。曰。致求盈餘。但自苦耳。
當吾在浪泊西里間。毒氣熏蒸。仰視飛鳶
跕跕墮水中。臥念少游平生時語。何可得也。
岑寂東園可散愁膠膠擾擾夢神遊岑寂見上
注。老杜詩。晴和散旅愁。莊子天道篇。堯曰。
膠膠擾擾乎。注云。自嫌有事。列子曰。黃帝
夢游於華胥氏之國。非舟
車足力之所及。神遊而已。萬竿苦竹旌旗
卷一部鳴蛙鼓吹秋南史孔珪傳。門庭內草萊不翦。中有蛙鳴。
曰。我以此當兩部鼓吹。雨後月前天欲冷身閑心遠

地常幽淵明詩心遠地自偏杜門謝客恐生謗且作
人間鵬鷃遊漢書申公傳終身不出門復謝賓客又按周陸贊傳既放
荒遠常閟户人不識其面又避謗不著書
此詩反其意世說注向子期郭子玄逍遙
義曰夫大鵬之上九萬尺鷃之起一枋榆小
大雖殊各任其性苟當其分逍遙一也而
山谷作莊子內篇解則曰鵾鵬之大鳩鷃
之細均為有累於物而不能逍遙唯躰道
者乃能逍遙耳然
此詩用向郭之意

戲答史應之三首

先生早擅屠龍學袖有新硎不試刀歲晚
亦無雞可割庖蛙煎鱔薦松醪嘗聞長老云應之眉
山人落魄無檢喜作鄙語人以屠膾目之
故此詩多用屠家事莊子曰朱泙漫學屠
龍於支離益單千金之家三年技成而無
所用其巧新硎割雞皆見上注前輩詩曰
來朝為送先生飯一夜沿溪捉鱔魚應之
授館於人為童子師故云爾舊本煎鱔作
爛蟮蓋眉之野人或食蚯蟮故鄉諺以
為戲唐人郭受詩松醪酒熟旁看醉又傳
奇曰鄭德鄰居江上遇一賣
菱叟每以佳酒松醪春與之
老萊有婦懷高義不厭夫家苜蓿盤列女傳老
萊子逃世耕於蒙山之陽楚王駕至其門
曰守國之孤願變先生老萊曰諾妻曰妾
聞之居亂世為人所制能免於患乎妾不
能為人所制者委畚而去老萊乃隨而隱
閩川名士傳薛令之開元中為右庶子時
宮僚清淡令之為詩曰朝日上團團照見

先生盤盤中何所有苜蓿長闌干收得千金不龜藥短褐
漂絖暮江寒莊子曰宋人有善為不龜手之藥
者世世以洴澼絖為事客聞
之請買其方百金與越人水戰大敗越人
吳王裂地而封之注云其藥能令手不拘
拆故常漂絮
於水中也
甑有輕塵釜有魚漢庭日日召嚴徐後漢范冉
傳所止單陋有時絶粒閭里歌之曰甑中
生塵范史雲釜中生魚范萊蕪漢書主父
偃傳曰是時徐樂嚴安亦俱上書言世務
上召見三人謂曰公皆安在何相見之晚
也田叔傳曰漢廷
臣無能出其右者不嫌藜藿來同飯更展
芭蕉看學書藜藿見上注法書苑晊羽作
懷素傳曰貧無紙可書常於
故里種芭蕉萬
餘以供揮洒

題也足軒并序

簡州景德寺覺範道人種竹於所居之
東軒使君楊褒聞題其軒曰也足取古
人所謂但有歲寒心兩三竿也足者也
仍為之賦詩余輒次韻此詩以石本校過改正種愛若
曇四
字
道人手種兩三竹使君忽來唾珠玉手種誤作
手挿太白詩咳唾落
九天隨風生珠玉不須客賦千首詩若

是賞音一夔足 杜牧之詩何人得似張公子千首詩輕萬戶侯吳志周瑜傳注江表傳瑜謂蔣幹曰吾雖不及夔曠聞弦賞音足知雅曲呂氏春秋魯哀公問於孔子曰樂正夔一足矣此借用以屬揚使君 世人愛處屬同流一絲不掛似太俗 愛處誤作同處傳燈錄石頭和尚草庵歌曰世人住處我不住世人愛處我不愛又豐干告寒山子曰汝與我游五臺即我同流若不與我去非我同流曰我不去豐干曰汝不是我同流又南泉問陸亘十二時中作麼生陸曰寸絲不挂師云猶是堦下漢又南泉坐次一僧叉手而立南泉曰太俗生僧合掌南泉曰太僧生詩意謂愛竹開軒聊同世好於佛法初無所妨也 容來若問有何好道人優曇遠山綠 若問誤作問我

（孔田吾亮作大章一夔足矣）

優曇誤作優波晉書孟嘉傳桓溫問酒有何好而卿嗜之貫休詩夜雨山草滋爽籟雜枯木閑吟竺仙偈清絕過於玉蟋蟀鳴山壞墻苟免悲局促道人優曇華迢迢遠山綠按法華經云佛告舍利弗如是妙法諸佛如來時乃說之如優曇鉢華時一現耳又偈曰是人甚希有過於優曇華疏云優曇鉢名瑞應三千年一現現則金輪王出此詩引用言竹之所以可愛政由道人難得耳山谷與周元翁書曰範上坐是簡州人為山喆老門人也其人聞道已久多見前輩道機純熟知見深遠於士大夫中求之未易得

寄題榮州祖元大師此君軒

（祖元大師姓王氏也）

王師學琴二十年響如清夜落澗泉 琴曲有幽澗泉老杜詩藍水遠從千澗落 滿堂洗盡箏琶耳請師停手恐斷絃 東坡詩歸家且覓千斛水淨洗從前箏笛耳張籍詩為出二侍女合彈琵琶箏退之聽穎師琴詩曰推手遽止之濕衣淚滂滂又詩杯行到君莫停手琴家有彈欲斷絃下指淺按欲入木力不鬼之語 神人傳書道人命死生貴賤如看鏡 道讀如樂道人之善之道史記龜策傳曰卜者虛高人祿命以說人志退之作李虛中誌曰最深於五行書以人之始生年月日所直日辰支干相生勝衰死相王斟酌推人壽夭貴賤利不利輒先處其年時百不失一 晚知直語觸憎嫌深藏幽寺聽鐘磬 言不復以談天為事漢書谷永傳曰瞽言觸忌諱退之詩僻寺境還幽 有酒

如澠客滿門不可一日無此君 左傳曰有酒如澠有肉如陵此君見上注 當時手栽數寸碧聲挾風雨今連雲 韓孟城南聯句云遙岑出寸碧此借用挾風雨見上注文選潘岳秋興賦曰高閣連雲 此君傾蓋如故舊骨相奇怪清且秀 漢書鄒陽傳語曰有白頭如新傾蓋如故按家語孔子遇程子傾蓋而語終日甚相悅顧謂子路取束帛以贈之魯論曰故舊不遺則民不偷骨相見上注 程嬰杵臼立孤難伯夷叔齊採薇瘦 言竹之勁且瘦如此史記趙世家趙屠岸賈殺趙朔朔妻成公姊有遺腹走公宮匿趙朔客曰公孫杵臼謂朔友人程嬰曰立孤與死孰難程嬰曰死易立孤難耳杵臼曰子強為其難

者，吾爲其易者。請先死。伯夷傳曰：伯夷叔齊義不食周粟，隱於首陽山，采薇而食之，遂餓死於首陽。霜鐘堂上弄秋月，微風入絃此君說。霜鐘蓋藥䰍秋思琴曲之一也，此僧因以名其堂。公家周彥筆如椽，此君語意當能傳。王庠字周彥，榮州人，東坡嘗稱之。筆如椽，見上注。

答李任道謝分豆粥

豆粥能驅晚瘴寒，與公同味更同餐。安知天上養賢鼎，且作山中煮菜看。後漢馮異傳：光武曰：昨得公孫豆粥，飢寒俱解。世說：孫長樂作王長史詩云：同此玄味。易鼎卦曰：聖人大亨以養聖賢。

贈知命弟離戎州

知命道人終歲學陶朱，西子同舟泛五湖。船窗卧讀書萬卷，還有新詩來起予。知命頗落魄不羈，此詩蓋譏誨之也。山谷嘗有書與人云：知命不樂靜居，數出。又答宋子茂書云：知命將一妾一子椐同來。史記貨殖傳：范蠡適齊爲鴟夷子皮，之陶爲朱公。國語曰：范蠡遂乘輕舟以浮於五湖。杜牧之詩云：西子下姑蘇，一舸逐鴟夷。起予見魯論。

姪椐隨知命舟行　椐字惟深，小字韓十，知命第二子。

莫去沙邊學釣魚，莫將百丈作轆轤。清江濯足窗下坐，燕子日長宜讀書。老杜詩：百丈牽江色。盧仝詩：轆轤無繩井百尺。老杜又有燕子來舟中詩云：湖南爲客動經春，燕子啣泥兩度新。暫語船檣還起去，穿花落水益霑巾。

次韻奉答文少激紀贈二首

詩來清吹拂衣巾，句法詞鋒覺有神。詩曰：吉甫作誦，穆如清風。廬山記載王喬之詩曰：常聞清吹空。文選沈休文詩：豈假濯衣巾。晉潘岳贊曰：詞鋒景絢。文老杜詩云：詩成覺有神。今日相看青眼舊，他年肯作白頭新。青箱雜記范諷詩：惟有南山與君眼，相逢不改舊時青。漢書鄒陽傳曰：白頭如新，傾蓋如故。文如霧豹容窺管，

氣似靈犀可辟塵。霧豹見上注。晉書王獻之傳：門生曰：此郎管中窺豹，時見一斑。李商隱詩：心有靈犀一點通。述異記曰：却塵犀，海獸也，其角辟塵。○南山有玄豹，霧雨十日不下食，欲以澤其毛羽，成其文章。慙愧相期在臺省，無心枯木豈能春。老杜詩：諸公衮衮登臺省。劉禹錫詩：病樹前頭萬木春。

文章藻鑑隨時去，人物權衡逐勢低。少激登元祐三年進士第，時東坡知貢舉，山谷爲其屬，故於此詩寄一嘆之意。藻鑑見上注。後漢許劭傳：覈論鄉黨人物。楊子墨池春草遍，武侯祠廟曉鶯啼。揚子雲墨池、諸葛忠武廟皆在今成都。老杜蜀相祠堂詩云：映堦碧

攝官故有幕府語

草自春色、隔葉黃鸝空好音。山谷意謂東坡竄謫、岷峨悽愴、無復振起前人氣象也

書帷寂寞知音少，幕府留連要路迷。漢書、董仲舒傳、下帷講誦。知音少見上注。漢書李廣傳曰、幕府省文書。注云、幕府者以軍幕爲義。選詩云、何不策高足、先據要路津。顧我何人敢推輓，看君桃李合成蹊。並見上注

次韻文少激推官祈雨有感 少激名抗臨邛人。時在戎州。諸本或作少微誤。予嘗見其家藏此詩眞本有序云、竊聞太守齋潔奉祠、嘗獲嘉應

窮儒憂樂與民同，何況朱輪職勸農。終日齋盂供一飰，幾時膚寸冒千峯。文氏眞本、民作人。按晉書謝安傳、簡文帝曰、安石既與人同樂、必不得不與人同憂。退之送窮文曰、太學四年、朝韲暮鹽。公羊曰、觸石而出、膚寸而合、不崇朝而徧雨乎天下者、唯泰山耳。注云、側手爲膚、按指爲寸。文選潘安仁詩、川氣冒山嶺。詩意謂少激之窮如此、猶能澤加於民

未須丘垤占鳴鸛，只要朝廷起臥龍。言調燮陰陽、在得人也。東山詩、鸛鳴于垤。注云、鸛水鳥也、將陰雨則鳴。丘垤見孟子。蜀志諸葛亮傳、徐庶謂先主曰、諸葛孔明者臥龍也、將軍豈願見之乎。蘇黃門詩、屢雨連年起臥龍

從此滂沱遍枯槁，愛民天子似仁宗。文氏眞本上句作從此滂沱三十六後改此句。按春秋說題辭曰、三歲三十六

山谷十三

兩岸夾石屹立高置鉄縆橫截其処控扼夷羌

勝覧六十五

雨、天地之氣宣、十日小雨、應天文、十五日大雨、以斗運也。又按京房易候云、太平之時、十日一雨、凡歲三十六雨。此休徵時若之應

次韻李任道晚飲鎖江亭 此詩前有贈惠洪一篇、編次不倫。前輩以爲非山谷所作。曾慥詩選記兪秀老事、亦嘗及之。今刪去。鎖江亭在戎州之東。戎今爲叙州。山谷與王觀復書云、有李任道、本梓人。而寓江津二十餘年、其人言行有物、參道得其要。老成人也

西來雪浪如炰烹，兩涯一葦乃可橫。東坡樂府曰、江漢西來、猶自帶岷峨雪浪、錦江春色。退之詩、具此煎炰烹。莊子秋水篇曰、兩涘渚涯之間、詩曰、誰謂河廣、一葦杭之。楚辭曰、橫大江兮揚靈

山谷十三

忽思鍾陵江十里白蘋風起縠紋生。劉禹錫詩、令人忽憶瀟湘渚。輿地廣記、唐改豫章曰鍾陵、又改曰南昌。今屬洪州。山谷鄉里也。白蘋見上注。宋玉風賦曰、風起于青蘋之末。劉禹錫竹枝歌曰、瀼西春水縠紋生

酒杯未覺浮蟻滑，茶鼎已作蒼蠅鳴。張平子南都賦曰、酒則甘醴、十旬兼清、醪敷徑寸、浮蟻若萍。退之集載彌明石鼎聯句曰、時於蚯蚓竅、微作蒼蠅鳴

歸時共須落日盡，亦嫌持蓋僕屢更。老杜詩、落盡高天日、幽人未遣回。又云、清江白日落欲盡。禮記儒行曰、遽數之不能終其物、悉數之乃留更僕未可終也

再次韻兼簡履中南玉三首

李侯詩律嚴且清諸生賡載筆縱橫 禮記緇衣篇曰昔吾有先正其言明且清書皋陶乃賡載歌注云賡續載成也續歌以成其義○東坡詩敢將詩律鬬清嚴 句中稍覺道戰勝肯次不使俗塵生 淵明詩貧富常交戰道勝無戚義勝故肥其詳具上注楚辭屈平漁父曰安能以皓皓之白蒙世俗之塵埃乎 山繞樓臺鐘鼓曉江觸石磯碪杵鳴 退之詩青春白日映樓臺老杜詩寒江觸石喧寰宇記曰鄂州江夏縣有鸚鵡磯山俯臨大江下有石磯波濤迅急商旅驚駭因以爲名此 鎖江用其字樂天詩月苦風清砧杵悲

主人能致酒願渠久住莫終更 李賀有致酒行曰零落棲遲一杯酒主人奉觴稱客壽漢書段會宗傳曰終更亟還亦足以復鴈門之蹟注云邊吏三歲一更

江津道人心源清不繫虛舟盡日橫 四十二章經曰佛言沙門者斷去愛欲識自心源莊子曰泛乎若不繫之舟虛而遨遊者也寇萊公詩野水無人渡孤舟盡日橫江津屬渝州渝今爲恭 道機禪觀轉萬物文采風流被諸生 柳子厚贈江華長老詩老僧道機熟默語心皆寂圭峯禪源序曰至於念佛求生淨土亦須修十六觀禪撈嚴曰若能轉物即同如來老杜詩文采風流今尚存與前漢朱雲傳曰時出乘牛車從諸生

世浮沈唯酒可隨人憂樂以詩鳴 老杜詩濁醪有妙理庶用慰沈浮史記游俠傳序曰豈若卑論儕俗與世沈浮而取榮名哉晉書顧榮傳曰唯酒可以忘憂蔡琰胡笳十八拍曰絲竹微妙兮均造化之功哀樂各隨人心兮有變則通退之送孟東野序曰東野始以其詩鳴此引用言隨其心之所感或憂或樂皆於詩焉發之 江頭一醉豈易得事如浮雲多變更 老杜詩每日江頭盡醉歸又詩天上浮雲似白衣須臾改變如蒼狗

鎖江亭上一樽酒山自白雲江自橫 文選沈休文詩勿言一樽酒明日難重持 李侯短褐有長處不與俗物同條生 左傳曰盧蒲嫳髮短而心甚長此句頗采其意短褐見上注漢書丙吉傳曰人各有所長濟孟和尚語曰別有長處不妨拈出晉書王戎傳阮籍曰俗物已復來敗人意傳燈錄巖頭曰雪峯雖與我同條生不與我同條死要識末後句只這是 經術貂蟬續狗尾文章瓦釜作雷鳴 此句指當世之士晉書趙王倫傳每朝會貂蟬盈坐時人諺曰貂不足狗尾續史記屈原傳曰黃鐘毀棄瓦釜雷鳴 古來寒士但守節夜夜抱關聽五更 漢書汲黯傳曰守節死義又蕭望之傳署小苑東門候王仲翁顧謂望之曰不肯錄錄反抱關爲望之曰各從其志注云門候謂主候時而開閉也孟子曰抱關擊柝夏竦詩臥聽元戎報五更

次韻任道食荔支有感三首

一錢不直程衛尉，萬事稱好司馬公。兩句皆山谷自道。漢書灌夫傳：夫罵灌賢曰：平生毀程不識不直一錢，今乃效女曹兒沾囁耳語。田蚡曰：程李俱東西宮衛尉，今衆辱程將軍，仲孺獨不爲李將軍地乎。世說載司馬徽別傳曰：徽字德操，括囊畏愼，人有以人物問徽者，初不辯其高下，每輒言佳。其婦諫之，徽曰：如君所言亦復佳。

白髮永無懷橘日，六年悄悵荔支紅。呉志：陸績年六歲，於九江見袁術，術出橘，績懷三枚，去拜辭墮地。術謂曰：陸郎作賓客而懷橘乎。績跪答曰：欲遺母。術大奇之。按山谷入蜀，凡六見荔支。宋玉高唐賦曰：悄悵自失。悄，恥驕反。

今年荔子熟南風，莫愁留滯太史公。漢書司馬遷傳曰：太史公留滯周南。注云：司馬談爲太史令，遷尊其父，故謂之爲公。山谷嘗爲神宗實錄院檢討官云。

五月照江鴨頭綠，六月連山柘枝紅。太白詩：遙看漢水鴨頭綠。老杜詩：連山晚照紅。山谷與王觀復書云：今年戎州荔子盛登，一種柘枝頭，出於遏臘平夫人，好雞卵味，極美。

舞女荔支熟雖晚，臨江照影自惱公。天與蹙羅裝寶髻，更接猩血染殷紅。舞女亦謂柘枝。樂府雜錄曰：柘枝舞，因曲爲名，用二女兒，帽施金鈴，抃轉有聲。後漢書宦者傳論曰：歌童舞女之翫。李賀詩有惱公篇，蓋艷體也。其首章曰：宋玉愁空斷，嬌饒粉自紅。歌聲春草露，門掩杏花叢。猩血見上注。老杜詩：蒙床玉手亂殷紅。殷音烏閑反。

虞致平送綠荔支爲戎州第一，王公權荔支綠酒亦爲戎州第一

王公權家荔支綠，虞致平家綠荔支。試傾一杯重碧色，快剝千顆輕紅肌。老杜宴戎州楊使君東樓詩云：重碧酤春酒，輕紅擘荔支。

撥醅蒲萄未足數，堆盤馬乳不同時。太白詩：遙看漢水鴨頭綠，有似蒲萄新撥醅。退之蒲萄詩曰：若欲蒲盤堆馬乳，莫辭添竹引龍鬚。○漢武帝曰：恨不得與此人同時。

誰能同此勝絕味，唯有老杜東樓詩。世說：孫長樂作王長史詩云：余與夫人，交非勢利，心猶澄水，同此玄味。老杜東樓詩首句曰：勝絕驚身老，情忘

謝楊履道送銀茄四首

藜藿盤中生精神，珍蔬長蒂色勝銀。朝來鹽醯飽滋味，已覺瓜瓠漫輪囷。家語：子路曰：由也事二親之時，嘗食藜藿之實。老杜詩：顏色白勝雪。禮記月令曰：薄滋味，毋致和。漢書鄒陽傳曰：蟠木根柢，輪囷離奇。注云：委曲盤戾也。此借用。

君家水茄白銀色，殊勝埧裏紫彭亨。蜀人生疏不下箸，吾與北人俱眼明。玉篇云：蜀人謂平川曰埧。音必駕反。彌明石鼎聯句曰：豕腹脹彭亨。廣庭經曰：五岳之雲氣彭亨。生疎蓋

用俗語。晉書何曾傳曰：日食萬錢，猶曰無下箸處。老杜詩：吾與汝曹俱眼明。

白金作顆非椎成，中有萬粟嚼輕冰。戎州夏畦少蔬供，感君來飯在家僧。後漢韓稜傳：肅宗賜三人以寶劍，自手署其名，曰：韓稜楚龍淵，郅壽蜀漢文，陳寵濟南椎成。以寵敦朴善不見外，故得椎成。此借用。孟子曰：病于夏畦。集福德三昧經曰：若有菩薩作是三昧，雖在家，當說是人名爲出家。山谷持律頗嚴，故自謂在家僧。○東坡和食僧詩云：一飯在家僧。

畦丁收盡垂露實，葉底猶藏十二三。待得銀包已成穀，更當乞種過江南。老杜摘蒼耳詩曰：畦丁告勞苦。莊子馬蹄篇曰：馬之死者十二三矣。茄之老者其子堅黑如穀，此人謂之穀子茄。

送石長卿太學秋補

長卿家亦但四壁，文書窺之介如石。借用司馬長卿事。四壁見上注。易豫卦之六二曰：介于石，不終日，貞吉。繫辭曰：介如石焉，寧用終日，斷可識矣。胸中已無少年事，骨氣乃有老松格。晉書阮裕傳曰：人云：裕骨氣不及逸少，而兼有諸人之美。盧仝詩曰：此骨縱橫奇又奇，千歲萬歲枯松枝。漢文新覽天下圖，詔山擇士淵獻珠。徽宗時初即位。東都賦曰：天子受四海之圖籍，膺萬國之貢珍。

三司陳治安策，第一莫上登封書。漢書賈誼傳曰：因陳治安之策，試詳擇焉。司馬相如傳：長卿爲一卷書，言封禪事。南史陳後主從隋文帝東巡，賦詩曰：太平何以報，願上東封書。樂天詩：鴈鴈汝飛向何處，第一莫飛西北去。

次韻少激甘露降太守居桃葉上

金莖甘露薦齋房，潤及邊城草木香。漢武帝故事：作承露盤以取雲表之露。班固西都賦曰：抗仙掌以承露，擢雙立之金莖。漢志郊廟歌曰：齋房產草。東坡詩：十里南風草木香。蕡實葉間天與采，成蹊枝上月翻光。蜀都賦曰：蕡實時味，公蓋焉。按桃夭詩注云：蕡實，見漢書李廣贊曰：桃李不言，下自成蹊。劉禹錫夢絲瀑詩曰：翻光破夕曛。羣心愛戴葵傾日，萬事驅除葉隕霜。國語祭公謀父曰：庶人不忍，欣戴武王。葵傾日，見上注。漢書王莽贊曰：帝王之驅除云爾。春秋僖公二十三年：隕霜不殺草。公羊注曰：陰假陽威之應。山谷意謂徽考踐阼，羣心欣戴如日之方升，姦回屏斥如霜之肅殺也。玉燭時和君會否，舊臣重疊起南荒。時放臣皆得北還。選詩：慶泰欲重疊。陸機辯亡論曰：輶軒騁於南荒。○漢書：四氣和謂之玉燭。

借景亭　并序

青神縣尉廳葺城頭舊屋作借景亭下

瞰史家水竹終日寂然了無人迹又嘗
大木緑陰之間戲作長句奉呈信孺明
府介卿少府
青神縣中得兩張愛民財力惟恐傷漢書賈山
傳曰君有餘財民有餘力而頌聲作二公身安民乃樂歡聲
城頭五月涼用孟子賢者而後樂此之意〇亭在縣墻上故曰城頭也
竹鋪不涴吳綾襪東西開軒蔭清樾淮南子曰
武王蔭暍人於樾下泉之詩宇縣坐深樾當官借景不傷民恰
似鑿池取明月月影分身何傷本體杜牧之盆池詩云鑿破蒼苔地

偷生一片天此用其意
戲贈家安國安國眉山人字復禮
家僕口吃善著書常願執戈王前驅史記韓非
傳非為人口吃不能道說而善著書詩曰
伯也執殳為王前驅〇山谷此詩皆擧實
事按復禮上相府書云某不佞後長卿子
雲生千有五百年著書明道摛辭立論方
得其緒餘而口吃之病同之復禮初以武
進後入左選故東坡贈之詩云夜談空説
劔春夢猶横經又云初聞編簡香稍覺鼙
鏑腥而復禮謝政官啓云三陪籌幄笑談
當十萬戎行兩帶師旌排闔應三千門弟皆此意也朱紱蹉跎監
郡吟弄風月思天衢易困卦曰朱紱方來利用享祀老杜寄高

適詩聞君已朱紱且得尉蹉跎漢書百官
表曰監御史秦官掌監郡樂天與元九書
曰梁陳間率不過嘲風雪弄花草而已天衢見上注二蘇平生親且
舊少年筆硯老杯酒二蘇謂東坡黄門亦眉人漢書張安世傳
曰彭祖又少與上同席研書司馬遷書曰
未嘗銜盃酒接殷勤之歡〇東坡贈之曰
吾儕便歸老亦足慰餘齡黄門則曰白髮
弟兄驚我在喜君遊宦亦天倫親且舊之
意槩可見矣但使一氣轉洪鈞此老矍鑠還冠
軍老杜詩一氣轉洪鈞按選詩洪鈞陶萬類後漢馬援傳曰矍鑠哉是翁也漢書
項羽傳宋義號卿子冠軍
次韻楊君全送酒

扶衰却老世無方唯有君家酒未嘗漢書食貨
志曰酒所以扶衰養疾史記濞武帝紀李
少君以却老方見上退之詩斷送一生唯
有酒左傳穎谷封人曰未嘗君之羹秋入園林花老眼茗搜
文字響枯腸圓覺經曰譬如病目見空中花老眼見上注盧仝茶歌云
三椀搜枯腸惟有文字五千卷醅頭夜雨排簷滴盃面春
風繞鼻香不待澄清遣分送定知佳客對
空觴瓦觴醉與酢同音側射反助韻云壓酒具也歐公詩寒醅美新醡老杜詩
簷雨細隨風盧仝詩一片新茶破鼻香
次韻楊君全送春花

化工能斡大鈞回不得東君花不開誰道纖纖緑窻手磨刀剪綵喚春來漢書賈誼賦曰造化爲工又曰大鈞播物詩云摻摻女手注云纖纖也景龍文館記曰景龍四年立春内出綵花樹人賜一枝○杜牧之詩䝉子逡巡畏手拈無因得見玉纖纖又樂天詩緑窻貧家女寂寞二十餘隋煬帝在江都宫時冬月剪綵爲花唐人吳融嘗爲作剪綵賦云此皆參而用之喚春來字亦老杜江雲日日喚愁生意也

謝楊景山送惠酒器

楊君喜我梨花盞却念初無注酒魁矲矮金壺肯持送挼莎殘菊更傳盃蜀之酒魁盖詩人所謂酌以大斗之遺制象北斗有魁柄也許慎說文曰匜似羮魁柄中有道可以注水玉篇矲音蒲楷切短也矮音於解切不長也曲禮共飯不澤手注曰澤謂挼莎也老杜詩傳杯不放杯

史彥升送春花彥升名會青神人乃紹封之子山谷有書柏學士山居詩跋云史紹封之子會與余外甥張惝於蘇氏爲友壻也

千林搖落照秋空忽散穠花在眼中蝶繞蜂隨俱入座君家女手化春風宋玉九辯曰悲哉秋之爲氣也蕭瑟兮草木搖落而變衰安得見上注又禮記曰執女手之卷然

題石恪畫嘗醋翁名畫評曰石恪成都郫人性輕率嘗爲嘲謔之句學張南本畫數年已出其右多爲古僻人物詭形殊狀以蔑辱豪右

石媼忍酸喙三尺石皤嘗味面百摺洪覺範僧寶傳載寶峯洪英禪師偈曰阿家嘗醋三尺喙新婦洗面摸着鼻按莊子徐無鬼篇仲尼曰血頰有喙三尺宋景文筆記曰蜀人謂老曰皤取皤皤黃髮義皤音婆摺音言其面皺切韻云摺疊也音之涉反東坡外集記夢中見宫人裙帶間有六言詩云百疊漪漪縠縐誰知聳膊寒乞骨圖畫不減吳生筆國朝雜記長孫無忌嘲歐陽詢曰聳膊成山字埋肩不出頭王介甫詩比風蕭蕭寒到骨老杜詩畫手看前輩吳生遠擅場吳生謂道子也頃嘗見此圖益知此詩得游戲三昧曲盡其情狀云

謝應之

昨夜風雷震海隅天心急擬活焦枯去年席上蛟龍語未委先生記得無當是應之往在戎州謂山谷必非池中物至是復官有進用之漸其言頗有證也老杜詩未委適誰門

山谷詩集注卷第十三

山谷詩集注卷第十四

走筆謝王朴居士拄杖 王朴字子厚隱居嘉州又云

投我木瓜霜雪枝六年流落放歸時千巖萬壑須重到腳底危時幸見持 詩曰投我以木瓜晉書顧愷之傳曰千巖競秀萬壑爭流魯論曰危而不持顛而不扶則將焉用彼相矣退之赤藤杖歌曰性命造次蒙扶持老拄詩氣味濃香幸見分○陶隱居云俗人拄木瓜杖云利筋脛

戲答王居士送文石

南極一星天九秋自埋光景落江流是公至樂山中物乞與襄翁俗暗投 老杜詩南極一星朝北斗按晉書天文志曰老人一星在孤南一曰南極常以秋分之旦見于景春分之夕而沒于丁此借用以言星隕為石也文選謝靈運詩心契九秋榦李善注引古樂府有歷九秋妾薄相行莊子曰是自埋於民謝靈運詩日月垂光景至樂山在嘉州凌雲之側暗投見上注○柳子厚詩看成古木對襄翁

次韻楊明叔見餞十首 楊明叔從予寧閒甚有成當路無知音求為瀘州從事而不能得予蒙恩東歸用蛟龍得雲雨鵰鶚在秋天作十詩見餞因用其韻以別○山谷辭免吏部員外郎狀云元符三年十二月發戎州貶所建中靖國元年三月至峽又改知舒州四月至荊南又召以為吏部員外郎此詩未出蜀所作已有同安守吏部銓之語當是據邸報也山谷將發戎州時十二月癸卯有書渠甫吟跋語亦云時聞復朝奉郎知舒州而未被受

平津善牧豕佽飛能斬蛟 漢書公孫弘家貧牧豕海上年四十餘乃學春秋雜說武帝以賢良徵後封平津侯宣帝紀發佽飛射士注引呂氏春秋曰荊有佽飛者得寶劍還涉江蛟夾繞其舡佽飛拔劍赴江斬蛟殺之荊王聞之仕以執珪武帝改秦左弋官曰佽飛官蓋取古勇力人以名官也終藉一汲黯淮南解兵交 平津之鄙佽飛之勇皆無益於漢家所可賴者汲黯輩爾漢書汲黯傳淮南王謀反憚黯曰黯好直諫守節死義至說公孫弘等如發蒙耳左傳例曰兵交使在其間可也

楊子有直氣未忍死草茅 退之送張道士詩曰臣有膽與氣不忍死茅茨漢書晁錯傳曰昧死上狂惑草茅之愚臣言云云引之入漢朝誰為續弦膠 東方朔十洲記曰鳳麟洲仙家煑鳳喙及麟角合煎作膠名之為續弦膠或一名連金泥此膠屬弓弩已斷之弦連刀劍斷折之金山谷引用謂疎遠之於朝廷其合甚難必有為之固結於其間者

楊君清渭水自流濁涇中 涇渭見上注今年貧到骨豪氣似元龍 老杜詩已許徵求貧到骨元龍見上注男

謂其首尾皆作陰子春事　上三斛曰斛此一斗四三斗是詩人之妙處　見袒之未師此君門揚楊皆用從

兒生世間筆端吐白虹言文章有光燄也鮑照行路難曰丈夫生世能幾時退之詩是夕吐燄如長虹禮記曰君子於玉比德焉氣如白虹天也何事與秋螢爭光蒲葦叢維摩經曰無以日光等彼螢火史記屈原傳曰雖與日月爭光可也事隨世滔滔心欲自得得魯論曰滔滔者天下皆是也注云滔滔周流之皃孟子曰君子深造之以道欲其自得之也莊子曰吾所謂聰者非謂其聞彼也自聞而已矣吾所謂明者非謂其見彼也自見而已矣夫不自見而見彼不自得而得彼者是得人之得而不自得其得者也楊君為己學度越流輩百魯論曰古之學者為己退之與崔群書曰況足下度越此等百千輩按漢書揚雄傳曰必度越諸子矣老杜詩清峻流輩百坐捫故衣蝨垢襪春汗黑晉書前秦載記王猛詣桓溫面談當世之事捫蝨而言旁若無人老杜詩一垢膩脚不襪撫言高逢休書云顧雲樹將一尺三寸汗脚踏他燒殘龍尾道嘗聞長老云山谷此句蓋譏明叔垢汗不濯足睥睨紈袴兒可飲三斗墨漢書灌夫傳注曰睥睨旁視也班固敘傳曰班伯在於綺襦紈袴之間非其好也通典曰北齊策秀才書有濫劣者飲墨水一升此云三斗蓋甚言之猶唐史謂寧食三斗葱寧食三斗艾爾老杜詩紈袴不餓死清靜草玄學西京有子雲漢書揚雄傳解嘲曰爰清爰靜游神之廷惟寂惟寞守德之宅草玄見上注太尉死宗社大鳥

泣其墳後漢楊震傳為樊豐等所譖策收太尉印綬遣歸本郡行至城西慷慨謂諸子曰疾姦臣狡猾而不能誅惡嬖女傾亂而不能禁何面目復見日月遂飲酖而卒先葬十餘日有大鳥高丈餘集震喪前俯仰悲鳴淚下霑地葬畢乃飛去寂寞向千載風流被仍昆爾雅曰來孫之子為昆孫昆孫之子為仍孫冨貴何足道聖處要策勲退之詩屈原離騷二十五不肯餔啜糟與醨惜哉此子巧言語不到聖處寧非癡左傳曰疾行飲至舍爵策勲焉禮也注云書勲勞於冊言速紀有功也桑與金石交既別十日雨子輿裹飯來一笑相告語莊子曰子輿與子桑友淋雨十日子輿裹飯而往食之至子桑之門則若歌若哭子輿入曰子之歌詩何故若是曰吾思夫使我至此極者而弗得也漢書韓信傳武涉曰足下自以為楊子困簞瓢諸公不能舉簞瓢見魯論又臧文仲知柳下惠之賢而不與立注謂知賢而不能舉按孟子曰悅賢不能舉儻可從我歸沙頭駐鳴艣用乘桴之意明叔家真本作沙頭其家云山谷元約明叔同住荊南之沙頭故云爾今本作江頭非是韻書云艣所以進舟山園少天日狐鬼能作妖睒閃載一車獵人用鳴梟劉禹錫詩山圍故國周遭在杜牧阿房宮賦覆壓三百餘里隔離天日說文曰狐妖獸鬼所乘退之詩狐鳴梟噪爭署置跳浪睒閃相嫵媚易睽卦

曰見豕負塗載鬼一車梟亦妖鳥獼狐者當用鷹隼今乃用梟以言小智淺陋

小智窘流俗蹇淺不能超

莊子曰大智閑閑小智閒閒賈誼曰小智自私賤彼貴我 莊子曰同乎流俗合乎汚世 莊子又曰弊精神於蹇淺 世說注曰時謂王戎未能超俗也

安得萬里沙晴天看射鵰

史記漢武帝紀乃禱萬里沙注曰沙徑三百餘里 漢書李廣傳曰見匈奴三人與戰廣曰是必射鵰也 注云鵰大鷙鳥故善射者射之 又北史斛律光傳邢子高曰此射鵰手也此借用以言所見廣遠

元之如砥柱太年若霜鶻

王禹偁字元之見上注 楊億字大年建安人年十一舉神童事真宗爲內翰立朝蹇諤 劉禹錫詩世道剗頹波我心如砥柱 山谷爲楊明叔書魏鄭公砥柱銘嘗引此語 又有一跋遺王觀復曰余觀砥柱之屹中流閱頹波之東注有似乎君子士大夫立於世道之風波可以託六尺之孤寄百里之命不以千乘之利奪其大節則可以不爲此石羞矣 按書禹貢注曰砥柱山名河水分流包山而過山見水中若柱然 後漢孔融薦禰衡曰鷙鳥累百不如一鶚使衡立朝必有可觀 其語本出於史記 趙簡子朝野僉載蘇味道高爽張元一曰蘇如九月得霜鷹

王楊立本朝與世作郛郭

孟子曰立乎人之本朝 法言曰屋政屋世然後知聖人之爲郛郭 此借用言其忠義爲世大閑隱然如城郭也

觀公有膽氣自可繼前作

退之送張道士詩曰臣有膽與氣 又云自笑平生誇膽氣

丈夫存遠大胷次要落

落

左傳曰君子務知遠者大者 莊子曰喜怒哀樂不入於胷次 後漢耿弇傳注曰落落猶疏闊者也

虛心觀萬物險易極變態

非篤實之士鮮不以夷險而易操 虛心者觀之真僞了然 老子曰虛其心實其腹 又曰萬物並作吾以觀其復 繫辭曰卦有大小辭有險易 變態見上注

皮毛剝落盡惟有真實在

馬祖問藥山子近日見處作麼生 藥云皮膚脫落盡唯有一真實 按涅槃經云如大村外有娑羅林中有一樹先林而生足一百年是時林主灌之以水隨時修治其樹陳朽皮膚枝葉悉皆脫落唯真實在 山谷與王子飛書亦云老來枝葉皮膚枯朽剝落惟有心如鐵石 益厭俗文密而意疎也

侍中乃珥貂御史則冠豸

應劭漢官儀侍中冠武弁大冠加金璫附蟬爲文貂尾爲飾謂之貂蟬 選詩云七葉珥漢貂 胡廣漢官儀云御史四人持書皆法冠一名柱後一名獬豸冠

照影或可羞短蓑釣寒瀨

不稱其服則顧影自羞寧蓑笠而無愧也 退之詩峨峨進賢冠耿耿水蒼佩服章豈不好不與德相對顧影聽其聲赬顏汗漸背 本由詩三事或可羞匈奴哂千秋 嚴陵瀨見上注

松柏生澗壑坐閱草木秋

選詩曰鬱鬱澗底松 禮記季秋之月草木黃落

金石在波中仰看萬物流

金石見上注

抗髒自抗髒伊優自伊優

後漢趙壹歌曰伊優北堂上抗髒倚門邊 注云伊優屈曲佞媚之皃抗髒高亢婞直之皃 言佞媚者見親好直者見

但觀百歲後傳若非公侯夷齊景公是也
老作同安守蹇是信所便同安郡即舒州山谷以足疾故
便於外郡有辭免吏部員外郎狀曰重以
累年脚疾拜起艱難全不堪事文選謝宣
遠詩四達雖平直蹇步愧無良李善注引
左傳曰孟縶之足不良能行又謝靈運詩
曰拙疾相倚薄還得靜者便杜
詩遭亂到蜀江臥痾遺所便背中無氷
鏡敢當吏部銓東坡詩道人背中水鏡清按蜀志龐統傳注司馬德
操爲水鏡晉書樂廣傳衛瓘曰此人之水
鏡也見之瑩然唐書百官志曰吏部尚書
以三銓之法官天下之材時
山谷以疾辭吏部郎之召恨此虛名在
未脫世糾纆文選古詩曰虛名復何益誼服賦曰禍之與福何異糾纆

纆注云如糾絞纆索相附會也纆
索也音墨此云糾纆特用其意耳夢作白
鷗去江南水如天莊子曰且汝夢爲鳥而厲乎天夢爲魚而沒於
淵南史梁忠烈世子方等傳嘗著論曰吾
嘗夢爲魚因化爲鳥方其夢也何樂如之
及其覺也何憂斯類柳子厚詩洞庭春盡
水如天山谷舊有和謝師厚詩云夢作白
鷗去江南水黏天○又作演雅云江南春
盡水如天中有白鷗閑似我亦此意也

次韻石七三六言七首

從來不似一物妄欲貫穿九流傳燈錄南嶽懷禪師
傳木祖曰什麼物恁麼來師曰說似一物
即不中後漢班彪傳曰司馬遷貫穿經傳
至廣博也班固傳曰博貫載籍九流百家
之言無不窮究漢書藝文志曰諸子十家

其可觀者九家而已蓋不數小說家也謂
儒道陰陽法名墨縱橫雜農凡九家殷琛
序曰九流分
而微言隱骨鯁非黃閣相眼青見白蘋
洲骨鯁謂如稟㶁骨體不媚也退之詩豈
是稟㶁骨相也王介甫松詩天骨老硬
無皮膚衛宏漢儀丞相聽事閣曰黃閣柳
渾詩汀洲採白蘋日落江南春○柳子厚
寄盧衡州詩非是白蘋洲
畔客還將遠意問瀟湘
生涯一九節筇老境五十六翁不堪上補
黼黻但可歸教兒童眞誥曰楊羲夢蓬萊仙人拄赤九節杖而
視白龍元符三年山谷年五十六王
羲之傳猶欲教子孫以敦厚退讓
萬里草荒先壟六年蟲蠹群經柳子厚謫永州與許

孟容書曰先墓在城南無異子弟爲主懼
便毀傷松柏芻牧不禁以成大戾家有賜
書三千卷尚在善和里舊宅宅
今已三易主存亡不可知者老喜宣恩
放去心似驚波不停言歸心如流也西京賦曰散似驚波劉禹
錫詩流水淘沙不暫
停前波未滅後波生
爲君試講古學此事可戲天公君看花梢
朝露何如松上霜風魯論曰學之不講是吾憂也又曰古之學
者爲己蘇子美愛歌曰此樂亦可戲天
公戲天公見上注謂可戲諸天地下兩句
言古學之有根本如經霜之松與浥露之
花固自不同也謝靈運詩花上露猶泫
幽州已投夵枸崇山更用憂何言大姦已誅餘黨不

足憂。時宰相章惇安置潭州。書曰，流共工于幽州，放驩兜于崇山。文曰，何憂乎驩兜。按後漢馮勤傳，帝賜侯霸璽書曰，崇山幽都何可偶，黃鉞一下無處所。注云，鉞，斧也，所以戮人。魏都賦曰，蕭斧戢柯以柙刃。蓋言不用也。且喜龔鄭冠豸

又聞張董上坡 按舊錄，元符三年三月，龔夬為殿中侍御史，鄭浩為右正言。四月，張舜民為右諫議大夫，董敦逸為左諫議大夫。夬字彥和，浩字志完，舜民字芸叟，皆著直聲。冠豸見前注。李宗諤先公談錄云，唐諫議大夫班在給舍上。一遷為給事，再遷為中書舍人。有自他官為諫議者，班給舍上，故班中戲語曰，饒他上坡，却須下坡。言遷給舍班後在下也

看著莊周枯槁化為胡蝶翾輕人見穿花入柳誰知有體無情 此篇山谷自道。老杜詩，穿花蛺蝶深深見。韻書云，翾翾，小飛也。荀子曰，喜則輕而翾。莊子曰，有人之形，無人之情。有人之形，故羣於人；無人之情，故是非不得於身

欲行水遶山圍但聞鯤化鵬飛 上句言未即出蜀，下句言遷除者衆。孟郊詩，山水千萬遶，中有君子行。劉禹錫詩，山圍故國周遭在

女憂鬢髮盡白兄歎江船未歸 山谷女嫁李德素之子本，華文伯，時在淮南舒州。兄謂元明。退之書曰，兩鬢半白，頭髮五分亦白其一。老杜詩，獨立見江舡

萬州太守高仲本宿約游岑公洞而夜雨連明戲作二首

肩輿欲到岑公洞正怯衝泥傍險行 老杜詩，壓疑皓首衝泥怯

定是岑公閟清境春江一夜雨連明 柳子厚石潭記曰，以其境過清，不可久居，乃記之而去。劉禹錫含輝洞述曰，先是斯境翳于榛薄，閟其清光，有待而發

蓬窗高臥雨如繩恰似糟牀壓酒聲 老杜詩，賴知禾黍收，已覺糟牀注

今日岑公不能飲吾儕閒健且頻傾 樂天詩，閒健偷閑且勤飲。又云，園林亦要閒閑置。其義猶今人之言閒早也

萬州下巖 并序

萬州之下巖，唐末有劉道者，定州無極人，聞道於雲居膺禪師，為開巖第一祖，法號道微。自鑿石龕，曰，死便藏龕中。不用日時，門人奉其命，二百年矣。遊者題詩不可勝讀，莫能起此開巖者，故予作二篇表見之。其一用楊子安韻，其一用王定國韻

空巖靜發鐘磬響古木倒掛藤蘿昏 老杜詩，翠

木蒼膝
日月昏
莫道蒼崖鎖靈骨時將持鉢到諸
村
言至人隱顯不可測傳燈録潮源在石
霜覓先師靈骨金剛經曰爾時世尊食時着
衣持鉢入舍
衛大城乞食
寺古松摘老巖虛塔廟開
法華經曰各起
塔廟高千由旬
僧緣蠶麥去官數荔支來
上句言僧徒趁
熟乞食下句言
寺有荔支爲官所摧漢書昭帝紀
詔曰往年災害多今年蠶麥傷
石室無
心骨金鋪稱意苔
司馬相如長門賦曰擠
玉戶以撼金鋪注云以
金爲門之鋪首王介
甫詩荷花稱意紅
若爲劉道者拽得鼻
頭回
傳燈録石鞏禪師傳一日在廚作務
次馬祖問曰作什麼曰牧牛祖曰作
麼生牧曰一回入草去便把鼻孔拽來祖
曰子眞牧牛師便休去山谷借用意謂山
野殘僧不遵軌轍安得道若復生鞭繩之
也若爲猶言如何古樂府隔谷歌曰食糧
乏盡若
爲活

山谷十四　十一

又戲題下巖

往往携家來託宿裙襦參錯佛衣巾未嫌
滿院油頭臭蹋破苔錢最惱人
言見女子
混雜汙此
淨坊也莊子曰未解裙襦文選謝靈運詩
臨圻阻參錯東坡記磨公詩滿院秋光濃
欲滴老僧倚杖青松側只怪高聲問不譍
瞋余踏破蒼苔色文選沈休文詩寬階綠
錢滿客位紫苔生按崔豹
古今注苔蘚一名綠錢

戲題巫山縣用杜子美韻

老杜有
巫山題
壁詩卽此韻所謂臥病巴
東久今年強作歸是也
巴俗深留客吳儂但憶歸直知難共語不
是故相違
老杜詩琴柏深留景類篇曰儂
我也吳語東坡樂府曰語音猶
自帶吳儂難共語謂夷俗之陋老杜亦有
夔州歌作云異俗可吁怪斯人難並居曾
論曰巫鄉難與言又按晉書石勒載記勒
詩胡尤峻雅嘗曰向有醉胡乘馬馳入甚
呵禦之而不可與語勒笑曰胡人正自難
與言老杜詩杖藜妨躍馬不是故離羣又
詩請公臨深莫相違按左傳曰非相違也
而相從也○按巫山石刻巴俗深留客作
殊親我吳儂但
憶歸但作暫字
東縣聞銅臭江陵換裌衣

山谷十四　十二

舊見山谷跋云銅臭乃退之照壁喜見蝎
之意蓋過巫山用銅錢也按巫山江上有
二石俗謂之銅錢鐵錢堆蓋與歸州巴東
縣相接荊夔自此分界後漢崔寔傳曰從
兄烈入錢五百萬得爲司徒其子鈞曰論
者嫌其銅臭江陵卽荊南山谷度至此時
已初夏矣潘岳秋興賦曰藉莞蒻御
袷衣注云袷衣無絮也音古洽反
丁寧
巫峽雨愼莫暗朝暉
漢書谷永傳注云丁
寧謂再三告示巫峽
雨見上注老杜詩父兩巫山暗朝暉謂神
女宋玉神女賦曰其始來也耀乎若白日
初出照屋梁文選日出東
南隅行曰扶桑升朝暉

建中靖國元年公年五十七

和王觀復洪駒父謁陳無已長句

王蕃字觀復沂公之裔官閬中
時多以書從山谷問學至是自

京師來、會山谷於荊州。洪芻字駒父、山谷之甥也。無已元符三年冬、爲秘書正字。

陳君今古焉不學、清渭無心映涇濁。魯論子貢曰、夫子焉不學、而亦何常師之有。涇渭見上注。退之詩、清濭映汚渠。漢官舊儀重九鼎、集賢學士見一角。上句、並見上注。意謂無已有前輩典刑、足爲士林之重。下句言無已人中之瑞、世所少有。老杜詩、集賢學士如堵墻、觀我落筆中書堂。此史文苑傳序曰、學者如牛毛、成者如麟角。春秋感精符曰、麟一角、明海內共一主也。○史記毛先生一行、使魏重於九鼎大呂。王侯文采似於菟、洪甥人間汗血駒。並見上注。相將問

道城南隅無屋、正借舡官居。老杜詩、仙老暫相將。莊子、黃帝見廣成子、曰、敢問至道之精。南史張融傳、武帝問融住在何處、答曰、陸處无屋、舟居無水。後融從兄緒言融未有居止、權索小舡方岸上住。帝大笑。漢書地理志、京兆有舡司空。注曰、本主舡之官、遂以爲縣。世說、陶公作荊州時、勑舡官悉録鋸木屑。有書萬卷繞四壁、樵蘇不爨談至夕。文選應休璉書曰、辛有表生時、步玉趾、樵蘇不爨、清談而已、談至夕。見上。談至暮注。自是文章伯、鄰里頗怪有此客。老杜詩、海內文章伯。主人湖邊意緒多、晉書謝安傳、桓溫問左右、頗嘗見我有如此之客不。食貧各仕天一方、佳人可思不可忘。詩曰、三歲食貧。選詩曰、各在天一方。按漢書西域傳、烏孫公主歌曰、吾家嫁我兮天一方。世說、謝太傅云、安北見之、乃不使人厭、然出户去、不復使人思。此反而用之。詩曰、有匪君子、終不可諼兮。注云、諼忘也。河從天來砥柱立、愛莫助之淚淋浪。言無已獨立於頹波之間、惜其不能助之也。王介甫詩、老工取河天上落、砥柱見上注。烝民詩曰、人亦有言、德輶如毛、民鮮克擧之。我儀圖之、維仲山甫擧之、愛莫助之。楚詞曰、擥茹蕙以掩涕兮、霑余襟之浪浪。嵇叔夜琴賦曰、紛淋浪以流離。○漢張騫尋河源、與銀河相連屬、故曰河從天來。

以古銅壺送王觀復

隨俗易汩沒、從公常糾紛。子虛賦曰、交錯糾紛。我觀

王隆化入猶不改薰。隆化、隸南平軍。左傳曰、一薰一蕕、十年尚猶有臭。注云、薰香草、蕕臭草。此引用、言觀復不爲從俗及作吏所移。起陸已看豹成文。陰符經曰、天發殺機、龍蛇起陸。豹成文見上注。未見蛇愛君古人風、古壺投贈君。魏志毛玠傳、太祖以素屏風素馮几賜玠曰、君有古人之風、故賜君古人之服。酌酒時在傍可用弭楚氛。楚氛、喻俗惡之氣。左傳曰、楚氛甚惡。周禮小祝、弭兵。注云、弭讀曰敉、敉安也。按弭與彌同。問君何以報直諒與多聞。文選四愁詩曰、美人贈我金錯刀、何以報之英瓊瑤。魯論曰、益者三友、友直友諒友多聞。

病起荊江亭即事十首

翰墨場中老伏波　選詩云粲粲翰墨場後漢劉尚擊五溪蠻伏波將軍馬援年六十二據鞍顧眄以示可用樂天詩曰政事堂中眞宰相制科場裏舊將軍○柳子厚獻弘農公詩鋒摇翰墨場

菩提坊裏病維摩　華嚴經佛在菩提道場始成正覺涅槃經云造僧坊招提則生不動國維摩經曰毗耶離城中有長者名維摩詰其以方便現身有病兩句皆山谷自道

近人積水無鷗鷺時有歸牛浮鼻過　文選魏都賦曰回淵灌積水深老杜詩年衰鷗鷺群北夢瑣言陳詠詩曰隔岸水牛浮鼻渡傍溪沙鳥點頭行此本兩句一經妙手神彩頓異山谷此句當有所指或云運判陳舉頗以爲憾其後遂有宜州之行

維摩老子五十七　山谷生於慶曆五年乙酉建中靖國元年辛巳五十有七

大聖天子初元年　是歲正月徽考初改元建中靖國宋庠紀年通譜於漢末帝後元元年注曰班固追書後字以別初元老杜詩云庖羯上元初亦謂肅宗之初元年也退之送李端公序云天子大聖

傳聞有意用幽側病着不能朝日邊　文選沈約恩倖論曰明揚幽仄唯才是與注引尚書曰明明揚仄陋老杜詩曰朝覲從容問幽仄勿云江漢有垂綸文云明光起草人所羨肺病幾時朝日邊日邊用幼童傳中晉明帝語晉書亦載其事具上注山谷辭免吏部外郎狀曰臣到荊南即苦癰疽發於背脅今方少潰欲乞除臣江淮一合入差遣

禁中夜半定天下　元符三年正月己卯哲廟上昇欽聖太后召　徽考自端邸入立大策先定於禁中矣後漢安帝紀曰太后定策禁中其夜使鄧騭迎帝○蘇子由作宣仁論冊文策自中定與天爲謀亦此類也

仁風義氣徹脩門　後漢肅宗詔曰仁風翔于海表威靈行乎鬼區禮記鄉飲酒曰此天地之義氣也宋玉招魂曰魂兮歸來入脩門些注脩門謂郢城門也按今江陵縣故楚郢都之地山谷適寓此邦因以寄意言遷客皆得歸無復屈原沈湘之歎也

十分整頓乾坤了　老杜洗兵馬行整頓乾坤濟時了

復辟歸來道更尊　元符三年正月欽聖權同聽分軍國事七月歸政下書曰皇帝聖智日躋萬機益習兄山陵營奉就緒引發有期或不知止則豈不蹈古人所

戒而失復子明辟之義哉老子曰道之尊德之貴莫之爵而常自然

成王小心似文武　詩曰推此文王小心翼翼老杜洗兵馬行成王功大心轉小蓋指肅之成王非周成王也山谷此句語同而意異事以周成比徽廟也

周召何妨略不同　漢書孫寶傳曰周公上聖召公大賢猶有不相說著於經典兩不相損今每有一事群臣同聲得無非其美者

不須要出我門下實用人材即至公　意欲調停黨人也韓退之作柳子厚誌曰諸公貴人爭欲令出我門下退之詩曰得就閑官即至公

司馬丞相昔登庸詔用元老超群公　哲廟初溫公以知陳州過闕拜門下侍郎遂為右僕射書曰疇咨若時登庸詩曰群公先正

楊綰當朝天下喜唐書肅宗相楊綰制下士相賀於朝斷碑
零落臥秋風溫公在政府一年而薨歸葬陝府夏縣賜碑額曰清忠粹
德紹聖初以監察御史周秩言追所贈官
及所賜神道碑額仍磨毀碑文事具實錄
死者已死黃霧中紹聖竄謫諸人如呂大防劉摯梁燾范祖禹皆
前死於瘴霧之鄉矣老杜詩死者張已矣東漢馬援傳曰黃霧四塞三事不
數兩蘇公徽考初政相韓忠彥文相曾布於時蘇東坡歸自昌化子由歸
自循州詩曰三事大夫注謂三公豈謂高才難駕御空歸
萬里白頭翁魏志劉表傳注零陵先賢傳曰周不疑有異才魏太祖心
忌不疑欲除之文帝諫以爲不可太祖曰
此人非汝所能駕御也漢書車千秋傳曰
臣嘗夢見白頭翁
此篇屬東坡

文章韓杜無遺恨杜牧之詩曰杜詩韓集愁來讀似倩麻姑癢處
搔謂子美退之也老杜詩毫髮無遺恨波瀾獨老成草詔陸贄傾諸
公唐書陸贄爲德宗學士從狩奉天書詔日數百它學士筆閣不得下而贄沛然
有餘玉堂端要直學士須得儋州禿鬢翁昌化
即漢儋耳郡唐儋州東坡舊有詩曰
張顛醉素兩禿翁借用灌夫傳中語東坡
歸自嶺海鬢髮盡脫○
直學士一本作眞學士
閉門覓句陳無已對客揮毫秦少游二君實錄

也無已名師道少游名觀老杜詩云覓句新知律又云揮毫落紙如雲煙正字
不知溫飽未西風吹淚古藤州無已坐黨廢錮既而
自棣學除秘書省正字少游自雷州貶所
北歸至藤州卒於光化亭上初少游夢中
得長短句有醉臥古藤陰下之語殆若讖
云後漢皇甫規傳曰退不得溫飽以全命
張子耽酒語蹇吃閒道潁州又陳州張文潛素
嗜酒晚有末疾建中靖國元年除秘書少
監兼史職以御史陳次升言其疾病出知
楊州尋改陳州又改潁州老杜詩平生老
耽酒世說戴頫責秦子羽云此數子者或
蹇吃無官商或廷陋希言語唐人薛能詩曰何處避煩憂徐州又許州形模
彌勒一布袋文潛素肥晚益甚傳燈錄明州布袋和尚形裁腲脮蹙額
皤腹蓋彌勒化身也彌明石鼎聯句曰形模婦女笑文字江河萬古
流老杜詩王楊盧駱當時體輕薄爲文哂未休爾曹身與名俱滅不廢江河萬古
流

魯中狂士邢尚書吏部尚書邢恕也孟子曰孔子在陳何思魯之
狂士恕爲人喜進取故云本意扶日上天衢王介甫作韓魏公挽
詩曰親扶日轂上天衢言擁立英廟恕
附離蔡確妄以策立之功自任誣謗宣
仁太后起黨錮禍至是以左正言陳瓘論
列罷知荊南分司西京均州居住云此意
用取日虞淵洗光咸池惇夫若在鐫此老不令平地
生崎嶇恕於無事中造出許事可謂平地生崎嶇矣恕之子居實字惇夫少

有後聲知所慕向訃其人必不陷父於不
義死時纔二十七薛宣傳曰故使掾平鐫
令注謂琢鑿也孟郊詩小人智慮險平地
生太行文選張平子南都賦曰上平衍而
曠蕩下蒙籠而崎嶇李善
注引廣雅曰崎嶇傾側也

鄒松滋寄苦竹泉橙麴蓮子湯三
首

鄒永年字天錫其名姓見於山
谷所作江陵承天院浮圖記松
滋縣隸
江陵府

松滋縣西竹林寺苦竹林中甘井泉巴人
謾說蝦蟇培試裹春芽來就煎張又新水記曰翁子

山谷十四　十九

峽石中突而洩水獨清冷石狀如龜頭俗
謂之蝦蟇石其水煎茶為第一東坡詩忽
憶尋蟇培方
冬脫鹿裘
天將金闕眞黃色借與洞庭霜後橙史記曰燕
昭王使人求蓬萊方丈瀛洲此三山黃金
白銀為宮闕洞庭霜見上注老杜詩霜橙
壓香
橘
松滋解作逡巡麴壓倒江南好事僧
續仙傳殷七七詩曰解醞逡巡酒能開頃
刻花江南僧當是山谷自謂壓倒見上注
新收千百秋蓮菂剝盡紅衣搗玉霜蓮菂見上
注唐人趙嘏詩曰紅衣落盡渚蓮愁裴鉶
傳奇載樊夫人詩曰一飲瓊漿百感生玄
霜杵盡見雲英黃庭內景經云子
丹進饌肴正黃乃曰琅膏及玉霜不假參

同成氣味跳珠椀裏綠荷香後漢魏伯陽有周易參同
契演丹經之奧旨此借用言不雜以它物
樂天詩露荷珠自傾風竹玉相戛晏元獻
公雨後詩曰裊裊淚凝
跡撲撲跳珠亂碧荷

次韻答黃與迪

和氏有尺璧楚國無人知青山抱國器歲
月忽如遺但使玉非石果有遺逢時韓非子曰
楚人卞和得玉璞於楚山獻厲王使玉人
相之曰石也王以和為謾刖右足及武王
即位文獻之復相曰石也刖左足及文王
即位和乃抱其璞而哭於楚山三日三夜
泣盡繼之以血王使玉人治之得寶玉焉
名曰和氏之璧漢書韓安國傳曰唯天子

山谷十四　二十

以為國器谷風詩棄予如遺袋云
如人行道遺德物忽然不省存否吾宗固
神秀天西晚成之李邕歷下亭詩曰吾宗
固神秀體物寫謀長老
子曰大
器晚成蘭芳深九畹露味挹三危家語曰
芝蘭生
於深林不以無人而不芳楚辭曰予既滋
蘭之九畹注云十二畝為畹呂氏春秋伊
尹說湯曰水之美者有三危之露洞酌詩
云挹彼注茲○退之詩樹蘭盈九畹栽竹
逾百
箇流俗不顧省古人可前追孟子曰同
乎流俗退
之韓府君墓誌曰崔圓卿夔州民丁某奎
顧省其家蜀志呂凱傳曰古人不難追
肖中凌雲賦自貴知音稀漢書司馬相如
傳曰相如既奏
大人賦天子大說飄飄有凌雲氣游天地
之間意文選古詩曰不惜歌者苦但傷知

音稀淵源學未淺孝友家正肥漢書董仲舒贊曰考其師友淵源所漸猶未及乎游夏禮記禮運曰父子篤兄弟睦夫婦和家之肥也與世殊軌轍三黜理亦宜吳都賦曰茲乃顛覆之軌轍三黜見魯論退之詩殺却理亦宜吳溪浣紗女不用朱粉施寰宇記載越州會稽縣事曰按會稽記縣東六里有土城山勾踐索美女獻吳王得諸暨賣薪女鄭旦先習禮於土城山山邊有石是西施浣紗石宋玉登徒子好色賦曰東家之子著粉則太白施朱則太赤豈伊風塵子市門自夸毗記貨殖傳曰刺繡文不如倚市門詩曰夭之方懠無爲夸毗注云夸毗以體柔人也我作僰道囚三年始放歸僰道即戎州戎今爲

叙邂逅終日語貽我五字詩詩曰邂逅相遇適我願兮句如秋雨晴遠峰抹脩眉言其高秀選詩曰遠峰隱半規退之南山詩天宇浮脩眉按西京雜記文君眉色如望遠山曹子建洛神賦曰雲髻峩峩脩眉連娟老馬甘伏櫪坐看天驥馳魏武帝歌曰老驥伏櫪志在千里顏延之赭白馬賦曰漢道亨而天驥呈才灑掃清樾下當爲果茗期並見上注光陰去易失日月轉兩儀文選江文通別賦曰明月白露光陰往來漢書韓信傳曰時者難值而易失繫辭曰易有太極是生兩儀疏云不言天地而言兩儀指其物體仲氏有東園花竹深可依寸步不往來千里常憂

思詩曰仲氏吹篪退之詩寸步難往始知命老杜詩雲雨荒臺豈夢思太白詩君留洛北方夢思幾時開後戶扶策方自茲劉禹錫詩見擬移居作鄰里不論時節請開關又連州謝表曰扶策在道不敢停留文選任彥昇詩湍險方自茲

次前韻謝與迪惠所作竹五幅

吾宗墨脩竹心手不自知枚乘兔園賦曰脩竹檀欒夾池水莊子輪扁曰得之於手而應於心口不能言有數存焉於其間天公造化鑪攬取如拾遺造化鑪見上注漢書梅福傳曰舉秦如鴻毛取楚若拾遺風雪煙霧雨榮悴各一時此物抱明

節君又潤色之淵明詩草木有常理霜露榮悴之樂天栽松詩曰愛君抱晚節憐君含直文魯論曰東里子產潤色之抽萌或發石懸筆有阽危爾雅曰筍竹萌彌明石鼎聯句曰棘芋強抽萌懸筆謂引鞭也前漢食貨志賈誼曰安有爲天下阽危者若是而上不驚者注云阽音鹽欲墜之意林梢一片雨造次以筆追魯論注云造次急遽也東坡作文與可畫竹記曰振筆直遂以追其所見猛吹萬籟作微涼大音稀老子曰大音希聲注○柳公權詩殿閣生微涼霜兔束毫健松煙泛硯肥法書苑鮑照飛白書銘曰秋毫精勁霜素凝鮮沾此瑤液染彼松煙盤桓未落筆落筆必中宜盤桓盖用莊子畫史

詩曰會期清明

解衣槃礴裸之意易比卦曰盤桓利居貞今代捧心學取笑如東施捧心見上注雲溪友議朱擇嘲鄒素詩曰借問東鄰効西子何如鄰家擬

王軒按寰宇記越州諸曁縣有西施家東施家或可遺巾幗選耎如辛毗晉書宣帝紀帝與諸葛亮對壘朝廷命帝持重以候其變亮遺帝巾幗婦人之飾帝怒表請決戰天子不許乃遣辛毗杖節爲軍師以制之漢書杜欽說王鳳曰恐議者選耎復守和解注云選耎怯懦不前之意選息兗反耎人兗反生枝不應節亂葉無所歸東坡作文與可畫偃竹記曰竹之始生一寸之萌耳而節葉具焉自蜩腹蛇蚹以至于劒脊十尋者生而有之也今畫者乃節節而爲之葉葉而累之豈復有竹哉非君一起予衰疾豈

能詩起予見上注老杜詩湯休起我病微笑索題詩憶君初解鞍新月挂彎眉夜來上金鏡坐歎光景馳鮑明遠玩月詩始見西南樓纖纖似玉鉤未映東北墀娟娟似蛾眉李賀詩長眉對月鬬彎環太白詩月上飛天鏡曹子建箜篌行曰光景馳西流我有好東絹晴明要會期老杜雙松圖歌曰我有一疋好東絹重之不減錦繡段已令拂拭光凌亂請公放筆爲直幹樂天詩曰晴明好天氣後漢書蔡琰詩曰念別無會期按戰國策魏文侯曰豈可不一會期哉猗猗淇園姿此君有威儀淇奧詩曰瞻彼淇奧綠竹猗猗又曰瑟兮僩兮赫兮咺兮注云咺威儀宣著也淇園見上注願作數百竿水石相因依選詩

云蒲稗相因依它年風動壁洗我別後思唐人李益竹窓聞風寄司空曙詩開門風動竹疑是故人來此用其意文選阮嗣宗詩回風吹四壁淵明送龐參軍詩序曰且爲別後相思之資退之詩勉率作歌詩慰子別後覽又云寧懷別時苦勿作別後思開圖慰滿眼何時遂臻茲老杜詩君來慰眼前漢書霍去病傳曰遂臻小月氏司馬相如傳曰符瑞臻茲

山谷詩集注卷第十四

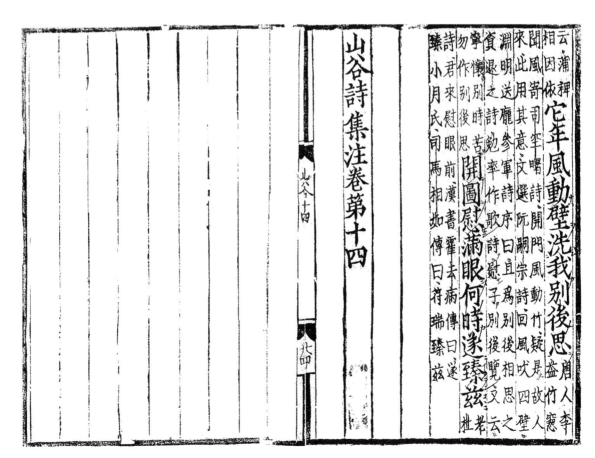

山谷詩集注卷第十五

戲簡朱公武劉邦直田子平五首

不趨吏部曹中版且鱠高沙湖裏魚山谷辭史部郎之命故不持手版以趨省曹渚宮舊事曰王琳爲魁表以刺時有曰高沙老母非有意於綺羅白鮪女兒豈期心於珠翠注云沔陵西二十里有高沙湖其中多魚

雖無季子六國印要讀田郎萬卷書史記蘇秦傳秦過雒陽其嫂謝曰見季子位高金多也秦喟然嘆曰使我有雒陽負郭田二頃吾豈能佩六國相印乎譙周注云秦字季子三輔決錄注曰田鳳爲尚書郎容儀端正靈帝目送之因題柱曰堂堂乎張京兆田郎此借用以屬子平

歡伯可解藜藿嘲孔方定非金石交歡伯藜藿皆見上注漢書揚雄有解嘲此借用晉書魯褒錢神論曰親之如兄字曰孔方金石交亦見上注

君看劉郎最多智昨者火事幾焚巢言禍患之來非智慮所及況貧富有定數安可以智力求之耶劉郎謂邦直劉禹錫詩曰前度劉郎今又來此借用魏志武帝紀注魏書曰曹公非有四目兩口但多智耳維摩經曰火事如故而不爲害易旅卦之上九鳥焚其巢旅人先笑後號咷

劉郎好詩又能文方我奔竄義甚勤奔竄謂赴黔中時取道荊南此詩蓋追記往事也文選曹子建詩曰親交義在勤○退之江漢答孟郊詩云嗟我與夫子此義每所勤

爲親未葬走人門閉門却掃不足論爲親之故未免俯仰世間此外皆不足道閉門却掃可也文選江文通恨賦曰至乃敬通見抵罷歸田里閉關却掃塞門不仕李善注引司馬彪續漢書曰趙壹閉門却掃非德不交

朱家墳壟好兄弟陋巷六經葵莧秋詩曰伯氏吹塤仲氏吹篪

我卜荊州三畝宅讀田家書從之游楚辭屈原有卜居篇東坡詩勸我試尋三畝宅從公已恨十年遲王介甫作杜甫畫像詩云願起公死從之游按文選沈休文詩所願從之游寸心於此足○退之送諸葛覺詩云今子從之游學問得所欲

朱公趨朝瘦至骨歸來褰徙踞胡床日看

省曹闇者面何如田家侍兒粧列子曰子貢七日不食以至骨立晉書桓伊傳下車踞胡床作三調○田家侍兒蓋紀實事見下卷水仙花注也

次韻益修四弟黃友益字益修侍御史昭之第三子

霜晚菊未花節物亦可嘉文選陸士衡擬古詩踟躕感節物我行已永久

欣欣登高侶畏雨占暮霞山谷自注諺云朝霞不出門暮霞行千里○漢書登高能賦可爲大夫○費長房九日登高飲菊

人醞菉豆輕碧自相誇山谷時在荊州荊州即楚地故後詩

有渚宮之句。謂以菉豆爲麴而釀酒也。其色清碧。今人謂之竹光酒云老夫不舉酒燕歎鳴兩車黃庭經曰，口爲玉池太和官，漱咽靈液灾不干。兩車，謂頰車也。左傳曰，輔車相依。良辰與美景容至但成嗟文選謝靈運擬魏太子鄴中集詩序曰，天下良辰、美景、賞心、樂事，四者難并。淵明九日閑居詩序云，余閑居愛重九之名，秋菊盈園，而持醪靡由，空服九華，寄懷於言

以峽州酒遺益修復繼前韻

令節不把酒新詩徒拜嘉淚之聽彈琴詩序曰，舉觴置三令節。詔群有司，飲酒以樂。按舊唐書，貞元四年詔，正月晦日、三月三日、九月九日，三節日，任百寮追賞爲樂。退之詩，把酒對南山。左傳曰，敢不拜嘉。頗憶宋玉賦登高氣成霞宋玉有高唐神女賦。漢書藝文志曰，登高能賦，可以爲大夫。氣成霞，言文章之氣蔚然如此。荊州蓋楚地，而宋玉楚人，故因九日登高，遂及此事。曹子建七啓曰，慷慨則氣成虹蜺。蜀都賦曰，舒丹氣而爲霞。渚宮但衰柳朝雲爲誰誇杜佑通典曰，江陵縣有楚渚宮。朝雲見宋玉高唐賦，已具上注云吾宗懷古恨流涎過麴車一壺澆往事聊送解愁嗟解一作耐。○李登詩，吾宗固神秀。東京賦曰，望先帝之舊墟，慨長思而懷古。老杜歌曰，道逢麴車口流涎。又詩，吟詩解歎嗟。謝靈運詩，三江事多往

謝益修四弟送石屏

石似滄江落日明鸕鷀烏鵲滿沙汀小兒骨相能文字乞與斑斑作硯屏文選任彥昇詩，滄江路窮此。老杜詩，山頭落日半輪明。又詩，鸕鷀西日照，曬翅滿魚梁。嘗見山谷在荊州與檀敦禮帖，乞硯山，欲與周晬且六周惜，知命幼子小字也。此詩所指，豈此郎耶。骨相見上注

戲答王觀復酴醿菊二首

誰將陶令黃金菊幻作酴醿白玉花小草眞成有風味東園添我老生涯小草見上注

邑園未肯輕沽我且寄田家砌下栽它日秋花媚重九清香知自故人來山谷在荊州與歐陽元老帖曰，城東邑氏園竹木已老，又寬敞有經行之地，甚欲得之，然託人往問，語輒再三，難共語也。又有與人帖云，檀敦禮惠蘭數本，皆曄曄成叢，但不花耳。方送甲子平家，令植之。魯論曰，求善賈而沽諸。注云，沽，賣也

戲答王子予送凌風菊二首

病來孤負鸕鷀杓禪板蒲團入眼中太白詩，鸕鷀杓，鸚鵡杯。傳燈錄，龍牙禪師傳，師在翠微時，問如何是祖師意，翠微曰，與我過禪板來。師遂過禪板，翠微接得便打。又問臨濟，如何是祖師意，臨濟曰，與我過蒲團來。

（師遂過蒲團臨濑拨得便打老杜詩江村野堂爭入眼）浪說閑居愛

重九黃花應笑白頭翁（陶淵明九日閑居詩序曰余閑居愛重九之名秋菊盈園而持醪靡由空服九華寄懷於言○下句大似東坡詩人老簪花不自羞花應羞上老人頭之意）

王郎頗病金瓢酒不耐寒花晚更芳瘦盡腰圍怯風景故來歸我一枝香（晉書王導傳周顗曰風景不殊舉目有江河之異春秋書鄭伯使宛來歸祊又書齊人歸我濟西田）

謝王子予送橄欖

方懷味諫軒中果忽見金盤橄欖來（元注云戎州蔡次律家軒外有餘甘余名之曰味諫味諫言餘甘初苦而終有味南史劉穆之傳以金柈貯檳榔一斛橄欖見下注）想共餘甘有瓜葛苦中眞味晚方回（陳藏器本草曰菴摩勒人食其子先苦後甘故曰餘甘晉書王悅傳導之子也導與弈棊爭道笑曰相與有瓜葛那得爾耶歐公詩曰又如食橄欖眞味久愈在東坡橄欖詩云待得微甘回齒頰已輸崖蜜十分甜）

以椰子小冠送子予

漿成乳酒醺人醉肉截鵝肪上客盤有核如匏可雕琢道裝宜作玉人冠（交州記曰椰子中有漿飲之得醉圖經本草曰椰子出嶺南州郡實大如瓠殼圓而堅裏有膚至白如豬肪厚半寸許味亦似胡桃膚裏有漿如乳飲之冷而氣醺老杜詩山瓶乳酒下青雲遝之詩鵝肪截珮黃）

呈楊康國

君家秋實羅浮種已作纍纍半拂牆莫遣兒童酸打盡要看霜後十分黃（嵆盧氏雜說云唐玄宗德宗僖宗幸蜀年浙西奏羅浮山柑子皆不結子此甚異也按太湖中亦有羅浮山魏志邢顒傳劉楨諫曹植書曰將謂君侯采庶子之春華忘家丞之秋實按韓非外傳曰秋得食其實老杜詩云兒童莫信打慈鴉）

又戲呈康國

整冠行客莫先嘗楊子家無數仍牆假借肅霜今弄色勾添寒白與爭黃（古樂府曰君子防未然不處嫌疑間瓜田不納履李下不整冠豳詩曰九月肅霜老杜詩柳條弄色不忍見句添蓋黃冶家語云）

次韻馬荊州（馬瑊字中玉）

六年絕域夢刀頭判得南還萬事休（山谷謫黔戎九六年漢書耿育上書訟陳湯曰討絕域不羈之君古樂府云何當大刀頭破鏡飛上天吳競題解云刀頭有環問何時當還也夢刀頭借用王濬夢三刀事柳子厚詩云一生判却歸休謂着南冠到頭劉禹錫詩黃髮相看萬事休）誰謂石

渠劉校尉來依絳帳馬荊州漢書劉向傳講論五經於石渠元帝時廢十餘年成帝以向爲中壘校尉山谷自館閣遷黔故用以自況後漢書馬融傳曰桓帝時爲南郡太守又曰常坐高堂施絳帳前授生徒後列女樂按南郡即今荊南霜髭雪鬢共看鏡茱糝菊英同泛秋它日江梅臘前破還從天際望歸舟老杜有江梅詩梅蘂臘前破梅花年後多謝脁詩雲中辨江樹天際識歸舟中玉維揚人官滿明年之冬道出當塗於時山谷已赴太平州矣故有望歸舟之語山谷紹聖初跋閔中聖景圖曰維揚馬中玉觀於上藍寺

和中玉使君晚秋開天寧節道場

江南江北盡雲沙東騎東來風旆斜倒影樓臺閑紫府得霜籬落賸黃花文選謝靈運詩江南倦歷覽江北曠周旋漢書司馬相如傳曰時從車騎雍容閑雅倒影見上汪退之詩青春白日映樓臺荊南有紫府觀抱朴子曰頭曼卿自言到天上過紫府金牀几晃晃昱昱樂府盧思道神仙篇曰雲軒游紫府風駟立丹梯禮記月令季秋之月鞠有黃華淵明詩采菊東籬下抱朴子曰葛洪籬落頓欽釣溪築野收多士航海梯山共一家尚書中侯曰呂望即磻溪水釣其涯得玉璜書曰說築傅巖之野詩曰濟濟多士後漢書梯山棧谷望風從文選顏延年曲水詩序曰棧山航海踰沙軼幕之貢禮記曰聖人耐以天下爲一家想見星

壇祝堯壽步虛聲裏靜無譁孟郊詩因性星宿壇按南斗經曰修設兩極二斗同醮一壇各象斗星莊子曰堯觀乎華封華封人曰嘻聖人請祝聖人使聖人壽本事詩許渾詩曰天風吹下步虛聲按吳兢樂府題解曰步虛詞道觀所唱備言衆仙縹緲輕舉之美書曰嗟人無譁

入窮巷謁李材叟翹叟戲贈兼簡甲子平三首

紫冠黃紬網絲窠蝶繞蜂圍柰晚何元注云紫冠雞冠金鈿黃菊集韻云鈿金花飾也音田又音電退之城南聯句云絲窠掃還成二叟家居如避世開門自少俗人過用退之竹洞詩意

只可關中安止止誰能鐵裏鬭錚錚田多穀少無人會匹似無田過一生莊子曰瞻彼闋者虛室生白吉祥止止後漢書劉盆子傳徐宣等叩頭曰今日得降猶去虎口歸慈母光武曰卿所謂鐵中錚錚傭中佼佼者也北夢瑣言馮藻應二十五舉姻親勸令罷舉求官藻曰譬如一生無成更應五舉樂天詩四如元是九江人

甲郎杞菊荒三徑文字時追二叟游萬卷藏書多未見老夫端擬乞荊州陸龜蒙有杞菊賦田子平荊南人其家多書未見書具上注南史王僧孺聚書至三萬卷

雪天氣甚寒中玉仁氣蒸走故不及三月而丁開今陪此雪飲酒可喜頭有二天

次韻荅馬中玉三首

雨入紗窻風歛舡，菊花過後早梅前。錦江春色薰人醉，也到壺公小隱天。老杜詩：浪歛舡應拆，杯乾甕即空。又云：錦江春色來天地。壺公見上注。文選王康琚詩曰：小隱隱陵藪，大隱隱朝市。太白詩：壺中別有日月天。山谷時旅寓沙市，故有小隱之句。

卷沙成浪北風顛，衘尾千艘不敢前。匝岸水居皆有酒，行人得意買江天。劉禹錫詩：卷起沙堆似雪堆。老杜詩：曉來急雨春風顛。漢書武帝紀曰：舳艫千里。注云：言其船多，前後相衘。東坡樂府曰：船尾凍相衘。文選王仲宣詩：連舫踰萬艘。李善注引六韜云云。西京雜記：滕公馬不肯前。老杜詩：藩籬無限景，恣意買江天。

仁氣已蒸全楚盡，同雲欲合莫江前。爭春梅柳無三月，對雪樽罍屬二天。上句以指中玉仁氣。見禮記鄉飲酒。孟浩然洞庭詩：氣蒸雲夢澤，波動岳陽城。詩曰：上天同雲，雨雪雰雰。老杜詩：天邊梅柳樹，相見幾回新。二天見上注。

次韻中玉早梅二首

梅蘂爭先公不嗔，知公家有似梅人。何時各得自由去，相逐揚州作好春。莊子曰：見似人者而喜。老杜詩：東閣官梅動詩興，還如何遜在揚州。此時對雪還相憶，送客逢花可自由。

樂天詩：好作開成第二春。

折得寒香不露機，小窻斜日兩三枝。羅帷翠幕深調護，已被遊蜂聖得知。此詩亦以戲中玉之歌舞者。李賀將進酒曰：羅帷繡幕圍春風。漢書張湯傳：調護之尤厚。退之盆池詩：夜半青蛙聖得知。

次韻中玉水仙花二首

借水開花自一奇，水沉爲骨玉爲肌。暗香已壓酴醿倒，只比寒梅無好枝。漢書吳王濞傳曰：亦一奇也。老杜詩：秋水爲神玉爲骨。退之馬少監墓誌曰：肌肉玉雪可憐。壓倒見上注。

水仙叢生，故云無好枝。

淤泥解作白蓮藕，糞壤能開黃玉花。可惜國香天不管，隨緣流落小民家。元注云：時聞民間事如此。○柳子厚詩：糞壤擢珠樹，莓苔插瓊英。左傳曰：蘭有國香，人服媚之。秦少游樂府亦有惱殺人天不管之句。○此詩蓋山谷借以寓意也。按高子勉所作國香詩序云：國香，荆渚田氏侍兒名也。黄太史自南溪召爲吏部副郎，留荆州乞守當塗待報，所居即此女子鄰也。太史偶見之，以謂幽閑姝美，目所未覩。後其家以嫁下俚貧民，因賦此詩以寓意，俾予和之。後數年，太史卒於嶺表，當時賓客雲散，此女既生二子矣。會荆南歲荒，其夫鬻之田氏家。田氏一日邀予置酒出之，掩抑困悴，無復故態，坐

聞話當時事相與感歎予請田氏名曰國香以成太史之志政和三年春京師會表弟洪陰王性之問太史詩中本意因道其詳乃為賦之詩曰南溪太史還朝晚息駕江陵頗從欵綵毫曾詠水仙花可惜國香天不管將花託意為羅敷十七未有十五餘宋玉門牆迈貴從臨橋庭戶怪貧居十年目色遥成處公更不來天上去已嫁鄰姬窈窕姿空傳墨客慇懃句聞道離鸞別鶴悲藁砧無賴鬻蛾眉桃花結子風吹後巫峽行雲夢足時田郎好事知渠久酬贈明珠同石友憔悴猶疑洛浦妃風流固可章臺柳寶髻犀梳金鳳翹樽前初識董嬌饒來遲杜牧應須恨愁殺蘇州也合銷却把水仙花說似猛省西家黃學士乃能知妾妾當時悔不書空作黃字王子初聞話此詳索詩裁與漫凄凉只今驅豆無方法徙使田郎號國香此詩和者甚衆故併録之

王充道送水仙花五十枝欣然會心為之作詠

凌波仙子生塵襪水上輕盈步微月（洛神賦曰凌波微步羅襪生塵此云微月蓋言襪如新月之狀詩曰彼月而微）是誰招此斷腸魂（招魂見上注）種作寒花寄愁絕（陶淵明九日閑居詩寒華徒自榮老杜北風詩愁絕付摧枯）含香體素欲傾城（應劭漢官儀尚書郎含雞舌香此借用淵明詩曰君其愛體素傾城見漢書李延年歌已具上注）山礬是弟梅是兄（山礬即瑒花山谷律詩敘述頗詳）

坐對真成被花惱出門一笑大江橫（老杜詩江上被花惱不徹無處告訴只顛狂山谷在荊州與李端叔帖云數日來驟暖瑞香水仙紅梅皆開明窗靜室花氣撩人似少年都下夢也但多病之餘嬾作詩爾山谷時寓荊渚沙市故有大江橫之句老杜詩雞虫得失無了時注目寒江倚山閣山谷句意類此）

果君送水仙花并二大本

折送南園栗玉花并移香本到寒家何時持上玉宸殿乞與宮梅定等差（魏文帝與鍾繇玉玦書曰黃侔烝栗唐書禮樂志康崑崙奏琵琶於玉宸殿按宋次道東京記後苑有玉宸殿山谷所指當謂此宋書曰武帝女壽陽公主人日卧於含章簷下梅花落額上成五出之花自後有梅花粧詩人用宮梅事蓋取此也退之李花詩長姬香御四羅列縞裙練帨無等差此反其意按漢書游俠傳序曰卿大夫以至于庶人各有等差）

劉邦直送早梅水仙花四首

欺舡綪纈北風嗔霜落千林憔悴人欲問江南近消息喜君貽我一枝春（欺舡見上注綪音爭儀禮士喪禮注曰綪讀為綪綪屈也江沔之閒謂縈收繩索為綪荊州記陸凱與范曄相善自江南寄梅花一枝詣長安與曄并贈詩曰折花逢驛使寄與隴頭人江南無所有聊贈一枝春）

探請東皇第一機水邊風日笑横枝鴛鴦
浮弄嬋娟影白鷺窺魚凝不知探請蓋俗語猶言預
借東坡嘗有六言詩探支八月涼風又有
樂府曰探借今年三月暖雲門問卧龍長
連床上學得底是第幾機龍曰第二機門
云作麼生是第一機龍曰緊峭草鞋林逋
梅詩雪後園林纔半樹水邊籬落忽横
枝凝音牛孕反○離騷經有東皇太一
得水能仙天與奇寒香寂寞動冰肌仙風
道骨今誰有淡掃蛾眉篸一枝太白大鵬賦序曰余
昔於江陵見天台司馬子微謂余有仙風
道骨可與神遊八極之表今借用老杜詩
却嫌脂粉污顏色淡掃蛾眉朝至尊樂府
流納江南曲曰墮馬碧玉篸鬟韻篸音作

紺切綴也
錢塘舊聞水仙廟荊州今見水仙花暗香
靜色撩詩句宜在林逋處士家元注云錢塘有水仙
王廟林和靖祠堂近之東坡先生以為和
靖清節映世遂移神像配食水仙王云按
處士名逋字君復居錢塘西湖孤山有詩
名於咸平景德間既死謚和靖先生所作
梅詩有疎影横斜水清淺暗香浮動月黄
昏之句為世傳誦王介甫詩云物華撩我
有新詩

謝檀敦信送柑子

色深林表風霜下香著尊前指爪間書後
合題三百顆頻隨驛使未應慳文選謝玄暉詩林表
明岫微老杜詩破甘霜落爪米芾書史載
布軍一帖云奉橘三百顆霜未降未可多
得韋應物詩云書後欲題三百顆洞庭更
待滿林霜謂此也陸凱詩折梅逢驛使見
上注老杜詩玉粒未吾慳

贈李輔聖

交蓋相逢水急流八年今復會荊州言卒然相
遇不容少停如流波之急也文選樂府詩
日中市朝滿車馬若川流楞嚴經曰如急
流水望如恬靜流急不見非是無流也已回青眼追鴻翼肯
使黃塵没馬頭上句用嵇康詩目送歸鴻之意文選陸士衡詩顧假

歸鴻翼翻飛曲江汜下句謂不復浮沈京
洛風塵間也樂天詩舟辭三峽雨馬入九
衢塵杜詩馬寒防失道雪没錦鞍韉古
樂府日出東南隅行曰黄金絡馬頭舊
管新收幾粧鏡流行坎止一虛舟舊管新收本吏
文書中語山谷取用所謂以俗為雅也賈
誼鵩賦曰乘流則逝得坎則止莊子曰汎
若不繫之舟虛而遨遊者也○易曰
乘木舟虛劉子虛舟觸人人不知怒相看
絕歎女博士筆研管絃成古丘元注云女博士謂輔
聖後房孔君也於文藝無所不能皆妙絕
○世說殷中軍聞劉尹云云一時絕歎以
為名通又云袁虎作露布手不輟筆王東
亭絕歎其才魏志甄后傳曰后年九歲喜
書輒用諸兄筆硯兄言當作女博
士邪太白詩晉代衣冠成古丘

和高仲本喜相見

兩昏南浦曾相對，雪滿荊州喜再逢。有子才如不羈馬，知公心是後凋松。山谷自蜀放還過萬州時，仲本爲太守，有約遊岑公洞詩。萬州郎唐南浦郡。漢書司馬遷書曰：少負不羈之才。○論語：歲寒然後松柏之後凋。閑尋書冊應多味，老傍人門似更慵。退之送石洪序曰：戒行李，載書冊。班固敘傳曰：味道之腴。樂天詩：好是老身消日處，誰能騎馬傍人家。近世盧秉詩云：但得有錢留客醉，也勝騎馬傍人門。盖出於此。何日晴軒觀筆硯，一樽相屬要從容。漢書灌夫傳曰：夫起舞屬田蚡。注云：屬，付也，音之欲反。退之詩曰：一杯相屬君當歌。戰國策曰：犀首從容談三國之相怨。

戲詠煖足缾二首

小姬煖足臥，或能起心兵。千金買脚婆，夜夜睡天明。邪念忽起，甚於用兵不戰之禍。退之詩：詰曲避語穽，冥茫觸心兵。俗以煖足缾爲鐵婆。老杜詩：客睡何曾着，秋天不肯明。此反用之。又詩：天明登前途。

脚婆元不食，纏裹一衲足。天明更傾瀉，頮面有餘燠。書顧命注：洮盥頮面。

戲呈聞善二兒黃友聞字聞善，侍御史昭之第二子。

匏懸籬落鴉窺井，草上堦除雪衮風。想得尊前欹醉帽，渾家兒女笑山公。北史獨孤信因獵日暮，馳馬入城，其帽微側。詰旦，吏人慕信而側帽焉。晉書山簡傳：童兒歌曰：山公出何許，往至高陽池。日夕倒載歸，茗艼無所知。時時能騎馬，倒着白接籬。舉鞭向葛強，何如并州兒。南唐近事史虛白詩：風雨揭却屋，渾家醉不知。

次韻聞善

扶醉三竿日，題詩一研埃。杜牧之詩：醉頭扶不起，三丈日還高。劉禹錫竹枝歌：日出三竿春霧消。按南齊書：永明五年十一月丁亥，日出三竿，朱色、黃色，赤暈。東坡密州謝上表曰：塵埃筆硯，漸忘舊學之淵源。○東坡詩：酒醒門外三竿日。又樂府：紅日三竿。張羅門帶雪，投轄井生苔。漢書鄭當時傳曰：翟公門外可設爵羅。門帶雪，用袁安事，見上注。漢書陳遵傳：每大飲，賓客滿堂，輒閉門，取客車轄投井中。老杜詩：君不見雨時秋井塌，古人白骨生青苔，如何不飲令心哀。東坡詩亦云：我如廢井久不食，古甃缺落生陰苔。待得成丘隴，誰能把酒盃。李賀將進酒曰：勸君莫惜酩酊醉，酒不到劉伶墳上土。楚詞東方朔七諫曰：封比干之丘壟。常應黃菊畔，悵望白衣來。檀道鸞續晉陽秋曰：陶潛九月九日無酒，於宅邊菊叢中摘盈把，坐其側久，望見白衣人，乃王弘送酒，即便就酌而後歸。

謝答聞善二兄九絕句此篇大槩以聞善與

柳氏兄弟杯酒相失、因爲開廣
之、聞善蓋山谷族人、山谷有與
聞善帖云、父聞晦甫伯父貢天
下大名、常恨不見其子孫、今乃
得識面、又與黃顏徒帖云、晦甫
自閩漕以侍御史召、按黃氏卅
譜晦甫
名昭谷伯父之

身入醉鄉無畔岸心與歡伯爲友朋 唐書王績
傳曰、績著醉鄉記、詩曰、淇則有岸、隰則有
泮、箋云、泮讀爲畔、焦貢易林、坎卦之兌曰、
酒爲歡伯、
除憂來樂 更闌罵坐客星散午過未蘇髮
鬅鬙 蔡琰胡笳曰、更深夜闌兮夢汝來思、
漢書灌夫傳曰、有詔劾夫罵坐不敬、
蜀志姜維傳曰、星散流離、死者甚衆、切韻
曰、鬅鬙被髮也、朋僧二音、廣燈録、僧問洞
山守初曰、不昧宗乘、請師
舉唱、師云、頭鬅鬙耳卓朔

未嘗頃刻可去酒無有一日不吟詩詩狂 皇甫湜作
克念作酒聖意態忽如年少時 韓文公神
道碑曰、未嘗一日不對客、書曰、惟狂克念
作聖、樂天詩曰、不知老將至、猶自放詩狂、
酒譜曰、李白每醉爲文、
未嘗差誤、人目爲醉聖、

群豬過飲尚可醉齊手轑甕庸何傷 晉書阮咸
傳、諸阮皆能飲酒、咸至宗人家、共集、以大
盆盛酒、時有群豕來飲其酒、咸直接去其
上、便共飲之、曾慥集仙傳曰、張開光嘗與
毋及弟出游、獨留嫗守舍、俄有道士敝衣
冠、齊癖被體、直入裸浴酒甕中、嫗不能拒、
既暮出游歸、渴甚、聞酒芳烈、亟就盎中飲、

嫗心惡道士、不敢白、而但不飲、居數日、開
光與毋及弟、拔宅而去、此事與葛洪神仙
傳李八百事略同、漢書朔元主傳曰、嫂厭
叔與客來、陽爲羹盡轑釜、注云、轑音勞、轑
轢也、左傳、一
扶女庸何傷

柳家兄弟太迫窄狂藥不容
人發狂 文選西京賦、與一九筵之迫脅、五臣
注曰、迫脅狹也、晉書裴楷傳、孫
季舒與石崇酣燕、慢傲過度、崇欲表免之、
楷曰、足下飲人狂藥、責人正禮、不亦乖乎、
乃止、老子曰、馳騁
田獵、令人心發狂、

莫作器號驚四鄰甕中有地可藏眞 蕩詩
曰、式
號式呼、俾晝作夜、此山詩曰、或不知叫號、
此借用樂天詩、今宵醉有興、狂詠驚四鄰、
陸羽作懷素傳曰、飲酒以養性、草書以暢
志、酒酣興發、靡不書之、按懷素字藏眞、此
借用、言全其天眞於酒中○高僧傳、醋頭
和尚頌、揭起醋甕見天下、天下元來在甕
中、甕中元有天下、

淵明醉握遠公手大笑絕倒人
不嗔 廬山記、遠公與陶元亮陸修靜談道、
不覺過虎溪、因相與大笑、故作三笑
圖

阮籍醉睡不論昏劉伶雞肋避尊拳 晉書阮籍
傳、文帝欲爲武帝求婚於籍、籍醉六十日、
不得言而止、劉伶傳、嘗醉與俗人相忤、其
人攘袂奮拳、伶曰、雞肋不
足以安尊拳、其人笑而止、

至今凜凜有生
氣飲酒眞成不愧天 世說、庾道季曰、廉頗
藺相如雖千載、尚凜
凜有生氣、太白詩曰、天
地既愛酒、飲酒不愧天

公擇醉面桃花紅人百忤之無慍容 李常字公擇南康軍建昌人元祐間爲戶部尚書御史中丞山谷之舅也樂府高陽樂人歌曰何處瑈鶻來兩頰色如火自有桃花容莫言人勸我朝野僉載張元一嘲武懿宗曰未見桃花面皮謾作杏子眼孔魯論曰三已之無慍色○崔護詩人面桃花相映紅云

莘老夜闌傾數斗焚香默坐日生東 孫覺字莘老高郵人元祐初爲諫議遷給事吏侍擢御史中丞山谷之婦翁也抱朴子曰管輅頓傾三斗而清辯綺粲貫休詩靜只焚香坐詠懷悲歲闌退之詩默坐念語笑又詩杲杲寒日生於東

推牀破面棖觸人作無義語怒四鄰 巨臺斷詠

山谷五　十九

焦仲卿女詩曰阿母得之搥床便大怒東坡跋老蘇送石昌言北使引云彭任聞富彥國當使不測之虜憤憤推酒床拳皮裂南史沈昭略以甌投徐孝嗣面曰使爲破面鬼朝野僉載楊廷玉回波詞曰阿姑婆見作天子傍人不得棖觸陸龜蒙蠹化曰人或棖觸之輒奮角而怒維摩經香積品曰是無義語是無義語報

尊中歡伯笑爾輩我本和氣如三春 樂天家醞詩曰飲似陽和滿腹春○酉陽雜俎酒曰歡伯

陶令舍中有名酒無日不爲父老傾四座歡欣觀酒德一燈明暗又詩成 淵明飲酒詩序曰偶有名酒無夕不飲顧影獨盡忽焉復醉既醉之後輒題數句自娛樂天詩對雪畫寒灰殘燈明復滅晉書劉伶作酒德頌

阮籍劉伶智如海人間有道作糟丘 晉書阮籍傳本有濟世志屬魏晉之際天下多故名士少有全者遂不與世事酣飲爲常劉伶見上注本傳又云常以細宇宙齊萬物爲心張彥遠名畫記云董伯仁鄉里號爲智海按華嚴經頌云不動如山智如海南史陳暄傳與兄子書曰速營糟丘吾將老焉按紂爲酒池糟丘此借用

酒中無諍眞三昧便覺嵇康輸一籌 金剛經曰佛說我得無諍三昧人中最爲第一亦見維摩經晉書嵇康傳鍾會造康康不爲之禮會謂文帝曰嵇康臥龍也不可起公無憂天下顧以康爲慮耳遂遇害御史臺記曰楊纂怒尹君不同己判遽命筆復沉吟少選乃判曰纂輸一籌餘依近坐倦游録胡旦亦有此語柳子厚西亭夜飲詩云共傾三昧酒

山谷十五　二十

戲呈聞善

堆豗病鶴怯雞群見酒特地生精神 歐公詩云三日不出門堆豗類寒鴟晉書嵇康傳或曰昨於稠人中始見嵇紹昂昂然若野鶴之在雞群退之詩春半邊城特地愁

坐中索起時被肘亦任傍人嫌我眞 老杜遭田父泥飲詩高聲索果栗欲起時被肘又詩不愛入州府畏人嫌我眞

題子瞻畫竹石 趙子湜家本云題全天辯東坡竹

風枝雨葉瘠土竹龍蹲虎踞蒼蘚石東坡

老人翰林公醉時吐出胷中墨 李太白永王東巡歌曰、龍蟠虎踞帝王州、胷中墨、謂其藻翰之餘、退之代張籍書曰、一吐出胷中之奇○東坡題畢中公甹詩、雨葉風枝曉自匀、綠陰青子淨無塵

戲贈米元章二首 米芾字元章、以能書知名、喜蓄書畫、有米氏書畫史、行於世

萬里風帆水著天麝煤鼠尾過年年滄江盡夜虹貫月定是米家書畫舡 謝靈運詩、苕苕萬里帆、老杜詩、一日過海收風帆、退之詩、海氣昏昏水拍天、又祭張署文曰、洞庭漫汗、粘天無壁、李西臺題楊少師大字壁後云、枯杉倒檜霜天老、松煙麝煤風雨寒、鼠尾謂栗鼠尾可為筆、杜牧之詩、虜文遺韻留樗散、雞犬圖書共一舡、自說江湖不歸去、阻風中酒過年年、詩含神霧曰、瑶光如虹蜺貫月正白、感女樞生顓頊、此借用言舡中有寶氣、崇寧間、元章為江淮發運、揭牌於行舸之上、曰米家書畫舡云、

我有元暉古印章印刓不忍與諸郎虎兒筆力能扛鼎教字元暉繼阿章 漢書藝文志曰、摹印章書幡信、漢舊儀曰、銀印龜鈕、其文曰章、漢書韓信傳曰、項王刻印刓忍不能予、虎兒、即元章之子、名友仁、近歲擢工部侍郎、退之詩曰、龍文百斛鼎、筆力可獨扛、兩章字義不同、故得重用、以元章為阿章、猶晉人以王平子為阿平○元暉謂謝玄暉也

山谷詩集注卷第十五

山谷詩集注卷第十六

崇寧元年壬午、公年五十八歲、離荊南春作

次韻高子勉十首 高荷、字子勉、江陵人、上山谷長篇、警句云、蜀天何處盡、巴月幾回彎、因此得名、後知涿州而死、自號還還先生、事見曾慥詩選

雪盡虛簷滴春從細草回 文選王元長曲水詩序曰、虛檐雲架、按檐字俗作簷、老杜詩、更覺春從沙際歸、文選謝玄暉詩、風光草際浮、立希範詩、細草藉龍騎

德人泉下夢俗物眼中埃 德人、當謂東坡少游、莊子曰、德人者、居無思、行無慮、不藏是非善惡、此借用其字、老杜詩、眼前無俗物、多病也身輕

久立我有待長吟君不來 曾慥集仙傳載呂洞賓題沂都峨眉院法堂屋山云、明月斜、秋風冷、今夜故人來不來、教人立盡梧桐影、老杜詩、有待至昏鴉、退之詩、長吟慰我思、按洛神賦曰、超長吟以永慕、盧仝詩、鶯花爛熳君不來

重玄鎖關籥要待玉匙開 言高君可發古人之祕也、文選陸機功臣頌曰、重玄非奧、頭陀寺碑曰、玄關幽楗、感而遂通、同安和尚十玄談曰、金鎖玄關留不住、行於異類且輪回、黃庭經曰、玉匙金籥常完堅

掃雪我三日御風君過旬 上句用袁安事、退之詩、閉門長安三日雪、莊子曰、列子御風旬有五日而後反、易曰、過旬災也○天寶遺事載王仁裕每大雪、則自所居至坊巷口、掃雪開徑、迎接賓客、至所居處飲宴、謂之暖寒會

言詩今有數下筆不無神 魯論曰、始可與言詩已矣、老杜

詩神仙才有數又詩下筆如有神又詩樂罷不無悲行布佺期近飛揚子建親行布字本出釋氏而山谷論書畫數用之按釋氏言華嚴之旨
曰行布則教相施設圓融乃理性即用楞
伽經曰名身與句身及字身差別解者曰
名者是次第行列句者是次第安布唐書
宋之問傳曰魏建安後詩律屢變及之問
沈佺期加靡麗學者宗之號爲沈宋老杜
贈李白詩飛揚跋扈爲誰雄蓋借用北史
齊神武紀中語老杜詩又
曰詩看子建親謂曹植也可憐金石交去
不待斯人金石交見上注亦謂東坡少游于時已死恨不見子勉○南史
王琳傳時謂銓錫
二王玉昆金友
峴南爵旅井灞上獵歸亭日繞分魚市風

山谷十六　二十

回落鴈汀老杜詩應同王粲宅留井峴山前按魏志王粲傳山陽人以西
京擾亂乃之荆州依劉表漢書李廣傳屏
居藍田南山中射獵嘗夜從人田間飲還
至亭霸陵尉醉呵止廣筆由詩客把笛爲故人聽上句
言久不作詩因高君可與論此事故復援
筆下句謂追懷東坡晉書向秀傳作思舊
賦序云經嵇康呂安舊廬鄰人有吹笛者
發聲寥亮追想曩昔游宴之好感音而嘆
故作賦云但恐蘇耽鶴歸時或姓丁終上句之意亦指東
坡言其不可側識也
蘇耽丁令威見上注
君不居郎省還應上諫坡蔡質漢官典職曰尚書郎省中
皆以胡粉塗壁諫坡見李
宗諤先公談錄見上注才高殊未識歲

晚喜無它說文曰上古草居患它故相問無它乎音託何切徐鉉注云今
俗作蛇音食遮反櫪馬羸難出鄰雞凍不歌老杜詩曰
盍簪喧櫪馬退之書曰泥水馬弱不敢出
鄰雞見孟子東坡雜說曰予來黃州聞黃
人群聚謳歌宛轉其聲往反高下如雞唱
爾漢官儀汝南出長鳴雞衛士候朱雀門
外事傳雞鳴應劭曰今雞鳴歌也余今所
聞豈亦雞鳴之遺聲乎老杜詩林鶯遂不
歌寒爐餘幾火灰裏撥陰何言作詩當深思苦求方與
古人相見也傳燈錄百丈謂潙山曰汝撥
鑪中有火否師撥云無火百丈躬起深撥
得火舉以示之云此不是火師發悟禮謝
吕蒙正詩撥盡寒爐一夜灰老杜詩試學
陰何苦用心
謂陰鏗何遜

山谷十六　三十

荆渚樓中賦南陽壠底吟誰言小隱處頻
屈故人臨上兩句皆述荆州渚宮見上注文選王粲有登樓賦李善注引
盛弘之荆州記曰當陽縣城樓王仲宣登
之而作賦蜀志諸葛亮傳躬耕壠畝好爲
梁父吟注引漢晉春秋曰亮家于南陽之
隆中按後漢志南陽屬荆州文選王康琚
詩曰小隱隱陵藪大隱隱朝市漢書灌夫傳曰將軍且日蚤臨經笥難窺
底詞源幸汲深思君眠竹屋雪月冰寒衾
後漢邊韶傳曰腹便便五經笥老杜詩詞
源倒流三峽水劉禹錫涵碧圖詩序曰碧
流貫于庭中冰澈射人自注云冰音去聲
集韻冰音逋孕反冷迫也○莊子曰綆短
者不可
以汲深

驚人得佳句或以傲王公用杜牧之千首詩輕萬户侯之意。老杜詩。為人性僻耽佳句。語不驚人死不休。又詩。故人得佳句。獨贈白頭翁。荀子曰。道義重則輕王公。處世要清節滑稽安足雄言當慕伯夷之清。不當如東方朔之陸沉也。法言或問東方朔。達。惡比。曰非夷尚容。依隱玩世。其滑稽之雄乎。又曰。古者高餓顯。下祿隱。深沉似康樂簡遠到安豐晉書謝玄封康樂縣公。為叔父安所器重。有經國才略。王戎封安豐縣侯。裴楷傳。鍾會曰。裴楷清通。王戎簡要。漢書王嘉傳曰。計謀深沉。元稹作老杜墓銘叙曰。蘇李五言。辭意簡遠。謝靈運雖襲封康樂公。然此詩以深沉言之。必非指靈運也。一點無俗氣相期林下同僧貫休題東林寺詩。田地更無一

塵一點。退之王仲舒墓誌曰。公所為文章無世俗氣。晉書王戎傳。與阮籍為竹林之游。戎嘗後至。籍曰。俗物已復來敗人意。又王凝之妻謝氏傳曰。王夫人神情散朗。故有林下風。志士難推轂將如高子何心期誠不淺餘論或相多志士見魯論。推轂見上注。文選任彥昇詩曰。中道遇心期。王介甫作韓魏公挽詩曰。心期自與眾人殊。骨相知非淺。文夫。南史謝朓傳曰。士子聲名未立。應共獎成。無惜齒牙餘論。戰國策。或說張相國曰。君安能少趙人。而令趙人多君。漢書何武傳注曰。多。重也。欲向滄洲去還能小艇麼鸕鷀西照處相並曬漁蓑言欲與之同往江海也。遯詩。復協滄洲趣。老杜詩。閑引老妻乘小艇。又云。鸕鷀西日照。曬翅滿魚梁。東坡樂府曰。仍傳語江南父老。時與曬漁蓑。

鑿開混沌竅窺見伏羲心言伏羲作易。發太極之蘊也。莊子曰。儵與忽謀報混沌之德。日鑿一竅。七日而死。易曰。復其見天地之心乎。有物先天地含生盡陸沉老子曰。有物混成。先天地生。寥實頌曰。曹溪波浪如相似。無限平人被陸沉。詩意謂大道坦然。人自迷謬。平地上沒溺而不自知也。陸沉見莊子。已具上注。此借用。伐山成大厦鼓橐鑄祥金上句。欲其積學以成廣大之規模。下句。欲其鍛煉以盡精微之極致。漢書地理志曰。楚地以漁獵山伐為業。注云。山伐。謂伐山取竹木。文選四子講德論曰。大

厦之材。非一丘之木。淮南子曰。鼓橐吹埵。注云。橐。冶炉排橐也。莊子曰。今大冶鑄金。金踴躍曰。我且必為鏌鋣。大冶必以為不祥之金。此反而用之。三尺無絃木期君發至音無絃琴。用淵明事。見上注。劉禹錫與柳子厚書曰。嗟夫。箏郭師與不可傳者死矣。絃張柱差。枵然貌存。中有至音。含糊弗聞。噫。人亡而器存。布方冊者是也。少年基一簣長歲足三餘一簣三餘。並見上注。忽作飛黃去頓超同隊魚退之詩。少長聚嬉戲。不殊同隊魚。又云。飛黃騰踏去。不能顧蟾蜍。○飛黃。古良馬名。詩曰。乘彼乘黃。尊前八米句窓下十年書此史盧思道傳。朝士作文宣帝挽歌十首。擇其善者用之。

魏收楊休之等。不過得一二篇。唯盧思道得八篇。故時號八采盧郎。此借用十年書見南史沈攸之傳。具上注。定作牛腰束傳抄聽小胥太白詩云。詩兗千兔毫。書載兩牛腰。老杜詩云。抄詩聽小胥

沙上步微暖思君剩欲招蔞蒿穿雪動楊柳索春饒高適詩。談經剩欲翻。陸龜蒙鴉詩。亂和殘照紛紛舞。應索陽烏次第饒枉駕時逢出新詩若見撩若一作苦。退之詩。猿鳥莫相撩。王介甫詩。物華撩我有新詩樽前遠湖樹來飲莫辭遙老杜詩。水有遠湖樹。人今何處舡。蓋指江陵府而言。山谷時寓居于此。老杜又有詩。他鄉惟表弟。還往莫辭遙

贈高子勉四首

文章瑞世驚人學行刳心潤身老杜詩。語不驚人死不休。莊子曰。夫道覆載萬物者也。洋洋乎大哉。君子不可以不刳心焉。禮記曰。富潤屋。德潤身沅江求九肋鱉荆州見一角麟摭言曰。盧肇袁州人。初起舉。先達曰。袁州出舉人耶。荅曰。袁州舉人。亦猶沅江出鱉甲九肋者稀。一角麟見上注。又傳燈錄清源行思傳。希遷曰。衆角雖多。一麟足矣張侯海內長句晁子廟中雅歌元注云。無咎樂府於今第一高郎少加筆力我知三傑同科謂張侯文潛。退之潮州謝表曰。作爲歌詩。薦之郊廟。後漢祭遵投壺雅歌。于寶晋紀曰。顧榮與陸機兄弟同入洛。時號三傑。魯論曰。爲力不同科。山谷與李端叔帖曰。比得荆州一詩人高荷。極有筆力。使之淩厲中州。恐不減晁張。曾聞之長老云。文潛見此句殊不樂

妙在和光同塵事須鈎深入神上句欲其韜晦涵養與世同波。下句欲其學之精微。即事觀理。老子曰。和其光。同其塵。易曰。探賾索隱。鈎深致遠。又曰。精義入神。以致用也聽它下虎口著我不爲牛後人上句。謂無若世人行險僥倖。如弈碁而置子於虎口。下句。欲其特立獨行。不落人後也。史記蘇秦傳曰。寧爲雞口。無爲牛後拾遺句中有眼彭澤意在無絃謂老杜之詩眼在句中。如彭澤之琴意在絃外也。老杜以上元二年。拜右拾遺。事具唐書本傳顧我今六十老付公以二百年南史謝朓傳。長五言詩。沈約云。二百年無此詩也。晉書陳壽傳。張華謂曰。當以晉書相付。此借用。言以一代之詩付之也

再用前韻贈子勉四首

胷中有度擇人事上無心活身上句欲口不臧否人物。而胷中自有準則也。退之書曰。懼足下以吾不致黑白於胷中。禮記曰。進退有度。左傳。吳公子札見叔孫穆子曰。子好善而不能擇人。傳燈錄。德山語曰。汝但無事於心。無心於事。則虛而靈。空而妙。樂天詩。勿信人虛語。君當事上看。莊子曰。烈士爲天

下見善矣未足以活身只麼情親魚鳥儻然圖畫麒
麟言本志在於山林恐或不免富貴也傳燈録證道歌曰不可得中只麼得世説
簡文帝在華林園謂左右曰會心處不必在遠翛然林水便有濠濮間之趣覺鳥獸
禽魚自來相親莊子曰儻然立於四虛之道漢書蘇武傳宣帝甘露三年思股肱之
美乃圖畫霍光等十一人於麒麟閣
行要爭光日月詩須皆可絃歌史記屈原傳曰雖與
日月爭光可也又按孔子世家曰詩三百五篇孔子皆絃歌之以求合韶武雅頌之
音○按子厚簡吳武陵詩惜無協律者窈眇絃吾詩老杜詩謝朓每篇堪諷詠東坡
山谷嘗論詩可絃歌者米芾曰某明月堂賦便可拔未應山谷曰可謂落大石調也

見王定國聞見録云着鞭莫落人後百年風轉蓬科
言當汲汲追逐古人恐年歲之不吾與也着鞭用劉琨事見上注太白詩風流肯落
他人後轉蓬見上注太白詩又曰蓬科馬鬣皆已平
句法俊逸清新詞源廣大精神老杜詩清新庾開府
俊逸鮑參軍又云詞源倒流三峽水禮記曰致廣大而盡精微建安才六
七子開元數兩三人文選謝靈運擬魏太子鄴中集詩有魏太
子王粲徐幹劉楨應瑒阮瑀平原侯植八人序曰建安末予時在鄴宮云云又魏文
帝典論曰今之文人孔融陳琳王粲徐幹阮瑀應瑒劉楨斯七子者於學無所遺於
辭無所假唐書文藝傳曰玄宗好經術群臣稍厭雕琢索理致則燕許擅其宗六七

人見魯論老杜詩野航纔受兩三人○韓退之薦士詩建安能者七卓犖變風操
醉鄉閑處日月鳥語花中管絃醉鄉見上注唐人皇
甫嵩所著小說號醉鄉日月樂天詩閑中日月長劉禹錫詩蘿窗鳥韻如簧音漢書
曰鍾鼓管絃之音未衰有興勤來把酒與君端欲忘
年文士傳禰衡與孔融作爾汝交衡年二十餘融年五十敬衡秀才而忘年也又
南史江揔傳張纘等雅相推重爲忘年友

荆南簽判向和卿用予六言見惠

次韻奉酬四首

仕宦初不因人富貴方來逼身上句言其自樹立劉

禹錫連州謝表曰出身入仕並不因人下句用謝安恐不免富貴之意僧貫休與錢
鏐詩曰貴逼身來不自由要是出群拔萃乃成威鳳祥
麟孟子公孫丑篇有若曰麒麟之於走獸鳳凰之於飛鳥類也聖人之於民亦類
也出於其類拔乎其萃自生民以來未有盛於孔子也漢書宣帝紀詔曰威鳳爲寶
注云鳳之有威儀者左傳哀公十四年注曰麟者仁獸王者之嘉瑞退之獲麟解曰
麟之爲靈雖婦人小子皆知其爲祥也
向侯賦我菁莪何敢當不類歌向以敎育之意望於
山谷詩曰菁菁者莪樂育材也左傳晉侯曰歌詩必類齊高厚之詩不類顧我
乃山林士看君取將相科漢書王吉傳贊曰山林之士往

而不能反，王沂公言行録云，公爲參政，或議以進士登科擇堂吏，公曰，我朝設此科謂之將相科，豈當屈以趨走吏邪，衆皆歎服而止

覆却萬方無準安排一字有神 言不爲物役，詩思乃凝於神也，莊子曰，視舟之覆，猶其車却也，覆却萬方陳乎前，而不得入其舍，文選陸佐公漏刻銘曰，盈縮之度無準，前輩詩曰，吟安一个字，老杜詩，下筆如有神

更能識詩家病方是我眼中人 李淑詩苑類格云，梁沈約曰，詩病有八，一平頭，二上尾，三蜂腰，四鶴膝，五大韻，六小韻，七旁紐，八正紐，此借用文選陸士龍答張士然云，感念桑梓城，髣髴眼中人，老杜王司直短歌行曰，青眼高歌望吾子，眼中之人吾老矣○丁晉公曰，水底日爲天上日，楊文公應口曰，眼中人是面前人

山谷十六　十

覔句眞成小技知音定須絶絃 覔句見上注，老杜詩，文章眞小技，於道未爲尊，絶絃見上注

景公有馬千駟伯夷垂名萬年 事見魯論，蓋期之以遠者大者

蟻蝶圖

胡蝶雙飛得意偶然畢命網羅群蟻爭收墜翼策勳歸去南柯 此篇蓋有所屬，陸龜蒙蠹化曰，橘之蠹蜒爲胡蝶，翩旋軒虚，曳颺粉拂，甚可愛也，湏臾犯蠭網，而膠之引絲環纏，人雖甚憐，不可觧而縱矣，文選七啓曰，公叔畢命於西秦，策勳及南柯，並見上注

謝胡藏之送栗鼠尾畫維摩二首

貂尾珍材可筆虎頭墨妙疑神 後漢書輿服志曰，武冠貂尾爲飾，注引應劭漢官曰，貂內勁悍而外温潤，老杜詩，虎頭金粟影，神妙獨難忘，謂顧愷之所畫維摩也，莊子曰，用志不分，乃凝於神，東坡嘗言，古本凝作疑

頗知君塵外物眞是我眼中人 分屬前兩句，選詩，肅此塵外彰，晉書王戎傳曰，王衍如瑤林瓊樹，自然是風塵表物，眼中人見上注

丹青貌金粟影毛物宜管城公 老杜有丹青引，又詩，畫工如山貌不同，金粟影見上注，文選頭陁寺碑，李善注，發迹經曰，淨名大士是往古金粟如來，又按祖庭事苑曰，十門辯惑論云，維摩是金粟如來，吉藏法師謂，出思

山谷十六　十一

惟三昧經，自云未見其本，今據諸經目録，無此經名，周禮曰，其動物宜毛物，管城公見上注○楊子丹青初則炳久則渝

只今爲君落筆它日聽我談空 亦分屬上兩句，文選北山移文云，談空空於釋部，劉夢得詩，與師相見便談空

次韻向和卿行松滋縣與鄒天錫夜語南極亭二首

雲泥滑滑到山郭提壺勸沽亦不惡林中解道不如歸家人應念思歸樂 梅聖俞四禽言曰，泥滑滑苦竹岡，雨蕭蕭馬上郎，提壺子規並見上注，樂天詩曰，山中不栖鳥，夜半聲嚶

嚶、以道思歸樂、行人掩泣聽、陶岳零陵記曰、思歸樂狀如鳩而慘色、三月則鳴、其音云不如歸去

衝風衝雨走七縣唯有白鷗盟未寒退之詩、不衝風雨即衝埃、寒盟見上注坐中更得江南客開盡南窻借月看鄭谷詩、坐中亦有江南客、莫向春風唱鷓鴣、孟郊詩、徽文北山外、借月南樓中

戲答荊州王充道烹茶四首舊本云、居士酒徒、不喜茗飲、故多戲句

三徑雖鋤客自稀醉鄉安穩更何之老翁更把春風撚靈府清寒要作詩老杜詩、草茅無徑欲教鋤、又詩、幕下郎官安穩無、又詩、舍此復何之、靈府、謂心也、見上注、退之李花詩曰、清寒瑩骨肝膽醒、一生思慮無由邪

茗椀難加酒椀醇暫時扶起藉糟人何須忍垢不濯足苦學梁州陰子春茗椀見上注、世說、沛盧妶直喚人、取酒自飲一椀、老杜詩、間道暫時人、晉書劉伶傳、酒德頌曰、捲麴藉糟、充道不喜茗、飲無從洗濯塵昏、故以陰子春戲之、按南史陰子春傳、身服垢汙、脚數年一洗、言每洗則失財敗事云、在梁州以洗足致梁州敗、曹子建責躬詩表曰、忍垢苟全、則犯詩人胡顏之譏

香從靈堅龍上發味自白石源中生為公喚覺荊州夢可待南柯一夢成黃庭內景經曰、鼻神玉壟字靈堅、又曰、呼吸元氣以求仙、朱鳥吐縮白石源、蓋言舌與齒也、杜牧之詩、十年一覺揚州夢、贏得青樓薄倖名、南柯見上注

龍焙東風魚眼湯箇中即是白雲鄉更煎雙井蒼鷹爪始耐落花春日長趙飛燕外傳、成帝曰、不能俲武皇帝求白雲鄉也、春晝多睡、故末句云爾、王隨詩、一聲啼鳥禁門靜、滿地落花春日長

雨中登岳陽樓望君山二首岳陽樓即岳州城西門、據圖經、經始於張燕公、慶曆中滕宗諒謫守、始加增飾、規制宏敞

投荒萬死鬢毛斑生出瞿塘灩澦關未到江南先一笑岳陽樓上對君山柳子厚詩曰、萬死投荒十二年、老杜詩、更憶鬢毛斑、後漢班超傳、上疏曰、臣不敢望到酒泉郡、但願生入玉門關、瞿塘峽、灩澦堆、在今夔州、灩澦即水經注所謂淫澦石也、冬出水二十餘丈、夏則沒、水經注又曰、峽中有瞿塘黃龕二灘、夏水洄洑、沿泝所忌、又曰、洞庭湖中有君山、湘君之所遊處、故曰君山

滿川風雨獨憑欄綰結湘娥十二鬟可惜

不當湖水面銀山堆裏看青山山海經曰、洞庭之山、帝之二女居焉。王逸注九歌曰、堯二女娥皇女英隨舜不及、沒於湘水之渚、因為夫人。按君山狀如十二螺髻。北夢瑣言曰、湘江北流至岳陽、達蜀江、夏潦後、蜀江漲勢高、遏住湘波、讓而退、溢為洞庭湖、凡數百里、而君山宛在水中。秋水歸壑、此山復居于陸、惟一條湘川而已。劉禹錫詩、遙望洞庭山水翠、白銀盤裏一青螺。貫休詩、五湖大浪如銀山。

自巴陵略平江臨湘入通城無日不雨至黃龍奉謁清禪師繼而晚晴邂逅禪客戴道純款語作長句呈道純

山行十日雨霑衣幕阜峰前對落暉史記禹本紀曰、山行乘檋。禮記曰、雨霑服失容則廢。說苑曰、孺子不覺露之霑衣。幕阜即黃龍山之別峯。輿地廣記曰、在洪州武寧縣。東坡詩、放鶴亭前送落暉。野水自添田水滿晴鳩却喚雨鳩歸歐公詩、陂田遶郭白水滿。又詩、天雨止鳩呼婦歸鳴且喜。靈源大士人天眼雙塔老師諸佛機惟清禪師自號靈源叟、即雙塔之法嗣、已具贈鄭交詩注。初晦堂祖心禪師得法於黃龍山惠南、南死塔於山中、其後心亦葬南公塔東、號雙塔事具洪覺範僧寶傳。山谷嘗參問晦堂、為之塔銘。其於靈源待以師友、嘗與徐師川書

詩空餘岩
小山去

曰、平生所見士大夫人品、未有出此公之右者。傳燈錄、靈樹如敏禪師書一帖云、人天眼目、堂中上座、蓋謂雲門文偃和尚也。佛偈曰、若人生百歲、不善諸佛機、未若生一日、而得決了之。白髮蒼顏重到此問君還是昔人非歐公醉翁亭記曰、蒼顏白髮頹然其間者、太守醉也。肇法師物不遷論云、梵志出家、白首而歸、鄰人見之曰、昔人尚存乎。梵志曰、吾猶昔人、非昔人也。鄰人皆愕然、所謂有力者負之而趨、昧者不覺、其斯人之謂歟。

題徐氏書院元注云、德占義魚亭故基也。○徐禧字德占、洪州分寧人、娶山谷從妹。

學書但學溪老鵝讀書可觀樵父歌言不必作功名之想也。山谷舊有詩云、駕鵝引頸回似我、胸中字、右軍數能來。不為口腹事、樵父歌、謂負薪能談王道、老杜詩、羨歌是處起漁樵。紫髯將軍不復見空餘巖桂綠婆娑紫髯借用孫權事。巖桂用淮南小山招隱事、並見上注。晉書殷仲文傳、顧大司馬府中老槐樹而歎曰、此樹婆娑、無復生意。按實錄、元豐五年、禧以直龍圖閣節制西師與流括等城永樂、夏人來攻城陷、禧與內侍李舜舉、轉運使李稷皆死。

贈石敏若石悉字敏若

才似謫仙惟欠酒情如宋玉更逢秋相看文選向秀思舊賦曰、領會一談勝注目長江天際流

託運遇於領會。注云、領會冥理相
會也。老杜詩注目寒江倚山閣

題胡逸老致虛庵

藏書萬卷可教子遺金滿籯常作災 漢書韋賢傳曰、賢爲丞相、少子玄成以明經歷位至丞相。故鄒魯諺曰、遺子黃金滿籯、不如一經。老子曰、金玉滿堂、莫之能守。富貴而驕、自遺其咎

能與貧人共年穀必有明月生蚌胎 東觀漢記、梁南因年穀貴、多有飢者、輙令蒼頭以牛車致米鹽菜錢於四城門外乞貧民、不告主姓名。莊子曰、使物不疵癘而年穀熟。蚌胎、用韋誕事、見上注

山隨宴坐畫圖出水作夜窗風雨來觀水觀山皆得妙更將何物汚

靈臺 一作冥將世事侵兩鬢、小庵觀靜鎖靈臺○本句詩、丹青畫出是君山。老杜詩、飛閣卷簾圖畫裏。王介甫詩、芭蕉一枕西窗雨。後似當年水遶床。老子曰、常無欲以觀其妙。靈臺見上注

題蓮華寺

狂卒猝起金坑西脅從數百馬一百蹄 漢書谷永傳曰、將有驕臣悍妾醉酒狂悖卒起之敗。注云、卒讀曰猝。書曰、脅從罔治。史記貨殖傳曰、牧馬二百蹄

所過州縣不敢誰肩輿虜載三十妻 賈誼過秦論曰、陳利兵而誰何。注云、問之爲誰

伍生有膽無智略謂河可憑虎可搏 退之詩、臣有膽與氣。史記甲叔傳、稱先生。曰今耶富人子又無智略。曾論曰、暴虎憑河死而無悔者、吾不與也。孟子曰、馮婦善搏虎

身肩白刃浮屠前此鄉父老至今憐 文選潘安仁關中詩曰、周殉師令、身膏氏斧。老杜詩、到今耆舊悲。按漢書項籍傳曰、楚人憐之至今

衝雨向萬載道中得逍遙觀遂戲題

逍遙近道邊憩息慰懣懣晴暉時晦明謔語諧讜論 道邊見上注。老杜詩、平生憩息地。韻書、懣與悶同。東都賦、旧讜言弘說。李善注引字林曰、讜美言也。音黨

草萊荒蒙籠室屋壅

塵坌 漢書鼂錯傳曰、草木蒙蘢、枝葉茂、按韻書云、坌塵也。蒲悶反。法華經云、糞土塵坌、汙穢不淨

僕僮侍偪仄涇渭清濁混 子虛賦曰、偪側泌節。注云、相迫也。老杜詩、有偪仄行。又詩、濁涇清渭何當分

題竹尊者軒

平生脊骨硬如鐵聽風聽雨隨宜說 傳燈錄、巖頭云、德山老人一條脊骨硬如鐵、拗不折。於唱教門中、猶較些子。法華經曰、諸佛隨宜說法、意趣難解。○王維宮詞、聽風聽水作霓裳

百尺竿頭放步行更向脚跟參一節 傳燈錄長沙景岑禪師偈曰、百尺竿頭不動人、雖然得也未爲真。百丈竿頭須進步、十方世界是全身。玄沙傳曰、老和尚脚跟

古道場寺

借未點也，叢林舉前人一段語，謂之一則，
一節與一則同。竹尊者當是竹根形狀如
此

送密老住五峯 密老蓋洪黃之嗣

我穿高安過萍鄉，七十二渡遶羊腸 一本此下
有兩句云：去時爛茗春風香，歸來秧稻春
日長。○高安屬筠州，萍鄉屬袁州，羊腸見
上注。山谷書萍鄉縣廳壁曰：庭堅抗荊江，
略洞庭，涉脩水，徑七十二渡，出萬載，來宜
春，省伯氏元明於萍鄉。
按元明時為萍鄉令。 水邊林下逢衲子，
南北東西古道場 蘇子由筠州聖壽院法
堂記曰：洞山有价，黃蘗
有運，眞如有愚，九峯有虔，五峯有觀。高安
雖小邦，而五道場在焉。前漢書南粵傳曰：

南北東西
數千里 五峯秀出雲雨上，中有寶坊如
側掌 文選張景陽七命曰：嶢榭迎風，秀出
中天。李善注引國語曰：秀出於衆。列
子曰：化人之宮，出雲雨之上。寶坊見上注。
老杜詩：秦川對酒平如掌。此變其語用之。
去與青山作主人，不負法昌老禪將 僧遇
禪師
三十年單丁住法昌山。法昌在洪州分寧
之北，事具洪覺範僧寶傳。法華經曰：佛賜
戰魔賢聖諸將，以禪定解
脫、無漏根力諸佛之財。 栽松種竹是家
風，莫嫌斗絕無來往 僧寶傳又載：臨濟禪師
至比，遍方栽松。南公
曰：小院子栽許多松作麼？遍曰：臨濟道底。
南公指石曰：這裏何不栽？遍曰：功不浪施。
南公曰：也知無下手處。遍却指石上松曰：
從什麼處得來？南公大笑曰：蒼天蒼天。漢

書匈奴傳曰：匈奴有斗入漢地，直張掖郡。
注云：斗絕也。後漢書竇融傳曰：河西斗絕，
在羌胡中。五
峯高峻，故云。 但得螺師吞大象，從來美酒
無深巷 法昌有法身頌云：螺師吞大象，石
虎咬蕃馬，驚起抱家龍，踏落雲屋
尾。古語曰：美酒無曲巷。言酒之美者，雖在
深僻之地，人必就沽。五峯雖險絕，但解法
昌宗旨，何患不
為人之所知哉。

新喻道中寄元明用觴字韻

中年畏病不舉酒，孤負東來數百觴。喚客
煎茶山店遠，看人秧稻午風涼 晉書顧榮
傳曰：惟酒
可以忘憂，但無如作病何。文選李陵書曰：
孤負陵心區區之意。歐公詩：快哉天下樂，

一醻宜百觴。老杜詩：野店引
山泉。樂天詩：泥秧水畦稻。 但知家裏俱
無恙，不用書來細作行 別本云：不用書來
細作行。想李炳文
極相肯也。○風俗通曰：恙，毒蟲也，喜傷人。
古人草居露宿，故相勞問，必曰無恙。老杜
詩：來書細作行。按後漢書循吏傳序曰：光
武以手迹賜方國，皆一札十行，細書成文。
一百八盤攜手上，至今猶夢遶羊腸 一百
八盤
路謂元明相送黔中時。樂天詩：
夢尋來路遶羊腸。羊腸見上注。

山谷詩集注卷第十六

山谷詩集注卷第十七

崇寧元年

拜劉凝之畫像

南康軍有刘西硐祠

弃官清頴尾買田落星灣 陳舜俞廬山記曰，劉渙字凝之，筠州人，天聖八年擢進士第，居官有直氣，不屑輒弃去，卜居落星渚，嘗乘黄犢往來廬山中。張文潛水玉堂記云，凝之年五十餘爲頴上令，即致仕，歸隱於廬山，年八十一卒。清頴尾見上注。寰宇記云，落星石在江州廬山東，周回一百五步，高丈許。圖經云，昔有星墜水化爲石，當彭蠡灣中，俗呼爲落星灣。身在菰蒲中名滿天地間 建康實録云，敖禮與張温使蜀，諸葛亮見而嘆曰，江東菰盧中生此奇才。謝靈運詩，菰蒲冒清淺。老杜詩，詩卷長留天地間。誰能四十年保此清静退 老子曰，保此道者不欲盈。漢書揚雄解嘲曰，爰清爰静，游神之庭。文選盧子諒序曰，用安静退。往來澗谷中神光射牛背 見首句注。晋書王衍引王導共載而去，曰吾目光乃在牛背上矣。

湖口人李正臣蓄異石九峯，東坡先生名曰壺中九華，并爲作詩。後八年，自海外歸湖口，石已爲好事者所取，乃和前篇以爲笑。實建中靖國元年四月十六日。明年當崇寧之元五月二十日，庭堅繫舟湖口，李正臣持此詩來，石既不可復見，東坡亦下世矣，感歎不足，因次前韻

有人夜半持山去 莊子曰，藏舟於壑，藏山於澤，謂之固矣，然而夜半有力者負之而走，昧者不知也。下句謂失此石之清寒，遂覺嶂嵐暖氣浮動於太虛耳。頓覺浮嵐暖翠空 埤蒼曰，嵐，山風也。摭言載趙嘏詩云，何必清樓倚翠空。試問安排華屋處何如零落亂雲中 曹子建詩曰，生存華屋處，零落歸山丘。此借用其字。能回趙璧人安在已入南柯夢不通 史記藺相如傳，度秦王負約不償城，使從者懷其璧，從間道亡，歸璧于趙。南柯見上注。謂東坡已死，此段陳迹遂成幻境，不可復追尋也。賴有霜鍾難席卷袖椎來聽響玲瓏 晋書石勒載記曰，頼有此耳。霜鍾謂石鍾山也。水經曰，彭蠡之口有石鍾山焉。東坡作石鍾山記，載唐李渤記曰，得雙石於潭上，扣而聆之，南聲函胡，北音清越，枹止響騰，餘韻自歇。山海經曰，豐山有鍾九，霜降則鳴。此用其字。漢書賈誼過秦論曰，有席卷天下之心。史記信陵君傳，朱亥袖四十斤鐵椎。揚雄甘泉賦曰，和氏玲瓏。

罷姑熟寄元明用觴字韻

通典曰，當塗縣即晋姑熟城。按當塗今爲太平州。

追隨富貴勞牽尾準擬田園略濫觴 上句言世

公暫在朝如未度炎涼可敌海外

言千里同風莫言孤別

人用力於富貴之地，如曳牛尾，徒自苦也。文選曹子建詩：冠蓋相追隨。俗本勞或作榮，非是。按太玄經：勤首曰：勞牽不其鼻于尾，弊。范望注曰：牽牛不其鼻而尾，故勞弊也。老杜詩：春來準擬開懷久。漢書汲黯傳：隱於田園。鑑觴見上注云云。本與

江鷗成保社，聊隨海燕度炎涼　南越志曰：江鷗一名海鷗。保社，謂保伍同社。傳燈錄：與化存奬禪師傳：克賓曰：我不入女保社。海燕，以言去來無定。梁吳筠詠燕詩曰：一燕海上來，一燕高堂息。老杜雙燕詩：應同避燥濕，且復過炎涼。

未栽姑熟桃李徑，却入江西鴻鴈行

別後常同千里月，書來莫寄九回腸　江西謂洪州，山谷鄉里。謝莊月賦曰：隔千里兮共明月。司馬遷書曰：腸一日而九回。

山谷十七　三

次蘇子瞻和李太白潯陽紫極宮感秋詩韻追懷太白子瞻　元豐七年，東坡自黃移汝，往筠州見子由。過江州，道士胡洞微示以太白詩石本，蓋其師卓玘之所刻，因和其韻。且云：玉芝一名瓊田草，洞微種之七八年矣。

不見兩謫仙，長懷倚脩竹　唐書李白傳：賀知章歎曰：子謫仙人也。兩謫仙，謂蘇、李。老杜詩：日暮倚脩竹。○南史云：會稽山有人，姓蔡，不知名，時人謂之謫仙。

行遶紫極宮，明珠得盈掬　老杜詩：道州手札適復至，紙長要自三過讀。盈把那須滄海珠，入懷本倚崑山玉。禮記曰：受珠玉者

明珠謂其詩也

以掬。詩曰：不盈一掬。

平生人欲殺，耿介受命獨　老杜無李白消息詩曰：衆人皆欲殺，吾意獨憐才。離騷曰：彼堯舜之耿介兮，既遵道而得路。莊子曰：受命於地，唯松柏獨也在，冬夏青青；受命於天，唯舜獨也正。○山谷跋東坡和陶詩云：子瞻謫嶺南，時宰欲殺之，亦此意也。

往者如可作，抱被來同宿　禮記檀弓：趙文子曰：死者如可作也，吾誰與歸。注云：作，起也。退之送殷侑序曰：抱被入直。樂天詩：官曹冷似水，誰肯來同宿。

砥柱閱頹波，不疑更何卜　劉禹錫詩：世道劇頹波，我心如砥柱。詳見上注。詩意謂蘇、李介特自信也。按楚辭屈原卜居曰：往見太卜鄭詹尹曰：余有所疑，願因先生決之。寧昂昂若千里之駒乎？將泛泛若水中之鳧乎？與波上下，偷以全吾軀乎？詹尹謝曰：用君之意，龜策誠不能知事。此詩用其意。左傳鬬廉云：卜以決疑，不疑何卜。此詩用其語。王維歸山歌亦云：聊解印兮相從，何詹尹兮可卜。

山谷十七　四

但覩草木秋，葉落根自復　草木秋見上注。老子曰：萬物並作，吾以觀其復。夫物芸芸，各歸其根。歸根曰靜，靜曰復命。○唐人詩：梧桐葉落滿庭陰。古詩：一葉落知天下秋。

我病二十年，大斗久不覆　山谷作發願文，戒酒肉，蓋元豐甲子歲，至崇寧壬午，歲二十年。行葦詩曰：曾孫維主，酒醴維醹，酌以大斗，以祈黃耇。注云：大斗長三尺。正義謂從大器挹之於樽，用此勺。隋書天文志曰：天市垣斗五星在官者南，仰則天下斗斛不平，覆則歲穰。此借用以言挹酒而注之，則當覆斗久不飲，故斗不覆也。

因之酌蘇李，蟹肥社醅熟　別本注云：少病不

能食。暫開酒肉故云。○文選江文通擬休上人云。桂水日千里。因之平生懷。林逋詩水痕初落蠏螯肥。李商隱詩。旗高社酒香按世說畢茂世云。一手持蟹螯。一手持酒杯。柏浮酒池中。便了足一生也。○山谷此詩元有跋云。予昔詩所記。胡道士王芝。一名瓊田草者。俗號其葉爲唐婆鏡。葉底開花。故號蓋天花。以予考之。其實本草之鬼臼也。歲生一臼。如黄精而堅瘦。滿十二歲可爲藥。就土中生根。取一臼。勿令大本知也。煑之如餌。飽。皮裏一臼。吞之數日不飢。餘三曰可辟穀也。黄龍山老僧多採而斷食令人躰臞而神王。今方家所用鬼臼。乃鬼燈檠耳。如蜀人用鬼箭。但用一草根。不知何物也。鎮陽趙州開道傍叢生三羽者。真鬼箭。俗醫用藥如此。而責古方不治病。可勝歎哉。因論玉芝之故。并記以遺胡道士道士胡君洞微。卓君玘之弟子。卓君之時。欲崇飾宮觀。而俗緣薄。規摹甚遠。而不成就。及胡君而宮殿崇成。便齋曲房。松竹蓊蔚。觀其軒窻開塞。宜冬而㤢夏。智慮通物者也。又好文多藝。能治賓客。具至者忘歸。此東坡先生所以每至而留連者歟

卷十七　五

瓊芝之軒

卓僊在時養瓊芝。深根固蔕活人命。憧憧來問此何草。但告渠是唐婆鏡。易咸卦之九四曰。憧憧往來。朋從爾思。王弼云。憧憧往來不絕皃。詩意謂俗人聞此草能使人長生。未必信之。但以凡草告之。可也。○老子曰。深根固蔕。長生久視之道

龜殼軒

紫極宮中三百楹。道人獨藏一神屋開軒。納息星月明時。有白雲來伴宿。道家以形骸爲屋宅。神之所舍也。吞嚥日月華。如龜之納息。黄庭經曰。後有密戶前生門。出日入月呼吸存。史記龜策傳曰。龜能行氣導引。太白紫極宮詩曰。白雲南山來。就我簷下宿。退之詩。月明伴宿玉堂空。○按本草。龜殼一名神屋。舊注引道家事。誤矣

秋聲軒

誰居空閑翁。囊籥情與無情並時作。莊子曰。風起北方。一西一東。有上彷徨。孰噓吸是。孰居無事而披拂是。老子曰。天地之間。其猶橐籥乎。又曰。萬物並作。吾以觀其復。法界觀頌曰。情與無情共一躰。是聲皆

卷十七　六

自根極來更莫辛勤問南郭。傳燈錄。鏡清問僧。門外什麼聲。曰。雨滴聲。師曰。衆生顛倒。迷己逐物。此詩用其意。莊子繕性篇曰。不當時命而大窮乎天下。則深根寧極而待。大宗師篇。真人之息以踵。郭象注曰。乃在根本中來。齊物論曰。南郭子綦隱几而坐。顔成子游立侍乎前。子綦曰。汝聞人籟而未聞地籟。汝聞地籟。而未聞天籟夫。子游曰。敢問其方云云

戲效禪月作遠公詠 并序

遠法師居廬山下。持律精苦。過中不受蜜湯而作詩。換酒飲陶彭澤。送客無貴賤不過虎溪。而與陸道士行過虎溪。數

百步大笑而別故禪月作詩云愛陶長官醉兀兀送陸道士行遲遲買酒過溪皆破戒斯何人斯師如斯故效之禪月師名貫休其詩見於集中陳舜俞廬山記曰遠師送陶元亮陸修靜[illegible]覺過虎溪因相與大笑今世傳三笑圖蓋起於此

邀陶淵明把酒椀送陸修靜過虎溪胥次

九流清似鏡人間萬事醉如泥陳舜俞廬山記曰簡寂觀宋陸先生之隱居也隱居名脩靜明帝召至闕設崇虛館通仙堂以待之仍會儒釋之士講道於莊嚴佛寺九流見上注東坡詩曰道人胷中水鏡清後漢周澤時人語曰一日不齋醉如泥

跋子瞻和陶詩東坡和陶淵明詩凡一百有九篇造和古人自東坡始

子瞻謫嶺南時宰欲殺之飽喫惠州飯細和淵明詩東坡知揚州初和淵明飲酒詩二十首歸田園居以下皆謫惠州後所作東坡以紹聖元年安置惠州時章惇爲宰相老杜歌曰但使殘年飽喫飯只願無事長相見

彭澤千載人東坡百世士出處雖不同風味乃相似唐人張旭有帖云賀八清鑒風流千載人世孟子曰伯夷柳下惠奮乎百世之上百世之下聞者莫不興起山谷作王持字說曰世無千歲之人安得千歲之士蓋其德可以經盛衰云耳易曰君子之道或出或處或默或語二人同心其利斷金同心之言其臭如蘭子由作和陶集序亦曰區區之迹蓋未足以論士也

題李亮功戴嵩牛圖張彥遠名畫記載戴嵩事曰韓晉公滉之鎮浙右署爲巡官師晉公之畫不及佗物推善水牛而已田家川原亦有意思李亮功名公寅

韓生畫肥馬立仗有輝光老杜丹青引云弟子韓幹早入室亦能畫馬窮殊相幹惟畫肉不畫骨忍使驊騮氣彫喪立仗馬見上注文選阮嗣宗詩灼灼有輝光

戴老作瘦牛平田千頃荒韓生作富貴想戴老作田野觀言皆懷異趣也

觳觫告主人實已盡筋力孟子注曰觳觫牛當到死地處恐貌老杜病馬詩塵中老盡力蓋用甲子方事筋力見曲禮

乞我一牧童林間聽橫笛南史陶弘景傳梁武帝屢加禮聘並不出唯畫作兩牛一牛散放水草之間一牛着金籠頭有人以杖驅之武帝笑曰此人豈有可致之理此詩頗採其意山谷於時政以軒冕爲累也

追和東坡題李亮功歸來圖

今人常恨古人少今得見之誰謂無南史張融傳常歎云不恨我不見古人所恨古人又不見我晉書王衍傳王戎曰當從古人中求耳○漢書劉平傳嘗聞烈士乃今得之

欲學淵明歸作賦先

煩摩詰畫成圖 陶淵明集有歸去來賦序云，彭澤去家百里，公田之
利足爲酒，故便求之。及少日，眷然有歸歟
之情。唐書王維傳，維字摩詰，別墅在輞川
地奇勝，畫斷曰：王維畫輞川圖，山谷盤鬱，雲水飛動 小池已築魚千
里 隙地仍栽芋百區 齊民要術，載陶朱公養魚經曰：以六畝地
爲池，池中有九洲，求懷子鯉魚二十頭，牡
鯉魚四頭，內池中，魚在池中，周遶九洲無
窮，自謂江湖也。其詳已見上注。左思蜀都
賦曰：瓜疇芋區。氾勝之書曰：種芋區方深
皆三尺 朝市山林俱有累，不居京洛不江湖
世傳退之與大顛書云：著山林與著城郭無異 以言不居材與材之間也

次韻徐仲車喜董元達訪之作南

郭篇四韻 徐積字仲車，見上注。元達名遼
董侯從軍來，意望名不朽 王粲詩：從軍有苦樂。不朽見上
注 款門拜徐公，在德不在酒 魏志徐邈傳，盧欽著書稱
邈曰：世人無常，而徐公有常。退之詩：何人
有酒身無事，誰家多竹門可款。左傳王孫
滿曰：在德不在鼎。此用其語律 徐公雖避俗，對客輒粲然
耳不聞世事，時誦陶令篇 老杜詩：陶潛避俗翁。鄭氏注詩
旄丘篇曰：人之耳聾，常多笑而已。仲
車有此疾，故以爲戲。粲然見上注

次韻仲車爲元達置酒四韻

射陽三萬家，莫賣徐公門 楚州山陽縣，本漢射陽縣地。仲
車家於楚，故云 誰能拜牀前，況乃共酒尊 襄陽記曰：諸葛
孔明每至龐德公家，獨拜牀下 惟此酒中趣，難爲醒者論
晉書孟嘉傳，桓溫問：酒有何好，而卿嗜之。
嘉曰：公未得酒中趣耳。漢書司馬遷傳曰：
事未易一二爲俗人言也。○陶淵明詩：但
得醉中趣，勿與醒者傳。山谷豈體此耶
盜臥月皎皎，雞鳴雨昏昏 明月皎然，盜所畏忌，此古人所
以自晦於酒，世間萬事付之一醉，而胷中
了了，自有常度，如雞鳴之不爲風雨所廢
也。然雞鳴雨中，其聲往往難辨，亦因以戲
仲車之聾。東坡和仲車詩，蓋云：蒼蠅莫亂
遠雞聲，世上誰如公覺早。文選潘安仁詩：
皎皎窻中月。齊詩云：風雨如晦，雞鳴不已。
退之詩：海氣
昏昏水拍天

言拜床下已少況共酒盃哉

次韻仲車因婁行父見寄之詩

前朝老諸生，太半正丘首 仲車與山谷同登治平四年第
於時同年生，零落太半矣。檀弓曰：狐死正丘首，仁也 投荒萬里歸，煩
公問健否 柳子厚詩：一身去國三千里，萬死投荒十二年 往時望
江宰，今爲夏津吏 望江屬舒州，夏津屬北京。樂天有立碑詩曰：我
聞望江縣，麴令憮惸嫠。在官有仁政，名不
聞京師。當是借用此事，以言婁君之循良
或嘗爲此縣也 它日可教之，玉音尚無棄 謂婁君有受道
之質，欲仲車教之也。司馬相如長門賦曰：
願賜問而進兮，得尚君之玉音。注引詩曰：
無金玉爾音，而有遐心。老
子曰：常善救人，故無棄人

武昌松風閣 武昌今鄂州縣言其高

依山築閣見平川，夜闌箕斗插屋椽。我來名之意適然。老松魁梧數百年，斧斤所赦今參天。風鳴媧皇五十弦，洗耳不須菩薩泉。魁梧，參天，並見上注。禮圖曰：庖犧氏作瑟五十弦。此云媧皇，未詳。東坡聽琴詩曰：歸家且覓千斛水，淨洗從前箏笛耳。東坡菩薩泉銘序曰：寒溪少西數百步，別爲西山寺，有泉出於嶔竇間，色白而甘，號菩薩泉。建昌李常謂余：豈昔阿育王所鑄文殊金像之所在乎？金像事見陳舜俞廬山記。嘉二三子甚好賢，力貧買酒醉此筵。夜雨鳴廊到曉懸，相看

不歸臥僧氈。泉枯石燥復潺湲，山川光輝爲我妍。野僧早飢不能饘，曉見寒谿有炊煙。二三子見魯論。東坡詩：嘉我二三子。楚辭曰：觀流水兮潺湲。寰宇記曰：樊山在鄂州武昌縣西，山東十步有岡，岡中有寒溪。張舜民南遷錄曰：寒溪即元次山故居。王介甫詩：嗔煙孤起隔林炊。東坡道人已沉泉，張侯何時到眼前。東坡謫黃州，時多往來武昌溪山間。建中靖國元年還自海外，七月歿于常州。東都賦曰：沉珠於泉。此借用。張侯謂文潛。文潛，崇寧元年七月，言者謂文潛知潁州日聞蘇軾卒，飯僧縞素而哭，遂自管勾亳州明道宮責授房州別駕，黃州安置。老杜詩：多病秋風落，君來慰眼前。釣臺驚濤可晝眠，怡

亭看篆蛟龍纏。元次山樊上漫歌曰：叢石橫大江，人言是釣臺。按水經，樊山北背大江，江上有釣臺，孫權嘗極飲其上。歐公集古錄跋曰：怡亭銘，李陽冰篆，裴虬撰銘，在武昌江水中小島上，亭在其上，銘刻于島石。老杜觀薛稷書畫壁詩曰：鬱鬱三大字，蛟龍岌相纏。安得此身脫拘攣，舟載諸友長周旋。漢書鄒陽上書曰：能越攣拘之見，超域外之議。魏晉間多以交游爲周旋。又蜀志後主傳注：諸葛亮曰：吾周旋陳元方、鄭康成間。又世說曰：郗嘉賓開庫得錢，一日乞與親友周旋略盡。○韓退之送文暢師詩云：粗識事輗軏，攣拘屈吾身。

次韻文潛

武昌赤壁弔周郎，寒溪西山尋漫浪。吳志周瑜傳：吳中皆呼爲周郎。建安十三年九月，曹公入荊州，孫權遣瑜等與劉備并力逆曹公，遇於赤壁。黃蓋放諸舡同時發火，曹公軍馬燒溺死者甚衆，軍遂大敗。按赤壁山在今鄂州蒲圻縣，而山谷所引，蓋指黃州赤壁，與武昌對岸者。東坡題赤壁賦後，所謂黃州少西山麓斗入江，石色如丹，即此地也。元次山自釋曰：將家瀼濱，乃自稱浪士，及有官，時人以爲浪者亦漫爲官乎，遂呼爲漫郎。及家樊上，漫遂顯焉。又曰：以近文多漫浪之稱，故設之以自釋。忽聞天上故人來，呼舡凌江不待餉。老杜詩：天上張公子，宮中漢客星。退之詩：遂凌大江極東陬。按孔稚圭大雷舉帆詩云：凌江及濤涌，挂帆追風潮。我瞻高明少吐

氣君亦歡喜失微恙東都賦曰咸含和而吐氣老杜春陵行序曰萬姓吐氣又詩蘇侯得數過歡喜每傾倒文潛時有末疾故云微恙○後漢孔融傳李膺曰高明祖父與僕有恩舊乎○年來鬼祟覆三豪詞林根柢頗搖蕩三豪當是東坡先生及范淳夫秦少游於時皆死矣蘇與秦山谷之師友范蓋修史時同僚老杜八哀詩曰憶昔李公存詞林有根柢莊子曰搖蕩人心天生大材竟何用只與千古拜圖像太白詩天生我材必有用此反而言之老杜詩古來材大難爲用文選王元長策秀才文曰敷化一時餘烈千古退之孔子廟碑曰像圖孔肖○張侯文章殊不病歷險心膽元自壯言其文章無衰苶之氣家語曰歷險

致遠馬力盡矣魏武帝樂府歌曰烈士暮年壯心不已老杜詩天河元自白汀洲鴻鴈未安集風雪牖戶當塞向有人出手辦茲事政可隱几窮諸妄鴻鴈詩序曰萬民離散不安其居而能勞來還定安集之孟子曰國家閒暇明其政刑雖大國必畏之矣詩云迨天之未陰雨徹彼桑土綢繆牖戶今此下民或敢侮予孔子曰爲此詩者其知道乎能治其國家誰敢侮之詩意謂徽廟躬攬之初安民修政自有廟堂諸人身任此責吾曹但當學道山林爾七月詩云塞向墐戶傳燈錄雲巖答藥山曰與和尚共出隻手圓覺經曰於諸妄心亦不息滅經行東坡眠食地拂拭寶墨生楚愴法華經曰經行林中勤求佛道晉郗超傳大損眠食

文選謝靈運擬鄴中詩序曰撰文懷人感往增愴世說注婦人集載阮氏與許允書辭甚酸楚○元豐三年東坡謫居黃州放浪溪山間凡所遊覽見於賦詠人皆刻之石東坡集中俱載之今不復錄出山谷作是詩時文潛亦謫於此故有經行東坡眠食地之句文潛聞東坡之喪縞素而哭拂拭寶墨得無生楚愴耶此兩句非獨盡文潛之方寸又見其師友戀慕片言隻字不敢頃刻忘也水清石見君水清石見具上注圓覺經曰爲諸菩薩開秘密藏詩意謂賢愚邪正久而自明自古皆然非世俗所知也涅槃經曰愚人不解謂之秘藏智者了達則不名藏○西清詩話載杜少陵詩云作詩用事要如釋語水中着鹽飲水乃知鹽味此說詩家秘密藏也所知此是吾家秘密藏

和文潛舟中所題舊本題云乘武昌小舟過黃岡木門閒觀張文潛次韻和李夫舉詩是日冒太風剌舟對赤鼻磯而渡江亦次夫舉韻

雲橫疑有路天遠欲無門謂文潛初在朝路疑若自致青雲然竟流落望君門而不可入也老杜詩雲横雉尾高文選沈休文詩唯使雲路通楚辭九歌曰廣開兮天門紛吾乘兮玄雲招魂曰虎豹九關啄害下人注謂天門九重虎豹啄齧天下欲上之人而殺之也信矣江山美懷哉譴逐魂王粲登樓賦曰雖信美而非吾土譴逐魂借用屈原事以言東坡舊謫黃州王逸楚辭章句曰宋玉憐屈原忠而斥棄魂魄放佚故作招魂詩曰懷哉懷哉曷

月予還歸哉長波空泚記佳句，洗眵昏誰奈離愁，得村醪或可尊漢書揚雄傳反離騷曰因江潭而泚記兮欽弔楚之湘纍注云泚往也音子放反退之詩皇甫作詩止睡昏又詩兩目眵昏頭雪白玉篇眵音充支切目傷皆也

題君子泉

雲夢澤南君子泉，水無名字託人賢。兩蘇翰墨相為重，未刻他山世已傳雲夢澤南謂黃州杜牧之詩曰平生睡足處雲夢澤南州黃州通判孟震亨之朝中謂為孟君子公宇中有泉出甚清東坡因以名泉予由為之記東坡在常州有詩曰忽見東平孟君子夢中相對說黃州詩曰它山之石可以攻玉

宿黃州觀音院鍾樓上

鍾鳴山川曉，露下星斗濕。老夫梳白頭，潘何塤篪集老杜詩老夫清晨梳白頭玄都道士來相訪張文潛集中有同潘何小酌詩潘當是邠老名大臨本閩人後家于黃文潛嘗為集序何當是斯舉斯舉名頡之黃岡人山谷嘗與書取色斯舉矣為之字事見曾慥詩選詩曰伯氏吹塤仲氏吹篪

謝何十三送蠏山谷出峽後以病故頗開葷酒之戒

形模雖入婦女笑，風味可解壯士顏彌明石鼎聯句曰形模婦女笑列子曰老商始一解顏而笑寒蒲束縛十六輩，已覺酒興生江山退之毛穎傳曰聚其族而加束縛焉老杜詩雲山已發興玉佩仍當歌○羅研論蜀亂東縛之使句有二三

又借答送蠏韻并戲小何三首皆見脩水集今附于此

草泥本自行郭索，玉人為開桃李顏林逋詩草泥行郭索雲木叫鉤輈按太玄銳首曰蟹之郭索復後蚓黃泉測曰蟹之郭索心不一也范望注云郭索多足皃李太白詩松柏本孤直難為桃李顏恐似曹瞞說雞肋，不比東阿舉肉山魏志武帝紀云帝小字阿瞞後漢楊脩傳曹操平漢中出教唯曰雞肋而已外曹莫能曉脩獨曰夫雞肋食之則無所得棄之則如可惜公歸計決矣文選曹植子建與吳季重書曰願舉太山以為肉傾東海以為酒按魏志植傳徙封東阿王

代二螯解嘲

仙儒昔日卷龜殼，蛤蜊自可洗愁顏淮南子曰盧敖遊乎北海至蒙穀之上見若士者方卷龜殼而食蛤蜊敖與之語若士囂然笑曰子中州之人不宜而遠至此漢書司馬相如曰列仙之儒居山澤之間形容甚臞不比二螯風味好，那堪把酒對西山荀子曰蟹六跪而二螯退之詩我來無一事把酒對南山此言西山謂武昌

又借前韻見意

招潮瘦惡無永味，海鏡纖毫只強顏。想見霜臍當大嚼，夢回雪壓摩圍山。海物異名記曰：蟹之小者，每潮欲來，出穴，舉螯迎之，名招潮子。文選郭景純江賦曰：王珧海月，土肉石華。注引海水土物志曰：海月大如鏡，白色正圓，常死海邊，其柱如搔頭大，中食。曹子建書曰：過屠門而大嚼，雖不得肉，貴且快意。此詩末句謂往在黔南，雪中睡起時，嘗作霜蟹之想，如昔人思蓴鱸也。

次韻文潛立春日三絕句

眇然今日望歐梅，已發黃州首更回。試問淮南風月主，新年桃李為誰開。王羲之帖云：當今人物眇然。山谷此詩在黃州所作，蓋東坡舊謫之地。東坡舉進士時，歐陽文忠公、梅聖俞愛其文，置之異等。後在黃州，嘗有帖云：江山風月，本無常主，閑者便是主人。此引用以屬文潛。老杜詩：西江首獨回。樂天詩：村杏野桃繁似雪，行人不醉為誰開。

誰憐舊日青錢選，不立春風玉筍班。唐書張薦傳：祖鷟能文，員半千稱鷟文詞猶青銅錢，萬選萬中，時号青錢學士。文潛舊為起居舍人。鄭谷九日寄張起居詩曰：渾無酒泛金英菊，謾道官居玉筍班。按北夢瑣言曰：唐末朝士中有人物者，時號玉筍班。又傳外郎班清緊不雜，亦號玉筍班者也。

得黃州新句法，老夫端欲把降幡。黃州句法，亦謂東坡。老杜詩：佳句法如何。長安薛氏有皇甫湜手帖云：鄆塘特高古，風敢樹降旗。謂退之谿堂詩也。又孫樵與王霖書曰：誠謂足下怪於文，方舉降旗，且大誇朋從間。退之元和聖德頌曰：降幡夜豎。杜牧之詩：擬把一麾江海去。

江山也似隨春動，花柳真成觸眼新。清濁盡須歸甕蟻，吉凶更莫問波臣。老杜詩：天邊梅柳樹，相見幾回新。清濁，酒用徐邈事，見上注。屈原卜居曰：往見太卜詹尹，詹尹乃端策拂龜。屈原曰：此孰吉孰凶，何去何從。莊子曰：周顧視車轍中有鮒魚焉，周問之，對曰：我東海之波臣也。此借用，以言龜。蓋莊子又載宋元君夢龜為清江使故爾。

再次前韻

春工調物似鹽梅，一一根中生意回。風日安排催歲換，丹青次第與花開。鹽梅見書說命。晉書殷仲文傳曰：此樹婆娑，生意盡矣。樂天詩：百果參雜種，千枝次第開。

久狎漁樵作往還，曉風宮殿夢催班。鄰娃似與春爭道，酥滴花枝綵剪幡。老杜詩：萬里狎樵漁。又詩：他鄉惟表弟，還往莫辭遙。文選顏延年詩：萬古陳往還。史記荊軻傳曰：魯勾踐與荊軻博，爭道。又漢書吳王濞傳：吳太子侍皇太子飲，博爭道不恭。此借用，猶言爭勝也。元絳春帖子詞曰：幡字玲瓏玉，花房點滴酥。續翰林志：立春賜鏤銀飾彩勝之物。

酒有全功筆有神可將心付白頭新春盤
一任人爭席莫道前銜是近臣 樂天詩曰湛湛樽中酒有功不自伐文選阮元瑜書曰喜得全功老杜詩下筆如有神又詩春日春盤細生菜爭席見上注樂天詩十年不改舊官銜老杜詩宜居漢近臣

山谷詩集注卷第十七

山谷詩集注卷第十八

夢中和觴字韻 并序

崇寧二年正月巳丑夢東坡先生於寒溪西山之間予誦寄元明觴字韻詩數篇東坡笑曰公詩更進於曩時因和予一篇語意清奇予擊節賞歎東坡亦自喜於九曲嶺道中連誦數過遂得之

天教兄弟各異方不使新年對舉觴 退之送李正字序曰得燕而舉一觴此天也非人力也文選李陵荅蘇武書曰異方之樂秖令人悲又劉琨書云時復相與舉觴對膝

作雲作雨手翻覆得馬失馬心清涼 老杜詩翻手作雲覆手雨紛紛輕薄何須數淮南子曰近塞上之人有善術者馬無故亡而入胡人皆弔之其父曰此何遽不為福乎居數月其馬將胡駿馬而歸人皆賀之其父曰何遽不為禍乎家富良馬其子好騎墮而折其髀人皆弔之其父曰何遽不為福乎居一年胡人入塞丁壯死者十九此獨以跛之故父子相保仙人遏末曲曰觴來勿與競事過心清涼

何處胡椒八百斛誰家金釵十二行 唐書元載傳籍其家胡椒至八百石樂府梁武帝河中之水歌曰河中之水向東流洛陽女兒名莫愁頭上金釵十二行足下絲履五文章蓋言其首飾之盛爾而白樂天酬牛思黯戲贈詩有鍾乳三

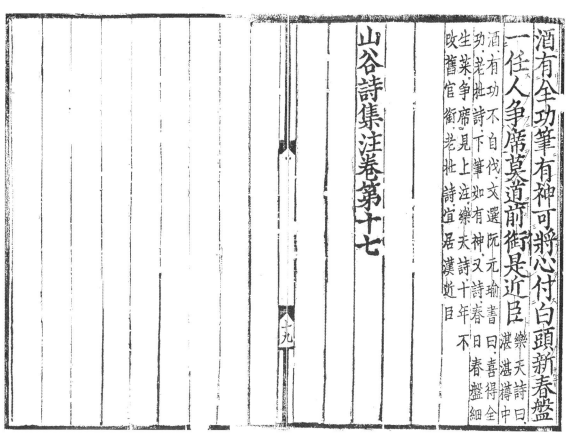

千兩金釵十二行之句注言眾鱗之妓頗多與樂府意異云一丘一壑可曳尾三沐三亹取刳腸晉書謝鯤傳或問論者以君方庾亮何如荅曰端委廟堂使百僚準則鯤不如亮一丘一壑自謂過之曳尾見上注齊語曰莊公束縛管仲以予齊使齊使受之而退比至三亹三浴之桓公親逆之于郊注云以香塗身曰亹亦或爲薰此借用以言墮於世網也按史記龜策傳宋元王二年江使神龜使於河漁者豫且得之元王刑白雉驪羊以血灌龜於壇中史以刀剥之橫其腹莊子曰神龜知能七十二鑽而無遺策而不能避刳腸之患

次韻吳可權題餘干縣白雲亭餘干今隸饒州

曩誰築孤亭勝日有感遇永懷劉隨州因榜白雲句遺老不能談歲月忽成屢緑陰斤斧盡華屋風雨作勝日見衛玠傳具上注文選江淹擬靈運詩曰覊旅去舊鄉感遇喻琴瑟唐書陳子昂傳爲感遇詩三十八章文選陸機辯亡論曰招攬遺老唐人劉長卿字文房嘗爲隨州刺史其集中有同姜濬題裴式微餘干東齋亭詩八韻其首章四句云世事終成夢生涯欲半過白雲心已矣滄海意如何曹子建詩生存華屋處零落歸山丘吳侯七閩英宰縣有真趣七閩見上注謂福建也退之詩出宰山水縣選詩悠悠縕真趣絃歌解民慍根節去吏蠹魯語曰子之武城聞弦歌之聲注云子游爲武城宰帝王世紀曰舜彈五絃琴歌南風詩曰南風之薰兮可以解吾民之慍兮村妝佛退之鄆州溪堂詩曰孰爲邦蟊節根之螟又祭馬揔文曰去其螟蟲宮餘工有子來助靈臺詩曰經始勿亟庶民子來廈成燕雀賀水滿鳧鴈翥淮南子曰大廈成而燕雀相賀文選沈休文詩曰白水滿春塘旅鴈每回翔劉公幹詩曰方塘含白水中有鳧與鴈曹子建七啓曰翔尒鴻翥濈然鳧没四海名士來一笑佳客聚老杜宴歷下亭詩曰海右此亭古濟南名士多雲與碧山留雲散清江去斯須成蒼狗皆道不如故雲之或留或去其狀如山與江也老杜詩天上浮雲似白衣斯須改變如蒼狗古樂府曰持縑來比素新人不如故

至人觀萬物誰有安立處萬物虛幻皆如浮雲之無根也傳燈錄天台語曰至人以是獨照能爲萬物之主圓覺經曰見聞覺知無處安立寄語吳令君但遣糟床注老杜詩賴知禾黍收已覺糟床注

次韻廖明略同吳明府白雲亭宴集廖正一字明略安陸人元祐中召試館職東坡大奇之俄除正字紹聖初貶信州玉山監税有詩文號白雲集白雲亭在饒州餘干縣

江淨明花竹山空響管絃謝玄暉詩澄江靜如練老杜詩

越与吳越相接
連生聚左傳注
生民聚財也

山寂花竹幽、後漢書皇甫規等贊曰、谷靜
山空、古樂府孔稚圭白紵歌曰、山虛弓響
徹、漢書曰、鍾鼓
管絃之音未衰　風生學士麈雲繞令君筵
學士謂廖明略、令君謂吳明府、太白詩、水
閑明鏡轉、雲繞畫屏移、又云、作詩掉我驚
逸興、白雲遠
筆、窗前飛　百越餘生聚三吳遠接連　輿
地
記曰、饒州餘干縣、即干越之地、漢書賈誼
過秦論、南取百越之地、地理志臣瓚注曰、
自交趾至會稽七八千里、百粵雜處、各有
種姓、通典曰、吳郡與吳興丹陽爲三吳、左
傳伍員曰、越十年生聚而十年教訓、退之
詩、周楚仍連接、老杜詩、野水春來更接連
庖霜刀落鱠執玉酒明舡　上句舊作鱠魴
刀落雪、韓孟城
南聯句曰、庖霜鱠玄鯽、曲禮曰、執玉不趨
舡謂玉酒舡。老杜詩、月朗自明舡、此借

山谷十八　四

用　葉縣飛來舄壺公謫處天　上句以屬吳、
下句以屬廖、
選詩、王喬飛鳧舄、按後漢王喬傳、顯宗世
爲葉令、每月朔嘗自縣詣臺、帝令太史伺
望之、言其臨至、輒有雙鳧從東南飛來、於
是候鳧至、舉羅張之、但得一隻舄焉、則所
賜尚書官屬履也、又費長房傳曰、市中有
老翁賣藥、懸一壺於肆、翁乃與長房俱入
壺中、唯見玉堂嚴麗、旨酒甘肴盈
衍其中、太白詩、壺中別有日月天　酌多時
暴謔舞短更成妍　漢書蓋寬饒曰、毋多酌
我、左太冲吳都賦云、鄱
陽暴謔、蓋取詩所謂善戲謔兮不爲虐兮
之意、鄱陽今饒州、陶岳零陵記曰、長沙王
發於上前、自請短舞、人笑
其拙、選詩曰、皎潔不成妍　唯我孤登臨覽觀
詩未究宣空餘五字賞文似兩京然　謂觀
明略

詩、未能究景物之詳、然賞歎其五字律如
兩漢蘇李曹劉之作也、漢書儒林傳序曰、
小吏淺聞未能究宣、後漢書張衡傳、擬班
固兩都、作二京賦、孟子曰、道若大路然
醫是肱三折官當歲九遷　肱三折見上注、
言經憂患之多、
退之上張僕射書
曰、一歲九遷其官　老夫看鏡罷衰白敢爭
先　老杜詩、功業頻看鏡
又詩、衰白已光輝

病來十日不舉酒二首

病來十日不舉酒回施青春與後生滿袖
東風愜人意見君詩與字俱清　王羲之帖
云、官奴小
女玉潤、病來十餘日、了不令民知、回施蓋
用佛家語、楊凝式詩、無限歡娛榮樂事、一

山谷十八　五

時、回施少年人、劉禹錫詩、分付鶯
花與後生、老杜詩、幽意忽不愜
病來十日不舉酒獨臥南床春草生承君
折送袁家紫令我興發郎官清　南史謝惠
連族兄靈
運、嘗於永嘉西堂思詩、忽夢見惠連、即得
池塘生春草、袁家紫當是牡丹名、郎官清
蓋酒名、國史補云、酒
則京城之郎官清

題小景扇

草色青青柳色黃桃花零落杏花香春風
不解吹愁却春日偏能惹恨長　文選古詩
青青河畔
草、太白詩、柳
色黃金嫩

鄂州南樓書事四首

四顧山光接水光凭欄十里芰荷香清風明月無人管併作南樓一味凉〔莊子曰爲之四顧爲之躊躇老杜詩山光悦鳥情歐公詩惟有新秋一味凉○退之詩曲江荷花盖十里又太平廣記鬼詩明月清風良宵會同〕

畫閣傳觴容十客透風透月两明軒南樓槃礴三百尺天上雲居不足言〔文選郭璞江賦曰開門閣竦而槃礴李善注云廣大皃退之詩火燒水轉掃地空突兀便高三百尺江南諺曰天上雲居地上歸宗蓋雲居在山之絕頂舊屬洪州今屬南康軍○三國志陳登字元龍傳元龍曰如我欲卧百尺樓上今云三百尺蓋增言之耳〕

勢壓湖南可長雄肯呑雲夢略從容此舡未嘗覩巨麗複閣重樓天際逢〔前漢鮑宣傳曰上黨少豪俊易長雄退之祭鱷魚文亦曰爭爲長雄肯呑雲夢見上注子虛賦曰君未覩夫巨麗也文選景福殿賦曰複閣重闈謝玄暉詩天際識歸舟〕

武昌參佐幕中畫我亦來追六月凉老子平生殊不淺諸君少任對胡床〔武昌蓋用庾亮事見下注世說注劉弘謂陶侃曰昔吾爲羊太傅參佐文選謝宣遠詩曰婉婉幕中畫後漢仲長統傳曰濯清水追凉風老杜詩憶昔好追凉故遶池邊樹〕

南樓畫閣觀方公悦二小詩戲次韻

十年華屋網蛛塵大旆重來一日新五鳳樓中脩造手箇中餘刃亦精神〔文選曹顏遠詩曰生存華屋處張景陽雜詩曰蜘蛛網四屋楊文公談苑曰韓浦韓洎咸有詞學洎意嘗輕浦語人曰吾兄爲文譬繩樞草舍予之爲文是造五鳳樓手莊子曰恢恢然其於游刃必有餘地者矣〕

重山複水繞深幽不見高賢獨倚樓手拂壁間留恨句凌波微步有人愁〔老杜詩不見高人王右丞又詩行藏獨倚樓洛神賦曰凌波微步羅襪生塵李太白樂府云有人樓上愁〕

庭堅以去歲九月至鄂登南樓歎其制作之美成長句久欲寄遠因循至今書呈公悦

江東湖北行畫圖鄂州南樓天下無〔老杜詩閬州城南天下稀〕高明廣深勢抱合表裏江山來畫閣〔左傳曰表裏山河必無害也筆談載盧宗回慈恩塔詩云百二山河表裏觀〕雪蓬披襟夏簟寒肯呑雲夢何足言〔言冬暖而夏凉也雪蓬用文選謝惠連雪賦意宋玉風賦曰有風颯然而至王乃披襟而當之曰快哉此風江文通別賦曰夏簟清兮晝不暮漢書司馬相如傳曰呑若雲夢者八〕

四ー左右前后

九、於其背中曾不帶於　庚公風流冷似鐵誰其繼之

方公悅　晉書庾亮傳、在武昌、諸佐吏乘秋夜、共登南樓、亮至、諸人將起避之、亮曰、諸君少住、老子於此處、興復不淺、便據胡床談詠、老杜詩、布衾多年冷似鐵、左傳曰、子產而死誰其嗣之、公悅名澤

養鬬雞

崢嶸巳介季氏甲更以黃金飾兩戈　左傳曰、季郈之雞鬬、季氏介其雞、郈氏爲之金距、注云、擣芥子播其羽也、或曰、以膠沙播之爲介雞、韓孟鬬雞聯句曰、崢嶸顛盛氣、洗䨟刷凝鮮彩、既取冠爲胄、復以距爲鐵

有英心甘鬬死其如紀渻木雞何　韓孟鬬雞聯句、曰、英心甘鬬死、義肉恥庖宰、列子曰、紀渻子爲周宣王養鬬雞、十日而問、雞可鬬乎、曰、未也、方虛驕而恃氣、十日又問之、曰、未也、猶疾視其盛氣、十日又問之、曰、幾矣、雞雖有鳴者、已無變矣、望之似木雞矣、異雞無敢應者、反走耳

顏徒貧樂齋二首　顏徒姓黃名炎、顏侍御史照之第三子、山谷有手帖、叙宗盟之好

衡門低首過環堵容膝坐　詩云、衡門之下、可以棲遲、注云、衡門、橫木爲門、言淺陋也、禮記曰、儒有一畝之宮、環堵之室、韓詩外傳、北郭先生妻曰、結駟列騎、所安不過容膝、淵明歸去來詞、審容膝之易安○四旁無給

詩百衲自纏裹　考工記曰、夏后氏世室、四旁兩夾窻、維摩經曰、文殊

論事ー蓋言者ヽ常

小山蓋用淮南王事

幽房婦ヽ屋室

貧樂ヽヽ字形容出而太妙

師利言、居士此室何以空無侍者、維摩詰言、諸佛國土亦復皆空、涅槃經、佛告文殊汝已朽邁、當須使人、云何方欲爲我給侍、樂天詩、百衲頭陀任運僧　論事直

如絃觀書曲肱卧　後漢五行志、順帝之末、京都童謡曰、直如弦、死道邊、曲如鉤、反封侯、曲肱見魯論　飢來或乞食有道無不

可　飢而乞食、如陶淵明之徒、不害其眞也、淵明有乞食詩曰、飢來驅我去、不知竟何之、列子曰、子列子窮、容兒有飢色、客有言之鄭子陽者曰、列禦寇蓋有道之士也、子陽遺之粟、子列子再拜而辭、孔子曰、我則異於是、無可無不可

小山作友朋義重子輿桑　盧仝詩、草石是親情、此句頗采其意、莊子曰、子輿與子桑友、而淋雨十日、子輿曰、子桑殆病矣、裹飯而往食之、香

草當姬妾不須珠翠粧　王逸離騷序曰、善鳥香草、以配忠貞、樂天詩、綠桂爲佳客、紅蕉當美人、曹子建七啓曰、山鷄斥鷃、珠翠之珎　烏烏

窺凍硯星月入幽房　左傳曰、烏烏之聲樂、鄭谷燕詩曰、閑杌硯中窺水淺、落花徑裏得泥香、文選陸機詩、安寢北堂下、明月入我牖、潘安仁哀永逝文曰、撫靈櫬兮訣幽房、退之詩、幽房無人感蛜蝛、此借用　兒報無炊米

浩歌繞屋梁　舊唐書韓愈傳、雖晨炊不給、怡然不介意、老杜詩、長歌激屋梁、按列子曰、韓娥東之齊、匱糧過雍門、鬻歌假食、既去而餘音繞梁欐、三日不絕、此借用以言能傲貧賤也、楚詞九歌曰、臨風怳兮浩歌、宋玉神女賦曰、耀乎若白日初出屋梁

劉曲詩云大夢中唯我独先覺

和涼軒二首

打荷看急雨，吞月任行雲。夜半蚊雷起，西風爲解紛。蚊雷見上注。史記滑稽傳曰：談言微中，可以解紛。○梁元帝與武陵王紀書：大智季月，煩暑流金，爍石聚蚊成雷，封狐千里。

茗椀夢中覺，荷花鏡裏香。涼生只當處，暑退亦無方。退之詩：平鋪紅藻蓋明鏡。楞嚴經曰：當處出生，隨處滅盡。維摩經曰：來者無所從來，去者無所至。易曰：神無方，易無體。

題默軒和遵老

平生三業淨，在俗亦超然。佛事一盂飯，橫眠不學禪。攝論云：菩薩戒以身口意三業爲體。老子曰：雖有榮觀，燕處超然。傳燈録大安禪師傳云：安在溈山三十年，喫溈山飯，不學溈山禪。慈明和尚因事頌曰：時來開鉢展布單，飯了收盂困即眠。

松風佳客共，茶夢小僧圓。傳燈録：溈山謂仰山云：我適來得一夢，汝試爲我原看。仰山取一盆水與師洗面。少頃，香嚴乃點一椀茶來。師云：二子見解過於鶖子。原夢或作圓夢。按南唐近事：馮僎舉進士時，有徐文幼能圓夢云云。漫續山家頌，非詩莫浪傳。老杜詩：將詩莫浪傳。

次韻文安國紀夢 蘇子由欒城後集第一卷亦載此詩，但更其題云贈姚道人，當細考之。

夜〻言其食其氣也　室〻狀容其標格也

道人偶許俗人知，法喜非妻解養兒。法喜見上注。夜久金莖添沆瀣，室虛璧月映琉璃。班固西都賦曰：抗仙掌以承露，擢雙立之金莖。楚辭曰：餐六氣而飲沆瀣兮，漱正陽而食明霞。大人賦注云：北方夜半氣也。室虛及璧月並見上注。楞嚴經曰：反流全一，六用不行，十方國土皎然清淨，譬如琉璃內懸明月，身心快然，妙圓平等。

遠來醉俠忽忽去，近出詩仙句句奇。獨怪區區踐繩墨，相逢未省角巾欹。醉俠詩仙似指呂洞賓。後漢郭泰傳：嘗行遇雨，巾一角墊。老杜詩：數語欹紗帽。

寄賀方回

謂美其政化也

賀鑄，字方回，少爲武吏，換文資，善長短句。

少游醉臥古藤下，誰與愁眉唱一盃。解作江南斷腸句，只今唯有賀方回。秦少游好事近曲曰：醉臥古藤陰下，了不知南北。賀方回青玉案曲曰：彩筆新題斷腸句。兩曲皆知名於世。時少游已死矣。

文安國挽詞二首 文勛，字安國。

七閩家舉子，百粵海還珠。七閩、百粵皆見上注。魏志鄭渾傳：遷邵陵令，民生子率皆不舉，渾重去子之法，民畏罪無不舉，贍所育男女多以鄭爲字。後漢書孟嘗傳：遷合浦太守，浦出珠寶，先時宰守貪穢，珠遂潛徙交阯，嘗到官

華易前弊、曾未踰歲、去珠復還、稱爲神化、往日推忠厚、窮年領轉輸。莊子曰、所以窮年也、此借用、漢書主父偃傳曰、天下飛芻輓粟、轉輸北河。
一牀遺杖屨、萬事委錙銖。遺杖屨、言其但有虛座、曲禮曰、君子欠伸撰杖屨、委錙銖、言輕視之也、禮記儒行曰、雖分國如錙銖、注云、言君分國以祿之、視之輕如錙銖矣、八兩曰錙、十絫爲銖。
豈有蒼茫恨、歸巢未拮据。退之獨孤申叔哀辭曰、衆萬之生、誰非天耶、胡喜厚其所薄而常不足於賢邪、抑蒼茫無端而暫遇於其間邪、此引用以言安國樂天委命、不復恨造物之眇茫、所遺憾者、獨未有家爲終焉之計爾、鴟鴞詩曰、予手拮据、予所捋荼、予所蓄租、予口卒瘏、曰予未有室家、注云、拮据、撠挶也、言作之至苦、故能攻堅。

平生翰墨學、空走使臣車。安國善小篆、詩曰、皇皇者華、君遣使臣也。
瞿令能蒼史、歸公好古書。元次山陽華巖銘序曰、江華縣大夫瞿令問藝兼篆籀、併依石經刊之、法書苑曰、古文篆者、黃帝史蒼頡所作、退之科斗書後記曰、愈爲四門博士、識歸公、歸公好古書、能通之、按歸公名登、唐書有傳。
泰山刊日月、周鼓頌畋漁。按史記秦始皇紀、二十八年、刻石泰山及琅邪臺、二十九年、刻石之罘、三十七年、刻石會稽、皆李斯篆、石鼓舊在鳳翔府孔子廟、世傳以爲周宣王鼓、其詞云、我車既攻、我馬既同、其魚維何、維鱮與鯉、何以貫之、維楊與柳、易繫辭曰、以佃以漁。
不見龍蛇筆、新乾研滴蜍。龍蛇筆見上注、西京雜記、廣川王去疾發袁盎冢、得玉蟾蜍一枚、腹空容五合水、王取以盛書滴。

鄂州節推陳榮緒惠示沿檄崇陽道中六詩老嬾不能追韻輒自取韻奉和

頭陁寺

頭陁全盛時、宮殿梯空級。頭陁義見上注、退之詩、梯空上秋旻。
城中望金碧、雲外僧䑕䑕。前人詩云、頭陁雲外僧氣多、䑕䑕見上注、○當宋道詩、殿古寒炉空、流塵暗金碧。
人亡經禪盡、屋破龍象泣。荀子曰、其器存、其人亡、文選陸機演連珠云、道繫於神、人亡則滅、圭峯禪師禪源集序曰、經是佛語、禪是佛意、退之詩、破屋數間而已矣、智度論云、龍象言其力大、龍水行中力大、象陸行中力大、維摩經云、龍象蹴踏、非驢所堪、傳燈錄達磨令以負荷大法者、比之龍象、傳曰、波羅提法中龍象、老杜山寺詩、如聞龍象泣、足令信者哀。
惟有簡棲碑、文字巋然立。文選有王簡棲頭陁寺碑、注引姓氏英賢錄曰、王巾字簡棲、碑在鄂州、題云齊錄事參軍琅邪王巾製、文選王文考靈光殿賦序曰、自西京未央建章之殿皆壞、而靈光巋然獨存、李善注、巋然、高大堅固皃、音丘軌切。

道中聞松聲

蟠空作風雨、發地鳴鼓吹。老杜四松詩曰、勿矜千載後、慘澹蟠

穹蒼、又後漢公孫瓚傳曰、梯衝舞于樓上、鼓角鳴於地中。○東坡𣦸臘獨出詩云、風松獨不靜、送我作鼓吹、以松聲爲鼓吹、非得幽隱之趣者、果能道此耶。

日晴

四無人聲在高林際 退之履霜操曰、四無人聲、誰與兒語。○歐陽秋聲賦、四無人聲、聲在樹間。意蓋類此。

伊優兒女語蹇淺市井議 言二者皆不足聽。伊優見上注。退之詩、睢睢兒女語。莊子曰、弊精神於蹇淺。揚子曰、市井相與言、則以財與利。張平子西京賦曰、街談巷議。

我欲抱七絃寫此以卒歲 琴有風入松曲。文選嵇康書、抱琴行吟、弋釣草野。歐公詩、攜琴寫幽泉。詩曰、優哉游哉、聊以卒歲。

中秋山行懷子興節判

俗物常塥塞令人眼生白 俗物見上注。退之南山詩曰、塥塞生怮愗。晉書阮籍傳、能爲青白眼、見禮俗之士、以白眼對之。莊子曰、虛室生白。此借用。

永懷洛陽人談詩論畫壁 洛陽當是䌢鄉里。賈誼傳曰、洛陽之人、年少初學。

青山吐秋月阻作南樓客 老杜詩、四更山吐月、殘夜水明樓。鄂郡有南樓、蓋因庾亮故事。

但歌靡盬詩賞此無瑕璧 北山詩序曰、已勞於從事、不得養其父母。詩曰、王事靡盬、憂我父母。南史陳後主沈后附傳曰、其玉樹後庭花等、其略云、璧月夜夜滿、瓊枝朝朝新。史記藺相如傳曰、璧有瑕、請指示王。此反而用之、以言月也。

再登蓮落嶺懷君澤知錄

邑下羹不和幕中往調護 左傳曰、和如羹焉、宰夫和之、齊之以味、濟其不及、以洩其過。漢書張良傳曰、煩公幸卒調護太子。

紛爭非士則各使捐細故 退之詩、初喧或紛爭、中間雜嘲戲。郭有道碑曰、言爲世範、行爲士則。老杜詩、深衷見士則。又云、記憶細故非高賢。按漢書匈奴傳、文帝詔曰、皆捐細故、俱蹈大道。

頗憶郗參軍能令公喜怒 晉書郗超傳、桓溫辟王珣爲主簿、超爲參軍。荊人語曰、髯參軍、短主簿、能令公喜、能令公怒。此引用以指君澤。

應知鞅掌車歷盡崔嵬路 北山詩曰、或棲遲偃仰、或王事鞅掌。傳云、鞅掌、失容也。箋云、鞅猶何也、掌謂捧之也。負何捧持以趨走、言促遽也。卷耳詩曰、陟彼崔嵬、我馬虺隤。

崇陽道中 崇陽縣隸鄂州

張公少爲令慜俗有遺書 張詠字復之、嘗爲崇陽縣令。漢書司馬相如傳、家無遺書。

左販洞庭橘右檐彭蠡魚 左傳曰、三苗氏之國、左洞庭、右彭蠡。

歌奔中夜女歸抱十年雛 元注云、借一韻。

近歲多儒學仁風似有初 言風俗之美、自張公始也。檀弓曰、夫嘗有初。

晚發咸寧行松徑至蘆子

咸寧走蘆子終日喬木陰太丘心灑落古松韻清深聊持不俗耳靜聽無絃琴 後漢陳寔

爲太丘長，此引用以比榮緒，文選江文通雜體詩曰，五難既灑落，超迹絕塵網，無弦琴見上注 **非今胡部律，而獨可人心** 唐書樂志，開元二十四年，升胡部於堂上，又詔道調法曲與胡部新聲合作，大方便報恩經曰，善友太子善巧彈琴，其音和雅，悅可衆心，悉得充足，退之王適墓誌曰，惟此翁可人意

陳榮緒惠示之字韻詩推奬過實非所敢當輙次高韻三首

紛紛不可耐，君子有憂之 老杜詩，紛紛輕薄何須數，梁武帝評書曰，王子敬書如河朔少年，舉體沓拖而不可耐，孟子曰，聖人有憂之，按山谷前和榮緒詩有云，邑下羹不和，幕中往調護，紛爭非士則，各使捐細故，此句亦指其

山谷十八　十六

事 **鞅掌誠莊語，賢勞似怨詩** 北山詩曰，或王事鞅掌，其詳見上注，又曰，大夫不均，我從事獨賢，注云，賢勞也，莊子曰，以天下爲沉濁，不可與莊語，魯論曰，詩可以怨，晉書桓伊傳，撫箏而歌怨詩 **頹波閱砥柱，濁水得摩尼** 元注曰，杜子美云，唯有摩尼珠可照濁水源。○砥柱見上注，上句言獨立不改，下句言心地圓明 **知我無枝葉，剡心只有** 見上次韻楊明叔古詩注，但其意微異，退之枯樹詩曰，老樹無枝葉，風霜不復侵，腹穿人可過，皮剥蟻還尋

太丘肯量闊，一葦莫杭之 後漢陳寔傳曰，天下服其德，後除太丘長，許劭傳曰，太丘道廣，廣則難周，詩曰，誰謂河廣，一葦杭之，此借用，蓋取黄

掖，度汪汪，如萬頃陂之意 **萬事不掛眼，四愁猶有詩** 退之詩，吾老嗜讀書，餘事不掛眼，文選張衡四愁詩序曰，陽嘉中，出爲河間相，天下漸弊，鬱鬱不得志，爲四愁詩 **狀閑聊闒茸，心潔似毗尼** 元注云，僧律也。○司馬遷書曰，在闒茸之中，注云，闒，下也，茸，細毛也，言非豪楚也，佛氏以修多羅爲經，毗尼爲律，阿毗曇爲論，皆梵語也 **早晚同舟去，煙波學子皮** 史記貨殖傳曰，范蠡乘扁舟浮於江湖，變名易姓，適齊爲鴟夷子皮，之陶爲朱公。○唐史張志和自号爲煙波釣徒

十家有忠信，江夏可無之 魯論曰，十室之邑，必有忠信如丘者焉，江夏即鄂州，榮緒時爲幕官 **政苦寄賣友，忽聞衡說**

山谷十八　十七

詩 漢書贊曰，天下以酈寄爲賣友，又匡衡傳，諸儒語曰，匡說詩，解人頤 **凱蒙青粇飯，寒贈紫陁尼** 元注曰，蕃褐粇當作䬣，按道藏清虛眞人王君傳，載太極眞人青精乾石䬣飯，上仙靈方云，服之使人顏童聰明，延年無病，按道藏經音義云，粇音信，又音峻，亦有作䬣字 **酬報矜難巧，深慙陸與皮** 元注云，再和之字，非以作難得巧爲工，亦欲見意之無窮爾，退之詩，發難得巧意氣麁，北夢瑣言，皮日休與陸龜蒙爲文友，按二人皆能詩，有松陵唱和集

山谷詩集注卷第十八

山谷詩集注卷第十九

德孺五丈和之字詩韻難而愈工輒復和成可發一笑 范德孺見上注

且然聊爾耳得也自知之 詩意謂唱酬之作聊且遣興不必甚工至其自得之妙蓋未易與俗人言也老杜所謂文章千古事得失寸心知又云同調嗟誰惜論文笑自知山谷蓋用此意莊子曰且然無間謂之命晉書阮咸曰未能免俗聊復爾耳老子曰自知之謂明此並借用 獨笑真成夢狂歌或似詩 狂歌謂如楚接輿之流語言過差恐其似詩爲人捃拾不可不戒亦終上句之意按實録元祐四年四月吳處厚言蔡確昨謫安州作車蓋亭十絶句皆涉譏訕其詩有云紙屏石枕竹方床手倦抛書午夢長睡起莞然成獨笑數聲漁唱在滄浪今朝廷政事清明上下和樂不知蔡確獨笑何事詔確責授英州別駕新州安置范忠宣公純仁時爲右相乞薄確之罪不從遂出知潁昌府忠宣即德孺之兄也故此詩及之其事逮今已十餘年故云成夢唐人劉長卿詩世事終成夢老杜詩狂歌訖聖朝 照灘禽郭索燒野得伊尼 元注云鹿名出佛書○郭索謂蟹見太玄具上注般若經曰世尊三十二相第八相名雙腨纖圓如伊尼延鹿王 早晚來同醉僧窻卧虎皮 老杜詩遥聞出巡守早晚遍遐荒禮記曰虎豹之皮示服猛也左傳盧蒲嫳曰譬之如禽獸吾寢處之矣注云能殺而席其皮

次韻德孺新居病起

潭潭經略府寂寂閉門居 退之詩一爲公與相潭潭府中居南史王融傳曰爲爾寂寂鄧禹笑人德孺嘗爲西帥今乃遷謫言無窮達之異觀 京洛聖賢宅江湖魚鼈瀦 選詩京洛多風塵京洛蓋古帝都書洛誥曰召公既相宅德孺家在潁昌本西洛王畿之地今與魚鼈同居言無遐邇之異觀也越語范蠡曰吾先君攻濱於東海之陂黿鼉魚鼈之與處而鼃黽之與同渚書禹貢曰大野既豬云 官如一夢覺話勝十年書 上句用邯鄲夢事退之祭柳子厚文云人之生世如夢一覺下句用前輩詩共君一夜話勝讀十年書之意 稍喜過從近扶笻不駕車 劉禹錫詩官班高後少過從

次韻德孺感興二首

於此吾忘我從誰尺直尋 莊子齊物篇南郭子綦曰今者吾喪我汝知之乎注云我自忘矣天下有何物足識哉孟子曰枉尺而直尋者以利言也注謂陳代欲使孟子屈己伸道○東坡客位假寐詩今我亦忘吾 事來千萬種人有兩三心 世變無常而人心亦異常元祐紹聖崇寧之間士全其守者鮮矣文選南都賦曰百種千名法華經偈曰施佛及僧千萬億種史記田叔傳褚先生曰武帝以任安坐觀成敗有兩心孔叢子謂孔子不見晏子曰晏子事三君而得順焉是有三心所以不見也 自守藩籬小猶能

論語云繹之為貴

皇元亮仲任

賈誼過秦論曰使蒙恬北築長城而守藩籬此借用文選宋玉對楚王問曰大藩籬之鷃豈能與之料天地之高哉又顏延年作陶淵明誄曰少而貧病居無僕妾井臼弗任藜菽不給李善注引烈女傳周南大夫之妻謂其夫曰親操井臼不擇妻而娶

井臼任

過時雖不采吾與菊花斟 此語蓋有所寄文選古詩曰傷彼蕙蘭花含英揚光輝過時而不采將隨秋草萎此借用淵明詩酒能驅百慮菊為制頹齡老杜詩坐開桑落酒來把菊花枝

眼前嘗廢忘事往更追尋 言目前事猶不記憶往事可復尋繹耶往事謂紹聖黨禍法華經曰而尋廢忘不知不覺樂天詩舊游多廢忘文選阮嗣宗詩曰高蔡相追尋王羲之帖曰追尋傷悼但有痛心

愛酒陶元亮著書王仲任 昭明太子作淵明傳曰性嗜酒或置酒招之造飲輒盡後漢書王充字仲任閉門潛思著論衡

寒蕭雖有節枯木已無心 言有自守之節而無向榮之心老杜詩風斷青蒲節文選陸機連珠曰勁陰殺節不彫寒木之心此反其意

客至還須飲逢歡起自斟 淵明詩酒熟吾自斟

次韻德孺惠貺秋字之句

少日才華接貴游老來忠義氣橫秋 周禮師氏曰凡國之貴游子弟學焉文選北山移文云霜氣橫秋

未應白髮如霜草不見丹砂似箭頭 言未應鬢髮遽白豈不見有却老之丹砂耶本草圖經曰丹砂生石上狀若芙蓉頭箭鏃連床者紫黯若鐵色而光明瑩徹真辰砂也老杜詩本無丹竈術那免白頭翁此反而用之

顧我今成喪家狗期君早作濟川舟 史記孔子世家孔子適鄭與弟子相失獨立郭門鄭人謂子貢曰東門有人纍纍然若喪家之狗書說命曰若濟巨川用汝作舟楫

漢家宗廟英靈在定是寒儒浪自愁 言區區憂國之念徒過計耳

求范子默染鴉青紙二首

學似貧家老破除古今迷忘失三餘極知鵠白非新得謾染鴉青襲舊書 魏志文帝紀評注曰人少好學則思專長則善忘退之詩破除萬事無過酒三餘見上注莊子曰鵠不日浴而白烏不日黔而黑此引用言天真本性非因學而有得然舊書亦不可弃也關子曰華簣十重緹巾十襲

深如女髮蘭膏罷明似山光夜月餘 女髮山光皆取其青色楚辭曰蘭膏明燭

為染溪藤三百箇待渠湔拂一床書 唐舒元輿有弔剡藤文謂剡溪以藤為紙語林云王右軍為會稽庫中有牋紙九萬枚枚即箇也李善注文選廣絕交論云剪拂與湔拂同

謝榮緒惠貺鮮鯽

偶思煙老庖玄鯽公遺霜鱗貫柳來 老杜詩熔

老思燕玉、退之城南聯句云、庖霜鱠玄鯽、石鼓文曰、其魚維何、維鱮維鯉、何以貫之、維楊與柳

齏臼方看金作屑、鱠盤已見雪成堆 蔡邕題邯鄲淳所作曹娥碑後曰、黃絹幼婦外孫齏臼、謂絕妙好辭也、齏臼受辛、受辛即辭字、金屑謂以橙爲齏也、隋唐嘉話有金齏玉鱠、此借用、老杜設鱠歌曰、無聲細下飛碎雪、又云、放筋未覺金盤空、退之雪詩、凸處已成堆

謝榮緒割麞見貽二首

何處驚麏觸禍機、煩君遺騎割鮮肥 文選沈休文詩曰、驚麏去不息、李善注云、江東人呼鹿曰麏、班彪王命論曰、探禍福之機、文選陳琳檄豫州曰、動足觸機陷、老杜詩、大官喜我來、遺騎問所須、班固西都賦曰、割鮮野食、孟郊詩、豪人飲鮮肥

秋來多病新開肉、糲飯寒葅得解圍 樂天詩、月終齋滿誰開素、老杜詩、百年麤糲腐儒飡、寒葅見上注、解圍、言有所救助也、晉書謝道韞傳曰、爲小郎解圍

又

舊本云、榮緒見酬割鮮詩、有要見無拘礙之句、戲答

二十餘年枯淡過、病來筋下割甘肥、果然口腹爲災怪、夢去呼鷹雪打圍 枯淡見上注、孟子曰、肥甘不足於口與、襄陽耆舊傳、劉表任荊州刺史、築臺名呼鷹、打圍見上注

吳執中有兩鵝爲余烹之戲贈

學書池上一雙鵝、宛頸相追筆意多、皆爲涪翁赴湯鼎、主人言汝不能歌 上兩句用王羲之事、曾子固作墨池記曰、臨川新城之上有池、窪然而方以長、曰王羲之之墨池者、荀伯子臨川記云也、羲之嘗慕張芝臨池學書、池水盡黑、此爲其故跡、換鵝見晉書本傳、西京雜記、鶴賦曰、宛脩頸而顧步、下用莊子烹鴈意、以戲之、丗以婢子爲鴨、謂吳貴鴨而賤鵝、烹之也、山谷嘗有樂府、其略曰、聞道君家有翠娥、施朱施粉總嫌多、爲君寫就黃庭了、不要山陰道士鵝、山谷亦號涪翁

秋冬之閒鄂渚絕市無蟹、今日偶得數枚吐沫相濡、乃可憫笑戲成小詩三首

怒目橫行與虎爭、寒沙奔火禍胎成 晉書劉伶酒德頌曰、怒目切齒、文選丘希範詩、析析寒沙漲、奔火、如退之叉魚詩所謂迷火逃翻近是也、漢書枚乘傳曰、福生有基、禍生有胎

雖爲天上三辰次、未免人閒五鼎烹 陰陽家、以井鬼之分爲巨蟹宮、左傳曰、三辰旗旂、昭其明也、次、謂日月之會、漢書律曆志曰、凡十二次、又主父偃傳曰、死則五鼎烹

勃窣媻跚烝涉波、草泥出沒尚橫戈、也知觳觫元無罪、奈此尊前風味何 漢書司馬相如子虛賦曰、媻跚勃窣而上、金隄、注云、匍匐上也、媻音盤、跚音先安切、窣音先忽切、詩曰、有豕白蹢、烝涉波矣、橫戈見上注、孟子曰、吾不忍其觳觫、又曰、無罪而就死地、此借用、

黃

風味見上注

解縛華堂一座傾忍堪支解見薑橙東歸却爲鱸魚鱠未敢知言許季鷹老杜縛雞行曰，吾叱奴人解其縛。文選嵇康琴賦曰，華堂曲宴。漢書司馬相如傳曰，一座盡傾。趙充國傳曰，此坐支解羌虜之具。晉書張翰字季鷹，見秋風起，思吳中菰菜蓴羹鱸魚鱠，遂命駕而歸。孟子曰，我知言。

甯子與追和予岳陽樓詩復次韻二首

去年新霽獨憑欄山似樊姬擁髻鬟箇裏宛然多事在世間遙望但雲山文選高唐賦曰，遇天雨之新霽。趙飛燕外傳序曰，伶玄買妾樊通德，有才色，頗能言趙飛燕姊弟故事。顧視燭影，以手擁髻，悽然泣下。此詩末句自掃除幻妄之想，言世之無知者，但見山是山，水是水，反無心外之念，殊覺省事也。蓋山谷前詩有綰結湘娥十二鬟之語。蔡琰胡笳曰，雲山萬重兮歸路遐。

軒皇樂罷拱朝班天地爲家不閉關惟有金爐紫煙起至今留作御前山莊子曰，黃帝張樂於洞庭之野。君山在洞庭中，故引用此事。禮記曰，聖人能以天下爲一家。此詩末句以君山比薰鑪。賈至詩，衣冠身染御爐香。選詩，駕鴻乘紫煙。蜀道有御愛山。

和甯子與白鹿寺寺在潭州

谷口巖開見佛燈雲遮霧掩碧層層青山得意看流水白鹿歸來失舊僧白鹿蓋寺中故事，未詳。

謝人惠貓頭筍

長沙一月煨鞭筍鸚鵡洲前人未知走送煩公助湯餅貓頭突兀想穿籬長沙，即潭州。鸚鵡洲在武昌。退之詩，薔薇蘸水筍穿籬。

短韻奉乞蠟梅

臥雲莊上殘花笑香似早梅開不遲淺色春衫弄風日遣來當爲作新詩老杜詩，花殘步屧遲。退之送鄭校理詩云，歸騎春衫薄。

以酒渴愛江清作五小詩寄廖明略學士兼簡初和父主簿老杜詩，酒渴愛江清，餘酣漱晚汀。

將發沔鄂間盡醉竹林酒漢水入江，謂之沔口，在今漢陽軍。漢陽與鄂隔江相望。廖明略安陸人，自號竹林居士。初虞世字和父。二三石友輩未肯弃老朽文選潘安仁詩曰，投分寄石友，白首同所歸。南史沈慶之詩曰，朽老筋力盡，徒步還南崗。借問坐客誰廬溪

飲酒則有病又有狂言

紫髯叟文選郭景純詩曰、借問此何誰、云是鬼谷子、盧溪、蓋初和父所居、山谷有盧泉詩、吳志孫權傳注、獻帝春秋曰、張遼問吳降人、向有紫髯將軍是誰、荅曰、是孫會稽此翁今惜醉舊不論升斗老杜遭田父泥飲歌曰、月出遮我留、仍嗔問升斗故人明晏覺

平生思故人江漢不解渴蜀志諸葛亮傳曰、思賢如渴、老杜詩、閉目踰十旬、大江不止渴誰言放逐地燒燭飲至跋注退之詩、孤臣昔放逐、曲禮曰、燭不見跋、注云、跋本也、燭盡則去之、嫌若燼多、有厭倦憂予先狗馬勸以愛膚髮揚雄美新作曰、臣常有顛眴病、恐一旦先狗馬塡溝壑、髮膚見孝經有罪當竄流但懼不得活退之詩、潮州底處所、有罪乃竄流、又黃陵廟碑曰、懼不得脫死、莊子曰、先生不得飽、弟子雖飢、不志天下、日夜不休、曰、我必得活哉、山谷時有宜州之行、故云

廖侯勸我酒此亦雅所愛退之詩、人皆勸我酒、我若耳不聞中年剛制之嘗懼作災怪酒誥曰、矧汝剛制于酒史齊文宣帝紀曰、唯數飲酒、麴蘖成災、因而致斃連臺盤拗倒故人不相貸唐書五行志、龍朔中、時人酒令曰、子母相去離、連臺拗倒、俗謂盃盤爲子母、又名盤爲臺、老杜詩、共指西日不相貸誰能知許事痛飲且一快南史王融傳、沈昭略云、不知許事、且食蛤蜊、世說王孝伯曰、痛飲讀離騷、便足稱名士、又庾冰卒曰、常患不得快飲酒、曹子建書曰、雖不得肉、貴且快意、東坡海外詩、焰火生薪聊一快

竹林文章伯國士無與雙比來少制作非以弱故降老杜詩、每語見許文章伯、按吳志、張紘傳曰、此間率少文章、易爲雄伯景陽機中錦猶衣被丘江南史江淹傳、淹夢一人自稱張景陽、謂曰、前以一四錦相寄、今可見還、淹探懷中得數尺與之、此人大恚曰、那得割截都盡、顧見丘遲曰、餘此數尺、既無所用、以遺君、自爾淹文章躓矣、按晉書、張載字景陽時時能度曲秀句入新腔漢書元帝傳曰、自度曲、被歌聲、注謂自隱度作新曲、以爲歌詩聲也、音大各反、一說謂歌終更授其次、謂之度曲、老杜詩、最傳秀句寰區滿

斯人絕少可白眼視公卿每與俗物逢三沐取潔清斯人謂明略、白眼俗物並見上注、三沐取潔清、謂其浼我也○上韓文三沐而三熏之我亦漫浪者君何許同盟漫浪用元次山事見上注、孟子曰、桓公葵丘之會、宋牲載書而不歃血、曰、凡我同盟之人、既盟之後、言歸于好試問盧溪叟猶得多可名言和父尤敢介尚以明略爲多可也、嵇康與山濤絕交書曰、足下旁通、多可而少怪

四休居士詩并序

太醫孫君昉字景初、爲士大夫發藥、多不受謝、自號四休居士、山谷問其說、四

佛笑曰麤茶淡飯飽即休補破遮寒暖
即休三平二滿過即休不貪不妬老即
休山谷曰此安樂法也夫少欲者不伐
之家也知足者極樂之國也四休家有
三畝園花木鬱鬱客來煑茗傳酒談上
都貴游人間可喜事或茗寒酒冷賓主
皆忘其居與予相望暇則步草徑相尋
故作小詩遺家僮歌之以侑酒茗其詩曰
富貴何時潤髑髏守錢奴與抱官囚 列子曰死

後榮名豈足潤枯骨又曰子列子適衛食
於道從者見百歲髑髏後漢馬援傳曰凡
殖財貴能賑施否則守錢虜耳又古今五
行記佑客謂鄧颺曰終不如臨沮鄧生平
生不用爲守錢奴耳
退之詩守官類拘囚 太醫診得人間病安
樂延年萬事休 禮記文王世子注曰文王以憂勤損壽武王以安樂
延年此借用○盧仝詩但有樽中物從他萬事休
無求不着看人面有酒可以留人嬉欲知
四休安樂法聽取山谷老人詩 樂天詩曰不看人面
免低眉傳燈錄興化見魏府大覺禪師曰額與有斑个安樂法門
一病能惱安樂性四病長作一生愁 一病謂疾

苦四病謂及上所陳法華經問訊言世尊
少病少惱安樂行不涅槃經出家之人有
四種病此效其語司馬池詩畫成應遣一生愁 借問四休何所好
不令一點上眉頭 文選樂府云借問汝安居晉書孟嘉傳桓溫問
嘉酒有何好而卿嗜之庾信愁賦云歌眠
眼聴未嘗慘強戲眉頭那得伸又杼情集
李廷璧愁詩曰潘岳愁絲
生鬢裏婕妤悲色上眉頭
十二月十九日夜中發鄂渚曉泊
漢陽親舊携酒追送聊爲短句 陳繹
漢陽軍鳳棲山藏經記曰漢水
東南合大江夾江而城左武昌
右漢陽按武
昌即鄂渚

接淅報官府敢違王事程宵征江夏縣睡
起漢陽城 孟子曰孔子之去齊接淅而行注云淅漬米也不及炊避惡亟
也詩曰王事靡盬劉禹錫詩萬里王程三
峽外又詩園蜂速去恐違程小星詩曰肅
肅宵征謝靈運詩宵濟漁浦潭旦及富春
郭江夏縣即鄂州治所盧綸晚次鄂州詩
雲開遠見漢陽城 鄰里煩追送杯盤瀉濁清秪應
瘴鄉老難答故人情 謝靈運有鄰里相送至方山詩文選孫子
荊詩傾城遠追送餞我千里道清濁謂酒
見魏志徐邈傳老杜詩傾榼濁復清瘴鄉
謂宜
州
次韻陳榮緒同倚鍾樓晚望別後

明日見寄之作

天外僧伽塔斜暉極照臨凭欄隨處好殘雪向來深　泗州僧伽大師見傳燈錄。張舜民南遷錄曰、洞庭湖中有扁山、上有小塔、望之巋然、曰啞女塔。昔有士人女生、數歲不能言。一日涉湖見塔、輒語其父母。書曰、若日月之照臨。

青草無風浪枯松半死心　元注云、所謂城南老樹精。○張舜民南遷錄曰、洞庭湖西岸有沙洲堆阜隆起、即青草廟下。一湖之內、中有此洲、南名青草、北名洞庭、所謂重湖也。又曰、岳陽樓有碑極大、乃前知州李觀所紀呂洞賓事迹、言呂憩於岳州白鶴寺前松下、有老人自松梢冉冉而下、致恭於呂。問之爲何、乃曰、某松之精也、見先生過、禮當候見。呂因書二絕句於

山谷十九　十三

寺門壁間。其一云、獨自行兮獨自坐、無限世人不識我、惟有城南老樹精、分明知道神仙過。郡人於松下創亭、名曰呂仙。樂天詩、未夜黑巖昏、無風白浪起。文選、𢴃樂七發曰、龍門之桐、其根半死半生。

衡陽有回鴈他日更傳音　古衡山有回鴈峯。○衡陽詩、鴈拖秋色入衡陽。

過洞庭青草湖

乙丑越洞庭丙寅渡青草似爲神所憐雪上日杲杲　青草湖一名洞庭湖。荆州記云、因青草山爲名。詩曰、其雨其雨、杲杲出日。○樂天詩、杲杲冬日出、照我屋南隅。

我雖貧至骨猶勝杜陵老憶昔上岳陽一飯從人討　杜陵老、謂子美。

也。嘗有詩云、杜陵有布衣、老大意轉拙。又云、少陵野老吞聲哭。大曆四年、子美自公安上岳陽、有泊岳陽樓下等詩。其上水遣懷詩云、驅馳四海內、童稚日餬口、但遇新少年、少逢舊知友。○史記范雎傳、一飯之恩必報。

行矣勿遲留蕉林追獦獠　時山谷赴宜州貶所。嶺南多蕉林、其地與夷獠相接。前漢外戚傳曰、行矣強飯勉之。選詩、遲留法豈輕。五祖謂六祖曰、汝廣南獦獠、有甚佛性。近世本和尚作白雲端真贊云、假饒親見楊岐也、是湖南獦獠。

過土山寨

南風日日縱篙撐時喜北風將我行　張籍送退之詩曰、移舡入南溪、東西縱篙撐。蔡琰胡笳曰、將我行兮向天涯。

山谷十九　十四

湯餅一杯銀線亂蔞蒿數筯玉簪橫　湯餅見上注。漢書項籍傳曰、幸分我一杯羹。老杜詩、鮮鯽銀絲鱠。此效其語。蔞蒿菜狀如玉簪。樂天詩、秋風一筯鱸魚鱠。西京雜記曰、武帝過李夫人、就取玉簪搔頭。

晚泊長沙示秦處度　湛　范元實　溫

用寄明略和父韻五首　處度、少游之子也。當是護少游喪、留長沙、而元實來會於此。山谷在宜州、有荅長沙平老帖云、秦處度遂不成歸淮南、得安居否。

昔在秦少游許我同門友掘獄無張雷劒氣在牛斗　文選古詩曰、昔我同門友、高舉振六翮。按鄭玄注魯論曰、同門

曰朋。晉書張華傳曰，斗牛之間常有紫氣，雷煥曰，此寶劍之精，上徹於天，當在豫章豐城。華即補煥爲豐城令。煥到縣，掘獄屋基，得一石函，中有雙劍，一曰龍泉，一曰太阿。

今來見令子，文似前哲，有何用相澆潑。

清江淥如酒

退之祭文曰，幸隨令子。詩曰，惟其有之，是以似之。澆潑用阮籍事，見上注。王介甫詩，白髮望東南，春江淥如酒。按太白詩，遥看漢水鴨頭綠，恰似蒲桃新潑醅。○坡詩，清江淥漲蒲萄醅。

范公太史僚，山立乃先達。

范祖禹，字淳夫，元祐初，爲著作佐郎，充神宗實録檢討官，兼修撰，知國史院，與山谷同僚，得罪，本末已具前注。禮記玉藻曰，山立時行，注云，不動揺也。此借用，以言其正色立朝，屹然如山，先達見譖論。

發揮百代史，管以六經鎋。

淳夫登第後，從司馬溫公修通鑑，凡十五年。元祐初，進唐鑑。易曰，六爻發揮，旁通情也。趙岐孟子題辭曰，論語者，五經之錧鎋。音義曰，錧音管，車釭也。鎋音黠，車轄也。此引用言以經義是非褒貶。

投身轉嶺海，就木乃京洛。

紹聖二年，淳夫坐史事，安置永州。三年移賀州。四年移賓州。元符元年九月，再移化州。十月病卒。三年，徽考即位，有旨許歸葬西京。退之潮州謝表曰，經涉嶺海，水陸萬里。左傳季隗曰，我二十五年矣，又如是而嫁，則就木焉。注言將死入木。京洛見上注。

仲子見長沙，且用慰飢渴。

元實蓋范公仲子，長沙今潭州。文選潘正叔贈陸機詩云，醪澄莫饗，執慰飢渴。李善注引孔叢子，子思謂穆公曰，君若飢渴待賢。

秦郎水江漢，范郎器鼎鼐。逝者不可尋，猶喜二子在。相逢唾珠玉，貧病問薪菜。

王介甫贈曾子固詩曰，曾子文章世無有，水之江漢星之斗。詩曰，鼐鼎及鼒。唾珠玉見上注。貧病，山谷自道。老杜詩，吾老日貧病。列子伯樂曰，臣有所與共擔纏薪菜者。漢書淮南厲王傳曰，給薪菜鹽炊。

豫愁帆風船，目極別所愛。

退之詩，嚴程迫風帆。楚詞曰，目極千里兮傷春心。涅槃經曰，愛別離苦。淵明詩曰，老夫有所愛，思與爾爲鄰。

往時高交友，宰木已樅樅。

高交友，言其不下交也。老杜詩，徐庶高交友。宰木見上注。退之詩，扶机導之言，曲節初樅樅。東坡樂府曰，樅樅疎雨過風林，舞破煙蓋雲幢。

今我二三子，事業在燈窗。

子見魯論。孫樵集曰，曉窗夜燭。

秦范波瀾闊，笑陸海潘江。

老杜詩，文章曹植波瀾闊。晉書潘岳傳贊曰，機文喻海，岳藻如江。機謂陸機也。按鍾嶸詩品云，予嘗言，陸才如海，潘才如江。

頽茲秉經術，出仕榮家邦。

退之詩，勉哉戒徒御，家國遲子榮。書曰，邦之榮懷。詩曰，以御于家邦。

少游五十策，其言明且清，筆墨深關鍵，開闔見日星。

少游初應制科，有進卷五十篇。禮記緇衣篇詩云，昔吾有先正，其言明且清。文選張茂先詩，周仲有遺規，其言明且清。退之詩，金石出聲音，宮室發關鍵。禮記曰，天秉陽，垂日星。山谷答洪駒父書，有曰，凡作一文，皆須有宗有趣，終始

關鍵有開有闔陳友評斯文如鍾磬鼓笙陳友謂無已下句謂八音克諧無相奪倫誰能續鳳鳴洗耳聽兩甥元注云秦范相謂爲甥。漢書禮樂志曰黃帝使伶倫制十二筩以聽鳳之鳴其雄鳴亦六雌鳴亦六比黃鍾之宮而皆可以生之是爲律本曹子建七啓曰敬濯耳以聽玉音皇甫謐高士傳曰巢父臨池而洗耳此借用元實蓋少游之壻爾雅曰妻之昆弟爲甥又注云謂我舅者吾謂之甥然則亦宜婿壻爲甥

次韻元實病目

道人嘗恨未灰心儒士苦愛讀書眼言爲學者與爲道者異莊子曰形固可使如槁木而心固可使如死灰乎東坡詩讀書眼如月

山谷九　十七

鎞隙靡不照要須玄覽照境空莫作白魚鑽蠹簡老子曰滌除玄覽能無疵乎韻書曰蟫衣白魚也退之詩豈殊書蠹虫生死文字間傳燈錄古靈禪師傳云其師一日在窻下看經蜂子投窻紙求出師觀之曰世界如許寛闊不肯出鑽他故紙驢年去閱人朦朧似有味看字昏澁尤宜懶陸士衡歎逝賦曰世閱人而爲世朦朧謂不甚了了所見多俗人不若不見之愈也按韻書朦朧月將入范侯年少百夫雄言行一一無可揀文選王仲宣詠史詩曰生爲百夫雄死作壯士規按黃鳥詩注曰百夫之中最雄俊也無可揀孝經所謂口無擇言身無擇行退之詩云吾愛其風骨粹美無可揀看君眸子當瞭然乃稱

鏡

眥次常坦坦孟子曰眥中正則眸子瞭然易曰履道坦坦魯論曰君子坦蕩蕩如何有物食明月淚睫隕珠衣袖滿盧仝月蝕詩曰此時怪事發有物吞食來淚珠見上注金篦刮膜會有時湯熨取快術誠短老杜詩金篦刮眼膜價重百車渠按涅槃經曰有盲人爲治目故造詣良醫是時良醫即以金鎞刮其眼膜又按法苑珠林曰後周張元其祖失明元讀經然燈夢一翁以金篦療之後三日果差史記扁鵲傳曰疾之在腠理也湯熨之所及也目惡點濯故云術短也君不見岳頭懶瓚一生禪鼻涕垂頤渠不管潭州南嶽福巖寺有懶殘巖按唐高僧號懶瓚隱居衡山之頂石窟中德宗遣使詔之寒涕垂膺未

山谷十九　十八

嘗荅使者笑之且勸拭涕瓚曰我豈有功夫爲俗人拭涕耶竟不能致而去山谷時在潭州故引用衡山事言當遺外形骸不必以病自戚戚且終首句之意

勝業寺悅亭

苦雨已解嚴諸峰來獻狀不見白頭禪空倚紫藤杖左傳曰秋無苦雨解嚴言人喜雨止如罷兵也魏志趙儼傳曰曹仁解嚴左傳晉侯入曹數之以其不用僖負羈而乘軒者三百人也且曰獻狀注云責其功狀此借用王介甫詩木落岡巒因自獻白頭禪謂文政禪師師蓋雪竇法嗣也有題悅亭詩云山鳥無俗聲山雲無俗狀引得白頭翁時時來倚杖山谷此詩乃和其韻退之有赤藤杖歌

離福嚴寺在衡山。張舜民南遷錄云：舊名般若寺，陳泰建中思公道場，唐傳公磨塼之地。

山下三日晴，山上三日雨。不見祝融峰，還泝瀟湘去。南嶽有七十二峯，祝融其一也。南嶽記及荊州記云：南嶽衡山，赤帝館其嶺，祝融託其陽。退之謁衡嶽廟詩：須臾靜掃衆峯出，仰見突兀凌青空。紫蓋連延接天柱，石廩騰擲堆祝融。此退之南遷得歸之祥也。山谷意謂不見祝融峯，歸期未可卜耳。

花光仲仁出秦蘇詩卷，思兩國士不可復見，開卷絕歎。因花光爲我作梅數枝及畫煙外遠山，追少游韻，記卷末仲仁蓋衡州花光山長老，山谷爲作天保松銘云。

夢蝶眞人貌黃槁，籬落逢花須醉倒。夢蝶眞人謂莊子，今以屬秦少游，取游戲花間之意。夢蝶見上注。莊子列禦寇篇：曹商曰：夫處窮閭阨巷，槁項黃馘者，商之所短者也。籬落逢花用陶潛把菊事，見上注。○雅聞花光能畫梅，更乞一枝洗煩惱。扶持愛梅說道理，自許牛頭參已早。盧仝詩：石公說道理，句句出凡格。傳燈錄：法融禪師入牛頭山幽棲寺北巖之石室，有百鳥銜花之異。○長眠橋洲風雨寒，今日梅開向誰好。少游北歸，至藤州卒於江上，其子處度護喪，藁殯于潭，故有長眠橋洲之語。張舜民南遷錄記潭洲事云：橋洲在湘江中，南北與州城等。老杜詩所謂橋洲田土能膏腴者也。華嚴經曰：一切衆生，隨業所繫，長眠生死。○太平廣記載冢中人對鄭生詩云：長眠不知曉。何況東坡成古丘，不復龍蛇看揮掃。太白詩：吳時花木埋幽徑，晉代衣冠成古丘。老杜詩：龍蛇動篋蟠銀鉤。○我向湖南更嶺南，繫舡來近花光老。歎息斯人不可見，喜我未學霜前草。山谷自言其未死。文選阮嗣宗詩：凝霜被野草，歲暮亦云已。寫盡南枝與北枝，更作千峰倚晴昊。白氏六帖云：大庾嶺上梅，南枝落，北枝開。老杜詩：雷聲忽送千峯雨。又詩：亂插繁花向晴昊。

題花光畫 有山而无空地 山水雲沙之景眞富貴

湖北山無地，湖南水徹天。雲沙眞富貴，翰墨小神仙。元注云：平沙遠水，筆意超凡入聖法也。每率此意而爲之，當冠四海而名後世。○楚辭曰：下崢嶸而無地，上寥廓而無天。晉書張華傳：雷煥曰：寶劍之精，上徹於天。唐張謂長沙土風碑曰：道甲所謂沙土之地，雲陽之墟，可以長往，可以隱居者焉。老杜湘夫人祠南夕望詩云：興來猶杖屨，目斷更雲沙。眞富貴見上注。魏野詩：有名閑富貴，無事小神仙。

題花光畫山水

花光寺下對雲沙欲把輕舟小釣車更看道人煙雨筆亂峰深處是吾家雲沙見上注。元次山詩：醉裏長歌揮釣車。

所住堂

此山花光佛所住今日花光還放光天女來修散花供道人自有本來香法華經曰：佛告舍利弗，汝於未來世當得作佛，號曰華光。傳燈錄古靈禪師傳：受業師因澡身，命師去垢，師乃拊背曰：好所佛堂，而佛不聖。其師回首視之，師曰：佛雖不聖，且能放光。第二句花光謂仲仁老。按維摩經曰：有一天女，以天華散諸菩薩大弟子上，天問舍利弗何故去華云云。又曰：若入此室，但聞佛功德之香，不樂聞聲聞辟支佛功德香也。楞嚴經大勢至法王子云：此則名曰香光莊嚴。我本因地，其詳見上注。

戲詠高節亭邊山礬花二首

江湖南野中有一種小白花，木高數尺，春開極香，野人號為鄭花。王荊公嘗欲求此花栽，欲作詩而陋其名，予請名曰山礬。野人采鄭花葉以染黃，不借礬而成色，故名山礬。海岸孤絕處補陀落伽山，譯者以謂小白花山，予疑即此山礬

花爾不然，何以觀音老人堅坐不去耶此詩及序皆以山谷手跡校過。近世曾慥端伯作高齋詩話云：唐人有題唐昌觀玉蕊花詩云：一樹瓏璁玉刻成，飄廊點地色輕輕。今瑒花即玉蕊花也。介甫以比瑒，謂當用此瑒字，蓋瑒玉名，取其白耳。山谷又更其名為山礬，謂可以染也。盧陵段謙叔家有楊汝士與白二十三十六帖云：唐昌玉蘂以少故見貴耳，自來江南山山有之，土人取以供染事，不甚惜也。則知瑒花之為玉蘂，斷無疑矣。

北嶺山礬取意開輕風正用此時來平生習氣難料理愛着幽香未擬回取意開，猶王胄所謂庭草無人隨意綠。取意或作取次，非是。後漢書劉玄傳：韓夫人曰：帝方對我飲，正用此時持事來乎。晉書王徽之傳：桓沖嘗謂曰：卿在府日久，比當相料理。

高節亭邊竹已空山礬獨自倚春風二三名士開顏笑把斷花光水不通言花光老定力堅固，獨不為花所惱也。傳燈錄樂普云：末後一句，始到牢關，把斷要津，不通凡聖。禪門語曰：德山門下，水洩不通。○退之記夢詩：神官見我開顏笑。

山谷詩集注卷第十九

山谷詩集注卷第二十

贈惠洪惠洪字覺範，筠州彭氏子，祝髮爲僧

數面欣羊胛，論詩喜雉膏上句言每見輒移頃久而益親，下句言得詩之膏腴。陶淵明答龐參軍詩序曰：諺云數面成親舊，況情其過此者乎。唐書夷狄傳曰：骨利幹日入烹羊胛熟，東方已明，蓋近日出處也。歐公詩云：歲月纔如熟羊胛。玉篇：胛音古押切，背胛也。易鼎卦之九三曰：雉膏不食。此借用。南史謝瀹傳：武帝問王儉誰能五言，儉曰謝朏得父膏腴，江淹有意。眼橫湘水暮，雲獻楚天高言湘波如眼之明澈。文選傅毅舞賦曰：目流睇而橫波。按宋玉神女賦曰：望余帷而延視兮，若流波之將瀾。李善注云：流波，目視貌。王介甫云：暮林搖落獻南山。下句頗采其意，言亂雲脫壞，呈露天宇之高明。楚辭九辯曰：泬寥兮天高而氣清。老杜詩：天高雲去盡。墮我玉麈尾，乞君宮錦袍晉書孫盛傳：詣殷浩談論，對食，奮擲麈尾，毛悉落飯中。又王衍傳：手捉玉麈尾。唐書李太白傳：嘗乘月自采石至金陵，著宮錦袍坐舟中，旁若無人。東坡以玉帶施元長老詩曰：錦袍錯落知相稱，乞與佯狂老萬回。此句參用其事。乞音氣。○東坡中山松醪賦曰：淋漓宮錦袍。月清放舟舫，萬里渺雲濤老杜詩：落日放船好。退之詩：一瀉萬里翻雲濤。東坡中山松醪賦曰：渺翻天之雲濤。

戲詠零陵李宗古居士家馴鷓鴣二首元注云：李惟一妻一女，垂老病足，養鷓鴣鸜鵒以樂餘年。○零陵今湖南永州。

山雌之弟竹雞兄，乍入雕籠便不驚。此鳥爲公行不得，報晴報雨總同聲法言曰：山雌之肥，其意得乎。北夢瑣言：醫工梁新曰竹雞食半夏。陶岳零陵記曰：竹雞狀如鶉，尾少長。張籍謝裴晉公遺馬詩曰：乍離華廐移蹄澁，初到貧家舉眼驚。此反而用之，言其馴也。禰衡鸚鵡賦曰：閉以雕籠。又曰：逼之不懼，撫之不驚。鷓鴣之聲若云行不得哥哥，故末句及之。老杜詩：不勞鍾鼓報新晴。

眞人夢出大槐宮，萬里蒼梧一洗空眞人謂舜。史記曰：舜南巡狩，崩於蒼梧之野，葬於江南九疑，是爲零陵。莊子曰：羊肉不慕蟻，蟻慕羊肉，羊肉羶也。舜有羶行，百姓悅之，堯聞舜之賢，舉乎童土之地，年齒長矣，聰明衰矣，而不得休歸。又曰：眞人於蟻棄智，於魚得計，於羊棄意。此詩用大槐蟻穴事，意蓋出於此，謂舜厭天下，不異蟻垤之陋，故超然方外，寄於雲山之一洗也。老杜詩：一洗萬古凡馬空。終日憂兄行不得，鷓鴣應是鼻亭公漢書昌邑王傳曰：舜封象於有鼻。顏師古注曰：有鼻在零陵，今鼻亭是也。又按柳子厚有鼻亭神記，蓋在道州，道與永實相接云。舜至蒼梧，不復能巡狩，而孟子謂象以愛兄之道來，故此詩因鷓鴣之聲以寄意。陶岳零陵記：王仲聞思歸樂詩云：聲聲相勸教歸去，莫是陶潛化作君。山谷當是戲効其體。

李宗古出示謝李道人苕帚杖從

蔣彥回乞葬地二頌作二詩奉呈

提攜禪客扶衰杖斷當姻家葬骨山因病廢棊仍廢酒鷓鴣鸚鵡伴清閑　扶衰見上注淳化法帖中有王羲之帖云想及理斷當斷音短今俗閒猶作此語意謂剖判其事也東坡嘗有詩云是處青山堪葬骨按班婕妤自傷賦曰願歸骨於山足

詩書傳女似中郎杞菊同盤有孟光　退之詩中郎有女能傳業謂蔡邕之女文姬也文姬名琰與孟光並見後漢書陸龜蒙有杞菊賦同盤見上注

今日鷓鴣鳴蹇蹇他年鸚鵡恨堂堂　上句終扶杖意下句終乞葬地意易曰王臣蹇蹇匪躬之故此借用其字以言足蹇文選謝宣遠詩蹇步愧無良李善注引說文曰蹇跛也薛能詩曰青春背我堂堂去白髮欺人故故生此亦借用言其弃世而去也

書磨崖碑後

春風吹船著浯溪扶藜上讀中興碑　著音斫浯溪在今永州中興頌元結次山所作顏魯公書磨崖鐫刻蓋言安祿山亂肅宗復兩京事

平生半世看墨本摩挲石刻鬢成絲　若垂老方見眞刻退之石鼓歌曰誰復著手爲摩挲老杜詩鄭公樗散鬢成絲

明皇不作包桑計顛倒四海由祿兒　易否卦之九五曰其亡其亡繫于苞桑注云心存將危乃得固也元稹連昌宮辭曰廟謨顛倒四海搖唐書安祿山傳玄宗以祿山爲范陽節度祿山請爲貴妃養兒

九廟不守乘輿西萬官已作烏擇栖　〇烏字或作鳥非唐書玄宗紀天寶十四載十一月祿山反十五載六月行在望賢宮七月次蜀郡又按禮樂志開元十年太廟爲九室蔡邕獨斷曰天子至尊不敢褻瀆言之故託於乘輿也楚語曰五物之屬隋屬萬爲萬官古樂府有烏栖曲史記世家曰鳥能擇木木豈能擇鳥乎祿山之反宰相陳希烈等皆臣賊

撫軍監國太子事何乃趣取大物爲　左傳太子從曰撫軍守曰監國唐書肅宗紀祿山反天寶十五載玄宗避賊行至馬嵬父老請留太子討賊玄宗許之太子治兵于朔方七月即帝位于靈武尊皇帝曰上皇天帝本紀贊曰肅宗雖不即尊位亦可以破賊莊子曰夫有土者有大物也趣音促〇莊子天下大物也

事有至難天幸爾上皇跼蹐還京師　中興頌曰事有至難宗廟再安二聖重歡漢書霍去病傳曰軍亦有天幸未嘗困絕也文選謝玄暉詩跼躬每跼蹐正月詩云謂天蓋高不敢不局謂地蓋厚不敢不蹐注云局曲也蹐累足也上下皆可畏怖之言也肅宗紀至德二載十二月上皇天帝至自蜀郡

内閒張后色可否外閒李父頤指揮　唐書肅宗廢后張氏傳曰后與李輔國謀從上皇西内肅宗内制於后不敢謁西宮又官者李輔國傳曰李揆以子姓事之號五父輔國妄言太上皇居近市交通外人願從太上皇入禁中太上皇曰吾兒用輔國謀不得終孝矣怏怏不豫至棄天下遐之歎谷漱詩曰群怪儼伺候恩威在其顏

漢書賈誼傳曰力制天下頤指如意**南内凄涼幾苟活高將軍去事尤危**唐書李宗紀至自蜀郡居于興慶宮上元元年徙居西内興慶即南内也宦者高力士傳曰先天初爲右監門衛將軍加累驃騎大將軍從玄宗幸蜀上皇還徙西内居十日爲李輔國所誣長流巫州按李輔國傳曰輔國詐請上皇按行宮中射生官遮道上皇驚幾墜馬力士厲聲曰五十年太平天子輔國欲何事叱使下馬上皇執力士手曰微將軍朕且爲兵死鬼**臣結春陵二三策臣甫杜鵑再拜詩**春陵或作春秋非是○元結春陵行序曰漫叟授道州刺史道州舊四萬餘户經賊已來不滿四千到官未五十日承諸使徵求符牒二百餘封吾將守官靜以安人待罪而已此州是春陵故地故作春陵行以達下情孟子曰吾於武成取二三策此借用杜甫杜鵑行曰我見常再拜重是古帝魂北征詩曰臣甫憤所切**安知忠臣痛至骨世上但賞瓊琚詞**舊作豈知忠臣心憤切後世但賞瓊琚詞○史記荆軻傳曰每念之痛於骨髓漢書杜周傳注曰深刻至骨老杜詩世上兒子徒紛紛木瓜詩曰報之以瓊琚**同來野僧**舊作殘僧**六七輩亦有文士相追隨**曹子建詩曰清夜遊西園冠蓋相追隨**斷崖蒼蘚對立久凍雨爲洗前朝悲**老杜詩斷崖當白蓋楚詞九歌曰使凍雨兮灑塵涷音東暴雨也

浯溪圖陶岳零陵記曰浯溪在永州北水路一百餘里流入

湘江此溪口水石奇絶唐上元中容管經略使元結罷任君爲**成子寫浯溪下筆便造極空濛得真趣膚寸已千尺**世説佛經以爲祛練神明則聖人可致簡文云不知得登峯造極不文選謝玄暉觀雨詩曰空濛如薄霧沔淹詩悠悠蘊真趣膚寸見上注**只今中宫寺在昔漫郎宅更作老夫船檣竿插蒼石**漫郎謂元結見上注結有浯溪銘序曰浯溪在湘水南北匯于湘愛其勝異遂家溪畔溪世無名稱者也爲自愛之故名曰浯溪埤蒼曰帆柱曰檣唐獨孤及招北客文曰摧檣折竿老杜詩前臨洪濤寬却立蒼石大

太平寺慈氏閣元注云晚與曾公袞同登

青玻瓈盆插千岑湘江水清無古今何處拭目窮表裏太平飛閣暫登臨退之詩豁呀巨壑頗黎盆文選楊德祖牋曰觀者駭視而拭目表裏山河見上注文選謝靈運有登臨海嶠與從弟惠連詩按楚辭宋玉九辯曰登山臨水兮將歸**朝陽不聞皂蓋下愚溪但見古木陰**元結朝陽巖銘序曰永泰丙午中自春陵至零陵愛其郭中有水石之異泊舟尋之得巖與洞此邦之形勝也以其東向遂以朝陽命之續漢志曰中二千石皂蓋朱轓元結時爲春陵郡刺史柳子厚愚溪詩序曰灌水之陽有溪焉東流入于瀟水或曰冉氏嘗居也故姓是溪爲冉溪余以愚觸罪謫瀟水上愛是溪入二三里得其尤絶者家焉更之爲愚溪嘉木異石錯置

皆山水之奇者。以余故咸以愚辱焉按愚溪在永州。子厚嘗謫爲司馬

洗滌懷古恨坐有佳客非孤斟 東京賦曰。慨長思而懷古。退之詩 誰與孤斟詎能醒

崇寧三年甲申公六十歲永州作

題淡山巖二首 陶岳零陵記云。瀟山巖在永州西南。狀如覆盂。其地宜瀟竹。故云。瀟山中有巖。空闊可容數千人。東南角有缺處。仰望之如窗戶。洞照甚明

去城二十五里近天與隔盡俗子塵 王介甫澶州詩曰。去都二百四十里。河流中間兩城峙。文選謝玄暉詩曰。囂塵自茲隔。楚辭屈原漁父曰。安能以皓皓之白蒙世俗之塵埃乎

春蛙秋蠅不到耳

夏涼冬暖揔宜人 曹子建七啓曰。溫房則冬服絺綌。清室則中夏含霜。老杜詩。踈快頗宜人

巖中清磬僧定起洞口綠樹仙家春 陶岳零陵記曰。淡山巖。唐咸通中。僧元暢居於是。至今香燈不絕。按今巖側有佛寺。洞口有道觀。故此詩云。僧定起。仙家春。老杜詩。清聞樹杪磬。遠謁雲端僧。北方錄云。如來滅後。大迦葉昇須彌山頂。擊銅犍椎。起五百羅漢定。西天以有聲之物爲犍椎。即此方鍾磬也。老杜詩。洞口經春長薜蘿。玉臺新詠。昇邁遠擬樂府曰。綠樹搖雲光

惜哉次山世未顯不得雄文鑱翠珉 按元次山於永州有浯溪及朝陽巖銘。獨淡巖無有。蓋是時未知名也。陶岳零陵記。載王仲浯溪詩云。湘川嘉致有浯溪。元結雄文向此題。文選王仲宣詩。惜哉空爾爲。其字本出史記。宓不齊傳。柳子厚作韓君誌銘曰。載刻茲珉

淡山淡姓人安在徵君避秦亦不歸 零陵士人謂。淡山以淡竹得名。或曰。嘗有淡姓居之。徵君謂周貞實。零陵記曰。周貞實零陵人。居淡山石室。秦始皇下詔徵之。三徵皆不起。遂化爲石。後漢黃憲傳。天下號曰徵君。此用其字。王介甫梁王吹臺詩。繁臺繁姓人。埋滅隨蒿蓬

時有瓊臺瑤室至今疑 上句用退之竹洞詩意

回中明潔坐十客亦可呼樂醉舞衣 元次山有大回中小回中詩。言樊水之回洑也。此借用以言巖洞回環。其中虛明。仰見天日。可爲張飲之地

閬州城南果何似永州淡巖天下稀 老杜閬水歌曰。閬州勝事可腸斷。閬州城南天下稀

崇寧三年公六十歲永州作

明遠庵

遠公引得陶潛住羨酒沽來飲無數我醉 陶淵明惠遠故詩云遠公。遠公指庵主。陶潛公自謂

欲眠卿且去只有空瓶同此趣 山谷有戲效禪月作遠公。東林詠序云。初遠法師居廬山下。持律精苦。過中不受蜜湯。而作詩換酒飲陶彭澤。醉眠見上注。空瓶同趣。謂餅空而亦卧也。蓋張籍詩有酒盡卧空餅之句。晉書孟嘉傳曰。公未知酒中趣耳。柳子厚西山宴遊記曰。意有所極。夢亦同趣

明遠似遠公亦欲我行庵上路多方挈取誰知

甕頭春大白梨花十分注 樂天詩。甕頭止是撇嘗時。法書

要録曰，山東云釭面，猶河北𢮿甕頭，謂初熟酒也。説苑曰，魏文侯與大夫飲酒，使公乘不仁爲觴政，曰，飲不釂者，浮以大白。梨花謂酒杯様製如此。

與君深入逍遥遊，了無一物當情素。

高僧傳，支遁與劉系之等談莊子逍遥篇云，各適性以爲逍遥。遁曰，不然，夫桀跖以殘害爲適性，若適性爲得者，彼亦逍遥矣。於是退而注逍遥篇。傳燈録仰山傳曰，師問雙峯師弟近日見處如何，對曰，據某甲見處，實無一法可當情。師曰，汝解猶在境，汝豈無能知無一法可當情者。又汾州無業傳曰，常了一切空無一物當情，是諸佛用心處。戰國策蔡澤説應侯曰，公孫鞅事孝王，竭心謀示情素。

道卿道卿歸去來，明遠主人今進步。

元注云，道卿浯溪僧。傳燈録，長沙岑禪師偈曰，百尺竿頭須進步，十方世界現全身。淵明有歸去來辭。

玉芝園 并序

去年三月清明，蔣彥回喜太守監郡過其玉芝園，作詩十六韻，二侯皆有報章。今年三月，余到玉芝園，記録一時，次其舊韻。

春生瀟湘水，風鳴澗谷泉。過雨花漠漠，弄晴絮翩翩。名園上朱閣，觀後復觀前。借問昔居人，岑絶無炊煙。人生須富貴，河水清且漣。百年共如此，安用涕潺湲。

退之詩，柳花還漠漠。選詩，里無曲突煙。漢書楊惲傳曰，人生行樂耳，須富貴何時。左傳曰，俟河之清，人壽幾何。伐檀詩曰，河水清且漣漪。楚詞曰，横流涕兮潺湲。

蔣侯眞好事，杖屨喜接連。車載溪中骨，推排若差肩。看孔壬面醜，石反成妍。

溪中骨，謂石也。漢書朱買臣傳，相推排陳列中庭拜謁。曲禮注曰，肩隨者，與之並行差退。元稹作杜老墓銘曰，李白樂府歌詩，誠亦差肩於子美矣。書曰，巧言令色孔壬。選詩曰，皎潔不成妍。

感君勸我醉，吾亦無間然。亂我朱碧眼，空花墜便翾。行動須人扶，那能金石堅。

魯論曰，禹吾無間然矣。太白詩曰，催絃拂柱與君飲，看朱成碧顔始紅。韻書曰，翾，小飛也。又曰，便嬛，輕麗也。此借用。老杜詩，此生已愧須人扶。文選古詩曰，人生非金石，豈能長壽考。漢書賈誼傳曰，堅若金石。

愛君雷氏琴，湯湯發朱絃。但恨賞音人，太半隨逝川。

雷氏蜀人，善製琴，爲世所寶。家語曰，伯牙志在高山，子期曰，善哉巍巍乎若在高山。少選之間，志在流水，子期曰，善哉湯湯乎若在流水。子期死，伯牙破琴絶絃，終身不復鼓。賞音逝川，並見上注。

平生有詩罪，如痼不可痊。今當痛自改，三釁復三漸。

柳子厚答崔黯書曰，凡人好辭工書者，皆病癖也。吾不幸早得二病，纏結心腑牢甚，願斯須忘之而不克。文選劉公幹詩，余嬰沈痼疾。而李善注引禮記曰，身有痼疾，說

文曰痼久也三衅三浴見上注退之詩懼終莫洗湔

游愚溪 并序

三月辛丑同徐靖國到愚溪過羅氏脩竹園入朝陽洞蔣彥回陶介石僧崇慶及余於朝陽巖裴回水濱久之有白雲出洞中散漫洞口咫尺欲不相見介石請作五字記之

意行到愚溪竹輿鳴擔肩韓孟城南聯句曰刈熟擔肩頳冉溪昔居人埋沒不知年偶託文字工遂

以愚溪傳柳侯不可見古木蔭濺濺冉溪見上注劉禹錫詩會書園扇上知君文字工柳子厚石澗記曰交絡之流觸激之音皆在床下翠羽之木龍鱗之石均蔭其上柳侯字見退之羅池廟碑楚詞曰石瀨兮淺淺按淺與濺同濺濺水疾流皃音箋羅氏家瀟東瀟西讀書園筍出不避道檀欒搖春煙梁王兎園賦曰脩竹檀欒夾池水下入朝陽巖次山有銘鐫蘚石破篆文不辨瞿李裒次山銘見上注次山陽華巖銘曰江華縣大夫瞿令問藝兼篆籀俾依石經刻之法書苑云李陽冰趙郡人善小篆裒氏未詳欸竇響笙磬洞中出寒泉同遊三五客拂石弄

潺湲老杜詩遠川曲通流欸竇潛洩瀨詩曰笙磬同音又曰爰有寒泉在浚之下謝靈運詩乘月弄潺湲俄頃生白雲似欲駕我仙吾將從此逝挽牽遂回船文選江賦曰千里俄頃莊子曰乘雲氣御飛龍而遊乎四海之外漢書高帝紀曰吾亦從此逝矣挽牽言爲其子所挽留也太白詩出門妻子強牽衣又曰稽山無賀老空棹酒船回退之詩波惡強牽挽

代書寄翠巖新禪師

黃龍死心悟新和尚晦堂老人之嫡子叢林謂之新孟八初住洪州分寧之雲巖次住西山翠巖後住黃龍山谷嘗參晦堂新清二老蓋其道伴

山谷青石牛自負萬鈞重舒州皖公三祖僧璨大師道場

是爲山谷寺西北有石牛洞其石狀若伏牛因以爲名錢紳同安志云初李伯時畫魯直坐於石牛上魯直因自號山谷道人八風吹得行處處是日用又將十六口去作宜州夢寒山子詩曰寒山無漏巖其巖甚濟要八風吹不動萬古人傳妙此反而用之按寶積經及大毗婆沙論以利衰毀譽稱譏苦樂爲八風大毗婆沙論又曰佛亦曾遇此世八法如何說佛解脫答曰雖遇此事而不生染故說解脫傳燈録龐居士傳石頭問曰子自見老僧已來日用事作麼生呈一偈云日用事無別唯吾自偶諧頭頭非取捨處處勿張乖朱紫誰爲號丘山絕點埃神通并妙用運水及般柴老杜詩兩京三十口雖在命如絲梅聖俞贈歐陽闔詩曰又隨落花飛去作江西夢杜牧之詩云十年一覺揚州夢時

山谷攜其子舍并弟知命偕母俱往

苦憶新老人是我法梁棟信手斫方圓規矩一一中 高僧傳曰釋慧遠學貫群經棟梁遺法潙山禪師警策亦云心期佛法棟梁用作後來龜鏡樂普禪師頌曰入荒田不揀信手拈來草莊子曰方者中矩圓者中規

遥思靈源叟分坐法席共 靈源叟名惟清亦嗣晦堂新之法弟也後住黃龍法華經曰爾時多寶佛於寶塔中分半座與釋迦牟尼佛而作是言釋迦牟尼佛可就此座又按雜阿含經云尊者迦葉着弊衲衣來詣佛所時諸比丘心生輕慢世尊告摩訶迦葉於此半坐我今竟知誰先出家汝邪我邪彼諸比丘心生恐怖身毛皆竪

聊持狂句往作天女供 維摩詰經曰時維摩詰室有一天女見諸天人聞所說法便現其身即以天華散諸菩薩大弟子上

嶺上早梅春參軍慙獨弄 謂宜州在嶺南此句謂違去道侶無與共禪悅游戲爾獨弄俳優本出俗諺按因話録曰肅宗宴宮中女優有弄假官戲其緑衣秉簡者謂之參軍樁

戲荅歐陽誠發奉議謝余送茶歌

歐陽子出陽山山奇水怪有異氣生此突兀能豹顏 退之送區冊序曰陽山天下之窮處也陸有丘陵之險水有江流悍急橫波之石又送廖道士序曰郴之為州當中州清淑之氣蜿蟺扶輿磅礴而鬱積其水土之所生神氣之所感必有魁奇忠信才德之民生於其間又送張道士詩曰張侯嵩高來面有熊豹姿按陽山隸連州

飲如江入洞庭野詩成十手不供寫 唐人詩酒腸俱逐洞庭寬莊子曰帝張樂於洞庭之野老杜詩石硯歌揮灑容數人十手可對面

老來抱璞向涪翁東坡元是知音者 抱璞用卞和事見上注後漢方術郭玉傳有老父漁釣涪水因號涪翁山谷謫涪州別駕亦嘗以自稱或云涪皤

蒼龍璧官焙香涪翁投贈非世味自許詩情合得嘗 退之詩吾老世味薄東坡詩亦云吾衰向老世味薄所好未衰唯飲茶薛能謝王彥威寄茶詩云鹿宮乞與蘋拋却頓有詩情合得嘗

却思翰林來餽光祿酒兩家水鑑共寒光 翰林謂東坡按唐志光祿卿有良醖署水鑑見上注

寸乃安敢比東坡有如玉盤金巨羅直相千萬不啻過 漢書曹參傳惠帝曰朕乃安敢望先帝此用其語律應劭漢官儀曰封禪壇南有玉盤北史祖珽竊金巨羅藏髻中李太白詩蒲萄酒金巨羅孟子曰或相千萬老杜詩方駕曹劉不啻過

愛公好詩又能多老夫何有更橫戈奈此于思百戰何 退之詩云四句意能多又詩文戰誰與敵浩汗攙戈鋋左傳華元巡功城者謳曰于思于思棄甲復來使其驂乘謂之曰牛則有皮犀兕尚多棄甲則那注云于思多鬚之皃歐陽君必多鬚故用此事

崇寧[illegible]冝州途中在桂州作

到桂州

盤

桂嶺環城如鴈蕩平地蒼玉忽嵯峨鴈蕩山在今溫州李成不在郭熙死奈此百嶂千峯何名畫評曰李成營丘人能畫山水林木當時稱爲第一張文懿公詩曰李成謝世范寬死唯有高陽許道寧退之石鼓歌曰少陵無人謫仙死才薄其奈石鼓何

答許覺之惠桂花椰子茶盂二首

彥先

萬事相尋榮與衰故人別來鬢成絲選詩灑綿自相尋老杜詩鄭公樗散鬢成絲欲知歲晚在何許唯說山中有桂枝文選阮嗣宗詩良辰在何許劉安招隱士曰桂樹叢生兮叢之幽又曰攀援桂枝兮聊淹留

碩果不食寒林梢剖而器之如懸匏故人相見各貧病且可烹茶當酒肴易剝卦之上九曰碩果不食文選陸士衡歎逝賦步寒林而悽惻張景陽七命曰剖椰子之殼按劉淵林吳都賦注云椰樹似檳榔實大如瓠核可作飲器家語曰剖而食之甜如蜜魯論曰其使人也器之潘岳笙賦河汾之寶有曲沃之懸匏焉頍弁詩爾酒既旨爾肴既嘉

以椰子茶餅寄德孺二首

碩果賓林梢可以代懸匏携持二十年煑茗當酒肴我今禦魑魅學打衲僧包聊持堅重器遺我金石交祖庭事苑載打包說曰毗柰耶雜事云佛言苾芻應以袋盛衣今禪人腰囊亦承佛之制也詩中所用字並見上注左傳祈招之詩曰式如玉式如金注云取其堅重劉師服石鼎聯句云徒尓堅重性

又

盌椰木實入用隨茗椀譬如楛矢但貴從來遠家語孔子在陳有隼集陳侯之庭而死楛矢貫之石砮其長尺有咫惠公使人持隼如孔子館而問焉孔子曰隼之來遠矣此肅愼氏之矢注云楛木名砮箭鏃韓詩外傳曰黃鵠無五德君猶貴之以其所從來者遠矣往時萬里物今在籬落間知公一拂拭想我瘴霧顏上兩句山谷自況壯說柏玄就柏崖求桃不得佳者玄與殷仲文書曰德之休明則肅愼氏貢其楛矢如其不爾籬壁間物亦不可得此借用籬落見上注

寄黃龍清老三首

萬山不隔中秋月一鴈能傳寄遠書退之詩東西南北皆欲往千江隔兮萬山阻謝莊月賦曰隔千里兮共明月老杜詩邊秋一鴈聲深密伽陁枯戰筆眞成相見問何如佛書有解深密經涅槃經曰因本經以偈頌名祇夜餘有說四句偈名伽陁祖庭事苑曰伽陁此云諷頌或名直頌謂直以偈說法法書苑曰平磔法口訣云不遲不疾戰筆側去此借用末句謂見其翰墨千里如對面也老杜詩道甫問訊今何如

風前橄欖星宿落，日下桄榔羽扇開。異物志曰，橄欖生南海浦嶼閒，八月乃熟，木高大難採，以盐擦木身，其實自落。嶺表録云，桄榔樹身皮棄與蕃棗檳榔等小異。羽扇見上雉尾注。昭默堂中有相憶，清秋忽遣化人來。僧寶傳曰，清老居黃龍，未幾，寶覺殁，即移疾居昭默堂，頹然坐一室。古詩，上有長相憶，下有加飡食。維摩經云，維摩詰不起於座，居衆會前，化作菩薩，而告之曰，汝往上方界分，有國名衆香，佛號香積，彼諸大士見化菩薩，即以問佛，佛告之曰，維摩詰爲諸菩薩說法，故遣化來。列子曰，周穆王時西域之國有化人來。騎驢覓驢但可笑，非馬喻馬亦成癡。傳燈録，誌公大乘讚曰，不解即心即佛，真似騎驢覓驢。莊子曰，以馬喻馬之非馬，不若以非馬喻馬之非馬也。兩句皆言知道者少。一天月色爲誰好，二老風流只自知。老杜宿贊公房詩云，相逢今夜宿，隴月向人圓。又詩，不知明月爲誰好。又寄贊上人詩云，與子成二老，來往亦風流。孟子，二老者，天下之大老也，此借用其字。

宜陽別元明用觴字韻

霜須八十期同老，酌我仙人九醞觴。元注云，術者言，吾兄弟皆壽八十。近得重醞法甚妙。○西京雜記，漢制，宗廟八月飮酎用九醞。明月灣頭松老大，永思堂下草荒涼。明月灣、永思堂，皆在雙井，堂在先墓之側，故以永思爲名。老杜詩，惆悵老大藤，沉吟屈蟠樹。退之書曰，窮居荒涼，草樹茂密。披文選北山移文曰，石徑荒凉徒延佇。千林風雨鶯求友，萬里雲天鴈斷行。言鳥猶求友，而我獨與兄別也。樂天詩，樹集鶯朋友，雲行鴈弟兄。劉禹錫詩，見鴈隨兄去，聽鶯求友聲。又詩，斷行隨鴈翅，孤嘯聳鳶肩。別夜不眠聽鼠齧，非關春茗攪枯腸。別緒難爲情，自不能寐，非以茗破睡也。盧仝茶歌，三椀搜枯腸。

和范信中寓居崇寧遇雨二首

范侯來尋八桂路，走避俗人如脫兔。山海經曰，桂林有八樹，在番禺東。孫子曰，後如脫兔，敵不及距。衣囊夜雨寄禪家，行潦昨階漂兩屐。漢書王吉傳曰，所載不過囊衣。詩，泂酌彼行潦。曲禮曰，戶外有二屨。遣悶悶不離眼前，避愁愁已知人處。老杜有遣悶詩。庾信愁賦曰，閉戶欲驅愁，愁終不肯去。深藏欲避愁，愁已知人處。慶公憂民苗未立，晏公憂水推去。慶晏蓋崇寧兩禪僧。漢書劉章傳曰，立苗欲疏。兩禪有意開壽域，歲晚築室當百堵。徽宗崇寧三年，詔天下置崇寧寺觀，爲上祈年。漢書王吉傳曰，驅一世之民躋之仁壽之域。斯干詩曰，築室百堵。時無屋可藏身，且作五里公超霧。無屋藏身，蓋宗門中事。船子和尚謂夾山云，汝向去直須藏身處沒蹤跡，沒蹤跡處莫藏身。謝承漢

書曰、張楷字公超、性好道術、能作五里霧

當年游俠成都路、黃犬蒼鷹伐狐兎。范君蓋西蜀人。漢書司馬遷傳賛曰、序游俠則退處士而進姦雄。選詩曰、京華游俠窟。

二十始肯爲儒生、行尋丈人奉巾襪。巾襪見上注。

千江渺然萬山阻、抱衣一囊遍處處。或持劔掛窣止回、亦有酒罷壺中去。退之詩、千江隔兮萬山阻。又云、情多地遐兮徧處處。史記曰、呉季札北過徐、徐君好季札劍、口不敢言。季札知之、爲使上國未獻。還至徐、徐君已死。乃解其寶劍、繋徐君冢樹而去。曰、始吾心許、豈以死倍吾心哉。公羊傳曰、宰上之木拱矣。注云、宰、冢也。後漢費長房傳、市中有老翁賣藥、懸一壺於肆頭、及市罷、輒跳入壺中。長房詣翁、翁乃與俱入壺中、唯見玉堂嚴麗、旨酒甘肴、盈衍其中、共飲畢而出。翁曰、我神仙之人、以過見責、今事畢當去。子寧能相隨乎。

昨來禪榻寄曲肱、上雨傍風破環堵。退之南海廟碑曰、上雨傍風、無所蓋障。禮記曰、儒有環堵之室。

何時鯤化北溟波、好在豹隱南山霧。見上注。樂天詩、好在李使君。

乞鍾乳於曾公衮

崇寧四年公六十一山谷題別䟦所紀事

寄語曾公子、金丹幾時熟。願持鍾乳粉、寶此磬懸腹。汗文通別賦曰、鍊金鼎而方堅。李善注云、鍊金爲丹之鼎也。抱朴子曰、鄭君唯見授金丹之經。磬懸、言其空也。左氏曰、室如懸磬。

遥憐蟹眼湯、已化鵝管玉。蟹眼湯見上注。按雷公修事鍾乳法、再三以水煑之、然後入臼擣如粉、飾過研之。陶隱居注本草鍾乳條云、性通中輕薄如鵝翎管、碎之如爪甲、中無鴈齒、光明者爲善。

刀圭勿妄傳、此物非碌碌。退之詩、金丹別後知傳得、乞取刀圭救病身。按本草云、刀圭者、十分方寸匕之一。此物見上注。後漢書禰衡曰、餘子碌碌、莫足數也。

山谷詩集注卷第二十

先太史詩編往予渕為之集注
板行於蜀惟閬中自坊本外未
之見豈非以平生轍迹未嘗至
閬故耶姪家藏蜀刻有年
試郡延平以錄諸梓且憩
寂圖二詩舊亦僅著其目參
考家集遂成全書向裏宗
風姪皇識其趣獨念高曾覲
距百五猶究心焉手披口吟不
敢廢墜世之登詩壇者相與

共之以壽斯派亦　先太史之志也
紹定壬辰自南至諸孫朝散郎行
軍器監主簿兼權知南劍州軍
州兼管内勸農事節制本州屯
戍軍馬借緋姪拜手敬識

橘州文集

提要

《橘州文集》十卷，宋釋寶曇撰，日本元祿十一年（一六八五年）織田重兵衛刻本。每半葉十行十九字，左右單邊，無魚尾。卷一為賦、楚辭、古詩，卷二、三為律詩，卷四為詩，卷五為記，卷六為記、序、跋，卷七為雜文、跋、贊，卷八、九為榜、疏，卷十為記、序、銘。釋寶曇，字少雲，俗姓許，嘉定龍遊人。

橘洲詩文。高勁簡古。有作者之風。予少年誦之。寔深跂慕。自是片言隻字。率訪尋之。久而成編。不敢自閟。致命工鋟板。以廣其傳。是亦季札掛劍之義也。
嘉定改元仲春住通州狼山凌雲叟曇觀謹書

橘洲文集跋　一

橘洲文集目録

巻第一
賦　楚辭　古詩
巻第二
律詩
巻第三
律詩
巻第四
詩
巻第五　記
巻第六
記　序　跋
巻第七
雜文　跋　賛
巻第八
榜　疏
巻第九
榜　疏
巻第十
記　序　銘

橘洲文集目録　二

橘洲文集卷第一

木犀賦

维生月窟其大幾何下隕桂子直東南柯誰其之植
被于巖阿邁群芳以孤往粲一笑之微渦轉金粟之
溥溥峙綠雲之峩峩不以色誇而以香勝匪天人而
則那吾甞恠楚人貴辛夷而友杜若棄老臣於汨羅
又甞恠越人私末利而變山礬遣西子而之它是皆
小大倒置美惡亡辨得使人窺其室者袂屬而肩摩
至於燕趙齊秦之地象犀珠玉之産彼夜半有力者
負之而走吾誰而禁呵不若我秋風兮揚波月明兮

珮珂沉寥兮天宇露零零兮濯磨如坐衆香之津如
遊百花之囿而髮毛肉骨無復於沉痾或曰代謝一
指如子之語亦幾幻詭耶曰不然此吾家造物無盡
藏也不戚戚於已慭不汲汲於當歌如屈信之適然
無毫釐之或蹉客喜而拜予亦起舞亂黄蹈藉同遶
樹以婆娑

嗣秀王生日楚辭　代人

攝提之歲兮厥月惟寅眞誰商略兮六爻發春授王
初度兮箕翼陳紛吾先驅兮康護帝茵謂太平
本無象兮何爲而生鳳麟蓺蘭之九畹兮蕙茝同芬
河潤九里兮其源駿奔春風兮桃李芳菲菲兮襲人
綏纍纍兮萬石執前脩兮後塵閲風兮縣圃歸來兮
隱淪芝車兮荷屋倚桂枝兮輪囷聞韶兮屢舞鳳將
九子兮其來下玉節兮幢幢世世兮茹土職道德兮
維垣文夔龍兮方虎彲騶兮挾桑夕望舒兮延佇援
北斗兮爲觴飲南山兮墜露製芙蓉兮裳衣佩水蒼
兮陸離采芳馨兮杜若遺雲仍兮以時問喬松兮安
在將並駕兮焉之植大椿兮八千爲歲方蘗芽兮吾
其庶幾

上魏南夫丞相　代人

浩如都會藏槃槃靜若江漢揖濤瀾公手不動安如
山人在廣莫行寬閑昨朝齋戒謁帝還精禱默際天
人間風雨煥寒吾臂端此道不遠求諸難異時談笑
聞斑斑王門至今人扣關翕然四海忘家蘧父歌毋
嬉兒團圞深耕孰耰輸上官倉廩府庫堆層巒下窺
膏自可蘇痺頑眞宰於我夫何褒百身報以期啣環

梅花

春風不念人寒槁故遣梅花爲掀倒溪間隴首欲歸
時月淡雲低著香惱豈知造物亦兒戲我苦學詩嬿

不早十分孤瘦爲誰妍一樹半開應更好竹君從旁
代渠説萬恨千愁倶一掃半生何遜夢可憐日暮西
湖心獨老歲寒鐵石乃吾事水仙弟兄誠小草更須
喚取謫仙來細與平章荅蒼昊

和史魏公秋日

山淨晚餘碧花深秋更紅向來歌舞地道德元冲融
委身如蒹葭不亂魚鳥叢客至無少長可人斯與同
披衣坐良夜一嘯聞剛風何侶絢佗國頻伽蒲盛空
劇談有類是吾道何由窮此意誠未解却須呼二公

和史魏公荷花

瀟然獨出涅滓外不待好風相濯磨紅如咸池浴朝
日瑩若壁月沉秋波強將國色鬭清絶輒莫天人誰
敢過香閤容我小舟入不怕鴛鴦驚棹歌

和李中甫知録採蘭

翳翳林莽孰藝其蘭東風人羣俛仰棘闇薜荔既芟
辛夷未繁寂寥前脩嘘欷孔顏藉爾芳芷醫余國羶
我懷斯人碧梧紫檀荏苒歲月紛兮白顛十步聞薌
五步不憊佩幃幽幽騏驥在閑未春叩户首蓿蒲盤

曾知閤相宜堂

竹不餌俗語頗識天香經年北窗夢十倍西湖涼
隱几湖上人恰恰脩竹長有時共竹語風雨撼一床
屋閒恐飛去著繡圜上方念君愛自心如愛竹在傍
亦如夜深月照我氷雪腸閑官固自好要地庸何傷
約束萬卷書提携雙錦囊日邊有新宅不種一畝桑
朝回碧幢底眞上相宜堂

和史魏公燔黃

東城十月天未霜小輿初學江濫觴出門千乘波低
昂酒壚厨傳公爲航潛魚出聽笑語香月明夜避燈
燭光羲和催日升扶桑擊鼓駭駭旗央央天機蒲湖
雲錦張青山十里松髯蒼下有種玉人堂堂公如是

典刑公床再拜有詔來帝行溫詞寶墨俱琳琅此不
肖子七不遑（此太師祝詞中事）錦標玉軸家襲藏敬薪誠火來
燔黃須史樂作三獻嘗山川鬼神如抑揚草間翁仲
滌泗滂聖恩寬大不可量天子謂公國津梁如泰山
雲覆其陽公九頓首不敢當崑崙源深流且長公祈
寵靈德不忘忠孝乃可環吾傍周用禮樂須文章世
世報國如其吭壽公千歲汔小康尚可憑軾還侵疆

病餘用前韻呈魏公

蓬萊仙人霣鬢霜有蔬一豆酒一觴長歌勸客聲激
昂車如流水門如航幾生道德爲腥香今年入謝朝

明光歸心有如三宿桑抱琴一笑江中央曰余此琴
吾翁張越山入手脩眉蒼不容散花來後堂毗耶室
空唯一床誰家金釵十二行春風環珮鳴瑯琅斯須
吐握曾未遑自謂山穩舟深藏不知有力來昏黄如
人裏飯不得嘗吾寧萬籟同敷揚四時花雨仍紛滂
山高水深未易量可人啼鳥聲遶梁六窻濯濯如秋
陽天人境界誰適當我自織線無他長唯餘習氣不
可忘有時睥睨如無傍爐熏茗椀供平章一機直欲
舂其吭戰酣意定心泰康依舊爾界還吾疆

古詩

訪孤山林和靖梅塢陳迹

西湖湖水清可輿孤山山人瘦有餘梅花五更清夜
夢周易一卷前身書經年竹戸與僧語僧房遶湖三
百區客來放鶴未忍去更爲脩竹聊須臾衡山道士
古鬚鬢苦語不似公膚腴芙蓉爲裳月爲佩荷芰結
屋游龍車朝馳八紘莫四極上挈太古中人唐虞子房
自是赤松後淵明初無彭澤趣平生自謂公不死竟
不一見成空虛買舟今夕定不寐直恐長嘯來清都

悼明教嵩禪師并引

異時嵩公著書於永安雖山中草木亦可愛
敬其歲晚依正事公如生再拜作詩信追慕
之意

旋縛陰崖屋去褁北山飯飢寒十萬讀甚盛若禁臠
南越古象犀明月萬金産逢人不易售一見待天眼
我馬幾覆車公乃獨力挽褁羊萬夫上直往勢不返
白首不願餘光明自優遊晚生既浪出壁間識怒面
未能續公書聊爾執役賤更須酌巖泉隻字日三嚥

游參寥泉懷東坡參寥二老

兩翁無恙時泉當幾何深公歸百年後泉没不可尋
道德載下丘行人知所欽流傳一語妙隨喜文字淫
夢語忽變滅寤爲真實音堂堂萬鍾虡日莫西湖陰
我欲撼一翁以慰邦人心斯人如斯泉鬼來月同臨
天高無消息淚落青楓林

送費恭父

擔頭蜀貨無錙銖兩籠只載先君書但知不敗乃翁
事報與不報君何須瀼洼一日新生駒黃金羈勒安
用渠西風千里飽芻秣養此汗血傾京都我營北山
瓜芋區君來飲水同飯蔬明朝笑出白雲去我恐塵
土粘君鬚就中行李愁僮奴一束詩藁牛腰麁是誠
癡絕天下無此子費子西歸圖

送黃給事帥湖南

西山東觀閒事豈止載筆爲郎幾黃昏竟亦坐無術平生瀝肝膽辛苦忘蘖汁一飲不下咽再思冷入瘠向來活國手試寸効倍尺洞庭豺虎群使者風退鷁此行天近遠宣室夜虛寂我亦如孤雲它山或相覓

登石頭城

春潮不到石城脚十丈樓船淺沙閣趓夫衮入秦淮流白日黃塵亦冥漠胡兒走馬沙上歸青兕豪猪載羶橐旌旗不動弓矢閑百金琿球作瓔珞龍盤虎踞天地靜稽首清明可終託當時披髮飲此水鐵騎如

山照秋郭烏驚獸駭人莫知天欲以血洗伊洛三山砥礪水濯磨萬夫相望在鷗鷄東風兩鬢今蕭蕭何當以此叩寥廓

病寓靈芝寺夜聞講律有作

鐘鼓考擊殷夜床我方咽藥不下吭苦思一語綏吾縛重遭縛急如縛羊平生兩眼大如鏡白首讀律無精光商君入秦禍始大文武之道幾滅亡文人廢經寧廢律何者百穀無稻粱春風二月錦官寺夢逃十年新學場蓮房寮室僅千講傳蹤狼籍酬朱黃如恒山蛇救首尾弗學飢鼠吟空墻我生不願文字習亦

不願學屠龍方半窻睡美君勿聒自有雲月供平章

爲史魏公壽

自公山中去五醉黃金花光明照屋廬毋子雙鬢華口不名一錢意將飯胡麻天人豈不爵用舍各有在胷中五色石無補山水涯譬如九鼎重以國不以家寄聲謝東海多多壽流霞明年鳳池日相近當無譁

送廬山茶與陳大監

廬山瘦入骨草木無華滋啼鳥消息眞春風僅如斯山翁少潤色玉雪空自奇舌端有小苦諫味頗似之簽雲天人際一金無半規譬如麒麟鳳雖貴不代飢

午窻萬松聲清寒初上眉口香唾璽紙眞是活國醫爲我只飲此勿飲甘如飴

送楊梅

午樹碧雲合星虛紫微垣赤虬風露香遠齒冰雪溫六月瘴霧濕荔枝照黃昏江鄉有此族亦墮梅雨村白日走巖谷紅塵傾市門相如有酒渴取蜜須銀盆一賞風味足無使妨盤餐

送李提幹兼簡李知幾太博

伯仲天下士慣識山中飢幾年食君粟一飯書百題謂此眞飽否此飽誰安之伯氏昔在京飯瘦崖書肥

至今方舟上兒啼婦褰衣仲氏亦遠來裹糧役能幾
賣金買書冊僕夫毀晨炊安能問飢飽自信了不疑
歲晚盍行道西風頗勸歸太賢事業定試學摩腰圍

上葉丞相 代

天子五載登群公今年執圭殊有容帝前與俯丞相
同金石一律鳴黄鍾君自合德通无穹四方和氣來
溶溶仲山之袞歸彌縫隻手可以扶六龍甲兵淨洗
天河空獄市芳臼移簾櫳大州小縣寛租庸婦閑夜
織農星春牲肥酒香歌歲豐官事生理無缺供粢康
淳厚俱成風無心造物眞天工民生西南如蟄蟲閉

戸不見雷充充願公一震驚群聾某也蘇息還里
中載歌盛德昭無窮

送判院揚道夫

君詩如周郎年少新將兵阿瞞不及語夜半火到明
金屋小喬在國色傾人城不見今十年詩已如此成
愈談聽愈好俗閒未能評石渠昔無詩日者上意傾
西南老自去不復聞姓名公今賦渝州將與山月鳴
亦須慰華髮過家灑塵纓我有一紙書山林爲子情
黄金作人累珍重煩寄聲

書四祖大醫巖

太醫巖巖巖石所護太醫無恙石無敵此時醫去石亦
隳我知造物本無迕一生老脇不即床更欲得飽知
爲方禹三過門不及室僅有一髮傳之湯丈夫事難
有如此子嘗折肱父墮齒我寧忍死不忍欺坐聽寒
巖落捨子東山舊食西山薇許身長作山中歸白頭司
馬有家法童子雖弱勝吾衣我來拊石三慟哭蒋苔不
驚雨新沐山空寂寥醫不來蚍蜉大樹空崔嵬

觀潮行

八月十八錢塘時潮頭攪海雷怒飛更遭風白薄於
帋海山數點青依依爛銀斜侵雲鬢脚生綃直下皴

人機玉龍宛轉一千丈目眩殘雪吹人衣天關擊裂
地軸折想見水府驚顛隮紅幡緑蓋弄潮者出沒散
亂同鳬鷖操舟之子誇第一條忽東湧還沉西萬人
揶揄等見戲我說性命如暘鷄似聞潮生到彭蠡祖
輥暗浪中黄泥不知珠宮貝闕何世乃居此亦有覓
旌素節日夜朝京師又疑春秋戰罷兩蝸角凍血不
洗鋒差差至今官渡賈舺者莫雨不管吳儂悲

和史魏公荔枝韻

炎州草木誠可憐荔枝六月生蠻煙瞿曇不出盛明
世星斗一粲黄昏天幢幢翠蓋下平地井井絳幘羅

群仙囊封白玉倍晶瑩手挹甘露加清圓檳榔却慓
染猩血末利更欲薰龍錢可人風味自不惡動地聲
價來何年楊梅盧橘定自妾河豚瑤柱微芳鮮故家
奕世冨青紫石蜜一味忘中邊傳聞火山攻下下似
隔秋水餘娟娟南人見時解評品北客老去空流涎
紅塵一騎煩笑粲黃屋萬里驚回旋豺狼不厭林甫
肉海嶽空帶胡兒䭀交州驛置遺毒在洛陽花事相
珠連吾曹豈不識天意尤物自是生海壖長安道近
子午谷閩粵歲駕東南船色香味變只三日風馬牛
奔須數千只今上方亦玉食不忍束帛疲民縞冰盤

恰恰薦親壽頳汗納納愁夫肩秋來衘子定鴻鵠日
莫得飽同烏鳶錦衾何必卷還容我自與汝心安然

送汪仲嘉尚書帥隆興兼簡王公明樞密

又冬十一月方歲除適當公歸開府初汝儺前驅土牛
後我天子律公吹噓臂端槖籥元自如與民歲年無
負租民癡望公不顧餘顧公夕馬先朝車高牙大纛
如浴凫出沒千里來哺鷄西山莫雨知有無使君兩
眼吞江湖盧山老子霜髯鬚如世界闊造物爐兩翁
故人肯情疎誠知握粟不可呼待作一鳳鳴韶圖

送張漢卿左藏

溪閒曾語離夜雨忽悲壯俄頃山月明照我蓬背上
歆欣念此行變化或萬狀江湖大圓鏡有此白鳥樣
公言早[illegible]奇平處謝隄障劃嚴如行師百萬未可傍
疇昔粲可開發此無盡藏我飢寒欲死甘露挾繽續
目視飛鴻畢未易蒙此貺西風東書至關戶問亡恙
吾事公所知它人雖嘲謗

瑞巖行者寫華嚴經求偈

荷屋老子僧中龍平生眼裏無諸公莫年愈覺氣深
穩木寒霜淨天無風竭來精進復精進焚香却掃大
圓鏡數十萬偈堆如山從頭一唱一加敬波瀾散入

諸子中華藏海與川源通秋毫璽紙快收拾百城烟
水行無窮善財再見文殊日一臂黃金摩頂訖選佛
場中及第歸便是西來好消息石林道與蘋峯齊老
師晚與諸孫期雲霄獨鼓到汝手打底打兮吹底吹

題李磐庵西潛圖

何人意行山水重草木驚笑來天風茆簷鷄飛犬吠
屋後声疾奏隣家翁逢迎初非乃翁事盆盎淨潔將
無同一犁春雨飽膏沐千頃秋日加曈曨恭惟耕稼
我自出敢與造物論豐凶樹間井亦頗寒冽門前石
不須磨礲願公藉石飲此水鴨猪肥大牛羊豐杖藜

吾父坐吾祖日望四海覔租庸太平果在放船手此
詩與畫當無窮

爲張功父賦寒緑

君家故多書餘地着寒緑食箪到尚懸墻小摘杞菊
霜畦新雨餘柔條巳三洙貴不數熊蹯芳鮮落吾腹
口香唾面紙細字煩記録平章三百篇焜燿五千讀
辛夷與杜若百世亦目僕士飢固其常吾事巳可卜
歸來一粲然毋衒髪曲局

爲高芝大卿壽

江南江北梅雨村山東山西將相門謝天爲産此英

傑一洗瘴霧中黄昏斯文槃槃古都會象犀珠玉如
雲屯富商巨賈不易售獨許王謝窺藩垣周家草木
本忠厚幾遺雨横春風顛試將尺箠付其手定御六
轡馳幽燕天回地轉誠有日小屈早蓋仍朱轓風流
太守民父母向來獄市多平反圜扉寂寞度晴晝星
輩亦復環諸孫太平無象此其象亟晚畫鼓當華軒
黄金百鎰錦千兩半以壽客餘歌鐏功名富貴兩成
就我亦鷄犬隨騰騫

橘洲文集卷第一

橘洲文集卷第二

律詩

謝陳思遠畫山水

莫年愛山心巳作鐵様頑晨光與意會起行適滄灣
峽深石國削水落樹自閑腕中百斛力屋底聲潺潺

爲王師宣子壽

風入床琴帝夢闢蓬萊爲輟老仙官袖曾有縛於菟
手頭不須簪獬豸冠桃李無言民自樂冰霜折指吏
應寒西京人物如南渡更蹴三王一等看
巳辦香山鐵石心未妨富貴日侵尋荔枝黄壓腰圍

重琥珀紅添盞暈深鸞鏡黛眉無此畫鴈行銀甲有
餘音臘呼歌舞爲君壽道眼何曾外物侵

爲王公明樞密壽

老子當年此日生麒麟元在地中行豈惟諤諤人爭
忌亦對堂堂目屢驚持國尚卑千斛力總戎曾作萬
夫城經綸不似書癡絶堪與君王造太平

送呂澤父

姓名元自徹東都舊日河南肯便踈利害總關天下
事聰明不惑枕中書花迎馬首渾無賴山似人情却
有餘我亦西湖未歸客重來應得問何如

為陳天與大監壽

太史筆端雲似畫老人星外月如規十分酷似梅花瘦一點兆非關玉琯吹諫草成山安用許槐庭轉日未應遲東風快便公須醉莫問人間是幾時

雪

日却山川東出雲踈踈先自竹邊聞玉龍不動身千億薝蔔無香瘦十分髣髴夜堂餘火力淒凉茆屋有人群已知報荅東皇日湯餅銀絲飯膾芹

次韻李太博書羽扇亭二首

不許屏開著妓圍却容半坐對斜暉官餘戰馬渾無

用雨拒邊雲故一揮詩入邛崍應更險身如杜宇肯忘歸愁蔥瀝酒蒼波外罷點駝酥斫蟹肥

鄭難當不減腰圍過盡瞿塘幾夕暉萬里江山勞疾置一番書札枉親揮塵埃好却西風扇行李仍從北道歸底處最關天下事秋來馬不齧民肥

再韻謝提舉蘇道山

手種梧桐一百圍天生鸞鳳翳朝暉西南人物惟公在汝潁風流秪涕揮縱有詩筒怜苦李豈無藥裏要當歸黑頭未用黃金印且與斯民共瘠肥

再韻謝晁郎中二首

病見春山四打圍茅簷華髮只暉暉不愁書冊無人語強把杉枝為客揮意在未妨身更遠林踈自是月先歸百年人物如公少試問何緣道則肥

故篋文書盡底圍要看江漢濯秋暉眼明自可窮諸妄語妙何妨為一揮今日西州成故里它年東閣許同歸胷中袞袞平生事身瘦緣渠不得肥

寄張欽夫知嚴州

未關西洛無宗旨自是東家有故常釋梵不為寧過計江湖有道合相忘交君一臂風千里老我平生夢幾場雲月煙林真杜口何如弟子列成行

試與專城定著勳何曾閑冷坐忘君舊來雲夢元無際此段風流獨有聞世故自怜生仲達人誰不念故將軍等閑莫露鞭笞手坐擬羝羊或敗群

九日西湖

不須歸夢更成都九日西湖病已蘇試把黃花元自好可憐白首不勝扶誰邊醉帽風欹側去底征鴻月有無一夜撫心欣獨得後來人物不如吾

題劉夷叔詩藁後

蜜蜂於花似不薄肥出兩股中邊甜嗅香嚼蠟總風味不損花艷何其廉劉郎平生墮香國老鬢不下花

飛粘可憐醲甕不滿斛空餘稗乳誰家嘗

題道夫東征錄

老來氣味覺深穩餘子但知聲擊撞煙雲合千態萬
狀意氣吞五湖三江如聞日覩眇天下俯視坎井蛙
吾邦丈夫出門各一笑笑罷歸來心則降

史魏公壽

西風九日又黃花瑞靄朝來入相家四海幾人深雨
露一身隨處老煙霞蒜花宗旨依黃蘗鍊石工夫笑
女媧再拜願公千歲壽莫辭沉醉是生涯

楊郡王挽詞二首

智勇吾餘事精誠死不刊太山安鼎衛寶貨發泉端
嫖姚俱前輩汾陽老故官麒麟功第一須作古人看
乞得身閑日仍煩眄護歸將軍三尺筆天子一戎衣
生死真談笑功名愈發揮西風卷丹旐人淚濕斜暉

隸字

快劒斬秦後崩雲稱隸豪山崖留鸛尾塚刻數牛毛
鐵入中郎腕書非擇木曹萬金周鼎價一字敢論高

龍孫

自是龍孫貴時方燕乳云錦綳無澣濯玉立有仍雲
未解吟風雨應須赦斧斤渭川千萬甲留以壯吾軍

花瓶

轆轤聲中井花滿亦有口腹如許清百花叢中度朝
夕一點不關流俗情

題無湖吉祥方丈小軒

低著疎籬寬著天春風不撼楚江船無人為掛屋頭
眼明日清明花可憐

與陳大監乞米

竈閒三日怒飢面老去一毫無木腸走乞眦耶半炊
玉歸來作舞蹝繩牀

史魏公放魚

試問恩波幾許深一湖渾是史君心巨鱗細口重相
見雷電成龍去自今

花笑

愛花無處柰花羞著箇東風好譚休不是笑花花自
笑一春幾日得遲留

鼠狼二首

業為鼠拔不能群酷似狼貪却畏人敢血未乾猶竊
粟豈應秦了又生秦
謾自狼貪只鼠嗔壞墻穿壁已無鄰兒童愛惜貍奴
慣生怯蒼皇不近人

和魏公洗硯

麝煤鼠尾要鐫汝類面沃心誰似吾老子胷中十萬讀莫年相呴復相濡

煎茶

午鼎松聲萬壑餘蒲團曲几未全疎春風肯入薑鹽手不廢秋窻一夜書

蹀琴

一鼓薰風至自南再行新月墮瑶簪高山流水人猶在笛弄梅花莫再三

茶香

建國瓣雪不須疑到齒餘香亦解肥鼻觀舌根留不得夜深還與夢蒐飛

荷氣

一池芳白上簾鉤荷氣薰人醉不收藕欲作舟花作屋更和風露管清秋

青奴

青奴初不下房櫳肌骨玲瓏雪未中八月華胥人自到可憐塵壁卧西風

落帽

老去塵沙兩鬢蓬秖餘破帽裏西風何人共醉黄花底驚起雛鴉趁斷鴻

和趙制幹二絶句

四十五里鄰近寺一十八盤容易山竟日藍輿走風雨七峯峯外見斑斑

今年賢弟去貪佛平日阿兄真愛山肯使道肥詩則瘦王孫人物未斕斑

次平元衡菖蒲

秖許春水細有聲不容燈焰惱黄昏是爲白石清泉伴乞與蒲團便架根

細如毛髮緑毶毶寂寞無人共歲寒萬壑千巖風雨

面却宜六月坐中看

梅花

江南初見一枝春朧月霜鐘亦可人不管玉堂岑寂夜俱隨驛使馬蹄塵

蜜蜂

兩股花多上粉鬚趁衙去計未全疎蜜脾一點香先透萬斛醍醐總不如

春寒

別院東風料峭寒春衫巳試脱應難黄昏却傍燈歸去緩約花期幾日看

和廣慧吊橘

慚愧先生有古風，歲寒庭户不言功。葉間朱實仍風味，老去清陰轉鬱葱。收拾雨聲歸杵臼，放教秋意擅梧桐。年來負爾人無數，異世同心只兩翁。

紫芝圖

坐誦行歌憶紫芝，江南有愧斷腸詞。後於王母三千歲，始見商山十二枝。日上寶光應倒射，桂間甘露足華滋。吾鄉歲晚灘聲小，忠孝波瀾斷在斯。

府學二生求詩

翠栢陰中古泮林，諸生叢裏兩南金。君今肯出淵騫右，我亦情知籍湜心。有一茎蕃斯可飽，無三萬軸若爲禁。明朝我亦東南去，莫雨江湖盡處尋。

子規

荏苒春三月，聲聲何處尋。艱難悲故國，激烈動歸心。血染紅英亂，身藏緑樹深。欲歸歸未得，故故傍人吟。

落花

閬苑春歸去，愁人有落紅。錦茵鋪地密，蝶夢遶枝空。素艷隨流水，餘香散曉風。日斜深院靜，不見賣花翁。

百舌

聲聲何處學，得得爲春來。花底猶親切，人憐巧剪裁。不容身穩密，且爲月徘徊。賴有黃鸝伴，慇懃喚得回。

和孫季和遊東湖韻

春風如少年，白首仍當歸。無端故園雨，更不留芳菲。啼鳥倦晴晝，緑陰翻餘暉。行尋脩竹寺，僧老青山圍。兒童慣看客，叉手來開扉。白日轉雙轂，吾心無所依。同來二三友，目亦掣電飛。憑高下不測，從我其無違。

送潘文叔兼簡李文授

趁得官閑且載書，隔墻時喚子雲居。公如碧樹有秋意，渠亦清流臨濁淤。蓋代勳庸誠有種，鑿空道德竟何如。寄聲甚觀滄茫外，璧月依然在太虛。

送袁和叔

孔孟堂深不可攀，却從伊洛晚經過。馬驕不受黄金勒，鯨掣還連碧海波。三釜禄親吾未老，一船貫日去如何。江空木脱年華晚，應是斯文合網羅。

留姜山怡雲見訪二絶并呈李磐庵文授

怡雲未至有人傳，一笑伽梨落半肩。夢裏亦知爲此客，起來歡喜不成眠。

天遣今年到五夫，還如雪後望西湖。磐菴老子今詩伯，紅葉盈庭許屢書。

和潘經略廣州峽山五首

是身猶孤雲夢入巖下寺天如護蒼江山故插厚地
一舟巫峽來八月新雨霽烟鬟十二外野花或垂髻
雲出最佳處猿鳥無缺供人影墮清鏡花氣來晴峰
苔蘚上佛壁兎絲蔓寒松何年發天閟當在浩劫中
月林愛山日竹杖青鞋俱而今碧油合見山常緒餘
瘴癘霜雪後桃李春風從吾方友造物扈熖空焚如
髮白面黧黝平生舞魚龍落月照屋除髣髴見此公再
白日幾黄壤世方定雌雄斯文在九牧吾道非天窮
自公湘中去鴈斷致書寡今年從黙齋五字聞太雅
青燈話疇昔白首問茅廣十里五里間水竹肯輕舍

題磐庵作玻璃窻二首

杜陵亦有天尺五雲母不似玻璃深西家鐘鼓謾勞
汝我自書卷中晴陰
晨曦入簷水到戶老子肉醉人眼寒博山一絲坐正
穩不許童穉褰帷看

爲李方舟題東坡赤壁圖

太江赤壁黄州村魚龍吹血波濤渾腥風不洗賊臣
涓暗濕官樹旌旗昏城南啞啞一笑入愁白動地回
春温夜闌魑魅不敢舞壁月如水舟如盆客覩饋魚
婦致酒北斗可挹天可捫當時跨鶴去不返水仙王

家真畫存百年畫史有眼力東坡曉掛扶桑暾

贈李磐菴文授

莫年東觀有全書天界斯文合宍居鏡裏一莖無白
髮門前十里有黄潦文章入手無餘蘊人物于今固
自如安得把茅隣近住打門時復問潛虚

爲王漕壽

十日西風便老成挽回金氣愈高明朱轓玉節非吾
事雪竹霜松不世情未可買山歸卜築却須持橐慰
平生如公骨相應仙去緑髮朱顔已有名

寄呉知府

夢中時一到湖山酷愛山雲侶我閑儘有新詩題葉
滿豈無流水逐人還經年晏坐追摩詰盡日提携欠
小蠻白首著書成過計何時椽筆爲鋤删

用前韻寄呉知府

知有堂堂在故山忘機未許白鷗閑洗心義易窺三
聖幽手楞嚴辯八還勝著林花供笑粲喚回春夢付
緜蠻聞公已是詩成集一字千金豈易删

用前韻謝呉知府

聞道江南庚子山新詩脫手意長閑未嘗臨鏡嗟遲
莫更約何人共往還我有茅茨依橘柚自憐風雨竄

期發悲歡怨懟三千首乞與無思爲一刪

用前韻寄吳知府廣德歸

好風吹夢到祠山造物乾忙我自閑五日頌聲今故在一春詩債共誰還鼠肝蟲臂窺前輩蝸角蠅頭戰百蠻還拍行雲爲公說由來此語不須刪

送潘恭叔提幹往潭州省侍

父子湖海心歲月易波蕩長沙固藩籬不在九天上風塵護衣冀花柳謝屏障東行無多乘雷動有餘壯閬風吾故游弱水恨新漲詩書飽丘壑翁事來獻狀入門睎頰開一笑挾縉纓官他鳧鷗深洗盞發家釀人生果何樂此樂天所況故山在何許夢繞或東嚮公如問云何報我今跌踼

丹丘道中

緑遶溝塍水正肥誰家深樹有黃鸝只知夜雨扶犂日豈識春風便面時白髮歸來須早計黃金散盡未全癡孤雲又得無心力故國它山總不疑

春日懷湖上

前日山茶氷雪中東風得意試爲容桃花笑日面皮破柳葉抹煙眉暈重簾幕風前斜入鷰色香叢裏鬧團蜂湖山一夢殘燈火西子當年態正濃

送友人

雨意晚方足秋來先送君橫拖七赤杖劃破一山雲白紙憑誰寄青燈此夜分空遺巖底石蘿月漫紛紛

荅張以道

阿兄書到來盡歲室懸磬公無苦詩窮我固待天定扶持共竹語寂寞掃花逕須公說江湖小雨狎鷗眠蒔橘數百本卜居東南崗是書又足食千里魚相忘功名丈夫事步武青雲鄉緑髮早歸來釣絲理滄浪

與應兄之西湖二絕

終日看山喚不回却如山骨瘦歸來白頭未老青鞋底無限江南翠作堆

它日西湖有此僧年來怕見髮鬅鬙一雙眸子清於水想見新詩我不能

橘洲文集卷第二

橘洲文集卷第三

律詩

奉川道中四絶

千峰萬峰雲意動十里五里溪聲喧人在昏沉黑甜
裏屋山烏鵲兩無言
彈指聲中見彌勒鼓琴安用識昭文青山步障五百
里猶有贈行南北雲
夜宿樟林海邊寺海風吹夢五更寒此身不似天涯
近枉作并州老泪看
摘星黄漢在何許淺水平山容易過未必山靈慣看

客勸回俗駕柰渠何

答吳知府仲登見招三絶

一夜溪西喚客船黎明十里走平川塵泥未辦湖山
脚更要長齋古佛前
渡水穿雲已借書蠅頭一日五千餘東家居士應憐
我白首那堪又徙居
未暇雲山聖處行茲游已復慰平生故林猿狖吾知
識木落霜枯也不爭

寄趙宣教

却立群峯北望看斷虹飛雨即家山一時別舸惟公
在半世清游此夢間卜築未嫌身老大著書先怯眼
爛斑湖西為覓菟裘地歲晚連墻共往還

錢德遠判縣與無同生日

西風一曲奏近聞詔丹鳳將鵷下九霄忽憶山川纏錦
繡又傳歌吹雜薌羹扶携共醉瑤池日鼓舞同升玉
帝朝一筆壺中人不老下方鵬鷃亦逍遥
綵衣何似舞衣輕鸞鏡還如水鏡明百里絃歌歸有
道一軒風月不勝情口香知咒蓮華墨山近聞拖蠟
屐聲百拜一罇須竟醉看飛凫舄上蓬瀛

再答吳仲登三絶

芰荷如屋藕如船聞道江山似輞川中有平章雲月
手慇懃招我爾來前
案上如山一束書青燈歲月已無餘從來筆同夫人
事佛祖如何以貸居
屈指何人共此行凉風佳月可憐生天教兩足為吾
用城市山林勿與爭

題子陵釣臺圖三絶

隱約江天漢客星夜深曾傍紫微明山川風物成遷
變猶有洪濤殷嘯聲
著我巢由稷卨中兩眉未暇笑吾儂斷雲凍雨嚴家

瀨寂寞何人理釣筒

帝已龍飛我故魚乾坤等是一蘧廬夕陽曬却蓑衣了試問妻孥有酒無

題峴山圖三絶

不見輕裘快馬歸遥憐暮雨濕公衣峴山十里城南路燈火家家望翠微

湛輩而今豈有知滔滔江漢定何時無邊落日丹楓外有客來看墮淚碑

叔子當年意崛奇道人歲晚墨淋漓北風低草牛羊莫會有人傳峴首詩

與侍講程自靖州西歸會於江陵二首

不以中書老見疎斯文成就合窮居退之徹在潮陽後子美貧於天寶初絳帳歸來賓客在玉堂有此文人歟片帆我已東南去會見名香近紫虛

古天下士亦多艱魑魅於今合改顔道在蓋公猶夢見天憐賈誼得生還風休江北一聲櫓春盡劍南何處山故國異方身健在也知書眼未斕斑

次史魏公見招

幾年全主又全賓萬里歸來訝此身放出渠儂一頭地始知雲月有閑人

與明道者砌墻

吾墻高不滿七尺墻身雖小墻心直亦如居士護洪城敢有踰垣德之賊古人制度今人爲朱薝碧瓦還差差黄金爲墻白銀璧箇中住底少人知

題老融鬭牛圖

牛鬭不可近近則和爾觸摩撫不動撫掀此老敵觖慰我有牛意憐渠無怒心伊誰爲證據斷崖楓樹林

和吉祥孜老二詩

白頭身老大江南已約孤雲共一菴有道故人今儋海不應龍卧在深潭編茅固作癡兒計閉户全勝俗

客談賸種木奴千百本不憂土瘠冷松龕

茆屋三間自有餘置身不合在蓬壺誰知三尺子童子解唱一聲于蔿于割肉向來聞驚股合尖余始見浮圖傳燈事畢歸來好一歲風波幾日無

上明州高守喜雨

靜倚爐薰聽雨聲使君念慮在蒼生十分喚起群龍睡千里如同一手耕新綠滿塍鳴布穀亂紅庭院蓄流鶯禁林莫訝歸來晚待我豐年酒一行

送李寺免監鎮之官澗西

我自歸帆急鼓催君先一騎抗塵回誰知北海樽罍

底親見東軒長老來執手試聽楓葉下打門終待鷄
花開孤燈一曲無公事萬巻吾伊亦壯哉
和蓬萊老之兒卓宣教見遣
要結靈山未了緣山中草木亦欣然大江南北經年
夢明月東西一夜圓龍象而今非故我功名自古付
華顛相逢未必真相似一嘯西風萬壑傳
武林病中作
病閑無奈客塵嬰百遶西湖夢不成白髮自憐非故
我青山何事亦關情坡仙未死人安在處士歸來或
有盟人物風情皆若此還將老淚月同傾

見牽牛花有感
籬落牽牛又著花摘花心在鬢先華故園紅染薑絲
在安得緘封寄客槎
上水道中聞鶯
人間七月火雲升碧樹黄鸝亦可人啞咤一聲行道
外不知身在故園春
和簡齋墨梅二首
爲憐玉色照前除一室無因含靜姝寄語客卿煩想
像萬花困苦乞爲奴
風物凋零欲盡年此花黒瘦固應然暗香疎影渾無

賴爲我中分亦可憐
曹娥廟
我初不作婆娑舞亦能知波險無風巻潮來壯覓
在行人醺酒濕庭梧
婆餅焦
採得東君第一籌略無風味笑鳴鳩聲聲苦道焦婆
餅往往人傳嫁橘洲
平江靈巖
山斷湖光迸一川老師角黍過年年春風步屧長廊
靜只有鐘魚取次傳

題平江范右湖橋壁二首
經綸初不礙躬耕更復緣詩太瘦生莫問雪堂人在
否石湖依舊小橋横
天與湖光鏡樣平道邊野草亦知名鄰翁莫訝歸來
晚未必山如錦瑟清
餘姚江上
山入春江雨不收江寒得傍翠雲裘誰家山影風帆
轉悞作梨花一段愁
泊分水
櫓聲伊軋訴東風楚語吴歌落枕中夜半潮頭隨月

上客帆和夢各西東

苦雨

急雨滂滂日春泥盎盎中瓦聲喧午枕人語泣西風
斗米衾裯盡鄰翁杼軸空無因訴真宰吾道竟須東

江閣

山影隨人盡江流入地深乾坤孤客泪桃李下生心
落日牛羊渚春風桑柘林周南留滯意聊試小棠陰

喜雨

麥吐經時雨爐熏一寸雲葉邊先策策月墮故紛紛
待趣詩翁語何曾菜色聞問天渾小試吾欲張吾軍

別楊道夫二首

當道紛豺虎逢人說豢龍一時餘砥柱何處見霜鐘
諸子方喧黙吾行未鈇供大方同一笑鵬鷃各春容
小上魚舟去懸憂鴈足疎我方鍬剩語公亦喜成書
冩帽風驚拆綈袍意有餘孤雲日邊路時與問何如

樓與善寺丞挽詩二首

半世功名在誰爲磊落人上方憐我直公亦愛吾眞
一笑知天近頻年厭馬塵把麾江上去得與客星鄰
翰墨今詞伯規模古吏師哭親聲未斷捫枕夢何之
白首侵書幌青燈耿繐帷傷心故園路雲物不勝悲

魏南夫丞相挽詩二首

未必山東相能留塞北聲一身扶國是九鼎重吾盟
水鏡人材地風流月旦評早收霖雨去屋角看春耕
青雲紆郡紱白首費符移耶墨仍飛語翁歸不受私
凋零唯舌在汗漫付心期手種堂前柳東風學畫眉

詩挽曾舍人張氏二首　代人

一代稱賢母斯文屬故家大閨欣有相吾質龍無華
久已如深定眞堪焦寶車餘生固無憾衰動及鄉姓
我豈長貧者終當以儉名諸郎方佩玉夫子亦專城
盛德容追想吾家失老成東風在萬里凝睇不勝情

興化存公作竹林新亭望菴雪林二老

同賦次韻

西舍東鄰杼軸空道人蒲腹貯清風竹林笑指歸來
路約與禽魚一飽同
年來幽事慰心期已有溪雲髣髴知不似山南似山
北直須拄杖叩門時

成都信藏主求送行　參足菴

又得南方一信歸君臣父子却饒伊五年乳竇峯前
路曾把虛空碎一碓
歲晚何人爲指南手中扇子是同參雲門未見乾峯

日與予如今恰一般

和雪林訪二山

平生閲世匆一吷老去卜鄰吾二人亦許白雲來著宿夫妨青襪去尋春泉鳴石瀨聽逾好雨浥巖花笑轉新更欲買田招鶴住問渠誰是自由身

渡錢塘二首

潮生西浦未全平頃刻潮回岸有聲落日人從官渡去西風誰識此時情不如吳越中流盡贏得江山老眼明試問古今沙上路幾回相送復相迎身是行人意未平江頭已斷午潮聲旋收去國無邊淚聊寫臨風有限情家住青山何處是眼穿白鳥去邊明去年今日凄涼意猶記梅花一笑迎

夜過鑑湖用前韻書所見

湖光晚作鏡樣平寂無人聲唯櫓聲群峯倒影不可辨新月半鈎如許情斷蓬散作鳧鴈過漁火靜入江天明移舟快得一枕睡夢有河神來送迎

過曹娥江

錢塘雪浪與天平小入曹娥亦有聲滄海一時忠孝淚夕陽無盡古今情春秋祭血神如在一夜行舟挽到明不是西風白雲客祠烏爭解賦將迎

泊通明堰

一夜江風故不平道邊草木亦成聲豈無老子知津意尚有秦人逐客情荒縣已傳三鼓下並船猶見一燈明此生已悟身如寄始送鴻歸又燕迎

簡史子由主簿

君歸意定氣逾平莫學秋蟲泣露聲少日新篇須妙指莫年深穩見真情爲憐古井無波日試挈銅瓶侍月明獨抱斯文慰幽寂莫誇萬象與逢迎

和張功父寄莅務觀郎中

新詩老去合名家猶喜春風在鬢華恨徹斯文無雪處竟將好語向誰誇自知人物隨時盡獨倚欄干到日斜問訊故人今健否東籬明日又黄花

黄待制病中以詩寄之字元吉

故山餘地亦嶙峋中有檢垣梧十尋自是萬金醫國少人皆三事望公深茂陵多病書成秩季子來歸雪滿簪試與共觀天下士彌縫一世果何心

詩挽史魏公

抱負元驚世飛騰正及辰眼空天下士坐穩日邊身器業真王佐詞章動帝宸錦衣雙白髮母子即天人

存皆功名會凌煙有老臣幾人扶日月一角見麒麟
共泣中原涓寧爲去國賓西風幾黃壞松栢獨輪囷

三

一語回天力終年困五丁時方相司馬吾不愧元勳
遊奏逾金石斯文粲日星幡然霖雨手猶帶御爐馨

四

十載江湖上三從北闕歸宮花欹帽側玉帶重腰圍
僑客黃金盡凌空寶墨飛夜堂燈火冷猶下讀書幃

五

爲帝先驅日非吾舊學誰玉京眞可樂夜壑不勝悲

墓木行人拜庭蘭造物知臨風三慟哭天亦爲低垂

詩挽陳提刑

清苦諸生節廉平御史知一飢曾忍可千里含冥公誰
落落天人際拳拳骨鯁詞秋風又凋物空有老成悲

右

少日牛力在中年玉節新平生無憚吏老去只憂民
西浙身猶健東歸跡已陳丹丘方在夢喬木想輪囷

右二

和陶彭澤詠二疏

人生天地間賓鴻自來去歲晚洲渚空稻粱適歸趣

秋風在羽翮吾寧且高舉老倒商山翁爲人作師傅
二疏於此時都人壯歸路登車一慷慨隨意誰復顧
黃金壽故人不爲鄉曲譽明朝問其餘麴糵最先務
徑醉無缺供餘歡話情愫賢愚貴通達父子無悔悟
先人有弊廬衣食不足慮此道今寂寥寄聲謝朝著

中庭霜夜月明如晝效李長吉體

庭空若無地霜月不自寒姮娥天上人臘月猶冰紈
放開玻瓈鏡轉向碧玉盤人間水晶域萬象梨花團
骨冷不成寐起行自槃珊巡簷不敢下恐墮汗海寬
沆瀣入毛骨清風生肺肝有鶴東南來飛鳴墮我前

吾與汝仙去仙家無歲年

賦楊知縣道夫四知堂

萬家即吾廬一室誠吾身窻明古肺腑筆立眞天人
心語駟犇軼風行牛鬭嗔吾今亦忘我何者爲一塵
起看屋角懸聊當座右箴我初衣壞絮疾驅荆棘林
鍼孔與線蹊老眼親補紉而今著襦袴左書而右琴
吾兒亦溫飽鞭箠亡呻吟唯餘故時習詩病山水淫
會當更祓除兩楠共森森

送伯才伯仲之官 施知縣

浣花溪頭春可憐兩鳧一鳧飛上天曉窻清淨易一

卷兄弟過午無炊烟太息白首古人上小息綠鬢東
風前簡書不畏畏泥滓黃金汚人須棄捐故山民病
公所見門前萬里東吳船轟雷電泣鬼宰後世兒
女戚嫣然人生固有浪自許毛髮便窺肝膽全主家
無地置絃索妾身已爲他人妍相携感慨一噴涙唯
我與汝非同年出門大笑亦不惡此意黙寄飛鴻邊

送傅道士兼呈吳明可給事

往時大斗供一沃既醉而顛顛可小得錢乞人如棄
泥風雨叢祠夜深宿省中諸公六七輩貴人只許丞
相獨入門穿靴一脚泥丞今便要道士服虎皮冠兒

象牙簡感恩扣齒三十六今年來自鐵柱宮道許旌
陽猶萬福連燈共床十月語掛枕歌吟聽不足有時
得酒不肯醉醉裏親言道機熟南昌史君有仙骨我
欲憑風一薰沐崇眞坊中歸去來卧聽玉龍吟一曲

仰韓堂連守所作謝良齋爲之記取
退之陽山縣之詩以名蓋先作讀書
林後爲此州

在昔桃李縣而今松桂林是誠五馬貴足此萬卷心
有人夢得鹿早日果可尋斯文天地開皎如月長臨
東海鰐哭怒衡山雲漲深精誠不可觸豈知鶴在陰

樹影陳燕几松聲雜瑶琴亦有牙鼓趣不妨絃誦音
俛仰道德意棱除文字淫故家事業在無使霜毛侵

史魏公蝸室

兩趺尺寸地屹立萬夫目四海聚兩心澈落一變足
何曾蟄聲氣萬象意沈縮譬如雷蟄藏春風不虛厚
世界如許大備吾體中乘是心如許寬不著世間欲
散花果無地掛卷或可熟好鳥如可人斯耶勿驚促
八風吹得行顛倒任振觸

和山谷賦黃廸畫竹韻

平生黃太史翰墨四海知風流過脩竹自棄忽若遺

豈伊歲寒質似我槃礴時此君不解語風雨扶持之
夜窻或蕩撼燈火皆疑危龍去恐拔屋呻吟欲勤追
摩挲古屋壁想像還依稀憐公讀書瘦愛竹何緣肥
飲盡三斗墨半稍或相宜争如鵠夷子一舸容西施
歲晚意浩蕩江湖相倚毗雲幢與煙節異致仍同歸
多應黙瘦語絶倒黃初詩君家百斛力不解增儼眉
榮枯各本色玉林亦神馳我欲學揮掃十年以爲期
胃中寫千畝二鳳當來儀簫韶久不作此恨常依依
會須歸故國夜夢而畫思庭空月欲落斯文還在茲

橘洲文集卷第三

橘洲文集卷第四

詩

和史子由主簿食瓜

鄰翁種瓜時孳蔓不忍觸提攜落吾手剖裂亦甚酷相如方渴時想見價金玉沉浮及桃李一世謾貂續注泉挹甘寒落蔕驗香熟精神發良夜清坐定更僕無使妬盤餐開端自醽醁

送王性之子仲言倅公赴泰州 代方彥發

山陰故侯家受射幾世世袖有換鵝經父子固多藝日高卧東床吾祖得佳壻春風鏡湖波一夜雨新霽

得句見眉睫鬱鬱正相似先秦多古書歲晚足奇字盡載米家船長虹貫都市平章要風月慨然適千里論士當及時鹽車有騄駬善護千金軀斯民望桃李

拳毛騧唐太宗所乘馬御墨親題其下

太宗自是人中龍黑闥未當鬼蜮雄穀城洛水龍自若天遣此馬收全功欻然一擊雷電起智名勇功不入耳身當矢石不忍嘶我寧飲血不飲水人間只作拳毛看誰知忠義事所難歸來四海一家日錦茵却覆黃金鞍萬金賴有不死藥御手摩挲箭痕落西風顧影一長鳴身在天閑意沙漠驌驦在御臣的盧郭家師子誠僕奴畫師畫肉不畫骨權奇無乃天之徒寶墨淋漓三十六幾代流傳到華屋真人固在馬不亡堪媿駑駘費君粟

賀李大著 巽巖之子字仁甫

眉山縣前江可憐昔人飲此俱成仙只今獨數蘇與李豈伊親濯玻瓈川功名事業天所靳況復真宰持其權先公用舍誠有道不愁輒後真無傳道山人物今第一蒹葭玉樹猶依然東南弱水三萬里亦有躋鶴來翩躚至人活國豈無術丹砂烏喙堪同年衆工可笑不解事顛倒規矩求方圓向來賁育嘗賈勇彼

豈有力能回天公今已不負世學盍先鶚鷟高騰騫遺簡惜取董狐筆父子相繼書凌煙

送孫季和知縣赴常熟

援琴不怕春風顛已許桃李同嫣然令人政自無此手昔也子賤今琴川爭名固淺丈夫事公盍走避如雲煙共惟聖學本忠恕不敬莫大中無傳吾行敢後天下士百年人物猶拳拳風流往往入詩句經濟一一歸民編板輿扶上醉鄉日竹溪便喚姑蘇船誰云弱水不可到政成我足蓬萊仙

樓尚書生日 字大防

歲行丁巳生公年一周甲子初回旋壺中日月自長
久我身曾作蓬萊仙覓莊何爲下南國伊傳事業須
林泉胸中抱負五色石晴窗撫弄供磨泓古今成敗
幾頭緒酒澆不下仍横咽援琴一鼓天地靜萬象起
舞辭加清圓新詩往往到紅葉門前流水人爭傳世間
樂事惟我有錦衣鶴髮同驩然天公有意誰得解功
名自古俱華顛鹽梅霖雨入吾手母子共醉春風前

張約齋生日

何年麒麟飛上天下瞰平地爲秦川九關虎豹不敢
却爲作南渡中興年扶持斯文一鳴世金鐘大鏞方

在懸百年人物有如此舊山喬木今依然人言廣平
心鐵石梅花作賦猶清便争如萬象落吾手顛倒招
拾無留妍曉窗沉水旋和墨雜花落紙如雲煙問渠
少室果何事一笑粲發成眞傳春風正墮散花手亦
有舞雪相回旋須公道眼故如日我欲以壽東家禪

病眼有作

短短秋簷合近書經旬看碧却成朱半生始識空花
面咫尺還憑拄杖扶淚睫隕珠緣底事金篦刮膜未
全疎自憐老去元非病贏得工夫到物初

和陳進道教授後堂瀕水小閣扁曰浮家

市聲中斷隔河清鷗鷺無情亦有情不與狂瀾同汎
汎故留明月作生生一罇寧共彭宣醉盡室肯容西
子行不是主人風味薄門前弱水即蓬瀛

簡秋官

寂寞江郊只病身故書時得想輪囷無錢未暇招陶
令有意何妨學孔賓龍業披衣猶向佛虎凶着帽更
何人也知造物憐吾老木槁灰寒得再春

和張蒙山韻

老覺溪深杓柄長舉頭三嘆目無光試尋西陌東阡
夫却得南窗北户凉好鳥關心渾是夢明珠論斗不

勝量束書莫作癡兒事一瓣先師未了香

題犀浦張震仲竹齋

窗明紙辨四時緑眼老何妨五車讀江湖商略不盈
咫月露清滋慰吾獨淋漓舞茵不解醉顛倒飛花有
如屋竹外寒溪聞此盟束書一笑趁鴻鵠

呈胡舍人二首

東觀何如叢樹家絲絢歸賦故園沙靜知木鏡中人
物香識爐烟上鬢華儘有春風飛燕子豈無詩興到
梅花自憐老子歸來晚不得追隨入月槎
官閑無事只深禪齋戒何曾廢客烟總是老夫貪佛

日未妨天眼識公年江湖滿意藏詩筒鷗鳥無心傍客船參井黃昏雲霧裏光明猶有一燈傳

次韻施伯才除夕

年來白髮爲誰新恰受愁邊五日春官燭吹花方作夢東風卷地已無人今年有酒公須醉明日無孺子莫嗔香案已催朝玉帝何如剪紙奏錢神

次楊綿州韻二首

夜潮明日瀨東西故國征鴻各自歸白璧一雙唯我在行年六十似公希人生自是專城貴道眼何曾與世違贖種春風付桃李等閑人共惜芳菲

我自吳頭楚尾來射工一見故相猜文書已作牛腰束闤闠仍須燕尾開江近危樓才咫尺眼懸落日殆千回名成莫詠歸來早要學峨嵋翠作堆

古城蘭若有竹數百道人築墻而疏遮之十有九居于外或以淨香名之取少陵雨洗娟娟淨之語殆少吾此君也故以此意爲出一語贈之

豈無四海老兄弟恐墮春風年少名晴簷雨見天白面夜雨共傳竿筑聲淋漓素壁江國在參錯拂衣花鳥驚波亦群龍護持一此中七字有堅城

和李磐庵雨中見寄

茅簷何意作秋聲未放東風入紫荊短褐不眠成永夜寒更數盡到諸兄早知蘭蕙今猶在自許夔龍意甚明世路崎嶇吾已了一盆風篆爲誰平

和張寺簿功父得祠

碧海鯨魚快一逢不爲夜雨泣秋蟲神交已極天人際玉立仍餘國士風故壘山川成舊恨今年桃李着新功却應神取經綸手留待君王復沛豐

又自官舍萋歸西湖

夢中身世亦閒關覺後懸知去不難陶令歸來猶有

酒子雲老去不還官時供採擷花千樹醉共園欒竹萬竿想見春風更啼鳥沉香庭院不勝寒

又和丐祠未報

黃金羈勒閟天閑何似春山首蓿閒白接䍠邊餘甕蟻烏皮几外即塵闤龍蛇大澤公真是虎豹重門孰可攀示不忘君還有道卧聽人語迹朝班

又和病中遣懷

聞公多病正緣詩酷似梅花太瘦時故憶主人鷗去近尚留賓客鶴歸遲把麾寧復追蘇子鼓瑟無因見孺悲已辦扁舟輕似葉明年真到習家池

又和歸南湖喜成
吏退文書苦未醒湖光晴面適全輕風從北戶來披
拂鷗傍南枝管送迎許我杖梨來宿昔觀公詩律自
前生藝蘭九畹辛夷百續取離騷更老成
用山谷題借景軒賦史鸞清蔭
竹君如余子參張文此百十庸可傷聽渠風雨夜深
語撼我窻几無邊涼起來頹倒急穿襪直恐吾廬變
林樾却煩清影過牆來已約姮娥借明月
嘗拉壽居仁訪青山性老是日小舟抗斷
港進退不能幾至與盡薄莫叩關少慰寂

寥之寞居仁有詩次韻以謝
秖知春在浴鳧行杯水才堪一芥航捐䟆最宜歌欵
乃倚舷唯聽夢悠颺已愁落日低千嶂嫩見清風閎
一堂抵掌劇談吾浪語君如網目有條綱
上劉左史二首
鄰下家聲晚更高南朝徐庾總兒曹向來霖雨無雙
手多在秋風一二毛舌本旋澆甘露椀詞鋒久淬鸊
鵜膏已知造物可寧意鳴鶴如今在九皐
不爲窮愁始著書一燈今與影同孤從公亟欲聞奇
字隨世無因識故吾賴有霜鐘當北道不應壁月自

西湖舉頭更覺天人近環珮聲中試一呼
十一月二十八日大雪有感 時孝宗閣陵日
勢地飛花變鶴林天低直欲近墻陰共知一飽明年
事誰識三號此日心東望眼穿秦望白西湖淚入鏡
湖深無邊眞宰凄涼意秖此凄涼直萬金
送林擇之至五夫
不學相如故倦游身唯晏子一狐裘眼明自可空群
象筆健何妨力萬牛許我春風還帝所多君雪浪轉
船頭愛山堂下平生夢試問梅花可忽不
題張以道現菴新成

春風窻戶雨初乾恰愛南湖一鏡寬倒影絕憐飛觀
近鳴榔不入莫濤寒吾伊聲斷聞鷗下舴艋舟輕喚
客難題作現菴眞現否憑公爲問約齋看
和汪仲嘉尚書寄樓攻媿尚書韻
明日征帆取次飛何人解識箭鋒機田瞻北闕君恩
重莫遣西風酒力微早爲漢庭歸籲俊未妨周易去
研幾適齋老去詩猶健聞道行歌晝錦歸
病卧岳林有懷諸公
庭樹無風夜沉寥吡耶室裏霍票姚自知示病非天
授不必觀身已意消夢裏忽逢三語椽江頭又報五

更湖歸來莫話人癡絶悮了諸君楚些招

和紅梅

此花不是施朱手醉裏何妨取次開地近恐遭繁杏汚月明先遣暗香來爲君繞樹須千匝老我逢春復幾回詩到栩州定清絶向來安得此傳杯

古梅

却盡鉛華固自奇更憐鬚髮傲霜姿百年可敬春風面四老仍扶漢惠時碩影不知身嫵媚嗅香全覺我支離殷勤爲注銅瓶水青子纍纍定著枝

送史同叔赴　宮教

便催絳帳入王庭肯落先公第二機一鶚未嘗懸薦口諸生今始識摳衣寬如北海何妨醉清似西湖不解肥但得家聲振金玉蔦釘何必問腰圍

送史固叔通判過雲川

莫嫌畫鷁北風瞋茗雪溪聲解喚人一日便抛千日醉十分留得九分春匣琴書卷先行李虹星車柳委後塵風指歸來須及早滿城桃李正芳新

和趙介夫除夜

北帝潜驅又弭鞭那堪風物更凋年此身蕩漾隨流水造物炮烹及小鮮自喜鐏罍同盎盎誰能幡勝亚

田田諸君此久須千首老子今唯十九篇

和史子美知丞月臺

乞得更籌二一夜寬傍簷唯有斗闌干須臾銀闕從空下想象冰輪不自寒迫近天人無浪語却由歌吹有餘歡秖應王謝風流後合作蓬萊第一看

和月林清玩臺

誰識阜陵天上物亦從潘李乞刀圭平規肯博千金璧四海仍傳一角犀栢葉春齊初養鶴髯松歲晚後然臍直須數子成家日是我浯溪得再題

和某

意適何肯較疾遲戰酣夜漏纔朝暾驪山信有無雙手野老寧知第一機靜等魚龍潜夜壑迅如鷹隼擊秋園春風過盡花無數我固無因客亦非

題習門宣弟不繫舟

故著青山盡底圍直疑挂起片帆飛好風忽送潮聲近啼鳥相呼樹影歸老去六窓誰是伴頹然一几自忘機我初不作京華夢分取松枝對客揮

謝殿撰挽詞代人　二首　自叙本

政自淵源出聲連海嶽清固應身列宿何意晚專城一代稱遺直諸公畏老成棠陰幾人淚端復爲誰傾

盛德真無愧吾生亦有涯千金故人壽兩部習池蛙
磊落思前輩交游念故家新阡在何許目斷莫雲遮

史太師入覲賜帶以不知官高卑玉帶懸金魚爲韻寄呈十首

瀾壑千歲貨風聲萬牛吼春江穀紋面一笑可忍不
老不數汲黯吾寧師子思黃金後加璧勿遣虞人知
人生易與耳一飯當倚欄婦蠶千耕耨辛苦驗縣官
脩泉汲短綆太山寄秋毫赤松未必賢勇去還渠高
鴻飛在天末弓繳不可施官池稻粱夢鷗近鴛鴦卑
西湖舊時波夜雨敗新綠子規啼到明飛去雲屬玉

東家熟黃粱西家夢飛蓋起來試捫腹鬭人莫如需
冠以新故變履以弊故捐錙銖在人手吾衡亦從縣
何年倦察雨言田亦公心一犁不入土無因致千金
彌明晚不遜不解世俗書鄰翁十升水公無察淵魚

剩暑戲成

風怒欲翻屋汗香仍浹膚物方矜外武吾獨畏中枯
壁月開箱簟湘波浸竹鋪爲君揮一飲滿意說江湖

倦夜再用前韻

飢鼠方吟壁飛蚊已噆膚稍虛燈火讀徑作壁魚枯
闕户從風入移床就月鋪曉鐘殘暑破依約在西湖

畫石菖蒲

太湖與鴈蕩相去二千里六月吾几間風雨一彈指

畫石與蘭

石怒不近人國香爾何有我以道眼觀無心得相守

畫水仙梅山礬

生香故觸人異質偶同調喚作黃家花弟兄一語妙

元暉山水

孤雲起木末翠岫插天半一窗明暗中乃有此遐觀

吳知府挽詩三首

妙年聲落落晚歲陳堂堂政出諸公右吾寧一老傍

園林春婉娩墳土没淒涼孝友無餘事新詩入錦囊
小試牛刀在長驅馬足遲此生空抱負負宰執維持
道並湖山重民深雨露思何當十圍腹重作北窗期
千里頻年別人來數寄書舊題紅葉處猶記白頭初
鬚露危如此庭蘭賦有餘摩挲東望眼歸泣向吾廬

題壽居仁遠浦歸帆

禁室江南欲盡頭故將沙尾緊行舟如何落白蒼茫
外一幅西風去不收

和胡仲方攝縣喜雨三首

雨入黃梅故弄晴群龍須我一投誠此無盡藏君爲

主大貝明珠我得傾

群農已作觸藩羊人語車聲日夜忙膚寸出雲從北海十分好句屬南員

龍峯聽我一言田民物𥁞苗更草然中有豐年無限意何須矯首問雲天

送隱上人還玉峯三首

故山爲我小遲留楓落吳江冷不收歸去不知身是夢青燈相對說乇州

西風已挂沐猴冠人語淺聲亦少寛家有如山牛糞火爲君煨栗勸加餐

出郭聞百舌

故園何事最關春百舌枝頭狎衆禽料得萬花渾不睡聽渠說盡落星心

有懷山行

慣識春山筍蕨甜秪今病枕亦饞涎杖藜夢入僧窗去飰飽茶香最可憐

檥舟南渡有懷

恍得潮生已夕陽藥爐無火正凄涼傍人笑指黃金骨夜半應須解放光

郊外即事

春水人家綠繞門晚風榆柳自村村一聲牛背烏鹽角鐵作行人也斷魂

寒食

梨花吹雪渡清明天亦那知倦客情一院春寒無著處黃鸝欲語不成聲

墨梅

此花黑瘦固應爾用盡朧月淡雲心鄰家羌笛莫生事春在洞房深更深

送于制幹二首 陰陽家

十年閑讀古人書不爲山川貨可居便有風聲生屐

齒王侯尚在一丘壚

一笑無煩論古今就中首肯即吾真君今正與司南合直指何曾更問人

次韻孫季和知縣游西湖

何人熨冰紈弄趁春晝晴東風有底急不容縠紋平堤回柳陰直鷗鷺時合并無端擢誰發驚飛度微明山囘以畫勝湖應以詩鳴雲烟小潤色草木同欣榮憶昔二妙俱中有五字城打門看脩竹拄杖時一横鱗差幾飛觀幽花亦多情老眼眩金碧何年費經營應憐處士家鶴亦大瘦生臨風一長嘯荒由絶人耕

送樓尚書二首

九關何爲踪荒荒鴛鷺不汝爲津梁剛風一上九萬里我豈無因來帝旁君看玉皇香案上臣有抹月批雲章春秋自與易表裏九師三傳俱亡羊人言夫子身九尺我謂椽筆聊相當斯文豈不妙一世如御琴瑟思更張太夫人今八十六百拜上賜千秋觴朱旛阜蓋映華髮鼓舞萬嶺爲垄篁如聞民病思藥石可忍歲飢無稻粱行行不待勸藏政會有詔書來未央

送松上人西歸兼呈去使隱君子及其家

賢子姪致邂仰之意去使方舟之子松其姪

白雲二十七飼踐楊岐驢相當子歲年乾千乘車佛法全盛日南方即吾盧後來鑿空輩一一人爲徒誠負子遠遊芒鞵貫無餘百飢僅一飽抱病幾亡軀是病何所起爲藥當何須不如速歸休問津於故吾方舟有家學放光照西都寄聲爲多謝勿謂今無書我有舊時月夜夜來東吳

送燈老住翠山

我家凌雲君辯城古佛小大猶弟兄我癡如佛君甚武一日放光來四明人皆謂君佛出世趺坐說法如

雷霆翠山自古龍象窟春風十里開林坰鐘聲況近王謝宅一見爲君須眼青全提佛祖末後句無欲吾事由叮嚀扶搖直上九萬里頃刻變化摶青冥

簡吏子由主簿時在象山既行海濱視海山煙雲龍絡有若圖畫因成七言以呈聊同一笑

曉行雲海意蒼茫晝入王維鴻鴈行烟樹屏山分遠近風颿沙鳥認微茫筆端應有鮫人淚句法仍搜墨客腸日暮歸來欣有得眼空當不數瀟湘

王大卿挽詞三首

白璧連城重黃金百鍊剛固應須潤色肯爲世低昂議論傾餘子聲名徹上方馮唐元未老歸計已包桑少日佳公子中年古吏師霜嚴公事畢韻勝客杯遲詩律曹劉上心期籍湜知用公渾不盡一世有餘悲出處誠吾事園林正及時乾坤身老大兄弟日追隨生死眞譚笑過逢類别離小樓今夜月照我淚雙垂

丹丘春夜感懷

雨歇花梢月正明一川渾是杜鵑聲此身漂泊知何處蝶與莊周夢不成

和史太師蝸室三首

帳暖窻寒不願餘一床鋤覆舊時書寸鱗尺濆尋常
水老子而今非故魚
伊維閒人晩自賢等將身世付槑鎣春風猶有菁英
會未必飢饕困即眠
臥聽花數寶篆灰坐看野馬與塵埃有時笑入碁聲
去千騎雷奔轅不聞

橘洲文集卷第四

橘洲文集卷第五

記

蘭坡記

蘭有國香人服媚之此君子之事也予既滋蘭之九畹兮樹蕙之百畝此騷人之事也蘭生深林不爲無人而不芳此牧豎樵蘇得以凌厲摧折予故以屬野老之事也蘭一而已用於國羅於戶庭根於山林無往而不極其姸從昔五羖大夫之賢有所不如也蘭亦何有也載於傳歌於詩取於離騷無實而不副其華雖子雲相如之工有所不及也蘭可貴尚也可以

僕辛夷而目杜若鞭策江蘺蘼蕪無賢與愚皆知其爲清麗發越方蕙風旭日之旦泛然崇光郁然清芬如從游夏輩出入乎道德文章之林也蘭有一莖而一花者凡綠葉紫莖素枝皆其昆弟朋友族屬亦有一莖而數花者楚人謂之蕙皆能全沆瀣之正亡雪霜之辨後先憑藉於春皆此宗也余將爲佩爲帶爲車爲屋爲舟爲檕返靈均之憂思而與羲皇上人容與於造物無窮之鄉豈不休甚仲開學佛者以蘭坡自名所居藝蘭屋壁畫蘭猶以爲未也將買山百畝蒔松竹以印歲寒其下種蘭如春畦蔬如夏插秧日

夕見蘭起居友蘭庶幾與蘭同薰也余聞古人不三宿桑下以閑其住著視身如噎皻廢井無一毫顧戀意道人不當厚於蘭雖然蘭無聲色以移人而臭味亦復近道況根塵鼻觀皆可以發吾機也從是而入道焉蘭何負於余仲開宜勉焉

焦山延壽堂記

叢林老病菟裘之地也百丈僩比捌爲延壽堂床敷厚溫牖戶寬爽供給使令左右畢出惟少與健者不得而與也自都城下京口兩峯屹立波面所謂山圍屋者焦山也山故海窟世世皆有道者尸之四方鼎

來如水雲合令住山朴菴性公赴太守待制陳公之招周旋逾年睎山之壽老堂自靖康至今多歷年所屋有震風凌雨之患過者未嘗問焉公於是命執事相與經營輪奐一新老者居之如入寶所病者得之如飲良藥有來觀者心目適悅朴菴曰吾道蓋是也使余過鼓掉舌號令佛祖指搗人天而老病有時乎不聞今此堂朝明夕昏夏凉冬燠木章竹箇皆代余說法寺也所得與法喜禪悅等堂不壯哉朴菴書來屬余記之因書以爲記

雪牕記

樓漢卿新闢雪牕以書走橘洲曰吾作雪牕將藏書數千卷日與昆弟朋友究觀講解以澡雪肺肝以滌平生舉子之塵子爲我記之乎曰夫山川出雲三時所以爲雨雨不至則爲虐過則爲沴其雨於冬則凝然爲雪雪先集爲霰既至爲雪雪片六出大者如掌細者爲鵝衣或以爲鹽又以爲絮飛舞零亂時有近人意左丘明書平地尺爲大雪蓋南方堆積戶庭幾月不釋北方到簷至有折膠墮指之凍詩云雨雪瀌瀌見晛曰消是各誌其異也雪何自而有也謂之天巧則不然正隆冬祕藏陽固而陰泄雪亦雨也雨自

天降以陰乘之憑虛而始凝故數止於六理實然也方疎疎密密葉間有聲童穉婆娑農婦農夫舉手交慶桑疇麥壠沃衍千里詩人墨客陽春白雪歌臺舞榭酒壚茶竈相與用事此雪所以爲瑞也雪固如是而書亦有是哉聖人之道循環於無端故能一日而行四時豈有終極唐虞春也夏商周夏也秦漢迄唐秋也老聃列禦寇莊周之徒冬也聖人與天地準雖堯舜未嘗無殺三代刑賞並用猶能以忠厚主之後世大德下衰治亂興廢各因其君之賢不肖生民之患深矣三子者洞睎本末發爲道德之言使民復返

其初自是而至堯舜豈不偉甚吾故以沛澤爲雨歛
蔵爲雪下而至於諸子百家稗官小説得一而失一
舉皆墮吾目中雪窻中人當作是觀也昔人讀書貧
無以繼夜至有聚螢積雪者漢卿亦未至於斯以雪
爲名以書爲實當使實浮於名可也盛世之瑞予切
有望焉

四明章聖如來像記

吾心即佛心也佛心一故雖千萬億佛相好則同而
人有以紫金光聚目之特其粗也視得佛心者惟大
菩薩爲然聲聞則能脱畧生死出入變化不測其於

佛心則有間矣故美惡豐頷畧與人同左丘明謂人
心之不同猶其面焉亦是理也吾佛則智慧海也功
德山也摩頂至踵皆光明所流出故有天人駿奔龍
鬼禦侮其道則不可得而名言也後世學者神而明
之思見其師而不可得故嚴其像以事之如吾廬之
有祖考焉非爲徼福也世人之具佛心者皆不言而
化不約而成或謂匹夫匹婦不難於簧鼓橐籥之至
疾痛死生有不容僞者奚爲呼佛而呼父母也佛猶
穀稼也井泉也凡天地所生血氣所使鮮莫不飲食
也有以飲食爲傷生害人者非愚則狂而已吾尚何

言章聖古道場有唐開寶中嘗命天台韶國師之子
慶光主之光即曹溪十一世孫叢社之興已基於此
至國朝乾道丙戌仍俾革律爲禪其間興廢相尋又
子相襲蓋不數也獨數十方住持自從本以還其次
法平其次智玻又其次法瑄今爲四世矣後先所立
皆百丈成法重以土木堅好可支數世皇子魏王臨
鎮此邦之日爲聞禮部異時佛魔反覆之論至是屹
然如山故祠以祝之瑄能忍可安輯其徒可謂至矣
院舊有殿守約所建法輪當中智玻易之法瑄像之
有修職郎小溪朱昌旦捐金於我合塑釋迦文佛文

殊普賢歛光慶喜及二天像凡七軀靚妙端嚴無異
祇園説法時也童溪信士崔子賢舉家瞻仰歎未曾
有投誠繪像者半復自踴躍願謂定光二比丘法自
行滿者曰靈山一席非我與子而誰自沔然之繪
像亦二餘夫即我所成也噫像設之來尚矣自大迦
葉嘗於過去佛世修補蓮華座佛像塗以金世世身
金色光謂之金色頭陀拈花破顔即此老也瑄嗣其
法者法固如是而事亦當然世衰道微人益媮薄自
去聖賢遠甚曾不知舜人也佛亦人也非有四目八
臂以驚世取譽舜可爲佛而獨佛不可爲舜哉古之

人心同道同而教不同其要不過使人遷善遠罪自是而至於佛猶一屈信之間佛者識之辨則有家法也瑄以佛事之盛求記於予予方愍此寂寥故不得而默淳熙十五年仲冬初吉橘洲寶曇記

台州白塔寺三自觀音記

三目觀音者即楞嚴八萬四千清淨寶目之所宗也大士從聞思修入三摩地聞即聞自心也思即思所聞也聞盡思復無虛空無實際唯吾一觀世音此觀世音與未見先佛時後觀世音特無有異謂之如幻三昧以如幻智作如幻事上至諸佛下及衆生雖木

異山靈蠢蠕肖翹應以此身得度者悉現其身而度脫之此保壽所刻觀世音即菩薩自謂聞熏聞修無作妙力之明驗也國朝天聖中有木浮於海隨波上下遇客舟傾險則往往近人人或憑依遂脫鯨魚之腹如是累歲不以爲異一旦逆潮而上泊院之址病涉者輒航以濟流而復還沙門惟諒既濟異之莫知果何木也舉而暴諸祠下若雲蒸霧滃邦人聚觀髣髴似人而服冠髻者是夕有光如月燭院之浮圖諒知其不凡炷香乞靈祈爲菩薩像匠石傍睨若有相之心與手忘斧斤一施衆相具足秋豪無取於它木最爲吉祥諒集沙門而落之屬方凝睇中菩薩廣額閒裂開一目如梵書伊字不並不別不衡不從加以纖長端姸如世青蓮華靖妙莊嚴不可名狀寰海內外聞者來賀自是三目觀世音像東夏具瞻水旱歲時有叩輒應雖鐘聲谷響不足以喻宣和二年冬睦州寇方臘嘯聚山谷群行犯城邑所在備禦賊用人於鬼血以釁鼓厓焰熾然朝議大夫李公通守是邦聞三目觀音靈感著明即與太守趙公命像設於堂合郡僧誦密語致禱呻吟動天地頓首不置祈爲斯民福明年春賊圍城城中危急甚若蹈水火斯須不可

活公危坐誦菩薩一出入息不知幾何聲時有小吏朱棠屬公隷夜夢一媼貧窶至骨臂一籃以詣公堂漏倚而呼棠曰公安在棠曰方保障後山媼曰爲我語公無恐汝白賊當潰去棠覺以告公公喜曰此菩薩告我也援兵未及至而賊無故犇潰果如媼言夏四月賊再臨城公於菩薩益拳拳不復賊處城得以全朝廷以公有顏平原之功而無顏平原之禍即命公直秘閣賜紫金魚袋就以軍州事付之丹丘之民覩公爲父母至今祠之於戲公之心即菩薩之心也嘗謂一人之身具兩臂兩目已不勝其用施之三四

則必爲己憂況八萬四千不翅毛髮之多其爲顛倒
脱畧明矣余蓋以是權衡成佛之本不越此刹那間
此一刹那即菩薩證極聞思修慧之時也三慧圓極
三德圓成三菩斷除亦菩薩三目頓開之意也經不
云乎非唯觀世音我亦從中證豈公之謂歟後七十
有二年公之曾孫通直郎直豪來倅是州適繼公職
寺僧有以舊記未刋來白公者文字殊陋唯顛末尚
存公愴然復命記之亦大士與先秘閣公之意也年
月日橘洲老僧記

雲龍院記

祠諸水濱利病與水相關也凡飲食必祭鍾鼓必禱
皆斯民之爲也民方耕耨於水水實司其命東海之
側魚龍噀毒成霧其鹹著人其水不可用用輒生物
槁死故嘗用之於湖湖大以豐七鄉之田仰足於是
是故湖有堰堰有港港行如篆如絡脉如蛇穿龜見
於江之腹背遇與江會則碶以縱水以免夏秋瀉潦
漲怒之冥以閑晝夜官潮犇突之患是不可一日無
碶也碶有屋自熙寧邑簿黃君守始屋有僧自黃君
所命守賢始賢事佛如律施人多歸之廣其屋爲若
干楹以安龍之靈以臻集其徒倡水旱有禱禱輒立

應民實繁之建炎兵亂澌湍公私掃地赤立而此巋
然在虐熖一夕而火豈非數歟祖文師者手拾瓦礫
縛數椽於獱獺狐鼠之場犀山危如可憐也有中益
道光者銖積寸累僅成寶坊光沒以授其門人推次
蟬聯謂之甲乙了達是也達佩其師之囑惴惴焉惟
恐不得一扁伽藍爲深恨太傅大丞相魏國史公載
立諸朝達抱文書叩公以請公曰此新令也不許達
請竪甚公哀其誠爲索臨安得雲龍廢佛祠以額畀
之故莪埭碶寮今爲雲龍新刹刹宜有記達聞予在
公之綠野丏書其事以後公賜余聞事之在天下也

黙與道相終始視一世無有特起之事也事有本末
有小大古之君子一執其本如藝尺寸之木於千仞
之丘植根既深得地亦固風雨霜露傲睨凌轢吾覩
見其不拔矣知後日之百圍千尺勢所當然若區區
日計其有餘月憂其不足則吾未見其末也本將如
之何昔人湖以漑田碶以防海固操其本矣而賢又
屋以爲刹子又傳孫事雖不同有能憂國如家如賢
與昔人均此心也達傳天台教嗣前白蓮戒應師演
說有源檀越徐氏施膏腴二十畝爲茲山有田之始
皆一時勝事故爲之書年月日竹院老衲記

澹齋記

君實以澹名齋余固知其說也世人嗜好汨其外思
慮賊其中吾方泊然洗心於澹將以壽斯文於一世
也故余得以申之夫人必於山巔水涯澗谷林莽鶴
鶴猿狖之所唫嘯烟雲草木之所變態晴耕雨耘漁
引樵唱逃人而後爲得吾知其倦而歸非澹也有以
便齋曲机琴書橫列茶煙篆縷賓主燕嘯窮天地事
物之理論古今得喪成敗與君臣父子相生養輔佐
之道辨性命道德文章禮樂之旨劇談而後爲得吾
知其虛而歸非澹也彼聖人者以道聘諸國困於衛

厄於宋厄於陳蔡然後歸而删詩定書繫周易作春
秋其心嘗與堯舜禹湯文武游於廣大寬閑之鄉如
張鈞天如奏韶濩非澹歟有顏氏子者簞食瓢飲以
聖人爲師故夫子有吾與回言終日不違如愚之詞
其於壽夭死生則若嗜艾與昌歜非澹歟下而至於
曾子子思自一唯而至中庸太明聖傳如五穀養人
而無饜斁如太羹元酒而無和具非澹歟雖然天資
有淺深聞道有廣狹自吾登高臨深而至燕處休暇
以曾子子思而爲橐籥爐鞴千煅萬煉而之孔顏譬
如精金最後入火無復一毫之失此余所以望澹齋

之意澹齋嘗習經傳矣晚讀老子書今方壯齡負先
大夫閥閱之寄將游宦於世余恐其流爲枯槁澹泊
故以聖賢事業而發明之以爲君實澹齋記君實名
某宗室之賢者云年月日橘洲老衲記

菊泉記

在禮季秋之月菊有黃花在易井九五井冽寒泉食
此天地草木之有恒德君子以壽其親也菊泉居士
藝德於密如古良將無智名無勇功一子擢巍科一
子方興而未艾殆天相之也居士如原憲之貧菰蘆
窮閻處之若廣宮大廈性與泉石會雖在郛郭必鑿

井而居四明土無二三尺餘泉輒觱沸而出二子遶泉
蒔菊數百本以供燕游居士飲泉而餐菊英齒髮堅
好家有書千卷手自纖覆已爲殘編斷簡矣而精神
華滋沈浸涵育淵然有光居士不以治世而以治身
不以正人而以正心也心術之妙古人論之甚至心
至虛也何術生焉自吾有以蔽之而後天隱而人顯
所謂邪正真僞之辨是非賢否之別從此分矣是故
君子任道而不任術恐其爲小人之歸王公何苦爲
之居士乃自信若此必有能辨之者余嘗考神農氏
之說見南陽酈縣有泉而甘泉上皆生菊花花墮水

中多歷年所故泉味爲變居民飲此無不壽考菊泉殆類是歟居士姓某名某二子某爲此說者蜀僧某

洞山眞田記

言田其佛之末世歟佛大聖人碩方食時即與其徒人持一盂詣舍衛大城饜飽而歸趺坐宴如也佛滅度已比丘猶有過午不食得道者亦稱是數世之後道人始有厭聽鐘鼓之患矣雖然法固顚仆而世亦如之異時以黃金爲泥塗貽大貝明珠爲瓦礫者豈復有也諺曰河滿則井盈河竭矣井烏有哉吾之田亦豈得已也洞山古剎昔嘗飯千指而不煩一犁傒

非以緝爲田以施爲雨乎歲時變遷主者勤動曾莫支一歲之食有先住持正昇者築並湖之田一十畝智朋者捌淨土院亦售田若干惠球用力甚勤一豪之施亦等心受之不爲薄厚欣戚意勸人禮拜什伯爲伍人斂數十錢與之遇施之豐不過木一章薪一輿貿易爲田之助大丞相魏國史公揮金成就後先所寘幾一頃於戲亦可謂盛矣住山思覺道俗緣勝內外無異詞師資同出魏公之門球固德之而覺亦賴球也譬若一人之身肘股相衞奚事而不濟哉若夫巖栖林壑之幽土深而泉冽則有昔人之勝游在

余不得而記之以俟來者年月日竹院老衲記

石橋記

士之抱負奇偉而方軌於用大處事物之際如御琴瑟必更張以自怡余嘗以是閱人而亦以自信吾弟可宣住山五年矣不動聲氣而昔人聚墨之室燁然有光嘗苦出門與午半甓冢爭道遂裂徑松之半鑿而爲池泉池並深萬峯低昂若撫其影又築亭池上爲橋與亭通行人往來晦明變化如在西湖清鏡中也先是頭陀某人幹夾道之墻而堊漫之至是則天矯如兩白虹下飲於池矣宜自扁爲石橋謂此有趙

州南有天台皆聖賢所棲止吾意諗公之視五百大士猶淮陰之與噲等伍也宜與石橋當此自傳山亦因人當自此重雖無余文可也池廣若干丈輪半之亭與橋若干楹用工於紹熙庚戌之秋落成於其冬十二月宣漢嘉人出世常樂其設施未究一二云又明年四月記

雪竇普門莊記

巉崖飛瀑江浙皆有之列禦寇之書載呂梁懸水三千仞是宋魯之郊未嘗無此偉觀也唯茲山得以名天下豈非其人哉故吾雲門三世孫明覺顯公頭大

光明是能與山爲不磨也山古龍象宅覓明覺之世
世嘗有人四方雲衲不下二千指僕僕走檀施以足
農夫之耕僅可支一歲執事者其危如幕燕比丘藴
信奮然矜之嘗撫其床以語人曰孰勤勞是孰宴安
是已而摩其冢曰所不能飽者有如此即起行海濱
規塗泥以爲田竟終不免蛟龍之怒翫歲愒日至老
無成功遭迴餘年一至江介有褚君若越之餘姚人
也聞比丘自山中來延至入戶客未及語而主人之
田已心許之夜分更僕論齊年之交且日與之行田
又牛屋廬舟楫耒耜無不畢具歸袖券釋而公私券

疏鼎來比丘蓋張本於斯馳驅十年止明越東西州
而化事畢奏爲田五百畝斛米如之爲屋一區小大
二十楹倉廩出納在是凡器用一切堅好中塑補陀
大士爲善才咨參像結歲晚香火之盟賓住持雪菴
璉公勸發之足菴鑒公捐法施振成之雪林彥公克
終之太師魏國史公本末護持之於戲盛哉嘗論古
今人事之不同物亦異態雖山川草木亦有時而盡
至於雪霜風雨一歲之休戚往往變故不常而人執
古以御今是猶按圖而索馬也佛者依人而住彼固
不足我爲得有餘以時考之則擊壤之歌當與頌聲

並作而吾老矣恨不復見今信公飢不暇食困不暇
寢如水火之求昏莫扣人之門戶可謂難矣今幸其
成如此是誠學道者成佛之基余壯其規撫嘉其志
力嘆其時之一遇遂供玆山無盡之求雖然山可夷
而川可迴而吾心不可悔吾心即佛祖天地之心也
以是臨之雖更千萬人閱數百世不可得而易也其
可廢諸信以余知其心故屬余爲記紹熙二年重陽
日檇洲老衲寳曇記

惠安院復十方禪院記

禪律均爲佛者而肝膽楚越何如家世中微爲法檀

度之人其道不能昭徹至有僥倖一遇以欺世盜名
者如人元氣不勝而客邪得以憑陵彼蟻聚蜂區華
門主賓是不如律者所舍天將假手於我而使奮除
之如戕豺狼之群必爲所噬頤吾禦之之術何如耶
惠安爲古禪苑中更甲乙人自齮齕於其間故郡侯
吏部岳公爲聞諸朝復還舊物待制紫微陳公力與
振存之其徒纍纍猶有患失之舉今太守殿撰高公
大卿洞視其原誅其尤無良者故浮議帖然以定自
是如砥柱無復動搖矣噫天下皆佛刹也惟古今名
勝地禪者得以凡之若其鞭笞象龍壓叱佛祖吾置

而不論。至於鬼神呵護之所，蛇豕虫蟠之域，山靈水怪草木附麗之地，皆能受約束，嚴規誨，役身以相從，退舍以相避，唯恐其後。彼何修而得之？如仰山化二龍之居，逵師授嶽神之戒，載之傳記，援之耳目，可攷而不誣也。今惠安據湖山之右，宮室園觀皆具體而微，揵稚鼓鐘一新於前日。住持性公從吾先大慧游久矣，徧見方外老宿，晩嗣別峯印公，昔與余同門，今猶子也。適當籍籍紛紛之日，不動聲氣，能致王公大人爲金城湯池。余將見其修大吾宗，不獨一惠安也。性公名宗性，蜀之遂寧人，住山今三年，求余文識之

以示來者。若夫剏院顛末，叢林成規，請自今始。紹熙三年七月休夏日，橘洲老衲寶曇記。

寶雲院長生庫記

祖師自雞林來，首謁螺溪，盡得天台之道，復欲航海。太師錢公固留之，使者顧公亦舍其室，爲師傳道受業之所，故法智、慈雲二大士從是出焉。今寶雲之居，邦人目爲通師翁道場是也。其間廢興相尋，不得而詳。住持瑩公坐席未溫，首斂巾盂以估於衆，得錢一十萬，内外道俗又得錢十萬，太師魏國史公捐國太夫人簪珥以施之，合爲利益長生庫，以備歲時土木

鐘鼓無窮之須。後五年建大講堂，半取其贏以助工役，實其志也。瑩公性質直而御衆以寬。寶雲初歸，有後心者輒起重輕之議，至有僧吏怙權以撓之，權虎而冠，傍人爲寒慄，而瑩自若也。太師魏公知之，至是則人皆悅服。余聞吾佛捐軀以求道，無一芥子許地空無佛身，至空劫塵積之初，所謂草樹巖崖成道利生之所，率先成就。此豈智術所能致哉？今寶雲震焰之餘十一甲子，而氣象復還舊觀，此瑩之心與昔人願獻俱馳而不忘也。後世因循苟且之事，瑩恥而不爲，如石之堅，如地之載，其所植立如此，故余不得不

書。瑩嗣東堂元惠師，名宗瑩云。年月日橘洲老衲記。

大悲閣記

大士因心而有聞，其始亡心也；因聞而洞證，其次遺聞也；因證而成正覺，然後忘證也。遺與忘一也。如見與色忘，聞與聲忘，身與覺忘，意與知忘，皆是忘也。而眼得之，國土山河草芥人畜，一時俱了，無此色，無它色，如臨鏡中，如見面像，如千日並照，無色而不燭也。耳得之，水鳥樹林竽磬琴瑟，一時俱了，無一響，無餘響，如入空谷，如擊鐘簴，如萬竅皆作，無響而不應也。身得之，衣被濯磨冠屨服采，一體俱了，無是觸，無非

觸如薰衆香如食好蜜如卧衆寶盌無觸而不應也意得之天人梵魔心意事業一念俱了無一法無多法如隨色摩尼如海印三昧如暗室無盡燈無法而不見也是忘也雖見聞覺知亦莫知其然也世人足適忘履腰適忘帶彼猶有所適也見聞覺知不能學波羅蜜亦不能學佛功德而猶成此不思議事況真不思議清淨圓明者哉故能一身現無量身無量身復現一身凡諸菩薩所能我悉能是其中一首三首乃至八萬四千爍迦羅首二臂四臂乃至八萬四千母陀羅臂二目三目乃至八萬四千清淨寶目其數

與衆生業等塵勞等亦與菩薩行等總持等心數無量而大士首目與臂亦復無量在昔佛海菩薩海所未曾有也方其用時則心與臂忘臂與目忘目與手忘千臂執持無異兩臂之胃千目照曜無異兩目之鑒千首屹立無異一首之獨此首殊特如敷百千優曇鉢花此臂光明如煥百千閻浮檀聚此目精瑩如現百千帝青寶海自此以往心計路絶言語道斷唯佛與佛乃能知之然吾嘗自踪一身所有髮毛其數適有八萬四千不衡不從不壞不雜亦各有道耳彼固不自用也而吾用之與無用同大而至於眼鼻古

身其拙於轉圜左右前後未嘗不得一而忘一也大抵地水火風之合其間已有能有不能以衆生之身而況菩薩之身不啻秦人之視越人之肥瘠亦有間矣忠州報恩光孝禪寺舊有傑閣中安千手眼大悲像長老可真來主寺事屬余西歸過之可真炷香言曰真無涓埃之力於閣賴大士有媿公爲我畧言莊嚴幻事直叙大悲變現本末以開惑者之聽以慰邦人之心則真之功不在土木下余欣然爲記之後説偈云

稽首清淨心　譬如淨滿月　一身千手眼
一月千水同　方心與手忘　一臂各千目

一月大千界　此月所不如　河海泉池中
見月百千萬　月不離本處　千月同現前
一身一月真　千臂千目是　月不可思議
首目亦復然　隨諸衆生心　應用日千變
所遇無不執　所執無棄捐　一手千萬殊
千手一無異　亦不離是手　拔濟諸衆生
衆生世界空　佛刹海亦盡　此千億手眼
如兩臂目初　一身亦無身　無心亦如是
如是亦不立　方名觀世音　稽首觀世音
第一義如是

卷終

橘洲文集卷第六

記 序

識山堂記

齊魯秦趙未嘗無山也而嵩恒岱華又山之傑者焉以旃裘狗馬之膻汚之故士皆掩面南向四方上下仰觀俯察其心未嘗一日與山相忘也康廬如古有道之國歷聘者所願游受冠帶祠春秋禮樂法度從是而出雖樵夫野老亦可坐而論道與南方之山大抵不同也其山如步障左右開闔不翅四十里之遠如日月呑吐晝夜晦明之不測如鵾鵬變化氣象雄

傑如雲起水湧而觀者眩惑此山之大槩也若夫朝雨新霽夕陽既收或翠如空青紅如丹砂綠如蒲桃紫如玳瑁五色隱現知山中有奇寶橫道也白雲往返知山中有仙聖群遊也山之不可名狀也如此殿撰高公大卿是真愛山者也卜居九江爲山故也所居之後一坡隱然而高若天作地藏以遺人者築堂於其上則廬山踊躍奮迅爲吾欄檻中物取蘇文忠公所謂不識廬山真面目只緣身在此山中之句以識山名之余從公於四明郡齋實聞公說公真識山者顏氏子曰仰之彌高鑽之彌堅瞻之在前忽然在後是山豈易識哉仲尼問禮於老聃問樂於萇弘是先識此山而後質之於二子後世學者曰從事於此雖洒掃應對進退未嘗不在此山中也問山之面目則相眎憫然甚或以爲誕幻則指歸佛老豈不悖哉文忠公一代偉人也其言若奏金石是識此山之面目者公方以功名富貴相迫逐未暇言歸它時舉酒識山而山在焉安知蘇仙之不來也年月日 橘洲記

山堂記

桂隱在平地而南湖綠繞其中斯堂獨以山名問山之有無主人不荅余曰山固未嘗即人也而人何事

即之豈以其駿極崇高似聖人特立不倚無異乎君子崖岸斬絕有垂紳正笏之象溫潤邃密如握蘭懷璉之質隱然如戰國之士翩翩若濁世佳公子公可不即哉主人笑曰子言近之盍書以爲記余謂君知太山之寓於秋豪者乎夫日去地數萬里而一表可測方寸之鏡而萬象森列乎其中雖四方之山招之不來而吾此理塵之不去是故拳石皆山也竹光林影皆山也霜藤古木皆山也鳴禽上下皆山也山之所以爲無盡藏也如此而況於人乎約齋早以詩鳴其輝光發越之初如春山之有草木華滋也逮水落

石出如秋山突兀見於林表也自其學聖人之學而為君子有如山不動之力方將施設注措以俟大先王之勲若夫辨說從衡如鄒衍公孫龍儀秦代厲之屬如山之有横枝傍出吾不取也或曰山即如如體也是如如之變雷轉風急學者烏得知之約齋昔所盡心焉作堂於斯以志其得是亦仁者之意可不敬諸

淨土院記

淨土院成之明年有比丘致其主檀越之詞曰先兄彥成與二弟彥才彥昌追念先君之恩未報聞西方

佛有淨土之說九原可作即棄其貲累鉅萬建大招提復從仙林妙空法師齡公為請於官得廢額以淨土名實先君之心先君眞不亡也後十有一年而先君殁吾母在堂以齋戒自居一旦棄諸孤合葬先君之墓是考妣同為淨土之歸也凡鼓鐘土木之備二弟克成之施田五百畝為茭務僧飦頗求文以識其事余曰諾吾聞孝子之事親也有所謂志養亟欲其親聞道故也人而不聞道雖生奚益而死無以歸如草木之在人幸蒙培植之不幸而為薪樵者衆矣世故可憫而況事親乎古孝子有聞道也在其親遲莫之日任重道遠烏得而見之必求陞濟之方庶幾無憾豈不難哉佛大聖人猶不免於三月陞天為母說法慈氏亦從父母之國授道而歸先聖有立身揚名以顯父母皆是理也故吾即向淨土之旨以孝敬為心初柳子亦曰佛書有大報恩七篇其為心與孝經合由是而知淨土不遠也即二三子之心以求之吾親在焉而三聖人未嘗不在也三聖人在則山河大地昆蟲草木不離此土皆能演說苦空無常無量妙義如師子王哮吼如海潮雲音如帝網珠涉入無盡此吾所以報親之意先君王氏名元政先妣徐氏三

子即彥成彥才彥昌開山住持號智覺師求記於余者法權也余即楠洲老衲寶曇特書以示其家世之子孫云

與趙叔豹序

聖人論人以血氣為主故自少至壯自壯至老有未定方剛既衰之戒是君子與小人所養懸絶也土地山川均一氣也南方地煖北方地寒物亦隨之故有華實淺深之候是所受不如所養也孟子所謂浩然之氣充塞乎天地非謂絪縕磅礴於事物之外蕩然如空吾身所臨血氣在是猶爐鞴之於橐籥頗所用

何如耳趙君叔豹以妙齡負雋氣多歷世故一毫不以累於人有古節俠之風余觀其文時有可人意而薦國子意天未欲成就之砥礪灌磨待其氣定而後用之於世也歲月易失趙君當歸以孝悌洽其心以師友養其氣吾將見其如百川東之也其誰敢禦焉

仗錫開四牕序

所居之東偏有竹漫山破垣敗障開時撫班班而已異日周旋其下曲身低影有芽訴老饕者爲撤垣廢障得地可以築屋具畚鍤除菑翳夷高睎下竹常苦根鬚連絡不能盡去至是無一豪及茲地疑有所約

東以待人者屋成竹葦映四窻洒然如新沐忻然如自適若與人語故以四窻名之蓋與竹君共也山屬四明之中四窻取謝遺塵所記與過雲樊謝鹿亭皆是也

送退翁序

海陵古招提關部使者許公拾遺以禮爲介以詞爲幣聘別峯退翁於甬東翁通知內外書爲非虞人之旌也故行橘洲寶曇執其手而與之言曰置富貴貧賤死生於度外吾嘗學之吾師矣然病後世爲人師者惛淫貪墨翕翕然與王公等出則車輿華好入則燕處豐絜睨冗衣襲飯稿項黃馘之士以爲吾屬不恨不舉手麾去一旦疾病則巫覡雜進龜食山川之勝以爲死所自謂超越出於度外曰吾師之學蓋爲初機設也吾何預焉退翁憫此而力行故不與世合今許公一代偉人也閱天下士爲不足役取諸林間吾見淮山蒼蒼淮水泱泱秖一退翁可爲吾道重也行矣自愛年月日竹院寶曇序

東山詩集序

不知貫休者以爲能詩而已殊見石霜而有發明余謂言本載道而馳是誠知言雖異世殊時不可得而

磨滅子韓子曰氣水也言浮物也是知厚蓄而深發務爲要眇雄渾之詞不知有道者之言豐而不腴約而愈淡與掐擢胃腎琢琱肺肝者不可同年語也先公律師持律嚴甚早有詩聲於林樾晚益不衰後十有五年而此詩得以流傳公之猶子與化存公之力也存求余序引以冠其上詩不待文而傳也故爲之書年月日橘洲寶曇序

蕚上人字序

得時之難與造道之難二者奚辨夫道與時一也正覺山前明星現時與少林三頓首其實一也豈獨佛

祖爲然孟軻亦曰孔子聖之時而蒙莊亦曰適來夫子時也適去夫子順也烏有異哉豈獨孔老爲然至於草木昆蟲大小纖穠生長蕃息亦各有道也而時在其中正如優曇鉢花吾不知其爲何祥也而佛世珍之昔人以況說法之時其言曰如優曇鉢花時一現耳吾不貴此花之難得貴得時爲難上人曇蔓名是誠其時也乎以仲時字之先儒謂字以尊名以尊德故男子冠而字將責其成也乎竊有所望焉上人得師是初心之時也出入契經海是學佛之時也舍而之大爐鞴是烹佛烹祖之時也今其時矣子其

勉諸

駱子玉序

君子無故玉不去身折旋步趨進退登降必以玉爲節也玉聲和鳴則莊嚴端慤盡在其中易有絜淨精微乾有剛健純粹玉有溫潤縝密庶幾其類也是故君子比德於玉玉有恒德可以爲圭爲璋爲璽爲璧爲盤盂之刻爲宗廟之器均是玉也亦猶君子懷道抱德可以爲賢爲聖爲國家之瑞均是器也可不敬哉世英先世所命名舊字德茂請余易之余字之曰子玉蓋玉者石中之英詩云尚之以瓊英乎而注云玉也古有斷章之取乎切慕焉子玉當佩先世所以名之之心而思今日所以字之之意求余以稱塞非學而何子玉勉之

持晉翁字序

晉龍象不知幾何人也獨廬山遠與其弟持號稱大方之家其道將李孟天親無著而見慈氏老人於兜率宮中也故蓮社十八士皆志願同然之人後世企而慕之已非凡乘況親執鞭於左右前後也豈不偉歟持上人寓於春秋其氣和平其心澹泊舊從南湖諸師執經問道晚歸普照故書山積將自求之是有

志於學者舊字輔道請易之橘洲余字之曰晉翁在易晉卦晉者進也明出地上晉君子以自昭明德余欲進之以德而使自持至遠由今人以至古人近世經論之學廢學者不求諸佛意而求諸教乘如世飢人舍百穀稻粱而爲吸風引露之舉其不餓而死者鮮矣吾意晉翁以師友爲德本以佛意爲心宗進進不休則吾言亦不妄所謂九萬里則風斯在下矣晉翁其勉之

跋高端叔詩序

詩之道廢久矣吾何取於斯雖然推原人情摸寫物

態無詩不可凡吾喜怒憤懣無聊不平與夫天地山川烟雲風月星辰霜露之變蟲魚草木珠璣華實之富莫不畢見於斯其間雖工拙不同而古今取舍亦異自建安七子涉唐李杜至起於吾國作者數人其音醇其氣和不獨紓憂娛悲馴致其學亦可至於道是亦詩人之遺意高君端叔克苦而務深沉者也其學粹於春秋又能以其餘發爲律詩方其思慮營度若將交贊於造物之域危坐傴僂口吻聲嗚益悲及其既成光恠殆欲發現如是累歲幾三百餘篇君年五十余不知加以數年其富當如何也恨無前輩爲

之印證余非學者聞前輩論詩如此嘗謂君言矣君喜而使錄之以爲茶甘集後序

送道元一序

道公來都城北山諸公爭致之以其有佛學也道不可曰吾在西山時居有林泉食有蕨薇猿狖麋鹿吾得教誨而鞭笞之我其歸歟以語橘洲子序以送我余曰來予以西山爲保障乎爲蠶絲乎始吾與子皆東南西北人同客於鄞亦適然耳使之在天下亦猶水行乎地中觸山鑿空穿石穴地曲折萬變是亦行其道也世故波險曾水之不若故有倒行而逆施惟水無心則公公則平平故無怨於人無畏於天後世以鮮之心行禹之道天人混亂雖三尺童子亦得以疑我也鄞爲大夫士淵藪禪教都會公道之所礪砥子嘗游刃於其間切玉如切泥是欲慰邦人之心而重以此去道方以自尤余以是知其心將與其學並行於世若公與不公自君子小人之事也吾何預焉

送瑞巖行者慶誠求僧序

荷屋投易於石林時余輩方吾伊誦書及其以詩鳴天下則余亦方學聲律暨訪道江湖行次康廬適大慧自湖湘來與荷屋俱余於是時始識荷屋已知其

佩卍菴左券久矣大慧歲晚學者追趣如夕陽之赴故衲父子兄弟相與屹立如諸法儼然各不相知亦不相到大慧既沒鳥驚雲散其道亦復如百川東之余聞荷屋之在青原行道之餘取所謂雜華以降性相經論百餘萬言自誓於佛前凡唱一言則一頓首投地如是累歲乃畢其事調伏自在而忘暑寒雖求明勤勞佛事中亦無如此之盛也他日祖師分坐之地當有大書特書爲不輕精進幢人天其敬之不疑矣後五載握手丹丘城下首訪其故其言爲然別未幾復以書來求跋行者慶誠本書生子學書無成去

學佛相從七年瀝指間血書妙法蓮華祈爲比丘巳盈三軸將宛轉擅施子爲發明其事以侈其行余聞諺有之曰隨師三年聲欬相似今慶誠之聲已有鑑鏞之音矣其器亦有俎豆之象又能於十指端親炙靈山故字有顏筋血如金色經作青蓮華香凡在見聞無不蒙益吾將見其爲叔世之瑞一僧伽梨不足爲慶誠憂也雜華不云乎師子王哮吼師子兒聞之皆增勇健餘獸聞之悉皆震恐子歸以語荷屋橘洲爲退三舍云

跋育王僧圖二

黄梅七百高僧與雪峯一千五百善知識非謂衆數多寡而爲叢林重輕也蓋指人人皆龍象而善知識者有以網羅烹煆之彼如淮陰之善將兵與吾高祖之善將將則異矣譬若百川之水雲奔雷合方七八月其怒足以搖乾撼坤及其東歸則帖然安流同上鹹味無它此海有以吞之也海則善知識也百川其龍象歟後世則不然聚鵝道人百十成群動輒傲岸一世不自眎其虛實有無也育王叢席有古風味衲子誠實相向而拙菴不以法欺世不以衆驕人吾將見其於百千衆中牢籠一箇半箇續佛壽命以振起

吾大慧先師之道二道人其速還也吾切有望焉古稱黄面衲子以其寒瘁枯瘠其中若無人迫而視之如深山大澤龍蛇變化不測者也近世返是其人則翹楚其兒則膚腴如佛世比丘眞甚可敬即之斥鹵也黄茅白葦也吾其謂何今育王則不然七百人錙銖重輕皆吾掌握中過故其衆無敗羣之士而爲其叢社皆不令而行亦今世第一關也圓上人實會中仙陀入育王門喫育王飰只是未會育王鄉談在心憒憒口悱悱要走江西一遭歸來定是勘破拙菴老子年月日橘洲寶曇跋

跋雪菴常思惟像

補陀大士像唐待詔左全所作也唐二宗幸蜀翰林待詔負絶藝者皆扈從而西故蜀成都大慈與聖寺有畫佛菩薩神王像充斥遍滿如鹿苑祇園之初集也此像在大慈普賢閣之後壁左方有一佛十菩薩圍繞說法閣之中又有八大菩薩像坐高尋丈兀然如山率皆左首傾聽謂之常思惟相妙絶動人亦全所作唐畫錄列全爲妙格上品蜀好事者尸知之予頃還鄉暇日挈諸友訪尋故處得善工摹寫甚眞父藏笥中今以奉雪菴老子爲大士結歳寒香火之盟

也雪菴又欲誌其顛末敬爲書之

跋大慧禪師廣録後

臨濟十二傳而至大慧其道愈盛吾意謂必數世而後中微不幸大慧一傳而數子皆早世火種既滅遂使空恩貪僞輩奔潰捷出盜佛法名器妄言肆行使臨濟正宗流爲戲論賺誤學者墮大暗處雖慟哭流涕不足以信吾哀也大慧之道如中天之日方崇巖邃谷煙雲塵霧阿修羅手乾闥婆城此物施行之初或爲吾蔽戯而日固自若也所謂崇巖邃谷煙雲塵霧阿修羅手乾闥婆城謂之日可乎方將蕩爲飄風

化爲飛埃倐忽變滅雖山河大地相與鼓舞亦未足以快吾心也大慧證悟廣大不在巖頭雪峯下辯慧駿發如出南陽大珠間殺活縱擒與首山風穴無異大畧如是學者當自求之若夫振祖克家非一言可盡嗚呼先哲凋謝後生無聞斯言不忘庶幾爲有心者

跋幽詠

幽詠五言有建安七子風味而老氣稍不逮也律詩恨不多見然亦不出江西季孟間爾太鑑死知既以銘其藏復跋其詩識當時事狀失實得此詩以正之

餘因大書曰紹興盡菴實録

跋趙君實知丞家李伯時二馬圖

神駿暇逸固非凡馬簡潔端靜夫豈畫者平生所閲龍眠宗士昔有四駿今爲六龍風馳電迅跬歩千里吾不能言似我君子春雨苜蓿天閑寂寥何時北歸隨霍票姚龍眠之孫爲澹齋趙居士作二駿馬神閑而志軼意頗有在居士以示橋洲復畀之贊輙取李君之意爲題其上云

橋洲文集

橘洲文集卷第七

雜文

跋靈源與龍門粹和尚書

靈源人品高甚一時學者無得親跡之或勸其少畀之終莫能屈故晦堂之道得師而益尊也謂龍門粹如太父誠愛之之詞至死心則有六字之褒亦無易斯論及其以怒罵為爐鞴烹煅佛祖使如鉛汞流去猶不勝誅龍門則如秦舞陽負燕督元地圖有事秦庭求於易水生還不可得也描畫虛空如此亦非臆說唯吾先大慧知之

應真圖

深山大澤龍蛇之所都虎豹之與麋鹿之為使天人神鬼左右前後自童子觀之亦必以為有道者矣況得不死之道一日四天下而為師子吼者哉或謂滯空之人佛所麾斥重為子所敬此理云何予曰不然大菩薩以悟為宗以斷惑為趣如王者之師孰其以伐叛其易可知矣若阿羅漢則從博地凡夫直斷煩惱如徒手伐人之國豈不甚難乎以媿後世空愚貪僞之輩無豪髮之長自謂了證詬罵先哲豈不悖哉故朴菴畫之於前而予跋之於後非為几席耳目之玩蓋有深激云

跋寫法華經

大慧在洋嶼時四方衲子從之游皆一世英傑時太青老子亦在其中也大慧意欠風雨鞭笞龍象一夏十三人如錐處囊皆穎脫而出余恨不能如毛遂捧盤歃血招十三人於堂下也紹興末得預于七百衆中龍蛇混殺已之當時之盛每懷洋嶼師友心嘗悄然後二十年見太青於四明此恨方雪太青端靜簡絜者也機不妄發發必中的世方以衆驕人而師寂參空山殆與草木俱殞有智英者事師久之嘗曰吾師之心不敢聞吾師之訓不敢墮一旦瀝十指血書妙法蓮華以貫僧伽梨其志可尚已一語為證夫天人所難捨者一身一身所難忍者苛痛也子能忍之置身於吾法中異時頭目髓腦皆法檀度行矣必有聞絃賞音者年月日橘洲書

跋羅漢圖

阿羅漢即佛世比丘也而處巖阿石室譬諸龍蛇虎豹而得深山大澤豈不偉哉方其學佛時不本先心而行間道如楊墨未嘗無聖人也而孟子闢其偏鄉原未嘗無中庸也而孔子惡其似此比丘得擯於佛

之義亦或近之雖然如人不持一兵而能伐叛是亦豪傑之士也唯佛一人而能斥之傳上人以筆端如約三摩鉢提為宣鑒師幻出十八大比丘像或謂像非几案物余曰不然余方隱几瞑之若將高出其右是亦佛意也畫有層巒疊巘蒼崖翠壁如斲如削如地湧如天成恠石古松猛獸奇鬼如搏如噬雲深石邃水流花發如府如庫爐香茶竈童奴執侍如起如伏曲盡古今事物之妙像有一人側持如意而翹足坐者一人跨青牛而出山者二人臨水經行而意悲容與者二人坐觀飛瀑如受噀霧者二人看猨猊而

欲撫摩者二人觀降龍而起慈心者一人據石梁坐寶几握白拂觀炷香者一人現月輪相而入禪那者一人行前如訪入定者兩人執麈尾若論議者兩人仰舍利而致敬者一人撞鐘閱經者一人持六環錫而伏虎者總一十八士錦囊玉軸而襲藏之寂照皓首厖眉皃栗色伽梨時出此畫余嘗於十八士外以真阿羅漢目之寂照為大醫王有起死之術今十八人在吾掌握中其病皆衆盤拱手不知寂照何以起之年月日橘洲寶曇跋

跋南堂語錄

伏讀南堂語至與圓悟師翁相見處如人家父子兄弟談笑傾瀉初無許事又喜二老莫年相從也如在祖峯無異骨節毛竅無着懽喜處一人灼艾一人有攙先筋斗之語同時為古人不覺淚墮如雨平生未有如此傷心也賴有露柱牆壁為我證明嗚呼佛祖命根一滯之所繫也讀者識之

跋淵明歸去來

晉無文章惟淵明歸去來一篇而已余嘗誦其詞讀其詩知其賦以田園丘壑琴書親戚之為樂曾不一語以及當世盛衰與黃老虛無淡泊之論及吾身用

不用之歎是誠有道者也一篇之旨惟倦飛之翼無心之雲盡之次山親在堂念歸之心無以自見遂圖歸去來辭於一榻之上庶幾夢想以之次山端人造物當肆其歸若淵明之心開北窓以求之不遠也張君為書其辭於上竹院輒題其末云

跋李僉判觀音五藏

人生一夢耳吾方夢游兜率觀莊簡公人品英特真夢中天人聞公初夢古滕時僉判提舉君正隨夢境二李方學夢也以夢綺綉作夢佛事拈夢示現自在法門後四十三年視之真一夢也獨一李磐菴在得

非夢乎興時夢爲疾風爲迅雷爲蛟爲鱷爲[illegible]者其夢果安在公再夢踰海僉判君夢入儋崖侍公幾年一夢竟不返猶可哀也僉判夢以文章歆爲世斯文殆早歲以卑絕如此不知假以數年之夢當如之何古人夢中說六波羅密與此同夢若夫佛夢金鼓高宗夢傅說孔子夢奠兩楹吾莊簡公正在此夢中後報慈菴寶陀道人再嚴像事得此文於像腹中以示磐菴磐菴涕淚復作夢語以贊大士無媿伯氏之文即以此文藏於家屬余說夢以告君君以下世世寶此其猶昨夢云

忠州吳評事墓誌

忠南春秋巴子之國國最小介楚蜀之閒諸侯卑之至兩漢時爲郡土地肥衍水有黃金山有麝香鹿茸之屬四方多徙歸之吳氏自襄州來蓋姬太伯之後不知其遷於襄復幾世其先有攝酆都令者高祖某曾祖某祖某皆隱居不仕行義聞於鄉世居郡之折桂坊考某始遷分墊江洞池之長樂山自號長樂山人舉進士無成去學武三預薦不第卒老於家生三男君其長君諱某字某七歲即吾伊誦書二十能受射三十能百金之產先君得與賓客觴豆燕笑無歉供父子兄弟怡怡愉愉實君之力晚屬疾不去枕藉君扶持在傍藥必嘗以進至溺器亦出其手先君撫之曰吾死矣汝之子報汝當如是不幸先君屬纊君哀毀瘠甚既葬廬於墓者三月一日三臨膝行負土日以封者三食粟不過數合僅屬息而已毋喪亦如之君起家艱難眎豪髮之義謂可賈而有凡人之疾病喪葬與貧不能嫁婚醫藥貴如丹砂金貴如玉飾貴如簪珥悉與供具歲飢則畀之食有暴骨於野則爲太冢以藏之又多閥人士有未遇嘗舍館於君後皆有名於蜀喜飲客酒酣自度曲激越可聽乾道戊

子卒年六十三以淳熙某年葬於安樂鄉昌池之原君天資孝友故能不悖於道嘗讀西方之書從其如長老一公游聞生死之說至瞑不亂娶畢中冊氏生三子次舍爲比丘長季皆能克家如如孫三人方從學四方未艾冉後君一年而卒孫女季尚幼比丘某多歷叢林見知識而有聞者今年載南以歸以鄉士人袁炎莊從吾爲方外友請銘於予銘曰孝友近乎仁取舍近乎義有子有孫是爲仁義之施更千百年陵谷變遷無易斯位

雪林彥和尚塔銘

績翠之道至晦堂益基。晦堂一傳而爲靈源死心。死心峻如雷霆，靈源蓋端重簡嚴者也。以是而爲法授受四世而至雪林彥公。公見慈航，慈航見無示，無示見長靈，長靈見靈源，是爲黃龍六世孫也。公未生之夕，其母夢有一子跨白馬而西，黎明生公。公少異於群兒，而質警敏。從鄉先生誦六藝終篇，即乞身於父母，投郡開元泗洲爲比丘。時真歇領千七百衲子於雪峯，公造其席，未幾出嶺，首謁佛智於四明山中，聞慈航少年精神，折衝於二老，徑往從之，自投機以逮二十年，與之俱，盡慈航而後已。繇五峯出世，閱十五暑

寒，有力者屢挽之，公坐不動。一旦爲廣慧而出，嗣秀王聞其風，以仁祠致之。哀慈航爲古人，歸守其塔幾年，再往廣慧，至雪竇終焉。公磊落人，天資夙與道合。余嘗執其手與之登高臨深，雖千仞之淵，無極之崖，婆娑其間，不見其顛隮悸慄之狀。識度深遠，不妄與人交，交則示人以肺肝。精通內外書，出語奇峭，亦不以介意。唯衲子不堪其淡泊，望望然去之，公談笑自如。嘗謂余曰：我豈以佛祖爲奇貨而求售於今人也。示疾之日，其徒以醫藥進，輒舉手麾去，頹然如坐深定中。公，泉南人，俗姓施，名僧彥，壽七十有一，臘五十有七。圓寂於紹興壬子八月二十日，後七日全身葬于東塔。余，公友也，銘其塔，爲其銘曰：

右明覺之室，左雪林之藏，人天敬之，其敢忘。

祭史魏公

惟公以道德忠孝之資，受社稷安危之寄，致君於堯舜，委成功於天地，壽考百年，是爲報施。房元齡有征遼之衂，魏鄭公啓正觀之治，世雖後先，心則不異。吾寧草德順班師之詔，神乎其衷，論符離必敗之師，吾寧去位。汲汲將母，皇皇治第，煙雨層簷，六見蒼翠，孤雲無心，與世軒輊。三命傴僂，擁手復至，上方圖而人所

嫉，忌而相司馬，一定國是，君自賡歌，金石聲氣，古今維垣，一人而已。決志投老，以全其天，藝圃舍後，種松檻前，坐待伏苓，身輕鶴便，未病三日，有人夢焉，星冠綉衣，竟從此僊。邦國殄瘁，泰山其頹，云誰之思，有淚及泉。昔與仲弟，寮公愛憐，在門下士，識公最先，早以道合，心期石堅，世益凋落，情隨日遷，公今古人，我亦白顛，一慟永訣，公無棄捐。

代護聖祭史魏公

惟公結三朝之主，知正一代之師，席建萬八千歲之基，鍾二十四考之實。堂堂乎公，稽古之力，眷我靈山

盍見晴苔從黄蘗以論心笑平原之縛律草木何辜
均蒙撕擇受恩之地終始全璧夫人不言言必有獲
公今亡矣論報無日一香以奠涕泆横臆

祭交友文

我昔與公有太緣契富貴寂寥宜不並世七年定交
孰控其制我非夢人公夢相繼情固有異無心則同
是故古人託於夢中公之精誠如聆鼓鐘公之器識
如贍華嵩半生倦游保障閭里青春故園錦繡肝肺
我老巖壑念公如酲斷鴻經年尺書不至人傳訃音
忽墮我前寐不交睫食不下咽謂是夢耶聲在耳邊

謂非夢耶道遠數千浮雲散殊人莫不死死而獨存
黄壤無幾云胡蒼天奪我君子遂令世間金璧泥滓
白首揮涕其誰與歸病孰我藥寒誰我衣寃苦無極
死生別離蘭玉庭户植自公手蕙帳猿鶴出自公友
入極曠蕩寃無不知一香以奠公無我違

祭潘經畧文 宗德卿

斯文故家金玉一節至先君子伯仲奇傑譬諸火傳
公盍發越是故靈物誠哉不欺如室中劒其光陸離
彼不求售而人自知有探其源我自問學吾不釋梵
亦不伊維願行何如期至先覺衣繡持斧飈馳電旋

鐫鑿太吏如烹小鮮五羊洞庭白波黏天公至之日
民物安堵海蠻洞蛋亦爲吾護駢地險夷不私喜怒
尺一之詔徠公有爲太君賢相新舊一時勢不可挽
去如鵠飛歸來鏡中白髮無幾春風故園花鳥驚喜
親朋更酌草草疊洗亦有鼓吹絃歌舞雩亦有爼豆
左琴右書鍾玉陶謝頽廢枝梧聲高華嵩身屬夢寐
云胡正人天不憖遺遂使貪夫號饕一世量也下士
弟兄受知取我故書月林細窺拊手謂我光明可期
姜山幾年著脚户外無何渺瀰竟墮苦海蝂慈之招
公意有在使者三却客無色難白金緘封惠我茅茨

歲晚一飽心知所私豈無它人飜覆雲雨我恨不能
代公死所青燈總幃何日晤語涕泗横臆終身別離
入極曠蕩寃無不知矢詞以奠公乎一歸

題光孝蠲賦賜田碑陰

崇寧中有詔天下郡國刱崇寧萬壽禪寺仍賜田十
頃政和改曰天寧萬壽爲天子萬年也紹興 太上
皇帝特賜睿旨即天寧萬壽改賜報恩光孝用嚴求
祐神游昭聖孝也屬四方多事賜田蠲賦如故間遇
郡可否而固自若也隆興改元皇帝即位之三載命
今少保榮陽郡王爲沿海制置使守明州政清訟平

盡免賜田之賦淳熙皇子魏王開府亦如之後五年滎陽冢嗣今制帥殿撰來鎮是邦莅政之初問法有無首與蠲放於庠後先可以觀政也政有本末有小大唯學者能盡知之古之人學古入官學所以爲政也政關天地繫社稷董生靈之命而休息之山川鬼神草木禽獸莫不賓服故政所以爲道也道即周公魯公父子相與受者至漢蕭曹之治齊民有清淨之歌亦或近之今殿撰以寬厚致廣平得滎陽之體而行吾之志將見其報政而羽儀於天朝不遠矣某敬以三牒刻諸琬琰永爲山中無盡藏云

碁說

奕數也有消息盈虛之理而仙者志之仙家日長亦足以自適故爛柯嘔血之事傳之今古後世不本其學以勝敗從事雖小得喪而利害存乎胷中隱然如深讎如大敵面熱汗下不知其爲宗軒燠館清風白日亦幾於博也豈不悖哉雪堂云勝固欣然敗亦可喜其道蓋是也蘇奕士世於奕氣象不迫無敢嬰其鋒吾聞國中有趙大夫游於聖人之門蘇曰吾師也下此則吾友其言若是又能以暇日戲墨爲梅如補之之清如花光之老皆可賞識蘇游於王公大人之門而貧尚微骨蘇不以術自售而吏部岳侯知之屬余在西湖之陰求一語爲贈余不得辭奕士名文年月日說

香說

香有益於人多矣方事物膠擾萬慮紛薄能於靜室以救焚之則翛然如憑虛御風滌心浴德者故昔人以香降神釋氏有聞沉水香而悟道誠不欺也香出海岸之國其來既遠價亦不貲往往幽致之人或不能置今此香皆沉檀箋乳衆香集成得高人勝士製作之意富而不豔清而不寒書卷琴張深禪雅燕皆此香發越之時也寬雖不敏願與好事者共之

跋王太監塔銘

某頃在江南時聞太監老且病病且蹣跚矣心實哀之既又聞其死死者如草木速腐之道也安得永長存後重哀之後數年見其子惠慈於千文巖忽忽哭之未暇問其它也今年冬過古洛道院始獲見斯銘嗚呼大監其後生乎初以圓悟寄印摩頂於前時未則少陵淵明交臂於歲晚此春秋之法嚴如日霜可畏也甲視子厚大監諸師之碑不無月影春容可喜之態請從道院刻諸石以示徐君掛劍之義以爲斯

文不朽之傳云

嵩希表慶壽致語

舉端午所生子竟大其門去甲寅如許年復產于佛極人間之盛事修林下之高風七十平頭喜象龍之冠世三千屬客致冠蓋以如雲櫻筍正繁於莫春俎豆未妨於勝集某冰霜勁節風月胸襟曳 伽梨於衆中爲持律者上座見陽秋於眉裏時得句者有之謂把茅之累人指一菴而歸老碧溪繞屋合鷗鳥以同盟清曉巡簷索梅花而共笑宜臻眉壽燕及吾盧某棣蕚聯芳竹林並駕惜良辰之易失縮書頌以何

詞廬阜當年許宗雷而入社桃蹊今日知禪律而並行某等技在伶倫飫觀殊勝輒陳口號用贊華筵

七十如今得縱心孤雲已復罷爲霖種花蒔草真吾事抹月批風慰客襟坐上唯餘雙白玉囊中不畜一黃金更知老矣閑心處無限清風對碧岑

寶雲致語

梵宮成刻無越寶雲之故家邦人至今知有雞林之古佛實斯文之冀北震大聲於斗南自刼火之後而樹王先成歷國朝以來而人物尤盛譬諸琵琶琴瑟必資妙指乃發至音草木叢林雖曰無情亦知所向

修一堂之壯觀閱數世之宏規翬飛欲上干於雲漢迦陵清徹將遍滿於人寰寶雲講主法師塵外孤蹤林間老斵接龍象之步武繼鐘梵於晨昏輪奐一新咄嗟而辦朱明在候方鼓吹於薰風緇白臨筵共徘徊於花雨及某人高情蕭灑和氣融融肯同蓮社之清游是亦靈山之勝友某等欽覩殊勝職在伶倫不揆無才輒呈口號又見南風入舜絃幾多龍象正差肩一堂絕出雲霄上萬口齊稱古佛先身坐猊床如大寶手麾麈尾極重玄鄮山鄞水人長在總是吾盧不計年

贊應宣教真

我觀古人正是此様彼雖不言孰敢近傍豈無和氣春在疊嶂豈無軟語矢在絃上故其子孫孝友直諒七十七年水月鏡像云胡至今袖手相向於戲是謂善人云亡與靈山同一趨向者也

贊佛智禪師

溫潤縝密有大圭元璧之象喑嗚叱咤得烈風迅雷之實正吾家全盛之時有一人向隅而泣不是曹溪定應少室掃蕩家生一物無帶累見孫赤骨律

術者楊世茂求

頎然而長眉脩鬢蒼有古游俠之氣無他塵土之腸
折衷吾心喜爲人物之論笑開俗口發爲書傳之香
如射者之必中能盡人之所藏一毫不義而不取半
世無家而不忙恐人以生死禍福爲虛誕故自談笑
脱畧而坐亡至今有誦世茂者爲之雪涕後世或謂
子言之可增損請置千金於座傍

橘洲文集卷第七

橘洲文集卷第八

榜疏

別峯和尚住雪竇疏及茶榜

住雪竇好住翠峯好老子當斷自胷中爲法來耶爲
床坐耶此行殆出人意表無愧於東山直下四世望
之如西湖雪後諸峯但得心同道同生處同不論佛
界魔界衆生界其人聲飛吳越價重岷峨住海門國
逾一十有二年肆瓣瀾口說八萬四千偈如山岌岌
有陳堂堂與其踞滄波而擾蛟龍孰若依蕙帳而友
猿鶴衆念猗蘭之世冀一現於優曇計非師子之家

當盡摟其種類歸來及早慰我同門
山中有喬木萬本飛雪千丈真故老之家揭來爲沽
酒三升無金二兩肆秦人之禍借東風之快便薦北
苑之新盃喚起瞪瞢爲伊漂雪恭惟某人口香筵水
眼老吳雲瀹盡楊子江心之波不作天下太潙之夢
痛掃除於諸病雖噫欠亦生風蟹眼一瓣笑捧爐之
安用羊腸百遶戒覆車之在前眷此輸誠幸臨丹邸

台洲光孝遠和尚開堂疏

少室九年示辛苦艱難之狀黃梅半夜有光明盛大
之傳寔張本於斯文用服膺於前哲三拜不移於舊

位一香願供於先師吾其敢欺法固如是某人笑花眼孔掣電機輪行天下見前輩庶幾無愧古人詣道樹轉法輪胡爲久黙斯要登須彌高廣之座俟師子嚬呻之音人天儼臨霜露垂熟起積翠曽太父頤不偉歟彼德雲老比丘正好歇去仰祝南山之壽少紓北面之誠

興和尚住明州天寧疏

佛法無人吾固爲之墮淚王臣有意公亦自可捫心如鸞膠而續斷絃無鼠穴而犄宴藪 某人寒巖之子佛智之孫人皆想見風流誰不責備家世門當户對

遠親不如近鄰坎止流行三步只作一跳願垂高誼以副輿情

請尼長老住聖因疏

雙林滅後大愛道尚無它少室歸時尼總持其已徹堪受灌溪之拜不負潙山之機古稱所難吾得親見某人具旃檀種性有師子爪牙黒竹篦下不疑老和尚舌頭金色光中是真善知識任勲瞇雲林之勝踐屈象駕之垂臨委羽山前振起堂堂之陳散花天外更收將將之人憑此一燈用嚴萬壽

請延慶講師茶湯牓

春風啼鳥訴伊消息真傳夜雨寒螿只此工夫誰到屬歳華之婉晩副江國之平章 某人絶代風流彌天聲價掃除文字五千卷親見祖師抱負月圓三百規淘汰學者起信堂中宴坐雨花筵上春容惟四明宗旨乃先師得之俟一菴歸來而此恨方雪

舌本瀾翻攬百川爲酥酪耳門空洞吹萬籟作笙簧是誠三折肱之醫聊伸九頓首之敬 某人如黒石蜜中邊皆甜與赤旃檀臭味相似歴數舊遊人物莫諸故壘山川師今一人我無異説老生塞口別試囊中之方新學填門更須度外之置

請妙智講師疏

因佛語而得佛心故無異説自吾師而至吾友皆以斯傳當木槁灰寒之秋望海涵地負之寄 某人具草木臭味據龍蛇所居自學海波瀾中來知義天星象無極大興鐘梵用震盲聾喚起月堂二老本一家之旨親從普照四明見百代之宗看取花飛副茲物望

尼長老住飛香疏

我自懶循佛雖五障十障奚爲渠方豎起眉要一人半人悟去斷妙喜世界則易透荊棘叢林則難心期所臨物論在是 某人如衆花薝蔔類師子嚬呻末山

親見大愚季孟奔雷之喝灌溪曾得半杓胚胎劈箭
之機在古人則有餘蓋後世之未見嘗聞獲蒲所至
突不暇黔敢冀雲臨先師肉猶暖在

請講圓覺經疏

昔在吾廬先師季孟間尚可槩舉歸從江國後來游
夏輩不措一詞方汝然涕泣之餘有鏗爾舍瑟而作
一時鐘梵不異大方之家四海見聞猶吾親證之處
幸逢畏友得蒲心期某人半生掩關兩眼如鏡掃除
傳疏之學斷自淵源中來指此經類雜花而不繁如
導師入深定而方說益堅晩節發此大機夜雨無人

屬天龍之俱在虛空有口呑佛祖以無餘夢覺他山
神馳法席

請嚴和尚住湖州精舍疏

佛法鼓行而東登是選者皆俊傑道德嶄然在上籍
其似者皆妄庸唯黃流明月不可同年而美玉精金
自有定價某人渠渠蜀産落落南詢向大爐鞴以鍛
身呑栗棘蓬如食蜜眷古上強之精舍有鄉先生之
舊題想見神游正煩公往異時賓主屬人間第一流
今日雲山發造物無盡藏

請德和尚住象田諸山疏　山門疏茶湯榜

正法已遠異端競興再吹不然之燈爲作重光之運
惟彼上人者親從道場來某人頓悟心宗善入佛慧
昔年袖手觀支離跳擲臂其間今日逢場拈鐵蒺藜
當面便擲一空蕙帳來據繩床不須猿鶴驚疑許看
龍象蹴踏
象耕鳥耘有虞氏之田無故雷厲風發古臨濟之機
宛然雌物是與人非尚神游而夢想願茲妙選宜有
異人某人得少林一枝分諸方半座莫燕哉晩深辦
來端蓋一把茅果勝屋簷幾許舊巳三尺冢掃空魔說
無餘幸即主盟無勞固避

喚回春睡萬壑松聲入鼎來潑起午潮一天雪色爲
誰好筮霞痼疾或慣霽鹽雲月肺肝不舍蘇第某人
來從閩嶺親到建溪陰谷陽崖飽諳水味蒲團禪板
不作見癡自然腋下生風管取舌端具眼起來原夢
多二子之神通驗取捧爐有一時之賓客伏惟降鑒
俯答芹誠
割蜂房而得髓中有花主腐鷺粟以成雲豈無童子
全勝酥酪妥用橘皮雖風流各擅於一時而明月可
同於千里某人法惟一味價在諸方明珠白璧豈暗
投人毒藥醍醐親曾下口敢要雲敢來主象田行看

現座。天雨四花，佇聽雷音地搖六震。聊伸菲薄，願賜寵光。

請宣和尚住常樂疏

大江以南，無復三十年。龍象窮髮之北，尚餘九萬里。鵬鵬亦足以張吾軍。故難得是佛子，某人笑花眼孔，掣電機輪，不墮諸方網羅，遂爲群衲冠冕。屬海山之無事，春在钁頭；爲佛法而一行，價增宇内。痛掃野狐之窟，少慰邦人之心。

越州光孝禮塔榜

故壘山川，屬東南一都會；舊游人物，多晉宋古衣冠。

有佛祠千百家，如寶林一二數。塵埋浩劫，誰遣此山飛來；雲擢浮圖，衆疑從地湧出。誰人識許元度夢裏飜身，忍死惟彥法師臂端有眼。捕半空之突兀，成九級之莊嚴。邦人有來莫之歌，後世謂兩生之塔。一錢雖薄，積施良多。未能一年三百六十齋，誓畢此生八萬四千拜。輪臺戶牖，重開帝網之光輝；鼓板鐘魚，將復雲山之舊觀。儻逢開口，會有知音。

馬道人造菴疏

京華年少，棄黃金真如泥；澤國秋深，顧白髮恍如夢。驚馳午影，笑指息陰。一菴占勾曲之陽，終身入司命

之室。偶逢流水，信腳出山；而來頗怪秋風，隨後卷茅而去。經營縛屋，準擬盛書。雖無五千言，老子之龍要跨十萬貫，楊州之鶴。會逢青眼，當爲點頭。

育王僧供疏二

廣南有鎮海明珠，山川增重；濟北用倚天長劍，佛祖潛蹤。遭二妙之同時，借一帆而航險。浮圖尺五，放光射入番禺；英衲半千，空腹吼爲獅子。快須垂手，會有賞音。玉几峯前，閟神龍之窟宅；紫金山聚，燦舍利之光明。即此是太方之家，何殊見現在之佛。水雲六百去黃梅之席無多，道里數千知舍衛之城不遠。丐一

鉢和羅之飯，慰幾年寂寞之濱。豆爆冷灰，福歸有地。

觀音建三門大殿疏

寺占湖西，官居舍北。得一面蒹林之秀，辨恨十年歲月之蹉跎。今將效獨蠒以成絲，庶幾若先師之具體。重門臨水，藉瓦影以蔭魚龍；大殿浮空，放毫光而來釋梵。眷茲勝事，會有知音。壯普門示現之場，俟邦人廣大之福。

圓大師住菴疏

春風啼鳥，曹溪消息甚真；夜雨無人，華藏寂寥亦極。某人眼明優曇，鉢花身染閻浮，沉水本夢菴鐘愛之

子孟返吾廬與靈運定交之初豈無宿契不離樹王
而陞此座便從口角而放光明三度扣關密受雪峯
之託一菴投老始悟潙山之機毋用繁詞聿垂領畧

川行者求僧疏

涉江漢而入都城動幾萬里自草茅而承雨露貴轉
數金盃知世故之艱有懷鄉國之舊歸來及早要見
浮圖合尖報施有期當在袈裟著體

台州祈雨疏

天地有生成之功物皆仰止陰陽士乖沴之氣人自
為之致此千里無辜之民均被一時不雨之患方祈

悔過無越洗心敢虔扣於真乘輒上干於崇聽伏願
佛慈廣被帝意潛回驅策群龍大霈雱霔之澤包羅
萬彙同輸鼓舞之誠誓以捐軀期於報德

啓重明節疏

河清而聖人生慶逢盛旦堯老而帝舜攝會見明時
仰憑西竺之文上祝南山之壽
皇帝陛下恭願過大椿八千歲求覆斯民盡華藏十
三重復還舊觀

延豐院藏榜

右佛地靈唐朝寺古左昇霞而右蓋竹山近吾廬南
鴈蕩而北天台門連勝踐有法輪之草剏致經卷之
塵埋使此福林負吾檀施時惟樂歲明年又勝今年
事出無心小藏易為大藏會天龍之圍繞合鐘鼓之
鏗轟弥重瞿曇流出悲雲頓海嗅面大士罷拈拍板
門槌既是逢場何妨援手上延　睿筭下福斯民

爲法華經求僧疏

成佛之令蓋起於吾國中度人之緣是最爲勝福爽
是故剎帝利種不生旃陀羅家惟濁涇清渭不可同
流而方服圓顱遂可入道故我置書而嘆得無援溺
於人七軸蓮華瀝盡指間之血九重雨露號為世外

之恩未能學古而騎聖僧實欲從今而報知己

瑞巖蓋僧堂疏

歷數諸峯總先聖群遊之地嗅面老子明主賓互換
之機著得七間十三架僧堂方稱一日十二時禪宴
昔蛟龍不敢正視將燕雀來賀新成惟廬陵故侯家
乃荷屋大檀越可以辦此無務遜詞以天台為福林
名動四天下請祖師作印證量等五須彌

四明天井砌墻疏

突兀蓮宮繼鼓鐘而卒歲蜿蜒神物為山川而出雲
當澤及於下方已聲蜚於上國有樓觀暈飛之狀乏

垣墻外護之城行地四十尋石柱飛簷而至漫其壁費錢三百萬朱門華戶而等運其心幸吾事之圓成爲福林之壯觀

化度牒疏二

一僧伽梨先佛亦不易致大丈夫事古人之所難能幸號息雨露之朝是脫毳旁娭之日家徒壁立雖積塵成嶽以何詞身是道場誓擇火焚香而論報續如來末劫之壽如優曇花佩禮部護身之符是眞實義刹那便好成佛檀越於吾有息誓將福田回向心地

贊高卿父從政

氣高如華嵩志趣如王公其重厚也如此孰知其爲曇空吾聞居士京華人也處江南之俗一味春融非能俛仰於一世是亦敦厖有古風天將以昇其子使詩書家世如公心地求昭晰於無窮

贊趙君實

服道士之服若嵩華之隱者衣縫掖之衣而反先人之故廬驟老于五千讀聚鄴侯三萬書龍蛇變化只俄頃矣豈斯人之徒歟

橘洲文集卷第八

橘洲文集卷第九

榜疏

請寶雲瑩講師疏

昔寶雲有大弟子如渥洼出雙馬駒自天台熏知見香若猗蘭脫衆蕭艾當後世寂寥之際知阿師付授之難甚人既以心傳不爲塵累遍歷雨花之肆親出甚金之爐鶴髮霜眉受道人卒歲之託晨香夕火致居士華封之誠衆所歸依公無退轉

抄長生庫求度疏

道固長遠世方棘艱哀十人之同心積衆塵而成嶽

譬如農夫合耦以相助非同賈豎乘時而取贏成佛不論後先入道卻有次第舉其人則遂爲無盡寶藏論其報當踰妙高山王我方缺然誰不知者視黃金如土苴會有知音爲白足之沙彌方甚報德

鴈峯九夏會疏

十八生大士乃今君子鄉人六百年道場爲故菩薩龍地慨叢林之凋謝雖猿鶴亦悽凉豈無一弛一張之時以起三沐三熏之歎粥魚齋鼓諸方飽而通悟飢禪枝蒲團衲子驚而通悟喜願乞太倉之餘粒以成佛國之衆香作此碩林同歸福海

宇文吏部母夫人生日䟽

北斗在天之中，輟一星而臨照西方；有佛見在，具萬德以莊嚴。慶逢慈姥之示生，敬禮寶山而爲祝。伏願壽山福海等願力以無窮，智山法才與心王而常住。

明州南城普照河塗田䟽并序

本院去城七里，古松流水環繞其居，真四方道人問學之地。主是選者，代無其人。於是寂寞荒寒，食亦不備。士夫爲之憫惜，龍象爲之興憐。近者大江之濱有塗百畝，隄障耕耨，可爲良疇。比請於官，得之，尚爲狐蒲鷗鷺淵藪。適逢幸會，成此因縁，隨喜

見聞，皆吾檀越，願垂開允，報施無窮。

城南寺古，不聞七里之紛譁；冀北群空，真負一經之芻秣。垂食箪而過午，致如意之生塵。誰共寂寥？法當勤苦。文書可致，許占江界之泥塗；耒耜無從，得試屋頭之春雨。借居士爲佛之饘，覓道人哮吼之腸。一飽自今，皆爲蒲塞之供；千古不動，永作旃檀之林。

墊江藏經䟽

墊江巖邑，眞如寶坊。有布黄金祇樹林，無淹黑豆老和尚。斯文缺典，後學無聞。惟閩五千卷印板打就之書，去蜀一萬里鯨波不測之險。良辰易失，快便難逢。借居士一帆風，爲此邦無盡藏。摩挲老眼，不學入海算沙之流；領畧微言，會有得兔忘罤之士。

新寺浴院幹大殿

自塵中來，分爾比丘半勺之水；至寶所已，見吾老子一尋之光。豈惟身心俱獲清凉，亦表佛法如是廣大。經營一殿，閱歷十年。既多易失之時，幸此難逢之便。歲豐人樂，何殊舍衛之城；天作地藏，恰容師子之座。願開施藏，用侈福林。

天童起門樓䟽

自有玆山以來，皆爲有道者建立。宏智、慈航二大

老，益壯其居，浙右叢林，遂稱第一。太白峯前，菩提場裏，有複閣重樓之盛，壯深山大澤之居。落落規模，曾經二老之手；言言門闥，末稱大方之家。巍然千佛之尊，豊彼小星之散。大新輪奐，用移叢林。更參奎璧之光，高出雲山之右。一塵一刹，同游華藏之都；三沐三熏，選指信門而入。莊嚴勝地，回向福林。

台州白蓮修造榜

雲山自昔有象駕之峥嶸，蓮社至今無虎溪之寂寞。刱此摩雲之閣，會于同志之人。撫星斗於田廊，散兩

花於四座人皆檀越何代而無宗雷法本心傳吾印
不臭藥可極一時之勝事後千古之福林想在知音
毋勞援手

延慶請講師茶湯榜

窖雲奩壑非關草木之春活火新泉不慣薑鹽之手
聽松風於萬壑瑩秋水於雙甌喚起斯文平章是事
某人智齊澤國韻薄吳天擁魯陽之戈日返三舍抱
荊山之玉價重一時先師之道當隨嗣子以東流四
明之人共約鄰翁而西望無煩固推敬肅來儀
法唯一味非謂甘蔗蒲萄之倫樂已九成故有清廟

橘洲文集卷九 （四）

猗那之奏敢致懇懃之供無嫌寂寞之濱千載吾廬
一朝勝事某人已除諸病如善見藥特現於世如優
曇花早差諸老之肩曉負千鈞之寄掃空文字共觀
如意之横飛振起規模會有後生之驚倒既焉然諾
即賜寵光

天童修三門榜 并序

伏見三門重閣多歷年所中安銅鑄千如來分列
兩序如星散之居
壽皇聖帝親灑宸翰爲兹山無窮之賜二事極古
今之盛闕有不勝其載之憂今欲刱爲七間下闢

三門上安千佛大後名山之榜以極尊崇況上方
傑閣飛樓有首尾重輕之舉敬募十方檀越發大
道心或一力圓成或衆手畢舉出自誠意莊嚴福
報無有盡時
千巖萬壑是爲龍象蹴踏之場四海九州知有雲漢
昭回之榜樓觀凌空而縹緲鼓鐘動地以崢嶸木末
層巒首壓衆山之根柢門前清鏡旣看倒影之浮圖
遂令像設之尊亦有寂寥之歎願從檀施益後規模
在彌勒一彈指間入善財不思議處轉欄干之十二
無盡重重列賢劫之一千孤明歷歷用嚴

橘洲文集卷九 （五）

睿筭永福斯民

臨安府孔雀園起寺榜

故園草木人盡知名梵苑樓臺天將命我爲善知識
四事之供乏給孤獨千金之資左湖右山冠一時之
勝践朝鐘暮鼓成百世之叢林下以慰都人之心上
以祝 吾君之壽頑言若此報施昭然

啓重明節疏

五百歲聖人間生慶逢嘉運三千年河清可俟無盛
斯時敬宣薄伽梵之文恭効華封人之祝恭願
父尭子舜有萬呼萬歲之聲地久天長復禹貢九州

之土

湖西崇教鑄鐘疏

寺在湖陰居連屋角所貴一時之鐘梵得依百歲之象龍竟易深禪堂無寄相方萬籟沉沉之夕乏洪鐘隱隱之傳散以脩廊屹然函丈成叢林之具體在檀施之與隣鼓角聲中會振驚於魍魅水雲影裏當號令於人天凡所見聞悉蒙斯利

資壽修造疏

異時鐘磬之音忽聞地下自是象龍之宅始破天荒闢清風三百間聚白足五千指摧頹歲月歎息規模

適逢大有之年會有重興之理木章竹箇當自成於一家秋菊春蘭長無絶於終古

江北妙應院塑佛疏

負北郊而抑招提幾年無佛主南山而爲綱紀八世傳燈既成黃面老子之全軀猶欠金色頭陀之一衆雖有爲功德堪作智山法苐而無相法身不離泥龕塑像願言印可會放光明

接待募緣疏

暫止化城中分四十里之遠徑登寶所作禮二千年之師愍此水雲來往之流豈無檀施咄嗟之助得郭田二頃其利無窮適莽蒼者三飧誠知所自廣開心地田向福林

智門請宣和尚山門疏

道固不遠德雲近在別峯事非偶然優曇復現斯世聦山林之勝跡有香火之仁祠切比龍家宜要象駕其人連城白璧鎮海明珠聲前得活祖之機向後笑諸方之拙善刀已久袖手何須自信如北溟之鯤不求速化歸來若丁令之鶴夫復何疑大震雷音以光叢社

月波請輪老諸山疏

天台已降指四明爲的傳大江之南推正悟爲雄辯公其嗣子誰復異詞其人慧解河傾聲名玉潔慨斯教衰微之久奮吾心發趣之宗後大老之園林月波萬頃護六龍之翰墨星斗一天未震舌端之雷已盈户外之屨主人之意唯在師嚴而道尊公議所歸莫不雲從而霧集願迂闊步允副懃誠

月波化供水陸疏

路入林端是中有阿蘭若月横波面夜深疑小金山屬丞相之新儀超法界之檀施大彰感應契九聖之心源儻在見聞獲人天之福報

又化供疏

湖光入經論之腴道人固不勝清梵放穀魚鱉之羣異類亦蒙其益無問佛香僧飯俱爲智山法茅跨此門來知斯言之不妄作是説已圖厚報於無窮會有知音必須肯首

仗錫山開堂化緣疏

萬象熾然固無晝夜而説諸佛亦爾有爲人天而言況當梵刹一新之初故有同誠三請之志會當舉足飽看七峯之雲更聽白槌上祝　兩宮之壽

又化鐵瓦

四明之山八百里是山居中三冬之雪十二時此雪爲冠有折膠墮指之凍壞殿瓦晝堰之憂故昔人鑄鐵以圖久長而長者施金僅得一半遂使層空之寶殿泥沙混同仰觀千葉之法身人天興歎事如經世佛也點頭

戒壇修造

佛法所用之律豈特持身有餘天人下築之壇幾於拜將不異自南山之授手後西竺之成規晚出芝園道行吾國踵祇樹鄉林之勝蹤爲義龍律虎之先驅盡棟摧殘莫雨動鬼神之泣黄金錯落春風鼓檀施之心一朝鼎來千古福地是爲第一義諦根本此理不虛莫作最後斷佛種人大恩可報

四明感聖修造

西湖佳處人知感聖之名南度未幾寺厄建炎之火湖光雖在殿影成空爲狐鼠之場蓋見龜魚之面聖稱晏寂祖在覺師皆當時之勝遊豈後世之無侶一錢入手喚彌勒以同龕片瓦蓋頭付靈山之授記不須問佛會有知音

臨安府崇寧接待請朋和尚疏　代州府

梵放出門竦都人之瞻聽官潮穀地疑海若之經從

有佛祠得以兼容致雲衲爲之一飽顧爲不伐是以知歸某人歷遍諸方蒼然一節歸來歲晩用雲門接洞山之機才用今無如退之贈澄觀之什不離函丈便振繩床正令提撕起叢林已墜之緒餘波浸灌及溝壑未塡之人副此懃拳毋煩固避

南湖請雲青外

四明行道之處素有典刑一菴飛錫而來豈無耆舊遊者與江河競注凜然知松柏後凋輿論同歸斯文未喪新命某人具獅子飜身訣打頭而親遇作家叅竹篦見膽禪跨戸而便爲上客自此虛空解講不妨

文字爲宗道既在東家之丘世難隱西山之亮雖曰白蓮社後屢賦歸來政宜清玉軒中斬新拈出縈列祖表寒之焰振後生不競之風譚笑肯來何止九峯之一跡人天普集願同五嶽之三呼慈蔭藹然法門幸甚

結界

以太圓覺爲伽藍歷三災而不壞將此身心奉塵刹惟四明之有宗故百千三昧儘可傳家而一十七代未嘗結界法當末運何妨扶律談常時屆深秋准擬標方唱相水只圖於趣海錦不厭於添花其如事用

之浩繁不免檀門之造請成功之後藻文彩於他山祝聖之餘萃生靈於彼岸

伏錫山開田宗柱燈油

千峯萬峰真列聖古仙之宅十里五里爲異禽靈草所都儼然寶坊中有勝殿須彌無盡燈柱千葉盧舍那尊半足本嚴饗頭末了太庾嶺頭無眼功德更爲點開百丈老子第一義門何妨説破直須掉臂會遇知音

橘洲文集卷第九

橘洲文集卷第十

記序

柔克齋記

余會前琴川令曾公於江皐蘭若相即逾月視其人觀其文詰其爲政實英發也方其年少氣盛重以絕人之資不顧其身不憚大吏以古京兆馮翊之手而作一邑人得以爲奇貨而娼嫉其先公用是得禍十年扃戶讀其父祖書太夫人髮垂垂思欲見其擴翔一出語此輒廢食兄弟相勉而爲此行僧窓寂寞官潮時一振撼公輒痛飲酣詠與潮相答畧不見其憤

懣無聊不平意抵掌談笑皆古今得喪成敗出入經子史百家坐誦行吟絕出人意至論修身治世則誦洪範沉潛剛克高明柔克之旨欣然喜曰吾將以柔克名吾齋子爲我既其説余曰諾夫剛柔相濟此聖人用中之道也沉潛則柔其剛以勝之剛非外來亦沉潛所固有而吾所謂中者實聖人發之高明亦然如世精金沉潛高明二体畢具所謂百煉剛迭指柔亦豈外得哉老聃謂柔弱勝剛強蓋自發其道非治世之具也今公高明以能自沉潛之剛柔更資如目足並用予將見其以斯道濟斯世造物報之其可辭

清蔭堂記

清蔭即予便齋深可數室廣才一室有餘而依豐氏之隣隣皆脩竹因置短屏開明窻以延致之竹君脩然如跂如纂如揖如訴而日與接予則陳几研列琴書客至清談客去則與書爲友取山谷借景亭之語大書而扁之所謂東西開軒蔭清越者也予年雖未及壯無一日千里之質有父兄之命將薄宦於南不以此時酌古今於胷中置事物於度外則爲一世塵土人矣後何望哉若夫嗜好之移人則如浸潤膚受不覺而入雖聖門諸子猶不免於此見紛華盛麗之

悅況庸庸常人哉獨顏子陋巷簞瓢若固自有樂之終身不厭無它有聖道爲之依歸故也吾嘗夢想於是若先師者在昔固未有彼諸子者亦豈易得哉下而至於漢唐及國朝以來老師宿儒其人云亡其道固在其事業文章猶布之方策余將擇勝己者相與求諸寂寞之域放之於廣大寬閑之鄉以足於予心以救予不學之咎雖清蔭屋陋亦得無媿顧不偉歟書以爲記

流止菴記

素師記欽師曰乘流而行遇坎即止覺禪摘其語以流止名菴屬予記之予曰古人自知甚明子以知人如衡石誠懸而著蔡誠陳也授受之際將心相示心既昭徹身亦俱融孤雲行藏端若目擊大醫有云身心一如身外無餘則乘流遇坎之辭蓋發於是自少室懸記以迄于今後世聞道益疎師弟子者有媿深知彼已之論覺禪訪道吳楚栖遲霅溪蓋十年晚來都城視東敎如流即吾心而止類古有方者謂之無聞可乎方將後大其居不蓄萃齏不儲粒粟使憧憧往來饜飽而去則吾流止之義豈不壯哉

自菴記

有道人頎然廣顙豐下訪予北山之陰予心怳然曰此三十年江海龍象胡爲而至此問之知其自雪菴法窟中來耳其言則曰古以菴名識其得也故人得以宗之後世不師其心而師其迹非吾所謂善學小子不敏有以自菴且之詞不能蟠然改曰是識吾學也願授一言而佩之予曰子思不云乎自誠明謂之性自明誠謂之教此孔子之自也肇公曰會萬物爲自己者其惟聖人乎此教乘之自也三語如倒食蔗蔗非不甘也然嗜蔗皆兒曹惟大人者則能甘苦俱忘當如鰲山雪中最後垂示然後操尺箠以禦大敵

非過也其言曰唱教一一須從自己胷襟流出蓋天蓋地始得自菴之義於此終焉道人名無為世為京華人年月日橘洲記

涪城祇陀院種松記

祇陀繼徽住山之明年手種松三千本山巔水涯道轉石缺與夫陰崖暘谷荆榛狐兎之聚無不徧滿初若鎖細與草木黄殞不自知其歲寒也至是則青青如稲畦風露之朝香氣襲人自夲龍蛇百圍蓋可坐而致也徽滌涓請予曰吾先子脱屣世故業浄方於此手築大士之室與今尊者巖皆躬畚鍤焉嘗自誓

佛前曰某之子舍家而南矣願即聞道於善知識歸以度吾身不幸徽未及還而先子墓道之木拱矣徽不肖器甚下晩自湖南江西法窟中來既渉浙滿以不見大慧老人為深憾猶幸見其二三子徽亦知之矣又不幸不得以所聞報吾親獨齎恨於無窮徽何人敢言住山種松即吾事也與西山東嶺事例特異子吾季父行也為我記之予曰然即識其言以為種松記

送燈老序

予少執經于石牛時亮公為同門友亮即燈之伯氏也既壯出蜀會通公於九江同謁大慧老人自宛陵渉浙東四五年為同參友通即燈之師氏也予既白首往來都城會燈於仙林訪問生死予復喜通之有子一日謂予曰燈以母老不可無歸嘗以睦菴自名蓋取陳睦州織蒲養母之義子序以送我予曰世人不知佛者之為至養久矣方辛苦求道志在其親逮餘波及人人知樂道不倦則父子兄弟豈復有背道之患故潁考叔之愛其母施及莊公詩曰孝子不匱永錫爾類豈燈之謂乎余以其愛親之心知其聞道甚至兩據大刹而亦以是教人正藂林灰寒之秋而

故山猶甚子歸以斯道重余切有望焉

送空上人之京口序

先大慧未壯齒已能從李商老徐師川張無盡諸公游得道以還平生所聞似虎插翼遭世中變二家學者尚爾斬然伊洛諸儒亦登晦堂昭默之門雖不旋踵叛去然亦假手於我以張吾軍也我復何憾道喪既久天亦嗇斯文而閟之申包胥有云人衆勝天天定亦能勝人是天地之間大公不可廢也予晩學本慧晤千五百衆中俊傑如林一時士大夫有如李漢老曾夫游張子韶輩皆北面受道龍象隱没劫空無

人吾意先師之靈嘗爲少林踴躍出使後世竊據師位貪冒寵榮者縮頸入地佛祖在上豈終違吾言乎空禪生古歙州歙所産皆山川之英士亦以此重空耿介而性嫉邪與其人游知其有無輒麾去不顧亦近世一奇衲今不遠千里問津故人吾聞有大居士眞老龐李孟間人一吸西江猶有餘地子行爲我致意近來比固吞却浮玉居士知之乎

道人朱氏法華淨業

始余東歸過所謂羅睺羅道場者至起信堂有比丘語余曰寺有勝事子知之不余顧堂下四檜曰得非

歲寒面目無恙乎比丘曰不然引余登懺摩之堂發一函視之即刺繡妙蓮華七軸也余方合十指以嘆未曾有比丘曰此薛君之室道人朱氏法名如一之所作也朱即欽承　皇后淵聖中宮兩世之姪也自歸於薛賦世如塵泥年二十餘即告其夫清淨自適道裝素服潔齋如也嘗以黃絹命經生書是經手以碧茸繡其上線蹊鍼孔去來綿密無有間斷如筆既試如墨新乾閱十二年而後有成復繡彌陀觀音無異繪畫自經首題敬致八萬四千拜九一句一字率皆唱禮者三法華之文幾數萬言三月而能背誦闇華嚴般若楞嚴圓覺亦復繼水千偈餘經可知嘗鏤木爲圖勸人誦阿彌陀擘窠屢書滿十萬聲而止所化之數僅十二萬人道人則早旦誦之莫夜持之無一毫墮意尤喜禪寂結廬於墓一室事佛一室晏坐一室經書一婢供齋蔬與同甘苦雖烈丈夫有所不能堪也今年春盡易故廬具爲三日會會道俗以萬計飯千苾蒭爲寶幢貯法華同念佛人姓名迎歸于寺城內外觀動傾士夫之室莫不聳觀十二月以微疾命醫醫以丹砂進道人竟不起臨瞑自時再起跏趺薛君曰吾家無是法也請就寢後事即如儀道人

右脇而終年三十有七實紹熙四年十二月十日會比丘語爲之慨然比丘屬余識其事爲來世勸敬書以贊之贊曰道人之身春容月影耳以靈山最後之旨回向淨土其鐵心石腸耶吾知其於世間不復來矣老龐曰不是聖賢了事凡夫斯言其有旨哉

盧氏祠堂記

宣義盧君粹於德者也事親孝事佛嚴甚一子爲比丘叔世龍象君貴鉅萬自奉養甚薄施於人極豐族黨鄉閭皆稱其友悌室有懿行故能成其賢子比丘問道於白道濟師嗣主其席嘗白其親曰茲山行道

之所學者雲菴歳以食不足爲憂得百金爲塗吾事濟矣君首肯其說即於縣之承恩鄉地名滿峯得斥鹵之地築海千丈埼而爲塘魚龍逡巡不敢正視自紹興至淳熙閱歷一世克成厥功君捐錢萬緡予比丘與其徒希道出力相輔助爲田若干頃得穀若干田成之明年置莊一區人牛腯肥耒耨堅好穀餘於廩飯香於甑如淨名之鉢饜飽無量如釋梵住處自然化成一舉而二嚴實君之功而予比丘勸請之力其心實愛其親之心而然也子柳子曰佛書有大報恩七篇其爲心與孝經合意言孝子之事父母欲其

常與道俱脫其親未能必思所以升濟之術所謂籩豆以享之鐘鼓以祝之其間得失重輕我雖不言必有能較之者住山某繪君之像而祠事之今住山其求余文而識其事皆可書也君諱某字某世爲寧海桑洲人妻金氏亦巨家子比丘名子曄傳天台宗賜號本空圓淨君閱兩大藏誦法華至九千部金氏亦八千部所至佛事莫不唱從翁媼云

乳母戴氏墓志銘 代史侍制

乳母戴氏第九鄞人初歸李氏生一男既入吾家乳彌大越三年弟彌正生又乳之已而歸鄭氏生一女一男年七十有九淳熙十三年正月辛卯卒明年十二月壬寅葬陽堂鄉下水陽山奧之原從後夫兆乳母始生吾家家君太傅猶布衣生計蕭然先大人食糲衣敝仰事俯育備嘗艱苦有人所難堪者乳母侍左右恪勤不懈夜乳二子避乾就濕啼聲呱呱終昔無寧寐晨興左手更挾二子右手供灑掃百役至暮弗得息及家君登進士第得尉越之餘姚秩滿歸鄉彌大兄弟行名猶未立先夫人遽即世勤于施不獲其報每一念之痛淪骨髓而乳母遂登高壽見家君位三事彌大入侍從彌正爲郎時節來視兄弟杯酒

相歡耳和目靨輒欣然忘歸或至累月後竟卒於吾家餘終盡禮嗚呼是庶幾可以無憾矣銘曰

前艱　後則榮　藏於斯　永妥寧

仗錫山佛記

徑雪竇而西四十五里皆層巒疊嶂顛崖悍石行人彼榛莽踏沮洳踐蛇虺登危陟險始即山之趾焉山斷溪橫北岸林光溢目而爲秀發得非山靈以艱難險阻爲下方陳迹一掃而刮絶之耶不然何磴道一變其速如是渉橋而北一亭巋然大書仗錫山而扁之然後知其爲茲山發軔之始自亭而上歷十八折

杉松會翳如在青羅歩障中行至二千里雲一池靚
深出墻陰才数十歩武耳入門一殿横放有寶蓮花
師子座像如紫金山屹然當中即吾善逝盧舍那所
謂種種光明遍照是也是花千葉一葉一釋迦是一
釋迦復化千百億釋迦光明重重涉入無盡一花既
爾衆花亦然一佛既爾多佛亦然此方既爾它方亦
然此吾心地法門若佛若魔若情若無情若闡提若
信心晝夜宣揚如我無異不待廣長舌相然後爲説
也故我以一毛頭智量法界空此空於一毛頭非合
非離非大非小空無自性而智在其中唯文殊普賢

飲光阿難左右後前實聞斯語若梵王帝釋未易竝
談也凡此尊像皆比丘蘊信發心爲之經營十年所
覩匠氏福徳相好蒲慰心期然以無盡燈明不能與
常光一尋相爲表裏行上陂平地坡陀衍迤有若華
山桃林之墟即墾而爲田考室一區命一人主之且
耕且耘所入之禾悉辦一歳膏油之費於是夜天星
象内外粲然茲山可磨則信之功亦可磨也余嘗備
汛掃信有力於余後八年余有親憂萬里西歸信亦
從是去矣於戯百里奚虞人也虞不能用意其去父
母之國必遲遲其行秦繆公用之一日而覇亡之過

不遇蓋繋邦家之幸之不幸也可不念哉今住山怡
雲平公後一代於余當握手時未嘗不道此爲深恨
信今老矣於雪竇尤有深功以此記屬余固其宿昔
之願余重感歎故爲書之信奉化人姓某氏得業於天
王禪院行峻潔而其心泊然身無完衣嗜佛事如嗜
昌歜羊棗人莫知其然也既耄而志不凋落益可尚云

仗錫山無盡燈記

院故有殿二一居千葉盧舍那飲光慶喜侍文殊普
賢釋梵二天左右之此新像設也一置大寶藏運輪
五千餘卷之書神龍糾纒鬼物森護行道之所容半

千足圍繞二殿言言可知也祖堂一此余徙置殿西
廡者僧堂一此余住山新創者内外跏趺坐千五百
指寛深亢爽不撓道意燕客湢浴與棲老病之堂四
執事及燕退之房二共爲燈若干椀無盡燈四粲如
夜天星宿盛哉燈明也舊以知藏知殿知浴僧終歳
行乞于外猶苦不足嘗命之爲艱監院僧蘊信一朝
奮然不謀于友朋不謀於蓍龜獨與二弟潜行山谷
聯地之可稼者去院十里次今陂平萬峯屏開一坡
規爲盤曲欲下而谿欲者草木新霽如既濯之髮十
膏如酥得之若天成即從人貸四十萬錢裹糧百里

外纏茅茨其畚鍤築塘五為田若干畝經始於乾道戊子畢工於癸巳所種之秫先易麻光船以出油外餘以供甲事距歲豐歉取其羨以歸常住永以為則此信之心與才力一見於此也佛之法徧天下猶一氣之在天地也其宮廬與其人亦徧天下猶一氣之萌動而茅孽華實隨所感然也通都大邑佳林勝践賢聖出沒龍虎變化之地使果為材智者用之如王良造父御六轡而馳九達之塗一日千里不難也苟無人之地用之而後為難故信能用之實吾廬之通材也信不為人用久矣而用之於佛用之於田茲善

用材者前所謂佛菩薩一出信之手侍御王公為記之余來茲閱三暑寒信實佐余始終甘苦與余同之信有功也余得以書之以詔於將來使學道之人如信之無一日虛棄之功又有實證豈復見今日叔世之患也切有感云

祭雪林彥老

嗚呼雪林魁岸奇傑它山之雲膚寸吳越心期太方道配前哲昔聞黃龍怒哭其血寂寥雲仍幾致角折吾能起家日電光掣叩視諸方跂跂挈挈山林城市如翮一吷握手謂予非子奚說歲寒之交無翕翕熱我雖心語公以意決云胡一燈捨我而滅霜餘木枯乳竇巉絕撫公不應涕淚嗚噎一香薦誠來以為訣

龕銘

余幼學道若涉大海而無津涯中遇司南之車知所趨向晚觸洄洑逆折萬變然後一登休歇之場吾大慧先師之力也幼始知學從先生授五經習為章句自少多病父母許以出家遂投本郡德山院僧某為師師賢而能教其徒俾從一時經論老師游聽楞嚴圓覺起信越五歲舍去依成都昭覺徹菴白水∴菴拏包南來從先大慧於育王徑山晚見東林卍菴蔣

山應菴辛苦艱難始畢平生之願世緣未盡被人推出以長老名初領四明杖錫山晚為葬親而歸住無為禪剎憂患一世間游戲翰墨海人便謂其以文詞鳴是未知我者今年六十九矣示疾而化嗚呼人孰不死死而不亡者聖賢也學佛而至如來大寂滅海學聖人而至堯舜兩楹之秋是真不負所學矣夫生死也夢幻也世人以為虛妄不實殊不知此吾廣大寂滅不動不變第一義諦心祖師以為面目見在余嘗於傳燈七佛偈下略發明之余即寶曇字少雲俗許氏蜀之嘉定府龍游符文人沒於慶元三年四月

二十六日臨行不能饒舌終之以言曰放下便穩莫教

辭世頌

平生灑灑落落末後哆哆啝啝殷勤覔把火莫教
辜負澄波

今日困甚今夜定行付宣弟珍重珍重

右板元存徑山燬於癸巳之火咸淳改
元歲在乙丑化城石橋塔院重刊印行

橘洲文集卷第十

橘州文集　卷十

橘洲文集十卷南宋釋寶曇撰日本佚存書目著录蓋中土久佚之籍也寶曇字少雲俗氏許蜀之嘉定龍游人幼習章句業已而弃去遊方外住四明杖錫山歸蜀葬親住無为寺後復來明史浩頗重之為築橘洲工文詞卒于慶元三年（一一九七）四月二十六日見集中自銘龕志其事跡見羅濬寶慶四明志卷九他書多未詳厲鶚宋詩紀事卷九三据妙行寺志録其題弥陀接待院七絶一首於寶曇外另一字蓋亦不詳其人也寶曇雖釋子然雅慕東坡山谷詩文即規撫兩家筆意簡古廁諸南宋諸名家中可亂楮葉所交遊就集中考之史魏公史浩也楊郡王楊存中也王公明樞密王炎也魏南夫丞相魏杞也范石湖范成大也汪仲嘉尚書汪大猷也樓攻媿尚書樓鑰也吳明可給事吳芾也陸務觀郎中陸游也袁和叔袁燮也黃侍制元吉黃裳也李仁甫李燾也李文授李光之子孟傳也李知幾太博李石也張欽夫張栻也史同叔史彌遠也國叔彌遠之弟彌堅也曾知閤曾覿也孫季和知縣孫應時也王性之子仲言侍郎王銍之子明清也張功父寺簿張鎡也皆一時名公鉅卿其名字稍晦而可考知者尚有張漢卿左藏（張良臣字武子一字漢卿大梁人曾官監左藏庫）呂澤父（呂官之字澤父成都人有詩見成都文類）吳知府仲登（名津吳芾之子曾知廣德軍）劉英叔（名望之成都人紹興廿一年進士官終秘書正字）樓与善寺丞（名偁鑰之兄曾官大理寺丞）潘文叔（名畤字德鄜李燾簡克之婿）此書刊於嘉定改元（一二〇八）見卷首釋曇觀序板存徑山燬於紹定六年癸巳（一二三三）之火至咸淳改元（一二六五）化城石橋塔院重刊見卷末識語此乃日本元禄十一年（一六九八，當清康熙卅四年）織田重兵衛刊本意猶略存原槧面目六三年予預廿四史點勘之役入都攜在行篋值鄧恭三廣銘編宋人文集篇目索引假以入錄頃獲還重睹爰考而識之俾後人讀之知为佚籍加愛護焉

一九七〇年四月二十八日甘鵰羅繼祖記于長春解放大路寓

崔舍人玉堂類稿

提要

《崔舍人玉堂類稿》二十卷附《崔舍人西垣類稿》二卷，日本刊佚存叢書本。每半葉十行二十字，白口，左右雙邊，單魚尾。是書皆宋孝宗時制誥口宣。卷一、二為內制，卷三至卷十為批答，卷十一、十二為青詞表疏，卷十三至卷十六為口宣，卷十七為春端帖子，卷十八為致語口號，卷十九、二十為祝冊詞表。後有《附錄》一卷及天瀑山人跋。附《西垣類稿》額軟，記載宋朝廷大臣故事。

崔舍人玉堂類藳目錄

第一卷

內制

王淮除樞密使制

皇叔祖士歆除節度使制

趙雄王淮日曆轉官加恩制

趙雄修進勑令賞格轉官加恩制

皇叔祖士輵明堂轉官加恩制

皇兄居廣明堂轉官加恩制

王淮修進四朝史志轉官加恩制

史浩除少師制

王淮除右丞相制

明堂御札

賜科舉門下詔

第二卷

內制

史浩明堂加恩制

鄭藻明堂加恩制

吳拱明堂加恩制

蒲察久安明堂加恩制

皇弟居中明堂加恩制

成閔明堂加恩制

悉里地茶蘭固野明堂加恩制

曾懷除右丞相制

楊倓除節度使制

曹勛除開府制

葉衡進玉牒轉官加恩制

趙雄除右丞相制

第三卷

批答

賜劉棪再辭免加食邑不允批答

賜姚憲再辭免除參知政事不允批答

賜葉衡再辭免除端明殿學士僉書樞密院事不允批答

賜王友直再辭免除奉國軍節度使加食邑實封不允批答

賜葉衡再辭免除參知政事不允批答

賜楊倓再辭免除靖海軍節度使簽書樞密院事進封鴈門郡開國侯加食邑實封不允批答

賜曾覿再辭免除開府儀同三司加恩不
允批答
賜皇子魏王愷再辭免除改判明州軍州
事加食邑實封不允批答
賜葉衡再辭免除通奉大夫右丞相兼樞
密使進封東陽郡開國公加食邑實
封不允批答
賜葉衡再辭免除右丞相兼樞密使不允
批答
賜李彥穎再辭免除端明殿學士僉書樞
密院事不允批答
賜少保右丞相史浩再辭免進玉牒回授
轉官依例加恩不允批答
賜史浩再辭免除少傅保寧軍節度使充
醴泉觀使兼侍讀加食邑食實封不
允批答
賜趙雄再辭免特授右丞相正議大夫加
食邑實封不允批答
賜王淮再辭免特授樞密使太中大夫加
食邑實封不允批答

賜士歆再辭免除保康軍節度使加食邑
實封不允批答
賜王淮再辭免預修日曆轉官加恩不允
批答
賜趙雄再辭免監修日曆轉官加恩不允
批答
賜錢良臣再辭免修進日曆轉官加恩不
允批答
賜趙雄再辭免監修日曆轉官加恩不允
批答

第四卷

批答

賜王淮再辭免預修日曆轉官加恩不允
批答
賜趙雄再辭免修進勑令轉官加恩不允
批答
賜錢良臣再辭免修進勑令轉官加恩不
允批答
賜趙雄再辭免進呈會要提舉官轉官加
恩不允批答

賜錢良臣再辭免進呈會要禮儀使轉官
加恩不允批答
賜王淮再辭免提舉經修會要轉官不允
批答
賜史浩辭免已進會要經修不經進提舉
官轉官令回授不允批答
賜士輵再辭免除少師加食邑實封不允
批答
賜居廣再辭免特授少傅加食邑實封不
允批答

賜士輵再辭免除少師加恩不允批答
賜居廣再辭免除少傅加恩不允批答
賜趙雄辭免進玉牒提舉官轉官加恩不
允批答
賜錢良臣辭免進玉牒禮儀使轉官加恩
不允批答
賜趙雄再辭免進玉牒提舉官轉官加恩
不允批答
賜周必大再辭免除參知政事不允批答
賜謝廓然再辭免除端明殿學士簽書樞
密院事不允批答
賜趙雄再辭免進史志提舉官轉官加恩
不允批答
賜錢良臣再辭免進史志禮儀使轉官加
恩不允批答

第五卷

批答
賜周必大再辭免經修史志轉官不允批
答
賜王淮再辭免經修史志前權提舉官轉

官不允批答
賜史浩再辭免進讀正説終篇轉官不允
批答
賜史浩再辭免除少師依前保寧軍節度
使充醴泉觀使任便居住進封魯國
公加食邑實封不允批答
賜史浩再辭免除少師不允批答
賜鄭聞新除四川宣撫使再辭免除資政
殿大學士不允詔
賜中大夫提舉江州太平興國宮林安宅

辭免除龍圖閣學士不允詔
賜新知揚州王琪辭免差充荊鄂駐劄御
前諸軍統制不允詔
賜錢端禮陳乞奉祠不允詔
賜史浩再辭免加食邑實封不允詔
賜姚憲辭免差同詳定一司勑令權監修
國史不允詔
賜吳拱辭免進封武功郡開國公加食邑
實封不允詔
賜曾懷乞解罷機政不允詔

賜右丞相曾懷再降詔不允詔
賜錢端禮辭免除觀文殿學士不允詔
賜錢端禮再辭免除觀文殿學士不允詔
賜王友直辭免除奉國軍節度使依前殿
前副都指揮使加食邑實封不允詔
賜李彥穎乞除一在外宫觀或待次小郡
差遣不允詔
賜士矩辭免特差知南外宗正事不允詔

第六卷

批答

賜史浩辭免已進會要經修不經進提舉
官轉官不允詔
賜建康留守陳俊卿乞歸老田里不允詔
賜史浩再辭免進會要轉官令回授宜允
詔
賜程大昌辭免除敷文閣直學士與郡不
允詔
賜四川制置使胡元質辭免除敷文閣令
再任不允詔
賜周必大辭免除吏部尚書兼翰林學士
承旨不允詔

賜兩浙東路安撫使李彥穎乞畀一宫觀
不允詔
賜工部侍郎吳淵乞免兼知臨安府不允
詔
賜留正辭免復謨顯閣直學士不允詔
賜胡銓辭免召赴行在乞檢會前奏許休
致不允詔
賜張說辭免差提舉臨安府洞霄宫任便
居住不允詔

賜李彥穎乞檢會累奏差宮觀不允詔
賜韓彥古辭免除敷文閣直學士在外宮
觀不允詔
賜曾懷辭免除觀文殿大學士提舉江州
太平興國宮不允詔
賜參知政事姚憲乞就祿祠庭不允詔
賜陳俊卿辭免以郊祀大禮慶成加恩不
允詔
賜李彥穎辭免除吏部尚書乞在外宮觀
不允詔

賜曾懷再辭免除光祿大夫右丞相加食
邑實封不允詔
賜曾懷辭免提舉國史院實錄院國朝會
要所勑令所不允詔
賜鄭聞辭免除參知政事乞除在外宮觀
不允詔
賜韓彥直辭免除戶部尚書不允詔
賜張說辭免除太尉提舉隆興府玉隆觀
任便居住加食邑實封不允詔
賜張說再辭免除太尉提舉隆興府玉隆
觀不允詔

第七卷

批答

賜曾覿辭免除開府儀同三司加食邑實
封不允詔
賜汪大猷辭免差知隆興府不允詔
賜曹勛辭免除開府儀同三司不允詔
賜龔茂良辭免除禮部侍郎不允詔
賜吳挺辭免除定江軍節度使加食邑實
封不允詔

賜皇太子光宗廟諱辭免男御諱除正任觀察
使封國公女封郡主不允詔
賜翰林學士周必大乞授在外宮觀不允
詔
賜少保右丞相史浩乞歸田廬不允詔
賜史浩辭免特授少傅保寧軍節度使充
醴泉觀使俾仍舊秩奉外祿不允詔
賜趙雄辭免特授右丞相不允詔
賜王淮辭免除樞密使不允詔
賜史浩辭免弟溥長子彌大女夫李友直

夏鼎各與差遣并親屬恩數不允詔
賜周必大辭免除禮部尚書兼翰林學士不允詔
賜劉孝韙辭免除兵部侍郎不允詔
賜錢愷辭免令赴行在奏事不允詔
賜曾覿辭免除少保寧武軍節度使加食邑實封不允詔
賜新授少保寧武軍節度使充醴泉觀使曾覿辭免擇日備禮冊命宜允詔
賜四川制置使胡元質辭免除龍圖閣直學士不允詔
賜皇弟璩辭免特授少傅依前靜江軍節度使充醴泉觀使恩平郡王不允詔
賜皇弟璩辭免備禮冊命宜允詔
賜皇子判寧國府事魏王愷辭免除改判明州軍州事不允詔
賜知池州張掄辭免召赴行在乞除在外宮觀不允詔
賜龔茂良辭免除參知政事不允詔
賜右丞相曾懷乞解罷機政不允詔

賜楊倓辭免知荆南府不允詔
賜右丞相曾懷再乞解罷機政不允詔
賜新除參知政事龔茂良辭免差同提舉勑令所權監修國史日曆所不允詔

第八卷

批答

賜知紹興軍府事錢端禮乞仍舊外祠不允詔
賜李彥穎辭免除端明殿學士簽書樞密院事乞在外差遣不允詔
賜知建康府胡元質辭免召赴行在不允詔
賜王淮辭免除翰林學士不允詔
賜留正辭免除權吏部尚書不允詔
賜趙雄辭免玉牒進書禮儀使轉官加恩不允詔
賜鄭藻辭免加恩不允詔
賜魏王再辭免加恩不允詔
賜王抃辭免除觀察使不允詔
賜沈度辭免除權兵部尚書不允詔

賜皇弟璩辭免加恩不允詔
賜蒲察久安辭免加恩不允詔
賜曹勛辭免加恩不允詔
賜吳拱辭免除武康軍節度使不允詔
賜黄中辭免除龍圖閣學士依所乞致仕
止令守本官職致仕不允詔
賜居中辭免加恩不允詔
賜曾覿辭免加恩不允詔
賜知泉州汪大猷乞歸就祠禄不允詔
賜李顯忠再辭免加恩不允詔

賜新特改添差江南東路馬步軍副都總
管王琪辭免差知揚州不允詔
賜四川宣撫使虞允文乞致仕退安田里
不允詔
賜參知政事錢良臣乞重行黜削謹家居
待罪不允詔
賜秦塤辭免改差知泰州不允詔
賜梁克家辭免差知福州不允詔
賜知閤門事王抃乞在外宫觀不允詔
賜知紹興軍府事李彦穎乞宫觀不允詔

賜程大昌辭免除權吏部尚書不允詔
賜禮部尚書周必大辭免預修日曆轉官
不允詔
賜王希呂辭免除兵部尚書兼給事中不
允詔
賜周必大乞在外宫觀不允詔

第九卷

批答

賜周必大辭免皇太子講禮記終篇轉官
不允詔

賜吳淵辭免修蓋後殿了畢轉官不允詔
賜趙雄辭免進呈會要提舉官轉官加恩
不允詔
賜錢良臣辭免進呈會要禮儀使轉官加
恩不允詔
賜范成大辭免差知明州不允詔
賜楊倓再辭免知江陵府乞依舊宫觀不
允詔
賜張子顏辭免除敷文閣直學士不允詔
賜吳淵辭免除權工部尚書不允詔

賜王希呂辭免玉牒進書轉官不允詔
賜梁克家乞除在外宮觀不允詔
賜史浩辭免經筵進讀三朝寶訓終篇轉
官可特回授不允詔
賜史浩再辭免轉官回授不允詔
賜陳俊卿辭免除少保加恩不允詔
賜周必大辭免同提舉勑令所不允詔
賜王淮辭免樞密使日參知遇押班亦免
宣名不允詔
賜張子顏辭免差知紹興府不允詔

賜趙雄辭免進呈史志提舉官轉官加恩
不允詔
賜錢良臣辭免進呈史志禮儀使轉官加
恩不允詔
賜德壽宮婉儀張氏三上表辭免進封
太上皇帝淑妃不允詔
賜德壽宮淑妃張氏辭免令所司擇日備
禮冊命宜允詔
賜趙雄再辭免進呈史志轉官加恩不允
詔

賜王淮辭免經修史志前權提舉官轉官
不允詔

第十卷

批答

賜周必大辭免經修史志轉官不允詔
賜王希呂辭免修進史志轉官減磨勘不
允詔
賜芮煇辭免修進史志轉官減磨勘不允
詔
賜史浩再辭免進呈史志依進　徽宗實

錄例推恩特依所乞許回授不允詔
賜陳俊卿乞撿會累奏許令致仕不允詔
賜閻蒼舒辭免除吏部侍郎不允詔
賜士歆辭免除嗣濮王加恩不允詔
賜知明州范成大辭免除端明殿學士不
允詔
賜梁克家辭免復觀文殿學士乞宮觀不
允詔
賜史浩辭免經筵進讀正說終篇轉官不
允詔

賜參知政事錢良臣周必大以積雨未霽
乞先次貶秩不允詔
賜右丞相趙雄以積雨未霽乞先次貶秩
不允詔
賜范成大再辭免除端明殿學士不允詔
賜梁克家再辭免復觀文殿學士依舊知
福州乞除在外宮觀不允詔
賜知泉州程大昌乞在外宮觀不允詔
賜史浩辭免進讀正説終篇轉官回授不
允詔

賜史浩再上奏劄子乞歸田里不允詔
賜史浩再辭免進讀轉官回授不允詔
賜史浩辭免今來所授官稱與先臣師仲
適同乞特許辭避不允詔
賜趙雄乞上還丞相印綬畀以外祠不允
詔
賜趙雄辭免特授觀文殿大學士四川安
撫制置使兼知成都府乞除在外宮
觀不允詔
賜王淮辭免特授光祿大夫右丞相兼樞
密使進封福國公加食邑不允詔
賜謝廓然辭免除同知樞密院事不允詔
賜王淮辭免提舉編修玉牒國史院國朝
會要所勑令所不允詔
賜錢良臣辭免除資政殿學士乞奉祠田
里不允詔
賜謝廓然辭免權監修國史日曆不允詔
賜兵部侍郎芮煇辭免兼侍讀不允詔
賜蕭燧辭免除吏部侍郎不允詔
賜梁克家乞畀以外祠不允詔

第十一卷
青詞表疏
建康府開啓天申聖節道場青詞
滿散朱表
太一宮　太上皇帝丁亥本命青詞
滿散朱表
太一宮　太上皇帝丁亥本命青詞
滿散朱表
太一宮　壽聖明慈太上皇后生辰青詞
滿散朱表

萬壽觀開啓會聖節道場青詞
滿散朱表
太乙宮開啓會慶節靈寶道場青詞
滿散朱表
建康府開啓會慶聖節道場青詞
滿散朱表
建康府會慶聖節道場青詞
滿散朱表
萬壽觀　太上皇帝丁亥本命青詞
滿散朱表

萬壽觀　太上皇帝本命青詞
滿散朱表
萬壽觀安奉丁亥丁未本命位牌青詞
滿散朱表
萬壽觀　太上皇帝丁亥本命青詞
滿散朱表
萬壽觀開啓天申聖節道場青詞
滿散朱表
萬壽觀　太上皇帝丁亥本命青詞
滿散朱表

萬壽觀　太上皇帝丁亥本命青詞
滿散朱表
太乙宮　壽聖齊明廣慈太上皇后生辰
青詞
滿散朱表
明堂大禮前天慶觀預告道場青詞
萬壽觀　太上皇帝丁亥本命青詞
滿散朱表
明堂大禮畢告謝青詞
滿散朱表

太乙宮開啓會慶聖節道場青詞
滿散朱表
建康府啓建會慶聖節道場青詞
滿散朱表
萬壽觀開啓會慶聖節道場青詞
滿散朱表
萬壽觀　太上皇帝丁亥本命青詞
滿散朱表
皇帝進奉　壽聖明慈太上皇后生辰功
德䟽文

皇帝進奉　壽聖明慈太上皇后生辰表
詞

第十二卷

青詞表䟽
萬壽觀　太上皇帝丁亥本命青詞
滿散朱表
臨安府仲春就吳山英烈王廟設醮青詞
建康府茅山崇禧觀開啓天申節道場青
詞
滿散朱表

萬壽觀開啓天申節道場青詞
滿散朱表
萬壽觀　太上皇帝丁亥本命道場青詞
滿散朱表
臨安府仲秋醮祭吳山英烈王青詞
天慶觀報恩光孝觀青詞
太乙宮　壽聖齊明廣慈太上皇后生辰
青詞
滿散朱表
萬壽觀純福殿開啓安奉　太上皇帝

今上皇帝本命相屬星官位牌青詞
滿散朱表
萬壽觀申乞撰會慶聖節道場青詞
滿散朱表
太乙宮申乞撰會慶聖節道場青詞
滿散朱表
建康府茅山崇禧觀會慶聖節道場青詞
滿散朱表
天慶觀報恩光孝觀青詞
萬壽觀　太上皇帝丁亥本命道場青詞

滿散朱表
萬壽觀　太上皇帝丁亥本命青詞
滿散朱表
萬壽觀　太上皇帝丁亥本命道場青詞
滿散朱表
萬壽觀天申聖節道場青詞
滿散朱表
太乙宮　太上皇帝丁亥本命青詞
滿散朱表
太乙宮天申聖節道場青詞

滿散朱表
皇帝進奉　太上皇后生辰青詞
皇帝進奉　太上皇后生辰功德疏
太乙宫　太上皇后生辰青詞
滿散朱表
萬壽觀會慶聖節道場青詞
滿散朱表

第十三卷

口宣

曾懷除右丞相賜告口宣

楊倓除靖海軍節度使賜告口宣
楊倓再辭免除靖海軍節度使不允口宣
曾覿再辭免除開府儀同三司不允口宣
曹勛除開府儀同三司賜告口宣
撫問新除参知政事鄭聞到闕并賜銀合
茶藥口宣
金國賀會慶聖節使人到闕回程賜龍鳳
茶并金鍍銀合口宣
賜殿前司滿散會慶聖節道場乳香口宣
賜樞密院官滿散會慶聖節道場乳香口
宣
樞密院官赴貢院齋筵賜酒果口宣
賜步軍司滿散會慶聖節道場乳香口宣
賜皇太子府滿散會慶聖節道場乳香口
宣
撫問皇子魏王愷到闕并賜金合茶藥口
宣
金國賀會慶聖節使人回程平江府賜御
筵口宣
赤岸賜御筵口宣

鎮江府賜御筵口宣
盱眙軍賜御筵口宣
赤岸賜酒果口宣
玉津園射弓賜酒果口宣
朝辭訖歸驛賜御筵口宣
朝辭訖歸驛賜酒果口宣
金國使人到闕玉津園賜御筵口宣
玉津園射弓賜例物口宣
賜宰執以下喜雪御筵口宣
皇太子魏王愷再辭免除改判明州不允

批答口宣
撫問奉使金國報聘使副張子顔等到闕
并賜銀合茶藥口宣
金國賀正旦使人赴闕盱眙軍傳宣撫問
并賜御筵口宣
平江府賜御筵口宣
鎮江府賜銀合茶藥口宣
鎮江府賜御筵口宣
赤岸賜御筵口宣
赤岸賜酒果口宣

葉衡再辭免除右丞相不允批答口宣
葉衡再辭免除右丞相不允批答口宣
李彦穎再辭免除端明殿學士簽書樞密
院事不允批答口宣
葉衡轉官加恩賜告口宣
金國賀正旦使人到闕賜被褥鈔鑼等口
宣
十二月三十日賜內中酒果口宣
正月一日入賀畢歸驛賜御筵口宣
正月一日入賀畢歸驛賜酒果口宣

正月三日賜內中酒果口宣
皇太子滿散會慶聖節道場乳香口宣
賜三省官滿散會慶聖節道場乳香口宣
賜樞密院滿散會慶聖節道場乳香口宣
賜殿前司滿散會慶聖節道場乳香口宣
賜馬軍司滿散會慶聖節道場乳香口宣
賜步軍司滿散會慶聖節道場乳香口宣
金國賀會慶聖節使人到闕賜被褥鈔鑼
等口宣
同程賜使副冬至節絹口宣

賜三節人從冬至節絹口宣
赤岸賜御筵口宣
使人到闕在驛賜生餼口宣
玉津園射弓賜御筵口宣
賜三省官滿散天申聖節道場乳香口宣
賜三省官齋筵酒果口宣
賜步軍司滿散天申聖節道場乳香口宣
賜馬軍司滿散天申聖節道場乳香口宣
賜殿前司滿散天申聖節道場乳香口宣
明堂大禮禮畢宣勞將士口宣

右丞相趙雄再辭免勑令所修進一州一
路酬賞轉官加恩不允批答口宣
參知政事錢良臣再辭免修進勑令賞格
轉官加恩不允批答口宣
趙雄特授宣奉大夫依前右丞相魯郡開
國公加食邑賜告口宣
趙雄再辭免進呈會要提舉官轉官加恩
不允批答口宣
錢良臣再辭免進呈會要禮儀使轉官加
恩不允批答口宣

王淮再辭免提舉經修會要轉官不允批
答口宣
史浩辭免進會要經修不經進轉官令回
授不允批答口宣
撫問金國賀會慶聖節使人赴闕盱眙軍
賜御筵口宣
赤岸賜酒果口宣
史浩轉官賜告口宣
曾覿轉官賜告口宣
鄭藻轉官賜告口宣

賜皇太子滿散會慶聖節道場乳香口宣
賜三省官滿散會慶聖節道場乳香口宣
賜樞密院滿散會慶聖節道場乳香口宣
賜殿前司滿散會慶聖節道場乳香口宣
賜馬軍司滿散會慶聖節道場乳香口宣
賜步軍司滿散會慶聖節道場乳香口宣

第十四卷

口宣

金國賀會慶聖節使人到闕玉津園射弓
賜酒果口宣

朝辭訖歸驛賜酒果口宣
朝辭訖歸驛賜御筵口宣
回程赤岸賜酒果口宣
十月二十二日玉津園射弓賜御筵口宣
十月二十二日賜內中酒果口宣
賜宰執已下喜雪御筵口宣
史浩再辭免進玉牒回授轉官批答口宣
金國賀正旦使人赴闕盱眙軍傳宣撫問
賜御筵口宣
平江府賜御筵口宣

鎮江府賜御筵口宣
鎮江府賜銀合茶藥口宣
賜接伴使副春幡春勝口宣
賜金國賀正旦使副春幡春勝口宣
賜三節人從春幡春勝口宣
趙雄特授右丞相賜告口宣
王淮特授樞密使賜告口宣
史浩再辭免除少傅不允批答口宣
趙雄再辭免右丞相不允批答口宣
王淮再辭免樞密使不允批答口宣

金國賀正旦使人赴闕赤岸賜御筵口宣
赤岸賜酒果口宣
士歆特授保康軍節度使賜告口宣
士歆再辭免保康軍節度使不允批答口
宣
金國使人回程賜龍鳳茶并金鍍銀合口
宣
平江府賜御筵口宣
盱眙軍賜御筵口宣
赤岸賜酒果口宣

金國使人到闕玉津園射弓賜酒果口宣
十二月二十八日賜生餼口宣
十二月三十日賜內中酒果口宣
正月一日入賀畢歸驛賜御筵口宣
正月一日入賀畢歸驛賜酒果口宣
賜被褥紗羅等口宣
正月三日賜內中酒果口宣
正月四日玉津園射弓賜御筵口宣
正月四日玉津園射弓賜弓箭例物口宣
密賜大銀器口宣

賜賀金國正旦使宇文价副使趙鼎到闕
撫問并賜銀合茶藥口宣
王淮再辭免預修日曆奏成篇秩轉官加
恩不允批答口宣
趙雄再辭免預監修日曆奏成篇秩轉官
加恩不允批答口宣
錢良臣再辭免修纂日曆奏成篇秩轉官
加恩不允批答口宣
趙雄再辭免日曆轉官不允批答口宣
王淮再辭免日曆轉官不允批答口宣

撫問賀金國生辰使錢沖之等到闕并賜
銀合茶藥口宣
趙雄轉官賜告口宣
王淮轉官賜告口宣
賜皇太子滿散天申聖節道場乳香口宣
樞密院官滿散天申聖節道場乳香口宣
樞密院官齋筵酒果口宣
史浩加恩賜告口宣
鄭藻加恩賜告口宣
蒲察久安加恩賜告口宣

姚憲再辭免除參知政事不允批答口宣
葉衡再辭免除端明殿學士簽書樞密院
事不允批答口宣
賜皇太子府滿散天申聖節道場乳香口
宣
賜步軍司滿散天申聖節道場乳香口宣
賜樞密院官滿散天申聖節道場乳香口
宣
樞密院官赴齋筵賜酒果口宣
王友直再辭免除奉國軍節度使不允批
答口宣
葉衡再辭免除參知政事不允批答口宣
金國使人赴闕盱眙軍賜御筵口宣
鎮江府賜茶藥口宣
鎮江府賜御筵口宣
赤岸賜御筵口宣
赤岸賜酒果口宣
金國使人到闕玉津園射弓賜弓箭例物
口宣
朝辭訖歸驛賜御筵口宣

歸驛賜酒果口宣
玉津園射弓賜酒果口宣
回程賜龍鳳茶并金鍍銀合口宣
密賜使副大銀器口宣
交趾使人入貢玉津園賜御筵口宣
居中加恩賜告口宣
劉懋再辭免加恩不允批答口宣

第十五卷

口宣
金國賀會慶聖節使人回程盱眙軍賜御

筵口宣
遇冬至節賜使副節絹口宣
賜三節人從冬至節絹口宣
鎮江府賜御筵口宣
使人到闕十月二十七日賜内中酒果口
宣
玉津園射弓賜酒果口宣
回程赤岸賜御筵口宣
玉津園射弓賜例物口宣
上壽畢歸驛賜御筵口宣

十月二十一日賜内中酒果口宣
朝辭訖歸驛賜酒果口宣
在驛賜牲餼口宣
賜宰執已下喜雪御筵口宣
金國賀會慶節使人到闕賜被褥鈔鑼等
口宣
賜射弓例物口宣
十月二十七日賜内中酒果口宣
密賜大銀器口宣
朝辭訖歸驛賜酒果口宣

回程鎮江府賜御筵口宣
在驛賜生餼口宣
賜射弓酒果口宣
賜步軍司滿散會慶聖節道場乳香口宣
賜馬軍司滿散會慶聖節道場乳香口宣
金國賀正旦使人赴闕鎮江府賜御筵口
宣
鎮江府賜茶藥口宣
回程平江府賜御筵口宣
玉津園射弓賜酒果口宣

十二月三十日賜内中酒果口宣
回程賜龍鳳茶并金鍍銀合口宣
朝辭訖歸驛賜御筵口宣
回程赤岸賜酒果口宣
盱眙軍賜御筵口宣
上壽畢歸驛賜酒果口宣
回程赤岸賜御筵口宣
賜金國使副春幡勝等口宣
賜送伴使副春幡勝等口宣
賜金國三節人從春幡勝口宣

趙雄辭免轉官不允批答口宣
錢良臣辭免轉官不允批答口宣
周必大辭免轉官不允批答口宣
王淮辭免轉官不允批答口宣
賜王淮再辭免轉官不允批答口宣
賜王淮告口宣
撫問賀金國正旦使副葉宏等到闕并賜
銀合茶藥口宣
撫問新知建康府范成大到闕并賜銀合
茶藥口宣

賜進士聞喜宴口宣
史浩辭免轉官不允批答口宣
賜史浩除少師告口宣
史浩辭免特授少師不允批答口宣
史浩再辭免特授少師不允斷來章口宣
賜趙雄告口宣
賜王淮告口宣
金國賀會慶節使人回程盱眙軍賜御筵
口宣
平江府賜御筵口宣

鎮江府賜御筵口宣
赤岸賜御筵口宣
赤岸賜酒果口宣
朝辭訖歸驛賜御筵口宣
朝辭訖歸驛賜酒果口宣
玉津園射弓賜例物口宣
賜被褥鈔鑼口宣
密賜大銀器口宣
回程賜龍鳳茶口宣
賜三節人從冬至節絹口宣

賜使副冬至節絹口宣
賜步軍司滿散會慶節道場乳香口宣
撫問金國賀正旦使人赴闕盱眙軍賜御
筵口宣
平江府賜御筵口宣
鎮江府賜銀合茶藥口宣
鎮江府賜御筵口宣
赤岸賜御筵口宣
赤岸賜酒果口宣
入賀畢歸驛賜御筵口宣

玉津園射弓賜例物口宣
玉津園賜御筵口宣
賜居廣批答口宣
賜士輵再辭免不允斷來章批答口宣
賜居廣再辭免不允斷來章批答口宣
撫問金國賀正旦使人赴闕盱眙軍賜御
筵口宣
士輵特授少師加食邑賜告口宣
居廣特授少傅加食邑賜告口宣
士輵再辭免除少師不允批答口宣

明堂大禮畢紫宸殿受賀内侍宣答管軍
詞
紫宸殿受賀閤門官宣答樞密詞
紫宸殿受賀樞密宣答皇太子詞
麗正門肆赦閤門官宣答皇太子詞

第十六卷

口宣　勑書附

金國賀正旦使人赴闕鎮江府賜茶藥口
宣
赤岸賜御筵口宣
回程賜龍鳳茶并金鍍銀合口宣
使人到闕賜被褥紗羅等口宣
入賀畢歸驛賜酒果口宣
入賀畢歸驛賜御筵口宣
玉津園賜射弓弓箭例物口宣
玉津園射弓賜御筵口宣
朝辭訖歸驛賜御筵口宣
賜金國使副春幡勝等口宣
賜送伴使副春幡勝等口宣
賜三節人從春幡勝口宣

密賜大銀器口宣
撫問賀金國正旦使副陳峴等到闕并賜
銀合茶藥口宣
御藥院申乞撰進呈玉牒提舉官禮儀使
已下宣答詞
進呈　仁宗皇帝　哲宗皇帝玉牒宣答
提舉官禮儀使已下詞
賜丞相趙雄不允批答口宣
賜參知政事錢良臣不允斷來章口宣
賜丞相趙雄斷來章批答口宣

撫問賀金國生辰使副傅淇等到闕并賜
銀合茶藥口宣
賜殿前司滿散天申聖節道場乳香口宣
賜步軍司滿散天申聖節道場乳香口宣
賜樞密院官滿散天申聖節道場乳香口
宣
賜樞密院官齋筵酒果口宣
周必大再辭免除參知政事不允口宣
謝廓然再辭免除端明殿學士簽書樞密
院事不允批荅口宣

賜陳俊卿告口宣
金國賀會慶節使人赴闕平江府賜御筵
口宣
盱眙軍賜御筵口宣
赤岸賜御筵口宣
赤岸賜酒果口宣
上壽畢歸驛賜御筵口宣
賜皇子魏王生日詔
賜右丞相曾懷生日詔
賜鄭藻生日詔

賜嗣濮王士輵生日詔
賜皇兄居廣生日詔
賜皇太子生日詔
賜簽書樞密院事楊倓生日詔
賜簽書樞密院事李彥頴生日詔
賜簽書樞密院事錢良臣生日詔
賜皇子魏王生日詔
賜醴泉觀使曾覿生日詔
賜皇兄居廣生日詔
賜皇太子生日詔

賜醴泉觀使兼侍讀史浩生日詔
賜鄭藻生日詔
賜右丞相趙雄生日詔
賜參知政事周必大生日詔
賜嗣濮王士輵生日詔
賜曾覿生日詔
賜皇兄居廣生日詔
賜參知政事錢良臣生日詔
賜樞密使王淮生日詔
回賜安南國王李天祚進奉大禮綱敕書

賜判寧國府皇子魏王愷金合夏藥敕書
賜福建路安撫使史浩銀合夏藥敕書
賜四川宣撫使鄭聞銀合夏藥敕書
賜浙東安撫使錢端禮銀合夏藥敕書
賜湖南路安撫使劉珙銀合夏藥敕書
賜湖北安撫使沈夏銀合夏藥敕書
賜主管侍衛馬軍司公事趙撙銀合夏藥
敕書
賜御前諸軍都統制時俊吳挺王琪郭剛
李川皇甫倜郭鈞王明御前諸軍副
都統制晉安仁翟瓊王世雄岳建壽

銀合夏藥敕書
賜靖海軍官吏軍民僧道耆壽等示諭敕
書
賜南平王李天祚淳熙二年曆日敕書
賜皇子判明州魏王愷金合臘藥敕書
賜浙東安撫使錢端禮銀合臘藥敕書
賜湖南安撫使劉珙銀合臘藥敕書
賜湖北安撫使沈夏銀合臘藥敕書
賜四川安撫制置使范成大銀合臘藥敕
書
賜主管侍衛馬軍司趙撙銀合臘藥敕書
賜御前諸軍都統制吳挺時俊王琪郭剛
李川郭鈞皇甫倜王明御前諸軍副
都統制晉安仁王世雄岳建壽翟瓊
銀合夏藥敕書
賜福建路安撫使陳俊卿銀合臘藥敕書
賜皇子判明州魏王愷金合夏藥敕書
賜侍衛馬軍行司武康軍節度使侍御馬
軍都指揮使吳拱御前諸軍都統制
吳挺等御前諸軍副都統制韓寶等

銀合臘藥敕書
賜江南東路安撫使陳俊卿臘藥敕書
賜福建路安撫使沈夏江南西路安撫使
楊倓銀合臘藥敕書
賜浙東安撫使李彥穎銀合臘藥敕書
賜四川制置使胡元質銀合臘藥敕書
示諭保康軍官吏軍民僧道耆壽等敕書
賜皇子判明州魏王愷金合夏藥敕書
賜侍衛馬軍行司侍衛馬軍都虞候馬定

遠御前諸軍都副統制吳挺等銀合
夏藥勑書
賜江東安撫使陳俊卿銀合夏藥勑書
賜四川安撫使胡元質銀合夏藥勑書
賜大理卿賈選等獎諭勑書
賜安南國王加恩制勑書
賜四川安撫使胡元質銀合夏藥勑書
賜江東路安撫使陳俊卿福建路安撫使
梁克家銀合夏藥勑書
賜兩浙東路安撫使李彥穎知明州范成

大銀合夏藥勑書
賜侍衛馬軍行司馬軍都虞候馬定遠御
前諸軍都副統制吳挺等銀合夏藥
勑書

第十七卷

春端貼子

淳熙元年端午　皇帝閤六首
淳熙二年立春　太上皇帝閤六首
太上皇帝閤六首
淳熙六年立春　皇帝閤六首
皇后閤五首
淳熙六年端午　皇帝閤六首
皇后閤五首
淳熙七年立春　太上皇帝閤六首
太上皇后閤六首
淳熙七年端午　皇帝閤六首
皇后閤五首
淳熙八年立春　太上皇帝閤六首
太上皇后閤六首
淳熙八年端午　太上皇帝閤六首

太上皇后閤六首

第十八卷

致語口號 樂曲附

金國使人到闕紫宸殿宴參軍色致語口
號勾合曲詞
金國賀正旦使人到闕紫宸殿宴致語口
號勾合曲詞
金國賀會慶聖節使人到闕集英殿宴致
語口號勾合曲詞
金國賀正旦使人到闕集英殿宴致語口

號勾合曲詞
金國賀會慶聖節使人到闕集英殿宴致
語口號勾合曲詞
金國賀會慶聖節使人到闕集英殿宴致
語口號勾合曲詞
金國賀正旦使人到闕紫宸殿宴致語口
號勾合曲詞
金國賀正旦使人到闕紫宸殿宴致語口
號勾合曲詞
六州
十二時
登門肆赦曲七首
皇帝上　太上皇帝壽樂曲十三首

第十九卷

祝冊詞表
明堂大禮祭享皇地祇冊文
太祖配享冊文
太宗配享冊文
明堂大禮修飾太廟畢工奏告　祖宗帝
后神主還殿室祝文

安穆皇后安恭皇后祝文
正奉安祖宗帝后神主祝文
正奉安懿節皇后祝文
安穆皇后安恭皇后祝文
明堂大禮畢皇后賀　皇帝表詞
皇帝答皇后詔
天慶觀預告五嶽四瀆祝文
雷神雨師祝文
天地
社稷
別廟皇后祝文
五嶽四瀆祝文
十神太一祝文
宗廟
九宮貴神
皇帝進奉　太上皇后生辰表詞
皇帝進奉　太上皇后生辰功德疏
春分前修整補種奏告　昭慈皇后攢宮
永祐陵攢宮表文
安恭安穆皇后攢宮祝文

仲春修整補種奏告　昭慈皇后攢宮
　永祐陵攢宮表
顯恭皇后表文
安穆皇后安恭皇后攢宮祝文
奏告　徽宗皇帝神帳朱漆起剗重朱告
　遷神御權安奉表文
奏告　顯恭顯肅顯仁皇后神帳朱漆起
　剗重朱告遷神御權安奉表文
奏告　安恭皇后下宮鏉㕦告遷神御正
　安奉安祝文

奏告　徽宗皇帝神帳重行朱漆畢工告
　遷神御還殿正奉安表文
奏告　顯恭顯肅顯仁皇后神帳重行朱
　漆畢工告遷神御還殿正奉安表文
太常寺申撰成都府新繁縣裝飾六朝御
　容及修殿奏告祝文

第二十卷

祝冊詞表
　春分前耩修補種奏告　昭慈皇后攢宮
　永祐陵攢宮表文
安恭安穆皇后攢宮祝文
祭告　安恭皇后為下宮鏉㕦畢工告遷
　神御還殿正奉安祝文
奏告　懿節皇后神帳重行朱漆修換帳
　座等告遷神御權安奉表文
奏告　懿節皇后神帳朱修畢工告遷神
　御還殿正奉安表文
報謝天地祝文
太廟祝文
社稷祝文

太乙宮文
九宮貴神祝文
五嶽五鎮祝文
四海四瀆祝文
雷神雨師祝文
別廟懿節皇后祝文
安穆安恭皇后祝文
進呈安奉前二日奏告景靈宮祝文
諸帝旦表
諸后旦表

諸帝塋表
諸后塋表
孟夏景靈宮朝獻祝香文
孟冬景靈宮朝獻祝香文
太陽交蝕祭告祝文
太陽交蝕祭謝祝文
孟春景靈宮朝獻祝香文
孟春景靈宮朝獻祝香文
孟夏景靈宮朝獻祝香文
明堂禮畢景靈宮恭謝祝香文

告謝五嶽四瀆祝文
孟春景靈宮朝獻祝香文
進呈五世慶系錄奏告青詞
安奉奏告中後殿祝文
孟夏景靈宮朝獻祝香文
孟秋景靈宮朝獻祝香文
孟冬景靈宮朝獻祝香文
孟春景靈宮朝獻祝香文
孟秋景靈宮朝獻祝香文
孟冬景靈宮朝獻祝香文

明堂奏告天地宗廟社稷別廟祝文
奏告五嶽四瀆祝文
祭告五嶽四瀆祝文
明堂大禮前二日朝獻景靈宮奏告祝文
後殿祝文
青詞
奏告諸陵帝后及昭慈聖獻皇后攢宮永
祐陵攢宮表文
奏告安穆皇后安恭皇后攢宮祝文

崔舍人玉堂類藳目錄

崔舍人玉堂類藁卷第一

內制

王淮除樞密使制

門下彖著三辰斗極上通於帝紀政分二柄機廷內總於兵權朕振長策以御邦綜大綱而撫世永惟軍國之任茲繫安危之圖茲有良臣久司右府既協同於人望亦灼見於朕心遂升班聯乃重委寄涓以吉日誕于羣倫具官王淮剛正而守中高明而持重質諸天地言顧行以無愆發自朝廷實浮名而有裕夔踐政路歷宣賢勞調娛萬微綏靖四國逮進登於宥密益具謀於忠嘉尊俎之畫消難於未形帷幄之言進規於不逮事必洽訪謀無乎欺邦其尊榮民以寧壹朕稽參古誼簡畀事權勑輔漢家實倚本兵之重蠡謀越國亦專主外之長是用誕頒恩書升正使號式序爾位亞端揆以同登克壯其猶秉神樞而獨制仍陪戶邑併陟文階是由王懷庻表優禮於戚賢人之業可大副乎體貌之崇天下之務惟幾藉爾精神之運勉堅壹意汔底多盤可特授樞密使太中大夫依前東陽郡開國公加食邑一千戶食實封四百戶主者施行

皇叔祖士歆除節度使制

門下朕憮崇王化棐迪民彝高廟神靈仰慶源之有遠周家忠厚閔宗室之多賢眷我茂親緊時令望錫是褒典告于治朝皇叔祖具官士歆天稟粹資世懸華問長富貴之守汔無流心服詩書之聞克有常德約已自循於防範會朝不爽於威儀率其賢猶昭乃燕譽朕顧視在列慨典自懷念東平之世家是存典則攷南陽之帝屬茲見老成維歲月之架長曾寵光之未繼是用稽仁祖推恩之詔酌徽皇考績之常斷於深衷渙此茂命披圖按地肇開舊甸之藩揆日□壇顯授元戎之節仍加采邑併衍眞畬□循成規□示優禮以重犬牙之勢以崇麟趾之風於戲保乂我家有衍蕃昌之緒虔恭爾位無忘敦叙之盟尚迪前修益綏後福可特授保康軍節度使依前提舉佑神觀加食邑五百戶食實封二百戶封如故主者施行

趙雄轉官加恩制 淳熙六年四月五日係國史日曆所修纂到隆興以後日曆奏成篇秩轉一官

門下良史立編年之法日繫月而事明聖王持歷世之權賞當勞而下勸眷維元輔方秉洪鈞逌茲載筆之書嘉乃提綱之績爰推茂典咸告明廷具官趙

雄敦大而直方宏深而開亮守持仁義會歸六籍之
醇奮發文章度越百家之上膺受帝賚延登宰司迪
忠純之度而鎮定四方關公正之門而甄序庶位緊
爾熙績維寺仰成朕祗荷慈謀紹膺寶位志勤道遠
念歲月之深長業鉅事叢賴簡編之有紀嘗詔紬書
之彥趣聞汗竹之期曾不淹遲汔茲告備藏之金匱
雖天子之不可觀副在京師將後來之有足證肆稽
故實竝答勤勞是用涓以剛辰渙茲顯號進陟文階
之峻陪敦戶食之豐咸輯榮章用昭優禮亶維國體
亦重民瞻於戲君舉必書每深懷於兢畏衮職有□

尚終藉於彌縫厥集勲庸益光方册可特授正奉□
夫依前右丞相魯郡開國公加食邑一千戶食實封
四百戶主者施行

王淮轉官加恩制　同前

門下聖人之道布方册事乃著於無窮王者之賞
酬勲庸法宜先於自近眷言英館適告成編維今輔
翼之臣有昔纂修之績逮議勞而錫寵廼出命以揚
廷具官王淮資正而行恭量宏而識邃萃天地之和
氣悉集于躬究古今之道原遂臻其奧延登輿政超
冠本兵從容聲氣而多整暇之規密勿謀謨而見深
長之慮國所嘉賴民其具瞻朕率循彝章遴選羣彥
迭居遞宿俾竝聚承明之庭廣記備言乃汔成傳信
之典比觀剡奏已就珍藏審篇帙之寖繁撫歲年之
逾邁治弗加進曾敢怠於圖回史不絕書將何堪於
紀述登伊碩輔可廢前勞是用卜涓剛辰推畀茂典
既厚加田之富仍超進秩之崇華厥寵榮光其翰墨
亶維國體適協予懷於戲春秋謹嚴既具循於筆削
夙夜宥密尚深勉於贊襄克成厥功同底于道可特
授通議大夫依前樞密使東陽郡開國公加食邑一
千戶食實封四百戶主者施行

趙雄轉官加恩制　淳熙六年七月二十二日勑令所修進一州一路□

資格法轉一官

門下朕統萬宇以建中摹百王而作則設官庀事酌
求憲度之宜涓日奏篇鋪閱章程之備悉條功緒優
答勞能爰歲進律之恩首逮提綱之宰渙此丕册告
于明廷具官趙雄才鉅而識高器全而量遠望王商
之威重自見中朝之尊資元齡之智謀乃能大事之
斷擄爾賢組調予化元忠勤載于王家潤澤施于方
夏朕竝建官師之重外釐職務之繁四方是維既因
宜而辨等三尺安出亦量事以疇庸居樂土而猶號

耎荒當平世而尚憂邊鄙仍久經於歲月已浸失於
科條委曲私情曼延奇請嘗令刊定汔告裁成損益
畢協其中重輕各隨其當有勞必賞士安意於脩方
無隙可容吏沮心於舞法更存夔典之舊徐俟它時
之行凡豈予能良皆汝作旣懋功而自近盍出號以
居先是用協于至懷加以顯命峻文階而進位拓釆
戶以增畬益聳羣瞻具昭優禮於戲政無常善固宜
參合於事情令有必行時乃綱維於國體宋璟以守
文而隆至治裴垍以持法而贊中興罔俾先民遂專
前美可特授宜奉大夫依前右丞相魯郡開國公加

食邑一千戶食實封四百戶主者施行

皇叔祖士輵明堂轉官加恩制

門下朕覽留策之傳達神明之德奉聖以進魯史先
九族之親徹豆而歸周詩同諸父之樂比涓商序初
饗合宮重陰開祼廟之辰杲日麗登樓之旦嘉應顯
答美祥大來遠敷祭澤之行宜厚宗盟之長具官士
輵行恭而志飭資粹而量閎樂以詩書自秀慶靈之
胄守其富貴不踰法度之閑夙和順以積中迄耄期
而稱道朕仰懷英廟追厚濮園三靈之休攄及於苗
裔萬代之祀同符於祖宗睠其象賢嘉乃耆老慨歲

年之逾邁閱寵數之未隆是用因此熙成優於商賚
琱戈導節仍開名壤之藩通帛舒旜高進亞師之位
陪敦井實申衍戶畬於戲東西九筵旣擁純釐之下
本支百世遂膺景福之同尙服殊私益綏吉履可特
授少師依前昭化軍節度使充醴泉觀使嗣濮王加
食邑七百戶食實封三百戶令所司擇日備禮册命
主者施行

皇兄居廣明堂轉官加恩制

門下朕練辰商箭蠲饗合宮順昆侖以登祗見上帝
躡泰階而下宣延羣神于時大宗小宗伯父叔父□

奔走恭事或藹雍侍戚肆褒順備之休爰厚神明□
胄具官居廣端方而和裕夷易而醇深樂善有休獨
標玉葉之秀流光自遠茂迪瑤源之長居無驕溢之
心動有寅恭之度朕奉承慶緒監用丕彝隆形勢於
本朝臨制夷夏合親族於高位顯榮邦家推原瓜瓞
之來與念常華之近是用因玆惠術厚以恩章犀甲
熊旗仍領名藩之重篆車希冕超登亞傅之崇併衍
爰田更增眞食於戲天地竝況豈予凉菲之能兄弟
具來實爾柔嘉之則尙膺同福益固純猶可特授少
傅依前岳陽軍節度使充萬壽觀使永陽郡王加食

邑七百戸食實封三百戸令所司擇日備禮册命主者施行

王淮修進　四朝史志轉官加恩制

門下史書萬世之凖謹載策所以昭先猷爵賞一人之權優儒勞所以敬大典時維上輔位冠洪樞肆嗜載筆之勤遂亶揚廷之號具官王淮德成而行飭氣粹而才全中正以通動不踰於防範優游而法徐可考於宫庭發擄賢猶秉執幾務識慮周密謀謨靖深朕仰惟四聖之隆昭揭百王之表接太初之後猶闕念當謹於纂修視班固之下何紛懺莫歸於折衷爰

煩碩望俾領羣英推沿革之大原綜見聞之異論既淹歲籥汔就志書是用褒答前勞推加懋典文階進位踵舊秩於隋官公社開疆肇新封於越壤寵光滋至禮貌逾崇亶協夔章亶由隆遇於戲張越專文學之任輔至治於唐朝侯覇條法度之宜贊中興於漢室尚殫素蘊益究宏圖可特授正議大夫依前樞密使進封信國公加食邑一千戸食實封四百戸主者施行

史浩除少師制

門下出處人臣之大致世難名節之全爵齒天下之達尊國繫典刑之重眷言元老留處內祠茲具諭於誠衷願即歸於田里用錫爾祉式遂其行具官史浩才巨而識明德全而行備履常無競恂恂忠厚之風樂善有容渾渾沉深之度委釋經綸之任從容間燕之談神明未衰於前賜問相望于道方深厚遇遽起冲懷叩黼座以攄辭疊瓊書而瀝請自陳歲月之邁必丐山林之安承晝接之親每罄嘉猷而敷告引夜行之戒乃思高蹈以全榮念感會之有初閔老成之無幾朝批章而大息暮覽奏以長思重違乃情圖畀厥寵是用渙揚茂命聽便故鄉擔轂趨朝進亞師之

服位鵷裳典壤開廣魯之山川衍以新畬仍其舊節維名與器俾壽而昌於戲數求前躅優待耆德皇祐之詔二老設几以須熙寧之遺四臣齋書而訪尚有斯禮勿遐爾心可特授少師依前保寧軍節度使充醴泉觀使任便居住進封魯國公加食邑一千戸食實封四百戸令所司擇日備禮册命主者施行

王淮除右丞相制

門下人主論一相政綱舉則庶績熙上賢爲三公儒術行則大治起朕選建哲輔協圖康功夜夢想以營求朝詢咨而博采帝賚予衡夙推咸德之良民具爾

瞻玆屬已然之効渙此休命告于明廷具官王淮亮直而渾深清明而敦實以貫通三極之學發於弘毅之資以運理萬物之才行以安和之度更踐政路勤施王家奮明略以寧邦抱純誠而事上逮冠宥府益聞嘉猷辭氣從容幄中之畫已定精神乎達天下之患自消泯功用於不言贊謀謨於獨運朕厲精求治望古興懷皇天付予以生民念當躋於富厚太上授予以丕業思盡復於昇平撫歲月以浩然履基圖而惕若嚋若予采遹求其寧是用酌于師虞昇以宰柄崇其體貌既超漢爵之階徹彼山川仍奠閭邦之壤

因念安危之寄固難文武之分俾兼元樞遂合大政具昭眷倚茂輯勳庸於戲歷考帝王之盛朝永懷臣主之亨會譬諸脩漢爾其爲羽翼以遊喻彼洪濤爾其爲舟楫以濟緬胥懋典益究宏圖可特授光祿大夫右丞相兼樞密使進封福國公食邑一千戶食實封四百戶主者施行

明堂大禮御札

勑内外文武臣寮等朕參稽禮文鋪究古制圜壇八陛雖茂展於欽柴明堂九筵亦間行於嘉饗重循寡德祗荷慈謀屬茲三歲之期當秉一純之祀夜觀房宿之象旦閲奉高之圖愧于菲躬曠是懿典況今景緯循軌嘉生遂宜幽明綏和中外寧謐宜乘亨美之會庶答神靈之休是用遠稽皇祐之書近述紹興之制因秋成物聿嚴天地之禋遵國彝章竝陟祖宗之配誕敷大號明戒先期朕以今年九月有事于明堂咨爾攸司各揚其職相予祀事罔或不恭故茲札示想宜知悉

賜科舉門下詔

門下蓋聞人材衆而邦國寧儒術行而治化美思皇多士周竝命於六卿間出異人漢旁開於數路洪惟

聖代丕闡文風既通才碩學之攸興乃鉅德元勳之相望逮予菲質率是彝章屬覽有司之陳當修貢士之制爰加詔諭咸俾言揚獻賢能之書儻精求而上達陳治安之策庶廷進以周詢宜襲虞文尚圖實用布告中外明識朕懷

崔舍人玉堂類藁卷第一

崔舍人玉堂類藁卷第二

內制

史浩明堂加恩制

門下朕欽承慈訓丕講明禋燎煙焜而精意升錫玉鳴而和聲倡戎有良翰莫陪執豆之駿奔史無愧辭敢修祝釐之專鄉誕敷褒冊敷告治朝具官史浩寬裕而純明惠和而忠肅與學探天人之致懿文鈞造化之微感會潛藩頓直諒多聞之益燮諧初政見彌縫藏用之功誠信久而自章謀謨遠而可績比疇宿望往撫全閩煌煌钜鎮之旌旄奕奕上公之衮繡□

此大惠洽其外庸屬當迎日之長誕舉就陽之祭美光旁魄忱萬象之留僉靈覆鴻乎紛百祥之紐豫肆頒慶澤加勞宗臣申衍圭腴陪敦井賦於戲六變致天神之降朕惟備馨於齋精十倫見爵賞之施爾尙克掌於商賚祇膺明命益勵壯猷可特授依前崇信軍節度使開府儀同三司判福州軍州事提舉學事兼管內勸農使充福建路安撫使馬步軍都總管奉化郡開國公加食邑一千戶食實封四百戶主者施行

鄭藻明堂加恩制

門下朕祇循彝典丕蕆盛容奠華璧於圓丘禩黃流於太室爲能饗帝敢歸福於朕躬時庸展親爰覃休於戚閩肆頒明命亶告大庭具官鄭藻肅括提身靖共謹度周申伯之柔惠宜厥家邦漢陰尉之忠平保其祿位衮服視公台之貴辟旄高將閫之華從容閒館之遊委建盛權之地屬時休運昭舉明禋泰壇八觚具嚴牲幣宮隅七雉全倚親賢洽茲熙事之成可後顯庸之報申加多邑併衍真畬於戲受宣室之釐朕每懷於寅畏賜伯舅之胙爾尙克於欽承益保令圖承堅素履可特授依前保信軍節度使開府儀同

三司充萬壽觀使武功郡開國公加食邑五百戶食實封三百戶主者施行

吳拱加恩制

門下朕涓選休成稱秩元祀靈斿下而虞席美光燭而昭延天其相民誕錫庬洪之福予有禦侮阻陪扈衛之勞徹俎均釐數朝渙號具官吳拱才全而行果志大而氣剛用兵法若珠之走盤摧敵鋒猶刃之破竹當百年勝殘之會共起壯圖念三世爲將之家獨懷沖尙擁大纛高牙之貴從珍臺閒館之遊比蕆盛容用虔美報皇矣上帝博臨中壇念茲戎功越處外

服肆輯祔娭之厚肇開公社之崇加畀爰田申陪輿
賦於戲予惟奉若於天命裒對純休爾尚追配於前
人答揚明訓勉堅忠節嗣奮勲庸可特授依前捧日
天武四廂都指揮使武康軍節度使提舉興隆府玉
隆觀進封武功郡開國公加食邑五百戶食實封二
百戶主者施行

蒲察久安明堂制

門下朕躬三歲之明禋候一陽之初蕭辟犧豐碩瑄
玉潔溫來燕來寧既畢合祛之禮有嚴有翼爰嘉在
列之英揚于大廷綏以多福具官蒲察久安䟽通而

能斷沈毅而善謀日磾常侍於宴游忠誠自著契苾
久更於戰鬬驍勇無前參希冕於孤班擁崇牙於將
閫寵名赫奕恩數便蕃比修美報之容實賴駿奔之
助出則驂乘既亮純衷祭有歸膰厥存彝典陪敦多
邑申衍眞畬於戲展采錯儀誕受於萬年之祜發爵
賜服敢遺不二心之臣勉答殊私益圖顯績可特授
依前檢校少保大同軍節度使提舉萬壽觀奉朝請
通化郡開國公加食邑五百戶食實封二百戶主者
施行

皇弟居中明堂加恩制

門下朕荷天駿命攷古上儀祼廟告虔靈陰陰而般
雨登壇展采光穆穆以流波聲氣協同神祇歡喜迄
成盛典實賴懿藩禮既作於恭先恩宜從於親始肆
頒渙號用錫褒章皇弟具官居中質厚而氣溫身端
而行治雍容道義渾然忠孝之資涵泳詩書展矣豪
英之譽主粢盛於益廟授旄鉞於齋壇率履罔愆觴
躬匪懈維時禋祀之舉誕輯靈明之休有來雝雝贊
予熙事厥猶翼翼嘉爾粹容奉籩豆以無違執圭璋
而有恪受茲介福惟上帝弗與於下房綏乃思成念
他人不如我同姓陪敦采邑申衍腴租於戲登漢歃

之十九章朕敢專博臨之施維周基之八百載爾其
堅夾輔之圖勉迪令猷欽承丕訓可特授依前保康
軍節度使權主奉益王祭祀天水郡開國公加食邑
五百戶食實封二百戶主者施行

成閔明堂加恩制

門下朕紹膺景命裒對純休奠幣圜壇邸四圭而錯
事回輿端闈第五玉以䟽封慶賜畢行邇遐咸喜武
侯承德眷乃舊勞媼神蕃釐敢茲專鄉疇咨在服明
聽作猷具官成閔沈毅而不回端莊而有立凜凜冠
軍之勇扞我王家煌煌敵愾之勳藏諸盟府自釋鞬

門之重久安琳館之間撲鞍雖緩於請行擐甲猶聞其可用屬涓令日祗蔵精禋黃鍾奏而靈嘉虞紫幄張而神安坐駕龍十二允嚴天仗之徐驅被練三千適阻戎車之簉護肆均慶澤誕輯徽章增衍圭腴申加井賦於戲觀時而行典禮朕方茂講於嚴容帥師而修封疆爾尚勉思於遠馭欽承丕訓益展壯圖可特授依前慶遠軍節度使提舉江州太平興國宮武功郡開國公加食邑五百戶食實封二百戶主者施行

悉里地荼蘭固野明堂加恩制

門下朕欽承帝事穆卜天正權火升而雲杳冥玉梢舉而星明潤美應昭答嘉祥大來辨位設儀尙阻鶖旂之戾考圖數貢實存象譯之通爰輯慶章用敷顯册具官悉里地荼蘭固野宅心淳固秉德直溫山川土田奄先世之賜履聲明文物賴本朝之假靈本恭儉以守邦推寛慈而撫衆修方彌切率職無違維時景運之隆丕講圜陔之饗四方和會多士駿奔雖地隔重溟後諸侯之來助祭顧天無暴雨知中國之有至仁遹周道以輸誠款漢關而慕化肆均商賚敢緩褒康是用陪敦采邑之豐申衍圭畲之實萃茲異數昭乃洪休於戲福祿來崇夙夜永懷於基命會同有繹春秋尚謹於承王祗服寵榮益堅忠順可特授依前檢校司徒使持節琳州諸軍事琳州刺史充懷遠軍節度琳州管內觀察處置等使兼御史大夫闍婆國王加食邑五百戶食實封二百戶散官勳如故主者施行

曾懷除右丞相制

門下三台宣符色齊明而星度正二氣播物和咸感而歲功成廼眷耆賢夙居揆路屬懇辭之洊至式遂其行遽疑謗之洞開使復其位數予有命告爾在

廷具官曾懷端重而無華寛仁而有裕學探古今之緼氣涵天地之全才略濟繁吏百爲而彌劭智謀經遠周萬變以皆通蚤簡深知歷敭要任有績咸乂靡勤弗宣迄登政地之庸旋正宰司之體從容調娛而協時幾之會造次啓沃而陳久大之圖心休休而善容猶翼翼以祗畏還觀忠實益厚倚毗嘉宏業之方隆駭流言之不靖爰徇告歸之請俾從均逸之私朕廣開至正之門茂建大中之極攷昔君臣之相遇允繫於同心維時上下之弗交亦先於除間肆詳加於審覈已備見於昭明又鈌我祈念稍違於近輔疇若

予采恐浸墮於前規是用誕錫恩章趣還鼎席總領繁機之要燮諧大化之元具衮衣而迎周公庶率循於往訓啓廷英而待裴度已欽佇於嘉猷仍進文階併增井賦是爲殊寵亶穆輿情於戲無競維人有孚在道日月照矣玆盡釋於嫌猜股肱良哉宜力圖於報効尚堅素節永翌丕基可特授光祿大夫右丞相加食邑一千戶食實封四百戶封如故主者施行

楊倓除節度使制

門下奉祠宮而均逸久參儒職之華開將閫以展容盍示恩章之異眷維禁路時有俊臣推予褒賞之

能作爾功名之會誕敷丕冊孚告大廷具官楊倓渾厚而雄深方嚴而肅給忠義由於世濟通明稟於天資才略應繁刃發硎而有裕智謀周變龜獻兆以無遺歷更事任之宜積著勞能之盛逮司國用具覩運理之長旋即里居深見靖共之譽玆被張旄之遣曾無引道之難是用申錫溫綸優加茂典建齋壇而授節撫瓊管以殿藩明庶以功實參圖於素効會紹乃辟尚追繼於前規仍從仙館之遊復啓侯封之寵陪敦采邑增衍眞畲於戲治匪興塗材難具美文武維憲爰得亮邦之賢威儀則多是昭馭貴之體克祗玆訓益固乃猶可特授靖海軍節度使依前提舉佑神觀進封繁時郡開國公加食邑五百戶食實封二百戶主者施行

曹勛除開府制

門下朕總攬宏綱照臨庶位不遺故舊爰興忠厚之風尚有典刑盍示褒崇之體睠維耆德久護宸居肆輯徽章庸敷渙號具官曹勛宅心和裕稟質粹溫中正以通動悉由於防範優游而法居自守於宮庭始終歷事於四朝夷險備更於百致還觀操履靡見瑕疵嘉乃謙虛嘗遂垂車之逸倚其親信莫從遺俗之

高起司夕橡之嚴密告辰猷之益周旋匪解誰問無違顯有休庸具孚雅望朕眷懷夙昔慨念忠勞誦行葦之詩庶幾有翼攷正元之士今已無多方資宿衛之勤尚喜儀刑之近豈無優禮式表殊私是用涓以剛辰發茲茂冊皇皇衮繡晉參揆路之崇奕奕旌旄仍領戎旃之重陪敦采邑申衍圭畲並協朕衷是循國典旣隆予寄亦獎爾修於戲泰階六符已超躋於朝位周廬千列諒增壯於軍容臨寵而懼則名乃休處高而卑則福斯永祇承明訓勉迪令圖可特授開府儀同三司依前昭信軍節度使提舉皇城司加食

邑五百戶食實封三百戶封如故主者施行

葉衡進玉牒轉官加恩制

門下朕祗承慈謀紹履休運駿命弗易推厥璿源之長大事必書載諸寶牒之重緊我碩輔舉茲宏綱誕敷寵章咸告庶位具官葉衡道方而行果器遠而材閎多識前言夙知述作之體明習故事遂達典刑之原延登台階亶穆輿望乃績時乂斯謀日宣朕追懷先猷垂佑後嗣繇烈祖啓神明之胄暨眞皇膺熙洽之圖維緒次之不可失其傳維謨烈之不可忘其紀逮于登進賴爾裁成御正殿以鋪觀闢廣儲而崇奉

文昭武穆見於萬年之休帝德王功具不一書之實事開廟社慶集臣民相時嚴容迄成此禮申衍戶畬之富超躋秩序之崇庶優賢勞亦表眷遇於戲晉室著皇宗之譜肅示無窮漢家秘金匱之文固將有采尚堅純節永翊丕基可特授正奉大夫依前右丞相兼樞密使加食邑一千戶食實封四百戶封如故主者施行

趙雄除右丞相制

門下朕紹天休運持囿承圖內懷未究之規暮外愧難成之功業長撫遠馭將恢不世之基達識通材庶獲非常之輔有赫延登之命無逾歷試之賢具官乃猶咸告爾衆具官趙雄器全而用遠實大而聲閎臨事善謀端若元龜之信當機立發沛如流水之原蚤膺深知卽踐要路攷其才恢恢而有餘地驗其策斷斷而無空言灼知俊心可倚大任遂付以政用宏乃庸周旋三時辭亮一節以智畧通明贊朕事以道德寬大廣朕心民言維嘉國論以壹朕數聞古昔注想英賢以言寤合則易究於深誠以象營求則固非於素望念此選舉疚于夙宵有能奮庸協我昌明之會曾是在位得茲碩大之臣是用誕敷恩綸登授相柄

廣宣厥道俾盡展於良規無棄爾成尚汔終於顯績申加采邑超進文階竝出眷懷是崇體貌亶茲注意維以掌休於戲遂古之治蓋遹眞儒之効浸寡維身克正卿士庶尹無不宜維心克誠陰陽四時無不序勉攄素蘊永底丕平可特授右丞相正議大夫依前魯郡開國公加食邑一千戶食實封四百戶主者施行

崔舍人玉堂類藁卷第二

崔舍人玉堂類藁卷第三

批答

賜劉懋上表再辭免加食邑食實封不允仍斷來章批答

朕比卜景至承神嘉壇禮成休明福嘏綏韡豈曰予一人之能令靈釐之下不敢遺小國之臣而吾戚畹之愛既親且賢如卿者乃以多辭何哉惟天休之不可稽惟朕命之不可格往宜祗服毋復重陳

賜姚憲上表再辭免除參知政事不允仍斷來章批答

朕祗承慈訓嗣守慶基有綱紀萬事之緒而未克成有經營四方之志而未克遂遐想遠慕予心漠然深求治原匪賢曷濟卿方大之德通明之資迪知朕衷登進樞筦審固足以定幾事淵微足以贊明謨經之遠猷倚以修輔夫才難適於時會道常待於世興緊欲愜盛大之圖馳寥廓之見自非開亮卓偉邪之瓌英孰與共吾事哉僉曰汝諧政將安往趣其祗服汔以仰成

賜葉衡上表再辭免除端明殿學士簽書樞密院事不允仍斷來章批答

負經世之才者常畫於無志懷許國之志者又病於無才才志具矣時不爾與亦未見其能成功也卿學術宏深器資方重練達萬變而智與幾會忠實一意而謀皆予同召從留都進長禁路察其可任斷以不疑今天下之事所當爲者衆矣朕方夙夜宵旰不皇康寧求其遠且大者亦惟爾左右帷幄之臣是咨是度濟于丕成儀圖壯猶參翊神務素所注東宜無踰卿亟奮而庸助起予治區區謙避靡懌厥聞

賜王友直上表再辭免除奉國軍節度使加食邑食實封不允仍斷來章批答

朕敷求良將槩見前書若周亞夫之治軍足嚴國體如祭征虜之潔已自得士心豈無若人用勸武服乃睠在位時維俊臣卿性稟沉雄材資敏銳總予周衛賴爾壯猶謹廉尤務於無私訓練悉聞於有紀載覩規畫深協眷懷惟器與名已峻齋旄之拜能謙必讓尚披遜牘之陳宜即欽承毋勤重請

賜葉衡上表再辭免除參知政事不允仍斷來章批答

朕嗣隆丕緒寅念永圖朝忘食以就功夜振衣而思治疇若予采亦惟直方持重之臣用乂我民俾有安

樂得賢之福卿器資淳固識慮淵通才周文武之宜學洞古今之蘊忠勤一節自結朕心出入百爲浸崇人望比召從於帥閫即登踐於樞廷謀猶具宜風績逾劭肆晉參於大政實素定於王懷碩大無朋當愈堅於獨立溫恭有恪尚益效於同寅方倚佇於交修奚游形於冲避令雖無反時乃可行宜亟欽承毋容重請

賜徽猷閣學士太中大夫提舉佑神觀楊倓上表再辭免除靖海軍節度使簽書樞密院事進封鴈門郡開國侯加食邑食實封不允仍斷來章批答

朕纘紹慶基規恢大業賡運文武底安彊之功延覽英豪共圖長久之道卿材猷敏達識畧精明夙濟美於勳門荐宜勞於禁路克有休績具昭遠猶肆授鉞於將壇俾贊謀於樞極輟萬里張旝之使副一時虛席之求亹亹繁機正有資於協慮謙謙小節宜無事於多辭亟服寵休勉思報効

賜曾覿上表再辭免除開府儀同三司依前武泰軍節度使提舉萬壽觀進封信安郡開國公加食邑食實封不允仍斷來章批答

朕誦伐木之詩而見故舊之情覽康誥之書而念耇成之益乃九月朔日誕告于廷而羣公卿士罔不是孚者識朕此意也卿率性溫恭植身勤恪臨寵深懼陳辭愈明朕爲得而聽之邪漢之南陽舊人唐之秦府僚吏其在當世皆蒙顯榮卿何疑焉

賜皇子魏王愷再辭免除改判明州軍州事加食邑食實封不允批答

朕紹承休命光撫庶邦永念先王疆本根之道亦惟有名宗臣藩保扞王家乃輟吾賢嗣往臨南服亦既累歲宜更治民是用有四明之命玆實國體非以私卿也且風土樂嘉可以坐鎮道里順易便於來朝尚何辭焉

賜葉衡上表再辭免除通奉大夫右丞相兼樞密使進封東陽郡開國公加食邑食實封不允批答

朕惟天子君臨萬邦亦惟有一心同德之臣左右厥辟用保乂于庶民顧朕弗逮博求于有位之士咸曰汝衡純明淵通方大宏毅是能輔朕有爲于茲世乃戊申之命告于在廷靡不維允爾乃陳德弗及願遜于在列之賢我聞曰可愛維時可圖維勳若涉大川

今予暨爾其濟爾克欽承我命往哉益懋乃猷乃罔于孚不休

賜葉衡再上表辭免除通奉大夫右丞相兼樞密使進封東陽郡開國公加食邑食實封不允仍斷來章批答

朕惟朝廷正而王化成儒術行而治功起朕孜擇相位灼求俊心必詳試以觀其能又悠久以成其望於是舉而加之百官之上其所注意則非一日之積也卿藴經綸之學濟通敏之資簡于深知迄此大用今庭告之下敷聞四方乃欲徇撝謙之節而咈素定之懷執無益之辭而格已成之命則豈可哉祗迪予衷亟踐乃位

賜李彥頴上表再辭免除端明殿學士簽書樞密院事不允仍斷來章批答

朕總覽庶治作興盛圖日來登明選公之命庶乎人心之所謂當然者聚訖衆雋彊吾本朝維時大享越有希遇卿迪忠忱之度秉端毅之資歲時周旋望實休顯積是素眷迄于延登協升大猷陪輔啓論乃陳情懇激至于辭朕命者再則豈見行可之誼哉亟宜欽承毋或謙避

賜少保右丞相史浩再上表辭免玉牒所進書回授轉官依例加恩不允仍斷來章批答

朕惟尊祖嚴宗王道之先務也日者有司以成書來上乃祖宗之慶源大政是在朕覽觀崇奉差錄賢勞今賞典之下自丞相始乃執謙辭隆及於再三而不已且事關宗廟而恩不加於大臣得無傳聞重朕之不逮宜體茲意勿庸有陳

賜史浩再上表辭免除少傅保寧軍節度使充醴泉觀使兼侍讀加食邑食實封不允仍斷來章批答

朕歷觀古昔之盛深歎君臣之全漢重耆儒退乃榮於就第周優上宰歸仍即於居豐卿國之元臣世之大老秉統庶事儀刑百寮逮其言歸留以自近禮絕今比恩逾前聞豈惟台路之光榮時乃朝家之盛美將流芳於簡冊永示勸於臣鄰固出至懷詎容多避

賜趙雄上表再辭免特授右丞相正議大夫加食邑食實封不允批答

朕惟宰相之任厥惟難才非盡古之道不足以有謀非達今之宜不足以有立固嘗中夜以興當食而歎思得一世之人傑足以濟時成務者俾任吾事天若

與世國豈無才卿蚤由禁途自結朕眷以陳平之智而復重厚可任以元齡之謀而能果斷必行朕所注意非一日也渙號已頒衆言維允功業之盛四面以觀區區謙辭終不得徇

賜王淮上表再辭免特授樞密使太中大夫加食邑食實封不允批答

朕惟帝王之盛未嘗去兵是以爰自即位蚤夜以思啓處以圖其於三軍五兵之事不敢一日忘也乃若廊廟輔臣股肱同體實賴講謀究度以旦夕承翼濟予于丕庸卿毗佐累年練達庶事鎮物以重事上以

誠具賦才之實而養以剛中積坤德之純而發以方大朕所嘉賴匪卿而誰專付重權益懋成績萬幾之會悉以屬卿宜宏大猷毋事小節

賜昭慶軍承宣使提舉佑神觀士歆上表再辭免保康軍節度使加食邑食實封不允仍斷來章批答

朕惟親親之道先王所以化天下厚人倫也卿裕和肅艾爲時老成秉德在庭克自祗畏比攷閥閱宜秉節旄爰涓剛辰已渙邦號朕於宗族恩靡不用至是積勤累善歷十年始進其官則亦惟舊憲是若顧於予心尙有慊然而卿猶欲有辭可乎即宜欽承毋庸重請

賜太中大夫樞密使王淮上表再辭免曾預修纂隆興以後日曆奏成篇秩特轉行一官依例加恩不允批答

朕臨御四海閱日彌長常畏過行以羞太上皇帝之昇付今儒館言繫日成書重備菲涼將何以傳示萬世卿蚤以秉筆與游道山逮茲終編實在政路宜有褒賞用昭勤勞昔唐太宗嘗曰朕監前代進善人遠羣小亦欲史氏不能書吾惡也今三者之事方與卿守之執謙小節此何望焉

賜正議大夫右丞相趙雄上表再辭免曾經預監修纂隆興以後日曆奏成篇秩特轉行一官依例加恩不允批答

朕觀西漢故事凡郡國計書先上太史公副上丞相蓋天下之事太史得書之丞相得行之卿舊游承明多所紀述迨踐政路復專總提今簡編告備而適在相位以前日見聞之所及知當時得失之必書宜思爲朕彌縫輔贊置於無過之地則予是望一官之賞此何辭焉

賜降授朝請大夫參知政事錢良臣上表再辭免修纂隆興以後日曆奏成篇秩特轉行兩官依例加恩不允仍斷來章批答

朕選大雅之彥萃承明之庭記事載言庶有傳於悠遠提綱振領可無賴於裁成卿經世通儒輿邦賢輔比觀刻奏汔就信書維十六年歲月之長至一千卷簡編之富史法不隱方深惕畏之心帝德罔愆終藉彌縫之益宜祇寵命毋執謙懷

賜正議大夫右丞相趙雄再上表辭免曾經預監修纂隆興以後日曆奏成篇秩特轉行

一官依例加恩不允仍斷來章批答

朕惟繫日之書傳信萬世承言不逮賴太上之訓獲保丕緒功烈成就未有悉志令儒館成書何可紀述丞相朕所倚以經遠業建太平所宜爲朕稽參政事祈進治功庶幾大書特書吾君臣咸有無窮之問進階之寵是有故典曷爲避之堅乎覽章歎嘉終不得徇

崔舍人玉堂類藁卷第三

崔舍人玉堂類藁卷第四

批答

賜太中大夫樞密使王淮再上表辭免曾預修纂隆興以後日曆奏成篇秩特轉行一官依例加恩不允仍斷來章批答

朕惟祖宗稽古右文同符三代令朕重惜名器一豪不輕乃茲成書沛然下賞舊勞新績纖悉靡遺所以尊儒術重國體也卿蚤以華望與游英躔凡今纂修咸昔端緒乃攜章之來上願置勿錄雖卿執謙之美賞國之典朕敢廢乎令至亟承辭多無益

賜正奉大夫右丞相趙雄上表再辭免勑令所修進一州一路酬賞格法了畢特轉一官依例加恩不允批答

朕厲精政理茂講民宜分道置州既外釐於羣吏視功詔賞乃中秉於至權曾是攸司漫無定式重輕視於成牘予奪付於私情比命更修要歸至當凡具書於甲令悉旋達於乙觀酌求其平制定其可肆茲告備將以常行卿酬酢繁機迎見立解練達大體深計遠謀復提宏綱汔就信典格令刪定元齡隆至治之風紀律設張黃裳贊中興之業茲推茂渥庶答成勞

即宜欽承豈必多遜

賜中奉大夫參知政事錢良臣上表再辭免勑令所修進一州一路酬賞格法了畢特轉一官依例加恩不允仍斷來章批答

朕端臨萬方分建羣吏勸以慶賞程其功能惟員既長維險夷善惡之各異官職相序亦繁簡重輕之不同其於制辭以待庸當亦隨宜而辨等因循有日汗漫無文科條惑於盈几閣之書姦弊肆於長子孫之吏嘗深浩歎即令改修爾有司存予皆親覽至纖至悉維允維平卿偉業憲邦宏才濟務達于德意定此法章炳若丹青已無疑於承用堅如金石方有賴於持循茲昇茂恩固難過遜

賜右丞相趙雄上表再辭免秘書省進呈會要了畢提舉官特轉兩官依例加恩不允批答

建邦者必有典傳世者莫如書三墳遼而皇綱莫尋六官分而王制盡在乃者功施舊省篇奏法官採十世之豐規聚一朝之丕則既用覽閱良深歎嘉卿全才憲邦宏量鎮物整持法度大勞載於朝廷潤澤典章餘事形於簡冊凡茲明備咸出裁成優遷文階率用舊制續太初之後遂及全書覽正觀之元方思終善而乃嬾於亟拜爲此牢辭徒專謙牧之風殆咈忠規之望

賜參知政事錢良臣上表再辭免秘書省進呈會要了畢禮儀使特轉兩官依例加恩不允仍斷來章批答

國家制度託簡冊而傳朝廷禮文隨事體而重乃者三館之彥裒次今事踵續前書首篇所載乃皆親庭光華曠異之禮朕所以因其來上鋪張物采焜燿聽觀凡以章洪休侈巨典也卿才資通明德器安重際于亨運總此盛儀肆推異恩已首衆雋而乃執謙陳辭至於再而未受則豈知朕意之所在虖固有彝規當即祗服

賜通議大夫樞密使王淮再上表辭免提舉經修會要特轉一官不允仍斷來章批答

歷求古先咸有典則觀舊經於魯國僅得習傳問今事於崔琳徒資論記越我熙明之代見於總會之書敢言菲躬遂踵前迹卿深純端亮簡重寬明策盟府之勲聊先翰墨定籌帷之畫當究規圖疊聞謙陳深援近比固自有說豈必皆同引稠疊而辭既足以昭

名器之不私迺量勞勤而受又足以示朝廷之無廢
庸各行其心俱利於國宜體眷意即收遜章

賜少傅保寧軍節度使充醴泉觀使兼侍讀
史浩上表辭免已進會要經修不經進提舉
官特轉一官令回授不允批答

朕秉執大柄照臨羣臣片善靡遺寸長不置而況元
老大儒勲在翰墨玆而弗錄謂疏遠何卿涉道深純
函德忠厚奧在宰路具宜賢猶乃者巨典告成中外
同喜參條功緒褒及舊勞朕惟卿言之不釋固已徇
謙志而移恩于族親矣猶遜不當毋太過乎

賜少傅昭化軍節度使充醴泉觀使嗣濮王
士輵上表再辭免除少師加食邑食實封不
允批答

朕惟親親入道之要也今本支蕃衍未逮全盛之日
顧贈大廷見此端艾黃髮在位維喜康共思有以大
顯榮之固朕之心也乃者禮成合宮福祿來下與我
共此無逾茂親且亞師之命近時宗族之所未有高
秩厚禮舍王孰宜而又何辭焉

賜少保岳陽軍節度使充萬壽觀使永陽郡
王居廣上表再辭免特授少傅加食邑食實
封不允批答

朕惟厚慶諸王有若端獻聞望光美儷昔間平天錫
善祥十子競爽流澤未遠逮其聞孫秉德在廷厥猶
翼翼玆朕之所嘉卿今踐祠路寢配天敷澤非優異
之恩亡以示天下隆親而尚賢也庚子之命尚屢辭
乎

賜少傅昭化軍節度使充醴泉觀使嗣濮王
士輵再上表辭免除少師加食邑食實封不
允仍斷來章批答

朕稽古彌文對時亨運玉帛萬國夙尋布政之堂簫

韶九成肇享交神之室既荷天休之應遂均惠術之
行卿邦家茂支宗族元老紹百世濮園之祀參九霄
仙館之遊因緣慶恩推昇懋典錫文武之胙當厚者
明之賢篤魯衛之親乃先惇睦之道玆由素定奚可
終辭

賜少保岳陽軍節度使充萬壽觀使永陽郡
王居廣再上表辭免除少傅加食邑食實封
不允仍斷來章批答

朕肇稱元祀鋪究上容多士駿奔走以在廷四方大
和會而觀禮維時顯相多宗族之蕃昌迄此休成諒

神靈之歡喜既誠陳而享洽遂惠均而政行卿和裕凝資寅恭秉德被溫貊而就位與華爵以交神既右饗之丕擁繁釐之下乃商賚爾超登亞傅之崇渙號已孚謙辭猶至固出眷懷之異可專撝挹之高

賜宣奉大夫右丞相趙雄辭免玉牒所進書了畢提舉官特轉兩官依例加恩不允批答

朕惟祖宗成功盛德儷美皇王乃金饋玉版之書所以勅休垂鴻未至純備比者深詔執事寖次纂述傳示萬世越四月丙戌有司以成書來上文富事核對越在天休光美實照映日月朕甚嘉之卿方大之□

渾深之度秉統萬務仔肩壹心今寶典告成恩言□下而乃陳見悃愊願止勿當且吾於褒賞非過也丞相顧安取此雖知素謙得無體朕所以厚前烈重宗廟耶前日之命趣當承焉

賜通奉大夫參知政事錢良臣辭免玉牒所進書了畢禮儀使特轉兩官依例加恩不允仍斷來章批答

朕惟國家襲唐憲度鏤玉成書祖功宗德交映簡冊舊制領於宗寺典以侍臣承平日久庶事大備越大觀間乃侈盛容物至置使以領之所以昭讃烈重宗廟也卿負通明之才居弼諧之任維正庶事調娛萬徵令大典告成寶儲崇奉譬纓駢華羽衛紛陳時維令儀陟降上下不爽于度汔溱厥成記曰禮無不答不有優賞曷以旌使範之勞乎超晉文階增加釆户厥有故事卿無辭焉

賜宣奉大夫右丞相趙雄再上表辭免玉牒所進書了畢提舉官特轉行兩官依例加恩不允仍斷來章批答

朕惟嚴鏤玉之書集汗青之績事大者體必重功隆者報乃豐卿黼黻王度之文淵源聖域之學闡繹□

訓鋪張烈光既成信書宜錫茂典而乃剡奏疊□□誠益明上歸美於菲躬下委勞於羣彥欲以一謙之節立於百辟之先朕惟侯覇善錄遺文魏相好陳故事皆輔乃辟克成厥功竝流英聲尚在良史卿其崇厚道德廣予以慶曆之寬仁招延俊賢輔予以元祐之正直明明成德赫赫當今是將底於大寧豈不愈於小諒宜體至意即收遜章

賜太中大夫試吏部尚書兼翰林學士承旨兼侍讀兼太子詹事兼修國史周必大上表再辭免除參知政事不允仍斷來章批答

朝廷延登常取羣望廊廟重任宜畀具瞻揚綰用而宿貴改觀王陽進而善士生喜朕選建碩輔翼宜大猶國皆曰賢政將焉避卿初終有守本末無疵以其縝密而果可以參訏謨以其中正而通可以經丕務俾釋銓筦遂躋柄塗人之信道固將有行國之用儒時乃維允猷爲茲始遠近所觀方朕衷委重之意深亦衆志望賢之責備兔撝素緼汔濟熙圖謙遜之章止毋來上

賜朝請郎試刑部尚書謝廓然上表再辭免除端明殿學士簽書樞密院事不允仍斷來章批答

朕綜持大柄延攬羣英修政於國家閒暇之時基命於夙夜宥密之地長撫遠馭易登濟於丕圖同寅協恭乃詢求於成彥得諸民譽近在禁塗卿賦有用之才抱無窮之學智略輻湊予知其籌慮必精識度淵長予察其規摹必遠乃進右府庶弼本朝名稱位者勿辭資逢世者難失當體大有爲之志先求不可勝之圖迄成茂功終藉長策區區謙避所不必聞

賜宣奉大夫右丞相趙雄上表再辭免進四朝正史志提舉官特轉兩官依例加恩不允批答

朕惟天胙昌圖世承明德例凡嚴備已全五聖之書閈見紛綸尚闕四朝之記洊詔宰輔廣延儒英趣裁信編汔就大典匪提綱之有道殆汗簡之無期卿勞大而處以謙德全而加以畏懇辭上賞數賜忱誠維國家之德澤素深維祖宗之規摹可考垂將來之法豈專比事而屬辭慰在天之靈尚兔建功而立業當收謙節益邁遠猶

賜通奉大夫參知政事錢良臣上表再辭免進四朝正史志禮儀使特轉兩官依例加恩不允仍斷來章批答

朕紹遵丕緒闡繹先猷嘗申命於儒臣俾趣裁於信史成編來上盛典斯行端宸扆以鋪觀闢寶儲而崇奉簪纓駢萃羽衛紛陳無言不酬旣表提綱之績有儀可象遂褒詔禮之勞卿望重民瞻謀參天縡方正身而厲俗乃引義以辭榮事固協於典常體亦優於眷遇已乎休命難狥冲懷

崔舍人玉堂類藁卷第四

崔舍人玉堂類藳卷第五

批答

賜通議大夫參知政事周必大上表再辭免
經修四朝史志轉一官不允仍斷來章批答
朕鑒于往昔咸重史臣觀厥成功率惟久任張華尚
誇於再至蔣乂嘗越於十年當將推榮後世稱□□
懿文華國雅望表民自窺典籍之藏逮聽星辰之履
咸專載筆遂究長才力倍羣英功先衆作爰優頒於
恩典奚固執於謙規俾下多興厥識分之風雖可嘉
於卿志將國有吝賞㢘勞之舉亦殊失於予心當□

欽承毋庸重請

賜通奉大夫樞密使王淮上表再辭免四朝
正史志了畢經修不經進前權提舉官特轉
行一官不允批答
朝廷慶賞必始大臣宗廟策書當嚴正史卿道躋閫
奧文擅綂盟以其忠純則執簡無愧辭以其審重則
纂事無遺實向司載筆具罄賢勞才學識之長深見
討論之善清緝熈之典遂符祖述之心疊覽謙陳願
辭褒進方藉謀謨之益可忘體貌之崇綸綍既頒姑
昭前績旂常登紀尚廣後圖勉即欽承毋庸固請

賜少傅史浩上表再辭免進讀正說終篇特
轉一官不允批答
朕登延宿儒講誦先訓金聲玉振實聞道德之原日
就月將遂畢簡編之富卿器全方重學貫中庸道予
以正大之言廓予以寬厚之論凡廣廈細氊之邃所
以指陳庶咸平景德之隆及於身見逮茲卒業嘉乃
輸忠爰首下於褒康庸增光於眷遇遽披奏達願返
恩榮雖卿素懷斂分收涯之心豈朕可廢崇儒重道
之禮宜承優典即畧沖章

賜少傅史浩上表再辭免除少師依前□□

軍節度使充醴泉觀使任便居住進封魯□
公加食邑食實封不允批答
朕惟明哲君子之攸貴行藏聖人之所難壽考康寧
方膺於備福雍容進退復保於令名想聞前風慨歎
希遇卿誠信孚于天下勤勞載于朝廷留連燕閒密
勿議論縱其已耄猶當賜几杖以從遊寧此未衰乃
遽懷山林而獨往雖溫諭之巳至迄沖規之不囘豈
無茂恩用致優禮崇高節則風俗厚體耆德則名器
尊奚爲固辭尚復勤請宜略謙柄即承寵章

賜少傅史浩再上表辭免除少師不允仍斷

來章批答
元老大臣世所視法進退之際聳聞四方其所寵榮
繫國大體高秩厚禮朕匪敢私卿昭厲世之規抗謙
遜之見引誼宏遠陳辭懇誠朕惟尊耆老仁也體舊
相禮也崇高節義也今制冊之下中外固知朕意之
所在矣可以一謙而廢三美乎宜承茂恩勿復有□

賜鄭聞新除四川宣撫使再辭免除資政殿
大學士不允不得再有陳請詔
朕眷懷全蜀邈在西陲惠寧一方孰專制閫之寄顧
瞻四近迺輟賛元之賢考繹僉言稽參懋典爰□□

於祕殿庶倚重於壯猶將疾而驅已嘉忠盡益□□
牧尙執勞謙成命既行多辭徒費夫文武惟其所用
當應之不窮功名隱於無形必施而後見使朕護安
疆之效繫卿慨久大之圖則君臣俱榮中外同福區
區小節豈所望哉宜即欽承毋復有請

賜中大夫提舉江州太平興國宮林安宅辭
免除龍圖閣學士不允詔
朕取才不責其備用人必全其終豈嘗參宥密之謀
可獨後褒榮之典卿蚤揚時譽晚踐政塗坐一眚以
去朝積累年而置散肆因郊賚稍進寵名雖君子允
迪於勞謙益堅素守顧大臣當優於眷禮難廢彝章
姑畧多辭亟宜祗服

賜武康軍承宣使新知揚州王琪辭免差充
荊鄂駐劄御前諸軍統制不允詔
朕修明戎備宜暢王靈我得上流爰分屯於勁旅吾
不中治乃全付於英賢卿夙負壯猶屢收多績轂□
淮甸之寄往總武昌之師蔽自朕衷協于輿論蹈□
義者急於報國志功名者樂於逢辰即宜疾驅毋□
謙避

賜錢端禮陳乞奉祠不允詔

朕敷求前古致理之原深戒刺史數易之弊□□□
吏咸勉奮於民庸雖爾大臣亦徐觀於治效卿宏才
經世令德憲邦夙懷康濟之能益稔耆明之譽嘗弼
予治參周官小宰之聯往撫乃封即禹穴神皐之地
教條孚洽閭里乂寧方倚佇於報成奚遽形於引退
望之尊者豈出處之當易政之優者尚始卒之是圖
祗若朕懷亟安爾位

賜史浩再辭免加食邑食實封不允詔
朕欽柴泰壇歷禩清廟嘉應並見知精意之交通慶
賜遂行庶純禧之普洽卿負時宿望爲國元臣屬修

美報之儀適阻駿奔之助稽諸彝典錫是徽章惟符
不于其辭敢矜獨鄉乃祿必當其位奚用固辭宜郎
祗承册勤重請
賜中大夫參知政事姚憲辭免差同詳定一
司敕令權監修國史不允詔
朕惟明法審令厥有彝章昭德紀功是存信史博□
宏達申命纂脩庶幾藏在名山成一經之通體亦使
視諸故府立萬代之洪綱非吾大臣誰與領此卿遠
識周乎世務清規㴑乎儒猷肆疇乃庸俾圖厥政遂
付鉅典式觀全能三王之法合人情豈無資於折衷

五帝之書言常道正有賴於裁成任既協於當仁□
亦循於近比亟其祗服毋咈予聞
賜吳拱上表辭免進封武功郡開國公加食
邑食實封不允不得再有陳請詔
朕甚重名而貴器比者按圖規土出名鎮之節而畀
之爾亦惟爾先世之忠烈乃身之勤勞咸在王家不
可廢賞念爾先仁也疇爾勞義也一舉而兩善得於
是無愧爾乃陳德弗稱願還之少府之官豈朕意哉
令出惟行雖辭無益
賜宣奉大夫右丞相曾懷乞解罷機政不允

詔
朕惟成周之盛于時大臣之賢王歷四世耆德之尊
皤然在位不聞有謝事之辭亦不聞有遺年之議今
朕不逮所與共治者惟是老猶碩輔秉誼承翼克將
予于有濟爾乃陳力不及願致吾機政而歸朕豈以
力望丞相哉舉綱總要優游廟堂論道之餘亦足□
逸
賜右丞相曾懷再降詔不允不得更有陳請
詔
朕惟天下之事誠使老者謀之壯者決之雖聖賢不
能易矣朕率是道以用人爰得耆輔延登廟堂敷□

令猶凝亮嘉績方日虛已以聽庶乎治功之隆遽茲
懇辭欲以閑請豈體朕羞耆尚賢之意乎比歲宰輔
之臣病於數易今四海具瞻之地爰立未久又復□
去人斯謂何祗服眷懷亟起就位
賜資政殿大學士通議大夫知紹興軍府事
兩浙東路安撫使錢端禮辭免除觀文殿學
士不允詔
朕觀古者君臣交通中外均壹有若姬旦實勤西人
之思乃如畢公卒成東郊之治朕甚嘉之卿秉誼純

明受材宏達彝在政路邦其安榮肆典輔藩民以綏
靖觀文舊紫宸殿也禁廬邃嚴儒職隆重近時唯前
宰得除今舉爲爾寵表善政而崇舊德庶幾致其優
異者焉宜略謙辭亟圖祗服

賜資政殿大學士通議大夫知紹興軍府事
錢端禮再辭免除觀文殿學士不允不得□
有陳請詔

朕獨觀化原詳覈吏治宅乃牧而敷政維以乂民選
所表而懋功庶其自近卿蘊高明之學稟方重之□
久典輔藩式崇賢望誕布中和之化肆宣寬大之□

爰嘉美庸用錫殊寵舊臣作鎮衆所具瞻信賞時□
餘將交勸未體褒康之意尚勤謙避之辭成命已孚
多言奚益

賜王友直辭免除奉國軍節度使依前殿前
副都指揮使加食邑食實封不允詔

朕規長策以馭邦秉至權而厲世整軍經武維干戈
之省厥躬念功簡勞必爵祿之當其位卿志懷沉遠
材力敏彊蔽自朕心總玆禁旅持巳益知於廉謹治
軍尤見於方嚴盡華幹原具殫忠藴肆優加於褒典
庶風厲於羣臣賞不踰勳已允諧於輿論言唯作命
諒難徇於謙懷祗若寵榮勉圖報禮

賜朝請郎權吏部尚書兼太子詹事兼侍讀
李彥頴乞除一在外宮觀或待次小郡差遣
不允詔

朕數求羣材列布庶位乃眷禁嚴之長有如端亮之
臣庶幾共濟遠圖詎可獨全小節卿性資莊重氣守
剛方銓曹稱通簡之風經幄見淵源之論仍資正學
俾輔儲宮具孚令猷休有崇望遽披遜牘備著誠悃
虛巳待賢雖朕志之不貳引疾辭位豈爾心之有遐
就使欲其名推止足之高寧不念乃后失老成之□

三復來奏憮然莫從

賜奉國軍承宣使士趶辭免特差知南外宗
正事不允詔

朕以不逮奉承聖緒之休永念本支之盛所以鎮萬
民疆王室也乃眷南顧有繁吾宗肆疇懿賢命以董
正卿性資純戊德度粹溫周旋禮義之經被服詩書
之訓考厲稽行無逾汝宜方崇公族振振之風難徇
君子謙謙之節亟其祗服毋復過陳

崔舍人玉堂類藁卷第五

崔舍人玉堂類藁卷第六

批答

賜少傅保寧軍節度使充醴泉觀使兼侍讀
史浩辭免巳進會要經修不經進提舉官特
轉一官不允詔

朕紬循前聖優禮舊臣日者三館成書肇自初載朕開卷覽觀而良規善政大率多卿之講畫所以沛然下賞加地進律豈直故事固有至懷卿清明端誠忠厚亮直既巳委功名而自逸乃復臨寵利而不居比以相貳大臣慮於恩光狎至朕固勉從其請而成□美矣卿何說而亦辭乎當體眷私毋專謙節

賜特進觀文殿大學士判建康軍府事充江
南東路安撫使兼行宮留守陳俊卿乞許以
歸老鄉里不允詔

朕惟金陵都會寄重勢嚴外制師權內司宮鑰維時選任當屬重臣乃者召卿遠藩命以往鎮處得地所人皆曰然卿高明踏中惇大成裕譬諸喬嶽鎮靖一方不勞發舒雲氣自潤朕聽言輿頌無復勤憂武克文馴繄卿是賴乃茲祈逸殊異朕心卿其虞神省慮善總大綱表裏江淮徙待君重鄉閭之請所未欲聞

賜少傅保寧軍節度使充醴泉觀使兼侍讀
史浩再上表辭免巳進會要提舉官特轉一
官令回授宜允詔

纂事成書是垂丕則賜勞詔賞固有舊規曾褒崇之未加乃謙畏之靡巳卿純誠忠國厚德表民始迴涣號之文終避馳恩之命適張良封留之願素尚□□覽晏嬰辭邶之言益欽沖節勉下僉旨悉收寵章□朕報功之心成卿厲俗之美

賜中大夫程大昌辭免除敷文閣直學士與
郡不允詔

儒職朕所甚重也至於敞西清之棟宇聚永祐之文章通直其間豈輕畀諸卿受才雋明秉誼宏亮優結朕眷超登禁塗綜持銓衡甄叙人品維日浸久厥勤茂宜忽披懇陳願即閑逸朕以其積勞侍從遽去朝廷參圖寵章增重郡寄寶儲延閣于是爲宜而何以辭焉

賜龍圖閣直學士中大夫成都潼川府夔利
州路安撫制置使兼知成都府事胡元質辭
免除敷文閣學士令再任不允詔

朕厲精政理選建邦侯井鉞參旗既倚价藩之重雲

章奎畫遂超儒職之高卿文補皇猷智經王體昇以蜀鎮出於朕衷而能宣道威德敎條堅明詢求疾憂議論懇惻去國萬里居坤一隅豈不念於爾勞顧莫當於予寄宜服褒進毋懷滯留迄圖大成尚有懋賞

賜太中大夫試禮部尚書兼翰林學士兼侍讀兼太子詹事兼修國史周必大辭免除吏部尚書兼翰林學士承旨不允詔

綜銓省之公衡道內庭之密命致皇朝熙寧而上實爲台路之官閱唐室元和以來專待禁林之老班高地近事重職清曾崇朝而竝除乃曠代而罕見卿懿

文追古亮節表時英英人物之宗憲憲邦家之望久在近禁灼知俊心稔光大之德而尊榮朝廷藉端醇之度而領袖侍從優錫顯命寔超常倫當即欽承毋庸過遜

賜太中大夫新除吏部尚書周必大辭免兼翰林學士承旨不允詔

朕閱唐故事翰苑置承旨自鄭絪始凡大誥令大廢置乃俾專受不責以翰墨之勞也本朝以學士久次一人爲之秩高體重固不常置卿久在禁林多歷年所宜峻厥陟用休其勞況綜秉銓衡叙進羣吏亦已

諸卿免凡撰述唯特命始預略如唐制矣金門玉堂方倚君重宜無辭焉

賜資政殿學士通議大夫知紹興軍府事充兩浙東路安撫使李彥穎乞昇一宮觀不允詔

會稽吾股肱郡也朕選輔臣臨之亦惟知予德意志慮之深藉其推行表倡庶國進退之際詎可輕諸卿秉心安常蹈道靡直自釋政路即宣外庸仁聲日聞政績時乂玆覽需奏願辭郡章朕惟卿精明方昌才力逾劭年穀登稔封圻樂康奚庸告歸卿可坐鎮

賜朝散郎試尚書工部侍郎兼知臨安府吳淵乞免兼知臨安府不允詔

朕惟官宿其業則易成下習其敎則易使凡今小大之臣布在外服非甚不得已朕不輕易也而況三輔浩穰四方瞻望政成事著豈庸釋乎卿材資敏明風力彊濟從容禁路典正行都兵民具安細大畢舉而乃厭繁倦劇願反印章則豈朕素所選任之望哉規模既成條敎自洽勉汔乃績稱朕意焉

賜朝請郎降授顯謨閣待制知贛州軍州事新除在外宮觀留正辭免復顯謨閣直學士

不允詔

朕秉執大柄照臨羣臣謹視過功明用賞罰卿受才閎達迪德醇明出守輔藩嘗娶文議起臨江國茂著政聲屬力請於燕間因盡還於光寵寶儲華閣寓禁直之凝嚴閒館珍臺遂里居之恬養茲由至意寧□冲懷

賜端明殿學士朝散大夫賜紫金魚袋胡銓辭免召赴行在乞檢會前累奏許休致不允詔

朕觀漢李固一日朝會見侍中並皆年少無大臣宿

儒可備顧問爲之歎異乃知老成在朝誠國之福也況朕今臨御久長耆明凋謝踈觀外服歷數舊臣忠壯之節早有以激士風正大之言晩有以起朕志維卿一德茲世幾人睠焉有懷名以自近而乃輕視軒冕即安丘園則豈朕之所望哉年齡雖高精力尚壯彊爲一起來從吾遊

賜降授明州觀察使張說辭免差提舉臨安府洞霄宮任便居住不允詔

朕以大中之道待臣下雖近不私雖遠不棄譬之風霜雨露終歸至仁此者閱諸譴籍閔然念卿之久閑出於眷懷畀以祠祿卿夙居親近具識恩慈今優游家居寓閒館珍臺之逸朕之存遇茲云厚矣宜祇成命無咈深懷

賜資政殿學士通議大夫知紹興軍府事兩浙東路安撫使李彥穎乞檢會累奏差宮觀一次不允詔

卿亮直醇明舊維共政朕所嘉尚爲時老成曩辭柄途遂付閫寄夙夜匪解惠康小民前聞告歸固嘗遣詔諭眷留之意謂已深識予衷今何遽而上章又欲去郡詩不云乎豈弟君子民之父母況卿樂易之政甚宜其民克成厥終要以無倦晦明小瘮隨當自康

眞祠燕閒奚必屢請

賜朝散大夫韓彥古辭免除敷文閣直學士在外宮觀不允詔

臣工審用名器有詔未爽無功不除卿智慮疏通□華閣暈飛光連天象宸章鱗次寶聚先猷朕今敦勸賁斂給屢備禁途之列獨專邦用之司貨移不及於公藏贍給自周於常度厥効信矣于今因之念爾去朝遂投閑而置散顧予待下記豈過而忘勞俾從眞館之遊仍寓清廂之直已乎成命宜略撝章

賜宣奉大夫曾懷辭免除觀文殿大學士提
舉江州太平興國宮不允詔

朕惟仁君不盡人之忠智士不窮已之力均勞逸之宜則恩義斯厚達進退之節則廉隅乃全卿迪德純明受材宏裕比延登於揆路實具展於賢猶荐披懇請之章祈遂燕閒之適已頒丕制俾解繁機辟榮秘譚之崇賦祿眞祠之養階六符而成體既居輔弼之聯陞九級而上廉盍示始終之遇趣宜祗服毋事多陳

賜中大夫參知政事姚憲乞就祿祠庭不允
詔

朕舉要萬機責成四輔用舍之間實關於國體動靜之際尤繫於民觀使皆歸潔而自全詎與協謀而共理卿材資開濟識量淵閎自擢預於政塗益具昭於賢業方有猷而告后維既乃心曾何感而上書靡安厥位矧今興起底治恢張遠圖正當宁汲汲焦勞之時豈大臣紛紛辭避之日亟祗爾服毋咈予懷

賜觀文殿大學士銀青光祿大夫提舉臨安
府洞霄宮陳俊卿辭免以郊祀大禮慶成加
食邑食實封不允詔

朕練吉天正揭虔陽位靈顧昭假美祥來同迄于有成敢曰能饗固嘗裒神之施覃及內外小大之士眷乃碩輔有勞王家久辟繁機越在外服不獲陪予禮容之盛也肆其均釐朕烏得而忘之卿望崇而益謙位高而愈畏具乎誠悃願還寵章詩不云乎受天之祜四方來賀於萬斯年不遐有佐非吾股肱咸德之舊誰與共此哉勉其祗承毋重多遜

賜朝請郎權吏部尚書兼太子詹事兼侍讀
李彥穎辭免除吏部尚書乞檢會前奏除一
在外宮觀不允詔

朕惟常伯之官自古所重選部之事于今實繁以盈几閣之書付長子孫之吏吏之幸則士必有不幸者也朕思得其人而久任之卿國之寶臣時之壽俊方介之資形見議論莊重之質蔚爲羽儀今自典銓之長進而爲眞庶幾式究爾猶使王裴之賢不獨稱□前世維昔九官之命皆專一職之能于時所謂陟明者不過爵服之加終不遽易其任若乃其間有卒爲輔翼者亦其詳試積久而後用也勉體至意毋庸重陳

賜曾懷再上表辭免除光祿大夫右丞相加

食邑食實封不允不得更有陳請詔
朕惟廊廟據繁機之會朝廷端大化之原必尊重難
危自稱陛廉之體維高明有倣乃符夷夏之觀豈其
專任以責成遽以被誣而去位卿材猷敏邵智慮淵
通蚤簡知於劇煩歷試之初迄登用於名實具孚之
後事悉汝翼謀皆予同方共起於治功偶遂辭於授
路念此永歎漠然靡圖維斷乃成旣辨霍光之謗□
賢罔又郎遄山甫之歸庶幾濟一時事業之隆亦足
示千古君臣之盛倘形遜避未諒懷眷惟鼎司之不
可暫虛惟渙號之不可復返亟宜祗拜毋重多陳

賜曾懷辭免提舉國史院實錄院國朝會要
所敕令所不允詔
宰相之任無所不統古者上公不以一事名官後世
賢輔亦有衆職兼領厥由舊矣朕詔館閣之士纂修
史錄會聚章程又設有司勒爲大法皆國家一代之
典冊垂示萬世非吾元臣碩德孰與專董振之權哉
卿智能周物儒學承家比嘗盡總於維綱亦旣克成
於端緒茲還舊位庶訖全書且載事貴嚴沿情貴通
皆卿所素講也尚何辭焉
賜資政殿大學士中大夫鄭聞辭免除參知

政事赴都堂治事乞除一在外宮觀差遣不
允詔
朕權內外之勢制重輕之宜經營四方雖資於崇望
總領衆職尤賴於偉圖卿贍智造微敏才經遠比從
政地往撫坤維忠勤具宜風績采邵與其寬一面之
顧曷若端萬機之原根本旣彊精神自盛靡須歲月
之久式遄其歸實藉謀猷之良同底于道思報國者
固忘勞於原隰懷愛君者亦存意於朝廷虛席以須
義無可避
賜中奉大夫試尚書吏部侍郎兼詳定一□

敕令韓彥直辭免戶部尚書不允詔
周家均賦職于地官漢室理財責在計相今民曹常
伯總治調度其位與權不減周漢之重委寄所在疇
咨維艱卿識慮博通材猷高邁歷揚煩劇風績卓然
荐登禁嚴名聲藉甚比掌銓綜尤稱公平茲用命爾
以六官之長典我邦用要使緩急適宜上下均裕錢
穀之問不關於朕心是所優爲豈必多遜
賜安慶軍節度使張說辭免除太尉提舉隆
興府玉隆觀任便居住加食邑食實封不允
詔

太尉古官也國朝以來寵數之隆遂均政路異時非勳德大臣未易克稱卿夙繇信遇晉預中樞既久問於歲時爰浸崇於耆位課功責效所冀亟成陳疾抗章遽茲引避朕用舉掌武之階以超昇之亦云厚矣尚祇恩意往即燕閒區區遜辭毋庸重請

賜安慶軍節度使張說上表再辭免除太尉提舉隆興府玉隆觀任便居住加食邑食實封不允詔

朕堅持名器躬攬權綱維時爵賞之行罔匪勳勞之勸迺若班升尉府寵視政塗冠于武階實所甚重□以畀爾亦知朕所以曲示恩遇之意矣惟愨謹則□斯永惟冲退則身乃休尚服眷私毋庸遜避

崔舍人玉堂類藁卷第六

崔舍人玉堂類藁卷第七

批答

賜曾覿辭免除開府儀同三司依前武泰軍節度使提舉萬壽觀進封信安郡開國公加食邑食實封不允詔

儀同漢制也本朝元豐建官始以易平章事之名寵數之隆一視宰路朕甚重之卿德組醇深志懷沉密涖事初載具宣勞能迄遠盛權休有燕譽簡于朕意錫是徽章爾乃陳遭遇之榮念盈虛之道幾以力辭厥命諧則高矣維朕優老懷舊之誠集於是舉尚可辭耶

賜敷文閣直學士太中大夫提舉江州太平興國宮汪大猷辭免差知隆興府不允詔

朕惟江表名區豫章要地思得忠信之長往布寬平之書卿天資粹溫風力敏裕頃在禁路日聞嘉猷肆典閫藩歲上最績會歷陳於沖請因勉徇於高情行及里居適虛帥閫涣此茂命託其令肅爾其體九重眷注之深念一面蕃宣之重亟祇厥服毋咈予聞

賜曾助辭免除開府儀同三司不允詔

朕惟耆成人之在朝廷猶喬木之在故國風采所及

望之已尊今吾左右親近之臣更歷四世年高而德劭無踰卿者儀同之命朕固恨其晩也雖輕視軒裳乃卿之素志獨不體朕尚賢優老之意乎廷告維允宜無辭焉

賜朝散郎充敷文閣待制龔茂良辭免除禮部侍郎不允詔

朕惟賢德之在國家譬猶鳳皇游廷麒麟翔囿文釆所被物亦華潤卿方亮之資淵深之學越去言路久臨帥藩勤勞具宣風績逾著考閱最狀眷懷令猷命之來歸留以自近春官侍臣之清選也羽儀天朝諭

思王政將于爾觀之宜無辭焉

賜侍衛親軍步軍都指揮使武昌軍承宣使興州駐劄御前諸軍都統制吳挺辭免除定江軍節度使加食邑食實封不允詔

朕躬秉常德規恢遠圖甚患諸將冒沒以自豐時乃弛于軍律思得謹廉安重之賢襃表以示勸卿材資果毅智慮疏通似其先人纘乃舊服加以持身御衆蔚然有良將之風朕亦何愛少府之節而不爲爾出邪尚覽忱辭固陳謙遜令雖無反誼不得從

賜皇太子光宗廟諱辭免男御諱除正任觀察使封國公女封郡主不允詔

朕惟帝王之治恩由親始而況大本所繫所以顯榮其私者可以輕乎今朕上奉慈闈而吾孫頴茂雍穆侃然在側實寵嘉之前日之命豈特故事皆以崇卿體怡親顔也尚何辭焉

賜翰林學士中奉大夫知制誥兼太子詹事兼侍讀兼修國史周必大乞特授一在外宮觀不允不得再有陳請詔

卿清規邁乎朝倫懿文經乎國體久在禁苑具聞嘉猷固已發吾詔令温淳安重踐乎訓誥之餘加以禮

遇恩寵在廷莫二而乃懇懇言歸幾於辭竭而意盡豈朕不敏未達好賢之誠將卿旣明自全引退之節莫喻厥意三復憮然詔旨屢頒勉留毋執

賜少保右丞相史浩乞歸田廬不允詔

朕宵衣旰食圖天下之治有年于兹矣顧同德壹意克濟于有成匪吾舊臣孰望卿忠勤在國德善在民黄髪台背皤然爲輔朕之所嘉賴而倚畀未久遽欲上印綬而歸人其謂朕輕於進退貳於倚毗非所聞也詩不云乎樂只君子遐不眉壽卿其寧神省慮總秉大體稱朕意焉

賜少保衛國公史浩辭免特授少傅保寧軍
節度使充醴泉觀使兼侍讀依前衛國公加
食邑食實封乞俾仍舊秩歸奉外祠不允詔
朕觀祖宗之盛亦惟有耆舊在朝廷不必悉勞以政
用能名聲光榮風采巖重爰暨遠邇罔不恭畏朕甚
慕之卿忠厚諒直爲國元輔兩踐宰路秉誼不渝有
德有勤光于上下深執謙節願還印章念將去位鬱
于予心惟恐遇卿之薄也參合舊典酌用優恩凡皆
致吾貪賢欽老之意顧何辭焉
賜太中大夫參知政事趙雄辭免特授右丞

相正議大夫加食邑食實封不允詔
朕惟自古國家之盛允有顯德克享天心則才爲時
生乃有碩大光明之輔左右厥辟相我受民爰暨四
方罔不同福今朕不逮側席虛已庶幾得賢卿正學
誠明英猷開亮夙懷任重道遠之志兼得應變守文
之長加以遠略宏度夐出羣物天所付畀庶其在茲
維朕時憲用不敢違今爰立之命匪卜匪筮斷自朕
心尚慨久大之圖茂對亨嘉之會勞謙小節非所望
焉
賜中大夫知樞密院事王淮辭免除太中大
夫樞密使加食邑食實封不允詔
朕仰惟祖宗規模宏遠以中臺總釐政務以右府對
持兵權禮遇委寄靡不悉同于時元老鉅臣有若王
曾文彥博猶以前宰乃居元樞朕今右武經邦體天
圖大維時省密尤待忠賢卿博大高明敦實方靖登
踐政路勤勞王家蹈履誠信表裏不渝獻納謀猷本
末可紀今升正使號柄愈重而位愈崇勉攄宏圖共
濟丕業規規謙避非朕意焉
賜少傅保寧軍節度使充醴泉觀使兼侍讀
衛國公史浩辭免弟淳長子彌大女夫李友

直夏鼎各與差遣并親屬恩數不允詔
朕若稽祖宗優待勳德推廣寵命逮其私門若其異
數便蕃深恩浹洽則又眷遇之意無所不用其至者
也卿舊學元老國之儀刑茲釋相權具極邦禮且宰
輔全美朝家光華而閨門之內不與共其榮樂朕得
恝然而已乎即宜欽承毋復勤遜
賜翰林學士中奉大夫知制誥兼侍讀兼太
子詹事兼修國史周必大辭免除禮部尚書
兼翰林學士不允詔
朕惟五禮管乎羣情八座高於邇列若乃中朝有大

制作而無所折衷諸儒有異議論而未知適從維時
大宗伯之官登同常有司之事卿以道德名望之彦
首言語侍從之聯百王憲度靡不該通一代典章俱
成誦記肅副朕選誰逾汝宜茲超陟於新班復仍居
於舊直進趨内禁敷雷風鼓舞之辭退跂中臺秉夙
夜寅清之節宜祗寵遇毋執謙懷

賜朝議大夫權尚書兵部侍郎兼詳定一司
勑令劉孝韙辭免除兵部侍郎不允詔

朕博延英材列布禁路法皆得從雖均禮遇之隆久
乃爲眞茲重近嚴之選卿迪忱恂之度秉端亮之資

文章爾雅足繼古風議論正平可詢今事懋乃賢業
登諸貳卿歳時徊旋譽望融顯茲有輿於眷意俾卽
正於班聯因嘗念之亦已晚矣宜承休命毋重謙辭

賜昭化軍承宣使提舉江州太平興國宫錢
愷辭免令赴行在奏事不允詔

朕惟太上皇帝軒墀舊臣朕皆昔聞其人矣矧惟我
大王之胄元勳之家于今顯榮在者無幾𤯝然長懷
得此一老卿生於華閥輔以美文越去闕廷多歷年
所思以自近知其尚彊已頒召書方竚風采詩不云
乎雖無老成人尚有典刑卿其趣裝來朝毋徘徊遜
避以咈朕眷想之意焉

賜武泰軍節度使開府儀同三司充萬壽觀
使曾覿辭免除少保寧武軍節度使加食邑
食實封不允詔

朕奉承太上之慈訓付授大器于時攀附之臣各在
帝籍被蒙顯榮今歷更歳時與念疇昔顧瞻在廷無
幾存者卿受才清明秉誼醇壹皤然耆艾際此亨嘉
蹈履冲規嚮用全福朕之所優遇乃茲換節名藩進
位亞保將使遠近聞風知朕篤於故舊有加無已庶
幾民德歸厚無愧周家之盛何以辭焉

賜新授少保寧武軍節度使充醴泉觀使曾
覿辭免擇日備禮冊命宜允詔

爵命有冊古也朕比褒耆舊優進孤班固已詔有司
序瞀綏陳金石朕當臨軒而賜之乃茲有陳願置勿
講易不云乎勞謙君子有終吉雖咈予懷姑成卿美

賜四川安撫制置使兼知成都府胡元質辭
免除龍圖閣直學士不允詔

朕敞華閣之儲以奉先訓設清廂之職以待近臣匪
功不除有昭具在若乃班高學士名擬河圖維時殊
庸乃稱遴選卿遠器嚴重偉才通明寄予坤隅亢彼

方面雅俗綏靖種夷附懷朕有信賞凡皆爲民也蜀在萬里之遠得賢方伯威恩惠孚使朕無西顧之憂美名峻職於此何愛宜承寵命毋執謙懷

賜皇弟璨辭免特授少傅依前靜江軍節度使充醴泉觀使恩平郡王加食邑食實封不允詔

朕惟親之欲其貴愛之欲其富古之道也朕承祖宗休烈託于王公之上方親九族以和萬邦惟是昆弟之賢可勿厚乎卿秉心安常率履端靖綏乃燕譽亢吾宗盟比者攷諸閥閱三孤之位久而未進朕用恧

焉趣告大廷登拜亞傅庶幾致予親愛之意卽宜祗服毋事謙陳

賜皇弟少傅靜江軍節度使充醴泉觀使恩平郡王璨辭免備禮冊命宜允詔

朕優褒親盟序進傳位禮亦興數頒難廢於邦常民具爾瞻實有關於事體載披巽牘願輟盛儀維用勉從終非朕懌

賜皇子雄武保康軍節度使開府儀同三司判寧國軍府事魏王愷辭免除改判明州軍州事加食邑食實封不允詔

朕惟先王盛時並建宗親夾輔王室後世有分土無分民非古也卿稟資邃明迪德純茂越去左右久勞蕃宣肆茲來朝爰俾更鎮四明吾近甸郡加賦進邑併用寵行尚懋思朕所以眷遇之意亟祗厥服益劭乃庸無以辭爲

賜利州觀察使知池州張掄辭免召赴行在乞除一在外宮觀差遣不允詔

朕循乎中外器使材能試其事則有臨遣以治民念其庸則有遡歸而就位卿夙備左右具殫恭勤維□予志慮之明乃畀以蕃宣之任旣歷歲月益觀勞□

一乘傳而來朝尚祗恩遇三循墻而引避毋襲冲□陳辭雖多成命難返

賜朝請郎試尚書禮部侍郎龔茂良辭免除參知政事不允詔

朕臨御四海焦勞萬機永惟治功之難閱日彌長望古猶愧思得碩大光明之輔時朕咨度庸以乂民卿賦資渾深秉誼端亮德器自重賢猷孔嘉度越班聯延賓廊廟維朕時舉有言僉同天之降材曷敢弗嚮人之信道亦將有行今卿時逢而位至矣不進與朕亟圖三五之治規規辭遜尚何爲焉

賜光祿大夫右丞相曾懷乞解罷機政不允

詔

朕觀古之老臣乃心王家行道濟時惟恐不及衛武公百年猶朝夕箴戒其國欲以自輔豈曰予老維其身之圖卿智謀昭通德量夷遠延寘台路具施賢猶乃自秋以來時有晦明之疾耆碩方茂陽休不衰尚可以有爲也宜虞意待神總領大體丐閑之請所未喻焉

賜昭慶軍節度使楊倓辭免知荆南府不允

不得更有陳請詔

朕於進退邇臣初無容心於其間試其能則有峻□而不疑遂其私則亦優容而加遇比者擢卿於宥密之地意其奮由勳閥可以助成折衝經武之圖也曾未逾時遽復辭位雖名遂身退顧不能爲朕分一面之憂耶無或淹行亟往就服

賜光祿大夫右丞相曾懷再乞解罷機政不

允詔

朕紹宅丕緒緝熙遠圖廟堂之上所與共籌天下之事者亦惟有股肱之良朝夕左右時朕承翼卿朝之耆輔國之世臣倚成既隆注意眔重乃遜歸未能再時又以疾告欲上丞相印綬四方瞻望得無謂進退之遽耶勉肩素誠昭體大誼起就乃位迄成厥庸

賜朝請郎新除參知政事龔茂良辭免差同

提舉勑令所擢監修國史日曆所不允詔

朕惟共政之臣下丞相一等凡國家之大典冊不可獨任則有分總而共治事體隆重亦繇其能卿踐揚四方更練憲度周游三館熟究例凡是用命爾以史官律令之事庶幾有所折衷即宜欽承豈必多遜

崔舍人玉堂類藁卷第七

崔舍人玉堂類藁卷第八

批答

賜觀文殿學士通議大夫知紹興軍府事錢
端禮乞仍舊外祠不允詔
朕觀自昔大臣乃心王家中外合體而靡不□其勤
始終壹節而固將志其老卿秉誼忠正受材通明□
予近藩倚乃崇望朕方圖爾庸以風四方之諸侯乃
欲引寒暑之小愆慕林泉之眞適則豈曰逵朕志□
威德既洽施爲不勞怡精嗇神寧處厥位

賜朝請郎試吏部尚書兼太子詹事兼侍讀

李彥穎辭免除端明殿學士僉書樞密院事
乞檢會累奏除一在外差遣不允詔
朕惟上天眷佑國家將興非常之治則亦生一時□
材世由道昌賢乃類進易曰剛來而不窮明主在上
君子之來無窮治乃可爲也卿德宇淵靖材謀敏彊
揚于邇聯積有顯問稽合輿論延登中樞協于王懷
乎乃宏蘊今衆賢穆穆並啓經綸之圖舉觀顒顒益
須亨泰之福卿猶以撝謙不居爲言邪趣承寵休亟
就著位

賜敷文閣直學士朝議大夫知建康府胡元
質辭免召赴行在不允詔
朕差擇外服躋參邇聯豈惟更練民情可備周度亦
以儲熟時望迄多延登卿文高國華識貫治體越去
清近歷勞蕃宣眷懷謀猷思見風采趣解留居之重
即承召節之嚴禮有疾趨誼無謙避

賜朝請郎試中書舍人兼太子詹事兼直學
士院兼侍講王淮辭免除翰林學士不允詔
朕招徠羣英列寘庶位凡今言語侍從之官俱一時
選也乃若直居清禁班冠内朝古人至比以遡紫□
凌玉虛者顧不甚重歟卿德器端亮道原淵深□□

寶臣時之瓌望夙簡朕志寖登要塗忠純多告□□
猶安重得代言之體今晉爾子詞林之長職親而□
美位峻而地嚴是惟朝廷待士之華亦乃儒學逢□
之盛趣承眷意勿有辭焉

賜承議郎試給事中兼侍講兼權吏部尚書
留正辭免除權禮部尚書不允詔
朕覽先王制作之明嘆後世襲傳之陋本原寖失僅
守於彌文議論弗純尚多於舛禮與我中和之化寄
諸清直之賢卿秉方毅之資積該通之學踐歷華要
發聞芬香朝有正臣士靡異論越自瑣闥晉陟文昌

位班既登，器寶逾重，維窮高極遠，固不專綿蕝之容；當據古參今，毋少損塗歸之譽。已乎休命，宜略撝章。

賜中大夫參知政事趙雄辭免玉牒所進書了畢充禮儀使轉一官依例加恩不允詔

朕惟禮隆者文必縟，勞大者報必豐。比輯簡編，皆關宗廟。逮於登進，係厥瞻觀。卿嚴嚴碩臣，顯顯偉望，克相盛事，汔無愆容。推加優章，率用舊典。任大守重，惟先烈之承；事畢功宏，敢廢賢庸之賞。已亮知於節，卽酌損於初恩。若又確辭，得無過遜？深爲熟□□難勉從。

賜鄭藻辭免加恩不允詔

朕以眇躬嗣守大統，賴天之靈，中外寧壹，乃令□□日拜況于郊。景象肹然，禮無不答。震于休祥，不敢□□鄉。卿以外族之賢，典衛宮闈。朕得飭躬專精，接神靈，蒙休應，皆卿之力也。加地進律，於典有稽。趣其欽承，無稽我已成之命。

賜魏王再上表辭免加恩不允不得更有陳請詔

朕郊見上帝，饗承嘉休，遠及裔夷蠻貊之邦，徼至燀胞翟閽之役。配天其澤，雲行川流，豈吾嗣賢而可遺乎？函封再卻，陳義雖高；廷告一行，僉言已允。亟宜祗服，毋咈朕懷。

賜王抃辭免除觀察使恩命不允詔

朕惟春秋之時，列國之大夫主辭令，治賓客，咸□容談笑，尊彊于乃國家。朕思得若人而用之。□□□敏而通，彊而毅，發其智謀，克協于朕指，咸乃功，肆疇厥勞，用陟以廉車之寵。嗚呼！往欽哉，圖惟厥成，毋咈朕命，用揚爾顯績。

賜沈度辭免除權兵部尚書恩命不允詔

朕仰惟前代，是若建置□官，曰六卿，各帥其屬□□邦治，惟其人不求備。備厥惟賢，卿秉乃德，裕□□力于四方。迪簡在禁塗，乃有嘉謀嘉猷，其在京□□惠和于有民，茲用進爾，以常伯之位，亦惟爾酬應□□客有庸于王家。嗚呼！卿其承之，惟勞惟能，朕不輕□乃惟爾百辟用勸。

賜皇弟璩辭免加恩不允不得再有陳請詔

朕比卜景至之日，躬執圭幣，用事南郊。上帝□臨，中壇賜朕洪禧。休嘉研隱，著見景象。戰戰栗栗，懼不克稱。思昭天地覃福萬邦。詩云：豈無他人？不如我同姓。加地之寵，趣宜欽承，遜辭雖勤，斁上無益。

賜蒲察久安辭免加食邑食實封不允詔
朕登禮上神膺受祉福惟爾熊羆之士爪牙之臣□衛乃翼汔于熙事加賜多邑厥惟寵休卿其惠朕熙天之命惟忠惟勤宏乃丕績區區多辭毋復以聞
賜曹勛辭免加食邑食實封不允詔
祭必有澤古也逎者三歲躬郊先期宿廟重陰爲沴薦祼之夕同雲雨雪大輅啓行日光穿漏禮行樂奏光景竝見靈鑒昭答福應洊至顧朕何以堪稱亦□爾左右小大之臣交修協相用端命于上帝皇天□予休成靡敢專鄉詩云烈文辟公綏以多福俾緝熙于純嘏覲勞疇賞於國有程趣宜祗服用共承□□

休
賜吳拱辭免加食邑除武康軍節度使不允
詔
朕惟爾先世秉誼忠正經營四方厥有顯庸藏在盟府肆貽慶於爾後人勤勞王家宏乃舊服今予揆爾節亦惟塈爾以先世之事尚克祗厥寵無煩我申訓
賜黃中辭免除龍圖閣學士依所乞致仕止
令守本官職致仕不允詔
朕甚貪賢而欽老凡一時耆厖魁壘之臣非甚病不能事猶冀其復從吾遊辭榮之奏屢上數却不忍盡可卿全德宿望身名俱榮高臥丘園旣起復去精神不衰謀猷尚壯朕固遲其來也上章力請堅不可回是用陟河圖之隆名以華其歸還笏朝□揮金□□卿之於寵利亦云澹然矣朕固以揚高風而□□□耳勉承休渥毋事謙辭
賜居中免辭加恩不允詔
朕比以天正之吉肆禋于郊盛牲列陳和樂具奏靈斿來下虞樂紫壇顧瞻在列而吾令昆弟肅肅雝雝周旋其間執籩奉璋實朕承翼汔于熙成朕何□□

天地之貺施而不與吾親賢共安利之乎誕敷□□具存彝章睦族尚仁賑勞行賞皆朕所以不庸釋□卿也往宜欽承毋事多遜
賜曾覿辭免加恩不允詔
朕惟君之於臣義均一體有福咸饗賀慶同之□□旋陪朕有年于玆柔嘉靖共休有燕譽比用□□□郊丘萬靈宴娭百祥順嚮亦惟爾肅□顯相之助□將予于有成竣祠逆釐沛澤庶位章明上天之休施衍封加邑姑循彝典朕心固不慊然也尚何辭爲宜即欽承毋勤攸訓

賜敷文閣直學士左中大夫知泉州汪大猷
乞歸就祠祿不允詔
朕夙夜興念焦勞遠民得一良刺史以惠寧之如寶
珠玉尚肯輕棄卿清規粹德踐揚禁塗典吾重藩□
有政譽因任滋久發聞日休何爲上書必求□退齒
髮不衰精神方盛意病未當言也藉欲自逸寧不能
勉爲朕留慰此一方之人乎祗若訓辭趣安厥服
賜太尉威武軍節度使提舉江州太平興國
宮李顯忠上表再辭免加食邑食實封不允
不得更有陳請詔

人主荷天之休不貴於能有而貴於能□人□□□
之寵不求於能遜而求於能報朕比以陽正景序□
款泰壇禮成休明嘉應竝見顧吾虎臣有舊勞於王
家肆于竣祠亦俾均福卿其忠純果毅勉圖厥庸以
茂對于寵休則予一人汝嘉辭避之章其止勿上
賜武康軍承宣使新特改添差江南東路馬
步軍副都總管建康府駐劄王琪辭免差知
楊州不允詔
朕惟廣陵控制淮海屏蔽東南厥今號爲要地分閫
之任匪才不居卿番宣忠勤茂著休績越從祠館俾

總戎師肆嘉壯猷易與方面朕之付汝蓋不輕矣振
之於復用則恩深而責重收之於久逸則謀蓄而慮
精姑略謙章勉圖報禮
賜少保武安軍節度使四川宣撫使虞允文
乞致仕退安田里不允詔
朕慨念遠圖敷求長筭乃眷西顧孰膺分閫之權□
曰汝諧遂付董師之任逾年于彼厥績用休紀律精
嚴恩威孚洽方倚寵邦之効遽披納祿之章良駭所
聞莫喻茲意孔明甚病尚軍務之必親子房未衰□
人事之早棄而況安危所繫神明自扶儻體□□□
愆固當臥而治耳豈勳庸之將就乃欲輕於□□□

若予懷益共爾位
賜中大夫參知政事錢良臣乞重行黜削謹
家居待罪不允詔
朕秉要法宮倚成政路固不以纖誤往故督過大□
卿曩任將明偶乖察舉非親非舊誠亦何心乍使乍
賢自當難保況知人之法聖人猶重之卿曷爲引咎
之深哉
賜敷文閣直學士朝請大夫秦塤辭免改差
知泰州不允詔

卿胄由喬木之世家名在甘泉之法從起之試郡庶
勞効之有聞更以治民初眷懷之無間諒居官而可
紀當易地以皆然豈必謙辭卽宜祗服

賜資政殿大學士宣奉大夫提舉臨安府洞
霄宮梁克家辭免差知福州不允詔

入登中台出典方面眷倚俱重體貌茲崇卿秉心直
淵蹈道中正曩任宰事具昭賢猶承寧四方端正百
度終始不解本末無疵維閩阜繁厥土嘉樂□□□
梓諒素習於民風閒馬及牛固無勞於政術聊借□
望亦優舊臣所宜欽承豈必多遜

賜福州觀察使知閤門事兼客省四方□□
兼樞密都承旨王抃乞除一在外宮觀□□
不允詔

卿臨事多通飭躬能謹道中樞之密旨典□□□
儀勤勞備宜眷備渠厚豈茲未老乃欲言歸□□□
懷宜安爾位

賜資政殿學士通議大夫知紹興軍府事兩
浙東路安撫使李彥頴乞除一在外宮觀不
允詔

朕惟為政之道譬諸農功致力專則事乃精用功多
則利自見日者朕考察材能風厲郡國專用久任之
法卿亮節冲規惇德敏行曩預政論具聞德言今會
稽之治上下和樂就使閱久猶當勉留而況惠方洽
而中休政甫成而遽輟則豈朕之望哉所宜少安毋
復重請

賜朝議大夫試尚書吏部侍郎兼侍講□□
修國史兼權吏部尚書程大昌辭免除權吏
部尚書不允詔

朝廷從臣咸由德選文昌常伯專用老成卿學術造
乎道原智識通乎國體精明□□□吏姦於冗□□

大之論發經誼於燕閒啓□□□□運□□□
譽宜居八座之聯登冠銓衡遂□羣才之會已□□
命難徇謙懷

賜中奉大夫試禮部尚書兼翰林學士兼侍
讀兼太子詹事兼修國史周必大辭免□□
修纂日曆係在內官轉一官不允詔

朕惟日曆之設茲實信書之原開寶以來悉歸史館
元豐而後始屬著庭肆予臨御之長逮此纂修之備
趣條功緒優答勞庸卿邦家名儒臺閣舊老日月獻
納方深賴於謀猶春秋謹嚴茲具循於凡例尚冀交

修於不逮更期垂美於亡窮賞有故常誼無過遜

賜承議郎試給事中兼修玉牒官兼侍讀王
希呂辭免除兵部尚書兼給事中不允詔

六卿各得率屬五材誰能去兵乃眷中臺之臣尤高武部之長卿器資渾質知畧通明學不空言達一時政事之體策無遺慮見萬里軍戎之情天生偉才時對亨會朕今修明先備嘉靖中區超躋嚴近之聯汔究幾深之藴兹惟素意亦恊輿言當體予懷即共乃位

賜中大夫試禮部尚書兼翰林學士兼太子

詹事兼侍讀兼修國史周必大乞撿會□□
除在外宮觀差遣不允詔

卿冲規亮節聳榮中朝大册高文追躡前古越自去歲洊祈外祠所爲眷留亦已備盡何未淹於時月又遽上於封章詔下禁林羣聽習聞於温厚禮行世室諸儒質正於異同固嘗念之疇可去此宜安厥位毋咈予懷

崔舍人玉堂類藁卷第八

崔舍人玉堂類藁卷第九

批答

賜中大夫試禮部尚書兼翰林學士兼侍讀
兼太子詹事兼修國史周必大辭免皇太子
講禮記終篇官屬特轉一官不允詔

朕惟元良根本之重固嘗博求名德之彦以輔翼于東宮卿稟資直方蹈道履正朕所簡注俾位端尹而能敷繹古今講道法度開益德性日以高明朕甚嘉之昔元榮以儒君專精博學謂之國家福祐今經告汔篇例進官等亦惟國體所繫且以朕心之喜尚□

何辭焉

賜朝奉郎試尚書工部侍郎兼知臨安府吳
淵辭免修葢後殿了畢特轉一官不允詔

朕躬修儉德丕變民風慕三尺之階悉存簡質惜十家之産盡省繕營維此便朝循夫舊制比緣極陋因俾更修卿登備禁塗典司天府所付輙辦靡勤弗宜兹與事功實體朕意費出餘力役無勞民聿觀厥成遂取諸壯爰推加於茂典庶聳勸於具僚即宜欽承豈必多遜

賜宣奉大夫右丞相趙雄辭免秘書省進呈

會要了畢提舉官特轉兩官依例加恩不允
詔
朕惟書契以後文因浸繁典謨而來政乃可考比觀儒館亟上奏篇紀綱制度之畢陳品式條貫之具備因科分類足自補於一家隨事尋源當可知於百世卿大猷經國純德格天配古之文潤澤皇業通今之學練達朝章總率雋英全就簡冊宜昇懋賞遂超崇階國雖重於器名有典可稽則非濫士雖先於分義有勞可稱則非貪卿誠無事於禮辭朕亦何庸於令返從極懇至終難聽從

賜中大夫參知政事錢良臣辭免秘書省進呈會要了畢禮儀使特轉兩官依例加恩不允詔
朕惟朝家有大典禮則必命宰輔爲使以領之乃者三館以成書來上朕以爲兹皆祖宗制度邦國軌則而朕之所率行疇敢不敬前詔共政之臣董總儀典乃七月甲戌麾幢在門簪佩在廷朕肅然覽觀既用嘉歎又陳文物振鍾鼓奉而上之慈庭登而藏之華閣悉無愆容汔就成禮者卿之力也兹循前憲優進文階而乃陳詞懇激慮於過而弗當維國有體朕敢聽乎即宜欽承毋重勤請

賜通議大夫樞密使王淮辭免已進會要經修不經進提舉官特轉一官不允詔
治莫重於憲章傳當資於簡冊魏相輔政實始漢事之行張說佐王乃先唐典之述卿文華緯國道德致君頃登政途嘗領儒省維時載筆及是成書肆疇前勞乃昇茂賞僕僕亟拜曾非疊於近恩謙謙有終奚亦勤於來奏當即祗服固難俯從

賜中奉大夫權吏部尚書兼侍講兼同修國史程大昌辭免進呈會要經修不進特轉行

一官不允詔
居侍從之事策翰林之勳是維至榮厥有彝則卿綜練政體明達朝章嘗領羣英與裁大典兹既觀於登進乃亟下於褒嘉維韓愈書而屢書固將垂後使宣子遜而皆遜何以勸功毋庸多辭宜卽祗服

賜邵慶軍節度使提舉隆興府玉隆萬壽宮楊倓辭免差知江陵府乞依舊任在外宮觀差遣不允詔
朕乃眷荆州邈在遠服控潭衡而薮襄漢接雲夢而通巴巫實前代百戰之郊爲今日一都之會卿器懷

沉裕材力剛彊掌民曹調度之繁聞宥府謀謨之豁
未忘前遇更勉後圖間館珍臺宜釋里居之養碧幢
茸纛遂光帥鉞之行尚卽欽承毋庸遜避
賜中大夫提舉臨安府洞霄宮范大成辭免
差知明州不允詔
朕選建賢侯綏靖方夏間者重鎮闕守必先用舊政
之臣豈非以其陟降左右知予德意之所在歟卿清
明爽粹之資綜練該通之學出入中外勤勞國家今
四明大郡方失吾賢子之愛思得慈惠之帥往撫摩
之歷選重臣無越賢望卿其趣裝經闕受命之藩若

其惠利孚洽使民有餘財聲威靖嚴使海無傳箭朕
方須爾嘉績以風動列服遲徊遜避非所望焉
賜昭慶軍節度使提舉隆興府玉隆萬壽宮
楊倓上表再辭免知江陵府不允不得再有
陳請詔
朕恢宏遠圖簡畀重鎮武侯承德咸付兵民之權牧
臣司荆尤嚴疆埸之守選諸世彦經此外庸卿蚤奮
材能歷更任使方引祠庭之逸適圖邦翰之良爰刻
之符俾重吾圉琱戈啓道益光戎乘之行綬帶臨邊
尚濟勳門之美重披來奏猶咈深懷唯謹固足以折

遐衝惟鎮靜足以綏遠俗方須成効宜略沖章
賜太中大夫充龍圖閣待制知隆興府張子
顏辭免除敷文閣直學士不允詔
朕惟　太上初基二三雄武之臣實能比義勠力冊
造我區夏肆朕臨御念之不忘乃其後人銜訓嗣事
用克有邦翰之績徹于予聞其於褒表可勿異乎卿
安和有常通達無滯宅是綏撫最於藩宣朕作典庶
功吝惜顯職今以禁嚴儒學之直重爾方面兵民之
觀卿其服茲異恩訖乃嘉績區區遜避非所望焉
賜朝散郎試尚書工部侍郎兼知臨安軍府

事充兩浙西路安撫使吴淵辭免除權工部
尚書不允詔
朕誦復古之詩思車馬器械之備修厲精之政期工
匠技巧之能維時禁路之臣尤重事官之長卿識慮
通達才猷贍長暇自討曹尹茲天府績用昭著勤勞
茂宜念方寄於浩穰宜有加於眷遇分職而倡九牧
既優進於巍班掌土而居四民尚盡施於宏蘊巳頒
成命奚事謙章
賜朝散郎試兵部尚書兼給事中兼修玉牒
官兼侍講王希呂辭免玉牒所進書了畢特

轉行一官不允詔
朕明用慶賞優崇近臣築黃金之臺念首延於名德
錢白玉之牒茲褒叙於成勞卿邦之碩儒朝之偉望
學貫羣言而講明政體文高衆作而潤色皇猷攄其
長才就此丕策今乃過引柄塗之比祈收恩命之行
九虞朝之官有拜有遜一孟軻之餽或受或辭豈必
皆同固各有體宜寢謙奏即承寵章
賜資政殿大學士宣奉大夫知福建路安撫
使梁克家乞除一在外宮觀差遣不允詔
朕睠懷全閩邈在南服厥土嘉樂維今阜繁圖戎輸
之良將靖彼兵民之衆擇輔臣之舊庶知予志慮之
明卿稟資安醇執誼忠壹比起家庭之適俾光帥閫
之行既越歲時具聞勞効愛物拳拳之純意奉公亹
亹之小心況乃秉執鈞衡固不勞於一鎮顧瞻桑梓
復近在於四封豈必言歸乃爲自逸尚收冲請毋咈
深懷
賜少傅保寧軍節度使充醴泉觀使兼侍讀
衞國公史浩辭免經筵進讀三朝寶訓終篇
轉一官可特同授不允詔
朕惟一祖二宗之丕訓布在方冊佑我後人比者申

命儒臣俾卒緒業日御便坐不遑康寧自朝向中樂
以忘倦于時哲艾擁經在前有博見聞敷繹開道熙
廣朕志進于光明昔晉文公行賞于國三日道我以
仁義防我以德惠上賞輔我以行又次賞至於以勞
事我乃受下賞國人聞之於是大悅卿宜受上賞者
也固已徇撝謙之志而移恩于族屬矣若又固辭得
無過乎
賜史浩再具辭免轉官同授不允不得更有
陳請詔
朕崇獎儒風敷求祖訓五帝之臣莫及敢自比於高
明百篇之義得聞正有資於誦讀卿亮直和易清純
邃深蚤際初潛具輸忠益茲陪麟趾之殿適畢金華
之書緝熙單厥心雖予不怠終始典于學咸乃有勞
已高撝損之風姑下貤恩之命尚披冲奏殊咈深懷
當宜欽承毋庸重請
賜特進觀文殿大學士判建康軍府事充江
南東路安撫使兼行宮留守陳俊卿上表再
辭免除少保加食邑食實封不允不得再有
陳請詔
朕觀祖宗盛時亦惟有庬臣哲輔列在方嶽位崇望

重循古元侯承寧四方翼衛王室用能裔夷遠邦亦
克恭畏朕甚㮣之卿經邦之才鎮物之度膺受委寄
保釐別都民習其化以安靜而平士服其威以簡嚴
而重朕所以釋然無一面之憂者以卿在也出綍大
庭晉位亞保庶以褒異顯績風示庶邦之諸侯乃欲
勿承得乎成命維行多辭無益

賜通議大夫參知政事周必大辭免同提舉
勑令所不允詔

朕觀國朝循唐舊制凡刪定律令必以廊廟之臣領
之示不敢輕也卿以經術潤皇猷以智略斷國論宜

以餘力訂吾丹書况今倚任大臣總正諸夷宏章鉅
典各奏厥成卿獨袖手於其旁可乎

賜通奉大夫樞密使王淮辭免樞密使日參
如遇押班亦免宣名不允詔

朕酌稽前猷優禮台路誠至則文可簡任專則體亦
尊卿高明適中敦大成裕練達萬事輯寧四方昔田
單相齊齊王一日曰召相單來左右驚而誅之今朕
端臨當宁延見羣臣而吾元輔乃抗聲傳名於下固
朕之所未安也况日御別殿體殊正衙贊呼常儀宜
有可略卿無辭焉

賜敷文閣直學士太中大夫知隆興軍府事
充江南西路安撫使張子顏辭免差知紹興
府不允詔

稽山勝地夙推禹會之朝浙水名藩今列漢都之輔
簡求治最畀付帥權卿器度端純風猷和雅才能之
茂稟於天資忠義之傳濟厥世美曩倚藩宣之重尤
高牧御之良爰省乃成宜易之鎮帝城可望遂寬存
魏闕之心民瘼是除當有及京師之福已孚寵命難
徇謙章

賜宣奉大夫右丞相趙雄辭免國史院進呈

四朝正史志了畢提舉官特與轉兩官依例
加恩不允詔

朕惟五始之法變而遷史行八書之體拘而漢志作
眷皇家之累洽仰列聖之嗣興威靈在天法度垂世
兹告編摩之備首旌指授之勞卿以全才運理事機
以宏度鎮寧方夏攄其餘力就此信書方頒懋典之
常遽閲需章之上曩者疊緣褒進屢徇謙陳民罔中
而爾中固當懲於過賞前不受而今受亦何損於高
風當即祗承無庸重請

賜通奉大夫參知政事錢良臣辭免國史院

進呈四朝正史志了畢禮儀使特與轉兩官
依例加恩不允詔
朕觀祖宗舊制信史成書則提綱宰輔率屬以進而已近世禮緣時備事逐情隆於是威儀文物之繁視昔加盛朕率循成則用不敢違乃者書成汗簡事集累朝登進端宸賀蕆延閣卿董正盛禮周旋服容迄臻于成宜與其賞文階之進固有故實尚何辭焉
賜德壽宮婉儀張氏三上表辭免進封
太上皇帝淑妃恩命不允不得再有陳請詔
朕紹履邦圖躬勤子道備物致養惟恐於不隆先意承顏惟恐於不至乃聞碩媛夙著令猷調滑甘寒煖之宜伺出入起居之節安和有度淑謹無違協于深懷錫是優典修六宮之職已高妃掖之華奉萬年之觴當溢親庭之喜宜祗寵命即止謙章
賜德壽宮淑妃張氏辭免令所司擇日備禮
冊命宜允詔
朕惟命冊之盛禮成之樂歌之古也朕崇建天妃虞侍親側方將備物展儀顯命于朝今上章固辭得不成其順巽之美乎雖庸勉從良爲缺然
賜宣奉大夫右丞相趙雄再具奏劄子辭免

進呈四朝正史志了畢特轉兩官依例加恩
不允不得再有陳請詔
朕惟史書之成一家事叢則志必備宰相之總衆職勞大則賞必隆卿達識長才宏䇿偉略綜練政事勤勞國家雖嘗深篤於眷懷曾未優加於恩禮適奏篇之來上知褒典之當行爰不淹辰趣令須制即予心之可見豈卿意之未孚辭已至三今爲過矣令無或再尚可返乎
賜通奉大夫樞密使王淮辭免進呈四朝正
史志了畢經修不經進前權提舉官特轉行
一官不允詔
朕觀大中祥符間祖宗正史告成維時宥密元臣曰欽若曰堯叟咸緣舊勞並被優禮今朕延集儒英登載前烈事叢業鉅功著職脩逮於差序勞伐而知吾樞輔實嘗提綱於其間可無厚乎卿德器嚴重道原純深燮和兵戎持守法度方將濟經綸之業豈徒矜翰墨之功行賞酬勲率用故實執謙雖至所不得從

崔舍人玉堂類藁卷第九

崔舍人玉堂類藁卷第十

批答

賜通議大夫參知政事周必大辭免以四朝
史志成書曾經修特轉一官不允詔

朕緬惟神祖遹駿先猷維時史臣咸極妙選然方修而曾鞏遽釋其任既成而蘇頌弗預於恩乃知名儒宗工宣勞載筆任而成茲亦古昔之所難也卿高文大冊博識洽聞追迹二臣固已有光向者四入承明成典斯事網羅囊括用力最多今釋簡冊登廟堂曾不淹□成書來上不其榮哉答翰墨之成勞侈儒術之亨遇一階例進予猶歉然遜避之章所毋庸至

賜朝散大夫試吏部尚書兼侍讀兼修玉牒
官兼修國史王希呂辭免修進四朝正史志
了畢經修經進官特轉一官更減一年磨勘
不允詔

朕惟文人多史才少此古昔之通患也比以四朝功德宜有信書設局有年告成無日固嘗明發典念選三長於侍從之中果得其人足辦吾事乃者丞相率屬上所著史志鋪觀反復有當朕心維時載筆之首勞可無褒乎卿識略通明風猷高邁方聽履星辰之上乃策勲翰墨之間儒術有光衆聽維允賞稱于事尚何辭焉

賜中大夫試尚書兵部侍郎兼同修國史芮
煇辭免修進四朝正史志了當經修經進官
特轉一官更減一年磨勘不允詔

朕聞自古有史維才實難仰四聖之豐規接五朝之丕蹟率褎儒彥始就志書告于神明遂侈先猷之盛老於文學實資近侍之賢卿筆力雄徑雍容古風師友淵源根據經術閱奏篇之來上嘉用志之艮勤已錫優章是循故實即宜祗服毋重陳謙

賜少傅保寧軍節度使充醴泉觀使兼侍讀
衛國公史浩上表再辭免進呈四朝正史志
了當依進 徽宗實錄成書例推恩特依所
乞許回授不允不得再有陳請詔

朕觀祖宗信史咸領台司然而成書進御第賞疇庸肆事前勞多處外服今朕有元臣錫第輦下舊所典領親見其成宜褒寵之所當厚也而卿以虛謙避成功以恬退厲浮俗敷敘誠蘊願還恩章朕固已徇卿之志而俾貤於族親儻猶固辭是將廢賞賞國之典詎可廢乎

賜少保觀文殿大學士判建康軍府事充江
南東路安撫使兼行宮留守陳俊卿乞檢會
累奏許令致仕不允詔

選建輔臣臨撫都會龍蟠虎踞念方寄於蕃宣嶽鎮淵渟顧無逾於宿舊卿純深安重簡易清明勤勞載於邦家文武憲於夷夏年齡雖艾風烈方彊寛予顧懷允彼方面典非門之管尚誰宜之垂故里之車奚遽議此况今田間綏靖疆埸晏清汔成茂庸聊借重望叙陳雖至所不得從

賜朝議大夫權尚書吏部侍郎兼太子詹事

兼同修國史兼權吏部尚書閻蒼舒辭免除
吏部侍郎不允詔

朕招延儁能列布侍從必使資深而望重遲以歲時亦惟功著而職脩正其服位卿器範凝遠材猷邃明自擢序於天官寖發舒於賢業以平恕振滞淹之患以清通疏盤錯之繁時聞嘉猶日稔令問顧瞻在列念久著於勤勞登進爲眞實素由於知遇已乎成命奚事謙章

賜保康軍節度使提舉佑神觀士歆辭免除
嗣濮王加食邑食實封不允詔

朕惟安懿王之功德積厚流光當祀百世比者宗老虚位惻然有懷顧瞻近親尚見耆碩率德蹈義肅恭在廷是用命以分茅纘乃舊服奉其烝嘗今卿陳德弗類願畀于宗族之賢詩不云乎維其有之是以似之尚誰宜焉

賜中大夫知明州軍州事兼沿海制置使范
成大辭免除端明殿學士不允詔

朕惟崇名顯職皆國家砥礪羣下之具也前者深詔執事非功不除守此之令堅如金石今吾廊廟大臣之舊猶必循此而後予者豈非信乎卿謨猷川行智

略輻湊鎮服藩翰輯和軍民具聞忠勞爰錫褒賞風示顯績聳榮列侯尚思眷懷益展報効謙避之過所不必聞

賜資政殿大學士宣奉大夫知福州軍州事
充福建路安撫使梁克家辭免復觀文大學
士乞檢會前奏除一在外宮觀差遣不允詔

觀文舊紫宸殿也冠職其間尊寵非他學士比近世專以待前宰之有德善勳勞者秩高地近朕不假人卿道原淵純德量邃遠釋政而去予懷不忘觀過知仁旹坐少損爲國信法于兹有年今七閩之政中和

簡易兵民便安朕得無褒賞以風四方之諸侯乎既還寵名仍俾因任僉論維允尚何辭焉

賜中大夫知明州軍州事兼沿海制置使范成大再辭免除端明殿學士不允不得再有陳請詔

朕惟賞當功則臣下勸名稱位則國體尊卿達識通才清規亮節賢聲顯重風表朝端王事勤勞殆環天下爰煩舊德俾殿東藩仁心日宣政績時乂追前疑之宿遇眷近輔之新庸集於眷懷厚此褒寵所當祗服豈必謙陳

賜資政殿大學士宣奉大夫知福州充福建路安撫使梁克家再辭免復觀文殿學士依舊知福州乞撿會前奏除一在外宮觀差遣不允不得再有陳請詔

朕選建仁賢惠綏黎庶敎條服習既不奪其成績用著脩亦無輕其賞卿醇深之度宏毅之資均榮柄途倚重邦翰維日滋久厥勤茂宜推加寵章褒表治效疊覽囊封之上確辭恩命之行叙陳燦然謙挹過甚廟堂宿望實繫羣觀藩嶽重臣豈容輕易遲以少日既其外庸冲規孔高所不得徇

賜少傅保寧軍節度使充醴泉觀使侍讀衛國公史浩辭免經筵進讀正說終篇特轉一官不允詔

朕屬精政幾崇鄉儒術永惟章聖皇帝之正說該極治道辭簡意明爰開金華趣命進讀庶幾是憲是式對于前光卿兩朝純儒一代宿德皤然耆艾擁經在前開道朕心曉暢厥旨詩云無言不酬無德不報今俾朕悉聞先訓之美而可無以致其意乎一階之進率用彝章辭避雖勤良所難徇

賜正奉大夫參知政事錢良臣通奉大夫參知政事周必大以積雨未霽乞先次貶秩不允不得再有陳請詔

朕惟水旱之來厥有咎證其爲天人交感之際則在懼與不懼爾今農事維時霖潦不止夙夜兢惕未知其由卿位居政路職貳國均相與憂之庶幾濟此乃欲潔身辭寵可乎

賜銀青光祿大夫右丞相沂國公趙雄以積雨未霽乞先次貶秩不允不得再有陳請詔

朕惟災異之來上天所以警戒人主也霖雨爲沴卒麥告敗浸淫不已害于農田卿體朕之心任朕之責

瞻陳封奏願致國章言之克誠躬乃自厚傳不云乎應天以實不以文今推求闕違稽按咎證得無有以災人和而召天異者方與卿等思之曷爲引咎之深哉

賜敷文閣直學士太中大夫知泉州軍州事程大昌乞改畀一在外宮觀差遣不允詔

閩山袤長泉爲都會蠻琛夷寶利輸中州朕選儒學侍臣之鎮所以布寬詔惠遐俗也卿渾深之度簡重之資出臨名邦休有善狀尚體素遇迄終令庸引閑告歸毋至重請

賜少傅保寧軍節度使充醴泉觀使兼侍讀衛國公史浩辭免進讀正説終篇特轉一官依所乞特回授不允詔

朕登延邇聯講誦先訓終篇之渥賁于儒林卿委遠盛權嚮用全福臨寵知懼陳情益高聽貤茂恩勉用近比崇儒重道朕方欿然胡爲謙辭猶復勤請巽雖令德過乃失中固避之章宜止勿上

賜少傅史浩再上奏劄子乞歸田里不允詔

卿深述遭逢之榮具陳廉退之誼章却復上志執愈堅方待之隆何去之果敬故者固思致其厚留賢者乃欲咨其謀鬱于深衷重此大體當少安於恬養亦奚累於高風而況身名俱榮責望不及雖在京邑何殊山林豈必言歸乃爲自適諄諄之請宜勿復聞

賜少傅史浩上表再辭免進讀正説終篇轉一官特回授不允不得再有陳請詔

朕惟王治之世靡不尊德而樂道元榮稽古而膺賜綬之恩蕭相授經而被封侯之賞載之史冊未有議其過也卿誦説先訓熙廣朕心逮於終章多所宏益今一官之賞歉然不居而俾貤恩于後人亦已損矣猶陳謙辭懇懇不已是使朕邈無恩禮以致崇重之意可乎宜孚至懷勿復有請

賜少傅史浩辭免今來所授官稱與先臣師仲適同乞特許辭避不允詔

二名不偏諱舊矣國初或大臣莫從所陳或小臣聽遂厥志繫於一時未有成則至嘉祐始申明禮律今令甲所莫著之易也卿確守謙規懇還恩典既窮辭於累牘復推義於大門事固甚明理無可徇

賜銀青光祿大夫右丞相沂國公趙雄乞許上還丞相印綬畀以外祠不允詔

朕聞君舉賢而自輔臣遇主而後伸用能同心協慮

濟于治功簡策所紀何其盛也卿受才偉明植器方
重朕所自擢人其具瞻今秉德輔相三年于兹矣登
進才能執據法度庶績維乂羣言孔嘉朕方委任不
疑庶幾前古君臣之盛乃欲遽舍而去何哉精力方
盛曾無少愆星文稍違旋已順軌鋪援爲說得無過
乎宜安勿言朕志已定

賜右丞相趙雄辭免特授觀文殿大學士四
川安撫制置使兼知成都府乞檢會除一在
外宫觀差遣不允詔

位台階而調元化開幙府而撫成師俱爲委任之隆

豈有眷懷之間卿宏材經遠贍智潛微歷踐要塗旋
登上宰更練萬事勤勞百爲勉徇高情聽釋重任爰
錫隆名之寵庶光良翰之行尚披謙章願返渙號積
三年輔相之勞而授職非無績之可名歛四海經綸
之業而偃藩豈有嫌之當避雖亮冲守固難曲從

賜樞密使王淮辭免特授光祿大夫右丞相
兼樞密使進封福國公加食邑食實封不允
詔

朕承天寶命臨御四方惟是一日萬幾不能獨任敷
求良輔作爲股肱猶疑須龜猶正須墨協志同德用
乂我民卿涉道深純受才宏遠秉誼中正勤勞王家
忠規密謨朕所自簡終始表裏一節不渝兹用告諸
在庭命以作相庶幾且夕承翼濟于丕平民言具嘉
朕志素定而乃循執謙守遜避弗居詩不云乎德輶
如毛民鮮克舉之我儀圖之維仲山甫舉之卿何辭
焉

賜端明殿學士朝請郎僉書樞密院事謝廓
然辭免除同知樞密院事不允詔

萬幾之繁關於國體五兵之本屬在樞廷比者酌前
憲以揆宜命相臣而領使繼圖才傑俾晉位班卿德

宇靖明知機融達自簡識擢具昭忠純居言責則抗
論以辨正邪備禁塗則輸誠而勤獻納爰賁右府益
紓賢猷堅履尚以不渝暢精神而自遠兹以序進協
於僉同方隆宥密之基宜赴亨嘉之會尚披謙牘殊
咈眷懷

賜王淮辭免提舉編修玉牒國史院國朝會
要所勑令所不允詔

宰相事無不統固不以一職名官至於信書鉅典事
大體重所以昭祖烈垂邦彝者可輕所畀乎卿學貫
前聞識周庶務方踐宰路盡攄賢猷總領羣司全就

衆作咸所優裕尚何辭焉
賜正奉大夫錢良臣辭免除資政殿學士乞
奉祠田里不允詔
朕總攬萬幾優崇四近待以誠則固將責其効念其
久則亦思全其歸卿才術疏通性資和裕蚤結異眷
歷登要塗積其賢勞授以柄任爰念廟堂之重當稽
體貌之宜秘殿隆名真祠厚祿既昭予遇亦徇爾陳
謙避之辭毋庸重請
賜中大夫同知樞密院事兼權參知政事謝
廓然辭免權監修國史日曆不允詔

國家設置文館編摩信書必命大臣領之凡以事大
體重謹所折衷也自非兼集衆長配古良史亦豈輕
畀其任乎卿亮直純明該貫通達登踐廊廟發舒材
猷宜從庶務之間往訂諸儒之論汔就大典用傳無
窮茲所優爲豈必謙請
賜太中大夫守尚書兵部侍郎兼侍講芮燁
辭免兼侍讀不允詔
朕研究治道樂聞嘉猷尚論古人思見亮節若唐陸
贄之論諫所謂恨不同時者比開經筵因命進讀豈
惟慰忠臣之不遇抑亦廣涼德之未聞卿儒林勝流
禁路宏望從容清燕敷暢前言茲選甚高衆論維允
謙避之請所不必聞
賜朝請大夫充敷文閣待制蕭燧辭免除吏
部侍郎不允詔
朕遴簡儒能列布侍從至於去國雖久聽焉有懷則
亦召而還之示不輕選也卿開亮坦夷表裏一致朕
所自擢寘之爭臣操履不渝彈擊無避越去邇列久
勞外藩今天官須賢無易汝允是用趣對斯殿即頒
除音豈惟重吾禁嚴亦以風示中外俾知朕意之所
鄉尚何辭焉

賜觀文殿學士宣奉大夫知福州充福建路
安撫使梁克家乞畀以外祠不允詔
朕觀祖宗盛時元臣巨老列布方嶽于時中外瞻望
尊榮則亦知國勢之崇用殿我王室丕載厥庸卿亮
直純明裕和敦重輔朕維舊道德循循宜勞外藩忠
壹不解今七閩樂土實便故鄉條教素孚績用罙茂
乃欲釋任而去則豈朕之所望哉德量可以大受豈
有滿而懼盈政化期於遠成寧當久而思退勉卒乃
績毋拂予懷
崔舍人玉堂類藁卷第十

崔舍人玉堂類藁卷第十一

青詞表疏

建康府開啓天申聖節道場青詞

恩厚慈尊已極四方之養慶逢誕節爰祈萬壽之休涓以令辰即茲勝地啓瓊科於祕洞肅飈御於嘉壇祗達精衷丕延景福

滿散朱表

慈闈紀慶適臨朱夏之辰仙洞延真恭徹紫虛之鑒祗循祕典迄就冲儀具殫欽翼之誠茂介壽康之祉

太一宮　太上皇帝丁亥本命青詞

慶承慈養方形孝治之風序届朱明適協命元之紀具嚴祕館祗祓清壇按三洞之真科下九天之僊御庶回冲鑒永錫純禧

滿散朱表

奉真僊館既備罄於丹誠集祐親闈當永依於慈覆錫茲介福延及羣生

太一宮　太上皇帝丁亥本命青詞

慶集慈闈方極敷天之養氣回素籥適臨元命之辰繹妙本於靈函啓真科於祕洞具嚴冲式茂介純禧益增方至之休永芘重明之運

滿散朱表

慈極居尊屬推辰於命紀殊宮按式茲訖事於仙儀仰祈保右之休滋錫厖洪之福

太一宮　壽聖明慈太上皇后生辰青詞

宸闈致養方祗事於母儀寶曆標祥適載臨於誕節祓除祕館宣演真筌恭憑清淨之緣仰助壽康之福

滿散朱表

後天難老應地無疆敷科真館祗勤頌禱之誠介壽慈闈具徹高明之鑒仍回丕祐普及函生

萬壽觀開啓會聖節道場青詞

冬律道寒適協既盈之月皇圖衍慶爰當載夙之辰即靈宇之深嚴闢嘉壇之虛静繹宣祕典延降高真仰祈眷顧之休俯錫厖鴻之福

滿散朱表

節臨初度具殫徼福之誠教演殊宫茲畢延真之會永孚善應宏覆昌圖

太一宮開啓會慶節靈寶道場青詞

發祥初度莫酬慈德之勞薦信上圓具繹沖科之蘊竚神光於熉幄肅飈馭於瑶壇孚格靈觀道迎景福

竝受四方之養永膺萬壽之符

滿散朱表

慶源流衍紀甲觀之初辰仙宇邃嚴畢丹臺之法會更資介福普及寰區

建康府開啓會慶聖節道場青詞

陽月就盈適臨初度殊廷款聖具輯沖儀啓雲笈之靈篇旅霞餐之淨供道迎淸御降集純休永膺難老之期誕保無疆之業上偕親壽下底民生

滿散朱表

沖科具擧熙事迄成荷靈鑒之降觀企眞旂之旋邁益蕃盛福丕乂烝民

建康府會慶聖節道場青詞

祇荷慈謀紹膺丕統適惕既盈之月甫臨載誕之辰恭即仙區預嚴祕宇集玆科式燕格高靈期以精誠道迎景福庶延休於非德更均佑於函生

滿散朱表

震夙之辰適當良月神仙之宅是有殊宮肯祇祓於齋東俾具陳於法會肅延眞馭昭格靈觀仰祈介壽於雙親俯冀降康於萬國默依道蔭永御邦圖

萬壽觀　太上皇帝丁亥本命青詞

慈極承顏備數天之大養淸臺驗曆著元命之初辰爰即仙區具循沖式範玉京之芳獻演藥笈之眞筌鋪薦丹誠道迎景福

滿散朱表

日環命紀方介壽於慈親事訖仙儀已殫誠於大道仰祈沖鑒永錫繁禧

萬壽觀　太上皇帝本命青詞

祇奉慈顏躬修孝養屬按淸臺之曆適當元命之辰爰祓仙區俾遵道式肅瑤壇而集供啓瓊笈以繙文仰冀衆眞永綏多福

滿散朱表

迎休慈極敷式仙宮巳熙事之備成維冊誠之昭達更冋丕貺均逮羣生

萬壽觀安奉丁亥丁未本命相屬星官位牌

青詞

地嚴祕宇館寓眞旂向以加修肯慮工徒之瀆今玆告備復祈威像之臨爰即仙區具循沖典冀竝膺於休福仍均祚於函生

滿散朱表

仙館載新方妥寧於欻御眞科具擧巳敷達於忱誠

仰祈有赫之觀丕錫無疆之福

萬壽觀　太上皇帝丁亥本命青詞

祇奉慈顔躬修至養屬陽春之季月紀元命之嘉辰爰即仙宫敷陳於醮席庶通誠意廷佇於飈斿仰資沖静之綠茂介康寧之福

滿散朱表

披籙殊廷薦恭羣位辭無祕祝維介壽於慈親事及休戚益歸誠於元造

萬壽觀開啓天申聖節道場青詞

薰風阜物協炎祚之重明祥電繞樞紀慈庭之初度

恭脩道式祇赧仙區詠雲極之空歌範霄晨之芳供具數誠緼昭格天真冀垂眷佑之休永錫壽昌之福

滿散朱表

祇脩孝養欣臨震夙之辰虔介壽祺具徹高明之鑒更回丕佑永芘熙圖

萬壽觀　太上皇帝丁亥本命青詞

天人祐助光開壽躔之符日月推移環次命元之紀即飈斿之靖館集羽禨之勝流參按沖儀敷陳芳供庶薦恭於霄極益介福於親庭

滿散朱表

誠意昭通具徹九清之鑒慶祥純錫永膺萬壽之期施及羣生賴兹景福

萬壽觀　太上皇帝丁亥本命青詞

祇奉親顔躬脩子道八月載績揆元命以端辰萬壽無疆祓精衷而致禱虔即真斿之館具陳祕籙之儀仰冀博臨永垂孚佑

滿散朱表

介慈慈庭歸誠霄極靈娭昭答熙事備成案殫頌禱之誠重達高明之聽

太一宫　壽聖齊明廣慈太上皇后生辰青

詞

夙依道蔭祇奉母儀灝氣澄空方協霄星之象嘉祥紀旦載臨夢月之辰爰即仙宫具遵沖式陳層晨之芳供詠祕笈之空歌虔冀高真永綏景福安享綿區之養常齊慈極之尊

滿散朱表

祥開沙麓序當萬寶之成事蔵琳宫誠徹九清之遠重祈元造永介繁禧

明堂大禮前於天慶觀開啓預告道場青詞

荷天丕序適當三歲之常稽古彌文肇講九筵之饗

預循國典祗即仙宮演祕洞之眞科下層晨之法御
扆蒙靈右終舉上儀

萬壽觀　太上皇帝丁亥本命青詞

慶集慈親方享殊庭之養時標陽月適臨元命之辰
恭即仙匯具遵冲式瞻晬容於煩座款眞馭於嘉壇
仰冀應誠永垂介福

滿散朱表

承顏順志益恭子職之修佑福兆祥更衍天休之至
遡瞻虛極傾薦丹衷

明堂大禮畢告謝青詞

精卜商辰躬祠世室鳴鑾宿廟積雨夕收端冕升堂
美光夜見荷純休之丕應迄熙事之備成祗即仙宮
具敷道式庸達齋明之意庶酬眷佑之恩

滿散朱表

合宮宗祀當盛禮之時行嘉應駢臻豈眇躬之能饗
肅蠲淨宇祗按冲儀咸薦丹誠具聞衆聖誓永依於
大道冀純佑於丕基

太一宮開啓會慶聖節道場青詞

祗承親訓寅奉邦圖天開震夙之辰適肇臨於寒籥
人介蕃昌之福敢專有於眇躬夙啓清筵具陳芳供
扆上迎於丕貺悉下集於慈庭欽布丹衷黙□冲鑒

滿散朱表

陽月肇寒適紀始生之度仙儀介福庶酬慈育之恩
既訖事於清壇益歸誠於大道

建康府啓建會慶聖節道場青詞

純貺開先適臨初度輿情歸美是紀良辰瞻勾曲之
靈峯祓神仙之眞館敷陳道式延降飈斿仰祈親壽
之綿長俯冀民生之康阜更延丕祐遂集眇躬九功
之德可歌諸福之物畢至

滿散朱表

就盈之月天肇啓於昌期愛上之情人悉歸於景□
敢因衆志仍達丹誠按瓊笈之眞筌延霞旌之仙御
肅祈丕況永保熙圖茲甫及於休成益虔歸於元造

萬壽觀開啓會慶聖節道場青詞

長發其祥協明昌之休運誕彌厥月紀震夙之初辰
祗按冲儀肅涓靖宇像霄晨之芳供誦蘂笈之靈章
鋪薦誠忱順迎福況庶依承於道蔭益保乂於邦圖

滿散朱表

純誠上達熙事備成敢專福於眇躬實同休於庶俗
茂膺降鑒益厲齋明

萬壽觀 太上皇帝丁亥本命青詞
躬修至德祗奉慈庭元命標適辰履隆冬之序眞科
按式具殫善禱之誠旅芳供於清壇瞻晬容於煩座
虔祈孚鑒丕錫純祺茂膺萬壽之期永享四方之養
滿散朱表
高眞御座衆聖環筵旣祗荷於博臨庶永綏於景福
傾瞻虛境敷露齋衷
皇帝進奉 壽聖明慈太上皇后生辰功德
疏文
恩重母儀適紀誕彌之旦誠修子道莫酬厚載之□

祗輯眞筌虔伸善頌萬祥川至百祿岡崇永□□□
之休上偕慈極安享壽康之祉下庇亟生
皇帝進奉 壽聖明慈太上皇后生辰表詞
序臨商籥浮灝氣於良辰慶集慈闈紀休祥於初度
禮行廣内歡溢綿區渭水興周塗山翼夏坤儀□正
鳳推恭儉之風帝所淸虛茲受安榮之養靜觀妙道
茂介純禧臣嗣守丕基欣逢令旦虔致寶香之祝恭
延壽筭之昌

崔舍人玉堂類藁卷第十一

崔舍人玉堂類藁卷第十二
青詞表疏
萬壽觀 太上皇帝丁亥本命青詞
慈庭養志慶方集於昌辰仙籍標符祚寶開於元命
敢因良日祗即殊宮啓雲笈之靈篇肅霞旌之眞御
虔祈昭鑒丕錫純禧獨觀衆妙之門永享萬年之福
滿散朱表
延眞祕宇介壽慈親熙事涓成丹誠敷達更道迎於
景貺益孚佑於昌圖
臨安府仲春就吳山忠壯英烈威顯王廟設

醮青詞
天開行闕地據洪流眷民俗之奠居慮波濤之密邇
考唐人之賦雖暘散而當徵問吳土之宜乃春中而
特大爰循彝典祗即靈祠繙霞觀之沖科款雲輧之
眞御敢祈聰鑒丕錫順祥汔銷暴溢之虞永享安寧
之福
建康府茅山崇禧觀開啓天申節道場青詞
紹隆熙運祗奉慈庭游於物初正恊道心之適養以
天下方修子職之恭屬當彌月之辰爰即羣仙之會
旅延飈御參繹雲章仰祈有赫之觀俯錫無疆之祐

獨高帝壽永覆邦國

滿散朱表

頤神養性方觀衆妙之門儲祉發祥式紀千齡之運祇因盛節具飭沖儀詠金簡之靈篇啓玉京之清會丹衷敷達熈事休成葢傾頌禱之誠永介壽昌之福

萬壽觀開啓天申節道場青詞

日永仲夏適開載夙之祥天生眞人誕啓中興之運屬當盛旦祇卽殊宮旅芳獻於嘉壇佇神光於熉座敷陳沖式諷詠靈章恭俟鑒觀永垂孚佑嚢六經而□德既超邁於前聞參萬歲而成純更丕延於景福

滿散朱表

星樞感瑞方肇紀於昌辰霞觀延眞已具殫於誠藴肅迎丕貺駢集慈庭更囘有衍之祥永輔無疆之曆

萬壽觀 太上皇帝丁亥本命道場青詞

頤神養性方高蹈於殊庭介福迎祥宜率循於祕籙玆履清秋之序適臨元命之辰祇祓仙宮具嚴勝會佇神光於熉座演沖敎於琅函仰冀博臨俯垂敷佑茂享無疆之壽永扶不拔之基

滿散朱表

凝欵丹晨薦恭羣位福祥繁會方下集於慈庭仗御衆同當遄歸於霄極默懷監諟益罄齋明

臨安府仲秋醮祭吳山忠壯英烈威顯王青詞

長江設險靈汐隨時山立海門折湍流而奔會月臨秋籥挾陰慝以暴興祇卽名祠敬遵沖式延九清之法御啓三洞之眞筌伏願約束波臣鎭安地紀舳艫千里永消習坎之虞煙火萬家咸獲奠居之祏

天慶觀報恩光孝觀青詞

旱魃爲虐遂連夏秋黎民阻饑當在旦夕方竭吁嗟之請庶消并隔之災爰罄丹誠重干沖鑒□默□於□應卽垂賜於嘉休三日成霖儻早沾於□潤百穀就實尙可冀於豐登

太乙宮 壽聖齊明廣慈太上皇后生辰青詞

玉管吹商正九秋之清序瑤臺夢月慶千載之嘉辰祇命羽流具嚴仙宇下霄晨之法御啓藥笈之眞筌仰冀鑒臨俯垂孚佑壽同慈極既齊箕翼之長福洽後昆更閱雲來之盛

滿散朱表

躬修于醮祇奉親顏適標玉勝之期具蕆金科之式

禧流慶衍當均被於羣生事畢功宏益虔歸於大道

萬壽觀純福殿開啟安奉　太上皇帝
今上皇帝本命相屬星官位牌青詞

祗飭殊宮欽崇大道量功慮事嘗圖輪奐之新揭虔爰靈爰肅威神之下敢涓良日即啟嘉壇演祕籙於琅函瞻睟容於煥座仰祈昭鑒俯錫善祥介眉壽於親庭洽太和於海宇益肩精意永迪淵崇

滿散朱表

道妙無方高設清真之御命生有本環分主衛之神茲竝爰於沖祈已畢成於熙事永懷福貺□□齋明

萬壽觀申乞撰會慶聖節道場青詞

欽承慈蔭紹履丕圖長發其祥仰識儲休之自誕彌厥月敢專徼福之私祗即仙宮肅遵科式像九霄之淨供詠三洞之靈篇延佇沖存道迎景福上介雙親之眉壽下祈萬國之丕平永竭丹衷默依大道

滿散朱表

沖儀修舉靈鑒孚通雲景杳冥行返三清之馭福基堅固當膺百順之休益嚮純誠庶承景福

太乙宮申乞撰開啓會慶聖節道場青詞

月旅冬權時臨誕節上祇天命思茂介於純禧下愧民情念易當於善祝肅涓靖館鋪按沖儀陳芝菌之芳華啟雲篇之隱奧仰紓清御俯鑒丹衷錫親壽之洪長畀民生之康泰庶依景貺益固熙圖

滿散朱表

震夙標辰思道迎於景福潔蠲脩薦用凝歆於高真既成三洞之儀遂返九清之御傾瞻空極敷罄明誠

建康府茅山崇禧觀啓建會慶聖節道場青詞

純乾旅月天開震夙之符華渚標辰人頌壽昌之福靜循菲德茂對宏休按蘂笈之真筌即洞天之勝地敷陳淨供鋪究沖儀肅仙馭於瑤霄望睟容於寶座虔祈丕佑永苾熙圖

滿散朱表

冬籥道寒適協既盈之月皇家紀慶環臨載誕之辰望形勢之名都想神仙之奧宅祇循祕式虔祓嘉壇誦三洞之靈篇範九霄之芳獻涓成勝事降集丕休益堅兢畏之心永迓庬鴻之福

天慶觀報恩光孝觀青詞

大道無私高出範圍之表至誠有感默通精禋之間此以驕陽淩戾重眚害傾輸於丹悃庶順道於嘉祥

帝閽九闕飛章既達王畿千里沛澤遂周實祗荷於
靈休敢肅修於報禮更期鑒佑永底平康
萬壽觀　太上皇帝丁亥本命道場青詞
虔侍慈顏備極四方之養欽崇元命昭延萬壽之期
披藥笈之靈章陳玉京之芳供普紆清御徧扣高真
冀竝介於親祺俾永修於子道
滿散朱表
親壽無疆高蹈殊庭之逸福基有始具遵祕籙之儀
既訖事於嘉壇益傾誠於元造
萬壽觀　太上皇帝丁亥本命青詞

尊崇慈父世形孝治之風考按靈篇日次命元之紀
式因穀旦祗即殊宮肅絳節之眞存宜琅函之妙典
虔祈道芘垂佑親庭擁百祥順備之休享萬國安榮
之養
滿散朱表
誠修子道已殫頌禱之辭教闡仙宮諒達高明之鑒
既成熙事益厲丹衷
萬壽觀　太上皇帝丁亥本命道場青詞
天錫祺祥方樂大庭之養日環次舍適臨元命之辰
祗即殊宮肅遵祕典陳霄晨之淨供詠雲笈之靈章

鋪薦誠忱款凝仙御丕集九清之貺永延萬壽之期
滿散朱表
虔修子道虔奉親顏歸誠衆妙之門邀福列仙之館
仰祈丕佑俯鑒丹衷
萬壽觀申撰開啓天申聖節道場青詞
慈極居尊方享安榮之養炎衡紀序適開震夙之辰
祗即殊宮虔遵祕典陳玉京之芳供詠琅簡之空歌
罄露誠衷敷聞聰鑒丕集九疇之福永增萬壽之期
滿散朱表
迎祥祕宇方勝事之熙成介壽慈親已純誠之上達

更祈丕佑永輔昌圖
太乙宮　太上皇帝丁亥本命青詞
親壽綿長擁純休而方盛福基肇啓推定命以有先
爰集羽流肅遵科式演靈章於瓊笈陳芳供於瑤壇
仰冀鑒臨俯垂孚佑益介無疆之筭永扶不拔之基
滿散朱表
輸誠以禱迎嘉應於親庭畢事而旋企睟容於天路
更祈道蔭益芘民生
太乙宮開啓天申聖節道場青詞
欽承丕緒祗奉慈親彌月肇祥適契盛明之會殊宮

介福具遵虛靜之儀瓊章敷三洞之音玉節駐九霄
之仗懇祈靈顧降集善祥益增萬壽之期永享四方
之養

滿散朱表

高聽下臨純誠上達福祥川至已駢會於慈庭仗御
雲行當遄歸於霄極更祈靈顧益鑒丹衷

皇帝進奉　太上皇后生辰表詞

金行届節澄灝氣於圓霄玉牓標辰啓嘉祥於慈闈
敢殫善頌用達歡悰伏願玩意希微怡神淵靜尊榮
備極永觀漢殿之朝慈儉流風普洽周家之化臣躬
修至養欣際昌期爰持一瓣之香庸致萬年之祝

皇帝進奉　太上皇后生辰功德

母道尊崇式紀發祥之旦仙宮虛靜具修介祉之儀
伏願福海淵深壽山堅固上齊乾父超高厚以無疆
下閱雲孫曼來仍而未老

太乙宮　太上皇后生辰青詞

孝奉慈闈方極尊榮之養涼生滿管適符誕育之期
祗祓仙宮肅遵道式發雲章於瓊笈下風御於璘霄
仰冀鑒臨俯垂孚佑壽齊聖父八千歲以爲秋福蔭
皇圖七百年而過曆

滿散朱表

祥開沙麓鍾毋範於良辰教闡殊宮款飈斿於清夜
虔祈冲鑒丕錫順祺適臨竣事之期更露由衷之悰

萬壽觀會慶節道場青詞

霜律肇寒適紀發祥之序星宬披式具修介福之儀
陳美薦於嘉壇款眞斿於煩座仰同淵鑒俯照丹衷
上延親壽之綿長下芘民生之康阜更祈涼德永保
熙圖

滿散朱表

殊宮宏建已迎百順之祥雲路繽紛行返九霄之御
益殫誠禱更俟鑒觀

崔舍人玉堂類藁第卷十二

崔舍人玉堂類藁卷第十三

口宣

曾懷除右丞相賜告口宣

卿才智俱優暫違宰位讒誣既釋盍返台階綸告往頒趣宜祗受

楊倓除靖海軍節度使賜告口宣

卿飛華禁路濟美勳門爰陞將鉞之崇式奬事功之盛往頒綸告宜即欽承

楊倓上表再辭免除靖海軍節度使簽書樞密院事不允仍斷來章批答口宣

卿久踐禁途夙優賢績玆晉登於樞筦仍宏建於齋旄溫詔趣承毋庸重請

曾覿上表再辭免除開府儀同三司不允仍斷來章批答口宣

卿番事初潛荐更要任誕頒恩命晉視台司宜即欽承毋庸重請

曹勛除開府儀同三司賜告口宣

卿歷更四朝躬秉一德玆錫昕廷之命俾參公府之儀實出朕衷往其祗服

撫問新除參知政事鄭聞到闕并賜銀合茶藥口宣

卿進還舊位行底脩門方欽竚於嘉猷諒冞多於勞役特推寵錫仍諭眷懷

金國賀會慶聖節使人到闕回程賜龍鳳茶并金鍍銀合口宣

卿等拭玉成儀驅車問道屬寒風之凄厲正行役之悠長爰錫珍芳用資和齒

賜殿前司滿散會慶聖節道場乳香口宣

卿等密護宸嚴欣逢誕節悉率三軍之士虔祈萬壽之符特錫名香用昭善意

賜樞密院官滿散會慶聖節道場乳香口宣

卿參陪宥密展効忠勤逢甲觀之初辰脩寶坊之勝會爰頒薰馥式助精虔

樞密院官赴貢院齋筵賜酒果口宣

霜籥司辰電樞紀節肆啓鈞臺之會竝延武服之賢維實及醪寵頒其受

賜步軍司滿散會慶聖節道場乳香口宣

卿等典司禁旅拱護宸嚴適逢震夙之辰竝祝厖鴻之福推予嘉錫迪爾精衷

賜皇太子府滿散會慶聖節道場乳香口宣

卿端居儲位欣際誕辰具殫誠意之勤申祝壽祺之
承錫茲異數侑觴至虔
撫問皇子魏王愷到闕升賜金合茶藥口宣
卿祇會誕辰暫違藩服適風霜之初厲諒道路之多
勤加致匪頒就將勞問
金國賀會慶聖節使人回程平江府賜御筵
口宣
卿等言旋使傳已届吳門肆啓初筵用昭眷遇少休
濡轡庶遂從容
赤岸賜御筵口宣

卿等言辭魏闕甫出都門當行色之云初悵使華之
遂遠少留近館特啓芳筵
鎮江府賜御筵口宣
卿等騑成聘禮廻次江城載馳載驅諒多勞役旣嘉
旣旨少示眷懷
盱眙軍賜御筵口宣
卿等修成無爽畢事言還即候館以載休泝淮流而
將邁特頒燕衎少遂遲留
赤岸賜酒果口宣
卿等總轡登塗抗旌歸國自茲跋履良念賢勞厥有
旨芳是將眷遇
玉津園射弓賜酒果口宣
卿等遊于芳園樂此終日旣協和容之度益觀命的
之能爰有匪頒庶資宴喜
朝辭訖歸驛賜御筵口宣
卿奉將慶幣祇會誕辰維其令儀汔此成禮旋即肩
郵之適肆頒燕俎之豐
朝辭訖歸驛賜酒果口宣
卿等入辭宸陛歸總肩郵念惟將事之勤行及騰裝
之邁特推寵錫俾侑宴私

金國使人到闕玉津園賜御筵口宣
卿等朝儀旣畢使事方休聊從禁苑之遊肆講射侯
之樂特頒慈燕用洽嘉歡
玉津園射弓賜例物口宣
射侯旣設樂節斯行各奏爾能罔愆于禮式示使蕃
之寵用旌審固之容
賜宰執已下喜雪御筵口宣
嚴籓凝寒飛花應瑞已銷疫癘之氣仍兆豐登之期
爰致匪頒庶均宴喜
皇太子魏王愷再辭免除改判明州不允批

答口宣

卿來朝宸陛改鎮价藩匪出私恩是崇國體已加伸諭宜卽祇承

撫問奉使金國報聘使副張子顏等到闕并賜銀合茶藥口宣

卿等言邁使傳已屆都門屬時序之方寒諒道塗之多勤特推賜式庸示眷懷

金國賀正旦使人赴闕盱眙軍傳宣撫問并賜御筵口宣

卿等遠馳使傳祇會春朝已甫達於封疆爰特頒於燕豆仍加勞問庸示眷懷

平江府賜御筵口宣

卿等銜命修盟馳車在道方少休於近輔宜就錫於初筵用慰勤勞庶昭眷遇

鎮江府賜銀合茶藥口宣

卿等奉將慶問行次近州眷言跋履之勞盍有綏調之助靈芽良劑爲賜宜承

鎮江府賜御筵口宣

卿等肅持慶禮申講歡盟方偃薄於中塗適憩寧於外館就頒燕席聊拂征塵

赤岸賜御筵口宣

卿等竝馳華轡甫屆近郊念行役之多勤屬賓郵之少適特頒兹燕庸示眷懷

赤岸賜酒果口宣

卿等張旜長道解轡近郵諒惟跋履之勞爰有旨嘉之賜庶資燕喜宜體眷懷

葉衡上表再辭免除右丞相不允批答口宣

卿懿德邁倫通材周變比疇宿望晉陟台司已協僉俞趣宜祇服

葉衡上表再辭免除右丞相不允仍斷來章批答口宣

卿才周物表識洞幾先兹晉陟於台司將盡施於賢組趣宜祇拜毋復多陳

李彥穎上表再辭免除端明殿學士簽書樞密院事恩命不允仍斷來章批答口宣

卿秉義醇正受材高明兹稽協於僉俞俾晉陪於宥畫卽宜祇拜毋復多陳

葉衡轉官加恩賜告口宣

登進成書優崇懿績涣此大廷之命賚于端揆之臣尚體眷懷卽宜祇服

金國賀正旦使人到闕賜被褥鈔鑼等口宣

卿等奉將慶儀寧處賓館宜有衾裯之適亦資器用之良茲致分頒式昭眷遇

十二月三十日賜內中酒果口宣

時令將新歲華茲暮諒旅懷之多感宜眷意之加隆維實及醪賜從內府

正月一日入賀畢歸驛賜御筵口宣

卿等祇修慶問甫畢朝儀既具閒於恭勤爰優加於禮遇專馳近侍郎啓芳筵

正月一日入賀畢歸驛賜酒果口宣

卿等入慶會朝退安次舍爰致芳甘之實仍分嘉旨之醪竝洽殊私庶資良集

正月三日賜內中酒果口宣

四序更端三朝紀節爰念使郵之適宜推賜式之豐嘉實芳醪往宜祇受

皇太子滿散會慶聖節道場乳香口宣

卿位處儲宮時逢誕節申祝壽祺之永具殫誠意之勤爰錫名香用資善禱

賜三省官滿散會慶聖節道場乳香口宣

卿等欣逢誕節祗率采僚集梵宇之勝緣介宸居之備福異香是錫眷意宜承

賜樞密院滿散會慶聖節道場乳香口宣

卿等職重本兵誠深報上因誕辰而協慶即梵苑以祈休爰錫名香用孚至意

賜殿前司滿散會慶聖節道場乳香口宣

卿等董戎禁旅協慶誕辰悉輸頌禱之誠庶介壽昌之福推予嘉錫侑爾精衷

賜馬軍司滿散會慶聖節道場乳香口宣

卿等義存歸美志篤輸忠因誕節之戒辰即寳坊而獻福香維達意賜以昭誠

賜步軍司滿散會慶聖節道場乳香口宣

卿等典司驍衞拱護嚴宸欣逢震夙之辰同祝厖鴻之筭宜加頒賚用助精虔

金國賀會慶聖節使人到闕賜被褥鈔鑼等口宣

卿等奉將使命協慶誕辰眷懷優洎之初圖便燕私之適爰推頒賚宜即欽承

回程賜使副冬至節絹口宣

卿等奉書修慶訖事言還適陽律之方萌諒征途之正凜善綵往錫至意宜承

賜三節人從冬至節絹口宣

汝等竝將使事適屬天正風霜多寒道路良苦爰資安燠之用式慰逶遲之勤

赤岸賜御筵口宣

卿等祗成慶禮遄即歸途宜少駐於近郊俾就陳於祖帳用昭眷遇亦慰勤勞

使人到闕在驛賜生餼口宣

卿等偃息驂騑𢠩寧館舍特戒使璫之遣往頒禮餼之豐維厚寵私即宜欽承

玉津園射弓賜御筵口宣

卿等使華多暇禁苑言遊聞弓矢之斯調諒威儀之有則宜加燕勞用表眷懷

賜三省官滿散天申聖節道場乳香口宣

炎緯告中璿樞紀瑞悉率官僚之衆竝祈聖壽之延虔乃勤誠往茲嘉錫

賜三省官齋筵酒果口宣

時臨誕聖禮厚肆筵當暑氣之方清諒歡心之正洽嘉肴旨酒併以示慈

賜步軍司滿散天申聖節道場乳香口宣

卿典司禁旅際會誕辰率軍士之歡情祝聖神之壽祉爰加頒賚庶助精虔

賜馬軍司滿散天申聖節道場乳香口宣

薰琴御令祥渚標辰慶衍千載之期歡動三軍之衆爰頒寶馥俾達誠忱

賜殿前司滿散天申聖節道場乳香口宣

密護周廬欣逢誕節悉率三軍之衆虔祈萬壽之休爰錫名香俾通誠意

明堂大禮禮畢宣勞將士口宣

卿等肅共武服典護嚴宸逮茲祀事之成多爾戎昭之助竝加眷撫式慰忠勤

右丞相趙雄上表再辭免勑令所修進一州一路酬賞轉一官加恩恩命不允批答口宣

卿總率衆職辨章萬微茲疇定令之勤乃下進階之命是惟故典豈必牢辭

參知政事錢良臣上表再辭免勑令所修進一州一路酬賞轉一官加恩恩命不允批答口宣

章程明備憲令端平既通變以可行乃議勞而自近巳頒成命難徇謙懷

趙雄特授宣奉大夫依前右丞相魯郡開國

公加食邑賜告口宣

嚴修賞式丕勸外邦時予鈞軸之臣就此簡編之績茲頒茂典宜服明恩

趙雄上表再辭免祕書省進呈會要了畢提舉官特轉兩官依例加恩恩命不允批答口宣

卿賢福被民儒猷經國茲涣絲綸之寵庶酬翰墨之功典實有初命維無返

錢良臣上表再辭免祕書省進呈會要了畢禮儀使特轉兩官加恩恩命不允口宣

汗簡告成涓辰登進茂對亭嘉之會畢陳展盛之容旣藉總提可無褒賞

王淮再上表辭免提舉經修會要特轉一官恩命不允斷章批答口宣

登進成書推加茂典一進階而示寵三抗奏以陳辭成命卽行多言無益

史浩上表辭免已進會要經修不經進轉官令回授恩命不允批答口宣

書成英館賞逮元臣旣從酌損之規猶守撝謙之美是爲已過奚復可從

撫問金國賀會慶聖節使人赴闕盱眙軍賜御筵口宣

卿等遠持慶禮祗會誕辰念甫越於邊疆俾就頒於燕席式昭眷遇庸慰勤勞

赤岸賜酒果口宣

卿等祗飭使車遠將邦禮望都門而伊邇卽郊館以少留爰致恩頒庶資燕會

賜史浩告口宣

宗祀合宮熙成慶事茲推頒於惠澤首商賚於耆臣宜服□章益綏壽福

賜曾覿告口宣

蕆事閟筵布釐庶位乃眷耆明之彥宜優慶賚之章茲錫恩綸是均餕福

賜鄭藻告口宣

事畢崇堂恩覃列位茲輯神釐之澤遂優戚畹之賢宜服寵榮益綏壽豈

賜皇太子滿散會慶聖節道場乳香口宣

卿位正儲宮時當誕序益厚君親之愛悉裒仙梵之因爰錫名香用孚至意

賜三省官滿散會慶聖節道場乳香口宣

卿等欣逢誕節悉率釆僚効嵩嶽以輸誠卽梵宮而
營福爰頒異馥庶助精虔

賜樞密院官滿散會慶聖節道場乳香口宣

卿等經武地嚴愛君志厚因辭樞之紀序卽佛宇以
輸誠宜錫名芬俾資善禱

賜殿前司滿散會慶聖節道場乳香口宣

卿等宣勞武服典護嚴除欣逢載誕之辰虔祝無疆
之壽爰頒異馥庶達精誠

賜馬軍司滿散會慶聖節道場乳香口宣

□□□□精騎拱護嚴宸逢誕節以輸誠卽寶坊而

介福爰頒香炷庶助齋衷

賜步軍司滿散會慶聖節道場乳香口宣

卿等總提勁旅嚴衛明庭畢殫愛上之誠咸祝後天
之福宜推嘉錫俾侑精虔

崔舍人玉堂類藁卷第十三

崔舍人玉堂類藁卷第十四

口宣

金國賀會慶節使人到闕玉津園射弓賜酒
果口宣

卿等適此暇日遊于芳園方觀審固之能爰致旨嘉
之賜維茲將意庶以侑歡

朝辭訖歸驛賜酒果口宣

卿等進辭殿陛歸憩賓郵爰分嘉實之多仍致上尊
之美並昭恩遇各體眷懷

朝辭訖歸驛賜御筵口宣

卿等趨庭告去偃節少留當曲盡於從容俾就陳於
宴衎眷懷茲厚禮意宜承

回程赤岸賜酒果口宣

卿等協講歡盟言成慶禮指歸途而將邁卽近館以
少留頒以甘新昭予眷遇

十月二十二日玉津園射弓賜御筵口宣

卿等射藝絕倫賓客恊度特啓初筵之錫俾留終日
之歡式示眷私用優禮遇

十月二十二日賜內中酒果口宣

卿等遠持慶問祗及都郵錫茲多旨之醪薦以甘芳

之寶並由內府式表殊恩

賜宰執巳下喜雪御筵口宣

特及元冬雪呈上瑞巳兆有年之慶尤深同樂之懷爰即公堂俾陳高會

右丞相史浩上表再辭免玉牒所進書回授轉官依例加恩恩命不允仍斷來章批答口宣

書昭先烈恩逮台臣旣酌損以適宜亦勞謙而具玉即宜祗受毋復多陳

金國賀正旦使人赴闕盱眙軍傳宣撫問賜

御筵口宣

卿等協講歡盟遠持慶禮巳飛軒而及境將濡轡以遵途式厚撫存仍頒燕喜

平江府賜御筵口宣

卿等飛華使傳修慶春正知巳届於吳門宜即頒於燕席用昭眷遇式慰勤勞

鎮江府賜御筵口宣

卿等夙戒使騑遠將慶幣知絕江而旣濟因授館以少留式厚眷私就頒燕衎

鎮江府賜銀合茶藥口宣

卿等遠馳使傳近次江城念跋履之勤勞宜沖和之輔養特推嘉錫用表殊私

賜接伴使副春幡春勝口宣

春華潛動物態交熙眷言要近之臣適有驅馳之役爰推賜式俾道時休

賜金國賀正旦使副春幡春勝口宣

三陽肇始萬寶向榮眷懷使事之勤適閱年華之美竝推繁錫俾對良辰

賜三節人從春幡春勝口宣

寒氣凋謝春陽發生旋觀物意之淳深念征塗之勤

竝膺頒賚同洽歡康

趙雄特授右丞相賜告口宣

卿稟方大之資廸忠純之度茲登相位實協民情宜服恩書即愜賢業

王淮特授樞密使賜告口宣

卿受材高明蹈道中正久秉司於樞筦茲進陟於使權宜服明綸允終顯績

史浩再上表辭免除少傅恩命不允仍斷來章批答口宣

朕優崇耆臣肇錫異禮旣誕頒於成命巳允愜於羣

心謙避之章止茲毋至
趙雄上表再辭免右丞相不允批答口宣
朕渙發邦號延登相臣台路有驒輿情胥喜宜略謙
恭之守即慨宏遠之圖
王淮上表再辭免樞密使不允批答口宣
朕考協民言登庸樞輔已頒顯命方佇嘉猶尚陳引
避之辭殊咈倚成之望
金國賀正旦使人赴闕赤岸賜御筵口宣
卿等竝將使命協慶春元知已届於近郊方少留於
□館即頒惠燕用表眷懷

赤岸賜酒果口宣
卿等使傳載馳都門密邇錫以上尊之美副之嘉實
之多庸慰勤勞少資燕適
士歆特授保康軍節度使賜告口宣
卿謙恭飭已孝友承家已頒渙號之恩遂授齋壇之
節宜孚眷意即服寵章
士歆上表再辭免保康軍節度使不允批答
口宣
卿蔚爲宗英休有德問茲頒英節具協彝章宜收謙
挹之辭即服顯崇之寵

金國使人回程賜龍茶鳳茶并金鍍銀合口
宣
卿等竝馳使節祗及都郵爰頒貢茗之英用沛襟
之適是爲嘉賚宜體深懷
平江府賜御筵口宣
卿等持禮告成迴轅遄邁念當經於吳會俾即啓於
賓筵庶洽歡娛式昭眷遇
盱眙軍賜御筵口宣
卿等竝馳使傳已指歸塗念將濟於淮流知少留於
賓驛即頒燕衎庶盡從容

赤岸賜酒果口宣
卿等祗協歡盟言成慶禮方出留於近館將前進於
遐塗宜有分頒庶資燕喜
金國使人到闕玉津園射弓賜射弓酒果口
宣
卿等使事少間苑游胥樂知有循聲之藝諒多中節
之儀式厚寵頒庶資燕適
十二月二十八日賜生餼口宣
卿等竝揚使節已次都郵念方釋於賢勞宜少安於
頤養特頒禮餼用表眷懷

十二月三十日賜內中酒果口宣

卿等即于館寓及此歲除爰將眷予之誠特致芳醪之品凡兹嘉錫出自內庭

正月一日入賀畢歸驛賜御筵口宣

卿等入覲闕廷歸休館舍閱威儀之有度想厥降之良勞式示眷懷即頒燕衎

密賜大銀器口宣

卿等恊慶春元肅將聘禮昭以寵光之厚錫兹器用之華是出隆私即宜欽受

正月一日入賀畢歸驛賜酒果口宣

卿等將命修歡造朝成禮方遄歸於賓驛式典念於賢勞兹有分頒庶資燕喜

賜被褥鈔鑼等口宣

卿等奉將慶禮恊講歡盟式圖賓館之安兹致燕居之用宜承厚錫咸體隆懷

正月三日賜內中酒果口宣

春華浮動使事遲留錫之和旨之醪侑以芳滋之實兹由內禁式表殊懷

正月四日玉津園射弓賜射弓御筵口宣

春陽融豫禁苑靖深方觀射藝之長庸洽賓歡之適即頒燕設宜遂歡留

正月四日玉津園射弓賜射弓弓箭例物口宣

卿等聯馳使騎並集禁園具施命中之奇式恊和容之度特伸頒賚宜體眷懷

賜賀金國正旦使宇文价副使趙雍到闕傳宣撫問并賜銀合茶藥口宣

卿等任將使命還及都門維跋履之良勤宜眷懷之加厚特推頒賚仍致撫存

王淮上表再辭免曾預修纂隆興以後日曆

奏成篇秩特轉行一官依例加恩恩命不允批答口宣

卿任專帷幄謀罄忠嘉兹疇翰墨之勲爰煥絲綸之命是循彝典宜畧撝章

趙雄上表再辭免曾預監修纂隆興以後日曆奏成篇秩轉行一官依例加恩恩命不允批答口宣

朕比蒐儒彥俾纂信書深嘉載筆之勞亟下疇庸之賞兹維故典豈必牢辭

錢良臣上表再辭免修纂隆興以後日曆奏

成篇秩特轉行兩官依例加恩恩命不允仍
斷來章批荅口宣
書成三館章徹九重方嘻汗簡之勞可後提綱之輔
已頒渙命難徇謙懷
趙雄再上表辭免日曆奏成篇秩特轉行一
官不允仍斷來章批荅口宣
剡奏上聞信書告備事蓋干於國典賞首暨於輔臣
茲協彝章豈須過遜
王淮再上表辭免日曆奏成篇秩特轉行一
官不允仍斷來章批荅口宣

卿疊上封章懇辭褒典已具形於申諭猶固執於謙
懷命已惟行誼無可返
撫問賀金國生辰使錢沖之等到闕幷賜銀
合茶藥口宣
卿等奉書修好遄命及門輿懷周道之勤加致温之
諭仍將賜式併示眷誠
趙雄轉官告口宣
信書告備懋典時行茲攷協於邦常益尊崇於宰路
宜祗成命汔究宏圖
王淮轉官告口宣

書成東觀勲策西樞躋登一秩之崇褒表三長之善
茲頒寵命宜體眷懷
賜皇太子蒲散天申聖節道場乳香口宣
位居儲極恩重慈庭欣臨載夙之辰倍祝無疆之筭
爰頒異馥庶侑精虔
樞密院官蒲散天申聖節道場乳香口宣
卿等任隆宥府時慶誕辰能祗率於寀僚悉虔祈於
壽祉特頒名馥庶助精誠
樞密院官齋筵酒果口宣
節紀誕彌誠輸歡頌已肅陳於高會俾茂對於良辰

馳賜旨芳款留燕樂
史浩加恩賜告口宣
朕燔柴蕆事徹俎均禧肆頒寵數之隆爰及猶諸之
舊益宜賢業用荅眷私
鄭藻加恩賜告口宣
陽陔之祀甫訖上儀戚畹之英首均嘉況往頒恩綍
宜即欽承
蒲察久安加恩賜告口宣
上儀丕闡慶澤旁流維予忠藎之臣厥有褒嘉之典
欽承明命益展壯圖

姚憲上表再辭免除參知政事不允仍斷來
章批答口宣
卿敏猷經國碩德端朝進翊化元具符民望斷章催
拜宜即欽承
葉衡上表再辭免除端明殿學士簽書樞密
院事不允仍斷來章批答口宣
卿高明之資正大之學蔽自朕志登于幾廷僉言其
孚毋復有請
賜皇太子府滿散天申聖節道場乳香口宣
卿位正儲宮慶承慈極式協誕彌之旦尤深善頌之

情爰錫異香用孚至意
賜步軍司滿散天申聖節道場乳香口宣
序當炎籥慶紀慈闈維時武服之良衆祝天休之永
式資善禱爰錫名香
賜樞密院官滿散天申聖節道場乳香口宣
卿謀參宥畫慶恊休辰祗憑仙梵之因仰贊壽昌之
福香維達意賜以助誠
樞密院官赴齋筵賜酒果口宣
慶集親闈祥開誕節爰啓惠慈之燕首均宥密之賢
維實及膠往其祗受

王友直上表再辭免除奉國軍節度使不允
仍斷來章批答口宣
卿沈毅不回剛方自立久典殿巖之衛肆開閫制之
嚴成命已孚遜辭其止
葉衡上表再辭免除參知政事不允仍斷來
章批答口宣
卿德望素隆材能兼劭茲擢陪於國論庶具展於壯
猷成命已孚遜辭毋至
金國使人赴闕盱眙軍賜御筵口宣
卿肅馳軺傳已次封疆永言跋履之勞爰啓惠慈之

燕用昭眷禮宜體誠懷
鎮江府賜茶藥口宣
卿等建旟修聘濡轡遵塗爰嘉行邁之勤宜有匪頒
之禮特推珍賜用表眷懷
鎮江府賜御筵口宣
卿等夙將聘節竝駕征塗當春物之繁華念使騑之
勞勩往頒燕衎式示恩私
赤岸賜御筵口宣
卿夙馳華轡甫次近郊方弭節以少休爰肆筵而式
衎宜承厚遇用洽隆私

崔舍人玉堂類藁卷第十五

口宣

金國賀會慶聖節使人回程盱眙軍賜御筵

口宣

卿等來修聘禮回次淮津念將越於邊疆俾少休於候館特馳使騎就啓賓筵

遇冬至節賜使副節絹口宣

風威載肅水澤將堅深懷使介之勤重涉川塗之遠爰推厚錫庶表隆私

賜三節人從冬至節絹口宣

汝等使事言旋歸塗尚邈適履隆寒之序□□卒歲之求爰有分頒俾同安吉

鎮江府賜御筵口宣

卿等整駕歸程經塗會府將濟江而于邁俾就館以少留馳諭至懷即陳高會

使人到闕十月二十七日賜內中酒果口宣

留連使節燕息賓郵爰頒多旨之醪仍侑甘新之實是將厚意並出內庭

玉津園射弓賜酒果口宣

冬冬陽和豫禁苑閟深方觀審固之能爰錫甘芳之品

庶資宴樂宜遂從容

回程赤岸賜御筵口宣

卿等聘儀成禮歸馭首塗方出次於近郊俾就陳於高會是昭眷遇庸慰勤勞

玉津園射弓賜弓箭例物口宣

卿等使事少間賓儀載舉知和容之有度諒命中之無虛爰致分頒宜留衎樂

上壽畢歸驛賜御筵口宣

卿等入遼壽班退休賓驛觀修容而可度知率禮以無違式厚眷懷即頒燕衎

十月二十一日賜內中酒果口宣

使介之勤適休外館酒肴之錫分出内庭庶表眷私是昭寵異

朝辭訖歸驛賜酒果口宣

卿等已畢邦儀遂辭殿陛方歸休於賓舍當漸理於歸裝爰示燕慈用昭眷禮

在驛賜牲餼口宣

卿等並展使華夙將慶問適即賓郵之適就頒禮餼之豐是出眷懷宜資燕喜

賜宰執已下喜雪御筵口宣

氣入祁寒雪呈瑞應驗玉燭之無爽慶金穰之有期爰厚惠慈宜同燕樂

金國賀會慶節使人到闕賜被褥鈔鑼等口宣

卿等遠馳使傳入憩賓郵既休跋履之勤宜便寢興之用爰加寵錫庶示恩懷

賜射弓例物口宣

卿等聘儀成禮使事多勞宜從禁苑之遊用洽賓歡之適爰推寵賚式示眷懷

十月二十七日賜內中酒果口宣

使介聯華方休外館甘芳推錫咸出内庭爰諭□懷庶章優遇

客賜大銀器口宣

卿等祗達慶書肅成聘禮出眷懷之優渥錫器用之光華仍諭溫言庶昭殊遇

朝辭訖歸驛賜酒果口宣

卿等聘禮有成使儀云復已展辭於殿陛方歸息於都郵爰致甘芳庶資宴樂

回程鎮江府賜御筵口宣

冬律向寒使車適邁諒經途於會府當弭節於賓郵

爰示恩懷卽盼燕禮

在驛賜生餼口宣

使華特禮邦好成儀重懷次舍之須特厚餼牽之品宜承恩錫尚體誠懷

賜射弓酒果口宣

良弓勁矢維以觀能嘉實芳醪庶其將意宜服惠慈之寵益施審固之長

賜步軍司滿散會慶聖節道場乳香口宣

卿職司禁旅特際誕辰卽梵宇以輸誠率歡心而介壽爰加頒錫用助精虔

賜馬軍司滿散道場乳香口宣

卿典司驍騎拱衛嚴宸欣逢載震之期虔祝無疆之壽專馳近侍俾錫名香

金國賀正旦使人赴闕鎭江府賜御筵口宣

卿等遠將慶禮祗會元正適取道於江城聊弭旌於賓館專馳近侍卽啟華筵

鎭江府賜茶藥口宣

卿等來會元春行經近府頒以靈芽之貴副之珍劑之良用慰勤勞式昭眷遇

回程平江府賜御筵口宣

使節言旋歸途尚邈念當經於近府俾就啓於初筵式示恩光宜流燕樂

玉津園射弓賜酒果口宣

卿等使事有間禁園胥樂錫以上尊之旨侑之嘉實之芳庶洽歡虞宜承眷遇

十二月三十日賜內中酒果口宣

卿等使華偃息賓館從容適當歲律之除爰示恩光之異凡茲多品出自內庭

回程賜龍鳳茶并金鍍銀合口宣

建溪方貢內府珍藏爰嘉使傳之華聊備歸裝之用式將眷遇尚體誠懷

朝辭訖歸驛賜御筵口宣

卿等並飭使儀肅成邦禮旣入辭於殿陛方出鶂於賓郵就啓華筵式昭厚遇

回程赤岸賜酒果口宣

卿等馳軺成禮濡轡遵途知漸遠於都門聊少留於郊館式加頒賚用示眷私

盱眙軍賜御筵口宣

卿等言旋使傳已屆邊疆重懷跋履之勞爰示惠慈之眷宜留衎樂庶遂從容

上壽畢歸驛賜酒果口宣

卿等肅將使命祇會春朝既進畢於壽儀方退休於賓驛爰推賜品用表眷懷

回程赤岸賜御筵口宣

卿等聘禮有成使軺云復方弭裝於近館爰示惠於初筵尚體恩私宜留燕樂

賜金國使副春幡勝等口宣

氣轉洪鈞祥開蒼陸深念歲華之變適當使節之留爰舉時儀俾綏壽福

賜送伴使副春幡勝等口宣

三陽布澤萬彙回春興言文武之臣適有驅馳之役竝推賜式庸示恩懷

賜金國三節人從春幡勝口宣

冬律載更春華方動爰均頒於節物庶昭示於恩光宜體眷存各忘勞役

趙雄辭免轉官不允批答口宣

卿總率諸儒删裁大典閱簡編之告備仰謨烈之增光已錫茂恩豈容固遜

錢良臣辭免轉官不允斷來章批答口宣

書成良史禮講上儀重嘉使領之勞爰厚恩榮之典宜收沖節即服優章

周必大辭免轉官不允斷章批答口宣

書成史策賞逮儒勞已孚成命之行尚閱沖章之至宜祇眷遇即服恩光

樞密使王淮辭免轉官不允批答口宣

史書來上賞典時行肆疇論譔之勞爰厚褒榮之禮即宜祇服毋重謙陳

賜王淮再上表辭免轉官不允斷章批答口宣

賞典既行民言維允方趣頒於明制奚確避於□□

宜服寵光倘圖報禮

賜王淮告口宣

啓封全國進位崇階雖優答於勤勞實顯加於體貌當祗隆遇即服榮章

撫問賀金國正旦使副葉宏等到闕幷傳宣

賜銀合茶藥口宣

卿等將聘出疆振衣還闕深念馳驅之遠爰加撫勞之温仍有恩頒併昭眷遇

撫問新知建康府范成大到闕幷賜銀合茶藥口宣

卿廟堂宿望藩輔殊庸當趍行闕之朝遂即留都之
鎮專馳近侍俾諭深懷

賜進士聞喜宴口宣

傳臚殿陛合射宸庭既具洽於龍光宜胥同於燕樂
尚承恩遇各勉忠圖

史浩辭免轉官不允批答口宣

篇徹經筵恩施儒彥方隆耆德之遇宜厚寵章之加
固出至懷奚勞重請

賜史浩除少師告口宣

卿歷殫誠請願即里居既勉徇於高情宜優加於茂

典祗承恩命益介壽祺

史浩辭免特授少師不允批答口宣

朕優崇元老寵賁歸途既眷暢於高風益允符於輿
論尚堅素守殊咈深懷

史浩斷來章批答口宣

卿潛藩舊德合路耆臣既莫遂於眷留爰有加於恩
遇已孚明命宜略謙章

賜趙雄告口宣

卿屢貢需章確辭丕務已勉從於雅志仍優畀於便
藩宜服茂恩更昭顯績

賜王淮告口宣

朕參稽公論登用眞儒已誕告於廷紳方聳觀於賢
業宜承休命益邁遠猷

金國賀會慶節使人回程盱眙軍賜御筵口
宣

卿等竝持使節胥會誕辰方回次於邊疆爰即放於
宴席宜承眷遇各慰賢勞

平江府賜御筵口宣

卿等抗旌成禮回轡遵塗念多跋履之勤宜厚惠慈
之寵專馳近侍深諭至懷

鎮江府賜御筵口宣

卿等修禮告成受書端邁適弭旌於近府行艤棹於
長江爰錫初筵是昭優遇

赤岸賜御筵口宣

卿等竝驅周道甫出脩門念行涉於長途宜優加於
榮遇即頒宴席宜體眷懷

赤岸賜酒果口宣

卿等濡轡登途弭旌就館方少休於徒御爰併錫於
旨芳庶洽燕私各忘疲勩

朝辭訖歸驛賜御筵口宣

卿等使事已成禮儀無爽旣展辭於殿陛方歸謁於
都郵爰厚惠慈俾同燕樂

朝辭訖歸驛賜酒果口宣

卿等受書以退竣事而旋諒多陟降之勞爰厚旨嘉
之品宜祗寵錫各體眷懷

玉津園射弓賜弓箭例物口宣

卿等使事有間射儀克講爰厚旌能之寵仍加適用
之良宜體眷私尚留款樂

賜被褥鈔鑼口宣

卿等奉將使信修講慶儀適休跋履之勞宜便寢興

之用諒承賜品當識眷懷

密賜大銀器口宣

卿等使範聿修邦盟胥洽爰輟中金之器俾將寄賚
之誠實出深懷固爲優遇

回程賜龍鳳茶口宣

卿等使事勤勞歸途脩遠爰有建溪之品實推御府
之奇特俾分頒卽宜祗受

賜三節人從冬至節絹口宣

一陽潛復萬彙交通典言行役之長當勤歲華之感
特均頒賚並慰勤勞

賜使副冬至節絹口宣

節紀陽正氣同地官適履風霜之變諒懷衣褐之求
爰選善練俾將至意

賜步軍司滿散會慶節道場乳香口宣

卿等職專師旅義重君親適當載夙之辰共祝無疆
之福特加錫予用助精虔

撫問金國賀正旦使人赴闕盱眙軍賜御筵
口宣

卿等竝馳使傳已越封疆爰敷溫厚之辭仍錫惠慈
之燕宜祗眷意各釋賢勞

平江府賜御筵口宣

卿等來慶新正行經近府爰念使華之遠重懷征役
之長式厚眷慈俾紓勤勩

鎭江府賜銀合茶藥口宣

卿等持禮正朝經途會府爰錫靈芽之貴仍頒上劑
之良用輔至和底昭殊遇

鎭江府賜御筵口宣

卿等已濟江流稍休賓館爰專馳於近侍俾就啓於
初筵庶表眷懷用紓行役

赤岸賜御筵口宣

卿等載驅使傳密近行都宜少駐於賓郵俾卽頒於
燕席各承眷禮咸釋賢勞

赤岸賜酒果口宣

屬聞使節行次郊圻卽候館以少留瞻行都而甫邇
宜加恩賚式表眷懷

入賀畢歸驛賜御筵口宣

卿等入趍文陛修慶華正方歸穩於都郵俾卽頒於
燕具庸昭眷遇式慰勤勞

玉津園射弓賜例物口宣

使華暇日禁苑勝遊方觀中的之長宜有旌能之具

特加頒賚式示寵嘉

玉津園賜射弓酒果口宣

卿等竝驅濡轡同樂芳園屬施弓矢之能爰往豆觴
之品宜祗眷遇庶洽歡虞

玉津園賜御筵口宣

張弓挾矢既展令儀鼓瑟吹笙宜陳高會庶留燕樂
各遂從容

賜居廣批答口宣

褒崇宗老敷錫恩章已具協於公言奚尚堅於謙守
玆加申諭宜卽祗承

賜士輵再上表辭免不允仍斷來章批答口
宣

敦叙宗盟優崇族老爰餕饔而布惠乃亶號以揚廷
衆聽已孚謙辭何益

賜居廣再上表辭免不允仍斷來章批答口
宣

肅慶皇家蜚華天路玆衍博臨之況乃優褒叙之恩
命已維行理無可避

撫問金國賀正旦使人赴闕盱眙軍賜御筵
口宣

遠將邦禮甫越邊疆諒備嘗於勤勞爰優加於慰撫

仍開惠燕併示眷懷

鎮江府賜御筵口宣

揚舲江道弭節賓郵良多跋涉之勞式厚惠慈之禮
聊紓行役庶表恩私

士輵特授少師加食邑賜告口宣

朕齋精飭躬廣大建祀既沛熙成之澤宜優惇叙之
恩茂錫寵光益昭眷禮

居廣特授少傅加食邑賜告口宣

朕肇稱新禮宗祀明堂有衍欽柴之休無踰常隸之

爰茲頒顯命是出殊私

士軺上表再辭免除少師恩命不允批答口

宣

修祠世室徹胙堂筵爰加厚於親盟乃優推於邦典

茲惟至意奚可固辭

明堂大禮畢紫宸殿受賀內侍宣答管軍詞

祇率彝章肇修嘉饗資爾中權之彥罄茲周衛之勞

神心顧懷福貺昭答

紫宸殿受賀閤門官宣答樞密詞

稽古彌文覲時亨會咸來四海之助迄就九筵之儀

實賴交修敢居能饗

紫宸殿受賀樞密宣答皇太子詞

祇荷洪休肅嚴大報既告虔於清廟遂展祀於合宮

四方具來諸福畢至

麗正門肆赦閤門官宣答皇太子詞

躬祠世室還御端門沛恩宥於中天廣福祥於下國

崔舍人玉堂類藁卷第十五

崔舍人玉堂類藁卷第十六

口宣 勅書附

金國賀正旦使人赴闕鎮江府賜茶藥口宣

使傳飛華江城經道興念川途之勤即頒茗劑之良

庸表眷私庶資和嗇

赤岸賜御筵口宣

將命修歡聯車遵道方少留於郊館當即入於都門

式厚眷懷就陳燕會

回程賜龍鳳茶并金鍍銀合口宣

涓辰遵道留館治行因頒異茗之良庶備歸裝之用

是爲嘉錫宜體深懷

使人到闕賜被褥鈔鑼等口宣

遠持使命初抵都郵豈無應用之須爰有分頒之寵

宜承優賚式體隆懷

入賀畢歸驛賜酒果口宣

進朝宸陛退息賓郵第嘉實以分甘出上尊而致賜

庶資燕喜用慰勤勞

入賀畢歸驛賜御筵口宣

遠將慶禮同預壽班既訖事於殿庭方歸休於館舍

爰開惠燕庶洽恩私

玉津園賜射弓弓箭例物口宣
使華來聘暇日出遊聞射藝之有儀知賓歡之正洽
爰加頒賚庶表眷懷
玉津園射弓賜御筵口宣
春陽方動使事少閒適彼禁園游於射藝爰啓惠慈
之宴庶昭審固之能
朝辭訖歸驛賜御筵口宣
已畢邦儀遂辭宸陛嘉進趨之有度念陟降之良勞
爰即都郵俾陳燕會
金國使副賜春幡勝等口宣

寒回□陸春入東郊適尚駐於使旃俾即頒於時物
宜承嘉錫茂介繁祺
賜館伴使副春幡勝等口宣
氣旋蒼陸仗轉青旂適更時序之新重起賢勞之念
爰推寵錫俾對熙辰
賜三節人從春幡勝口宣
和風入律青令秉規尚勤使事之留適閱物華之變
並推嘉錫庸慰遠懷
賚賜大銀器口宣
使節聯華聘儀成禮分此中金之器出於內府之藏

式厚恩盼庸昭眷遇
撫問賀金國正旦使副陳峴等到闕并賜銀
合茶藥口宣
聯轡出疆弭旃還闕載念川塗之勤式頒茗劑之良
仍諭溫言庶昭至意
御藥院中乞撰進呈
三祖下第六世仙源類譜
仁宗皇帝十年玉牒所有合用提舉官禮儀
使已下宣答詞
慶系蕃昌聖謨宏遠爰輯成於大典茲竝告於成書

既遂覽觀即嚴尊閣
進呈
仁宗皇帝十年玉牒
哲宗皇帝一朝玉牒宣答提舉官禮儀使已
下詞
書備兩朝事光萬世寫之瑤琰煥乎文章既具閱於
奏篇當永嚴於尊閣
賜趙丞相不允批答口宣
寶牒告成皇猷增煥式厚褒嘉之典庸旌綜理之勤
宜服溫言即承休命

賜參知政事錢良臣不允斷來章批答口宣
書成寶牒事謹珍藏與言使範之勞加厚褒章之寵
已孚成命宜止謙辭
賜右丞相趙雄不允仍斷來章批答口宣
典策告成臣民均慶乃眷提綱之績可稽詔賞之恩
開諭已明謙辭毋至
賜賀金國生辰使副傅淇王公弼到闕撫問
并賜銀合茶藥口宣
抗旌修聘濡轡還朝良多跋履之勤重有光華之遠
爰推嘉錫仍致溫言

賜殿前司滿散天申聖節道場乳香口宣
職重典兵誠深愛上屬紀發祥之旦具脩介壽之儀
爰致名香庶資善祝
賜步軍司滿散天申聖節道場乳香口宣
總提勁旅典護嚴宸欣逢彌月之期深祝後天之筭
爰頒名馥庶助精誠
賜樞密院官滿散天申聖節道場乳香口宣
位高宥府時際誕辰輯仙梵之勝緣介壽昌之備福
爰頒名馥俾達丹誠
賜樞密院官齋筵酒果口宣
赤符開運華渚標辰眷言西府之臣同効南山之祝
爰推嘉錫往侑華筵
周必大上表再辭免除參知政事不允仍斷
來章批答口宣
朕選求人望參翊政幾當成命之方行已僉言之維
允亟恢賢業遂畧謙章
謝廓然上表再辭免除端明殿學士簽書樞
密院事不允仍斷來章批答口宣
登用宏才參陪宥府已亶縉紳之聽方須帷幄之謀
宜止常謙即承亨遇

賜陳俊卿告口宣
褒表民庸登崇孤位已布宣於明命咸允愜於輿情
茲錫恩綸宜承眷禮
金國賀會慶節使人赴闕平江府賜御筵口
宣
祇輯歡盟肅將慶問念載驅於周道知已屆於吳門
爰錫華筵用昭優遇
盱眙軍賜御筵口宣
歡盟交聘虜使聯華聞甫越於邊疆諒少休於候館
亟馳內侍即啓初筵

赤岸賜御筵口宣
眷言使傳密邇都門諒多行邁之勤宜適燕胥之樂
專馳近侍申諭深懷
赤岸賜酒果口宣
銜命鼎來涓辰入見巳次邦郊之近重懷使傳之勞
爰致甘滋俾留行樂
上壽畢歸驛賜御筵口宣
展慶闕庭歸休館舍見修儀之有度嘉將命之無違
式示恩慈用昭眷遇
賜皇子魏王生日詔
夏籥啓和允符令節天支衍慶誕育賢王爰推賜式
之優往績壽齡之永
賜右丞相曾懷生日詔
朱衡御令式紀嘉辰喬嶽儲休是生碩輔往侑燕私
之喜特將慶賜之儀
賜鄭藻生日詔
氣協薰弦慶鍾懿睟紀嘉祥於初度將厚意於多儀
介爾壽祺昭予眷禮
賜皇叔祖少保昭化軍節度使判大宗正事
嗣濮王士輵生日詔

親賢竝茂爵齒兼崇屬當流火之辰適紀垂弧之旦
爰將蕃錫庶續遐齡
賜皇兄少保岳陽軍節度使充萬壽觀使永
陽郡王居廣生日詔
氣中商籥爰及嘉辰慶衍宗盟是生賢屬往助私庭
之喜特推內府之儀
賜皇太子生日詔
茂德聰文純誠淵塞爰紀金行之序是鍾玉裕之資
式厚賜儀載綏福履
賜昭慶軍節度使簽書樞密院事楊倓生日
詔
氣肅清商適兆祥於勲閥時生俊德方陪議於幾庭
有腆予頒往綏爾福
賜簽書樞密院事李彥頴生日詔
寒籥司辰祥弧紀旦載育辯明之彥方陪宥密之廷
爰致賜儀俾綏壽福
賜簽書樞密院事錢良臣生日詔
序協中冬時生賢佐往侑私庭之慶特推賜式之優
俾介壽祺亦將眷禮
賜皇子魏王愷生日詔

席慶仙源憑畢霄極適淸和之嘉序正誕育之良辰
爰往賜儀俾綏壽祉
賜少保寧武軍節度使充醴泉觀使曾覿生
日詔
月協仲商天澄西灝眷我耆明之彦紀茲誕育之辰
爰將寵頒俾侑燕喜
賜皇兄少保岳陽軍節度使充萬壽觀使承
陽郡王居廣生日詔
素商應律灝氣澄空維予宗屏之賢肇此門弧之旦
爰推賜式俾介壽祺

賜皇太子生日詔
天祐熙朝時生元嗣茂育溫文之德永毗久大之基
式厚賜儀俾綏壽福
賜少傅保寧軍節度使充醴泉觀使兼侍讀
史浩生日詔
初潛舊學當代元臣適商律之正淸知誕期之載至
爰將頒賚俾介壽康
賜保信軍節度使開府儀同三司充萬壽觀
使鄭藻生日詔
月旅炎方慶鍾戚畹爰有純明之彦是當誕育之辰

式厚分頒俾資燕喜
賜右丞相趙雄生日詔
天祐皇家時生碩輔式紀門弧之旦方隆鼎鉉之功
宜厚分頒俾資燕樂
賜參知政事周必大生日詔
金行澄爽玉管流商氣鍾河嶽之英時作邦家之輔
爰推賜式俾介壽祺
賜皇叔祖少師昭化軍節度使充醴泉觀使
嗣濮王士輵生日詔
國重親賢時尊爵齒慶旋臨於穀旦喜倍集於宗盟

爰厚分頒俾綏壽豈
賜少保寧武軍節度使充醴泉觀使曾覿生
日詔
玉管吹商金行變爽眷我初潛之舊紀茲載誕之辰
爰有恩頒是昭禮遇
賜皇兄少傅岳陽軍節度使充萬壽觀使承
陽王居廣生日詔
德憑天緒望冠宗藩屬當執矩之秋適紀垂弧之旦
爰推賜式俾介壽祺
賜參知政事錢良臣生日詔

昴陸司辰賜正建統天佑明昌之運時生開亮之賢
宜有恩頒俾綏壽祉
賜樞密使王淮生日詔
序當炎節慶集高門爰加厚於眷懷俾優推於寵錫
永綏壽祉茂輯勲庸
賜安南國王加恩制勑書
朕齋涓涼節祗祀合宮方覃澤於敷天爰興懷於遠
服參稽慶典優錫褒章答爾恭勤昭于眷禮宜堅侯
度茂對邦祺
回賜安南國王李天祚進奉大禮綱勑書

朕祗循彝典丕蕆明禋維時藩服之臣遠効貢□□
實載嘉純飾具閱多儀式厚寵光用頒慶賚
賜判寧國府皇子魏王愷金合夏藥勑書
時當長育氣及炎蒸眷懷賢王越處外服特厚匪頒
之式往綏調御之宜
賜福建路安撫使史浩銀合夏藥勑書
位崇公輔寄重价藩適當炎燠之辰宜有綏調之助
特盼良劑用表隆私
賜四川宣撫使鄭聞銀合夏藥勑書
曾輟政塗往釐蜀部爰念青天之道適當朱夏之辰

特厚寵頒用資珍嗇
賜浙東安撫使錢端禮銀合夏藥勑書
圖政舊臣典藩宗望適茲惲暑嘉乃宣勞特頒上藥
之良往助沖襟之輔
賜湖南路安撫使劉珙銀合夏藥勑書
夙預政幾久分戎翰屬炎蒸之在候念綏御之多勤
爰厚匪頒庶資輔養
賜湖北安撫使沈夏銀合夏藥勑書
夏序向中暑威滋盛廼眷機廷之舊適宜藩閫之勞
特厚分頒用資調衛

賜主管侍衛馬軍司公事趙樽銀合夏藥勑
書
眷爾忠誠典吾親衛屬炎威之蒸勑亮戎務之勤勞
式厚珍頒用扶吉履
賜御前諸軍都統制時俊吳挺王琪郭剛李
川皇甫倜郭鈞王明御前諸軍副都統制眘
安仁翟瓊王世雄岳建壽銀合夏藥勑書
夙懷偉略分總戎師暑威方隆軍事良苦特致精嘉
之劑庶資調嗇之宜
賜靖海軍官吏軍民僧道耆壽等示諭勑書

朕以楊俊贍智造微宏材經遠久宣勞於外服旋登
長於禁途典賦名曹具彰富國之績遍班延閣稍遂
奉祠之遊兹錫寵於齋壇亦增華於勲閥諒聞休命
咸愜輿情

賜南平王李天祚淳熙二年曆日勑書

朕欽授人時裁成天道丕徧同文之地誕頒底日之
書廼眷藩方夙恭侯度尚祗予賜庸惠爾民

賜皇子判明州魏王愷金合臘藥勑書

分慶天潢承流甸服適屬風霜之勁即頒湯劑之良
庸示眷懷庶扶福履

賜浙東路安撫使錢端禮銀合臘藥勑書

政路耆臣帥藩崇望屬風霜之回薄諒夙夜之勤勞
爰有寵頒用資珍輔

賜湖南路安撫使劉珙銀合臘藥勑書

望重政塗寄隆邦翰言念凝嚴之序宜加調嗇之宜
爰有匪頒用昭眷遇

賜湖北路安撫使沈夏銀合臘藥勑書

夙參樞畫久布藩條興言綏御之勤適履凝嚴之節
爰推賜式用輔珍調

賜四川安撫制置使范成大銀合臘藥勑書

班聯禁路倚重坤隅屬嚴肅之方寒宜沖襟之是嗇
特推頒賚庸示眷懷

賜主管侍衞馬軍司趙撙銀合臘藥勑書

夙提禁旅茂建帥權當寒序之凝嚴宜沖襟之輔適
特頒良劑庸表至懷

賜御前諸軍都統制吳挺時俊王琪郭剛李
川郭鈞皇甫倜王明御前諸軍副都統制胥
安仁王世雄岳建壽翟瓊銀合臘藥勑書

嚴護邊衞總提師衆適履祁寒之序永懷共武之勤
特致分頒用資調衞

賜福建路安撫使陳俊卿銀合臘藥勑書

鼎輔元臣价藩崇望適履凝嚴之序深懷綏撫之勤
爰有分頒庶資調嗇

賜皇子判明州魏王愷金合臘藥勑書

望重親賢任隆蕃翰屬風霜之方厲諒夙夜之多勤
式示恩頒用綏福履

賜侍衞馬軍行司武康軍節度使侍衞馬軍
都指揮使吳拱御前諸軍都統制吳挺等御
前諸軍副都統制韓寶等銀合臘藥勑書

總提戎旅展嚮忠勞當氣序之嚴凝宜精神之輔養

爰頒藥劑式表眷懷
賜江南東路安撫使陳俊卿銀合臘藥勑書
留鑰地崇帥藩望重當嚴凝之方厲諒綏撫之多勤
爰有匪頒庶資沖嗇
賜福建路安撫使沈夏江南西路安撫使楊
倓銀合臘藥勑書
夙秉中樞荐分外寄當寒威之增勁諒藩事之宣勞
宜有恩頒用資和衛
賜兩浙東路安撫使李彥穎銀合臘藥勑書
望高舊弼任重名藩適洊序於隆寒宜輔和於沖履
爰頒良劑式表深懷
賜成都潼川府夔州利州路安撫制置使胡
元質銀合臘藥勑書
歲華向暮寒氣增嚴典言夕瑣之臣專任坤隅之寄
爰推寵錫用助珍調
示諭保康軍官吏軍民僧道耆壽等勑書
天資純全地望融顯周旋法度之訓被服德義之經
久於班聯嘉乃端靖巳誕頒於英節俾遙鎮於名藩
諒彼聽聞同於慰喜
賜皇子判明州魏王愷金合夏藥勑書

恩隆帝子任重侯藩屬當炎暑之辰宜輔沖和之履
特頒良劑庶表深懷
賜侍衛馬軍行司侍衛馬軍都虞候馬定遠
御前諸軍都統制吳挺等御前諸軍副都統
制韓寶等銀合夏藥勑書
炎籥載臨暑威方熾爰興懷於良將適留戍於要衝
竝有分盼庶資調衛
賜江東路安撫使陳俊卿銀合夏藥勑書
鈞鼎元臣藩翰重寄屬炎蒸之在序諒綏撫之多勞
爰有嘉盼用扶沖履
賜成都潼川府夔州利州路安撫制置使胡
元質銀合夏藥勑書
禁路舊臣坤維重寄適炎蒸之在序諒綏撫之多勞
爰致嘉頒用扶沖履
賜大理卿賈選等獎諭勑書
獄者人之司命也朕傷夫教化之尚淺使吾元元未
盡知義抵冒殊扞陷於憲網嘗選明察之官忠信之
士惟良折獄庶于無刑汝等習於律章傳以經術亟
問亟薇有要有倫今狴牢之内乃亡一夫之留茲非
朕心之攸懌虖旣達聽聞良深歎美

賜成都潼川府夔路利州路安撫制置使胡
元質銀合夏藥勑書
帥閫寄隆坤維地遠當炎威之方盛諒王事之良勞
爰有寵頒俾資珍啻
賜江東路安撫使陳俊卿福建路安撫使梁
克家銀合夏藥勑書
宰路舊臣价藩雅望適履炎蒸之序諒多綏御之勤
爰致寵頒庶資調衛
賜侍衛馬軍行司侍衛馬軍都虞候馬定遠
御前諸軍都統制吳挺郭剛皇甫倜李□□

田□卿郭鈞王世雄御前諸軍副都統制□
寶彭杲李彥孚劉光祖郭杲銀合夏藥勑書
分提軍旅嚴護封疆適當炎暑之辰重起賢勞之念
爰加頒賚俾厚珍調

崔舍人玉堂類藁卷第十六

崔舍人玉堂類藁第卷十七

春端貼子

淳熙元年端午貼子詞

皇帝閤六首

五言

雙秀雲牟實三眠雪繭豐無人知帝力渾在舜弦中

又

御柳垂波綠宮槐覆幄涼香風隨步輦偏到殿中央

又

釆縷縈朱戶芳菰剪翠筒風光天上別景物世間同

七言三首

千年桃印明金殿百子榴房照綺疏清曉宮門放魚
鑰內家催進恤刑書

又

幽芳拂拂朔香度谿葉陰陰晝影圓玉食未應須角
黍君王端是念忠賢

又

雙人綵艾消民沴五色朱絲奉帝齡向晚封章都閤
遍翠輿初過水心亭

淳熙二年春貼子詞

光堯壽聖憲天體道太上皇帝閤六首

五言 三首

嶰管今朝應璿杓昨夜旋耕桒三萬里一樣樂堯天

又

事已高超古心猶切爲民慈顔應有喜房宿正當晨

又

采柏浮仙醁凝酥點壽盤君王千萬歲長奉兩宮歡

七言 三首

九重雲氣鬱崔嵬日轉青旗瑞色開晨蹕一聲春又
到太平天子上瑤盃

又

樓閣隔年餘舊雪園林連夜著新花東皇㑂作行春
計先到長生大帝家

又

景龍門上華燈動黄鵠池邊翠浪通一一春光須作
主從今二十四番風

壽聖明慈太上皇后閤六首

五言 三首

玉斝和聲度金鋪麗景遲恩齊文母聖春日受春祺

又

寶殿春朝退瑶池夜宴深明朝是人日時復問晴陰

又

翠輦西湖路雕盤北苑花時平無外事隨意趁年華

七言 三首

扇開雉影紅雲起簾卷蝦鬚畫燭明三十六宮齊進
酒盤金小勝縷長生

又

日溶風沼搖波暖雲護龍樓倒影長讀罷黄庭無一
事好風吹動百花香

又

院落韶光歸柳色郊原耕信到菖芽望春臺下□□
軟不見游龍有外家

淳熙六年春貼子詞

皇帝閤六首

五言 三首

今歲韶光好時逢大有年條風方𢿱物菖葉又催田

又

今歲韶光好年中兩見春餘寒九日在芳意一朝新

又

今歲韶光好田間氣象淳政平無横賦粟賤少窮民

七言　三首

東風先滿殿前旗御柳宮花次第知連夜芳心相待
發侵朝染恐不勝垂

又

千門曉日山河麗萬國春風草木香造化無私隨發
育聖明天子是東皇

又

彤庭清蹕轉輕雷鳳管吹春入仗來萬籟有聲皆善
頌入荒無地不熙臺

皇后閣五首

五言　二首

何處春來早光風入九門未繇池荇翠先著壁椒溫

又

何處春來早坤儀物意熙煙生金屋重日上玉階遲

七言　三首

明朝嘉氣滿慈闈親侍君王獻玉卮一樣酥盤俱手
製百般綵勝總春宜

又

風光天上倍常殊花壓闌干晝影舒虛几自臨中令
帖明窗時展大家書

又

清明小苑條桑地和暖平川浴種天聖主儉勤游樂
少只將敦朴示民先

淳熙六年端午貼子詞

皇帝閣六首

五言　三首

玉斝浮菖細金盤薦朮香皇齡千萬壽高拱舜衣裳

又

蘭氣浮丹殿槐陰被紫宸薰琴多在御揮拂寄深仁

又

清曉開魚鑰紅雲縹緲間催裁恤刑詔傳放謝衣班

七言　三首

夜披章奏涼生扇午對臣鄰汗浹衣水閣風亭松竹
邃翠輿臨幸日來稀

又

仁風長養羣生遂化日清明百沴驅桃印艾人消底
用殿心高設敬天圖

又

避暑深宮消永晝凾風廣殿起涼秋宸心未愜高明
適志在山東二百州

皇后閤五首

五言 二首

剪玉菰筒翠盤金絲縷長宮中多燕喜天下正明昌

又

瑞麥登時物香蒲薦壽祺珠囊新樣小璧就葛覃詩

七言 三首

鬬草人歸午漏徐宮簾不動玉窻虛旋開蘂笈尋仙典閑點松腴試法書

又

蠶館風清下箔時六宮□從獻絲歸便教淵室催機

織要及明堂製袞衣

又

聖主恭勤少燕游生衣趂得未明求隨時但獻長生縷當午猶閑競渡舟

淳熙七年春貼子

光堯壽聖憲天體道性仁誠德經武緯文太上皇帝閤六首

五言 三首

欲識春回處長生大帝家萬年枝聳翠千歲果開花

又

欲識春回處君王獻壽時喬雲扶寶座和氣入瑤巵

又

欲識春回處晴峯俯碧泉巖巒猶積雪草木已生煙

七言 三首

冰消宿沼悠揚動煙暖寒林約略青試上龍樓回遠望朝來生綠畫羅屏

又

聚景園中芳意換望湖樓下綠波長尨眉自識車音美時有緗緹夾道香

又

一氣暗隨鑾輅動萬祥給會袞衣朝康衢歌吹東風

裏滿聽兒童善祝堯

壽聖齊明廣慈太上皇后閤六首

五言 三首

天上春光別東皇管領來初從旗氣轉旋逐蹕聲回

又

天上春光別融融物態宜彤庭花氣煖黃道日輪遲

又

天上春光別時康樂事繁煙花浮閬苑露葉簇金盤

七言 三首

蒼龍繫輦道春回盡把韶華入酒盃但見殿前移仗
退已聞苑內奏花開

又

玉壓闌干日影長雲窻侍女晝焚香琅函自檢長生
籙金管時書忌就章

又

花邊破日紅千疊柳際勻煙翠一層閱盡風光長不
老綵車當見從雲仍

淳熙七年端午貼子詞

皇帝閤六首

五言三首

赤伏祥輝盛黃離治象亨天時四序正君德萬方明

又

采縷盤金麗香蒲鏤玉勻君王千萬壽歲歲樂茲辰

又

日御秋秋永雲峯疊疊繁宸心定忘暑長筭入中原

七言三首

光浮水檻虛黃蓋涼滿冰臺待翠輿日轉槐龍天近
午汗衣猶聽講筵書

又

松碧涵風清廢曲梅黃過雨密留陰翠寒堂上全無
暑定起人間扇暍心

又

黃道星辰移企翼青冥風露近飛簷翠華晚過凌虛
殿一色明珠十二簾

皇后閤六首

五言二首

玉燕垂符小珠囊結艾青更將長命縷侵曉奉慈庭

又

厚德承三殿柔風被八紘欲知勤儉化當暑澣衣清

七言三首

玉斝浮菖追令節寶箱儲藥趁靈辰細開角黍諭前
事應助吾皇念直臣

又

日永荇池閒晝舫風清蠶館入新絲內人鬬草歸能
說今歲山中艾出遲

又

翠雲幕卷迎風殿零露盤高待月臺應上君王千萬
壽霓裳吹下九天來

淳熙八年春貼子詞

太上皇帝閣六首

五言 三首

翠管吹寒去青旗卷仗來慈皇千萬壽春日上春盃

又

剪玉酥花細盤金綵勝宜六宮呈妙巧春日頌春祺

又

鳳苑開丹燕龍樓下翠華天工不敢住春日著春花

七言 三首

親提神器授今皇帝德王功日月昌萬宇熙臺無一事湖山好處賞風光

又

今歲東皇作意遲春朝恰近上元期長生宮殿花開了便放人間十萬枝

又

高蹈殊庭二十春隨時游樂為同民翠輿黃傘西湖路老稱年年喜望塵

太上皇后閣六首

五言 三首

春曉慈闈啓君王奏問安和聲調嶰管歡頌獻椒盤

又

春晝慈闈靜宮簾日上徐焚香開竺典滴露寫仙書

又

春夕慈闈永瑤池樂未央管弦聲合奏燈月影交光

七言 三首

昨夜三更斗柄旋東風催放百花鮮飛來峯下溶新綠流得春光到外邊

又

鬱葱嘉氣滿蓬萊天子雙稱萬壽盃朝罷樂音迎複道瑚輿同上望春臺

又

有象升平屬好春九衢歌舞樂芳辰濯龍門外車如水應笑豪華漢外親

淳熙八年端午貼子詞

太上皇帝閣六首

五言 三首

待月長生殿迎風太液池慈顏歡樂日聖德盛明時

又

濯濯風涵柳英英露寫荷微涼無限意分付舜弦歌

又

蓮葉看龜上桐花引鳳棲聖人千萬壽福祿與天齊

七言 三首

采索設榮長命縷紫芽安用引年萓只將三紀休兵
德聖壽宜同泰華長

又

了無塵累可關情坐見寰區樂太平弄水看花聊燕
適倚松餐菊偶經行

又

竹殿陰陰間綠槐日長碁罷看流盃非窻風味洸洸
靜南內時新節節來

太上皇后閤六首

五言 三首

菰黍團雲白菖花剪玉長晚涼新月上水殿按霓裳

又

海上千年實峯頭十丈花年年當令節同獻玉皇家

又

翰墨消長日尊彝占遠風纖塵吹不到人在玉壺中

七言 三首

寶月驂鸞采結垂明來新寫上皇詩金盤有露涼生
早玉宇無塵凍解遲

又

水晶宮闕淨涵虛歷歷南風度玉除金井轆轤聲欲
曉內人來奏問安書

又

萬年枝下綠陰長拂石時來坐晚涼別殿笙歌催宴
早千門鋪月靜焚香

崔舍人玉堂類藁卷第十七

崔舍人玉堂類藁卷第十八

致語口號 樂曲附

金國使人到闕紫宸殿宴參軍色致語口號

勾合曲詞

致語

琬圭修聘方申締於歡盟雕俎均恩爰肆陳於慈燕肅簪紳而拱極儼旒冕以當天洪施豐融輿情樂豈恭惟 皇帝陛下建中布度執競凝圖英略淵通昭徹天人之表深仁溥博際蟠宇宙之間旁開衆正之門廣闢太平之路念寶鄰之永好嘉虜使之多儀置

帳于神麗之庭下聲于明光之殿風回鳳蓋容瞻煩渥之容日度鼇峯屢轉華旗之影寫淳音於調露汎嘉氣於流霞君臣歡康中外寧壹臣叨居法部幸際熙辰上奉宸顏敢進口號

口號

春風黃繖下清廂纓弁蟬聯宴未央萬國文明周禮樂九重端穆舜衣裳雲低殿幄星辰近漏轉宮花日月長聖主寬仁盟好永和聲細入鹿鳴章

勾合曲

曉日周原念使華之勤勤春風漢殿開燕席之從容

簨簴畢陳笙鏞間奏式遂莘魚之樂聿來祥鳳之儀

上悅宸顏教坊合曲

金國賀正旦使人到闕紫宸殿宴致語口號

勾合曲詞

致語

周曆誕頒適履端於令旦漢儀高會爰示惠於羣臣清光粹温協氣充塞恭惟 皇帝陛下體元御極贊化宜民當三陽開祚之辰展萬壽稱觴之禮臣等恭陳口號仰奉宸歡

口號

九重帳殿敞層空清曉羣臣宴鎬宮神護翠華居北極春隨黃傘下東風觴行隱隱紅雲裏仗轉曈曈瑞日中看取乾坤俱壽域兩朝時節聘車通

勾合曲

和樂在陳嘉觴當御日度層峯之影風回廣殿之春上悅天顏教坊合曲

金國賀會慶聖節使人到闕集英殿宴致語口號勾合曲詞

致語

冬權肇始陽月就盈當眞人誕育之辰正寶曆明昌

之運　皇帝陛下樂同萬國禮厚羣賢啓惠燕於端
宸流恩光於廣坐君臣相悅福祿無疆臣等上奉天
顔敢進口號

口號

良月欣臨震夙辰恩涵雨露燕羣臣遥連漢岳三呼
應徐聽虞韶九奏淳仙篆縈風浮廣殿卿雲擎月護
嚴宸奉觴更喜嘉賓會同祝　吾皇萬壽春

勾合曲

丹扆天臨華簪雲會既洽莘魚之樂宜觀韶鳳之儀
上悅宸顔教坊合曲

金國賀正旦使人到闕集英殿宴致語口號
勾合曲詞

致語

斗轉璿穹序正夏時之統星環寶座儀陳漢殿之圖
嘉生阜繁協氣充塞恭惟　皇帝陛下聰明天錫剛
健時行對昌會之亨通同羣情之燕樂臣等輙收輿
誦盡入歡謠

口號

殿頭清蹕起晴雷萬歲聲中扇影開曉日青旗明絳
闕春風黃傘傍瑤臺卿雲湧瑞扶天座仙露流甘入

御盃要識八荒俱壽域年年常看使星來

勾合曲

華幕張庭翠裘臨座既洽嘉賓之樂宜聞治世之音
上悅天顔教坊合曲

會慶聖節使人到闕集英殿宴致語口號勾
合曲詞

致語

冬律秉乾皇圖開泰千載慶生商之旦四方同戴舜
之心撫運隆昌對時康乂轉丹輿於廣殿張翠幄於
彤庭雨露涵濡風雲際會臣等輙陳歡誦仰奉威顔

口號

雲護輕霜漏曉晴日高黃傘影亭亭六龍銜蹕來臨
座五鳳儀韶下舞庭地湧南山朝帝殿天回北斗挹
仙觴侍臣近識宸顔喜時顧皇皇二使星

勾合曲

景轉緗峯香浮黼座既上萬年之壽當條九奏之音

致語

周官頒曆正月之吉始和漢殿登圖諸福之物畢至
恭惟　皇帝陛下剛明獨運慈儉安行應乾坤交泰
之辰合君臣相悅之樂鸞觴當御鷺羽分庭臣等敢

酌民言用成口號

口號

四時和氣轉洪鈞昨夜璿杓正指寅萬玉鳴班朝廣殿五雲扶輦下端宸翠旄低引仙韶度寶舉徐傳御醴醉看取年年來信使定知天地一家春

勾合曲

日轉鼇峯雲低鳳蓋流人間之歡詠入天上之和聲

金國賀會慶節使人到闕集英殿宴致語口號勾合曲詞

致語

天開景命璿樞應千載之符時協昌辰玉殿獻萬年之壽恭惟　皇帝陛下神謀高運仁德安行受福無疆垂虞裳而臨正宁與民同樂開鎬燕而集羣臣流仙露以溶津結卿雲而駐采臣等敢緣嘉會輙貢蕪詞

口號

盛節縉紳宴玉京紅雲深護赭袍明寶花合座天香滿仙羽分陳御舉行原隰有光交信睟廟堂無事樂和平歡心恊氣知多少盡在今朝九奏聲

勾合曲

萬歲稱觴已祝聖人之壽九成合奏宜揚治世之音

金國賀正旦使人到闕紫宸殿宴致語口號

勾合曲詞

致語

臣聞帝執規而布治萬物俱榮王在鎬以示慈羣情胥樂乾剛高運豐照端中撫邦家晏粲之辰應天地亨嘉之會彤庭合弁迎義馭之舒長寶座傳觴況衢尊之多旨臣等欣逢令旦冒貢蕪詞

口號

東風初滿殿前旗環珮春容侍燕時帝澤普涵春自

暖人心同樂日先遲三峯影裹瞻鼇動九奏聲中看鳳儀更喜使華齊獻壽八方何地不熙熙

勾合曲

仙羽分庭宮花覆座既洽惠慈之樂宜揚繳繹之音

金國賀正旦使人到闕紫宸殿宴致語口號

勾合曲詞

致語

臣聞五始書正集嘉祥於華旦萬年稱壽望睟表於中天惠燕雲需歡聲雷動恭惟　皇帝陛下聖神廣運慈儉安行政布青陽對三朝之亨會恩垂湛露流

四海之深仁臣等仰悦宸顔俯陳口號

口號

仗轉曈曈曉色暾千官齊望赭袍尊食苹鳴鹿迷天樂泳藻游魚沐聖恩香泛流霞涵雨露春隨和奏滿乾坤使華同上南山壽近識宸顔一倍温

勾合曲

玉醴飛觴金壺緩箭宜合虞韶之奏更均鎬燕之歡

六州

商秋吉嘉會協中辛涓路寢修禋祀聖德昭清端恙慮嚳竭齋精錦繡排天仗羽衛繽紛朝太室返中宸

玉堂類藁　卷十八　七

祓衮接神明時平天地俱清晏兼豐年和氣品物遂芳馨膽熉座春容娭燕三靈負瑶爵薦量幣清思呦冥冥望昆侖嘉祥塞絪緼誠殫禮洽慶休成潤澤被生民端門肆眚斯庭稱賀俱將景福萬壽祝雙親

十二時

勛華竝天胙昌期聖德茂重離英明經遠濬哲邪微寶儉更深慈觀萬國累洽重熙對明時報禮秩神祇玉帛奏華夷雍肅顯相百辟各欽祇奄嘉虞英璧負華滋神安坐景氣澄虛極光燄燭長耀展詩應律萬舞逶遲三獻洽皇儀垂靈寢慶祐來宜禮無違鳴鑾

臨帝闕飛鳳下天倪清和寰宇霈澤一朝馳醇化無爲萬祀鞏洪基

登門肆赦皇帝升御座宫架奏黄鍾宫乾安之曲

大禮備矣鑾車闐闐帝來維何賚及幅員有聲伊肅有容伊虔彼雉斯開帝坐中天

皇帝降御座宫架奏黄鍾宫乾安之曲

帝坐中天流澤演迤厥蒙伊民歌舞以喜澤流普矣民喜偕矣篤言徂歸福禄同矣

太祖皇帝位酌獻登歌作大吕宫彰安之曲

玉堂類藁　卷十八　八

一德開基百年垂統中天締邳溥海朝貢寶龜相承器鼎加重澤深慶緜帝復命宋

皇帝入小次宫架奏黄鍾宫儀安之曲

貌尊既舉蘋席未移有德斯顧靡神不娭物情肅穆天宇清夷宅中受命永復邦基

亞獻宫架奏黄鍾宫穆安之樂威功膺德之舞

四阿有嚴神既戾止備物雖儀潔誠惟已有來振振相我熙事載酌陶匏以成歲祀

送神宫架奏圜鍾宫誠安之曲一成

奕奕宗祀煌煌禮文高靈下降精意升聞熙事旣畢
忽乘青雲敢拜明况永清世氛
皇帝還大次宮架奏黃鍾宮憩安之曲
應天以實巳事而竣氈案朝帝竹宮拜神靈光下燭
協氣斯陳福祿時萬基圖日新
皇帝上
太上皇帝壽樂曲
陞坐用聖安之曲
簪纓列序羽衛分行雉扇爰徹天威煒煌清明在躬
顒顒昂昂咸拜稽首萬壽無疆
公卿入門用禮安之曲
端闈肅啓金奏和聲有來濟濟爗其華纓度中規矩
步協英莖一人達孝百辟丕承
皇帝上　太上皇壽酒用福安之曲
笙鏞儆繹簨簴騰驤奉觴介壽龍衮黼裳盛儀克舉
至德用章刑于四海化洽風揚
上壽用崇安之曲
凝旒肅穆鳴佩舂容有酒伊醑管磬其從典禮絢縟
威儀恪共頌堯之壽與天比隆
太上皇帝初舉酒用蟠桃之曲
結根閬苑登實瑤池紅雲駢艷瑞露含滋味參石髓
名配松脂王母一笑河水漣漪
再舉酒用大椿之曲
培植自古質淳以全凌傲霜雹盤薄風煙朝菌爲識
楚冥詎肩聳柯擢幹終古蒼然
三舉酒用瑞鶴之曲
彼肅者羽名紀仙經芝田下啄容止安停引吭警露
響徹青冥聖德格物來儀帝庭
四舉酒用祥龜之曲
粤有靈物負圖效祥蓮棲蓍宿錦文有章天和發越

虗澤滂洋泝于宮沼美應昭彰
五舉酒用老人星見之曲
奕奕南極應期曜靈祥躔昭衍次丙躔丁事垂漢史
名著甘經錫符祚聖億萬斯齡
降坐用福安之曲
慶典具舉皇慈溥將禮光長樂事掩未央佩環濟濟
金石鏘鏘天容有懌言旋建章
羣臣酒三行並用正安之曲
曉日敞天門星環華盍簪明良賡舜日富壽祝堯心
穿仗搖旗影鳴珂混樂音聖朝敦孝理百辟盡丕欽

縹緲殿中央紅雲捧紫皇香風飄綵仗仙露滴霞觴
樂度儀凰曲恩流振鷺行萬年天下養寶祚享靈長
清漏滴彤壺皇仁雨露濡遙瞻天一笑同効岳三呼
御醴傳觴速宮花覆座敷欲知歸美意歌頌在康衢

酒一行罷用萬壽無疆之舞

三紀御圖道豐德盛化洽兆民功光列聖畀託有歸
脫屣萬乘優游法宮頤神養性岧岧具闕豐麗靖淵
游神象外玩意物先爲衆父父尊榮配天大福備祿
何千萬年

酒再行罷用聖德重光之舞

於穆聖子仁天智神體剛立極寶儉化民美政畢舉
舊章聿遵舞以象德儗韶實倫龍樓問寢前殿奉卮
密承慈訓不怠其祇海宇豐阜邊陲晏夷于以養志
福祿來宜

崔舍人玉堂類藁卷第十八

崔舍人玉堂類藁卷第十九

祝冊詞表

明堂大禮祭享皇地祇冊文

博厚載物靜專承天溥彼羣生裕于大化欽念菲質
紹承慶基山川晏寧稼穡蕃阜膺受靈顧不敢怠遑
練吉商辰修報世室奠以黃玉薦以黝牲承神至尊
精意孚盡臨錫景福垂休無疆

太祖配享冊文

五代腥聞萬姓請命誕降眞主風揮日舒方夏載寧
彝倫攸序天德地業詒厥子孫傳及眇冲嗣守神器

夙夜祇畏思昭大猷報本返初無物可稱宗祀世室
陟配兩儀威神在天右序罔極

太宗配享冊文

維聖肇造維明纂承廣聲昭功混壹函夏文熙武暨
底于丕平世承慶休施逮眇德是述是紹不敢□□
金行肅秋歲物告阜祇舉彝典大饗合宮明明祖宗
竝侑于坐來燕來止綏福萬邦

明堂大禮修整雅飾太廟畢土時前奏告祖宗帝后神主還殿室祝文

祀展合宮享先太室嘗畢加於修飾巳具盍於神深

敢告前期將伸還奉

安穆皇后安恭皇后祝文

具嚴閟宇祇妥靈遊屬當大饗之期肯飭加修之役逮兹訖事敢以告虔

正奉安祖宗帝后神主祝文

崇崇總章戒于大饗奕奕清廟謁以先期既庀役以圖新爰涓辰而還御敢孚誠意庶安神遊

正奉安懿節皇后祝文

明堂孔陽精禋是舉閟宮有侐虔饗攸先嘗祇戒於繕修茲具觀於嚴靜敢涓良日永妥靈遊

安穆皇后安恭皇后祝文

宗祀維時先期是饗嘗加修於閟宇虔具藏於祕容兹告訖功敢祈旋位

明堂大禮畢皇后賀　皇帝表詞

覩時亨會酌千古之彌文遵國彝章展九筵之嘉饗禮儀既備慶賜遂行恭惟　皇帝陛下聖孝日勤皇仁天覆據域中之位盛德通於明神采汶上之圖美報修於元祀四方來賀萬壽無疆妾正體坤儀承休乾運當告成於熙事實倍喜於柔悰

皇帝答皇后詔本

朕祇遹舊章肅稱元祀嘉氣被乎重屋美光燭乎崇筵神靈燕虞福應顯見欽荷博臨之況愈深寅畏之懷遠覽奏陳具形贊喜重爲披閱良集褒嘉

天慶觀預告五嶽四瀆祝文

涓辰商齋蔵事總章重循眇躬曷究盛典即此祕宇告于羣神尚祈孚休汔遂成禮

雷神雨師祝文

國家宗主百神稱秩羣祀凡以芘佑生民也今自夏徂澤越秋亢暘雨猶不滋苗將即槁神掌茲事寧忍弗圖側躬焦勞用以誠薦

天地

蓋聞王者正五事以承天心乃雨暘以時民用樂康永念眇躬奉承基緒維德弗逮無以感通陰陽之和乃自夏秋之交旱魃爲虐良疇沃壤皆爲焦原㗋㗋下民行且艱食慮念憂灼罔識所圖是用飭遣大臣請于天地之靈願垂昇矜亟賜膏澤使稼穡中熟民獲免於阻饑敢不夙夜寅畏以承嘉休

社稷

維國家秩祀社稷所以助生萬物也今自夏乃秋農壤霣澤滌滌旱野播爲埃塵民情焦然行且艱食永

思厥咎夙夜兢畏無以感回天心維神國之尊奉民之依賴其尚應時消沴以惠福于我有邦吁嗟以請庶其鑒之

別廟　懿節皇后祝文

安穆　安恭皇后（同詞改慈德作后德）

茲緣旱虐浸害農田竝告神靈庶蒙膏潤欽惟慈德乎佑我家迄溱順成實藉陰相

五嶽四瀆祝文

自夏亢陽越秋愆澤旱既太甚民將亡聊寅念山川之神寶司雲雨之柄祀垂萬世望冠百靈適災沴之

已長豈神明之弗恤願垂嘉應汔底豐年庶宏濟於民生當承虔於邦禮

十神太一祝文

行綦布氣福庇兆民闕宇棲眞禮崇羣祀適屬愆陽之序巳深艱食之虞敢竭齋明用通靈應願下九天之御亟垂三日之霖盡起稾苗頓還豐歲吁嗟以請庶矜佑之

宗廟

寅念涼德奉承丕基無以感通神祇消弭災異乃夏秋之交旱魃為虐良疇沃壤胥為焦原嗷嗷羣情行且艱食慮念憂灼罔識所圖惟祖宗在天之靈矜哀下民昇佑膏澤使歲得中熟民獲免於阻飢敢不夙夜祇栗以承嘉休

九宮貴神

惟神道參上帝德芘下民稽按靈典實專主風雨霜雹之事此國家所以虔共奉祀以迎嘉休也今夏秋亢陽勢既太甚滌滌旱野嗷嗷民情化災為穰功在頃刻輸誠以告庶矜佑之

皇帝進奉　太上皇后生辰表詞

金風扇物王商籥之佳辰玉殿稱觴紀慈闈之誕序

三神合慶四海交驩恭惟履德謙恭游心清靜啟塗山而輔贊畨濟中興坐少廣以逍遙晚偕難老屬臨令節益介純祺臣祇荷親仁紹承邦緒萬年康壽方修視膳之勤百葉雲仍更祝含飴之樂

皇帝進奉　太上皇后生辰功德䟽

祥開沙麓慶千載之昌期教藏琳宮轉九天之妙果爰申頌祝益罄齋明（云云）恭願百順雲臻萬祥川至享無量福永延昌熾之休會長生君同樂清虛之境

春分前修整補種奏告　昭慈聖獻皇后攢宮　永祐陵攢宮表文

蕤律和聲正協鳴庚之序漢陵王氣已成拱朩之陰
爰及芳辰俾加庀役是遵彝典敢告先期

安恭安穆皇后攢宮祝文

金屋長違玉衣永閟適及融和之序當加修治之宜
庀役維時涓辰是告

仲春修整修換殿室什物并補種窠木奏告

昭慈聖獻皇后攢宮　永祐陵攢宮表文

肅瞻吉兆近在勝區春事方興宜加於締葺靈斿是
宅實應於震驚敢告役期庶孚神監

顯恭皇后表文

增嚴仙寢遵用彝章事役得宜已涓於良日神靈貴
靜爰告於先期仰冀永寧俯垂丕福

安穆皇后安恭皇后攢宮祝文

春律將中國章是舉爰增嚴於域兆已夙戒於工徒
涓辰既良先事乃告

奏告

徽宗皇帝神帳朱漆暗淡起剝合行重朱換
殿脊攔損爛告遷神御權安奉表文

肅瞻仙域近在輔藩帳座黯昏合加顯設殿楹弊腐
仍俾更新涓時日以即工奉衣冠而移御具數誠悃
虔孚威靈

奏告

顯恭顯肅顯仁皇后神帳朱漆暗淡起剝合
行重朱告遷神御權安奉表文

同前表文威靈改作光靈

攢宮下宮疏漏甃瓦祭告告遷
安恭皇后神御於殿東廊權奉安祝文

眷彼寢封戒茲工役當奉遷於靈御庶寧孚於真遊
爰卜良辰敢伸虔告

奏告

徽宗皇帝神帳重行朱漆并重換殿脊攔畢
工告遷神御還殿正奉安表文

禹山神麗漢寢崇深鳩役加修用嚴弓劍之地涓辰
告備復孚衣冠之遊爰布誠忱虔通靈鑒

奏告

顯恭顯肅顯仁皇后神帳重行朱漆畢工告
遷神御還殿正奉安表文

慈德在天真遊有所近加貴飾嘗遷寓於神靈今告
鼎新庶永寧於容御既涓良日敢布丹衷

太常寺申撰成都府新繁縣裝飾六朝御容

衣紋及修飾殿宇奏告祝文

坤維地遠嘗寫眞容繪事工深儼存遺範慨棟楹之歲久慮冠劍之塵侵因飭更新用嚴崇奉旣鳩庀役敢告前期遐想威靈黙通誠素

崔舍人玉堂類藁卷第十九

崔舍人玉堂類藁卷第二十

祝冊詞表

春分前繕修補種奏告

昭慈聖獻皇后欑宮　永祐陵欑宮表文

禹會名山漢陵勝兆春陽方動適稽按於彛章工役當興慮震驚於眞御敢涓良日祗告前期冀寧宅於仙區訖敷遺於後利

安恭安穆皇后欑宮祝文

瞻懷丘寢嚴奉衣冠春事旣興國章攸舉考日茲吉僝工是宜維妥而寧敢前以告

祭告

安恭皇后爲下宮殿內踈漏淊飜瓦畢工告

遷神御還殿正奉安祝文

遡瞻仙域近在勝區旣殿宇之圖新宜容衣之還御敢涓良日虔妥靈遊

奏告

懿節皇后神帳朱漆暗淡起剝弁帳座損爛及架擱走趄修換重行夆正告遷神御權安

奉表文

仙寢成陰神遊安位屬衆繕修之事深懷震動之虞

敢卽先期暫移靈御俟畢成於庶役卽還奉於眞客

奏告

懿節皇后神帳朱漆暗淡起刷弁帳座損爛

及後架擱走趄修換重行竪正畢工告還神

御還殿正奉安表文

頃緣庀工嘗告遷御官師肅給旣徙役之時休帳殿

靖淥宜靈神之遄返敢涓良日用達丹誠庶安侑於

眞遊益綏成於景福

報謝天地祝文

比以驕陽浸成重眚嘗極吁嗟之請冀回眷佑之仁

於遂感孚日聞霑洽農畝間成於中熟漕渠悉底於

大通爰竭誠衷用伸報禮

太廟祝文

眷佑二字改作顧佑字 餘同前

社稷祝文

眷佑二字改作鑒佑字 餘同前

太乙文 同社稷

九宮貴神祝文 同社稷

五嶽五鎭祝文

比者驕陽煽沴時雨愆期閔此下民瀕於艱食竝走

羣祀畢輸丹誠迄蒙靈休旋獲嘉潤農畝間熟河流

大通敢涓剛辰用謝昭貺

四海四瀆祝文 同前

雷神雨師祝文 同前

别廟懿節皇后祝文

比緣旱魃浸害農疇嘗布誠悃庶回休應迄臻霑洽

遂慰焦勞敢涓剛辰用謝靈貺

安穆安恭皇后祝文

進呈安奉前二日奏告景靈宮中後殿祝文

書成良史篇奏法官紀四聖之宏規垂萬年之偉範

事關廟社慶集臣民將謹寶藏敢祈孚鑒

閏三月旦望起居景靈宮諸神御并永祐陵攢宮

昭慈聖獻皇后攢宮會聖宮等表詞本

諸帝旦表

生民之道要在正時附月之餘乃維置閏式因朔旦

庸舉國章恭惟恭儉寛仁聰明齊聖垂子孫而作則

參天地以成能茲履昌辰益懷遺烈爰致吉蠲之饗

用伸感慕之誠

諸后旦表

月分重晷日累餘躔晦明之數罔愆寒暑之宜遂正

恭惟化參坤育功濟乾行道德流長永錫蕃昌之福
歳時運往空懷遐邈之靈敢率彝章用修芳薦

諸帝望表

振美於辰適春華之方盛歸奇於扐乃天道之有成
恭惟恩浹綿區德高邃古銅渾度正方遵政教之常
金鼎光寒徒望威靈之遠

諸后望表

斗杓斜指既協芳辰月魄中圓又當良日恭惟俔天
表異儷極功高流美化於四方貽徽音於萬世敢陳
嘉薦庶達丹誠

孟夏車駕詣景靈宮朝獻祝香文

盛德日升洪休川至建無前之美業肇不拔之丕基

孟冬車駕詣景靈宮朝獻祝香文

皇圖安永帝業隆昌慈闈申萬壽之休寰宇共三登
之樂

太陽交蝕祭告祝文

太史有言日食在朔深惟變異不遑寧居伐鼓用牲
國有彝典消弭厥咎繄神之休

太陽交蝕祭謝祝文

太陽當虧是謂變異茲舉常典側躬省修重除蔽霄
潛護光體神實賜況敢忘薦誠

孟春車駕詣景靈宮朝獻祝香文

皇圖天大聖德日躋兩宮永享於壽昌萬國咸臻於
康富

孟春車駕詣景靈宮朝獻祝香文

邦圖鞏固親壽延昌三邊仍偃革之安萬國遂登臺
之樂

孟夏車駕詣景靈宮朝獻祝香文

三邊安靜五穀順成凡居覆載之間咸享和平之福

明堂大禮禮畢車駕詣景靈宮恭謝祝香文

祼將太室宗祀合宮慶盛禮之熙成擁嘉祥之滋至
云云伏願德參五帝功冠三王邦國開不世之基親
壽介無疆之福

告謝五嶽四瀆祝文

蒐講彌文紹修元祀霽霖雨於先夕燭靈光於翌晨
迄底休成實多陰相敢陳芳薦茲答殊休

孟春車駕詣景靈宮朝獻祝香文

民生康阜親壽綿長三邊臻偃革之安萬國遂登臺
之樂

太常寺申撰進呈安奉

三祖下上五世宗藩慶系錄

眞宗皇帝玉牒奏告青詞

鉅典時脩有司告備昭列聖蕃昌之緒侈眞皇盛大之休已涓卜於剛辰用閟藏於邃宇仰祈淵鑒永覆丕圖

安奉奏告中後殿祝文

祗涓吉旦登進成書慶述祖宗將謹寶藏之永事關社廟敢忘昭告之勤仰冀靈觀俯垂孚鑒

孟夏車駕詣景靈宮朝獻祝香文

伏願基圖鼎固功業川增親庭膺萬壽之休海宇遂三登之樂

孟秋車駕詣景靈宮朝獻祝香文

帝業隆昌皇猷光大盡恢文武之境土永垂堯舜之衣裳

孟冬車駕詣景靈宮朝獻祝香文

福祥川至功業日新居中土以制四方開明堂而朝萬國

孟春車駕詣景靈宮朝獻祝香文

治功日進聖壽天齊盡恢故境之廣長承慈庭之康樂

孟秋車駕詣景靈宮朝獻祝香文

伏願四方安泰五穀豐登躋治効之隆昌奉親顏之歡樂

孟冬車駕詣景靈宮朝獻祝香文

二氣敷和三靈騈福嘉雪消餘年之疵癘慶雲占嗣歲之豐登

明堂奏告天地宗廟社稷別廟祝文

祗承親訓稽協邦常因萬物之成秋舉九筵之盛祀仰祈昭鑒虔告先期

宗廟祝文　社稷祝文

昭鑒改云孚鑒

別廟祝文

參講上儀聿修宗祀已卜涓於嘉序嘗飭戒於先期爰率故常並伸預告

奏告五嶽四瀆祝文 四首一詞係路遠去處

遵用彝章紹修宗祀卜涓時日之吉敷告山川之靈庶達虔誠並孚聰鑒

祭告五嶽四海四瀆祝文 九首一詞係路未通處

肅涓嘉序祗事合宮慨疆域之未還瞻山川之尚遠並陳芳薦遥告先期

明堂大禮前二日朝獻景靈宮分詣奏告中

後殿祝文

紹承慶運蒐講上儀循三歲之彝章舉九筵之親祀
敢先信宿祗款神靈庶達明誠茲垂孚鑒

後殿祝文

練吉商辰躬祠世室翕來四海之助昭格三靈之歡
敢飭前期祗修嘉薦仰祈丕佑永庇昌圖

青詞

紹舉明禋已涓辰而展采祗循彝典敢先事以告虔
肅仰真風[illegible]扶丕緒冀鑒臨於精意益申錫於純禧

奏告諸陵帝后及昭慈聖獻皇后欑宮永祐
陵欑宮表文

荷天休命當修大報之常稽古彌文肇舉合宮之饗
茲遴瞻於真域敢祗告於先期爰達丹誠庶孚靈鑒

奏告安穆皇后安恭皇后欑宮祝文

三歲親祠具存常典九筵宗祀丕講上儀飭事維虔
先期是告

崔舍人玉堂類藁卷第二十

崔舍人附錄

告詞

除祕書省正字告 乾道九年二月二十五日王淮行

勑左宣教郎林枅等朕聞三館以待方聞之士異時詞臣講官與夫司言責掌諷議爲時名臣者出此塗出故擇之必精試然後命所以重其選也以爾枅博學而多聞爾彌大方重而有立爾敦詩閎毅而不回振藻儒林見謂國器奏篇來上煥乎可觀宜從英俊之遊往司是正之職益務涵養以副朕知可

進中興會要轉宣教郎告 乾道九年十月十四日王淮行

勑左迪功郎守祕書省正字陳自脩等昔司馬談爲太史方天子建漢家之封而留滯周南以所欲論著屬其子遷於是紬石室金鐀之書而史記作焉蓋抱良史之才當筆削之任遇大典冊曾不得措辭其間可勝惜哉惟我　太上皇帝中興盛典講於俶擾之際得於授受之日固已越商周而追唐虞久而無述懼有闕焉肆命大臣典領成書爾等俱以儒英入館閣佐太史氏親見聖王之傳顧不韙歟晉陟京聯以旌爾勞以貽訓于億萬世則爾與有無窮之聞可

除崇政殿說書告 淳熙元年正月初四日王淮行

朕蒐攬英雋置諸冊府如蓺梓杞待其成材凡一時詞臣講官鮮不繇此有能翹然自拔於衆人之中則將試而用之進以不次爾性識敏悟學業夙成見於文詞有秀傑邁往之氣朕既爲爾紬繹典故摛直翰墨之林經幄需賢肆以命爾可謂士之榮遇者矣昔魯秉周禮敵人不敢加兵禮之有益於國如此据古以言無爽朕聽可

除著作郎告 淳熙六年正月二十日陳騤行

爾作屬西府精於編摩摛直非扉工於潤色亟立要津衆亦爲允然猶儲之東觀何哉蓋美玉不厭於韞藏良材益務於培養列慈極所授訓言隆典以來政事寶資周博纂成冊書往奮筆焉豈曰弗稱可

進日曆轉奉議郎告 淳熙六年四月初八日李木行

王者世有史官君舉必書所以謹言行昭法式也爾充職蘭臺典司著譔傳信萬世實藉三長汗青告成宜進官列更勤繼錄以對恩榮可

進會要轉朝奉郎告 淳熙六年八月初十日李木行

勑朝散郎試祕書少監施師點等朕自膺傳緒常務策勵以時繫年廣記已藏於巖密舉綱撮要類分將備於討論爾等學擅該通才高述作備竭勤勞之力共成詮次之功遂續前編同標鉅典宜被進官之寵用旌載筆之良祗服予恩益恭汝職可

進三朝寶訓轉朝散郎告 淳熙七年五月施師點行

朕欽惟藝祖肇造區夏太宗真宗繼統揚業其宏摹遠略載諸簡編以爲子孫億萬斯年之訓者殆與典誥相爲表裏朕丕承厥緒歷選名儒進讀於退朝之暇是憲是述罔敢荒寧逮茲終篇可無褒賞爾高文綺潤奥學淵淳進直非門親結九重之眷入陪西學光膺再命之榮屬恩典之遂行肆文階之序進其祗戒渙益勵忠規可

除國子司業告 淳熙七年七月十五日鄭丙行

勑朝奉大夫國子司業兼國史院編修官兼太子侍講何耕等朕惟永平之際圜橋門以億萬計正觀之盛闢黌舍千二百區人文之興治道以立茲用恢宏學校建置師儒庶幾禮義之行可致肅雍之化以爾耕渾然道德不見圭角爾敦詩卓爾文辭富有波瀾秀出班行表表愈偉領袖後進于于而來其竝列於成均庸丕闡於儒教化民成俗必由學式崇賢士之關悍師考德以爲官益劭範模之美可

再除崇政殿說書告 淳熙七年七月二十三日施師點行

春秋王道之權衡也朕昕朝之餘詳延鴻博敷繹於前蓋將究其指歸以補治道之未至與其選者寔難其人爾才茂而識明學深而文富非扉視草增潤於皇猷東觀紬書追芳於良史是用陪露門之閒燕學麟筆之討論推襃貶於一字之嚴辨得失於三傳之異毋嫌詩複庶廣緝熙緊爾嘗爲奚侯多訓可

進讀正說轉朝請郎告淳熙八年五月十三日木待問

朕永念定陵貽孫謀於億世肆臨講殿敷正說於諸儒爾思好深湛辭尚體要司成胄序蔚爲儁造之宗寓直複門式擬坦明之制進聯侍學論本□□兹□

絕業之修宜錫懋官之寵侈而稽古昭我右文可

除中書舍人告淳熙八年九月二十四日木待問行

朕澄出治之源公馭臣之柄遴求端士寘諸禁密之聯比飭温言責以論思之益矧參華於内史必試於眞材具官崔敦詩文企前修器先遠識荐游冊府胸中儲未見之書晉長麼庠館下服于勤之業經幄久嘉於侍學綸閣獨擅於摛詞宄爾所長慨乎餘地載惟西臺命令之本豈徒東里潤色之工一賞或僭則國維不張羣枉未排則官邪猶在能盡言而無隱斯庶政之惟醇蔽自予衷擢居是選朕於知人則哲

追盛治於有虞爾其遇事不同繼祖風於祐甫

致仕告淳熙九年十二月十五日宇文价行

侍橐甘泉方極清華之選挂冠神武忽騰休退之章曾雅志之莫回宜賚書之寵錫具官崔敦詩才猷敏贍問學淵源入踐班聯早膺識擢三館兩學久陪英俊之遊西掖北門獨擅詞章之媺有資獻納遽爽節宜正當强仕之年欲致爲臣而去肆稽彝典寵陟文階勉加調攝之功益介康寧之福

贈中大夫告淳熙十二年二月十六日王信行

未老歸休駭予聞聽將終占奏嗟爾淪亡眷□□□

邇聯頒恩章之殊渥具官崔敦詩文詞藻蔚問學□澄蚤陪英儁之游徧歷清華之選代言西掖簡自朕知擴直北門創由卿始方快雲霄之直上忽驚蒲柳之易衰緬懷朝夕論思之誠深悼春秋寇旻之事用稽令典峻陟文階豈惟榮及於爾終抑亦賞延于厥後尚其英爽服此寵光可

祭文

同朝侍從

維淳熙九年歲次壬寅五月丙午朔十五日甲申敷文閣學士通議大夫提舉佑神觀韓彦直太中大夫權吏部尚書兼同修國史鄭丙太中大夫權兵部尚書兼侍讀兼同修國史兼權禮部尚書芮煇降授朝請大夫權工部尚書兼知臨安府王佐朝請大夫龍圖閣待制樞密都承旨蕭燧朝請大夫權尚書吏部侍郎葛邲朝散大夫權尚書戸部侍郎曾逮朝散大夫權尚書刑部侍郎兼詳定一司勑令賈選朝請大

夫太府少卿兼權戸部侍郎蕭世良謹致祭于崔公侍講直院中書舍人靈筵嗚呼昌光輪囷間氣扶輿萃于二妙聯翩俊儒鳳鶵接羽同翥天衢公又超詣一日千里玉珮瓊琚厥辭愈偉爰自木天聲華特起昭徹宸聽華衮褒之主父見晚司馬同時擢直代言創見於斯紫誥黃麻俱自有體公兼二長文不停綴盤誥聱牙英莖粹美垂紳正笏密勿謀謨豈惟翰墨組麗之徒人所跂望李裴與俱云胡半途濛汜已極人生萬事孰可料測閲日幾何榮悴懸隔嗚呼哀哉天畀公厚莫畀其全文固卓立位亦可言所歉然者不假之年顔夭跖耆畸偶定數死生夜旦公當理悟弱妻稚子可念荼苦彦直等實同僚寀敢置交情屬詞致奠核旅酒馨魂兮歸來不昧平生

給舍經筵

維淳熙九年歲次壬寅五月丙午朔十六日乙酉朝請大夫試給事中兼太子詹事施師點中大夫守中書舍人兼太子左庶子木待問朝散大夫新除中書舍人兼侍講宇文价朝奉大夫新除起居郎兼太子侍講詹儀之奉議郎新除起居舍人兼侍講王藺謹致祭于崔公侍講直院中書舍人靈筵惟公天稟之

聰明兮又種學之敏强涉經史之瀰漫兮窮百氏之濫觴文辭蔚其芳腴兮追前修以翱翔蚤拾芥於賢科兮聲浸徹乎帝旁道山藏室假發軔兮儵進直乎玉堂黃麻紫詔多出其手兮仍勸講乎華光后皇嘆其信姱兮日汝其持橐乎鴛行鼂西掖暮非門兮覃思乎翰墨之場駕駟馬於九逵之夷路兮夫孰測其騰驤一疾忽其變遷兮奄脩夜之不暘婺抱病而枕泣兮稺呱呱而沾裳聞者爲之隕涕兮矧同寮之愛忘嗟人世之夢幻兮難控揣以爲常有生終於必死兮何有菌椿與彭殤惟俯仰無愧怍兮啓手足其奚

傷陳薄奠以寫哀兮魂英明其來嘗

同朝學官

維淳熙九年五月丙午朔十一日庚辰朝請郎守國子司業沈揆承事郎國子監丞黃唐寄理宣教郎國子博士李祥宣教郎太學博士勾昌泰文林郎太學博士黃艾文林郎太學博士羅點秉義郎武學博士陳說朝奉郎行國子監主簿喻良能秉義郎武學諭王公弼從政郎行國子監錄方有開迪功郎太學錄章穎從事郎國子監書庫官戴履謹以清酌庶羞之奠祭于侍講直院中書舍人崔公之靈惟萬生之紛

綸孰主張其榮悴伊通塞之靡常厥去來之莫避或蘊蓄而不信或崛奇而弗試能嶤嶤以自表蓋千萬而一二公擢秀於淮服蚤蜚聲於高第雖棣萼之齊芳固升沈之頓異自時命之獨遭曠清華於中祕彼金鑾之三入重成均之置貳上紫微以秉筆俾兼司於兩制用翰墨以承恩亦罕聞於近世謂搏扶而未已胡半塗而逢癘昔伯氏之閔凶銜餘哀而未艾嗟遺息之甫菲貌諸孤而誰諉夫既昇之利達兮忽中僨而何謂豈命力不兩立兮付成虧於一致潔酒肴以在列兮耿哀懷而莫寄感情契之不能忘兮聊寓誠於一誄

在朝同年

維淳熙九年歲次壬寅五月丙午朔十二日辛巳承議郎監行在左藏西庫陳公亮朝散郎通判臨安軍府事王明發承議郎行太府寺丞柳大雅朝請郎守國子司業沈揆從事郎主管尚書禮兵部架閣文字王三聘朝奉郎太常博士宋若水從政郎監行在草料場朱藻朝奉郎尚書考功員外郎章森承議郎守尚書左司員外郎王信奉議郎直祕閣兩浙路轉運判官耿秉朝散郎尚書刑部員外郎吳宗旦奉議郎兩浙轉運司主管文字丁朝佐儒林郎監行在省倉

門周震來等謹以清酌庶羞之奠致祭于侍講直院中書舍人崔公之靈惟公學以緝成文由體工名卿延譽聲聞九重發蹟冊府攝承玉堂朝無近比公實濫觴編摩著庭經筵省戶恩光燁煜重印壘組若時司成領袖二學臺萊蔚茂繁其先覺拜命云初時則預仕聞道吾前云胡討鹵廼躋掖垣迺正寓直金華勸講亦座重席坦明之制方駕常揚誦說之偉稀馬雁行停涵聿深廣厚雄渾有燁其華益殖其根紫樞黃閣綏步徐行豈其一疾鏟采淪精嚐昔伯仲聯擢

儒科來遊帝廷袂屬肩摩自伯之徂淚睫未乾復此淪落行路辛酸嗚呼哀哉天慭靈奇文能窮人抽深抉密鬼神所嗔自古已然夫復何言猶有副墨藏之名山公亮等託契年籍竝遊朝序情好稠重言言語語自聞稔疾接踵門墻進莫我與敢懷煥京卷衣雖復何有何無于以寄哀惟薌及壺

陳司理

維淳熙九年歲次壬寅五月丙午朔十三日迪功郎臨安府左司理參軍陳之芳謹以清酌庶羞之奠致祭于侍講直院中書舍人崔公之靈惟公茂德搢紳是矜發策決科棠棣聯登宦達烜赫罔tml躍青蠅帝眷有加掌制西清爲舍人樣顧問談經黑頭逝水邦國殄瘁嗚呼痛哉友于愛重譽著鄉評接翼翱翔倏爾飄零如賓偕老黃鵠歌升呱呱而泣其何忍聽却藥屏愛一練青青頌辭無愧彈指生平嗚呼痛哉之芳溫巾司獄三見周星忝辱葭莩獲拜典刑門墻相望與進情傾吁嗟漏盡九原莫興敬致薄奠涕洒銘旌

陳教授

維淳熙九年歲次壬寅五月丙午朔十九日戊子親末從政郎新溫州州學教授陳紳謹以清酌庶羞之奠敬祭于侍講直院中書舍人崔公姨丈之靈嗚呼天地英靈秀淑之氣造化所慳多取爲忌難弟難兄萃于公門接翼儒科粲然而文公之辭章尤爲卓犖猛虎長蛇赤手捕縛渾然天成不露圻堮帝曰來歸寘之玉堂視草代言實惟汝長罔俾常揚專美有唐夜半席前論天下事昌言讜辭無所顧忌如水投石仰當帝意鳳閣西清極儒者榮步武駸駸輔弼疑丞胡然半途而嗇其齡嗚呼哀哉富貴無聞又焉用久朝而聞道夕死不朽公之雅歌藏在樂官公之誥詔百代不刊愛君憂國無負所學易簀從容何愧何怍嗚呼哀哉紳之荷公親愛是敦分則友肯義同弟昌教我掖我繄公之恩吾喪吾室公書來唁如拯溺焚開釋纏綣公之喪兄義篤友于我慰以書公其少紓庚子之春摻袂執別尺書勞苦間歲闊絕方期來還再侍笑言嗟嗟訃音忽墮目前嗚呼身世空華俛仰今昔孰云一朝幽明長有隔肴盈俎有酒盈觴慟哭公堂魂兮不忘

挽章

朝奉郎新除起居舍人兼國史院編修官兼

權直學士院趙　彥中

直上青霄早秋翎抽健雕心源九雲夢筆陣幾嫖姚

覩草含英鳳封章落貴貂身前茂陵藁及謁漢皇朝

君爲趨諭甫及奏御

仙院分背直書庭接翼翔情忘海夫負語借令君香

君頃因夜對話及不肖姓名　壯髮獨藏葆生翎巳奐鷫修文平日

事地下亦爲郎

贊皇李　處全

雅望高簪履昌言動冕旒五花方判事萬戶合封侯

未換黃金帶俄成白玉樓匆匆大槐國起滅等浮漚

桂籍聯升望舜裳香飄折檻馥天光我心但媿兼葭

倚衆目爭觀鴻鴈鷁策足華塗欣袞袞致身台路失

堂堂併看雙璧埋黃壤一慟風前淚數行

朝奉大夫守宗正少卿兼　太子侍講史

彌大

在昔誇三喜于今華一門周還陪帝學終始代王言

晉擢傾人望規陳悉治原彼蒼無處問才大合調元

憶昨登瀛日相親意最深耽書加我癖體國見君心

遽就黃粱夢空遺丹扆箴堂堂邪復有衰涕泫霑襟

寄理宣教郎國子監博士李　祥

聲聞江淮滿文章燕許期華椒聯秀萼椿老見芳枝

璧水風流盡金鑾眷遇私哀榮極閎飾埋玉更成悲

宣教郎充詳定一司　勑令所删定官方

有開

士有千齡遇名傳百世榮文章肇權直淮海出儒英

紫禁煙花遶黃麻黼黻明方深丹扆眷痛惜掩佳城

久託奎躔照仍從璧水遊沖襟鑿星斗高議炳陽秋

磊落觀材傑凋零悼世浮傳家眞驥子努力紹先猷

承議郎直徽猷閣權知平江軍府事耿　秉

足躡脩門甫十年惟餘篇翰富流傳橫經趣得陳編

外草制雄誇落筆先爭美冰銜塵不染忍觀華□□

隨遷忠輸丹扆箴猶在一鑑云亡共黯然

朝散大夫樞密院檢詳諸房文字兼樞密副

都承旨陳　蒼舒

早結淵衷眷英名揚四方獻箴誠剴切婁諫極忠良

勸講黃金殿修辭白玉堂簪紳歆盛美何事遽云亡

昔宰金淵日獲從二陛游同朝深自喜投袂意相稠

伯氏方鸞殁公乎遽若休佳城知有日老淚灑西州

倣漢魏至唐爲鐃歌鼓吹曲十二篇以述　祖宗功德之盛見稱於時又以司馬公資治通鑑於治亂得失忠邪善惡有所未論者凡一君之後爲總說一代之末爲統論成六十卷號通鑑要覽皆以奏御而上命公更定呂祖謙所編文鑑中羣臣奏議其增損去留率有意義有文集三十卷内外制藁二十三卷奏議總要五卷制海十編鑑韻五編藏于家官自朝奉大夫贈中大夫年僅四十有四母陶氏贈安人娶將作少監錢俣之女封安人一男子端學十一歲四女子長及笄餘尚幼方公兄之没也公悼之甚□□

巳之恩□與其姪□錢夫人遂拾遺澤以成公之□故其葬也士友相率爲之請銘是重可哀巳銘曰

惟文之修言乃立學而能通濟以識細焉歌詩□□冊皇猷帝謨資潤色猗嗟崔公學允力辰哉遇聖□斯赫玉堂增官首其直溫然珪璋藴其德從横詞林論皆益帝眷之隆且丞弼年方剛强衆所惜生淮之壖葬于溧

此文當是舍人墓誌原本殘闕第有一頁而字亦多刓今無別本可校補姑存之於後天瀑識

右宋槧玉堂類藁二十卷西垣類藁二卷南宋崔敦詩所著附錄一卷乃係其歷官制誥及祭文挽詞按宋史敦詩無傳據姓譜及其墓銘敦詩字大雅常熟人紹興進士官至中書舍人性謹厚知大體所陳剴切爲孝宗所器許有文集二十卷奏議五卷制藁二十二卷又著制海鑑韻等書就司馬公通鑑舉論每代得失正邪成要覽六十卷以奏御帝命更定呂東萊文鑑其增損去留率有意義又按宋藝文志所載周必大玉堂西垣二藁二十二卷當即崔此藁而脫脫誤以爲周也其他諸家書目皆不著錄獨葉盛列

之菉竹堂目錄則知明氏中葉其書猶存也至於乾隆四庫目錄不復及則或者已亡矣此本古色黝然其爲當初原板無可疑焉首有金澤文庫印記上杉氏舊藏也凡宋刻傳者明清猶爲罕遘况於萬里之外其可不寶愛乎詳其編纂不過制誥口宣批答及青詞致語等蓋所謂制藁二十二卷者歟其他奏議文集知大體而剴切者今皆不可見爲可惜已栗山

柴邦彥跋

曩者柴彥輔獲宋槧玉堂類藁與余商搉爲之跋余時借觀將欲活字印出彥輔亦慫慂之令

刷印方訖則彥輔逝矣不及見也仍附柴跋併
志其憾丁卯十又二月中澣八日天瀑山人識

崔舍人西垣類藁卷第一

王希吕知紹興府

稽山奧壤浙水名邦地接浩繁風倚藩維之重民罹菑害今勤憂顧之懷具官王希吕識慮疏通器資强毅純誠天至獨開忠義之圖俊辯風馳自詭功名之會寖發舒於素藴遂登冠於近聯久歷歲陰益承恩遇爰念近畿之地方深艱食之虞展閣貸指悉無遺力矜存惠養正在得人宜深體於焦勞尚恪勤於綏撫惟詳密可以究民隱惟寬和可以盡下情佇輯顯庸即圖懋賞可

鄭丙除吏部尚書

天官任重綜會羣才常伯班高密鄰二府朕深厭容容之弊樂聞諤諤之風儀圖正臣領袖法從具官鄭丙志剛而弗惑學博而有原正色不回凜凜端朝之望至誠無隱拳拳造膝之陳察其特立而獨行常以深嘉而屢嘆眷言銓選宜屬老成惟亮直必不以法而從人惟公明必不以權而付吏揚清激濁方觀綱紀之張陳善閉邪更賴謀猷之告勉堅素守益劭遠

朕稽古訓以建官酌公言而立政稟承出於西省旣克謹於幾微之先審閱付於東臺又相濟以可否之論夙重玆任宣惟其賢具官施師點學造深淳器函畀雅清規亮節凜松栢之後彫厚實美名顯圭璋之特達自躋榮於禁路即演潤於詞垣高文峯經術之華宏論達國家之體旣淹歲籥宜進位班庶事施置有未便於民羣才選除有未孚於衆爾悉予告予皆爾從當消患於冥冥豈矜功於赫赫勉殫忠藎茂對亨嘉可

木待問除中書舍人

政令出於中書訓辭行於內史必識通今事乃能裁若否之宜必文追古風方足擅垣明之制得於已試命以爲眞具官木待問智識瞻長風規邃遠英聲茂實早騫藝苑之華安步徐行徧極儒林之選曩記言於左陛旋攝直於西垣文詞鼓天下之心議論發胸中之蘊宜從輿望遂正近聯四禁行書方重高華之地五花判事益觀潤色之長可

儒林郎劉植降一官

國家法令昭若日星有官君子尤當循守爾乃廢法以徇其私罰可逃乎可

從義郎孫惠義降一官

縣令於民最親爾居其官敢肆殘酷不有顯罰曷厲其餘可

芮輝兼侍讀

朕泛觀載籍旉考名臣越在李唐深嘉陸贄雖忠規挺挺凜後世之未亡頹諫疏拳拳慨當時之不遇肆疇近列俾闡遺文固將廣一己之聰明抑亦發九原之亮直具官芮輝性資宏毅德宇淵純奧學英詞蚤著士林之譽昌言正論晚高禁路之聲宜從清燕之遊用究前賢之蘊摘其精要爲我指陳金必賴於良工始得範模之正方雖傳於往古固多藥石之良可

武功大夫謝純孝降三官放罷

廉恥國之所甚重貪汚法之所不容爾資稟凡庸弗紹厥美蠲其宿過寘在右班位序高華不爲不遇緜治器械朕所注懷俾爾典臨略無勞効而敢黷貨冒没肆其豕心徹于聽聞何敢佚罰雖鎸累秩尚屈婁章宜知寬恩痛自懲省可

韋訊致仕

朕奬侍親庭優隆戚畹望濯龍之車馬稍闊冲規挂神武之衣冠忽披忱請重違雅志亟下褒書具官韋

訊制行端良稟資和裕高門有奕靡矜世胄之華令德無疵自迪儒風之美比聞假告方切眷懷尚須勿藥之期遽上告歸之奏念其確至畀以休閑簪紱趨朝雖嘆儀刑之遠丘樊佚老終膺福祉之長可

張顒功轉防禦使

帶千將佩弧矢入侍出從密近左右其爲恩渥不同常倫于解其職又增秩以寵之用故事也爾恭慤敏給擢在軒墀左弸右鞬周旋惟謹茲出分於戎務爰陞寄於軍防尚服龍光益圖報効可

秉義郎眘安時妄陳利害降兩官

朕於聽言雖草茅之狂未嘗不容也爾詭辭汗漫略無端倪不黜得乎可

韋訊贈節度使

聯華四姓望尤重於親賢流寵九原義當隆於恩禮莫追遺範爰錫懋章具官韋訊德宇靖深器資溫裕雍容文藝恂恂樂善之風蹈履中和亹亹勞謙之度還觀懿行盡享遐齡方從解紱之高遽歎移舟之遠臨朝興愴念戚畹之彫零涣爵疏恩飭邦彝之優厚宜昇建旄之寵俾爲告第之光慰爾杳冥寄予哀惻尚祗徽典永燕幽宮可

木待問磨勘轉中大夫制

聯榮兩禁禮優入侍之臣會課三銓法著陟明之典肆條伐緒爰錫恩書具官木待問德宇凝深詞華雅健代言西掖既全潤飾之功論道東宮更廣見聞之正寵榮方集聲問采高稽周官大計之書躋漢爵議臣之序秩登祿富當思報稱之圖言聽計從正賴忠嘉之益可

皇甫倜降官吉州居住制

程尉馭下必先軍簿之明李牧饗師亦取市租之富爾素稱勇節自奮戎行叠受簡知荐分委寄既不能昭明兵律俾以肅齊又不能經理軍須底于辦給坐閱歲年之久略無績効之聞茲覽人言可逃國典宜併銷於官秩仍就謫於方州法有至公固不渝於金石才無終棄尚可効於桑榆可

趙善俊降直徽猷閣制

朕審重名器未嘗輕假爾畏妄人之利口捡薦牘之虛辭欲以市恩忍於罔上任方面者顧如是乎降職示懲尚爲寬典宜思循省毋重悔尤可

孔搢降兩官制

孔子曰節用而愛人未有用節而人不蒙其愛也爾

爲聖人後曾不知此聊從薄罰降秩罷州歸思聖言
尚亦知耻可

牟天麟降一官放罷

小寇跳梁一方被害爾爲郡貳義當首公避事偷安
玆復何顏免官降秩庸戒後來可

王丞相初除封贈三代

曾祖贈太師

朕卜選眞賢登進宰位乃一德一心勱相我國家則
亦惟念流澤之由褒大顯榮上及三世蓋尊尊者□
重善善者慶長古之道也具官某體仁蹈義飭于□

躬錫祚流光燕及乃後今予命以維垣一品之秩□
貴于廟豈惟示吾尊異元臣之心抑亦彰來慶源深
長流衍未艾潛德闕耀發見有時以勸天下之爲善
與臣子之顯親一舉而數美備豈不休哉可

曾祖母贈楚國夫人

朕惟國家崇厚士夫自通籍以上皆得寵綏其先其
位愈高其體愈隆推而上之至于相臣遂及三世而
命爵品秩又皆加異凡以禮之宜與稱所當然也具
位某氏柔明端靖蹈履令規仁慈惠祥開相後裔乃
眷元輔是惟聞孫今進登厥位而不推錫恩寵以賁
于幽扃何以昭積善之報而慰慕遠之心哉追錫命
書改封全楚庶其如在尚克有榮可

祖封魯國公

積厚者光遠施隆者享豐固有高門而俟軒車乃若
植槐而須衮繡修德在已責報彼天殆厥應之信然
何可必之如此具官某才周世用行迪天常秉節自
彊蚤共高於問望韜光不曜晩弗見於功名委祉後
昆踊元台路肆於柄任之始念爾陰功之由詔爵追
榮已極上公之貴按圖易壤更新東魯之封尚體密
章永寧泉室可

祖母贈魯國夫人

爵視德以俱崇禮隨情而始稱眷惟元輔方懋遠圖
探尊祖之心既加崇於廟室推齊體之義爰竝下於
恩書具位某氏秉則淳和凝資冲靜柔風懿範既克
相於有家厚德陰功乃大昌於厥後屬聞孫之登任
知慶澤之由來位正小君已疏榮於象服封開大國
仍易地於龜蒙尚想營魂克祗茂典可

父封慶國公

臣子之道忠孝而已得時行道既盡忠於國原始追
遠必思逮其親朕既歷選于衆得天下之賢而命之

輔相又推其欲報之心不愛高官重爵以崇寵其先豈非仁之至而義之盡者歟具官某宅心澹夷制行中正蹈履仁義弗昌于時卷藏材猷全畀其子今吾丞相佐佑厥辟勤勞國家則惟爾義方之教用能銜訓彖美底其忠嘉肆於柄任之始命以全國美封告于廟室豈惟發揚潛德之光抑亦褒大慶祥之自沒而不朽尚歆享爲可

母封吳國太夫人

朕覽魯侯燕喜之章想其雍雍怡怡內外和懌固常三復興嘆以爲人臣之遇旣致位於顯崇復榮親於

孝養信天下之至樂無以易也今吾丞相寅亮元化辦章萬徼退食委蛇有母而壽玆非朕心之寵嘉乎具位某氏生稟柔則動合令儀信順端恭稱內助之正慈和嚴翼具聖善之資果見嗣賢是陟相位肆稽彝典爰易名封且衮繡拜前簪紱滿後俾夫族黨胥慶知天報之豐邦國具瞻幸親榮之盛則惟爾訓慈之厚豈不顯哉可

妻封越國夫人

朕觀召南之詩知夫賢人君子身有爵位上宣勞於王室下施澤於國人其所以夙夜匪懈克底成績則亦惟內助之賢乃有濟也今予登用一相儀刑列辟肆推伉儷之體併錫褒崇之章豈非此虖具位某氏懿和稟質溫靖成儀嬪于德人動以禮法爰舉典章之舊俾新脂澤之封尚服寵榮益綏福履可

趙介降兩官

朕保民如保赤子惟恐傷之爾受命典州宜知德意乃剝民以資妄用不黜可乎降秩兩階尚爲輕典可

曾守約降兩官放罷

朕甚惡將帥剝下以自豐爾甫分戎寄已肆貪心降秩免官尚爲寬典可

張士份降一資

賦有經常一豪過之即傷吾民爾撫字無方刻剝是務閱實以聞聊用薄罰可

韋潛心降兩資放罷

周官以豬蓄水以澮寫水凡蓄水者正以待旱而灌輸也爾昧於適宜幾以召亂謬戾如此棄黜何尤可

李椿落致仕除顯謨閣待制知潭州

朕厲精政理遴選帥藩念南紀之上游執寬予顧訪東山之故老强爲我典具官某學造誠明智周貫變端純簡重曾不越於宮庭清粹澹夷亦無窺其涯涘

纍綴甘泉之從歷宣外屏之勞旋據禮以告歸迄挂冠而厲俗眷言巨鎭夙重長沙藩翰須賢方當宁周諮之日丘園亢志豈長才高臥之時宜下垂車卽紆懷綬仍念分符於遠服更令峻職於西清惟風俗周知當有爲而人服惟吏民素習固不令而化行尚底政成更勤猷告可

江溥除直祕閣

西崑冊府東觀道山凡預選掄莫非俊乂至於官稱論譔地重高華朕今以清名顯職皆爲勸功之具非績用卓然協于輿論不以輕畀也爾素推才望嘗任

臺綱不避當塗無爽正論今以使者節持平一道乃能以其餘力審覈邊防徹于聽聞良所嘉賞且身行重湖風波之外名繫蓬萊雲氣之間吏民觀望不亦美乎宜思忠勤益務報稱可

沈作賓再任評事

廷尉有平朕所遴擇凡其以稱任聞者不遽易之也爾庀職有年議法無枉爰俾因任尚究所長可

潘師旦罷閤職轉一官

帝宸二閤職近地親肆推懋恩率用優比爾久恭乃事今解厥司眷言勞勤宜有褒異且一官之賞朕亦甚吝毋曰特例可得而不思報哉可

吏部員外郞蘇詡陞郞中

文昌諸郞俱世高選校勞定位纖悉不差蓋重其任也爾名臣之後詳練靖嘉列屬三銓甄序惟允今推次閥閱宜在正員之序不旣寵乎位班雖升職任不易夙夜匪懈迄究爾庸可

何杞特降兩官

監臨虧失國有彝章爾掊削紛紜幾以逃責獨不念無辜之民乎帥臣以聞不可無罰可

張子顔降敷文閣直學士提舉江州太平興

國官

朕厲精政體勤恤黎元比聞近輔之邦適爽順成之望亟下命令悉捐賦輸宣吾德心屬在帥守具官某蚤登禁近屢守藩方念其踐歷之多寄以撫綏之任方矜存流冗屢頒漢詔之寬乃督追催科靡念越人之瘠屬披臺劾已釋郡章宜降職於清班俾奉祠於外館尚思前失益勉後圖可

內侍寄資武功大夫張安祚寄資武義大夫

謝仔與轉歸吏部

內侍之官秩至東班供奉則有寄資逮歸銓曹乃畀

外任此舊典也爾服勞親近膺志端勤既躋官省之司宜正武階之秩雖循常比實出殊私且恭則寡過密則遠嫌可不勉哉可

宇文紹奕叙官

國家黜幽甄叙有法未嘗以一眚棄材也爾向坐節劾既閱歲年應于常科還爾舊物盍思所以報此哉可

廖遂特降一官

搢紳庸行無越廉隅審如章劾爾何甚巳倘緣去斥寧不究窮鐫官一階當識寬宥可

楊丙降一資放罷

職爲司屬奉敎令趨期會宜也爾綏不虔又以計去寧無責乎可

崔舍人西垣類藁卷第一

崔舍人西垣類藁卷第二

劉堯咨該人使到闕應奉十番特與遙郡上轉行一官

朱華上閣位序高榮凡列職其間積其伐緒皆有以優異之示厚恩也爾奮由將閥進服宸庭歲時既多勞績是著今俾疊上二秩之賞陞列遙團不既寵乎恭以承事恪以守業率履不懈圖究爾能可

孟俊特降一官

東南諸將碁布卯分鈐制之官所望忠實爾紀律素弛廉級巳虧肆爲詭辭盜見章奏鐫官一秩可不戒乎可

魏泳降兩資放罷

穀粟無征法也况當救荒之日乎爾背違德意苛擾商舟免官黜資聊示薄責可

趙粹中落職

百年去殺政當出於寬平三宥致刑事當先於清審具官某頃由法從俾典方州銳陳郵置之姦顯正市闠之戮既更累歲乃露幽冤五聽有孚何偶乖於克允一成不變遂濫及於無辜莫追祝網之寬尚想沈泉之痛究觀厥實駭動予衷死者不生戀之奚益姑

盡鎸於乃職庶具警於攸司祗服恩容勉圖報効可

鄧從訓職事有勞特與遙郡上轉行一官

朕欽修孝養祗奉慈庭凡給侍左右苟有勞能未嘗不優賞而昭勸之也具官某愿愨飭躬恭恪承事既乃歲齋良協眷懷宜進序於遙團用增華於內列維忠維勤夙夜不解圖所以稱朕意者可不勉哉可

雷世方降一官

將帥之道維公與廉乃可服衆自昔所記市租輸莫府賞賜入軍中凡皆一毫不私也況敢奢侈以自奉乎爾用公財造私舟得於風聞事有實狀鎸官一等

聊警乃心尚知戒哉可

王孝通特降一資

綱運之事屬之搢紳猶有以侵移聞者尚誰使乎黜官一資聊示薄罰可

張適朱傑各特降兩官放罷

黎民荐飢荒政畢舉一時乏事之吏咸用峻典朕爲赤子計者重也爾等各負曠責具形劾章鎸秩免官理不容已可

辛棄疾落職罷新任

淫風殉貨義存商訓之明酷吏知名事匪漢朝之美豈意公平之世乃聞殘贓之稱罪既發舒理難容貸爾乘時自奮慕義來歸固嘗推以誠心亦既委之方面曾微報効遽暴過愆肆厥貪求指公財爲囊槖敢於誅艾視赤子猶草菅憑陵上司締結同類憤形中外之士怨積江湖之民方賡賂遺庶消譏議負予及此爲爾悵然尚念間關向舊之初心迄用平恕隆寬之中典悉鎸祕職併解新官宜訟前非益圖後効可

錢愷守本官致仕

朕惟行尊賢穆恩厚昭陵舊館淒凉悵穠華之已遠高閎赫奕望喬木之猶存肆乃後人見茲耆老□□

某賦資淳壹秉誼直溫習見稔聞多前人之風度侃言循行守君子之宮庭方圖畀於恩章遽願還於官政攄誠既切抗志莫回沁水名園應動襟懷之遠都門祖帳遂全名節之高勉服寵光茂終慶譽可

薛舜臣特降一資

刑獄朕所甚重爾爲縣令荒怠厥事乃使狴牢之內有死於淫酷者一資之黜豈足償冤當體寬容尚知愧畏可

錢愷贈節度使

朕敦厚風化優崇族親角東路之巾甫遂垂車之志

薄西山之景遽聞易簀之言具官某風矩詳華才資
清邁訪建武功臣之世盛矣無窮閱長安戚里之家
歸然獨在尚須耆艾足寄典刑駭遺書之上聞悼故
老之凋盡念此感慨優其寵榮繹節先塋莫致生前
之遇篆章書柩聊爲没後之光諒爾沉冥知予傷惻
可

魏庭瓚董壽祺應奉金國人使到闕及一十
番與轉一官

周旋軒墀贊相賔客其責皆非輕也爾承事恪勤詔
禮安裕閱歲既久積勞當遷一官之賞尚承敬哉可

楊思濟特降一官

小民乘饑譁聚有訴鎮以安靜徐爲辯詳宜也爾惑
亂失措可不責乎可

王定國特降一官

天下之士會於銓曹里居官歷必有實乃可攷也爾
遠通戶籍私囑吏胥閱實以聞不可無罰可

崔亮捕賊沉師等陣亡特與贈四官

共武之臣所資於忠力死綏之節當厚於恩章爾策
略敏明器懷沉銳久領師干之寄適承名捕之書匹
馬直趨庶成功於必取妖狐匿發偶殞命於不虞莫
歸先軫之元徒負班超之願優加郵典聚越彝章尚
發予懷慰忠魂於地下亦令爾士激義氣於行間可

耿秉降一官

朕憂民之飢由巳飢之凡捐財發粟皆以拯民也爾
夙負材稱尤高郡選適因隳之遂有轉移雖心乎奉
公殆與朕本指良異可無責乎尚緣荒政巳著勞庸
薄罰示懲餘毋胥効可

趙汝愚回授贈母

仁治之朝凡以親請者朕未嘗不致其厚也爾子顯
貤一秩追賁九原則其賢亦可知矣爰頒明綸俾遂
素志幽爽未泯得無慰哉可

劉焞落集英殿修撰

朝廷清明公道昭達咸用峻罰酌從輿言爾蚤列儁
英素高議論出於選擢付以蕃宣今言者歷數過愆
置在窮奇之目鋪觀反復迹狀燦然噫使朕賞不當
功罰不當罪皆爾私意變亂所致可不責耶盡鐫寵
名少謝衆志祇予寬典尚省厥尤可

廖遷降一資

外臺之臣寄朕耳目所以取成而制賞罰者也爾前
使遐方嘗上重劾逮茲覆視見乃横誣噫使予施峻

罰於無辜抑何誤耶降秩一階尚爲寛典維明克審
則免後尤可

曾寘降一官

王畿之內纖悉必聞爾爲小吏奉職不謹閱實有狀
聊用薄罰可

趙伯驌落階官

右班至正任恩禮重矣朕未嘗輕以假人也比承慈
訓褒厚宗盟乃下賛書用成德美爾稟資和裕履行
端純總近甸之軍符司外臺之臬事久于任使見乃
勤勞兹用推錫恩章進于扞防之秩不既顯哉服命

數之殊常思寵名之長守惟謙惟畏是稱所蒙可

趙不惎贈左領軍衛將軍

朕惟祖宗本支蕃衍百世間聞淪喪有足悼傷不有
厚典何以寄予恤乎爾邦族之良淳和孝友易畜其
子乃弗永年朕用不釋于懷命以領衛之秩賁于九
原哀榮有終恩義俱盡尚有知者亦克享哉可

林和林賜各轉一官

頑兇輕命出没溟波殘擾善良寖以稽捕爾等履危
蹈險禽獲無遺顯伏重刑海氛明靜咸進官秩尚知
報哉可

趙不謫換率府副率

朕優崇近親敦厚美俗間者下升等之詔所以壯宗
盟而華班序也爾端純靖共蹈履無失宜易環列俾
參斯朝尚承敬哉可

張子震補承信郎

內省去職聽奏未仕者二人非舊制也用是官爾宜
敬以承可

姜棫應奉人使到闕及一十番與轉一官

端宸二閤右列高選也爾敏給靖恭祗事維久賛道
賓客禮無闕違命進官秩尚思報哉可

杜沂除閤門祗候

朕惟昭慈皇后之家寖鬱弗昌明發有懷爲之惕然
爾純謹和雅自有前光宸閤清華命以尨職豈不宜
哉可

王珪降一資

郡獄有冤至於濫殺究其蔽斷初不至斯固有任其
咎者矣爾得無薄罰乎可

施師點奉使回程特轉一官

禮樂光華方被張旜之遣山川跋履又觀濡轡之旋
具官某德器純深才資高邁駕一乘之傳不憚于行

道二國之言罔違於禮肆疇褒典俾進文階維關河感槩之情暨原隰咨諏之實尚殫猷告茂對恩光可

鄒詡副使回程特轉一官

玉帛往來内外和樂于時拜五善之詩奉萬里之使亦人臣之至榮也爾奮迹巍科典教右學才業之茂有達朕聞選以輔行迄於成禮勞還進秩尚承敬哉可

張大聲孫孜特降一資

朕救災卹患所賴羣力今使者上不職之吏宜有薄罰可

范珣武劉銑陳拱夏之禮各降兩官

羽林之兵有千等級是必紀律素施恩威不爭而致此也豈特逐捕弗謹爲罪乎偏裨而下降黜以差尚警其餘善撫吾士可

張璀降一官放罷

畔官離次國典有常爾爲貳郡宜知職守乃翩然自如肆己之便尚有法乎可

張偉降兩官

一夫肆兇干犯軍律玩弛不謹宜有自來凡預典臨皆被黜罰爾職雖下可得免乎可

馬希古趙友諒各轉一官

古者醫政視勞制食所以引人之進於藝也爾執伎有稱服勤維久肆稽功緒俾陟官階維謹以恪尚益勉哉可

趙葦施枱各轉一資

近臣出疆禮優事重凡其選置行與居者皆被勞還之賞不既寵乎可

朱熙績降一資

鄉郡有飢義當救恤乘時邀利是誠何心雖爾不足以責此違令鼓衆可無罰乎可

郭杲轉遙刺

刺史古官也漢制秩二千石宜詔牧民乃古方伯之任今列于勇爵號爲顯崇雖在遙寄亦不輕予爾分提戎戍安鎮邊陲攝領帥藩積更歲龠疇其勞効錫以寵光衛上盡忠撫士盡愛圖所報稱可不勉哉可

李師信補挈壺正

疇人之官序于爵品爾服初命宜謹厥司可

楊槿李溫各轉一官

祗奉賓客咸有優恩所以勸人之謹於事也爾以積勞應于遷令尚敬承哉可

王藺兼崇政殿說書

朕從容清燕延見儒英講道先聖之遺書誦說前賢之名論信天下之樂無以加也自非直亮多聞古之所謂三益者尚誰居乎爾氣節高邁學問淵純中立獨行無所回曲擢在臺察斷由朕心風稜言言不善知懼今引以自近列于講席豈徒望爾於分章析句之間哉啓告利病分別正邪知無不言是乃報稱可

韓敏中降一官

天下財賦灌輸中都今民曹上稽違之狀罰雖但已納官示責尚敬承哉可

曾悕降兩資

縣有戎兵將以警盜爾爲令亡狀漫不知䘏何以責其力乎可

趙詠之回授封母

朕以孝理天下凡搢紳之以親請者未嘗不曲從其欲也爾子願貤己秩圖報母慈推錫命封貴于泉室可

崔舍人西垣類藁卷第二

遺山樂府

提要

《遺山樂府》三卷，金元好問撰，明弘治五年（一四九二年）高麗晉州刊本。四周雙邊，雙魚尾，白口。每半葉十行十七字。是書為元好問詞集，收詞三百八十餘首。元好問，字裕之，號遺山，太原秀容人。《遺山樂府》本名《遺山新樂府》，系元好問自編而成，編定後當有續作、續增。今傳有三卷本、四卷本、五卷本。三卷本爲高麗刊本，最早，後有弘治五年高麗人李宗準跋。

遺山樂府目録

卷上

水調歌頭十一　模魚兒三
木蘭花慢六　水龍吟五
沁園春二　賀新郎一
最高樓一　玉漏遲一
滿江紅八　念奴嬌一
永遇樂一　聲聲慢一

卷中

石州慢二　洞僊歌二
滿庭芳一　八聲甘州二
江城子十四　三奠子二
行香子一　感皇恩二
促拍醜奴兒三　青玉案二
婆羅門引一　江梅引一
玉樓春一　定風波二
蝶戀花三　臨江仙十五
江月晃重山一　虞美人二
小重山二　鵲橋仙三
一落索一　南鄉子五
踏莎行一　桃源憶故人一

卷下

鷓鴣天三十六　品令一
浪淘沙六　南柯子三
西江月一　人月圓二
太常引五　眼兒媚一
朝中措十　阮郎歸一
清平樂十一　浣溪沙十一
後庭花破子二　古烏夜啼一
點絳唇八　訴衷情三
採桑子一　謁金門一
好事近一

遺山樂府目録

遺山樂府卷之上

太原元好問裕之

水調歌頭

少室玉華谷月夕與希顔欽叔飲醉中賦此玉華詩老宋洛陽耆英劉几伯壽也劉有二侍妾名萱草芳草吹鐵笛騎牛山間玉華亭榭遺址在焉金堂玉室嵩山事石城瓊壁少室山三十六峯之名也

山家釀初熟取醉不論錢清溪留飲三日魚鳥亦欣然見說玉華詩老袖有忘憂萱草牛背穩於舡鐵笛久埋没雅曲竟誰傳　坐蒼苔歌亂石耿不眠長松夜半悲嘯笙鶴下遥天天上金堂玉室地下石城瓊壁別有一山川把酒問明月今夕是何年

二

與李長源游龍門

灘聲蕩高壁秋氣靜雲林迴頭洛陽城闕塵土一何深前日神光牛背今日春風馬耳因見古人心一笑青山底未受二毛侵　問龍門何所似似山陰平生夢想佳處留眼更登臨我有一卮芳酒唤取山花山鳥伴我醉時吟何必絲與竹山水有清音

三

緱山夜飲

石壇洗秋露喬木擁蒼煙緱山七月笙鶴曾此上賓天為問雲間嵩少老眼無窮今古夜樂幾人傳宇宙一丘土城郭又千年　一襟風一片月酒尊前王喬為汝轟飲留看醉時顛杳杳白雲青嶂蕩蕩銀河碧落長袖得迴旋舉手謝浮世我是飲中僊

四

庚辰六月游玉華谷回過少姨廟壁間得古仙詞同希顔欽叔譜詞中語為之賦仙人詞今載於此

夢入雲山宮闕幽鸞鸞同侶鴛鳳流挂月竟夜光不收世俗擾擾成嚚湫醉飛星馭鞭金虬八仙浪跡追真游龜玉筌蹄四十秋摩霄注壑須人求覓劒如或笑刻舟陽燧非

無鹿里儔元鼎以來虛崑丘東井徒勞冠帶修松飧竹飲度蜃樓崧頂坐嘯垂直鉤秪應慚愧劉幽州又題知音者無惜留跡　興定庚辰六月望予與河南元好問趙郡李獻能同游王華谷又將歷崧前諸刹因過少姨祠元周行廊廡得古仙人詞於壁間然其首章直屋漏雨爲所漫剝殆不能辨磴木石而上拂拭淬滌迫視者久之始可

完讀觀其體則柏梁事則終始二漢字畫在鍾王之間東井又元鼎所都幽州必賢予廣也夫眷眷不忘幽州者非吾田疇尚誰歟田復所事之讎卻曹瞞之賞衰俗波蕩中挺挺有烈丈夫語氣其死而不忘蓋無疑其能道此語亦無疑觀者不當以文體古今之變而疑仙語也噫仙山靈岳宜有閎衍博大真人往來乎其間而世人莫之識也予三人者乃今見之夫豈偶然哉再拜留跡以附知音者之末云

渾源雷淵題

雲山有宮闕浩蕩王華秋何年鸞鶴同侶清夢入真游細看詩中元鼎似道區區東井冠帶事崑丘壞壁泥風雨醉墨失蛟虬　問詩仙緣底事愧幽州知音定在何許此語爲誰留世外青天明月世上紅塵白日我亦厭囂湫一笑拂衣去崧頂坐垂鉤

五

與欽叔飲時予以同州錄事判官入館故有判司之語

長安夏秋雨泥潦滿街衢先生閉戶轟飲隣屋厭歌呼慚愧君家兄弟半世相親相愛知我是狂夫禮法略苛細言語任乖疏　判司官一囊米五車書騎驢冠蓋裹鞍馬避僮奴只有平生親舊歡笑窮年竟日未必古人如酒賤可頻置時爲過吾廬

六

賦德新王丈玉溪溪在嵩前費莊

兩山絶勝處也
空濛玉華曉瀟灑石淙秋崧高大有佳處元在玉溪頭翠壁丹崖千丈古木寒藤兩岸村落　林丘今日好風色可以放吾舟　百来年筭唯有此翁游山川觧后佳客猿鳥亦相留父老雞豚鄉社兒女籃輿竹几来往亦風流萬事已華髮吾道付滄洲

七

賦三門津

黄河九天上人鬼瞰重開長風怒捲高浪飛灑日光寒峻似呂梁千仞壯似錢塘八月直下洗塵寰萬象入橫潰依舊一峰閑　仰危巢雙鵠過杳難攀人間此險何用萬古祕神姦不用然犀下照未必佽飛強射有力障狂瀾喚取騎鯨客撾鼓過銀山

八

長源被放西歸長安過余内鄉置酒半山亭有詩見及因為賦此

相思一尊酒今日盡君歡長歌一寫孤憤西北望長安欝々閶門軒蓋浩浩龍津車馬凬

雪一家寒鐘鼓催人老天地為誰寛　丈夫兒倚天劒切雲冠可能封塞包晨驅去復来還清廟千金康瓠短褐連城雙璧行路古来難松栢在南澗留待百年看

九

史館夜直

形神自相語咄諾汝来前天公生汝何意寧獨有畸偏萬事麄踈潦倒半世棲遲零落甘受衆人憐許汜卧床下趙一倚門邊　五車書都不博一囊錢長安自古歧路難似上青天雞黍年年鄉社桃李家家春酒平地有神仙歸去不歸去鼻孔欲誰穿

十

長壽新齋

蒼烟百年木春雨一溪花移居白鹿東崦家具滿樵車舊有黄牛十角（分去声）得山田一曲涼薄了生涯一笑頑兒女今日是山家　簿書叢鈴夜掣鼓晨撾人生一枕春夢辛苦趂蜂衙竹裏藍田山下草閣百花潭上千古占煙霞更看商於路别有故侯瓜

十一

范水故城登眺

牛羊散平楚落日漢家營龍拏虎擲何處野蔓罥荒城遥想朱旗回指萬里風雲奔走慘澹五年兵天地入鞭箠毛髮凜威靈　一千年城皇路幾人經長河浩浩東注不盡古今情誰謂麻池小豎偶解東門長嘯取次論韓彭慷慨一尊酒胸次若為平

摸魚兒

正月二十七日予與希顔陪馮内翰丈游龍母潭韓吏部釣於龍潭遇雷古見天封題名即此地也既歸宿於近潭田舍翁家是夜雷雨大作望潭中火光燭天明日旁近言龍起大槐中父老云正月龍起前此未見也龍潭寺南窪尊馮丈所名

笑青山不解留客林丘夜半掀舉蕭蕭暮景千山雪銀箭忽傳飛雨還記否又恐似龍潭垂釣風雷怒山人良苦料只為三年長安道上來與浣塵土　清陰渡渺渺風煙杖屨各山元有佳處山僧乞去声我溪南地十里瘦藤高樹私自語更須問窪尊此日誰賓主朝来暮去要山鳥山花前歌後舞從我醉鄉路

二

乙丑歲赴試并州道逢捕鴈者云今旦獲一鴈殺之矣其脱網者悲鳴不能去竟自投于地而死予因買得之葬之汾水之上累石為識號曰鴈丘同行者多為賦詩予亦有鴈丘辭舊所作無宮商今改定之

恨人間情是何物直教生死相許天南地北雙飛客老翅幾回寒暑歡樂趣離別苦是中更有癡兒女君應有語渺萬里層雲千山暮景隻影為誰去　横汾路寂寞當年簫鼓荒烟依舊平楚招魂楚些何嗟及山鬼自啼風雨天也妬未信與鶯兒燕子俱黄土千秋萬古為留待騷人狂歌痛飲来訪鴈丘處

李仁卿同賦附

鴈雙雙正飛汾水迴頭生死殊路天長地久

相思債何似眼前俱去摧勁羽倘萬一幽冥却有重逢處詩翁感遇把江北江南風嘹月唳幷付一丘土　仍爲汝小草幽蘭麗句聲聲字〻酸楚拍江秋影今何在宰木欲迷堤樹霜魂苦筭猶勝王嬙青塚貞娘墓無誰説與對烏道長安龍艘古渡馬耳淚如雨

三

泰和中大名民家小兒女有以私情不如意赴水者官爲蹤跡之無見也其後踏藕者得二尸水中衣物仍可驗其事乃白是歲此陂荷花開無不並蔕者沁水梁國用時爲録事判官爲李明章内翰言如此此曲以樂府雙蕖怨命篇咀五色之靈芝香生九竅嚥三清之瑞露春動七情韓偓香奩集中自叙語

問蓮根有絲多少蓮心知爲誰苦雙花脉脉嬌相向只是舊家兒女天已許甚不教白頭生死鴛鴦浦夕陽無語筭謝客烟中湘妃江上未是斷腸處　香奩夢好在靈芝瑞露人間俯仰今古海枯石爛情緣在幽恨不埋黄土相思樹流年度無端又被西風悮蘭舟少住怕載酒重来紅衣半落狼藉卧風雨

李仁卿同賦附

爲多情和天也老不應情遽如許請君試聽雙蕖怨方見此情真處誰㸃注香漱艷銀塘對抹烟脂露藕絲幾縷絆玉骨春心金沙曉淚漠漠瑞紅吐　連理樹一樣驪山懷古古今朝暮雲雨六郎夫婦三生夢腸斷目成眉語須喚取共鴛鴦翡翠照影長相聚西風不住帳寂寞芳魂輕煙北渚涼月又南浦

木蘭花慢

孟津官舍寄欽若欽用昆弟幷長安故人

流年春夢過記書劒入西州對得意江山十千沽酒着處歡游興亡事天也老儘消沉不盡古今愁落日霸陵原上野煙凝碧池頭風聲習氣想風流終擬覓菟裘待射虎南山短衣匹馬騰踏清秋黄塵道何時了料故人

應也恠遲留只問寒沙過鴈幾番王粲登樓

二

擁都門冠盖瑶圃秀轉春暉帳華屋生存丘山零落事往人非追隨舊家誰在但千年遼鶴去還歸繫馬鳳皇樓柱倚弓玉女牕扉江頭花落亂鶯飛南望重依依渺天際歸舟雲閒汀樹水繞山圍相期更當何處筭古來相接眼中稀寄與蘭成新賦也應爲我沾衣

三

賦招魂九辯一尊酒與誰同對零落棲遲興

亡離合此意何窮匆匆百年世事意功名多在黑頭公喬木蕭蕭故國孤鴻澹澹長空門前花柳又春風醉眼眩青紅問造物何心村簫社鼓奔走兒童天東故人好在莫生平豪氣減元龍夢到琅邪臺上依然湖海沈雄

四

對西山揺落又匹馬過并州恨秋鴈年年長空澹澹事往情留白頭幾迴南北竟何人談笑得封侯愁裏狂歌濁酒夢中錦帶吳鉤嚴城笳鼓動高秋萬竈擁貔貅覺全晉山河

風聲習氣未減風流風流故家人物慨中宵拊枕憶同游不用聞雞起舞且須乘月登樓

五

游三臺二首

擁岧岧雙闕龍虎氣鬱崢嶸想暮雨珠簾秋香桂樹指顧臺城臺城爲誰西望但哀絃淒斷似平生只道江山如畫爭教天地無情風雲奔走十年兵慘淡入經營問對酒當歌曹侯墓上何用虛名青青故都喬木悵西陵遺恨幾時平安得參軍健筆爲君重賦蕪城

六

渺漲流東下流不盡古今情記海上三山雲間雙闕當日南城黃星幾年飛去澹春陰平野草青青水井猶殘石甃露盤已失金莖風流千古短歌行慷慨缺壺聲想釃酒臨江賦詩鞍馬詞氣縱横飄零舊家王粲似南飛烏鵲月三更笑殺西園賦客壯懷無復平生

水龍吟

從商帥國器獵于南陽同仲澤鼎玉賦此

少年射虎名豪等閒赤羽千夫膳金鈴錦領

平原千騎星流電轉路斷飛潜霧隨騰淵長圍高捲青川空谷静旌旗動色得意似平生戰　城月迢迢鼓角夜如何軍中高宴江淮草木中原狐兎先聲自遠盖世韓彭可能只辦尋常鷹犬問元戎早晚鳴鞭徑去觧天山箭

仲澤同賦附

短衣匹馬清秋慣曾射虎南山下西風白水石鯨鱗甲山川圖畫千古神州一時盛事賓寮儒雅使長堤萬弩平原千騎波濤捲魚龍夜　落日孤城吹角笑歸来長圍初罷風雲慘澹貔貅得意旌旗閒暇萬里天河會須一洗中原兵馬看櫜鞬鳴咽咸陽道左拜西還駕

二

舊家八月池臺露華凉冷金波漲寧王玉笛霓裳仙譜凉州新釀一枕開元夢恍猶記華清天上對昆明火冷蓬莱水浅新亭淚空相向　爛熳東原此夕夜如何高秋空曠一杯徑醉憑君莫問今來古往萬里孤光五湖高興百年清賞倩何人喚取飛瓊沽酒作穿雲唱

三

素九何處飛来照人只是承平舊兵塵萬里家書三月無言搔首幾許光陰幾迴歡聚長教分手料娑娑桂樹多應笑我憔悴似金城柳　不愛竹西歌吹愛空山玉壺清晝尋常夢裏膏車盤谷拏舟方口不負人生古來惟有中秋重九願年年此夕團欒兒女醉山中酒

四

同德秀游盤谷

接雲千丈層崖古来此地風煙好青山得意十分濃秀都將傾倒可恨孤峰幾迴空見松筠枯槁自都門送別膏車秣馬誰更問向一作盤中道　我愛陂塘南畔小川平横岡迴抱野麋山鹿平生心在長林豐草婢織奴耕歲時供我酒舡茶竈把人間萬事從頭放下只山間老

五

陳希夷睡歌有契予心因衍之

百年同是行人酒鄉獨有歸休地此心安處良辰美景般般稱遂力士鐺頭舒州杓畔不妨游戲筭爲狂爲隱非狂非隱人誰觧先生意　莫笑糊塗老眼幾迴看紅輪西墜一杯到手人間萬事俱然少味范蠡張良儘他驚怪陳摶貪睡且陶陶兀兀今朝醉了更明朝醉

沁園春

除夕

腐朽袖奇夢幻吞侵朝昏變遷悵殘燈舊歲

雞聲競早春風歸興鴈影相先南渡崩奔東屯留滯世事悠悠白髮邊虛名惧徧人間浪走恰到求田　青紅花柳爭妍意醉眼天公也放顛更雲雷怒捲頹波一汪氷霜冷看老檜千年園令家居陶潛官罷無酒令人意鈌然從教去付青山枕二明月尊前

二

再見新正去歲逐貪今年送窮筭公田一頃誰如元亮吳牛十角未比龜蒙面目堪憎語言無未五鬼行來此病同蕎鹽裏似楊雄寂寞韓愈龍鐘　何人炮鳳烹龍且莫笑先生飯甑空便看来朝鏡都無勳業拈将詩筆猶有神通花柳橫陳江山呈露盡入經營慘澹中閒身在着薄批明月細切清風

賀新郎

箜篌曲爲良佐所親賦

起節金釵促愛絃間泠泠細語非琴非筑別鶴離鸞雲千里風雨孤猨夜哭只雌蝶雄蜂同宿汀樹詩成歸舟遠認宮眉隱隱春山緑歌宛轉淚盈匊　吳兒越女皆氷玉恨不及

徘徊星漢流光相屬破鏡何年清輝滿寂寞佳人空谷人世事尋常翻覆入塞新聲愁未了更傷心聽得江南曲呼羯鼓醉紅燭

㝡高樓

商於魯縣北山

商於路山遠客来稀雞犬靜柴扉東家歡飲薑芽脆西家留宿芋魁肥覺重来猨與鶴總忘機　問華屋高貲誰不戀問美食大官誰不羨風浪裏竟安歸雲山既不取吾是林泉又不責吾非任年年藜藿飯芰荷衣

玉漏遲

壬辰圍城有懷浙江別業

浙江歸路杳西南仰羨投林高鳥升斗微官世累苦相縈繞不入麒麟畫裏又不與巢由同調時自笑虛名負我平生吟嘯　擾擾馬足車塵被歲月無情暗銷年少鐘鼎山林一事幾時曾了四壁秋蟲夜語更一點殘燈斜照清鏡曉白髮又添多少

滿江紅

嵩山中作

天上飛烏問誰遣東生西没明鏡裏朝爲青鬢暮爲華髮弱水蓬萊三萬里夢魂不到金銀闕更幾人能有謝家山飛仙骨　山鳥哢林花發玉杯冷秋雲滑彭殤共一醉不爭豪末鞭石何年滄海過三山只是尊中物暫放教老子據胡床邀明月

二

内鄉作

老樹荒臺秋興動悠然獨酌秋也老江山憔悴鬢華先覺人到中年元易感眼看華屋歸零落筭古来唯有醉鄉民平生樂　凌浩蕩觀寥廓月爲燭雲爲幄儘百川都釀不供杯杓身外虛名將底用古来已錯今尤錯嘆野猨山鳥一時歌休休莫

三

内鄉半山亭浮休居士張芸叟窪尊石刻在焉

江上窪尊人道有浮休遺迹尊俎地江山如畫百年岑寂白鶴重来城郭在山花山鳥渾相識便與君載酒半山亭追疇昔　人易老

時難得歡未減悲還及身前與身後杳無終極一笑何須留故事千年誰復知今日判醉来橫卧隴頭雲林間石

四

方城商帥國器軍中寄同年李欽用

時欽用爲西臺掾在長安

漢水方城今古道幾𢌞投迹留滯久浩歌狂醉此心誰識渭北清光摇草樹故人對酒應相憶記雨牕相對話離憂秋風夕　風月笛煙霞屐身易老時難得鳥飛天不盡野春平

碧我夢秦東亭上飲舉頭但見長安日便與君重結入關期明年必

五

送希顏之官徐州

元鼎詩仙知音少喜看留跡還有恨故山飛去石城瓊壁萬里征西天有意四方問舍令何日便金虬飛馭解移文知無及　淮海地雲雷夕自不負髯如戟望幕中談笑隱然勍敵此老何堪丞掾事佳時但要江山筆向楚王臺上酒甜時須相憶

六

勅仲純使君守坊州枉道過是枚登封同宿縣西峻極寺會予以事當往山中仲純留兵騎見候且約別於洛陽明日大雨三日轘轅不可行作此寄之使君以貴胄起家風流有文詞仕至鳳翔治中南山安撫使先保陝州有功故篇中及之

畫戟清香誰得似韋郎詩筆還又見從容車騎待州西北竹馬兒童應有語使君姓字人識是往時曾護國西門金湯壁　千日醉三更席事已去尋無迹對暮涼燈火悵然如失萬里功名知未免中年離別尤堪惜恨洛陽風雨暗旌旗空相憶

七

枕上吳山隱隱見宮眉脩碧人好在斷腸渾似畫圖相識羅韈塵香來有信玉簫聲遠尋無迹恨不將春色醉仙桃迷芳席　嬋娟月韶華日夢已盡愁仍積江花共江草幾時終極錦樹吹殘胡蝶老冰綃剪破鴛鴦隻判楚雲湘雨一生休休相憶

八

一枕餘醒猒猒共相思無力人語定小牕風雨暮寒岑寂綉被留歡香未減錦書封淚紅猶濕問寸腸能着幾多愁朝還夕　春草遠春江碧雲暗澹花狼籍更柳綿閑颺柳絲誰織入夢終疑神女賦寫情除有文星筆恨伯勞東去燕西歸空相憶

念奴嬌

欽叔欽用避兵太華絕頂以書見招

因爲賦此

雲間太華笑蒼然塵世真成何物玉井蓮開拔千丈獨立蒼龍絶壁九點齊州一杯滄海車落天山雪中原逐鹿定知誰是雄傑 我夢黄鶴移書洪崖招隱逸興尊中發箭筈天門飛不到落日旌旗明滅華屋生存丘山零落幾换青青鬢人間休問浩歌且醉明月

未遇樂

夢中有以王正之樂府相示者予但記其末云莫嫌滿鏡星星白鬢中有

利名千丈待明朝有酒如川自歌自放然正之未嘗有此作也明日以示友人希顔欽叔謂可作未遇樂補成之因爲賦此二公亦曾同作

絶壁孤雲冷泉高竹茅舍相忘留滯三年相思千里歸夢風煙上天公老大依然兒戲困我世間羈鞅此身似扁舟一葉浩浩拍天風浪 中臺黄放官倉紅腐换得塵容俗狀枕上哦詩夢中得句笑了還惆悵可憐滿鏡星星白鬢中有利名千丈問何時有酒如川自歌自放

聲聲慢

内鄉淅江上作

林間雞犬江上村墟扁舟處處經過袖裏新詩買斷古木蒼波山中一花一草也留教老子婆娑任人笑風雲氣少兒女情多 不待求田問舍被朝吟暮醉慣得蹉跎百尺高樓更問平地如何朝來斜風細雨喜紅塵不到漁簑一尊酒喚元龍來聽浩歌

遺山樂府卷之上

遺山樂府卷之中

石州慢

赴召史館與德新丈別於岳祠西新店明日以此寄之

擊筑行歌鞍馬賦詩年少豪舉從渠里社浮沉枉笑人間兒女生平王粲而今憔悴登樓江山信美非吾土天地一飛鴻渺翩翩何許羇旅山中父老相逢應念此行良苦幾許虛名悞卻東家雞黍漫漫長路蕭蕭兩鬢黃塵騎驢漫與行人語詩句欲成時滿西山風雨

二

兒女籃輿田舍老盆隨意林壑三重屋上黃茅賴是秋風留着舊家年少也曾東抹西塗鬢毛爭信星星卻歲暮日斜時儘棲遲零落如昨　青雲飛蓋追隨傾動故都城郭疊鼓凝笳幾處銀屏珠箔夢中身世只知雞犬新豐西園勝賞驚還覺霜葉晚蕭蕭滿蹊林寒雀

洞仙歌

超化蘸碧軒得欽叔書有相調之語因代書以寄寺有長明燈龕即所見而言

青錢白璧自買愁腸遶更恨歡狂負年少記陽開圖上尊酒留連兒女淚輸與閑人坐釣　茂陵多病後懶盡琴心無復求凰與同調似清風古殿風動幡搖晴晝永惟有龕燈靜照雙胡蝶飛來澹無情問墻角荍葵為誰凝笑

二

黃塵鬢髮六月長安道羞向清溪照枯槁似山中遠志謾出山來成箇甚只是人間小草升平十二策丞相封侯説與高人應笑倒對清風明月展放眉頭長恁地大醉高歌也好待都把功名付時流只求箇天公放教空老

滿庭芳

遇仙樓酒家楊廣道趙君瑞皆山後人其鄉僧號李菩薩者人頗以為狂常就二人借宿每夜客散乃從外來卧具有閑剩則就之不然赤地亦寢一日天寒楊生與之酒僧若愧無以

郛主人者晨起持洒盆出同宿者聞
噀酒聲少之僧來詠云增明亭前花
開矣公等往觀之人熟其狂不信也
已而視庭中牡丹果開兩花是後僧
不復至京師來觀者車馬闐咽醉客
相枕藉酒壚爲之一空趙禮部爲雷
御史希顏所請郎席同予賦之時正
大四年之十月也
粧鏡韶華牙籤名品慣看培養經年何年曾
見槁葉散芳妍知是毗耶坐客三生夢猶有

情緣薰香手融霞暈雪來占百花前　嫣然
誰爲笑珠圍翠繞且共留連待詩中偷寫畫
裏真傳綉帽擁霜凝紫塞瓊肌瑩春淵温泉
新聲在梁園異事并記王堂僊
坐主閑閑公所賦附
天上殿韓觧飄宮府爛游舞榭歌樓開花釀
酒來看帝王州常見牡丹開候獨占斷穀雨
風流仙家好霜天槁葉穠艷破春柔　狂僧
誰借手一杯喚起綠怨紅愁看天香國色梅
菊替人羞盡揭紗籠護日容光動玉斝瓊舟

都人士年年十月常記遇仙遊
八聲甘州
同張古人觀許由冢古人名潛字仲
升燕人
許君祠層崖上崢嶸幽林入清深坐嵩丘少
風煙濃淡百態變晴陰山下一溪流水不受
是非侵寂寞懸瓢地黃屋無心　木杪巑岏
石冢見人間幾度夕鼎朝鍖問五丘誰作音
佐天地更生金百云求神州萬里望浮雲西
北泆沾襟青山好一尊未盡且共登臨

二
京巖龍香海南來霓裳月中傳有六朝圖
畫朝朝瓊樹步步金蓮明滅重簾畫燭幾處
鎮嬋娟塵暗秦王女秋扇年年　一枕繁華
夢覺問故家桃李何許爭妍便牛羊丘隴百
草動荒煙更誰知昭陽舊事似天教通德見
伶玄春風老擁鬟顰黛寂寞燈前
江城子
㑹花間體詠海棠
蜀禽啼血染冰蕤趂花期占芳菲翠袖盈盈

凝笑弄晴暉比盡世間誰似得飛燕瘦玉環肥　一番風雨未應稀怨春遲怕春歸恨不高張紅錦百重圍多載酒來連夜看嬌化作綵雲飛

二

姚家池館魏家隣上番春姓名新傾國傾城爲雨復爲雲水北水南無別物金屑粉麝香塵　折枝圖上看精神見來頻畫來須辦作黃徐無負百年身也待了來花下醉嫌笑語洛陽人

三

醉來長袖舞雞鳴短歌行壯心驚西北神州依舊一新亭三十六峰長劒在星斗氣鬱崢嶸　古來豪俠數幽并鬢星星竟何成他日封侯編簡爲誰青一掬釣魚壇上淚風浩浩雨冥冥　釣壇見嚴光傳

四

寄德新丈

春風花柳日相催浙江梅臘前開開徧山桃恰到野酴醾商嶺東來三百里紅作陣綠成堆　半山亭下釣魚臺拂層崖坐蒼苔林影湖光佳處兩三杯寄語玉溪王老子因箇甚不同來

五

草堂瀟灑浙江頭傍林丘買扁舟隔岸紅塵無路近沙鷗挽上有書尊有酒身外事更何求　暮雲歸鳥仲宣樓弊貂裘爲誰留千古書生那得盡封矦好在半山亭下路聞未老去來休

六

賦芍藥楊州紅

司花着意壓春魁綠雲堆擁香來冉冉紅鸞十步一徘徊花到楊州佳麗種金作屋玉爲階　門前腰鼓揭春雷倚妝臺儘人催鶯語丁寧空繞百千迴不道惜花人欲去看直待幾時開

七

内鄉縣廨芳菊堂前大酴醾架芳香絕異常年開時人有見素衣美婦迫視之無有也或者以爲花神故併記

之

纖條婀婀雪葱龍翠陰重煖香融想是春工
淌意與薰醲百畹種蘭千畝蕙都辦作一簾
風　花間人似玉芙蓉月明中下瑶宮只恐
行雲歸去捲花空剩着瓊杯斟曉露留少住
莫匆匆

八

崧山中作

衆人皆醉屈原醒笑劉伶酒爲名不道劉伶
久矣笑螟蠕死葬糟丘殊不惡緣底事赴清
泠　醉鄉千古一升平物忘情我忘形相去
羲皇不到一牛鳴若見三閭憑寄語尊有酒
可同傾

九

二更轟飲四更廻宴繁臺盡鄒枚誰念梁園
回首便成灰今古廢興渾一夢憑底物寄悲
哀　青天蕩蕩鏡奩開月光來且徘徊何用
東生西没苦相催世事悠悠吾老矣歌一曲
盡餘杯

十

夢德新丈因及欽叔舊遊

河山亭上酒如川玉堂仙重留連猶悵春風
桃李負芳年長記鶯啼花落處歌扇後舞衫
前　舊遊風月夢相牽路三千去無緣減没
飛鴻一線入秋煙白髮故人今健否西北望
一潸然亭在

十一

劉清川來別同宿康庵夢與予過田
家飲行及太原作此爲寄

來鴻去燕十年間鏡中看各衰顔恰待蒙泉
東畔買青山夢裏鄰村新釀熟携竹杖款柴
開　人生誰得老來閒記清歡見君難長路
悠悠回首暮雲還斷嶺不遮南望眼時爲我
一憑欄（清川阜昌諸孫在二上時及與伯玉知樂游從一）

十二

觀別

旗亭誰唱渭城詩酒盈卮兩相思萬古垂楊
都是折殘枝舊見青山青似染緣底事淡無
姿　情緣不到木腸兒鬢成絲更須辭只恨
芙蓉秋露洗烟脂爲問世間離別淚何日是

滴休時

十三

河堤煙樹渺雲沙七香車更天涯萬古千秋幽悵入琵琶想到都門南下望金縷暗玉釵斜　津橋春水浸紅霞上陽花落誰家獨恨經年培養牡丹芽寒鴈歸時憑寄語莫容易損容華

十四

行雲冉冉度關山別時難見時難悵望南風早晚送雲還心事情緣千萬刼無計觧玉連環　夕陽人影小樓閒曲欄干曉風寒料得而今前後望歸鞍寂寞梨花枝上兩人不見與誰彈

三奠子

同國器帥良佐仲澤置酒南陽故城

上高城置酒遥望春陵興與廢兩虚名江山埋王氣草木動威靈　中原鹿千年後儘人爭風雲寤寐鞍馬生平鍾鼎上幾書生軍門高密策田畝卧龍耕南陽道西山色古今情

二

離南陽後作

帳韶華流轉無計留連行樂地一悽然笙歌寒食後桃李惡風前　連環玉迴文錦兩纏綿芳塵未遠幽意誰傳千古恨再生緣閒衾香易冷孤枕夢難圓西窻兩南樓月夜如年

行香子

漫漫晴波澹澹雲羅傍春江是處經過桃花觧笑楊柳能歌儘百年身千古意兩蹉跎　酒惡無聊詩苦成魔只閒情不易消磨幾人樵徑何處山阿恨夕陽遲芳草遠落紅多時在淅江

感皇恩

洛西爲劉景玄賦秋蓮曲

金粉拂霓裳凌波微步瘦玉亭亭倚秋渚澹香高韻費盡一天清露惱人容易被西風悞　微兩岸華斜陽汀樹自惜風流怨遲暮珠簾青竹應有阿溪新句斷魂誰觧與煙中語

二

夢寐見幷州今朝身到未怕清汾照枯槁百年狂興盡與家山傾倒黑頭誰辦得歸來早

梁苑綠波長安春草惆悵行人暗中老故人相送記得臨行曾道故園行樂地依然好未復鄉人王懷玉樂府語也

促拍醜奴兒

學閑閑公體

朝鏡惜蹉跎一年年來日無多無情六合乾坤裏顛鸞倒鳳撐霆裂月直被消磨 世事飽經過算都輸暢飲高歌天公不禁人間酒良辰美景賞心樂事不醉如何

閑閑公所賦附

風雨替花愁風雨罷花也應休勸君莫惜花前醉今年花謝明年花謝白了人頭 乘興兩三甌棟溪山好處追遊但教有酒身無事有花也好無花也好選甚春秋

二

皇甫季真湯餅局二女則牙牙學語五男則鴈鴈成行見司空表聖一鳴集障車文

朱鼒掌中香可憐兒初浴蘭湯靈椿未老冊枝秀東鄰西舍排家助喜沽酒牽羊 天與讀書郎便安排富貴文章高門自有容車日明年且春青衫竹馬鴈鴈成行

三

鄉鄰會飲有請予增損舊曲者因爲賦此

無物慰蹉跎占一丘一壑婆娑閑來點檢平生事天南地北幾多塵土何限風波 花塢與松坡盡先生少小經過老來詩酒猶堪在家山在眼親朋滿座不醉如何

青玉案

落紅吹滿沙頭路似總枝春將去花落花開春幾度多情惟有畫梁雙燕知道春歸處

鏡中冉冉韶華暮欲寫幽懷恨無句九十花期能幾許一巵芳酒一襟清淚寂寞西窗雨

二

代贈欽叔所親樂府郵生

苧蘿坊裏青驄駐愛鸚鵡垂簾語一捻嬌春能幾許寒梅欲動小桃初放恰是開心處

西城流水東城雨綠葉成陰慣相誤只恐韶華容易去一聲金縷一巵芳酒且爲花枝住

婆羅門引

望月

素蟾散彩九秋風露發清妍常娥儘有情緣留着三五盈盈永夜照憑肩看晚粧臨鏡若箇嬋娟　尋常月圓恨都向別時偏幾度郵亭枕上野店尊前珠明玉秀算一日相看一日仙人共月長似今年

江梅引

泰和中西州士人家女阿金姿色絕妙其家欲得佳婿使女自擇同郡某郎獨華腴且以文采風流自名女欲得之嘗見郎墻頭數語而去他日又約于城南郎以事不果來其後從兄官陝右女家不能待乃許他姓女鬱鬱不自聊竟用是得疾去大歸二三日而死又數年郎仕馳驛過家先通殷勤者持寘錢告女墓云郎今來歸女知之耶聞者悲之此州有元魏離宮在河中潬士人月夜踏歌和云魏拔來野花開故予作金娘怨用楊白花故事詞云含情出戶嬌無力拾得楊花淚沾臆春去秋來雙燕子願銜楊花入窠裏郎中朝貴游不欲斥其名借古語道之讀者當以意曉云骨化形銷丹誠不泯因風委露猶托清塵是崔娘書詞事見元相國傳奇

墻頭紅杏粉光勻宋東鄰見郎頻腸斷城南消息未全真拾得楊花雙淚落江水闊年年燕語新　見說金娘埋恨處蒺藜沙草不盡離魂一隻鴛鴦去寂寞誰親唯有因風委露托清塵月下哀歌宮殿古暮雲合遙山入翠嚬

李仁卿同賦附

陌頭楊柳恨春遲被寒欺潛依依瘦損王孫青瑣小腰圍墻外瓊枝空照影翠蛾斂遊絲百丈飛　燕歸鴈歸書問寂月細鳳尖供怨笛玉骨成灰聖得迴夢裏音容良是竟來非多少江州司馬淚斷腸曲河聲送落暉

玉樓春

吹臺簫瑟行雲暮一帶雨聲連禁樹正當潘

岳感秋時又到杜陵懷古處　百年同是紅塵路行近醉鄉差有趣坐中誰是獨醒人我醉欲眠卿可去

定風波

白水青田萬頃秋風煙平楚散羊午莫放相公黃閣去留取笑談尊俎也風流　華表仙人人不識今夕鹿車也到百花洲好把襄江都釀酒爲壽壽星光彩動南州

二

楊叔能歸淄川予别於山陽作鷓鴣詞留贈云解后梁園對榻眠舊遊回首一淒然當時好客誰爲寂李趙風流兩謫仙居接棟稼隣田與君詩酒度殘年飄零南北如相避開歲還分隴上泉因用其意荅之李趙謂閑閑公與屏山也

白髮相看老兄弟恨無一語送君行至竟交情何處好向道不如行路本無情　少日龍門星斗近爭信淒凉湖海寄餘生耆舊風流誰復似從此休將文字占時名

蝶戀花

戊辰歲長安作

一片花飛春意减兩兩風風常恨尋芳晚若箇花枝偏入眼尊前細問春風揀　醉裏看花雲錦爛只記鶯聲不記紅牙板留着佳人鸚鵡醆明朝剩把長條挽

二

甲申歲南都作

牢落羇懷愁有信流水浮生幾見中秋閏千古詩壇將酒陣一輪明月消磨盡　八月人間秋滿鬢桂樹扶踈更與秋風近天上姮娥應有恨騎鯨人去無人問

三

白鹿原新齋作

負郭桑麻秋課重十角黃牛分去声得山田種鄉社雞豚人與共春風漸入浮蛆甕　遶屋清溪醒午夢一榻翛然坐受雲山供四海虛名將底用一聲啼鳥巖花動

臨江仙

自洛陽往孟津道中作

今古北邙山下路黄塵老盡英雄人生長恨水長東幽懷誰共語遠目送歸鴻　蓋世功名將底用從前錯怨天公浩歌一曲酒千鍾男兒行處是未要論窮通

二

飲昆陽官舍有懷

世故迫人無好況酒杯今日初拈昆陽城下酧蒼蟾乾坤悲夜永笳鼓覺秋嚴　夢寐玉溪溪上路竹枝斜出青帘故人白髮未應添浩歌風露下相望一掀髯

三

寄德新丈

自笑此身無定在北州又復南州買田何日遂歸休向來元落落此去亦悠悠　赤日黄塵三百里嵩丘幾度登樓故人多在玉溪頭清泉明月曉高樹亂蟬秋

四

與欽叔飲二首

解后一尊文字飲春風爲洗愁顔花枝入鬢笑詩班登臨千古意天澹夕陽閑　南去北來行老矣人生茅屋三間何人得似謝東山紫簫明月底高竹倚風鬟

五

明月清風無盡藏平生老子南樓閒閒談笑説封侯誰能知許事一笑去來休　舊見輞川圖畫裏十年孤負歡遊百金早晚得菟裘與君成二老來往亦風流

六

相下與王以道飲席間走筆爲賦王予東曹掾時同舍郎也

一段江山英秀氣風流天上星郎烟花故國五雲鄉只知心事在爭問鬢毛蒼　千古西陵歌舞地興來忘却悲凉相逢一醉莫停觴東山看老去湖海永相忘

七

西山同欽叔送溪南詩老辛敬之歸女几兼簡劉景玄敬之留别詞併録於此

誰識虎頭峰下客少時有意功名清朝無路到公卿蕭蕭茅屋下白髮老書生解后對床逢二妙揮毫落

紙堪驚他年聯袂上蓬瀛春風蓮燭
影莫忘此時情
自笑此身無定在風蓬易轉孤根羨君歸意
満離尊眼中茅屋興稚子已迎門　迴首對
床燈火處萬山深裏孤村故人天末賦招魂
新詩憑寄取憔悴不須論

八

世事悠悠天不管春風花柳争妍人家寒食
盡藏煙不知何處火來就客心燃　千里故
鄉千里夢高城淚眼遥天時光流轉鴈飛邊

今春看又過何日是歸年

九

醉眼紛紛桃李過雄蜂雌蝶同時一生心事
杏花詩小橋春寂寞風雨鬢成絲　天上鸞
膠尋不得直教吹散胭脂月明千里少姨祠
山中開較晚應有背陰枝
小橋南北夢幽尋殘醉瞢騰不易禁
一樹杏花春寂寞悪風吹折五更心
此子二十年前崧山中詩也

十

李輔之在齊州予客濟源輔之有和
荷葉荷花何處好大明湖上新秋紅粧翠蓋
木蘭舟江山如畫裏人物更風流　千里故
人千里月三年孤負歡游一尊白酒寄離愁
殷勤橋下水幾日到東州
李輔之和篇附
南去北來人自老落花飛絮悠悠思君一度
一登樓無窮烟水裏何處認并州　忽見姓
名雙淚落新詩聊浣離愁若爲重醉綉江秋
芙蓉明月下來往一扁舟

十一

對花懷洛陽舊遊
紫玉雙華相照映錦兒仍是瓊兒天邊誰與
慰相思洗粧無別物只有斷腸詩　水北水
南渾一夢眼中紅袖烏絲春風同是可憐枝
争教歌酒興不似洛陽時

十二

贈仲經女子楚楚
阿楚新來都六歲掌中一捻嬌春詩中有筆
畫難真芝香雲作朶魚細錦爲鱗　舊説張

門多靜女更和靈照情親(外家姓崔氏)誇談休遣孔元嗔異時看小妹林下謝夫人

十三

內鄉寄崧前故人

昨日半山亭下醉窪尊今日留題放船直到浙江西氷壺天上下雲錦樹高低 世上紅塵爭白日山中太古熙熙外人初到故應迷桃花三百里渾是武陵溪

十四

內鄉北山

夏館秋林山水窟家家林影湖光三年閑爲一官忙簿書愁裏過筍蕨夢中香 父老書來招我隱臨流已蓋茅堂白頭兄弟共論量山田尋二頃他日作桐鄉

十五

孟津河山亭同欽叔賦因寄希顏兄

試上古城城上望水光天影相涵都作形勝入高談河山君與我獨恨少髯參 造物戲人兒女劇狙公暮四朝三百年都合付薰酣人家誰有酒吾與典春衫

胡蝶送歸鞍楊州夢芍藥薦金槃 羅幌酒醒寒燈前朱爵淺翠螺殘一春心事紵衣寬青鸞容樓外日三竿

二

酒冷燈青夜不眠寸腸千萬縷兩相牽鴛鴦秋雨半池蓮分飛苦紅淚曉風前、天遠鴈翩翩鴈來人北去遠如天安排心事待明年無情月看待幾時圓

鵲橋仙

同欽叔欽用賦梅

孤根漸煖芳魂乍返待吐檀心又懶未先拈出一枝香算只是司花會揀 情緣未斷韶華易減早去尋芳已晚東風容易莫吹殘暫留與何郎慰眼

二

梨花春暮垂楊秋晚歸袖無人重挽浮雲流水十年間算只有青山在眼 風臺月榭朱唇檀板多病全疎酒醆劉郎爭得似當時比前度心情又減

二

乙未三月冠氏紫微觀桃符上開花
一枝予與楊煥然共歎以爲此亦當
却一春耶因取此意作此以自喻云
槐根夢覺瓜田歲暮白髮新來無數長安遷客望朱崖未喚得烟霄失路　西州芍藥南州瓊樹香滿雲牕月户蕨藜沙上野花開也筭却春風一度

一落索

戯王鼎玉同年

人見何郎新來瘦不見天寒翠袖綉被薰香透幾時却似鴛鴦舊　九十日春花在手可惜歡緣未久去去　休回首柔條去作誰家栁

南鄉子

一雨浣年芳燕燕鶯鶯滿洛陽梨雪漸空桃李過風光恰到風流睡海棠　何處最難忘楊栁高樓近苑墻喚取分司狂御史何妨暫醉佳人錦瑟傍

二

煙草入西州暮雨千山獨倚樓不似秦東亭上歛風流翠袖春風兩玉舟　事去重回頭却是多情不自由爲向河陽桃李道休休有鬢能堪幾度愁

三

風雨送春忙爛醉花時得幾場枝上桃花吹盡也殘芳一片春風一片香　少日爲花狂老去逢春只自傷回首十年歡笑處難迴一曲悲歌淚數行

四

少日負虛名問舍求田意未平南去北來今老矣何成一線微官誤半生　孤影伴殘燈萬里燈前骨肉情短髮抓來看欲盡天明能是青青得幾莖

五

幽意曲中傳總是才情得處偏唱到斷腸聲欲斷還連一串驪珠箇箇圓　畫扇綺羅筵韓馬風流在眼前坐上有人持酒聽淒然夢裹梁園又一年

踏莎行

微步生塵殘粧暈酒朱門如海空回首東風正有去年華柔條去作誰家栁　細雨春寒

青燈夜久孤衾未煖還分手夢中見也不多時怎生望得長相守

桃源憶故人

代贈良佐所親

楚雲不似陽臺舊只是無心出岫竹外天寒翠袖寂寞啼粧瘦 絃聲宛轉春風手彈得行人病酒明日西城回首腸斷江南柳

遺山樂府卷之中

遺山樂府卷之下

鷓鴣天

隆德故宮同希顏欽叔知幾諸人賦

臨錦堂前春水波蘭皐亭下落梅多三山宮闕空瀛海萬里風埃暗綺羅 雲子酒雪兒歌留連風月共婆娑人間更有傷心處奈得劉伶醉後何

二

木犀

桂子紛翻浥露黃桂華高韻靜年芳薔薇水

潤宮衣軟婆律膏清月殿涼 雲岫句海仙方情緣心事兩難忘衰蓮枉悞秋風客可是無塵袖裏香

三

零落棲遲感興多酒盃直欲捲銀河人間清鏡悲華髮世外仙碁爛斧柯 長袖舞杭音歌月明人影兩婆娑醉來知被旁人笑無奈風情未減何

四

蓮

瘦絲愁紅倚暮煙露華涼冷洗嬋娟含情脉
脉知誰怨顧影依依定自憐　凬送雨水連
天淩波無夢夜如年何時北渚亭邊月狼籍
秋香拂畫船

五

孟津作

揔道忘憂有杜康酒逢歡處更難忘桃紅李
白春千樹古是今非笑一塲　歌浩蕩墨淋
浪銀釵縞袂滿隣墻百年得意都能幾乞去
声與兒曹說醉狂

六

與欽叔京甫市飲

樓上歌呼倒接䍦樓前分手却相携雨前雨
後花枝𦿊州北州南酒價低　憐亦鴈笑醯
雞鶴長鳧短幾時齊醒來門外三竿日卧聽
春泥過馬蹄

七

中秋夜飲倪文仲家蓮花白醉中賦

此

月窟秋清桂葉丹仙家釀熟水芝殘香來寶
地三千界露入金莖十二槃　天澹澹夜漫
漫五湖豪客酒腸寬醉來獨跨蒼鸞去大華
峰高玉井寒蓮為水芝見崔豹古今注

李仁卿同賦二首附

太一滄波下酒星露醽秘訣出仙扃情知天
上蓮花白猒盡人間竹葉青　迷晚色散秋
馨兵厨曉溜玉泠泠楚江雲錦三千頃笑殺
靈均話獨醒

十丈冰花太一峰拍浮來赴酒船中碧筩象
鼻秋泉滑澤國幽香笑捲空　雲淡竚月朦

朧醉鄉千里鯉魚風憑夷擊鼓休驚客羅襪
生塵恐惱公

八

效朱希真體

十步宮香出綉簾惱人簾底月纖纖五葆驕
馬垂楊渡孤負仙郎側帽簷　秋澹澹酒猒
猒新詩和恨入香奩相思恰似鴛鴦錦一夜
新涼一夜添

九

效東坡體

黄酒青梅入座新姚家池館宋家隣樓中燕子能留客陌上揚花也笑人　梁花月洛陽塵少年難得是閒身殷勤昨夜三更雨剩醉東城一日春

十

讀李崖州詩有感何處新生黄雀兒飛來直上最高枝側頭撼腦南園裏將謂春光總屬伊

姚宋光明到此家爭教老作賈長沙碧山也要崖州住百匝千遭繞郡衙　南苑月曲江

花青雲軒蓋滿京華新生黄雀君休笑占了春光却被他

十一

宮體八首

候館燈昏雨送涼小樓人靜月侵床多情却被無情惱今夜還如昨夜長　金屋煖玉爐香春風都屬富家郎西園何恨相思樹辛苦梅華候海棠

十二

憔悴鴛鴦不自由鏡中鸞舞只堪愁庭前花是同心樹山下泉分兩玉流　金絡馬木蘭舟誰家紅袖水西樓春風彌殺官橋柳吹盡香綿不放休

十三

天上腰肢説館娃眼中金翠有芳華行雲着意留歌扇遠柳無情隔鈿車　周昉畫洛陽花一枝濃豔落誰家春寒恨殺如年夜庭樹陰陰欲暮鴉

十四

小字緣綾寫欲成印來眉黛緑分明水流刻

漏何曾住玉作彈棊儘未平　愁易積夢頻驚閒衾欹臥覺霜清月明不放寒枝穩夜夜烏啼徹五更

十五

自在晴雲覆苑墻徘徊明月駐清光巳看紅袖霑芳酒猶認宮螺映綺窗　金翡翠繡鴛鴦春風花煖柳綿香殷勤未數閒情賦不願將身作枕囊

十六

複幕重簾錦作天金荷銀燭夜如年　漢皇辭

佩終疑夢緱嶺吹笙恰是仙　花一夢柳三
眠春風無意惜芳妍羅裙細看輕盈態元在
腰肢婀娜邊
十七
八重吳蠶剩欲眠東西荷葉兩相憐一江春
水何年盡萬古清光此夜圓　花爛錦柳烘
煙韶華滿意與歡緣不應寂寞求凰意長對
秋風泣斷絃
十八
好夢初驚百感新誰家歌管隔墻聞殘燈収

罷空明月臘雪消融更暮雲　鶯有伴鴈離
群西窓寂寞酒微醺春寒留得梅華在剩爲
何郎瘦幾分
十九
少日驪駒白玉珂靈砂犀角費頻磨西城燈
火長安夢滿意春風似兩坡　流素月淡秋
河百年狂興一聲歌醉歸扶路人應笑頭上
花枝奈老何
二十
拍塞車箱滿載書梁鴻元與世相疎只緣攜乃

手成歸計不恨埋頭屈壯圖　蒼玉研古銅
壺坐看兒輩了耕鋤年年此日如川酒千尺
青松儘未枯
二十一
長恨簫聲隔粉墻争教移住五雲鄉一溪春
水開何事流水桃花賺阮郎　風攪夢月侵
床情緣消得海生來鴛鴦不鎖黃金殿雌蝶
雄蜂枉斷腸
二十一
酒興濃於琥珀濃争教相望水西東人家寒

食清明後天氣輕煙細雨中　花不盡柳無
窮賞心雖是此時同阿連近日歌喉穩唱得
春宵燭影紅
二十三
短鬢如霜久已搽無冠可桂更須彈初聞古
寺多悵鬼又説屠兵有熱官　閑處坐静中
看時情天意酒杯乾籬邊老却陶潛菊一夜
西風一夜寒
二十四
華表歸來老令威頭皮留在姓名非舊時逆

旅黄粱飯今日田家白板扉　沽酒市釣魚磯愛閑眞與世相違墓頭未要征西字元是中原一布衣

二十五

拋却浮名恰到閑却因隈懶得瞞肝從教道士誇懸觧未信禅和會熱謾　山院靜草堂寛一壺濁酒兩蒲團題詩寄與王夫子乗與時來看藥欄

二十六

只近浮名不近情且看不飲更何成三杯漸覺紛華遠一斗都澆磈磊平　醒復醉醉還醒靈均憔悴可憐生離騷讀殺渾無味好箇詩家阮步兵

二十七

枕上清風午夢殘華胥東望海漫漫湖山似要閑身管花柳難將病眼看　三徑在一枝安小齋容膝有餘寛鹿裘孤坐千峰雪耐與青松老歲寒

二十八

總道狙公不易量朝三暮四儘無妨舊時鄰

下劉公幹今日家中白侍郎　歌浩蕩酒淋浪浮雲身世兩相忘孤峰頂上青天闊獨對春風舞一場詩村東黃番綽家中白侍郎石曼卿

二十九

白白紅紅小樹花春風滿意與鉛華烟霄匀屬千金馬月旦眞成兩部蛙　諸葛菜邵平瓜白頭孤影一長嗟南園睡足松陰轉無數蜂兒趂晚衙

三十

偃蹇蒼山卧北崗鄭莊場圃入微茫即看花樹三春滿舊數松風六月涼　蔬近井蜜分房茅齋堅坐有梨床傍人錯比楊雄宅笑殺韓家畫錦堂

三十一

薄命妾辭三首

複幕重簾十二樓而今塵土是西州香雲已失金鈿翠小景猶殘畫扇秋　天也老水空流春　供得幾多愁桃花一簇開無主儘着風吹雨村休

三十二

顔色如花畫不成命如葉薄可憐生浮萍自合無根蒂楊柳誰教管送迎　雲聚散月虧盈海枯石爛古今情鴛鴦隻影江南岸腸斷枯荷夜雨聲

三十三

一日春光一日深眼看芳樹緑成陰娉婷盧友嬌無奈流落秋娘瘦不禁　霜塞闊海煙沉燕鴻何地更相尋早教會得琴心了醉盡長門買賦金

三十四

玉立芙蓉鏡裏看鉛紅無地着邉鸞半衾幽夢香初散滿紙春心墨未乾　深院落曲欄干舊歡新恨苧衣寛幾時忘得分携手黄菜踈雲渭水寒

三十五

百囀嬌鶯出畫籠一雙胡蝶𧋍芳叢葱籠花透纖纖月暗淡香揺細細風　情不盡夢還空歡緑心事淚痕中長安西望堪腸斷霧閤雲窓又幾重

三十六

淡淡青燈細細香四更人語在幽窓西風數點迎秋雨六尺芙蓉滿意凉　秦樹遠楚天長緑嬌紅小負年若鴛鴦莫道無離恨銷向金籠恰是雙

三十七

着意尋春苦未遲無情風雨妬芳期青樓天遠無書到繡被寒多秖夢知　雲淡竚月低迷洛陽山色見愁眉何時重觧香羅帶細看春風玉一圍

品令

清明夜夢酒間唱田不伐映竹園啼鳥樂府因記之

西齋向晩牕影動人聲悄夢中行處數枝臨水幽花相照把酒長歌猶記竹間啼鳥　風流易老更常被閒愁惱年年春事大都探得歡遊多少一夜狂風又是海棠過了

浪淘沙

詩句入冥搜欲寫還休人間情是阿誰留千丈遊絲不落地風外悠悠　煙雨晩山調人倚西樓衡陽歸鴈滿沙頭一種江城寒夜容

一種春愁

二

雲外鳳凰簫天上星橋相思魂斷欲誰招瘦殺三山亭畔柳不似宮腰　長日篆煙銷晝過花朝紅薔薇架碧芭蕉雌蝶雄蜂天不管各自無聊

三

春瘦怯春衣春思低迷兩聲偏與睡相宜懊惱離愁尋殢酒已被愁知　煙樹望中低水繞山圍下窣雙燕話心期昨夜狂風花在否明日郎歸

四

金翠畫屏山萬髻千鬟桃源樓閣五雲間恨殺芙蓉城下客不借青鸞　風雨杏花殘芳意都闌一燈孤影小窗閑綉被薰來香欲盡只是春寒

五

爲煙中樹作二首

楊柳日三眠桃李爭妍千金誰許占芳年買得閑愁無處着却恨春偏　流水武陵源夢引愁牽東風歸與雁翩翩試問西窗前夜月幾度先圓

六

芳樹翠煙重殘角踈鍾落花飛絮一簾風可惜河陽桃李月彈指春空　翡翠合歡籠相望西東瑣窗幽夢幾迴同料得朱門歌舞罷滿袖啼紅

南柯子

畫扇香微遠宮螺意自濃杏園憔悴五更風不道六朝瓊樹捲春空　蝶近花疑笑犀靈月易通襄王雲雨夢魂中曾見芙蓉裙衩幾多紅

二

粉淡梨花瘦香寒桂葉顰畫簾雙燕舊家春曾是玉簫聲裏斷腸人　澹澹催詩雨遲遲入夢雲武陵流水隔紅塵只怕翠鸞消息未全真

三

濟川壽席

閥閱真王後衣冠上客中路人遥識紫髯

爭信舊來文賦動南宫　得壻攀龍貴生男射虎雄壽筵休放酒尊空且道幾人　福與君同

西江月

懸玉微風度曲薰爐熟水留香相思夜夜欝金堂两點春山枕上　楊栁宜春别院杏花宋玉隣墻天涯春色斷人腸更是高城晩望

人月圓

卜居外家東園

重岡已隔紅塵斷村落更年豐移居要就牕

中遠岫舍後長松　十年種木一年種穀都付兒童老夫惟有醒來明月醉後清風

二

玄都觀裏桃千樹花落水空流憑君莫問清涇濁渭去馬來牛　謝公扶病羊曇揮涕一醉都休古今幾度生存華屋零落山丘

太常引

五雲樓觀日華東看天上建章宫人海混魚龍比自古中原更雄　紫垣星月禁街燈火朝馬閙晨鍾　夢轉頭空恍猶存邯鄲道中

二

予年廿許時自秦州侍下還太原路出絳陽適郡人爲觀察判官祖道道傍少年有與紅袖泣别者少馬車馬相及知其爲觀察之孫振之也所别即琴姬阿蓮予嘗以詩道其事今二十五年歳辛巳振之因過予語及舊遊恍如隔世感念今昔殆無以爲懷因爲賦此

渚蓮寂寞倚秋煙發幽思入哀絃高樹記離

筵似昨日郵亭道邊　白頭青鬢舊遊新夢相對两凄然驕馬弄金鞭也曾是長安少年

三

官街楊栁絮飛忙鞍馬送年芳詩興更教狂算能醉花前幾塲　滿城桃李一枝香雪不屬富家郎風雨没商量快來與梨花洗粧

四

東原上清宫同楊飛卿夜話汝梁舊遊追懷欽叔内翰飛卿名鴻有詩名東州

十年流水共行雲相見重情親滄海坐揚塵便疑是前身後身　風臺月榭舞裙歌扇樂事幾迴新莫話洛陽春更誰似金鑾故人

五

爲東原范尊師壽范新得曹夫人所畫松上幽人圖上有曹道冲題詩

衣冠人物渺翩翩天地一臞仙來自范公泉管家在三山洞天　一簪華髮一篇秋水得意已忘言圖畫看他年與松上幽人並傳

眼兒媚

阿儀醜筆學雷家逸口墨糊塗音搽今年觧道踈籬凍雀遠樹昏鴉　乃公行坐文書裹面皺鬢生華兒郎又待吟詩寫字甚是生涯

朝中措

永寧時作

連延村落並陽厓川路到山迴竹樹攢成風月溪堂隔斷塵埃　小亭幽圃酴醿未過芍藥初開驢上一壺春酒主人莫厭重來

二

春閨寂寂掩蒼苔風雨捲春回擬寫碧雲心事筆頭無句安排　燈昏酒冷愁牽夢引直事秋懷料得酴醿知我枕邊時有香來

三

盧溝河上度旃車行路看宮娃　古殿吳時花草奚琴塞外風沙　天荒地老池臺何處羅綺誰家夢裹　行燈火皇州依舊繁華

四

時情天意枉論量樂事苦相忘白酒家家新釀黄華日日重陽　城高望遠煙濃草淡一片秋光故國江山如畫醉來忘却興亡

五

醉來長鋏爲誰彈憔悴入函關一帶秦川如畫夕陽仙掌空閑　門邊骯髒胸中磈磊何苦人間走馬明年西去看君射虎南山

六

櫻桃花下玉亭亭隨步覺春生處處綺羅叢裹偏他特地分明　韶華似水棠梨葉吐楊柳新成不是低鬟一笑十分只是無情

七

夾衣晨起怯新霜歸路楚山長只道佳期相

誤夢魂夜夜誰行　鏡中鸞舞花間鵲轉未
抵歡狂都把而今煩惱見時别與論量

八

效俳體

瑞雲浮動酒波紅一醉捲愁空昨日海棠寘
下令朝芍藥香中　蜂迎蝶送珠圍翠繞儘
謝春風管甚碧油堂印且教臨老花叢

九

良宵一刻抵千金孤負百年心好箇一江春
水深來不似情深　一天好事還教容易着

甚消任煩惱直須寧耐不成長似如今

十

御香新拆紫囊封苒苒緑雲叢開晚只嗔寒
動粧成又怕晴烘　化工也爲花中第一薰
染偏濃誰有石家紅錦重重圍住春風

阮郎歸

漫郎活計拙于鳩閑中又過秋枕書眠了却
登樓貪來頗自由　書咄咄賦休休西牕晚
更幽詩家貧殺也風流家人不用愁

二

爲李長源賦

帝城西下望西山城居歲又殘萬家風雪一
家寒青燈語夜闌　人鮓甕鬼門開無窮人
往還求官莫要近長安長安行路難

三

獨木橋體

别郎容易見郎難千山復萬山楊花簾幙晚
風閑愁眉淡淡山　光禄塞鴈門關望夫元
有山當時只合鎖雕鞍山頭不放山

清平樂

香團嬌小拍拍春多少一樹鉛華春事了鎖
甚珠圍翠繞　生紅鬧簇枯枝只愁吹破胭
脂説與東風知道杏花不看開時

二

溪頭來去坐卧松溪樹管甚人間無着處已
被白雲留住　生平不置肝腸只今物我都
忘説與山中魚鳥相親相近何妨

三

太山上作

江山殘照落落舒清眺澗壑風來號萬竅盡

入長松悲嘯 井蛙瀚海雲濤醯雞日遠天
高醉眼千峰頂上世間多少秋毫

四

罷鎮平歸西山草堂

垂楊小雨處處歸鞍駐八十田翁良愧汝把
酒千言萬語 細侯竹馬相從笑渠奔走兒
童十里村簫社鼓依然傀儡棚中

五

離腸宛轉瘦覺粧痕淺飛去飛來雙語燕消
息知郎近遠 樓前小雨珊珊海棠簾幙輕

寒杜宇一聲春去樹頭無數青山

六

蘭膏香聚醉枕閒低語一刻春宵流水去許
得離情幾許 桃花紅淺紅深五年煙草歸
心留得一枝春在爭教綠葉成陰

七

香凝嬌聚玉立臨春樹細看司花留意處都
在輕勻淺注 相逢南陌東城有情只似無
情說與新來憔悴鶯兒不解丁寧

八

憶鎮陽

悲歡聚散世事天誰管梳去梳來雙鬢短鏡
裏看看雪滿 燕南十月霜寒孤身去住都
難何日西窻燈火眼前兒女團欒

九

夜宿奉先與宗人明道談天壇勝遊
因賦此詞司馬子微開元十七年中
元日藏金華冊經于天壇石室中興
亂後人得之字畫如洛神賦纖素亦
不爛壞予於山陽一相識家嘗見之

冊書碧字細說金華事試問誰邊堪擧似除
卻青蓮居士 胎仙八表泠風爭教低首樊
籠夢裏雲裝煙駕倚天壇影西東

十

嘲兒子阿寧

嬌鶯婭姹解說三生話試看青衫騎竹馬若
箇張萱許畫 西家撞透煙樓東家談笑封
侯莫道元郎小小明年部曲黃牛

十一

贈句龍英孺家小女子阿金張仲經

二女名蘭蘭楚楚

瓊枝瑶草來自三山島莫道生男堪慰老掌上金兒更好　煙脂杏蕾生紅繡襦學弄春風好共蘭蘭楚楚畫教乞巧圖中

浣溪沙

方城仙翁山北水庄成而良伏以事繫獄以此寄之

百折清泉繞舍鳴隔年楊柳緑陰成藕花多處一舟輕　行處自由皆樂事得來無用是虛名等閑榮辱不須驚

二

宿孟津官舍

一夜春寒滿下廳獨眠人起候明星娟娟山月入疎櫺　萬古風雲雙短鬢百年身世幾長亭浩歌聊且慰飄零

三

外家種德堂

墻外桑麻雨露深堂前桃李有新陰高門因見古人心　三世讀書無白屋一經教子勝黄金小雛先與喚瓊林

四

史院得告　西山

萬頃風煙入酒壺西山歸去一狂夫皇家結網未曾疎　情性本宜閑處着文章自忖用時無醉來聊爲鼓龍胡

五

芍藥初開百步香小欄幽徑隔長廊好花都屬富家郎　此樂莫教兒輩覺老夫聊發少年狂高燒銀燭照紅粧

六

日射雲間五色芝鴛鴦宮瓦碧參差西山晴雪入新詩　焦土已經三月火殘花猶發萬年枝他年江令獨來時

往年宏辭御題有西山晴雪詩

七

相州西南善應洹水所從出風物絶似吾谹山玉溪但寒藤老樹差不及耳

湖上春風散客愁芳洲煙景記曾遊人家渾似玉溪頭　楊柳青旗酪酒市桃花流水釣

魚舟紅塵鞍馬幾時休

八

三臺送客作離合體

萬里行青雲人物舊知名百壺春酒過清明 渺渺荒陂氷井路青青楊柳玉關情斜陽無語下西陵

九

芳草重陽長樂坡兩行紅淚一聲歌淋漓襟袖酒痕多 夢裏翠翹驚墮枕愁邊羅襪見凌波春寒春瘦夜如何

十

夢繞桃源寂寞回春殘滋味似秋懷多情翻恨酒爲媒 數點雨聲風約住一簾花影月移來小欄幽徑獨徘徊

十一

懷李彥深李濟南人繡江在長白山下

緑綺塵埃試拂絃今人誰與子爭先相逢尊酒合留連 金馬玉堂梁苑客岸花汀草繡江船舊遊回首又三年

後庭花破子

玉樹後庭前瑤華妝鏡邊去年花不老今年月又圓莫教偏和花和月大家長少年

二

夜夜壁月圓朝朝瓊樹新貴人三閣上羅衣拂繡茵後庭人和花和月共分今夜春

孫正卿和一首附正卿名梁中山人

楊柳葉黛眉愁菱花粧鏡羞夜夜長門月天寒獨上樓水東流新詩誰寄相思紅葉秋

古烏夜啼

玉簪

花中閑遠風流一枝秋只枉十分清瘦不禁愁人欲去花無語更遲留記得玉人遺下玉搔頭

點絳脣

長安中作

沙際春歸緑牕猶唱留春住問春何處花落鶯無語 渺渺吟懷漠漠煙中樹西樓暮一簾疎雨夢裏尋春去

二

宜男

緑淡香濃舊曽百子池邊種碧莚孤貣驚墮釵頭鳳　檀粉輕拈苦怕蜂腰重天花供一枝誰送寂寞南華夢

三

青梅永寧時作

玉葉璁瓏素粧不赴宫黄媚謝家風致寂得春風意　手把青枝憶得斜横鬌西州淚玊觴無味強爲清香醉

四

痛負花期半春猶在長安道故園春早紅雨深芳草　愁裏花開愁裏花空老西歸好一尊傾倒乞去声與花枝惱

五

夢裏梁園煖風遅日熏羅綺滿城桃李車馬紅塵起　客枕三年故國雲千里更戔未夜寒如水茅屋清霜底

六

國艶天香一叢百朶開來半燕忙鶯亂要結尋芳伴　買斷春風醉倒應須判清尊滿謝家池館歲歲年年看

七

寄李輔之

生死論交有情何似無情好滿前花草更覺今年老　塞上春遲湖上春風早東州道幾時飛到爛醉紅雲島

八

十六芳年錦兒嬌小瓊兒秀海棠紅綿恰到愁時候　天上歌聲未省人間有休回首渭城煙㭎腸斷離亭酒

訴衷情

萬人如海一身藏隨例大家忙東華軟紅塵土倍損謝三郎　蘭若寺玉溪庄两茅堂雞豚鄉社鵝鴨比隣好箇嵩陽

二

升平責望富民侯愁損抱官囚自家本無煩惱閙處要鑽頭　山崦寺水心樓去來休醉扶歸路鼓吹鳴蛙部曲黄牛

三

仲經舉兒小字高閭所居名高齋

行齋活計五車書眞欲釜生魚天公也相料
理新得掌中珠　肴驥子弄鵷雛寂憐渠青
衫竹馬後日迎門好箇高閭

扶桑子

兒家門户重重掩郎住墻東枉破春工萬紫
千紅一夜風　伯勞分背西飛燕何日相逢
縱得相逢海闊天高處處同

謁金門

漕司西齋

羅衾薄簾外五更風惡醉後題詩渾忘却烏

啼殘月落　憔悴何郎東閣病酒不禁重酌
袖裏梅花春一握幽懷無處託

好事近

冬夜有懷

夢裏十年心情味夢回猶惡枕上數行清淚
被鷩鳥啼落　西床瓶水夜深寒梅華瘦如
削只有一枝春在問東君留着

遺山樂府卷之下

樂府詩家之大香奩也遺山
所著清新婉麗其自視似羞
比秦晁賀晏諸人而直欲追
配於東坡稼軒之作豈是以
東坡爲第一而作者之難得
也耶然后山以爲子瞻以詩
爲詞如教坊雷大使之舞雖
極天下之工要非本色李易

安亦云子瞻歌詞皆句讀不
葺之詩耳往往不協音律王
半山曾南豐文章似西漢若
作小歌詞則人必絶倒不可
讀也乃知別是一家知之者
少彼三先生之集大成猶不
免人之譏議況其下者乎夫
詩文分平側而歌詞分五音

五聲又分六律清濁輕重無不克諧然後可以入腔矣盖東坡自言平生三不如人歌舞一也故所作歌詞閒有不入腔處耳然與半山南豐皆學際天人其於作小歌詞直如酌蠡水于大海豈可謗傷耶吾東方既與中國語音殊

異於其所謂樂府者不知引聲唱曲只分字之平側句之長短而恊之以韻皆所謂以詩為詞者捧心而顰其里秪見其醜陋耳是以文章巨公皆不敢強作非才之不逮也亦如使中國人若作鄭瓜亭小唐雞之解則必且使人撫

掌絶纓矣唯益齋入侍忠宣王與閻趙諸學士游備知詩餘衆躰者吾東方一人而已然使后山易安可作未知以弊衣緩步爲真孫叔敖也耶以此知人不可造次爲之雖未知樂府亦非我國文章之累也愚之誦此言久矣今以

告監司廣原李相國相國曰子之言是矣然學者如欲依樣畫胡蘆不可不廣布是集也於是就舊本考校殘文誤字謄寫淨本遂囑晉州慶牧使維繡梓告弘治紀元之五年壬子重昜後一日都事月城李宗準仲鈞識

感興詩注

提要

《感興詩注》一卷，又名《文公朱先生感興詩》，宋朱熹撰，宋蔡模注；附《武夷棹歌注》一卷，宋朱熹撰，宋陳普注； 清光緒八年（一八八二年）佚存叢書（日本林衡輯）木活字本。 每半葉十行二十字，四周單邊，單魚尾，白口。 兩書均為朱熹詩文集。《感興詩》有宋人蔡模、王梧、元人胡炳文、民國尊經堂等多家注釋。

文公朱先生感興詩

門人蔡模學

自序

予讀陳子昂感遇詩愛其詞旨幽邃音節豪宕非當世詞人所及如丹砂空青金膏水碧雖罕爲世用而實物外難得自然之奇寶欲效其體作十數篇顧以思致平庸筆力萎弱竟不能就然亦恨其不精於理而自託於仙佛之間以爲高也齋居無事偶書所見得二十篇雖不能探索微眇追迹前人然皆切於日用之實故言亦近而易知旣以自

警且以貽諸同志云

其一

昆侖大無外旁礴下深廣陰陽無停機寒暑互來往

昆侖以天言旁礴以地言大無外卽張子所謂大而無外也下深廣言其下而深且廣也陰陽氣也無停機猶易所謂一陰一陽也寒著氣之著也互來往猶易所謂一寒一暑也蓋天地設位而太極之體所以立陰陽寒暑迭運而太極之用所以行無往而非太極也

皇羲古神聖妙契一俯仰不待窺馬圖人文已宣朗

皇羲庖羲氏也大而化之之謂聖聖而不可知之之謂神俯仰仰以觀於天文俯以察於地理也馬圖河中龍馬負圖也人文凡剛柔之往來上下之交錯微而天理之節文著而禮樂法度之煥然者皆是也宣朗猶昭明也言皇羲稟神聖特異之姿妙契此理於一俯仰之間不待窺見神馬所負之圖而人文已粲然宣朗於胸中矣正邵子畫前元有易之意也

渾然一理貫昭晰非象罔

昭晰光明也象罔彷彿茫昧也莊子象罔得之此

蓋借用也言渾然一理之妙貫徹顯微雖冲漠無朕而天地陰陽寒暑之理已悉具於其中雖天地定位陰陽寒暑運行而太極之理亦未嘗不在焉徹上徹下極爲昭晰非儻然象罔而無據也渾然一理貫一句實爲一詩之錧鎋讀者詳之

珍重無極翁爲我重指掌

無極翁濂溪周子也重指掌謂皇羲畫卦之後又得周子作太極圖以闡其義如坐指諸掌而甚明也由今觀之易有太極周子卽推無極而太極是生兩儀周子卽推太極動而生陽靜而生陰天地

之數成變化而行鬼神周子卽推陽變陰合而生水火金木土是不謂之重指掌乎○模妄謂此篇言無極而太極卽太極圖之○也

其二

吾觀陰陽化升降八紘中前瞻既無始後際那有終

化者變之成也八紘八極也列子云八紘九野之水前瞻既無始所謂推之於前而不見其始之合也後際那有終所謂引之於後而不見其終之離也言陰陽之化升降上下於八極之中然動靜無端陰陽無始不可分先後周子所謂動而生陽者

亦只是就動處說起畢竟動前又是靜如此則前瞻之既無始矣後之際又那有終也哉

至理諒斯存萬世與今同

至理卽太極也斯者指陰陽而言也言太極之理不離乎陰陽之中雖萬世之遠與今一同蓋太極無往而不在也

誰言混沌死幻語驚盲聾

混沌元氣未判也莊子云七日而混沌死幻詐惑也言異端之徒以太極獨居於混沌之先及天地既判則太極已死於混沌者眞詐惑之語但可以驚駭盲聾之人而已○模妄謂此篇言太極動而陽靜而陰卽太極圖之◎也○模竊惟周子太極圖根極要領實上接洙泗千歲之統下啟西河百世之傳先師朱子剖析精微闡緝明暢旣爲之說矣今作感興詩特於首二篇提綱挈領爲學者發明之大矣哉其有功於斯道也或有問者曰前輩長者有以此詩首二篇爲重說陰陽者又有以首篇爲說橫看底次篇爲說直看底者而子乃斷然以首篇爲說無極而太極次篇爲說太極動而陽靜而陰似若有所據矣然太極只是理今首篇乃

有及於天地陰陽寒暑何也陰陽已屬氣今次篇乃推本於至理斯存何也模應之曰形而上爲道形而下爲器豈判然而二之乎器亦道道亦器程子言之盡矣故朱子論太極而必及於天地陰陽寒暑者以見其道著於器也論陰陽而必原其至理斯存者以見其氣根於道也況朱子平日教人平實的當而於論太極最病學者流入於談玄搜妙之域而無著實用功之地故其語學者嘗曰從陰陽處看則所謂太極者便只在陰陽裏面今人說陰陽上面別有一箇無形無影底物是太極

非也又曰太極只是天地萬物之理在天地則天地中有太極在萬物則萬物中有太極又曰太極生陰陽理生氣也陰陽既生則太極在其中理復在氣之内也又曰所謂太極者便只在陰陽裏所謂陰陽者便只在太極裏學者反覆吟諷此詩之餘更以此說融會貫通之則庶乎其有得矣

其三

人心妙不測出入乘氣機凝冰亦焦火淵淪復天飛

妙不測猶言不可得而測度也氣體之充也主發育之機凝冰凝於冰也焦火焦於火也莊子云其熱焦火其寒凝冰淵淪隨淵而淪也天飛升天而飛也言人心妙不測一出一入乘氣機而發既凝冰矣而亦能焦火既淵淪矣而復能天飛四者所以言其不可測度如此正與潛天而天潛地而地同意但凝冰淵淪主入而言焦火天飛主出而言耳

至人秉元化動靜體無違珠藏澤自媚玉蘊山含輝神光燭九垓玄思徹萬微塵編今寥落歎息將安歸

至人至德之人也秉持也元化即人心之造化也九垓天有九重也司馬相如封禪書云上暢九垓萬微萬理之精微也上泛言人心妙不測此言惟至人爲能秉持元化一動一靜之間皆體此理而無違焉方其靜也寂然不動如珠之藏而澤自媚玉之蘊而山自輝及其動也感而遂通神光燭乎九垓之遠玄思徹乎萬微之妙但聖人心法不傳其載於塵編者今又簡短寂寥無有能識之者然則將安歸乎徒有歎息而已

其四

靜觀靈臺妙萬化從此出云胡自蕪穢反受衆形役

靈臺即心也言人心本自神妙天下萬化皆從此出何爲不自操存乃陷溺於荒蕪汚穢之中而反爲耳目口體之所役耶范浚心箴所謂心爲形役乃獸乃禽者正此意也

厚味紛朵頤妍姿坐傾國崩奔不自悟馳騖靡終畢

朵垂也朵頤欲食之貌易曰觀我朵頤妍美色也姿色也傾覆也言美色能覆人邦國猶詩所謂哲婦傾城也直騁曰馳亂馳曰騖言心爲形役溺於飲食男女之大欲至於崩奔猶不自悟尙且馳騖四出而無終畢之時也

君看穆天子萬里窮轍迹不有祈招詩徐方御宸極

穆天子周穆王也在位五十五年使造父御八駿之乘肆意遠遊荒服之外欲周行天下皆使有車轍馬迹徐偃伯於徐方乘時作亂祭公謀父作祈招之詩以諫止之其詩曰祈招之愔愔式昭德音思我王度式如玉式如金形民之力而無醉飽之心○穆按所舉穆天子事特借此以喻人心之馳騖流蕩若不知止則心失主宰而物欲反據而爲之主矣此六義之比也

其五

涇舟膠楚澤周綱已陵夷況復王風降故宮黍離離

涇舟詩所謂淠彼涇舟是也膠與莊子置杯焉則膠之義同或謂昭王南征濟漢船人惡之以膠船進至中流膠液而溺死也黍離王風詩名言昭王南征不返周室紀綱已陵夷矣況又幽王爲犬戎所滅平王東遷而故都鞠爲禾黍王風下同於列國周室於是而愈衰矣

玄聖作春秋哀傷實在茲祥麟一以踣反袂空漣洏

玄聖孔子也春秋魯史記之名孔子因而筆削之始於魯隱公之元年實平王之四十九年也麟獸名麕身牛尾馬蹄毛蟲之長也踣僵也反袂漣洏卽家語所謂使人告孔子曰有麕而角者何也孔子往觀之曰麟也胡爲來哉反袂拭面涕泣沾襟是也言孔子雖因黍離降爲國風遂託始於此以作春秋其實周綱陵夷已在於涇舟膠楚澤之時矣及西狩獲麟則嗟吾道之窮而春秋遂絕筆於此

漂淪又百年僭侯荷爵珪

漂淪猶汨汨也又百年謂自獲麟絕筆之後將又百年也今計之其實止七十九年言百年者舉成數也僭侯謂魏斯趙籍韓虔參大夫僭竊諸侯之

制也荷爵珪謂反蒙眞侯之命也

王章久已喪何復嗟嘆爲

王章卽左傳所謂晉侯請隧王弗許曰王章也言王章之喪已久矣胡爲至三晉分而始嗟嘆乎所以爲下文迷先幾之張本也

馬公述孔業託始有餘悲拳拳信忠厚無乃迷先幾

馬公先朝司馬溫公也述孔業謂作通鑑欲續春秋也託始謂作通鑑始於初命晉大夫魏斯趙籍韓虔爲諸侯也是甚悲周道之衰微固不失爲忠厚之意然悔其不繼書於魯哀公十四年獲麟之

後自周敬王三十九年爲始而乃自威烈王二十三年爲始無乃迷其先幾也哉或疑此欲以續獲麟爲先幾猶未若致堂胡氏以晉悼公平公時爲幾之尤先者也殊不知此雖欲續於獲麟其實先幾已在玄聖作春秋之時此詩所以推原發端於膠楚澤也有以夫○模按此詩託始之意東萊呂先生得之故大事記之作實接於獲麟而託始於周敬王三十九年竊意二先生相與講論之際必有及於此故朱子於蔡文忠所以深哀事記將誰續之編也然朱子於通鑑綱目之作曷爲而不繼

春秋也耶栗齋李氏曰東萊先生事記之書用馬遷之法者也故續獲麟而無嫌朱子綱目之書本春秋之旨者也故續獲麟而不可是固然矣抑亦綱目之書特因通鑑而作也歟

其六

東京失其御刑臣弄天綱西園植姦穢五族沈忠良

東京洛陽後漢所都也刑臣宦豎也西園靈帝置西園八校尉以蹇碩袁紹鮑鴻曹操趙融馮芳夏牟淳于瓊爲之五族單超具瑗左悺徐璜唐衡也言桓靈失其御下之道宦豎弄權開西園以鬻賣官爵與黨錮以沈滅忠良而漢遂衰矣

青青千里草乘時起强梁

青青千里草應董卓讖語也卓初爲中郎將其後廢立弒殺燒宮室發諸陵自爲相國强梁於一時

當塗轉凶悖炎精遂無光

魏闕當塗高應曹操讖語也轉尤也炎精漢火德也操挾天子以令諸侯欺人孤兒寡婦卒成篡奪之計其凶悖尤甚於董卓而漢祚遂亡矣

桓桓左將軍仗鉞西南疆伏龍一奮躍鳳雛亦飛翔祀漢配彼天出師驚四方天意竟莫回王圖不偏昌

桓桓威武貌左將軍劉備也獻帝建安三年爲左將軍伏龍諸葛亮也鳳雛龐統也即徐庶謂此中有伏龍鳳雛是也祀漢配彼天即用仲康祀夏配天之語不偏昌即諸葛亮所謂王業不偏安是也言先主仗義起兵於西南之疆以誅操復漢爲名一時賢才如諸葛亮龐統之徒皆起而羽翼之出師北伐所在響震事幾成矣而天不祚漢先主既殞孔明亦殂卒使王業不偏盛於西土可勝歎哉

晉史自帝魏後賢合更張世無魯連子千載徒悲傷

晉史謂陳壽撰三國志也帝魏謂以魏爲正統也

後賢謂司馬温公也魯連子即通鑑所載魯仲連聞趙將事秦爲帝嘆曰彼帝天下則連有蹈東海而死耳此言操爲漢賊不待言陳壽帝魏不足責後之賢者如温公作通鑑合更張之乃亦帝曹魏而寇蜀漢是則若魯連子者世亦不復有之矣千載之下豈不徒有悲傷也哉此與尊楊雄同科綱目書法可見

其七

晉陽啓唐祚王明紹巢封垂統已如此繼體宜昏風

晉陽啓祚事見通鑑李淵初爲隋晉陽宮監其子

世民陰與裴寂等以晉陽宮人私侍淵因脅以起兵王明曹王明也巢封元吉封爲巢刺王也世民手刃元吉而納其妃生子明初封曹後立爲齊王出紹巢王之後言垂統之主其瀆亂綱常已如此宜繼體如高宗者皆迷淫亂而有武后之事也

麀聚瀆天倫牝晨司禍凶乾綱一以墜天樞遂崇崇

麀聚禮記所謂父子聚麀也牝晨書所謂牝雞司晨也乾綱君之綱也墜落也天樞武后立周宗廟鑄銅柱爲天樞以紀周功德也崇高也蓋武后初爲太宗才人高宗立以爲后參豫國政擅權自恣後遂廢其子中宗改唐爲周此正聚麀牝晨而唐室之所以中否也

淫毒穢宸極虐焰燔蒼穹向非狄張徒誰辨取日功

毒即嫪毒之毒以比張易之張昌宗也穢汚也宸極帝居之位也虐焰言其酷虐如火之烈也燔爇也蒼穹天也狄張狄仁傑張柬之也取日功謂挽回天日而中宗復位也呂温頌曰取日虞淵

云何歐陽子秉筆迷至公唐經亂周紀凡例孰此容

歐陽子先朝歐陽文忠公也言其秉史筆以修唐史乃於帝紀内立武后紀是迷至公之道以唐之

一經而亂周紀於其中凡例又孰可容此耶

侃侃范太史受說伊川翁春秋二三策萬古開羣蒙

侃侃剛直也范太史先朝講官范祖禹也伊川翁伊川先生程子也温公編通鑑范太史分得唐史遂探其得失善惡別爲唐鑑盡用伊川先生平日之說每歲必書中宗所在曰帝在房州以合於春秋書公在乾侯之法開明萬古之羣蒙也

其八

朱光徧炎宇微陰眇重淵寒威閉九野陽德昭窮泉

朱光日也張孟陽詩云朱光馳北陸炎宇夏天也

九野八方中央也見前八紘註窮泉幽昧之地言朱光徧炎宇之時而微陰已眇於重淵矣寒威閉於九野之際而陽德已昭於窮泉矣蓋陰不生於陰而常伏於至陽之中姤卦是也陽不生於陽而潛復於盛陰之中復卦是也

文明昧謹獨昏迷有開先幾微諒難忽善端本綿綿

至陽而一陰伏故雖文明而或昧謹獨之戒盛陰而一陽復故雖昏迷而實有開先之道惟其昧謹獨也故幾微之際誠不可忽惟其有開先也故善之端緒每綿綿而不絶焉老子云綿綿若存

掩身事齋戒及此防未然

月令曰君子齋戒處必掩身毋躁言於夏至一陰生之時必屏絶嗜欲及此而防其陰之未然也此指陽而言

閉關息商旅絶彼柔道牽

易曰先王以至日閉關商旅不行后不省方言冬至一陽生時必安静存養絶彼柔道之牽繫也彼指陰而言

其九

微月墮西嶺爛然衆星光明河斜未落斗柄低復昂

感此南北極樞軸遥相當

微月新月也明河天河也斗柄北斗七星之柄也南北極天之樞軸也天圓而動包乎地外地方而静處乎天中故天之形半覆乎地上半繞乎地下而左旋不息其樞軸不動之處則爲南北極謂之極者猶屋脊之極也言新月已西墜則衆星爛然而愈光河漢雖斜而未落斗柄既低而復昂惟有南北極不動而其樞軸遥遠正相當值無少差忒當此之時仰觀天象而深有感也亦猶心居中央而天酬酢萬物而無少偏倚也蓋月始生明之時而天

象尤爲易見故特言之

太一有常居仰瞻獨煌煌中天照四國三辰環侍旁人心要如此寂感無邊方

太一即北辰也此言北辰而不及南者蓋南極入地三十六度常隱不見北極出地三十六度常見不隱故此獨以其可見示人也三辰日月星也左傳云三辰旂旗言太一居其所而不動仰而瞻之獨見其煌煌耳此譬人心之寂也居天之中照臨四國日月衆星環繞而共之此譬人心之感也故又斷之曰人心須要如此所以寂然不動感而遂

通不見其邊方也

其十

放勛始欽明南面亦恭已大哉精一傳萬世立人紀

放勛書作勳堯之號也欽明即書所謂欽明文思也南面恭已即孔子稱舜恭已正南面也精一之傳即舜之傳禹以人心惟危道心惟微惟精惟一允執厥中也

猗歟歎日躋穆穆歌敬止戒契光武烈待旦起周禮

猗歟美貌日躋即詩所稱湯聖敬日躋也穆穆深遠意即詩所稱穆穆文王於緝熙敬止也契西旅

所獻犬名名公作書致戒以光武王之烈也周禮書名周公所作孟子稱其坐以待旦也

恭惟千載心秋月照寒水

言羣聖人相繼上下幾千載而同此一心有如秋月之至明照寒水之至清皎然無一毫之翳湛然無一點之滓也

魯叟何常師刪述存聖軌

魯叟孔子也言孔子無所不學而亦何常師之有但刪述羣聖存帝王之軌範以示將來耳○模按此詩歷序堯舜禹湯文武周公以敬爲傳心之法末以孔子結之又言孔子刪述以起後篇之義

其十一

吾聞包犧氏爰初闢乾坤乾行配天德坤布協地文

此言伏羲畫卦首之以乾坤乾之行所以配天德也坤之布所以協地文也乾坤以性情言天地以形體言

仰觀玄渾周一息萬里奔俯察方儀靜隤然千古存

此因天地而仰觀俯察也天體玄渾而周一息之頃奔行萬里所以言其健也地體方儀而靜隤然安貞千古常存所以言其順也易曰夫坤隤然示

人簡矣

悟彼立象意契此入德門勤行當不息敬守思彌敦

此因仰觀俯察而體之於身也故言既悟彼即契此以其立象之意而爲入德之門勤以行之自强不息所以法天也敬以守之正靜彌敦所以法地也○模按此詩實承前篇刪定立義蓋六經莫先於易故首以易言之

其十二

大易圖象隱詩書簡編訛禮樂剝交喪春秋魚魯多

言六經惟易爲全書而圖象則隱奧而難明詩雖

已删而毛公輩作小序頗失詩之本意書雖經伏生鼂口授之餘文字舛錯況禮樂散亡崩壞其書皆喪失而不存春秋又多錯漏魚魯之差豕亥之訛如郭公夏五之類甚多也

瑤琴空寶匣絃絕將如何與言理餘韻龍門有遺歌

程子世居龍門□□□□□□□垂世立教者□□□□六經殘缺不全猶瑤琴空藏寶匣而其絃斷絕不復堪彈矣至程子出而後得聖賢微意於殘編斷簡之中而遺音餘韻始可得而理也○模按此詩亦承前篇言孔子删述之後而又湮塞於殘爛蹐駁之餘微言幾絕矣是可歎也

其十三

顏生躬四勿曾子日三省中庸首謹獨衣錦思尚絅偉哉鄒孟氏雄辯極馳騁操存一言要爲爾挈裘領丹青著明法今古垂煥炳何事千載餘無人踐斯境

此言顏子躬行四勿之訓曾子日加三省之功子思中庸首明謹獨之戒終言尚絅之義孟子之篇特擧操存之要實爲裘領之挈其言炳若丹青垂訓今古何爲千載之下乃無人能踐斯境乎程子曰孟軻死聖人之學不傳正此意也○模按此詩論顏子曾子子思孟子傳心之法以上接堯舜禹湯文武周公孔子蓋所以明道統之支派而又歎其自孟子而下寥寥千有餘載而道統幾於絕也其旨深哉

其十四

元亨播群品利貞固靈根非誠諒無有五性實斯存

元亨利貞乾之四德元者生物之始亨者生物之通故以播群品言之利者生物之遂貞者生物之成故以固靈根言之然元亨誠之通利貞誠之復非誠則四者皆無有矣而誠者眞實無妄之謂天所賦物所受之正理即所謂太極也五性實斯存者言人得之以爲五常之性而信則貫於四端即所謂誠也故朱子曰五常之信猶五行之土無定位無成名無專氣而水火金木無不待是以生者故土於四行無不在於四時則寄王焉其理亦猶是也

世人逞私見鑿智道彌昏豈若林居子幽探萬化原

林居子謂隱居山林之士也言世人徒逞其私見恣爲穿鑿而不順乎實理之自然則道彌昏而不可見矣豈若隱居山林之士探索幽隱而有以見

萬化之原哉萬化原即上文所謂誠也○長樂潘氏云此將言異端詞章之害道妨教故先發此以明吾道之本原也

其十五

飄飄學仙侶遺世在雲山盜啓命玄秘竊當生死關

此言仙侶之遺棄人世飄飄於雲山之中盜竊天機以爲長生不死之計也玄命秘以造化言生死關以人身言

金鼎蟠龍虎三年養神丹刀圭一入口白日生羽翰

金鼎即參同契鼎歌所謂圓三五寸一分口四八

兩寸脣長二尺厚薄勻也龍虎即道家所謂水火鉛汞魂魄也其實只陰陽而矣刀圭是小刀頭尖處如醫家之劑藥方寸匕也言龍虎之氣交相蟠結金鼎烹煉溫養三年遂成神丹方寸匕一入於口則超凡入聖可以白日飛昇如人之生羽翼也

我欲往從之脫屣諒非難但恐逆天道偷生詎能安

長樂潘氏云言我欲遺世脫屣以從仙侶於雲山初非難事但恐違逆天道縱得長生不死心亦不安也蓋人之於世有生有死乃理之常吾儒之道生順死安或壽或夭修身以俟之而已何必苦欲偷生於天地之間耶凡此皆出於私見鑿智之所爲也

其十六

西方論緣業卑卑喻羣愚流傳世代久梯接凌空虛

西方西域也漢時西域有身毒國者敬奉道佛從漢爲天竺國卑卑下也卑卑言其卑下而又卑下也佛氏始初但論說緣業因果以化誘衆生愚民極爲卑下及流傳既遠世代既久如梯之接漸漸凌入於虛空玄妙之域而不可致詰焉○朱子曰佛之所生去中國絕遠其書之始來者如四十二章

遺教法華金剛光明之類雖其眞僞不可知本皆胡語數譯而後通然其所言不過清虛緣業之論神通變化之術而已及其中間如惠遠僧肇之流乃始旁引莊列之言以先後之然尙未敢正以爲出於佛之口也及其旣久而恥於假借則遂陰竊篡取其意而文以浮屠傳之旣久聰明才智之士或頗出於其間而覺其陋於是更出己意益求前人之所不及者以張大之而盡諱其怪鄙之談於是其說一旦超然眞若出乎道德性命之上而惑之者遂以爲果非堯舜周孔之所能及矣而其所

謂禪者又出於口耳之傳而無文字之可據以故人人得以竄其說以附益之而不復有所考驗今其所以或可見者獨賴其割裂裝綴之迹猶隱然於文字間而不可掩者耳

顧盼指心性名言超有無

朱子曰佛氏所以指爲心與性者實乃精神魂魄之聚耳則必別立一心以識此心又未嘗睹夫民之衷物之則也既不識夫性之本然則物之所感情之所發皆不得其道理於是旣以爲己累而盡絶之雖至反敗天常殄滅人理而不顧也若云識

心則必收視聽以求識其體於恍惚之中如人以目視目以口齕口雖無可得之理然其勢必不能不相爾汝於其間也夫學以心性爲本而其所指以爲心性與其所指以爲從事爲者乃如此然則不謂之異端邪說而何哉横妄謂顧盼指心性卽釋氏所謂作用是性也名言超有無卽釋氏所謂佛菩提不淪於無不著於有不住中間及內外也蓋釋氏初則以難事塵法塵有分别性爲眞性後乃轉以爲作用是性初則以是諸法空相一切皆歸於無後乃轉而爲不淪於無不著於有不住中間及內外朱子所謂梯接淩空虛至此而益信也

捷徑一以開靡然世爭趨號空不踐實躓彼榛棘塗

西方之學以直指人明心見性成佛盡棄綱常度數謂一超直入如來地是所謂捷徑也此徑一開舉世靡然爭趨慕之相與論於空虛寂滅之境去不曾脚踏實地以由夫日用當然之實以至顛躓困踣於榛棘之中而莫能脱也異端之爲害如此哉

誰哉繼三聖爲我焚其書

三聖卽孟子所謂承三聖禹周公孔子也焚其書

韓退之所謂火其書也此見朱子深慮異端之爲害思欲擣其穴而犂其庭也然其自任之意亦有不可得而辭者矣

其十七

聖人司教化横序育羣材因心有明訓善端得深培天敘旣昭陳人文亦褎開

横序學舍也後漢鮑德以郡學久廢乃修横舍字又作黌孟子曰今人乍見孺子將入於井皆有怵惕惻隱之心此因心之明訓也善端卽四端也培益也天敘卽書所謂天敘有典也人文卽易所謂

觀乎人文也此言聖人出而司教化之責開闢庠序以養育人材初無他事惟因人之本心以爲則訓使人有以培植其善端涵養其德性而已及夫天敘既極其昭陳則人文自然而褒開蓋有本必有文初不求爲文而有自然之文也

云何百代下學絶教養乖羣居競葩藻爭先冠倫魁淯風反淪喪擾擾胡爲哉

競亦爭也葩華也藻水草也此言聖人之教不過如此所云何爲百代之下學既絶而教養之法又乖學者乃不知天敘之中有自然之文往往外用其心競葩鬪藻以爲文但欲爭先冠魁爲躐取高第之謀卒使淯厚之風反淪喪汩失吾不知其擾擾者果何爲也哉○竊意此詩言上之所以教下之所以學者皆無其本徒相與爭競爲不根之文末習澆漓正學湮塞其不爲異端迷惑牽引者幾希此所以亜朱子之歎而繼於十六篇之後也

其十八

童蒙貴養正遜弟乃其方雞鳴咸盥櫛問訊謹暄凉奉水勤播灑擁篲周室堂進趨極虔恭退息當端莊

童蒙幼稚而蒙昧也養正即易所謂蒙以養正也遜順也弟善事兄長也盥謂洗手櫛梳也即内則所謂雞鳴咸盥漱櫛縰笄總拂髦冠緌纓以適父母之所及所下氣怡聲問衣燠寒疾痛苛癢而敬抑搔之是也奉水擁篲即禮所謂灑掃室堂是也進趨退息即内則所謂進退周旋愼齋是也以上皆言小學工夫

劬書劇耆炙見惡逾探湯庸言戒讙誕時行必安詳

劬勞也劇耆炙言過於耽嗜炙肉之美孟子曰嗜秦人之炙逾探湯言勝於探湯火之難論語曰見不善如探湯庸常也庸言即易所謂庸言之謹是也時行學記言當其可之謂時蓋言少之時所當行之事也此言爲弟子者於敬事父兄長上之暇然後退而修其學業謹其言行即論語行有餘力則以學文之意也

聖途雖云遠發軔且勿忙十五志于學及時起高翔

聖途猶聖域也軔礙車輪木也發軔勿忙言發之初不可欲速而躐等也心之所之謂之志論語曰吾十有五而志于學翔飛也此言聖途雖遠然發軔於此而進當以漸且勿忙迫及十有五歲而入大學從事於格物致知誠意正心修身齊家治國

平天下之事則當及時高翔以造聖域不可安於
小成而止也

其十九

哀哉牛山木斤斧日相尋豈無萌櫱在牛羊復來侵

哀哉二字本於孟子而朱子謂最宜詳玩令人惕然有深省處牛山齊之東南山萌芽也櫱芽之旁出者也言牛山之木嘗美矣日爲斧斤所伐然氣化流行未嘗間斷非無萌櫱之生而牛羊又復來侵焉此亦六義之比其詳見孟子告子上篇

恭惟皇上帝降此仁義心物欲互攻奪孤根孰能任

書曰惟皇上帝降衷于下民孟子曰雖存乎人者豈無仁義之心哉仁義之心實天之所以與我者今也乃爲物欲之所攻奪其不戕賊而殄滅也幾希雖有孤根之萌櫱亦孰能任之哉任保也

反躬艮其背肅容正冠襟保養方自此何年秀穹林

反躬即樂記所謂不能反躬天理滅矣是也艮其背即易所謂艮其背不獲其身是也肅容即禮所謂色容莊也正冠襟即論語所謂正其衣冠是也蓋反躬艮背所以由外而制乎內也肅容正襟所以自內而防乎外也內外交養庶乎有以復還仁義之心然保養萌櫱方自此始不知何時茂盛而能秀穹林耶秀穹林所以終其比之義學者優游玩味之餘反之於心必將油然有悟惕然有敬故不可不致謹於保養之微亦不可不期造於秀茂穹林之域而又不可安於易而沮於難也詩之感人如此夫

其二十

玄天幽且默仲尼欲無言動植各生遂德容自清溫

此正用夫子予欲無言天何言哉之說也天無言而萬物動植之微自然各遂其性聖人無言而動容周旋之間自然極其清溫也

彼哉夸毗子呫囁徒啾喧但逞言辭好豈知神鑒昏

夸大毗附也詩所無爲夸毗威儀卒迷是也呫囁啾喧纍人以給口之狀言彼之爲大言以夸誕於世諛言以阿附於人者紛紛然徒用私意小見謬作妄述欲呫囁啾喧以眩耀世俗是但逞其外之詞美好而不知內之神鑒實昏昏也

曰余昧前語坐此枝葉繁發憤永刊落奇功收一原

余朱子自謂也言余亦昧前者幽默無言之語而坐此言語枝葉之繁今將發憤而刊落之庶乎收

奇功於一原也詳味末句見其歸根斂實神功超絕正有不能形容其妙者便與致中和天地位萬物育同一氣象嗚乎偉哉○模於此詩諷誦涵咏之久一旦恍然若有見先師朱子之心師雖若不敢自任其道統之傳而實憂此道之遂失其傳故於感興之終篇特發在陳之歎蓋亦追悔其平日著書之徒多而世之曉悟領會者絕少故於此慨然有發憤刊落之語正夫子予欲無言之意今味其言玩其意若以爲自責則又若自謙以爲自謙則又若自任百世之下將必其亦有神會而心得之者耶其旨深矣哉

右詩二十篇篇各有體意各有寓學者固不必求爲牽合也然熟玩而精思之篇章離析之中實有脈絡融貫之妙二十篇中凡五更端而皆以深原起意自一篇至四篇所以探造化之原也

言無極而太極太極動而生陽靜而生陰與夫人心之太極而以心爲形役爲戒

自五篇至七篇所以探治化之原也

言名分僭竊正統獨亂綱法淪斁其幾微皆有漸秉史筆者皆不知防微杜漸誅既死之姦諛使萬世亂臣賊子知有所懼此天下之所以日趨於亂也

自八篇至十三篇所以探陰陽淑慝之原也

發姤復二卦以見聖人扶陽抑陰於幾微之萌及人心寂感之體歷敘堯舜禹湯文武周公以授傳心之法遂以孔子結上起下而以顏子曾子子思孟子傳心者接之

自十四篇至十七篇所以接道德性命之原也

直以誠爲萬化之原而歎異端詞章之流不識此原欺世誣俗深爲此道之害

自十八篇至二十篇所以探學問用工之原也

首篇童蒙養正繼以牛山之木喻其保養根本終歎晩年道統之傳未有所屬思欲無言以收其反本還原之功故於末篇末句特以一原兩字結之有旨哉有旨哉

古今之書惟詩入人最易感人最深三百篇之後非無能詩者不過詠物陶情舒其蕭散閒雅之趣而已獨朱子奮然千有餘載之後不徒以詩爲詩而以理爲詩齋居之感興是也蓋以理義之奧難明詩章之言易曉難明

者難入而難感易曉者易入而易感也朱子切於教人故特因人之易入易感者以發其所難入難感者耳今誦其詩包羅衆理總括萬變排闢異端又皆正其本而探其原擴之不敏總角常侍先君讀之優游諷詠之久不覺手舞足蹈之意然易憒然未曉其爲何說也先君嘗因其憤悱而啟發之似有所見近因弟抗試邑樵川寄示瓜山潘丈箋本積日吟誦猶或恨其箋註之間若有未盡者隨筆抄記不覺成帙用以求正於有道正溫公所謂揚子作玄本以明易非敢別爲一書以與易競之意也同志之士其亦有以識予之心者乎哉嘉熙丁酉仲春望日模書

文公朱先生感興詩終

書感興詩註跋

覺軒蔡氏註朱子感興詩一卷余曩日獲活字版古本乃知其傳於此間久矣後又獲高麗本於友人氏校之無甚異同按永樂性理大全編入感興詩其註互雜熊胡劉徐數家而蔡氏則僅一見於第二十首耳且蔡註孤行於諸書無所見豈其佚于彼者久歟高麗本附錄朱子詩數十首末又載懼齋註武夷櫂歌今刪落其數詩獨存櫂歌註亦以取其精華也上章涒灘孟夏之月中九日天瀑識

武夷櫂歌十首

公自題云淳熙甲辰仲春精舍閑居戲作武夷櫂歌十首呈諸友遊相與一笑

懼齋陳普尙德註

武夷山上有仙靈山下寒流曲曲清欲識箇中奇絶處棹歌閑聽兩三聲

朱文公九曲純是一條進道次序其立意固不苟不但爲武夷山水也第一首言道之全體徹上徹下無內無外散之萬物萬事無所不在然其妙處過於膏粱之美金玉之貴也不可無人發明故曰欲識箇中奇絶處棹歌閑聽兩三聲

一曲溪邊上釣船

山有九曲

幔亭峯影蘸晴川

武夷君宴子孫于幔亭峯下

虹橋一斷無消息萬壑千巖鎖翠煙

翠一本作暮○此語亦有桑海之感

此首言孔孟去後道統久絶其間無窮無盡之妙首章所謂奇絶處者皆爲氣質物欲所蔽加以異端邪說爲障沈溺深痼無能探而見之者上釣船者立脚向學之意幔亭峯影亦以其始有所見而言也非有所見亦不能向學亦不知道統之無傳苟知道統之無傳而有志於學則是已見正塗論語所謂可與共學者也

二曲亭亭玉女峯

有山名玉女峯

插花臨水爲誰容

朕玉女態

道人不復荒臺夢

荒一本作陽

興入前山翠幾重

得恬淡情致○蓋言□□冶容道人無復憐汝而唯寄興於青山也

此首言學道由遠色而入人能屏絶此心然後能奮勇入道若此心未能勇猛除去則其志氣終爲其所昏惰進寸而退尺前山翠幾重卽一曲所謂萬壑千巖興入前山是其志氣清明故能勇決奮發必欲入深詣極也小畜卦初爻辭全是此意卦以一陰居四羣陽之志皆爲其畜止亦猶玉女之惑人也初九居卦之初與之相應則其志移矣而

以剛君乾健之體能遠絕擺脫反復而或乾道以行故曰復自道何其咎復反還也自由也亦立腳發初之意道乾道也言始爲四所惑即知其非反復而由正道以行非勇健不能也始爲所惑故有咎既能不遠而復則所謂咎者悉無矣何其咎言安有咎哉程子曰无咎之甚明也贊其勇之辭也

全是此曲詩意

三曲君看架壑船不知停櫂幾何年桑田海水今如許泡沫風燈敢自憐

此曲言既能遠色又當於世間一切榮辱得喪皆能洗除蕩滌不以介其胸中然後俗累皆絕沛然而入道矣人惟拘於血肉之軀故不能不爲榮辱得喪所累故佛家泡沫風燈之說雖非正理亦可以滌人利欲之心故文公借用之大雅詠文王之德云無然畔援無然歆羨誕先登于岸此兩曲詩之意正如此畔謂離去攀援也文公曰謂舍此而取彼也歆羨文公曰歆欲之動也羨愛慕也言肆情以徇物也岸文公曰道之極至處也人心有所畔援有所歆羨則溺於人欲之流而不能以自濟文王無是二者故能先知先覺而造道之極至也

文公此兩曲詩意恰好如是論語賢賢易色中庸去讒遠色直是把作箇大緊要事故獨先言於二曲然後於三曲次之以榮辱得喪晦翁當時之志當是如此深味之可見

四曲東西兩石巖巖花垂露碧氍毹金雞叫罷無人見

四曲有山名金雞

月滿空山水滿潭

意趣優游

此曲駸駸有得亦由遠色屏絕俗累故能進而至於此東西兩石巖仰高鑽堅欲得之心切也巖花垂露好意思鼎來不尔說乎之境也金雞叫罷無人見如有所立卓爾雖欲從之末由者也

五曲山高雲氣深長時煙雨暗平林

寫景眞

林間有客無人識欸乃聲中萬古心

欸乃音襖靄○道味悠長

此曲入深身及其地獨見自得識得萬古聖賢心事然猶有雲氣煙雨則猶在暗暗明明之間未能至於貫徹明了不勞思慮者察而無不豁然之地

也上蔡先生見程子程子問其近日所得對曰天下何思何慮程子曰賢卻發得太早蓋理誠如此然未至於豁然大通則猶在明暗之間尚須省察若遽言何思何慮反將失之雖得而未得也

六曲蒼屏繞碧灣茅茨終日掩柴關客來倚棹巖花落猿鳥不驚春意閒

此曲到此能靜能安天地萬物皆見其爲一體智巧私欲不逃處照生意流行隨處充滿天地可位萬物可育目前皆和順之境而非末學者之所能見矣

七曲移船上碧灘隱屏仙掌更回看

大隱屏仙掌巖乃七曲勝境

可憐昨夜峯頭雨添得飛泉幾度寒

可一本作卻大全集一本作人言此處無佳景只有石堂空翠寒處字一本作地○寫物摹景幽淡有趣

此曲由下學而上達雖上達而未嘗離乎下學故曰隱屏仙掌更回看可憐昨夜峯頭雨添得飛泉幾度寒溫故知新無窮妙用源源而來若據大全集本則其意當云道之體用本非虛空可說可樂亦無窮盡而不學者不知以爲迂遠無味而不肯用力也

八曲風煙勢欲開鼓樓巖下水縈洄

八曲有鼓樓巖

莫言此處無佳景自是遊人不上來

處一本作地○誘學者進一步之意

此曲已近於豁然貫通之處而亦不離於下學其味無窮其用無盡非迂非遠至易至近人患不用其力而已一日用力焉不能至者也

九曲將窮眼豁然桑麻雨露見平川

見一本作靄○平川地名

漁郎更覓桃源路除是人間別有天

此景非人間所多得公嘗以此詩召謗○蓋言人所不知而已所獨得之妙

豁然貫通無所障礙日用沛然萬事皆理雖優入聖域而未始非百姓日用之常夫豈離人絕世有甚高遠難行之事哉所謂道者不過若是而已若舍此而求道則皆異端邪說誣民惑世之論天理之所無聖賢君子之所屏絕不以留之胸中者也

武夷櫂歌註終

概居遊武夷常誦櫂歌見其辭意高遠超絶塵俗而未得其要領近獲承教懼齋陳先生發出示旨義有契於心乃知九曲寓意直與感興二十篇相爲表裏誠學者入道之一助不敢私已敬刊以續感興詩解之後與同志共之時大德甲辰仲春武夷劉概謹跋

舜水先生文集

提要

《舜水先生文集》二十八卷，明朱之瑜撰，日原光圀輯，日本正德二年（一七一二年）刻本。卷一至二無框。每半葉九行十七字，四周單邊，無界邊，單魚尾，白口。前有『朱之瑜別傳』、『監國魯王敕』。本書卷一為奏疏，卷二為書，卷九為啟，卷十至十二為尺牘，卷十三為策問，卷十四為議，卷十五為對，卷十六為序，卷十七為贊，卷十八為銘，卷十九為祭文，卷二十至二十三為雜著，卷二十四至二十五為批評，卷二十六為改定釋奠儀注，卷二十七為陽九述略，卷二十八為安南供役紀事。朱之瑜，字魯嶼，日本尊稱為舜水先生，明浙江余姚人。

朱之瑜别傳　海東逸史

朱之瑜字楚嶼又號舜水餘姚人少伉爽有志概有持譜獻者謂朱文公子為餘姚令家於此族人欲附之之瑜曰中有一世訛脱即難徵信且人貴自立不必攀附紫陽也寄籍松江成諸生提學御史亓某以才備文武上請禮部癸未甲申兩奉徵辟明社既屋福王建號江南總兵方國安薦授江西按察副司兼兵部職方司郎中監國安軍馬士英方用事遣私人周某偕同邑何進士東平招之之瑜念方馬終誤大計力辭臺省劾偃蹇不奉詔將逮捕會南都亡遂解黄斌卿奉表閩中勸進唐王加斌卿肅鹵伯鎮舟山之瑜往依焉於斌卿强悍不法數有所救正亦嘗授昌國知縣又表授監察御史管理屯田事務聘軍前贊畫均不應御史馮京第之自湖州軍破也間關入四明王職方翊軍中時內地單弱欲藉海外之師為響應京第勸斌卿乞師日本斌卿因命弟孝卿副京第往之瑜從之撒斯瑪王許發羅人三千及洪武錢數十萬京弟先歸之瑜留而師不果出乙丑魯王駐舟山安洋將劉世勳疏薦監紀推官吏部擬兵科給事中改吏科時吏部尚書吳鍾巒扈王兼督學政以開國第一人薦將授翰林院官先後力辭王翊之朝王也見之瑜服晚舉孝康辭辛卯舟山陷艤泊海島轉從洪日本交阯暹羅間甲午徵還敕書達交阯焚香開讀東望涕零戊戌赴廈門朝王不果己亥朝王金門時朱成功張煌言會師入長江之瑜主建威伯馬信營信台州副將降於張明振者也名振死以兵屬成功與忠靖伯陳煇之瑜常往來兩軍間克瓜州下鎮江皆親歷行陣未幾事敗益徬徨無所向返日本日本人安東守約周給之丁未水戶藩侯源光國為築第駒籠別莊遣藤訪道東國未有學者學宮圖説依以創造凡古井古尺簠豆籩鉶之屬咸備又命俊秀子弟從受釋奠禮己酉年七十辭歸不聽饗之後樂園以屏風為壽繪東國及中華耆德六人副武內宿禰藤原在衡藤原俊成太公望桓榮文彥博也乙未年八十致祝如初壬戌四月十七日卒年八十三光國遣世子綱條臨喪葬常陸久慈郡大田鄉瑞龍山諡曰文恭構祠堂駒籠別莊親製文誄之之瑜生八歲而孤伯兄啓明天啓乙丑武進士南京神武營總兵都督同知以忤閹削職特旨昭雪授漕運總督國變未赴任行由總兵劾歸國朝强起之不可後以老壽卒仲兄之瑾諸生弱冠即夭之瑜在日本若蚊有勸悼以紗廚者謝曰先世葬域兵後恐遺踪蹦轉思維不敢身處安逸耳凡中華人來必泣問伯兄近狀娶葉氏生子元模元楷繼娶陳氏生女高字素端元模屢省父交趾廈門辛丑歿於海外元楷隱居教授己酉卒素端六歲喪母年十二遭世亂即佩刀自防字何東平子鬱鬱未嫁而亡之瑜篤於友誼初以詩授知於張國維朝列相知者陳函輝張肯堂同縣朋鄉元實斗東葉大受陳遵之族子錦九與王翊吳鍾巒朱永佑契之瑜之返日本也諸將留之張煌言挽之尤力之瑜以海瀕無田可耕坐而糜餉有負本志遂行初交趾王檄取通曉

中華文字者被攝至不拜王怒錮棊之繼知不可屈遺書有太公佐周而周王陳平在漢而漢興語答曰天禍明室不佞逃遁貴邦苟全性命如欲委質他國皇天后土實鑒此心儻異日有瑜藉大王之靈遄歸桑梓當與貴國擕貳之瑞昌言於朝使聖主明見萬里貴國得世守藩維歲貢終王寧不賢於瑜之竭蹶貴邦哉乃從之歸之瑜問學賅博少從業慈谿李契元有詩數十篇附刻姚江詩存文集二十八卷皆海外所作日本正德貳年源綱條刻之有安東守約序日本高弟有守約序于安積覺又今并附與

監國魯王敕

監國魯王敕諭貢生朱之瑜昔宋相陳宜中託諭占城去而不返背君苟免史氏譏之蓋時雖不可為明聖賢大道者當盡回天衡命之志若起然進遠去天下事伊誰任乎予國家運丁陽九幾脉猶存重光可待況祖宗功德不泯人心中興局面應遠過於晉宋且今陝蜀黔楚悉入版圖兩粵久尊正朔即閩粵江浙亦正在紛紜舉動閒非若景炎之代勢處其窮故宜中不復亦不聞有命往召其還也爾矯矯不折遠避往志家陽武之稚尚堪再試終軍之請豈竟忘情予夢寐求賢延佇以俟茲特尚勅召爾可即言旋前來佐予恢興事業當資爾節義文章毋安幸免濡滯他邦欽哉特敕

監國之寶

監國魯玖年參月　　日

舜水先生文集卷之一

門人　權中納言從三位西山源光圀　輯

男權中納言從三位　綱條　校

○奏疏

上永曆皇帝辭孝康奏疏

伏以鹿鳴有詠承筐永錫於周行鵜咮（味）不濡稱服貽譏於之子祈重旁求之典尚隆先復之勳臣之瑜誠惶誠恐稽首頓首上言竊惟處士戒予懷簪誼主職在與賢臣靡奏略於

灌鄙旅成臣夏胥說涉川而舟楫奮伐勝商孝友侯在中樞武夫憲在萬國鄰侯位居第一汗馬非功忠武精在分三運斗多術房杜洵開國之彥宣鄙亦興復之才自非其人何敢輕畀茲蓋伏遇主上知勇天錫文武學成挺出孔子之鄉駐蹕宗高之土（宋高宗嘗駐舟山改為昌國縣）樹䴥顏牧熊羆未覲如雲側席賢豪邁軸猶艱就日是豈印列而莫予抑緣学濫而多觴臣之瑜才慚析縷志慕請纓祖父兄恩叨一品必無臣虜之子士農商業已三遷豈猶康濟之英卧榻起戈矛知人之哲見矣扣舷決生死制勝之奇罔焉止夢渡河而呼捐靡應爾未痛黃龍之飲視息徒然即使腐髮自全寧遂士人奇節此猶國典更切臣私喪三載而未葬日痛終堂之老母聘七年而不娶疑有去帷之生妻潔己不廉移忠非孝闕在按臣恩深風厲非私桃李於公門在主上念切臣時當黨芽茹於上國顧小臣尚無辭恩

之例何況書生然一介猶嚴取與之文敢承臣典伏願收回成命別簡賢能　闕額俊尊上帝　闕行將展敬園陵庶揚眉於故國攄宏志氣毋灑泣於新亭臣之瑜無任瞻天仰聖激切屏營之至謹封原旨隨表繳進以聞

上監國魯王謝恩奏疏一首（文見安南供役紀事）

○賦

堅確賦（文見安南供役紀事）

樂園賦　并序

水戶侯宰相公以苑中櫻花盛開集史館諸臣以賞之因特使相招況前已夙戒余即時遄往先後諸賢徘徊瞻眺悅目娛心留連無已執事近臣觀司飲饌亭臺邸閣在在供張辟公而崇折節高貴而處下人事皆出於誠然意不尚乎虛飾吾未見其有至於斯者也惜也瑜德薄學荒涓人馬骨耳使真得賢人而用之其德業所至必當輝煌千古豈徒令遊覽者有感於斯文

賦曰

己酉春三月十九日櫻花燦發繁麗偏反鵑卉咸奮數紺綠以來喧上公乃召儒臣以燕樂特開邸第之芳園余以異邦樗朽倚蒹葭於玉樹之藩轉落英之曲徑經卧波之長橋爭妍競豔目眩心招羣櫻以作迴廊蹀躞芬芳聯數里結蟠藤而成廈屋旖旎組紃列三千縈迴鳥道瞥見平田羊腸屈曲足音跫然一叟出若耶之谷千人阻闌隘之前目欲暇於應接後者擁而椎（推）遷卉木之叢淵澄之際有瓢（一亭兀然名曰團瓢草覆者為草團瓢）如掌中置古驛人西行無冬無夏露月雲風倚杖戴笠端居深念沉思自得未見推敲一丘一壑此予宜置是中吾聞山中舊祠泰伯夷齊龍門呂冠世家列傳元侯之志也吾未得過而禮焉於心不能無歉歉矣於是暫休召伯之堂容與蘇公之陂涉平沙聽飛瀑想危石觀回泗乎弄流泉翳眉昭澈掬以漱齒清冷如雪解冠

濯纓瑩然淨潔窈窕方來驚弦已往晝不停流夜亦不爽兀焉震慄使吾懷恍感聖人於川上汩英雄於逝波茍混混而如是嗟淪胥兮幾何於是盤磴道臨幽壑度鵲橋登飛閣攀拂帽之垂條躡微茵而履錯豁然改觀意氣軒軒飛雙鳧鶩木末寄笑傲兮乾坤重霄響答下瞰千門其為樂也融融豈復有加於此者哉既而俯憑檐際惴爾驚疑吾聞君子不欲多上人跬步之不謹不其折而難存乎

乃瞻衡宇越郊圻歷町疃啓柴扉出没探風之徑長蟠釣月之磯髣髴田家之樂矣登其堂碱砆尋常亘道玹珉陸離舖菌五色成文而不亂小大品第以均匀則屭屓甗邇璀璨奪目矣甃池如帶琢琢石為杓一清開鏡雲雯昭焯吾低徊久之歎曰余覽天下之名園多矣兩都帝王之居今姑舍是其他多傷於富貴富貴則易俗不者病於寒儉寒儉則易枯其有不肥不瘠亦精亦雅遠近合宜天然

高下耕稼知勤雜作田野水流山峙芳店瀟灑小橋仄徑紆迴容治則未有若斯之勝者也就吾遊覽之所至斯園殆甲於天下矣或進之曰審如是則吾君優焉游焉匪朝伊夕息亭榭而休焉魚在于沼鶴鳴九皋樂其樂而忘其憂焉聊以卒歲亦又何求焉余應之曰君子殆未之知也大夫無夙退之委蛇則君侯無燕寢之暇逸燕寢且不得退息況得逍遙杖履遨歌飄風乎因摘前賢之句輯合而

詠之曰園欲涉以成趣門雖設而常關奏南風乎几席來爽氣于西山虞萬機叢脞爭得效十畝之閑閑少焉羅珍饌錯水陸畢陳桂液瓊漿愈出愈醇既溫々以有禮復命戒以諄々飛兕觥於桌危進旅酬而鱗々頹然竟醉起坐申々舟子艤船橋畔扶掖而燈睇望丹丘溯洄三匝曰余吳人也吾歌子和戲唱吳歈以相謔可乎僉曰可哉因為棹歌行曰泉源悠々桂楫松桴水安流兮橈櫂輕搖天

生民而立之君天生水而作之舟堯與禹憂勞天下到于今到于今戴明德也悠々舟中之人撫掌大笑遙指疊巘謂是人為又為之歌曰天作高山人之力可以擬之已百已千維其喜之巍々其有成功夫誰止之已而日在高春上林丞尉嗇夫倉皇前導欲窮一園之槩甚者欲秉燭夜遊余酒力不勝舉足蹉躚雅欲盡園林之一覽特慮夫進退之迍邅

○書一

代安南國王書（文見安南供役記事）

致張定西侯書

去秋之瑜幼子至知舟山被陷藩臺奉主上阻於外宮眷及閣府俱自焚可勝驚悼太夫人悊哲蒿聞耄耋之年罹此奇厄真足大痛猶幸藩臺及將吏俱無恙國恥家讎正可竭力以圖報雪逢人問訊直至今年四月於交趾路聞動定即欲附廈門黃紫宦船來奉慰適為劇病所困又聞國姓藩臺師行無定誠恐

謁見無時病軀委頓故仍歸日本今楊監副力違羣議叩謁軍前奈瑜彼中受人所託不終其事而棄去之不祥侵然諾不信中懷怏悵耳大約明年夏從交趾覓便船過候此時奉色笑於吳會方快夙心王完老五年起義無限艱難昨秋被難臨刑慷慨激烈有志之士聞之無不痛心揮涕已遣小兒訪其家眷着落尚無回報瑜飄零異國為江陳所負止存一愁病之身無可為藩臺獻者培植數年相去萬里今始有一言奉獻藩臺得郡得縣惟以得士為先所稱得士者明古今知興廢直躬讜論為藩臺所敬而事之之人非僅讀書識字事藩臺之人也得士則過失日聞嘉言嘉猷日進以此收桑榆之效不遠也若止瞻望顏色伺察喜怒稱大笑美而道盛德者則非藩臺今日之所急矣惟留意而裁擇之

今按張定西侯不知為何人當得安東守約所藏張名振書啟之所謂閣府俱自焚等語全相符合故知定西侯為張名振而明末方面一將也今附其書於此以備考索

別後狡虜窺闚三路並過不意鷂陰以輕敵陣亡虜騎遂得飛渡不佞直指吳淞幸獲全捷而旂城援絶死守十月竟為所破不佞闔門自焚而全城被僇矣奈敗軍之餘尚思捲土但慮勢力單弱遂揚帆而下正月已抵廈門國姓公眷顧懃懃迫在整頓軍營明春三四月必去舟山矣昨十一月内楊月恒至營方知台兄的耗不勝欣

慰又辱佳惠遠懷更感高誼謝謝鄙懷縷縷不盡頓首

通家侍生張名振拜

與陳遵之書

往時弟與兄數日不晤對便胸中作惡今乃以世事遷變遂致分處各天冉冉歲月總無音耗孤踪獨處何以為情已亥春成兒至纔聞動定知兄悦豫安好門闌亨泰尊嫂亦康健無恙令愛玉伶俐足以悦親稍慰渴懷兄

性安舒和厚其得上壽者理也嫂氏如此弱質如此重病乃亦至今安寧此誠喜出望外十餘年來在交趾時已知小女柔端故於七月十四日然此書之到已遲數年書尾不載年月未知其終於何年也小女性剛決身佩利器者多年日夜不離弟素憂之嫂氏亦素憂之今未知其死之故但聞嫂氏與令愛哭泣無度又聞兄家祭畢次日別設祭筵為位陳設裳衣嫂氏酹酒痛哭令愛哭之甚哀誠感嫂氏過愛此女吾女明德淑順動合矩度不獨鄉邦稱之即璵嘉兄之主自命一世人豪且於綱常倫紀之間不甚關切亦深為歎服曰非此父不生此女弟寧不痛之且亂離以來諸家祭典墜廢弟豈不欲嫂氏數數而祀之即吾女可以無餒但異姓之女而專祭於陳氏之門恐於禮不合惟兄酌之乞兄將其死之年與月日時示知并將其死之故寄我辛丑年煩許疑之寄書內言此事未知其況

浮也吾女舉世無與比又弟所鍾愛豈致疑於骨肉之間弟今當為文以祭之但恐一時少有差違而弟直言其生平便有礙兒之失此文一出雖無愧於人之耳目而有愧於天地故寧遲之一二年必待兄與我子姪之書至而後成之而後為位而哭之也千萬千萬咸兒即於此年六月十七日患傷寒五日而熱除弟禁其飲食次日虞氏之母昌言曰老相公没主張如此熱天久不進食必致不起

後生强壯[旺]必不能堪此時賓容如雲必要求見弟出見容而竊以稀粥餔之是夕即復熱喘急一死而亡此子惑於邪言以口腹而喪其身固不足惜時弟老年失壯子更覺伶俜孤苦耳寄柩他山未知存歿叔公處何如叔婆安好否弟不能盡分毫情禮於心歉然彼時候四舅不至故致此大欠缺也元寶兄斗東弟近狀何似欲如往時歡聚復可得耶姚親家近況必佳兄曾產有佳兒否共有幾子

幾女兄家本不甚饒祇以伯母勤力所致還華之後不致銷落否諸家祈兄乘機一問之彼此耆耄之年不能少有寄將而但空口問訊誠愧於敬然情之所至自不能已也令甥必佳招官老成來興前應不同弟飄流無已時近亦留住日本日本國之禁三十餘年不留唐人留弟乃異數也去年六月應宰相源上公之招來至江戶極蒙優禮在日本國共詫以為未嘗經見之事上公乃為當今之至

親尊屬封建大國列為三家盛德仁武聰明博雅從諫勿咈古今罕有弟處賓旅之位不能有所稗益而尸素廩餼深用為愧上公讓國一事為之而泯然無迹真大手段舊稱泰伯夷齊為至德然之而有其迹尚未是敵乎世人必曰古人高於今人中國勝於外國此是眼界逼窄作此三家村語若如此人君而生於中國而佐之以名賢碩輔何難立致雍熙之理世子亦能仰體尊意近更婉曲綢繆

弟於如許大功名大權勢棄之如敝屣逃之如沒溺豈今墓木已拱乃思立功異域但遭遇如此雖分在遠人亦樂觀其德化之成此此書與兄作永訣故縷縷至此閒暇之時每飯心未嘗不在兄所然今生豈能有再見之期徒虛想耳懷弟諸孫中有可者兄但須先點簡一人八歲以上至十餘歲皆可英俊有恥者為上性行淳潔者次之循循雅飭者又次之若粗野頑劣者則不如不來為愈俟明年

有便當為之計此先父母墳墓事在小兒書中幸祈閱之茲不能盡種種均附來友口道來友頗似真實不必過於驚疑中懷無限不能盡悉心炤而已

與男大成書

我以事無所益已與汝輩作永訣他日泉路父子相會此總不必以家事亂吾心緒我家必無喜事即有凶危豈能相恤故絕之耳我豈非人情哉辛丑年曾寄一書於二郎汝或

聞之我父墳近城邑有事必遭踐踏我欲汝還葬遠處同我母一山或合或不合臨時任汝酌議我父故多年恐骨殖俱朽但作棺盒撋取壙中之心實於棺中而葬之粗了人子之心古人有書木板葬之者亦此意也汝母與汝繼母亦同葬此山我總無歸葬之理不必懸毋以待也我高曾祖墳墓近城而材木美大必被殘毀然無可如何已汝妹之柩亦須搬回葬汝母之側此等事汝今日做不來但須先作此經張漸次寄汝為之恐不言而死死不瞑目也己亥年有楊姓趙姓鄉親索家書我恐為汝累故不允并不以汝行止告之後其人復來言汝家中事甚詳且言我孫甚多是日孫女出嫁未知果是幾孫汝館穀餬口而食指甚繁其貧可知然不能為汝助此歠粥咬菜根亦是好事猶勝諸縉紳之家耳汝伯父尚健飯否汝諸兄何如我以兄弟責善又以滿朝上疏彈劾網羅密布立刻擒拿

一時倉皇逃竄不能入城與汝伯作別至今悔恨無已我兄弟一生如何友愛而乃有此事往年以繼繼汝伯父故一步不離是以不至失所雖我不動於名利而篤於兄弟然亦皇天之所以默祐孝弟也不然十六年名節一旦煙銷霧滅矣汝諸伯及諸兄可為我一致問親家近況佳勝宗中叔伯兄弟子姪無有不愛我者但須擇其人之謹慎知事者為我一通候問近多病不能詳盡多在十七叔

書中我遺家多難汝當冠時未曾冠汝字汝今汝有子有孫而名之非禮也欲作一字寄汝又有不可蓋汝之有字舊矣今作一字遺汝欲遵父則不便於俗欲從俗則違父命故不可也可將汝字寫來以便已後寄書也可將我高曾祖考生卒年月日時詳悉寫來我既居於此當舉祭祀也

與諸孫男書

我離家三十三年汝輩之生也尚不得知況

能育養成長汝父教授餬口前畧里堰楊姓者來云我孫甚多食指繁則家道益致艱難矣然汝曾祖清風兩袖所遺者四海空囊我自幼食貧藜藿鹽蔬布年二十歲遭逢七載饑荒養贍一家數十口無有不得其所者汝伯祖官至開府今日罷職不及一兩月家無餘人宗戚過我門者必指以示人曰此清官家以為嗤笑非讚美之也豈但我今日獨薄於汝輩勿怨可也我今年七十八歲衰德不可勝言思欲得一子孫朝夕侍奉汝父雖無恙年將六十不可遠行且又一家資以為生者汝兄弟中擇一性行和順舉止端謹者來有才者不可來留以力養父母主持家門年十五六歲以上即可汝輩既貧窮能閉戶讀書為上農圃漁樵孝養二親亦上也百工技藝自食其力者次之萬不得已傭工度日又次之惟有虜官不可為耳古人販薬漁鹽不虧志節況彼在平安無事之時耶髮黃齒豁

手足胼胝來亦無妨漢王章為京兆尹見其子面貌蠢惡毛髮焦枯對僚屬便黯然削聲我則不然也為貧而仕抱關擊柝亦不足羞惟有治民管兵之官必不可為既為虜官者必不可來既為虜官雖眉宇英發氣度嫻雅我亦不以為孫凡事但稟命十七叔公同汝外祖而行亦須各討一親筆書以為驗勿謂我無書遂不答也十七叔公及汝外祖姚親翁皆盛德君子敦重温和理當有壽十七叔婆

無恙為慰為汝姑娘數年痛傷哭泣不已恐
或以此致疾不可知十七叔公今年七十四
汝外祖與吾同年生若得回籍叙述與亡足
為一樂未知有此日否祖宗墳墓託汝亦力
不能及來時須往汝姑娘殯前辭行直言所
往汝姑娘性至孝且魂氣無所不至或自隨
來也十七叔公書略則不可詳則恐為渠家
累故不為也即以此書送看汝來時須得二
人跟來我家舊僕老者凋零壯者星散阿鍾

大招小招雖最小亦將六十隨行亦自無用
且亦不知在否聞汝表姑哭汝姑娘每祭必
致哀慟數歲何能如此今適誰氏伯祖尚存
否汝從伯幾人平安往年呼汝二伯此書曾
到否今來亦不能見矣姚親翁家不待訪問
自然知悉馬渚陳四太叔婆尚健否惟庶出
一子今何如西門南城下鄒元貫一家此我
自幼同窗其東鄰斗東叔公元賓長我一歲
斗東少我一歲亦同窗俱無恙否東門成戢

葉年伯諱大受者其家無恙否大約住黃山
橋園中三畝田頭恕銘先生諱錦者其家無
恙否其餘欲問者頗多但汝來不宜昭彰止
問此數家最相切者而已外閣部陳木叔老
師諱函輝原名煒台州臨海人乃我本房座
師與我最相契今有子孫否子孫何如住寧
海亦不可知禮部尚書吳鱗稺老師吳鍾巒
常州武進人此我恩貢座師也我貢劄為開
國來第一乃吳老師筆也今其子孫何如吏

部侍郎朱聞遠老師諱永佑松江華亭人其
子望侯今何如我欲携其幼子某宦來老師
見識不明而止留得一人斯幸已已上三家
汝不能親往須汝兄弟一人特去或不能及
待汝行後問得的確寄書亦可常州五六日
程台州三四日若至松江順便問閣部張鯢
淵家何如鯢老張肯堂松江華亭人欲與吾
相親我三次拒絕之是以與我極不相好然
其臨死一節可敬不料其能決烈至此其子

張至大無恙否住松江東門外張塔橋北胡鍾有家何如令尊號慰餘尚健否住壽星橋下塘（即張塔橋東）四月二十一日書此書本與汝父元楷（字是士則否今忘之已）舊年有一盧姓者來云已物故我雖不信然五十七歲人死亦常事故寄與汝輩耳

與孫男毓仁書

日本禁留唐人已四十年先年南京七船同住長崎十九富商連名具呈懇留累次俱不

準我故無意於此乃安東省菴苦苦懇留轉展央人故留駐在此是特為我一人開此厲禁也既留此後乃分半俸供給我省菴薄俸二百石實米八十石去其半止四十石矣每年兩次到崎省我一次費銀五十兩二次共一百兩省菴先生之俸盡於此矣又土儀時物絡繹差人送來其自奉敝衣糲飯菜羹而已或時豐腆則魚鰯數枚耳家止一唐鍋經時無物烹調壓封鐵鏽其宗親朋友咸共非笑之諫沮之省菴恬然不顧惟日夜讀書樂道已爾我今來此十五年稍稍寄物表意前後皆不受過於矯激我甚不樂然不能改也此等人中原亦自少有汝不知名義亦當銘心刻骨世世不忘也奈此間法度嚴不能出境奉候無可如何若能作書懇懇相謝甚好又恐汝不能也

答魏九使書

遠惠書問足仞厚誼二千道里耑伻跋涉良

非易事風波目前進退無門等語一言一淚來年事成必住長崎甚為長算至於識時務曉南京話一人弟與之往復議論商其可否台諭人心不同如其面焉此真歷練世故之言但謂一紙書賢於十部從事為計固已疎矣此親翁自為耳絕不為弟計慮也弟與親翁同住長崎者五年相去區區數武未嘗唧盃酒接慇懃之餘歡忘貧富申握手之款密一旦舉秦人越人而責以葭莩姻婭朋友之

誼謂為不棄菅蒯無乃言之而過乎留住唐人既數十年未有之典而近日功令更加嚴切欲留一人比之登龍虎之榜占甲乙之科其難十倍而親翁視之藐如也無異俯拾地芥宰相上公如此款誠待弟長崎所聞者不過什伯中之一二耳弟忍以一言欺之耶況弟平生無一言欺人也萬一弟力所能為尚當審量交遊有敬愛者有親密者或略有往還識知其為人者其事先定而後得徐議親

翁之去就若忘素交而遽為親翁緩頰親翁雖得之亦應且憎矣萬一大槩得留亦必不獨置親翁於風波中也從恩不忘報乃君子之義然救人而從井亦仁人所深疾幸勿訝其唐突來金五兩籍手附璧弟本不啟封特恐長途差誤故令來伻自啟之耳或有晤期統容面悉揮冗率復不能詳婉惟希崇炤

與釋獨立書二首

不佞於人一字不肯輕與吏部左侍郎朱聞老老師也止稱殉難戊戌年聞其死時依回本年八月遂削其配享及今細問無此事而後復之禮部尚書吳霞老老師也自經於學宮止稱殉節惟於王完老私謚之曰忠烈稱曰知友不佞自稱亦曰知友可知也若猶之庸人不佞豈肯一字假借之哉三教平心論其學亦博機亦敏舌亦利以弟愚闇之未必出於贋作贋作者無此才無此識設使有此才識又必不肯寄人籬落必自開壁壘與人

旗鼓相當即曰以儒攻儒如以夷攻夷之法是又不然久矣儒教淩遲釋教橫肆既以援儒而入於墨又何必推墨而附於儒今日即使吏有昌黎數輩恐亦難障東之之百川其曰靜齋學士者不必撰文之時自為標置明乎後日緇流之所增飾晚世偽儒多有自攻其所親所宗以為進身之階如梁山泊殺人劫貨以充投名狀者既有投名則其勢不可退轉故須下此毒手耳神光開亦有之今按神光

神宗光宗萬曆泰昌二皇也嘗有論劾一朝望極口詆褻以代羔雁蓋病狂喪心無所不至乃責以天理羞惡待之過已劉謐言偽而辯記醜而博潤非而澤行僻而堅難乎免於君子之誅矣鴻論深入顯出切中事機據理辨駁雖有利口無所復置其喙不偏不狥當為儒釋立一標準固不朽之作也弟謂尚函藏石室今日誠不可懸之國門昌黎三獨座有味乎其言之也何如少俟數年和尚道成名立此時出以

示人則建瓴於高屋而下令於流水今日是非蜂起多一事不如少一事之為愈和尚以為然否原稿並劉本奉璧希炤存

二

前夜路出豐前相去山中咫尺和尚不能親來而訣反引結夏為辭不能無憾憾和尚不能牢真多所做作也健翁昧於事理不能自立不得不隨人腳跟和尚必能知其非乃反摭兒童語為遮飾耶揆之情理必不能安然事已往矣言之何補近者崎人來聞知和尚及健翁步履如飛飲啖如故此大好事去年人謂尚在嚴國者妄也長崎往來人甚多聞問皆不易始信別時易見時難也此間有一諸侯欲延和尚和尚來此必不寂寞但彼以二事相要託居閒者來議弟意和尚必難允從故不輕諾昨日又復來言萬一可允晤期應自不遠則往日之深懇又似多此一事矣笑笑俟書來當以此二事奉聞和尚即來健翁必

不肯行欲覓一通事甚難不必求其佳止要一語言誠實者已自不可得矣和尚雖與弟不同然舊年新例能唐言者盡為船主小通每年可得百金而父母妻子廝守人誰肯舍之而涉遠道故知其不可得也東武戶口百萬而名為儒者僅七八十人加以婦女則二萬人中一儒也而其人又未必不佛就此七八十人中又自分門別戶互相妬忌互相標榜欲望儒教之興不幾龜毛兔角乎乃欲以

此闢佛是以蚊撼山也上公相遇禮意勤拳雖魏文侯之於子夏不是過也今年五月以來更加十倍事物細微雖一匙一筋亦必親自經心恐文侯之誠懇不能至此諸卿大夫又能仰體威心更加懇懃始知茲人獮天有綱枉自作孽枉自勞心也意長楮短病後體弱不次惟希鑒原外具綿紬一匹將意莞納是幸

答釋獨立書

昨暮得手書因病甚將就枕頭目眩暈未得即答為罪弟惟靖難時忠臣極多惟程詞林濟最為艱難最有始終今日革除之際忠臣極多惟弟最為艱難最為堅忍而尚兢兢於末路嘗曰蓋棺事始定也羞辱困苦分所宜然總不必論彼時程亦剪髮為頭陀誠權宜之計於理無妨蓋建文主為和尚也今日普天下俱剃頭此事大不可草草蓋頗有相似也弟於祖宗祭祀墳墓曠絕十七年罪不可擢髮數但欲留此數莖之髮下見先大夫於九原耳前承面諭及之弟半晌不復而和尚更端弟亦不究竟其辭萬一念頭一錯其所可慮者翰教之所及尚未能什一也尊札懇懇言之或有他人以游詞相誑者弟念慮夢想都不及此所面達云云弟即時力言不可別後再見坐談極久弟並不及一字和尚果何所聞相愛籌量之情感戢無窮矣秋冬出關告歸大是美事中國大叢林儘多名勝不

少飛錫所及亦不限定南海若必欲證修潮音亦庶無雒蜀之分弟後得歸耕隴畝當作一方外之交不盡縷縷統容晤罄

答釋斷崖元初書

歸讀翰教知昨日兩過敝止失迎為歉僕以中國喪亂往來逋播蕩搖於波濤中者十七年去冬方得暫借一枝棲息貴邦衣麤茹藿身操婢僕之役所冀天下稍寧遄歸敝邑本非為倡明儒教而來也生於聖道榛蕪之日

而貴國又處極重難回之勢若以僕之荒鄙而欲倡明絕學猶以藿蒯之朽索繫萬鈞之石垂之千仞不測之懸崖其不絕而墮者自古及今未之嘗聞所以閉門掃跡意自可知至若儒釋紛紜之議否敢耳聾不得肯綮何足復道彼以削髮披緇者為僧戴冠廣儒者為儒互相攻擊專在此輩僕謂究其大罪什七乃在儒者咕嗶剿襲嘲風詠月儼然自命為儒是豈謂之儒哉若非叛儒入佛便思以

儒攻佛遂使佛者摭為口實亦不自量之甚矣不知儒教不明佛不可攻儒教既明佛不必攻何為徒爾紛紛哉來教反求於身極懇摯極簡當妙妙孟夫子非時非位直欲以口舌挽回天下安在其辭而闢之廓如也

答釋月舟書

自別芝顏倏忽間已七載矣光陰之速乃爾每念癸卯年火災酷烈舉金崎而焦土此時寄居廡下家人異趣擾雜清規和尚不以為

嫌反於萬衆之中獨為尊禮況平日對門而居兩年未曾識面者乎午夜挑燈烹茶酌酒款款隆情至今時在心目每欲修候又以道教殊方恐犯昌黎之誚把筆而止者數四近乃慨然自悟此特鼻男子事耳昔與健老人朝夕起居者十年彼亦時以其道誘我此時僕甚貧困終不為彼所移心即灼知是非雖褰裳涉津亦復何害且又未必至此況略人之情忌人之惠以潔一己是豈君子之道乎折

簡相通禮自宜然外具縐綃一端綿布一端引意惟冀哂存禪林寺三林長老近況何似亦欲以微物奇候而高岡兄以行李煩重辭之故不及致書幸為道意

與劉宜義書

弟拙劣之性與人不款曲舉凡世情親熟口角寒暄人人之所易能者乃獨一無所能視世之圓活者如走盤之珠而弟四角匾方非手移之必不能動真可自笑也老兄獨能達

羣情而鍾愛不幾㫖歟之好乎晉人之能為青白眼者見禮法之士必加之以白眼老兄偏着以青眼柳有奇矣其他暗中調護口頰解嘲復費無限周折詩曰中心藏之何日忘之此之謂矣宰相上公學古有獲温恭款禮日得之於傳聞果能如此或可庇其宇下然惟久與乃能見耳時下禮貌頗優足使褰僻之士自安其身誠為意外之事幸矣儻(别)有所聞惟望寄言教我以為善後之圖弟拙於處世

故披心胸露肝膽以求之萬勿疑弟之疑於直言也弟同邑趙文伯思念其二親餞别之時豈不知為弟吉行舉杯酌酒泣涕如雨聲嘶股栗抑遏難止人之至情乃至於斯若此舟必無可為者弟不敢以邑子累老兄若有一二人之例可援萬祈垂手引之亦積德於冥也弟之銜感與趙同之矣不盡不盡

荅王師吉書

展讀翰教真有再生之喜前年弟力勸親翁稍遲觀望而親翁急於求富攘臂先登去後遂聞閩廣凶耗深懷危懼內地大鬨而外船自投羅網豈能安全嗣後頻聞異同之言益致憂疑每〻與高尾兵左衛門言此事深發親翁好勇八九月間忽書中有三官事㨾而不言姓心固疑之歲終忽接手書抵掌大笑無端别得一益友喜可知矣雖資本虧損然當以身為重不可熊掌生魚必求兼果有此彼蒼亦不祐也弟六月間行欲與諸親友一

晤而不可得諸事當備於兵左衛門家報中更不復贅近者上公禮待日益隆重今年正月以來賜肩輿直入朝中二月間弟下體患一腫毒上公親臨視疾事〻周摯使命餽遺絡繹於道諸卿大夫無不親來視問半月之間上卿有親問八次者方之於古惟魏文侯之於卜子夏田子方段干木或者庶幾今上公聰明仁武遠過文侯而弟樸樕椎魯大媿此三賢矣特恐黔驢技盡為諸卿親羞耳上

公諭令接取小孫來此若得一可意者晚景少為愉悅稍解離憂耳一到長崎便須畜髮如大明童子舊式另做明朝衣服不須華美其頭帽衣裳一件不許携入江戶弟不喜見此也其隨來之人不妨以日本衣易之亦不可以彼衣被體祈親翁與文伯兄商之教之

答四宮勘右衛門書

正月初五日接足下來書快極雖中間有未適暢處而情意殷殷溢於楮墨之外矣去年

舜水先生文集　卷一　至

盛夏遠送往返跋涉心甚不安不佞有何功於足下乃追送過於古行乎不佞去冬十二月廿一日歸江戶又聞足下有夏開到此之說來此殊堪把臂寧相上公相待之禮足下已聞其略近日情日益厚禮日益隆而且真誠無矯飾誠不易得也所學淵宏諸儒不能及而仁明闓爽真不世出之主也足下須碑文當叙令先尊事跡寄來不然空空叙述何足為重中村玄貞心緒不定去冬已辭歸諭之不明留之不止真令人不可解間絕問絕不佞深媿何二使先見矣不佞於二月初九日生腫毒今月初五日方愈故不能詳悉俟後便詳寄也

答太串次郎左衛門書

昨聞極當書到以俗務酬酢抵暮而歸未能即答今晨發函讀之甚喜足下已能見大意及此乎果能及此則與足下相與其成之易也十倍於他人然恐足下識力未必及此若

舜水先生文集　卷十　至

剿襲他人之言則意先不誠與大學中庸大相背戾況乎經綸建立乎古人於强梁之夫負薪之子亦勉令就學豈不佞之有異耶前所以不許足下者以足下有其志而時與勢必不能也儻浮慕聖賢之名而實為負販之行候伺於船主賈客之門虛怀於有無貴賤之際明恐欺瞞少圖利潤則大辱此典籍矣若竟棄此不務則家無恒產妻子不免於啼饑號寒治生為急之謂何所以不敢輕許耳

不然不安於寥寥寡和之日豈不欲玉足下於成也至於尚論古人之言當更論其世而可故孟子曰誦其詩讀其書不知其人可乎程子去孟子千四百餘年世遠言湮聖學亦既滅息矣黃老莊列之書虛無清靜之旨為禍於世者十四朝矣以及諸子百家蛙鳴紫色勢然嘈雜使人無所適從然踈而遠俚荒唐而易見非其甚者也其最烈者無如彼釋氏之言如佛圖澄鳩摩羅什達磨惠能誌公

生公之徒遂能舉天下之人心而搖之高明者昏愚者貴者賤者善者惡者一鼓牢籠於其術中慘亦甚矣有宋偉人如韓魏公范希文富鄭公文潞公功業聞望炳耀人寰而力未能除去間亦有擬較其中者歐陽文忠文章為一代宗工然未嘗深得於聖學邵康節學行均優出處可則惜頗流於術數蘇明允父子學富才儁或間以縱橫捭闔之說或雜以佛釋高曠之談其無可議者惟濂溪先生

一人而程氏兩夫子宗師之然文獻不足無徵不信後得古本大學於叢榛莽之中殘編斷簡之餘足以發明其志溢喜之極故曰於今可見古人為學次第者獨賴此篇之存而論孟次之而使學者亟誦大學非謂論孟後於大學亦非謂論孟之義不如大學也至於中庸雖聖人傳授極致之言大本大經參天地知化育然亦子思子為下學而作也非曰言性言天下學必當後之也然君子之教

人譬如醫者之用藥元氣無傷而止於虛弱則補之邪氣浸淩虛火炎上則祛之祛之漓之則所以補之也若不知標本之治而遽投以參芪附子未有不害之者也蘇子曰藥雖進於醫手方多傳於古人故進藥宜審其虛實寒熱燥濕輕重未可執方以誤後人也子路問聞斯行諸子曰有父兄在如之何聞斯行之冉有問聞斯行諸子曰聞斯行之聞斯行之者是也則不宜曰父兄在有父兄在者

是也則不宜曰聞斯行之何問同而答異耶急於四書先於大學是己亦顧其所用何如耳非謂緩四書後大學也至曰棄此不務仙說先焉則不佞之所未解也不佞今日未嘗開門授徒高自標榜則不佞之為此不綽綽乎即使開門授徒庸詎不綽綽乎玄貞之來屢辭之而不獲至今尚未定名誼又喜兵鬭在此無事故令習讀小學耳小學者大學之基本即緣此而止亦如期門孝經何乃比之

於釋老之虛無躁進之功利事親從兄與忠君理民之業顧與大學有異乎又何以得罪於聖人之門也小學而虛空功利得罪於聖人之門則舉凡天下之書皆虛空功利得罪於聖人之門者矣不佞未嘗儼然皋比炫耀一世而顧責備之如此哉此非足下之言也必有為此說者亦深見足下之非誠矣門生之稱非可泛泛至若恩師之稱者誼將於父子人生無有二三未可濫加於路人已後幸勿復為之欲盡其說而一時事冗曷容他日詳復

朱舜水先生文集卷之一終

門人 權中納言從三位西山源光圀 輯

男權中納言從三位 綱條 校

○書二

答林春信書

僕初入國門之夕因途間服暑泄瀉潦倒瞶眊偶得台兄新詩讀之霍然而起諷〻如松下風涼爽入人襟際疎〻如食哀家梨津液溢於齒牙意言之外別有一種超邁之氣故

僕熱病為之頓除耳何地無英俊僕長崎之言驗矣亟欲圖一晤緣新來東武未諳國俗而護行使者受鎮巡命不敢輕舉一事又怏怏而止八月初吉夜過友元翰史出台兄答書之草讀之益諗妙齡淹貫果自天才造詣愈深莫能窺涯際已昨夜奉翰札執禮過謙僕衰朽遠人於名賢無能為役而乃自抑如此即緣蠅頭小柬老眼眯糊視之為一片雲霧故未敢即答滯延為歉七日之約頃以公事來辭大約改期於他月也先此率復尚容面佈不宣

與野節書二首

文章匡翼世教必使宜乎義合乎禮協乎萬人之情非徒以媚悅一二人而已甚不可以苟焉況乎鐫之金石者至若文之工不工則係其人之才思學力豈能勉而至也要當使其規模不失耳韓文公作碑誌表銘識者誚為諛墓之辭豈非昌黎之一玷愚意使後之

人非之不若使今之人議之又稱謂者題之於石愚智之人未讀碑先看題舉目見之更當斟酌院名則不系免書國史編纂官勉亭林內翰二字今為中翰其令制有文學其古官有二者何如若秀才則貴國國俗中原甚輕之三者擇一用之稱謂不宜甚高不宜稍卑高者諂此卑者傲此諂固不肖傲亦不肖也惟高明裁之昨諗東武立碑不甚多恐工人鹵莽則鐫畢即摹不雅故敢僭告碑石須極細膩以

細砂巨石磨礱之砥平如水光潤如鑑先上好墨而後書丹儀稍有低窪字雖在碑印摹使不能及視之則模糊不雅觀特愛及之越俎而代庖矣上公處文昨已發來改定即當錄奉前約今夕及明日過談希示期以便驅候一時之東此非體也幸恕古人初入仕者亦稱秀才未有食祿秀才者

二

新歲未遑趨賀先承枉駕兼叨遐祝深為感

誦若使僕復見漢家春則三國之福豈惟僕與台臺壇坫玉帛喜氣融溢而已然茲事體重大恐非老朽病孱之人所能待也僕物故之後此事必無望矣何也中原廓清僕得旋歸邦族僕一言之發宗戚鄉黨旋及郡國無有不信之者若他人則不能知知之已不敢言敢言已必不能為徒使千百年城事委之草莽可惜也故知非老朽病孱者所能待也別惠嶶墨一丸如圭如璧謝謝昨失記王氏子乃晉卿非宗漢乃帝壻也有畫莊周文全全不憶徒得一二語耳

答野節書十首

來書有藥籠三年有成國翁庭祠等語

十三日竟日奉教分夜而歸酣暢隆情遂忘久擾次二日奔走不已望月歸寓又復眩暈大作臥不能起十七日不得已移居竟不及走候罪甚謂台臺感冒耳一汗即愈不謂尚未霍然時下寒熱不時惟祈大為珍重必使

勿藥為佳別有後命讀之驚愕僕以中原不堪腥穢但得留止貴國為足故求十畝之園抱甕自灌絕無他求也一二年來多方覓之不可得今歲纔得數畝墝埆之地議價未成而上公之命至彼時即不能遂其初矣自揣疎慵豈堪冒昧然通事必不敢鳴之鎮巡鎮巡必不敢鳴之上公轉展懇辭必生意外是故勉強而來非謂其能副此即使收之藥籠亦不過猶苓澤瀉耳後命之所期此貴國君

相賢仁之事僕嘗拭目引領而望之三年有成僕亦幸託足為升平之民已久因風塵驟遷廣厦出谷之鳴比於睍睆況復園翁庭柯清風明月悅目賞心足以自怡乎人苦不自知僕才庸下無足比數閉門掃徑教授童蒙擬之抱關擊柝其任易勝其效易見過此錙銖則溢於量矣變翁之惠畜之窗下當見一石以五鳴雞又復益之以水晶葡萄一筐秋風八月馬乳斯肥時潤枯喉方之瓊液雅愛

疊承豈孱軀所能勝也昨容臨睨絡繹夜半斯畢今早大為舊病所困奉復遲慢又不能為小楷均祈原宥

二

前夕令弟過寓詢問興居且以久不晤言為怏令弟所諭似亦未知尊恙讀翰教始知疝氣作痛不止又染風疾竟毫不聞知僕真可謂井底蛙矣僕聞之不禁媿詫賤恙起自望日兩三日內稍可渴想晤談明日枉駕甚妙

遲之遲之上公臨蓬蓽僕亦感亦媿然不敢侈為一身之榮也貴國習為驕貴未知下賢之禮今上公高才博學而身為之倡矣貴國王公大人或能尋繹其義庶幾巷遇則貴國之賢者老者均有起色矣若僕則非其人也然台臺尚未其他也得一美饌手自調治特遣親信使臣賫賜僕少有微疾則發形於色如此誠意必不可得僕樸樕謭陋惟懷報而已諸事均俟明日面談茲不一一

三

晤言之夕一事不能盡原約五六日再來何以期而不至公事旁午耶或慮蚊蚋鑽研耶僕亦為此將募便彌入幕殊無意致一種咕々唱々者固自可憎雖或牽人心緒猶可隄防又一種怯似無聲無臭噆人肌膚使人不知不覺不肯使人痛反使人渾身麻木作癢遍體芒刺捉摸不能搔爬作楚以致潰爛陰惡真不可當也思欲作一紗廚以禦之此物雖

巧於竊伺亦當無如我何今雖貧亦或可以
勉為之但念先父母墳墓近城市恐遭虜人
殘毀先祖及高曾墳去城皆不能一里蔭木
修拔逾邑所無高曾墳與陽明先生祖塋比
鄰其樹木之美縣不能及荒蠻虜人求大木
造船此必遭殘壞者又祖宗祭祀未修是以
轉展思惟不敢身處安逸耳然日夕遭此輩
陰損侶但亦以先父母之遺體行殆奈何欲俟
高明至往復義理而後決之三四日內枉顧

舜水先生文集　卷二　七

且當權用粗麻帳幔罩之么麼雖善乘隙亦
當無計以肆毒螫台臺毋深怖之也諸容晤
罄聲

四

偶聞上公車駕辱臨僕涼德不敢以古來高
士待君侯之禮待之特愛暫假一圖一瓶以
隨世俗之習幸蒙概允晴好當馳力走懇
今日大雨如注乃承命使特來感愧極矣統
容面謝來諭答策萬一不中雖連篇累牘不
倦即此猛厲自能破的矣敬服敬服為文不
患不佳患無此決志專力耳有此氣力自堪
為貴國鼻祖預賀上公文極雅才極高比得
之天成今志力專於治國輔主似須遜台臺
一籌矣來盡畫先壁張二水字一幅策文領到
稍暇改上不盡上公之來尚稍遲有暇幸過
談遲之

五

屢接丰容氣度自然有德之徵采之與評益

舜水先生文集　卷十　八

為足信大路五穀較量親切五穀尚可不備
更為勘到之語豈患行之而不着習矣而不
察工夫既得日新自程景行在望體胖神怡
所到寧有限量非若彼純弄虛脾腦人至老
死而不覺此患我花籃芬芳滿坐彷彿移春
之檻意欲歸陋室為芝蘭乎緻佩無盡茶匙
一張奉覽昨日答問二紙並上勿翁姓名字
官銜幸一一示知今日賤體稍可欲為之作
記也來書情意周摯語意絕無大過無煩點

簡並復

六

晦明風雨初見情深丙夜言還猶懷躑躅今晨入直方慮花磚日影之移乃復使命諄諄瑤函奕奕禮意慇懃言詞鄭重遠人得此淪於肺腑又復引以為罪謙光得無太過乎出之者既已太過受之者奚能復堪時因趨送上公不能勒椷奉復統惟原宥別諭受姓受氏從古皆然匪今創見我以王父字為氏或

以邑為氏以邑為氏者如陽如展是也食采於其邑故即以為氏耳無可疑也草率布復尚容面罄（聲）不宣

七

僕亦何能見道特望之耳至於道腴仁熟豈敢謬膺台臺以五穀比道非入其閫與不能及此隻語今之求道者輒求八珍而適口故求之愈難而得之益寡其亦知道在五穀乎然世俗之見未有不厭其平澹而無味者矣其流之弊可勝慨歎昨得報謂台臺晚當過談喜而延佇然終不能潔壺餐以餉從者良以旅邸裸露非獨侏儒一節之驗而已台臺以為過於太牢僕何幸而得此哉古來貧士脫粟藿藥以羞賓客者多矣未嘗聞有此滋味也僕幸矣幸矣昨暮喜極竟不知羸體為疲又辱注存益增感媿遺閻心史道服均領到卓圍坐褥已附感使奉覽非能佳也僅存體製已耳不盡家國之感不去心亦不須典

籍激發也弁復

八

朋友之道德業相長為本飲食燕衎其末也質誠款洽為良虛恢文飾其敝也即如飲食有則八珍可羅無則瓜瓠之羹疏糲之飯可以共飽主不必以烹苞剪韭為慚賓不必為饌玉炊瓊而作（今按作下疑脫一字）是所謂素交也是所謂質任自然也素質自然可久之道也僕平生交友不多然而數十年之久死生貴賤

貧富不少渝者用此道耳至若望霓時雨瑜
則豈敢瑜則豈敢連日意不適又熱極奉復
稽延幸原之遵命撰竹如意銘錄覽祈改定
何如示下當即書上

九

前月是日捧讀翰教并惠佳蔬臺盤謝謝是
日侵晨僕眼角生一赤瘰開闔俱礙不能奉
復所諭諸事口授來伻惟犢鼻褌失記先年
何故言及於此但語來伻云此下役操作之

衣昔司馬相如著犢鼻褌與傭保雜作於臨
卭市欲恥卓王孫也非君子之服去後因思
此物雖未經見然亦可以意為今之耘田褪
大類此式比之時俗之製似為得宜後十餘
日復吃藥悶因目疾未愈又加之以眩暈咳
逆尚不能答今一月矣勉强把筆統非原肯
本欲製一奉覽因僕處無針工又無女婢是
以不能幸亮之前諭桐木湯婆府上有此種
否有則不論新舊借來畧看即奉還

十

所諭唐褌北人謂之褌子西人謂為褰衣一
物也韓昭侯敝袴待有功即此也僕在敝鄉
袴要𦇑六尺三寸其背處僅三指餘着時猶
可脫則黏繻不爽至於更衣之際尤為拘急
兩胯開張甚則撐裂欲稍恢弘之而賤剌殃
殘遂爾因循舊貫今者日漸羸瘦腰股削弱
所服褌要五尺二寸比先時已六分去一矣
而掩合之處乃過尺餘或行或立時致眠落

蓋以曠蕩而無紀也今覓得窄布為之要僅
四尺五寸似為適可但紵布稀粗不堪耳謹
奉上一條希照入要𦇑之長短當量肯體肥
瘠而為之若小大違宜服之終不得其當勿
咎袴之製不善也承借桐木湯婆奉壁謝謝
餘晤罄不宣紗羅紬段絹均易裁製惟紵必
藉邊幅有廣葛一段貯之三四年欲裁成衣
為之而無其人悶悶

與木下貞幹書

違遠之顏遥遥千里弟別後即臍大病惛不
記時略一計之已十六月矣十六月則五百
日也古人喻日為秋喻月為歲或云山高渭北
或云日暮江東其所以言思者至矣然未知
其所思者何等也其有盛德謙光如臺下者
乎其有腹笥若虛如臺下者乎其有寬直忠
和如臺下者乎倘有一人而備六德其相思
不置不知又作何摹寫也台諭一不為少百
不為多此議最為精絕但以道德典故專屬

鄙人弟則何敢自居當與明廷各戴其半耳
此時政在危篤無疑之際不能報書而承華
翰不復兩患嘉魚不謝況臺下有鶺鴒之憂
又不能作一緘奉慰雖屢託剛伯申謝終以
未致手書為恨而臺下乃疊疊不已屢作國
書下問蓋病廢之軀自不足齒於人類況可
求之於禮敘之間乎阽危之病其後兩股弱
直者百日忽爾變為蘧篨蘧篨不已又輒變
為戚施詩人極其醜詆不過以一端狀之耳

弟則一身而兼之又且加之以腫毒四閱月
而未瘳近雖少可尚未能箕踞況危坐乎以
此負戾臺下亦未能盡原之也與師儉處書
問重疊亦未能一字相報令伯兄大故今臺
下服已闋不敢另書尚弔令姪尚在縗絰之
中惟作一柬弔唁幸致之為感其哀深切厚
愛詳諭其父一年有餘並不別生枝節此生
亦安心就養弟逆旅之中大得其力此誠臺
下之大惠也長公不及另書唯希道意會晤

在即不備不莊統祈崇炤

答木下貞幹書四首

去秋與村顧思屢言台臺才德與舊日所聞
同符誠願望見顏色酌取仁賢乃今春尚在
苫次未得一奉言笑及顧思署中一晤次日枉
駕患臨即於次日策鞭北歸政如走馬閱錦
夢中邂逅未得少致綢繆怨焉驚覺所謂素
心人數朝夕者果如此乎渭北江東不勝盼
盼矣仲夏瑤函貴捧止讀增慚偶得便鴻即

欲裁緘奉復奈此時賤病日甚不能作隻字
徒怏怏而已台臺乃不過暫又復錫之翰教
餉以多儀登拜之間可勝忸怩屈指晤言尚
在一年之外明年此日七十衰頽敝自期乎
來簡稱謂過謙此士大夫旋之達官大老者
今台臺一邦名下而弟異國微材安敢冒承
重典即欲舉莊衆究壁特恐貴邦戀覿未及
反致驚疑故因循中止耳已後萬勿仍前更
叨愛厚台臺與敝門人安東省菴聲息漸近

鄉中車馬鱗次往還曾一郵緘相問否外具
不腆少申鄙悃不棄鞹褻惟祈鑒函

二

仲春之望捧讀翰教雖在千里猶如面談又
且疊承嘉惠感戢之深筆不能盡因知閫府
驕禧而即吉之後庶務咸萃才高意廣自昔
宜然無足深怪者弟拙劣耄昏惚恍疲怠新
正辭宰相上公亟欲西歸而上公不允意甚
懇摯弟念歸既無家而又義不容恝是以不
得不留然不稼取禾不狩縣特撥之於心轉
生媿汗耳乃自初夏以來纏綿病憊蒲節之
後一病幾於不起雖復叨陰瓦全而雞骨雞
皮手足兢兢戰戰燭已見跋幸遇風恬氣和
猶可保其熹微之熠輕颸蕩之奄然滅熄自
然之理也源剛伯質性易良氣度沖雅誠為
學道之器前者弟在病中益見其肫篤周全
和氣藹然可掬心甚喜之然觀型既無足法
而所處又極寡聞私懷悵惘如何可言久稽

裁復為罪諒台臺必聞其詳不盡欲言統祈
晤謦瞻望非遥慰兹饑渴貴友安東省菴近
有書相候否不知安好如何

三

前者雖不能時接芝眉猷承珠玉猶自謂室
邇人遠今也相去千里徒使人日悃悃耳昔
有田舍老翁兀坐短簷曝背而啗食芹賓而
美遂褁糧擔簦躁此而欲效之其君雖其事
可笑而其意則誠矣今弟之所獻於臺下者

不過芹之簣耳食之不螫於口已叨過愛況復懇〻言謝崇執謙退乎其意則誠而其事則可笑矣顯恩橋梓翁婿書辭悃款皆臺下潤色鄙言使其感悅誠能奮發興起超然出羣則朋友之益人其功自不淺淺也剛伯十六日已到可稱信人因知臺下逐中安穩深慰鄙衷正成楠公傳聞以忽冗未搆今已促剛伯累其事贊戲功不必作傳也一到即當題贊奉上幸惟以此意達貴國君為懇弟時下

籍庇無恙殷勤念慮敢不勉為節嗇以副盛心遠頒越中白紵貳疋拜貺為慚因使附謝可勝耿耿

四

建國君民教學為先非欲其文辭雅暢黼黻皇猷而已誠欲興道致治移風而易俗也自非然者經綸草昧之初日給不遑何賢聖之君必以學校為先務哉禮曰學則善人多而不善人少夫善人多所以興道不善人少所以致治今貴國君英年駿發慨然有志於聖賢之學斯貴國之福也獨是狂瀾既倒之日乃能力砥頹波未諗何以遂能臻此茲遣源氏子就學於弟事甚尋常而來教則大為鄭重蓋人君之好惡向背則一國理亂之關而人民禍福之樞機未可苟焉而已源氏子誠能祛除俗務潛心力學身可為法言而有徵奬率後進拯救癡迷則剛伯為貴國之功臣若或不能仰體君心優游歲月插黃對白綺

靡紈褲行垢不澣德缺不補使武人俗吏佞邪邀福之徒指摘之以為口實曰某儒者某儒者則剛伯為名教之罪人剛伯既有罪已弟庸得有功乎是以屬望之心為更切耳使其青出於藍冰寒於水則弟亦與有榮施矣獨幸其風度温和質性馴謹充之以奮發振興必不煩於過慮聖賢之學行之則必至為之則必成譬之農夫然深耕易耨則堅好穎栗鹵莽而布之則滅裂而報之矣非若他道

荒繆可望而不可即可喜而不可食也本欲
詳悉奉復奈何交淺言深古人所戒殊不禁
筆端津津欲滴已

朱舜水先生文集卷之二終

舜水先生文集卷之三

門人　權中納言從三位西山源光圀　輯
男權中納言從三位　綱條　校

○書三

與本多重昭書

瑜也草茅寒士。飯土簋。歠土鉶。乃其宜也。況乎遭天不造。去國萬里。不能雪恥除殘。徒冀因人成事。夙夜愧恥。何以爲心。至於祖宗墳墓。兄弟妻孥。全毀存亡。均之力不可及。憂惶

永歎。如坐針氈。是故奚藜衣敝。不敢以古制自豈。而下愚無知。謂爲吝嗇。騰之謗譏。區區此心。豈求此輩知之。近乃深蒙愛厚。種種難以名言。鯫生當此。實爲逾分。十四日承命。使臣賚貺白玉卮壹柄。菜圭臺盤韋座。水晶盌壹擎。瑜也聞言。悚惕。啓櫝驚慚。璀璨精華。必非常布之器。玉杯象箸。豈與葵藿爲群。再三固辭。使臣堅執不允。不得已。靦顏勉留。靜念猶然忸怩。惟願邦伯臺下。翦茅斷楠。恐四境

猶有風雨不蔽之民。王食錦衣。保閭閻能無
半菽不飽之子。古之賢君。莫不以如傷之心
著勳業於天壤。垂聲譽於無窮。儻臺下能宏
此遠圖。瑜雖飯糗茹草。亦附青雲而不朽矣。
不盡謝悰。統容面布。

與鍋島直能書三首

春日遲遲。倉庚載道。人歌去思。鳥飛紅杏。均
足樂也。僕不能親挹韶光。共賡折柳。乃更耑
使遠存。錫以多儀。感媿益深切矣。去冬承命。

以下川三省見委。此子溫厚淳謹。僕望其大
有所成。此爲下僚之子。而臺下能知其可教。
則閭閻無遁情矣。是臺下之明也。其父力薄。
不能教其子。而臺下事事爲之經營。且使其
俯仰無虞。得以專志於學。是臺下之仁也。世
誠不乏英才。但未有仁明之君如臺下者。故
多棄之泥途之中耳。夫賢才固君國之重寶。
而世之諸侯守相。金錢溢於府庫。幣帛腐於
封椿。或者躭悅玩好。或者馳意聲色狗馬。至

於培植人材。則不肯落其一毛。臺下如此舉
動。固一世之豪也。僕日夕以此勗勵。三省且
臺下今日身自樹之。異日身自食之。固非無
益。特世人無此遠見耳。時下以僕有水戶上
公之議。過於矜慎。欲呼令歸國。又云。欲先携
往江左。並無翰札。但憑使臣口傳。僕不敢遵
奉。若果有此意。亦未爲計之得也。臺下不知
僕之不肖。而遣此子遠來就學。既已誤始之。
便當誤終之。今日何所見而去。若云先至江

戶。候僕此萬萬必無之理。是欲其入而先拒
之門也。水戶上公以至公無私之盛舉。而三
省又舊冬來學之弟子。即使善怒。不怒虛舟
之觸。況上公之賢明。聞於通國耶。種樹而搖
其根。搔其膚。非不愛其樹。然非所以生樹之
道也。惟高臺始終玉成之。前者三省爲臺下
之私人。既奉台命。而執贄於僕。則僕與臺下
共之矣。僕撫之如慈母。而督之如嚴父。在三
之誼。僕有其二。而臺下有其一。固未始有所

輕重也。僕生平一無他長。祇此好善惡惡之心。切於肺腑。故明末不肯仕進。常爲此耳。惟高明炤察。書不盡言。外具十條。於別幅。就煩來使。面稟更有壹條。不敢輕易唐突。以口授使臣。必能上達也。賤痾忡急。不次不莊。統惟原亮。

二

春間自水戶回。以久不奉言笑。亟思一候芝眉。且仲春比屋之災。同祿及於貴邸。亦當爲

之慰藉。奈此時賤體病劇。而諸務又棼集。必不能遠道修候。且台駕就國。亦不能造邸送別。至今爲怏怏。每與人見友元兄言誦而已。七夕前盛使遥臨。捧讀翰教。知旌旄於前月初五日涖鎭。途間車馬舟橋。調良穩泛。三省亦附驥平安。深慰遠懷。且承佳貺。貢然甚愧。無功而受。然遠惠不敢卻。不得不腆顔登拜。謝謝。舊日三省來學。荒齋愚未知爲台臺之僕。恐辜台臺之託。未免過督。以招尤若早知其詳。務爲寬縱。愚亦不致勞神。弟子又多適意。彼此豈不甚便。今悔之無及已。雖曰仕於家者爲僕。然終與僕隸下人有間也。千里神馳。憑緘瞻溯。不盡願言。統惟崇炤。

三

某罹中原大故。適貴國。以求全私。謂貴國幅員廣大。物產富饒。必有賢明之君。必有好義之主。古道鑑衡。必將庇佑。是以不謀家人婦子。子身長往。適當嚴禁。逋播未來。昨年果蒙

破格留止。慰藉加隆。雖稔聞老先生大人閣下勵學自修。上達下問。以先王之道齊其俗。以堯舜之性善其身。德業欲崇於泰嶽。猶且求益於土壤。聞望既輝於素舒。尚復資明於爝火。儼然使命曲致慇懃。蓬戶燦褭蹄之光。陋巷詡干旌之貴。卻回懼冒不恭之罪。登拜實懷無功之羞。風土既殊。禮宜或異。雖切摳趨之意。難專傾慕之誠。先達荒緘。以同神速。率泐附謝。統冀鑒涵。

與大村純長書

憶昔初識荊州。於今十四年。自至東武十一年間。僅得一瞻芝宇耳。其餘皆想像思懷而已。今已當大歸之際。欲俟臺下入都趨賁邸。申契濶。或不致臨事匆匆也。乃以積痾未痊。眩暈仍作。寒熱往來。未能如所願。慮去秋通國多罹水患。西土亦致災荒。未諗貴治得稍優饒。若亦不免於此。則萬民嗷嗷。皆有藉於含餔而仰沫。此政仁人君子焦心疾首。日處不遑寧息之勢。亦政盤根錯節。大展生平才學之時。道遠音稀。未知端委。公務之餘。幸稍稍敎示之。外具江珧柱十枚。將意深慚輶褻。惟希鑒存。不宣。

答加藤明友書二首

竟日厚擾。欵曲綢繆。石磴扶筇。陟阿觀海。轟鍧澎湃。蕩滌心胸。日夕披襟。對此足以滙納百川。尚何有紛紛未定。得以干我神思。誠哉其爲萬里流也。下問數條。如食之有菽粟。衣

之有布帛。民生日用不可一日廢者。所望力獎當軸。實實舉行。勿徒僅託空言而已。然世人喜好不同。或愛聯綴槲葉。採茹草實。則亦無如之何矣。若以貴國爲褊小。爲東夷。謙讓不遑。則大不然。貴國今日之力。爲之尚有餘裕。昔者滕壤褊小。不能五十里。一旦舉行學校。猶且未能究其功用。而學士大夫至今猶嘖嘖稱之。今貴國幅員廣大。千倍於滕。而百倍於豐鎬。而物產又甚饒富。失今不爲。後必有任其咎者矣。至若以風物禮義爲歉者。則建學立師。乃所以習長幼上下之禮。申孝弟之義。忠君愛國。而移風易俗也。何歉焉。惟期銳志舉行之。僕生於越。而貫於吳。周之東夷也。擯而不與中國之會盟者也。斷髮文身。侏離椎結。以禦蛟龍魑魅者也。僕荒陋不足數。然自漢以來。文物軌章何如者。今日之吳與越。則天下不敢望其項背矣。舉凡亘古聖帝明王之都。賢哲接踵比肩之鄉。亦拱手縮朒

而遜讓之矣。顧在作人者何如耳。豈以地哉。

二

伏以履端之慶。增長埒於春陽。駢祉之臻榮茂蕃乎卉木。燕喜通夫一國。雀躍先于遠人。恭惟老先生閣下。武文全畧。知勇奇才。天錫以穎異之資。偏能好問而好察。世載其高滿之位。最勤下士。以下人。政治祖治三謨。講讀窮搜二酉。親賢如渴。未必謀之父兄百官。見善沛然。即令已爲出類拔萃聖賢。亦猶人耳。

堯舜奚不可爲之瑜所以企望良深。晤言獨切者也。初二日。旌節貢臨。即圖瞻對。緣耳目孤陋。聞知已爲後期。旅寓迂迴。奔馳遂爾難及。適遇鎮公。燕會不敢坐候回車。訛傳次日星旋。不能伏謁行旆。鄙懷怏怏。不知何日重瞻台範也。後承命召。即刻整冠而趨。忽聞國事相催。前旗已發。又復中道而歸。及林道榮至。謂閣下垂注無已。延佇再三。誤聞返舍之言。方決升輿之計。復令道榮申意。懇款慇懃。

是閣下之自處有禮矣。益令瑜趑趄悵惘。無地自容也。竊惟曳裾侯王之門。候伺公卿之府。誠非素士之禮。至如閣下懷周公之風。吐握見士。慕蕭王之德。坦易延賓。瑜三造於庭。未嘗少留鈴閣之下。是閣下之令行而教素也。是從官之循理而共上也。如是而不可見瑜將以貧賤驕人乎。貧賤驕人。又豈得爲禮之至當乎。況貴國未知士大夫相見之禮。而閣下爲之嚆矢。瑜當共成其美。同底大道。而

反以偃蹇開罪於執事。則淺薄固陋。過於毀干申泄矣。所以惶悚踧踖。不少自安。即欲修候謝罪。又以初五日小修先人之祀。悲傷致病。嘔血不已。更復犂延數日。罪甚罪甚。統容面日。荆請持恐寓居遼遠。仍蹈前轍。是欲補過而益之戾矣。奈何率泐耑布。統希鑒涵。外拙稿壹篇。謹錄呈覽。

答長崎鎮巡黑川正直書

恭惟。老先生臺下。福祉駢蕃。融和慶衍。違顏

三月。又忽逾年。懷念高深。戀慕誠切。獻歲以來。傳聞意樂優游。謝事得請者。雖急流勇退雅人高致。然臺下尚非懸車之年。何忍使萬戶皇皇也。於自計誠得矣。於十三年撫育舊恩。或無少歉乎。望日書致島田公。并劄諭諸通事。如聞水戶上公。以姬旦之尊。欲興庠序之教。此誠貴國萬年之聖政。丕顯於後昆。增光於史冊。是何如重典也。臺下乃緣乘愛之深。竟以之瑜應命。臺下獨不念之瑜才短學荒。體迂性拙。樗櫟之材。何堪爲人作楹礎之用。彷徨四日。博議多人。終不得一可辭之語。十八日暮。逡巡忸怩。奉復島田公。因思上公之於僕。爲兩國之望。而聖教又王道之首務。貴國六十六州。群后百辟。鴻儒鉅公。卿士大夫以及成德小子。民間俊髦。引領扶目而望此舉。若使小有違錯。此誠聖學興廢之關。僕虛聲譾劣。何足以塞重望。然亦無可如何矣。至於餼廩金帛之資。僕生平志不在此。使諸

人不寒餒足矣。又何必以多寡爲慮。惟通事爲將命之要人。諸事必不能盡於筆談。單詞隻語。均須傳達。禮度進退。亦藉周旋。欲得其人。恐難其選。僕絲毫不敢與聞。惟飭治耒耜恭聽期會耳。闕四字更祈珍重。率泐附復。不盡願言。統惟炤鑒。

與長崎鎮巡嶋田守政書

伏承雅愛遠逾恒等。萬萬周全。縝密。婉款和怡。銘刻之私。莫可言喻。別後就道小倉。已經報聞。本月十一日至江戶。偶因賤疴。連日伏枕。十八日午。方得謁見宰相上公。禮貌優隆。言辭和悅。使臣諭旨。再三絡繹。上公賢明謙厚。古今罕有其比。是皆老先生臺下揄揚太過。誤信先容。不然樸樕遠人。操何道而能得此於尊貴也。謝何可既。瀕行黙撿獲行閒差通事何可候。僕以其年少私心不盡然之。及至中途。乃能回體上心。事事周愼。凡道路險易。陟嶺涉川。莫不遣人先期而辦。儼然若曾

經歷之者。使僕得安意而至東武。皆其力也。及見各衙門。將命之後。莫不歡然稱獎。毫無缺事。饒有餘才。固知臺下知人之明。用人之當也。敬服敬服。報命之餘。幸借鼎言一爲慰藉。上公奉巡部期迫。僕或者未必隨行。會晤非遙。統容面佈。草率不盡。惟希崇炤。不宣。

與長崎鎮巡稻生正倫書

修途避追。得接旌麾。傳舍起居。深叨聲欬。冀竭駑鈍。以奉明教。可無負雅意耳。量地計時。

於今已當榮任。上下鼓舞之情。章叟歡抃之態。誠可以臆料而逾度也。僕別後於十一日抵江戶。途中服暑。抱痾數日。十八日午。方得謁見宰相上公。謙恭好士。意摯言溫。誠爲過望。復聞上公明哲仁恕。好學自修。僕虛聲推譽。對之誠爲削色。未知臺下復何以教我。使得補苴而無過也。日切翹首西望矣。公務燕閑。或得一錫好音乎。茲因譯者何可候事竣報命。荒械附候。率渤不莊。惟祈炤鑒。

答明石源助書

遠辱書問。自應作答。蓋士君子之相接也。有情有文有禮。未可苟焉而已也。如其苟焉而已。則亦何以異於市井負販百工伎術之徒哉。是以君子愼之。禮三擯三介而後相見。不然則已褻。三揖三讓而後升。不然則已逼。古之君子豈好爲煩瑣而不近於事情。緣禮不可瀆耳。不佞雖亡國之遺民。來此求全。情文即不能備。然而不敢隕越者。徒以禮爲之防

也。不佞總角時。恒見先人與士大夫相接。冠裳濟濟。言論丰采。進退周旋。皆雍容彬彬焉。斯時太平氣象。致足尚也。其後士大夫好爲脫畧。而惡言禮。以爲厭物。以爲王道所謂王道者。非尊之也。亦借名斥絕之辭耳。未能二十年而國已淪亡。前年至厦門。赴國姓之召。見其將吏並寄居薦紳。皆佻達自喜。屏斥禮教。以爲古氣。以爲骨董。不佞知其事必無成。故萬里耑行。不投一刺而返。不幸果無所濟。

今紛紛未有所底可見禮也者。不特爲國家之精神榮衛。直乃爲國家之楨幹在國家爲國家之幹在一身爲一身之幹未可蔑也。故曰。禮樂不可斯須去身。知禮之國當藉君卿大夫愛惜存全之。未知禮之國。當賴明哲賢豪講求而作興之。㠯登進於有禮不然其何㠯自興於椎結箕踞雕題鑿齒之屬哉。禮者乃天理自然之節文。初非苛禮多儀之謂也。然講求而作興非博覽旁搜寤寐孜孜焉不

可得已。故學問之道爲貴也。來諭欲絶今而學古。懼其死於茅茨之下。恐無了期。恐之誠是也。懼之誠是也。若實實如此。氣亦奮而志亦苦矣。誠可嘉尚。書曰。學古有獲。志曰。憒前經而不恥。語當世而解頤。是言不知古之可恥也。可恥則宜恐宜懼矣。氣恒奮而不靡。志恒苦而不弛。何脚跟之不能立定。而聖賢之不可幾及哉。最喫緊者無如我亦秉彝之民不可不行之語。誠知其在我則亦何必他求。

若使饘於斯粥於斯歌於斯哭泣於斯則亦世俗之民爾已。非所貴乎豪傑之士也。夫千人之中。萬人之中。翹翹特拔謂之豪傑。混混然隨波逐流同聲附和謂之鄉人。二者惟足下擇而安焉爾。前書却回。後書不答。足下既不允人復能痛自刻責書辭又質實不潤。非繇此一念而充之無已則子路可希堯舜可爲。豈斯文之不可與而懼其始終見絶於先生誨人不倦。不佞竊嘗奉敎於君子足下不

自絶於長者長者何爲而絶足下哉。且貴國初知向方不佞雖閉門却掃乎。然獎進之意多責備之意少。故昨暮發書今早欣然作答非謂足下之盡出於禮也。亦喜其誠耳。柳川安東省庵者。眞貴國豪傑之士。學行俱超超足尚其苦心刻志更不可及足下同產一邦猶未之知見耶。友一國之善士。其謂之何懔有晤言之日。當畧陳其梗槩也草率附復。不盡。

答佐野田翁書

辱惠書問。遂如素交。風土不同。語言難曉識所患矣。破窗不禦氣寒。敝廬不蔽風雨。使令不供。百具不足。貧士之宜然。無足怪者。惟父母墳墓荒蕪。未知爲何人牧馬之地。胞兄戚友在遠。未知爲何人魚肉之資。不得不魂夢爲傷耳。其他更有痛心疾首之事。初交未便淡言。台臺爲加賀公推許。僑寓其州。雖北堂在遠。幸有尊閫賢郎。代供井臼。未足與流離

之歎。吕僕方之。不啻天淵也。來問朱王之異不當決於後人之臆斷寒暖之向背。即當吕孔子斷之。生知之資自文王周公而後。惟孔子顔淵而已。孔子曰我非生而知之者。好古敏吕求之者也。又曰十室之邑。必有忠信如某者焉。不如某之好學也。他如學而不厭。下學上達。不一而足。其於顔淵也。不稱其聞一知十。而亟道其不遷怒不貳過爲好學。是可見矣。朱子道問學。格物致知。於聖人未有所

戾。王文成即有高才。何得輕詆之。不過沿陸象山之習氣耳。王文成固染於佛氏。其欲排朱子。而無可排也。故舉其格物窮理。吕爲訾議爾已。愚謂此當爭其本源。不當爭其末流孟子於伯夷伊尹柳下惠。尚曰不同道。周公召公。分陝而治。德教相侶治效相方。猶且不相悅。此豈有所是非耶。孔子之道。宜可萬世無弊已。何吕學者各得其性之所近。分處諸侯之國。遂有異同。子夏之教。行於西河一再

傳。而遂有吳起莊周之禍。豈孔子之道非耶。若使從其善者。改其不善者。闕其疑而鮠鼿者三人行。尚有我師。若愚不肖必不可化。陳子禽。叔孫武叔。尚毀孔子。二人固及門之徒也。又何有於考亭耶。王文成爲僕里人。然燈相炤。鳴雞相聞。其擒宸濠平峒蠻。功烈誠有可嘉。官大司馬。封新建伯。後厄於張璁桂萼。方獻夫牢騷不平之氣。故託之於講學。若不立異。不足吕表見於世。故專主良知。不得不

與朱子相水火。孰知其反以僞學爲累耶。愚故曰。文成多此講學一事耳。是故古今人惟無私。而後可以觀天下之理。無所爲而爲。而後可以爲天下之法。今貴國紛紛於其末流。而急於標榜。愚誠未見其是也。又何論朱與王哉。蠡測如斯。僅塞來問。未知有當於采擇否也。連日積悤。日不得息。夜不得眠。率復不次。統希崇炤。

答矢野保庵書

向緣旅邸密邇。幸得時親謦欬。一旦契闊。遂增室邇人遠之歎。前所下問。久未奉復。刻下又當有水戶之行。無容更爲遲緩。僕荒陋無佀。何足以知爲學之道。然竊嘗聞之於師矣。爲學非難。立志爲難。志既堅定。則寒暑晦明。貧富夷險。升沉通塞。均不足以奪之矣。如此而學有不成者乎。然學者所以祈進者也。所以甚大者也。而自以爲進者恒退。自以爲大者。并其小而失之。足下進寸退尺。學小遺大

即此欲然不自滿之念。眞善爲學也。若立志也。由此擴而充之。盈科放海。充實光輝。均莫日而禦之矣。氣拘欲蔽。屢接未嘗見。希漸即或有之。亦正須爲學以恢弘開闢之耳。至于斷髮從俗。晦跡醫術。此國俗之所爲。無害于學。無損於志。足下既有志斯學。夫孰得而奪之哉。惟望卓然自立。杳焉獨往。萬勿隨人步趨也。冗次奉復。遲慢爲罪。

答桐山知幾書

前因射策解。偶作數字。與劉陳二凡。謂學問之事。不可以璞爲樸。且此等事。唐人來此。其中鹵莽者多有之。不獨來此無學無識之人即名公。即刋本。其用事註釋。亦時有此病。未可枚舉也。故不肖於古文子史中。註解時有扺抹者。此惟可與知者道耳。與庸人言。無不抵掌而笑。接來諭。知頗有意向學。不獨文藝即言論手釆。原自恂恂可愛。儻能肆志於學何有底止。但學須內求。不在貌取也。近世之

人。多貌取以炫世已爾。非有眞能實實求進於學者也。趨庭跡棄。何敢造次太儒之譽。非所敢承。漢世學業近古稱大儒者。惟董仲舒一人。其餘若賈太傅司馬龍門劉向揚雄之徒博雅閎肆。典奧淵深。至矣極矣。而俱有疵焉。豈非以大儒者學與德兼焉者。瑜則何敢當。況以避難來此。貿貿徃來。人品污下。所不必言。書理荒疎。極爲謬戾。祇爲貴國非笑。而爲大明損棄聲實耳。來紙二幅。不敢違台意

謹書上。非謂能書也。

答大和杏庵書

芟夷群兇張大鴻業。豈非至願。然足下之所言者末也。儻正學行於世。則群邪自銷自滅。不待芟而自闢。不必張而自大矣。今幸貴國王公大人之持世者。十九不歸於佛。則下民之工商皂隸。復何足顧。上之德風也。下之德草也。草上之風必偃。故其責在於君相。不在於小民也。其禍在儒道之不明。不能百姓曉

然知先王之道之爲美。今(按不能下疑脫使字)而其罪亦不在乎釋子也。太陽無臨照之威。則陰霾爲之祟。故其權在於君與相耳。望之望之。

答完翁書

別後匆匆。無時寧息。十七日暮。方得澄一三十餘金。又聞十九日准行。一時倉卒。事事不備。又一身作僕。兄翁行後。更覺周折。弟又才短。所以跋胡疐尾。適得尊札。遠頒幷貴相知安東省庵兄手書及餞別詩。且錫以黃金

弟自慚薄劣。何敢當其過隆之譽。況省庵兄銳意學古。即有超世卓識。是弟老友。何執禮過謙如此。如金如錫。此詩人之所以美武公也。弟何人斯。乃承其貺。惜乎匆遽之甚。兩三日來。日夜不得寧息。惟一讀其書。已知是貴國白眉。序說詩箴。總不及奉讀。便當攜至舟中。翫誦批評。竢來舟寄上。偶見其刻意砥行之作。深有意乎聖賢豪傑。當是此國第一流人。豈獨昌黎文起八代之衰而已哉。幸惟相

勵勉之。堯舜孔子。非異人。俗總是吾輩分內事。弟因一時倉卒。不嵩答其書。但以一名帖致意。統族到聞之後。嵩書相答耳。從古多有此禮。勿以爲畧也。別諭索字。又書參幅奉上希炤入。轉致之。百凡俱承高雅。尊嫂又能曲體至情。謝何可盡。統重圖報。弟此行附舟。雖船主謙虛之極。言語煦煦。弟恐舟人別有不良者。爲是彼人心腹。隻身遠涉。誠恐一旦有不測之事。不明不白。若到彼平安。弟即星速

寄聞。儻有不可知。如弟所料。凡翁萬勿默默付之無可如何。留此書爲證可也。弟舟中出入必謹。又不飲酒。必無自失。惟凡記之。冗次不備。統希崇炤。

答某書

發來書。斜摘前序之謬讀之。驚顛錯愕。不知所云。或者彼時病困心煩。稍涉謬戾。容或有之。必不應乖戾至此極也。雖自信甚真。然必得原文考證。而後即安。一時求之無有。久苦

寓中碩鼠爲耗。是稿處爲鼠竊累日。行坐悄悒。自念不佞既以辭章吟詠。鏤冰刻棘。非學。復以明興制義。塵飯土羹。非學。乃一旦背繆於濂洛關閩。且又不自悞於惑世誣民之説。不佞將安所託其足乎。數日後忽於故紙中得其草。於是拭目凝神。徹首徹尾讀之。又反覆再四。讀之不禁訝然失笑矣。足下何一誤至此耶。文中大意謂聖賢之道止是中庸。當求之於心性氣志之微。體之於家庭日用之

際。不徂索之跡象之粗者。總是糟粕。即過於推敲刻覈者。亦不足以引掖後生。跡象摹擬既足使人厭棄。而理窮渺忽。亦易令人沮喪。既已厭棄。又復沮喪。最易入於異端邪説。一入於異端邪説。豈尚復有出頭日子。故不若君臣父子夫婦昆弟朋友之間。平平常常做去。自有一段油然發生手舞足蹈之妙。豈有君臣父子夫婦昆弟朋友之道。而與濂洛關閩之學有異焉者。濂洛關閩。五先生。研精窮

理。寧有疑貳。晦菴先生得力於道問學。尚與
尊德性者分別頓漸。朱陸之徒。遂爾互相牴
牾。凡此皆實理實學。與浮夸虛僞。豈不風馬
牛不相及乎。浮夸虛僞。以文其奸。以售其術
此小人無行之尤者。而謂君子爲之乎。足下
何一誤至此。浮夸虛三者。固不辯而自明矣。
至若指之爲僞。惟有王淮。鄭丙。韓侂胄。陳賈。
林栗。沈繼祖之流。齷齪姦邪。無君無父。營私
植黨。排陷名賢。所謂桀犬吠堯者也。不佞今

日舍置故園妻子。漂泊異鄉。古人所爲舉目
言笑。無與爲歡者。又且食疏衣敝。伶仃憔悴
廿二年於外。百折不撓。自苦者何心。所爲者何
事。更未嘗高自標榜。口舌動人。即使終留貴
國。止求數畝之地。抱甕灌園。纔自給足即止。
初無意於人間世。足下乃以王淮鄭丙目之
耶。所謂浮夸虛僞者。明明白白自有立言之
旨。足下即不能融會一篇大意。乃并不看上
下文乎。足下既不知古今原委。又不知國朝

典故。宜乎一聞此言。遂囂囂不自禁也。但未
嘗求其說而不得。而遽囂囂然辯駁。如是是
又一刻舟求劍者矣。可笑之甚也。文中云足
下但取其精意而已矣。愼毋於聲音笑貌之
間。淈其泥而揚其波。所指本自眞切。若使周
程張朱諸夫子。而既浮夸虛僞矣。又何有所
爲精意者。而令吾子取之耶。末言子愼毋於
章甫縫掖之間求孔子。然則孔子亦浮夸虛
僞乎。辭旨迥不相涉。無俟明者而後知之也。

即言洛閩之徒。失其先王本意。以致紛然聚
訟。痛憤明室道學之禍。喪敗國家。委銅駝於
荆棘。淪神器於犬羊。無限低徊感慨故耳。未
嘗自叛於周程張朱也。即使其中指摘一二
亦未爲過。不聞君子和而不同乎。伊尹自佐
成湯。以成王業。殷湯崇之爲元聖。而尹亦自
言曰。惟尹躬暨湯。咸有一德。顏子不遷不貳
孔子亦歎其庶乎。曾子獨得其宗。而未能彷
佛其好學。孟子學業成就。已不能及於顏子

之渾然。假令其道大行、而王業所成亦不能過於伊尹之光大。而一則曰姑舍是。一則曰不同道。然則孟子亦非與。晦菴先生之於程氏兩夫子。雖曰私淑諸人。然崇奉而蓍蔡之者。莫過於此矣。及其著書立言。未嘗率繇無改。且有直糾其失者。熙寧淳熙。先後百年。其間未甚相懸也。及今世遠事殊。而必於葫蘆畫樣。吾恐其謬於聖賢者不啻千里矣。不佞初爲此序、本謂足下未必能曉然開尊公鴻

才宿學。而貴州又多英賢譽髦。故慨然爲之然其罪多矣。失言罪一也。辭不能達意。而使足下迷誤。罪二也。立不相信之地、多言而盡罪三也。又且異邦孤子。足下雖刻畫無鹽良不爲過。但於文義不能解、又不謀之父兄。遂爾大肆譏評、不深得罪於貴州之先生長者乎。取法乎上。僅得乎中。古有是言矣。愚以爲學仲尼而不得其要。不若學鄉國之君子。學鄉國之君子、而未得其眞。不若學比閭族黨之善人。何也。其事父事兄。道得其要。意得其眞。吾迺相觀爲善。涵育深而薰陶久。則親炙切而引掖伸。迨既及於善人。於以進於君子。又進而希於仲尼。斯循序而有漸矣。若後生小子。未知灑掃進退之節。未達愛親敬長之方。而遽於天人理欲義利公私之際。與之辨析毫芒。彼不蹶然而去。則有嗒然而喪爾。其曰所論益精。所就益寡者。爲不用世。及天地泰否等。其言果何謂也。不佞徒以避難苟全。

本非倡明道學而來。亦不以良知赤白自立門戶。足下幸勿再生葛藤。以滋煩擾。論議既不相合。必無復受餽遺之理。來儀藉手敬璧。惟希炤入。萬勿以日本之禮責我也。

與某書

豚兒七歲能讀書。日誦百行。一字無遺。然不能賢。膠柱而鼓瑟。不通於天下之理。僕甚不喜。然國變以來。亦能不爲虜所汚。隱居教授。家人藉以餬其口。不至如他縉紳家貧困狼

藉差強人意耳。大明末亂之時，合天下之縉紳，惟僕家獨貧。國變之後，合天下縉紳，惟僕家獨安。上蒙祖父世德，下亦賴豚兒舌耕餬口也。甚荷上公厚愛無已，然僕不敢輕出一言。聞諸孫多人，長者又當有子，則豚兒一年館穀，常養二十人內外也。其貧可知矣。恐不能讀書，其賢不賢益不可知矣。每思得一孫到此，方知先父母墳墓平安否。然不敢輕舉。今年夏秋間，大泥船到，有一鄉人趙姓者，其

人但誠實，托其體訪。若諸孫有佳者，攜一人來。若未必佳，亦不敢輕易舉動。僕親戚沈魯瞻一至海外，遂至性命之憂，事非易也。上公大德，中心銘感，幸藉鼎言，先爲致意。僕另當耑謝也。

舜水先生文集卷之三終

舜水先生文集卷之四

門人　權中納言從三位西山源光圀　輯

男權中納言從三位　綱條　校

〇書四

元旦賀源光圀書八首

昔者孔子曰：大道之行也，與三代之英，丘未之逮也，而有志焉。夫大道之行也，天下爲公。選賢與能，講信脩睦。故人不獨親其親，不獨子其子，使老有所終，壯有所用，幼有所長，其

不幸不全於天者，皆有所養。男有分，女有歸。貨惡其棄於地也，不必其藏於己；力惡其不出於身也，不必爲己。是故纖悉盡閉，至理書臻。故外戶而不扃，質實而無僞。是謂大同。夫呂禹湯文武周公之治，爲小康，而呂此爲大同，可見雍熙之盛，非有奇謀異術也。瑜居恒讀此書，慨然興歎曰：吾安得身親見之哉。然而不能也。茲幸際知遇之隆，私計近世中國不能行之，而日本爲易。在日本，他人或不能

行之而上公爲易。惟在勃然奮勵實實舉而措之耳。以今正當有爲之時。萬一玩日愒月謙讓不遑。以至於耋耄。期頤庸有及乎。不幾虛此大美之業賢聖之姿耶。瑜誠自冒言瀆之戒。然以此充椒酒之觴。續千秋金鑑之錄云爾。

二

恭惟。聖人之大德。莫重於施仁。仁政之大端。莫先於養老。今上公既舉莫重莫先者而行

之矣。臣民喜躍。載道歡聲。繇此而興孝興弟不倍。誠舉斯心加諸彼而已。書稱文王能養老。天下莫不聞。東海之濱興曰。西伯善養老。北海之濱興曰。西伯善養老而究其所以。不過曰文王之民無凍餒之老者而已。今上公身自儉樸。推以與人。豈與前王有間哉。而瑜更有說焉。取諸其懷而與之。在人情爲甚難而所及爲未廣。孔子曰。君子惠而不費。勞而不怨。欲而不貪。其所以可大可久者。是必有道焉。誠願熟講而次第行之。詩曰。周王壽考。遐不作人。瑜竊移以頌至德矣。

三

人君以百室盈寧。羣黎遍德爲福。以民被其澤法傳後世爲壽。是以至誠無息。不息則久。以至悠久無疆。若乃福祿如茨。黃髮兒齒。以及子孫千億皆繇是而著焉。雖世俗祝釐之詞。不足爲賢君頌禱也。之瑜樂觀德化之成。思欲扶杖往視之。儻或竭其千慮之得。有以

贊襄萬一。則瑜之微名。亦藉以不朽矣。可勝大願。

四

經云。投我以木桃。報之以瓊瑤。是言施者貴誠。報者貴厚也。今者上公謬以之瑜爲賢。加以非常之禮。卿士大夫。莫不聞知。友邦冢君。莫不聞知。競歎以爲千古盛典。然則瑜將何以爲報也。圭璧之報。不足稱也。捐糜之報。徒虛語耳。且亦何益於邦政。惟望上公推廣此

心惠澤加於百姓。老者得所養而安。少者有所長而懷。至於與邦人交而止於信。此上公固有之明德也。足其衣食。革其故俗。如此則人人在於覆載之中。人人胥慶。水戸一邦之人民。子子孫孫。歌頌如天之德。垂之無窮。之瑜雖愛莫能助。然免於媿恥。即與於榮耀矣。可勝大願。

五

伏願。宰相上公閤下。萬壽無疆。治教休明。然

野人芹曝。其心固自以爲忠愛。奈何芻蕘之言。其足中於采擇者有限。儻或留神。擇其可者。次第施行之。敢不畢竭其愚。若徒爲頌美已贓。誠恐涉於貢諛。區區之心。可勝至願。

六

伏以。治道有二。教與養而已。養處於先。而教居其大。蓋非養則教無所施。此奚暇治禮義之說也。非教則養無所終。此飽食煖衣逸居無教之說也。故教者所以親父子。正君臣。定名分。和上下。安富尊榮。定傾除亂。其效未可一言而喩也。今天下典彝。或未甚修舉。名物或未甚允豫。橫議盛而游手多。未爲久安長治之象。卓識之君子所宜夙夜祇懼。思贊萬世無疆之休。今乃怡怡然。亦步亦趨。恐非持滿保泰之道也。且上公蚤有明哲之譽。迺爾出羣。誠天地之所篤生。祖宗之所申佑。而無致君澤民之實。其何以謝天下乎。其何以謝祖宗乎。之瑜老悖不知忌諱。以此爲祝。竊自

以爲賢於百朋之獻也。

七

伏以。六律周而歲新。三陽開而運泰。晴曦展綠。淑氣催黃。此時君象春而沛澤。民望春以登臺。豐亨豫大。肇於斯矣。昔者張堪爲漁陽太守。民歌之曰。桑無附枝。麥穗兩岐。張君爲政。樂不可支。又言世間聲色貨利。舉不足以悅張君。惟望見嘉禾好麥。乃笑耳。郭伋爲潁川太守。世祖敕之曰。賢能太守。去畿甸不遠。

河潤九里。冀京師并蒙福也。夫賢能之有益於世。乃如此。今上公以明睿之姿。秉盛壯英豪之氣。力行善政。猶青陽之發生。萬彙無不芽茁暢茂者矣。內則足以爲子孫之法。遠則足以爲王者之師。若更因循翫忽。則莠莢之錢。亦即伏於純陽之月矣。夫寄物於人。明日取之。屬爾。然有得有不得者矣。以賢君而行善政。則探囊而取物。隨手即得。無往也。彼不知者。固無足怪。知而不爲。咎將誰委。今日祝

釐之時。最以勵精之語。大爲不倫。旦之瑜早暮入地之人。又無子孫寄居此邦。誠無所希冀。何爲過於苦口。但謂賢哲之主。希世而一遇。不可虛擲耳。外具水錯貳種。少將芹曝伏祈涵鑒。曷任罷榮。

八

伏聞天之道不已。歲易之以爲新。人君之道亦不已。歲增之而崇德。天保之詩曰。以莫不增。增之不已。而盛而大。而高明。而巍巍蕩蕩。增之至也。明君體天出治。固欲其增之不已也。惟望上公加意民生日用。以周家積德累仁爲法。百姓登於春臺。則人君之福壽。操左券而取之矣。前知上公自南自北。冒雪衝風。心雖不遑寧處。然康侯之職。以勤民爲賢。不敢以暇豫之說進也。數日間有自邦域還者。類稱新歲來玉體精明飭勵。蚤朝晏息。可見單厚多益。茀祿爾康。自然之理也。茲謹修緘。奉候新祉。薄具海鮮貳種。將意深媿輶褻。臨

啓可勝歡忭之至。

與源光圀書十九首

違遠德容。已踰兩月。屢問興居。備詳上公閣下福履亨泰。特以炎蒸之烈。時至綠岡別館。清暑二三日。復還路寢聽政。今年暑熱。聞爲往時所未有。茲者玉體安和。洵爲宗社臣民之慶。之瑜蒙恩最深。其悅豫更倍恒情矣。世子聞篤志好學。倦則習書。誠能循循若此。不獨他日可以治其國。友邦家君。皆可越而軼之。

前者面啓云。邦君凡百好尚皆有害。惟好讀書進德則日益而無損。但在加意懋勉之耳。茲值上公閣下追遠之誠。不能執肝以從。謹奉瓣香明燭。用效助祭之毫末。外具豊原線麪壹筥。少佐致齊齋供。伏祈鑒涵。可勝翹企。

二

十五日入朝。承諭日本風俗。大夫以四十二歲爲厄。因及婦女以三十三歲爲厄。此竊陽九百六之說。而又錯繆陰陽。以惑世誣民者

也。誑者信則懺悔之左道行。惑而迷則度厄之姦謀售。是可以欺凡庸。而不可以欺豪傑也。況人主基命。關乎昊天。怙冒係乎萬民者哉。昔者熒惑守心。爲宋分野。太史曰。熒惑守心。災在君身。勿禳必不免。願禳而移之大臣。宋景公曰。大臣災則吾無股肱。無股肱吾何以爲身。曰。然則移之歲。公曰。歲凶則無民。無民吾何以爲君。於是熒惑退舍。故曰。宋景公有君人之言。而熒惑退舍。楚昭王有疾。卜曰

河爲祟。王弗祭。大夫請祭諸郊。王曰。三代命祀。祭不越望。江漢睢漳。楚之望也。禍福之至。不是過也。不穀雖不德。河非所獲罪也。遂弗祭。孔子曰。楚昭王知天道矣。其永世也宜哉。二者皆諸侯也。謫見於天。象觀諸卜。尚不爲惑。況其無端者乎。詩曰。永言配命。自求多福。然則人君之所以祈天永命者。亦有道矣。書曰。皇天無親。惟德是輔。又曰。作善降之百祥。是故神所憑依。將在德矣。德與善維何。人君

之慶賞刑威。無非德也。無非善也。但當克永觀。克永省。終身以之。非祇一歲之中兢兢而已也。

三　時光圀在下總小金獵場

之瑜頓首。欲作小啓奉候興居。處於密室之中。重檐之下。楮墨之微。猶尚烘硯而後書。不及數十字。輒呵其手。五六日來。見圬人塗墁次。蚤晝皆凍冱。江都人煙湊集之所。猶然如此。曠野蕭條。驚風落葉。凜冽必更甚矣。復自

念寒儒。老朽雞皮。畏葸之態。豈足以比方英雄豪邁之氣。揚旗抱鼓。數千人虓喊而前。凝雲尚爲之開。豈慮區區發發哉。不幾爲麾下壯士所嗤鄙乎。既又念子瞻謫居海外。其詠月詞云。唯恐瓊樓玉宇高處不勝寒。神宗讀之曰。蘇軾終是愛君。人情又不可以一例論也。今遣門人今井弘濟趨候台安。歸來必得其詳。瞻望弗及。百千耿耿。

四

伏見駕詣長楊。強半風雨。昨暮有人來自綏下。側聞起居康泰。意氣奮揚。殊不爲飄風驟雨所阻。瑜計圍守爲艱。恐獲禽未必若丘陵也。目今時日既迫。歲事維殷。誠恐左右者不察。咸有利獸之心。伏祈上公閤下。萬分鎭重。今年厄歲之說。雖婦人女子迷謬之談。萬萬必無之理。然既有是言。更願矜愼。此二十二日。以執邪慝之口。萬一馬蹄少有驚奔。彼亦得萋斐哆侈以爲口實。以六十六州之豪傑。

烈文之辟公。破此數百千年之陋習。覺愚夫愚婦於夢寐困魘。如西門豹之爲河伯娶婦。亦一快也。之瑜數日來皆無恙。不敢重攖淵慮。竚竢駕旋。候望顏色耳。臨風翹企。統惟鑒茹。

五

三之日。聞于狩之命。謹即恭送。而行李載塗。倉皇馳入。遂遇前騶。欲趨避之家人之門中。而比戶嚴扃。不能排闥。前後趑趄。冒干旌節。誠懷惶恐。上公不獨不笑其鹵莽。不知禮而啓行倥偬。急於星火。更遣使臣慰諭。以氣寒栗烈。當謹旦暮。勿致感冒。以摧蒲柳。言言肝膈。事事殷憂。菲躬載重。何以能勝。自非筆舌可既。謝悰但之瑜樗朽之質。毫無益於人世。猶軫尊貴之懷若此。而貴人爲萬民之父母。爲上下之倚毗。至寶大圭。豈止萬倍於瑜。而瑜之所以仰望之者。不言可知已。外具蜜柑壹籠。褻瀆無似。鑒存以犒從者。亦越王所投

之膠耳。臨啓可勝瞻望之至。

六

粤自旟旐征行。連朝晴霽可喜。雖時當寒冱然無雨雪飄風之烈。旌旆飛揚馬蹄輕蹻。從禽樂凱。得獸岳陵。偉革蕭鳴。歡情雷動。可想而見矣。茲遣今井弘濟。祇候台安。薄具江瑤柱拾枚。澀慚輶褻。伏祈鑒納。曷既敷宣。振旅非遥。不敢瑣瀆。臨啓可勝瞻溯。

七

雨雪浮浮。淖泥没脛。合圍不易。從獸維艱。靜攝行宫。羣情之所安。恐上公馬驚車驅。有限之日。不耐從容談燕也。昨朝幸已晴霽。悠悠展施。或不至過於岑寂耳。謹遣今井弘濟代候。轅門薄具江瑤柱拾枚。少將芹曝。惟冀莞納。可勝榮荷。臨啓無限瞻溯之至。

八

季秋恭送啓行。面諭㠯今年五穀皆熟之瑜不勝雀躍。蓋五穀豐登。謂之大有年。此不易得之慶。其後又聞蚤霜傷稼。夫蚤霜能使穀秕。晚禾穗穎白。而堅栗少。十分之中。曾當消減一二。心又憂之。今乃家人失火。比屋延燒。聞之。公府士大夫家。幸而無恙。而黎庶市廛焚灼繁多。雖人火曰火。比之天災。大爲有間。而君相之心。不得不憂民之憂。昔宋㠯靈雨大火。上公之尊。降而稱孤。稱不穀。憂民也。故君子美之。諒上公必㠯此宵衣而旰食矣。之瑜不能驅馳慰解。祇此數行。奉候台安。伏祈

鑒炤。可勝瞻溯。

九

本月初八日。承賜上方珍膳壹摟者。恭惟調羹盛典。一之已足膾炙千秋。況且錫之再三。㠯至不可枚舉。信手從來未有之美談。當此炎蒸蘊隆之際。親爲醯醢指授之方。賜出太庖。寵綏鯫士。霈茲膏澤。豈催肥井。紀之則不可勝書。嘗之則不可勝飫。銘之則不可勝媿。遣令門人弘濟代爲陳謝。臨啓無任悚惕之

至。

十

三月初吉。兩逢寵召。不勝悚仄。初四日蒙遣近臣藤井德昭。儐臣田犀。賚賜名花壹舫。美饌珍菓壹箱。到寓慰茲寂寥者。上公以重憂之中。費此盛心。閩邦當大卹之際。獨膺特典。移春有檻。玩景無心。前列珍奇。情難饜飫。且承後命。不令登朝面謝。謹遣門人弘濟代爲陳謝。可勝感愧悚惶之至。

十一

本月貳拾陸日。蒙遣使臣存問。并諭以愼疾勿登朝申謝者。届在憂戚之中。乃屢問疾之典。雖屬鴻施無限。實慚蟄戴難勝。更有言者。友于兄弟。本自天眞。父母之所愛。亦愛。斯爲至孝。凡事物視必身親。已非伯兄之易及。六日夜衣不解帶。茲豈公侯所能爲。李勣爲姊煮粥。庾袞侍兄湯藥。方之蔑如矣。但情已循夫至極。哀須節以聖經。久欲面言。未繇親弔。

統祈炤詧。曷既。敷宣其他不敢越禮陳謝。并希原鑒。

十二

初四日伏承瑤札。捧讀甚爲惶愧。禮當即日裁復。緣是日遂聞有世子惠臨之命。一者不欲屑屑以瀆記室。一者庭内荒穢。灑掃爲煩。老病慵拙。十駕尚不及駑駘。況言駛驥。二十一日。幸辱世子枉顧。事事果不能備果蓏。長者不勝悚仄。而反叨刀馬魚酒之貺。輝煌一

室。謝何能既。下問三事。志大而見卑。非尋文書生。循行數墨。拘守章句之所及。若能專篤弗懈。克廣德心。自高曾以下。咸嘉賴之。豈惟萬人以貞而已哉。可爲預賀已。率泐申謝。不次不莊。統惟鑒涵。

十三

本月十二日。承命使臣藤井德昭。賚賜内厨異品壹箱者。瑤函嚴裝。珍饌惠頒。滋味殊常。製作迥異。非恒手之所可及。故必親爲點篝。

非褻味之所能參。故必出之內府。王手和調。金鐺亨餁。歷觀傳記。萬一有之。然而事或出於偶然。恩難引而弗替。茲者頻頻錫予。強記猶遺。欲申銘戢之意。遂窮攄寫之辭。更辱後命。謂暑天必勿躬謝。謹遣門人弘濟趨頌。即日別賜烏骨雞壹對。㠯備藥物。并此致謝。不宣。

十四

本月拾捌日。瑜㠯病痊。入朝致謝。未申謝辭。再諭歸息。旋遣使臣太醫。接踵問察。兼賜甜

瓜壹盤者。賢主好善而忘勢。仁君樂道。㠯有爲。昭垂古今。著之典籍。容或疾甫亟而周軫。未聞病已起而殷憂。總之軫念太深。所㠯精神畢到。誠恐加於小愈。寧可衛其未然。命使旋來。太醫踵至。勤奉慰諭。診切望聞。兼賜甜瓜壹盤。民之初生。上方罕有。拜已登受。遽而先嘗。謝辭未達。夫一言。禮意頻繁手再四。恩淪肺腑。德協高深。肅此奉謝。不盡願言。

十五

古之賢君。式段干木之廬。二千年來。傳爲盛美。然未有㠯三公方伯之尊。爲寒士而下。因而徒行過門。踰數十武。而後來者。有之自今日始。前此數千年。後此不知其幾千百年。所絕無而僅見者。大足爲瑜榮寵。然而榮寵之意。不勝祇懼也。未知如何得少補萬分之一。不負今日謙謙之美。方足㠯無慚一邦之臣庶。及千載之下之耳目耳。祇此特啓嵩謝。可勝媿悚之至。

十六

之瑜不自謹疾。致干天地之和。深惟罪戾。何敢上聞。乃蒙上公閣下。疊使使者。存問慰諭。諄諄。感戢五中。方懼無㠯爲報。今月二十一日。旌旗儼然。親臨視疾。又念瑜卧病牀席。動止爲艱。駐蹕於門。詳悉審問。自古人君好善忘勢。煌煌史冊者。未有至茲之盛也。童叟擁觀。誰不驚歎。竊自惟念神龍興矣。卿雲宜從。雕虎嘯矣。清風宜生。顧之瑜德淺才薄。不足

已稱斯大典。譬猶表龍章於祼壤。奏簫韶於聾俗。他日何以著之簡編。用是爲懼耳。近日日漸平復。惟患口少有未合。不敢更煩垂注。台輔諸大臣。以卿相之尊。絡繹視問。此皆曲體深衷。致斯隆禮。中懷感激。局既斂宜肅此佈謝。統容登朝面申。

十七

茲蓋恭遇太夫人追遠之期。敬具白燭貳樹。速香參辦。少點几筵。祈命祝史。虔共爲望前月終旬。儒臣今井可汲代歸。備陳上公閤下顧念之深。眠食嗜好。諭令一一探取。確實上聞。後二日。儒臣吉弘元常暇歸。復詣閤前。匆匆間到瑜寓所云。看視明白。已使上前陳述其所傳愈益精詳。瑜何人斯。敢蒙上公如此眷注。竊惟飲食之微。之瑜素不經意。近已年邁血枯。氣虛齒落。稍稍有事於斯。半年已來。無人管理。鹽梅失所。生熟乖方。即有一物烹炮。亦自無可下箸。惟有疏食饘粥。強飯自愛

而已。祗此奉復。統希涵鑒。不宣。

十八

紀州大納言公如何不祿。十二日聞紀伊公乞假侍疾問之云爲小恙耳。越三日十五。遂聞薨逝。何奄忽如此。老成凋謝。深足爲世道憂傷。況大納言公於上公爲世父之尊親。而上公特篤夫天性之孝愛。惻怛震悼。必逾恒輩。又況上公一年之內。兩遭大喪。極重極切。殮不得憑其尸。葬不得臨其穴。聞聲思事。不知隕涕之無從。理勢之所必至。但大納言公壽躋七旬。富貴已極。而考終命。是五福具備也。厭世上昇。無復遺恨。又且社稷爲重。君身自不得輕。上公之於大邦。任爲鼎呂。四方之所倚賴。薄海內外之所觀瞻。古人當憂戚危疑之際。內幹機密。外總軍旅。抑情鎮物。以一身彈壓百僚。此爲大忠。此爲大孝。此爲能勝大任。其他哭泣毀瘠。歠粥深墨。乃鄉黨自好之士之所爲。不足語於千乘之大節也。伏惟

湲念社稷節哀經邦上安當宁下慰蒼生可勝至願臨啓無任懇惻祈望之至

十九 与中山風軒辛

元臣永命宗社之靈老成凋謝典型晋墜凡在邦域之中聞之莫不驚悼昔者平仲淪亡齊侯下車而趨望城而哭即世十有七年出射猶爲揮涕平仲非王者之佐不主眷懷猶尚如斯况在三臨之際能堪悲戚之心前月中海濱吞齧民物殘傷舟居漂没之瑜緣在

病中未能脩緘問訊復重此憂懸知上公閤下難已爲情祇此奉慰敢祈節哀自玉臨啓可勝懇悃之至

答源光圀書五首

十月十九日謹呂太廟典禮議壹冊遞上未知有當尊裁二十四日呂來首尾十日兩賜手書再拜捧誦惓惓呂樗朽衰病溷瀆淵慮閑闔數四又通日如聞道路之言不覺感極涕零古之人志在君民曰予弗克俾厥后惟堯舜其心媿恥若撻於市一夫不獲則曰時予之辜今之瑜膺此殊遇而無尺寸之效愧之恥之豈敢自安承示巡省鄙屋推見民隱禮高年卹鰥寡又輒手爲加頌皡皡之風不可復冀矣誠得四境愉愉頌聲交作庶幾小康哉繇此而進焉無難也知之非艱行之維艱上公篤行勿替則之瑜亦藉手呂釋此盖也又復承賜鷹獲雙鴈已即拜登謝謝無已心乎邦治夙夜不遑此人君之德而黎民之

慶福祚流於子孫薇猷耀乎宗祖僕之瑜一息尚存得與齊民同賡擊壤誠爲至願至若僕僕之云乃子思子名德高賢傲睨一世豈之瑜鄙薄所敢擬爲口實媿極媿極茲者政繁風烈特遣小力恭候台安外具蜜柑車螯貳種少將芹曝適値烝祭之期謹薦辨香雙燭統希鑒涵可勝瞻溯緣在臨減之際不另脩復啓冉祈炤原

二

雲翰遙臨。拜讀生喜。數日來。天氣晴和。馬足輕利。人情愷樂。擊刺讙闐。乃爲出狩。快事。前者頻頻瑣瀆。似爲杞人過計矣。然世事不嫌過愼。尚祈抑情留意。謦言幸甚。承賜鹿肉壹肩。豕肉壹肩。當卽拜登。惟是上公觸冒霜露。獲諸原野。而觚生反安坐。而厭飫於華屋之下。揆之於心。能自安乎。先此奉復。三四日後卽當面謝。不宣。

三

本月十六日。寵錫瑤函。猥加存問。拜賜牛肉壹肩。豕肉壹肩者。伏以積雪凝寒。盡關淵慮。寢興服食。備降溫言。宏先王肉食之仁。充下走引年之例。太牢滋味。以實羹藜含糗之腸。匹士寒微。遂列豢豕押豚之冑。爲俎孔碩。鼓腹而嬉。幸作文王之民。故無凍餒之老。其爲欣抃。莫旣敷揚。又諭以躬往大田。衝風半月。政務塡委。下代職詳。神馳左右。可勝耿耿。餘載前緘。不復縷縷。

四

遠貺琅函。拜讀稱慶。并惠鱒魚壹尾。卽當嘗。以飫佳鮮之瑜。原擬除夕修緘。元旦鄭上。奉祝鴻禧。不意家有微疊。故爾中止。翰扎下頒。益滋悚仄。又本月初七日承命使臣藤井德昭。賫賜蜚鴻肆翼。當卽拜嘉。上者戾天。下者躍淵。連朝寵錫。遂極高深。欲圖報稱。亦惟願上公惟堯舜而已矣。瞻顏非遠。先此陳謝。不宣。

五

本月初五日役旋。賫捧教令一緘。謹卽再拜啓誦。惟覺肫誠懇篤。言有盡而意無窮。然中間溢自挹損。稱譽過隆。雖王侯不自滿假。大足增史籍之華。而處士或盜虛聲。誠恐騰口碑之誚。更有虞者。上公大人。實意周爰。虛心側席。幸遇古之賢人。又將何以加此。奉函慚懼。省躬汗惶。外文壹首。漢唐官錄官論。呈電覽。伏祈政治清燕之餘。留神披閱。其中切要之處

必於時事。少有裨補。得賜采擇施行。實爲大幸。臨緘可任瞻淙悚惕之至。

謝源光圀賀八袠書

之瑜犬馬之齒。無當比數。知不足以匡時。勇無能以戡亂。飄零瀚海。旅食熙明。五百甲子。差多於絳縣之老人。乃蒙上公閤下。物物縈懷。纍纍寵錫。裘杖兼承。笙鏞迭奏。遂擬夫魏廷之高允。禮宜即時摳謝。匍匐明庭。亟卿伊藤。及近臣近藤儀大夫。承令諭止。意圖次早

嵩頌。奈孱軀委頓。三四日不能自力。遂不能陳謝。及恭送麾幢。負罪山積。非一言可喻。數日來伏枕。自念氷天雪嶽。登陟爲艱。霜風入懷。毛髮頻竪。擁鑪煨芋。諒非遠志所期。二十四日。監膳加藤久衛門至。宣傳明旨。謂數日積雪難消。旌旄簡出。次日儒臣佐佐介三郎書至。大意皆同。不勝之喜。多於獲禽百倍矣。外具蜜柑壹籠。蠣黃壹桶。少佐晝灰撥火之資。伏祈一笑。

與源光圀啓事二首

世子必非久虛之位。願上公博選賢者。以爲之傅。其次爲之少傅。必誠實端正。寡言曉事。有學有識之人。方能成就儲德。若徒好好先生而已。無益也。及今預教。已不爲蚤。况更遲遲乎。待其習慣成自然。乃欲揉而直之。蓋亦難矣。至於左右之人。亦須擇其質樸膽小者。勿使狎邪非僻之輩得以親近。爲能庶幾丙午年。伊藤玄蕃謂瑜曰。世子靖伯世子好奕棋。恐

非美事。瑜曰不妨。奕棋雖非美事。然富貴人必有所好。猶愈於聲色狗馬也。小人之導主無所不至。願上公愼之。此時言此。誠恐觸上公悲痛。但賢人最爲難得。而柔佞望風寅緣。一或輕於訂約。便難更改。軟熟柔佞之人。最能害事。故不揣妄言之耳。諸侯雖與天子不同。然見故靖伯世子官屬甚盛。不在省此數員也。况又至重至要者乎。賢傅在於輔養君德。不在激許以自取名。至若程伊川之教太

子如東濕然則人情不堪非徒無益而又害之矣願上公愼之上公必曰安得如此賢人夫夾袋中有此人則誠善矣若夾袋無此人則上公平日不留意賢材之過也茲錄禮一條奉覽禮太傅審父子君臣之道以示之少傅奉世子以觀太傅之德行而審喩之太傅在前少傅在後入則有保出則有師是以教喩而德成也師也者教之以事而喩諸德者也保也者愼其身以輔翼之而歸諸道者也

二

前月十七八日儒臣吉弘元常以十五日飛報留王儀事諭知遂及於住居之所云上公意欲以梶間孫兵衛房屋與住之瑜即時辭之仍恐元常言之未能詳悉故敢再瀆昔宋相子罕之宅南隣之墻擁其前而弗直西家之潦經其宮而弗止楚使士尹池見之問其故曰南隣工人也恃鞔而食三世矣遷之則無所得食故弗徙也西家高吾宮卑潦之經吾宮也利故弗止也齊景公以晏嬰之居湫隘囂塵欲更其宅而晏嬰固辭及晏子使晉還而景公毀其比隣以廣晏子之室室已成矣晏子拜謝君賜立毀其宅仍各給還其隣而隣人咸復故居夫子罕晏嬰非眞能賢也而所爲猶能如是今孫兵衛住此有年矣其人好潔房屋必自葺理雖未曾入其家外觀花卉草木亦自修植其家必有安土重遷之意若一旦遷之別所勝於此者其心僅能無

憾但止與此相方則怨尤生矣諺云上房搬下屋失去一石穀言工力泥塗酒食之費而未及於土木也孫兵衛爲府庖有用之人尚冀加惠而撫綏之況可使其心抑欝而生怨此不獨本人怨咨而已旁觀之人亦皆不平必謂上公厚於新人而薄於舊人親其疏遠而畧其久役不能爲上公增美而反爲生怨瑜獨何心王儀附在密邇之瑜心豈不欲然勢不可耳王儀三年無恙必有所蓄斗儋請

小右衛門房東隙地使其自搆茅屋數椽此之市里僦居相去萬萬之瑜與王儀感激均爲不淺不然即以舊年所給之瑜園圃令其結茅而居必不願輒徙安居之人且王儀出入波濤之中生死不可期今上公拔之汚泥之中登之袵席之上其人苟有心胸已自銜結無地必不願更費清思復煩周折也長崎飛報到下當有回音誠恐嚴令遂出令之未下也則無怨無德令已發而追寢之則歸美

於之瑜矣故先事而豫言之且凡事忌盈天之道人之道也瑜聞之天道虧盈而益謙地道變盈而流謙鬼神害盈而福謙人道惡盈而好謙瑜誠不願自處滿盈犯天人之所惡也書曰滿招損猶其小者耳本欲面陳因傳達不能盡意故以筆代舌非上書也故略其儀惟祈照詧

與源綱條書三首

恭惟世子閤下仲秋言邁天爽氣清情舒意暢違子舍而爲君履朝端以思孝臣民胥慶童叟歡謳此可以徵人心之愛戴爲異日造無疆之福者也茲者聚萬衆以修武出有撫軍之名遂翕左而大蒐習爲主鬯之事祈加重愼雅副具瞻僕犬馬齒衰尫羸日甚欲遣候而未遑徒日伏而自念前月晦日忽承大使恵以雙魚登拜爲慚悚惶無地昔者干旄在浚衛人欣羨不容口況以赫赫儲副之重而禮先寒畯哉夫大夫之於儲副相懸不啻

什佰故聞見者則不勝誦說鼓舞而僕則不勝祇畏也僕雖洵有罪矣然願世子閤下弘此遠圖僕老矣不足數使天下之賢人君子聞風而起翹首企足望貴邦之郊門思欲得當而至止以効其區區則他日閤下之琢磨媲於武公而治道登於禽父是則千里逸足期年三至而僕爲五百金之馬骨矣可勝至願故不敢以罪爲辭也外具江珧柱拾枚將意淡媿輶褻惟祈鑒原

二

親饋爲貴人盛禮。三代之隆。惟周公大聖。身自進食飲者三人焉。嗣自春秋七雄之後。惟平陽侯饋食於蓋公。繼此則寥寥焉。今世子已本支之重。膳羞屢將。雀舌龍團。手自烹瀹。盛世禮士之禮。一旦自親見之。媿瑜甚非其人。虛此大典也。可勝感刻。至於嘉殽果餌物物豐腴精美。歷覧上聞。慚非伯樂。更難形容。又命今日勿造府踵謝。言之懇懇。重違長者

意。不得不勉強祇承。可勝惶恐。

三

新歲不得隨班祝釐。春蒐又不及趨送。罪愆累積。無能湔洗。竊聞楚莊王田獵。觀於榛叢擊刺虎豹者。觀於猿射猱騰趫材捷足者。觀於上功幕府。不蔽不虧。賞罰平允者。不徒行也。中軍亟於下綏。事事指揮發縱而已。三者或勇或敏或公。皆於農隙之時。預儲制勝敵愾之器。今世子閣下。選徒禱馬。大都亦自如此。惜僕老憊病羸四五年矣。不及匍匐圍場。仰觀講武寓兵之意。用是歉歉無已耳。茲者嵩力奉候旌麾。薄具澥蛤壹籠。少將芹曝。祇希叱存。不備。

舜水先生文集卷之四終

舜水先生文集卷之五

門人　權中納言從三位西山源光圀　輯
男權中納言從三位　綱條　校

○書五

答松平康兼書

大凡畫像至後世。輙展轉失真。此無足怪者。孔子五露。堯顙皋額。明明載之書傳。而後世畫為長髯俊雅。張子房體不勝衣。貌若婦人。近見數種。畫為雄赳戟髯。兩目懸鈴。如此大

錯。其他肥瘠脩短之間。益不足言矣。此像豐偉秀麗。亦非小面。畫工於髭髯長短。多不用意。蘇東坡短髯。前見瓊州借笠屐像。美髯尺餘。然不可謂非文忠公像也。韓熙載以陰術害人。素行險陋傾仄。必非俊偉凝重之器。且諡文靖。亦稱文公。則事文類聚記載之訛。與熙載先後同時者。李沆亦諡文靖。不稱李文公。王旦諡文正。不稱王文公。何獨至於熙載則稱韓文公耶。肘掛雙臂。當似文公退之像

且有意以文公而事之。則居然文公。又何必求之聲音笑貌之間也。適有小恙。倉卒奉復。不備。

與岡崎昌純書二首

春間手札。諭三木凡轉致盛意。深感厚情。臺下循行阡陌。遍歷閭閻。凡農民勤惰。田畝墾治汙萊。婦子嬉愉以及貧家終歲作苦。莫不聱然在目。纖悉備舉。以告上公。此誠輓世之盛事。而為萬民造福也。今年各處饑荒。溝渠

捐瘠。被旨行乞者。不可指數。岌岌恐有他變。而獨貴邦無一餓莩。此誠君卿大夫之榮。而萬民之所尸祝者也。當宁聞之。理當寵異。僕謂救荒之策。始如日用飲食。朝饔甫竣。當思夕飧。今日枵腹。又恐來朝懸釜。為之君父者。憂未歇也。故當有道以處此。為之十年而殫於一歲。則全功盡棄矣。語曰。七年之病。求三年之艾。今政蓄艾之時也。晏子云。春省耕而補不足。秋省斂而助不給。助不給者。或非臺

下之所能爲然不可不知其意民間固有刈穫方畢而甑石無儲。父母無以養者。别其勤惰審其疾苦。間施特恩。以卹不得已之人。政在此時行其激勸也。儻能及今蓄之邀天之幸。數年豐稔。則公私廩積盈溢。雖有水旱凶荒亦無大患。即賑亦不必盡蠲。公帑矣。惟在臺下謀之諸卿大夫加之意焉爾。嗣後又辱翰教。方在病中。手書則不能。代筆多爲虛語。故致遲遲。幸亮原之。前期已近。僕病四月。今

已稍愈。晤時當竟夜挑燈詳細往復也。伊藤貴同寅。希爲道意。或即以此示之。病後草率。不宣。

二

世俗之人。以加官進祿爲悦。賢人君子。以得行其言爲悦。言行道自行也。蓋世俗之情。智周一身及其子孫。官高則身榮。祿厚則爲子孫數世之利。其願如是止矣。大人君子。包天下以爲量。在天下則憂天下。在一邦則憂一邦。惟恐民生之不遂。至於一身之榮瘁。祿食之厚薄。則漠不關心。故惟以得行其道爲悦。雖世莫之宗。其栖栖皇皇之心。固無已也。僕在此屢有啓迪。疑上公漫無可否。故連年堅欲求去。臺下之所知也。特爲貴邦風俗所拘。事事皆藉他人爲主。非但中華進退皆自裁酌。欲去則翩然高舉。無有以縶籠之者。是故身雖勉留。居常快快。昨諭上公鴻恩汪澤。覃被士民。此誠有高世主之心。而有志先王之

道者。非深心爲民。豈能至此。台諭謂是行僕之言。别後喜而不寐。若能擴而充之。則水戸一邦。當無有匹夫匹婦不被其澤者矣。今且使仁心仁聞達乎四境。使含恩之民歡欣鼓舞。歌頌君德而上公亦無反汗之虞。儻僕明歲尚存者。當俟臺下明秋至止。考究一可大可久之妙。不然則事或中乖。而盛德窮於難繼。斯强弩之末矣。盍蠲民租貸民種食。則倉廩將虛。倉廩虛猶可言也。若代民償百官之

祿斗食已上或可。千石數百石。將如之何。則是小凶而公帑反爲大凶也。其間必有變通經久之道。至子孫亦世世可行者。昨暮已候久倦怠。素所蓄積者七事。一言不得發。儻令夕賤體可支。初十日當入朝。出朝即造邸中。當擾貴署家常一飯。庶可備談一二事。若十一十二准還軫。又不能矣。侵晨反乘華翰致謝益媿。

與三木高之書

僕於元日之夕。舊病齊發。意謂不能再見上公矣。不期延引至今。今上公入都。在邇庶可再奉色笑。無限歡喜。始聞道路之言。謂上公泛海至鎌倉。而後入都。此無知者之所測度。僕謂必無是理。上公明達矜愼。處平地而險。豈肯率意輕舉。且從船危。從橋安。人主不乘危。彼涇渭衣帶之水。一葦可航。又人人濟渡之津。耳自習慣。其風三面可用。即有船頭逆颷。可以破浪鼓棹。即使萬分不能。不過仍歸

河干而止。漢臣猶且免冠力爭。甚者危言怒主。台臺即未讀其書。豈不能推明其理乎。何不聞忠諫之言。且諸卿大夫皆老成持重。皆未嘗泛海。必無阿意曲從者。固不足驚。且諸侯內地安行。告廟禮畢。先使祠官奉幣。徧告所過名山大川。何也。誠重之也。未有無故冒波濤之險者。聞此途須北風方達。目今南風司令。北風安可必得。萬一微風盪出外洋。豈人力所能收入。即或順風可期。亦必不以萬民仰賴通國倚畀之身。嘗試其險。若原無此事。台臺亦不必達知上公。若果有之。望與諸卿相商度萬全。犯顏力諫。前者老臣凋謝。誼當作書奉慰。詢之云貴邦無有此禮。故不敢造次耳。力疾把筆。不盡不盡。海中事與近藤兄屢言之。問之可得其畧。

答大井田義行書

昨邂逅岐路。倉皇分手。儻僕此時適在左顧則必失禮於門下。因思小力惷愚。每每訓飭。

猶不介意料平日之得罪於諸友者必多矣。孰能諒之。撙節愛養。敢不敬承明命。然何敢以藐藐之軀。爲萬姓所係也。惶愧惶愧。嘉惠宇陽芽茶。即當瀹試以沃清德。外重之以鮮魚壹尾。是魚虎頭燕頷。必能飛而食肉。僕來東武七年。今日初見。擊而烹之。其味必佳。匆匆裁復。嵩容面謝。不宜。百拜之稱。懼不敢當。謹留之以誌謙德。以後萬希自主。

答平賀舟翁書

聆來諭。知足下盡經思慮。此萬民之慶也。前書田多沮洳。水浸則土膏不存。土寒則禾稼不發者。蓋謂秋收之後。三冬及早春而言耳。如二三月間。田盡深耕起。大土塊翻而覆之。如伏虎蹲羊。然後以水灌之。使土酥而釋。然後用䎱䎱之。然後用平䎱打平。平時亦用水淹下寸許。四面阡陌。即田塍。田間小道也。勤勤修理。勿令滲漏。亦勿令客水流澌。若大雨水多。亟須開缺放去。放畢復塞。以俟蒔苗。恐足下誤認前

書。謂田中不當有水。致誤民事。故力疾作此數字。連日病甚。不能多及農功。須日夜以思。不過一理耳。有不可解者。不妨陸續來問。

與原善長書

初見芝顏於外朝。即有款款之意。此後相與日浹。眞率直遂。竟無城府。不以遠近作殊觀。表裏如一。始終如一。去秋入東武。已幾一年。閱人亦自不少。欲如此光風霽月之懷。亦寥寥未有幾人。乃緣上公情縈北闕。夙駕星言。

僕不得久沃方潤耳。懷念誠深。眷戀無已。屢厪翰札。又因賤疴雜遝而至。且不解國書。不能親復。雖令譯者代書申謝。然書不盡言。言不盡意。終自耿耿也。敝門人佐藤彌四郎至。詳述與居。可勝遙慰。鄙人不合時宜。宜爲世人所吐棄。上公別有賞識。獨能收之格外。禮儀隆備。日漸增加。而台臺水鑑。又不在牝牡驪黃之中。僕何修而得此也。然亦幸而有此耳。儻群相唱和。共播流言。萬里孤蹤。豈能一

日立於貴國之庭彼不過爲聲勝護法妄意禍由僕生而已笠井之子僕聞其聰俊極意欲訓成之不料其於唐音不便也心甚悵快當如來教而行安積彦六頗佳僕以其多病又恐騰貴國之人之口前以其父病辭回至今尚未許取係台臺近隣幸藉渠言先爲僕地異日成則此子之福不幸不永知非僕罪不然世俗無知便謂聖教能殺人擬爲口實矣不盡惓惓統惟崇炤

答清水三折書

時日易邁轉瞬已逾半年有人自水戶來必問台臺起居詢知康吉則喜但乎未以地隔也然半年不通一札欲謂之非疎節迂懶又將何辭以自釋耶其中之故有二端台臺雖甚愛我恐亦未能詳悉也其一僕自二月初九患腫毒甫愈即眩暈眩暈未痊復病耳鳴耳鳴未已舊毒復發今月二十一日方爾平復轉展多病自心亦自厭倦其二謬承過譽有當今捨我之説此事關係重大辭之但涉矯情已非披肝瀝膽之素任之則遺譏議則有出位謀政之嫌此時上公力毀淫祠僕遺輩語騰謗何敢輕易發一言爲他人作話柄也欲俟其定而後復之胡寧遲緩數月負傲慢之名不肯一字落人牙後且古人之書有經年而復者有數年而後復者台臺好古博通必能知之必不至以僕言爲妄四月十一日託安積彦六致其意未知能粗述梗槩否

僕此後復有東行非然膏繼晷不可以盡瀾悰豈能詳之筆墨之間在遠不忘更惠佳珍感深肺腑矣近來溽暑酷烈惟祈順時節宣僕舊疾如故恐與此身相爲終始也過辱軫念銘戢無盡神隨短楮意與長縈

答小宅重治書

古來爲學不問其貧富貴賤不問其事何事簡惟問其好不好耳好則最煩最不足者偏有餘力餘功不好則千金之子貴介之胄祇

以嗜酒漁色求田問舍。何復有一念及於學問。且學問者。亦何必廢時荒業。負笈千里而後爲學哉。家有母。學爲孝。家有弟。學爲友。家有婦。學爲和。出而有君上。學爲忠愼。有朋友。學爲信。無往而非學矣。其不得其意者。時取古人之書。以印證之。擴充之。即此是學矣。茅容樵子耳。郭林宗勸令爲學。卒爲太儒。世何有不可學之人。漢光武明帝之時。期門羽林。皆讀論語孝經。分番上直。以書納之懷

中。暇則出而讀之。何有不可學之時哉。日日而積之。則善人信人。大而君子。無不可爲者已。惟佛氏爲喪心敗俗。必不可爲者也。欲爲聖人之道。而以佛氏雜之。是猶烹太牢於圂牛之鼎。而投之以鼠矢。誰能食之。承惠稊子臺盤。領謝。足下抱恙未痊。何故爲此。先以小札奉復。諸容晤盡。

與小宅生順書

文章之貴。立格立意。練氣練神。常山之蛇。處處皆應。節節俱靈。眞文之神品也。若蹈高山絕頂。俯瞰萬物。則遣辭命意。自然超曠。而其要務使有關於世道人心。雖小小題。亦自有獨到之識。出人意表。乃爲可貴耳。若止於摛辭繪句。雖復膾炙人口。正如春苑之華。鮮妍易謝。况復有不及此者乎。爲文務使字字句句。俱從經史古文中來。而又不見其痕迹。水乳相和。一氣冲融。如蜂之釀蜜。蜜成不復辨其爲何花之英也。至能自開手眼。則六經皆

供我驅策矣。或謂摹某人某作。倣某人某句。大爲可笑。佳作路頭醇正。氣勢衝沛。辭意雅馴。與往日所見貴國之文。迥然不群。展讀終卷。喜躍不可言。貴國自是有人。足以踐僕平日之語。若能著力研磨深造。其極自可一洗舊習。超然自命。近所嫌者。語意不敷。輙自鑄數言。補湊使人窺見底裏。故曰狐白之裘。不可以補他獸之皮。惟祈愼之。歌曲傳奇。可用方言調侃。記誌亦有之。作文不宜用方言奇

字屈平揚雄。終不得埒於經也。佶屈聱牙。以文其淺陋。豈是大手筆集中辭銘皆佳。奉命評騭。故遂僭妄至此。幸勿爲罪。

答小宅生順書七首

初識荊顏。惓惓慰諭。深銘厚意。敢効區區。僕以中華織亂。義不應死。漂零海外。已二十年。幸蒙撫蔭。許得留止。貴邦全忠臣孝子之節。非獨有大造於僕。遠近莫不聞知。亦所以章貴國之明。於大義也。茲得偃仰棲遲。畢其餘

生足矣。寧敢有厚望哉。僕幼學之時。固有用行之志。逮夫弱冠不偶。彼時時事大非。即有退耕之心。荊妻頗能一德。饒有孟光桓少君之風。而父兄宗族戚友不聽。不得不勉強應世。實無心於富貴矣。壯年謬膺主眷。起家遠過東山。然國是顛危。艱難十倍。典午是以屢違詔命。依稀蔡道明。竟日臨軒。舉朝糾劾禍將不測。星夜潛踪。自竄海曲。僕素民物爲懷綏安念切。非敢以石隱爲高。自矜名譽。但一木之微。支人既傾之廈。近則爲他人任過。遠則使後之君子。執筆而譏笑之。無爲也。故忍死不爲耳。僕事事不如人。獨於富貴不能淫貧賤不能移。威武不能屈。似可無愧於古聖先賢萬分之一。一身親歷之事。固與士子紙上空談者異也。今寂寥海壖。祇希十畝之園。閑閑泄泄。多者二十餘畝。種植瓜蔬。易粟餬口。非爲困厄。何有咨嗟。至於我道泰否。氣運盛衰。僕不敢與聞。僕固非其人也。若果士大

夫專意興聖人之學。此誠天下國家莫大之福。莫重之典。莫急之務。惟台臺共相敦勉焉。僕雖遠人。不惟舉手加額。亦日夜拭目思見德化之成也。又曰。除一方之害。愚竊以爲不然。僕聞之。本必先撥也。而後風顛之。心必先惑也。而後讒乘之。高堂廣廈。主人曠而弗居則必有狐狸鬼怪。從旁竊入而據之矣。元神榮衛。不能自固。則寒熱風邪交至。侵尋而爲之崇矣。上公元侯大夫君子。果能知先王之

道之爲美。修而明之。力而行之。作而興之。威而懲之。則政治自善。而風物聿新。洪水平而鳥獸之害人者消。聖教明而異端之害民者亦消。又何待於除之而後去哉。此非相陽五山。京師五山。能遺臭流毒巢穴。而蓁塞之。是乃主持政教者之過也。武將悍卒。閑居退處。得祿而無所用。積金而無所洩。又上畏憲令。不敢有所舉行。及夫細民富室。黠慧士女。飽食煖衣。群居無事。安能鬱鬱兀坐屋子下。乃

思招提蘭若。引類呼朋。說法聽經。談因論果。冀懺從前之罪過。妄希身後之福緣。於是窮愁抑鬱。罪惡過多之流。一鼓而牢籠之矣。彼釋子恣其顛誑。萬千變化。愚迷欲生極樂。一味貪癡。政如寒熱風邪交侵。迭來而不已。豈非元氣不固之患哉。彼誠知聖主之道之爲美。則名教之中。自有樂地。君臣父子之際。無限精微。家修之尚懼不足。何有餘功及於邪徑耶。僕故曰是主持政教者之過也。或者謂

貴國尚武。何必讀書。是未知古來名將讀書者之多也。爲將而不讀書。則恃勇力而干禮義。能讀書則廣才智而善功名。彼惡知之謬兼深愛故。敢自獻其愚。任筆極言。不顧忌諱。若夫自傷落魄。至煩接天㠯明詔之。僕實未嘗有此。草廬容膝。歌詠先王。有敝門人安東省菴一人。志同道合。亦足爲不孤。斷虀劃粥亦足㠯不餒。生中國不用而不悔。安望居貴邦。乃得行聖人之道。況景在桑榆耶。厚意誠

無限。僕自揣陋劣。故不敢有此奢願也。連日㠯敝門人事。須報奉復遲遲。幸惟原宥。

二

僕㠯台臺志同識朗。學富議高。可㠯與言。且前所教者。皆大事故。披肝瀝膽而不惜。接聆日書。甚悔失言之罪。一書之中有所得所疑有不安不辨。台臺何用意之深摯耶。初見之日。有節義巍巍之語。僕謂台臺已得鄙人之素。故洞開胸臆。遂有富貴威武之論。致煩相

詰貧賤不移者。此高明所親見也。僮僕頑梗。不可理喻德化。捉衿露肘不能指石點金矣。非以貧且賤之故哉。然僕之志。則必不可移。其有非義非道者。一介不可點也。富貴不淫。威武不屈。交趾船頭商旅。目稍工社諸人。及漳泉州船客與長崎之聞其事而見在者。應不下數百人。歷歷能言之。無煩僕自爲誇詡也。若在大明之故。未可一一二數。亦或有能道之者。僕亦不必言之矣。聖政體用之論。極有

分別。然傳曰。務德莫若滋。去惡莫如盡。兵志曰。明其爲賊。敵乃可服。如徒以誅殺爲事。而不能使天下萬姓曉然明於邪正之辨。而中心誠服焉。是非拔本塞源之論也。乃若吾道泰否。貴國尚武。及僕居貴邦。安望其得行聖人之道。三條。或是僕意跡語滯。或是台臺閱去書。不詳。不能知發言之意。而徒奮其英銳耳。蓋進退以禮。謙讓不遑。自是吾儒宜然之道。彼大言不慚。是乃異端誑誘愚弄之術。而謂吾儒爲之耶。孔子孟子。豈獨善其身無有人心者。雖栖栖皇皇然。亦未聞自衒其玉揭竿於市以市之也。台諭語倡偶然辨之。太早等語。僕愚陋終不能解。台臺有其誠而未有其度。顧以僕之志爲不同。失之遠矣。何如。將去書再三詳覩。則心自舒。氣自平。未必負三千里之遠行也。昨夜分還寓。今早又有小恙。率率不盡。統惟鑒涵。

三

午間欲乘肩輿過候。恐台兄力疾出晤。故止。弟意謂爲小恙。不意至於肩背作痛。或爲風邪所侵。幸勿輕視之。今日世子問中國何以遂淪於虜。答曰。失其民也。居官者不知治理。惟知掊尅。一有變故。遂至土崩瓦解。所以有國有家者。但當悉心撫字民心。若固。何憂外患。又問大明有火器否。前言不佩刀劍。何以應敵。答曰。刀劍特不帶耳。別有軍器局收貯。有事取用。鳥銃大明頗有絕高手。銃砲亦甚

多但民心既背堅甲利兵適足爲盜資耳又言韃虜殘虐淫汚諸不逞之徒倚賊行私不得眞主無繇驅除方欲暢言之而台兄以貴恙不同行恐無解唐音者故兩中止卽告歸而歸世子復令人致謝祇此奉復諸容晤言

四

昔者韓宣子聘於鄭宣子舊有玉環二枚其一在於鄭賈宣子求之既成價矣而賈人必欲聞之執政於是宣子請之子産而子産弗與夫宣子晉國之上卿而子産小國之執政鄭之存亡禍福一係乎晉之左右手耳故惟子産爲能不與惟宣子爲能無怨是以萬古稱而述之所言丈夫襟期識力與尋常逈然不同者以此故樂爲親故聞頌言之非有他意也而台臺乃疑爲舊年之故稱許過當僕自揣謭陋逡巡拘指而不敢居亦其宜也豈復有他意承惠饅頭壹箱領謝台臺儒素何乃以貨財爲禮統容面頌晤別後卽爲寒熱

交侵至夜分方復故約明日午候見上公未知賤體如何耳適以冗極未得裁答希亮原之不盡

五

聖人之心與天地同體烏有所謂紆曲隱避者兩議皆非藩籬之鷃不足與量天地之高且大也一則不知聖人之心一則不諳天下國家之故蓋史書乃書晉及列國之事非夫子所得而私也夫子任之與諱之皆非也且執筆自有史官欲至策勳之時已載在國史孔子卽欲諱之其將能乎且此事係定公之十一年而作春秋乃在哀公之末年又何容得諱之然此二說乃先設疑而後解之文理極明顯非有首尾支離也胡康侯豈有輕易下筆之理不必過疑冗次率復不盡

六

已刻承諭適在遣人還崎未得卽復射非能食虎但舌利舐之卽潰爛虎變虎威誠不可

犯然不能防患。豻膶其踈虞，以舌舐之，必致其斃。然所以害虎者，非止於豻而已。蝟亦食虎，駮亦食虎。三者皆陰中之也。象龐然而大，高十尺。次者八尺。小者亦六七尺。鼠豈能奈之何？然能穴於其耳之中，則足以制其死命。至今燕都及交趾，象房必穴四孔，如鼠穴。象則以四足踏之，日不敢移，夜不敢臥。皆實有其事。二者乃警戒人君及大人君子，當防患於未然，毋以宵小為不足畏而忽之也。言虎之威，象之力，尚為微物所害耳。非獨鼠能害象，蛇亦能害象。鼠與蛇皆陰物也。理或然歟。虎有乙威語，不知其所出。弟於嘗所讀書，今見之，如逢新客；於偶見書，今見之，如接異國人。前在長崎，曾與台兄言之。今三年矣。台兄應忘之也。笑笑。

七

廿七日捧讀翰札，台臺親奉上公面命，令僕於朔日進見。昨晨一無所事，冠衣坐候。竟致

愆期。僕眞不解其故。僕屢言來書云。午間至公邸候見諸人，堅執以為細問來人，三次皆言午鐘既畢，從容造府。即是坐聽午鐘而行。過期已久，豈不駭然。上公為何人？今月朔日之見，為何禮？僕千里遠來，為何事？乃竟以兒戲誤之耶。整衣嚴坐，佀非慢事者已。與人祗候而竟後期，雖有智者，不能解其故矣。上公汪洋大度，澄澄萬頃之陂。毫無纖芥之嫌。誠為不可及。而僕自顧愈慚。台臺手教儼然，是言午間候公邸也。而僕後期而行。是僕偃蹇也。上公位尊勢重，如此虛誠，是天下之至美也。僕不能將順其美，顧乃以偃蹇答之，不幾為後來儒者之罪魁乎。偃蹇者驕也。僕自揣何才何德，乃敢驕人。即使有德有才，又何敢驕人也。往讀田子方、王蠋等語，皆言富貴者安敢驕人貧賤者驕人耳。千古以為美談。僕獨評之云。此非聖賢之道，非聖賢之語也。富貴者固不敢驕人已。貧賤者又安敢驕人。貧

賤者特不可諂人媚人耳。又何挾而敢驕人耶。故曰非聖賢中正之道也。僕往乃言之。今乃身踐之。豈非言行相違耶。聖賢自有中正之道。不亢不卑。不驕不諂。何得如此也。自耶至今。展轉不自安。誦折柳之章以自警。故走筆奉聞諸侯面聲。不盡不盡。

答小宅生順野傳論建聖廟書

上公賢君也。聰明睿智。不世出之主也。茲欲建數千年未有之業。而垂之千萬世之久。誠

宜熟講而安行之。合乎天理。宜乎人情。後日可以無悔。即使少有過差。明主可以理奪。二十兄宜無黙黙而已。夫明君之舉事。其難其慎。百倍於中主庸君。非賢君反難。而庸君反易也。其理易明而可曉矣。前者相度廟址。弟謂遠而僻。不便。二十兄謂上公慮有遷變。故欲遠之。以垂永久。可謂長慮。而却顧矣。眞他人之所不能及也。雖然僕切以爲未盡善也。古者建學。必於國都。大事於此焉出。其後欲至築

勲。行之太廟。而獻馘獻囚。必於泮宮。所以聖廟與學校不宜相去也。古者爵人必於朝。刑人必於市。非徒予之棄之。與衆共之。示王者不敢自專而已。亦所以厲世磨鈍之大者。莫大於學宮。農夫之子。可以升之司馬司徒。辨論官材。簪纓之冑。可以移之郊遂。創懲逸志。一升一沉之間。人自不得不憤發爲善。而銷阻其邪惡之思。於是國籍成德達材之用。而家裕溫恭孝弟之規。法至善

也。所以聖廟不宜與學校懸隔也。既已立廟。朔望必當行香。若上公親行。而衆官不隨。則威儀不肅。號令不申。若衆官必欲從行。則車馬人徒。勞煩過甚。每月兩次。人情不堪。未行而遇風雨。不得不止。已行而遇風雨。不得不歸。弛廢之端。便從此始。且上公歸關之後。必須處守攝行。執事有恪。恐難始終如一。委之守廟人。負無足重輕。是遠廟之不便一也。春秋二仲。皆有丁祭。牽牲。繫牲。視牲。點牲。皆先

一日行禮。而要須國君親行卿士大夫。各有執事。遠則難歸而復往。必當建立齋宮。禮諸侯之子。不敢居父之寢。況人臣而敢居君之寢乎。處守齋宮。又須別建。如此則工費浩繁。而從官及隨役。尚無止宿之處。是遠廟之不便二也。即或權宜立版。少蔽雨露霜雪。而四無屏障。下無架閣。不能驅禦風濕。官徒勞勤饑疲轉生困怠。風寒所侵。或有二三人少生病患。恐人之心。易致猜嫌。必謂孔子至聖。祭

之不能致福。而反召災。誠不及我佛之罪咸且官民非真能崇信聖教。特以上公勸諭之切。稍稍二三其志。一旦不見可悅。而徒見可畏。則事佛之心。較前益堅。是上公誘之為正。而反驅之從邪。則深負盛心。是遠廟之不便三也。今聞郭中之地。縱廣各五十步。廟堂齋舍。儘可量地而為之。時下生徒不甚多。齋舍必自有餘。異日生徒衆多。至學舍不能容此時別議恢廓。則事事皆為美舉。人情歡欣

踴躍。無不樂從。如此則上公今日之盛德大業。且為四國所與觀。而京師亦來取法矣。誠見四國之人情。皆以上公之舉動為正鵠。小有不善。則人情懈體。而聖教不興。行之得其道。則上公為聖教之首功。而日國興賢之舉祖。四方且尸而祝之。與孔子永永不磨。又何長慮卻顧之有。人之不才。不至孫皓苻生。必不毀及聖廟。又無煩過慮也。此但略及其利弊。而廟學之相須已如此。遠廟之不便已如

彼。尚未及聚材鳩工。設官吏。設掃除人戶之煩費也。惟二兄委曲詳達之。弟連日眩暈。步履傾欹。少痊亦當趨造面陳也。

答野傳書四首

從古據高位。威稜惕息者多矣。而恭謙下士者獨傳。蛇行匍伏。足恭貢媚者多矣。而義禮進退者獨傳。寧非禮之不可踰越哉。然而其間亦難矣。故惟衛長平與汲長孺。千古傳為盛事。而未若今茲之盛也。僕所以冒昧而來

者。蓋稔聞上公㠯周室之至親居冢宰之重位。問學優於五車。德譽隆於一代。而汲汲下士。不畏姬公。故晉謁之時。從容長揖。上公毫不致疑。而情至言耳。慇懃無已。賢明之聲。頃刻遍於輦下。不日間。四方莫不聞之。豈非聖賢舉動。能使天下觀感哉。然僕之微名。亦附騏驥而遠矣。台臺至許之爲太丈夫。僕恐過已。種種獎借。推㠯人師。退自省循。愈增慚悚。台臺妙齡博學。志廣辭華。誠國家之上瑞。當

代之名珍。私願觀先已見其上。乃執謙如此乎。師曠有言。少而好學。如旭日之光。餘此而歷於日中。昃不至。從心不踰矩。不已也。何達夫老泉之足云。故知上公培植之深。辛達之廣僕得。盡觀上林。琪樹。此時不知如何奪目前者導引勞神。中心感佩。未伸執贄先覩偉儀。益深銘戢。對使拜嘉。統容而頌。賤恙頭岑岑眩暈。潦草不恭。更希崇炤。

二

前月十八日奉華翰。適當尊公老丈枉顧別後即眩暈伏枕。後雖小愈。手顫不能作小楷。奉復遲遲。罪甚罪甚。雖在病中。讀來書。大爲喜躍。自古㠯來。世不乏才。能俊乂持㠯不遇賢君聖主。故使瓌奇抱德之士。齎志而没。良可深痛。今上公種種明德。直可邁越古來哲王。若夫敬之一字。堯舜至於文武心法相傳惟此耳。弘此遺謨。萬善咸萃。自然野無遺賢。自然至於惠鮮鰥寡。王道之行。於今見之。此

政台臺際會之時也。惟冀共爲敦勉。力襄至治。必期成貴國無前之美。必期爲王者之法方。恆鄙懷比之他州區區小喜。人人所艷稱而樂道者。不啻太陽爝火矣。僕雖衰朽遠人蒙上公破格隆禮。亦扶杖而觀童叟之鼓舞可藉手㠯雪胸中憤悶矣。台翰敬勝怠勝。誠師尚父之格言也。至若引用文王一節。僕㠯爲少有過差。蓋文王之聖。生而知之。終身㠯之。故曰緝熙敬止。非從憂患而得之也。若從

憂患而得之。則困心衡慮已。不識高明以爲何如。近聞上公之招。若藉庇無恙。擬於望日東行。旬日間便當會晤。率率不盡。

三

八月初九日午刻奉手書。知上公旌麾已臨常之楙岡。兼示福履綏和。扈從悦豫。可勝歡忭。郵亭駐節。更煩遐念。錫以巨鳥貳翼。因詢其名。難得熟薦之誠。徒切先嘗之媿。此鳥大明名曰蒼鷺。一名蒼輿。緣此鳥善鳴。戒旦之

時使人辨色而興。緣此得名耳。祗恪拜嘉。復命尚容肅楲耑候。不盡願言。統希涵鑒。

四

初五日午。捧讀來教。知上公閤下瑞藹門閭。宇下均頼福慶。誠爲深喜。車馬之音。羽旄之美。人君之有道者。均足使婦子嬉嬉于田之獲。又復減大庖。而念寒士。僕無掎角之功。坐收羇足之惠。拜登爲媿矣。煩於公暇。致謝爲感。時雖早寒。賤疴近亦少愈。乃塵遠念。銘佩難勝。望日即當戒途。且夕親承台教。草草附復。不宣。

與野傳田犀書

前者惠以琅函。推許太過。復承佳貺。媿感無涯。亟欲造府申謝。緣以賤疴爲累。日延一日。乃反蒙台兄垂問。益深悚仄。朔日又未得走送。昨有人自獵場來。備知上公安好。二兄佐佑欣欣。卿大夫諸公。及近侍御者。各各無恙。甚慰。惟是今年狩獵。不以得禽多多爲善。中

必疊雙爲喜。獨以人馬安寧爲慶。惟祈致意卿大夫及近親諸公。少抑上公勝氣。以爲一邦福祐。幸勿更爲慫慂。則所獲無限矣。本欲作書申意閣老。因日本書則辭不能達。唐書則大費參詳。是以不果耑祈兩兄委曲致意爲感。諸俟晤言。不盡。

答田犀書

敝邑遭天不造。四海陸沉。僕捐墳墓。棄妻子。漂流瑣尾。但乎欲潔其身。然銜之以大倫。玷

缺多矣。幸蒙貴國寛仁。破格相容。感戴五中。莫可圖報。乙巳歲。猥辱上公招延。孟浪承命。謂鴻河不擇細流。妄冀輕塵足嶽耳。於今四年。未有少效。若曰泰山北斗。學海廣淵。即叨獎借之過。夢寐寧敢自欺。上公謙恭下士。懇惻眞誠。欲邁魏文。而駕荊莊。豈彼區區交戊。所得比方萬一。恨僕性執才庸。不能隨機通變。空爲後人作話柄耳。台臺學富名高。不意自得晉接於此。幸茲桃李。盡在公門。乃猶斗

筲自儗。遜彼瑚璉。台臺其亦知斗筲瑚璉之所以異乎。明粢黍稷。舍此莫登。則爲瑚璉。逐而不舒。隘而不能容。則爲斗筲矣。器則藉人而成。人不因器而限。爲貴爲賤。皆人之所以自取也。至若輦轂遨遊。策名熙代。桑弧之初志。父母之夙心。豈有故園空老之理。僕異域飄零。亦不戚戚於此。或者重見天日。庶得展其壯猷。不然荒煙野草。安知埋沒何所。中秋爲知友王侍郎完節之日。慘逾柴市。烈倍文山。僕至其時。備懷傷感。終身遂廢此令節。無可爲台臺道者。賤恙纏綿。奉復遲滯。前已面陳。或者少逭罪戾。統希鑒炤。不宣。

答吉弘元常書二首

十九日。以碑亭事。倉卒下問。答之未詳。罪罪。此特爲石山戴土者言耳。然山固有土山戴石者。則不須立椿。但平其石而建之。工力較省。墓前左方。十丈內外。俱可建。惟當相其宜爾。碑多亦有豎於墓右者。然非論祭諭葬壇

數多。罕音疊降。未有多建碑者。亦緣墳墓不甚多石也。前所云石柱。恐此間難得。故止云一丈伍尺。然出土止九尺一丈。上頂仍須以堅材接之。若神道碑則立於入山路口之左。碑製短小。碑亭僅蔽風雨足矣。下亦有不用贔屭作趺者。四柱可也。文公家禮皆士禮。間有及於大夫者。若諸侯之禮。未可盡以此爲憑也。墓前之亭八柱。或十柱。儻要四面通明。須用十二柱。在日本則爲費不貲。用民力莫

可限量。當察民情事勢何如。先與大臣酌議
允合。蓋人君之孝。合百姓之歡心。以事其先
君則大矣。姑俟明歲秋成之後議之何如。

二

僕不幸先父母久已厭世。同胞惟兄弟二人。
形影相依爾。國變以來。倏忽分地。人情難割。
於此爲甚。家兄通籍四十載。徒立相如之壁。
虜氛濁亂之後。勉種東陵之瓜。每一念及。五
內崩摧。況加之以生妻弱息。種種難堪。地異

俗殊。惟有上公推赤心置人腹中。今復見台
臺以身嘗之。凄楚爲處地之至言。感淪肌髓
矣。多病盡從此中來。新痊喜客人有同心。不
止康節先生而已。特以逆旅不能款嘉客。浮
辭不能當大方。深用爲愧耳。台臺乃體卹肫
至。恐蒲質勞疲。極感雅愛。至以爲上公之幸。
通國之大幸。僕糠秕遠人。增之千數。不足爲
貴國重。去之千數。不足爲貴國輕。擧譽至此
媿汗浹踵矣。祿氣之誨。敢不佩服明教。久未
得詣府奉拜。罪甚。尚冀鑒涵。

與板矩村顧言書

夏秋之交。酷熱無比。兩兄旅邸。或未甚寬敞
則清風之來。故人或未數數也。僕自上公榮
發之夕。舊病頻增。兩日以來。足腫牙浮。頭目
脹悶。內外徙倚。無地自容。晝則求其速夜。情
同孺子。夜則望其速曉。無異曷旦矣。近日風
疹遍體。日夜爬搔。意興灰頹。情懷氷冷。西山
暮景。奄忽若流矣。上公屢惠甲魚。雖天熱或

有不至者。而肫篤之情。含感無已。祈台兄爲
僕懇懇致謝。爲荷。力疾書此。恐不能竟。百不
能盡一也。政府諸公。以及諸相愛友人。均當
致書問候。以病不能從心。開暇之時。晤言之
際。敢懇台兄一一致之。何如。然不敢必也。

舜水先生文集卷之五終

舜水先生文集卷之六

門人　權中納言從三位西山源光圀　輯

男權中納言從三位　綱條　校

○書六

與安東守約書十二首

冬春之交。兩次附書並拙稿七篇。聞兩舟俱至。定應久塵記室。此時遠近傳聞。藩臺不以推賢進士為務。則是興復之志不堅。而立業之基不廣。志切興復。而棄賢才。是涉大川去

舟楫也。何以濟哉。故遂慨然欲從思明復來貴國。因識冬識春時有不測。擬於夏間附舟後。藩前有三四故交。遣舟來迎。亦緣虜與盜充斥思明。故至盤石。聞林門亦有洋船。餅不得達。一入營中。遂住其舟。檣去駐數月間。雖日與藩臺艫舳相銜。誼不以一刺通名字。或有異言勸行。瑜必婉辭謝郤。自安愚分而已。六月七八入南京。兵圍瓜州。十七早即破城。滿夷斷脛折股。虜馬截傷驚馳。浮屍積野蔽

江東。手就縛。遠近稱快。雖鬨若雷。逆虜扼江而守。列炮如星。馬王老擐甲直衝。一鼓登陴。虜騎所稱獷悍驍雄者。殲夷略盡。大酋管効忠最為桀黠。喙息鼠竄。惟恐不前。廿三日鎮江開門納降。市肆不易。然而紀律時有未嚴。上情不能下究。有識蚤已憂之。從陸無救焚之策。候風有師老之虞。藩臺侶瑁。虜在目中。徒使英雄頓足耳。七月初八九至南京。其下驕而不戢。渙而不萃。中有一二要人。則愎貪

忌狃於小勝。不用上命。舍其瑕。攻其堅。不離之使分。反慢而使合。徒效姚萇之覆羌鞨。不念苻堅之潰合淝。遂爾一敗至此。雖死何足以贖罪。上游則豫章江黃。迤北則淮揚盧鳳。蒿目以待王師。拔於水火。輸糧運米。會同有驛送印納款。懼於後期。民心思漢之誠。於茲大驗。一旦辜負之若此。真可大慟。今退守舟山浙閩。意在重來。若能自怨自艾。深思前過。則轉敗為功。直唾手間耳。幸總督忠靖伯陳

燦老。老成持重。鎮定周詳。提督馬王老。雄豪激烈。吐氣吞胡。況復謙雅和衷。剛柔相濟。分陝猶興。文武同心。豈不足以復高皇哉。瑜欲附船仍還貴國。往見主者馬王老。一見奮髯責成大義。瑜十五年間關困苦。原有本情。遂過之。一時權宜之說。暫留旬月。約以明夏復過長崎。不獨羊裘釣魚。無可相助為理。即盡獲城合州。何能仰答余太將軍也。以足下情誼惓懇。故敘前後事情。而並及近日勝敗之形

不倫不次。統希涵鑒。無限依依。嵩族來夏握手細言。

今按。此書稱藩臺者。非稱守約。據圖瓜州。降鎮江。至南京。而大敗。及總督忠靖伯陳燦老等語。蓋寄國姓爺鄭成功書。而以足下情誼以下。乃寄守約語也。

二

小橋送別。迄在目前。但冬及春。捷於隙駛。歲序維新。景物明麗。卿士大夫以及庶人。無不以為喜。惟學者則以為懼。通計舊年之功。未見大有所進。而瞬息已增一年。設使歲歲如

矣。百年止是鄉人。何時可以及舜。若能繇晦而明。繇剝落而發生。則三陽之泰。亦足以為法已。賢契茂明進盛。芳春百卉。故舉此以為燕賀。他惟有志者幾之。不足為庸俗人言也。尊公老先生新禧駢集。此乃斑衣之慶。不佞雖藉庇粗安。朝夕之需。復廑遠念。惟是秉燭之光。疑無幾時。僅得與賢契及諸英俊。大明斯道。則亦不虛此生。古人曰。功崇惟志。志則崇矣。而功不副。奈何。左傳者。漢時以為大經。

漢史稱公車貼大經十道即此也。用以啓迪後生。最為近而有益。前書已曾奉復。諒已入覽。羽便聊布數字。不宣。

三

前月初四日謁黑川公。方得久談。言辭款曲。送迎致恭。自坐當戶。執謙極矣。謂惜乎不知文理。不得時時延談論。暇時將論語一一說為妙。來時須携一一通事來。謂節且衆人交禮之日。不佞不當往。不當與長崎人同也。惟暇時時

常一顧此日完翁作通事不能達其詞。而意則可知。緒方兄又云。每見不佞必服袴褶有緊要事時。亦必撥冗相見。故亦不便屢往。賢契此來。疑無不相見之理。揣鎮公之意。但甚欲得賢契謦談。而不佞亦欲賢契相見得備言所以不然。黑川公雖甚愛不佞。終不能知其詳。舊冬所託圍屏六幅書上。外守元格言二幅。文宣王牌一幅。並寄。希炤收轉致之。前漢書歸自京師。眞合浦之還珠矣。甚喜。如數

領到。當爲批閱。惟不令句讀爲分可解耳。韓柳文未得其人。言之屢矣。有便即寄還石碑。圖既知螭首及贔屭矣。碑身僅一方石耳。厚七八寸。以至尺四五而止。兩頭作牡以納上下牝中。碑陰或磨礲。或粗質。皆有之。長短視道相去二三寸。小者餘中勒花卉。大約纏枝牡丹。纏枝蓮爲多。韓文公平淮西碑。碑高三丈。字如手。除去螭首及贔屭。則碑身亦不下

於一丈七八尺。大明碑之極小者。連首及趺亦必一丈四五尺。其廣大畧三尺至五尺而止。長短濶狹。貴於宜適。近著訓蒙集誠有益於學者。何謂無益之事。當留意速成之。外韓柳文三封。共十八本。並寄。惟炤收。

四

改歲已來。未得手書。兩日連有人至。知賢契近日動定。甚喜。且詢知尊人悅豫康寧。此人子之至樂。又聞鄰境士至江戶。皆盛稱賢契

之名。所謂顯親揚名也。前有江戶儔人至。屢屢傳說。亦俱如此。惟願益加勉勵。修身讀書。爲貴國開闢第一人。不佞亦藉手以與榮施矣。君臣相得人生大願。然處之有道。而得之有命。盡其在我之誠敬而已。不須急急也。前以賢契之素行觀之。必無不得君之理。今果然矣。但君臣相悅之深。益宜事事敬慎。若有心不盡。一味逢迎所喜。不足以爲後日長久之計。惟小人容悅之故智爲然耳。非賢契之

所爲學也。非不佞之所望於賢契也。七十行役之說。屢承懇懇至意。賢契之愛我誠深也。但此事不可苟且。不佞之守身至今。如執玉奉盈。猶來姦人讒賊萬一眞足自汚洗之亦不白矣。可不懼乎。詳味來意。意欲權買一婢子。舊年有婢頗好。年長貌醜。而有才德。新正問之。已遠去矣。甚爲可惜。昨日偶來一婢止年十二。甚小不解事。當試而後定。若有一婢能解事。則不爲下人所累矣。因思不能自

作飮食。致目前種種煩言。雖小人用心險惡亦不佞之過也。孔子贊。無書中庸四語之理。全章尚不能盡。孔子多爲摸擬之辭。豈四語足以盡之。已爲別作一贊。有暇而無病。卽當書寄。且不佞不能作八分書。求人書寫而不佞自署其名。此有生以來所不爲也。記跋二首希焰入。

五

昨健翁至云。賢契意欲至崎。皆於手中不足欲不來則又恐不佞見怪。以此躊躇不能委決耳。其實欲來之意甚切也。健翁聞之獨詳如此。是賢契之於不佞。猶有未能盡知之處也。不佞之心光明如皎日霽月。自信無纖毫雲翳。而與賢契相信如金石。乃猶遲疑勉强。使作此慮耶。以不佞欲見之心。誠思旦夕句日別去。反增悵惘。以賢契力有不能。遲遲無妨也。萬萬俟其便而爲之。不可勉强也。無人乎子思之側。必不能移子思。不足爲慮。特慮

子思之側。皆伐木削跡之徒。深足爲子思危也。然孔子之於蘧伯玉。相去欲千里而相信益堅。其於陳亢。日夕相接而論議如此。故不在於遠與近也。不能縷縷。統容再悉。

六

前月大風爲災。第一惟敝廬。足憂賢契世居城中。亦罹斯害。誠非意料所及。廿八日書謂是門及盛使屋耳。完翁至。謂賢契所居皆倒而如琢謂是欹斜。欹斜尚可。若傾倒。豈貧士

所堪便中希詳示之欲遣僕人偵候銷數日來復憂海溢水湧則敝居必致坍毀雖是劉伶安豐伯仁輩所謂渡江來日在醉鄉猶幸及其醒時少藉其力故不能遣益切懷思屏已書上與宇格言六幅行草六幅格言以存心養性修身齊家敬君治國爲目皆粗粗淺近不取深奧亦是卿大夫語不爲信〔今按此句疑有脫誤〕當曰存心養性者少異於正心誠意而大別於明心見性也養性六戒恐賢契一時遣

忘今錄上又太宰草書屏十二幅又令高徒久敬絹書宣聖牌一幅幸查入分致之諸容再悉

七

來貴國住居其便有四日夕相親一也省無益之雜擾二也惜精神省費三也可免人左四也此不佞所深冀之者但貴國君新莅任賢契雖極慎重尚須事事斟酌但當先煩清田翁於黑川公前探知口氣如何然後懇貴國君致書爲妥萬一賢契力懇又諸當路錯愛贊助貴國新君慨然發書而黑川公不允則新政之初必大不樂是於賢契有損也不佞在此無益於賢契而有損之不佞何以爲情故須慎而又慎日前清田翁在建老人處慨然言之亦以此自任及今連候三四次寂無一言故有可疑賢契尚須再當一書問確而後行萬勿輕舉鮮蟶生劈手親漬鹽德公乃爲林宗作粥耶何以消之不盡

八

一月不得手書不知何解懷念之極此間欲寄書託江口氏者將二十日矣尚未得其便亦不得其解或江口氏以不佞不肯住庫中故爲此以作難耳抑許時竟之往還者耶大凡處事須先以禮裁度而後發之於言原思爲宰而辭粟裴夾作相而辭堂饌賢者至今非之云不能則當辭宰辭相不當辭粟辭堂饌此論誠是也賢契十六奉君之言誠過也

彼時不便之者多矣。而不能發之於口。今日此言報復賢契耳。故高潔之行可爲也。高潔之言不可爲也。若夫有關於衆。雖高潔之行亦不可爲也。昔者韓宣子爲司馬。將斬人。郤獻子爲元帥。馳救之。而不及。使速以狥。曰吾以分謗也。此意可深長思矣。前言駟馬不可及。不佞之所以諄諄言之者。爲後日耳。賢契近君。凡有妨於衆之言。一字不可出口。且每事當顧大體。不得市私恩。慎之愼之。若不佞

加二級還。此極易事。且理所宜然。若夫賢契總扣之。是不佞食其六。而賢契食其四也。半俸之言又戾矣。又必無之理。俟江戸示到速速寄。我即當設處奉納。諸再悉。

九

賢契盛情。不佞實深感激。但賢契有厚祿而爲之。亦自不妨。今在清淡之時。養廉又不豐前日屢見諭。不佞深切惶愧。更加憂懼。若能相與有成。將來爲人傳誦。則後來人人發憤向學。其父母亦尊師重傅。儻不能有成。後來反貽他人口實。今不佞亦不敢辭賢契所言。盛意辭之則日用無以爲生。不佞之意。但欲覓數畝之地。住此灌園。頗足自給。不交王侯不涉世趣。亦自高尚。賢契來則與尚論古人。考究疑義。酌酒談心。更無餘事。如此則科頭敝衣。閑閑十畝。萬一有貴公長者枉車來顧則飯脫粟。摘園蔬。笑談半日。亦有佳致。所得足供衣食。則賢契之所惠自可逐漸而減。儻

有盈餘。竟不必復煩盛心矣。不然。或他處有好學者同爲之。則稍輕而易辦。賢契聲氣既廣必能知其淺深。但恐貴國如此盛舉絕少耳。

十

伊藤誠修誠貴國之翹楚。頗有見解。賢契欲然不足。大爲推重。虛心好賢。此更賢契美德。然賢契豈遂出其下。評駁數端。言言中竅。閱之自慚心服。昔有良工。能於棘端刻沐猴耳

目口鼻宛然毛髮咸具此天下古今之巧匠也若使不佞目炫玄黃忽然得此則必抵之爲砂礫矣即使不佞明見其耳目口鼻宛然毛髮咸具不佞亦必抵之爲砂礫何也工雖巧無益於世用也彼之所爲道自非不佞之道也不佞之道不用則卷而自藏耳萬一世能大用之自能使子孝臣忠時和年登政治還醇風物歸厚絕不區區爭鬭於口角之間宋儒辨析毫釐終不曾做得一事況又於其

屋下架屋哉如果聞其欲來賢契亟急作書止之若一成聚訟便紛然多事矣此是貴國絕大關頭萬勿視泛泛也其人年幾何矣世間淳誠謙厚更有如賢契者一人否不獨貴國即中國亦在所必無也若果來不佞當旦中朝之處徐錢者處之必不與之較長絜短也棺製成希即寄示有未工處尚當訂定

十一

賢契兩次過長崎探我五月初十日無故堅

意欲回有忌亦留之不佳致有前日之疾屈羸困憊心甚憂之未知目下何如腹痛泄瀉豈堪久而不止久則脾泄矣惟加意調攝蚤痊速寄我知之前言江戶寄書極便云每月兩次飛報別來五十日矣豈遂無一報耶不佞於七月十一日到東武因冒暑致疾十八日見水戶上公禮貌甚優上下俱已申飭肅然可觀次日登即命儒生小宅兄到寓致謝云昨日有勞誠恐受熱相公心不自安特令

某求致意此禮甚好又云不佞老人有道朱魯璵乃字也不敢稱欲得一庵齋之號稱之不佞答言無有三次致言今已將舜水爲號舜水者敝邑之水名古來大名公多有此等如瞿昆湖馮巨區王陽明皆本鄉山水也今撥住中房修理完日入屋十九日上公奉命就國來月初三五啓行即日已畫圖遣去復造房於水戶房屋完日不佞復當至水戶居住明年夏秋方得回江戶一別之後遂與賢

契如此遼濶。人生之事。何可意料。上公大約有建學校之舉。入境以來。德譽日隆。未聞疵政。久與之後。另當一一奉聞。必得款語。方可及於他事。奈適逢其匆匆。尚須與時也。觀三省一事。如此溫言相答。必非不好士之君矣。三省近來頗跳躍。不循禮。小兒難馴易敗。故須重慎也。且看後來何如耳。時下今寵已當彌月之期。既得佳兒。即當速速於貴國主處附信聞報仁者。有後。不卜可知。然亦須一聽

佳音也。並將貴恙何如詳細寄我。外來往書稿三篇附覽。移房之後。或者少閑。然初到往返。必不能已也。尊公不另書。幸藉賢契詳悉奉聞。

十二

昨暮得前月廿八日書。內云頃讀聖賢之書。反已求之。可媿者不一。此是好消息。後復云一念之差。幾爲百行之謬。及大自懲創等語。甚爲駭愕。賢契以沉潛純粹之資。學問大端。俱已有獲。或者爲宵小所欺。不能炤察。則有之。或者過誤。則有之。何至有一念之差。此必有所指也。丈夫但不媿於天。不媿於衾影。而已。不必求調於衆口也。如不佞與潁川齟齬。繁言沸騰。如琢與江口搆拾。莫須有之疑。遂爲蔞斐貝錦。如琢大肆蜚言。至今不佞必當落於汚泥之中矣。何以水落石出。終不能加我。緣我念頭不差。非彼所能汚衊。惑其言者或者貴州數人而已。前江口到柳川見賢契

亦稍有媿悔之心否。或欺天。遂非。猶尚自文其過也。伊藤誠修學識文品。爲貴國之白眉。然所學與不佞有異。不佞之學。木豆瓦登布帛菽粟而已。伊藤之學則雕文刻縷錦繡綦組也。未必相合。一也。且不佞居於此地。人地則甚輕。而聲價則甚重。京華人士。不敢輕與相接。即有書來。亦當稟明黑川公。其爲煩瑣。二也。此間人情多好自高。稍有學識。猶且崖然。如此淹貫。豈更求益。且不佞亦不能有以

益之三也。其他僮僕之人。手長袖短。班荆非
禮。傾蓋無資。又不在此數。賢契幸婉辭之。多
一事不若少一事也。且又無益。萬萬不須務
此。杜詩不必更寄鄭儆老。書已致之矣。

舜水先生文集卷之六終

舜水先生文集卷之七

門人　權中納言從三位西山源光圀　輯
男權中納言從三位　綱條　校

〇書七

答安東守約書二十一首

十月十七暮得翰教。雖傳命者失指。亦應作書奉答。緣來書有不可草草率復者。一者執禮過謙。二者足下立志砥行。慨然曰聖學自勉。三者鴻文惠教。辱命丹鉛。此眞手披荊棘力闢草萊。而欲奮然身任絕學。彼時倏改行期於十九日。而不肖行李事事未辨。大爲倉皇。次早即送文籍書札於通事所。公同封驗。無論此夜力有不能。即力能及之。亦如涉者獵者。一閱而過。漫作游辭讚揚。雖無失於應酬之數。然甚拂足下遠來下問之義。而滚絕貴國眞實上達之機。得罪於足下者。一人而得罪於日本通國者。萬世。瑜則何敢。況古人之書。有經年不答者。有三數年而後答者。足

下好古有獲必不以瑜言爲飾說也貴國山川降神才賢秀出恂恂儒雅藹藹吉士如此器識而進於學焉豈孔顏之獨在於中華而堯舜之不生於絕域然而亘千古而未見者何不肖雖面牆充耳聞見狹小即舉其所見所聞者盈尺之璧不能無瑕徑寸之珠不能無類正以不學之故耳不學則執非禮以爲禮襲不義以充義雖上智容有過差況其下焉者哉其爲弊亦有三端岸然自高栩然自

是而恥於下人一也在日本者不自安其分在中國者嘗欲求其疵闘捷於口頰二也愚敝於他端而希必不然之獲老死而不悔三也三者橫於中其何以進於學哉雖然中國之人亦與有罪焉向者中國有禁無敢躝出其來者非負慝姦販則漁鈞篙工偶有人士來遊而學行不兼況有全全背戾者下者剽風雲之句以爲韻高者鏤月露之形以矜奇聖賢踐履之學中國已在世季宜乎貴國之

未聞之也今足下感憤奮發率德勵行殫精六藝之圃評騭羣賢之林以此躬行以此淑世本來識見卓越絕不爲流波所靡此誠貴國之開闢而首出者寧區區由余之拔於戎而陳良之產於楚哉讀來教踴躍健羨元定眞吾老友而乃謙以自牧退就弟子之列然而不敢辭者亦有故焉學術之不明師道之廢壞亦已久矣世不聞以仁義禮樂爲宗况乎其言行而身化之且子牙之聖不過於周

公嘗爲文武之師尚父賤卒之智不逮於安平君亦爲田單之神師此其中未必無意焉英材教育古人樂得至此之天倫無恙名德允孚又曰王天下不與存焉亦綦乎重且大矣不肖性行質直一無所長惟此與人爲善之誠迫于饑渴十四年惓惓望切而今一旦意外遇之其敢阻進修之志哉截冬截春俱非百全之舉國主國藩遠在南北不肖一見之後即當告辭旋於明夏耑來貴國與足下

横經往復。互爲開發。萬一敝邑徼天之幸。乾坤再造。亦必特奏當宁。備陳貴國之忠誠明信。敬來修睦。當與足下相見於玉帛之壇。暢論聖賢傳心之秘。必不虚今日懇懇之誠。且夫貴國。家詩書。戸禮樂。士興行。俗醇美。與中國世世通好。若漢趙之交。豈非儒者之一事哉。雖然不肖迂拙樸樕。必不能毀方㠯希合事。正未可知也。細閲諸作。志大而任重。憂深而慮遠。尚論古人。卓有獨見。退自儆策。刻不

容弛。詩序雋雅警拔。時時不失本初。饒有風人之致。然品隲不無太過。太刻之弊。文山鞠躬盡瘁。死而後已。不肖亦亟稱其忠。至於天下萬世之稱其忠者。雖繇其死節安詳。亦由正氣之歌。伶仃洋諸詩。及告墓之文耳。乃若稱之爲聖則過矣。身爲總帥。未建尺寸之功。北歸而誤中虜計。幾爲李督府捕斬嶺表再俘。過廬陵而復食。致王炎午有生祭之文。劉堯舉有誰向西山飯伯夷之句。何忍冒逢

生麻中之嫌乎。事已無可如何。乃思黄冠歸故鄉。何處是其鄉邦。何途是其歸路。他若道生佛生。㠯名其子。甚非大儒所宜。故畧其小疵。取其大節可也。猶未若張世傑者。一主死復立一主。匪躬不懈。抱鼓不衰。其弟張弘範爲虜大將。戰必勝。攻必取。號令迅風雷。指麾搖山嶽。間諜日至。游説萬端。凡人至此。豈不動情。宋必不可爲。蒙古必不可滅。豈不熟揣富貴與窮蹙相形。猖獗與潰敗相逼。而且轅

門相向。而且鐃角簫鼓。日夕相聞。自非鐵石爲肝。未有不移。而且麾下吏士。孰不畏死亡樂貴富。誰肯委肉㠯當餓虎之谿。日夜裹創力戰哉。此必有大過人者。卒之國亡與亡。終不失臣子之誼。終不使人纖毫疑貳。精忠貫日。豈不誠大丈夫哉。至若陸象山王文成之學。事煩楮短。不可得盡。當於面時詳悉。不肖到此。自餘酬對紛雜。舍館未寧。答言不次。統希炤鑒。

二

異國遠來。誠望與足下商榷今古。爲古今盛事。抵岸遂聞貴國主尚在江戶便已搤腕。及發來緘復知足下以國典攸關不能出境遠引。季任處守爲例。此是國家憲章。豈容踰越但揆之鄙人大拂初意矣。雖然使不佞與足下相與有成。寧惟問學之一端而已。將大明與貴國。世世和好之竅。而貴國文明開闢之機。均於此基焉。所係豈不重且大。誠非人力所

能爲也。若本船在此過夏須九月始發。尚有相會之期。儻四月終即行。雖奉貴國主明示亦何可及。且不佞既回沙塔之後。或東或西。必求一所立定脚跟以待天下之安。安能泛泛作水中之鳧。頻頻漂泊耶。即使必來貴國。如今月十六。舟已入日本境界。羣龍鼓浪。頭鬣鱗爪皆現。舟已將傾。人人喪膽。不佞雖安詳不亂。然亦何能自保必生。及後事定無恙。舟中人但見不佞先於波浪掀翻之際。作書投

之水中。不佞並不與舟人一言所以退之之故。今欲奉聞淺懼涉於怪誕。不欲形之筆札面時或可及之。如此則安危未可必也。尚可望後期哉。去夏附船。困守舟中十月。後亦何能有此便船。容不佞孑然一身。兀坐守候也。後會之不可期。亦甚明矣。造化播弄顛倒往往如此。足下天挺之豪。惟在能自得師。又何必獨在不佞哉。足下師生之稱。向時猶不敢遽受。欲待晤時定之。或師德或師學。必有所指而後敢承。今既不可得見。不敢復辭。疑自

外於足下也。承諭序文容閱稿竟構上。厚儀領謝。外具不腆引意。惟祈鑒涵。

三

來教殷勤。自非虛飾。國典載在。誰敢或踰其遇與不遇。皆天也。天或有意爲明。爲日本。後會亦未可知。不必以此爲憂念。賢契喫緊之致。未嘗不心誌之也。不佞欲與賢契講究針砭者。身心性命之大。動關中國日國千年之

好。豈區區人力所能爲。欷歔之際。仍爲慰藉中國以制義取士。後來大失太祖高皇帝設科之意。以八股爲文章。非文章也。志在利祿不過藉此于進。彼尚知仁義禮智爲何物。不過鉤深棘遠。圖中試官已耳。非眞學問也。不佞父兄俱緣此得科甲。豈敢自鄙其業。但實見其弊如此。然科甲之中。時或有人。先父鄉試房師鄭諱郊。四川閬　縣人。爲蘇州府推官十一年。署府印者九年。歿於官。先君爲之視

其含殮。其匣笥所存。止銀貳兩七錢。其清節如此。家兄大座師宰相賀對揚先生。諱逢聖者。湖廣武昌人。事親至孝。居鄉平易。流賊焚掠武昌。殺戮最慘。藩主被屠。環賀相公之居里許。不容一人蹂躪。然此千百中得一。無救於敗亡。縉紳貪戾陵遲國祚。豈非學問心術之所壞哉。故其四書五經之所講說者。非新奇不足駭俗。非割裂不足投時。均非聖賢正義。彼原無意於修身齊家治國平天下也。至

若註腳之解。已見別幅。即嘉隆萬曆年間。聚徒講學。各創書院名爲道學。分門別戶。各是其師。聖賢精一之旨未聞。而玄黃水火之戰日煩。高者求勝於德性良知。下者徒襲夫峩冠廣袖。優孟抵掌。世以爲笑。是以中國問學眞種子幾乎絕息。況乎貴國素未知此種道理。而又在粮莠禁禁之時。獨有嘉禾油然秀出於其畔。然亦甚可危矣。賢契慨然有志於此。眞千古一人。此孔孟程朱之靈之所鍾。豈

以華夷近晚爲限哉。惟極力精進。以卒斯業。萬勿爲時俗異端所撓也。至若以不佞爲程朱。不佞問學荒陋。文字麤疎。豈易當此。賢契求師之專。故以未佀之有若爲佀也。媿極媿極。如文文山先生。不佞學不足以方之。而志節未敢少遜。但歷履更難。勞悴更甚。而均一無成。惟高明能知之。奈何自比之畫龍哉。丹心相炤。不佞亦具有明眼。獨恨不得面佈近日船頭方圖此。緣之所至。亦未可期。即行亦

當在來月初旬。近日病甚。序文自當構上。毋煩再四。疑問數條。遂一剳悉。來儀疊疊。不敢祇承。吾輩意氣相期。享不在物。藉手完上。惟希炤存。

四

佳作二本。弁前年三軸。批定奉上。其人去已五日。昨暮使者至。知尚未到。大約途中阻雨。不能遄行。兩日內定已入覽。復授來稿。燈下閱竟完趙。但嫌過於眞率耳。近日及門之徒。

粗知作文。則先生長者。競爲虛譽。況賢弟未嘗晤接。而才識絕倫逸群。筆則筆。削則削。雖有知我。寧無罪之者哉。以賢弟虛衷眞切。不忍相負。寧冒誕妄。焉敢欺僞相酬。數日內當事促行甚急。奈何不肖無寸絲尺帛。亦與諸商貿貿往來。眞大可笑事。疊承佳惠。又以知愛不敢却。拜登增媿矣。儻終不得一晤。則此來但爲徒然。悵惘無極。

五

讀來翰。知蘊結憤發之概。表章羽翼之誠。敬羨。賢契其將以身率末俗乎。抑將以口舌爭之乎。中國大亂。至道晦蝕已久。卽貴國亦在句萌初動之時。足下但當與二三賢智。噓息而滋培之。自然發生榮茂。愼勿以斧斤剝椓之也。前者粮莠長畝。嘉種閒生之說。已殷殷危之。豈尚忽視之與。譬如人膏肓之疾。尫羸不支。近幸少有主意。且當寶嗇精神。調和糜粥。明知二竪之爲烈。然不敢攻之也。俟其元

氣大復。則百邪俱退。養之以粱肉。治之以藥石。宜無所不可。賢契何憤憤於一擊之力。急欲以將絕之息。與二竪爭衡乎。且此不可以口舌爭也。爭之而不勝。助彼江河日下之勢。足下任蕃武之譏。爭之而勝。遂成狂瀾橫決之憂。足下罹卑紹之咎。千古以來。惟玄圭之功爲不磨也。昌黎功侔神禹。當時亦不肯口舌相爭。萬希高明留意。子厚文雄奇磊落。足以庶幾昌黎。要我胸中自有主裁。何必忌其

形跡。聖賢之學。惟患不好。既好之。隨其質性所近。必將有得。毋以未能爲歉。聖學有不備一語。直透狂夫心髓。的的如是。韓文貳本璧上。并述畧壹部。不佞力疾數日書此封誌二十許日矣。因無便。竟不得寄。將此外更有一書。臨發遲疑。遂復留取。賢契幸詳覽述畧。若必欲得此書。可遣一急足取去。儻在可否之間。俟駕臨面致之。未晩也。

六

賢契之於不佞。此古人盛德之事。絕非今世薄俗所有。至於賢契之祿。辭尊辭富。酌古準今。甚爲得宜。貴國君勸賢大典。何有一毫涉於不義。中國授室。大夫君子。皆有矜式。豈獨媿此數十鍾哉。但中分其祿。以贍不佞。不佞當之內媿於心。故欲圖十畝之園。抱甕灌之。在長崎輻輳之地。足以自給。若在他所。倩之而後足。除納官糧之外。衣食自有餘饒。在不佞有桑者閒閒之況。於賢契有師友麗澤之益。事爲可久。傳之後世。及吾與爾。子若孫。均足以爲美談。故相斟酌如此耳。非故作辭讓之套。亦非推賢契之所受者。義乎不義乎。而後受之也。若夫忠孝之性。賢契得之天植。又能尚友古人。以發明之。眞足使人宗師。不佞何敢居然居其功。至衡量君父之誼。其言似爲太過。獨願天下之學者。皆有此心。皆有此言。則既絕聖賢之道。一旦振興於貴國。此今日中原九州之所不及也。來書十讀。不忍釋

手。眞摯之情。溢於言表。來儀已敬登謝。不佞鹵莽荒廢。留住日本。誠爲賢契錯愛之過。豈能有絲毫益於貴國。及聞貴國君暨諸公卿大夫。俱爲大喜。或炫於傳聞之言耶。儻如鍾會之聞聞見見。不大辜所望乎。惟願相與有成。彼此不虛此意。燈下捉筆。老眼瞶昏。諸容再佈。不盡。

七

如琢昨日來。覽來書。知尊公以下。福履綏成

爲喜踰七之父。一日康寧，卽介子一日之慶。未易得也。完翁傳鎭公語，索不佞履歷，并索敕書。此是鎭公詳愼處。不佞卽將履歷草上，一冊敕書不便送看。已謄黃奉閱。卽日發還令日本人書上。此間更無他人。惟賢契明於義理，爲能番譯，一併奉上。祈卽爲譯出，致之完翁。又命作文頌美，不知作文自有時候，自有體局。造次誕妄，自有識者。又不肯與事實徒構虛辭於文，何取。未必不取鎭公之笑也。

鎭公大雅亢爽，豈可以小儒淫哇之奏瀆之。他日書得其詳，爲構一合作，使人與文俱垂不朽。不亦佳乎。陳太丘云：文爲世範，行爲士則。君子一言不智，喪其終身。韓文公泰山北斗之望。秖以太顚諸書，稍欠謹愼，至今爲學士大夫口實，并其大者失之，況萬萬不及文公者乎。不佞居身本自淡泊，居心本自寧靜。鄕長老每言總角時志槩，不佞已不能憶矣。自弱冠以來，則未之或改。豈今墓木已拱，一

旦喪其所守。人品卽不甚高，然頗立之於萬死一生之際。刀鋸臨之而不怵，重祿餌之而不回。鼎鑊猶有耳。完翁獨不聞之乎。今年交趾及福建船來，各船主尚縷縷向完翁稱述完翁親向予言。豈一旦遂忘之乎。旣已聞之，猶欲造次苟且，是弗之思也。是故爲之也。謂之相愛可乎。何乃多爲蛇足，以亂人意。數日來刺刺不休，使不佞進退維谷。茹吐皆難。統容面時詳細斟酌，以定行止。若欲不佞作妾

婦眉目，隨人俛仰，悲歡則不須於此間生活也。若曰免我於刀俎，鼻孔便當隨人牽掣，失之更遠矣。所以迫之者，不知何心。浣衣之制性理中，圖不足憑，容託裁工覓取。然此尚屬可緩之事，誦堯言，行堯行，爲較急耳。祈致之。

八

接來書，貴國國相及諸大夫賢賢之誠可見。貴國未嘗不敬書，特前此未有眞能讀書之人。於何而致其敬。謂貴國重武，不愛讀書者，

妄也。若使賢契讀書修德、內以顯父母之榮、上以酬君相之志、豈非大丈夫事哉。六朝非竟不讀書、特當時沿為綺靡之習、傷其本業。韓文公能悅聖賢之道、遂謂文起八代之衰、功侔神禹。況賢契於䕺叢榛莽之中、翦除大道、異時功成、當更在昌黎之上。惟祈加意勉旃、率先同志、以倡明之。諸再悉。

九

讀來翰、賢契之情、遠而益親、久而愈摯。無一字不流於肺腑、繇此推之、在子必孝。在臣必忠。其禮其誼、近來薄俗、自不能有。庶幾求之古人、即古人中亦惟英賢之士能之。其他亦必不能也。惟望自強不息、傳為後世美譚、則彼此有光。若使他人以為口實、則彼此均媿矣。勉之勉之。南京話一本、錄上、多閩語不佳、希令衆徒別錄。不佞暇時當增刪之。喪祭禮竢移居後詳定。以後來書恐有遲延沈閣、書尾須書月日。書面用子美秋興詩編一字號、以備查考。不盡。

十

性理大全一本。及文公家禮一本。七月望間看定、因如琢三四日前遠行。無人郵致、若託他人、恐致浮沈。七月廿九日得朝字號書來索、此部方知有同心也。其中差字甚多。不能盡改、後有佳者、別覓一部看定、為妙。中間批駁處。但可賢契自知之、或不堪與人言也。不佞於言行之間、但知內不欺己、外不欺人、行而不言者有之矣、未有能言而不能行者也。然止於此而已。賢契乃稱之為聖賢、又曰自然合道、皆非不佞之所能當也。至謂一兩輩聞風奮發、則不佞與賢契中分其功、吾輩或無媿於聖人之徒、與前兩月餘。病亟火炎、看書一二板、則喘逆咯嗽。耳鳴腦烘、目眩、遲久再看、則又復然。凡書皆不能著眼、不能思索、非厭見所有之書也。若厭見所有之書、又將何物購求他書乎。或者不佞怔忡恍惚。一時

落筆偶誤不然則傳說者之訛也鎮公交禮事玄庵歸兩言而決不佞竟亦不舉新鎮公尚未奉候當竢其便熟計之玄庵之說理甚悠長不佞深服其明爽也賢契於不佞事事惓切最稱知愛江戶已稔聞賢契半俸之說諸大老擊節歎羨謂吾國乃有如此好人若聞此等周摯之情其歎羨更何如矣

十一

自寓中裝治門檻之後於今兩月矣如琢回

崎於今一月餘五日矣日夕茫茫如在夢中即如年之臥室欲掃除而糊理之亦自無一日之暇即有半日空閒亦自心中厭煩不耐舉手矣嘗憶初夏時語賢契云此後謝絕人事可作自己工夫今半年矣兩月病後間務較多匆匆酬應猶尚獲戾於人可見受人牽掣不獨不許高尚即使患病亦復不許因誦西子之句年年鉄黹為他人作嫁衣裳夜夜辟纑常向鄰家借燈火夫借燈紡績勤至矣貧窶亦甚矣他人嫁衣總來於己無與西子絕世之姿顛倒如此不佞於他人之事攢眉日應之於賢契之務來則束之高閣謂之情則非情謂之理則非理非情非理謂不佞胸中有涇渭乎昨午接來書具悉雅意但不佞食之有媿爾東行之事非不佞之意前月廿六日鎮公所促一稿在如琢處自當寄覽前答他國佛者云不肖本為避難初非為倡明道學而來目下聖道榛蕪而貴國又處極重

難回之勢若以僕之荒陋而冀倡明絕學是猶以素朽之索繫萬鈞之石懸於不測之深谿豈有其不隕而墜之理乎縱雖東行自可想見何如與賢契啜茗促膝抱甕之暇尚論古人揮去俗務自砥身心不更夷猶滿志乎先儒將現前道理每每說向極微極妙處固是精細工夫不佞舉極難極重事一槩都說到明明白白平平常常來似乎膚淺庸陋先儒之言惟危惟微惟精惟一之旨也不如此

不足㠯立名。然聖狂分於毫釐。未免使人懼不佞之言。人皆可㠯爲堯舜之意也。有爲者亦若是。或可使初學庶幾焉。而不佞絕無好名之心。此其所異也。末世已不知聖人之道而偶有向學之機。又與之辨析精微。㠯逆折之。使智者誑爲芻狗。而不肖者望若登天。則聖人之道。必絕於世矣。此豈引掖之意乎。賢契尚須於此體認。擇其優者而從事焉

十二

今月接兩書。惓惓㠯不佞資用乏絕爲憂。轉託令親友爲之通移。此賢契用情過厚。日夕留神。故至於此。今不佞未至匱乏。即或匱乏。尚有一二新客。緩急可移。祗恐其八月當行。又多一番轉折。故且遲遲。若王民則船。及鄭儆老旦暮間到崎。則不煩清思。已那借完局直可至九十月。俟新米出。償之。若明年便與今年不同。無他大費。不佞當算計所存之數必不使稍盈溢爲煩也。又惓惓㠯不佞寓止矮小爲憂。此逆旅居貧之常。何足爲慮。不佞於重門高堂。居之而無媿色。華門斗室。安焉而無戚容。此素所蓄積然矣。徜徉於藝圃。肆志於仁宅。則不佞之華廈名園也。醉飽賢聖之旨。咀嚼道德之腴。則不佞之駝峰豹胎也。洒然會心。風生兩腋。又何溽暑足爲害。他日但當設一法。遠驅蚊子。使不自遠吆喝而來。（今按遠疑當作遐）擾人聽聞。喙人肌膚。則善矣。今未暇也。灌園之舉。須江戶事成之後。請之爲可。

此貴友明見極審。鄙人徒㠯賢契僕僕爲煩。故欲速成。終於道理爲礙。不得不俟之。賢契勤學競陰。旦晚經史。獎率諸生。均有進益。聞之極喜。所聞各條。載之集中。無有不可。俟秋爽當改作序文寄去也。一言之間。遲之年餘。可見文情不可過抑如此。諸後盡。

十三

柳川人至。詢知賢契居室已成。甚喜。今復接來翰。得衰衣而喜。此衣聊具其製耳。彼時鎮

公僱船甚迫。而縫衣者甚忙。況麻布非是不佞不能與之商酌。存其是而矯其非。明朝衰衣之制。有袂而無袪。無所謂縫合一尺二寸者。下亦無裳。蓋内有麻衣。如衰襲之有麻衣之袪。故衰不爲袪。麻衣長與身齊。故不爲裳。後濶中裁與摺。共一尺六寸。更爲布一片。長一尺八寸。綴於領下。名爲負版。今所做者無此。失其制矣。麻衣近有來者。亦能爲。惟滚衣幅巾。能爲之者。百中之一二耳。必竢前工到

方可爲之。須少寛半年。梁冠不佞亦能爲。當備料。製奉棺製木工甚忙。前託如琢。覓極軟板。不佞自作。今柳川有一人至。伺其間。浼彼爲之。而不佞裁削其間。但馬蹄笥入牝自固。不煩釘漆。而不可開。兩和中鼓而上下磬。惟良工能作。而不佞不能也。餘再悉。

十四

聞貴國京江戸有設學校之舉。甚爲喜之。貴國諸事俱好。只欠此耳。然此事是古今天下國家第一義。如何可以欠得。今貴國有聖學興隆之兆。是乃貴國興隆之兆也。自古以來。未有聖教興隆而國家不昌明平治者。近者中國之所以亡。亡於聖教之隳廢。聖教隳廢則奔競功利之路開。而禮義廉恥之風息。欲不亡得乎。知中國之所以亡。則知聖教之所以興矣。至云賢契省諸費。欲少益於不佞。世寧有此理乎。賢契雖加意無已。亦不得越於禮義而行。爲他人所非笑。反非所以益不佞。且

不佞近日頗有起色。即使借債多。不過百金。亦爲易了。近作極好極進。甚喜。靜坐澄心。亦不必改。亦不當用佛氏本來面目語。豫章延平。亦不必如此顧忌也。冗甚不多及。

十五

九月廿三同日到三書。切切以不佞之貧困爲憂。不佞故遍以示人。使知賢契之盛美耳。如此肫摯。在人子則爲孝子。在人臣則爲忠臣。何況區區師弟子之間哉。甚則舉賢契家

用稱貸之數。屑屑計筭以慰我心。眞是饒美於古來賢人。然而賢契實過矣。不佞之爲此者。亦料必不至於凍餓。而爲之。若料其或至於凍餓。而復須賢契補益通借。則不佞從前之所爲。亦不如此矣。不佞之所爲。豈必皆是。亦有過差之處。即不跨太步。然亦跨一著。遠步矣。然不佞之意。惟賢契能明之。今年雖借銀柒捌拾金。亦自易處。現有應允者矣。不佞總查家中現在之物。其可以斥賣者。可得陸

百錢。賤售亦可得五百錢。明秋王民則林德庵。二兄若至。通移壹貳百金。亦自無難。若不佞明年光景。止於如此。佞新鎭公行後。則杜門不交一人。所有僮僕盡行遣去。若有弟子可教者。令渠爲我服勞。亦如以栗易器之理。無則躬自炊汲。乃道不行之常理。豈足厚賢契。賢契自奉極其儉節。而以供不佞奢華之用。不佞尚有人心乎。以無人心者而爲之師。亦甚失人矣。此語豈宜聞之於他人。萬萬不可也。前意欲少暇詳細作一書。遲之月餘不可得。又復草草如此。且事多不能盡。可笑可笑。來稿奉璧。希炤收。

十六

賢契之於不佞。竭誠盡愼。人情所難。不獨貴國。即中國亦難比倫。即求之古人之中。亦不數數見。何尚有得罪之事。但士君子不可無此心耳。若自以爲足。嫌隙即於此生。小人乘間即於此入。固知此念之爲佳也。孔子爲聖

之時。解者曰。時當淸則淸。任和亦然。愚謂未必然。所謂時者。如春夏秋冬生成肅殺咸備。豈有不知軍旅之理。但靈公之時。佞幸專朝。直臣屛去。牝雞蔽於哲婦。艾豭忍於逐子。衞之不亡者幸矣。幸而遇夫子。當以國之大者急者咨之。擧之卿相之位。任之鈞衡之重。則富之教之。立可有成。今乃舍其大且急者。而問陳焉。是猶遇干霄蔽日之大木。不以柱國。而削以爲杖。是豈謂之知務哉。故孔子不對。

而曰未之學也。若果孔子不知兵，何以曰予之所慎齊戰疾乎。兵法論并上。廿日移寓，寓後荒凉，復須謹盜事，事須不佞督率，無一人可代者。冗冗多率畧耳。諸事冗甚，不能悉。

十七

來文貳本，并前年所寄叅軸，一槩批閱已竟奉上。來教眞切，故不敢泛泛虚譽，然過於直筆，但非近世所宜，幸有以亮之。大凡作文，須根本六經，佐以子史，而潤澤之以古文，内既

充溢，則下筆自然湊泊，不期文而自文。若有意爲文，便非文章之至也。譬如貧兒開筵，不少器具，便少醯醬，如何得稱意。而性靈尤是作文之主。老弟性質醇美，見解卓越，固是名手。而得之於貴國未知學問之鄉，眞開創大英雄。但時有純駁，則善人未入室，理之常也，非筆舌可盡，須面割始明。諸詩未見大方，然近日之詩，非理學所急，即夫推敲工緻，不過炫世靡文，尚祈加意精研理性，以爲一超世

奇男子，望切望切。不肖在舟既久，到此多病，頭目眩暈，足浮氣虚，加以心緒未寧，當事又復促行，序文未得構上，少暇當爲之。先附上五本軸，乞炤収。餘俟再言，不盡。

十八

前書倉卒，未罄所懷，次日復得手書，謹再條答。不佞年踰六十，平生不敢傲妄，至於知己兩字，他人以爲尋常贈遺語，不佞絶不肯許人。兩老師如少宰朱聞老、太宗伯吳霞老，骨

肉之愛，最眞最切，不佞亦未嘗用此。惟少司馬全節完勲王先生足以當之。今得賢契而再矣。如武林張書紳，庶幾近之，而未可以敵友陳遵之者，有無相共，患難相恤，胤息相子，未嘗有形骸爾我之隔。不佞往時面謂之云，若足下可稱相厚矣，不可言相知也。他若感愛或者稱許過當，總未能相知。不佞於二字之嚴如此。來札云不佞非能言不能行者，此

賢契極有眼力處不佞生平無有言而不能行者。無有行而不如其言者。至若文章合道行誼合天。此是子思孟子一流人。伊川先生以下。或多媿焉。不佞豈敢當之。今賢契懇懇求不佞之爲人。不佞敢自評騭不佞之爲人也。心爲上。德次之。行又次之。文學又次之。而書法爲下。不佞之心。堯舜禹稷契皋陶暨伯益之心也。而無其位。方齔而先大夫即世。未聞君子之大道。立身行己。與人之要。俱從暗

中摸索。故德次之。事不足以及遠。功不足以長世。故行又次之。三者同條共貫。而爲之區別者。時與遇之故也。學與文者。僅僅咿唔塗抹而已。豈能望見古人。書法無師承。無功力。抑又不足言矣。勉旃勉旃。共明斯學。於賢契有厚望焉。不佞一息尚存。亦未肯少懈也。賢契既好聖賢之學。自然能知能行。未能知。未能行。非所患也。況今日所知所行。種種皆是能事。但貴引而伸之。他日聖賢眞種子崛起

當在貴國。毋多讓也。所答子房贊中。雖若二十字。因漢高有三者皆人傑語。故子房爲百世所推。不佞獨心不滿於張良趙普。而前此有阮籍深貶之。極得予心。故用雖若二十字少揚之。隨即痛下貶辭也。左傳用杜林合註解。極得合胡傳更妙。杜襄陽一生精力。獨在左傳。或者遠勝孔氏疏耳。屏貳幅書上。諸再贅。

十九

狂瀾莫砥之時。有能屹然自立。便足爲中流

之柱。貴國惑於邪教。擧世不能自拔。忽有以聖人之道。葬其親。而不以邪教誣其親者。便當爲之執鞭。不必問其盡合於禮否也。此亦庶幾素冠素韠之意。若必以參兄徐徐律之。獨不聞西歸者懷之好音乎。但其中文飾之辭多。惻怛之眞少。是其所偏耳。其有大錯處則議之。至於治棺治壙。作灰隔。絕然不知。其於家禮。亦但影響。未嘗眞有所得也。前聞久留米礒部勘平目下行三年之喪。今日有書

至者云。土佐太夫野中傳右衛門葬父依聖法。甚惡佛氏居喪三年不弛。往往使國中行葬禮如此則貴國非盡以邪教陷其親特人自沒溺而不能振耳。此後有行之者。亦不爲驚世駭俗。居今反古。不足慮也。來字所疑問者。事事切當。前文又剴爽精當。得之甚喜。足見賢契近學之大進。作棺圖全式及分合之式。俱畫成奉覽。其中有不明者。不妨往復。此木事也。貴國板佳而價廉。聞京中每五塊不

過拾兩。與中國大相懸絕矣。禮雖不豫凶事。然親年七十。當以時製。若一促求之。豈能有及。特懼所見不一。不能如人子之懷耳。若賢契得行其志。則治棺治壙葬祭之禮。家禮之意。斬衰齊衰之製。尚當細講。但慮相去遠。有事不能面罄。甚爲悵快不一一。

二十

賢契之號。知者甚多。必不可更。若使賢契之名不更。是不佞以不肖之心相與也。異時而

人均受其罪。均不得爲全人。所關豈眇小哉。若非貴國初有此空谷之音。繫於天下國家爲甚重。不佞早已辭却之矣。晉時蘇峻之亂。會稽重地。朝廷以王舒爲之內史。舒以父名會。力辭之。朝議以爲會稽之會音貴。不當迴避。舒以音異而字同。終於不拜。朝廷不得已改郡名爲鄶稽。彼纖兒目不知書。安知大義彼又不樂聞人有好事。必思所以撞壞之。是故信口胡柴而已。而善人君子。一時不察則

必爲所欺。辛丑四月賢契欲改而不佞止之者。一則以事未有定。二則以守拙之名未佳故。不聽耳。至引李彥古爲笑。賢契亦常憾之耶。是冬賢契請改。而偷父撓之。一誤遂三年。中懷日夕耿耿。是以有前此之書。書到賢契毅然改易。誠爲快事。潑感潑感。省菴者。前因曾姓而成。今名須得與省字關合。緣未聞貴國之音。多致數字。惟賢契擇其佳者用之。守約守仁守義守禮守道。均爲曾子之事。若守

整與曾子未合。且不典雅。賢契頗有所考據否。今當詳定。毋容亟改也。賢契之學之行遠近所推。前書一念之差之語。大為駭然。今來五事。猶未貼切。不佞於賢契之來。一事無迕一字無疑。惟此大費推敲耳。談論輕疾。素喜失儀。習俗漸化。言涉非禮。必不至此。稍稍有之。亦自無妨大德。曾子曰。狎甚則相簡也。莊甚則不親。是故君子之狎。足以交歡。莊足以成禮而已。可見君子無時不莊。而猶以近人

為念。不佞質性莊嚴。不能自化。每每以此為病。賢契豈可復蹈之。且足容必重。手容必恭。禮特言其大要爾。自朱子言之。儼然泥塑木雕。豈復可行於世。賢契人品已成。學識已裕。循循漸造。雅俗相安。小有過差之處。但當隨事省改。一心不懈。自至純全之境。何得有百事俱非之理。若果有此。又不當於爾我之間諱言之也。習射非惡事。多至十數人。亦不得望望焉去之。獨不聞不如公榮者。不得不與

飲酒乎。但須默有主張。自然不為所移。飲煙不能絕。只是欠剛毅。非為大害。心役於毀譽。誠哉鄉愿之學。必不可也。若使毀譽以為美惡。是他人為我作主。我不得為一身之主矣。世有他人代我為聖為賢者乎。不必遠引。近日交趾人來。問彼大為傳誦。不佞在交時豈無有毀之者。今日久而萬口同辭。自然可強也。自有其真也。不佞今者在此。猶之在交也。雖有一二讒人。必不能亂我之真。即今讒人

心術隱隱之中。已若有神明降之鑒。而奪之魄。此即天地間至公無私之道也。特彼羞慚不肯直陳其造謗之罪。若彼能自首實。將來未必不可改行從善也。毀譽之來。但當自反於己。自反無缺。便屹然不動。孔子尚有無戾無鄙之歌。子産有孰殺我與之誦。毀言何可狗也。諸容另聞。

二十一

代管之事。悉如來議。別無所嫌。惟一年求仕

進不得則歸鄉此事大須斟酌大明人求微名尚有五年不得十年不得者今貴國仕進則得祿得祿則終身享之尚可延於後世而欲取必於一年何仕進如此之易也繇此推之則躁進之心無所不至矣則亦少不更事矣果能一年而壯進則取青紫如俯拾地芥即有如此之才亦不敢出如此之言此欲自藉其才力門地乎抑藉不佞為之階也故曰少不更事也若曰恐其後來萬一有不妥之

事而持兩端之見則大不然人有少年老成者亦有老姦巨猾者何可以年論也但當視其前日之所為何如耳前日之處心積慮何如耳若恐後來萬一有事則舉天下之少年無一人可保此非賢者之言也既已商之於十時繇布二公而又奪之於悠悠道路之口若遇大事孰肯出一言以保舉人材也內稱臣外稱客無有不可貴國風俗客之降等者與代管毫無所異不佞何吝而不與之名且必不能向遠來外來之人自號於人曰我客也我客也且不佞之病好以廉恥待人故往往為小人下流之所侮弄彼若果能自好雖代管亦自優禮不必於此屑屑也

與下川三省書

三月二十邊汝親戚至道榮所盛述貴國主待汝之恩令汝辛學云二三日內即到本欲與彼同行因渠別處公幹不便使汝枉道隨行故不及相携耳聞此甚喜此是汝莫大之

幸後劉宣義復持汝手書來并所寄玄貞書自此逐日懸懸望汝何至今又二十許日不見消息此是何意故或汝身體寡薄有疾病耶不然汝本宜早來又有貴國主嚴限汝何敢違玩若因欲備衣裝遲遲其來則汝無志之人貪其小物喪其大業甚非我所以愛汝之心也人之一生十五六歲之時有幾年一年之中有幾箇兩春光貴國主如天之恩有幾次遭際汝不思於此千載難遇之時發憤

㠯報主恩乃志得意滿驕矜鄉里。悠悠泄泄。汝尚復有人心耶。江戶水戶上公。及諸閣老之書皆到。通事日逐在此催促。若使一旦啓行汝前後不及。汝自置汝身於何地也。思之思之即使汝有疾病。及今五十日。竟不遣一人通一信耶。汝尚可謂有知覺否。書到須星夜促裝前來。毋容再遲時刻也。汝丁毋憂本宜遣弟因汝不報訃故不便弟耳。前言汝想聞之矣。汝若不欲來我門下亦不強汝可即

遣前价來。將汝書籍取去。無爲使我久懸念也。汝尚有志於學即使衣服不備赤體而來。猶勝於滿身華麗也。曾子縕袍無表。原思懸鶉百結。蓋勝於子貢公西赤也。有志者自如此耳。

舜水先生文集卷之七終

舜水先生文集卷之八

門人　權中納言從三位西山源光圀　輯

男權中納言從三位　綱條　校

○書八

與奧村庸禮書三首

三好安宅貧士也。介士也。饑不可得而食。寒不可得而衣。矜其門第。困守衡茅。其戚友爪葛。亦時有憫其窮而餉之粟帛者。不屑受也。大布穿結。二旬九食。恬焉自㠯爲得。不佞知

其然。故减關柝之祿而衣之食之。安宅謬㠯爲伯夷所樹。衣之食之而無疑。如是有年矣。不料纖悉皆聞於賢契而賢契又洞知其家世。深察其行藏。夫蒐訪人才乃鈞軸之任。而進賢受上賞。又振古之志也。今世之士。大抵奔競也。飾貌也。而君相之取才。大抵先容也。捷給也。先容則輪囷而爲千乘之器。飾貌則敗絮而登清廟之籩。安宅悃愊無華。未嘗見其才具。昔者子貢問士之上者。孔子曰。行已

有恥。使於四方不辱君命可謂士矣。孟子曰。人有不為也。而後可以有為。然則取士者可知也已。安宅與不佞遊。於今六七年。淡水之交。始終如一。晦明風雨。未之或改。其立身。其存心之可見者如此。若或受知遇之恩。彼必能竭其力以報稱之矣。至於才華甯戚百里奚。鹽車自力。短布商歌。亦何嘗以才略自衒哉。賢契有意拔擢之。姑羅而置之臺下。試可也。而後升諸公。他日在安宅。不失處士之節。

在賢契不失知人之明。斯兩得之矣。且足以勵世磨鈍也。

二

昔呂蒙為石城長。吳主孫權謂之曰。卿今當塗掌事。須當讀書。蒙辭以軍中多務。權曰。卿多務。孰與孤。孤少暇。即讀書。自知開卷有益。孤非欲卿為學。如博士應舉。但不學而莅事。猶如面墻。義理違錯。何繇斷決。蒙遂折節讀書。後過魯肅。談議之頃。肅驚曰。卿非復吳下阿蒙。蒙曰。士君子三日不見。便當刮目相待。君何見之晚也。其後薦於吳主。遂為大帥。夫以蒙為屯將曲長。而石城為小邑。猶且謂之當塗掌事。今賢契職親祿重。大用有日矣。又且年富力强。耳聰目明而不及今為學。一旦參掌大政。機務填委。輕重孤疑。不能曉暢。豈不貽霍子孟寇萊公之誚乎。古人云。世間何物。最益人神智。曰無如讀書。然則讀書。非特修身正行。適所益人神智也。漢光武投戈講

藝。息馬論文。蓋為此也。然中年向學。經義簡奥難明。讀之必生厭倦。故不若讀史之為愈也。資治通鑑文義膚淺。讀之易曉。而於事情又近。日讀一卷半卷。他日於事理脗合。世情通透。必喜而好之。愈好愈有味。繇此而國語而左傳。皆史也。則義理漸通矣。吟詩作賦非學也。而棄日廢時。必不可者也。空梁落燕泥工則工矣。曾何益於治理。僧推月下門。敲則敲矣。曾何補於民事。雞聲茅店月。人跡板橋

霜。新則新矣。曾何當於事機。而且撚髭嘔心。儻或不能工緻。徒足供人指摘。又何益於詩名。賢契若欲猶夫人而已。即今宜無不及人者。若欲希蹤往哲。自求出類非學古。豈能有獲哉。其詳已與木順老面言之矣。并欲作一書致令郎及令壻究甚。不能也。幸即㠯是語之。

三

前令五十川剛伯約十一二日過談。㠯曠違

之極。欲見之急也。乃期㠯晦日方得暇。雖朝政殷繁乎。此來佀與前年迴別。深辜夙望矣。清寧之世。四方無虞。猶尚如此。萬一方二三千里之外。有風草之警。將遂不遑寢食乎。無限心中事。欲一一爲傾瀉。及至相逢。輒復吞嚥。總之語言不便。而書文不同。又不可託之傳說耳。故相見時多耿耿不可言者。既不與言。可與言者。又不得與之言。四海漂零。形影相吊。一至於斯。如何可言。外賢契訓子一一作改

上。燕飲一圖草上。統希炤入。賤恙雖未能盡痊。然大勢已愈。幸勿深憂。屢承使問。并謝不盡。令郎同此不勞書。

答奧村庸禮書十二首

關河阻脩。遂不得時聞動定。別來無幾。乃自秋涉冬。歲聿云暮矣。近有一日之雅。懷憶更深。前聞賢弟從加賀公出獵相摸。車徒安好。甚慰。方欲作書奉候。又雅意尚未敬復。奈數日來。復罹痰嗽眩暈之證。尚在伏枕。迺承命

使遠臨。瑤函貴貺。展讀玩味。溫純則挾纊雋永則膳饈。況復重之㠯嘉惠種種耶。謝何能既。不佞蒲柳之姿。迂拙之性。誠哉齊門之瑟也。不知何㠯辱水戶上公知遇。事事出於純誠。雖累牘不能盡。獨媿無㠯報稱耳。上公負特達之資。而恭儉禮下。使得爲所欲爲。豈惟一變至魯。雖至於大道之行。亦自無難。細觀其意。佀乎有功令森嚴善書掣肘之慮。東土雖云荒瘠。雅不及於舊邦。若果能眞心爲之。

世無不可敎化之地。太公之營丘。熊繹之荊楚。豈其先遂繁富如此哉。況乎以聖人之道。表東海耶。不佞粗中坦率。全無彼此。冀望誠深。未知得如願否也。景迫桑楡。河清難竢。奈何。使旋率復。不盡區區。賢甫令壻。均希叱名致聲。統祈炤鑒。不宣。

二

留邸年餘。初歸下馬。公朝私室。諸務頓集。且去歲有令先祖母之喪。靈幃兆域。均須經理。

哭臨之禮。雖有强力敏幹。此日亦不暇給。賢契即於十六日作書來問。慇懃詳懇。中間纔隔一日爾。非惓惓以不佞爲念。何能及此。銘刻銘刻。久宜修候。以俗務不得了。羸軀困憊。而十一日瑤函又至。已啓讀。知邦域安寧。門闌多喜。甚爲歡欣。吉人之相。自古云然。又復惠以多儀。益深感媿。至於中心遺憾。彼此皆同。無有他長。惟期賢契以古大臣古豪傑。内爲家範。外爲國儀。此心勤勤。未嘗一刻少弛。

獨是言不同。儻書不同文。（今按。儻字疑訛。）肺腑之懷無繇得達。以是爲悵惘耳。若夫貌言虛情。尚不及夫中材之小子。況敢方之歷練世故者乎。賢契惟取其眞而棄其短。斯爲擇執之善者矣。使旋率渤荒械之侑。不佞近雖多病。未爲大害。秋間有所擬議。候相機決定。尚當另書報聞。草草不宣。

三

古之能自得師者。公侯間庶幾有之。周公。齊

桓。楚莊王。魏侯斯。其最著者也。漢亦有平陽侯參。而蓋公非聖賢之徒。然猶能載其清靜治齊。作丞相。而有寧壹之效。至於卿大夫之求師者。蓋鮮矣。詩云。孑孑干旄。朱夫子謂美大夫之下賢也。不佞謂慨當時卿大夫之不能下賢。創見干旄而發耳。就孑孑二字。已自可見矣。若曰僅僅有此也。下賢且不可得。況有求師者哉。世之最難者。無如交道矣。而師弟子爲尤難。而富貴貧賤之際爲尤難。以中

原人爲之師。而貴邦卿大夫爲之弟子。爲尤難。不佞耳目聾聵而口復瘖啞。賢弟何取於不佞。而欲以爲之師哉。賢弟篤敬温淳。志在立德。參贊機宜。地親任重。不佞與賢。相去遼遠。今入覲抵郡。又以政務旁午。未嘗得與不佞久處。眞知其某事爲賢某事爲賢。欣然而羨慕之。而敬服之也。不過以人言譽之而信之耳。以人言譽之而信之。不將以人言毀之而疑之乎。況貴邦毀人者。比比而然。吾見毀

精金美玉。爲瓦礫者矣。吾見詆寶鼎爲康瓠者矣。未聞有譽人者也。況不佞儒而日本遍地皆佛。噓佛之氣。足以飄我。濡佛之沫。足以溺我。孰有譽之者哉。不望其譽之也。誰復有諒之者哉。水戶上公尊之信之。亦已至矣。動之者多端。未嘗見疑。然能保其終。不搖奪哉。語曰。易合者易離。善始者不必善終。吾欲其終之善。故不輕其始之合也。是以門人三省屢以爲言。不佞難於造次。蓋欲堅却之。則乖

賢弟特達之知。欲冒昧承之。則犯前賢好爲之戒。是以再三遲疑。前論欲如安東省菴。省菴雖一介寒士。然其高才卓識。盛德虛心。則有不可及者矣。親踈戚友之間。搖之者萬方而終不惑。敝衣陋室而不恥。糲飯瓢飲而不悔。使大邦能振興於聖賢之道。則若人誠君子。而尚德者矣。使賢之志意。能如省菴。則不佞又何有世俗之慮哉。前月念六日。再請於上公。諭以賢弟意思眞誠。理無可却。且言之

甚爲肫切。不得已慚靦勉承之耳。聞之德足以爲世儀。言足以爲世法。而後可以爲人師。今不佞有一於此乎。但期相與有成。進德修業。致君澤民。功在社稷。不爲世俗所訕笑。他日不爲兩邦口實。則幸矣幸矣哉。復遲逡。統希原亮。

四

新歲公私。政事殷繁。今既數日。應有次第矣。賢弟惟以君臣孚契。同寅協恭。乃爲百祿之

道身自植德。諒子讀書所謂詒燕之謀。莫過於此。所謂吉祥善事。莫過於此。同朝之誼。在吾前而有德者。吾奉之如父兄。在吾後而有德有才者。吾則援之而同升。吾心固無歉於人矣。又能深念民隱。偏爲君德。不佞之所望於賢弟。如斯而已。至於植德之基。要在多識前言往行。不然則孰非是者。以爲是。舉非義者。以爲義。差之毫釐。謬以千里。雖賢弟質性純良。執事詳審。萬萬無此。而不佞謬叨至誼。

則當以肺腑相示。無取據美言以相悦也。不佞籍庇安寧。雖小恙時作。未爲大害。惟是言語不同。大爲可慮。語言不相款洽。則人情必不相調。將來未知如何稅駕也。今即令壻用功何如。工夫以不作輟爲佳。會晤非遥。統容面布。不宣。

五

不佞自去臘以來。沉疴日篤。元旦堅欲不起。而當塗婉婉慇懃。不得已力疾一行。此日之後。湯藥遂不去口。而病勢忽無銷減。雖去第口稱食。[今按。去字疑當作云。]未免久則厭之。且七十四叟。心欲久駐於世。何爲故亦順其自然耳。近者三五日來。頗覺稍可。而寒熱仍作。前途事自是可知。賢契入覲。當在乙卯之夏。此時豈能再復相見。惟有心銘盛意。不隨骨朽耳。去冬又兼華翰兼貺隆儀。登拜爲慚。復書遲滯。或在馨原。不替過也。五十川剛伯近業稍進。賢契惟當勉令專攻。若使虚費韶華。深爲可

惜。不佞邇來讀書難入而易出。悔可追乎。今者後生都不慮此。不解其故。

六

新歲遠頒瑶札。悃款奉勤。不殊面語。謂是履端之慶。續聞賢契有得孫之喜。嘉祥萃於一門矣。不佞篤老伶俜。寡夫孤鳫。行尚與影爲儔。倡則有誰爲和。視賢契家門之樂。固當霄壤。去年十月。洋船到港。謂南京浙江。連遭水旱。大荒二年。不佞家最貧。兒子又拙劣。而食

指又繁。若直浙兩省凶荒，則資生路絶，擧家皆溝瘠矣。家兄年在桑榆，諸姪又無達者，宗祧之事，大有可憂。數月間不獨志意氷消，神情惝怳，即衣服飲食，亦不知飽暖饑寒，出入夢寐，無可告語。託身異國，音信難憑，中懷割裂，如何可言。

七

老病踈慵，事事都無情緒。古人云：不如意事恒八九，可與人言無二三。不佞事無一不可

對人言。奈無可言之人，不得不結舌茹檗耳。即遇可言之人，要須假口舌於人，則終無可言之時也。是從古及今未有至於斯甚者。太人盛德盛事，無端使纖兒逞志撓亂於其中，爲可惜也。近日又復多病，種種不一，亦不藥矣。書來云：賢契初夏有恙，至今未復。賢契精强敏幹，神氣俱勝，一時或有外感，何至久而不愈。惟加意調爕之，未分勝者，視疾病每不爲意，此亦非慎之之方也。承惠白麻布伍疋。

能州青魚貳拾尾。不佞毫無益於賢契，而每年叨此大貺，登拜爲慚矣。如何如何。

八

不佞踈庸固陋，何足齒於庸俟，此皆賢弟謬愛乎。自推許之過也。源剛伯來，不佞未免以世俗之情待之，不欲令其輕於執贄。蓋師弟子之間，最宜詳慎，萬一不妥，事不能終，則騰旁人之笑口，而阻塞貴國向學之機，關爲害甚大也。今觀其器宇循良，更能加之以磬策

自有成就。初見之日，所言四病四美，賢弟必已聞之矣。儻深諒不佞之四病，而恢弘學士之四美，斯可不負加賀公之重託也。要在掃除外務，一意精專耳。今病初愈，不能爲少須當作一教條示之。若夫耳提策勵，不遺底蘊，豈煩賢弟諄諄。人見友元亦以此爲囑，不佞語之云：世容有不肖不受教之子弟，必無吝教其子與弟子之父師。況不佞視貴國之人，如一家昆弟父子，嘗恠周摠量窄意偏，尊中

國而貶秦邦豈足語於聖賢之道不佞於孔子。不啻天壤。獨是誨人不倦之心。則於孔子無少間也。是故隨事隨物。則必惓惓懇懇。樂與言說而學者漠然聽受。過耳輒忘。介介獨惡是耳。貴邦秋收無恙。是爲國第一要事。乃聞山水衝悍。漂流房舍汩沒居民。誠可傷憫。但死者不甚多否。不佞近來非有大恙。只是頭暈手顫。把筆輒懼。故奉復稽緩。惟希原亮。

九

前書去後纔兩月餘耳。中心念之。遂如隔歲。不知賢弟有溫泉之浴。亦初不知賢弟有筋骨之恙。澡濯兩旬。體氣輕快。湯之爲效如此。不佞渾身是病。安得此湯以療之。遙羨遙羨。別後總無強健之日。近者天氣嚴寒。二十餘日內。反覺安穩。頗爲徼倖。源剛伯氣度甚佳。語之稍能領畧。從事三月。亦未見躍冶破綻。不佞望其大有成就。但所居遼遠。往返爲艱。即使每日到齋。亦如衛參晉役書晝卯酉而

已。豈能有益。子夏有云。百工居肆以成其事。而大學之法。藏脩息游。亦必於學宮。乃所以習焉安焉。不見異物而遷焉也。師弟子相接無幾。且未知其師之賢不肖。何所用其觀摩。觀摩之道。用耳用目用心。於有意無意。所慎所忽。大庭獨居之際。而後得之。茲者耳之一官既全聾矣。惟憑目力而心領神會焉。其可也。若又瞇其目矣。將何以得於師賢弟。幸爲熟計而達之貴國君。圖所以成就之者。至於

師之訓誨。獨患弟子無承受之地。不必患其師之隱也。不佞與賢弟相與日淺。心中無限事。一毫不能道達。遇可言之人而不言。以是爲鬱結耳。前札謂耳提面命。不遺底蘊。賢弟其亦知不佞之所至耶。笑笑。服部其衷前者詐病。意圖遣歸。不佞既不急促。亦不落渠彀中。今計窮而後讀書。已將一月矣。盡能記誦音聲亦不異唐人之子。甚清亮。近日學語。譬如雛鶯。亦間關可聽。漸能作譯人。但要賢弟

不爲姑恤，則不佞之嚴厲可施。彼若稍有退步，便不思進步矣。向自不佞以賢弟寛和，且又遠去此，子來。故不肯受。不然何以至此。今幸稍有一線之路，其所以立身者，年幼且生蓬中，未可知也。承惠彩牋壹束，大魚壹尾，此爲貴邦歲貢土宜，不佞何以堪此。領到謝謝。諸容再罄。

十

廿七日承翰教，備諗近來福祉，及詳讀史之

有益於治理。司馬温公輯通鑑，始於以魏斯趙籍韓虔爲諸侯，亦猶孔子作春秋，始於魯隱公。聖賢之大經大法，於此見端焉。俗儒金履祥，不佞鄉人也。乃取李燾長編及龍門史記，以冠其首，名爲前編。此賣菜傭之見耳。徒使讀者厭觀，故前書云資治通鑑也。且看此下部，俟文義透徹，玩索精熟，然後取別部以益之，不在豫先求全也。儻得同志之友十人五人，共相講磨，則事理自然明白，識見自然增長。若有疑難者，姑置之，待來年到此，不佞尚無恙，互相質證，疑者闕之，愈久愈覺有味，自然不至厭煩。昔子房與他人語，如水投石，無有入也；與沛公語，如石投水，無弗入也。今不佞之言，賢契深相契悅，他年表表於世，謂是不佞領袖之，庶可無媿一番相與也。不佞舊年多病，今歲殊康健。每年病夏，今年亦無此疾，可慰遠懷。秋冬或有大病，亦不可知。目下急欲作一棺以俟之，遲速非所計也。草草

佈復，不備。

十一

伻來，善道伯玉，可稱蘧使。細問備知其詳，無限欣喜，夢魂飛越，兩地同之。前得木順翁書，與此恰恰相符。鄙人直戇，不合時宜，賢契乃念之不置耶。若來歲猶藉庇無恙，夏四五可得晤言。但恨語音不同，不能一罄衷曲，悶悶欲絶。時下雖稍安，然精神潰耄，今歲又甚畏寒，風中之燭，能保明年此會乎。屢屢致書，則

伯弘、齊二生。屢陳台意、足徵久要不妄。通鑑讀法。言其大略耳。來年至此、政務之暇、講解一卷兩卷、不須句櫛字比、但要明其大旨、質其疑難。一部通鑑明透、立身制行、當官處事、自然出人頭地。俗儒虛張架勢、空馳高遠、必謂舍本逐末、沿流失源、殊不知經簡而史明、經深而史實、經遠而史近。此就中年爲學者指點路頭、使之實實有益、非謂經不須學也。得之史而求之經、亦下學而上達耳。晦庵先

生力詆陳同甫、議論未必盡然。況彼拾人殘唾、亦步亦趨者、豈能有當乎。其他禮狀等事、末耳。不足謝也。不佞但要賢契知向學之方、推之政治、而有準。使後人知爲學之道、在於近裏著己、有益天下國家、不在乎紙弄虛脾、捕風捉影。若夫竊儒之名、亂儒之實、使日本終不知儒者之道、而爲俗子詆排、則罪人矣。餘情縷縷、冗不及悉。統希炤亮。

十二

二月十三日、接賢弟手書、知公務填委、詢來使、知新禧駢集、又知有益祿之慶、深爲慰悅。凡在知交、亦與榮施。況不佞誼更深切乎。不佞今年七十、擬於舊冬告老。適值宰相上公無暇。延至今年正月廿四日。此書方得上達。而上公不允。不佞以老邁憒昏、意在辭謝西歸。書到時事在未定。故不即答。其後上公屢屢遣人致意、謂不佞客也、與他仕者禮異、而上公日夕親近之人、到寓備言上公禮意之

厚、且云任憑先生如何說。上公如何肯放先生去。其人又縝密、言必不苟。不佞思歸亦無家、與中原人居中原者不同。且上公意思勤勤懇懇、而必欲辭歸、近於要君徼名矣。於禮未爲至當、故不敢復言。明年會當辭祿、惟留少許、以養生耳。目下擬作身後之事、材木既難得、但市一中下者、以爲之殮手足形、使之速朽已耳。三月來、遂有遊賞文字之役。四月初二日病起、遂連連綿綿、一病纏身、無三四

日清燕至十一日來。稍可。七月間復惠翰札。兼承越中白麻布伍匹。能登鯖魚貳拾尾。即欲作書奉答。而次日即病。至今缺然。而賢弟惓惓勿替。問遺相繼。時於木順老處展轉問詢。又於門人弘濟處訪察賤體何如。賢弟之於不佞。可謂深摯而婉曲矣。謝何能盡。至於七十賤辰。本不足稱慶。荷上公厚恩。無所不至。雖至微細事。莫不精處懇惻。富而不驕。貴而能降。使人感刻涕零。不獨几杖之錫而已。

聞之於遠。未能詳盡。且人能見其外。未能知其誠。不佞際此殊遇。深愧無以爲報。賢弟聞之而喜。宜乎其喜也。乃又遠須厚貺。受之爲赧。但誼在通家。勢無可却。惟懷銘佩也。令郎於今冬完姻。又聞子舍甚嘉。此是詒謀大節。高曾以下。咸寵賴焉。深爲賢弟喜之。外具湖筆斗方貳種。眞乃秀才人情而已。惟希炤存。不宣。

與奥村德輝書

既有一日之誼。則情意自相關切。相隔千里。有使而不附一書。於禮既闕。於情亦非。且無以驗足下學業之消長。雖以國書託弘濟轉致。終不若自爲一書。執筆不能揮灑。則發憤向學也。來翰頗能達意。何故懼而不爲。幼年蓄縮。人之恒情。豈以爲罪。而責之。政所以策勵之也。孔子曰。辭達而已矣。不在華藻典贍。令姊夫來札大佳。共相磨勵。萬勿虛費日月。然此其小者爾。讀書事親制行。則其根本也。

此時德業行止出入之關。一有玷缺。終身不可磨。更宜留意。尤爲屬望。使旋聊寄數字。楮短意長。惟在推廣之耳。

答奥村德輝書五首

慨焉激勵以竭其力。意思甚好。孔子嘗言。不憤者不啓。不悱者不發矣。慨焉激勵者。其憤悱者也。慨然者志也。激勵而竭力者。氣也。志氣感奮。其學有不成者乎。竭力二字。受用無窮。竭力以事君必忠。竭力以事親必孝。竭力

以讀書修己則必爲賢爲聖人之所以不肖者皆不能竭其力者也或竭其力於無用之地耳又思天下能言之士恒少而富貴之子受病恒多非富貴之子生而不善也其所與遊者使之然也其所與者軟熟諧媚奔走趨蹌者已耳大者希其恩澤小者資其衣食導之非僻誘其邪淫以爲悅無美而譽之有惡而飾之以爲功父母又敦體而難於責善則有過而不得聞日流於汙下矣昔者騶忌盛

服將朝窺鏡自照謂其妾曰吾孰與城北徐公美妾曰君美甚徐公不及也少焉其妻至問之妻曰徐公不及君美遠甚因出而問其客客曰徐公豈能及君忌頷之入朝而謂齊王曰城北徐子天下之美丈夫也臣自知不及徐子遠甚晨起將朝問臣之妻之妾及臣之客皆譽臣之美不容口此無他臣之妻私臣也臣之妾畏臣也臣之客皆有求於臣者也今王之宮中皆私王者也立於朝者皆有求於王者也四境之内皆畏王者也臣恐王不得聞其過矣今足下雖萬萬無此吾恐他日爲軟熟諧媚者所陰中故預言之使吾子察之而不逢不若也又恐爲他富貴者見之而怒故閣筆者再三又恐逾七之年一旦溘先朝露則斯言遂不得聞於吾子之耳矣寧可言而過不可自愛而不言也光陰若流事業無就此蹈襲前人語非也但當曰光陰若流不讀書行已則事業必無所就此即慨然

之意已遠惠能州海參與老年人甚相宜謝謝諸惟激勵而竭力耳

二

盛使來承惠厚儀領到謝謝因詢足下用功何如備悉近來安好且聞今冬畢姻甚喜夫婚禮萬世之始也而古者婚禮不賀何也古人意味深長禮義周至甚可思也足下其悉心以體之夫人之處世也出入不立異於時俗而行已不負愧於古人斯可矣欲不負愧

於古人。非讀書明道無繇也。前年見足下時。方在成童。轉瞬之間。已冠已昏矣。詩云。未幾見兮。突而弁兮。即此也。冠者責為人臣。為人弟。為人少者之行於人。故禮不可不重。而足下今將有為人父之責。若失今不學。不過一時俗庸人已耳。出則騎大馬。乘高軒。僕從如雲。擁衛之已耳。其能有類之望乎。惟在足下勉之矣。孟子謂待文王而興者。凡民也。若夫豪傑之士。雖無文王猶興。其言可深長思也。

夫待文王而興。猶且謂之凡民。待文王而不興者。其將謂之何哉。足下欲為豪傑之士乎。欲為凡民之不若者乎。吾知足下必欲為豪傑矣。他人類以好言贈遺。而不佞責成獨深。非不知時俗之習也。特以一日之義不可泛泛耳。外具花紬貳疋。非以為賀也。但不脫俗已爾。惟希哂存不一。

三

初六日得足下來書有二喜。一者謂足下今年必留金澤。再見無期。今聞侍尊君抵都。則燕笑有日矣。一者去年去書。直突觸忌。而足下能受盡言。夫能受盡言。則將來成就。不可限量。子路之喜聞過。大禹之拜昌言。皆以是心推之也。夫人豈好為諛佞哉。獨是盡言以規人。人必怒。好言以悅人。人必喜。於是邪諂成風。而世遂無直言之士矣。儻足下不以為逆耳。而以為藥石。則一年於此。尚當傾儲而出也。新歲書。因病未得答。歉歉。尚需面謝。

四

五廟之禮。遵夫古或不宜於今。便於今則有戾於古。故曰禮之近人情者。非其至者也。貴邦人士賢明者。固有其餘。不自知其已之不能。而矢口指摘。總之忌嫉之心勝耳。故須與宰相上公事事面訂。而後行。隨手疏列。已得六十二事。稽之載籍。遺漏尚多。此豈一兩月所能究竟者。不佞夏間又病。至七月終方愈。痊可纔四十日。中間兩遊後樂園。又上公賜

顧又十餘日。隨有世子燕饗。畧無停晷。而九月初旬。一病至今。是以未得考究若上公必欲行此者。則來年足下入都之日。方在有事之時。不足為快也。特以不佞年垂八十。精力日衰。記性日拙。事多遺忘。顧此失彼。豈是行此大禮之時。自古獨絃難調。寧有無一曉事之人。協同斟酌之理。即服部其衷生。藉其膽眞脫稿陳設點檢。中廷唱賛。得渠力已多矣。豈能望其學問充裕。責其質疑問難耶。冬病不能復書。幸原之。

五

遠出方歸。溱溱家室。乃於百忙中。存念老朽作書相問耶。初願甚奢。後來機會不偶。轉瞬之間。歸期已迫。人情事勢。大抵皆然。然而不必以此為悵怏也。能學則稠人羣聚之時。必有我師。事務紛錯之際。皆有其學。人人所能而我不能。則不劣而不得不學。人所不能。而我獨能。能則不廣而益奮於為學。則無地非學也。彼自暴自棄之徒。日與其師相接。且不知其師之白黑青黄。豈能有益於學哉。昔有一名公元老。命吏書牘曰于寶。其吏跪而復曰。命是晉臣。合是于寶。此老瞿然起敬。改容稱謝與各部堂曰。此吾一字之師也。若能如此。則何學不成。傲然自足。則何德不隳。故曰。學者立志。當如山。求師當如海。以此思學。無弗得矣。不佞近雖多病。不足為害。然老健春寒秋後熱。終非長久之事。況未必健乎。匆匆裁復不盡。

答古市務本書五首

前月初旬。則伯至。接手書。讀之。不覺欣然。足下為學未幾。乃能如此。筆畫清眞。語言條達。是皆用心所致。知能竭力其旨意。在承歡。又能知前寄誡辭。服膺弗失。則不佞之所願望於足下者足矣。用力精勤。必將月異而歲不同。後來至此。又當刮目相待也。然須知學者以躬行心得為主。而潤色之以文彩。不可以

文字為主而潤色之以德行能知其本末先後則庶幾矣勉之哉德輝意思慇懃乃以國書藉口於同門當是羞澁不肯出手於先生長者不當怕羞學之習之自能達意耑以此語之冬病目眩腰脊作痛不能多及

二

得足下書讀之輒喜剴爽明白而少塵俗之習若能充之以學力此是最好筆氣惟誨藥心盲四字稍嫌生新然有解有義亦不妨日

本人何嘗不可學日本人何嘗不可教特上下自安固陋不肯振作而妨賢害能者又懼後人之勝己則已無可擅場多方排阻泥塗俗子之耳目耳而異端之徒更不必言足下公餘之暇惟在讀書一則日親古人一則日遠損友古人日益親則路境日益熟匪人日益遠則持身日益高閑事不涉則禍患不侵閑人不交則浪費節省若能高尚而不詭俗和光而不同汙斯善之善者也倦則展名公法帖臨摹數十字修植庭前竹木日以悅親爲事豈不甚適他日聞足下事親孝養事君竭誠則學問之徵矣勿區區剽竊粉飾自號於人曰我儒者也則可矣處之危疑而弗能決投之艱危而弗能勝豈儒者哉德輝來書亦可勸於讀書豈慮不能作書札郎舅友朋要在切磋勿作俗人虛文褒獎而已

三

爲詩豈盡無益哉能如三百篇風者足以勸

刺者足以懲善心發而逸志創於世道人心未嘗無補也然必天子巡狩肆覲陳詩納賈而後有益也是故王迹熄而詩亡豈遂無詩哉詩之用亡矣至宋之中葉天子猶自讀書知詩瓊樓玉宇高處不勝寒則曰蘇軾終是愛君世間惟有蟄龍知則曰彼自詠檜何名謗訕今之詩益無用矣高者宜瑤導豫下者學步做顰掇取事文類聚及詩學大成等書節令名物數行數字雜合成章此不過欲虛

張名譽巧取世資何嘗發之性靈甚至公侯
卿相不能禁飭反舍其政治習效成風如東
晉清談遺落世事及唾時賢謂含瓦礫孰鄙
吝是豈邦家之福哉故曰詩不可爲也得來
書深喜勤學則不患資質鈍勤學則不患無
竝兩目如燈光水晶焉用彼相將乘長風破
萬里巨浪豈慮無舵若失今不學則涉大川
而無艣楫周水而行舟何所依而定乎使旋
踵復惟希加意勉之惟不自安於庸人則必

爲豪傑矣

四

去年九月書到知足下爲二豎所侵往浴温
泉年終書又云漸已復常少年時疾何纏綿
如此新正書雖不詳言定知全愈釋奠習儀
名雖三獻其實一獻而已足下雖未與觀禮
何歎恨之深耶宰相上公欲習五廟祭禮五
廟有犆有祫儀文曲折節自周詳若非精心
探討豈能有禪繼明不佞見學者泄泄玩忽

兩年來懇懇力辭上公堅意欲習此今秋冬
間想當舉行禮儀既已卒備初學勢難卒成
明年足下入都正在演繹之際方當與賢者
講貫情文修明禮教知其大者則其小者舉
而措之耳不足深嗟也裁復遲遲並惟原亮

五

書至知來歲扈從貴國君入都喜極三年間
別又慮來歲足下不在隨行之列今有定矣
如天之福或者來年再得相見執手話闊喜

可知也勤學敬修志立道成是所望於吾子
者也舊習不脱屛志難保非所望於吾子者
也祿位福澤宮室土田玩好珍奇諸凡大小
之物明明現前者亦不可必得何也屬之人
者也名壽壯健通達康寧順適亨泰不可必
得何也屬之天者也若夫志與道欲立則立
欲成則成三軍之帥不能奪吾之志孟賁烏
獲之勇不能敗吾之道何也屬之我者也孟
子曰求則得之舍則失之是求有益於得也

求在我者也。求之有道。得之有命。是求無益於得也。求在外者也。舊習也。則祛之而使之脫志屛也。則振之而使之壯。其權在我非人之所得操者也。孟子曰。人皆可以爲堯舜爲之不已。堯舜且可。而況下於堯舜者乎。堯舜非爲之而至者乎。抑生而堯。生而舜乎。冉有說仲尼之道。而諉之力不足。孔子曰。力不足者。中道而廢。今汝畫。足下先慮其舊習屛志也。而惴惴焉畏之怖之則自畫矣。自畫則志不立矣。志既不立。道豈有成乎。本欲詳言所以晤期既近事須面言。又歲終冗甚。俗務之所應爲者。一事未盡。而老力衰憊。不能細悉統俟晤言。

教人之道。有一定不易者。有因人而施者。俗儒執一不通。其誤人也多矣。至若不佞之舍己從人。非極癡者必不做也。當於來歲一一爲抵掌。

舜水先生文集卷之八終

舜水先生文集卷之九

門人　權中納言從三位西山源光圀　輯

男權中納言從三位　綱條　校

○啓

與源光圀啓十四首

伏以啓宇於東正青社之攸寄建中爲極奠赤子於咸寧雖繼世以守其成實創業而垂其統愚民誠難與慮始識者先知其克終忭舞情深揄揚莫罄恭惟。上公閣下。文事武備學優行成。仁義裕於天常孝弟誠堪世則爲子爲弟爲叔父貴無匹於當今敬賢敬德敬多聞法可傳於來禩慈惠之聲。日遍宇下憂勤之志。夕惕胸中茲適孝思之有終。正當訪落之伊始萬民已安於衽席一心若納諸溝中。非爲號令之一新。改其舊政但使整齊其已甚濟此徽猷欲臻美大之觀聿新庠序之教。成德有造壽考莫踰於西伯制禮作樂達孝欲協於周公誠得絃歌徧於一國。許看仁

政被於八紘。部屋無豐。人民胥慶。華封多祝。奕業其昌。伏願。好善好士。與讓與仁。舍己從人。居尊而忘勢法。暘曦而爲照。無一人不欽其明矣。金石以爲盟。非他道可渝其志。纘舊邦而作新民。與斯人而入聖域。之瑜臨啓可勝歡欣踴躍之至。

二

之瑜頓首頓首。淫雨爲災。恒寒降沴。敗已成之禾稼。生無窮之隱虞。憂在君心。覃及卿士。

宜思燮咎之故。深圖消弭之方。問民疾苦。弔其災傷。固曰今時之急務。雖有凶荒。邦無捐瘠。必咨他日之遠猷。之瑜悲閔填胸。情辭莫達。君上璣衡在手。運掌無難。伏冀。推此微誠臻於至理。悟已往之不諫。念將來之可追。苟晴霽之有期。即車驅之夙戒。瞻顏在近。拔素非遥。臨啓可勝皇皇戰慄之至。

三

本月二十八日。承賜土筆壹管者。伏惟天有文。土有筆。遂生天地之文章。媿之瑜。誦其詩讀其書。多昧詩篇之草木。樹夷齊之堂。清均薇蕨。錫韓侯之命。旨類荀蒲。物其多矣。維其時矣。中心藏之。何日忘之。祇此聊叙謝悰。未足敷宣德意。

四

本月十五日。承命使臣問疾。兼賜楊梅壹籠者。視疾辨乎朝暮。知君子無所不用其心。體恤極于纖毫。顧鮿生有志難稱其報。又且錫

之果核。共詑希奇。赤玉盈盤。色映含桃。而較勝。火齊甫嚼。液饒脂李。而尤甘。豈獨是德祖家珍。彷彿見故園風味。沁脾滋血。療疾爲丹。感激恐惶。先此陳謝。

五

本月十一日。儒臣野傳自南山奉命賜以鳳凰帳壹頂。豕肉壹肩。鹿腿壹肘。且諭以嚴寒保護之意者。之瑜體癡而識未達。志大而言不文。飲啄欲異夫羣鷄。鍛翮無殊於凡鳥。每

念牛衣之卧。猥懸鳳帳而棲。守成無藉。於籌帷。忠愛迥殊。手入幕。羽儀可待。行將叶。夢於明王。德音莫違。快覩覽輝於上國。大爲覆幬。固知峭刻砭肌。無因而侵冒。深藉栟櫚特患浸潤膚受。玩忽於卑微。敢不體保護之深衷。然莫改。疎虞而率性。況復佐之以生彘之肩重之以蛙鹿之足。拜嘉重複。曷既披宣。臨啓可勝踴躍歡抃之至。

六

本月初九日。微聞小恙。即遣使臣致問。順攜百卉詢名。拜賜天鵞壹隻者。伏以幾務不必殷繁。綢繆當先桑土。軍國雅無缺漏。睿思恒及細微。暑扇之不揮。日旰而忘食。惕厲不遑。憂勤無逸。大庖錫夫精膳。良醞繼以醇醪之紀之綱。有攸塈之卿士。識大識小。無夙退之大夫。念茲蒲柳之姿。蚤須居息之令。職勞職逸。既非輔弼之風。坐論作行。豈協公孤之義。禮甚優而罔極。朝未罷而先歸。乃復屢使者

之車。將申重一體之語。自揆厥衷。何以爲報。恥小言而膺大祿。執瓦釜以薦奇珍之瑜起。舞不辨商羊。貫矢奚知陳隼。菽麥不分。何異曾參之種采。馳驅多失。居然孫叔之乘軒。乃希化被草木。不恥詢于芻蕘。豈爲人君矜博雅之名。將使天下無棄遺之物。植之階除。則天地爲咸若之生。收之藥籠。是苑囿有留香之草。伏願攬乾綱而獨斷。綏愚民於樂成。償閭閻之疾苦。纖悉必聞。則堯舜之雍熙。旦暮

可遇。謹遵成命。未敢躬趨。肅具謝辭。藉爲上復臨啓。可勝歡欣感激之至。須至啓者。

七

恭惟。沼囿乃觀遊所時有。與民偕樂。則爲靈燕會亦慈惠之恒情。奉三無私而稱勝。詠物華乎天寶。翫美景于良辰。茲蓋伏遇水戸侯宰相上公閣下。恩均化育。德洽陽春。與發遍於域中。黎庶忘阻饑之厄。補助周乎四境。蒼生賴回天之功。於是乘時行樂。陟巷阿而矢

伴奐之音。遂欲一視同仁。烝吉士以繼優游之蹈。瑜誠無似。眷顧尤深。屈公侯之尊以隆寒士。處理道之最而啓後人。縱觀名園。流連勝境。瓊花交道。闘瑤英而霏玉屑。琪樹成林。綻黄金以儺蠙璣。濟楚肆筵。貫魚銜命。池凝碧落。披載籍于東方。酒滴葡萄。來酥醯於西域。事事咸留清思。一一盡發淵衷。身進食飲者三人。千古僅聞周公之美。躬親饋餉者數矣。一介敢矜桓子之蒙。在之瑜深慚叨濫以

非宜。聞上公方責有司之失序。況值王朝聘問之日。適當勅使旅見之時。百執已夙戒於涓潔。主君宜寅清而晉接。大抵意必移於尊重。而乃神專屬於卑微。在昔方策罕談。雅意疑多溢美。於今躬逢盛典。始知未盡鋪張。勒之丹衷。佩銘白骨。藏諸篋笥。留貽子孫。循祈宜附史官。昭明奕世。尚當播揚輿誦。作則遐方。但恐禮儀率度。如椽之筆莫既形容。誠懇誕將。載道之碑難傳萬一。伏願兼備七經。篤

行一德。三事允治。六府咸修。九功之敘皆可歌。與衆之樂斯無盡矣。臨啓可勝歡忭踊躍之至。

八

本月初九日。承命近臣藤井德昭。賚賜天鵝壹隻。豕脂壹罎。且承後命。謂匆登朝面謝者。隹惠頻繁。種種非民間之有。隆恩鄭重。事事皆近古所無。膏澤足潤衰朽之軀。溫言實飽大人之德。欲達中心感刻。無如下筆負愧。謹

遣門人弘濟代爲申謝。伏祈鑒炤。不宣。

九

十五日。承命儒臣生順。賚賜天鵝壹隻者。垂天若雲。撲地疑雪。鵠立而鶴裳失素。騫騰則鴈陣驚寒。咼烹寒畯之庖。尋詑屠門之嚼。先此佈聞。尚容帋謝。

十

本月十四日。承命儒臣生順。賚賜白梅壹壺者。顧名思義。深自媿於鹽梅。遡流尋源獨何

辭於鼎彝不平不戒。自知非和羹之才。日居月諸。何時覩調燭之盛。祇此申謝。不備不恭。

十一

本月十四日。荷蒙寵召。觀翫芳蓮。特忝髦士共爲清賞。猛雨摧殘之後。端然娟潔之姿。嫣爾一笑。佳處政不在多。洽比有隣。會心應自不遠。春容表裏。自使人欽。淨拭無塵。夫誰不愛。和旨飫芬。使命頻蕃。而送錫。燕樂温克。隆恩淪浹於連漪。攸介攸宜。卜晝卜夜。中通外

直。久承君子之風。飽德醉酒。遂偃小人之草。欲趨帚頌。嘉客充庭。託楮代陳。數宣莫既。可勝愧謝之至。

十二

恭過宰相上公閤下。奉先思孝。追遠致誠。作則允先乎友邦。軌範行幾於黎獻。式極迷俗。丕變頹風。率循承聖之謨。聊明用夏之禮。茲當儼然見位之良時。敬脩寤寐思服之精意。之瑜適罹夫疾肯。不能躬親㠯執肝。薄具辦

香參上。明燭貳樹。伏祈鑒納。庶薦几筵。外將齋蔬一箱。佐斯陳饋八簋。無限瞻依。統希亮詧。臨啓可勝翹企之至。

十三

本月二十二日。承命使臣。賚賜建蘭壹尊。西瓜肆瓜貳盤者。伏惟。綿綿瓜瓞。詒周德之靈長。亹亹温綸。識姬圖之昌熾。念之瑜蓬蒿微賤。錫茲大國之香。瞻對芳姿。詠彼猗蘭之操。肅此申謝。統容面陳。

十四

本月拾肆日。承命使臣賚賜。親製嘉殽壹榼。香水梨參拾枚。者伏㠯。賚錫上方。一時矜爲盛典。燔炮躬造。変世著爲奇談。然或道德足㠯同風。庶幾承之無媿。萬一主臣不能咸有。必至咀而抱慚之瑜補袞非材。拆襪無用。擻非諭蜀書。豈嚇蠻不稼不穡。誠多負於素餐。至再至三。詎克夫曠典。文園香水。妙解相如之渴。君庖御手。親調太白之羹。正席先嘗。儁

而益永極敢致飽果爾難消。伏願。仁能及物
敬而日躋學緝熙於光明澤溥被於民庶則
聖王之政。再見於今有道之長。永垂於後矣。
臨啓歡欣忭舞之至。須至啓者。

與源光圀告老啓

伏以。內則著引年之禮。春秋垂請老之文。蓋
使有志者委義命以安時薄植者循典例而
恬退之瑜感懷知遇。欲圖報以無窮奈夫景
逼桑榆貴自量而知止。況乎龍鍾揺㵸。恒虞

顚仆以騰譁。即今杞柳凋零。竊笑栝棬而自
詑坐糜大官之廩餼。究無小補之功能。守先
王待後學撫躬揆聖以增羞過者化。存者神。
履地戴天而知愧。孝弟忠信。豈吾道之非與
安富尊榮。俟河清而奚日。茲者犬馬之齒。已
登七十漏欲盡而鐘欲鳴筋骨之力。日就衰
頹。心愈長而髮愈短。而且寒暑雨風。時時慰
諭。髫勤疾疢。事事矜憐。極知優容之過身尚
逸於歸休自揣閒散之尤。任何官而致事但

禮義之關。無容踰越。廉恥攸係。不敢因循爲
此披瀝敷宣。伏望鑒茹兪允。

謝源光圀賀七十筭啓

伏以。興邦之大道非一。而其要止在於尊賢
明君之至理多端。而所重莫先乎養老。故惟
夏后殷周之盛。始著虞庠膠序之儀。自非其
人。何敢叨濫。茲蓋伏遇宰相上公閤下。天挺
人豪。敏求好古。仁義禮智。道咸粹於厥躬。弟友
子臣。德自敦夫庸行。允文允武。亶聰亶明。誕生

乎龍章韶樂之地。篤行夫詩書名教之文。卓
爾獨知。不藉乎離竒蟠木之先容。毅然特立。
遑惜夫父兄百官之不足。庭翔鳥雀設神道
於安平臺築黃金。啓哲人於燕路。至於飲食
起居。盡關淵患。而且疾痛災害。深切隱憂。伏
念之瑜。異邦樗朽。儒林贅疣。寸寸巘材。曾何
資藉於補袞。糾糾葛屨。奚能步武于承筐。僅
效晉平之好學。難希五羖之適秦。內舉外舉
雅願慕夫祁奚。戲彩弄雛。心傷悲乎萊子。上

擬耆英往聖。能無形穢神驚幼安明哲保身潞公華夷欽仰。或爲王者之師或奏旂嘗之績。其最下者學貫天人。方之之瑜品殊賈壤負茲蓬矢之志。深辜棘心之吹。而乃賜之杖授之几。賚殊禮以冒高賢。譽而餽爵而酳歸西伯而稱大老。文武周公而下。邈矣其風。后王烈辟之尊。孰聞斯義。元王知其意而未必備其禮。明帝循其度而未必竭其誠。求其情意交孚。節文如貫。洵矣華夏罕儔。古今希遘

豈惟冠友邦之冕直。欲開編錄之宗。展也大成。允矣君子。伏願。擴而充之。怙冒必先四者引申勿替。殷陳普及三農。興賢立教。風於變於黎民。崇德遂才。廣明揚於白屋。佇見含哺擊壤。祝效華封。自當勒石銘金。名垂萬古矣。臨啓可勝悚惶祈望之至。

壽中山風軒八十啓

恭惟。老先生臺下。巖邦柱礎。方岳干城。相弼弟而封晉。名著衰毛。匡烈辟以尊周。功疇仲

父。有言有德。啓心沃心。方倚毗於文明之后。遽優游乎綠野之堂。雖諮善諮親。操几杖以謀詢。而大猷大法。屬綱紀於後昆。付託得人。競羨祁奚之內舉。規隨不失。莫煩弘景於山中。生傾慕素殷。摳趨獨後。懷名漫滅。四年始達於閽人。促席留連。一見遂親夫舊識。中原樸樕。豈期朽木可彫。環海漂流。敢曰片長之足錄。幸爾謬叨于濬哲。因緣執贄夫明庭。挹汪度而浴滄溟。仰峻儀而登疊巘。意專矜式

乎高深。不謂盛修夫賓主。嘉禮成而訓誡少惜別易而繼見難。違遠已歷三年。懷思終駿兩地。恭疏短楮。薄展候私。黃髮鮐背。尚冀加餐以爲瀕世之祥。頳尾流離。亦將強飯而覩人文之化。外附微儀參種。無能特達寸忱。用羞薀藻之誠。聊佐滫瀡之滑。統祈鑒納。曷既敷宣。

壽中山道軒五十啓

恭惟。老先生臺下。禮樂中和。人倫上瑞。頤養

稟天之道。靜安法地之宜。辰告遠猷。處泉石而心廊廟。避賢罷相。羨宣公而迹鄴侯。伴奐爾游。熾昌如式。天將錫百年以優大老。今特介眉壽而示先聲。綺筵集郭令之顯官。家慶森賓郎之丹桂。屋臨東海。川潮汐以添籌。園繞南山。阜岡陵而獻祝。僕異鄉孤掌。僻地駢拇。吹壎自不成音。鼓瑟豈能諧俗。幸際熙明之宇。濫續貂毳之裘。內慚品猥。才踈莫繪風清月朗。惟願敬承多益。保合太和。馴致無疆之福。允徵有道之長。臨啓可勝歡忭之至。

謝木下貞幹啓

弟生不辰。逢天倬怒。中原淪陷。纍纍幾同喪家。薄海流離。栖栖竟無寧宇。出没波濤險惡之域。自分餧軀必葬魚腸。亢禮彫題椎結之庭。逆知勁骨決遭毒手。長懷輾轉。無計圖維。深荷貴邦容納之宏仁。不吝增太倉之稊米。欲報水戶君尊崇之大德。妄希足岱嶽以輕塵。柰何道不逢原。競詑師傅於諓氏。行非出

類。敢云雨化以何人。幸遇台臺文苑之宗。人倫之冠。博綜夫典謨子史。研窮乎孔孟程朱。遜矣聞名于西土。晚哉相見於東都。身體力行。無須拾格致之餘瀋。意誠心正。自能祛理氣之膚言。外脩抑抑之威儀。內蘊淵淵之學術。胸羅燁燁之文采。自成表表之詞章。實而若虛。謙不自滿。遑憚蕭蕞映玉。不覺醇醪醉人。念弟四海無家。數甲子於絳縣之老。一身多病。睇夕景於桑榆之杪。台臺乃既以瓊瑤

望其長久。極知愛厚之情。温然挾纊。深銘比況之意。展也勞心。敢不加餐自喜。或有一得之可期。冀毋金玉爾音。庶幾半載之室邇臨祓。率復。統惟鑒涵。

與田犀啓

令萱堂七旬初度。古來所稀。足下兄弟無故。偕能綵逮。慈幃悅豫。子職脩明。且足下求仁義以榮親。讀詩書而與孝。首闢異端。持論騰乎遠邇。恢弘聖道。立身要其始終。推廣德心

斯爲錫類。克紹周公之達。方成孟母之敎。愛特深。夫敦勵。語不類于稱觴。外具鮮魚貳尾。少點賓筵之末。惟冀莞存。可勝欣荷。

與奥村庸禮啓

初挹光儀。深承款密。稟旣粹於沖恬。力自行夫謙抑。隹兒快婿。森芝玉於階庭。趨走敬共。攝威儀於几席。襟綦重而能下。位旣高而不驕。足徵性學之淵源。具見禮詩之訓習。緬懷安右之手采。尚醉公瑾之醇醪。忽報賁臨。不能走御。更叨咼貺。益致赧顏。感誠至而思銘愧。自深而難喩。肅緘申謝。尚圖面宣。

○揭

上長崎鎭巡揭

辛卯歲十月日。朱之瑜謹揭。敝邑運當季世。奸貪無道。以致小民怨叛。天下喪於逆虜。使瑜家向喪心。取尊官如拾芥耳。然而不爲者。以瑜祖父兄世叨科甲。世膺誥贈。何忍辮髮髡首。狐形豕狀。以臣仇虜。然而不死者。瑜雖歷舉明經孝廉。三蒙徵辟。因見天下大亂。君子道消。故力辭不就。不受君祿。而家有父母未襄之事。義不得許君以死。側聞貴國。敦詩書而尚禮義。是以不諱家人。遁逃至此。不意來此七年。憂辱百端。無因一見閣下之玉顏。瑜意閣下巡方之任耳。其官則御史欽差。其職則管權廉訪。旣與大明通市。宜乎大明細大之情。朝至而夕聞。乃猶難見如此。尚安望見貴國之執政大臣。尚安望貴國之王加禮

遠人哉。古者君滅國亡。其卿大夫以及公子卿大夫之子。義可無死者。皆出奔他國。所至之國。待之者有五。太上則郊迎。秦穆公楚莊王之於壹耳。而賓之師之。湯之於伊尹。秦昭王之於范雎。隨在皆然。不能悉數。其次則廩餼而臣之。畏彼國之見討。則囚而歸之。施伯之於管仲。有罪則逐之。季文子之於莒僕。載在典冊。可稽而考也。未有不聞不見。聽其自來。自去者。儻貴國念忠義不可滅。慨然留之。亦止瑜而已。此外更無一人可以比例。且瑜世守忠貞

家傳清白讀周公孔子之書不識南蠻天主之教況敝邑與南蠻遠去萬里更無可疑若叢攷邱瑜或農或圃或賣卜或校書呂餬其口漢楊惲南山種豆東陵侯邵平種瓜齊世子法章灌園嚴君平賣卜成都市謝疊山賣卜洛陽橋漢宗室劉向校書於天祿閣可不煩閣下之稟餼即四方觀聽者寧不播揚而誦美異日著之史書一者全孤臣之節一者增貴國之光閣下何憚於瑜一人而必欲丟之貴國取與有義辭讓有禮富而知方仁而好勇眞洋洋乎大

國之風也既讀書好古豈不知救災邺隣之道保全忠義之方特呂通事年行諸司畏法而自全畫地呂相守不知此雖小故關係國家大體閣下巡方重臣職守大事乃不能揚貴國之盛名而反示四方呂僻陋哉瑜碌碌無才誠不足數設使大明有慕義而來者德如孔子顏淵胸羅錦繡口吐珠璣亦且沒沒於商賈之中拒之使歸乎夫錦綺藥餌尊罍盤盂大明之小物耳貴國猶且重價呂招徠之專官呂防察之恐人之匿之也則搜簡而封識之羅列於庭而看驗之驗而中也則飛遞呂上之至於賢人君子爲國重寶既不簡搜亦不看驗棄之如敝屣置之不得不死之地亦獨何哉宋人寶燕石而棄美玉鄭人千金買櫝而還人之珠世猶呂爲笑豈大國識鑒精明而亦同於宋鄭之人取笑後世哉今瑜歸路絶矣瑜之師友三人或闔室自焚或賦詩臨刑無一存者矣故敢昧死上書惟閣

下裁擇而轉達之執政或使瑜暫留長崎編管何所呂取進止或附船往東京交趾呂聽後命瑜之祖宗墳墓家之愛子女皆在故國遠託異域豈不深悲秪欲自全忠義不得已耳幸閣下哀憐而賜教之瑜雖亡國之士不敢自居於非禮亦不敢待閣下呂非禮故嵩人賚書進上非敢悖慢也臨楲可勝惶悚待命之至

舜水先生文集卷之九終

舜水先生文集卷之十

門人　權中納言從三位西山源光圀　輯

男權中納言從三位　綱條　校

○尺牘一

答陳元贇

弟淺束薄植。無足比數。至此亦惟閉門掃迹不為屑屑往來。如何村翁之賢。亦未嘗識荊乃叨謬愛。消日罷招。雖媿不敢承。然台臺屢道其誠。又不敢固辭。以自外。至日即當趨候。惟天雨著屐。則不能耳。昨枉顧。以急於言旋踈慢殊甚。深用為媿。先此奉復。諸容晤謦不宣。

答趙文伯

旅寓此間。久忘肉味。親翁惠我佳餚。又重之以脾脯。使荒廚暴富。笑笑謝謝。親翁客居。弟當少伸主人之意。今雅貺反出自遠客。慚愧無量矣。先此奉復。尚容面頌。

答歐陽某二首

捧讀翰札。知福履增慶。欣慰欣慰。遠惠素紬壹端。松煙肆笏。物物精美。又如此鄭重。何福能堪。登拜為媿耳。謝謝。若唐山有再見天日之時。弟必當遄歸。昨聞新歲有二舟到港。儻有好消息。千祈速速示知。感刻不盡。目下即預作一棺。裹朽之人。早晚不可定也。近以多病畏風。一步不敢輕舉。來翰諭以寒氣初侵。順時珍嗇。敢不奉為蓍蔡。力疾把筆。不備不莊。統容嗣佈。

二

祖帳留連。事猶在目。轉瞬之際。又將一年。弟獨處東偏。音容皆異。即使祥麟威鳳。而孑焉寡儔。亦自可憎。況乃以鎩羽之鷄。蹇躄之兎。而處鷙鶩虎豹之羣。其有不自顧而削色者乎。老兄何以教之。通來福履亨泰。深用為慰又上公欲弟接取小兒小孫。托敝鄉親趙文伯任其事。惟希青盼。若小兒輩到崎。更望事事培植。訓其不協。而卵翼之。受惠不淺。諸事

具家書中。定塵台覽也。兄次率泐。惟希涵鑒。不宣。

與完翁

十五日書。因德舍一時促行。急遽無比。兄次多不能盡。罪甚。貴相知省菴兄。見解超卓。非凡輩所得比擬。不謂此中崛起。乃有如此異姿。弟亦樂與之言。故於兄迫中。亦錄文稿數篇寄之。乞兄翁一一簡附。莫爲他人所沉格也。弟因臘冬非萬全之擧。尚俟明年六月。耑來。明正當往見國藩。一一見即行。必不爲留也。隆情感刻無盡。非寸楮所能罄。總之各人自有心胸。不在口頭喋喋致謝也。

與譯者某

前月十二日。小倉奉書。諒已久塵台覽。弟於十一日到江戸。途間藉貴同寅何可候之勞。不可一言而盡。弟以服暑致疾。十八日方得謁見水戸上公。上公慇懃款曲。謙恭有禮。博學能文。聰明特達。弟即善於形容。必不能及貴同寅從容談笑。把盃敘致之爲盡也。惟是諸位五載隆情。一朝睽遠。臨行又費精神。事事周全。雖有忍心。猶懷戀戀。況弟萬里孤身。何能爲意。名園酬酢之情。徂悵留連之致。時時來往胸臆間耳。謝何能盡。兄次率泐。統希慈炤。

與釋獨立

等閒爲別。晤期遲速難知。年均七十。上下耄期。難必咫尺相去。遙遙千里。知者不知者。皆不解此等擧動爲何矣。澄一特示翰教。不敢不遵。解維之後。無窮浩歎耳。健老闔宅平安。不煩遠念。高二官弁託致言。不盡。

與釋逸然二首

昨自穀豐餞美。深感禮意慇懃。然笥蒲俱有出俗之致。自弟到崎以來。絕未之見。非庖人之工。無以副主人之情。申謝之筆。不足以繪厭飫之心。又調度過勞。遂致尊體不適。今日未知逸豫否。耑謝并問。

二

昨睍新茶。甌擎蒼璧。喉香津津。大沃明德矣。和尚多恙。且身自拮据。而舉以餉野人。不安之意。過於感頌。因客在坐。恐起身作答。似促其行。故奉謝遲遲。希勿爲罪。

答保田宗雪

久違色笑。思欲一接台光。且有諸凡事務。請大教。聞茅塞。庶幾得處於寡過之地。奈數月以來。病患相仍。即閒或小愈。又值譯者之病益致踈濶。昨者兩候。均以公務遠出。不獲面稟玄誨。愈增悵惘。頃者得奉瑶函。厘懇温眞如面語。所謂劉荆州一紙書。賢於十部從事也。諸諭領悉。尚容晤謦。不宣。

答黑川正直

遠行倉卒。不及詳奉教益。後又承翰札頒示。倥偬不能走謝。至今爲歉。別來月餘矣。惟以福履亨嘉。闔府迪吉爲望。僕近日藉庇粗安。雖時小恙。不爲大害。承水戶上公禮意綢繆。

日更加益。惘老憊。別無他事相煩。且慮不能安僕之身。多方委曲。此眞以古道相與也。前已露其意。於鈴下。儒臣亦已轉達。上公聞之大喜。然數日尚無回示。恐亦須勉從來命耳。似聞還都期近。統竢面陳。不備不莊。惟希原宥。

與加藤明友

疊承使命殷渥。感佩無已。舊以賤恙纏綿。又去府遼遠。未得一展拜門之禮。負罪良深。新正走賀。又未得面申謝悃。益致歉快。承委勿齋記。非敢故爲遲緩。雖以多病多務。實亦因諸物不稱。楷書久已廢閣。下且奉命勉作小楷。蓋澁難於出手。輾轉躭延耳。罪甚幸原之。諸容面日晤謦不宣。

答林春信

盛名之下。其實難副。古人所戒。僕幸平日無籍籍名。今來差得自安拙劣耳。台兄乃復過譽之耶。賀牧傾心頗厚。是欲共相敦勉。勸與

聖學。求千里馬者。先市其骨。從來舊矣。長箋
領到。連日小疾。竢愈書奉謹復。

答林春常

僕僻處長崎。已知太丘二難。三日前見元方。
則季方可知矣。今聞待奉湯藥。則憂勞感華。
乃復有餘情。念及鄙人耶。統竢復故之後。台
兄慶溢眉宇。彼此歡欣相接耳。抱痾率復。不
盡欲言。

與野節六首

八日不晤。甚爲遼遠。古人謂爲三月三秋。良
非虛語。極欲過齋頭。一爲傾瀉。緣數日來以
俗務爲擾。未能一申契濶也。佳作瀟灑不羣。
究然矩矱。更無可以雌黃承命。諄諄。且誠懇
之意。溢於言際。故不敢自外以虛謙德。謹借
筆丹鉛。非敢於自賢也。來作及吾伊庵記奉
璧。惟希炤納。

二

久思把臂。乃竟不得一日燕閒。兩約又皆不
果。益增契濶之懷耳。十六日之期。料必不爽。
但悵言語不通。恒使喉間格格不快。無可一
明胷臆。不然作竟日之談。繼之卜夜。亦大快
事也。拙筆四幅印上。俟天稍和。別當作一幅
易之。餉我餅餌。感哉感哉。稍暇當效法煎餅
也。諸容晤言。不既。

三

勉亭兄碑文。昨日聊且草就。計字有貳千五
百。或嫌過多。然首尾俱此文喫緊處。不可刪。

惟中間入事實處。有壹千三四百。太冗長。且
多是尋常事。但推學士之意。但欲盡入爲快。
又不敢過簡。今日欲謄眞送上公檢閱。然後
奉覽。幸示知。儻不嫌其多。便當全入。若可如
奉議。便可少數百字。特此請問。祈明教之不一。

四

昨來卷乃祝枝山筆。然已開日本字派矣。此
老筆極豪放。又遒緊變幻。此猶未盡所長。又
問王穉登字百谷。山西人。官中書舍人。鴻臚

寺署序跋。其履歷自無可考。彼時與祝世祿、文衡山。許自忠。黃克纘。沉懋學。屠赤水輩。詩酒相倡和。又長於四六尺牘。故有名耳。若黃葵陽于承乾承昊。又其後起者也。向日承顧。未得一晤爲快。欲奉拜病餘未能自力。希亮之。原卷奉璧。惟炤入。不宣。

五

家人失火。致使比屋延燒。急欲奔趨一爲慰唁。奈何腰脊痛楚。時時眩暈喘急。不能造門。

次日兩遣小力問訊。雖面見盛使。而所言前後盾矛。心愈不安耳。未知何日得一把臂也。如聞道路有參元燔灼之說。多是傳言之過。不足信也。外具野鷄貳隻。聊爲問候。力疾潦草。不莊不備。希亮原之。

六

別久晤稀。屢塵瞻溯。復自館閣校勘匆忙。屢期不果。今夕之約。政復不知果否。特此走問。當然爐自須也。縷縷均竢面罄。

答野節十八首

前荷遣使問訊。所問台臺何日臨貺。亦慮別期不遠。故云然耳。今早晉謁上公。即請同行。上公曰天時炎熱。諭令於八九月方行。如此則晤期尚自稍賒。五月之期。敬當嵩候。萬一臨時有事。又當奉復。來札藹藹之情。溢於楮墨之表。彼此同之。所示二瓶。亦大明常物耳。此間既希罕。珍惜之亦有何傷。此復如此奉復。不爲貴國人捧腹否。笑笑。

二

幾社主盟六人。首周勒卣。次徐孚遠闇公。海內大名。公官都察院左都御史。又次陳卧子公祖。起義殉難。別後憶之。不及奉聞。僕明日走候陳元贇敝鄉親。并候新鎮巡松平公。前承諭先爲達知。侍愛祈遣盛伻。預爲相聞爲感。諸容晤罄。

三

半月以來。逐日匆冗。然一歇手便覺心目之

閒有一友元在矣。此無他。台臺肫誠藹藹使人懷思無已耳。數日來欲邀駕作別。冗甚未果。承諭亦以數日多務不得過臨。可勝快快念及旅途不便。眞相愛至情。感刻感刻。瀕行有不便當特懇也。埀問巾式畫圖。并翦紙爲樣希炤入。前日所諭不敢當。容暇時備言之不佞行期甚近。別日甚遠。不可不揮冗一晤。

四

造齋晤語。以門禁勿遽言旋。未罄所懷。且言

多草率。自咎無已。佇望高車惠臨。數日來亦爾寂寂。札中有委曲非拜話則不盡之句。欣慰欣慰。未知今明日得賁然否。承諭勿齋公慇懃欵曲如此。安敢復辭。以拂長者之意。十九日決當早赴。作竟日之談。且伯養公行期在轉瞬閒。何可無此佳會也。萬一此日復有恙。又當臨期奉聞。輿馬俱不煩遣來。惟兵左衛門回時。借一馬送之足矣。弟胸次坦直。無一毫屈曲。事事如此。幸藉昂言先爲致謝爲感。率復不盡。

五

文章得力在幾句或一段。多者兩段。其鋪叙處本非切要。若幾句肯綮。便有千鈞之力。或止在掉尾一句。若以家常茶飯平平鋪叙。不足以發其光。適足以掩其美。但俗人耳目。不可以文章立格立意處。家至戶說。昨朝走字奉詢。未有回示。故再及之。此等文字。要使後人無非議。更不可苟。

六

音問闕然。大爲想渴。接翰甚慰。弟夙昔所重先行誼而後文義。今貴友抱恙。日夕省視。心懷欝憂。此行誼之惇篤者。政不必急於文字以爲美也。十六日上公曾問及佳作。弟答以未至。蓋未知有此一節事。幸俟心緒閑暇。構一合作。爲士子標式。十九日耑遄過談。慰茲久濶。承惠竹筆筒。甚精雅。蹐管城之壽。弟亦與焉。用意更爲深切矣。糖瓜膏潤肺之物。均

此一意。感刻。拙作何堪佳東。乃惓惓如此耶。遵命奉到。希炤存。不一。

七

遠顧竟不及罄言契濶。悵惘無佀。佳作愈讀愈覺津津有味。可見理勝之文。大勝他人詞致美好也。欲摘園蔬通夕論文。得在初五初六兩日爲妙。未知台臺可揮冗賁臨否。過後則台臺㠯歲事匆忙。僕今年病體不常。又恐痵疢相尋。輾轉躭延也。惟希明示。㠯便掃徑相遲。

八

屢承惠物。不見惠臨。惆悵之意。多於稱頌之私。亦欲奉候新居。相其布置。申其契濶。奈羸憊未復。不堪籃輿遠涉。是㠯冬久遲疑。前所告粗麻帳幔。今日試之果驗。台臺有興至此。當爲入幕之賓。不足懼也。貴邦風俗。大都盂蘭盆前。不可及已。台臺亦不能抗大衆。姑且隨波而靡乎。笑笑。統俟晤言。

九

芳苑幽閒靜雅。不衫不履。對此讀書。眞足破萬卷也。是日留連徙倚。棹月方歸。至今尚有餘味。昨㠯作書寄長崎。夜分而畢。不能遍謝。罪歉罪歉。前者木夫之說。明翰林院有木天公署之榜。詞林有木天署草之刻。查其出處。亦止言祕書閣下。穹窿高敞。謂之木天。恐當別有根據。不止於此。諸容晤罄。不宣。所示手卷。暇時擲來。但所書遲速。不至深訝。足仞知愛。

十

頃約十一十二日。枉駕過齋。昨入朝。粗了公事。即回奉候。小力言台命適至云。此日庶務殷繁。不能揮冗移於十二十三日。或十四十五日。今日明日。在此耑候。十四日又當入朝。是日晚歸。勢必倦息。十五日爲知友王侍郎殉忠之日。此日不喜接見一客。亦不至於談笑。故不便遲至此日。非今日則明日之夕爲

殺。僕與朋友交。不自生嫌隙。亦不至久而倦怠。亦不能於形跡周旋。淡淡如水。始終不變。台兄不須於其中簡點籌量也。如許事欲面言。統俟過臨細述。不一一。

十一

漏下二鼓而歸。於心猶以為速。若非門禁為之限。雞鳴達曙未可知也。古云室邇人遠。今室遠人遠。奈何。厚擾之謝。反不亟於此矣。承遣貴門人友佩遠貺。感刻感刻。敝邑裱畫用

縹緗綾。或絹或紙。間亦用之。鑲嵌用錦。亦用金黃醬色等綾。然用素錦。不用織金大名金等物。貴雅素而莊重也。昨齋頭所掛之畫。並尋常市販貿易之物。彼惟取賤而獲利耳。別是一調。不足槩一切也。拙筆俟印訖奉上。率率草復。不次。

十二

前約四月上旬枉駕。久久鵠俟。讀華翰方知公冗愆期。辱賚二物。足飫高情。何乃賜多儀

謝謝。敝邑青魚有二種。乃池沼所畜。非江海物也。其一螺螄青。渾身赤黒色。鱗大味佳。大者長四五尺。其一尋常青魚。背黒而腹稍白。味次之。畜之二年。可得三四尺。未見有其大者。以其食小魚。故不使長久。所惠二種皆不相似。家園植菓。分外芳鮮。連嘗數朶。故自新美。寓側亦植數樹。九年尚未花未實。食此不勝艷美。承諭來月上旬賜顧。耑候。率復不次。

十三

前者遣力奉候。及盛使到寓。皆云尊壺儀恙已漸愈。不謂十一日遂有鼓盆之變。連日欲差人走候。竟無一人可遣。心常耿耿。昨貴門生友佩枉顧。始聞訃音。大為驚異。患何等證候。數日之間遽致不起。台兄得內子之助為多。今將奈何。聞之即欲趨唁。緣感冒寒氣。頭痛鼻塞者六日矣。不出門而為弔慰。益深悽愴。早間令敝門人五十川剛伯來候。惟台臺抑情保重。僕身罹此憂。豈能以外言解釋。然

悲傷無益。故須極力排遣耳。所諭墓前立碑別欲立一碑以鐫行狀已聞命矣。士踰月而葬。婦人之貴賤從夫。且立碑亦是踰月後事。尚可面商。病中把筆不盡不盡。

十四

昨者厚擾郇廚不獨佳殽旅旅。極其精潔。而將之以雅意殷殷。使人食而不敢不飽。謝謝。尚容耑須。貴體感風。又以應客煩勞。今日何如并問。

十五

弟疾非大病。然聯聯綿綿。啾唧無已。今已半月餘矣。昨日稍可。今豋復生他端。甚爲可笑。乃塵清思。連日屢屢垂問。感謝無既。少痊當詣齋頭一談。且弟更有一痼疾入於膏肓。雖命踹扁鵲不能鍼砭。明明知之而必不能愈。奈何。即欲以病源詳悉請教。恐台臺亦無醫國手也。爲一大噱。鶴氅本不裝綿。今欲入綿亦無不可。并復。

十六

來教坏撲了。乃方言也。坏音醅。即土墼也。撲而易壞。故云然耳。然於他用亦或有不用者。前於上公所曾言宋儒語錄多用方言。政謂此等。恐須以原文相示始確。宋儒多豫人。方言多豫語。裹足即行滕也。乃不前之意。此復。

十七

濶踈教益。冀親一夕之話。今早已庀家僮灑掃庭除遲駕。奈何復延至十二日過臨。雖公

務不閒。鄙衷則不勝揭揭矣。至日耑遲。惟祈蚤賁。但恨不能通一宵笑敘。分手時難耳。承餉角黍雞卵。謝謝。諸容晤罄。不宣。

十八

前柬執謙太過。料不敢當。然虛中乃弘納之地。故見之而喜耳。至於論文之妙。確不可易。固知有心人自具隻眼也。相期十五十六十七。造齋細談。弟舊病復發。不能乘輿。不能久坐。故不及如命。先此奉復。諸晤盡。

與木下貞幹五首

捻耳芳名。初最謦欬。數年翹企。一朝傾倒。今晨不意遙臨。踈慵遂失屣履。即欲摳趨罄昨宵未盡之語。奈何眩暈仍作。不能如願。又聞明申即當祖道。愈增悵惘。統俟來秋駕旋。暑爲傾寫承允。致書省菴。深銘厚愛。此間事凡耳目所及者。暇時希稍敘以寄之。祇此代候。惟祈鑒原。

二

羅珍饌玉。雅緻精工。雖侯氏燕胥。無以踰此。自非厚愛深情。當之能無色沮。昔王章見朱門子弟。翩翩俊逸。歸來自顧兒子。黃髮蒼顏。舉止羞澁。爽然自失者久之。人情大抵若斯乎。諸生成羣。厚擾施及小童。亦叨恩賜。臺下用情。太過。弟實媿感難勝矣。并謝

三

未見而思。則既見而喜。今古人之恒情也。台臺一別年餘。千里傾慕。及至抵都。反數月而後趨拜。世俗之見。未有不以禮義責之者。台臺乃絕無責望。更承翰札。意旨拳拳。又遲十餘日而奉復。台臺即雅度汪汪。如千頃陂乎。弟實無以自解矣。

四

賢公郎三加盛禮。弟極欲追隨大賓之後。奉櫛掠以觀貴國儀節之美。特以賤體未能自適。又語言不相通曉。恐於醮子之時。大費主人酬答。迺不果來。外具薄物貳種。少佐醴賓

之末。亦以文士有變化飛騰之象。是以敢爲令郎祝耳。叨惠隆儀。雖意所極合。與之不致傷惠。受之不致傷廉乎。昔者奉命辱臨。倉皇率畧爲罪。諸容晤罄。不宣。

五

十八日。聞之奥村浚明及剛伯。皆云念六念七日行推至止。今於昨日夜分方至。諒久雨泥濘道滑。是以濡遲一二日耳。長途勞勩。可想而見。前弟在病中。思慮多端。今既稅駕於

此數日間必可把臂。病軀不能趨問。深覺熱中。謹遣其衷走候。世事多岐。豈復有晉鼎新麥之進乎。晤言在邇。不一一。長公均此致聲。

答木下貞幹二首

中饋無主。使令乏人。不獨事易張皇。抑且不給不覆。况旅邸庖厨。本無長物。惟園蔬幡幡。采摘享芼爾已。趙孟爲嘉賓。而鬼首爲薄設。不爲督過。亦云幸矣。乃又懇懇致謝。辭命諄諄。不爲愈增慚汗乎。草此奉復。諸容面罄。不宣。

二

向承枉顧。菜羹糲飯。得以綢繆款曲。不惟儒者風味如此。亦謂客亦可來。主亦可辦。諒臺下不以褻瀆爲罪也。數日不奉教言。輒生懷想。乃復惠以雙魚。感媿交集。謹即拜登。尚容面頌。不既。

與三好安宅

奉上粗布綿衣貳件。聊以禦寒而已。以足下循潔。不敢以細帛汚清節也。諸面言。不一。

舜水先生文集卷之十終

舜水先生文集卷之十一

門人 權中納言從三位西山源光圀 輯
男權中納言從三位 綱條 校

○尺牘二

與源光圀十首

密雪紛霏。移時開霽。瑞而不多。長安否慶。化工布德。萬物均霑。之瑜托庇本邦。同爲鼓舞。乃復上殿清思。常使過存。又且惠之雙雁。申以命辭。委曲周旋。感淡肺腑。形容高厚。莫達

懇誠。謹遣門人弘濟。代爲陳謝。可勝翹瞻。

二

本月朔日。遵奉明諭。未敢入朝。承命今井弘濟賚賜氷餅壹箱者。顯錫餅餌之珍。隱寓頒氷之意。諭以服此法製之物。有益衰朽之人。即時啓函拜嘗。恩沾肺腑。時時留於清處。事事出之淵衷。其爲感激。非言可宜。肅此奉謝。不既。

三

本月初貳日。承命使臣賚賜上林新茶壹箱。甜瓜壹盤。鹿筋壹盤。當即登拜。且承後命。謂之瑜羸老。值此炎天。入朝陳謝。更勞長慮。既遵明命。敢不仰體德心。謹遣門人弘濟代爲聲謝。無任悚惶。

四

本月貳拾壹日。承命使臣賚賜新茶壹箱。茶盞貳隻。可勝頂感。且承前諭。戒以冒暑登朝。恐貪體恙之至情。坐溺便安之大戾。其爲悚

惕。曷既。披宣謹遣門人弘濟祗謝。尚容面頌。不宣。

五

本月貳拾柒日。伏承命使。賚賜蒼鷹壹隻。水鳧壹隻。鹿腿壹肘。謹即拜登。可勝感激。復承後命。不令入朝面謝。勉遵嚴諭。不敢故違。祗此肅復。不既。

六

本月二十六日。承命。儒臣生順齎賜白鷹壹

隻。蒼鷹壹隻。天鵞脂壹壜。何首烏拾伍枚。當於寓所。再拜領受。復承後命。謂不可登謝。淺感鴻恩。自顧慚惕之瑜。庸下之流。上公待㠯賢人之禮。淺陋薄劣。何能報稱。先此附須。尚容面達。不宣。

七

本月十七日。承命賜天鵞壹隻。生彘壹肩。生鹿壹肩者。累蒙寵貺。感戢難勝。復叨汪湛之恩施。及兩門人下川三省。五十川剛伯各賜

鹿肉壹肩。此尤希遇之典。不勝頂戴。當即拜登。尚容面頌。不宣。

八

旌旄蒐狩南山。獲禽甚多。足稱鳥獸之害人者消矣。側聞數日來。起居安節。可勝欣藉。二十七日昧爽。遠賜豕肉壹肩。鹿肉壹蹄。寵㠯龍章。更叨軫念。親飛藻翰。愈益謙尊。捧誦再三。兼淺喜懼。即刻恭候元老風軒。率率附謝不宣。

九

之瑜弘懸七十。材無一能。猥塵貴人清思。命於閒苑傳觴。特差使臣藤井德昭到邸傳諭。拜諭不可入朝陳謝。感戢五中。莫宜萬一。謹附使臣申意。尚祈面對披丹。

十

本月十八日。儒臣田犀。恭奉面諭。淺叨獎借專委之瑜。特撰世子閣下表德。本日即㠯禮辭。二十四日。復承明命。不敢固辭。謹擬上數

種。惟祈採擇。或未允當。更容酌議。

與源綱條五首

恭惟泰運弘開。人民胥慶。僕獨㠯多病纏綿不得隨僚佐之末。共祝駢禧。迺者蒐狩郊圻。又不得恭趨導送。甚為罪歉。筆墨難宜。數日來。風恬日麗。天朗氣暄。馬足之下。盡起歡聲旟旐之前。咸為美景。一舉兩得。又難描寫。茲特率洳荒緘。耑伻奉候。謹具鰒魚拾枚。少佐豆葅之末。惟祈鑒納。曷既數陳。

二

九月二十日夜蒙命儒臣野傳。賫奉瑤函到僕寓所宣傳台命并賜鰤魚壹尾。豕膏壹壺。南瓜西瓜各兩圓。松茸五枚。當即對使拜登。伏念抵都遲暮塵氛未滌。未敢拜謁。先叨使問禮意優崇。近代罕有。又復命辭謙抑。義不敢當。肅此先達即刻面謝不宜。

三

是月初吉。台旌出狩。僕為夙疾所困。不能躬送行塵潑懷歉赧。於今十一日矣。霜天氷凋驅馳不易世子閣下。夙夜以孝敬為心。必能愼節所守。無俟杞人過計。丁寧而告戒之也。

祇特遣小力承候台安耳。外具蜜柑壹籠聊充二三從者望梅之需。非以為敬也。會晤非遙。統容面佈。不宜。

四

適議嵩人奉候儼然華翰寵頒。因諗日事遊獵遙識神情遐暢兼惠鹿肉壹肩潑荷注存

僕樗櫟散材。久則自腐。本不足為世重。雖復過叨慈念雅知無計揮戈。辱諭為邦自愛。敢不勉承明命諸容面謝。不宜。

五

某惟世子之所以為世子者。易而難。難而易。顧世子潑思其所以易。敦勉其所以難。則一邦以貞。而兆民永賴之矣。容竢宮中府中歲事燕間之日詳悉開陳以塵清聽

答藤田貞清

承惠斑鳩參隻。糟瓜壹盒。麻糍參盒。領謝。重蒙先顧。以他出未得趨迎。更荷寵貺。愈增慚悚。特以長者之賜。敢不拜嘉命之辱。又因眩暈伏枕。奉謝遲遲。罪甚罪甚。尚容面頌。不宜。

與三木高之四首

原擬十七日奉送上公。此時即造邸詰別是日適風寒交至。祇奉上公明諭。不敢有違。故不及走送大抵精神旺相則人欺霜雪百物不能侵。湊理畧不緊密。則霜雪凌人。肌膚生

栗鼻孔流清。台臺尚是始衰之年，必謂此朽老之言。餒弱不足聽也。今遣力奉候上公。其人蠢愚。不辨西東，祈命人指導之。不一一。

二

台臺啓行匆遽中。乃荷手書諄懇，所謂整而暇者。殆如斯乎。抑愛我過甚也。札中云：有微恙。兩日間曾全愈，未數徒詈詈。恐亦不得寧居也。今遣弘濟生奉候上公，台安。薄具江瑶柱壹罐，申意菲。祈先容之爲感。諸容旋斾晤言。不盡。意所欲達，先時曾已面達之，茲不更贅。

三

昨夜漏下二鼓。四。問識者云：鎌倉有陸路否。云：鎌倉有水陸兩路，皆非孔道。又問上公至鎌倉何事。其所言皆非公務，自古至今除春秋戰國不論外，曾聞有諸侯無故而枉道數百里，至於他州之境者。況又出於嶮巇之途乎。若日本之禮，僕未嘗與識時務人相與，則不能知。若大明憲司官，雖枉道一二十里，亦不能也。匆匆不悉。

四

所示山谷此君軒手卷，道雅秀麗。與往時見者大相懸絕。因把玩不忍釋手。特以容苟不能什襲而藏，不敢輕留珍物，奉還之後，不勝怏怏。風便并以奉聞。

與赤林重政

向承枉顧，慢去爲歉。面約數日間過寓，賤痾已愈三四日矣。每日在寓鵠候，一步不敢出門。竟不聞車音轔轔。此必公務甚繁，不能揮冗也。前蹥署又以台臺公出，未面，可勝怏怏。一二日間有暇當造談，幸示知。令郎額書上希炤入。別欲草一幅，舉古人事以贊助賢者憂國急公之意，又因病後腕力甚弱，書不能往而止。諸容晤言，不盡。

與近藤定久

頃間承命送到薑蘇梅一小瓶，已與今井弘濟面同嘗驗，固封，即令弘濟親手賫送，便希

炤驗明白著令的當人員送府當公開驗嘗試然後進奉萬勿造次爲感來帖即令弘濟讀解。

與藤井德昭

加賀公欲立宗廟令剛伯來問式不佞謂此事體重大一有差訛貽笑後人須得博學明理儒生二三人來往復辯駁考求至當庶使後人無識若草草塞丐非不可㠯塗飾目前儻後來百年數十年有議者豈不羞愧希足

下㠯此意稟知上公㠯便來時復之

答藤井德昭

向叨枉顧匆匆慢去爲歉五日復餉㠯佳菓膚理精金胸包玉液允也東南珍異學者但之斯足爲世資矣萬一金玉其外而敗絮其中不獨爲人所吐棄武人俗吏無怪乎共相嗤詆矣足下妙齡好學當更加勉勵一雪此言耳兩次入朝未得一面㠯申謝悃祇此奉達惟希炤覽

與奥山玄建二首

累屢問詢淺銘雅愛既已稅駕通室何不少憩敬止沃㠯甌茗殊淺悵惘舊冬承假醫鑑四冊緣其中有數方欲爲鈔錄是㠯久留案頭難辭踈慵慢易之愆矣玆特遣力奉璧惟希炤存連日乘春蒔蔬種蘭羸老筋力大爲疲憊率率不次。

二

向㠯賤痾屢煩金玉未敢踵謝深用歉然昨

者更惠佳箑拾柄雅製精工將之㠯肫懇誠不得辭但出入懷袖之中雖爾清風習習終莫解滿面紅熱奈何先此率泐奉謝尚圖晤陳一時乏東幸恕不恭。

與清水三折

台臺還轅甚亟僕僻處一隅寂爾無聞竟不及一杯祖道至今爲怏時卜上公遊豫四境問民疾苦台臺素知豐鄗必各出隨巡諒無晷刻之暇也僕雖時有小恙尚可力支獨是

語音懸別大費精神仍是影中傀儡耳前承翰教謂唐茶之妙至今齒間猶有餘味。此時餅罄罍恥無可應命今巡方松平公歸覲攜來少許特以分奉一小箱。此番茶不甚佳或者台兄注想之勤。庶可少潤吟喉也惟希炤存勿強輶褻冗次率裁百不能一。

答清水三折

辱賜妙劑使宿疴有所恃賴感極感極。且諭以調攝之方。急攻緩補。從此當奉為衛生之

訣矣。容大田田日趨謝但非筆墨所可既也。佳惠無已。乃復佐之以蒿雀五隻何殷殷無盡至此。此物敝鄉名麻雀而敝門人三省復云非是弟之昧於鳥獸草木之名也前見安之兄於草木歷歷能言而弟不辨菽麥尚可謂之讀詩乎。堪為一大噱謹復

與大村加卜

太牢滋味。以果莧蔾飯糗之腹。誠懼不相稱且聞在滌之時豢養備至。藥餌兼施王武子

之豚也。非止生芻一束而已。但此佳品。貺以一臠潑銘厚愛矣。何乃大惠八種摩頂放踵。心舌咸具不幾右胖皆全乎。惶恐不敢祗承。賢郎奉將嚴命不肯附歸不得已。慚腆拜嘉然竟日赧赧不自安也。率泐耑謝惟祈鑒原。

答野壹

連日冗甚。又有小恙。初時一言。奉答尚未答復書尚未復罪甚罪甚。臺下不以為罪。又復賜之翰札。意言悃款。且潑念弟客居情況所

謂推赤心置人腹中者感刻無盡。惠以七重捲器使行廚生色感何如之。弟十七日移居上公所賜書齋則於尊府少近請教或可數數也。諸晤罄。

答辻達

月餘以來。逐日有病逐日強扶是以屢與弘濟言之。尚未及一走齋頭罄言契濶。今濕氣相侵。宿恙又有蠢動之勢更宜加意珍攝不宜以俗務往來各能心諒也承惠嘉栗壹盤

謝謝。八月九月。新栗初収。敝邑亦以此為禮所謂栗糕者即此意也。大約以人情為風土都無甚差別。此復尚容晤謝。不一。

與小宅生順十九首

台臺遨遊曠遠。聞見宏多。跋涉三千餘里。而來僕猥以荒陋當之。今見歸使人。大慚文叔之言。為不誣矣。僕稔聞東武。未得觀光。茲承台諭。方知渺茫險巇。涉歷之艱乃如此。聲應氣求。頗懷同志。月昇氷泮。何以克承前叨枉

顧。以風雨泥濘。未及摳趨。復惠瑤函。重以佳扇新詩。益增腆赧。謹對使拜登。尚容晉謁晤謦。率勒奉復。不備不虔。

二

承惠角黍及華翰。方知其為端節。謝謝。昨以眩暈伏枕。尺寸不能移。不能答東申頌。罪罪幸原之。大明國俗亦以此日裹角黍。投之大江巨川。以餉屈原。且飾舟為龍。櫂人別飾巾衣。擊鑼伐鼓。鼓棹如飛。俗謂之划龍船。亦謂之競渡。檐除懸菖蒲及艾。所以袪邪也。聯云艾葉如旗。招百福。菖蒲似劍。斬千妖。貴國風俗大畧同是此意。又云五月五日天中節。赤口白舌盡銷滅。弟於世俗兒女子態。每事不信。故今不理於口。至於此極。可見攙較亦宜從俗也。敝鄉明日午間。俱飲雄黃菖蒲酒。競渡之所。士女縱觀。繁華喧闐。不可盡述。諸容晤言。外奉唐茶壹瓶。希焰入。大明角黍。頗畧相似。而種類甚多。大約家競其巧耳。此復。

三

龍舟競渡。言之遂使台兄神往。然未知二十餘年來。世事遷變何如矣。蒲節無可敬。旅邸如江漢之濯。因思角黍須糖以蘸之。謹奉上壹盒。惟希哂存。

四

久失請教。昨承枉駕。荒齋寂寥。無以為敬。甚慚。雲雨紛潆。猥蒙原念。感刻感刻。僕雖雞骨支離。然非溼氣所能侵也。所病者雨潦大降。

禾稼不成則人民無以爲食大足爲君相之憂而盛夏初秋陰凝慘淡此必有致之者矣是以連日悶悶僕一身之病不爲病已元常兄文章極佳雖一臠乎已知全味矣品外錄領到諸晤罄

五

適以種植分心遂不得款語蓋因杉根暴露薜荔葉萎諒嘉客或不督過也古語云十年樹木弟無乃過計乎然自適目前而已久近

非所論也台諭記稿潑承體亮然畏首畏尾至此身其餘幾乎弟意台兄事當先於他友尊諭是或一道感佩感佩統希簡擲

六

初三日瓊枝玉樹今蚤復見之少刻氣和風動又或少異頃駕至史館儻道中風物稍異者不妨枉數武至齋頭看賞因齋中三面竹樹低亞光景獨優也

七

弟欲踵候細談因腫毒新愈恐肌膚未堅實不敢輕率台兄儻有暇幸那玉過我一破岑寂何如

八

弟荷台臺骨肉之愛令遠人自慰自昨年及今無一少渝眞所謂金玉君子也凡交與之情久而益見蓋謂此耳但執謙使弟當之媿怡弟何敢以長者自居也特限於勢而不能自主故屢屢言之諸事面啓上公重煩清思

下川三省如少有所就皆台臺玉成之也謝何可盡國老事復費酌量益潑感戢明日承命垂顧當掃徑相遲一見顔色遠過百朋矣冗次率復不盡

九

昨入朝未見時上公即問兩兄同來否入見語及數日之間喪兩從兄遂及上公再從女兄先一日故次日即焚毀敎之毒如此弟謂主持風化在乎君上後及王弇州李夢陽李

于鱗。徐中行等文難讀。譯者之言。弟不能解。但言四人皆大名公。并李崆峒立朝骨鯁之狀。譯者又不能達。弟言後日入朝。請其文一看。然諸文但擇其佳者讀之。全集不宜讀等語。後又及釋子詭怪之狀爲笑。

十

聞台兄以頭暈靜攝。此或爲連日校讎揮灑勞神致然乎。或亦因春時寒暖倏忽。起居失節而然乎。惟加意珍重。台兄深明醫道。自不

若弟昧昧也。欲親候以步履尚艱而止。希亮原之。亦不敢煩裁答也。

十一

深冬大雪。普天同慶。惟敝止得趣尤多。三面皆瓊林琪樹。一望枝頭盡綴珠玉。而竹枝龍鍾搖漾。玉屑霏霏。台兄以爲樂不樂也。豈復懼寒風栗烈。病我老人哉。黑川公惠我白雁。已令烹治。當共擁爐浮白。與二三門人共讀北風之詩。深慶令時。嘉會幸即拄杖過我無

爲深泥所苦。何似台兄寂寥獨坐也。已作東邀道設。未知有此豪舉否。

十二

清明時節雨紛紛。從古然矣。明日令堂夫人在道三日間晴好爲佳耳。荒齋寂寥。竟分三徑之苗。復授以蒔之之法。他日凌霜鬪姿。則沐高士之惠不淺矣。

十三

今日雨雪。殊非時令。弟亦擁被而臥。蒙垂念

感刻。又以瑣事重煩緩頰。謝謝。便時當致之何兄也。上公既默然。自不便復言矣。井牧何等議論。今按井牧蓋指井上河内守正利也竟日劇談。上公大爲歡悅。不知可得聞之否。雖館中勞頓。若可著屐枉顧。略一述之。共爲抵掌。則亦病後佳事也。未知可更爲抖擻否。望之望之。

十四

命題事非僕所敢承。面諭切至。又不敢自外。謹擬一題奉上。惟裁之。論題動衆未足化民

十五

昨蒙介弟主米公子寵招。不獨殽饌之豐隆。調治之精旨。其禮意之恭謙。情文之稠疊。不可言盡。此皆仰體上公虛公之美。又居恒友愛深篤。故能如此。豈徒近時之所罕見。即古來之稱佳公子者。斯者亦未能數數。僕言不能自達。祈台兄爲僕轉申。台兄親見隆儀。言之必能詳備。前友元兄書至。昨夜長崎書到。無非讚誦上公下士之誠。并希鼎言及之。

十六

嘗聞不盲不聾。做不得阿家翁。然事有可以盲聾者。有必不可盲聾者。以必不可盲聾之事。而處必不得不盲聾之勢。將柰之何。以理責弟者。曰。汝無耳無目耶。弟將何辭。然一人之目。而羣障之。一人之耳。而羣掩之。又將柰此耳目何哉。弟之此情。無可告訴。惟恃台兄愛我。而又語言不通。孤立之人。誠非易矣。或亦德薄所致耶。

十七

頃者歸寓。分發一事。即欲造貴寓細談。適天雨不能果。今鬱鬱於中。故以筆代舌耳。敢問天下事眞者美乎。假者美乎。眞者爲美。則弟不假。眞者爲不美。則弟不能爲假。一齊之傳。豈能勝十楚之咻。一齊之口。豈能勝十楚之口。將來之罪。畢竟在齊傳已。柰何幸明示之。

十八

頃聞价者走逸。今有消息否。蚤問曾有他物攜持否。或者失物。懼而潛躲。恐尚未是脫逃。或者小僮爲不良者所誘。過時不歸。懼而趑趄。尚當於平昔往還之家。細細搜察。爲是特此走問。不一一。

十九

中山公處武侯像壹軸。并空白紙壹幅。領到。來翰展讀已悉。不限時日。不使人逼迫。何有不可。諸容晤罄。不宣。

答小宅生順十二首

來教事事切中。敬服台臺之有學有識。其所以責僕者。敢不滾自引咎。但未知貴國主之志何如。禮自須遜辭耳。何足下之憤憤耶。足下之辭雖堅決。若所行之事。盡如其言。僕可勝大願。一生求之而不可得。安肯交臂失之。即刻當往候黒川公。且有衆客須復禮。終日而畢。明日若少暇。別當奉復。

二

日候上公福履。知於十日回鑣。適讀翰教。又聞龍旂白旆。悠悠揚揚。可勝欣慰。遠狩號令般煩。復錫以豕膏壹器。何注存無已。至此。即刻拜命之辱。祈台兄先爲申謝。明當面頌。弁聞台兄行旌康泰。甚喜。草草奉復。不宜。

三

昨暮之談大快。絶不致倦。脫粟羹藜。不以爲褻。不足云擾。弟性真率。毫不猶人。不論大明日本。惟獨行其是而已。不問其有非之者也。雷蛇諸事。但涉語怪。然世界存而不論之事

儘多。不當以經生一隅之理。膠固斷定也。佳作惠下。捧讀爲望。但須徐徐。必不使致倦憊耳。此復。

四

君子去就。自有道矣。何可苟焉。弟若以富貴爲心。何緣得至貴國。先正云。迎之致敬以有禮。言將行其言也。則就之。其次雖未行其言也。禮貌未衰則就之。弟非中國中興與胡塵迅掃。終無歸理。無歸理而紛更反覆。弟豈如此之人乎。何台兄疑弟之淺也。面言未盡。譯者又不能達。故復草草致意。惟祈炤鑒。不一一。

五

節間杯酒。飲不至醉。何突罹此無妄。此弟之罪也。後來當如命微醺而止耳。官家乃天子之稱。他無敢稱之者。至於朝廷。則非天子之專稱。孔子朝與上下大夫言。又其在宗廟朝廷。孔子雖入周。未嘗一登周天王之朝。且書

中明係魯國之朝廷也。今將軍之尊何遽不及魯侯哉。殿下公方御前此在國俗則可若欲傳久行遠恐有碍也。惟裁之。

六

敝止無展可著。重九佳節不能走賀歉甚。逐日欲造府。以悉澗悰引領望天不得晴霽飛鳶呫呫墮水中是用悵然承諭禾頭生耳竈底產蛙淺爲驚訝。又聞有尊恙益爲念切。僕兩日亦不爽。今登見盎中積血如墨。然無可

如何也。來問急性子。僕寡陋無所知於藥材草木鳥獸更無所知。然聞急性子乃鳳仙花子。不辨是非。觸手即肆躁暴未知是否。此復

七

上公狩大野獲野犬夜分見遺此二十五年未嘗之味。喜極矣。詞命鄭重不敢當。禮今夕當烹治。候台兄同享之。有事欲晤語午後專遲台駕。弟亦有前約。欲面奏也。佳作大妙寓意於不隱不顯之中。掉結又潔淨勁爽。且無長楊較獵等套語。敬服敬服。諸晤盡。

八

今暮乃以令堂老夫人他出不能那主過我快悵之極。幸借文選貳三卷以消岑寂。諸容明晨晤罄。

九

大雪盈尺特爲小酌以破寂寥本非禮法之飲也。且主人庖厨乏人中饋無主不能不腆事事可哂。今早詰敝門人誠爲可笑。台見或

能相亮。不淺責耳。何敢當謝。又飲不至醉懽不至戲。何至追思。此台兄謹愼之過也。記稿發起尋覓不得。佳箋歎天和事閑書上。先此奉復。

十

白賁園記甚佳。足稱大方矣。弟聞見狹陋未嘗見貴國有此完文也。因命之懇懇已爲改削奉上。拳石不足以增山使高也。記中縣字有著落否。妻之姪曰外姪故二字皆口之惟

考定呂入。諸晤盡。

十一

佳箋委書。呂久病。遂致沉閣。罪罪。頃者簡出書上。又呂久病。氣虛手顫。未有成。一筆得成字。畫可笑可傷。弟自看猶爾。況可污大方之目乎。罪甚罪甚。希炤存。諸容晤言。不既。

十二

蚤晨遣數人助工役。何故拒卻。用時幸命下。喚取。弗呂形跡爲嫌也。適有我魁栗。（今按有下疑遺惠或遺等字）大者如拳。敢分貳十枚奉上。幸惟炤存。毋視爲般七七著鼻物也。

與野傳二十二首

台臺榮行。本當趨候趨送。昨奉尊公諄諄面論。又恐今日台臺公務浩煩。故不敢勞接。清思塊歉。不可言盡。晤期雖不遠乎。然兩月之別。不知其幾三秋矣。外具時家茶罐壹柄。斗方箋帖貳束。花封貳十少。將芹意。惟祈完存。諸容明晨面悉。恣不贅。

二

六傳　沉閣案頭。非病則冗。非冗則病。呂致遲遲。罪不可言。昨日承命。改削奉上。祈炤入。心緒粗疎。恐有背戾。有則希明教之。勿爲含隱。乃見相成之意。郎懇台兄。竟達上公。幸勿復爲往返。不一。

三

答策甚佳。可勝健羨。事事皆在人爲。特患不肯用功耳。故自謂不能者。自暴棄者也。謂他

人終於不能者。嫉人害人者也。今讀令兄友老文及佳作。僕言不信而有徵乎。儻繇此而孳孳求進不衰。則中華之文可爲中華之名手。可齊軌而方駕。吾何畏乎彼哉。舜何人。予何人。惟台兄勉之矣。萬勿惑於邪說。怵於庸人之見。呂自沮也。來作璧上。諸容晤磬。

四

諺云。生而富者驕。生而貴者傲。豈不信然。今上公以源威公之子　大將軍之孫。生而富貴

極矣。何嘗見世間有如許事。乃能細心委曲。謙恭好禮之至於斯極也。欲遂一言謝。雖累幅不能盡通。仗台兄爲瑜陳述。何如。鳳軒中山公盛援至恭。亦希并述爲感。上公書草。本欲錄奉。緣倦甚不能也。台兄連日勞頓。事事費心。并謝。尚容面謝。

五

尊作肆意批評奉上。然太僭太妄。於見教之意。或自無拂。於世俗之情。則大戾矣。台兄能

不驚訝否。我且置之。今世亦有行之者乎。

六

別來兩三日耳。尚覺遼絕。惠我名花數種。遂如親挹芳容。勉亭碑文已草就。欲先奉上公閱過。然後送弘文公。奈病甚不能脫稿。天霽幸即圭過齋。當請大教。過蒙垂念。感刻無盡。尚容晤頌。尊公安好何如。并希叱致。

七

昨枉顧。遂失倒屣。又未得答拜。甚歉。今日天雨。大侶秋天。殊爲凄楚。台兄孤館寂寥。必當更甚。能著屐過我否。撿察家中。無長物。惟餘泛蒲濁酒三升。東壁下鹿脯貳觔耳。有興希即命駕。必不致設餚飯也。諸俟晤言。

八

尊恙方痊。神氣自未能固。往來酬應。必至勞勩。尚希加意調攝。若以煩文縟節望人者。其人人品不言可知。萬勿以此意僕也。野服圖說領到。近日不能及。俟至水戶後。有餘閒。閱

竟奉復不盡。

九

旅居四面。樹木蒙密蔽日。初不甚以爲佳。昨宵大雪。今旦擁被而臥。及起視之。盡成瓊林玉樹。而庭栽數竹。亦復青翠琳琅。饒有雅致。台兄能著屐過我一看之否。果能有此高興。爲山陰道上之行。適黑川公惠我白雁二掌。當烹以共賞之。醉則讀周詩召南一卷。抵暮踏雪踉蹌而歸。殊不減灞橋上驢上背上風

味。僕必不學戴安道閉門謝客也。笑笑。

十

遠歸未及趨候。乃承令尊翁枉駕。雖幸久談媿無一物將敬。歉也何如。敢藉鄙言。一爲申意。舊允櫻桃貳株。昨承命。嘗令小力走領。祈命使簡附之。諸容晤罄。

十一

連日遣人候聊適兄。前宵已故。而不知。昨承台諭。令兄述之方知。殊足感愴。即刻差力走

問云特意不答。此是貴國風俗。然非所以致問之意也。未知棺衾已備否。未知曾出葬否。未知殯於何所。僕欲備香燭往弔之。台兄必知其詳。特爰一一細問。幸勿以爲嫌而教之爲感。

十二

名園嘉卉。分賜寒寓。小子輩不堪岑寂。遂嘖嘖不置口。弟猶恨久病之後。足力軟弱。不能扶筇強步。盡覩佳勝也。若待行步不致欹斜。

則九十春光已盡矣。奈何。附來紙領到。暇時裁就奉覽。

十三

承惠韓扇壹握。領到謝謝。足以蔽汚塵。功用大矣。豈在皮相精美也。油紙甚佳。俟能手裁壹幅。餘珍壁上。今日捭豚爲飲。儻有暇。幸過我共享。君賜大約申刻可供矣。若無暇。明日何如。拉子常兄同過何如。諸不盡。一角。眞菴。伯行。三兄在館否。

十四

奉候遲遲。理應罰酒。乃反賞之以豬。在台兄爲法外之仁。在弟爲非望之喜。笑笑謝謝。荼瓶收到。竢天好裝送也。諸竢晤言。

十五

名園沼中。芙蕖盛開。小子輩不堪岑寂。欲僭涉一爲觀覽。就教君子。儻台兄以公務外出。希命園丁畧啓其門。稍稍瞻眺。先此奉聞。本欲昨晡過齋。因飯遲致晚。不果也。不盡。

十六

昨言先君墓增土之事。若上公肯增。亦自無妨。將墳墓增高。闢墻改築近身。方成墳墓體式。但須待冬間。方可爲之。雖古禮不修墓。然補偏救敝。猶愈於不爲者。非交冬。則墳邊土必不宜動。請伯世子墳。稍低二三尺無礙。禮有貴人從儉之文也。諸容晤言。不盡。

十七

數日不晤。甚念。館中還駕。幸過一談。弟園中蔬茹甚晚。較之台兄苑中。爲差早矣。落酥壹盤奉上。非以爲新物。特以家園土產。奉犒從者。一二日後。嘉蔬斯可續之矣。不旣。

十八

所約芭蕉四株奉上。前時謂其稺弱。不堪輕去。其母今念轉瞬霜降。明年三月猶自衣裳襤褸。容顏憔悴。不及而今嫣好也。不盡。

十九

池蓮盛開。足方芳潔。厚擾園廚。至今尚有餘味。歸來把玩香荷。途人亦增豔羨。祇此奉謝尚容耑頌。昨日宅兄以燕客不得赴。以弁開敞門人不得另東。弁此奉謝。

二十

僕以一唐人孤身在此。正如一葉浮萍。家下無人。事事都無欵段。特愛輕褻亦不敢言請謝之。適生媿汗耳。慶順原兄。亦幸以此致之。上公尊字如來諭。因兩門人皆病。入朝無有通話者。不得不俟之。諸容晤言。

二十一

今日偶有一物。欲與諸兄共之。館事畢。幸邢玉過我。諸晤磬。田大兄兩中村兄。三好兄。希相拉同過爲妙。

二十二

彼是病患。音問杳然。聞十六日已入朝。兩日來未知體中定自何如。賤病已愈。但腰膂無力。手足綿軟。未得走候。玆遣力代問。弁具卷酥糖壹宮聊爲病後兩中點茶耳。不盡。

答野傳七首

教授句讀。僕黔驢之技止此耳。然私心自訐處於貴國。竊欲以此自効。頗似鼓瑟。後復聞有蠱惑之言。益恥於自衒矣。昨接來翰。降心下問。不以爲恥。眞能超越俗議矣。雖有褊心。亦無吝惜。況淺洽僕夙心哉。惟冀乘間過寓。以當遊戲。不必有所瞻顧。但四五日內。方庀木土。修葺蓋爲碩鼠所害。多方以避之。俟工完。即當力報聞。不宿舊惡。此是何言。敢以奉問。昨浴起眩暈。不能把筆。奉復遲遲。爲罪。幸原之。

二

違教纔四日耳。各各臥病兩三日。可見人生禍福無常。然非望之福。未見有卒然而至者。其有卒然而至者。亦止是病患與意外之事爾已。僕於是日。別後即病。乃火與風相搏。昨日至今少愈。昨晚爲一事。徬徨竟夕。今早復似昏昏強起閑坐耳。未能走一价相詢。反承垂問。感甚感甚。梨餻何不留著齋中。以通臥病中飲食之路。乃以相餉耶。謝謝。

三

遠涉泥濘。勞駕爲多。雖半日相聚。奈爲梓人所擾。未得款言。脫粟羹藜。本是儒家風味。而世俗之情。未免以爲褻。台兄反加之以謝辭。愈增媿赧矣。承惠新茶。即刻瀹嘗。初製便能如此。可見妙手巧心。若更有可製者。即芽長不妨盡採。一則摘取之後。明年別發新枝。一則今年屢試。來年必更精好。若節氣已過。此弟遣府遲遲之過。非茶之咎也。

四

尊作遵命。僭筆改竄奉上。仍恐點金作鐵。貽笑後人耳。此復。

五

來箋一展讀。文氣絕不猶昔。甚喜。廿上一日外朝之言。不益驗乎。弟題直不近人情則有之。至於欺人誤人。自信一字無有也。來教覽後

論批。朋友之道。點次已爲過而一下論批僭
越不更甚乎。容日閲既奉復不行不邁。而與
生者謀之必無獲也。故曰不得於道高明以
爲然否。

六

小東係昨日所發。因薄暮來人不便。故今早
送出。實不知今日天雨也。台兄已知天雨。而
諭以今晚同慶翁原兄子常吉兄來顧。是著
衣而來也。何如。即衆可得手談。當備不衫不

履之飯以遲之。即時顒候。不盡。

七

承諭知隆情滚至。往來游揚。不獨今井生戴
德。僕亦心銘厚意矣。世之相後也千有餘歲。
地之相去也萬有餘里。宜乎其至此也。寡尤
寡悔。或者爲虛設乎。諸竢新歲晤謦不一。

與吉弘元常八首

昨諭雨來無及者是也。是即敝鄉處暑根頭
白。白露枉來霖之語也。僕差筭節氣謂猶可
及。大誤大誤。他日造府當浮一大白。

二

僕之所以懇留王儀者。以上公至愛惓惓。僕
孤子寡儔。蓋自爲也。前者渠差人來。已將此
意示知。渠喜於得留。船賣人散。儻上公不極
之於危急之地。使之出唐。彼附何船往何地。
不獨明年之來與不來。即生死存亡皆不可
知。是僕置之死。置之亡也。僕置人於死亡。僕
將何以自處。又將何顔對人。惟祈懇懇轉達

上公。爲幸。昨暮未知作何議論。再遲數日必
不及矣。耑望示知爲感。鐘銘并序稿呈覽。心
驚意亂。恐不成文。不安者駁回。改上。

三

二十日途中過雨。是夜雷電以風雨。日雖晴
好。然霜風甚寒。未知上公貴體何如。台臺體
中不適。近全愈未。嚴寒祈善攝之爲妙。藤德
昭少年遠出。亦祈以兄意誨之。鐘銘改上。就
煩轉達上覽。上公官銜。及大名及字。世子官

銜及名及字。均應一一開寫明白示下之。瑜炤式謄入。禮也。何尚未付來。㟁候㟁候。前付來紙狹。恐字太細。久則銅青起。筆畫湮塞矣。如何。週圍儘有餘地。何不稍大爲妙。希裁酌之。

四

明日人日。入朝當於何時。祈教之。今日朝務佀爲稍閑。有興枉駕過我。手撥鑪灰。沸湯瀹茗。亦旅中佳事也。來則約道設兄同來爲妙。

五

僕於昨申到寓。極感上公事事周合。無一物不經清思。不知何以能細密若此。此貴人中所萬萬不能有者。敬服敬服。昨聞台兄不隨大田之行。則閑暇在客館。午刻希那玉過我一談。且客庖甚盛。隨意烹治一物奉請。何如候候。

六

綿被昨宵已成。較之杜工部之衾。柔煖十倍。足以下顧矣。舊約自夏歷冬。或今夕過我明晨入館。或明日館散。枉駕終夕細談。以酬舊訂。來月初吉。恐有從邁之役。歸來又歲事迫促。不及矣。即於二日間。掃徑相遲。顒候顒候。

七

新正眩暈突發。爲日既久。而諸病輔之。大爲困頓。把筆戰戰。不能自主。以台兄歸期在近平賀兄書。不得不力疾書。致兩兄歸後便無人能解矣。意取實功。不尚虛美。惟詳釋以敎

勉之。上公以紀州大納言公喪。憂皇慘怛。目下未知何如。幸示知爲感。

八

前日重承雅愛。台兄醉後。僕以積病疲弱。精神衰憊。甚失地主之禮。昨蚤奉命。待旦而興。而台兄已辨色而去矣。因地主慢客。故言旋汲汲耶。意料不及此。悔不投轄也。未及走謝。祇此以代荊請。明日有暇否。暇則過我一談。爲望。諸容晤罄。不宣。

答吉弘元常七首

前惠巨鼈壹頭。大逾潯江尺二之蔡。足與黿鼉爲羣。不堪從蒩膾之列。因此時腰痛項強，不能把筆作一字奉謝。已詳達來伻。幸亮原之。外奉越前鹽鱘魚壹尾。聞此爲貴國所尚。特致賞鑒家試嘗之。冗次不盡。

二

新竹微涼。每詠清風來故人之句。何不一揮冗過我。當水淘冷麪以澆之。市塵炎蒸。誠如

來諭。餉我乾魚五十枚。領入爲慚。謝謝。此種敝邑名鰺魚。俗名鰺鰷膾殘魚。惟堪作生。不堪作脯。敬復。餘俟晤言。不盡。

三

僕犬馬之年。方古人而深媿。蒲柳之質。歎先秋而蚤零。台臺金玉之章。奬借之過。益甚歉歉矣。上公寵愛優渥。特崇古典。當之面赤。明日何以對諸君子。慚負慚負。承惠厚儀。謹即登拜詰朝面頌。不宜。

四

漢茅季偉。寓宿嘉賓。烹雞爲饌。既而供毋餘半庋置。郭林宗蚤稱其賢。爲之先後。今台兄處季偉之時。乃減三牲之具以爲餽遺。但非所宜。然既來。又不得返。躊躇登受。尚容面謝。

春來日候過談。有一事須先聞而後行。故遲之月餘矣。奈終日引領而不可得。來教反覆再三。未得肯綮。更須再復。

五

佳作改定。誠爲僭踰。遵命不得不然耳。

六

高居至舍。頗遼遠。除夕。夕而別去。元旦。旦即賜顧。深銘至意。但未得一酌春酒進辛盤於主人之誼。歉歉耳。鼎貺甲魚四足。河冰未泮。何處致此佳物。即當滌釜烹調以飲丹田之惠。謝謝。尚容面頌。

七

虞嘯父有云。位不及扶。飲不到醉。今僕亦云。

飲不到醉。禮不須謝。獨是旣酺歸趣。磊隗氷銷。足修主人情重耳。此酒尚餘數升。當爲台兄留貯。他日胸中壓落。亟過我煖一瓶爲澆之。

與田犀二首

前承寵召。怡然赴命。愚意所祈者。兔首瓠葉耳。不謂佳殽雜遝。種種出自新裁。物旨維偕。非虛美也。言謝之私。不勝媿怍之意。祗此佈悃。尚容面頌。不宣。

二

此書柬之式也。非答台臺之柬。自宜如此。因前者同道設二兄。問書簡之體。故藉茲示之㠯禮耳。然此爲小啓。上乎此。則有稍爲莊重者。最上則有大啓。大啓則非此地所易爲者。

答田犀

月許不晤。殊覺遼濶。政在思憶間。而華翰適至。且惠㠯蜜柑一筐。謹即登拜。㠯擬永嘉黃碩。令節傳賞耳。遠來嘉客。遺我衢紅紙數張。謹㠯參幅奉上。物雖菲薄。書春聯門符。㠯祝老親之福。悅老親之目。但爲有用耳。惟希哂存。諸容新春晤言。不旣。

與田犀板矩

違遠芝顏。轉瞬遂已盈月。隙駒飛電。不足喩其速也。初四日始聞台兄從狩。一時促裝諒行色必自匆匆。連日天氣甚佳。圍場奮揚。旌旗耀采。上公必大爲酣適。奈歲已云暮。數日間即當還轅耳。茲令弘濟生代候上公。草此

附問。多嚼酒少衝風。是目前祕訣。如何如何。

與板矩二首

前奉翰札。知台兄久患眩暈。僕甚苦此疾。僕孤身去國。舉目言笑。無可爲歡。蘊結於中。宜乎有此。台兄英年暢遂。精研調燮之理。何爲亦有此恙。僕向服乾海參。似乎稍效。今奉能州乾腊壹箱。祈烹餁試之。前惠甲魚三頭。淺銘厚意。其時已令弘濟生嵩謝。但何處得如許之多。此物與敝鄉所產者無異。僕極嗽殊

適口。惟詠物旨維偕之句，以須佳貺耳。

二

前聞尊翁捐賓客，台兄儼然憂戚，甚爲傷感。緣比來紛冗實甚，未及修尺一，一爲弔慰，於情於禮皆爲闕然。尊翁享年最永，幾登上壽，又獲考終，人子之心，已無少歉，幸勿過爲哀毀。聞近日又以貴恙，静攝惟希，深自遣排，晤言在邇，尚當面談，冗次率泐，不宣。

答板矩

廑廑注存，足仭知愛，更復惠以蓴龍翹翹特出，益徵厚意，折竹烹之，渭川千畝，盡在胸中矣。祇此附謝，尚容面頌，不宣。

舜水先生文集卷之十一終

舜水先生文集卷之十二

門人　權中納言從三位西山源光圀　輯
男權中納言從三位　綱條　校

○尺牘三

答安東親清

道義之交，異姓骨肉，古今以爲美譚。況在異國耶。令郎天姿純粹，志意高遠，誠有得於庭淑之深，迺不棄鄙陋，慨然以弟瑜爲宗，弟固無以拂其盛美，久欲修候，一則拘拘未同，一則恐妨静定，令郎至，復拜嘉貺之辱，何稠疊無已，至此勉強登受，其心醉明德者，當與此惓相爲終始，不特周公瑾醇酒而已，謝謝。外具拙筆壹幅，引意希莞存之，臨楮不盡惓切。

與安東守約十一首

前完翁云，賢契正月來崎，愚謂正月來可及二月初五之期，此日修先大夫之祀，非徒望賢契陪祭享餕而已，以先大夫峻絜端整，亦欲陰靈望見賢契温良醇懿之色，賁然歆格，

也。接來書知不可得。前書又不便明白相邀今不可及矣。徒懷怏怏耳

二

文公家禮中評駁諸事。言之太早。俟不佞事有次序。或見或隱然後暢言之。不佞亦欲考古合今。著此一書也。若使言而無害。不妨言之。但恐有識之士。實難其人。非立廟設表爲往。彼徒臆決未深省耳。將來一有横議者。與之辯不可。不與之辯不可。故須躊躇批駁古人。要當使死者心服。不然則爲妄肆譏評矣。不佞今年之病。較甚往年。日則不得少息。夜則喘嗽逹且。坐則瞌睡頭暈。時欲嘔吐。誠非佳兆。諸事冗甚不能悉。

三

賢契篤於骨肉之情。此自賢契天性之獨厚。學問之獨充。乃又於兄弟病危之際。舍之而遠憂不佞。且欲同來餓死。(今按。是時長崎火災。省菴妹病將死。省菴舍之而赴之。謂欲與老師同餓死。歸後所寄之書也。)賢契之於不佞懇悃眞篤。遂至於此。中人以下。或不能施之於其父。不佞腆顔當之。異日其何以答賢契而能無愧於心也。且竊觀上下左右内外。自尊公老先生。與貴知交而外。恐未有一人與賢契同好惡者。賢契何見而獨能及此。眞不可解。但七十老翁。以不佞之故。而干瀆之非孝也。所以學者忠孝其大焉者也。以後萬萬不可如此。至囑至囑。

四

尊公欲得拙筆。裱屏賢契自當登言之。何乃囁嚅如此。老親有限之日。有一可以怡悅其心者。即當極力致之。况事在不佞哉。不獨尊公而已。即尊公極知愛之親友。欲得之而難於啓齒者。亦當曲探尊公之意。即寓書來寫致之。即所以悦其親也。本欲卒時書上。緣比來逐日多病。欲速恐益不佳。製深衣裁工。爲屬官所獲。囚禁獄中。未來。來則急急爲之。無問其費矣。潦草則所費不甚相遠。而不可以

爲式。亦不可也。歷訪他工無知者。今好此者多。但未有能之者耳。棺製曾成否。斬衰尚有數物。當俟前工成之餘再悉。

五

孔子生知之聖。其一生並不言生知。所言者學知而已。如曰好古敏求。我學不厭。不如丘之好學也等語。可見聖人敎人之法矣。陸象山王陽明之非。自然可見矣。不論中國與貴國。皆不當以之爲法也。伊藤誠修止之爲妙

昔者劉惔與王濛遠遊而餒。有一人設盛饌招之。王濛亟欲往。劉眞長不肯曰。小人未可輕與作緣。前書所問以此而已。

六

卿疎遠之人。多不能信其誠一之若此。久交密交無不知之。賢契前謂不佞質任自然。久而不變。此是不佞一生本色。此是賢契眼明口快處。魏文侯燕飲天雨。不失虞人之期。古史美之。直是裝點要譽耳。

七

完翁云。賢契欲過重九方來。極爲有見。前來以張諸葛畫三幅。求題贊。完翁云三幅俱要一樣高低上下。如此則大小長短。俱要一同矣。俱不可差移。不佞未見此式。甚爲可笑。即如琢畏三亦深以爲不然。不佞仍恐日本有此體製。故特走札問明。方敢落筆。恐汚損名畫。深爲不雅。若四字韻贊。不佞平生所極鄙者。必不敢如命。且此畫既欲留之千古。會須

作一兩句千古語。如何。又欲草草塗塞。自相矛盾。可笑。

八

不佞在此。每事俱賢契週全。況賢契俸廩甚廉。而所惠如此。毋論中國與貴國。誠爲人情所難。去年及今。兩國人大爲感頌。非惟不佞銘佩而已。賢契尚以不豊爲歉。必如何而後可無歉。是何言也。

九

喪祭之事。兼諭自當著一書。但著書之事前以質之古人。後以竢之後賢。其中有一毫不妥。目前雖人人識賞。而百世之後。有一人議者。便非完璧。故須遲遲耳。俟居定即當爲之前本工未至。如琢亦冗冗。諸物俱未備。備則製來。衰衣之制。在不佞謂尚未允當。賢契乃如此珍重耶。

十

賢契年過四十。未有室。使踰七之老父。日夕

以此爲憂。非所以爲孝也。孝道一虧。百事皆爲枝葉。無益也。七十感雉無及矣。力所不能。而勉強爲之。以悅親之意。如是而謂之孝。力有餘裕。不足謂之孝矣。惟居室之倫爲急耳。

十一

半載以來。不得音問。心甚懸切。前書謂風疾未瘳。不堪勞勩。今不知何如。有便希作書慰我。不必多。亦不必求其文。惟取達意而已。今即能嬉笑學步以娛老祖矣。希并以寄聞。此

間事欲詳細作一書致賢契。奈非病則冗。有便時輒至迫促。不佞與賢契相與。賢契視我猶父。我不能毫毛益爾。靜言思之。實切慚愧。即欲求數日從容細談。亦不可得。何數之奇也。不佞兼宰相上公厚愛。無與爲比。水戶學者大興。雖老者白鬚白髮。亦扶杖聽講。且贊儒道大美。頗有朝聞夕死而可之意。此或是一好機括。且云已前皆做昏夢。今日始知耳。

答安東守約九首

昨來兩札俱佳。不必更改。凡作書助語。如之乎者也等字。非甚不得已。不可用。句要勁詞要古。而無用古之跡爲佳。所以一應文字。出之先秦兩漢者爲妙。若要近便適用。或取尺牘爭奇。蘊黃小品。選其可者熟讀亦可。冗次不既。

二

前書醉後所草。深夜筆凍。誠恐率誤。未知何如。夙夜弗懈。勤學勵行。此今日空谷之音也。

而賢契能篤信而行之。及門必有可觀。貴國之文教。其有興乎。講周易左傳綱鑑。煩勞極矣。咬菜之軀。堪之乎。笑笑。左傳合經者。宜於解經。不便於讀。別有善本否。杜詩即欲寄上。因來人不能多帶。止寄五七律陸本。希炤收。

三

久不見賢契文。及今乃大長進。格局文勢意語俱絕佳。非尋常所可幾及。尚祈研精古來大作手。當成貴國一大作手。大名公。勿徒草

草也。至於理障之學。人已俱入混沌。須一切屏去。千萬勿以擾心。谿布公屏風六葉。要真字大字二行。如此則二十字內外。聖賢格言如何可盡。此或是落筆時差誤。故須問明。然後爲之。即祈示知。若必欲如此。恐語短意淺不足以曉人也。

四

文公家禮。覓得速速寄來。以便起手。更得儀禮周禮爲妙。不考定諸書。不見定裁。恐不尊

不信。不信不從也。序稿改定附上。希炤收。

五

兩書俱領到。賢契因不佞之人使。令欲遣盛使前來。此休戚相關之至情。極感極感。無論盛使有病。即病愈亦勿遣來。言語不省。一也。往來多費。二也。萬萬。前燭久精緻。有一人能爲之。當別寄來。不盡。

六

忠孝事大。不佞才劣計庸。自揆初心實多內

疚。父子夫婦之間。情義超然。賢契乃獨上推夷齊。下逮曾連。謂爲義士。不獨今人貴古賤今甚。駭聞聽。即不佞冒昧暴此。罪戾轉深。他日得無忝所生。庶不爲知交之辱。秋間來此。共相講磨。食蔬飲水。相與有成。亦不佞大不幸中一大樂事。不佞於中夏四國。本來一體爲親。凡遇英才。樂於獎進。既已道合心孚。豈有彼此間別。門牆之論。雖爲謙德。實未深悉鄙懷也。寄來書籍。炤單察入。

七

耻見賢契來書。知畏三勵志向學。甚喜。畏三本有可教之資。久於荒棄舊年。忽有此想。所謂天牖其衷也。所為極大關頭也。彼時翻之曾對如琢云此極妙事。今果然矣。賢契循循善誘。大啓其機。與他人教之功相百倍。異日有德有造。思俾生育。不虛通家之誼矣。賢契前日之所譽。但為過當。若使移以贈之。眞切實而不浮也。喜而不寐。良然良然。

八

伊藤誠修兄策問甚佳。較之舊年諸作。遂若天淵。儻繇此而進之。竟成名筆。豈遜中國人才也。敬服敬服。片岡宗順文雖未得肯綮。而語氣絶無蹇澁之病。大不類日本風味。少年又能力學。當大加獎進也。三詩不佳。且有大病。殊不佀其文。二兄作本不應批閱改竄。因賢契之言。遂不顧僭越耳。至若門人之稱。恐非所宜。好為人師。古今通病。且恐世人未必

復有安東省菴也。三省回。竟無信息。聞其母已故。或為此耳。諸再悉。

九

初六日奉手書。距今二十日。懷念之深。但手遠澗。昨暮惠頒翰教。足慰渴思。復諭秋仲可聆。益喜。惟盛使舟行遇風。幾至傾覆。此心殊不安耳。前書但不必復寄。既承來命。附使將上。惟愼之。虛囂自矜之士。不足與觀也。希炤入。疊承台惠。甚媿多儀。酧爵貪饕。難於報稱。

韓柳批評。自當如前點閱。諸情縷縷。非暗言不得罄也。不次。筆談壹冊附璧。

與下川三省二首

汝瘡癤未愈。昨力旋。復聞汝感冒。不傷眠食否。秋氣宜愼節。汝臥起煩躁。近又無忌憚。深為念之。吾於汝分為師弟子。而實有父子之情。每為過慮。二三分之疾。便作十分之想。若汝能曲體此心。則佳矣。若汝能如去冬及今正二月。溫柔和緩。則吾無慮矣。在遠不能釋

然。故遣力走問。擬明白往見黑川保田二公。携汝同行。若不能行。可呼小籃輿乘之。不盡。

二

望其子爲聖爲賢者。父之道。肖與不肖者。一任其子之心。愛汝教汝者。師之道。率教與不率教者。一任乎汝之心。若教之有益耶。前者之言。非不足也。教之無益耶。今日雖更益千萬言。有何益哉。我於汝費多少委曲。多少苦心。汝非木石。寧有不知之者。在汝自爲之。今日脉畧好。甚喜。脾胃不好。調理亦易。看脉定。速速回來。不悉。

與奧村庸禮七首

別久暌稀。遠懷難釋。往日走候。思欲一爲傾瀉。乃以台駕入朝不果。方圖再叩。以申契濶又復期日寵招。辰刻且辱令壻臨貺訂約謝謝。但誼屬通家。當崇儉約。一菓二簋儘足暢叙離情。多品多儀更滋勞擾。況今大災之後。又當自卿士大夫力挽頹風。萬勿過費。以違上令。不佞事事剴直。惟祈炤察。別諭當俟明日。面爲酌議。不盡。

二

情意初接。遂已遠離。半載而歸。又以匆匆及多病。踈濶殊甚。賢弟惓惓無已。而不佞契然若此。深慮高明或未能深原之也。刻下即當旋旆。念之無以爲心。以不可知之別。如此草草。謂是理道乎。謂是情義乎。徒增悵惘耳。明早當造署面談。非此恐無握手之期矣。賢弟公務甚殷。未知得如願否。外齋額記序。凡八幅奉上。別具草目。惟祈炤存。遲緩爲罪。必能鑒詧。不宣。

三

千里遼濶。數載爲期。分手乃如此草草。甚難爲情。明晨扈從星馳。理難祖道。前已面叙茲更言之。以明耿耿耳。賢弟恭勤敏練。事上之極軏。然途中飲食起居。亦宜節勞自愛。通候抵都。後數字以寄平安。今即并希道意。順庵

令親。不及另書。前者屢屢勤拳。更懇叱名致聲。

四

轡勒鞍鞦俱成。雖不能精美。可脱俗耳。且不倭於此等事。向不留意。故不能詳也。按圖索驥。多有不相合者。惟頷上之纓。及項鈴之所垂者。皆用纓驕。而工人堅謂纓驕難覓。今用馬鬣染色。恐不中大觀也。冗甚病甚。而工人來索書。潦草數字奉達。諸容再罄。

五

武夫悍將。詆譏文人無用者。彼祗見迂儒小生。三村學究。膠柱鼓瑟。引喩失義者耳。如王欽若輩。閉戸誦經賦詩。退虜者耳。若陸宣公李長源王文成高文襄輩。圖度虜情。如指諸掌。雖健將累百。有能出其範圍者哉。又安在悉索刀瘢箭痕哉。是欲爲大將名將。必當讀書。

六

東北相違千里。遠道也。三年以爲期。遠期也。遠道遠期。一旦而得。歡焉道故。抵掌論心。踰七之老。真爲望外之喜。數年以來。雖眷懷弗替。問遺頻仍乎。何如親接手容之爲快也。誠欲趨造邸中。一問修途車馬。饗和諧適。又念貴國主初入都門。輯瑞陳庭。政繁務冗。事上接下。賢契應無晷刻之閒。又不敢以急欲相見之心。溷擾清思也。不盡欲言。可勝瞻溯。

七

令郎初到。即顧我。見其舉止端詳。言辭悃款。大快人意。昨者貴國君。命之職事。少年得之。此必有以深結夫至知者。賀賀。然此乃卿相之始基。而功業之嚆矢。若能日愼一日。而充之以問學。將來建樹。豈惟猶夫人而已乎。惟在加意懋勉耳。賢契當公務獨契之日。今按獨契疑之契訛。乃揮冗枉顧。雖足慰願見之心。而意殊歉歉。又重之以嘉貺。益增媿赧矣。諸容再晤面宣。

與奥村德輝五首

尊翁兩書。俱言足下近況。詢來使。又知納祉。爲慰。足下託筆於令妹夫問不佞平安。此情也禮也。足下已不能作唐書之故。恐有差誤。是以難於把筆耳。即用日本文字。託令井安積兩生讀之。亦是候問。不必拘拘於此。但望足下入奉父母。出而讀書。好古自然日漸通透。至於時俗應酬。均爲末務也。亮之亮之。

二

令曾祖母。遐壽令終。可以無憾。然賢孫令子之情。雖百年亦未云多。存歿之際。必懷傷感。昨日聞喪趨弔。理自宜然。何以固辭。又不得不止。幸惟達意尊公。足下久病新愈。元氣未復。尤當慎於霜露。違遠膝下。初出從君。事事皆須敬謹。不可喜事而過勞。不可失時而晚食。外致衾裯壺籠。爲道中止渴之具耳。諸俟旋軫面訖。

三

前日揮冗過辭。以遲暮不能具杯酒從容握手。此行爲遠別。爲久別。不佞老憊無似。恐從此爲永別矣。又以薄暮速去。可勝悵怏。令尊恙初愈。途中凡事當爲代勞。當曲體。又恐足下過於勞勩。奈何。然不得不爾也。外具彤管參矢。不足云敬。但爲他日國史秉筆。紀事紀言。紀勳之徵耳。哂入爲幸。不能走別。希惟炤亮。

四

別離容易。再會艱難。前賢以爲深慨。況不佞暮景榆顛。而足下新昏黄實。此來一會。殊出人意料之外。今但聊詢鞍馬平安耳。恍豫之情。尚當徐徐細記。

五

九方臯相馬。得其神駿。今不佞特皮相耳。不惟皮相也。牝牡驪黄。時或誤焉。故知非其技也。因玉屬聊以塞責耳。

答奥村德輝四首

自我不見于今三年德業俱進良有厚望去冬及新歲兩叨問遺溪銘至情前後俱在病中手顫心悸不能一一字作答溪用爲歉釋奠習儀禮之小而畧者不足爲快幸相上公欲堅欲一習則今秋冬當有此舉此爲大饗儀習五廟之禮不佞前年舊年屢次力辭上公文繁縟節目多端多士即能用心必非一戲可及一二年間方當演肄但使不佞殘喘若存明年定與斯會况服部其衷頗能習其度

數不足爲歉也兼惠能州澥參壹箱領到耑此附謝不旣

二

讀書勵行四字盡爲學之事矣而又加之㠯勉强則功無作輟德不踰閑循循而進何有底止呫嗶非他呫嗶而咀其味得其眞則皆勵行之資也足下尚視之爲二乎不能咀其味得其眞則文具而已矣讀書何爲不佞老憊昏荒不可名狀相別未能一年事事皆日暮途窮之意不佞性本疎慵而藤井茂英又云度歲後方復命一遲至今足下亦能原之乎不盡

三

不佞情懷種種竟不知有獻歲之樂展讀賀啓娓娓祝長年之慶上有加餐飯下有長相思一何懇懇哉嗣聞足下有弄璋之喜佳兒岐嶷兆於初生之日矣賀賀爲人之父勵行益不得自弛益爲人之子猶得託戲舞斑衣

之意爲我孺子之懷爲人父則房闥之中均不得自輕不能㠯無知欺孩提也小女五歲之言播傳人口萬一再有晤時容當共爲抵掌

四

伻來知闔府安好惟令尊初夏得少恙至今未痊湯藥親嘗孝之一事非大也體其心代其勞則稍大於此矣令尊無疾而忽有疾雖壯年固當愼重祉者福也本從示從止而俗

書從衣耳。吉甫燕喜。既多受祉。言福也。若從足。則騶虞麟趾矣。乃左右足之大拇指也。不可不辯。病甚不多及。

答古市務本三首

足下職司典謁。而新正又賀客雜遝。車馬填咽之時耶。乃於匆冗之中。遠念寂寥。惠以莊柬。雖復千里。猶記憶不忘耶。不佞久恙。近來二十五日內。方覺少痊。然猶病根不除。寒熱時侵。此復又暑氣炎蒸。事未知如何耳。

二

代筆書。隨到隨答。親筆書。則或遲或速。未有定期。歷覽名公箋啓尺牘。可知也。而亦偶有不然者。視其時勢何如耳。不佞本不拘拘於此。足下何自云然。貴邦人形跡不化。多責望於靡文。往復之中。容或有之。足下何以及此不佞四月間稍愈。近復多病。蓬頭徒倚。無可容足之地。晝則望其速夜。夜則望其速旦。幾同昌旦矣。光景如此。足下謂有善狀否。承惠醃野鴨。肆異謝謝。

三

世風日漓。生氣日薄。人壽因而日促。遂以百歲爲上壽。八十爲中壽。六十爲下壽。不佞今年七十有五。其於中壽庶幾哉近之矣。秖以毫無所樹立。無可以復天之命我者。故不可以死。奈兩年來。病患相尋。恒無開泰之日。其來也。如遊子歸家。一蹴即至。其去也。如他鄉故友。分手東西。依依不舍。今太勢但已退去。

或者來年猶得再晤。亦未可知。然而不敢必也。報札遲遲。望勿爲過。

與五十川剛伯二首

服部其衷。薪水之費。三四年來。屢與足下言之。足下云既已送上。不便返璧。不得已權宜留此。不虞足下竟不爲我道明。此子事不佞如事父。朝暮服勤而不倦。一二年來。愈加周摯。逆旅孤老而得此。豈不深感。顧思厚情。至若蔬食菜羹。不佞之力。能與共之。何事復須

顯思經營。且不佞老矣。衣食裁足而止。更不須多積金銀。已刻惠來黃金拾貳兩。暫留於此。俟足下至說明而返之。每年但與貿實冬衣一二件。以無失初意已爾。至於夏衣。不佞廢甚多。亦不必更賜也。不盡。

二

東裝已竟。未本欲治杯酒為足下餞別。因足下此行。行不能端履。食不能耳味之時。故弗為耳。外具粗菓陸囊少具途中不時之需。惟

哂入。又下川三省書一封。希致之如宗曾不在都中。足下即開析此書。焰數為之。不盡。

答五十川剛伯三首

登高令節。每憶龍山遍插茱萸。所少豈惟一人而已。對物懷思。徒增感慨。葡萄馬乳。肥以秋風。造物之功。溉於時雨。興言及此。可勝神媿。

二

細閱來章。足為元日一喜。纚纚有序。出之不

忙不追。殆欒鍼之所謂整暇者乎。駢詞之體。肉豐則癡。骨露則癯。鑄辭易至於生。慎舌必流於腐。輯千狐以為裘美則美矣。針線多痕。添三毛而成像肖則肖矣。精神無主。清華流利。又能一氣呵成。斯為上品。歐陽文忠之才。不能四六。非不能也。蓋以圓活為難耳。足下須潛心於此。才勝則詞流。學贍則辭典。為青為冰。是所望也。誰謂日本人必不能文乎。此真自暴自棄者也。諸晤言。

三

大明房屋高敞。銘旌貼孝堂之前。豎當楣。短小則不稱。限於官品者。無譏焉。若得為之。必極其量而後止。且此為親戚僚友所贈。誰肯以短小之物贈人。取怨於喪主。貽譏於他人。不佞在大明。故未嘗計及丈尺。日本房屋低卑。若鈔尺八尺加趾。但難施用。當量其勢而為之。且幅廣二尺。今之段與潞紬。大約一尺六寸。最廣者一尺七寸。則營造尺亦無不可。

且大明大老固亦有居於陋室者豈亦能建一丈幾尺之銘旌耶。看景生情。自通融之。不必拘拘也。

與安積覺

汝前次書來。云尊翁恙稍可。故有呼汝登來之説。佐藤彌四郎回後。汝書於初旬到。又聞尊翁病革。飲食不進。亦謂或輕或重。乃冬病之常。不料竟至不起。此人子終天之恨。汝雖年幼。凡可自盡者。均不可草草不然則他

日成人。有學有識。悔不可追也。我亦幼孤。苦痛萬狀。故知汝凄楚然汝獨子多病。豈不至毀而滅性。我前書致慶順及彌四郎詳悉面言。汝事欲自瞑尊翁之目。汝必聞之矣。喪期五十日滿。儻無病可速速束裝前來。但前言必須與令親二三輩言之。毋忽。

答安積覺

三四日前。諸位皆來作賀。知汝得祿。恭喜之極。去此月餘即有此嘉慶。上公天高地厚之

恩。無能仰答。令祖立功於往日。而孫子食其[illegible]可見爲善蒙福也。令祖立功於他邦。而上公爲之録其孫。未見疇勲之至於此也。汝宜勉之。送來鱒魚壹尾。領到謝謝。

舜水先生文集卷之十二終

舜水先生文集卷之十三

門人 權中納言從三位西山源光圀 輯

男權中納言從三位 綱條 校

〇策問

策問四首

其一

問孝經云。不愛其親而愛他人者。謂之悖德。不敬其親而敬他人者。謂之悖禮。誠千古之格言。聖人復起。不能易矣。而孟子誦法先王。

在孔門稱亞聖。其言曰。君子以仁存心。以禮存心。仁者愛人。有禮者敬人。是他人皆當愛皆當敬也。何言之相戾歟。孟子猶私淑諸人。曾子則親炙聖門。而獨得其傳者。何以於泰誓曰。惟仁人放流之。迸諸四夷。不與同中國。此謂唯仁人爲能愛人。能惡人。獨有取也。愛人者。煦嫗燠咻。謂之仁矣。惡人者放之流之。迸之四夷。則殘忍慘刻矣。乃亦謂之仁人歟。不獨曾子也。孔子亦嘗曰。惟仁者能好人。能惡人。何前後相刺謬歟。或言仁者愛人之賢者。而惡人之不肖者。然則顏子爲孔門具體而微。曾子爲傳道之器。而顏子簞瓢陋巷。葬而無槨。曾子縕袍無表。二旬而九食。原思以樺爲冠。辟桑皮而紉之。鶉衣則百結也。豈孔子之力不足耶。魯衛賦粟。皆有常數。即季孫之饋。歲入亦且千鍾矣。孔子衣裘皆配色。配物。食不厭精。膾不厭細。而三高足乃一寒至此。其故何歟。諸生學古。思有獲也。即此現前瑣

屑之事。條對而通其理。余將採而獻焉。

其二

問。聖人之所以治天下與天下之所以望治者。宜無古今異宜。中外殊俗。已是故君子動而世爲天下道。行而世爲天下則。溥博淵泉。而時出之也。然何以同際有周維新之命。同居青兗咫尺之鄉。而治齊治魯。或有不同。周公曰。不易不簡。民弗能從。何又曰。解其瑟而更張之。然後乃可鼓也。聖人參生。道在天地

聖人既生。道在聖人。聖人已往。道在六經。則先王之道尚矣。而先儒乃曰。是欲以結繩之治理亂秦之緒也。而徐偃宋襄行仁義而敗亡相踵。抑又何歟。漢家自有制度者。佀矣。而識者乃曰。乃翁以馬上得天下。一時輔相諸臣。又皆厚重椎魯。大畧悃愊無文。遂使漢治不能復古。至今傷之。予輿氏有言曰。堯舜之道。不以仁政。不能平治天下。夫道至於堯舜極矣。而仁政乃如斯重。且要乎。是故仁心仁

聞。民不能被其澤。法不可傳諸後。故詩曰。不愆不忘。率由舊章。總之兩言而決之曰。徒善不足以爲政。徒法不能以自行。今文武之政。未墜於地。布在方策者。班班可考也。幸而處以明之極運。不能更化善俗。而狃於淺近苟忘之談。一則曰如是已足。一則曰何必改作。所以誦詩讀書者。徒爲呫嗶之具。詠歌先王而已。豈不重辜先王之道哉。後有豪傑者起。將必非笑前人。因陋就簡。不能作新舊邦。其又何辭以解之。願諸君子。攄其素蘊。悉心而對。爲國家煥文明之治。著之史冊。垂爲典章。光耀萬代也。

其三

問。夏正建寅。殷正建丑。周正建子。周爲天統。殷爲地統。夏爲人統。學士大夫。夫人而知之。王者易姓受命。改正朔。易服色。自古已然矣。是故夏以平旦爲朔。殷以雞鳴爲朔。周以夜半爲朔。蓋殷革夏。周革殷。故不從其朔而改

之也。若夫夏君以禪臣。猶子以繼父也。未有所革。則無有所改也。而何以曰夏正。上古遠不可考矣。然以草木之句萌剥落爲春秋。至於黄帝堯舜。皆制作之君也。獨不可指而數乎。欽若昊天。敬授人時。佀乎以寅爲正矣。以閏月定四時成歲。乃反累其歲之首乎。璇璣玉衡者斗也。斗柄東而天下皆春。既已察之而乃昧其歲之首。時之首乎。正月上日。何月之正也。月正元日。何正之月也乎。攝位而告

於神宗亦曰正月朔旦矣豈有嗣位十七年一旦無故而改正朔乎若然則夫子而行夏之時矣又曰之杞而得夏時焉未曾曰唐之時虞之時也其說必有所歸矣諸生學於聖人獨不聞食哉惟時乎此爲政之第一義也幸據陳而明治之

其四

問禮夫人先卒不赴於諸侯不成喪書卒不書薨無謚不書葬不反哭於寢不祔於祖姑

而隱公二年夫人子氏薨穀梁春秋以爲隱公夫人然歟否歟或以爲仲子也隱讓桓成其爲夫人而以赴於諸侯是以王使宰咺之已何以不書曰葬我小君仲子九年考其宮何以不曰夫人仲子之宮何與義例相刺謬與禮適士二廟官師一又曰大夫三士一明乎士不得爲王父立廟矣又云其妻爲大夫而卒而後其夫不爲大夫而祔於其妻則不易牲妻卒而後夫爲大夫而祔於其妻則以大夫牲明乎其妻有廟矣於禮果有合否疏云此謂始求仕而無廟者禮或然歟諸生學古入官當先明禮義且研精六藝久矣必知禮之所安其悉心以對毋隱

○論

漢唐宦官論

爲邦之道廟朝清肅綱擧目張冠攘姦宄不作而民風愿朴禮義興行豈非人君之大願而治理之極則哉然古來治日恒少亂日恒

多君子不幸生於斯世以一身係天下之安危而作狂瀾之砥柱更當永思其終使寧輯無同流之恥激揚無震竦之疑斯爲善之善矣愚每讀史至漢唐之誅宦官未嘗不廢卷而長太息也夫宦官職任親近日夕宮闈諂媚母后比暱姬妾窺伺人主意向憑城憑社薰之則燔其木灌之則敗其塗漢不當藉之以威權唐不宜授之以兵柄禍已至此誅之亦反不誅亦反無問愚智而咸知之也而古

今獨以其罪歸之陳蕃竇武李膺韓績及唐之文宗與李訓鄭注者何哉。蓋君子舉事一不當則宗社蒙其禍而身受惡名。竇武貪天之功。訓注憸壬傾側。固不足惜。至於陳蕃李膺。頗立名字。表表一時。文宗讀書求治。恥爲庸主。豈盡若史官之所記載。如鷹隼之悍厲。兒童之嬉戲。以致此酷烈哉。蓋事成則天下之善皆歸之。事一不成。則天下之惡皆歸之。理勢之必然者。漢不忍貴戚之專恣。初猶以

貴戚。浣濯之。其後遂謀及於中官。官豎拉殺梁冀。如狐豚腐鼠。而官官驕橫。遂不可制已。譬猶去疥癬之疾。而毒入於膏肓肺腑也。諺云。疔之著人。在肉則割。在指則截。若夫瘰癧於頸。而附於咽。不忍所以消之潰之。不忍忿憤之氣。而求捷效於一割。內則有性命之憂。外則爲當世所非笑。甚不可不愼也。桓靈之世。名賢碩輔。比肩接踵。不能爲訏謨石畫。而決計於女主。終以婦人之仁。阻亂大謀。文宗

之朝。裴度李德裕牛僧孺白居易固在也。或閒散。或放廢。而委心於訓注。擾虺蛇之頭。蹈虎狼之尾。失計固已甚矣。其後袁紹大肆誅夷。如薙草然。濫及於無鬚男子。崔昌遐來時。掩殺。使無噍類。皆不過二千餘人而止耳。其禍尚至於此。況有什佰千萬於此者哉。宦官深根固蔕。結連宮禁。故不易除。況有自內自外。無賢無愚無貴無賤。共爲附麗者哉。然則必不可去乎。曰。是有道焉。人君以方富之年。

操專明之斷。若能持之以堅定。守之以安靜。而行之以有漸。有罪不捨。有闕不補。彼官官不能產子生孫。行之數年。何患其不立盡。所謂過十萬之師。於衽席之上。折百尺之衝於樽俎之間。天下之耳目不驚。而愚夫愚婦沸羹蜩螗之議論不起。無智名。無勇功。於都盛哉。顧乃爲此急遽苟且之計。身被汙惡之言。而廟社阽危。亦甚無術矣。嘗謂天下之勢。如人之一身。不幸而有疾。極重而不起。但當審

察脉理。徐思拯救之方畧。俟其元氣稍復。然後進之糜粥。或補之。或瀉之。所謂急則治標。緩則治本之說也。若一旦投之附子金石。以劫其内。鍼砭灼鑠。以攻其外。必無幸矣。更可異者。漢患貴戚之驕蹇。賣官鬻獄。作福作威。而矯之以黄門閹竪。卒之所以亡漢者宦官也。唐患藩鎮之悖逆。藉曰軍將遥執朝權。而矯之觀軍容監軍樞密左右神策中尉。卒之所以亡唐者宦官也。故諺有之曰。前門拒虎。

後門進狼。兹則前門逐狐。而後門進虎矣。前車既覆。而後人復蹈其弊。而增劇焉。則甚可哀已。然天下事固明白而易曉也。而蚩蚩瞶瞶者。方刺刺不休。先儒有言。厝火於積薪之下。而寢處其上。火未及然。方且泄泄焉。衆以爲安。即有智者。私憂而過計。則弱者怒之於色。而强者怒之於言矣。可勝歎哉。

孫子兵法論

世以孫武子爲戰將者皆非也。何以明其然也。其曰道天地將法者。治國之良謨也。何謂天。陰陽寒暑時制也。何謂地。遠近險易廣狹死生也。何謂將。智信仁勇嚴也。何謂法。曲制官道主用也。至於所謂道者。令民與上同意。可與之死。可與之生。而不畏危也。夫可與之死。可與之生。而不畏危。以攻則取。以守則固。是人君立國。舍此又何求焉。若不得已而以正於天下。夫孰有逆其顔行者哉。王者之師不過如斯而已。而謂孫子爲戰將哉。北宮黝

者萬人之敵。撫劍疾視。人莫敢迕。至今名湮滅不傳。孫子曰。全國全城全卒爲上。破國破城破卒次之。又曰。不戰而屈人之兵。善之善者也。又曰。屈人之兵而非戰。是果以戰陳爲先乎。即於吳試勒宮人。可以爲兵。與之赴湯蹈火而可。是訓練之善也。若孫子者。可謂大將也矣。不特孫子也。咎犯之用於晉文。管仲之用於齊桓。皆此道也。孫子齊人。祇不過修明管子内政而已。即太公爲千古兵家之祖。

其所以用於武王。一戎衣而天下定。及其著書立言。亦不過如是而止耳。六韜三略者。非有異乎十三篇也。若不能用其民。而區區於天地風雲龍虎鳥蛇。部伍進止。坐作擊刺。火攻水戰。用間用奇。則趙括之徒讀父書焉耳。何兵之足法哉。

○說

加賀中將菅原綱利字取益說

為人君者。上而天子。以至於公侯伯子男。無非取諸人以為國者。廟朝宮闕。犧牲粢盛。無竢言矣。即臺榭觀遊。皆取諸人以為材。錦衣玉食。皆取諸人以為養。至若取諸人以為善。則寥寥焉未有幾人。何也。是故取民之財。用民之力。適其制焉。遂貽錙銖泥沙之誚。至於善。所謂取之無禁。用之不竭者也。何莫之取焉。昔者舜自耕稼陶漁。以至為帝。無非取諸人以為善。與人為善者。故曰。大舜有大焉。然而善取者。取之天。善益者。益夫天下萬世。即

耒耜之利。以教天下。本取諸益。使天下獲耕稼之利。以養萬民。則天施地生。其益無方矣。無方之利。誠天下萬物之綱也已。繇是而五教。曰。衡匡直振德。皆所以紀焉者也。今天下人君之所為取諸其民者皆損也。非益也。取人之財。益在帑藏。取人之善以為益。在一身一國。若夫取天之道。地之利。則益在萬世。民惟恐其取之不多也。字之曰取益。亦以道之至大者廣之爾。

源光圀字子龍說

龍也者。天之吏也。天穆清於上。無聲無臭。不能澤數於下土。方不得不寄之內外大小百職事。以布天之令。如陰陽寒暑。時制氣候。風雨露雷。霜雪霧霰。各效其用。以奏其功。彗孛薄蝕。狂飆震霆。恒雨恒暘。流金鑠石。亦各因其類。以著其罰。而後成一太和之宇宙。是故五嶽視三公。四瀆視諸侯。名山大川。能興雲致雨。潤澤萬物者。視伯子男。是皆龍之靈為

之也。然則龍固託處於巖谷絕澗水之淵泉而雲氣生焉。大以成其大。小以成其小。龍之爲靈固昭昭也。有如天台雁宕。則有大龍湫小龍湫。河之南則有菊潭焉。周環一二十里潭水如碧。間有葉飄墜其中。群鳥應時銜去。澄泓萬頃。一望無塵。是固龍之都也。瑜弱冠時。瞻仰中嶽。歷少室。其上有龍池焉。方數武耳。非池也。名之爲池。甃之以甓。居恒不蓄水。其中有穴如井。寺僧不扃而汲。龍興則水溢

而爲池。井則龍以爲宮焉。井泉清冽甘美。太澇固不增也。亢旱亦不減。自古及今無有敢測其深廣者。中居老龍一。率其小龍五。各如其方色。皆子龍也。春夏之交。遊人好事者賫香楮拜懇。則井中有氣升騰如縷帶然。稍上漸張。如蓬其末益大。有一龍遊於雲霧之中。長僅尺餘。蜿蜒飄忽。但見其形似而已。不可迫而見也。少選仍歸井中。烟氣散。池水涸。凡出皆小龍也。老龍則深居而簡出。先是有洛

丞龍同知者。聞之亦爇香虔禱。五小龍皆已迭見。乃欲求老龍一覩。龍遂爲之伸一足。勢如攫拏。又懇。神龍爲之見其尾。其長數仞。神光璀璨。已非池中物矣。而洛丞必欲見其全叩拜不已。老龍嗇然而升。井中水一時溢漲崩轟噴射。懷山襄陵。山之下數里。而遙不雨而水深三尺。禾苗盡偃。人畜奔狂。洛丞亦遂驚殞。至今爲構一小祠。肖其像於池側。亦所以昭戒也。後月餘。瑜燕於高文襄中玄公所

日甫晨。忽爾晝晦。其僕報曰。西南隅望樓黑雲密罩。咫尺不辨物色。又一小童曰。雲中都是火光。直透武訖。曰。此事太奇。座無他賓。瑜請撤席。主人曰。無害。此樓四面皆磚石。無可焚灼。頃之。烈風驟雨。爆爆震雹。復報曰。有一龍自牖中出。騰雲而起。此時僮僕驚怖。奔走倉皇。未知其爲應龍虬龍也。命一僕登樓審視。久之復云。樓門封鎖嚴密。樓之上下。空洞無一物。樓北二牖。一牖平昔不扃不閉。凝塵

厚寸許。毫無蹤跡無可見也。雨霽時已下晡瑜卽告歸。次日相府遣一紀綱來白曰。昨日之龍起自牖間。窗外僅損一甓。遽使人謝去。不諗其詳。又三四日後燕前所大兄錦衣君曰。前日龍之出處無可搜求。物物皆如故。視畢。諸弟悉已下。模我獨凭牖遠眺。顧見窗口一磚漸昂半撳之則已損。龍正蟄於其中。取而視之。磚之下有形。泥之中有象。宛然一模範也。徑三四寸。蟠旋約可尺許。此又其最奇

者也。因歎曰。龍之神。乃至於此乎。是猶所謂放之彌六合。卷之藏於密也。夫膏澤布濩資生萬物者。本乎仁。奉天之令。致天之討者。行乎義。龍以仁義爲德。龍之所以爲靈也。龍以風雨雷電煙雲雺霧。變化無方者。著其靈。人君以爵賞刑威。生殺予奪。榮辱不測者。神其用一也。昔魏文侯過段干木之閭而式其御曰。君何爲式。文侯曰。此非段干木之閭乎。曰然。然非有土之君也。君奚爲式。文侯曰。吾聞段干木不肯以己易寡人也。寡人光乎國。段干木光乎仁。寡人富乎財。段干木富乎義。吾聞地不敵仁。富不敵義。寡人安敢不式。古之明君。尊德樂道之如是。是以得賢而爲之輔。則雲之從乎龍也。詩云。芃芃黍苗。陰雨膏之。四國有王。郇伯勞之。仁也。又曰。有渰萋萋。興雨祁祁。雨我公田。遂及我私。義也。然則龍非仁義無以爲靈。人君非仁義無以爲國。昔者趙簡主是已。欒徼事之六年。給使又甚材也。

一旦悉明其罪而明法飭法。得仁君之大道焉。義也。楊因事君五去。下士差與爲伍。（今按差與疑當作善與）一旦舉以爲相而不疑。有知人之濬哲焉。仁也。仁義兼施。賞罰明允。國以大治。於是南威齊楚。西抗強秦。赫奕乎其有光也。是故進賢也。則曰帝以不蔽。討罪也。則曰恭行天罰。其心兢兢焉。有賢不敢棄。有罪不敢赦。毫不敢以私意行乎其間。猶之乎龍之爲天吏云。

文體以記以序殊不以說然說之意即寓於叙事之中固當是說也

此題其體膠合深言龍則曠蕩而易致於荒唐合之君德則龍統而易涉於僭擬若欲以龍德合之諸侯又不礙上礙下自媿學荒識陋委難著筆之瑜自詫

源綱條字九成說 并序

世子閣下會當冠作之吉之瑜承乏奉檄之賓醮醴既將敬名伊始大名綱條謹字

之曰九成頌成德也親賢樂善保大定功好問好察繼志述事以祈黃耇無疆受天之慶

虞書稱簫韶九成鳳凰來儀豈非以聲音節奏悠揚容與笙鏞搏拊歡欣和樂翕純皦繹彙條焉如貫珠從律成文井井然以立辨是故耳目聰明心氣和平唱歎清濁代相爲經故能致靈鳥來儀蠢茲率舞豈非執中以爲本務生以爲基溥博廣厚高朗代明錯行震動噓煦潤澤始條理爲知終條理爲聖合九成而爲一大成軼咸韶駕濩武是故千六百年之後猶能使聖人心聆神往經時之久猶忘食味不能以言語形容徒曰盡美盡善而已后夔之技爲樂乃至於斯乎是皆其條目也必有爲之綱者焉大舜以大孝之德側陋外聞登庸熙載則克盡其爲臣重華受終則克盡其爲君六府修三事治九功叙九叙歌是以維德動天無遠弗屆是以好生從欲治

於民心能使天下後世觀者聽者莫不欣欣而興起焉豈非至誠之感神乎是故延陵季子喟然而歎曰觀止矣雖甚盛德蔑以加矣非然者后夔雖聖於樂乎豈能釋其囬而增治定功成之美哉然舜之德何以遂至於斯極也譬之臺然九成之臺亦天下之大觀也矣是果不日而成之一蹴而可至乎其始基之也甞覆一簣矣因乎丘陵進進不已是猶積德累仁日新日日新又日新以至於斯也

專其心。致其志。非類之徒。無稽之言。勿使得撓其慮。逸欲之端。不急之務。勿使得紛其心。故能業積而不渝。功高而愈奮。有為者若是。故能迥出雲表。俯瞰萬物之如斯也。若夫為山未成。功虧一簣。掘井九仞。而不及泉。徒使有識者愛莫助之。咨嗟歎息而無已。豈能為法於天下。至於斯極乎。事誠在吾。是以君子必要其成也。

赤林重政字尊五說

聖人諄諄焉重德。不重政者。蓋見當時徒文具。大失先王立法之意。故為此補偏救敝之論。後儒偶見曲說。遂謂煦嫗足以治天下。而政教可廢。不惟不達聖人之旨。相率而禍天下者。必此人也。孔子歎美子產。以為古之遺愛。然亦謂為衆人之母。能食而不能教。孟子譏子產惠而不知為政。可知也。獨不聞舉直錯諸枉。能使枉者直乎。獨不聞徒善不足以為政乎。仁心仁聞而民不被其澤乎。獨不聞堯舜之道。不以仁政。不能平治天下乎。獨不聞諸侯之寶三。土地人民政事乎。獨不聞堯舜之仁。不偏愛人乎。故曰為政以德。譬如北辰居其所而衆星共之。總之蘊之於躬則為德。設施於事則為政。無仁德以為之本。則為徒法。無政治張弛以紀綱之。則為徒善。二者相須而行。不可偏廢者也。夫為政至於居所星共。則時雍風動。篤恭而天下平矣。其盡善盡美。孰大於是。是故惠焉而不費。欲焉而不

貪。勞焉而不怨。泰而不驕。威而不猛。是五者非甚盛德。曷足臻此。而謂所重在於政乎。吾故字之曰尊五。蓋進吾子於德也。吾見今日之訛。不特此而已也。非禮而謂之禮。非義而謂之義。買其櫝而還其珠。賢者為而不肖者議。可勝歎哉。

赤林氏名重政。而問字於余。余既字之矣。又為之說焉。蓋以吾子質性淳良。行將有政事之任。恐未聞君子之大道。而水以濟

尒。余故詳論之。以廣其意云爾。

奥村浚明名德輝說

萬物本乎天。人本乎祖。今原於尊翁之名。以生足下之名。以著禮之效也。禮曰。禮也者。動於外者也。又曰。禮極順。內和而外順。則民瞻其顔色。而弗與爭也。望其容貌。而民不生易慢焉。故德輝動於內。而民莫不承聽。理發諸外。而民莫不承順。足下顧名而思義。則自處必審矣。是以名曰德輝。

清原季敬名務本說

孟子曰。事孰爲大。事親爲大。事親事之本也。守孰爲大。守身爲大。守身守之本也。孔子曰。君子無不敬也。敬身爲大。然則敬身敬之本也。君子從事於本。敬功要而行立。操約而用宏。從事於末。則雜施而無緒。勤苦而難成。故曰。堯舜之智。而不徧物。急先務也。清其原。務其本。其德有不成者乎。從事者務之也。清其原者知也。務其本者行也。如是則萬事萬物。均於此稟籥焉。可不知所務乎。事親守身敬身之統於一敬。亦猶知仁勇之歸於一誠也。

野村重直字遂初說

人之初生。無有不直者。孩提啼笑。愛親愛兄。莫非天性。孫而弗失。繇此而大人不異矣。奈何知識漸開。詐僞緣起。習染日滋。眞淳日斲。赤子之心。盡爲外物所鑠。誠能幡然改悔。自遂其初。則其直如矢者。反身而具足矣。

今按舊稿足矣下有靖節蓄琴無絃一云五十三字第十八卷所載琴研銘全文也

蓋錄送舊稿時失其題誤接續于此故今刪之而足矣下文意不完疑有斷簡然無所考補之

原慶順名善長說

吾子姓原字慶順。今欲於姓與字之間而爲之名。原者高平也。諺曰根原。曰本原。蓋原者乃根極之處。易曰。元者善之長也。元與原義理相通。善長者仁也。孝弟也。文言曰。坤道其順乎。承天而時行。積善之家。必有餘慶。宜名曰善長。仍其舊字曰慶順。

下川三省字宗魯說

飾利輕浮，均非載道之器。捷給便巧，必無成德之人。孔門獨得其宗，乃屬曾氏之魯，而穎悟者不與焉。至於亞稱顏淵，不過曰如愚不愚而已。故字之曰宗魯。吾誠有大望於爾也。

夢梅說

余門人下川三省。彌月之時，其先慈夢梅而生。夫梅者百花之魁，而其實濟鼎鼐之用，而且骨幹凌霜，清韻開泰。其非凡卉可知矣。予

果能明發不寐，念昔先人，則貞下起元，必有資於世用。若徒隨風開落已爾，則與凡葩萎地矣。棘心之吹，不大負乎母氏勞苦哉。

下川生感母氏之先兆，欲以夢梅名其齋，意存乎觀感矣。吾思人不以夢靈，夢乃以人靈耳。昔嶺南柳氏子名夢梅，有不在梅邊在柳邊之句，亦以誌感也。其後文名甲天下，科名魁多士，為宋南渡偉人。是豈區區以夢靈者乎。

五十川剛伯字濟之說

禮，二十而冠，冠而後字之，尊其名也。予今年二十，合於當字之禮。且初學於我，而屢以為請。予姓源氏，五十川。發而為源，流而為川，皆至柔也。傳曰，水至弱，民狎而玩之。名為剛伯，伯者長也，是剛之最者也。二者固宜有以調劑之矣。書曰，沈潛剛克，高明柔克。易曰，水火相為用，既濟，剛柔正而位當也。故字之曰濟之。濟者水火之德也。而濟之者，則人士之力

也。書不云乎，天工人其代之。茲以令月吉日，字爾以德。爾尚棄爾幼志，以順聖賢之則。夫勵志不撓者，剛也。自強不息者，誠也。內文明而外柔順者，柔也。則亦進於正直而平康矣。彼外為陵厲之氣，而內實荏苒者，倒行而逆施者也。煦煦嫗嫗，一於巽軟者，之陽明之德者也。三者於何取法而傚之哉。

今井可汲名弘潤說

語曰，河潤九里。是河以長源巨浸，其潤之弘

也宜矣。今井木上有水。津潤上行。陽剛中正。及物爲功。君子以勞民勸相。故曰潤其出也。有源而不竭。井養而不窮。施者受者並受其福。不弘而能如是哉。是所謂有孚元吉也。故名之曰弘潤。

守元字說

元者於天之道爲陽爲子。於人之德爲仁。分爲君而形體爲首。書曰元首明哉。傳曰。元者善之長。易曰。復其見天地之心。先賢曰。冬至

子半。一陽初復。又曰。貞下起元。是故元者天地之心也。大人不失赤子之心。守其元者也。生知安行者也。然天下生知安行者。希世而一人焉。其餘皆學知利行者也。又其次則困知勉行者也。及其知之成功一也。故曰復也。學者誠能復其初則貞之下可以元而明德可以明。其與生知安行者有異乎。儻復而仍與之剝明而仍與之蔽。此其際亦危矣哉。守之乎。

伯養說　爲加賀守鍋島直能作

峭城守朝散大夫藤公名浩。以居於櫻岡也。別號櫻岡。名浩之字曰伯養。因請余爲之記。余乃先爲之說而可乎。蓋古之名賢。其名其字。類皆有說焉。如軾之與轍。戒也。六一之與樂天。志也。茲之所爲養者。戒乎志乎。余請得臆度而推原之。修而致養者。熊經鳥伸。納新吐故。養生家之所爲也。非此之謂也。進而有涵養之功矣。涵泳舒徐。不隨不激。含章藏垢。

不惠不夷。自好之士之所能也。非此之謂也。又進而有保養之道矣。節飲食。嗇嗜欲。喜怒不攖其心。好惡咸付諸物。君子之有德者也。非止於如是而已也。又進而有存養之道矣。生而有本。睟盎喻於四體。直而無害。剛大塞乎兩間。儒者之獨善者也。夫養至於氣。養斯大矣。心既存而性斯養。集其義而志已持。顧不大與。然君子之一身。上以承天之明命。下以作民之父母。是故以一人勞天下。不以天

下奉一人。獨行其道。非平治之規也。澤不下
究。非容民畜衆之理也。故曰。德惟善政。政在
養民。然百姓顛連無告。而吾之耳目有限。聰
世理弊多端。而吾之智慮難周。勢不得不藉
賢人君子相助爲理已。賢人之處心也公而
持身也廉。公則生明。廉則生威。明㠯燭闇闇
之隱。威㠯鋤奸宄之萌。如是則賢人之耳目。
皆吾之聰明。賢人之智慮。咸吾之睿聖。則已
登斯民於衽席。而保之如赤子矣。養賢㠯及

萬民。古之人豈欺我哉。然賢人明哲知幾。而
不撓不屈。不可㠯好爵縻而飲食豢也。交之
不㠯誠。而接之不㠯禮。則不可得而用也。故
交㠯道。接㠯禮者。所㠯養賢之道也。公其豫
所㠯養之之道哉。需其用而將伯㠯助予無
及矣。然余知公之能養也。余㠯管窺之。僅得
一斑。而已知全豹矣。余門弟子下川三省。寒
畯之子。僅能隨俗呫嗶數卷爾。非有頭角之
崢嶸也。公慕悅聖人之道。特拔此子而令從

學於余。可謂登明選公矣。非徒給之筆札。助
其攻苦而已。凡飲食。凡衣被。凡居處。使令諸
凡所須之物。無一不出於公之藏府。世有養
之如是者乎。此子方羇弱。未知其爲干霄之
豫章。叢生之棘心也。而凱風之長養。迺如是
其至耶。夫凱風者夏也。夏者大也。公惟不得
賢人而與之則已。既得賢人而與之。有不盡
所㠯養之之道哉。周公曰。好士。故士至。士至
而後見物。見物而後知是非之所在。故能正

吾心㠯定天下。愼毋㠯爵驕士哉。夫㠯周公
之明聖。必好士而後知是非之所在。今也爲
民父母者。當審其養之之道矣。愼毋養其樲
棘而舍其梧檟也。愼毋養小㠯失大也。

天地君親師說

萬物本乎天。人本乎祖。故事父孝則事天明。
今人生於天而不思天。所㠯生是不畏天也。
畏天者畏彼蒼蒼之天。曄曄震電已哉。詩曰。
天命靡常。書曰。顧諟天之明命。天之所㠯命

我者大則我之對越者自不得輕上承其命内明其理故曰不媿于人不畏于天易曰至哉坤元萬物資生孝經曰事母孝故事地察地振河海而不洩生百穀以養人故又曰含弘光大品物咸亨人日履之而不知其德日食焉而乃忘其勞是可謂之察乎雖然柔順直方坤之德也卑牧定傾地之道也因地之利而君子則之亦所以爲孝矣存三之誼君成之五常之道君始之故君子事親孝忠可

移於君然則君也者不獨公侯卿大夫之所盡命抑亦庶人之所請共也（今按請字疑誤）書曰衆非元后何戴又曰元后作民父母是故夙興夜寐謹身節用忠之屬也故曰資於事父以事君義而後其君猶之不孝也夫孝子之事其親一舉足而不敢忘父母一出言而不敢忘父母不止於養其口體而已曾子曰椎牛而祭墓不如雞豚逮其存誠謂養則致其樂承歡而聚順也詩曰明發不寐有懷二人然而許世子止嘗藥不謹身喪而名滅故曰爲人子者不可以不知春秋禮曰事師無犯無隱左右就養無方服勤終身心喪三年師之道不綦重哉雖然乾稱父坤稱母共道何以承父子之道天性也君臣之義也（共道君臣二句疑有脫誤）其道何以明記曰父生之師教之君令之道等於所生其必有以矣立身行道揚名後世均有藉乎師也烏而不重哉（烏而疑當作烏可）

自評此文雖分五段然總是一意中間通

以孝字貫之蓋孝爲百行之原也師者立教明倫統承天地故第五段總包前四段在内讀者須自理會主敬是一篇骨子却一字不露中間更有主意在明者當自得之（今按此文多缺誤脈絡不貫穿然無所考定）

書劍堂說

古無所謂文武也或曰乃武乃文允文允武此古之所以誦帝王者何謂無文武哉曰非謂無文武也文武之道無所分也君子之德

欽明者爲文。剛健者爲武。無從得而分別之也。出則攘除寇賊。入則鎮撫國家。是故非文無以附衆。非武無以威敵。春秋時大國三卿。小國二卿。總師旅則謂之將。明謚諧則謂之相。無所謂文武也。如曰某將上軍。某佐之。某將中軍。某佐之。皆卿也。而後世始分門別户。故經生學士。羞稱紈袴。長鎗大戟。安用毛錐。遂相惡之如氷炭。然豈理也哉。迨至射不穿札。雅歌投壺。相傳以爲美談。劉元海病隨陸

無武。絳灌無文。其志甚偉矣。宜乎書劍之以名其堂也。內以詠歌先主。外以肅清邊圉。亂則攘揚威武。治則黼黻皇猷。寧有量哉。項羽言書足以記姓名。劍者一人敵不足學也。豈知書劍之義者哉。

孝說　爲伊藤友次作

聖賢千言萬語。無非教人以孝而已。夫豈無他道之可言哉。蓋以孝之道。大而能周。約而能博。微而能著。積厚而生生不息。足以與天地而無敵也。譬諸樹木之有根本。黍稷之有嘉種。枝幹節葉華實。無不於此具焉。君子豈不濬其源。而徒沿其流乎。故曰。君子務本。本立而道生。孝弟也者。其爲仁之本與。豈惟仁哉。人心之德。盡於仁義禮樂智信。仁之實爲事親。義爲從兄。而智爲知斯二者。禮爲節文斯二者。樂爲樂斯二者。又曰。事親弗悅。弗信乎朋友。然則千變萬化。皆所以發明此孝弟。而弟又所以廣其孝也。若舍親親而侈言仁

民愛物。是之爲悖德。是之謂不知務。況敢言仁哉。然則孝者。止於事其親而已乎。曾子曰。居處不莊。非孝也。事君不忠。非孝也。涖官不敬。非孝也。朋友不信。非孝也。戰陳無勇。非孝也。五者不遂。災及其親。敢不敬乎。故孝始於事親。中於事君。終於立身。誠以立身行道。揚名於後世。以顯父母。足以爲孝之終也。昔者公明儀問於曾子曰。夫子可以爲孝乎。曾子曰。是何言與。是何言與。君子之孝。先意承志。

諭父母於道。參直養焉者也。安能爲孝乎。又曰。亨孰羶薌。不嘗而薦之。非孝也。君子之所謂孝者。國人稱願然曰。幸哉有子如此。所謂孝也已。孔子曰。君子也者。人之成名也。百姓歸之名。曰君子之子。是使其親爲君子也。是爲成其親之名也已。是三者皆立身行道揚名之則也。或曰。是皆爲孝之道。敢問其目而可乎。曰。唯唯。曾子曰。孝子之養老也。樂其心不違其志。樂其耳目。安其寢處。以其飲食忠

養之。禮記曰。孝子之有深愛者。必有和氣。有和氣者。必有愉色。有愉色者。必有婉容。嚴威儼恪。非所以事親也。曾子又曰。往而不可還者。親也。至而不可加者。年也。是故孝子欲養而親不待也。木欲直而時不待也。是故椎牛而祭墓。不如雞豚之逮其存也。孝經曰。愛親者。不敢惡於人。敬親者。不敢慢於人。樂正子春曰。一舉足而不敢忘父母。是故道而不徑。舟而不游。不敢以父母之遺體行殆。一出言

而不敢忘父母。是故惡言不出於口。忿言不反於身。不辱其身。不羞其親。可謂孝矣。羅子曰。子不思父母生我千萬劬勞乎。未能分毫報也。子不思父母望我千萬高遠乎。未能分毫就也。思之自然感愴生焉。悲痛萃焉。則滿腔皆惻隱矣。凡此非學不能及也。而近溪羅子又曰。於此不著力理會。而言學是遠人以爲道也。縱是甚等聰明。甚等博洽。甚等精透。卻總是無源之水。無根之木。用力雖勤。而推

充不去。不止推充不去而已。即身心亦受用不來。善乎其言之也。孝弟之至。通乎神明。光乎四海。無所不通。故曰孝之爲道大也。孝之爲道。治平天下之極則。非止於獨善其身而已。君子可不知所務乎。

舜水先生文集卷之十三終

舜水先生文集卷之十四

門人　權中納言從三位西山源光圀　輯
男權中納言從三位　綱條　校

○議

太廟典禮議四款　并序

禮曰。鋪筵設同几。爲依神也。蓋人生則形體異。故夫婦之倫。在於有別。死則精氣無間。共設一几。故祝辭云以某妃配也。依神使神憑依乎此也。王者父天母地。主以日。

配以月。西銘云。乾稱父。坤稱母。是有陽必有陰也。有父必有母也。豈惟王者爲然。自諸侯以至於庶人。未之有改也。祭而無配者惟三殤爲然耳。鼎銘有云。古之君子。論譔其先祖之美。以明著之後世者也。以比其身。以重其國家。如此。子孫之守宗廟社稷者。其先祖無美而稱之。是誣也。有美而弗知。不明也。知而弗傳。不仁也。是三者。君子之所恥也。本年春。儒臣野傳承命下問

曰。先妣非嫡夫人也。而先君無嫡夫人。諸母皆同埒。自孤誕生之後。稱之曰子母。而等威遂異矣。今欲遷葬祭祀之典云何。之瑜對曰。有正嫡小君。則太夫人壓於正嫡。從來未有小君。則太夫人乃正嫡也。況母以子貴乎。自合以嫡夫人之禮行。本年夏六月。再命臣今井有順。以靖伯世子祔廟下問上及太夫人夫人陞配。及祔享改葬之禮。令爲圖以獻之。瑜面爲指畫。且曰。太

夫人生時。既與諸母不同矣。若先君有命。其爲正嫡無可疑也。若先君未有命而薨。亦當以正嫡之禮奉之。而猶爲挹損。似爲合宜。蓋古者諸侯之娶。亞卿納采。君自親迎。有故則上卿逆女。去後因思上公一守不諱。直致其詳。以求其當。是上公之謙也。謹也。仁也。孝也。明也。之瑜不敢倉卒承意。必俟廣詢博訪詳稽之。家卿備前守臣信治。以及太小臣僚。僉議咸同。以祈通國之

臣民悅服。天下後世知禮之君子。無非議者。是之瑜之謹也。敬也。直也。諒也。今詳考古禮。條分臚列。設爲六問六答。以剖晰之。惟祈裁擇。

請定太夫人當配廟 其一

或曰。妾母不可以爲夫人。說在乎有扁斯石矣。蓋謂諸侯一娶九女。自嫡夫人之外。二媵六姪娣。皆妾也。以天子身爲之后。猶曰履之卑兮。況人子而敢卑其君父乎。春秋不云乎。

以妾媵爲夫人。徒欲尊寵其所愛。不虞卑其身。以妾母爲夫人。徒欲崇貴其所生。而不虞賤其父。卑其身則失位。賤其父。則無本。越禮甚矣。則將應之曰。本無正嫡。則太夫人非妾矣。且人非生而謂之妾也。以其有嫡。而後名之者也。夫有嫡而後有妾。猶之有君也。而後謂之臣。有兄也。而後謂之弟。前既無兄。誰則謂之弟乎。既無嫡矣。何以謂之妾乎。諸母皆同埒。乃先君少年之失。之瑜遠人。又語言殊異。原委已不可得詳矣。況亦非先君一人之過也。諸母皆同埒。則母以子貴。理自當然。齊桓公如夫人者六人。即先時同埒之謂也。或曰。生母不可與嫡母並尊。說在乎辛伯之諗周公矣。並后匹嫡。兩政耦國。古今所戒。蓋夫婦人倫之本。王法所尤謹。春秋傳曰。成風書葬。乃有二夫人祔廟。亂倫易紀。無復辨矣。則將應之曰。子以母貴。是嫡母爲生母也。母以子貴。從來未有嫡母。則生母即嫡母也。此理

之明白易曉者也。既無匹嫡之嫌。亦無二夫人祔廟之戾。倫無可亂。紀無所易。閨門風化之始。亦已議之詳矣。或曰。悖大典而隆所生。瀆大倫而輕宗廟。說在乎僖公之致夫人矣。夫哀姜得罪於宗廟。猶曰不可。況其他乎。禮庶子爲君。爲其母無服。又曰。妾母不世祭。其祭終子之身而已。孫不祭也。皆不敢貳尊者也。則將應之曰。嫡子爲君。庶子爲君。服與祭。截然懸隔。不可不深長思也。今既無尊矣。其

詿貳乎。或曰。以私恩崇其所生而抑正嫡詿
在乎夏父弗忌之躋僖公矣。蓋君臣分定冠
履不可倒置也。況去正嫡而以所生配太祖
乎。漢唐以後雖或顛倒雜糅。不足取法而燕
文昭皇后之配。劉詳董謚猶能力言其非也。
則將應之曰。嫡之與妾。名分之嚴。振古如茲
矣。先君之廟。未嘗有配。非如燕還文明段后
之主。而以文昭皇后外配太祖也。且自古以
來。有有太祖而無配妃者乎。假如閔未爲君

而崇祀僖公禮也。豈亦謂之逆祀乎哉。或曰
先君存日。或者意所不可則介子不敢自專
說在乎齊將軍匡章。雖奉君命而不敢改葬
其母也。則將應之曰。上公誕育遂稱之曰子
母。上公立爲世子起居服食等威。與諸母迥
別。此時嫡妾之分已定矣。是即先君之命之
也。其意未有所謂不可者也。但貴國未諳立
夫人之禮是以致此草草耳。或曰。本無殊異
一旦加諸上位。則臣民弗信也。說在乎箄喧

之賵仲子。榮叔之歸含召伯之會葬也。故曰。
以庶亂嫡。王道熄矣。襄王不能正又從而褒
賞之乎。則將應之曰。太夫人之薨也。特遣大
臣弔賻。貴國未習含襚賵臨之禮弔之賻之
其義一也。亦有同時生母厭世其親均其國
大其爵高。況叔父尊屬重望。如古方伯然。而
世子已立。未嘗弔之賻之。則嫡妾之分。彼時
已昭昭然矣。大禮無愆。豈如莊之賵仲子襄
之含成風乎。正其義而明其道不盡在於斯

乎。繇是觀之禮無可疑。不待其辭之畢矣。古
之君子有言曰。天下豈有無父之國哉。夫無
無父之國。豈有無母之君。其間小有違錯者
前人之過。理當補其闕失而且安常處順。人
所優爲至於禮之變者。不可不窮而思通也。
君臨萬民身自作則有所屈於上。則私情自
不得伸於下。禮法所禁理勢相格。既已無可
如何矣。苟無所屈抑於上禮所得爲而不爲
入廟而禋薦則含罔極之悲抱終天之痛亦

獨何心哉。先王以孝治天下。所以權衡於
大者遠者疑難者。至理辨於毫釐。而大義昭
於千古。如斯而已矣。

哀文夫人祔廟 其二

謹按。禮。夫人先卒。不赴於諸侯。不成喪。書卒
不書薨。無謚。不書葬。不反哭於寢。不祔於祖
姑。明乎夫人以從君爲義。無所敢自遂之道
也。惟穀梁春秋。以子氏薨爲魯隱公夫人。然
惠公元妃。實書孟子卒矣。元妃非夫人而何。

不獨前後矛盾。而且大有背戾。無所據也。今
夫人即祔。當祔於 東照神君之夫人。神君
之夫人貴卑者不得祔也。且開國承家則不
祔於本宗禮。諸侯不得祔於天子。是故繇上
而言。則伯禽之夫人。不祔於太姒燹父之夫
人。不祔於邑姜鄭武公之夫人。不祔於厲王
之后。繇下而言。則季友之內子。不祔於孟子
詳考禮文。無所憑據。惟士禮一條。謂妻卒而
後夫爲大夫。而祔於其妻。則以大夫牲。天子

適士二廟。官師一。且不得爲王父立廟矣。乃
得爲其妻立廟乎。不可訓也。疏云。此言始來
仕而無廟者。其說更爲乖舛。無廟則已。建廟
必先父祖。禮曰。君子將營宮室。宗廟爲先。寧
有父祖不血食。而妻得立廟者。今欲祔夫人
於先君之廟。則翁與婦不宜同堂而享祭。即
別設帷幄。禮亦非宜。且諸侯歲三祭。一犆一
祫。祫之時祔矣。犆之時。歸於何所乎。若欲別
主一廟。此後人爲生母權宜之計。尚且考宮

貽譏。非夫人之禮也。之琦謂夫人仍宜奉祀
於小寢雅靜之室。上公主之世子立而專主
祀事。直待百年之後。昭廟升祔。而後夫人升
配。於禮允協。程子以翁婦爲嫌。欲爲別廟別
祭。於禮固爲支離。至若子然一婦人。而楚楚
合食於翁側。則又必無之理矣。凡禮之可以
義起者如此。

靖伯世子祔廟 其三

卒哭而祔。七月而卒哭。明日祔祭畢。仍歸於

寢。侯三年喪畢。遇四時之吉祭。則祔食於祖。禮也。今七月之期已過矣。喪畢之期尚遠。殷禮既練而祔。則十三月也。祔主設於先君之東側。西向。從祖也。惟上公入廟。則出主於太夫人之西南東向。稍下於上公之拜位。避尊且穆位也。今者五廟未備。而夫人爲昭。故就穆位。爲是若夫遣官攝事。則不須出主。惟祭時出主耳。祔主上公不親奠獻。既祔則易牲而祭。禮。諸侯之適子。命於天子。攝其君則下

其君之禮一等。宜於祔食。則同先君之牲。特祭則從未爲君之牲。於禮似爲得宜。今緣下問。理合詳具始末。惟所采擇施行。

太夫人入廟事宜　其四

太夫人配享。以冬至日爲吉。冬至乃烝祭之大。又一陽初復之時。前期十日。當遣官奉迎或重臣。或親臣。選一人篤敬者爲之。預設一帷幄於太廟西南南向。主至。上公宜親率羣臣奉迎於西郊。亦設帷幄於西郊路次。奉輿

入幃。不出主參謁起居禮畢。迎入廟中。奉安於帷幄之中。特設一祭告於先君。某日當某妃配享。祭畢隨設一祭於幄中。奉慰即告以某日當配享先君。以主百世烝嘗至日遷先君之主稍東。隨奉太夫人之主入室中稍西。並列。蓋敵體也。同几異饌。緣日本生時尚不同牢。且邦君之禮亦異。不妨各設也。祭畢。其助祭者。當歸胙於異姓。而燕同姓及執事以下。逮於燀庖翟閽先主所以廣神之惠。雖燀

庖翟閽之賤者。猶得霑其恩也。故曰。得萬民之驩心。以事其先君。然後能保其社稷。而和其民人。廟中執事。誠宜選擇。方能恭恪。且人以有事爲榮。而恩無遐及。則人心競勸於爲禮矣。詩曰。肅雝顯相。濟濟多士。是也。今期迫不能矣。又三日爲太夫人忌日。即於廟中行事。古者奉櫝出主而祭於寢。已爲非禮。又云。考之祭。可以及於妣。妣之祭不敢及於考。謂卑無援尊之義也。今薦於廟中。而裸獻不及

先君非人情殆不可行也太夫人及夫人遷葬當在冬至之後立春之前太廟旣已奉主則太夫人佛寺之主理應請撤即於墳前人迹踐踏不及之所瘞埋之瑜謂於欄上石下最爲得宜但僧人希冀餘澤彼見遷葬甚爲忿憤若又瘞主必肆蜚語而世俗愚夫少所見多所怪必競爲邪說以惑聽聞恐上公亦不能專斷勢將如齊桓公之有二主也牽與諸太臣議之又助祭諸臣未有半次而陪祭

百官迎送之際拜伏道左不待言矣其後乃茀單草蓆長跽於霜夫露地之中寒氣上侵肌膚戰慄久必懈弛牽廣孝子對越其親之意有以區處之其間或有孱弱虛怯之人因而致疾則亦拂人君愛人之心祇此以昧上達伏惟裁定

墓祭議　與吉弘元常今井可汲書附

本月初四日儒臣板垣矩臣中村顧言恭承明命到瑜寓所問古昔有無寒食墓祭并祀土神之禮之瑜謹對諸侯之禮久已無傳惟古者卿大夫支子庶子望墓而祭禮則有之近來卿大夫士庶無有不墓祭者謂之祭掃及祀土地輕重三等分別詳陳量以上聞今按唐玄宗開元敕曰寒食上墓禮經無文近代相沿寖以成俗宜許上墓同拜掃禮歐陽永叔則謂唐許士庶之家行之而人君無此禮也又考五代會要云人君奉先之道無寒食野祭後唐莊宗每年寒食出祭謂之破散

故襲而行之瑜謂二說皆非也過家上冢漢晉宋齊皆有之唐晉史官循行數墨拘牽文義不足深責獨惜歐陽文忠一代儒宗立朝日久乃亦輕爲此議夫天子有陵或亦有園園陵皆有寢新葬者有官人有官官守陵朝夕上食朔望特設謂之月祭時物薦新如獻氷薦含桃嘗麥之類與廟寢等記曰先薦寢廟是也久者朔望有祭更久者四時及歲暮有祭其祭品節俱殺於宗廟但以守陵官員

及太祝行事。非特祭奉告奉慰不別差官。如此何假於墓祭。然天子有謁陵之禮。謁陵非上墓乎。陵園有寢。不可謂之野祭。至於後唐莊宗。亦自有說。其曾祖爲朱邪執宜葬於沙陀。其太父及父曰李國昌李克用葬於太原雖有七廟。亦在晉陽。莊宗倉卒遷都於雒。無廟無陵。萃渙合漠於何。展敬感時興思于野望祭。亦人子之情。何可深加譏議。故曰。二說皆不得其要領也。天子諸侯。降損以兩諸侯

墳塋有寢。有寢必有祭。自可類推之。瑜寡昧無似。區區所見若此。并祀土神者爲五等之圖。奉復。惟祈上公酌議而行之。

上公華札。於廿五日午刻拜讀。知於來月朔日墓祭。以此爲士大夫作倡。甚喜。前書失受胙一節。家禮但言如時祭家祭之儀而無受胙之文。蓋以士大夫家。有墓而無寢。未有於墓前受胙者。今祭于先君暨太夫人之寢。有飲福受胙禮。更完備如前釋

奠禮。設席不在東序西面。寢中用紙牌墓上不用紙牌。所以依神也。祭畢焚之。土神卑。且祭亦簡畧。三獻總屬一人。不須受胙。若祭封內名山大川。則有飲福受胙。然其禮尊重。又不如此矣。不敢瑣瀆。祈轉達上公爲感。

深衣議

深衣之制有二。一見於玉藻。溫公之所剏家禮之所輯是也。其一爲明堂之制。明堂之制

有衣而無裳。冠七星巾。繫縧納履。非吉服非常服。非儒服也。與古相戾。不必言矣。今貴國服色有制。不奉上令。可以一旦易之乎。使學士大夫得服深衣。誠爲雅適。拱揖襜如。饒有體貌。不獨士大夫即后王君公。無不宜也。然服深衣。必束大帶。繫帶有縧。垂與裳齊。能乎。首冠緇布。上以幅巾。履順裳色。絢繶純綦。一物不備。猶非古也。不以爲煩瑣乎。裁衣之工。業擅成衣。而無學無識。守其師說。而以爲法

余於學識。或庶幾萬一。然未嘗服之。而縫紝又必藉於鍼工。前有十人。雖曉其製。而不精純。余與講而明之。其是禮者遵之。非禮者去之。是禮而不能從者闕之。左提右挈。必能有成。惜乎一時督船開發。非十餘日不能就。故不及也。此僅制度之一耳。而議禮考文實盡焉。非奉秉鈞當軸之旨。則蹈於生今反古之戾。未易言也。儻無乖於功令。而有裨於儒紳俟前工至。余與賢明者。橫經論難。方能直抉

其非。不見其非。又烏覩其是乎。

學校議

庠序學校。誠爲天下國家之命脉。不可一日廢也。非庠序之足重。庠序立而庠序之教興焉。斯足重爾。虞夏商周。以至於今。未之有改也。是故興道致治之世。君相賢明。其學校之制。必釐然具舉。煥乎可觀。於是人材輩出。民風淳茂。而運祚亦以靈長。至若衰世末俗。不念經國大猷。事事廢弛。以致賢才黯湮。民風偷薄。弱肉強食。姦宄沸騰。而國運亦以隨之矣。明朝承百王之後。修明禮制。建興膠庠。比之三代兩漢之隆。則不足。較諸因循苟簡之朝。則又大相逕庭已。學校之設。約略計之。凡有六等。闕里爲孔子發祥之鄉。且孔林在焉。衍聖奉祀。欽差鎭守。歷代增崇。有加無損。堂殿翬飛。碑坊鱗次。大都皆爲敕建。固不可及矣。是爲第一。兩京乃天子辟雍。規模宏敞。品節精詳。其制尚矣。然南京自大學之外。僅一

應天府學。北京自大學之外。僅一順天府學。上庠下庠之制不備。四郊四門之學無聞。所存者。惟社學而已。是爲第二。至於省會之區。賢豪迭興。名卿接踵。且撫按司道莅官。謁聖及每月朔望。必須詣學行香。府縣官不敢不竭力經營。以希課最。其爲第三無疑也。餘外府州。視其科第盛衰。地方肥瘠。州府官賢不肖。以爲差等。不得不置之第四。瑜章年看案曾一至紹興府學。得門而入。一望無際。結構

精嚴。位置咸當自不必言。蓋禮部貢舉。每科登第不下數十人。而七年之中。三掇狀元。宜乎其及此也。然松江府學。亦人文之藪。而類宮褊淺。蓋㠯基址狹隘。無可恢廓。又不移之於郊關之間。所㠯至此。是又不可㠯一例論也。亦有簡陋州縣。本非衝繁孔道。守令闒茸昏庸。鄉紳隱情惜已。徒爲具文而已。列之第五。若夫荒僻下邑。蠻貊新開。戸口無多。錢穀單少。實與累科乏人。忠信十室鮮有。則崇祀之所。頽垣折棟。育賢之地。鞠爲茂草。抑亦姑置第六。故曰。今茲所圖。二之下。四之中也。

奉神主宜廟宜寢議

中一間爲一室。設榻設櫝及几案簾幙。㠯奉神主。薦則褰幃啓櫝而已。祭則迎主㠯祭於廟。祀事竣則送主還櫝。廟則外朝路寢。法紀森嚴之地。寢者燕寢內庭。便安適意之所。譬如人家有堂有室。公事於堂。燕居於室。未有終日終身。冠帶㠯臨堂皇者。此理最明。人所易曉。先儒乃拘泥一字一句。爲此不近人情之論。甚無謂也。殊不知寢者皆㠯人道奉其親者也。而廟則神之矣。

天子諸侯等威雖不同。而體制則未嘗不一。孔子言七廟五廟無虛主者。通寢與廟而言之也。非謂主尊於廟也。彤弓湛露。天子燕饗諸侯之樂。未著通侯拜主之儀。文王兩君相見之詩。未詳主君答拜稽顙之禮。卿大夫聘問慶弔。或過使客。饗燕必於廟焉。未有入廟

參主之文。嘉賓嘉客。入廟而不拜主。得爲敬乎。主在於上。而賓主儐介。紛紜其前。俎豆杯觴。交錯于下。彼此其得安乎。故知主之不恒陳於廟也。況大將軍巡臨本邦。禮不卜而舍於廟。臨事而遷主乎。則非尊祖之義。安神而不遷乎。則非敬君之心。二者將何處乎。愚意櫝設於寢。祭則啓櫝而奉主於廟。祭畢則奉主而仍歸於櫝。不然。主在廟而薦在寢。其義何居。其言衣冠几杖者。必竊疑之。衣冠几杖

者。亦猶求神於陽求神於陰之義也。亦如禮
不齒君之路馬蹵其芻者有罰之類也。古者
爲重爲主所以棲神也而陳其宗器設其裳
衣特因主以及之耳。今乃舍其主而薦於衣
冠几杖。循其末而失其本。亦惑之甚矣。且漢
時日四上食於寢。其皆上之主乎。抑上之衣
冠几杖乎。上食必奏樂濟濟蹡蹡。日四集焉。
而主則寂寂於廟堂之上。有是理乎。朱子謂
凡廟之制。前廟以奉神後寢以藏衣冠。但失

之粗率。亦非鑿鑿謂前廟奉主也。
廟五間。皆通敞。惟第三架下爲焰壁。爲戶爲
牖。分爲中外。及兩序有墻而止耳。外爲堂皇。
內爲旁室。非祭時設幄設位於或北或西。則
廟中內外。不容有一物。不知先儒何以謂供
主於廟。供主於廟。不知如何供法。供之何所
乃信前人謬妄之說。輕以此誤後人乎。
太祖之廟。及二昭二穆。則五廟皆備。禮天子
祖有功而宗有德。在諸侯則始封之君爲太
祖。其子若孫之有功有德者。皆謂之宗。然諸
侯無二宗。但尊其功德之尤者。立一宗而止。
此之謂世室。百世不遷。則在二昭二穆之外。
如魯之有魯公也。都宮之南垣。在大門之內。
稍北。必不能更拓而南。惟當撤都宮之北垣。
外太祖之廟於北。或昭或穆。更益一廟爲宜。
議者必謂太祖之廟永奠安。可輒爲升遷。禮
宗廟歲時修葺高曾之廟。亦永奠矣。及祔主
則遷。亦非甚爲煩擾也。

壇在都宮道南。封土爲之。崇三尺。四陛四出。
方廣二丈五尺。
墠在壇東。除地爲之。方廣如壇。無陛。
此特擬其地耳。乃數百年之後之事。非可
預爲者也。
去墠之主。或云瘞之墓所。或云瘞之兩階之
間。然魯煬公之主。至定公已二十八世矣。而
猶未毀。則前二說。但無所據也。
寢五間。於焰壁前。分爲五室。北壁爲石室。以

聽藏主。是爲宗祏。兩夾室同。
夾室。揖南。東西各開小闈。以通夾道。
兩榮各開小闈。北出。恒扃不啓。
廟之後二架。爲室。爲東房西房。古亦有東房而無西房者。室之中開門。以達於寢。迎主送主。由此。事畢則扃之。東房之西之東。西房之東之西。各爲戶。以達於廟。戶之傍爲牖。東西前後。每室各開一牖。通爲八牖。蓋古人築室與今大不相同。故戶牖須多。詩曰。築室百

堵。又曰。如彼築室于道謀。是以有約之閣閣。椓之橐橐云云。若泥於一隅。是未知南北土風之異也。
東門之北。爲邦君齋宮。或南向。或西向。
西門之北。爲君夫人齋宮。或南向。或東向。視邦君。
中楹爲邦君面尊之所。外爲坫。著楹爲朝聘奠玉之所。禮。奠玉於中楹之東。春秋鄭悼公急遽失禮。授玉於東楹之東。時以爲譏。故知

兩序之間。列四楹也。
東階之上。稍東西向。嫡子冠位。東階之西南向。衆子冠位。東階之東。東序之西。配享功臣祭位。西向。功臣配享。上者於堂。下者於堂途。謂之陳。皆爲非禮。今移之庭。俗所謂月臺者也。
西階之西。西序之東。配享功臣祭位。東向。必則緊於東階。行事而西階缺之。功臣配享。每歲止冬祭而已。亦有祭烝嘗者。

五間之東西。其墻端至於簷際者。爲東序西序。內各爲門。以通東西榮。
五間之外。簷水東落者。爲東榮。西亦如之。
今擬孝孫夫人拜位於兩階之上。近簷霤。不惟功臣坐享。爲宜亦所以聯祖孫之氣也。若如家禮。參神復位。拜於階下。肅則肅矣。堂崇四尺。祖孫之氣。其能屬乎。至於君拜於下。而功臣安坐享祭於上。此又必無之理也。
西階南。祭五祀。

古者堂崇四尺。唐制一品二品廟九架五室兩廈。功臣賜燕於堂可也。而祭則不可。若堂塗則更不可。書曰。爾祖其從與享之。若伊尹伊陟甘盤傅說者。設食於堂塗。豈有來享之理。春秋之世。祭祀享燕。有一一夙戒臨期行事。爲雨濕沾衣而止者。然祭祀之牲。須在滌福衡動經三月。設若霖雨數月不霽。既無犧牛。豈能更舉。不幸而遇諸大故。大典自應廢格。

至於雨濕。尚可以人力爲之。今擬於承霤之南。設兩蓬。水亦歸於中霤。其南更設油幕。水下處權宜更設一霤。兩階之南。大門之北。通張油幕。直亘甬道。其廣過東階一丈許。西亦如之。水東西落爲便。事有簡而有益於禮。無害於義者。此類是也。油幕多而積久能自焚。須知所以置之者。

卿大夫及文庶上士中士。及百官有司之從祀者。既無齋坊。豈堪露處。進則陪位寅恭。執事儼恪。而退無休燕之所。久則人情大爲不堪。必至跛倚以臨。大不敬也。今擬於夾道東門之北。臨期前一日。有司設幕及棚。列其坐處之位。分别序次。各爲標榜。各爲帷幔。以南爲上。卿最南。大夫次之。文庶之無職者又次之。列士又次之。百官有司。量其執事。隨便置次。詩曰。不顯不承。無射於人斯。此亦其一也。

禮無兩廡曰寢。按禮將生子及月辰。或嫡或妾。各居側室。䟽云。正寢在前。燕寢在後。側室

者。燕寢之旁室也。是寢之有兩廡也。又禮宮室之制。前有路寢。次則君之燕寢。次夫人正寢。卿大夫以下。前有適室。次則燕寢。次則適妻之寢。側室正在夫人正寢之前。後及小寢之前。何得言寢無側室乎。且禮。明堂宗廟路寢。三者同制。諸侯無明堂。則宗廟路寢同制矣。何得言無側室乎。

古今稱謂不同。今之顯考廟。周禮之考廟。稱廟也。今之祖考廟。周之王考廟也。今之曾祖

廟周之皇考廟也。今之高祖廟周之顯考廟也。今之太祖廟周禮之祖考廟也。然王制無此稱。與祭法不同。雖古與古亦或異也。皐門兩觀閘門。皆非諸侯之所得稱。魯之雉門庫門。擬天子之應門皐門非也。故但曰太門公門君門耳。太祖廟之東南一廟爲宗。周則在於西南。若非高祖之父祖須遞遷而隮於此。其下則二昭二穆。禮諸侯無二宗。而魯有文世室武世

室。則二宗矣。而武公之德又不能無議焉。甚矣三桓之僭也。魯秉禮之國。韓宣子曰。周禮盡在魯。而僭擬若此。其何以示天下後世乎。然一宗既立已。而其後之裔孫有功德最盛必不可不宗者。初時所立之宗又不得祧毀。將若之何。曰。禮之所不備者。可以義起。誠使人心盡合。天理允宜。又當臨時博議。然當慎之於始耳。如晉既宗文侯矣。而文公之功晉國賴之。周室賴之。天下賴之。其可已乎。

拜位。據文公家禮當在阼階下。按詩孝孫徂位。徂者往也。謂祭事既畢。孝孫往阼階下西面之位。祝傳尸意告利成於主人。於是奏肆夏送皇尸。所謂鼓鍾送尸。即於此。若使拜位本在阼階下。徂位卻往何處耶。云獻尸獻賓。但當言復位。不當言徂位矣。殊不知家禮乃庶士官司之禮。廟褊地逼。不得不然。豈所以施於諸侯者哉。庶士官司之禮尚不得以施之元士。況得以施之大夫施之諸侯乎。

此處舊有中門。殆以其太煩瑣。故遵朱夫子廟圖而去之。蓋諸侯迎客於大門之外。七揖後升堂。若更加中門。則揖讓者凡八矣。又有門則有垣。有門有垣。則五祀之位狹隘。而兩廡進羞者多阻。故去之。然詩祝祭于祊。謂先祖有日待賓客於門內之處。當在門屏之間。如此則不當去。而古者待客於阼階下。賓至。儐入告主人。然後主人出迎賓。又但可去。禮諸侯內屏。今擬於繫牲亭北。權宜樹屏塞

門何如。

東門南爲鬯享所。西門南爲滌濯所。詩曰。絲衣其紑。載弁俅俅。自堂徂基。自羊徂牛。禮升門堂視壺濯籩豆。告濯具。反告充。舉鼎冪告絜者。是也。

西門設而不啓。惟祭五祀則啓之。

道。即行也。所謂祖道者。祖此也。軷行者。軷此也。祀行餞行皆此也。祀行有四。此居其一焉。

古者行在廟門外之西。與此方相値。今世以

西爲庚辛之方。屬金。故吉行者多避之。又近世無毀宗躐行之禮。且諸侯告祖奠禰已。仍視外朝而後啓行。分遣有司遍告列祖及境內山川。不當仍出廟門。此行惟喪舉朝廟之後。發引之時。封土轢行。或不必於廟門外之西。至於朝會征伐祖道軷行者。自在郭門之外。近郊之內。非此也。

○辯

忠孝辯

生子。皆欲祈其孝。求臣。咸欲冀其忠。乃君親之至情也。豈惟君親之願爲然。即人子孺慕之初。無不欲忠其君者。舉天下林林總總。夫非盡人之子與。然何以孝子如晨星。不可多得也。凡在庭蹌蹌濟濟。亦何莫非鵷鷺之班耶。然何以忠臣如祥麟威鳳。不可槩見哉。此無他。身家之念重。則君國之愛輕。妻子之情深。則明發之懷淺。無怪乎忠臣孝子之寥寥也。然而亦

有故焉。父母之於子。不能如鳲鳩之心。均平而專一。或者有愛有不愛焉。或者憐其少而矜其愚焉。而不順之子。遂以此藉口也。禮不云乎。父母愛之。喜而弗忘。父母惡之。懼而無怨乎。人主之於臣。不能如人臣之望。慶賞而都俞。或者位不稱其才。祿不滿其欲焉。或者遺之大而投之艱。剛者力而賢者勞焉。而不令之臣。遂以此觖望矣。詩不云乎。率土之濱。莫非王臣。天王聖明。負罪引慝乎。今試於大

庭廣衆之中。指一人而謂之曰。汝不忠之臣也。又指一人而謂之曰。汝不孝之子也。有不奮然而怒。攘臂而起。思有以加之者乎。即或駑鈍退怯。不能自振。有不瞋目切齒。思有以中之者乎。是何也。誠恥之也。誠是也。然何以恥其名而不恥其實乎。恥其名而不恥其實者。亦有故乎。曰有故。是皆君與相不能訓教之過也。君與相講而明之。則子弟羣工。循而習之。比閭族黨之間。子與子言孝。臣與臣言忠。則耳目之所見聞。無非忠與孝矣。萬一有一不忠不孝者。出乎其間。如氷玉之於塗炭。蘭蕙之於臭穢。莫不競起而斥逐之。況肯與之齒埒乎。故曰。上有好者。下必有甚焉者矣。今不能講而明之。蚩蚩者既無知矣。而世之敝民。又竊忠孝之浮辭。誑于臣之聽覩。不敬之養。不顧而唾。皆倏然自以爲忠且孝矣。且有忿懟其君父者矣。此皆君與相不教之過也。教孝之道。當何先。始於昏定晨省。冬温夏

清矣。進而求之。滫瀡甘旨。必誠必敬。樂其耳目。安其寢處矣。進而求之。深愛和氣。愉色婉容。洞洞屬屬。如恐弗勝矣。又進而求之。樂其心。不違其志。竭誠致死。愼終追遠。出言舉足。不敢忘父母矣。又進而求之。立身行道。揚名於後世。以顯父母矣。夫至於亨身行道。揚名於後世。以顯父母。而孝子之道。無以復加矣。教忠之道當何先。始於小心翼翼。共而弗貳矣。進而求之。過則歸己。善則稱君。不尸其位不素其餐矣。進而求之。明罰飭法。顯忠遂良。下無隱憂。上無壅澤矣。又進而求之。弼其違務當其道。謇謇諤諤。去讒遠佞。君仁莫不仁。君義莫不義矣。又進而求之。經邦弘化。正己物正。教成於上。俗美於下矣。夫至於經邦弘化。正己物正。教成俗美。此數世之利也。忠臣之道。亦無以復加矣。民用和睦。世躋雍熙。於都盛哉。忠臣孝子之道。誠爲至德。誠爲要道哉。奈何爲人上者。坐視風俗頽靡。任其自賢。

自愚忍不一教之耶。彼庸庸者既不足責。幸而有一聽明特達聖人之姿生乎其間。又且拘攣局曲。畏首畏尾。期於獨善其身而止者。又何怪乎。横議沸於下。視聽眩於上。風教亂於中。是豈在田文明之象乎。是豈君人者之道乎。良可慨已。

舜水先生文集卷之十四終

舜水先生文集卷之十五

門人　權中納言從三位西山源光圀　輯

男權中納言從三位　綱條　校

○對

對安東守約問八條　來問附

問。讀書作文法。

對。作文以氣骨格局爲主。當以先秦兩漢爲宗。不然則氣格不高。不貴不古。不雅。參以陸宣公韓柳歐蘇。則文章自然有骨氣。有見解有波瀾。有跌宕。有神采。取其精華。去其糟粕。文之最上者也。雖然此爲寒儉者言耳。若夫淵富宏邁。其所取更進乎此矣。讀書作文以四書六經爲根本。佐之以左國子史。而潤色之以古文。然本更有本。如酈食其所云。知天之天者王是也。本之本何在。則在乎心。若夫心不端。蠱作文。固是浮華。讀書亦成理障。如王莽王安石周禮周官。禍世不小。王莽不足偕。安石固絕世之資也。先賢謂戰國策不可

讀讀之壞人心術。不佞謂此爲初學及下愚言之耳。若真能學者。如明鏡在懸。凡物之來。妍媸立辨。豈爲彼物所移。何能壞我心術。不見夫海乎。河漢江淮。無一不內。潢汙行潦。并無去取。所以能爲百谷王也。學問之道。貴在實行。顏子聞一知十。而列德行之首。可見矣。余謂君義臣忠。父慈子孝。夫和婦順。兄友弟恭。而朋友敬信。此天下之至文也。而孝又爲百行之源。孝則未有不忠。未有不恭敬信誠

者也。古人又曰。孝衰於妻子。此世俗閱歷之言。而非上哲之所慮也。程子又曰。未讀論語時。是這般人。讀了後。依舊是這般人。如未讀論語一般。孔子曰。有顏回者好學。不遷怒。不貳過。豈非聖賢之學。俱在踐履。若文字語言。則游夏賜予。遠過顏子。

問註解。

對。書理只在本文。涵泳深思。自然有會。註脚離他不得。靠他不得。如魚之筌。兔之蹄。筌與蹄。却不便是魚兔。然欲得魚得兔。亦須稍藉筌蹄。嫌太繁太多。到究竟處。止在至約之地。所謂博學而詳說之。將以反說約也。若義理融會貫通。眞有活潑潑地之妙。此時六經皆我註脚。又何註脚之有。程子云。學者於論語孟子。熟讀精思。則六經不待讀而自明矣。六經豈有不讀自明之理。此等議論極好。甚須尋味。蓋天下文字。千頭萬緒。道理只是一箇。若能明得此理。引而伸之。觸類而長之。無往

非是。若執何書以爲鵠的。猶非絶頂議論。

問大明講書。講及註否。

對。大明講書。後來競出新奇。以苟功名。即傳註久已高閣。舉業家久已不知集註爲何物。雖先輩宗主傳註。亦不以入講。但讀本文可也。惟取集註爲依傍耳。舊時主意。惟蒙引及江陵直解。王觀濤翼註。爲不背傳註。惟詳之。

問監國晉王。永曆皇上族屬。

對。晉王。太祖高皇帝之裔。永曆萬曆皇帝之

孫親則永曆。族屬之尊則魯王。監國於越。而不稱帝。非不可稱帝也。大明之制。親王太子不得外交士大夫。惟監國乃得與士大夫相接。太子親王不敢用制敕誥詔。止稱令旨。太子令旨。得頒天下。親王止行國中。不得出國門。太子令旨。止稱敬此。敬遵。今魯王監國。行天子事。故稱敕。稱欽此。欽遵。欽哉。故敕王上加一字。謂之親王。王上加二字。謂之郡王。郡王一縣。不得行監國。亦如親王行事。其年天

下大亂。人情沸然。故魯國主未知我三詔特徵之事。不佞又祕藏謹密。止稱恩貢生。設使彼時知其詳。敕書當更鄭重。不止於如此矣。然彼時知其詳。我必與舟山同死。不得來此有今日之事矣。可見萬事皆有倚伏也。詔書特徵。古今重典。此中進士。萬分隆重。溥天之下。莫不聞知。祇緣彼時大亂。道塗梗塞。故有不知耳。

問。老師徵辟不就。其義如何。

對。不佞事與吳徵君極相類。薦吳徵君者。忠國公石亨權將也。薦不佞者。荊國公方國安。方擁重兵。有寵於上也。吳至授六品官。而辭之。不佞兩次不開讀。而即授四品官。不拜。其間稍異耳。吳徵君時。當國者。李相公賢。諡文達賢相也。英宗復辟之後。賢主也。尚有可就之理。徵不佞時。當國者。爲馬士英。姦相也。彼時馬士英遣其私人周某。同不佞之親家何不波。進士。名東平。何南小女之舅。到寓再三勸勉。深致慇

懃。若不佞一受其官。必膺異數。既膺異數。自當感恩圖報。若與相首尾。是姦臣同黨也。若直行無私。是背義忘恩也。是舉君自代也。均不免於君子之譏。天下萬世之罪。故不顧身家性命。而力辭之。不然不佞亦功名之士。釋褐即爲四品道官。兼京職監軍四十八萬。與國公大將軍。迭爲賓主。豈不煊赫。而乃力辭之乎。要知不佞見得天下事不可爲。而後辭之。非洗耳飲牛羊裘釣魚者比也。亦非漢季

貢舉官。爲禮部尚書侍郎二員。
知貢舉官爲御史。
考試官。　卽總裁官。或大學士。卽宰相。或侍郎二員。
同考試官。　卽分考官。爲翰林科中書博士。
評士少者十八房。多時二十房。
大槩與鄉試同。但場期在二月初九。十二。十五日。中式者爲會試中式舉人。
三月十五日廷試。又謂之殿試。廷試策一道。

宰輔讀卷。天子御筆標題。十八日傳臚。第一甲第一名爲狀元。第二名爲榜眼。第三名爲探花。第二甲爲賜進士出身。第三甲爲賜同進士出身。狀元入翰林爲修撰。榜眼探花入翰林爲編修。二甲第一名及會元。不中鼎甲者考館入翰林爲庶吉士。此鄉試會試殿試之大畧也。

問。老師所服大明禮服否。

對。巾道袍。大明謂之褻衣。不敢施於公廷之上。下者非上命。不敢服。此見上人。上人亦不敢衣。此見秀才。惟燕居爲可耳。今來日本。乃以此爲禮衣。實非也。大明宰相極尊。不敢坐受秀才一揖。不敢以便服見秀才。大明衣冠之製。以文官言之。有朝冠。冠有簪。冠中有梁。有金線。分別官職高下。武官以纓。纓有曲。有朝衣。不論大小。蔽鞞珮玉俱全。有圭。有笏。拜則搢之。笏有牙。有板。五品以上用牙。謂之象簡。圭有五等。公侯伯子男。有桓圭。躬圭。信圭。

蒲璧。穀璧之別。有幞頭。著公服用之。有紗帽。著圓領用之。公服有紅。有青。五品以上紅公服。五品以下青公服。有軟帶。文武有別。圓領有紅。有青。有油綠。有綠。有藍。有白。有玄色。有蟒衣。有麒麟。有斗牛。有緋魚。有坐龍。以上五種。惟一品二品得賜以下。官不敢服。不賜不敢服。補服。圓領中之補子也。一品仙鶴。二品錦雞。三品孔雀。四品雲鴈。五品白鷴。六品鷺鷥。七品鸂鶒。八品鵪鶉。九品練雀。雜職官黃鸝。武官

不同。帶有玉有犀。三品花金。四品光金。五品雕花影金。六品花銀。七品光銀。八九品并雜職用黑角帶。武官稍異。有朝履。舄。有皂鞾。有忠靖冠。有忠靖衣。有截褶。有巾。不同。隨品職服之。帽有直裰。道袍。長衣。海青。一種異名。高下皆得服。有裳。有蔽膝。有行縢。其他弁冕韍繢之類更煩。尚不在此數。明朝制度極備。極精。極雅。比前代製不同。

問。書柬式。

對。副啓貳板爲一扣。二扣。三扣。四扣。六扣可用。惟五扣不用。乃殘紙耳。寸楮舊無其制。兵興以來方有之。亦倣副啓之例。稍闊則爲帖二扣者。爲古柬。六扣者。爲全柬。三扣。四扣。五扣皆不可用。俱爲殘紙。副啓盡而書不能盡則復用一啓續之。其二其三以至六七俱可。粘連不粘連。隨意粘連者。用鈐縫印記。均不割去面葉。割去面葉則爲殘紙。所以謂之發紙。總之慮其不敬也。寒舍子往來則不在此例。書面用拜帖回帖。非也。上達者用手奏奏記手啓副啓之類。平行者用副啓。如晤談。如晤言。代面等項。下交者用札諭。劄諭。帖等項。

對奧村庸禮問二首 来問附

庸禮問。幼年而喪父母。人生之不幸也。先是不知聖賢之道。故日用之間。不能尊信聖賢之規範。及長國政之暇。闖經書其理難澁。面牆立處。遠不足行繼述之孝道。古曰。事亡如事存。又曰。祭日入室則僾然。出

戶則肅然。容貌聲音。洋洋焉如在前。忠孝之感應。自然所以發越也。凡人以孝敬事君長。則忠順不失爵祿祭祀。兩者守保。雖然國俗不任所欲。祭祀長廢。或欲成終遠之志。性情輭孱。氣品麤笨。孝敬之心日弛。聖賢之道彌離。伏冀先生示嚴諭。

對。聖賢之所以持心。君子之所以守道。其得力政不在多。只要一句兩句。捉其要領。遂終身用之不盡。如此條所問。止在事亡如事存

一句人之所以敢於不孝。敢於爲非者。只是忘却父母耳。苟能充此如事存之心。自然行住坐臥。無適而非父母也。僾然見乎其位。肅然聞乎其容聲。皆此如存之念爲之也。自然一舉足而不敢忘父母。一出言而不敢忘父母。以孝事君則忠。以敬事長則順。忠順不失。自能保其祿位宗廟。孝敬之心。日加純謹。聖賢之道。不在他求。剛而不撓。精而不浮。莫過於是。何多自遜也。至於祭祀長廢。國俗不任

所欲。愚謂不然。公侯卿相者。禮義之所司。作則於上。而爲士民之所觀感而取法焉者也。聞有矯國而革俗者矣。豈有委身以循敝俗者哉。孔子之答問孝也。曰。生事之以禮。死葬之以禮。祭之以禮。孝經曰。養則致其樂。喪則致其哀。祭則致其嚴。君子以孝立身之外。祭。其要道也。吾聞自古明主以孝治天下矣。未聞不以孝而可謂之治國者。未聞治國而禁人之爲孝者。昔者鄭子產小國之卿耳。猶能

以禮治其國。制其俗。生爲君子。歿稱神明。愚嘗遊於鄭矣。鄭人家至戶到。莫不尸而祝之。至今頌其遺愛不衰。此稟之周天子乎。抑稟之晉楚乎。況乎其敦詩書。說禮樂者哉。況乎其言於晉國。無隱情。光輔其君者哉。

問。黎民參天地之間。在氣質之清濁。二五氣相合則生。二氣散則死。賢者受其清。愚者受其濁。清者全性情之純粹。可歸其本然。自上古迄今。賢者少而愚者多。如彼不肖

者。二氣散則其濁氣歸何處。依何地。據天地之變化。爲鳥獸哉。爲草木哉。賢不肖其精神所歸差別如何。

對。賢者受其清。愚者受其濁。儒者固有是說。不足異也。然此天賦之乎。抑人受之乎。既有受之者。則必有予之者矣。果爾。則天地常以清氣私賢智。而以濁氣困愚不肖。如種瓜得瓜。種豆得豆。然則愚不肖之爲不善。乃其理所應爾。是則天地有過。而愚不肖無罪也。又

何以天則降之百殃而人主則施之刑戮耶。至於雖愚必明雖柔必強者。或有改行從善者。又何以稱焉。豈清濁氣相雜而稟歟。抑前稟其濁而後稟其清歟。亦有素行皆賢一旦爲利回爲害怵不保其末路者。又何以稱焉。堯舜之民。比屋可封。桀紂之民。比屋可誅。豈堯舜之民之氣皆清。而桀紂之民之氣皆濁哉。試觀孩提之童無不知愛其親無不知愛其兄乳之則喜。感之則啼。薄海内外。天性無

少異也。及其長也。父母之訓敎也無方。世俗之引誘也多故習之之久。靈明盡蔽昏惑奸狡橫生。相去遂有萬萬不侔者。書曰。巧言令色孔壬。蓋大爲好惡之人。言必巧。色必令。其所以營私敗俗者。心思無所不至。若夫禮義道德之訓。昏昏而不知。是皆習俗之害也。子思子曰。天命之謂性。則既莫不與之以仁義禮智矣。劉康公曰。民受天地之中以生。所謂命也。如是則天地豈有偏私厚薄於其間哉。

人自取其清。人自取其濁耳。譬之水然。渭之源。至清也。及其支流派別。入於漢汗。小纖者。小濁。大纖者大濁。是豈渭之有所區別哉。譬之鑑然。時時磨瑩。光燭鬚眉。委之泥塗。昏翳如鐵。如瓦礫。不辨形貌。是豈鑑之本然哉。譬之大路然。君子履之。趨以采齊。步以肆夏。周旋中規。折旋中矩。狂瞽邪忒者入焉。跟蹌奔蹶。汗膚喘急。是豈道路之獨厚於君子哉。詩云。周道如砥。其直如矢。君子所履。小人所視。

故曰。自暴也。自棄也。故曰。清斯濯纓。濁斯濯足。自取之也。天曷嘗以濁氣限人哉。孔子曰。性相近也。習相遠也。又曰。唯上智與下愚不移。夫上智下愚世寧有幾人哉。若夫死生之際。君子道其常。不道其異。盡其所以生之禮。不窮其所以死之事。季路問死。夫子曰。未知生。焉知死。此之謂也。雖然。彼生存之日。無一而非禽獸矣。焉有死而不禽獸焉者。彼形體百骸。心思智慮。居然而草木矣。焉有死而不

草木焉者。

務本問

對古市務本問二首 來問附

務本問。僕經星霜向二十餘年。汲汲世事。皇皇職務。而雖不知聖賢之道。腴遂不歸老佛之徒。僅欲尊信王道。然失所賦之性。或爲人慾。輙被遮蔽。無由得其全。孟子曰。性善也。僕性非善。荀子曰。性惡也。且亦非惡。育次之間。不能解其迷。噫嘻。致克己復禮之工夫。則豈不得性之全哉。幸希示焉。

對。性非善。亦非惡。如此者。中人也。中人之性習於善則善。習於惡則惡。全藉乎問學矣。學之則爲善人。爲信人。又進而學之。則爲君子。又進而學之不已。則爲聖人。書曰。惟聖罔念作狂。惟狂克念作聖。無所迷。無不可解者也。既能學。自知人慾之非。自不受其蔽。既能學自知王者聖賢之道之爲美。自知老佛之徒之和之僞。不待辨而自明矣。若夫汲汲世事。皇皇職務。遂謂荒廢學業。則必明窻淨几。伊

吾呫嗶。而後謂之學矣。則身體力行者。非學而吟詩作文者爲學矣。是殆不然。先儒謂當官之法。惟有三事。曰清。曰愼。曰勤。知斯三者。則知所以持身矣。孰謂知所以持身而非學哉。但問日夕之所以汲汲皇皇者。公私利欲之間何如耳。苟或背公植黨。營其私家。則罪也。如果勤恪職業。宣君德。達民隱。訪賢良。察姦慝。卹鰥寡。賙困窮。則汲汲皇皇。乃學問之大者。又何病焉。所謂克己復禮者。未易言也。

非禮勿視。非禮勿聽。非禮勿言。非禮勿動。可循循而學也。循循而學之。可能也。已克而禮復。則仁者之事。已得其性之全矣。未可一蹴而至也。但在吾子勉之而已矣。強勉不已。遂成自然。人固未易量也。

問。孔子曰。殷有三仁焉。雖微子箕子比干三人之行相異。皆稱仁。想夫三賢之行。同出於至誠惻怛之意。各雖謂得其本心。微子去。所以稱仁。自古雖多論說。不解稱其

仁之意。蓋三人之行。各隨時安心。故稱其仁否。庶幾仔細告焉。

對。殷有三仁之論。致疑於微子之去。不得爲仁。此局於一隅之見也。必以一死爲忠爲仁也。夫臣子之事。其君居恒不能盡啓沃之道。不能竭諫諍之誠。使其君榮國治。迨夫社稷淪亡。徒以一死塞責。其心必曰吾忠也。必曰吾忠如是足也。是乃忠臣之罪人耳。安得謂之仁哉。微子之所以去者有故焉。微子爲紂

之嫡兄。非庶母兄也。註疏之所據者妄也。其母先爲次妃而生啓。後陟王后而生受。受生而機警多才。帝乙愛之。欲立爲嗣。故擧子以母貴之說曰厭衆耳。非微子之母賤也。箕子爲太師。固欲立啓。已帝乙不從而立紂。紂立而忌之。特以父師少師在而緩其死耳。微子未嘗得在位焉。孟子謂相與輔相之。或者太緊臆度之辭耳。或者古有其書。而今則無所據矣。以元子而不得爲家嗣。又不在其位。而

責其死焉。亦已過矣。微子之言曰。父子有骨肉。而臣主以義屬。人臣三諫而不聽則其義可以去矣。父師之詔微子曰。王子以出爲道。王子弗出。我乃顛隮。自靖人自獻於先王。夫箕子仁人也。豈有已欲爲仁而陷人於不義者。使其不義也。何以爲自靖自獻乎。微子之出。蹈危履險。艱難困苦。不可言知。其曰抱祭器以歸周。又曰。銜璧面縛者。註疏及左氏自相矛盾之語。無可信也。其後武庚誅而微子

封於宋。備三恪以奉湯祀。綿已絶之祚於七百載。獨不可謂之仁乎。仁也者。於心無所不盡。於義無所不安。至誠惻怛。而無憾焉者也。三仁者。死者易而奴與去者爲獨難。死者徑行直遂。而奴與去者之心爲更苦。究竟顛危而不失其正。誰得謂之非仁乎。或又疑蔡註庶兄之說。今考之成王曰。殷王元子。大成王賢者也。豈有以庶子而謂之元子乎。箕子賢臣也。又爲殷太師。嘗欲立微子矣。豈有以庶

子亂統。兼之大綱大法。而得謂之賢人乎。不信經而信傳。於何折衷焉。

舜水先生文集卷之十五終

舜水先生文集卷之十六

門人 權中納言從三位西山源光圀 輯

男權中納言從三位 綱條 校

〇序

賀源光圀壽四十序

百年曰期頤。而其間歷選最勝之時。莫如四十。何也。前此則三十也。雖云壯已。然更歷或有未熟。則事以勢疑。諳練或有未精。則理繇衆眩。雖以孔子生知之聖。猶僅曰能立而止爾。過此則五十矣。五十始衰。人生之大常也。故曰。時之最勝者。莫如四十也。諸侯之禮。踰未之學焉。聞之士之禮。則四十曰強而仕。丁鴻有曰。天不可以不剛。王不可以不強。上而考諸王者之道。下而揆之列士之禮。則方伯通侯之當強也。從可知矣。夫強者膂力方剛。拔山扛鼎。勢接乎上。氣陵乎下之謂乎。釋禮者曰。氣壯神固。道明德立之時。故曰強。以此思強。強可知矣。蓋道不明。則羣疑滿腹。吾所

謂是而或有非焉。吾所謂否而容有可焉。則
神懾而不得强。德不立。則衆難褰胸足將進
也。或搴之而趦趄。口將言也。或惑之而囁嚅。
則氣餒而不得强。道既明。德既立。所爲直養
無害。至大至剛之時也。今按所爲疑當作所謂則聲色
貨利。舉不足以搖乎外。是非毁譽。舉不足以
怵其中。誰得而撓之也哉。仁義禮智。天之所
以命我。非有容有執。有敬有別。則荏苒而佇
負乎帝天。民人社稷。山川土田。君之所以錫
我。非深耕易耨。己率物。則委靡而上負乎
吾君。飽食煖衣。興利除害。民之所切切以願
望之我者。非不饑不寒。庶富富教。則蓄縮而
下慚乎百姓。果能此道矣。則達天知命。聲入
心通。言爲世法。動爲世則。亦繇是而漸進焉
耳。今者小試之。而民風已變。與往時遂相逕
庭。非化之必不可更。非俗之必不可善也。誠
能修明其道。使百姓實見其美。則歡欣鼓舞。
家絃戶誦。可彈指而冀矣。假令回互遲疑。與

羣蒙同蔽。則道何自而明。逡巡退縮。與頹俗
共靡。則德何繇而立。其有不負生我者乎。是
以須自彊也。自彊而不息則久。久則徵。徵則
悠遠。悠遠則博厚。博厚則高明。博厚體地。高
明體天。悠久無彊。故至誠之道。上下與天地
同流。豈特百年而已哉。繁露曰。天積衆精以
自剛。聖人積衆賢以自强。其言信而有徵矣。
昔者春秋之世。莫强於晉文公。然有狐偃趙
衰魏犨顛頡司空季子陶叔狐諸賢輔之也。
其次莫强於秦穆公矣。而百里奚蹇叔公孫
支由余諸賢實輔之。其次莫强於楚莊。當饋
而歎。日中不食。以不得賢人而師之爲憂矣。
然猶有孫叔敖虞丘子申叔時也。其後則魏
文侯爲最强矣。時則有如卜子夏田子方段
干木論思於內。李成李克翟璜西門豹吳起
之屬宣力於外。下而舍人無擇趙倉唐咸知
大義。亦能彌縫闕遺。然其最初之强者。共稱
齊桓矣。管仲隰朋鮑叔賓胥無寗戚絃寗王

子成父用而天下無敵。易牙豎刁公子開方用而成業頻隳。以此思強強可知矣之數君者皆覇主耳。猶能如此。況乎聖人漸仁摩義論道經邦者哉。宰相上公水戸侯。誕生於戊辰年。今歳適當四旬。是月之十日。為上公懸弧之辰。瑜敢以是壽之。上壽之道。例以祝或以頌。而今乃以規。不幾與爲文之旨相乖謬乎。然善祝者。期之百年而已耳。今瑜以無疆者期侯。其願不益弘乎。詩云。俾爾壽而臧。俾爾熾而昌。何莫非是道也哉。是爲序。

十宮圖序 為加賀中將綱利作

孟夫子子輿氏謂天下之目相似也。又曰目之於色也。有同美焉。然也。然而有不盡然者焉。目之所視則一也。而所視之中。有鉅有細。有昧有明。有喜有懼。所見在眉睫之下。而心之所之。或在郛郭之外。是故有大觀焉。有達觀焉。有曠觀焉。相去居然霄壤已。安得比而同之。蓋凡天下事。有其始必有其終。有可觀必有可鑑。非可苟焉而已也。吾鄉仇實父著色點染。繪事之最工者也。中翰文徵仲待詔鴻都門。小楷之最工者也。曾貌十宮圖。而待詔以宮詞百首分隸之。賞鑒家稱爲二絶。近者賀能越三州太守菅公得之。甚喜。以示余。屬余誌之。余反復把翫。未嘗不歎其技藝之工緻也。而惜乎其未全也。若使實父可作。而待詔可起也。吾欲畫故勲殿於其前。以冠其端。第淡髮鬖鬖焉。朱椽棤柮。斑駁陸離。土階坦易易。一時君臣。孳孳汲汲。相與憂勞天下。亦甚足觀矣。繼之以重華宮。使宮娥之俊雅者。抱琴執拍。譜南薫而歌三風十愆焉。此其氣象何如也。雖使宇文愷為將作。趙履温司營繕。而公輸般督繩削墨。必不能構此也。雖使顧虎頭潑墨。而吳道子點其睛。希文文正公紀其勝。而右軍王逸少執筆而書。亦必不能闡其微也。觀止矣。是宜億千萬載富貴之弗替也。而奈何人事之弗齊也。若夫連昌

宮。則既繪之矣。吾意欲於宮垣之外。畫楊氏諸姨鬪風之車。祿山一入東都之䮑。霜鋒雪鍔。羽箭鼓弓。鼙策轟天。旌旗蔽野。珠鈿委地翠袖沉沙。更欲待詔錄元微之連昌辭全篇於其後。令觀之者聳然髮竪。而聽之者泚然汗出。寧不遠勝於宮詞百首耶。即如阿房宮。亦當采杜牧之之警句。以綴於其下。當時諸侯之兵。唯沛公最先入關。親見秦宮室之美欲留居之。賴樊噲危言正諫。即日還軍霸上。

未幾遂有咸陽三月之火。漢祖目擊其事。是以未央既建。制度踰侈。譴責蕭何役諸臣。大有人君之度。而蕭相國以口舌禦其主。要使後人無以加。其後井泉長楊。金莖承露。事事侈汰。安在其無以加也。末幅泛以吳宮萬玉結之。爲不若圖臨春結綺望仙三閣。取吳宮之最麗者。以殿於其末。樓臺百尺。朱碧輝煌。複道飛空。宛轉相屬。金釭玉帶。翡翠文犀節棁縣楣。空青祖琭。象齒雞舌。雲母珊瑚。鏤沉檀而爲欄檻。輯三檀以作楹棟。微風飄動。香聞里許。此亦當時之極致矣。景陽殿井。至今名著。金陵學士大夫。過之必憑而弔焉。故老相傳。歷歷能言其事。愀焉動人。甚可聽也。上下數千百年。聖哲之兢兢。荒王之奢縱。民生之榮悴。國祚之汙隆。即人心之危操。允執之要。莫不於此尺幅焉基之。豈非大觀也哉。豈非達觀也哉。豈非曠觀也哉。君子之於天下也。小物必謹。況其大焉者乎。其敢苟焉而已。

管公知瑜戇直鹵莽。有素。辭之至再。而必欲瑜誌之者。意殆有爲也夫。意殆有爲也夫。

三皇虞詩序

道設野子名傳。嘗夢得一大筆。鐫三皇虞字。士大夫既爲之詩。以詠歌之。又爲之序以敘述其事。且援汗左及唐三事以證之。既信而有徵矣。又復索余言。以弁其首。不幾弁而髦乎。是故請之經年。而不塞其望。蓋正言則忤俗。貌言則夸誕。故難之耳。而野子趣之不已。

因爲之序曰。大凡無所思爲而夢焉者。皆兆之先見焉者也。然而存乎其人矣。余亦舉三晉事以明之可乎。昔者晉文公夢與楚子搏。楚子操帚之柄。而文公攬其彗。又徒手搏。文公踣。楚子伏其胸而盬其腦。戰有日矣。而文公不悅。子犯曰吉。攬帚之彗以掃則彼利以擊則我利也。手搏而蹶者我得天。彼伏其辜也。是故一戰而文公遂霸。陶士行夢生八翼。登天門。折其一而抎。後都督八州。不愆臣節。

謝文靖夢乘桓溫輿行十六里。遇白雞而止。其後代溫秉政十六年。晉室賴之。一則勤王攘夷。一則竭誠捍患。一則匪躬靖節。若此者有其德。有其才。與其夢若合符契也。子亦知皇虞之意乎。三皇者。開物成務。而有虞至孝動天。選賢與能。各當其物。皆非無爲之事矣。諸人貿貿。而子拔其尤。是以力致之也。筆須待賈。則以物交物。皆非無因而至前者已。子果能不安其所。奮焉崛起。自我作古。不待文王。則斯殆提子之耳而面命之也。若徒隨俗雅化。弄月吟風。所期至大。足以副是要領乎。荆王元景嘗夢手把日月。亦足驗乎。若夫王法護如椽手筆。不過一草哀詔作謚冊而已。無他奇也。法護官中書令。而謝太傅秉鈞當軸。典午奄奄待盡。倚太傅爲泰山梁木。謂宜同寅協恭共獎王室。而乃井與虧斷。以終其身。雖其後欲哭謝公。謂有人心者。而爲之乎。江文通依阿亂朝。無所堅立。夢筆而才華索。

筆而才盡。則與奪係人矣。而係淹乎哉。李青蓮簪筆遇主。遭際非常。不幸天步艱難。自當捐軀盡瘁。而乃失身永王璘。邀求非望。使人謂文人無行。三子者。又安足儌乎。志士仁人。當取法乎上。以期無負乎天之所以畀我者。顧乃退讓不遑哉。

敬彊齋序　爲奥村庸禮作

昔者曾子曰。弘毅之學。爲著爲任大責重之擔當。何不曰士宜弘宜毅。而直曰士不可以

不弘毅豈非以士禀天命之性秉道德之躬其規模不可自隘其骨幹不可自靡歟安得與斗筲之器脂韋之徒相與絜長較短哉夫弘者無所不愛無所不包大而非夸也毅者卒然臨之而不驚無故加之而不懼定而能靜也誠知士之操修砥礪宜如是已然何以遂能得此歟他日之言曰君子所貴乎道者動容貌斯遠暴慢正顏色斯近信出辭氣斯遠鄙倍又曰可以託六尺之孤寄百里之命

臨大節而不可奪然後知曾子之所居者敬而所守者強也是故戰兢臨履今而知免此易之所謂朝乾夕惕自強不息者也曾子之在孔門獨得其宗習聞夫君子無不敬敬身爲大之旨力行夫和而不流中立不倚強哉矯之道宜乎其無所不弘無時不毅也或曰敬者居處則肅肅矣威儀則抑抑矣愼重之意多則振厲之氣少疑不可以得強強者氣則陵乎上矣意則茂乎下矣骯髒之骨恒堅

則謹凜之思日減疑無藉乎主敬此觀其貌而未徹其心也循其迹而未究其精也別其途而未會其理也蓋敬則心強強則心敬二者相須爲用分之則爲二合之則爲一也怠忽既盡斯天理獨存仰不愧俯不怍沛然若決江河莫之能禦乃天下之至強矣亭亭物表必意在象先富貴不能淫威武不能屈惴褐寬博而必往千萬人乃天下之至敬矣此無他心小則神完神完則守固神完守固則

理不屈氣不懾安往而不強哉昔者文王緝熙敬止矣而詩稱文王之勇此敬強之一證也禮曰齊莊整齊不敢懈惰以成禮節非強有力者弗能也故強有力者將以行禮也此又敬強之一證也是故君子之道放之則彌六合卷之則退藏於密何莫非此物也夫何莫非此志也夫吾門人豐臣顯思氏與村名曰庸禮逡巡謙退若不勝衣敬謹有餘矣但乎中之所義者奮迅激昂剛果決斷耳因以

敬强名其齋。亦董安于佩弦之意也。往嘗屬余爲之記。余所以遲遲者非慢易也。徒以多病未能自力耳。今於其行也爲之序以廣其義所以明敬强之一致也。

贈安東親清序

金帛珠玉之厚其藏可以爲富矣。遇不才子則一朝而盡。幷旨滫瀡之致其養可以爲孝矣。辱人賤行則親名不章。世未有知之者。或汲汲於積金玉。或僅僅於養口體而已。親清

公居心靜誠。居身和雅。居官廉惠。今甫逾七十。致其政者已數年。內以課其二子。外爲耆英洛社之遊。長公世其職。能克紹家聲。次子則余門人守約省菴也。勵志聖學篤信而好之。夫中原傳道有統。受業有師。而韓文公於聲詩進士之世。奮然而爲古學。遂爲文起八代之衰。其間去漢尚未千載。率德尚未眞醇而有泰山北斗之望。今令子未見孔孟之道之可悅。即能目注孔孟之庭而竭蹷趨赴之。他時直入其室。足爲貴國振古英豪。非獨貴國也。中原之士好古力學。亦未能或之先已。公曳杖行遊。或勝友如林之會。忽聞誦讀之聲。平居見其拔俗之行。有不灑然悅怡然豫者乎。家有奇珍則其富過王侯。即使啜菽飲水已極天下之樂。况旨幷滫瀡之承其歡。而溫凊定省之服其勤哉。是宜公之壽無疆。樂亦無疆也。因贈之曰教子樂天。公字親清名某。別號景祐。慕王祐之種德於子孫。而二郎

遂以昌其宗。因以此見其志。

送林道榮之東武序

楩楠杞梓産於鄧林。未爲林也。明月夜光生於合浦。寶則寶矣。未爲奇也。十尋之豫章喬喬吳越之麓。如意珠熠熠江漢之濱。鮮不爲匠石之所顧。而蛟龍之所搏矣。余於庚辛間至日本。見福清林子玄菴孰也於東明山房。此時才在髫齔。顧其視瞻矞矞。步履犖犖。固已心異之。如鷄群一鶴矣。壬辰秋復過日本。

適當作報國藩及答定西侯張侯老兩書。病困不能搦管。而舟行甚迫。日夕促報書。或有言林子能作小楷者。延之即至。授之草。即濡毫疾書。氣度冲融。旁若無人。如孔文舉當年兎起鶻落。筆不可攝。如小王令家法。益知其爲國器矣。其後潜心學業。詩辭益清俊。筆意益宏肆。戊戌冬向余歎曰。居此地而讀書奏雅樂於重譯。表龍章於標壤耳。奈家貧不能作別業何。余廣之曰。諺云。孳孳力田。必將逢

年。但患不讀書。不患讀書無所用也。子其勉之矣。去年冬。妻木鎮公來鎮茲土。能遴才好士。羅致幕下。朝夕刮磨之。豈患匠石之弗顧。暗投道路。而爲人按劍哉。今鎮公巳任滿當報命。因欲携之往東武。而問序於余。夫東武固材賢之藪。而璣璧之淵也。吾素聞日本國如古燕趙之風。燕趙古多悲歌慷慨之士。今悲歌之聲形。震吾耳。溢吾目。久矣。其亦間有慷慨之士乎。有則子爲我告之。無則爲我慱

訪之也。其有若黃金五百斤買駿馬之骨。來千里馬者三乎。其有若振垂絶之弱燕。殄二萬乘之强齊。返磨室之鼎。植汶篁之竹者乎其有立義不侵然諾。爲行不使人疑之田光先生乎。其有風飄易水。日貫白虹之荊卿乎。座客泣下沾襟。筑擊秦皇帝。如高漸離者。義烈也。亦有完希世之璧於虎狼秦之庭。而自屈於廉頗者乎。亦有屋瓦盡震。解圍閼與之馬服乎。穎脫囊中。不肯碌碌因人定一言於

強敵之前。左手奉盤盂。右手招同列。能如是者。亦國之光也。東却林胡。北逐匈奴。大將若斯。亦國之幹也。其有邯鄲旦夕且下。平原東手橋舌。而義不帝秦。欲蹈東海。若魯連先生者乎。仲連非趙産。客於趙。而能使趙焜煌至今。眞人傑也。古者屠狗之徒。慨慷激烈。使千秋萬世。生戴乘之光。豈今者鐘鳴鼎食之豪徒品題於龍團雀舌。傳詫素甆而已哉。其必有希世之英。如古人之炳炳琅琅者。又聞此

地多博聞強識之士。胸羅今古，足以匡其君，而華其國者，有則亦以告焉。恨吾匏繫於此，不能一觀其盛。儻能身接之，亦足以慰十七年之饑渴，而自信其耳目。聊於吾子之行，致之意焉而已。子其亦益自懋勉，至彼則無更患寡陋。特養其干霄之姿，而發其徑寸之光，炤車前後十二乘，以為知己榮哉。

宗廟圖序 為加賀中將菅原綱利作

其一

此圖一本之太師潞國公文諱彥博之廟圖，參之以晦菴朱夫子之古今廟論，及唐開元禮。潞公一代偉人，其所與遊，又多當世名賢。然猶不敢自為廟制，必俟西鎮長安，訪杜岐公之遺範，而後為之。二公乃天子之師傅三公。與元侯微有不合。然天子之卿視侯，大夫視伯，相去一階耳。不得不以此為準。又二公之廟皆傾圮，無從得其寢制。大夫之廟尚有寢，寧有公侯之廟，而無寢者。自廟以前，一一咸備。釋菜烹割，行列整齊。主賓工祝，齊宿鱗次。然廊廡迂迴，則視聽訛繆，甬道太遠，則奔走煩難。蓋二公未嘗開社，故不妨為之。今也分茅建國，禮繁事重，則有異焉。且二公之廟，皆同堂異室。潞公又三門曲徑，禮制非宜。故不得不稍為增損。禮寢無兩廡。詩曰：奕奕寢廟。奕奕者，聯屬之辭。安得於寢獨為單露禮。竈在大門之南少東，未得其作法之意。然此大賓入門之路，肅雝之所，雖執爨踖踖乎，恐

不免煩囂。茲則暫移於室內，餘則悉倣古今之禮，未敢憑臆以擾之也。

此圖但言夫禮之大常耳。然地有廣狹，勢有不便，則當通融為之。即如魯僖公、武公及群公之廟，皆在公宮之東。桓公、僖公之廟，乃在公宮之西。宋司城之廟附於南牆，豈能復遵常度。鄭子太叔廟在道南，寢在道北，夫豈得為而不為。蓋限於地勢，不能復循昭穆之故也。故曰地有廣狹，勢有不便，自當通融為之。

其二

宗廟之禮。絜粢盛。辨醴齊。薦廣牲。謹烝嘗。事死如事生。事亡如事存。此因然矣。而序爵序事。旅酬燕毛。即所以教子姓教臣民也。是故君子將營宮室。必以宗廟爲先。是宗廟急於宮室。重於宮室也。故曰。國之大事。在祀與戎。然而宗廟之事。非一端矣。邦君之一出一入。或告於禰。或格於祖。或布於祖禰。其大者有事於其宗及其太祖。出簡車徒。入數軍實。飲

至策勳。皆於廟焉行之。爵祿慶賞皆於廟焉行之。若曰先君之祿爵。吾不敢以私諸人。吾不敢不與賢者能者共之也。書曰。佐我烈祖。作我先王。用命賞於祖者是也。夫如是。不必入廟而思敬。時時皆有臨之質之者矣。不俟奏假於無言。事事皆若見乎其位。聞乎其容聲矣。故曰。明乎郊社之禮。禘嘗之義。治國其如示諸掌乎。明乎斯義。諸侯寧有異乎。夫如是。豈特犧牲玉帛祝史陳辭而已乎。書曰。黍稷非馨。明德惟馨。此之謂也。

其三　五廟圖序

僕微賤且固陋。罕交當世王侯。追憶生平諸侯王諸侯之所知識者。僅十一人。而卿相不與焉。蓋明室之制。卿相之子。不學則爲庶人。雖任子乎。大者司丞。次者部屬郡倅。次者京府幕僚而已。亦如太祝奉禮。禮非以大夫祭以士。未有立廟以報本萃渙者也。非若有土之君。五等雖有尊卑。舉皆世世承襲。得建太

祖之廟。爲祧爲祔。亦非如唐宋之制三品以上得建三廟四廟。是故諸侯之禮。僕未之學焉。即此十一人者。強半近代新爲封建。未崇廟貌。即如周藩越國之類。雖有宗廟。自非朝聘燕饗。不得入而觀焉。非如孔子之可以每事問也。歷考經傳所載。及前賢議辨。於天子之廟。則群買聚訟。於公侯之宮。則罕能詳備。無所憑依。於何祖述。是以五十川剛伯。奉將明命。欲爲作五廟之圖。夫作之非難也。作之

而不可行是秕稗也僕雖不肖乎安肯以身爲秕稗苟且作之而遂行之是綿蕞也違於制戾於禮以欺一時之耳目其能免百世之下之君子所揶揄而辨說乎僕故恐懼慚惶再三辭之辭之而不獲因語之曰必欲作之當令博聞洽見之儒數人過此往復論議共相商確以成盛典又不獲命不得已采其散見之文訂其雜糅之說酌古準今建爲此圖本乎古而不泥於古宜於今而不狥乎今尼

而不可行者去之淩而晦其義者闕之不上陵不下此不過隆不苟簡對越可以於此肅駿奔可以於此承大政可以於此行民德可以於此徧交際則有威儀主賓不至煩亂大約以時王之制通百代之規也今秖刱一草本特爲奉覽尚煩博雅好古之君子能知先王立法之意不爲殘編斷簡所束縛所迷繆者通其義而駁正之惟期相與以有成爲貴國萬世之宏猷也若遂以爲一王之制則吾豈敢則吾豈敢

以上廟圖雖用日本格式亦無不可必欲以中原之制布其几筵榱桷須命土木大匠親來口爲指授其橕樑柱礎析枅戶牖拱斗欂櫨椽花門檻側線鋪墊之屬嗣容爲圖以授之但日本屋宇飲食二事猶存質樸饒有古風愚雅不欲彫琢之大明之制房舍之壯麗者用灰布油漆五彩金裝恐與國法相違且清廟茅屋惟取嚴整不在華美尚析高明裁

酌

○記

勿齋記　爲加藤明友作

生知安行者古今之所共貴而人生之所大願也繇此而躋於聖神無難矣然生而齊聖廣淵者曠代而不一見而世不乏聖人大賢者曷故哉或者作聖有其道而不必盡出於生知安行哉世人不乏聰明特達之士然高自位置斁蔑彝倫夷猶傲睨蕩檢踰閑好異

厭常離經叛道或反爲名教之罪人者又曷故哉此誠作聖有其道而不必盡出於生知安行也書曰惟聖罔念作狂惟狂克念作聖又曰念茲在茲釋茲在茲名言茲在茲允出茲在茲可以知作聖之道矣然世之學聖人者視聖人太高而求聖人太精謂聖人之道一皆出於自然而毫無勉強故論議臻於窔廓析理入於牛毛而究竟於聖人之道去之不知其幾千萬里已幾千萬里而已也容有

至之之時卒之馬牛其風愈趨而愈遠是皆好高喜新之病害之也古今之稱至聖者莫盛於孔子而聰明睿知莫過於顔淵及其問仁也夫子宜告之以精微之妙理入於言思俱斷之路超越於惟精惟一之命方爲聖賢傳心之祕何獨曰非禮勿視非禮勿聽非禮勿言非禮勿動夫視聽言動者耳目口體之常事禮與非禮者中智之衡量而勿者下學之持守豈夫子不能說玄說妙言高言遠哉

抑顔淵之才不能爲玄爲妙騖高騖遠哉夫以振古聰明睿知之顔淵而遇生民未有之孔子其所以授受者止於日用之能事下學之工夫其少有不及於顔淵者從可知矣故知道之至極者在此而不在彼也吉永守藤君素好學有志於四勿也以名其齋因號勿齋勿齋公雅欲有浚郊之貴而余辭之初見於竹洞野太史所以春秋之例律之斯遇也非見也非會也士大夫相遇自有禮矣不得

輕有所請謁也奈何以勿齋請余爲之記也余未知其人不得其生平亦何得輕爲搦管妙賈人之衒其玉而求售也抑其心久厭夫高遠玄虛之故習茫如捕風一旦幡然欲得余言以證其生平之志中庸之德乎或亦知道之至極者不在於生知安行而偏在於學知利行及勉強而行之者乎先民有言詢于芻蕘勿齋有之矣狂夫之言聖人擇焉余亦有之矣余常患不得使天下之人皆可以爲

堯為舜奈何。問焉而不對，舉焉而不詳，而必以士大夫相遇之禮律之也。勿齋其念之哉。念茲在茲，其尚有非禮者得以干之哉。毋舍四勿之功力，而膚言仁之體用已。藤公名潛，字子默，官朝散大夫，住石州吉永守。

立菴記

寓內有三不朽：太上有立德，其次有立功，其次有立言。夫立言豈聖人之得已哉。蓋聖人以拯救天下為心，德無其位，功非其時，不得已徒託之空言，庶幾後之君子讀其書，勃然而興起，修其德而建其功，與吾身親見之者一間耳。誠使德澤被於生民，而功烈著於天壤，又何為以言自見哉。然而大行之日恒少，卷藏之日恒多，故不若藝慎於仁術，而業擅夫專門，起不起之沉痼，保殘喘於生全，功也。儻進而求之，居然不謀其利，不計其功，而一以濟人生物為心，是即所謂德矣。雖功有小大，德有偏全，夫孰非立德立功之類也哉。昔

孫思邈功侔造化，德動天地，夫孰非斯術也哉。吾故以記立菴云爾。立菴氏奥山，諱玄建，師承於法印交泰院井上玄徹，其術業之精，夫固有所淵源也，非偶然矣。

子中記　為白井伊信作

子之志亦大矣，乃慨然有意於中乎。子將以何者為中也。吾譬之百里之程，吾十里以為中乎。然則行百里者半九十，中果何在乎。又譬之百鈞之衡，五十鈞以為中乎。然則百鈞之重，加之銖兩而移，其義無所取乎。言寬猛者，中將在於不寬不猛之間，猶之可也。論敬肆辯上下，而謂中在於不敬不肆、不上不下之際，適足以為笑矣。是皆所謂執中也。執中無權，猶執一也。繇是觀之，擇中在乎能權矣。權者，游移轉徙，無往而不得其中者也。孔子曰：可與共學，未可與適道；可與適道，未可與立；可與立，未可與權。權豈易言哉。又曰：中庸之為德也，其至矣乎，民鮮能久矣。中豈易言

哉。子但篤志於學。擇取乎中。得一善則服膺而弗失。亦可以庶幾矣。故曰取法乎上。僅得乎中。子其勉之哉。

德始堂記 爲奥村庸禮作

穆叔論三不朽。謂太上有立德。旨哉其言之也。德乃生而自足。然必立而後成。子不能以庇諸父兄。父不能以俟諸子弟。必也身自基之。身自進之。若曰非我始之。則無所於始爾。然而江河溝澮。不同量矣。泰山丘垤。不同高

矣。是故德厚者。流先。德薄者。流卑。賢其勉而進於其厚者乎。世間凡物。皆如逝波。惟此其不可誣。不可泯滅者也。去秋議及於植德。賢迺慨然有夷回踟躕之感。殆非也矣。賢其佐理興治者也。不當以此權盡委之天。以此咎盡歸諸天也。余平生不欲曲於人。容有齟齬。自流離喪亂以來。二十六七年矣。其瀕於必死大者十餘。侶乎呼吸之間。可通帝座。其有能知之人。乃偏在於庸愚。故恒以此自信也。

是故青天皦日。隱然有雷霆震驚於上。至於風波嶮巇。傾蕩顚危。則坦然無疑。蓋自信者素耳。今與賢之相知也新。而又語言不能通。不當有明珠按劍之舉。萬一他時復有晤期。更當掀髯抵掌。援古引今。以徵其必然也。向欲顏其退食之堂。而問名於余。余遂以余之自信者告之。故曰德始堂云爾。

典學齋記 爲古市務本作

人之所以必資於學者。何。蓋前人之學也已

成。所以著之即爲教。後人之學也。未成而求成。因以循古先聖賢之道。而爲之。斯爲學。學之於人也。其執柯伐柯也乎。今人以學爲戲邯鄲之步履。優孟之衣冠。皆爲學矣。或者以學爲市。脩其天爵。以要人爵。既得人爵。棄其天爵。皆爲學矣。無怪乎終身爲學。終身未之學也。夫學者所以學爲人爾。子臣弟友。皆爲學之地。忠孝謹信。皆爲學之方。出入定省。皆爲學之時。詩書執禮。皆爲學之具。終身處於

學之中。而一心越於學之外。欲求如古先聖賢也。其可得乎。玉不琢不成器。人不學不知道。始之於典學也。一息尚存。此志不容少懈。終之典於學也。終始典於學。而學有不成者乎。歌焉誦焉泳焉游焉。而學有不典者乎。至於不知手之舞之足之蹈之。則與學化矣。所謂入芝蘭之室。久而不聞其香者也。夫典者常也。憲也。謂一念離此。無以爲法。九峯先生謂常在於學。是猶與學爲二也。吾子資質溫

淳。學之無有不至。昔者自謂性非善。亦非惡。豈有學焉而爲不善人者乎。特患志意未定。當以論學取友。親賢進業爲務。其母納履於鮑魚之肆乎。清原季敬名務本。初及吾門。遂從其君而北歸。何以贈之。畧舉爲學之大意。以道其行云。

端亭記　爲辻達作

晩世好通方。因而尚圓融。尚活潑。尚脫灑。尚蕭踈。遂至於尚軟熟放曠輕佻。凡此皆詭隨縺綣也。而文之以美名。蓋未有以端名其居者。今子獨以端顏其亭。而以記爲請余。洩訝焉。而還門人復訊之。則惟曰端正之義云爾。夫以端方嚴肅。而處員通活動之世。不幾昂歟之好乎。圓底而方其蓋。鮮有合者矣。圓枘而方其鑿。鮮有入者矣。子何取焉。吾欲揚其美也。吾一生坐此病。而復以此贅子。則爲人謀不忠。吾欲糾其誤也。勉吾子改途易轍。而合同乎世俗。則告朋友不信。將如何而可。雖

然。易曰。直方大。又曰。敬以直內。義以方外。凡此皆所以爲端也。夫豈不義而聖人言之。

○志

高枕亭志

水戸侯宰相上公。於都城之近郊。新築別館。茅茨土階。踈檽越席。不欲殫民力以壯遊觀。不欲極土木以開侈靡。不惟不欲而已也。兢兢焉實不敢出乎此。遂顏其亭曰高枕。每觀省之勤勞。息馬蹄於是墅。及是時之間暇。察

政刑於民風。恒思皓月當空。烟波靜盡。婦子寧止。百室阜盈。竹柏之影。盡成荇藻。松栢之幹。雅堪棟梁。美富中函。非復遜荒之境。藩垣飭治。豈猶草昧之初。於是惠風和暢。對月勸酬。與二三臣工。叙往事。説勤渠。闢閉塞。翦蓁蕪。鋤非種。植嘉禾。是穮是蓘。必有豐年。實穎實栗。以開家室。於是飲酒樂甚。陶然竟醉矣。下莞上簟。乃安斯寢。無營無慮。一枕黑甜。於都樂哉。客有從旁而竊聽之者。讓余曰。子之

言無乃啓怠荒而貢諛乎。吾子直聲震於中外。側聞信義之著。於今五十餘年。茲乃化爲繞指耶。吾聞之。天生民而立之君。將使其憂勞百姓也。豈使之安意肆志於臣民之上哉余謝之曰。敬聞命矣。子之言然乎。然未達也。諒矣。而非信也。夫高枕者。治定功成。慮周理得。心曠神怡。而後能爲之者。非可一蹴而至也。世方淈泥揚波。而公之志獨潔。世方餔醩歠醨。而公之性不嗜酒。設使此邦之中有顛

連而無告。四境之内。有究抑而莫伸者。公能偃然而高枕乎。長道有未順。羣醜有未屈。克明其德。未盡其所以詒孫翼子者。公能偃然而高枕乎。無寧惟是公屬尊而近親。曲高而和寡。設使廟堂之上。一德之未孚。一事之失理。公雖欲偃然而高枕。其可得乎。茲之所云志也。而非事也。遠期之也。而非遂爲之也。子觀之跡象之粗。而不諒夫制行之高卑。攷諸説文之義。而不徵其襟期之遠大。余故曰未

達而未信也。客乃面熱汗顏。瞿然而覺曰。吾小人也哉。昧於道之腴。而泥之膚革。是猶鳳凰軒翥於車霄。而吾謂其搶於枌榆籬落也。吾陋矣。而今而後。請執鞭以事子。竊子之餘。以淑吾身。而因懐以事吾君也。

○規

諭安東守約規

儒者之道。振古鑠今。極天際地。仲尼日月。無得而踰。然而亦有不行不明之時。則浮雲風

霾。薄蝕之也。終不能奪其炤臨之體。若夫天有二日。則天下亦應有二道。若夫今古有一踰於天日。則天下之爲道。亦應有踰於仲尼。仲尼之道。如布帛菽粟。誠無詭恠離奇。如他途之使人炫耀。而羨慕。然天下可無雲綃霧縠。必不可無布帛。可無交梨火棗。必不可無菽粟。雖有下愚。亦應明白而易曉矣。奈之何擧世騖狂瀾白波。雖然明而行之者。其常也。自非上智。必有感而動。若能不待文王而興。

則安東省菴眞豪傑之士哉。

諭五十川剛伯規

師弟子事重。不可草草。五倫之中。惟父子兄弟爲天親。而君臣。夫婦。朋友。皆人合。故國君進賢。如不得已。而婚姻之始。各擇德焉。朋友。則志同道合。然後定交。然朋友尚可徐徐而契合。至於師弟子。今日一拜之後。更無還變。故須審察明白。然後擇吉。行禮。萬萬不可苟且造次。不佞有四病。一則學疎。不佞三年讀禮。來日本二十四年。目不見書史。在他人十三年之前。不知學問加已二十七年荒廢。則四十年矣。四十年之後。血氣始衰。在下壽。爲一世矣。豈非學疎。二則德薄。昨自下人干犯邦憲。是德薄不能化下也。三則太眞事事不肯模糊聊且。四則太嚴。待弟子不肯放寬循情。而弟子須有四德。而聰明不與焉。一則實。不實則不誠。如作室而無基。雖有楩楠豫章凌雲巧構。無地可施。二則虛。不虛則先自滿

假。教之亦不能受。甘受和。白受采。不甘不白。鹽梅黼黻。著於何所。三則勤。讀書全要精勤。懶惰遊戲作輟。必無有成之理。四則恒。士子第一要有恒。人而無恒。不可以作巫醫。況乎學問修身。爲第一等事。若希冀近功。必非眞心實學之人。先要撿點此四者有無。然後可以言學。若無此四者。雖一日十行。過目成誦。亦自無用。故曰聰明不與焉。

○箴

敬齋箴 并序

晚世人心不古。政教陵遲。俗尚浮華。民懷苟簡。搢紳㠯蕭踈玄遠爲高致。細人鄙矜持重愼爲俗流。君相不致淩憂。方且共相崇獎。自古及今。未有去其敬愼而日就安偷。而足稱休明郅隆之治者。晉人飾虛夸樂放曠。是㠯永嘉遂至淪胥。秣陵終於不競。有識之士。早爲黍離麥秀之憂矣。春秋左氏傳。記臼季之言於晉文公也。曰敬德之

聚也。能敬必有德。德㠯治民。臣聞之出門如賓。承事如祭。仁之則也。周內史過告襄王曰。敬禮之輿也。禮國之幹也。不敬則禮不行。禮不行則上下昏。何㠯長世。夫敬爲德之聚。則百爾德行。皆萃於敬矣。敬爲禮之輿。則三百三千。皆一敬載之而行矣。顧不重歟。不惟霸者爲然。王者亦有之。三王之盛。莫盛於文王。詩云。穆穆文王。於緝熙敬止。是㠯雝雝在宮之時。亦肅肅而在廟

矣。無時無地而不敬。今按不敬上疑逸無字斯眞能緝熙也。敬之道不二。其用敬之爲道。亦不一名。譬之水然。隨物賦形。因方而或㠯爲珪。遇圓而或㠯成璧。是故爲人君則止於仁。爲人臣則止於敬。爲人子則止於孝。爲人父則止於慈。與國人交則止於信。仁也。敬也。孝也。慈也。信也。無非一敬之所爲也。繇是推之。無德不備。無一非敬。安所往而不善哉。前此五百年而有成湯。則聖敬

日躋。顧諟天明命矣。前此四百餘年而有大禹。則祗台德先。后克艱厥后。臣克艱厥臣矣。不惟王者爲然。帝者亦有之。五帝之盛。莫盛於堯舜。堯之欽明允恭。光被四表。舜之溫恭允塞。玄德升聞。世所稱堯兢舜業者是也。故上而二帝三王。下而五霸㠯至冀野之匹夫匹婦。其人之足㠯垂世立教者。皆主於敬而已。陶士行惜分陰。成功名。嘗謂安有亂頭養望。自命宏達者耶。旨

哉其言之矣。是故孔子曰自天子以至庶人，壹是皆以修身爲本。而子思子引不顯惟德之詩。而曰君子篤恭而天下平。是在當事者加之意焉爾。因爲之箴。

人之爲德。莫大於敬。罔念作狂。克念作聖。一心內存。百體從令。夙夜匪懈。習慣成性。安肆日偷。莊敬日彊。喜怒言論。謹愼端詳。精瑩渾璞。金玉其相。文生於質。追琢其章。天子能敬。萬國歸仁。民淳俗厚。風動如春。公侯能敬。敷

政優優。兆民有賴。荷天之休。大夫執事。敬貴身先。爲民最率。孰不勉旃。賞僭則濫。刑過則淫。善人是懼。奸宄生心。成人小子。惟敬爲事。子臣弟友。君子道四。庶人之敬。節用謹身。勤供租賦。善養二親。敬之維何。守謙執競。內敬其心。外敬其行。衣冠瞻視。雖曰威儀。奇衰佻達。何德不隳。動靜云爲。表裏如一。念茲在茲。罔敢暇逸。存養省察。有初有終。端本範俗。垂教無窮。

座右箴　爲大村因幡守純長作

來諭，貴國近世無眞儒。故使異端邪說。日新月盛。此誠世道之深憂。然亦理勢之自然。無足怪者。臺下欲學聖人之道。是欲以聖人之道。驅除之也。是也。瑜誠敬服而翹首以望之矣。夫亦知所謂道乎。道無定名。故假於道路之道。以爲名言。天子諸侯啓之。而卿士大夫遵之。庶民由之。聖人賢人由之。而愚夫愚婦亦由之。故謂之道也。今既無聖人賢人

以由之矣。天下之路。豈有曠絕之時乎。自使異端邪說由之耳。故曰理勢自然無足怪也。司馬溫公曰。天下之財。止有此數。不在民則在官。吾亦曰。天下之道。止有此數。不入於正。即入於邪。然此非君相之言也。君相者。造命者也。主張理道者也。臺下專制一方。殺生予奪。皆出於手。即不能化鄰國。而不爲異。奈何不能制所制之方。而亦使之入於異端邪說之手。亦知異端之所以爲異。而邪說之所以爲

邪乎。是非曰聖人之道懸其鑑而平其衡。則無由熄其焰而除其害矣。臺下既務其遠復恨明師之鮮。果師之難遇乎。抑求之未得其道乎。郭隗曰。今王將東面目指氣使曰求臣。則廝役之材至矣。南面聽朝。不失揖讓之禮。曰求臣。則人臣之材至矣。西面等禮相亢。下之曰色。不乘勢曰求臣。則朋友之材至矣。北面拘指。逡巡謙退曰求臣。則師傅之材至矣。古人曰西為上。故其言然爾。求臣而得師尚

如此。況明明而求師求傅者乎。非惟晩世之君為然也。周公聖人也。文王之子。武王之弟。而當時天子之叔父。所下之士。七十二人。而身所進食飲者三人。如此勤曰求之。有不得師者乎。故周公之才之美。至今稱焉。此惟周公之能自得師。然後聖人之道明。聖人之道行。詩曰彼徂矣岐有夷之行。尚何異端邪説之得闖其藩而溥其害。況敢言日新月盛哉。是在臺下加之意爾。勿徒飾求師學道之虚名而厚誣於天下。曰吾求師而不得也。

子敬箴　為山鹿素行軒作

問學如何。徵乎素行。素行如何。希賢希聖。匪敢僭踰。勉承來命。堯舜可為。人皆此性。儒道非難。養至德盛。懿美內涵。聞望外令。文武張弛。維人無競。温恭誠允。端莊靜正。不在他求。是在子敬。

舜水先生文集卷之十六終

舜水先生文集卷之十七

門人　權中納言從三位西山源光圀　輯

男權中納言從三位　綱條　校

○贊

神農像贊三首

不能行二帝三王之道。而率蘇上古。不能遵周公孔子之教。而遠邈神農。其亦丹青之家之好爲龍虎乎。然播厥百穀。而烝民有粒食之慶。辨茹藥物。而生人捐疾疢之憂。功在萬

世。又胡可得而泯焉。

二

誕降嘉種。樹藝五穀。五穀熟而人民育。兆民免茹毛飲血之苦。遠爪牙角距之害。其功猶小。至於五品親遜。百行聿興。開物成務。裁成輔相。俱於農焉基之。其功豈不侔天地哉。乃聖乃神。未足揄揚其烈。其心猶以爲未慊也。手不釋耒耜之勞。口不釋㕮咀之痒。且遇七十二毒。而不悔。較之股無胈。脛無毛。其桎梏

天下者。孰多哉。

三

穀居六府之殿。實總三事之權。非穀則生無以厚。用無以利。而德無以正。今按。正疑當作立。此生之常也。若夫生之變。則非粱肉之功矣。是故通之於飲食之外。窮之於草木金石之間。品其寒熱溫涼之性。調其君臣佐使之宜。所以衞民之生也。農則神而藥則師。聖人之憂民。乃如此哉。

太公望像贊二首

作聖以德。其次以才。然亦有時與命焉。讀太禮尚賢發啓順啓。諸書。允師允尚允父矣。獨何以不大用於帝乙。承烈傳巖。乃巧藉於商辛。同功伊鼎。非時有遇有不遇哉。使僅賦以中壽。不有東海。西伯以發其光。則朝歌之屠夫。磻溪之釣叟已爾。彼躬聖人之德。具命世之才。而名湮滅者。豈惟一人。赤烏啓瑞。青社傳家。莫非天也。

二

太公望爲朝歌之佐屠老婦之出夫而棘津送客之舍人亦奇窮矣一旦達而爲帝王之師遭際豈不異哉禮者發揚蹈厲世傳三略六韜侶乎謀勇兼資之士至於大禮上賢發啓順啓諸書吾受而讀之非聖人不能幾此及天子齋沐而問道公南面而告之也曰敬曰義曰勝未嘗有幽深玄遠之言以驚世駭俗後之鶩爲驚世駭俗之言必其內之不足者也

周公像贊

自周公沒而聖人之道不行非無聖人也聖王不作則聖人之道不可得而行也龍興而致雲雕虎嘯而清風生蓋儒者之道必有藉乎時與位之大人矣故曰雖有其德苟無其位亦不能作禮樂焉孔子志大道之行而哀周不可爲因自傷曰久矣不復夢見周公余少也悅周官周禮慨然欲親見之不幸罹此大故來棲而東乃於此拜公之威容儀表袞衣在東赤舃耀日意者夢見之乎公之時箕子居朝鮮八條之教興至今有遺風焉近者日國敦詩書說禮樂禮樂詩書周公之道也君能修而明之其治豈有量哉

聖像贊五首　子在川上圖

往而不可返者年也至而不可加者日也盈科而進成章而達苟爲無本涸可立待大禹聖王致惜寸陰孔子聖人興懷流水學者悠

悠歲月逝而弗悔亦獨何歟

二

前乎此者無仲尼則堯舜之道際衰周而絕後乎此者無仲尼則物則民彝至於今隕滅集百王以成大匯文明而濬哲若乃日月晦而嘉種鋤吾懼陰曀曀而莠桀桀有志者欲明明德於天下奈何使夫聖教之淪於銷蔑

自評聖教至今其不墜地者如綫矣帋恒有感故因是以發之

三　應鍋島伯養之需

比隆唐虞。庭幾昌而熾與。左麟右鳳。夫孰非夫子之志歟。朞月而可。三年有成。何終莫之試歟。天不能自悲。而夫子悲之。人不知自憫。而夫子憫之。當年不能彈其蘊。而萬世乃受其賜與。

四

世之人艷稱聖人。可旦暮而弋獲。而夫子之道。必繇家庭日用。君臣父子。達道達德。身體力行。銖積寸累。善信美大。而後幾於聖神。則頻與漸相萬萬也。世之人競談禍福功罪。可顛倒於俄頃。而夫子之道。必曰人心道心。兢兢業業。不敢逸豫。不敢怠荒。於是乎有諍臣諍子。嚴師益友。補其闕遺。拯之大道。而後臻於粹美。其有作不善者。不惟降之百殃。而且孝子慈孫。百世不能改。則懼與恃相萬萬也。宜乎不爲世之徼倖欲速者所喜也。幸而夫子之道。事事有據。言言可徵。如取火於燧。而取水於方諸。不爽錙銖毫髮。有志於治國平天下者。舍此其道無繇也。不然。其爲世所弁髦敝屣而唾棄也久矣。

五　并序

仲尼之道。大則則天。明則並日。有志以援溺。無位而憂時。表章六經。丕承七聖。覆冒八荒。焜煌九有。豈形容彷彿之可肖。語言文字之可盡。支流小道之可擬議哉。然在中國。帝王之治。或有盛衰。則仲尼之道。固有明晦。況在日本。國小而法立。氣果而輕生。結繩可理。畫地可牢。前乎此。未聞有孔子之教也。故好禮義。而未知禮義之本。重廉恥。而不循廉恥之初。一旦有人焉。以孔子之道教之。行且民皆堯舜。比屋可封。寧止八條之教朝鮮而已哉。近於海舶中多購得書。珍藏者侈爲美觀。記誦者亦成書簏。其君其相。及其通國之豪傑。均未聞有作而興之者。瑜今年從交趾復來日本。得

崇信仲尼者三人焉，其二乃在父子。夫家學淵源，貽謀式穀，誠非異事。然其俗尚浮屠，千年沈錮，而獨有此二人者，卓乎特立，眞乃是父是子矣。易曰：鳴鶴在陰，其子和之。書不云乎：厥子乃弗肯堂，矧肯構。劉歆之學，尚叛其父，況在徼外之國哉。瑜深嘉之，因其請而樂爲之序。不有仲尼之序〔按今序字疑訛〕，進秦楚者在乎。贊曰：

一幅裝軸，一幅片紙，一般手筆，一樣形似。不

畫如來，廼畫孔氏；不念彌陀，乃誦經史。是寧子以義其父，抑將父以傳其子。惜乎我將西歸，勿勿行李，未得見此兩人，命其函而提其耳。有日大道昭明，胡能舍爾橋梓。

聖像合圖四配贊

孔子集百王之大成，道則高矣美矣。然則其道可能乎？不可能乎？不可能也，則及門不宜有顏曾，而私淑不宜有孟子與。如可能也，則至親莫如父子，何以不傳之伯魚，而子思子復於曾氏得其宗？可見好學與不好學，存乎其人矣。非天之所得而私之也，非父與師之所得而私之也。

顏子像贊

顏淵躬上聖之資，裕不改之樂。孔子宜授之以異書，其舉之也，宜稱其絕德。何以謂顏回者好學，不遷怒，不貳過，平平爾。其問仁問爲邦也，宜教之以存養之精微，康濟之鴻畧，何以曰克己復禮，非禮勿視聽言動而已。夏時

殷輅，周冕韶舞，放鄭聲，遠佞人而已。於是知聖賢要道，止在彝倫日用。彼厭平淡而務空虛玄遠者，下者心至顚蹶，上者亦終身淪喪已爾，究竟必無所益也。

曾子像贊二首

生而知之者上也，而參則曾矣。顏淵不幸，不得究其業，其餘聰明特達者，孔門不可勝數，而曾氏子獨得其宗，其傳明德新民止至善也。使堯湯文武之道光於日月，開天道人道

仁義性善之統當時固無有與之頡頏者已
道可以順天下和萬民可以自見於世矣乃
縕袍無表二句九食而棄楚國之相如敝屣
不賢而能之乎蓋資深而逢原惟在乎傳習
之明強而不係乎生質也

二

奉親思孝而至孝莫大乎養志立身思修而
脩身莫先乎誠意二唯獨得其宗百禮咸求
其備幾克復以齊蹤落中庸而肇仁義切磋

磨琢以祈新德自明而善自至

孫武子像贊

闔閭吳之英主也孫子以羇旅之臣非有拊
知之素遽斬其王之二寵姬眞有令人不可
解者楚亦霸國之餘烈三戰及郢遂無堅城
則十三篇非紙上之兵矣全國爲上破國次
之百戰百勝非善之善是豈野戰爲雄者哉
道者令民與上同意可與之死可與之生而
不畏危也豈易言之駸駸乎幾於儒矣

蕭丞相像贊

劉項相距數年惟軍儲爲最至而後繼亦不
容緩鄭侯留守關中飛芻輓粟給繹軍前料
簡丁壯前後續發宜乎百姓罷敝喪其樂生
之心已而乃家自勸輸人自赴鬪如趨父兄
之急此其附衆之才眞有大過人者且也目
下進賢力舉大將登場之日戮其僕馬將軍
負韓厥之能而丞相有宣孟之風矣用能混
一函夏開漢家四百年基業功居第一誰曰

不然

留侯像贊三首

賢君仍作善政猶存則摧陷之者難爲功若
水深火烈則廓清之者易爲力秦炭積熱之
勢又益之以咸陽三月之火僅得中材亦可
因時而奏其效況留侯之於漢祖所稱天授
者乎阮籍之言曰此時天下無英雄故使豎
子成名耳余深賤其言然亦不足怪矣子房
陰謀祕計必多而獨著其躡足偶語嘗錄其

處不傳耳。及招致四皓。又不能竟其用。是果足爲帝師良模乎。其他啗秦將。燒棧道。借前箸。畢之無甚高論。至若善藏其用。則大有過乎韓彭矣。其策畧之士之雄者耶。史稱留侯體不勝衣。貌若婦人。疑其然乎。

二

留侯智謀之士。宜其無往而不洽矣。何㠯與他人言。如以水投石。無有入也。至與沛公言。如以石投水。無弗入也。可爲言聽計從矣。何

㠯還軍霸上。發端於樊噲。建都長安。策始於婁敬。二者國之大事。不當先事而言乎。定儲位。薦賢人。大臣之首務。何商山之幣。亦藉於建成之威劫乎。抑高祖意忌。不如此不足㠯自全乎。故謂之智謀則可。謂之大臣則未也。

三

留侯爲韓報仇。推秦博浪沙中。疑其爲駿偉倜儻之姿。與沛公言。如石投水。無弗入也。疑其有鬼神不測之機。歷觀載籍所記。有大謬不然者。移軍發於樊噲。遷都因於婁敬。迹其生平。大約潛移贊沃之功多。犯顏廷諍之事少。固儲招賢重事也。猶尚㠯術御其君。亦且劫於建成。㠯道格非。固如是耶。漢祖稱三者皆人傑。留侯亦曰。天㠯臣授陛下。其必有故矣。

樊將軍像贊

秦燔詩書。㠯愚黔首。當時非醫藥卜筮之書。家不得藏。人不得挾。故雖有奇才異能超世

之識。無繇誦習先王。而自淑於禮義。舞陽侯起於狗屠。而有大臣之節者三。諫留咸陽。借秦爲喻。一也。鴻門折羽。理直辭嚴。二也。排闥直入。援引趙高。三也。使當時能讀書知義。直可下十蕭曹。而百陵勃。何至㠯椒房爲累。致家國之大故乎。

蘇子卿像贊二首

懦夫視死重。故其節不完。烈士視死輕。故其節不大。子卿視其生。在輕與重之際。故其植

節亦在大與小之間。世人詑其卧起操持節旄盡落。苟非然者。將若之何。

二

子卿嗣封平陵侯。以侍中衘命。以好通使單于。豈有屈節降虜。羨其谷量牛馬。陷其老母生妻昆弟宗戚駢首就戮。而自圖異域之富貴之理。而古今又無問賢愚咸嘖嘖稱道者何哉。然其十九年艱難痛楚無不備嘗。亦可云苦節矣。然不能撿制其屬致副使謀殺單

于之親臣。踈也。不能防閑其子阿附賊黨。以謀先帝託孤社稷倚毗之貴重臣。以移其君之位。耄也。二者皆危道也。君子第獎其功蓋亦謂萬里專征。不錄人過耳。亦有身非奉使矯矯不撓。中和嚴正。以臨大節。使虜君臣動色矜其節義文章。愛之如骨肉。戴之如神明。欽。辭厚禮。以致其大官大邑。而終不能邀其一顧者。視此何如哉。

諸葛武侯像贊三首

自古在昔。得出處之正者四人。專皆席珍以待聘。出爲帝王之師。然或貽鼻祖之譏。或罹幽辱之患。其身處畎畝之中。繇是以樂堯舜之道。主丞感激。遂許馳驅。受任於危難之頃而功成。若左劵者。振古以來。惟先生一人而已。宋儒眩於曲筆。謂先生近於儒者。夫澹泊明志。寧靜致遠。非儒者而何。

二

先生以帝師之才而小用之時也。志不與魏。

意不在吳。則跨有荊益。而止耳。鞠躬盡瘁。成敗則聽之天。集思廣益。責難則求之友。中庸也。非神奇也。伯仲之間見伊呂。指麾若定失蕭曹。知言哉。

三

先生稟至誠之全資。立人臣之極則。而陳壽飆儒小生。不能敷揚其致君定國。垂世立教之美。反旁搜他事。以神其說。又恣意譏評。曰。將畧非其所長。而後之淺昧不經者。蓋張大

其神奇詭怪之術。而先生益晦矣。出處之正關於先生之行事忠君憂國之誠見於先生之二表與下教。即如李嚴廖立終身放廢而不怨反致哀慟摧絶非至公無私而能至於此哉。

陶靖節像贊三首

劉宋取天下於桓玄之手其功奇矣。厥後遂除劉毅劉牢之陰圖諸葛長民而憂懼劉穆之運移典午昭昭然矣先生無可如何故託

之詩酒夷猶以自放存松菊以著其節栽五柳以表其風不必有宋朝佐命晉室遺老之悲。豈先生之得已哉。

二

菊味苦而氣清。不鬪艷不爭妍。惟任傲骨以凌風霜耳不爲五斗米折腰向鄉里小兒蕭然興致與之爲一。斯時獨有仰止高山而已。何能恤其他哉。

三

古今人所貴乎天下士者。以其識時焉爾。力能爲之。(今按此下疑脱一句)力不能爲則潔身而去猶愈也。力能爲之則爲汾陽臨淮西平。力不能回則爲箕微若夫委運會於適然視君父爲秦越則無爲貴天下士矣。靖節先生不能束帶折節解印綬長往賦歸去來辭樂夫天命豈眞居官餘職以傲督郵爲賢哉。(今按餘字疑草書臨字之訛)知幾也。亦猶夫鱸魚蓴菜之思爾袁粲之死。亦奇也。若褚淵者。何以生哉。

杜子美像贊

唐以聲詩取士凡掖庭永巷嬪嬙歌妓。伶官教坊之所歌舞肄業皆是物也。其雋者譜之絃管奏之燕私天子聞其歌而想見其人不啻子虛之於相如也。工部詩爲古今絶唱宜其青錢萬中矣而當時不能博一第豈功名富貴得之不得有命焉而不必盡係乎其才耶。若然則是時爲之主司而按劍者均可以無罪而先是民謡有糊心存撫使瞇目聖神

皇。又何說也。至今膾炙人口。獨據詩壇之上千年以來。未有能與之爭旗鼓者。又何也。此一小技耳。猶然莫之爲而爲。莫之致而至。況乎其爲聖人之道。窮通得喪。治亂否泰。足關乎天下萬世者乎。

周濂溪像贊二首　應原慶順之需

王安石以智慧術數逢其君。爲禍方烈。先生委之不可。爭之不能。是故愛蓮以閒神志。推太極無極以寄肥遯。意深遠矣。後之君子。不

解其故。立得爲之朝。處不諱之世。方且疲精竭神。於先生屋下架屋。何異畫火以祛寒。緣龍而望雨也。

二　爲吉弘元常作

孔子嘗稱仁者壽。良以其靜也。茂叔其靜者乎。萬物靜觀皆自得。茂叔其仁且知。而兼樂與壽之理乎。唐子西之銘硯也。曰。鈍者壽。靜者壽。理也。余質鈍而好動。性恬淡而甚愛人。好動則損神。甚愛人則多事。蓋得失半也。今天假之年。徼倖七十矣。深知已往之非。欲遂凝神畜慮。以全其天。其可得乎。

程明道像贊　爲古市務本作

學貴有用。先生之學則有用。學貴不阿。先生之學則不阿。先生平生仕宦履歷。雖小官必盡其心。必奏其效。是有用也。當新法擾亂之時。不激不詭。及爭差役雇役於朝堂之上。理明辭達。温國不覺自屈。是不阿也。先生其和而不同。矜而不爭。羣而不黨者耶。使當時能

大用之。則幼學壯行者。吾知其庶幾焉。春風和氣。端坐敬修。表遺經於斷簡之中。闡來學於百世之後。則有潞公之題。正叔之序。夫人能言之。又何藉乎余言。

司馬温公像贊　爲奥村庸禮作

先生相女主。元祐之治。至今稱美。使其主有女中堯舜之號。不幸遭王安石前後禍敗。不能有成耳。然婦人女子。皆知其爲司馬君實。及喪歸洛陽。巷哭以過車。生榮死哀。豈人力

所能掩飾耶。使天下有平治之福，則先生有期頤之壽。其治理之所至，寧止於是而已哉。豈復有紹述之慘。豈復有元祐黨人之烈。豈復有靖康之禍哉。然則北宋之興亡，關於先生一人之身耳。吾之所以懇懇言之者，蓋以著君子小人治亂之効，爲萬世人君親賢臣遠佞人之戒，非徒爲筆墨贊美爾已。

蘇文忠公像贊二首 爲松平康兼作

文忠年少高科，佻脫自喜。終以此罹患遷謫

無虛歲。其天才不及介甫，然而有用。理學不及正叔，然而適時。平生仕官所歷，皆有政績，民到於今利賴之。位不足以展其材，遇不足以申其志，惜夫。

二

子瞻曠世逸才，而失之於詼諧笑傲。及出蒞州郡，政績燦然，與俗儒空談道理，當官無尺寸之效者，相去遠哉。觀其內召還朝，太后述先帝之言曰，朕一日爲子孫得二宰相，因而

主臣鳴咽痛哭，撤金蓮炬送歸院，可知也已。至於小人朋比，力肆詆排，則文忠所遇之窮也。可奈何。

岳武穆像贊 爲佐野利尚作

鄂侯精忠貫日，知勇絕倫，武而不黷，文而不靡，蓋其天性然也。九原可作，吾將與斯人而歸爾。其文可以並日月，泣鬼神，而不爲書生雕繪纂組之語，眞文章之獨步也。然當病其時文勝，而謂別有二樣，佳處深見其時議論

多成功少，而言之耳。未及見孝光窮理之世，而長歎及此，侯可爲前知哉。

楠正成像贊三首

忠孝著乎天下，日月麗乎天，天地無日月則晦蒙否塞，人心廢忠孝則亂賊相尋，乾坤反覆。余聞楠公諱正成者，忠勇節烈，國士無雙。蒐其行事，不可概見，大抵公之用兵，審强弱之勢於幾先，決成敗之機於呼吸，知人善任，體士推誠，是以謀無不中，而戰無不剋，誓心

天地金石不渝。不爲利回。不爲害怵。故能與復王室。還於舊都。諺云。前門拒狼。後門進虎。廟謨不臧。元兇接踵。構殺國儲。傾移鐘簴。功垂成而震主。策雖善而弗庸。自古未有元帥妬前。庸臣專斷。而大將能立功於外者。卒之以身許國。之死靡佗。觀其臨終訓子。從容就義。託孤寄命。言不及私。自非精忠貫日。能如是整而暇乎。父子兄弟。世篤忠貞。節孝萃於一門。盛矣哉。至今王公大人。以及里巷之士。

交口而誦說之不衰。其必有大過人者。惜乎載筆者。無所考信。不能發揚其盛美大德耳。

二

好學宏論。尚仁義。務人才。眞國家之柱石。疆場之干城。宜乎叶熊羆之夢。應惟肖之求。用能誓心天地。立推叛逆。以之謀謨廟堂。制勝樽俎。豈不萬邦爲憲。潛消反側耶。以寡制衆。出奇無窮。不戰屈人。猶一節也。賞不酬功。位不稱才。女寵煽於內。權臣擅于朝。大將能立功於外者鮮矣。以身殉節。純臣乎。不爲敵之所喜。而反爲所惜。有國者盍思之。

三

桓桓廷尉。維天挺生。精忠偉畧。智仁嚴明。帝賚良弼。奪人先聲。鷹鸇逐鳥。名立功成。遭時不造。狐鼠爭銜。治公討逆。拜表星征。訏謨辰告。賊不足平。廟算掣肘。血戰銷鋒。矢窮炊盡。氣吞鯢鯨。二難決計。殉國生輕。有雙國士。一姓韓彭。信勇戰烈。白雲英英。

楠正行像贊

禮曰。君父之仇。不與共戴天。齊襄復九世之讐。春秋大之。設以小報大。弱復彊。益又難矣。豫讓不能得志於襄子。申胥所以藉手於闔閭。公乃能建義旗。攻鳴鼓。卷甲倍道。潛師入都。使所報者身踰垣而逃。弟究地而竄。陷忍於其妻。亦足以落姦雄之膽矣。斯無愧於枕戈之志。可以下報其父臨歿數言。是父是子。雖靑年賫志。芳名至今。詩曰。人生自古誰無

死。留取丹心照汗青。其然其然。

鳳凰贊

鳳鳥不至而聖人增悲。鳳今至矣。奚哲人之云萎。覽其輝而下之。曷云何德之衰。

麒麟贊

明主迭興紀其瑞於郊遊。詩亡詩亡。絶其葉於春秋。若獲撫定而攘其迹。豈徒託夫東周。

題燕饗圖

昔之君子。相歡以德。相悅以道。寓其情於幣帛。承筐寫其誠於筐篚唱歎。今德來教所繇然矣。於是化成乎上。俗美於下。休哉。余慨然欲親見之。奈何可悲而不可即也。

題鹿鳴圖

示民欲其不輕。聖賢淑世之心深矣。然惟君子是則是傚耳。雖曰德之不孤。知音者既希哉。是故飲食燕樂足以申情。清歌迭奏。良能寫意。好我而翼之。大道或庶幾乎

題白駒圖

道行德立。吉人深願。必不以長往爲忘。惟不得其志而戀戀棧豆。君子羞之。賢君能深識此義。精意中孚。雲行雨施則沛然德教。放乎四海。豈復有空谷生芻之歎也。

海日圖贊 爲中山風軒作

長夜漫漫。幸而旦矣。然不能無微雲靉靆掩映左右。少焉杲杲而出。陽德方亨則滄溟浴日之功。於是顯哉。此時去海漸遠吾不知其愛戴之誠。與前更自何如也。

老人星贊

老人來自遙夫。衣裳都是別調。皤然睟面盎背。貌古年高德邵。丈夫相顧驚疑。兒子成群讙笑。欲將仁壽躋斯民。特令輝光朗照。

題普賢畫像 爲黑川正直作

我欲言其妙。我與爾不同調。我欲言其非。爾之徒莫能知其微。我欲言其無。丹青業已繪此圖。我欲言其有。荒唐迷謬之談。學士大夫安敢出諸口。爾之號自謂普賢。何如我堯舜

之道可法而可傳。

舜水先生文集卷之十七終

舜水先生文集卷之十八

門人　權中納言從三位西山源光圀　輯
男權中納言從三位　綱條　校

○銘

水戸城鐘銘　并序

夫鐘者所㠯警君臣之逸豫而鼓勵上下於明作者也。洪鐘聲動遠邇咸聞。天子諸侯興求衣問治之思。孤卿百僚振佩玉鳴騶之度。賢妃不必屢會歸之憎。羣士不必聽絳幘之籌爲益弘已。是故天子之都㠯及侯封宮省膠庠省會莫不建焉。下而郡邑莫不建焉。況於水戸大邦哉。今水戸侯參議公好學博古。知此爲邦家重器。君民之急需。於是鎔精金㠯鑄之懸於城中㠯警有位。㠯警庶士庶民。㠯警庶人之在宮者。而先㠯自警其志亦大矣。特其制度之長短大小弇哆。聲音之宏亮悠揚清咽。手揣輕重。未必盡協。然而鐘簴不移夫故物

勤民、發戎於夙興、他日之爲效、豈淺鮮哉。

銘曰。

天開地闢。斯鐘則鳴。萬籟猶寂。鎗鎗震驚。胥衣求治。噦噦鸞衡。君曰咨爾。如何民生。臣曰吁哉。王田民情。文王追蠡。通駿有聲。遹求厥寧。遹觀厥成。丕謨萬禩。永勒鴻名。

文庫銘

兵有機。呼吸變化。爭於希微。兵有要。奇正循環。窮神盡妙。晉將首推預祐。叔子緩帶輕裘。

而元凱號庫爲武。武庫之中。縹緗萬帙。是故陳之則丙丁甲乙。歛之則卷藏於密。

硯銘二首

筆與墨運動役役。惟玆靜安而自適。然欲紀績以庸勳。必藉乎他山之石。

二

硯以文重。文以人重。參贊經綸。龍蛇揮縱。勒名旂常。瑚璉伯仲。苟違斯義。瓦礫無用。

琴研銘

琖節蓄琴無絃曰。但得琴中趣。何勞絃上聲。蓋研磨得趣。則腹中之徽軫自調。擲地即作金聲矣。孔子所謂無聲之樂。意在斯乎。意在斯乎。

竹如意銘

鐵作如意。文事武備。枯竹蛇蜒。天然佳致。雕鏤非工。斧鑿不施。鱗鬣未動。頭角已畀。捉陪手麈。指麾談議。王謝家物。無玆卓異。

麈銘

將帥指揮。三軍司命。進退開闔。謹視號令。靜如山岳。動若風雨。從天而下。敵不及拒。堂堂之陣。正正之旗。呼吸變化。孰測其奇。

〇碑銘

勉亭林春信碑

謚者朝廷易名之重典。自天子天子之子。以及公侯卿大夫。蓋棺之定論也。其他優卹特予。不在此限。是故一字之褒。榮於華衮。一字之誅。嚴於斧鉞。所以錫泉壤之光。所以操激

揚清濁之柄所以通慶賞刑威黜陟之窮者
也。例以屬纊之後既殮之厥明成服。喪主與
典喪。裒輯其父祖生前行事。不文不飾。不次
謂之行實。喪主率諸子若孫。捧冊匍匐。稽顙
泣血。懇請於鄉先生之德業隆備。言足為當
世所尊信者。以為之狀。鄉先生辭之不獲。而
後允其請。據其事實。又復考覈鄉評。采其實
而信者。補其逸者。芟其冗者。削其虛而闕其
疑者。撰次而潤色之。謂之行狀。上之撫按監

司。撫按官具題特請。一面咨呈禮部。禮部牒
儀制祠祭等司。一面咨送吏部及太常寺。移
會禮科等衙門。吏部牒行考功稽勳等司。一
面移會吏科。一面按行本官生平歷任之所。
各該撫按考覈其在任。有無政績遺愛。有無
貪殘疵纇。各該撫按官詳細覈實。咨呈吏禮
二部。必南北兩京吏禮二科。各無評駁抄參。
然後申呈內閣。移咨翰林院議諡。議既定。然
後知會會集內閣翰林院。五府。九卿。吏禮二

科。及河南道御史等官。公議於中朝松棚之
下。松棚者。亦猶前古之三槐九棘也。凡枚卜。
凡推轂。及會推諸大臣。及婚喪諸大典。皆於
此議焉。故有耆功之親。見任當路。則引嫌迴
避。懼干請也。懼撓權也。議既定。然後具疏上
請。奉旨俞允。然後頒發該司。依敕奉行。其間
少有齟齬違錯。遂不可得。考按若斯之密。集
議若斯之公。何地可容其私。是故繆戾厲靈。
朝臣不敢以阿天子之父。幽刺昏荒。天子不

得以私其子。魏武追痛蒼舒。吳主悼登。無已。
二公不難舉神器而畀睨之。而獨不敢犯天
下之公議。是以義斷恩也。何人敢庇其私王
文成爵列通侯。其父海日公華。以殿元冢宰
而無諡。殿元科名之大魁。冢宰百官之冠冕。
緣人子不敢以勢力求。宰執不敢以私恩市。
故不議諡也。何代可徇其私。如以私諡為可
也。則孔子顏淵。不宜無諡。如以私諡為必不
可也。則展禽索讓。不宜有諡。況其後。文中。康

節節孝。紛紛不一乎。今者勉亭林君厭世。其友野節宜卿。坂嘉之。其門人某等。其弟戇。傷其志而悲其亡。謂九原不可作也。以無聊之極思。羣爲議謚。謚之曰頴定先生。介野子而請文於余。謂欲垂之不朽也。余先已先機而逆拒之。而野子請之不已。其意切。其容慘。其言懇懇款款。余不得已應之。内翰君姓林。諱春信。亦諱慤。字孟著。號勉亭。又稱梅花洞主。其大父羅山先生。文名播於邦域。弘文院學

士。紹述其緒。當今現掌文衡。而林君則羅山先生之嫡長孫。而弘文學士之冢子也。以寛永癸未八月十一日生於武州。以寛文六年丙午九月朔日卒。年二十四。越三日辛巳葬於忍岡別莊艮隅。林君生而頴異。大父期之爲千里之駒。生六歲。初讀大學唐宋詩若干首皆成誦。又三年。大父口授論孟中庸。讀過輒不忘。乃祖愈喜。明年口授毛詩。又明年癸巳。中秋。勉亭初試賦詩。大父喜而和之。年十

二。讀尚書禮易左氏傳。明年冬。侍學士往晤朝鮮使臣李明彬。即賦詩再爲酬答。李大奇之。李爲朝鮮兩榜。大父復口授文選東坡山谷諸集。而篤好遷固史語。人曰。孫年十三。讀書十倍吾幼時。次年謁大君。復爲作中庸孝經。聯珠詩格等諺解。口授之。復授後漢書曰。汝既有志班馬。吾并以此授爾。勉之哉。又明年正月。大父捐館舍。學士儼然衰絰之中。旋以公事埤遺。繼又以講授經書。故就季父讀

耕子學。季父視之猶子。勤勤督課。如秋題百品。藝餘千題。或押難和之韻。或限刻燭而成。無不揮洒立就。時髦賡和。郵筒往來。於是聲名籍甚。壬寅。讀耕子物故。勉亭不勝悽愴。厚撫其孤。以報叔父恩。先是學士病餘編本朝一人一首。俾作評註。口授而草立成。一字無改。今梓行於世。後代學士評隲諸生詩文。皆服其博贍。曰。君年猶弱。而工於屬文如此。自是年冬。賜學料若干。其後癸卯賜宅地。甲辰

台德公忌日。奉命紀事。後掌罷賚。列侯班瑞。循職効勞。叨沐恩澤。乙巳有事於日光山。事竣奏旨。慰勞賜黃金衣服。恩寵頻承。侈爲異數。及其據皐比。累重席。論議風生。雄辨足驚四筵。如姬路故拾遺。如加賀羽林聞其講貫。莫不推服。而勿齋藤子默。尤爲莫逆。至忘形骸。往時吟詠日繁。著述日富。輯錦囊蠹餘。惟患其少。旋復嚴較舊作。搜之剔之。號行餘雕蟲。惟患其多。或問其故。答曰。樂天三千首。或嗤

俗體。信明五字。邵老七字。人皆寶愛。以是觀之。孰多孰少。然猶有素所撰輯詩文各十卷。其弟戇不忍棄捐。復彙詩集二十卷。暇則臨摹古帖。手錄諸詩。甲辰冬。命編輯本朝通鑑。學士總裁之。而勉亭充分較。敘述百餘年事。遺佚能考。損益從宜。饒有史才。蓋有得於馬班左范也。休沐則講杜律。課諸生。選本朝三十六將。作爲小傳。當宁甚爲賞鑑。敏而能勤。至於如此。五月學士設家塾五科。分經史詩

文倭學署。大員長。左右員長實特秀萠等。生以勉亭爲左員長。而虛其大員。意蓋有爲也。而勉亭心猶嗛之。然而善者懲。今按善者下疑有缺誤上述箕裘。下開來學。未嘗少倦也。秋七月娶故因幡守源資爲女以爲之配。下旬畢姻。逾月五日。罹痁痢之災。煩悶譫語。亦惟言詩言學。無一語他及。終以是不起矣。臨終念念不忘君恩。不忘父母。恩惓惓於其弟暨從弟寔。至於親友門生。叮嚀告戒。一皆勉之以正。既

而曰。近來學者惟要一超直入。悍於自漸做來。又曰。余平生酷嗜詩賦文章。未究四書六經。蘊奧志既墜矣。遺恨如何。汝等宜切思之。或曰。詩賦文章。垂名不朽。答曰。汝言非也。雖垂名何益乎。唱曰。似拙不拙。似弱不弱。奄然而逝。其爲人沈潛貞靜。和惠愛人。寬裕亮直。不迫不阿。好揚人善。勤改己愆。孝友誠信。顧行謹言。余初至東武。於逆旅主人見其二詩。清新流利。灑灑出羣。一月之間。接之者四。初

見於竹洞齋中論議之次偶及杜少陵元次山勉亭曰少陵詩聖翁奈何與次山並稱余曰少陵特擅名詩壇耳其他無少概見抑章論救既失之於房琯倚毗留連復失之於嚴武次山遠謫道州未嘗放情詩酒拳拳愛君化民憂公請位辭此言之殆不及也豈特並稱乎勉亭不復枝梧一語其見已及此矣人不聞於父母閔騫之所以爲孝議不私於弟友程子之所以爲明即其所議文辭貞敏曰

穎純行不爽曰定謚曰穎定過而非黨矣昔者孔圉敏而好學得謚爲文漢帝營表未作遂謚爲成豈爲溢美也哉今勉亭英英表見而晩年卓識乃欲窮搜六經身體大道是究是圖誠足輔翼當世斯人不死驗其有興乎蓋天而不欲日本之與於斯文也何爲而生若人天果欲日本之興起於斯文也又何爲而奪若人既知浮華瀚漫之非學已則其學必有所歸既知敦行漸進之爲學已則其學必有所立夙恬方開趨向既卓雰雪飛霜芝摧蘭萎訃音初至莫不驚疑父母於斯吁天搶地然此智愚賢不肖之所共哀之非獨戚黨親暱之私哀之也吾方爲日本學道之機傷之非爲學士階庭之樹傷之也水戸宰相上公初聞其疾稔稱其學業繼聞其喪矜惜其行誼上公最爲憐才而不輕爲許可其必有以動之矣余初允墓碑之請野子不勝於悱轉戚爲歡徐謂之曰碑文則不敢以固陋

辭然撰文例當署銜則不敢爲也野子復極力慫臾曉譬多方余深自痛悔又可自食其言卒勉强成之俄頃之間失於三思遂詒伊戚二十三年之自同於販履織席者何爲也哉人之有言也信於金石堅於貞珉垂之千古使感發而興起可不愼乎銘曰

鼎新革故必生才賢秀實修短夫豈偶然余厚望於是邦也俗可易而聖可傳何爲其於若人也縱之以脫頴而靳之以永年吾低徊

而不得其解。歎曰胡然也而帝。胡然也而天。

舜水先生文集卷之十八終

舜水先生文集卷之十九

門人　權中納言從三位西山源光圀　輯
男權中納言從三位　綱條　校

○祭文

庚寅年陷難告天文

帝載亦有何奇。秖此赫赫明明。炤臨下土。鬼神無所爲德。要使愚夫愚婦。惕息嚴威。善惡之報反。則中人不勸。彰癉之權失。則天地不靈。大明南直隸嵩江府恩貢生朱之瑜。原籍

浙江餘姚人。生無欺僞。念切痌瘝。自恥炎劉之多士。欣欣有新。寧爲周室之頑民。皇皇雒邑。雖媿非才非藝。實亦無罪無辜。乃者身陷大澤。進退皆觸網羅。今日舟蕩洪波。前後都無畔岸。吐吞鯨穴。玩弄虎牙。之瑜一身不足惜。深明於生寄死歸。劉文高等七人其何辜。乃使之爲善蒙禍。保殘賊而棄忠良。殲信義曰長姦宄。竊恐降鑒乖而兩儀潎。人心死而三綱絕矣。李靖有言曰。儻三問而不對。亦何

柎之有靈。誠哉是言也。三月初七日。焚香與手書附龍王水府諸神。直日功曹。符勅使者。上達天聽。儻之瑜獲罪於天。伏乞立勅風雷。傾舟破楫。船中無舵師。乏篙工。毋作此夢夢罔有視聽也。

祭王侍郎文三首

維大明永曆八年。歲次甲午。八月戊午朔。越十有三日庚午。知友朱之瑜。謹以羔羊酒醴之奠。致祭于明故忠烈知友。經畧直淛。兵部

左侍郎。兼都察院左副都御史。前河南道監察御史。兵部職方清吏司主事。贈某謚某完翁王公之神。暨柎祭明故殉節先師。禮部尚書。前廣東廣西等處提刑按察使司。按察使僉事。霞翁吳公之神。諱鍾巒。號巒稺。直隸無錫縣籍。武進人。甲戌進士。明故殉節先師。吏部左侍郎。前太常寺卿吏部考功文選清吏司郎中主事。刑部清吏司主事。聞翁朱公之神。諱永佑。別號爰啓。直隸上海人。甲戌進士。日。辛卯年九月。瑜少子自舟山來。謂先生授

命於七月廿六日。是瑜去舟山未盈月。而先生死矣。瑜遂以七月廿六祭先生也。去年是日。爲先生之家大祥。瑜以是日至日本。次日始得登陸。既已招魂於萬里之外。而又適其期。吾虞先生之來格也難矣。深用爲憂。幸日本之閏爲六月。於次月之日。始得陳牲醑酒而哭也。今正從日本來。得定西張侯臺手書。并先生就義之詩文。讀之忠壯從容。乃心王室。先生之鬚眉翕張。生氣栗烈。慨然如再見

先儀也。詩四章。參錯失次。或有其題而無其詞。或有其詞而無其題。瑜未敢舉辭以就題也。八月十日十一日。連有弔祭之文。則死非七月廿六。而稚子之傳訛也明矣。然祭右良者。有文而無敘。未知右良死之狀。死之所。死之日也。於弔完初之文。而推之完初之死。以七月十九。云云先十七日。則右良被刑應在八月初六七也。復云右良先不佞去六日。似已知臨刑之日在十二三也。而十一日弔完初

更不言次日臨刑。終不知先生果於何日死也。無已吾欲以十五日爲先生升遐之日。其日天空月霽。況先生之襟懷。而天下皆仰皆見。想先生之手采。然而不敢者。屈原之死以端陽。則薄海内外。咸投黍而祠之。揚旌鼓棹而招之。而先生之死以中秋。普夫且爲之飲食燕樂也。既已傷先生之志而又乖天下忠臣義士之心。故於十三日爲位於交趾之旅邸。陳牲載酒而哭之。曰。殺羔羊其角如栗爰列鷄豚。殽蔌有餘羔。備卿大夫之義。而鷄德具虎臣之質。鹿能觸而蟹有匡。鯉之鱗也介而豕之鬣也剛。是足以明先生之志。必不爲先生之所吐也。先生之於朋友也。臨風而祭。而瑜之於朋友也越國而招。其哀痛一義也。先生乞得一金。易牲而奠。而瑜今日之祭。雖不腆也。實備四國之物。其豐儉一心也。先生其來格也。先生之詩。有我馬待髫年之句。先生之志則壯。氣則果。而先生之心則無已矣。

今辛壬癸甲。先生生已四年矣。更十餘年而先生之志足酬。但胡虜之運祚疑終。而百姓之倒懸難待。瑜之疾病已深。而四千之日月難延。其或不能須也。奈之何即及其期矣。與先生兩世之知。交臂相視。未必啞然一笑也。至乃魯太夫人生事之資。及先生之祖父母葬祭之籍。先生雖無有言。固不釋於瑜之心也。況白刃在頸。惟此爲惓惓乎。瑜今日赤身徒手。無一足慰先生也。然先生知瑜之志。儻瑜之志足遂也。瑜之父母葬以禮。必不使先生之父母。死者暴棺而露。生者弃日而食。使先生賫志而歿。目不得瞑於九泉之下也。且文丞相柴市之骨方歸。而太夫人之喪。同日來會。天之所以報忠臣也。宜無爽矣。但瑜病骨支離。十載不御女。而終年嘔血。瑜之疾。其先生之疾也。知瑜之死在於幾日。則瑜之父母祖父母。且無可奈何已。其又奈先生之父母祖父母何哉。言不盡意。楮不盡言。歆格之

餘。或能昭鑒。嗚呼。尚饗。

二

維大明某年。歲次丁酉。八月辛未朔。越十有四日甲申。知友朱之瑜謹以炙雞絮酒之奠。爲位於交趾之旅次。致祭于明故忠烈知友。經略直淛。兵部左侍郎。兼都察院左副都御史。前河南道監察御史。兵部職方清吏司主事。贈某謚某完翁王公之神。暨祔祭明故殉節先師。禮部尚書。前廣東廣西等處提刑。按

察使司。按察使僉事。霞翁吳公之神。明故殉節先師。吏部左侍郎。前太常寺卿。吏部文選考功清吏司郎中主事。刑部清吏司主事。聞翁朱公之神。曰。嚴凝釁發。歲乃作松柏以爲朋。喪亂流離。天特華忠貞而求友。若夫運會元亨。皇靈遐暢。越裳獻雉。戎翟賓王。上者寅工熙載。下者紆組鳴珂。又何有忠節之名。所以然者。直忠臣適然之數。到此地位。自然而然。故從容就之耳。非先有意其如此而故爲

之也。故曰。忠臣者。良臣之不得已也。豈不願爲良臣哉。天也。世乃有非笑之者曰。明室無王。普夫臣虜。事不可爲。無不變貌革心。爾區區一二匹夫。違天衡命。妄言志節。一部廿一史。何處紀載。而乃貿貿焉出此乎。嗚呼此何異汚泥之蝦蟇。躄躠爲雄。糞壤之蚯蚓。歌吟得志。又何足與之言白黑較短長哉。草皆莎茅。而靈芝顯。水盡魚蝦。而蛟龍尊。鷦鷯燕雀。比翼而飛。而鸞鳳鵷雛。希世而一見。犬羊猳

豕。稱羣而數。而麒麟騶虞。曠代而間生。理則然也。使忠臣者天下皆是。則忠臣安足貴哉。是以漢之丞相三公。接跡于朝。而蘇武以使臣耀冊。晉之賈石裴張。赫奕於時。而嵇紹以侍中傳芳。唐之節義盛矣。最著司農擊笏。睢陽碎齒。宋之敗亡極矣。猶有世傑秀夫文山疊山。然則忠臣者。生於斯世。爲於斯世。際遇何時。竭節何時。幸則爲郭李。不幸則爲宗岳。寧可含恨而歿。不可視息而生。豈庸人而識

之比肩而遇之。有意而爲之。非時而不爲之者哉。瑜與先生。初遇於瀰洲。相見最晚。相知最深。言論舉止。未嘗有毛髮之間。然而平時談燕。都未嘗以節烈氣槩。炫之口舌。若解揚之相要約也。先生早知事之不可爲。於累捷之時。嘗記瀰洲頹垣廢址之間。屏人靜對。與瑜咨嗟歎息。而道一旦爲醜虜所執。從容暇豫。賦詩作文。別母別婦。弔弟祭友。屹立如山。肩背爲鵠。受二十餘矢。而不屈。亦無怒罵囂張之氣。可謂整暇。可謂貞烈矣。瑜不量事之不可爲。而志不肯已。今春乃爲交趾國王脅瑜下拜穹廬。而不屈。通國震怒。霜刃相擬。十倍於蘇中郎虞常之按。瑜延頸就戮。談笑而婉拒之曰。瑜徵士也。不可以拜。亦無詬詈求速之情。修表修書。辭君辭友。將從先生於地下。一識荆於蘇黜段張文謝諸君子。而往復十日。而事定。而怒衰。該艚稱爲好漢子。國主讚爲大人高人。不獨我交趾所無。如此人者。

恐中國亦少。至如文章議論。揄揚喜悅。不可悉述。或又乘機構陷。亦不得死。此雖小國殊無大觀。此雖小故。非關大節。然亦不辱於君父。不辱於中國。不辱於先生。先生之知瑜最深。而見於事狀明白者。今者至再矣。蓋棺之論。不可預曉。然大槩可知也已。故曰。忠臣者水到渠成。適然之數。非有意而爲之也。若夫有意爲之。豈不願爲吉甫召虎高密固始。顧獨一常山太尉之足願。而子卿之足效也哉。志曰。方以類聚。物以羣分。又曰。人之相知。貴相知心。今日所陳而奠者。無羔羊朋酒炰鼈膾鯉之豐。亦秖擷南國芳荇。代西山薇蕨。挹潢汙行潦。方汨羅澄流耳。先生其歆之哉。吐之哉。雖然文丞相之髮與齒。義士於燕市懷歸。即王琳之首與骨。朱瑒猶從梁朝乞葬。先生之死六年矣。先生之髮。今棠誰氏之棘。先生之骨。知白何野之原。白水之眞人。不與金陵之王氣不復。使宵小之議。常伸而浩然之

氣久鬱天也。亦獨何哉。嗚呼。尚饗。

三

歲次戊戌九月。謹㠯炙雞絮酒之奠爲位於日本之旅次。致祭于明忠烈知友。經畧直淛兵部左侍郎。兼都察院左副都御史。前河南道監察御史。兵部職方淸吏司主事。贈某謚某完翁王公之神。暨祔享明殉節先師。禮部尚書。前廣東廣西等處提刑按察使司。按察使僉事。霞翁吳公之神曰。辛卯年。兒子從舟

山來。未知忠孝大節。其於先生之死也。聞焉而未審道焉而弗詳。甲午年。張侯臺書至。得先生之文之詩。已知先生全節之日。非七月廿六。而終不得其眞。謂先生節烈氣槩。大畧彷彿之已。故擬八月十三日。爲位於所至之次。而哭之奠之。故前之所㠯弔先生。俱鑿鑿而爲之辭。今年從交趾抵日本。是月尚在舟中。肝腸摧裂。十六夜遇故人楊臣鵲於客邸。道先生遇害之慘且烈也。道先生志意之堅

且整也。道先生大歸之安且肅也。雖在逆虜亦知愛慕而欲生全之。而先生不可也。亦知感發而咨嗟稱道之。而先生弗屑也。故知先生之死。乃先生自殺之。非虜所能殺之也。先生自礪之。非虜所能礪之也。具此忠義壯激之骨。非先生滅虜必致虜滅先生而後已。必然之勢也。無疑也。挺然直立。口口本部院言言必不降。自注矢叢肩㠯至剸刃肉盡絕不出一吽呼傷痛之聲。骨肉未必有所收。淺土

未必有所入。此亦天下之至酷烈矣。此亦今古之奇男子矣。瑜聽之淚緣於眶。瑩瑩然。堅忍而不欲滴。瑜於先生之死也。即艱窘也。無歲不祭。即倉皇也。無祭不哭。平居思念。猶且淚涔涔下。今者所聞死事之慘。十倍於前。而翻不哭者。何不敢哭也。不可哭也。昔來欽爲公孫述所賊傷。蓋延伏地而哭不能起。來侯叱之曰。虎牙何敢然。刃雖在身。獨不能勒兵斬公耶。使者中夜中要害。且死。故呼虎牙相

爲勠力王事耳。乃效兒女子涕泣乎。其言至今猶生也。瑜思自古及今生之必有死。猶晝之必有夜也。而死得其所者猶夜之復旦也。既已得其所矣。而又悲其形骸之不全。此凡庸碌碌之見耳。士庶人棺衾單薄。宜乎速朽。然珠襦玉匣。華表黃腸。其肉有至今存者乎。不収者以飽烏鳶。収者亦飽螻蟻。即不言肉與骨。其墳墓松楸。有至今在者乎。高者夷爲丘垤。卑者湮爲原隰。惟此氣磅礴天地惟此

名昭回古今。河嶽日星。歷萬載而不磨耳。天之所以生人。氣爲精而形爲粗。臣之所以事君。忠爲上而功爲次。先生既已得其精者上者。而又何病哉。異日者儻可得也。必不因此言而忽也。必不可得也。亦不必耑以此爲恨也。瑜去年二月十七日。生前拜疏。有十日之內。逐日殺人。莫不先梟其首。從而臠肉葅脯。夷風慘刻。惟以張威示知。草菅使臣驚懼。臣死之後。骸骨無敢収取。自爲鴟鳶犬豕之所

咀嚼。臣亦不憂等語。可見保身惜命。原非志士之心。忿痛悲啼。未盡良朋之義。今者所寓多忌諱。不得已假館陳觴。抔沙酹酒。不可哭亦不敢哭也。幸有高曠。不以爲嫌。慨然相許。得申其意。曰仍其舊。月逾其常。牲牷不具。豚肩不掩。先生其忻然而來歆之乎。嗚呼。尚饗。

祭大道眞君文　并序

眞君姓呉氏。泉之白石礁人。登朝進士官至侍御史。生前通於醫。以利濟爲心。故其封也。有慈惠醫靈之號。必不爲幺魔怪誕以禍世誣民也明矣。戊戌正月。忽爲火災大降之説。遍黏告示。令民醵金祈禳。至二月吉。擬建羅天大醮。以禳之。復云闔境瘟疫。老幼無遺種。持簿登門。頭會箕歛。掊克鴟張。不遺餘力。彼愚氓小戶。炫惑吞聲。如廷掾三老之屬。又且因風煽和。曾不思會安之俗。三國之人。繡錯而居。中國之人。脅懾其威。勉從其令。彼日本交趾之人。不可

得而加也。禳者可以免禍。彼不禳者。獨不
可以災之禍之。以厭衆心乎。瘟可擇人而施
火亦可擇室而焚乎。初何不言禍災止於
中國之人。而日本交趾之人無與乎。既禳
之家。因不禳者而延禍。則財爲徒費。不禳
之室。藉已禳者而聚全。則鬼爲不靈。回祿
有神。眞君何所操其柄。死生有命。酒食何
所擅其權。眞君當無辭以對余矣。余方闔
門養重。俟時則行。儠較猶可。何旹撩虺蛇

而蹈虎尾。乃於某日夜漏下十刻。持數字
來示。蓋素知余不可勢脅利誘。故假眞君
之命。令余作祭文。及草儀注。且云。盥洗薦
幣。必用祭孔子之儀。立刻促成。余謂眞君
神也。可與言矣。聰明正直。必不以鼎烋之
氣相加矣。故敢盡言以勗之。且東當事者
曰。既須盥獻幣帛。法當用牲牷殽核。脯修
葅醢。可得備乎。玄酒易挹。太羹易致。醴醆
鉶羹。可得具乎。爵俎籩豆。果素飾乎。法當

用茅沙樂舞。果以何茅代之。何器何翿充
之乎。數刻之間。可以習之乎。抑嫺習有素
乎。此大王非正神。何得以大禮禮之。其謀
既已少沮。及草儀注。毫不假借。特重主祭
之人。示將嚴加糾舉。彼自揣必不能行。故
逡巡不敢至。然既已張皇之矣。不得不倩
人了事云爾。

據稱江仙官棠大道恩主降壇判示。年逢戊
戌。瘟火爲殃。合社人等。齋戒禮塔。設醮祭禳。

製造彩舟。恭送大王諸神出海。祈保合社平
安。災消火滅者。致祭于大道眞君及大王諸
神曰。謹以某某等物。敬薦大王眞君。其飲食
之而肅聽予言。恭惟著其雍天之所以宣其
和也。閼其茂地之所以葆其生也。戊爲寄旺
之官。戌處閉蟄之位。二月司桃夭之令。四陽
當盛壯之初。幹闓枝臧。既有敷榮苞合之美。
坤寧載重。罔非海振河潤之休。忽著機祥。稱
茲神異。戊癸合而化火。循常理於納音。戊土

屬而流殃。違本初之設教。謂下民之降喪。丁旻天之疾威。比屋誠夷。不遺乎噍類。闔門奄溘。淪喪于遐荒。數谷量人。盈車載鬼。毒痛所及。祗若爲周室之餘民。懺悔斯拯。或難槩裔夷之百姓。吳眞君體天地好生之德。江仙官冒機密洩漏之僭。製舟檣以禳奇災。伏符籙而祛實禍。神功所至。帝載無權。挽回既成。叟童再造。表龍章於被跣。乃首遂夫高識之傳公。呈花月之精英。敢遂侮夫虞淵之梁國。丞欲張皇而文。寶塔固邀李生以賦玉樓。不念出言有章。豈慮流傳成誦。百祥降鑒。尚書空著其文。輔德維親。皇天自替其職。若使罰當其罪。侍從應恭討以寅工。設或刑濫不辜。諸司宜達情而執法。昔日西風北斗。不聞五丈之靈。今者入死出生。單行九府之力。彭城太澤。驚篝火於叢祠。即壘高壇。奉神師而下教。烈焚楮石。非洞庭之君山。燔告惡溪。近昌黎之潭水。奚耳蒙昧。共肆矯誣。顧惟步子山危

孫手征羌。衛旌乏草蔬極飯之術。謝太傅遂巡于入幕。文度昧性命須臾之機。況手棘矢桃弧。周官亦有驅疫之制。阼階朝服。文宣絕無近戲之嫌。逐左持角以權宜。溷泥鋪糟而從俗。周旋登陟。飼其狗而土其糞。嘏致祝工。居自爰而鐘自鼓。侍衛聽高而穆穆。婦子入廟以嬉嬉。齋獻告虔。頂禮云至。移文王四郊之震。禁宋公守分之星。覩躑躅於乩鸞。轉禍福於俄頃。高飈夙掛。載茲岌岌將布之五瘟。晝舫飛橈。去彼習習清涼之三島。時和歲稔。一方歌詠乎康衢。國靖民寵。三才顯明其有道。順歲時之序。絕地天之通。孤陽不冒碩果之危。羣謀勿矜勝德之智。共臻至理。永滌厥心。猗歟休哉。尚饗。

祭顯考某府君文

維大明永曆十七年。歲次癸卯。二月辛丑朔越五日乙巳。孝男之瑜。謹以黃流庶羞之奠。致祭于顯考皇明誥贈光祿大夫上柱國府

君。顯妣皇明誥贈一品夫人前封安人之神
位。曰。良辰屆在仲春。値玆初度。不能稱觴而
上壽。胡廼灌鬯以降神。涕長隕而摧心。哀矣
久傷彼岵。罪難窮於擢髮。生而早喪。其天。適
當百歲之期。已抱過申之痛。恨人事至不齊
之極。故君子有終身之喪。其罔極於將來。
歷遡有懷。手既往未九齡而背父。蚤知匪蔚
而伊蒿。逾六旬而思親。空自呼天而搶地。老
萊之子。猶著斑斕之衣。戲庭何豫。方戡之難。

遽服斬衰之重。泣隅何辜。雖天性稟於父精
而式穀未漸庭訓。黄口之伎倆有盡。止希乞
懷抱之憐。髫齔之少好非眞。何足測方圓之
用。音容已不能得。諸想象心神豈尚能識其
規恢。恍惚可追。頌述難肖。翹首跂足。不能及
几按之父。書加膝和顏。惟日哺豆觴之口澤。
孝親敬長之大畧。僅僅得之故老之傳聞。弟
弟怡怡之欵誠。種種猶是兒時之目擊。方且
昧於東西南北。奥莫窺於禮樂弓箕。鄉先達

愛屋及烏。謬有頭角之譽。公輔之期。豈眞如
仲謀之子。我後人肯堂。貽燕。廼致世德莫傳
墓由莫掃。何容愈伯道之兒。故天下有無食
無廬無衣無褐之人。而莫窮於無怙。世間亦
有瘖聾痿痺狂譫子癘之疾。而莫病於少孤
見人可喜之事而傷情。適遇傷情之事而泣
血。家國塗地一敗。吾親舍違廿年。不敢自同
於犬羊。又復兩乖於忠孝。昔在交趾。慨慷辨
折。風節或善於平陵。今居日本。學陋德涼。聞

望猶慚於潞國。既不堪是父之子。又何足爲
人之師。歲饑粟於安東。無黍食伯夷之樹。生
自絕於嬴博。何日憑延陵之碑。誠知至親之
無文。寧敢陳蕪詞而將父。奈何疾痛而無告。
庶幾瀝血誠以籲天。一滴格於九泉。誰云有
酒之既載。肆筵越在兩國。妄希如在而來歆。
其以庶孫大咸字咸一。孫女高字桑端。祔享
嗚呼。尚饗。

拜故正三位權中納言水戸源威公之

墓祝文

維日本國寛文伍年。歲次乙巳十有二月。癸丑朔。越六日戊午。大明南直隸松江府恩貢生朱之瑜。原籍浙江餘姚人。謹以辦香參上。明水壹盂。拜于故正三位權中納言水戸威公源君之墓前而祝之。曰。文曰。嗚呼。承家開國。本期百世而奠安。武烈文謨。更喜再傳而昌熾。竚看翼贊乎王室。豈惟丕顯夫後昆。亶父傳之季歷而得人。穆公歸諸與夷而能弟。

之瑜異國孤蹤。故明遺老。辛荷上公弓旌之被。遂自忘其溲渤之微。誠冀文德之敷於東國。顧循聞望而遐於西河。好徒切于緇衣。闕無補于藻火。無怙宋人之誤。鼠空傳周室之非。影尚竭涓埃。思增海嶽。茲乃追隨車徒。瞻拜寢園。俗不汚于荼毘。靈自安于禮葬。盍纓在上之於昭。大爲文子之陰隲。孝思展於罔極。王道期乎有成。嗚呼。尚饗。

舜水先生文集卷之十九終

舜水先生文集卷之二十

門人　權中納言從三位西山源光圀　輯

男權中納言從三位　綱條　校

○雜著一

對源光圀問十二條

古來取士。其道惟漢爲備。而得人爲最盛。治法爲近古。自唐以降。始有解試省試之名。而廷試起於宋朝。張奭之子。以曳白登科。而題名强半爲勢政親屬。擧子諠譁。天子始親策

之於廷。故曰廷試。此三試者。惟明朝爲大備。唐雖設解額。而節度廉訪觀察轉運等使。俱得自辟士。署爲幕職。考績而陞爲朝官。士子亦得竟詣大學。擧進士。進士者。省試也。每年一擧。試者甚少。而得第者。亦復寥寥。進士科。既已得雋。又復擧博學宏詞等科。而後得官。故自不同。宋朝稍近於我明。然分天下爲軍。軍府至爲煩多。故解額亦自瑣屑。大明分天下爲十五國。南北兩京。爲天子京畿。故不言

省而十三省乃中書省之分署。故曰省。浙江江西福建廣東廣西山東山西河南陝西四川湖廣雲南貴州爲十三省。合南北二京爲十五國。三年一大比。子午卯酉之年。大集舉子於省會。朝廷差京考二員。就其地考試。而房考則督學官自行聘請。閱文中式者爲解元。合次四名爲經魁。又次五名爲亞魁。又次又末爲文魁。鹿鳴設宴。此即周禮之賓興。而艱難尊寵過之。省試者。南宮之試也。南宮者

禮部也。禮部尚書侍郎二員。爲貢舉官。故曰省試。亦仍唐時中書省門下省尚書省。試士之稱。秘書省者。監郎丞俱小官。不與此數。或時承乏典試。亦不曰此省爲名。會試者。會天下之舉子於辰戌丑未之年。而試之於南宮中式者爲會元。餘十七名爲會魁。而通謂之進士。瓊林設宴。廷試是天子臨軒策士。宰輔閱卷進呈。對廷讀卷。京兆設歸第宴。故曰廷試。非曰翰林院爲廷也。翰林院官特充房考

諸官耳。

取士唐朝曰詩。或曰賦。宋朝曰賦曰策。明朝初時亦甚簡易。後累年更制。定爲初場試制舉義。四書義參篇。經義四篇。合七篇。舉子各占一經。不許有兼經者。二場論一首。詔誥表內科壹道判五道。三場策五道。而廷試策自爲一種。不與射策相同。

初三日。世子介弟就見朝。謂僕爲翰林學士。答曰。僕非翰林學士。乃明室一書生耳。介

弟刑部君謂上公疑僕有隱情。僕則何敢不得已。曰詔徵一節對之。此二十一年在日本。未嘗一言及之者。今復言僕爲狀元。此言不知何來。夫曰明朝之制。狀元初授爲修撰。十二年考滿爲諭德。若或九載陞遷。僅得中允。又三年而爲諭德贊善。又三年而爲庶子。又三年而學士。前後已二十年矣。狀元掇英俊之巍科。翰林學士爲清華之首選。而人士之冠冕。其舉動係天下觀望。豈敢一毫自輕若

使僕二十年身受皇恩。不能與國存亡。而轉展貴國。以偷生旦夕。則與犬豕何異。尚敢靦顏於上公之庭。而視息於人世。即使僕受明朝守令微官食明朝儋石微祿數日乎。亦不得至此矣。僕以上公爲能尊德樂道。故不自揣。而遠涉至此。上公儻能更治善俗。經邦弘化。謹庠序之教。申孝弟之義。而爲萬古之光。以僕之所聞於師者。庶或可以贊襄萬一。如以其狀元學士也。則視僕爲非人矣。言此可勝嗚咽。不禁淚下如注。此誠道路之口誤之也。至於同年進士。及姓名所射策數月。并策題策眼。僕若作僞。豈不能立構以紿台臺。台臺亦何處覈實。而證其非耶。

進士。以三月十五日廷試。十八日傳臚。天子親筆書第一甲第一名某人等字。屬有黃榜張掛。禮部更有題名錄。緘縢而付該司收掌。所謂狀也。元即元首之元。所謂君恩賜狀頭。可證也。狀字與壯字形聲俱近。寫榜字數端

方。韓人之來者無學。或者一時誤對。而固執以飾其非耶。自漢及今。皆云狀元。考之書史。未聞壯元之說。韓人亦何所本。而遽以爲大魁之號。且三韓小國。何敢創立異名。況壯頭者天下之褻語耶。必不然已。

科舉。有甲乙。前朝進士之試。百人之中。以一二十人爲甲榜。授官從優。二三十人爲乙榜。僅得出身。所謂第甲乙者此也。謂品第之也。其餘不及格者。駁放回籍。後試聽其更來。明朝之稱不然。第進士者。爲甲榜。或言兩榜。或言甲科中鄉試者。爲乙榜。或爲一榜。或言鄉科。更無幾品與名件。

僕系出於邾。後更爲鄒。秦楚之際。去邑言朱。漢興。流轉魯魏之間。始祖爲朱暉。漢丞相也。後有朱輔朱穆。亦爲三公。穆之直聲。震於朝廷。而吏治稱之。入國初。先祖於高皇帝族屬爲兄。雖不欲以天潢爲累。物色累徵。堅臥不赴。遂更姓爲諸。故生則爲諸。及祔主入廟。題

姓爲朱。僕生之年。始復今姓。僕族人謂寒宗爲晦菴先生之系。其子爲餘姚令。故留居於此。持其誥勅畫像家譜來證。中間惟有一世不明。自舉宗盡欲從之。惟僕一人不許。謂一世不明。其不足據。便在於此。且子孫若能自立。何必文公。如其不肖。雖以堯舜爲父。秪得丹朱商均耳。寒宗入國朝來登鄉會榜者七十九。如以僕徵聘勅召冠之則八十矣。貴國之法。隻字片紙。亦必簡閱。少有違礙。一槩投

諸水火。墓誌行狀。何得攜來。且先人例應諭祭。以國亂倥傯。大典未及舉行。故諸事草草耳。

聖廟即學校也。中爲聖廟。西爲明倫堂。北爲尊經閣。東北爲啓聖宮。或西或東。爲射圃。以較射爲義。故曰校也。每府每縣。必建學。立師衛城建學者少。故通計止千餘所。

中原區畫。大都從禹之蹟。周十二州。虞亦肇十有二州。而地之廣狹則異。自邦畿以至荒服。大約六千里。周公制禮。建侯有五。分土惟三。不及三等。謂之附庸。千八百諸侯。自治其國。徹土爲糧。而天子職貢有常。故當時無太富大貧之病。漢以天下之半。封齊楚吳。其制無度。小者萬戶侯。亦諸侯王自割其地。以侯其子弟耳。每戶丁壯少亦不下十人。故常抽數人從軍。非以一夫爲一戶也。後來田得賣買不授公田。亦無一夫百畝之制矣。

明朝國初分封。有前十王後十王。其末復有

四王。如秦晉燕周楚齊潭魯蜀江等是也。及繼世天子。次嫡庶子。皆有分封。長則就國祿有常經。而不治其民。故不問其地與地之所入。大畧親藩皆富。如魯唐衛皆有分。是也。功臣大者封國。小者侯。或縣或鄉。皆聚居京師衣食。縣官。不得之國理民。富者絕少。

周官之法。固如來問。然周朝治畿內耳。故三百六十而已足。明朝文武內外。皆朝廷命官。其數何止萬許。至於三公。則不惟其官惟其

人德不足以居是官則缺之。九卿以下則咸
備也。
僕受業師。爲慈谿契玄李先生。蚤世。其後爲
上海爰啓朱先生。吏部左侍郎。殉虜難。少治
毛詩。今三年讀禮。二十一載流離。荒廢二十
四年。亦不足以言專門矣。
卜筮。聖人所以教人。今太卜詹尹之官雖廢。
九江之祭雖不供。而其法則尚存。所謂灼龜
者是也。筮短龜長。故優於筮耳。筮用蓍固以

聖人之墓蓍爲貴。然聖人墓田不甚廣。而叢
生百莖者。亦復無多。今但取蒿蕭之莖近似
者以充之。然未有用竹者。
對源光圀問先世緣繇履歷
先世緣繇
前月初八日。伏承面諭。謹將先祖父官階緣
繇開具呈覽。
高祖處士。未有官職。
曾祖諱詔。號守愚。皇明誥贈榮祿大夫。

先祖諱孔孟。號惠翁。皇明誥贈光祿大夫。此外連讓三恩。不受。後有二一次登極覃恩。不列。
先父諱正。號定寰。別號位垣。皇明誥贈光
祿大夫上柱國太 闕 兼太子太 闕 兼 闕 前
總督漕運軍門未任。
祖父遭世承平。無所建樹。邀叨國恩。循至太
官。今子孫又碌碌。禍當變革。不能闡揚先德。
恐清朝傳記。必不序及。承命諄切。靦顔臚列
耳。

履歷
本年正月初五日。蒙諭開明履歷。謹將履歷
緣繇畧節開具呈覽。
恩貢生壹員朱之瑜年陸拾參歲係南直
隸嵩江府儒學生浙江餘姚人。於崇禎 闕
年 闕 月蒙提督蘇嵩等處學政監察御史
亓 闕 薦文武全才第壹名。到禮部。禮部貢
劄。有德茂遼東之管等語。崇禎拾陸年拾
月。蒙欽差鎮守貴州等處充總兵官右軍

都督府署都督僉事方某辟監紀同知不
就。崇禎拾柒年。奉詔特徵。不受。弘光元年
正月。奉詔特徵。不受。本年肆月即授（就家拜官）
（爲即授）江西提刑按察司副使兼兵部職方
清吏司郎中監鎮東伯旋晉荊國公方某
軍。不拜。
凡朝廷徵聘。不論彙徵特徵。不論有無差官
禮當先下撫按。撫按抄謄詔旨。星行所屬。各
省行布政司。兩京移會京尹。兩直隸行道府。

預備羊酒彩幣重者。欽差親賚。委纁迎入布
政司及府。或者竟賚到門。見任文武大小官
員。齊集。開讀敦趣就道。本官生處士。或有抗
志。尚煩周折。此時朝政紛然。百事草率。如此
盛舉。不考憲章。初下南京。繼至蕪湖。第二三次
亦就南京。不關撫按衙門。瑜故得直行其志。
差官理屈。不能迫促。本年參次蒙恩。（隆武參。永曆貳。）
年　闕　月欽差恢剿直浙掛　闕　將軍印少師兼
太子太師賜尚方劍蟒玉招討大將軍威虜

侯黃某承制。授昌國縣知縣。不受。本年拾月。
又蒙題請監察御史管理屯田事務。不受。本
月聘請軍前贊畫。不就。監國魯伍年正月。安
洋軍門劉世勳疏薦監紀推官。不受。隨蒙署
吏部事吏部左侍郎朱某擬兵科給事中。旋
改吏科給事中。不受。隨蒙禮部尚書吳某擬
授翰林院官。（大則坊諭贊允。小則修撰編簡。參命未下。再三力辭。蒙允。未知
的係何官。不敢冒瀆。）本年參月。蒙巡按直浙監察御史
掌河南道事王　闕　薦舉孝廉。立刻疏辭。（疏稿現存）

監國魯玖年參月。欽奉尚敕特召。（敕諭現存）謹謄
黃奉覽。
通計徵召薦辟除擬。除斥院疏薦外。凡壹拾
貳次。始終不受。此時天下大亂。憲綱蕩然。前
後不相聞知。外內不相炤會。況瑜一意弢藏。
嚴禁家人子弟。不許一字宣露。止稱生員。後
因監國魯王駐蹕舟山。間與朝會。理合開具
朝單。恐涉欺君。罪不可貰。是故酌量其中。權
稱貢生。猶然隱避。初意所目。連次授官。或京

或外。倏高倏卑。殊無倫次。深貽識者之譏。其間薦主官銜疏薦年月。亦聊具大槩。不能詳記。蓋之瑜少壯家修。本志功名鍾鼎。痛憤憸壬構禍。立見社稷傾頹。幸邀兩次特徵。雖百年鉅典。遠勝於科目貢舉。然顛廈非一木所支。大川豈一人攸濟。且救焚當豫籌於曲突之先。枝拄必無補於棟撓之後。不得不忍情辭避。原非欲沽名養高。高明自能洞察。毋煩瑣屑具陳。即今連播貴邦。開明適㠯辱國。既

叅台命。諄許禮難任情。黙黙。畧節奉覽。舉筆涕零。醜虜匪茹。穢污中夏。不能報仇復國。深媿非人。豈敢褻冕毀形。大羞父祖。近見海濱擾擾。不堪共賦於無衣。獨羨貴國彬彬。思欲托身於有禮。顧忠臣義士。原有國者之所樂成。念秦穆晉文。知圖覇者莫與比烈。儻借丘園一席之地。自鑿自耕。庶微培植累世之恩。不降不辱。且瑜多方晦跡。事勢久則必明。他日中國復興。未必非友邦輯睦所係。更希涵鑒。不盡欵宜。

對源光圀問飯含

本月二十一日。恭承明諭。謂威公飯含。㠯不忍啓視。故使人含。恐爲非禮。之瑜對曰。大將軍臨小歛大歛。則大將軍親含。上公於左方。啓巾。若使大臣含。飯禮亦如之。不然。禮宜上公親含。今考雜記一條註曰。大夫㠯上貴使賓爲其親含。恐尸爲賓所僧褻。故㠯巾覆尸面。而當口上鑿穿之。令含玉得㠯入口云。大

夫㠯上。則諸侯可知已。之瑜向謂文公家禮。非諸侯之制。不足據也。今茲所對。猶是拘於家禮耳。上公理合使賓。不爲非禮。耑此奉聞。諸侯飯含七貝。非三錢也。此則家禮誤之也。

對伊藤友次問

親。臣與子同服。然壓於尊則不敢。如制命之服。然後如制。終有降損。尊謂父或祖在上也。祖母母本生父不在此例。孟諸侯承父之統與祖爲休也。喪服。用三升麻布。謂不湅不練未經灰煮者。青黑色。日本無喪制。恐無此物。若台臺

有意於禮即用生紵布亦可。用生白木棉亦可。賢者爲之後當有漸復古道者。承問率復。

對小宅生順問十七條

岳父岳母。岳者五嶽也。東嶽泰山。有丈人峯。故稱妻之父曰丈人。因丈人而遂稱妻之母曰丈母。後乃以其俗也。遂文之曰岳父岳母。

姆嬸婦姒也。兄之妻曰姒。弟之妻曰婦。後世稱爲姆嬸。

妗音近 母舅之妻曰妗子。外甥稱之。

座師有二。有大座師。有本房座師。明朝之制。舉子各習壹經。易詩書禮春秋。分房較士。易五房。詩五房。書二房。或三房四房 禮一房。春秋一房。每房各一人主之。謂之本房座師。取中之士。呈於兩總裁。副總裁於大批之後。又批一取字。大總裁於大批之後。又批一中字。然後登於榜上。謂之中式。二人謂之大座師。此鄉試中式之式也。會試。易六房。詩六房。書四房。禮一房。或二房。春秋一房。或二房。大槩俱與鄉試相同。

明朝甲科之制。及第後有試錄。暨同年序齒錄并硃卷。刋行其中。

速香。產占城新洲。較之沉香。體薄質輕色黃。多薄片有孔。佳者謂之鯽魚片。武士帽。占城新洲者味甜。柔佛亦產香。然味酸。

唵叭音闇八 產麻六甲柔佛等列府。狀如瀝青乳香。不香。但用以煮黃熟。發諸香耳。

氷片。生於梅樹。產麻六甲柔佛等列府。有大

如錢者。爲梅花片。有上四六中四六。下者爲糖末。

排草。各處有之。其味香甜。以廣東交趾者爲佳。

黃熟香。質甚輕鬆。產廣東。用唵叭煮。有雲頭花者佳。

芸香。狀如滴乳香。色比松香更爲嫩白。亦偶有黑子。

氷腦。即樟腦之上者。

生結。伽楠。沉速皆有生結熟結。在活樹上。旋斫旋取者。爲生結。
熟結。同上。樹枯或斫。其樹埋砂中。木朽香存。大而成器。成形者。爲熟結。
三柰。藥材。世言井松諱三柰。
揄麪。即揄樹皮。去粗皮。粉作麪。
煬𤋳。和蘭艌船所用。似瀝青者。煬音射 𤋳音麻 者。字書無此二字。閩人之言。多有有其語而無其字者。

對野傳問三條

孟子云。盡信書不如無書。非不要書也。但當以理推斷。不可刻舟求劍耳。書如入之杖。老者力不足者。倚此而行。若兩足不能步履。而竟以杖行。此必無之理也。陶氏輟耕錄云。蒙古入中國。中國方有木棉。是鑿鑿有據也。然書籍言布非一。豈盡非木棉乎。猶曰無有指實。漢公孫弘布被。必非麻也葛也紵也。杜詩云。布衾多年冷如鐵。嬌兒惡臥踏裏裂。必非麻紵葛爲之矣。是元以前中國已有木棉矣。深衣爲次等禮衣。取其冠裳。天子諸侯公卿皆服之。麻既不可爲已。紵葛遇秋風交則卷如繩索。此豈冠冕禮服。無冬無夏可以服之者乎。不辨自明矣。褐爲毛布。註者何不并以此註之也。

謁聖之禮。有拜於儀門門中者。有拜於丹墀者。官尊者。俱拜丹墀。執事者先日於丹墀作棚廠。設拜位。鋪氊。拜畢各官繇西階登殿。至

香案前跪。三上香。俯伏再拜。後先所拜位再四拜。禮畢。然後至明倫堂。或講書或講史。拜於丹墀中甬道之上。

帷裳用全幅如帷。故謂之帷裳。前用六幅。後亦如之。所謂要有襞積也。不斜裂。故旁無縫。左右兩旁。各有小小兩幅子。此裳繫於兩腋下。前當胸。故宜長。帶與裳齊。諸侯帶博四寸。雜帶不宜太闊。二寸以上俱可。緣用朱綠。上朱下綠。帶用素熟絹。裳用六幅。每幅二尺。一

邊共六尺。亦有用八幅者。大約須看紬段廣
狹何如耳。下裍濶一寸。向內。
規矩制度如此。至於大小視人之肥瘠軀
幹大者從[illegible]于上。故開。㠯後邊兩馬面重
疊沓度爲度。

對吉弘元常問二條

木主粉面。孝子某奉祀題名。或書于右。或書
于左。有不同。昭穆之異也。宗廟之次。左爲昭。
右爲穆。故死者爲昭。則書奉祀于主之左。㠯

右爲上也。死者爲穆。則題于右。㠯左爲上也。
如本朝太廟無昭穆之儀。則題于右者似爲
順也。
凡卿大夫謚用子字。如季文子孟獻子之類
是也。古昔謚用一字。至趙宋。或一字或二字。
至大明。定用二字。如薛文清王文成之類是
也。蓋用一字。則與古人之謚多相混合。故必
用二字。

對平賀舟翁問八條

敝邑六尺爲步。如今百工之尺。
斗量用方尺。此筭數之法也。今㠯一百一十
斤爲石。十二斤爲斗。
井田。方里爲井。溝塗封洫。即在其內。十里爲
百井。山川谿谷。不在其內。近山川谿谷。不可
井者。則爲閒田。㠯授士大夫之圭田。及餘夫
之田。諸侯之國。方百里七十里。小者五十里。
無五七百里者。雖周公之國七百里。恐未必
然。

中原自秦㠯來。廢井田。開阡陌之後。漢唐㠯
來。必不能復所㠯賢君治天下。止於小康。㠯
田皆民間私產。不能井分。今惟貴國之田可
井。可㠯復古先哲王之治。而君相皆無其志
悠悠泄泄。可勝浩歎。
龍尾車。即龍骨車。今所用即此。
脫粟爲糙糧。熟米爲白糧。固不同。
中國五銖錢。與日本錢不甚相遠。大約重乙
錢貳分五厘。往時來至日本者。乃小好錢。非

五銖錢也。五銖錢重五銖。其錢文止五銖二字。

二百四十步為一畝。重者每畝稅六錢。餘輕者貳分四五釐。地二畝折一。三畝折一。以至五畝之不同。視其肥瘠遠近為差。

對佐藤盛辰問七條

銘旌。以絳帛為之。廣竟一幅。六品以下七尺。無更短者。上用板作題。下用板作墜。俱黍畫。題頭處。用綠綃作兩層簷。以粉筆大書曰。日本故某官某之柩。（或士或處士。或酌量風俗所宜而揣之）以竹為杠。如旌而稍長。倚於靈座之右。銘旌題以板為之。厚約五分。下墜同。黍色繪畫。綠帛作簷。亦名走水。亦曰滴水。若以板作三夾題頭。恐移動及在道時損壞。

棺（不用木椺）厚約四寸以上。太厚恐重而難運。不必高大。量體而作之。大約內淨一尺八寸。（高廣同）後約一尺六寸。（高廣同）須比身軀稍長。（長五六寸）人死則長於在生時也。不然則短而不可殮

矣。

神主陷中於頷下本身上。刻深四分。闊一寸。長六寸。書曰。日本故某官某諱某字某第幾神主。合而植之於趺。（第行也。長曰一。次曰二。又次曰三之類。）

立一小石碑於墳前。高四尺。濶尺以上。厚七八寸。圭首而刻其面曰。某人之墓。畧述其世系名字行實。而刻於其左。轉及後與右而周焉。

士葬禮。其禮甚繁。即足下為之典喪。度不能行。自移寢復飯含小殮大殮。以至成服卒哭。禮節不可枚舉。無論足下不能佐喪。喪家亦自不能行也。今但畧述一二可行者復之。

墳高四尺。圍墻如其墳之高。墻端高貳尺餘。自右肩漸漸低亞。而至於墻端。左肩亦如之。圍墻之外。環植楸檜栢。以蔭其墓。前面不植。欲其開敞也。墳製圓。近來三四百年間。並無馬鬣封之制矣。穿地直下為壙。以磚甃椁。（為砂。近土則棺朽。）建懸棺而窆。扶用自死之竹為之。以紙條纏

乏長與孝子之心齊。斬衰三年。及梁冠首経。要経。辟適。負版。衰麻。度無此物。即有此物。亦無能製之工。故不開具。

對五十川剛伯問十一條

靈寶據地理志爲秦函谷地。漢置弘農郡。隋開皇十六年。置桃林縣。唐爲靈寶。此一縣而古今異名也。唐玄宗以得寶符於尹喜故也。喜爲函谷關尹。未必家於函谷。後人遂以靈

寶爲函谷關。一誤也。又有新函谷關。在新安。新安去桃林貳百九十里。必無之理也。函谷關秦地。宜陽成皐韓地也。河内大梁魏地也。戰國策云。大王事秦必效宜陽成皐。顔師古云。宜陽西接秦境。當函谷出兵之路。則函谷在宜陽之西。何得在宜陽之東與南也。此地理志之誤也。獨不聞崤函天險。雒陽四戰之地。有德則易以王。無德則易以亡乎。獨不聞信陵君總五國之諸侯以攻秦。秦人啓關以臨諸侯。而諸侯潰散乎。獨不聞閉關息民以臨東諸侯。若建瓴水於高屋之上乎。安得謂函谷地近雒陽也。此時安祿山據雒陽。其遊奕畧地之兵。至於陝州。故小人以此愚玄宗及楊國忠。謂崔乾祐在陝。兵不滿七千。又皆老弱。故玄宗楊國忠。促哥舒翰出兵。羽書旁午。舒翰至陝州之西靈寶道狹山險。刀槊不得展。所以一敗塗地。若近地雒陽。玄宗雖至愚。亦不墮其計中矣。況當時郭李及哥舒翰

皆懇懇言之乎。靈寶去潼關一百二十里。當時翰兵出四日。五日交戰而敗。則百二十里無疑也。中原之百二十里。日本之二十里也。黄河之水。從西域入中國。往往伏於地中。故孟子曰。水縣地中行。特人不識耳。有尋蟻穴而得泉者。有馬跑而得泉者。拔刀刺山。飛泉涌出。適當其泉脉耳。非異事也。況數十萬人生死大數。此時數不應死。豈無天地神明黙啓其衷乎。耿恭被圍。疏勒。疏勒飲溪澗之水。

虜絕其水道。恭拜井揚水。於傳有之。不足異也。李廣利爲貳師將軍。乃李夫人之兄。李廣爲右北平太守隴西太守後將軍。軍中號飛將軍。李敢之父。李陵之祖。非廣利也。

龍門在陝西西安府韓城縣中。通黃河之水。兩山對出如門。故謂之門。亦謂之亹。以其化龍也。故謂之龍門。其山即謂之龍門山。非有二也。然李膺故宅。亦有龍門山。則又非一矣。化龍者。每年二月下旬。三月上旬中旬。雷震

地中。挑花盛開之時。遇吉日則選龍。遠近士女車馬喧闐。競於沿河供張以觀此。從古相傳。無有異辭。凡屬水族。有鬐有鬣者。皆於此聽選。一跳而過。即爲蛟爲龍。不能者點額而退。以需後選。族姪某恢齋。爲晉寧州同知官於其地。目擊其事。或非誣也。

聖人到此地位。都無可如何。伯夷叔齊亦只爲天地存此綱常耳。非謂武王能從其諫而止也。薛敬軒有爲之言。不當指著武王伯夷上討意義。

取妻不取同姓。即是周禮也。唐虞之時。未曾聞焉。古人有言上古之事。存而不論。

題是頭。即是序。著其大義。標之於首。故曰題。參之聲律。因謂之辭。

甲單宗人以鐵籠得全。則是以鐵裹車轂。馳驅而不毀也。若曰鐵籠罩之。火不能焚。此他道荒唐之語。非聖人之言也。

內諸侯祿也。而外諸侯嗣。嗣者世及之謂也。

非謂官品爵位之尊卑也。特體統制度。內重而外輕耳。如晉公七命。有加則八命爲方伯則八命。更有加錫則九命。爲上宰相上公。而單子劉子。皆五命爲天子之卿太夫。則六命而敘次在六命之上。如鄭伯七命。而桓公武公相繼爲周司徒。則三公矣。序於公侯之上矣。凡外諸侯入爲卿士。與夫出征出鎭。皆與內諸侯等矣。不得以官品討也。外諸侯以地之廣狹爲差。公侯方百里。伯七十里。子男五

十里。子男五命。明朝方伯爲從二品。廉訪使爲正三品。都使司爲正二品。而巡按監察御史爲正七品。則其權反重於三司。是以內外論。不以官品論也。

人君修身尊賢。擧善去讒。治國理民。則一國之中。皆是太和元氣。自無災沴之生。而鑿氷啓氷。但是聖政之一節耳。若曰藏氷則無雹。此循其末而不究其本。然昭公季平之際。雖有賢人君子。將柰之何哉。

番蕉。即鳳尾蕉也。亦少開花。

日本之所謂柚。乃橙也。非柚也。柚有二種。白者長而瓤虛。紅者皮稍薄而實大。徑七八寸。

對或問棺槨（棺圖載在朱氏談綺）

一蓋一底。兩牆兩和。凡用板六塊。板取堅緻不爛不蠹者爲佳。不必定取油杉。油杉松也。惟梓與黃腸。法之所禁。非士大夫之所得用者。（史註云。黃腸爲松木之油心。此儒生不通理不諳世務者之註。誤人不淺。甚爲可笑。）鐵環防壞事。四索備而不用。非謂喪擧中用環與索也。

四畢點爲大鐵釘。所以釘棺蓋者。又一點爲柏木釘。謂之長命釘。下垂者爲五色絹條。底比蓋似稍狹。兩牆之下足稍收。已失記其許。不敢臆度也。

兩牆中橋而上下皆斂。形如鼓礫。合之有式。若炤板爲之。則直而無操矣。上下所出寸餘爲子口。即筍也。上者入於蓋。下者入於底。兩牆中窪而上下皆翹。四圍之所出者爲筍合

之上者爲子口。三面皆爲筍頭。上下用直筍。兩傍入牆者。用馬蹄筍。頭張而頸細。

兩和俱中高而四邊低。合之有式。若炤板坦平。則無操矣。上下兩子口及兩牆兩頭之槽。俱用淨生漆加細瓦灰。以合之。其次用桐油石灰。內底縫一週。亦生漆夏布以牽合之。其次用桐油石灰棺內。家禮用瀝青。近古亦有用之者。今人多不肯用。其必有所試矣。伊川先生謂久則堅及化琥珀之說。不敢信也。一棺

止用四釘二釘不敢多用。蓋日久遇濕則一釘爛。一大孔。蟻蚋循之而入故也。近世并鐵鐶亦不用。亦爲此耳。

對或問神主書法

凡有官爵者皆書之。婦人一品曰一品夫人。二品曰夫人。三品曰淑人。四品曰恭人。五品曰宜人。六品曰安人。七品曰孺人。八品九品散官。共用孺人。庶人妻曰媼或嫗。女曰姑或姐。粉面屬稱。有官爵者曰顯考顯妣。士庶人

曰先考先妣。男在官者曰府君。不仕者曰處士。無官無學者曰郎。

對或問殷奠

殷奠者。君祭大臣之盛禮也。故祭文稱其號。君自稱名。如我相公祭中山信正。曰水戶侯源光圀敢昭告故朝散大夫東市正丹治風軒謚恭子之靈。

儀節。祝入門而先執桃茢。祓除不祥。祓訖。負東序墻。南面而立。或靈位未必南面。以此推

之可也。君升自東階。祝稍在君之右。便是。祝既執桃茢。在先。史攝相君禮。君入門。喪主即於門右之位。拜稽顙西向。

對或問辛盤

對膾。春盤。和菜。五辛盤。肉拌。五者一物而異其名。三朝用之。後因辛字字義不佳。故改作春盤。漸更而爲和菜。名益美矣。五辛。川椒。青蒜。絲。黃芽韭。白芥子。芫荽。中人士庶之家。不可得黃芽韭。則易之以薑。薑與肉性不調。則

易肉以雞絲及雞鵞肫肝。春深則易以童蒿。漸近菜皆五辛也。齊武帝時武陵主畢醉謝。漸近上前。貂抄肉拌。帝曰。肉汚卿貂。對曰。陛下愛羽毛而疎骨肉。即此物也。拌者抄也。和也。去聲坊本訛手爲木。世儒遂讀拌爲柈。音盤平聲

舜水先生文集卷之二十終

舜水先生文集卷之二十一

門人　權中納言從三位西山源光圀　輯
男權中納言從三位　綱條　校

○雜著二

公子之美　贈松平賴利

古來公子王孫之譽。重當時。名垂後世者。以其德耶。以其富貴驕蹇耶。如以其富貴驕蹇而已也。自周末以迄今茲。公子王孫以千萬數。亦有富可敵國。勢可炙手者。率皆名湮聲

歇而無傳。而戰國則稱孟嘗信陵。漢室則稱河間東平者何哉。彼田文無忌。修小恭小信而終負大疵。然則獨有漢獻憲二王而止耳。二王皆讀書好古。恭謙醇謹。忠君愛國。爲善以爲樂者也。是以富貴福澤。與漢相爲終始。而名譽至於今益彰。今公子名聲籍甚。無貴無賤。皆能稱其賢。余去冬遇於國中。謙謙下人。甚於白屋。肫肫懇懇。使人不覺自醉。而公孫沐浴父德。稟承父訓。又階庭王樹。不獨東平小侯足佩印綬而已。既已世濟其美。而又惇其典而庸其禮。進其德而修其業。則百世流芳。與二獻鼎足矣。勗哉。

三鏡　自扁其堂

以銅爲鏡。可以鑑容貌。肅衣冠。以古爲鏡。可以辨幾微。慎思永。以人爲鏡。可以審從違。徵失得。徹内徹外。有初有終。鏡惟三。則德惟一。自古聖賢未有不於此朝夕孳孳焉者。余小子瑜。髫年失怙。未聞家訓。昧昧而行。荒忽耄

老。一跌之蹉。喪厥終身。可不懼哉。

關帝廟額聯

正誼明道　自評。正誼明道。君臣朋友。皆有却分。不得就謀利計功上分之。亦自無妨

金可捐。印可捐。軀命可捐。惟以正五常之朋友。許難與沛難與荆。益難與止。思明萬古之君臣。

仁

仁者吾心惻隱之微。而施之天下。則足以保

四海。君子未嘗有四海之責。宜先具足保之體。故曰。以不忍人之心。行不忍人之政。而仁覆天下矣。今天下有不忍於鰌鱔蚌蛤之戕其生。而忍於殺人。是亦不知務矣。此謂仁心仁聞而民不被其澤者。所貴乎擴而充之。

義

義者萬物自然之則。人情天理之公。譬之水然。或遇方而成珪。或因圓而成璧。若舉事以求合乎義。則土之型。金之範矣。非義也。因時

制宜。而不失範型之意。是即所為義矣。羞惡之心。為義之端。儻未嘗慎之於始。而不勝憤恣之心。或可謂之勇爾。不可謂之義也。

禮

禮為仁義之節文。天倫之秩序。故曰天秩有禮。又曰。禮經國家。定社稷。衛民人。利後嗣者也。而或者以登降上下雍容慎齊。當之。果禮之實乎。雖然。執玉高卑。以徵脩短。氣揚視低。以知姦回。有諸內者。必形諸外也。行中采齊。步中肆夏。尚矣。恭敬無實。玉帛云乎哉。

智

知為是非之心。知斯弗去。甚為平易切近。人人可能。非必其神而明之也。故曰好學近乎知。世乃以察察為知。非其本然矣。孔子曰。不逆詐。不億不信。抑亦先覺者。劉文成曰。宰相者持心如水而已。無與焉者也。斯大知矣。而或者乃以利而昏之。是豈其知弗若歟。

信

信於四德非班也。君子隮而埒之。如天之有五行。爵之有五等。何哉。蓋盟誓契而狙詐生。如荀息之不背其君者。亦庶乎其可矣。獨不曰信近於義言可復乎。延陵公子。心許徐君而脫劍以掛其墓樹。信之大矣。尾生與女子期。待不至。抱橋而自沒。亦可謂之信與。

敬五首

古之人有言曰。敬者德之聚也。又曰。能敬必有德。又曰。敬者禮之輿也。然則為學之道舍

敬，何論哉。不獨士大夫爲然也。蘭陵令學業即不敢言。然猶曰敬事無曠，豈有不敬而可言學哉。

二

敬爲德之聚。是敬乃德之本也。敬爲禮之輿。是禮繇敬以行也。緝熙敬止。而無往不善。君子以之自強不息。奈何忽諸。

三

德之忠。莫大於敬。而名之隳。莫甚於慢。故曰惰慢則不能理性。君子以禮存心。豈徒然乎。

四

君子言思可道。行思可法。作事可思。行止可度。雖欲不敬。其將能乎。

五

敬之時義亦大矣。非謂傴僂曲謹外貌足恭而已。內以敬其心。外以致其事。孫卿曰。敬職無曠。敬事無曠。敬百姓無曠。夫敬而至於百姓。其安所往而不敬哉。能敬必有德。豈不信然。

誠　應近藤定久之需

劉忠宣公問一言而可以終身行之者。溫公曰其誠乎。誠則始終不忒。表裏一致。敬信真純。往而必孚。故曰君子誠之爲貴。故曰。至誠而不動者。未之有也。不誠未有能動者也。至於事君則誠爲更亟矣。蓋誠則勿欺。勿欺忠之本也。事幼君則誠爲尤亟矣。進達善良。屏絕敗類。將順其美。匡救其惡。舍誠何適耶。然而自知知人始。知人其難矣哉。子思子曰。誠則明矣。明則誠矣。焉有誠而患其不明者哉。

謙

書云。甘受和。白受采。蓋言其量之可以益也。謙者量之可益者也。天道禍滿而福謙。地道變滿而流謙。故曰。謙受益也。滿盈者不損何爲。慎之慎之。

謹

謹者如鹽梅之於五味。無所往而不宜者也。

以之淑躬則曰醇謹以之居心則曰敬謹以之勵行則曰謹飭以之慎言則曰謹信至若畏首畏尾則葸也非謹也

毅　應酒井純常之需

孔甚於爲義若嗜欲不顧前後於利與祿則畏避退怯逡巡如不勝此可謂勇所當勇而怯所當怯矣能柔能剛能弱能強君子之道也毅然特立有爲之士也儻躡是而進於學焉則爲曾子之所畏而郤射之所信無難矣

鑑

人無於水鑑以人鑑此聖賢不易之論也然水至平吾以居吾心焉水至清吾以濯吾德焉安在其不可爲鑑也

恭敬

氣餒者自畫量狹者易盈蓋人之性慎重則苟安而明敏多矜詡今有材能頗脫又敬事而抑抑自持儻當路者知所以教育而甄別之不幾可用之才也乎

積誠

余初見之次年即乞余書至今踰十年而未之應不怒亦不怠而請之不已可謂誠矣可謂誠之積矣推是心而尊德好善其有不進於賢人君子之列者乎故爲之書

明強

人生本然之體無有不明無有不強者有物蔽焉則昏有慾撓焉則餒然則如之何哉充之以學問而已矣博學審問慎思明辨篤行

之功極而至於己百己千無時無地少有懈弛少有疑有訛誤則蔽者盡徹制者盡祛明德自明而強幹自植儻以生質詖也則終其身懦柔而已或以獷悍暴戾爲強者則不明更甚矣

訓忠

忠之時義亦大矣而大臣之忠則與小臣異焉大臣者正己物正而潛格其君心之非者也至於輔幼主抑又難矣豫養君德使其君親端人見正事而便佞技巧憸邪之徒不得

進焉。吁亦難矣哉。非辨徹底誠心。未能勝其任而愉快也。

開邪

他人教人。必從高遠者驚人。吾之教人。必從卑近者始。然未有去麓而陟巔。舍近而涉遠者。

教子

先賢有云。遺子黃金滿籯。不如教子一經。今人但思積金以遺子孫。所見亦淺矣。

詒孫

詒孫之道。亦多端矣。或遺之金。或遺之書。司馬温公曰。不如積陰德於冥冥之中。以爲子孫長久之計。斯詒之最善者矣。

遜敏　贈松平賴道

書曰。惟學遜志務時敏。厥修乃來。遜其志者。謙受益也。務時敏者。敏則有功也。厥修有不來者乎。

獲古　應白井伊信之需

先聖賢之相勸勉也。曰。學於古訓乃有獲。今人才不逮先哲。而事不師古。是爲方負平直。而無規矩準繩也。有是理乎。

勸典

敬教勸學。建國之大本。興賢育才。爲政之先務。寧有舍此而遑他事者乎。舍此而營他事。則僻邪誕慢之說。競進而雜糅之矣。欲求政教休明。風俗淳美。何可得哉。

誠齋　贈奥村德輝

世降俗薄。朴質漸漓。不患不巧。獨患不誠。誠者作室之基。培築鞏固。則堂構壺奥。凌雲九層。皆於斯託始焉。子今者旭日之陽。能潛心好學。不荒於嬉。超於世俗遠矣。繇是全其誠而不已。其何所不至乎。誠者天之道。思誠者人之道。子其慎思之而可乎。大人者不失其赤子之心者也。非有他道也。願諟在茲。其勿以儇巧琢之。

智勇

古人云。世間何物。最益人神智。曰莫過於讀書。蓋讀書則理明。理明則不期智而自智。理明則無左右瞻顧。擔當自力。則不期勇而自勇。故曰。智者不惑。勇者不懼。然此不可以他求也。尋古人已決之疑。而決我之疑。討聖賢已成之事。而壯我之骨。孰有過於讀書者哉。老而好學。如秉燭之明。有味乎其言之也。

一貫　應嶋田守政之需

聖人之道。未有不一者也。一則未有不貫者也。二三則非道矣。堯舜之惟精惟一。孔子之一以貫之。正乃相傳之意。彼岐途錯出。豈得謂之道哉。然一以貫之。非以一貫之也。學者宜深長思矣。

忠恕　同上

盡己謂忠。推己謂恕。固也。此己果易盡哉。仁義禮智。天之所賦。君臣弟友。人之所萃。於斯有歉焉。尚得謂之忠哉。老老及人。幼幼及人。即盡其己而推之耳。乃有舍其在我。經營分

外謂之何哉。

勝齋

帝堯以欽明作則。舜禹益一廷授受已。湯之敬躋。文之敬止。武之敬勝。一也。學問之道與將畧通。均有克敵制勝之功焉。蘭陵論將畧曰。敬謀。敬職。敬事。敬衆。敬敵。敵而敬。則無手不敬矣。孫子曰。智信仁勇嚴。嚴者敬也。敬則未有不勝者矣。不敬則未有能勝者矣。

靜觀　贈山田正吉

人之所以多誤者。恒繇動與躁耳。若夫一心澄澈。衆棼不擾。能安能慮。自然之理也。萬物靜觀皆自得。殆以是夫。

敏慎

天之降才。亦甚異矣。敏者見事風生。或失則躁。慎者長慮却顧。或失則葸。若夫慎密鎮靜。而能迎機導窾。英俊果毅。本之持重安詳。此殆全德矣。豈謂好學而已哉。

鹽梅

明主際會若作和羹惟鹽惟梅斯足爲鼎鼐之光矣

廣益

孔明今古絕才其爲相也集衆思廣忠益吾故以顏斯堂也

進思　應白井伊信之需

昔午木問范武子之德於欒武子武子曰進思盡忠退思補過治官事如家事言於晉國無隱情楚主數曰宜夫子之光輔五君世爲

盟主也然則忠也者社稷蒙其休而子孫被其澤人亦何憚而不爲之也哉

景虞

舜發於畎畝之中言而世爲天下則行而世爲天下道有爲者亦若是故曰舜人也予亦人也孰謂虞之不可景乎

益廣　贈赤林重政

所貴乎爲學者所以修身正行益智廣才也非徒庶民之子藉此以爲進取之地而公卿大夫士之子爲尤函丈之席爲益更大古語云遺子黃金滿籯不如敎子一經豈無取而云爾哉世祿之家可以深長思矣

專致　贈藤田貞圓

夫奕小數也不專心致志尚不能得况學道爲天下大業乎聞足下篤志好學不以死生爲意可謂有志之士矣因以此勗之

邈齋

唐孫思邈以醫名世追踪俞跗扁鵲倉公華

佗專以救世爲心不計其他積久活人最多其德通於幽明今清水仙菴長於文墨亦以此寓其仁術恒汲汲不自逸曰吾以救世也余故顏其齋曰邈齋亦欲仙翁之德侔於思邈爾

剛大

讀書之道所以端本善俗勵世磨鈍者也非獨君子之私業也人人皆有之學道以臨民則愛人學道以事上則易使親上之義明剛

大之氣立。上無土崩瓦解之患。下無背公死黨之徒。彼君子亦何爲不導之使學哉。或曰。讀書則風氣柔弱。是乃倒行逆施之論也。張雎陽過目成誦。至於羅雀掘鼠。猶然眦裂齒缺。是可謂之柔靡乎。彼不讀書而言勇。不過粗暴而已。何能至於剛大也。

恭儉

恭儉者。人君之美德也。子輿氏曰。是故賢君必恭儉。然有禮者敬人。而導諛者以爲失體。愛民者撙節。而汰侈者以爲吝嗇。自非人君讀書好古。灼知禮道之當然。能不爲宵小所移奪也哉。

要觀

要觀南澥。窺衡湘。此坡公尊崇昌黎之辭。今日與南澥相對得趣。不更深乎。觀乎澥者難爲水。然歟否歟。

玉樹 贈大田資真

謝太傅內集。羣從咸在。太傅曰。子弟亦何與人事。而必欲使其佳。從子玄應聲曰。譬如芝蘭玉樹。欲其生於庭砌耳。太傅大悅。是則然矣。吾謂雨露滋之。深根以固之。護其雪霜。而毋使斧斤得近焉。庶幾栽培之道乎。

漱芳 應一得齋谷重代之需爲抹茶壺

百卉之芬芳。在花與實。惟茶則在乎葉之萌在花者。花落而香隕。在實者。菓盡而卉淪。惟茶則切以龍團。淪之蟹眼。玉椀擎來。素甆傳送。先聲肇乎鼻端。親炙在乎脣齒。歷乎喉舌。沁乎心脾。與漱之間。津津乎其有餘味。清芬卉美。久而不歇。神爲之爽。目爲之明。固非凡卉之所能庶幾也。是以雅人韻士。其湛之也過於酒。甚者。有七椀喫不得之歌。有以夫。

詠歸亭 應鍋島直能之需

古今爲學之人。不少研精則或乏春風沂水之致。蕭踈則或難致知深造之誠。河南程夫子。既有得於濂溪先生。吟風弄月而歸。有吾與點也之趣。斯所以上接千四百年之傳以

開來學也歟。

直内軒

晩近之世。類皆好名。鶩乎名則方其外者有之矣。未聞其有直内者也。直者不阿不撓無偏無倚。在心爲正。於德爲中。其身有不修者乎。於以齊家而家齊。於以治國而國治。言樂斯心加諸彼而已

名教樂地

天朗氣清。邀朋友選勝。無問雅俗。皆知其可

樂矣。甚者徵歌擒伎。桂酒蘭漿。耳厭鄭衛之音。目眩靡曼之色。口飫腐腸之藥。日夕無已。曾莫知其非。又其甚者。汲汲於貨利之場。營營于聲勢之途。貪淫樂禍。禍患已貽。孽孽已著。而猶不自覺。吾不知其何樂而爲此也。昔漢世祖政事稍間。手不釋卷。太子諫止之。世祖曰。吾自樂此。不爲疲也。固知名教之中。自有樂地矣。

江亭餘興

余昔年嘗讌飲是齋。不速而赴。主人曰。公務未歸。而他客無一至者。仍命掩關。靜坐門無剥啄。樹影參差。清風徐來。簷敲鐵馬。因誦唐子西山靜似太古。日長如小年之句。一枰在側。閒敲棋子。其聲錚錚然。擎盃啜茗。饒有佳致。恍然六宜之樓矣。少焉笛聲嗚嗚。初聞在遠。俄而嘹嚦滉瀁。如出足下。推窗視之。見一小舟飛來。漫櫓自速。短笛無腔。信口而吹。倏忽間已入雲際矣。因見峯巒萬疊。青青入

戸。澄泓一練。潆潆滌襟。此樓雅宜讀書矣。輿梁兩國。綿亘長虹。控扼百州。崢嶸萬雉。居然一大都會哉。有頃。遊船如簇。隨潮而進。士女笑言。玄黃綺靡。酒肴雜沓。歌鼓喧闐。門人徐摘其瑕疵。譯者徒誇其富麗。舳艫相銜。則蒲圻江上。肩摩轂擊。則臨淄市中。應接不暇之間。而主人已至。歷叙其候迎遑慢之愆。衆賓咸來。各致其疎遠温存之語。四體散於嘉禮。兩筋困於佳敬。身嫦蹝中。心馳江上。欲如先

時寧靜之趣。不可得矣。勸酬交錯。杯酌難勝。酒闌而散。猶有餘興耳。向在席間。神情酣暢。因共乞作一短引。以叙其事。已諾之矣。然七十之年。目力腕力。昏昏綿軟。遂跡慵至今。每每自恕。今復欲續此勝遊。見時懼無辭以對。不得已。聊爲塗塞耳。眞足爲懶人發一大笑。

書扇與小宅生順

宰我問。書云。納於大麓。烈風雷雨弗迷。何謂

也。孔子曰。此言人之應乎天也。堯既得舜。歷試諸艱。使大錄萬機之政。是故陰淸陽和。五星來備。風雨各以其應。不有迷錯愆伏。明舜之行合於天也。孔叢子說與註疏合。意古相傳如此。今日大麓爲山麓。是堯納舜於荒險之地。而以狂風霹靂。試其命。何異茅山道士之軍法哉。偶閱此。不覺失笑。錄奉。

與片岡秀元

淸酒比聖。濁酒比賢。所以尊醲醁也。三杯軟飽後。一枕黑甜餘。所以狀酣適也。華胥氏之民。葛天氏之民。所以寫亡機也。自余與片岡作大夫遊。稱揚美酒。不啻口出。然能飲而溫克。未嘗見號呶之態。亦既酕醄矣。詰朝則夙作。興事未聞以酩酊妨公也。殆有酒德者歟。

與洗衣老姥

王羲之居會稽。有山陰老姥。持六角扇市之。而弗售。右軍取扇各書數字。而姥慍。余今年

寓日本。衣袒垢敝。欲求一和灰紉鍼之人。雖倍其値。以倩居停及隣母。無有應者。最後得是姥。爲余勤勤浣洗。酬之以錢。而辭詰其故。但欲得余書二幅。亦大異山陰老姥矣。故欣然爲書之。

文義如流水

文義如流水。如積雪。因方則爲珪。遇圓則成璧。隨地制形。不可方物。有不可顚倒不可改易者。如適間聊適所問鞠躬如也。如也二字。

易爲字乎字何如就舉入公門一節全是兩如字摹擬形容聖人敬謹之心非真實鞠躬也乃與鞠躬相似非真實不容也恰像不能容的一般兩如字如畫工何等生動若作如鞠躬趣味便減了然猶不背戾若作不容如便說不去了顛倒之不可者若作鞠躬爲則訓誨之辭告誡之體若作鞠躬乎則心口自商之語語意俱在入公門之前下句湊上便不合皆此改易之不可者數者均非記事之

體也如明問兮字些字同是綴添之語易之未爲不可即如巧笑倩兮美目盼兮素以爲絢兮易爲巧笑倩些美目盼些素以爲絢些亦說得通就如唐棣之華偏其反而豈不爾思室是遠而易爲偏其反些室是遠些無有不可至於乎字於字乎字在句中者大槩相同易之俱可然亦有易不得者如巍巍乎其有成功也煥乎其有文章乎字易不得于字於字吾無隱乎爾雖可易然少曉諭唱歎之

致王立於沼上易于字則可易乎字不妥無憾乎王之不智也易于於字則無味然而無有乎爾則亦無有乎爾易不得于於字在頭上者亦易不得偶舉數端皆如此類

書蘸若蘭畫軸後　應太田資政之需

仇十洲英丹青妙天下其摹倣前人筆意顯眉生動點染逼真荐經離亂之後聞此蹟殆絶矣余家藏數軸僅携一博古圖以來其餘不飽蠹魚必成蛺蝶有一西園雅集圖絶似

南宮至今思憶適見此圖璇璣織錦霓裳羽衣宛然松雪無有毫髮差池恨老眼眊糊拭目諦觀不忍釋手因誌其後以質之賞鑒家云爾

書讀書樂卷後

讀書之道理乎心性通乎神明不獨元士庶士日於此孜孜焉而天子公侯卿大夫有治國平天下之責者於此爲尤亟矣先儒云士大夫三日不讀書便覺語言無味面目可憎

知不讀書之爲可憂。則知讀書之洵可樂也已。輓近世治不師古。輒有馬上得天下之意上不以聖王之道勵俗。下不以聖王之道自勵。風俗頹敝。良可惋歎。果能考諸三王而不謬。建諸天地而不悖。質諸鬼神而無疑。百世以俟聖人而不惑乎。余羈中國之亂。飄泊舟次。於今廿年。四瀰空囊。絶無書史。廻想縹緗插架。牙籤萬軸。居然夢境。而且市井喧囂。塵氛雜擾。無冬無夏。碌碌不遑。欲如羅鶴林唐

子西詠歌言笑。晤對無非聖賢。泉竹禽花。會心皆成學問。迥隔仙凡矣。若余飄零偃蹇。圯泛塵塗。固無足齒。士大夫幸有其地。有其時。有其遇。有其資。益當於此尋味無窮。冀贊激獻光於千古。猗歟盛哉。若以其他嗜好雜之。則光陰電駛。不大可惜乎。因錄讀書四樂。及羅氏山林幽致。附贅數言。而爲賢明者勗之。

書小李將軍畫軸後

小李將軍名昭道。父子皆爲名畫。而其子更勝。歷代咸稱小李將軍。唐玄宗時。以爲至寶。其畫多不落款識。惟工於畫者能別之。後更求甫麗勛黃巢之亂。遂多散失。明朝嘉靖初年。書畫名家云。遍海內止有三幅。其一在太倉王元美家。其父王公諱忬。爲直浙經畧。嚴世蕃懇求此畫。王公恡而不與。世蕃懇請不已。王公不得已。屬仇英響搨一幅饋之。其後世蕃門客。門客。唐山陪堂帮閒篾片。謂之 詣王公云。明公前餉東樓畫。東樓不識眞贋。甚喜。僕不敢指其

疵纇。茲就明公懇乞二千金。僕終不敢言其贋處。王公云。此等勁畫。乃云非眞耶。門客憾憾而去。遂唆世蕃。世蕃因事中傷王公。王公大罹冤慘。其一在豫章嚴相家。今不知淪落何所。其一則此是也。

先生愛惜此畫。流離漂泊。未嘗去身。今見存焉

題安積覺逐日功課自實簿

學者用功。須是漸進而不已。日計則不足。歲計則有餘。若一暴十寒。進銳退速。皆非學也。

子夏曰。日知其所亡。月無忘其所能。是亦可
乎。騏驥一日千里。駑馬十駕則亦及之。儻自
矜捷足而弗馳弗驅。則駑馬先之矣。今爲爾
嚴立課程。自非疾病及不得已禮際應酬之
外。須逐日登記。朔望則温習前書。必令成誦
若其中無故曠廢。亦於朔望之次日。替考答
責。名曰逐日功課自實簿。每晚送簿填注。毋
違毋怠。

舜水先生文集卷之二十一終

舜水先生文集卷之二十二

門人　權中納言從三位西山源光圀　輯
男權中納言從三位　綱條　校

○雜著三

筆語

加藤明友問曰。四書六經。用何人注乎。

先生答曰。朱子之注不可廢。禮以陳澔。易以鄞庠（今按一統志寧波府學校有鄞縣學鄞庠蓋謂之也）尚書用蔡沉此其大畧也。然看書未必單單靠得注脚。況臺下經國理民。以愚言之。爲學當見其大實實有裨於君民。恐不當如經生尋章摘句也。

問。仁之體用。何物爲體。何物爲用。

答。適已言之矣。臺下之學。與經生異。當以不忍人之心爲體。不忍人之政爲用。

問。不忍人之心。及不忍人之政。意思如何。

答。常懷一點愛民之心。時時刻刻。皆此念充滿於中。自然事事爲百姓算計。有一民不被其澤。便如己溺己饑。安得無不忍人之政。

問。太極生兩儀。按太極者心之謂也。陰陽乃何物哉。

答。貴國專言太極。既以心為太極。則舒慘者乃陰陽也。夫子至聖。不言天道。子貢名賢。言天道不可得聞。今貴國諸儒賢於古人。而宋儒過於夫子子貢也。

問。詞章之習。害于道義乎否。

答。即無害於道義。亦無益于身心。今之詩詞。與古人之詩遠矣。誠能如杜子美元次山。固

自佳耳。

問。存心之術。如何乃心存。

答。心在腔子裏。又何必存。惟是為物欲外誘放了去。故須要存心。干夫故曰操之則存。僕聞之曰。大人者。不失赤子之心者也。既不失矣。卻從何處存來。

問。赤子之心何形象。

答。又是宋儒口角。赤子之心。不識不知。順帝之則。渾然天真。絕無一毫私偽。惟知父母為當愛兄長為當敬而已。若問其形象。昔人有問王陽明先生曰。良知形色何如。陽明答曰。是赤的。良知豈是赤的來。

問。僕素宗宋儒。故平生之說話。往往倣之。請莫訝。至若陽明之學。陸氏之裔。我黨之所不雅言。

答。宋儒之學。可為也。宋儒之習氣。不可師也。至若陽明之事。偶舉其說良知是赤的。以為笑談耳。故曰。良知豈是赤的來。非僕宗陽明

也。幸勿深疑。

林春信問曰。崇禎年中。巨儒鴻士。為世所推者幾人。願錄示其姓名。

先生答曰。明朝中葉。以時文取士。時文者。制舉義也。此物既為塵飯土羹。而講道學者。又迂腐不近人情。如鄒元標。高攀龍。劉念臺等。講正心誠意。大資非笑。於是分門標榜。遂成水火。而國家被其禍。未聞所謂巨儒鴻士也。巨儒鴻士者。經邦弘化。康濟艱難者也。

問。高攀龍。劉念臺。其諱如何。
答。高諱攀龍。號景抑。都察院左都御史。劉諱宗周。號念臺。順天府尹。
問。相成水火。其實如何。
答。水火玄黃之戰。道學家與文章之士。互相攻擊。亦如宋朝程氏蘇氏互相詆譏。朝廷之上。舌戰不已。遂使國家被其害耳。
問。聞朝廷之官。三品已上赤衣。四品已下青衣云云。然則三品已上。均是赤衣乎。所謂一品二品三品。何以分別乎。翰林學士其位級如何。
答。所言三品已上。紅公服者。但言公服而已。至於錦繡花樣帶。逐品分別。一毫不容混也。翰林學士京官五品。兼左右春坊者四品。兼正少詹事者三品。
問。公以溶霜爲齋號。溶霜二字。其義如何。
答。僕幼時於書窓之下。得一夢。有夜暖溶霜月。風輕薄露氷之句。因以爲齋名。亦未知其

兆其應何如耳。
問。元次山一代之才子耳。公乃與詩聖之少陵並稱其說如何。
答。少陵聖於詩。但就詩言耳。元次山無限情事。盡見於詩。其治道州也。絕無牢騷佻達之態。台兄乃以才子少之耶。少陵保房琯。比嚴武。未必無可議也。
問。花間集。及草堂詩餘。凡近世樂府。悉皆協于絲竹乎。
答。樂府固協於絲竹。草堂詩餘。有陰陽平仄之譜。蓋以比于絲竹。而爲之也。
林春常問曰。二百年前。我邦之人入貴國。遊西湖。見林家之梅。蘇堤之柳。詠詩而去。今果存乎。
先生答曰。和靖之梅。此君家物也。放鶴亭至今無恙。東坡之柳。相傳以爲風流學士之所爲。殊不知子瞻大經濟大惠澤。比之王荊公相去天壤。

野節問曰。貴國恢復之事。自周之衰以來。漢晉唐宋。一破而難再續。上無龍德之人。下無風雲之化。則民庶皆有勵志。然誰適從乎。況夫諸豪各抱自討之心。遂不得恢復之功。可深嘆也。

先生答曰。勝兵先勝而後求戰。敗兵先戰而後求勝。恢復之兵。誓心天地。忘身忘家。然後天心格。民志一。東征西怨。南征北怨。一有自私自利之心。則豪傑窺其釁而四方懈體矣。

袁本初曹孟德其榜樣也。況才畧又萬萬不及孟德者耶。

問。凡治國傳施於衆。自古難矣。乃莫若勸農務本。然有富民有貧民。而不一矣。富民則雖荒年而不凍餒。貧民則雖豐年而凍餒。其政不善則到此者宜矣。其政雖善而積年累月而致之者有矣。治之之要。如何而可乎。

答。治國有道。因民之所利而利之。豈在傳施春秋傳曰。小惠未徧。民弗懷也。富民當以禮節之。貧民當以省耕省斂以補助之。但要萬民免於饑寒。亦不必多歷年所。若要更化善俗。非積年不可也。昔者衛文公初年男女七十餘人。末年騋牝三千。張全義爲河陽節度使。令巡屬只一千七百戶。行之數年。殷富甲天下。治要無難。惟在人君誠心舉行。不爲讒人所間耳。

問。先生所習之詩。用何傳乎。舊說所言與

朱晦菴所傳大異。

答。明朝近來傳經與古先大異。有習讀而無專門名家者。特取一時新說爲作文之資耳。非所以爲詩也。不若春秋之必藉師傳也。至於晦翁之註。自當遵依詩序等。但可參考。不敢以古而戾今也。然看書貴得其大意。大意既得。傳註皆爲芻狗筌蹄。豈得泥定某人作何解某人作何議也。

問。晦翁畧不依小序之說。呂東萊本于小

序。作讀詩記。欲知其大意則兩先正之說。參考而可乎。

答。如此參考而裁之於心。又設身處於其地。必無不得者矣。僕三年讀禮二十一年飄零異國。目不見書史。古人云。三日不讀。口生荊棘。三日不彈手生荊棘。今者自顧增慚。尚敢矢口談詩乎。

問。唐太宗命魏徵作打毬樂。後終戰伐之功爲七德舞。此兩舞吾國樂官傳之久矣。

明朝所傳之正樂。何等音乎。

答。古樂之不入耳。魏文侯之賢。尚惟恐臥。齊宣王非能好古之樂。直好世俗。今相去二千餘年。何復古。明朝古樂。特備其數耳。宮中之所演者。皆傳奇雜劇。出相扮演以資諧笑。賢者取以爲鑑。非能陶鎔性情也。魚龍角觝梨園子弟。霓裳羽衣。皆非古樂也。

問。前日以來。欲談性理之事。淺學不免躐等之罪。故不及此。聞昨吉永太守問格物之義。格物者先儒所說多多。至晦翁說出窮理來。其所行以居敬爲本。窮理居敬工夫。雖非旦暮容易說出之事。日用之工夫。先生之意如何。

答。前答吉永太守問格物致知粗及朱王異同耳。太守以臨民爲業。以平治爲功。若欲窮盡事事物物之理。而後致知以及治國平天下。則人壽幾何。河清難俟。故不若隨時格物致知。循爲近之。至若居敬工夫。是君子一生

本等。何時何事。可以少得。僕謂治民之官。與經生大異。有一分好處。則民受一分之惠。而朝廷享其功。不專在理學研窮也。晦翁先生以陳同甫爲異端。恐不免過當。

問。危坐安坐。讀書多是焚香危坐。

答。古人席地而坐。多是與日本相似。讀書宜敬謹。所以焚香危坐耳。危坐。即日本今日坐法也。

問。危坐拜者。跪而拜乎。

答。拜者鞠躬。即今之立而揖也。拜則兩膝跪地而稽顙。已興則起而再揖也。再拜者。三揖兩拜。四拜者。五揖四拜。危坐者以踵著尻。以趾著地也。

問。論語學而時習之義。舊說多就儒生效學之上說。到宋儒兼致知力行以爲之義。講思學且習者。上自天子下至士庶人。於彝倫常行之上所學所習。不可不慎思明辨如何。

答。兼致知力行方是學。方是習。若空空去學學箇甚底。習又習箇甚底。慎思明辨即是此中事。

問。先正曰。學而習。習而察。竊惟加察字添一層工夫如何。

答。極是。

問。程子謂悅在心。樂主發散在外者。彼與此。共信從斯道。誠以可樂。然發散在外者。不知手之舞之足之蹈之之謂乎。

答。悅樂分內外。只是要分別兩字耳。然悅豫且康。未必單單在心胸間乎。舞足蹈。其樂非根心而何。有朋自遠方來。疑亦只是心中歡喜。

問。詩云爲龍爲光。大全如今俗謂寵光云云。寵晃何等語。

答。光字易解。龍字不解。故向來俱作寵光看。言古字通用也。然天子燕以示慈惠。雖無所不至。不當加以寵字。愚意謂龍者神物也。陽

德也。升沉隱見。變化不測。興雲致雨。澤被萬物。不若如字看。而與光字作二意爲妙。高明以爲何如。光如光降光顧。寵如寵臨寵貺。

問。凡國家之禮制。飲食衣服器用之法。尚文則其弊爲豪奢。尚質以示節儉。則其弊欲至鄙吝矣。傳所謂與其奢寧儉。然又質勝文則野。不可不使文質並行也乎。乃於斯二物如何防其弊乎。

答。凡爲天下國家之禮。在乎有制。有制則貴

賤有等。上下有章。文不至於奢華。儉不至於固陋。古之人。繪衣繡裳。山龍華蟲。燦然可觀。豢豕爲酒。賓主百拜。始終秩秩。何嘗無文。何嘗非質。質而至於野。文而至於靡者。皆無制之禮也。國家必欲崇儉。當自本根始。紛紛末制。何益於事乎。

問。今指爲本根者如何。

答。君臣。父子。夫婦。昆弟。朋友。天地間之定位也。士農工商。國之石民也。男耕而食。女織而

衣。民生之常經也。所謂本根者。如斯而已。而又壯者。以暇日。修其孝弟忠信。國何患不治。何患不富。何事於浮文末節哉。以末節而圖治。是猶理絲而棼之也。吾未見其能治者矣。

問。孟子說齊梁之君者。皆是也。所以其不用者。亦皆是也。本根末節。不能辨別。則何以爲治乎。若乃理絲而棼之。則遽解其結而可乎。緩舒而理之。待其自解而可乎。

答。得其道。急起而圖之。無張皇之病。舒徐而

自化。無優柔癱瘓之嫌。但在有志者求之。有心者討之耳。蚩蚩者。厝火積薪之下。寢處其上。而自謂曰安。謂之何哉。

問。幾社復社。

答。幾社復社者。社會也。單以作文爲主。如所言張受先。張天如。周簡臣。馬臣常。復社之主盟也。周勒卣。徐闇公。彭燕又。宋上木。杜仁趾。陳卧子。幾社之主盟也。庠序雖設。末世已失先王造士之意。至於經義講劘。全是各家父兄延

師教子之事。校讐則在翰林。不涉鄉學。講習討論。賢明者特出新裁。迎合主司。所謂閉門造車。出門合轍者也。

問。明季先生交遊之際。必有懷義秉志而不屈虜庭之士。若能有以禮招之者。肯至于日本乎。

答。三四日前致書奥村顯思云。不佞視貴國人如一家昆弟父子。嘗恠周旋量窄意偏。尊中國而貶秦邦。豈足語於聖賢之道。僕雖淺

陋非無此意。但見貴國人意思殊不如此。所以此念灰冷。儻國君好善厚禮招賢。自應有至者。但患無移風易俗發政施仁之志耳。惟是近來士人既已剃頭辮髮。其心從虜。雖築黄金之臺。恐來者無樂毅鄒忌之徒也。

問。文章之士。黨首者何人乎。吳三桂亦其徒乎。

答。吳三桂武人也。世胄也。文章之士之爲黨首者。其初起於李三才之躁進。邵輔忠。尚葵之輕薄甲微。而其後周延儒。許譽卿。錢龍錫之徒。紛紛不可數矣。

問。前日聞劉宗周道學之徒也。吳甡。鄭三俊。亦其徒乎。嘗見明季遺聞有北京殉死之士。皆賜謚之事。頃日考之不載王侍郎。無賜謚乎。鄒漪不知而不載乎。

答。劉念臺盛談道學。專言正心誠意。其爲大京兆也。非坐鎮雅俗之任矣。而其伎止於如此。性頗端方廉潔。而不能閑其妻子。鄭三俊先任大司農。頗著政績。後爲大冢宰。亦有清操。方正不遜於劉。而無其僻。吳鹿友。有用之才。其制行則與二公不同。惜乎時不足以展其才。初叨枚卜事。已不可爲矣。王侍郎爲浙直經畧。其事在後。

問。施邦曜先生之所親也。亦在賜謚之中。

答。施四老爲僕表兄。在圍城之外。入城就死。其促家兄曰。汝領教已久。何故不出城。此城旦夕間必破。吾特來就死耳。觀此知其烈烈過於諸公矣。

問。前所呈明季遺聞及心史。未開卷否。

答。明季以道學之故。與文章之士互相標榜。大槩黨同代異。鄒漪南直之常鎮人。明黨之俗不能除。故其毀譽不足盡信。且其筆亦非史才。但取其時事。以備采擇耳矣。

問。鄒漪亦文章之徒乎。

答。大明之黨有二。一爲道學諸先生。而文章之士之黠者附之。其實蹈兩舩占望風色。而

爲進身之地耳。一爲科目諸公本無實學。一旦登第。厭忌群公高談性命。一居當路。遂多方排斥道學。而文章之士亦附之。僕平日曰。明朝之失。非韃虜能取之也。諸進士驅之也。進士之能舉天下而傾之者。八股害之也。

問。先生昔日往南京。往來北京。已經登第。敢問其年科場出何題。

答。僕困於場屋屢矣。未有登第之事。近忽有翰林學士之言。又有狀元之説。此言胡爲乎

來莫知所以。方欲作數字以剖白之。而因病未果。心常怏怏。

問。所言固然矣。國俗太拙文字。故鄙野之人。看華客皆爲翰林。或爲狀元。不解其稱其號勿疑。何至作數字乎。就問大明各縣有校。校即有孔廟。皆倣闕里之制乎否。

答。大明各府各縣。俱有學校。每學皆立孔廟。但不能倣闕里之制。闕里之制甚大。非各府各縣所能及也。

問。事實行狀。亦題碑石乎。

答。孝子孝孫。編次其父祖素行。而請之鄉先生。謂之事實。鄉先生就其事實中。增芟抑揚之。謂之行狀。然後進之禮部。宰相議其易名。撰爲祭葬碑文。若例未得有祭葬者。即以行狀請之朝貴或海内名公。撰爲碑文墓誌。或者存之史館。以爲作傳賜謚之地。

問。謚則門人尊師爲其先生亦然乎。不然乎。

答。此亦有之。然亦不宜輕舉。必允愜輿情而後爲之。方不爲弁髦耳。

問。父母在而有兄喪者。可降一等乎。

答。父喪斬衰三年。母喪齊衰三年。兄喪期。服布之生熟升數不同。無所嫌疑。不必降等。惟父在而爲母則有或降或不降者。

問。不謚而稱先生。則冠其姓號乎。冠其姓字乎。

答。字亦可。號亦可。某字某姓先生。

問。懲忿窒慾者。人之所難也。先生二十年來塞慾咸仰感仰。程夫子七十而氣力勝於前時。所謂以忘生狥欲爲深恥。先生能居此。故血痰嘔咳者無妨耳。

答。水至柔。人多蹈而死焉。色欲至爲末事。然君子於此自振爲難。僕事事不如人。獨於此中鮮能惑之。近者自解云。所謂入水不濡。入火不熱者。釋子但能言之而不能行之。僕能行而未嘗言之。至於嘔血者。蓋以陰陽不接

又多家國之憂。宜乎其有此疾耳。其不致性命之傷者。則又在廿一年保嗇之功。

問。裹脚者古所謂偪者乎。

答。偪也。縛也。行縢也。邪幅也。同是此物。

問。行纏何物。

答。行纏者。俗名搭膊。又曰料繳。邪縫之。可大可小。即褰也。

木下貞幹問曰。毛孫繼子。其義如何。

答。養子之子。即序於諸孫之列。俗曰討兒不討孫。蓋言養子爲討兒子也。毛孫者義男之子也。繼子有應平聲繼。有命繼。長房次子。理當承繼。故曰應繼。長房無可繼之子。則及次房。次房無可繼之子。則及再次一房。親兄弟無可繼之子。則及從兄弟再從三從。族屬已盡而無子可繼。則及疎族。不分賢不肖。皆曰應繼。天子諸侯。雖大畧相同。而微有不然者。以宗器至重。不論二弟三弟長子次子。按牒而取之。無有不應者。惟大臣無識見。無擔當。

愛身畏禍。不顧宗廟至重。但得一人爲主器而已。是故蘇親及疎。亦如士庶之家。命繼則死者平日以其子爲賢。臨終有命。某人與某人一同承嗣。故曰命繼。不論親疎。除長子外。亦不論長幼躐等而繼之也。亦有平日愛之教之。撫養成人。在生時。即命與應繼某人一同奉祀者。亦是命繼。但不得越族而及疎遠。越宗而及異姓。繼者續也。某緒將絕而復續也。故曰繼也。

安東守約問曰。師於弟子。猶君父於臣子。門生守正。雖不知中國之禮。豈不知本國之禮乎。初見以來。過於優待。然教愛勤惓。頓忘鞴褻。且以言語不通。屢請不許。若强之則恐勞老師。故每事惟從尊命耳。

先生答曰。師道誠尊重。禮曰。父生之。師教之。君成之。三者並尊於天地之間。故事父有隱無犯。服勤至死。致喪三年。其事君有犯無隱。服勤至死。方喪三年。方喪者與父同致其喪

也。其於師無犯無隱。服勤至死。心喪三年。此受業之師也。此古道也。行之於今。如龜毛兔角矣。今賢契崇儒重道。再三諄諄。不佞方以師生爲稱。亦何可遽尊卑比之位。使足下僕僕拜於牀下哉。非矯飾也。非虛僞也。他日相與有成。或者酌量古今之宜而處其中可耳。大明近日以制義取士。鮮言行誼。弟子之視師。如途之人。師之視弟子。如賓客。未能如古之道也。賢契言之切切。豈有忘分不自簡處

不必過爲簡點。即成禮之後。師徒相與之際。亦宜以和氣涵育薰陶。循循善誘。非能如嚴父之於子也。

問。願聞師教弟子之法。及弟子事師之禮。

答。師之教人。必因其材而篤焉。無所爲法也。弟子事師。惟以傳習敬信爲禮。其他皆末務也。

問。弟子稱師如何。

答。尊老師者。稱老師之師曰太老師。自稱曰

門孫某頓首百拜。不尊其師者。稱老師之師曰太老師。自稱曰晚學生某頓首拜。百拜。最親最敬。頓首百拜次之。頓首拜踈矣。門生之父兄尊長。得稱其師曰老師。門生之弟。亦得稱之。其子其姪與卑下之人不敢也。

問作詩文。

答。所貴乎儒者。脩身之謂也。身既脩矣。必博學以實之。學既博矣。必作文以明之。不讀書則必不能作文。不能作文。雖學富五車。忠如

比干孝如伯奇曾參亦冥冥汲汲而已。故作文爲第二義。至於做詩。今詩不比古詩。無根之華藻。無益于民風世教。而學者汲汲爲之。不過取名于譽而已。即此一念。已不可入於聖賢大學之道。故程子曰。爲之大足喪志。

問。前日奉教曰。正字老師之家諱。門生名守正。改正字爲拙字。如何。伏乞賜以嘉名。

答。古人之諱。家諱不出門。前將大名另易拙字。揆之人子之心。極感敬愼之意。然於省菴

之義不合。故欲賢契仍舊耳。況以我家諱而亦欲人諱之。古有李彥爲督府。而其父名好古。因彥弁諱硯爲墨池。因古弁諱鼓爲皮綳。適有參軍名李彥古。二字俱犯。其參軍書手板曰。荊州司戶參軍李墨池皮綳。謹祇候參。世以爲笑。李彥喜曰。奉人當如此矣。今者不佞之意殊不然。既賢契諱諱於此。或仍用守字。下易一省字。何如。若竟用省菴二字。雖古亦有字行之禮。然稍覺不恪耳。吾輩今日還

徃筆札。若他日有重見天日之時。未必不達之當宁。爲名公碩輔之所評騭。不得草草而已。盛情謹心領之。於二者之閒。權宜可也。以字行者。但名方可。如胡敬德郭子儀之類。如省菴。殊不但名。若於不佞處以字。而他處仍以名。亦非也。

問。俗有言誠意伯識書之應者。未審眞僞如何。

答。誠有之。不佞以人事爲主。其恍惚渺茫之

事。不入言論。即以讖言之。亦甚佳。金明見水有奇緣。會合樵中非偶然。戡亂武功誠已異。克襄文治又中天。何等親切。何等光大。此四句在草頭雖下一人。耳之下。草頭下加酉字。又一人字右著一卩。合爲鄭字。是國姓入南京之驗也。

問。老師比年在何處。中國喪亂無所住乎。

答。兩年在厦門舟山。人人擬留。留意非不堅也。但不佞心不安。兵部左侍郎張玄著諱煌

言者留之。不倭不肯留。云尚要過日本。張云。我們在此年翁一人留不住。我們在此作何事。日本人聞之亦笑。我等然不倭不能留也。何故。彼地無田可耕。不能自食其力。此外惟漁亦可。然捕魚舵梢與劫盗無二。不可為也。若坐而日靡其餉。彼之來者皆百姓之肉與血。甚者打糧。打糧者。打家劫舍擄入質子而求物者也。焉有仁人日膳人之肉。膏人之血。食欒人之食。齩人之子之骨而可為者。故決

意來此。彼衆人大為艴然。因曰年翁一人留不住。我等尚想做甚事。如此剥民而曰救民。吾弗信也。如此殘民而圖恢復。吾不知也。

問。朱陸同異。不待辨説明矣。近世程篁墩道一編。席元山鳴寃録。其誣甚矣。然尊德性道問學。陸説亦似親切。奈何。

答。尊德性。道問學。不足為病。便不必論其同異。生知學知。安行利行。到究竟總是一般。是朱者非陸。是陸者非朱。所以玄黄水火。其戰

不息。譬如人在長崎。往京。或從陸。或從水。從陸者。須一歩一歩走去。蘇水程者。一得順風。迅速可到。從陸者計程可達。從舟非得風。累日坐守。只以到京為期。豈得曰從水非。從陸非乎。然陸自不能及朱。非在德性問學上異也。

問。陽明之學近異端。近世多為宗主。如何

答。王文成亦有病處。然好處極多。講良知創書院。天下翕然有道學之名。高視濶步。優孟

衣冠。是其病也。出撫江西。早知寧王必反。彼時宸濠勢燄薫天。滿朝皆其黨羽。文成獨能與兵部尚書王瓊。先事綢繆。一發即擒之。其勦横水桶岡浰頭之方畧。與安岑之書。折衝樽俎。亦英雄也。其徒王龍溪有語録。與今和尚一般。其書時雜佛書語。所以當時斥為異端。

問。薛文清公讀書録之外。別有作乎。其文只見猫説等數篇耳。恨未見全集。

答。薛公諡文清。做官極好。直節不阿權璫。人品好。文不在多。諸葛忠武。止數篇。足垂萬古。張睢陽忠節震世。其才一覽成誦。終身不忘。人有問之者。某事在某卷第幾板。展卷即是。然其文亦不多見。一臠足矣。

問。方正學先生。幼時人謂之小韓子。其文足比昌黎先生否。

答。韓昌黎大而有用。方先生執而不化。大不如韓。韓昌黎惟撰淮西碑。譽宰相裴晉公度。

而抑李愬。不足以服人耳。餘事俱可。後人又尤其上宰相書。爲干進未亮也。靖難之激。方先生得君之專。彷彿齊黃。而不能運籌決勝。但非通才。

問。宋太史。方正學。優劣如何。

答。各有其妙。宋景濂之博洽。方先生之端肅。皆未易才也。其人品則宋不如方。故其後宋坐孫愼而貶死。

問。大明光祿大夫。當漢唐何官。

答。漢唐之光祿大夫。官職也。明朝之光祿大夫。勳階也。凡官有勳有階。惟一品進光祿大夫。此外有光祿寺卿。則官職矣。明朝之光祿大夫。視漢之丞相御史大夫大將軍處三公之下。在九卿之上。視唐之平章政事左右僕射。同中書門下三品。開府儀同三司。

問。老師在交趾。拜監國敕書。其儀云何。

答。大明制敕至守土官。朝服。欽差官吉服。迎入。香案供奉而後開讀。則有拜禮。今不佞東

西南北。無可供奉。不敢當拜禮。親王監國。其制與天子同。巡按各道俱欽差。巡撫雖係欽差。其官銜無欽差字樣。布政司。按察司。都司。府縣。俱守土官。

問。殿下之稱如何。

答。明朝自太子親王郡王將軍中尉。一槩俱稱殿下。別其爲宗室也。前代同姓異姓諸侯王皆無之。

問。監國魯王行在所。在何地。老師得見否。

答。前在南澳。故至厦門。而不得朝見。昔年已在金門去厦門一湖之隔。

問。老師姓朱氏。文公之裔否。

答。寒族多爲此言。丙子丁丑年間得家譜言文公子爲敝邑令。家於餘姚。惟一世不清楚像賛誥勅國璽班班可考也。閩族俱欲附會獨不佞云。只此一世。便不足憑。且近不能惇睦九族。何用妄認遠祖。狄武襄青武人。尚不認狄梁公。何用如此。文公新安人。不佞餘姚

人。若能自樹立。何必不自我作祖。若棄其先德。則四凶非賢聖之裔乎。實墮其家聲。更不聞欒郤之胄。降爲皂隷乎。

問。揚東三不惑。學者所當宗師。守約常欲守之。

答。堯百榼。孔千鍾。無害於酒。及美女來相守。無害於色。周公受分獨多。古今稱富。無害於財。陳仲子能絶四者。獨與其妻居於於陵。然濟得甚事。眞聖賢大豪傑。却不在此中尋求。

問。守約嘗欲謚楠公正成爲忠武。庶人議謚得無罪乎。

答。柳下惠之稱。乃其妻謚之。文中子乃門生謚之。但要公而當耳。於禮無戾也。易名之典。在於人心。人心思慕哀傷之。謚爲忠武。適得其宜。

問。六朝唐宋文字。如何分別。

答。六朝文要少讀。肉厚而氣不清。文品不高。昌黎集好。柳亦佳。蘇長公亦好。但嫌熟耳。歐

陽文忠佳。王安石文亦好。只是人不好。又曰。文字要用古。但要化耳。如餐美饌。若不化便成病矣。又曰。嗚呼在書經爲歎美之辭。後世爲歎傷之辭。宜少用。又曰。非讀書不能作文。非熟讀不能作文。土語自然入不得文字用。古文不化。著跡欠清爽。大有意致。又曰。不佞文字。無甚佳致。只是一字不杜撰。一字不落套。一字不剿襲他人唾餘。信手作百篇。其間格局句語。少有同者而已。更長短俱成格局。

無有潦草塗塞勉強湊搭之病。

問。唐詩李杜爲最。未知二公有優劣否。

答。李杜齊名。究竟李不如杜。李秀而杜老。李奇險而杜平淡。李用成仙等語。更不經。煉丹等殊不雅。不若杜家常茶飯。有味也。然不奇與之極。造不得平淡。有意學平淡。便水平箭豆腐湯矣。今按箭疑當作煎。又曰。詩貴秀貴逸。著理學語。須要脱得頭巾氣。不然便老學究。可厭可唾矣。前日佳作。多有用此等。然不十分犯

手。

問。飲酒饋食。主人先飲先嘗。未知合於禮否。

答。飲酒而致爵於賓。賓致主人。主人先飲卒爵者。示酒無毒也。主人復獻客。客飲而飲主人。主人復獻客。客受而奠爵。今日本全是古禮。饋食則主人不先嘗。先嘗者宰夫之職也。臣有爲君嘗食者。曰膳夫之禮。自居。君祭先飯是也。亦不敢當賓之意。

問。由布惟長奉書光師。稱頌高義。其人質美而好學。但今年五十。有扞格難成之憂。爲可惜耳。

答。老而好學。如秉燭之光。不佞年六十二。一日不肯釋手。故詩詞絶不拈著。因質性愚下。無暇及此耳。五十歳比不佞少十二年。謂之一紀。何謂老而難成。眞好則無有不可成也。蔡元定之年。長於朱夫子。初時爲友。後來遂執弟子之禮。何曰至今稱爲晦庵高弟。又曰。

不佞見典籍竊自傷心。每每涙下。不幸幼齡喪父。不知爲學之道。遂昧昧至此。劉元海異國人。猶曰一物之不知。君子之羞也。不佞竊自恥其言。若老者一日不放鬆。少者更加精進。自然足以揚名天下後世。必不若不佞之老大無成也。

問。易繋辭註匡郭二字。其義如何。

答。兩耳之外稜。亦曰輪郭。耳無稜曰聃。所以老子名聃。可見輪郭者外周之義。註錢者以

孔方為郭亦非也。彼曰輪為圓轉之物。故曰郭為孔方耳。總之。輪郭二字。連讀為是。郭必不可言在內也。肉好二字亦然。言卍與文皆好也。註者之多訛如此。匡郭二字不連。或曰匡。或曰郭。總是外周也。天地如物。而我之道為匡。天地如人民。而我之道為郭。範者天地為匡。天地不能改於其度。圍者天地不能越乎其域。匡不正也。此却不作正字解。成人之歌曰。蠶則績而蟹有匡。則蟹之大殼為匡。所謂介也。器曰筐。目之四圍曰眶。均是周圍之義。郭者錢之外周也。曰輪郭肉好。輪者外面圓稜。郭者內中方稜。肉者錢之背。好者錢之字。然城外之城為郭。但非內中方稜。總之匡與郭俱是外圍。但匡有外圍端整之義耳。一匡天下。只作正字解。亦未是。桓公稱霸。則天下諸侯俱束於霸圖之中。而整肅之。則亦是外圍之義。

先生謂守約曰。讀書如酒量。有能飲一石者。有不勝一勺者。各當自量其力。若騖多而不

精熟。與不讀一般。不如簡約為妙。倘過目成誦。自當博極羣書。

又曰。書讀得多。讀得熟。自然筆機純熟。不見夫蠶乎。功候既足。絲緒抽之不窮。自然之理也。

又曰。蘇子瞻聰明絕世。讀書每百過。或數十過。今人聰明不及子瞻十分之一。乃欲目涉獵遊戲讀書。如何得工夫純熟。工夫純熟。則古人精意。皆在心口中。筆頭上揮灑立就。

又曰。韓文公雖有可議。然其功甚大。則其小者可原。文公處六朝之後。摘章繪句。獨能起八代之衰。使後人知有聖學。其小疵不足推也。

又曰。明道先生甚渾厚寬恕。伊川先生及晦菴先生。但欲自明己志。未免有吹毛求疵之病。

又曰。前漢書。後漢書。熟讀極佳。文章要典雅。不讀先秦兩漢。覺無古奧之致。文章自襯之

句爲杜撰。有半句汲半句爲斟湊。用近世之語爲軟弱。俱是病。

又曰。凡作文。宜相題立意。先使規模大定。中間起伏布置。要有法有情。一篇脈絡。要使一氣。若斷續不貫。先後倒置。雖文詞秀麗。亦不入格。

又曰。題目中。字字俱要安頓。有大力者。索性將題目掀翻。另出議論。此又是一格。字義俱要的確。若字義不明。讀時不解。用處便錯。

又曰。文字最難。是單力直入。然直入須要有力。一聲便要喝得響亮。

又曰。明朝文集極多。好者亦寥寥。一家之言。不必勞神。如楊升菴李空峒集極佳。

中村玄貞問曰。此文某人所作也。未知能合作者之法。

先生答曰。作文者。句句字字俱要從經史中來。著一句杜撰句法不得。著一字杜撰字法不得。圓滑而非熟。新秀而不生則佳矣。若其

中見理明。主意大。前後首尾。如常山之蛇。擊首尾應。擊尾首應。節節相生。字字靈動。則文之極致也。此等書疏。胸中無一毫書史氣。字字湊泊。逐件排甃。如何謂之學者。多讀古來名公文字。自曉作法。

問。伊川先生治喪。不用浮屠法。今中國能遵行否。

答。中國治喪。非如貴國。棺斂之際。浮屠不與。惟後七日謂之頭七。已後每七必要作佛事。

四十九日而七終。又有百日週年。及三年喪滿。俱有道場。謂之超度。不然。父母亡者。便入地獄。剉焼舂磨。受諸痛苦。佛教既盛。謂超度便可昇天堂。不超度地獄沉淪。已故愚迷子弟。多信而爲之。即有稍知其非者。又世俗之人。共相非笑。指斥之爲不孝。故倜儻特拔者。無有幾人。近日亦如之。惟不肖家治喪。毫不爲此。

問。高才能文章。伊川先生謂之學者不幸。

蓋有高才而能文章者。志功名。趨利祿。不過以文字取名。終不可入手聖賢之大道也。若退之永叔。以文章振於當世。然不免於詞章之學耳。

答。韓文公變六朝委靡之格。故曰文起八代之衰。且其氣骨勳業。人不可及。頗有功於聖門。何爲止以文章名世。若歐陽文忠。其立朝行已。亦有可觀。不抗不撓。亦非無所得者。何爲止以文章名世。尚論古人。俱要其終始。不

可妄言。有高才能文章者。不止於志功名超利祿而已。如作詩作賦。無益於世道人心。而但逢迎時俗之所好。即其用心已自不肖。豈非不幸耶。

舜水先生文集卷之二十二終

舜水先生文集卷之二十三

門人　權中納言從三位西山源光圀　輯
男權中納言從三位　綱條　校

○雜著四

筆語

小宅生順問曰。本邦近代儒風日盛。師及門生。往往服深衣野服等。堂有洙泗之風。然所製者。皆以禮記及朱子家禮羅氏鶴林玉露等考之。異域殊俗。雖以義與之

而廣狹長短。不便人體。想尺度之品。製法之義。別有所傳乎。願賜敎示。

先生答曰。貴國山川人物之秀美。幅員之廣遠。物產之豐盛。自敝邑而外。誠未有與之匹休。惟是文敎不足。實爲萬代之可惜。秉鈞當軸者。豈不爲此慮。至若分爲學修身爲二義僕更爲不解。近代儒風日盛。敢問學行兼優者幾何人。文章冠代者幾何人。僕匏繫長崎如坐井觀天。以蠡挹海。惟祈明敎之。至若深

衣之製。亦祇學聖之麁迹耳。玉藻文淺義遠。
誠爲難解。家禮徒成聚訟。未有定規。服深衣
必冠緇布。上冒幅巾。腰束大帶。繫帶有縧垂
與裳齊。縷順裳色。絇繶純綦。貴國衣服有制。
恐未敢輕易改易也。
問。向所諭媽祖關帝。順未知之。抑何神哉。
答。媽祖者天妃也。專管海道之神。舟船東西
洋往來。是其職司。關帝者蜀漢大將。雲長諱
羽。封漢壽亭侯。㠯正直公忠爲神尤顯於明

朝。故薄海內外。無不尸祝。二神非如異敎之
荒唐也。
問。釋敎關帝。知是爲蜀漢名將關羽也。贈
帝號在何時乎。蜀中有諸葛孔明。尊號不
在武侯者如何
答。關帝著靈於明室。明神宗萬曆皇帝。繇武
安王晉爵崇隆至協天大帝。諸葛孔明初薨
之後。後主即謚爲忠武侯。至今未改。
問。蜀漢自古有英傑出焉。揚雄司馬氏嗚

漢家眉山三蘇及陸游等鳴宋家。不知今
亦有如此人哉。
答。國朝有宰相之子楊升菴諱愼者。採花陳
秋濤諱子壯者。或負奇才如子雲。或顯忠節
於勝國。亦自有人。
問。信然也。楊升菴文集已得見之。陳秋濤
之書。未得見之。想有文章著述而傳世。皇
明人物。高出漢唐者。雖我外國而知之。有
素。如順之管見。雖不知所議。而竊聞之。先

輩。如薛文清蔡虛齋者。所謂君子儒。如王
守仁王龍溪。林子中袁了凡者。淫老佛不
免。三脚猫。如王世貞李夢陽李于鱗者。文
章與五誥三盤相類而大不及。如徐中行
茅鹿門鍾伯敬者。不過醉古人糟粕。今依
先生欲質問之果。如何。
答。陳秋濤亦有著述。有經濟錄。已刊行。未知
國變後其書刊行否。國朝人物。如薛文清李
夢陽。氣骨錚錚。足爲國家砥柱。所謂烈風勁

草。板蕩忠臣也。無媿儒者。若王陽明先事之謀。使國家危而復安。至其先時繫劉瑾堪爲直臣。惜其後多生講學一節。使天下多無限饒舌。王龍溪雖其高第門人。何足復道。袁了凡恬靜清和。亦其好處。全然是一老僧。何足稱爲人物。其他或以理學名家。或以詩辭擅聲。未足可以著稱貴國者。其中如王弇州猶少長於數子耳。愚見如此。有當高明否。

問。富哉高論。啓發如披雲仰日。所謂一夜

話勝十年書者也。我國當今志學者。易用朱義。春秋用胡傳。書用蔡傳。詩用朱傳。間亦有好異者。捨宋儒之說。而用近世快活之說。故其所辨論。如長流之不可障。雖然步步不由實地。如順者困此弊久矣。如之何而可乎。

答。爲學當有實功。有實用。不獨詩歌辭曲無益於學也。即於字句之間。標新領異者。未知果足爲大儒否。果有關於國家政治否。果能變化於民風土俗否。台臺溌知其弊。必不復蹈於此。果能以爲學修身。合而爲一。則蔡傳朱註胡傳儘足。追踪古聖前賢。若必欲求新。則禹稷契皐陶伯益所讀何書也。

問。偶得造儒宗之門。可謂一代之面目。唯恨言語不通。書不盡言。情緒多端。不能伸之。余願奉先生於東武。欲得日夜親炙。渴望渴望。

答。幼年稍嘗學問。近者荒廢廿年。謬謂儒宗

甚羞聖道。台臺有情緒。欲教諭之。而言語不相通。前翰教中。問善辭命者。未知其指。不敢遽爾煩人。若僕至東武。東武才士之林。即往恐無益也。

問。退託誠爲過也。東武雖多才子。或文人或遊說。間亦志君子之學者惟多矣。雖然如先生身生仁義之國。學究聖賢之奧。何爲無益乎。小生所不解也。

答。孔子歷聘七十二君。求一日王道之行。而

不可得。以僕之荒陋而得行其志。豈非今生之大願。誠恐貴國惑於邪教。未見有眞能爲聖人之學者。此事必君相極力主持之。豈一二儒生與下任微官所能挽回氣運也。僕故不敢承命。如有其機。而故爲退托。得罪於孔子多多矣。況僕之視貴國同爲一體。未嘗有少異於中國也。貴國惑於邪教。淪入骨髓。豈能一旦豁然。

問。明教悉矣。聖教隆替。誠在時君與時相。

方今東武。我學且行。國之牧伯。邑之宰生。多是有道之人也。有爲之時也。一方之流雖淪入骨髓。而得博雅君子。相與唱我道之美。攻彼方之弊。則雖不在一朝一夕。而或十年。或七年五年。亦可以小異。況今東武有大成殿。春秋二祭不解。彼一方之流雖饒舌。而士大夫輩無敢聞之者。唯避南蠻天主教之嫌。故其迹似尊信一方。實不及我道之行耳。

答。僕在此廿年。所聞俱謬。茲承大教。積疑釋然。果爾。世道人心之大慶也。吾道之功。如布帛菽粟。衣之則不寒。食之則不饑。非如彼邪道說玄說妙。說得天花亂墜。千年萬年。總來無一人得見。所云有悟者。亦是大家共入窠臼中。未有一句一字眞實。可惜無限聰明人。俱被他瞞却。誠可哀痛。吾道明明現前。人人皆具。家家皆有。政如大路。不論上下男婦智愚賢不肖。皆可行得。舉足即有其功。賢君能

主之於上。宰相能嚴之於下。不至數年。風俗立改。若至十年。王化可行。何止變其風俗而已。且行之甚易。不必如禁南蠻。如此之難也。

問。先生所冠所服。是貴國儒服。儒冠乎。

答。僕之冠服。終身不改。大明國有其制。不獨農工商不敢混冒。雖官爲郡丞郡倅。非正途出身。亦不敢服。近者虜變已來。上下無等。淸濁無分。工商敢服宰相之衣。吏卒得被王公之服。無敢禁之者。無論四民。即倡優隸卒。亦

公然無忌誠可歎傷僕所服者猶是便衣至於禮衣此間不便攜來亦力不能製

先生曰言者心之聲也文者言之英也非言則聖人之心亦不宣非文則聖人之言亦不傳然文須通於天下達於古今方謂之文若止一方之人自知之而已則是方言諺俚非謂之文也今貴國事事盛美而無文以達於中華則亦何能知其美且大萬一後來之治不能如今日則貴國之名亦亦不傳矣此君

相士君子之憂也亦君相士君子之恥也高明以爲然否

順曰文之爲用不可勝計中國之文章直寫平日言語而已我邦文字不然平日言語與中國大異故作文字亦不自由是故文才超逸者良希雖然朝有掌文字官務學中國之文其所傳者日本紀續日本紀日本後紀續日本後紀三代實錄文德實錄新國史舊事紀古事記等皆是我邦典籍也方今東武亦有日次記錄備來世而已君相士君子大概祖先出武隊中昇高位子孫世官世祿無暇學文字故多不滿人意亦無如之何

答中國言語自言語文字自文字我朝以制義取士士子祇以功名爲心不務實學故高貴之文舉世亦無幾人多者十餘人而已非讀書者皆能作文也然代不乏人耳若云君相起於武職漢高祖亦起於卒伍而今日聖

教之不墜地者皆漢武帝表章之功所以文章之盛亦惟西漢爲最僕之爲此言者謂貴國今處極盛之時若曰惜乎其獨少此爾

問本朝文粹入高覽其文章如何文粹有三善清行者我邦儒者也意見封事十篇載在此書

答大槩一見耳至三善清行者亦失記其名僕以台臺眞懇故亦抒誠言之儻務爲虛美之詞不如此唐突矣僕素以西蜀秦宓晉朝

桓温刁彝事爲非。豈肯身自爲之乎。直視貴國爲一體。故披瀝心膽。無少忌諱。非呂氣概爲事也。

問。没來由國在暹羅國西。所謂身毒國歟。

答。交趾人謂白頭回回之類。謂之没來由。未知其字果是何如。亦未知其國果在何處。如是身毒之國。則今古之流毒者。皆其國人之所爲也。

問。阿蘭陀國通中國否。

答。和蘭在中國之西北。南蠻紅毛。三國鼎足而居。繇海道不繇中國。

問。中國西北有大宛匈奴等。和蘭應在西南方。

答。匈奴在西北近邊。大宛則過樓蘭車師。踰勒龜茲烏孫。繇陸路。涉廣漠。固與此有別也。

問。栢我邦今作桶葺屋者歟。

答。栢中國樹於墳墓寺觀。其村堅而美。可爲器具及爲棺。天子黄腸即此也。所謂東園秘器。

問。右北平去沙漠幾千里。金陵去北京幾千里。

答。右北平之外。即爲薊州昌平。去虜地六七十里。故有黄裏太逼胡沙之語。其去大同亦止二百餘里。其出喜峯口。牆子嶺。古北口。永平府俱不遠。金陵至北京有二千六七百里。

問。交趾去南京幾千里。所謂臺灣。東京。安南。皆交趾之種否。交趾古五溪蠻否。

答。交趾先爲布政司。呂其數反覆。宣宗皇帝棄之。貢道繇廣西南寧。幾及萬里至京。東京安南。即交趾也。臺灣爲海中一島。近福州五溪蠻則湖廣沅辰之峒蠻也。非交趾。

順曰。古來中國稱我邦曰倭奴。是非我邦之通號。近世入寇貴國。皆筑紫九州之人。乘亂逃逸。鈔掠沿海。遂視之爲盜賊。此不可不辨。

答。中國與貴國不通之故。皆邊吏之罪。天子

遠在萬里。竟不能知其情。僕久有此志。又平心夷氣。絶無客氣爲梗於中。儻有中興之日。僕得仗節歸朝。特當奏陳其顛末。若先朝露塡溝壑。則貴國之汚名永永不白。而中國之邊疆未得無事也。入寇之時。淫亂慘毒備至。加之惡名。不亦宜乎。

問。貴國去我邦幾千里。交趾去日本幾千里。來日本向何方。人人曰交趾在日本西南。其間有幾嶋。有幾山否。

答。中國去貴國水道一千六七百里。交趾去貴國八九千里。來則向東北方行。交趾故宜在西南也。其間幾嶋幾山。僕見之尚不能識。況能知其數標其名乎。

問。蕪陋文字辱一覽。謝謝。未知佀爲文理否。願無皮裏陽秋。而直論其非。則素望足矣。

答。僕好直言。故多唐突。台臺不患無學。要在淸理氣脉。若使氣脉未淸。未爲爲文之絶義也。幸勿爲罪。

問。氣脉之淸。有何術而可得之。

答。別無他術。只是多讀書。有來歷耳。試看從古大方之文。佳與不佳。則時有之。其氣脉則無有不淸者。又貴國之文字。多自造。且塡入之。行之遠方。能通解否。

問。文章氣脉。蓋從時代風氣而已。唐宋元文字。大槩氣脉相同。讀過不滯。就中韓柳歐蘇周程邵朱之文爲然。唯近明家諸公

文章全不相類。終日讀之。徒覺聱牙。我邦文章。多學唐宋。故與明家文章殊不同。未知先生意謂如何。

答。聱牙者。此借艱澀且文其淺陋者也。或一時偸取功名則有之。不可掩天下萬世之目也。至於氣脉神理。自古及今。未之有異。何有時代之不同。

問。貴門人省菴。雖未知其爲人。而聞人人說天性啓明。且親炙先生有日。其極致不

可易言。僕何敢望。省菴拙作擬興國學書。先生已見之。若幸其書有稱寡君之旨。而國學之制施行。則施教之師。想乏其人。僕得便宜。則欲薦先生。當今教授之師。其祿足養七八口。萬一有招則可東遊否。

答。省菴之爲人。如其文。其立志更有人不可及者。今者欲來長崎。未奉其主令。未敢見黑川公。是以不得來。然今年四十餘矣。台臺若能虛心極力。日夜精進。且可過之。何遂不可及。與國學事。是國家大典。而在貴國爲更重。僕竊有望於貴國。但以僕之才德菲薄。何遽足爲貴國庠序之師。至若招僕。僕不論祿而論禮。恐今日未易輕言也。惟看貴國主尊意何如耳。貴國主讀書好禮。雅意欲興聖人之學。必有非常之識。亦非今日可遥度也。

問。日本上世文學大行。中世以來荒敗。神祖初受命。五六十年。略雖事文字。未有傑出之才。故學者之病。皆如先生之言。

答。漢武帝內多慾。而外施仁義。其表章六經。實爲萬代之功。若非漢武。則聖人之學久已滅絕矣。豈宋儒所能開闢也。今貴國但患不能好聖人之學耳。果能好之。且可爲堯爲舜。何患文章之不及中國也。此爲之數年。便可見效。十年便可有成。何不試之。而徒作臨淵羨魚之歎。此言非如釋氏之捉風捕影也。

問。古人不欲封萬戶侯。而欲一識韓荊州者何也。曰。聞其所未聞。見其所未見也。順非敢以古人自處者。然亦聞古人之道。喜之有日。先生以古人之道。教我則爲幸。來千里之遠。而逢所未逢之人。而聞所未聞之論。所謂虛往實歸者也。不亦悅乎。今當遠行。再聞至論。亦未可知。願得拜昌言。以沒身誦之幸。勿辭焉。

答。相晤兩月。中間間濶日多。今當遠行。可勝依依。臨別贈言。君子之道。魏公子牟之言可念也。應侯英雄。猶然心醉。若在聖門。顏子之

若無若虛不可及矣。賈太傅非不有才。惟不善藏其用耳。能使少有含蓄。漢家事業光於文帝之時。必不至漢武令平津武安開其端也。文章雖一句兩句。且至長江大河。皆當從經史古文中來。必不可用土語湊泊。及自杜撰字語。填塞有此雖集千狐之腋。猶貽續貂之譏矣。

問。鄭玄云。格來也。物事也。司馬溫公云。格扞也。物外物也。王陽明云。格正也。物事物

也。

答。格兼至正二義。扞字全非。扞格之格。非格物之格。

問。或人評至正二義曰。上已曰正心。下何又曰正物。所謂床下。架床者。此說如何。

答。床下安床。屋下閣屋。非此之謂也。若如此上已曰明明德。何下復曰致知。

問。物物理也。正物理。則雖不及致知而無妨乎。

答。至正有相兼之義。非曰正物也。

問。程子曰。今日至一事。明日至一事。此說僕亦不信。先生謂之何。然至字義。則格至正也。物物理也。先生亦從此說否。

答。格者隨其物而格之。亦非今日至一事明日至一事。若今日之事。關係父子君臣夫婦又將如之何。

脩身正心。敢問其要。

答。心無邪無枉。無黨無偏。便謂之正。故大學

不言正心之功。而歷言心之不得其正。心若不在。則視聽飲食俱非矣。程子云。心要在腔子裏。既能時時在腔子裏。如何得有不正。至於脩身者。亦非如釋子修行之修。只是還其本來無欠缺之身。便是修了。

問。姊妹嫁一夫。恐無此理。舜要之非是。如何。

答。諸侯一娶九女。正不必曰不置妾媵為賢。且天下之事。惟調停婦女為最難。而姊妹同

室。此之姪娣尤爲難御。堯欲試其處之之道故曰。觀厥刑于二女。天子之命。舜豈敢違非舜欲娶之也。何疑於此。

問。雷災大行十餘年。每年自正月至十二月無寒暑。無晝夜。有雷必有災。有災必殺人。今年五六月之交。震死者七八人。蓋執政要權之過。而天責之。則何不在其人。而在此不辜民乎。

答。聖王治世。五日一風。十日一雨。雨不破塊

風不鳴條。今雷應收聲之時。而反爲災甚至殺人。則陰陽變易極矣。此必時政有所闕。是在上之人。嚴加修省。以畏天變耳。若一人爲非。而必雷以激之。是天代人君爲政矣。古今必無小人矣。小人失道。自然殃及百姓。無疑也。

問。以生物爲心者。天也。繼天施德者。聖人也。然則天無言。聖人有言天也。殺一不辜而得天下。則聖人不敢爲之。今雷不殺萬人之人。千人之人。而殺一人之人。是何足畏。是何足責。請承其詳。

答。成王之時。大風拔木。偃禾。木與禾有何罪。是天動威以彰周公也。今不宜殺而殺。天其或者以此警戒人君與執政歟。

問。今早上公見先生謝札。曰拜登二字。不能解。拜即伏拜之拜。登亦登級之登歟。謝是先生之謝。而高書者何謂也。

答。拜者是既拜而登其物也。謝是謝上公之禮

宜高擡。中國廟堂之禮。聞字。請字。特字。俱一擡頭。又謂之雙擡。

問。登有尊閣之義否。

答。登者升也。與左傳下拜登受之義稍異。

問。解額何謂也。

答。解試有額。或多或少。如南京每科一百四十八名。而雲南貴州止四十餘名。

問。分署何謂也。

答。國初各省俱用中書省官治之。爲平章事

副之者曰參政乃參知政事也故曰紫薇分
署。
問。京考差何官。
答。南京爲應天。差翰林大老二員順天同。浙
江江西。差太翰林一員。科臣一員。
問。房考。房是齋室房爲類耶。此任是何官。
答。是經房分考官。詩經六房。易經六房。書經
四房。春秋一房。禮記一房。
問。四名五名何謂也。

答。每經各取一名冠場合解元爲五經魁第
二名爲亞魁。
問。兩捞何謂也。
答。言兩次登榜也。
問。十七名何謂也。
答。十八房合會元爲十八名。
問。會試廷試何謂。
答。會試在於北京中。或者爲會元。其次十七
人爲會魁。廷試爲狀元榜眼探花。

問。瓊林是林名耶。
答。言所取之士皆美玉耳。
問。內科何謂也。
答。於詔誥表之中。任意作一道。不全做文也。
問。五道謂何事。
答。策止於五篇。
問。父之姊妹何稱。
答。姊曰姑媽。妹曰姑娘。總曰姑。兄曰伯父。弟
曰叔父。又曰季父。

問。父之兄弟之妻何稱。
答。父之兄妻曰伯母。弟妻曰叔母。
問姨。
答。有二。母之姊妹曰母姨。妻之姊妹曰姨。又
曰季母。又曰嬸。又曰嬸娘。
問姑。
答。父之姊妹曰姑。婦謂舅之妻。亦曰姑。
問。舅字有外舅字。此義如何。
答。母之兄弟曰舅母舅也。婦謂夫之父曰舅。

壻謂婦之父曰舅。別於母舅。故曰外舅。

問。韓祭十二郎云云。此十二字何數量。或謂杜甫曰杜二。此二字亦同。如此數量之字。不知其義爲何。

答。中國有從兄弟。再從。三從。族兄弟。宗族衆盛者。恐上下無別。故用一字。目排之。謂之排行。故曰行幾。自一至百。或有百外者。杜二十二郎。即行也。

問。具慶義何謂。

答。父母俱存者。曰具慶下。父母存而上有祖父祖母者。曰重慶下。父存母歿者。曰嚴侍下。父歿母存者。曰慈侍下。父母俱歿者。曰永感下。有三代俱存者。曰重重慶下。然不可得也有則說爲希世之奇矣。

問。野服法。朱文公初製之。然世無服之者。近。羅大經時。其服已絕。纔在趙季仁處見之。先生在南京見其服否。但歷代有異乎。

答。晦翁先生言。得見祖宗舊制。則非初製矣。但明朝冠裳之製。大備於古。自有法服。故不用先代之物。而其製遂不可見耳。

問。深衣製。明朝所用如何。先生所見者。法禮記乎。法朱文公家禮乎。

答。僅見家禮耳。明朝如丘文莊。亦嘗服之。然廣東遠不可見。王陽明門人亦服之。然久而不可見。家禮所言。自相矛盾。成之亦不易。故須得一良工精於此者。方能爲之。

問。祭服古來有法。明朝士大夫公侯家廟

時祭。其服用何物。聖廟釋奠。有司等所服者。服其官服乎。抑別有祭服耶。

答。外祭用吉服。吉服者。緋錦繡帶。隨其官品玉犀金花素銀花素明角黑角之不同。內祭用素服。素服者黑也。釋奠外祭也。用吉服。世亦稱青公服。爲祭服。官之高卑。俱束黑角帶。但鑲者不同。內祭中。太祭時祭。亦用吉服。或錦繡。

問。太祭謂何祭乎。

答。如祭始祖，祭先祖，正月元日是也。

問。黑即黲素服乎。

答。黲素，色似灰色，與黑色有異。黲者喪服與黑稍異。黑者今日本多此色。

問。唐山有煎茶久矣。唐陸羽、陸龜蒙、盧仝、張又新等皆有煎茶詩。宋朝有點茶詩。煎也點也。其別如何。

答。自宋㠯來皆用點茶。所謂點茶者，點湯也。水大沸，恐傷茶氣。先用冷水數匙入於湯中。

而瀹茗，則氣味俱全。故曰點茶。煎茶別自一種。如六安等茶，則久煮而後味全。故亦有煮茗之說。然煎茶點茶，世人亦互用之，不甚別也。

問。瀹字義如何。六安何謂也。

答。瀹者泡也。入半湯，入茶，又加湯，注滿為瀹。六安，地名。產茶甚佳。能消積滯油膩，故須久煮，而味足耳。

吉弘元常問曰。漢朝鄉舉里選，其法如何。

先生答曰。某人榜，及第㠯狀元為主。某人下及第㠯考試官為主。榜本用板為之。後世俱用大紙。鄉試會試用白紙，廷試用黃紙。故曰黃榜。上書第一甲第一名某人某處，如言南直隸華亭學生習詩經是也。漢試大經十道，得五為通。唐試詩，宋試論策。明朝第一場試四書義三篇，經義四篇。二場論一首。詔誥表內科一道，判五道。三場策五道。廷試策一道。所謂舉子業也。

問。剗地字義如何。

答。剗地，猶忽地，俗曰忽地裏。

問。唱喏字義如何。

答。唱喏，所謂揖也。婦人女子之禮，謂之唱喏。

問。廣志云。成都有柚大如斗。又聞廣有二種如瓜者。日本所謂柚甚小。如何。

答。柚有紅柚白柚。紅柚者，其皮皆黃色。或黃或青。黃穰紅肉。實酢多，而甘少。味淡不佳。其大者可比二升器。穰同瓤。亦曰囊，亦曰瓣，亦

曰蘭。白柚者。穰白肉鬆味更不及紅柚其大者可比三四升器。

問。周尺所謂六寸四分弱。用何尺為準乎。

答。周尺今人以為今尺六寸四分弱。按文王十尺。湯九尺。以周尺量之則文王六尺四寸也。如此人今猶在。何及見其書乎。然則知周尺非今六寸四分明矣。文公家禮所謂六寸四分弱。鈔尺也。鈔尺與今尺不甚相遠。古文尚書。書以八寸策可見周尺六寸四分弱者非也。

問。四書五經嫏嬛名義何如。

答。言娟秀也。

問。娟秀之義。言註解之美乎。所自名者非誇乎。

答明朝四書五經。主意講說。非為解經義而已。皆所以為作時文之地也。時文以豔麗娬媚為工。故經書主意有嫏嬛之名。非齋名亦非人名也。

問。牛有貴骨賤骨之稱。願聞其說作脯法如何。

答。牛之前足為肩臂臑近脊而大者為肩中為臂下為臑。最下為蹄近世總謂之前腿後足為胜膊胳近脊而大者為胜髀及漢書之髖髀。總是一物而異其名。近世總謂之後腿四蹄連皮卸下。經之所謂肆是也。脊有脡脊。有正脊。有橫脊。名雖貴而無肉。脇有代脅。有正脅。有長脅。三者之骨亦稍貴此皆祭祀饗燕。君與君夫人及卿大夫餕。有貴人取貴骨之名。諸侯賓客豚解體解。房脅。饗宴故有此名。然殷人貴胜周人貴肩。殷人質故貴髀周人文故貴肩。亦無一定。至於尋常烹飪惟視其喜好無所謂貴賤也。牛耳者。諸侯盟會。最尊一人。執牛耳歃血非用以烹調也。惟全脅有之。其他俱不用作脯者。用新殺牛肉去其筋絲翳膜。切薄湛以美酒鋪於萑箔上晒乾總謂之脯。如前加薑桂上灑以鹽而修治者

曰服修

辻達問曰。日本佛法隆盛。名山勝區爲渠所占。葬禮多用浮圖之法。中國必異于此乎

先生答曰。中國世家大族。以禮葬。其餘世俗農賈之家。隨其家業之有無。亦有欲手足形懸棺而窆之者。作佛事者。俗人之習也。云是超度亡人。登極樂。脫離苦厄。以愚弄無知者耳。未有浮屠氏敢挾持士紳民間短長者也

藤井德昭問曰。刀劍弓馬鎗戟等技藝。士子所當學爲而於心術之學。恐有害乎

先生答曰。學者志不可雜。須言專心致志者此也。若今日欲學何事。明日又欲學何事。其人到老不能精一藝。何也。以其志泛而心浮且欲速也。孔子曰。欲速則不達。足下稟賦薄弱。恐非用武之器。且今既食厚祿。又復汲汲於他事。何爲也哉

或問。周禮註曰。肅拜但俯下手。今時撎是也。介者不拜。故曰爲事故敢肅使者。踈曰肅拜者拜中最輕。唯軍中有此肅拜。婦人亦以肅拜爲正。又曰。儀禮賓撎入門。推手曰揖。引手曰撎。明朝亦用此禮否

答。今之命婦入朝。坤寧宮中宮。俱肅拜。蓋立而拜也。婦人以肅拜爲重。跪而拜者次之。拜中最輕之說亦非也。所謂撎者是也。所謂欲雅拜者是也。如曰肅拜止再拜。卻至如何三肅使者。註曰手至地者亦非也。既已手至地

矣。如何言介胄之士不拜。不拜者。以其技拄不便屈伸也。手已至地。何又言不拜乎。既已不拜矣。何又言肅拜乎。韓厥之於齊侯。再拜稽首。獨非軍中乎。獻子豈不知禮者乎。如何言肅拜爲軍中之禮。蓋儒者不達古今之禮。所見異辭。所傳聞又異辭。故紛紛不能歸一耳。古樂府伸腰再拜。跪。亦非誤也。古人之跪即如今人之立。跪而肅拜與立而肅拜。正自相同。非有異也。今時太守。見上官而兩膝跪地

其頭略俯而肩背不動疑肅拜相佀而亦非也不知者遂據太守之拜爲肅拜豈不訛以傳訛乎儒者之誤後人多此類也儒者誤後人後人復誤後人眞如扣盤捫籥矣何嘗有眞見其是者乎

或問律曆志曰以子穀秬黍中者二十四銖爲兩較之日本之衡其差若干

答黃鍾之管實一千二百黍今用二千四百黍故曰兩大約與日本之衡所爽不多

問所謂秬黍日本有之否

答日本有之膚黑綻裂之處微露紅黃秬黍者一稃二米者也

或問令義解

答前人文字自佳序表皆妙聳然一國之制貴國文字但中衰耳後之有志者自當振興之也

或問鳧栗鴨

答鳧一名飛鳧一名水鳧一名鶩一名野鴨一名水鴨一物而異其名也栗鴨頭及頸有赤毛或黑或蒼黃黑栗錄然也亦曰溧鴨以溧水甚多也亦曰鶒鴨

或問佛手柑

答佛手柑有夏生秋生之異夏生者小而指皆舒而香食之味辛秋冬熟者大其手指皆拳曲味淡香氣微減所示柑此閩中所生者更大則是土性所宜

或問田雞紅纓鵓鴿

答田雞青蛙也亦作鼃中食或蒸或爲羹或爲腊或醃麪煎餅如餅俱可

紅纓纓騶也以犛牛尾用茜草染紅朝冠盔用作纓旗旂旟旌亦用作纓馬頷亦用作纓詩中白馬紅纓即此

鵓鴿亦作雒雒屬尾最短大如班鳩老黃色渾身細花善鬭亦能鳴作炙甚美湻鳥也

或問捏捏

答前在交趾聞其國海邊有此種採掇山菓

吕爲食好酒。好著紅展。千人吕此愚而擒之。聞之唐人者亦然。然未之見也。僅見一焙乾者。長可四尺。口鼻齊整。在唐山時。於嘉興崇德地方有二。一牡一牝。吕檻車籠之。觀者如堵牆。然亦未之見也。亦未知自何國來。但聞夜則放出洩溺。畢則復入籠中。其後牝者物故。祇存牡者解京耳。其時不留意於此。故未之詳問也。

舜水先生文集卷之二十三終

舜水先生文集卷之二十四

門人　權中納言從三位西山源光圀　輯
男權中納言從三位　綱條　校

〇批評一

批毛詩

小雅。既見君子。爲龍爲光。其德不爽。壽考不忘。

朱子吕龍註寵者。非。天子美諸侯之詩。如何註作寵字。諸侯承天子寵靈澤敷下土。非龍而何。

批尚書三條

大禹謨。帝曰。俞允若茲。蔡註曰。舜然禹之言。吕爲信能如此。則必有吕廣延衆論云云。

允若茲者。言信乎其如此也。非謂信能如此也。若加一能字。吕下意味便淺。

益曰。都帝德廣運。註曰。廣者大而無外。運者行之不息云云。

廣運者。無一處不周偏。無一時敢怠弛。即易之所謂天行健自強不息也。即詩之維天之命於穆不已。於乎不顯文王之德之純也。㠯下皆勸勉之辭。文氣與天之曆數在爾躬數句相侶。但一正一反耳。觀下四乃字可見。如何説是諛佞。此與上文下文一氣貫穿。如何説不接連。註大謬。

井誓。有扈氏怠棄三正。註曰。三正子丑寅之正也。子丑之建。唐虞之前。當已有之。

三正㠯非子丑寅之三正。今謂唐虞之前當已有之。無所憑據。

批禮記四條

檀弓。子思之哭嫂也爲位。

孔子之喪。子思宜爲喪主。而記無文。子思哭嫂爲位。則子思有兄矣。孔子之喪。其兄爲之喪。是何記者失之。

君復於小寢太寢。疏曰。天子始祖之寢。諸侯太祖之寢也。馮氏曰。寢所居夜之地云

云。

諸侯世世不敢居高寢。安得有復於太祖之寢者。當㠯馮説爲是。

知悼子卒未葬。平公飲酒。註知悼子晉大夫名罃。

昭九年傳。㠯爲荀盈李調。爲嬖叔屠蒯。杜蕡猶是音之轉耳。荀罃卒於悼公時。非平公也。

曾子問。攝主不厭祭。不旅不假不綏祭。註綏字當從周禮作隋。隋減毀之名也。

周禮。隋祭之於妥音之同也。綏之於侒字之訛也。楚茨㠯妥㠯侑。妥引禮妥尸㠯釋之。妥之爲言安也。綏亦訓安。即㠯楚茨㠯綏後祿綏字釋之。亦無不可。但不若隋祭意義爲長耳。

批左傳五條

閔公二年。成季將生也。桓公使卜楚丘之父卜之。曰男也。其名曰友。在公之右。間于兩社。爲公室輔。季氏亡則魯不昌。

季氏二字不可解。或者言是少子乎。此時桓公壯年。不當言是少子。左氏下筆乃如此草率乎。

僖公二十八年。魏犨傷於胸。公欲殺之。而愛其材。使問。且視之病。將殺之。魏犨束胸見使者曰。以君之靈。不有寧也。距躍三百。曲踊三百。乃舍之。

註大誤。使問句 且視之。句 病。句 言病則將殺之。乃舍之。註亦不是。此段是愛其材處。束胸

見使者。是悔罪處。距躍曲踊。是知文公愛其材。而以材自見處。

襄公二十七年。齊慶封來聘。其車美。叔孫與慶封食。不敬。爲賦相鼠。亦不知也。二十八年。慶封來奔。獻車於季武子。美澤可以鑑。展莊叔見之曰。車甚澤。人必瘁。宜其亡也。叔孫穆子食慶封。慶封氾祭。穆子不說。使工爲之誦茅鴟。亦不知。

美車與相鼠茅鴟二事。不當再見。美車猶可嘲客之事。必無再見之理。況同是叔孫穆子一人乎。若穆叔果爲之。好事而陵人。亦不得爲賢矣。何如不與其食之爲愈乎。

莊公二十三年秋。丹桓宮楹。二十四年春。刻桓宮桷。傳丹桓宮之楹。刻其桷。皆非禮也。

楹宜丹耶。桷宜刻耶。則不必書。即或稍乖於禮。不過仍其舊而已。罪不在莊也。楹不宜丹耶。桷不宜刻耶。莊公何以得丹之刻之。以爲

孝耶。崇其父而薄其祖。非孝也。以爲禮耶。隳清廟茅屋之制。開紛華靡麗之端。忘不共戴天之仇。狎閨房好合之私。非禮也。且人孰無父。父孰無子。儻子而各私其父。則父以傳子。子以傳孫。將無不丹之楹。不刻之桷矣。典祀毋豐於昵。獨不聞先賢之大諫耶。莊公之罪大矣。且桓公弑君篡國。淫縱文姜。身死非命。其罪不可擢髮數。丹楹刻桷。愈彰其惡耳。況所娶者又仇讎之女耶。

昭公二十三年。吳爲三軍以繫於後。中軍從王。光帥右。掩餘帥左。註。掩餘、吳王壽夢子。

吳壽夢之子。長曰諸樊。立爲王矣。諸樊死。立其弟餘祭。餘祭死。立其弟夷昧。王僚、乃夷昧之子。且爲太子。豈有以伯父且邦君之名。名其子者乎。掩餘、王僚母弟。豈得是壽夢子。

批六韜四條

盈虛篇。文王問太公曰。天下熙熙。一盈一

虛。一治一亂。所以然者何也。

帝堯巍巍蕩蕩也。只是如此做去。儒者定要在心體上看入細微。所以於世界上功德不曾究竟。獨不知克明峻德。黎民於變時雍。光被四表。格於上下。合微顯天人原是一體。

農器篇。太公曰。戰攻守禦之具。盡在于人事。

知此可謂神於兵矣。管子全得此意。

軍略篇。武王問太公曰。引兵深入諸侯之地。無有舟梁之備。又無水草之資。吾欲畢濟。使三軍不稽留。爲之奈何。

問得甚好。好在周密。對得甚好。好在灑脫。

金鼓篇。太公曰。凡三軍以戒爲固。以怠爲敗。

左史倚相之敗。吳本此。吳人往返六十里。上下勞頓懈弛。楚人一往三十里。又出其不意。所以一擊取勝。

批武經節要二條

選將篇。五謹九術。

節要纂集七書。故云爾。非謂五謹之後又須以九術區別之也。五謹已極將材之選。若又復之以九術。是耳目人無已時。而終身不得一將矣。況九術非能精於五謹也耶。雖曰會通七書。然亦有非七書所有而輯之者。大得七書爲本耳。

教平原兵篇。以長參短。以短參長。回軍轉陣。以後爲前。以前爲後。

若方圓曲直銳。教練能熟。則左亦可為前。右亦可為前。

批說苑十八條

晋南豐說苑序

子政以貴戚之卿。當恭顯擅朝播虐。豈容坐視。至乃以枉己詘之。大不然矣。獨不曰禹稷顏子易地則皆然乎。況乎屈平三黜。而君子不非其訐。自沉而死。而君子卒憐其忠。子固是非頗謬。大槩可知也矣。無佐乎其登進劇秦美新之揚雄。而不疑也哉。

成湯自責致雨

成湯自責致雨。古今美談。言未已而大雨。天亦應之速矣。然六年之前。幾無孑遺矣。乃至此方自責耶。

韓武子田

君疾將革。而臣子田。君已薨。而猶欲卒獵而後弔。六卿無上之罪著矣。

司城子罕相宋

子罕不去南面之墻。而通西隣之潦。又專宋國之刑戮。則又一田常矣。

翟黃對田子方

魏為畢公高之後。畢原酆郇。則文王之昭也。畢萬佐晋獻公有功。始封於魏。其孫魏犫。始以縣為姓。武子之孫魏絳。絳之子舒及曼多為卿。舒之餘子戊為梗陽大夫。及文侯魏斯始三分晋室。而為諸侯。無有氏公孫者。季成安得氏公孫。或有稱公季成者。其祖非諸侯。必無稱公孫之理。子政誤矣。此書膾炙人口。然撰述之際。多有改竄原文。殊佀無味。

晏子朝乘敝車駕駑馬

陳氏為之。則以竊國。晏子為之。適以佐君。其中之故可思。

晋襄公薨趙宣子議立君

如此則須知所以定國是植國本。宣子於斯漫無主張。故卒及於難。惜哉。忠而不豫也。

齊桓公北伐山戎

此章乃著書者欲揚桓公之善而不知其背於理也。燕之隣境。一爲齊。一爲中山。若燕君入中山之境。以逆桓公。固不容割中山以與燕。若入齊之境。以逆桓公。此又古今必無之事。著書失實。故曰文勝質則史。無足恠也。惜乎此書垂二千年。未有一人拈出者。又曰。割所至之地。以飾出境之非。是猶封唐叔以實戲言之失。均非至當不易之論。

魏文侯見翟黃踞堂而與之言。

然乎哉。汲黯獨非官而受祿者乎。果若此言。將率天下而出於無用之路也。

楚莊王築層臺。大臣諫者七十二人。皆死矣。諸御已入諫。曰。陳不用子家羈而楚并之。曹不用僖負羈而宋并之。萊不用子猛而齊并之。吳不用子胥。而越并之。云云

莊王賢主也。有是理乎。即不賢也。有因一臺而殺諫臣七十二人者乎。魯昭公不用子家羈。以至奔亡客死。或陳亦有之耶。於越入吳在春秋之終。楚莊王時。未有此事。莊王當魯之文公。越滅吳。在哀公二十二年。曹亡在哀公八年。語曰。檜亡。東周之始。曹亡。春秋之終。僖負羈乃桓莊閔僖間人。去曹亡且二百年。悉皆牽強成文。謂劉向校書。天祿廣博淵深耶。

太宰嚭譖吳子胥。

宰嚭之言。何等有理可聽。今人乃看伯嚭。是一花臉。所以伯嚭之不絕於世也。

申旗對秦昭王

汾水絳水二句。亦在肘履之下。乃韓魏意中語。大有情致。若出之智伯之口。便無味矣。智伯不若是淺也。子政著書。以曉庸主。特故爲顯淺耳。

魏趙倉唐爲太子擊使于文侯

趙倉唐與顓考叔同功。詩曰。孝子不匱。永錫爾類。其謂斯與。父子君臣。俱善讀詩。恐今日詩人。未必有此。

趙簡子將襲衛使史黯往見之

使者辭可聽然無此事果若此則史鰌不必尸諫矣

晉太史屠餘對周威公

晉平公之臣有屠餘又有師曠皆能先見興亡之故而卒至於敗用賢可不亟乎又曰用人行政宜足以回天矣而終不免於身後必有故已屠餘不明言而威公又不知深求惜哉

楚莊王欲伐陳使人見之

使臣識見庸常又不精細其國必不能寧也國寧如何可伐莊王見識却高一籌

越破吳請師於楚左史倚相進計莊王

左史倚相當靈平之際且越破吳而分吳地豈是莊王之時

田單興師十萬將以攻翟魯仲連曰將軍之攻翟必不能下矣

將軍二句一本無之字必字則語氣婉而壯冷而有致加一必字突而反弱矣

孔子觀於呂梁

此非夫子之言且文義有大不通者而讀者不察耳非不察也不能察也

批新序二十條

楚昭奚恤對秦使者稱令尹子西司馬子反之賢

令尹之職不止於是子西之賢亦不止於是司馬子反喪師辱國好酒而殞其身恐未得爲楚國之寶臣

摴里子公孫子讒甘茂於秦昭王甘茂卒奔齊

以甘茂之周至昭王之賢明而卒以讒敗又何怪乎夫差燕惠也

孫卿與臨武君議兵於趙孝成王前

全書委婉辨折曲盡一民之妙魏齊秦武卒蹻騎及霸王之兵衡量稍確其五權三至五無曠彷彿太公而越軼孫吳矣可惜一縣删

抹。

趙襄子率師伐趙之中牟。圍未合而城自壞者十堵。襄子擊金而退士。曰。君子不乘人於利。不迫人於險。使之城而後攻。中牟聞其義。乃請降。

均是物也。襄子成則人誦之。宋襄敗則人非之。天下事孰不以成敗論也。意者中牟力竭財殫。襄子但玩弄之。以收民心耳。亦猶孔明之於南蠻。攻心爲上也。不然亦未見其可。萬

一城完不降。而諸侯之救至。襄子亦何以善其後乎。又曰。中牟在太梁之南。滎澤之東。如何越魏而屬趙。或者別有古中牟也。若中山則越趙屬魏。亦未可知。

楚莊王伐鄭克之。鄭伯肉袒以迎莊王。

君臣敵國。各各說得有理。鄭之不失其國。而楚之霸諸侯也。不亦宜乎。

莊王還師以逆晉寇。莊王援枹而鼓之。晉師大敗云云。莊王曰。嘻吾兩君之不相能也。百姓何罪。乃退師以軼晉寇。

亦是歸師勿遏之旨。只是說得好聽。做得冠冕。

宋景公時。熒惑在心。懼召子韋而問。

司城子罕亡而子韋不從。其復也。猶謂是子韋遺德餘教。其賢可知也。移相移民移歲。恐非君子之言。雖然或姑爲是以試景公。未可知也。

荊人卞和。得玉璞而獻之荊厲王云云。武王薨。共王即位。和乃奉玉璞而哭於荊山中。三日三夜。

楚共王爲莊王之子。去武王六世百有餘年。卞和尚在。泣盡而從之以血乎。子政博學多才。乃草率至此。

魏王將起中天臺。令曰敢諫者死。許綰負操鍤入曰云云。

劉貢父止王安石田梁山湖說本此。其恢諧與此絕同。

齊景公飲酒而樂釋衣冠自鼓缶。公曰速駕迎晏子。晏子朝服以至。公曰。寡人甚樂此樂也。願與夫子共之。請去禮。

禮非晏子之家禮。景公猶不敢公言去之。而以請去。然則景公猶有可爲也。若今人便以朝服而至。爲可厭可惡矣。

士尹池爲荊使於宋。司城子罕止而觴之。南家之墻擁於前而不直。西家之潦經其宮而不止。士尹池問其故。

子罕非能損己以益百姓。只是不以己之貴而加諸其隣耳。當時便稱仁賢居上位者。一舉一動。誠不可不愼也。

衛宣公之子。伋也壽也朔也。伋前母子也壽與朔後母子也。壽之母與朔謀欲殺太子伋而立壽也。

王祥手覽事甚類此。故幸則爲祥覽。不幸則爲伋壽。瑯琊歷世以大。又何福之隆歟。而衛則遂有戎狄之禍。非文公大帛之冠以弘其累。衛幾不血食矣。禍水之於人國也如斯。戒之哉。

秦使張儀之楚。貨楚貴臣上官大夫靳尚之屬。上及令尹子蘭司馬子椒內賂夫人鄭袖共譖屈原。屈原遂放於外。

屈原忠而被放。放而復用。既用而又不聽。既不聽而又復放。至誠爲國百折不磨。而上官大夫令尹子蘭之屬。既誤於前復用於後。闇主佞臣。綢繆固結。亂亡相尋如此。貴賤親疎

內外結成一黨。世亦有不亡之理乎。

晉屠岸賈爲司寇。欲討靈公之賊。韓厥告趙朔趣亡。趙朔不肯。

以宣孟之世德。而絕其祀。不可謂孝。萬一其妻所生非男。又將若之何。韓厥能力任以亡而朔不亡。非也。程嬰已立趙孤。報屠岸賈矣。可以死可以無死。

秦孝公欲用衛鞅之言。更爲嚴刑峻法。召衛鞅甘龍杜摯議之。

校此二策耳龍杜摯自然不如商鞅。張儀之議。自然不如司馬錯。今人因後來不着一緊抹殺。且舉商鞅車裂爲證。何異矮人觀場。

張儀司馬錯議伐蜀

張儀之謀。止說得皮面上一層。司馬錯便酌量時勢。深中肯綮。

酈食其說漢王曰。夫敖倉天下轉輸久矣。

臣聞其下乃有藏粟甚多。

此時敖倉却不比隋世。如何得天下轉輸乃

有藏粟甚多。如曰秦人漕轉秦之得天下不久。况都關中。必無積粟於成皋之理。雖千古相傳。瑜獨疑之。

張良論酈食其請立六國後

立六國後是當時習套。惟留侯能脫套耳。初看此傳甚可笑可厭。然究究欲侶此時君臣皆不讀書。聞此等語便足矜爲新奇。豈復有辨其非是者。絕侶村學究抵掌談說於甲叟漁父之前。光景第八段却有理。

張良迎四皓呂安太子

所以迎四皓者。本爲時時從入朝。令上見之。今乃居二年。嘗爲太子畫策矣。而未見之於上。其中自有妙用。亦如安陵纏之故時也

戚夫人泣下。上曰。爲我楚舞。吾爲若楚歌

一歌慘刻少恩。骨肉乃猶如此。釀成人彘之禍。將誰咎哉。

批資治通鑑三十六條

漢成帝紀。趙昭儀居昭陽宮。壁帶往往爲

黃金釭。函藍田璧明珠翠羽飾之。註服虔曰。釭壁中之橫帶也。晉灼曰。以金環飾之也。師古曰。壁帶壁之橫木。露出如帶者也。壁帶之中。往往以金爲釭。若車釭之形也。其釭中著玉璧明珠翠羽耳。

壁帶以木橫施於壁之腰。如人束帶然。故謂之壁帶。釭者隨其壁與珠之大小方員而爲之緣。納珠璧於內。而裝於壁帶之中。函者含也嵌也。在釭爲含。在木爲嵌。函藍田璧明珠

爲句翠羽二字屬下服晉註全非小顏以翠羽二字連讀之甚無解。三者皆名士而此爲小物何紛紛紒錯如此。璧帶所以攔畫兩端爲綻勝一端入枘於鑿一端開口受枘余雅不欲批註今見其大爲訛謬故偶及之

光武紀。壽張恭侯樊宏遺令薄葬。無所用。

壽張侯棺柩一藏不宜復見。余心與之同而事異有爲也。

明帝幸辟雍初行養老禮三老服都紵大袍。

雒陽雖爲土中。然寒暑異甚北平十月便已皺瘃豈能服紵紵至秋即卷縮中州人夏月尚稀服之。豈有十月可爲禮衣綵麻不可績有僞爲羅綈者而不可以爲布今之紵絲。尊官以爲禮服然非麻也。意者都紵即此樂蜀有都布。又按晉元帝紀。太極殿廣室。帝令夏施青練帷冬施青布則布豈專爲麻葛紵乎。

安帝紀。楊震行至城西夕陽亭飲酖而卒。

需者事之患也。疎者禍之媒也。申屠嘉欲劾鼂錯反爲所賣。以致嘔血而死。楊震具奏須行還上之。樊豐耿寶得先爲之計。以致飲酖道死。

獻帝紀。長沙太守孫堅死。策還葬曲阿。已乃渡江居江都結納豪俊有復讎之志。

堅安六已徙居於舒非仍留壽春也。而周尚則舒之豪。周瑜又人傑也。堅死時孫策年已

十七。還葬曲阿。已渡江居江都結納豪俊若其母爲人所拘而默默無言。豈得謂之豪俊乎。策以母弟託張紘後迎其母詣曲阿依舅氏。明年策母寄居江都也。與平元年術欲用策爲九江廬江太守而不果。然善用兵攻橫江當利牛渚秣陵所向無前。捘曲阿走劉繇術已表爲殄寇矣。時已擁衆數萬人而周瑜韓當黃蓋輩皆歸之。豈有其母爲人拘執而迫奪之者乎。總之袁術居於下流而天下之

惡皆歸焉爾。若曰編書者失於點檢前後錯亂亦不甚然。

徐庶母爲曹操所獲

按三國志有元直走馬薦諸葛之語。觀史則武侯之遇主。非單福臨別之薦也。總之獲庶母不於此時。史特前後錯亂耳。今按裴松之註。單福徐庶初時姓名。

孫權撫周瑜背曰。卿能辨之者誠決避逅不如意。便還就孤。孤當與孟德決之。

誠決二字不可解。當是誠快之誤。若作誠決則下避逅不如意說不去。下孤當與孟德決之則背城借一之謂也。

魏明帝紀。漢諸葛亮出師表。此臣之未解一也。註解讀曰懈。

六未解。炤上議者謂爲非計。炤下難平者事難可逆料。明明是解釋分解等解字。如何註作懈怠懈字。穿鑿甚矣。

景初二年。詔免燕王宇等。以曹爽爲大將軍。

曹眞卒於太和五年三月。至景初三年正月首尾十年。曹眞以邵陵侯爲大司馬。統大兵與漢相距。時爲魏重臣大將。曹爽嗣之九年不書。至景初二年十二月。方書武衞將軍與燕王宇等對輔政。倏忽間免燕王宇官。而爽爲大將軍。中間必有脫誤。然此乃爽懿大關係處。不應脫誤至此。將有所諱而故削之耶。溫公殊欠點檢。

晉武帝紀。太常博士秦秀議賈充謚曰。昔鄫養外孫莒公子爲後。春秋書莒人滅鄫。註公羊傳曰。取後於莒也。莒女有爲鄫夫人者。立其出也。

鄫養外孫。是鄫女爲莒夫人。公羊傳莒女爲鄫夫人。則非外孫矣。

惠帝紀。嵇紹朝服下馬登輦。以身衞帝。

嵇紹朝服從征耶。抑帝敗績。紹下馬服朝服而登輦耶。作史者須更留心。此擾攘崩衝之

地。非雍容揖遜之場也。

元帝紀。僕射周顗曰。處仲狼抗無上。其意寧有限耶。

狼抗。吳下方言也。物之虛大而不堅緻牢實者曰狼抗。至今猶有是言。狼狼抗抗。顗河南人。學方言。故如此。意謂王敦虛怓好大。本無實用。故不知進退也。

孝武紀。謝安得驛書。知秦兵已敗。時方與客圍棊。攝書置牀上。了無喜色。圍棊如故。

客問之。徐答曰。小兒輩遂已破賊。既罷還內。過戶限。不覺屐齒之折。

作史者胡說。如小兒子戲談軍機捷報。敗則務為掩覆。以安人心。勝則張皇震耀。揚旌飛羽。縱安石有此雅量。亦不得徐徐如此。過戶限折屐。局乃共當理。矯情鎮物則偽耳。作史者憑空揑造此段。以欺後人。而後人方就安石身上。評論深淺。此何異夢中說夢也。

燕遼西王慕容農悉將部曲數萬口之并州。

慕容農少有雋才。故遼西王之賢大著於時。及將部曲之并州。并州素乏儲衛。又遣諸部護軍分監諸胡。所為一不善。遂使民夷皆怨。一敗塗地。可不慎哉。

宋文帝紀。魏主既誅崔浩。太子晃讓高允。允曰。夫史者所以記人主善惡。為將來勸戒。

高允前條所對皆人所難能。至此對則非也。

史雖直筆。亦自有體。亦有實隱人之惡者。至於立石郊壇。是豈為史之體乎。貪生畏死。多致不祿。高咸陽證魏史事。人所難能。富貴壽考。乃至九十八歲。可見修短非可以巧力為也。

齊高帝紀。宋順帝禪位于齊。右光祿大夫王琨攀車獺尾慟哭。註。獺毛可以辟塵。故懸之於車。

獺尾以木為之。出於車後。豈是懸以辟塵者

今角帶之後長出者。爲獺尾。

褚淵入朝。以腰扇障日。註。腰扇佩之於腰。今謂之摺疊扇。

腰扇。註不通之極。外官用織。京官用扇。道上則大扇。入朝則小扇。謂之腰扇。其製皆同。特小耳。豈有佩之於腰。而謂之腰扇者。且亦非摺疊。若云摺疊。凡扇皆然。何煩註釋。

明帝紀。魏詔淮北之人。註。淮北已屬魏。故詔不得侵掠其人。

淮北。註非是。乃禁淮北之人。不得侵掠邊境也。以招懷江南。與去年放還壽陽鍾離馬頭男女。同意。若初附之人不許侵暴。此是常理。何須著之史冊。且掠字加不得初附。

梁武帝紀。魏甄琛表乞弛河東鹽池禁。

堅儒以甄琛踈爲妙。若夫經國遠圖。終以彭城王勰邢巒奏爲長。但須斂散有法。使官與民好利耳。

魏長孫稚上表。以爲鹽池天產之貨。今若廢之。事同再失。註。前此宣武帝用甄琛之言。廢鹽池稅。已爲失計。今又廢之。是爲再失。

事同再失。註全非。是言冀定二州常調絹不可收。一失也。今又廢鹽池。是事同再失也。稚表極妙。大經濟。不好名。不行小惠。好名行小惠。不知大體。敗道也。

東魏徐之才宋景業皆善圖讖。以爲太歲在午。當有革命。因高德政以白齊王洋。洋勸之受禪。

解律金夷也。婁太妃。鮮卑婦也。猶識大義。知首禍之人而欲殺之。趙普諸人不殺死。亦應羞死。又曰。可惜楊愔家世孝弟馴謹。乃亦首爲亂賊。鑿其目而殺其身。宜哉。世間最敗人家國。毀人德行。都是天文圖讖等人。

陳文帝紀。齊以長廣王湛爲太司馬并省錄尚書事。註。晉陽并州。故曰并省。

并省。註大不通。并州之并去聲。此并平聲。乃

共字之義。如同平章事。參知政事。同知樞密院事。同簽樞密院事。樞密副使之類。若常山王演身爲錄尚書。而又以并省假湛。是自樹敵也。演豈肯爲之。此時方同舟共濟。故以副錄餌之耳。此處與別處并省不同。觀後乃奏以長廣王湛鎮晉陽自見。省乃省察之省。非臺省之省。

唐高祖紀。秦王世民上表曰。太原王業所基。國之根本。河東富實。京邑所資。若舉而

棄之。臣竊憤恨。

王業所基。國之根本。河東富實。京邑所資。此何等大關係。舉而棄之之下。政當暢言利害。直以臣竊憤恨二字結上。氣象索然。殊非興王之語。且其時謀臣策士健將皆在秦王所統。其上表乃爾耶。

太宗貞觀十三年。車駕謁獻陵。

瑜素疑享廟之禮非是。設尊酌酒之儀粗率。然諸書皆然。豈瑜一人之言足信。今者唐謁陵之制。此註差爲詳悉。而出入有序。則瑜言之一徵也。又曰。中間陵與寢不分明。學者未免迷錯。瑜嘗疑文獻通考及諸書。主人主婦拜與行事。皆於階下。爲非情。故五廟圖改拜位於階上。今考唐制。拜於階下。升階拜於階上。行事俱於階上。祭畢則往階下。則孝孫祖位。方以解。惜乎著書者多草草耳。主婦立東房何時出至階下。再訂之。

睿宗紀。上將立太子。以宋王成器嫡長。而

平王隆基有大功。疑不能決。成器辭之。涕泣固請者累日。

相王即位。中間纔兩日耳。何得言累日。且太子必有儀注。立太子必有事宜。累日何在。史官舉人失實類如此。

太平公主與益州長史竇懷貞等結爲朋黨。欲以危太子。

竇懷貞即從一也。神龍二年十一月。避韋后父諱。更名從一。以景雲元年六月貶濠州司

馬何時移益州長史何時復更名懷貞二年正月。已與太平公主朋結爲奸。中間纔半年耳。改名不改性。卒有溝中之戮。豈非自取之哉。語曰前爲皇后阿爹。今爲公主邑司。必非好人也。無限計謀。百般諂媚。爲宰相爲侍中幾時耳。遂戮於溝中。而梟名千載不滅。果富貴足重乎。身名足重乎。

景雲二年二月。謚故太子重俊曰節愍。太府少卿韋湊上書。以爲故太子重俊與李多祚等入宮。中宗登玄武門以避之。云云。

此月尚未葬。何得稱中宗。乃史官追書耳。非上書之語。何不言先帝。

以御史大夫解琬爲朔方大總管。琬考按三城戍兵。奏減十萬人。

戍兵之減者十萬。虛聲也。其存者當有數十萬矣。此時張仁愿尚存。恐三受降城冒餉者未必如此之多。

玄宗紀。隴右節度使郭虔瓘奏。奴石良才等八人。皆有戰功。請除游擊將軍。敕下。盧懷慎等奏曰。郭虔瓘恃其微效。輒侮彝章。爲奴請五品。實亂綱紀。不可許。玄宗從之。

矢石之間。不辨貴賤。論勳之際。何有等差。果有殊功。所宜從請。若爲虛冒。國有憲章。

肅宗紀。顏眞卿以堂邑之功。讓賀蘭進明。

克讓自是美事。然此乃必不可讓者。此時平原淸河。獨能奮其忠義。發憤以期滅賊。有功必賞。有罪必誅。則忠勇奮發。遠近聞風而起。魯公乃慕小善而讓功于未嘗合兵之人。人解體矣。眞小不忍亂大謀也。此在賢者猶不可。況進明不肖之尤者乎。

德宗紀。段秀實倒用司農印。印符募善走者。追韓旻。旻至駱驛。得符而還。

史書多兒戲語。千古俱無人看。皆可怪。建中元年。段秀實既以司農卿久廢。此時之司農卿乃郭曙也。建中元年。楊炎嫉段秀實。徵爲

司農卿泚亦未嘗以司農事務煩秀實權攝。何從得有司農印而倒用之一也。韓旻既還追使現在。既是司農卿。如何得岐靈岳獨承其罪而死。不及秀實等二也。

上發吐蕃以討朱泚。許成功以安西北庭之地與之。

發吐蕃之兵。許以安西北庭之地。失算甚矣。此時宣公何在。然他日吐蕃去而德宗憂宣公以爲欣賀。必非宣公始謀如此之料。德宗

詭譎如此。宜乎禍亂相尋。終不能振也。

以李泌爲中書侍郎同平章事。

德宗於艱難之際。倚陸敬輿如左右手。迨李長源一入。敬輿年餘不參謀議。及長源薦相又不引宣公。何故。故知二公之不協也。德宗棄宣公如敝屣。其用心可知矣。

後梁均王紀。徐知訓欲殺徐知誥。註楊渥徐知訓之于知誥。皆知所惡者也。

徐溫篡竊而知誥亦篡竊遞而已矣。且以知訓之暴甚於桀紂。知訓不誅徐氏。且覆其宗。知誥得之。不猶愈於他乎。何謂知訓知所惡也。此註乃頗謬如此。按楊渥被弒於開平二年。亡已十一年矣。此時乃隆演非渥也。

後晉齊王紀。林仁翰至福州。閩主賞之甚薄。

林仁翰之討賊。既非其職。又不量力而自委忠勇奮發。卒能殺賊立功。所謂殺身成仁舍生取義者。仁翰有焉。閩主賞之甚薄。又未嘗

自言其功。又發南都侍衛及兩軍甲士萬五千人。詣建州以拒唐。而毫無怨言怨色。此在君子或難之。誰謂叔世必無人品哉。

後周太祖紀。顯德元年春正月丙子朔。大赦改元。

踰年改元禮也。凡改元者。先於八月九月定議。宣布天下。十月朔頒來歲之曆。即以新號施行。間有不同者。變也。周太祖以正月十七日殂。世宗以二十一日登極。其稱顯德元年

者是已。何以次年不改元。或者顯德乃世宗所改之號乎。非禮也。

舜水先生文集卷之二十四終

舜水先生文集卷之二十五

門人　權中納言從三位西山源光圀　輯
男權中納言從三位　綱條　校

〇批評二

批陸宣公奏議十一條

誅李懷光後原宥河中將吏并招諭淮西詔

因先有處分李懷光樣子在此處便不費手而人心自然悅服此無他。誠與不誠信與不信也。

平淮西後。宴賞諸軍將士。放歸本道詔

平敵之後。宴賞將士。須於軍氣發揚之中行其酬錫之典。憫其久從征役。或於罷兵失於撫綏意。只合運人在內。不宜另作敘述。以致頭重氣緩。

甄奬陷賊守節官詔曰。五品已上及常參官。已授替者。委中書門下與處分。六品已下。各減三選云云。

同是忠節。關係有大小之殊。事蹟有難易之別。孰拔人材正在此際。何得復論官品。

奉天論前所答奏未施行狀

前奏既已留中。此疏遂使布露。宜公爲國爲君惓切如此。宜德宗之不悅於卒也。

奉天論奏當今所切務狀

論當今切務在決嫌疑。以弘聽納。前段欲惡兩項。雖於時甚爲急切。然識其必不能行。不過借以起下耳。

奉天論尊號加字狀

德宗矜其明察。自謂迥絕人倫。及至好佞悅諛。則又昏愚無比。讀此眞堪絕倒。

論進瓜果人擬官狀曰。必欲使之歡欣不知厚賞錢帛云云。

觀必欲二字。可見酬以金帛。亦未必盡爲合宜。苻堅至淮北。其民進蔬肩米飯。而不受賞。有以夫。

興元論續從賊中赴行在官等狀

一句一淚。一字一血。分明是德宗一幅畫像。又添頰上三毛矣。語語懇摯。步步警拔。讀如此書。而不瘳其風疾。眞所謂下愚不移也。又曰。一篇大文字。收處欠緊峭。欠精神。麟鳳龜龍。孔子樂毅等引喻。亦迂遠亦不切。

興元賀吐蕃尚結贊拔軍迴歸狀

書生料敵乃爾。只是洞悉人情。如觀指上之螺。纖毫不爽。

興元論賜渾瑊詔書爲取散失內人等議狀。

大軍之帥。初復神京。百事未遑。首訪嬪御。亦獨何心悖亂狂惑。况望其既安既逸。能以奉天興元爲戒哉。

請減京東水運收脚價於沿邊州鎭儲蓄軍糧事宜狀。

經濟機宜。國家利弊。明於觀火。捷於應酬。而又能原始要終。先事慮患。眞有用之才。有用之文。絕不覺簿籍文移之氣。委曲轉折。足見

宜公苦心然宰相之權輕而君臣之道薄亦甚可傷矣又曰措置乖當一段與本題及上下文絶不相蒙且後亦不曾繳到此處纔用臣故曰蓄斂乖宜一語繳措置乖當似欠緊切又曰陛下誠能聽臣愚計不受沮傷以下何等苦楚因想得位行道魚水君臣言聽諫行膏澤逮下何等快樂而沒心肺人反以聲色貨利子女兒孫舍學違心敗名喪節自取罪戾亦獨何哉

批古文奇賞四十九條

戰國策虞卿論講秦不可曰楚魏以趙爲講必不救王秦知天下不救王則講不可得成也

穆宗朝高文襄王崇嘏之和俺答即用此道

魯仲連不帝秦

此篇敘事多而議論少卽議論亦只於敘事中間冷挑熱喝耳妙妙

信陵君上魏王書

極靈動極精詳極愷切是一篇經國籌邊絶大文字世人動以其戰國也而少之亦循聲吠影之過矣惟後段稍近功利不脫縱橫之習然爲天下國家計安危利害無傷也無忌以縮高之故嘗欲舉十萬之師以臨安陵至於國家之事則勸勸若是令人臨事遘會不顧國是之大而徒以快其私仇此眞無忌之罪人矣

張儀連横說韓

張儀詭譎反覆最無情實而灑灑言之亦自可聽故惡利口之覆邦家者

越絶書呉子胥南奔呉

子胥智勇其父知之呉王知之可見當時之賢王與公卿大夫留心人才如此

子貢行之齊見陳成恒曰夫魯難伐之邪而伐之過矣

其言似悃諧其中却有至理但五尺之童羞稱桓文不應出於孔子之門其後孔子又朝

服而請討之。何也。

越王句踐有寶劍五。聞於天下。客有能相劍者名薛燭。王召而問之。

一劍耳。產之有其時。成之有其道。尚且寶護愛惜。不肯輕易。今有賢人君子。鍾天地之間氣而生。得父兄師友之教訓涵育而成。幸而國家得之。當如何珍重者。而乃棄擲若瓦礫。亦相劍之不如。是欲不亡也得乎。

史記趙括母上書

合而言之。是一篇將畧。不獨趙括當知而已。趙奢眞大將才。不僅僅以策畧勝。父母之所言者。不相侔也。皆名將之道。皆足以中括之膏肓。而括獨不聞。其一敗塗地也宜矣。

陸賈新語曰。中聖乃設辟雍庠序之教。以正上下之儀。禮義獨行。綱紀不立。後世衰廢。於是後聖乃定五經。明六藝。承天統地云云。

作春秋者。特舉既墜之綱紀。而修明之耳。豈是漢前竟無紀綱。而孔子方爲立之。

漢文帝封三王詔

河間王辟疆。城陽王章。濟北王興居。

朱虛壻於呂。而終身不黨呂氏。耕田之歌。至今英風凜凜。若先登誅產。自令功居第一。與居止清宮耳。猶不自安。況章哉。朱虛之功大矣。今乃敘趙幽王子。而及之帝之抑之也至矣。朱虛以失職死。而興居以反誅。傷哉。

宣帝日食詔

前年神光見。甘露降。神爵鳳凰集。次年即有日食之變。何言之不類也。弗思耳。

宣帝報丙吉辭封書

丙吉於皇曾孫之保護。何如周到。掖庭宮人。既已引之矣。而報書猶落落如此乎。

宣帝勅讓趙充國書曰。今五星出東方。中國大利。蠻夷大敗云云。

大凡用兵多言天象。而充國老將知兵。獨不言天文。

成帝賜王音書曰。外家何甘樂禍敗而欲自顛仆相戮辱於太后前。傷慈母之心云云。

辭意激厲。然外家早已窺其深矣。漢家自有制度。何得以慈母爲言。高祖太宗。顧不重耶。

習鑿齒與桓秘書

雖書辭郎令。實命意深遠。當看其轉動感悼之處。此時桓元子有移鼎之漸。亦是作晉陽

秋之極思。徒讀十年儒書。不如一詣晉主簿信哉。

周朗報羊希書

修辭錬句。絕不肯輕意落筆。是以格調亦不高雅。譬如傅粉搽脂。錦裙繡襖。其天然風致。猶有在者乎。

郭璞客傲

景純於富貴死生。無不前知。且桑梓龍荒。年山長順。或遠或近。無不周知。亦以才高位卑爲著客傲。所不解也。

王羲之遺殷浩書

深源淺中弱植。毫不解事。而横獵虛名。觀其答桓溫之言。知其倔强自高。讀右軍書。知其譏前自用。不敗也得乎。

王羲之蘭亭記

信可樂也。四字。極深遠。極有力。一句谿閑。以下極力發揮胸中事。絕不拈著題目。崇山峻嶺。茂林修竹。清流激湍。十二字。了却蘭亭景

致。羣賢畢至。少長咸集。一觴一詠。暢敘幽情。十六字。了却修禊一事。天朗氣清。惠風和暢。了却三月三日。要知妙處原不在多。引以爲流觴曲水。雖無絲竹管絃。亦足以掃金谷園之興。妙妙。

陶淵明孟嘉傳

以外孫而爲外祖作傳。固自有難著手處。結末慨或乖謬四句。極有體裁。先生於外祖。固難極口讚揚。只稱讚揚之人。而其美自見。此

是避實擊虛法。

陶淵明桃花源記

此時晉室岌岌乎欲爲宋矣。先生逃之於酒而不得。思得如此境界率妻子往避之。付理亂於不聞耳。後人乃疑爲高隱疑爲神仙。何異刻舟求劍也。

陸機辨亡論

此等大議。二陸不宜輕易下筆。若直書其事則非爲尊者諱之義。若隱詞曲筆則非褒貶

跋後之旨。故不易也。前段揄揚仲謀之所以興雖多溢美。似亦無害。至其後纂述權機殘酷基禍。一一縣率畧則辨亡之謂何權苟下移則有專之者矣。殘民以逞則有叛之者矣。所謂抗存則吳存抗亡則吳亡。人才關係國家顧不重歟。

張華女史箴

賈后謀殺太子。連結邪黨以固此座將有呂雉易劉之漸。而華身親附之。乃區區於威儀小節以道箴規是猶舉杯水以沃燎原之火庸有及乎。不經大猷而爭通言其華之謂矣。徒識豊城劍氣而不知國喪身亡。亦明闇之顛倒者矣。然其文自流利可喜。

庾亮讓中書監表

此與羊叔子表一般懇到。但羊表末幅辭官而薦賢辭榮而憂國。誠得大臣之體。此表只說得一止足保身。未免淵狹懸絶耳。然咸晥秉鈞之弊。亦極説得痛快淋漓。

昭明太子答湘東王求文集及詩苑英華書

春秋冬夏俱足以讀書。今人避暑畏寒託而爲實齋。大要只是不好學耳。予嘗思賢父兄在上不以世務攖心。又得名師益友朝夕談議。誦讀之暇。時或酒食燕樂。以活其機行遊談笑。以廣其趣。則晤言所疑。觸境所會無非古人之眞性靈眞墳典。如此讀書便如魚之忘水。吁可得哉。

任昉天監三年策秀才文曰。每時入匭橐。歲課田租。愀然疚懷。如憐赤子云云。國家欲收實才之用。策文只合如此。何必幽奇佶倔。使人暗中摸索耶。

徐勉戒子書

勉雖居顯職。不營產業。家無蓄積。常曰。人遺子孫㠯財。我遺之清白。嘗爲書戒其子云。大槩亦佀清高。然微嫌近名。胡威有云。臣清

惟恐人不知。佀之矣。未若成都有桑八百株。薄田十五頃。子孫衣食。自有餘饒。何等自然。何等博大。

魏徵唐故邢國公李密墓誌銘

鄭公於此。固難下筆。前極揄揚其盛。而忽歸天命處。尚嫌率爾。玄邃如此才畧。而一著跌蹉。便身滅名辱。足使後之君子觀而鑒諸。

王勃爲人與蜀城父老書曰。鑒物於肇不於成。賞士於窮不於達云云。

此道亦甚難矣。自矜則不能。自賤則不可。古人較之擒虎。豈容易哉。是㠯袁安則臥雪。㠯自矜。王章擁牛衣而灑泣。二人之優劣方見矣。況衣珠而持鉢乎。

張說故梁國公姚文貞公神道碑

一起極莊重弘雅。中間只平平鋪敘。結束處。詞雖雋麗。亦不發明光贊堯舜成功之意。何哉。雖胸中有物。未免貽文字之病。又曰。古人文多有不避者。今人避諱甚謹。只是文章不

徃耳。今按文中有下崇其拱逸其志之語。崇即姚名也

張九齡處分朝集使敕

王者之道。本無新奇。只是家常茶飯耳。致使千年不一見者。何哉。

李華中書政事堂記

政事堂本不在中書。題用中書政事堂。便有意。文章正大。讀之凜冽。登斯堂者。能不毛豎骨聳然。只說得不好一邊。恐政事之堂。不止於威刑殺伐耳。通篇惟盧陵之位一句。不在

不好一邊。

李華國之興亡解

言言金石。字字水鑑。凡爲國家者。宜置一通於寢興出入之所。時時讀之佩之。如曰尚學希古。謂之誕趣便中時。謂之工。猶明李所謂圓所謂靈所謂通也。

舒元輿上論貢士書

明目掀髯。絶無顧瞻嚅囁之氣。亦無激聒抵觸之情。説得痛快淋漓。古今固不少亢爽奇

男子。令觀御史臺中書院記。此公天才俊邁。不可强也。

顏眞卿張長史十二筆意述

極盡隨聲附和口氣。或有得者四字下得妙。可見不得者多。亦皆曰神妙耳。

王縉玄宗明皇帝哀冊文曰。淚爲雨。于宸極。哭成雷。于郊郭云云。

雷雨二語。本顧長康哭桓溫戲言。入此自然莊雅。可見文章在手筆性。譬如潢汙行潦。入

澥自清。

吳武陵上韓舍人行軍書

本來是上丞相書。因丞相輕其言。故託之舍人耳。不可混過。然以裴晉公之賢。一旦當權要至使素交不敢獻納。而託其意於他人。則集思廣益誠難哉。畢之無甚高論。只是周至切當。然亦參以權謀術數。却便露其本色。

楊植許由廟碣

題不甚大。却做得一篇絶大文章。可與二典

三謨并傳。眞所謂造化在手。運用生心。至於湯武合德一段更奇。方見許由先生不與槁木死灰一般。末後神功文武。則鷄犬皆仙矣。神妙神妙。

李觀弔韓弇沒胡中文

此題識者已逆知其詐。李晟不必言。柳渾書生亦知之。惟當事者悻悻昧昧耳。意氣西道四字入神。中段輕點甚繫命。數句復結時也命也。全是咎其失策處。唐世連坐之法甚寬。

乃亦懲於子長之患乎。

段文昌平淮西碑曰。益以汝海之地。總朔方義成陝虢劍南西川鳳翔延州寧慶凡七軍。由襄陽而進。又命內掌樞密之臣梁守謙肅將天威。盡護諸將云云。

此是八軍。以代宗廣德二年。合劍南東西川爲一道。故曰七軍。晉公以中人貪功生事。自去監軍。梁守謙盡護諸將。與史矛盾。文亦只平平鋪敘。然於當時事無所軒輊。紀功揚抗僅合如此。

李德裕臣子論

前半立論不刋。然單以平淡和雅。爲君子。其中全用抑辭。至於小疵太節以下。贊皇全爲自己作論耳。

李德裕英傑論

關張侍立終日。豈在駕馭英傑上論。文人多有扭捏牽扯之病。衛青少長於君。其慢易之者。常情也。遂與不冠不見同稱。謂爲駕馭英傑之術。過哉。

陳越石太甲論

聖人復起。不易斯言。即使與古人對面。自爲商確。阿衡亦應自悔。況其間可危處。尚有未盡者。伊尹何以知太甲必能處仁遷義。而放之耶。抑嘗試之耶。賢者之失。失則拘。奸雄之失。失則險。

杜牧上宣州高大夫書

取士者。但當問其賢不賢。公不公耳。若只寒

士盡賢。而門地必不肖。他途盡賢。而科第必不肖。終是懲噎廢食。未爲通論。

歐陽永叔送田畫秀才序

歐公此時。已明知宋人靡弱之弊。將有西北之患。故借送田畫發之。

王安石度支副使廳壁題名記

出之於口則可聽。措之於事則全非。此安石所以禍宋。而宋之所以終受其禍而不悟者。不謂其人可誅。而其言遂不可廢。

曾鞏墨池記

文止貳百七十四字，而句句靈，句句轉，便有層巒疊嶂烟波浩淼之致。篇中無一閑字，意致自足。羲之嘗慕張芝臨池學書以下，忙忙碌碌，便補出右軍品行，可見古人作文精細處。

宗澤建炎元年奏

一味老實，自然懇懇切切，可泣可傳，可見至性之文，原不尚在風華典故。

陸游李莊簡公家書跋

趙鼎貴戚之卿，此時社稷阽危，而賊檜方以和議誤國。張魏公勢亦岌岌，又不相協，其過嶺悲憂者宜也。李莊簡青鞵布襪，慷慨而已矣。何得以此非彼，明卿陳太史，乃亦援來銘以號其語，知之亦淺淺矣。

雜評

令尹子南

子南之惡未甚，其子當諫之於初，上既能得君，則當調停於君父之際，何乃俟其父惡已稔，其君三數而泣而後爭於父耶。不已晚乎。爭於父，必賊於君，何可易言也。竊威福，攬事權，馴致滅族之禍矣。諫之而能出奔乎。然此時但以漏洩君命於私人，亦非必誅之罪，何遂至於不可回乎。

雍姬

祭仲以封人賤職，躐躋卿貳，立忽立突，專擅國威，其罪已不容誅矣。雍糾之妻，謀及於母

而曰父與夫孰親，答曰人盡夫也，父一而已。遂以其事告之，而殺其夫，雍姬之罪，豈得以聖賢之道律之。且此但以不燕於其宮，而燕於他室，致疑，亦不可以已乎。總來二人者，不圖之於早，臨事而為之，無一善者也。邵二泉之論，亦未能盡其道也。

王珪魏徵

朱子借絲粟之說，以爲委曲出脫，此道學先生之病。若子糾母貴當立，則諸兒之不當立

明矣。何以立公子諸兒而議不及子糾。蓋傳公諸子。均非嫡夫人之子。且鮑叔不肯傅小白。閉門辭疾。管仲明言小白無母而國人憐之。事未可知。非謂小白不當立也。王魏之事。太宗事無可議。但唐之有天下。始終皆太宗之功。建成義不當立。若王魏果有大臣之風。則初立太子之時。便當告之以世治先嫡長。世亂先有功。秦王英武功多。必不能處殿下之下。而安守臣節。建成亦宜少知利害。建成

能聽則事之。不能聽則去之。何至結納死士。賂諂宮嬪。與元吉日夕圖謀必欲構殺秦王。以致六月四日喋血禁門之事。尚謂之有人心哉。何得以臣各事其主。盡忠所事爲解也。

富鄭公以明德作相。出守西京。語康節邵先生曰。幸高居去留府不遠。可以時過從。對曰。雍冬夏不出。春秋間至親舊招之或不來。不召或自至。

鄭公碩德重望。齊軌韓范。其奉使契丹也。力爭獻納二字。聲震天下。天下想聞風采。欲一見不可得。而先生乃應之如此。鄭公不以爲迕。二公可謂偉人矣。

批阿房宮賦註

長橋偃於水上。狀若龍然。果是龍。當有雲以從之。今未雲。何以有龍。複道施於空際。恰像虹霓一般。果是虹。當雨霽而後現。今非雨霽。何以有虹。二者皆形容之語。故作疑似之辭以取景。批與註。盡皆說夢。橋低偃於水面。故

曰臥。複道高出於樓閣之上。故曰行空。

王子言六王之子女。皇孫言周王赧王東周君西周君之女若孫。下文明有辭樓下殿輦來於秦。爲秦宮人。豈得言秦之公族。秦之公族。何須說輦來於秦。及爲秦等語。

朝歌夜絃。互文耳。非朝則歌而不絃。夜則絃而不歌。如詩獻羔祭韭。言祭獻而啓冰。則以羔與韭也。非獻則以羔。祭則以韭。又如宋玉高唐神女賦。朝爲行雲。暮爲行雨。非朝則雲

而不雨。暮則雨而無雲也。雲雨亦是借字。
韓趙收藏三句。起下以鐺玉石。金塊珠礫也。
取掠其人二句。反映下六國各愛其人。則足
以拒秦也。一旦有不能二句。伏下滅六國者
六國也。非秦也。與宮女各爲一段。並無干涉。
何故言六國之美人。美人轉盼色衰。豈有積
之幾世之理。況去秦孝公以來者。更不通。
取掠其人。倚疊如山。言取於其民。掠於其民。
朝廟府藏之所積。殆如山然。掠字從令之諸

侯取之於民也 猶禦也禦字來。亦從爭民施
奪奪字來。
一旦有不能輸來其間者。有土地而不能辟。
有田野而不能治。汙萊荒蕪。以致室如懸罄。
有賢才而不能舉。反資敵人之用。有百姓而
不能撫循。乃反陷溺之。任其散而之於四方。
一旦有取亂侮亡之師。以守則不能固。以戰
則不能克。城非不高。池非不深。米粟非不多。
兵革非不堅利。委而去之。敗亡奔北。社稷淪

喪。宗廟爲墟。舉凡平日倚疊之物。盡皆簿錄。
捆載而輸於秦矣。輸者運也。轉也。非納也。正
指下以玉金珠。府庫中種種諸物說。如何作
不能有解。晦菴先生西山先生。泥定其人二
字。謂是六國之美人。殊不知唐太宗諱世民。
當時世字則或諱。或不諱。而民字則十諱其
九。此人字即代民字者。言取掠於其民者。非
取掠美人也。二公大儒也。眞儒也。此文之膾
炙人口。行及千年。猶尚有此誤。況其下焉者

哉。
看文貴得其大義。不當屑屑求之字句之間。
如簷牙高啄。乃作者尖新鬪巧之詞。以對廊
腰縵廻耳。本無至理。而解者務爲穿鑿。反致
背戾。即如詳說簷牙尖彎若牙。高聳如鳥之
啄。文是啄。卓。法乃是喙。晦。夫鳥俛而啄焉。得
高聳而謂之啄者。尖彎高聳者。在四隅之角。
卷而上向。或角之端有獸。若猿猱然。其獸好
險。龍子九種之一。今一時忘其名。鴟吻之類

也。皆不可言喙。簷牙未詳。若曰簷阿之內擬擬然者。其狀若牙然。其下有罘罳以承之。或是瓦之下垂者。比比如齒。故謂之牙。至於詩如翬斯飛。註云。簷阿華采。而軒翔如翬之飛而矯其翼也。則得之矣。

為門人批教化陵夷風俗頹敗論

教化陵夷。未必便是不仁。只是悠悠泄泄。不以風俗為急。作興為先務。日漸闒茸。遂致於陵夷耳。陵夷者。山陵夷阜。日漸坍塌下來。遂

與平地一般。故曰陵夷。此題立格有三。其一兩扇格。教化陵夷作一半。風俗頹敗作一半。中間上下關會。輕重得宜者是也。其一倒插格。先將風俗頹敗講透了。然後歸咎到教化上。祇緣教化陵夷。所以致於風俗頹敗者是也。其一順做格。攬住教化二字。痛加洗發。言君相之所以孜孜汲汲。慎於教化者何故。只因教化不可陵夷。教化一至陵夷。風俗立致頹敗矣。可不懼哉。未有不立格不立意而可謂之文者。

舜水先生文集卷之二十五終

舜水先生文集卷二十六

門人　權中納言從三位西山源光圀　輯
男權中納言從三位　綱條　校

○改定釋奠儀注

之瑜不知本邦各官職司。異邦之人。又引嫌。不敢每事問。而外州郡則僚屬。非君臣。於例不合。今不得已。但以天朝爲則而藩封則推類而行。

一獻官三員

親奠則上公爲初獻。典禮之官爲亞獻。在天朝則宗伯爲亞獻。侯邦亦應有之。如魯有三官宗伯及大司寇。宋有司徒大司馬司寇。晉楚皆有司馬。鄭有冢宰司空。則典禮之官重職也。必自有之特見於經傳者少耳。若夫宗祝之宗。則位卑非也。太常寺亦禮官。以其專司祠祀親奠則無服爲亞獻。稍次重臣爲終獻則天朝則光祿寺卿爲終獻。或命世子祠於學宮。則世子爲初獻。亞獻終獻同前。若上公入覲在都。則以卿攝祭。或冢卿。或亞卿。或下卿。隨便差撥。亞終獻官次之。若尋常釋奠釋菜。則學官三人主之。

釋奠官員及執事人役習儀在位。及應用人員。一一標置其上。

獻官三員

分獻東西哲官二員。又次於終獻。

陪祭五六員。或介弟。或有大小職事人員。禮貌莊重誠信者即可。不拘品位。不論人數。但擇其相宜者。

祝二人　兼書祝。先一日。塡獻官職名。捧祝詣拜次。

司籩一人。陳設一人。

司豆一人。陳設一人。

司俎啓俎蓋登鉶。及陳設五人。權用三人。

司簠簋一人。陳設一人。

司爵四人。兼奠爵先聖。兼東哲。四配一人。西哲一人。
司尊。舉冪。三人。四配。兼東哲。
罍洗。司勺。司巾篚。三人。
盥盆一人。親奠則司爵至此四項。須親信之人為之。不論高卑下司帛同。
饌盤。徹饌捧饌。詣瘞坎。七人。
司帛。捧帛。奠帛。七人。
司香燭。一人。
典儀一員。須重臣端亮者為之。
專理祀事一員。須謹厚者為之。
省牲。
陳設拜位。視案。堂上一人。殿下一人。
執事拜收撤闔戶。洗滌器皿十人。權用二人。
通贊二人。
贊者贊引六人。知禮謹慎者為之。親奠則引贊二人。須親信之人。
鼓吏一人。

監禮一員。精明有風力者為之。專糾懈怠及不莊肅者。與典儀相為表裏。
監饌二員。擇誠慤謹慎者為之。權用一員。已上均須齋集。
提調瘞坎二人。權用一人。
燈籠四人。已下四項暫省。
庭燎四人。
牽牲屠牲。
滌牲。
陳設滌濯掃除。權用二人。掃地或為壇。

儀注

一士三人。擇謹慎周摯者為之。一人至東塾前。專理祀事。一人自稟上命。命之。攝祭則專理自令之。一人自東角門進。歷東丹墀。視盥洗諸物。升自東側階。視尊爵勺冪。視籩豆。至堂中。視各項陳設。過西楹。視篚蓋登鉶俎饌盤之類。降自西側階。歷西丹墀西角門。至東塾門外。跪稟濯具。言潔而且備。此即告濯具也。

一人出東角門外遍視牛羊豕訖同至東塾門外稟牲牷博碩肥腯 此即反告充也 一人過西入潔牲之所遍視屠牲之具及鼎冪諸物訖至東塾門外跪稟鼎冪諸物並皆潔淨 此即啓鼏冪告潔也

以上見詩絲衣文公以為一人非也天子元士至下士一千五十三人豈有一人兼三事之理即諸侯亦不然

告畢牽牲二繇中門入餘十二人繇西角門

入至潔牲所爓治士十二人自潔牲所捧毛血正廟四人開中門入隨閉餘八人繇東階陞薦正廟四盤四配兩哲兩廡各一盤薦訖退至月臺朝上叩一首各散立起鼓初嚴鼓初 嚴司香燭奉燃燭先出由東角門歷東丹墀升自東側階至月臺置燭於地上行一拜禮訖至正位以下諸神位前燃各香燭訖退廟中西哲右後立專理祀事以下諸執事者以序由東西角門出序行至東西丹墀階下序立東西相向立訖專理祀事監禮典儀饌盤各升遍燃庭燎香燭專理西側階至捲蓬下 祀事監禮典儀監饌各官至捲蓬下行拜禮

序立典儀隨唱執事者各司其事執事者至月臺行一拜禮訖籩人司籩豆人司豆司尊者實酒於尊餘俱同正壇陳設先薦籩次豆登鉶并兩俎陳於西榮前登鉶俎俱自潔牲所次陳登次陳鉶又四人舉盤二至兩榮階下階上人升肉於俎每俎兩人舉至正壇陳設次陳饌盤鼓再嚴通贊贊引祝至捲蓬下行拜禮樂舞生各序立於丹墀兩傍鼓三嚴贊引引各獻官至戟門外立候通贊唱樂

舞生各就位樂舞生各以序進立於殿庭奏樂之所司節者分引舞生至丹墀東西兩階各序於舞佾之位司節在東則退至東四班舞生之首在西則退至西四班舞生之首相向外立通贊唱開門管門者開戟門中門訖外施行馬先時行馬在西側通贊唱陪祭官各就位眾官繇東角門入就位訖以後俱同通贊唱分獻官各就位各贊引引各分獻官至拜位各贊引退立東西訖通贊唱亞獻終

獻官各就位。各贊引引亞獻終獻官至拜位
各贊引退立東西。訖。通贊唱獻官就位。贊引
引獻官至拜位。贊引退立於獻官東西兩傍
相向立。訖。通贊唱瘞毛血。執事者捧毛血。正
廟由中門出。四配東西哲。由左門出。東廡隨
之。過西。西廡隨之。瘞於坎。西丹墀將餘存毛
血同瘞。遂啓俎蓋簠簋籩豆登鉶等蓋。通贊
唱參神。舞生執羽籥。麾生舉麾。唱樂奏咸和之
曲。擊柷作樂。通贊唱鞠躬拜興。拜興拜興。拜興。

平身。獻官以下俱拜訖。麾生偃麾。樂盡擽敔
通贊唱行初獻禮。贊引引獻官升階。取一爵
於坫。授執爵者。捧犀爵四配四爵隨之。贊引
唱詣盥洗所。引獻官降階。至盥洗所。東面立
司盥者捧盆。贊引唱搢笏。獻官搢笏盥畢。進
巾。贊引引獻官至洗爵所。北面立。洗爵并洗
四配爵。拭訖。贊引唱出笏。獻官出笏。贊引唱
詣酒罇所。引獻官至酒罇所。贊引唱司罇者
舉冪酌酒。執爵者以爵受酒。司帛者捧帛。同

捧爵者俱由中門入。至神案之側。朝上立。贊
引引獻官由左門入。唱詣至聖先師孔子神
位前。麾生舉麾。唱樂奏寧和之曲。擊柷作樂。
贊引引獻官至神位前。唱跪。獻官跪。唱搢笏
獻官搢笏。捧帛者轉身西向跪。進帛於獻官
右。獻官接帛。贊引唱奠帛。獻官獻帛。以帛授
接帛者。奠於神位前案上。執爵者轉身西向
跪。進爵於獻官右。獻官接爵。此時司帛者即
將帛籠蓋訖。移至第三行籩下。朝西奠訖。贊

引唱奠爵。獻官獻爵。以爵授接爵者。奠於神
位前。贊引唱俯伏。興。
平身。詣酒罇所。贊引引獻官。由左門出。至四
配酒尊所。贊引唱司罇者舉冪酌酒。先時捧
四配已洗之爵者。以爵受酒。同捧帛者四人
俱在獻官前行。贊引引帛爵獻官。俱由左門
入。帛爵至神位前。朝上立。贊引唱詣復聖顏
子神位前。引獻官至神位前。唱跪搢笏。獻官
搢笏。捧帛者跪於獻官右。進帛於獻官。獻官

接帛。贊引唱奠帛。獻官獻帛。已帛授接帛者
奠於神位前案上。執爵者跪於獻官右。進爵
於獻官。獻官接爵。此時司帛者移帛如平壇
俱移於籩西南朝北。奠訖。贊引唱奠爵。獻官
獻爵。已爵授接爵者。奠於神位前。贊引唱出
笏。獻官出笏。贊引唱俯伏。興。平身。贊引唱詣
宗聖曾子神位前。儀同復聖。但捧帛執爵者
跪於獻官左。進帛爵。訖。移帛者移於籩東北
朝南奠訖。贊引唱詣述聖子思子神位前。儀

同復聖。贊引唱詣亞聖孟子神位前。儀同宗
聖。贊引唱詣讀祝位。讀祝位即在香案前。贊
引引獻官至香案前。麾生偃麾。樂暫止。讀祝
者跪取祝文。退立於獻官之左。贊引唱跪。獻
官竝讀祝者皆跪。通贊隨唱衆官皆跪。陪祭
官俱跪訖。贊引唱讀祝。讀祝者讀畢。仍將祝
文跪置於祝案上。退堂西朝上。贊引與通贊
同唱俯伏。興。平身。麾生擧麾。不唱。樂生接奏
先未終之樂。贊引同唱復位。贊引引獻官至

原拜位訖。通贊隨唱行分獻禮。各贊引詣各
分獻官前。同唱詣盥洗所。各贊引引兩哲兩
廡分獻官。升階。贊引引東廡獻官。循捲篷外
過東。至東廡。西廡獻官循捲篷外。至西廡盥
洗獻奠。並同正壇。兩哲分獻官。取爵於坫。東
哲八爵。西哲八爵。四人捧爵前行。降階至盥
洗所。司盥者酌水。贊引同唱搢笏。各分獻官
搢笏。盥畢。進巾。贊引引分獻官至洗爵所。北
面立。洗爵。進巾。拭訖。贊引同唱出笏。各分獻

官出笏。兩廡各有盥盆。爵洗酒尊。帛。儀同兩
哲。但唱贊時。升階即入兩廡。與此稍異。贊引
同唱詣酒罇所。引各分獻官。詣酒罇所。同唱
司罇者擧冪酌酒。各執爵者已卑爵受酒。與
捧帛者俱在分獻官前行。各至堂東西神案
之側。朝神位立。贊引唱詣東哲西哲神位前。
各贊引引各分獻官。詣東哲西哲。俱由左門
進。各至香案前。同唱跪。同唱搢笏。各分獻官
搢笏。東哲東廡捧帛者。轉身跪於分獻官右

西哲西廡捧帛者。跪於分獻官左。進帛。分獻
官接帛。贊引同唱奠帛。分獻官獻帛。㠯帛授
接帛者。接帛者奠於神位前案上。捧爵者轉身進爵
如進帛儀。此時司帛者。移帛於案南。西哲移
於案北。分獻官接爵。贊引同唱奠爵。分獻官
獻爵。㠯爵授接爵者。接爵者奠於神位前。先進亞爵
捧爵者。每位前奠一爵。次進三爵。即奠香案
上。贊引同唱出笏。各分獻官出笏。贊引同唱
俯伏。興。平身。贊引同唱復位。麾生偃麾擽敔。

樂止。各贊引引各分獻官至原拜位立。執事
者亦隨至罇所立候。通贊唱行亞獻禮。贊引
引亞獻官升階至。㠯爵受酒。並同初獻。但捧
爵者一人。由中門入。贊引引亞獻官由左門
入。唱詣至聖先師孔子神位前。麾生舉麾唱
樂奏安和之曲。擊柷作樂。贊引引獻官至神
位前。如初獻獻爵之儀。行禮訖。贊引引亞獻
官。如前出至原位。麾生偃麾擽敔。樂止。通贊
唱行終獻禮。贊引引終獻官升階取爵並執

事者。儀同亞獻。但麾生舉麾唱樂奏景和之
曲。擊柷作樂。行禮復位俱如初。惟執爵者不
必出廟外。俱在廡內兩傍立候徹饌。麾生偃
麾擽敔。樂止。通贊唱飲福受胙。執事者設一
席於廟中門外中霤前西楹之東北向。贊引
引獻官升階。於捲篷東楹進至所設席南過
西。就飲福位席端朝上立。祝取正壇爵一。取
復聖宗聖爵。移之進福胙者捧盤立於神位
之東。又令一執事取正壇羊左肩胙置於盤。

贊引唱升飲福位。令二執事立於獻官西。贊
引引獻官至飲福位。祝與捧福胙者出立於
獻官東。獻官西二執事。與捧爵捧胙者相對
立。贊引唱跪。通贊唱衆官皆跪。贊引唱搢笏
獻官搢笏。祝跪於獻官右。進爵於獻官。贊引
唱飲福。獻官接爵祭酒。啐酒。奠爵於席北端
贊引唱出笏。俯伏。興。拜。興。拜。興。跪。搢笏。卒爵
西傍接福酒者。跪於獻官左。接爵。捧福胙者
跪於獻官右。進胙於獻官。贊引唱受胙。獻官

接胙西傍接福胙者。跪於獻官左。接胙。捧胙
由中門出。管門者啓行馬。出後復施。贊引唱
出笏。獻官出笏。贊引通贊同唱俯伏。興。平身。
獻官衆官皆同。贊引唱復位。贊引引獻官至
原拜位。通贊唱鞠躬。拜興。拜興。平身。各官俱
拜訖。通贊唱徹饌。麾生舉麾。唱樂奏咸和之
曲。擊柷作樂。執事者。各於神位前。將籩豆稍
移動。復立於原位。舞生直執其籥與翟。同司
節者在東。進至於東一班舞生之首。在西者

進至於西一班舞生之首。舉節朝上。分引舞
生於丹陛東西序立相向。樂盡。麾生偃麾。櫟
敔。樂止。通贊唱辭神。麾生舉麾。唱樂奏咸和
之曲。擊柷作樂。通贊唱鞠躬。拜興。拜興。拜興
拜興。平身。各官俱拜訖。樂盡。麾生偃麾。櫟敔
樂止。通贊唱讀祝。讀祝者捧祝。進帛者捧帛。執事
者各詣神位前。讀祝者先跪取祝文。捧帛者
跪取帛。齊轉身向外立。通贊唱各詣瘞所。正
殿由中門出。四配十哲由左門出。兩廡執事

者。取帛隨班出。通贊唱望瘞。麾生舉麾。唱樂
奏咸和之曲。擊柷作樂。捧祝帛者過訖。贊引
唱詣望瘞位。各贊引引獻官亞獻終獻官分
獻官陪祭官。至瘞所。贊引唱祝板一。帛一段。
數至九段。待焚訖。樂盡。麾上偃麾。樂止。贊引
通贊同唱禮畢。各官俱朝北一揖。回至露臺
上。初獻官亞終獻官。分獻陪祭各官。㠯次東
邊西面立。專理祀事。監禮。典儀。監饌各官。㠯
次西邊東面立。通贊贊引。祝。北面。㠯西爲上。

圓揖。如上公世子親奠。各官俱就東塾起居
奉賀訖。各官仍前序立於大門之外。圓揖而
畢。

廟規

大人盛德。不嚴而肅。中材初學。入廟思恭。率
惰慢邪僻之氣。㠯承祭祀。則瀆神斯甚。是雖
演禮之所。未爲對越之時。然安爲故常。則莫
之能改。茲所㠯習夫進退之節。敬恭之容。豈
可不戒視成理。宜預爲申紛。所有禁戢事件。

畧舉列示。靜聽鼓聲既震之後。各宜遵守。毋得故違。

計開

不許諠浪笑傲。恃得言廟中公務或違錯或不及。更當座公酌議辛剌贊定。若退有後言。非所以共成厥美。

不許㘞擾諠譁。

不許跛倚怠惰。

不許侮慢忿爭。

不許失伍離次。

不許跳躍呼號。

不許代庖越俎。

不許作過遂非。

不許棄職誤事。

不許附耳傾斜。所言公公言之。

已上諸欵。如有犯者。監禮典儀等官。即刻糾舉。勿致容隱。特示。

右榜諭衆通知

年月日示

衙門押。

舜水先生文集卷二十六終

舜水先生文集卷之二十七

門人　權中納言從三位西山源光圀　輯

男權中納言從三位　綱條　校

○陽九述畧

致虜之繇

中國之有逆虜之難，貽羞萬世，固逆虜之負恩，亦　中國士大夫之自取之也。語曰：木必朽而後蛀生之。未有不朽之木蛀能生之者也。楊鎬養寇賣國，前事不暇瀆言。即如崇禎

末年，搢紳罪惡貫盈，百姓痛入骨髓，莫不有時日曷喪，及汝偕亡之心。故流賊至而內外響應，逆虜入而迎刃破竹，惑其邪說流言，竟有前途倒戈之勢。一旦土崩瓦解，不可收拾耳。不然，河北二十四郡，豈無堅城？豈無一人義士？而竟令其跳戈服矢，入無人之境，至此耶？總之莫大之罪，盡在士大夫，而細民無知，徒欲洩一朝之忿，圖未獲之利，不顧終身及累世之患，不足責也。　明朝以制義舉士，初時功令猶嚴，後來數十年間，大失　祖宗設科本旨，主司以時文得官，典試以時文取士，競標新艷，何取淵源？父之訓子，師之教弟，獵採詞華，埋頭呫嗶，其名亦曰文章，其功亦窮年皓首，惟以剽竊爲工，掇取青紫爲志，誰復知讀書之義哉？既而不知讀書，則奔競門開，廉恥道喪，官以錢得，政以賄成，豈復識忠君愛國，出治臨民，坐沐猴於堂上，聽賦租於吏胥？豪右之侵漁不聞，百姓之顛連無告。鄉紳

受賂，操有司獄訟之權；役隸爲奸，廣暮夜苞苴之路。朝廷蠲租之詔，不敵部科參罰之文；乍萌撫字之心，豈勝一世功名之想？是以習爲殘忍，倣傚糢糊。水旱災荒，天時任其豐歉；租庸絲布，令長按冊徵收。影占虛懸，巨猾食無糧之土；收除飛洒，善柔賠無土之糧。敲骨剝膚，誰憐易子；羨餘加派，豈顧醫瘡。金入長安，蠹賊騰循良之譽；容先曲木，屠伯叨卓異之旌。未聞黷貨有勾罷之條，惟見催科註陽

墄之考。盜賊載途。惟工塗飾。蟲蝗滿路。孰驗
災傷。夫如是。則守令安得不貪。繇是而監司。
而撫按。盡可知也矣。而佐貳。而首領。更可知
也矣。此見任官害民之病也。其居鄉也。一登
科第。志切餽遺。欲廣侵漁。多收投靠。妻宗姻
婭。四出行兇。子弟豪奴。專攻羅致。女子稔色。
則多方委禽。田園遂心。則百計垂餌。緩急人
所時有。事會因爾無窮。攘奪圖謀。終期必濟。
釘田封屋。管業高標者。其府其衙。訴屈聲冤

公事至偃者。何科何院。曲直撓亂。白黑荼黃。
庇遠親爲官戶。擠重役於貧民。事事賄賂。產
已賣而役仍在。年年拖累。人已斃而名未除。
官司比較未完。滿堂歡喜。隸役牌勾夂戶闖
室棲遑。仕夫循習故常。餉心民瘼。被害胥讒
朋慝。沒齒官邪。魚肉小民。侵牟萬姓。閭左吞
聲而莫訴。上官心識矣誰何。餽財則白丁延
譽。寒素則賈董沉淪。薦剡猥多。賢路自塞。此
鄉官害民之病也。凡屬一榜科甲。命曰同年

同門。繇其決擇取中是曰門生座師。輾轉親
臨轄屬。是曰通家故吏。又有文社甄拔之親
東林西北之黨。插足其中。絲紛膠結。其間豈
遂無仁賢廉潔之士。總之。一壺之醪。不能味
一河之水。一杯之水。不能熄車薪之火。而且
憸壬機巧。競賞圓通。持重端方。咸嗤古執。圓
通者塗附古執者群離。必使一氣呵成。牢不
可破。則小民安得不被其害。且幽冀兖豫五
省。苦於俵馬驛馬。俵馬有孳生印烙之弊。驛

馬有恤馬需索等弊。江南有白糧糙糧粗布
細布之弊。一經簽役。立致傾家。總來官不得
人。百弊叢集。百姓者。黃口孺子也。絶其乳哺
立可餓死。今乃不思長養之方。獨工掊尅之
術。安得而不窮。既被其害。無從表白申訴。而
又愁苦無聊。安得不憤懣切齒。爲盜爲亂。思
欲得當以爲出爾反爾之計。繇前所言。謂之
巧宦。語之以趨炎附勢。門戶夤緣。則獨工。語
之以興利除害。禦災捍患。則獨拙。嘗之以朱

提白綮。朘削肥家。則攘臂爭首。告之以增陴濬隍。備糈桑土。則結舌不談。他如飾功掩敗。鬻爵欺君。種種罪惡。罄竹難盡。是以逆虜乘流寇之訌。而陷北京。遂布散流言。倡爲均田均役之説。百姓既以貪利之心。兼欲乘機而伸其抑欝無聊之志。於是合力一心。翹首徯后。彼百姓者。分而聽之則愚。合而聽之則神。其心既變。川决山崩。以百姓内潰之勢。歆之以意外可欲之財。以到處無備之城。怖之以

狡虜威約之漸。增虜之氣。以相告語。誘我之衆。以爲先驅。所以逆虜因之。溥天淪喪。非逆虜之兵強將勇。眞足無敵也。皆士大夫爲之驅除難耳。若果逆虜兵彊將勇。足以無敵。彼江陰一小縣。不過靴尖踢倒爾已。雖内有儲積。而外無救援。乃猶慨然拒虜。閉城堅守。男子出戰。婦人餽餉。虜攻之百道。半年始拔。闔城自屠。婦女嬰兒俱盡。而虜之驍騎。死於城下者。亦且數萬。其時南徐毘陵。吳與金閶。設能各出奇兵。犄角此虜。其有隻輪北濟乎。奈何孤城獨抗。遠近俱靡。糧盡瞻喪。而力竭無益也。細民不能遠慮。豈知逆虜得國之後。均田不可冀。賦役不可平。貪黷溪汚。慘殺荼毒。又倍蓰於搢紳之禍哉。今雖悔之。痛之。無可爲也矣。書曰。天作孽。猶可違。自作孽。不可逭。此之謂也。

虜勢二條

奴虜種類。原自不蕃。先年李寧遠以奴隸兒

子畜之。玩之掌股。使其長養内地。知我虛實情形。又加以龍虎將軍名號。使得控制別部。狡焉啓疆。失於防禦。遂滅北關白羊骨諸種。益致披猖。又賊臣楊鎬袁崇煥。前後賣國。繼喪遼陽廣寧。滋蔓難圖。然猶廿年。跧蹐三韓。燕雲屹然無恙。即曾兩入朔易山東。未敢公然盤踞。祗因流寇攻陷京城。慘殺文武。吳三桂愚騃豎子。失於較計。欲報家仇。勾引入寇。逆虜遂令三桂爲導。乘機掩襲北京。我人既

呂爲德。不復先事防閑。復呂南北中分之說。恩我滿朝文武。我文武處堂燕雀。會皇不服綢繆。又乘我四鎮之亂。并取河北江東。此時弘光初立。又非令主。倚毗者樞輔馬士英。勲鎮方國安。士英借台衛密勿之重。閣西邸呂賣官。國安總四十八萬之師。擁中軍而作好大將既係庸材。參賛都非佳士。僅逞炰烋之氣。誰知堵禦之方。遂致虜馬渡江隻矢不折。兩浙八閩。捲韡颷風。其時瑜已潛來日本。未

嘗目擊淪亡。興言及茲。目眥盡裂。奴虜之下江南浙閩也。本借西虜之兵。江陰亡失過多。賠償大費周折。西虜恃協賛之力。責報終無已時。滿部倚老舊之恩。恣行全無忌憚。責報者尚未盈其欲。恣行者有簡制之嫌。繇是外內之心。漸生乖異。八旗各有頭領。政每出於多門。一朝自相齟齬。瘡痍補於百孔。而且老本有子女玉帛之樂。心所惡聞者戰爭。蠻子遂鹵掠谿壑之懷。意所圖全者規避。地方既

廣。防守自多。盡發滿虜。則滿虜有限。純用漢人。則漢人可疑。進退維艱。固難自決。初時內地殷富。一抄搶則盈千累百。是呂鑽營入伍近者民間財盡。極搜索僅錙銖升斗。因而厭苦爲兵。奉調發則涕泗沾襟。聞鼓鼙則心膽墮地。名城無百騎之守。省會少及千之營。盡是蠻子漢官。一味虛聲恐喝。今所防者。浙閩邊海而已。內地義師未敢突起。已自絡繹旁午。十室九空如此。其沿海諸營。甚至半年無

餉。萬一忽有紀律之師。乘間而起。已潎之虜。如何可支。家家裝束輜重。人人顧戀妻孥。惟有長驅渡江而已。雖有郎二省公忠愛民然一木難支圯廈。又且各虜久已疑貳。事勢急迫。滿漢終不相能。此直浙之虜勢。已盡在目中矣。

既得南京浙直。則江右湖湘福邵延建。一時騷動。粵東粵西。截爲懸癭。蓋廣信既下。常山固守。則虜兵不敢下南雄越梅嶺。袁州復定。

湖湘驛騷。則虜兵不敢出部州度杉關。馬病無可更。伍虛無所補。二虜若不面縛歸降。惟有東手待盡。故曰懸瘳也。如此則天下財賦之區。一旦皆非虜有。雲南即無他故。僅足協濟貴州。逆虜號令所行。徵發所及者六省。山西陝西四川之粮。尚不敷漢中交城之用。漕儲既絶。太倉日空。長蘆鹽法不行。宣文稅課虛設。今按宣文疑當作宣大 其餘河南山東北直。租庸有幾。臨清南旺夏鎮。盡成廢閣。況宮中燕賜。

郊廟祭饗。百官俸粎軍衛月粮邊關餉賞。軍前火藥弓矢衣甲器械。一槩取給於此。而又加之以士馬芻粮。唱籌何計量砂。點金亦難指石。脫巾之呼。勢所必至。逆虜其能支手。而且南畿江浙。勁兵逼臨。國藩從中而起。則八閩兩粤。奄為我有。則虜之所防者愈廣。雖汝歸陳。蘄黃漢武。岳鄂襄樊。荊湖南北。許潁青徐。數千里間。處處須設重兵大將。少則不足以戰。多則力有不能。與前代漢趙秦晉之事。

時異勢殊。西虜及西北遼人。不利搞賞擄掠。而有鋒鏑死亡之憂。誰肯復應其募。掉臂而去。轉生内難。瑜謂虜國日困一日。虜糧日竭一日。虜兵日少一日。虜勢日衰一日。虜民日苦一日。虜心日離一日。萬萬不可復振。蓋謂此也。逆虜不北遁。不久必有圖之者。此幽燕遼陝之虜勢。已盡在目中矣。去年八月十四日。天日晴明。但聞空中厮殺聲。人馬旌旗歷歷可數。自巳至未。作來者大勝。從内出者盡

滅。飛血灑空。岐頭一鎮數百人。家家盡見。老幼俱見。其餘民謠。各處如出一口。以天時人事合之。虜之敗亡必矣。虜既出口之後。萬分不敵元朝。應昌地廣城堅。水草美善。部落蕃衍。馬壯糧饒。且祖宗功德在人。人不忍背。逆虜事事不及蒙古。抑且壤地褊淺。海西毛蟒魚皮。今按毛蟒蓋毛憐女直蟒憐音相近 窮寇中國。即不窮追。其滅亡可翹足而待。一應進取機宜。奇正道路。今徒託之空言。不必預為宣洩

虜害十條　婦人放衙參附

東人之害。自江北至南京。

沿海有防邊養兵藏匿接濟之害。

近海有造船幇土值匠之害。

簽發舵梢之害。

內地有簽派船料搬運木植之害。

省會近城各郡。有放債舉息買官附營之害。

仕宦有配發上陽堡寧古塔之害。并入旗

披甲之害。

買官但討得錢。不問色目之害。

打老鼠之害。

拆房屋之害。

何謂東人。　奴屬遼東諸人。先將童男女狡獪者。或婢妾之屬。出之於外。虛詞哀哭。㠯乞人家收留。或傍於左近空房門廡。止宿或借人做媒鬻賣。覘知既有着落。或數日。或數月。近者一二日。遠者年餘。其人來認聲言捉獲。誣㠯誘逃。拐帶僮婢。歷歷招承。但凡干涉蒲州。官司聽其指揮。無敢違抗。其家立破。如其欲而後止。更有串同人家。舊役奴僕。合詞拐騙。本人無處稱屈。隣佑不敢證明。是㠯無良奴婢。挾此縱肆。上下無等。最可痛傷。

何謂邊防養兵。　沿海營伍。㠯防邊為名。一月半月。徵巡一次。便須附近民家打火。所過之處。趨承供應。臨行并其雞豚畜產。罌粟壺漿。一槩傾倒。擔負而去。甚者掠人床帳衣被

鐺釜器皿。是㠯近兵處所。二三十里之內。每日黎明。便將各物。搬入山僻豐草菁篁之中。但留破釜缾器在家。食用支應。

其營兵半年無糧。編派民間分養。既有魚菜酒飯。復索雞肉菜茹。貧者兩三家。派供一日。稍可者。日逐坐養一兵。貧民半菽不飽。情何㠯堪。既已養之。仍要淫其妻女。不敢不從。若有一家殺死兵丁。誣㠯謀逆。則闔村洗蕩。不得已。忍辱忍氣。不敢輕舉。

何謂藏匿接濟。　義兵登陸。素與虜人飲博歡呼。結盟交託。途遇問訊。毫無嫌疑。義兵在船。除魚鮮外。其餘醯醬菜蔬。酒漿肉食。布花絺苧。自須市之鄉人。米粮亦徵取民戶。油蘇竹木。事事須之陸地。其欲禁詐鄉民者。便指曰其窩藏山海寇盜。某家接濟海賊。需索旣遂。官司亦不根究虛實。　附　造船幇工傭匠者。海口造船。并泒近海居民幇工。舂灰牢鑽匠作飯食。更須民家承值。名雖官給米銀。百姓

不勝擾害。今歲造船。明歲又須修艌。修而復爛。爛而復造。何時底止。窮民何㠯聊生。

簽發舵梢者。　農田之家。本來不諳水利。或時內港小舠來往。豈堪出海撐駕大船。奸人妄報某某堪作舵工。某某可充水手。其人心不願行。勢必重賄營脫。旣簽之人。不論家口多少。著落本村。公保。便終年贍養。又要朋泒舵梢辛力銀兩。窮民有屈難伸。

更苦者。簽泒船料。搬運木植。　小木猶可十人或數十人。足㠯舉之。數日便交割。訪知某家山有大木。堪作含檀舵明大小桅木者。不論遠水十里百里。一筆號取。曰某衙門官用。濕松桅木。非千人不勝。次者亦數百人而後舉。勞苦一日。或曳十里。或曳里許。遂晚兵宿樹傍。不顧豺狼虎豹。儻有奸人傷損。賠累必致傾家。何處僱募千人。知於何日得赴渡水。不幸有一巨木。闔境受其災殃。又且所過之處。墳塋禾稼。一踹渠平。利害如斯。其家安得

不重賄營免。營免之後。仍復不許砍斫損傷。㠯需後用。其人明知後累無已。擁且醫瘵眼前。往時祖塋喬木。㠯爲廕庇美觀。今惟祝其速爲枯朽。子孫猶得延生。

省會郡城。有放債舉息之害。買官掛名之害訪知其家殷實。誘㠯買官。或有官事牽連。勸令附著營頭名色。始初亦甚有效。一時狐假虎威。凡屬酬謝餽送。叩見贄儀。衙門犒賞。一切代爲料理。不須私囊見取一錢。於是高低

上下。成羣結盟。管家廝養。打合一夥。大哥兄弟。稱謂親親。酧酢往來。酒盃捷捷。年深月久。一一堆積。子母盤筭。囊橐俱空。或以多餘銀錢。委託生息。他如急切借貸。倍稱難償。拴鎖鞭箠。爲過期之利息。出妻獻子。作別項之潑頭。其軟局坑人。有如此者。

京官外任。有配遣上陽堡寧古塔之害。旗下披甲之害。　初入旗下。各投庠主。既欲得官復索見錢。有人招認應發。俱名京債。官纔到

任。債主隨臨。百事未追。先要理完本利。自非貪酷。其錢何處得來。或託本管幹辦。別處設法。那補京債甫畢。又須遣人入京。叩頭送禮謝薦。漁獵所得。僅僅供給恩主恩主。瑜謂逆虜之畜漢官以漁民也。譬之漁人畜鸕鷀以取魚。謹其絲繫。放之中流。陽呑小鮮。充其口食。巨魚力舉。扼其吭而壞之。壞而復放。放而復壞。循環不休。斃而後止。或者犯贓發覺。或者隨坐作姦。動輒配發上陽堡寧古塔。輿擡有力。入至旗下。披甲充兵。雖官職極尊。亦自編入營伍。此時無錢營免。必須荷戟差操較之。　明朝遣戍前代貶竄。統體不同。相去懸絕。即如輸作城旦。尚爲過之。此輩亦名縉紳。不知何樂於此。而蒙面喪心。甘爲人役之如此者。

倡優。奴僕。輿臺。丐戶。法所禁錮其身。遠者及其子孫。而有錢可以身致青雲。　逆虜猥亂中華。憲綱掃地。不拘色目諸人。有無過犯。輸

錢皆可買官。或十人五人。朋買一官。發塲傀儡。推一人出色。官資多寡。諸人照分均攤。或諸色賤役人等。入在旗下。或乳母閹官之家求應。視其口舌便利。活動小心。有意營謀者。認定幾千幾萬。不論道將大小。隨缺輒討一官。朝爲僕隸。暮列冠裳。昨日俳優。今朝弁冕倚託恩主。勢燄。憲司一體施行。凡屬此輩得官。比常更加察察。心恐他人輕慢。無端作福作威。凡係同僚屬官。更須加意周摯。分外小

心。若非良心盡死。廉恥盡喪。豈肯狼藉至此。士風何恃而不壞。民生何恃而不窮。

醜。莫醜於打老鼠。　滿營婦女。靚粧艷服。三四成羣。聯袂行遊。市廛酒館。無有不到。或取幣帛。或貫酒殽。所值數金。一文不與。但曰今日不曾帶得銀來。等該你銀幾兩。你看那位嬭嬭標緻。揀一位打個老鼠罷。打老鼠者淫媾也若與理論。或索還原物。便稱調戲。反行喊叫。非魘非夢。任其白奪。業在市肆。又不得不開列

營生。源源若此。何門控訴。

慘。莫慘於拆房屋。　翬翼烏衣。高門大第。有無眷屬。任意鳩居。出入啓閉無期。飲食喧嚣無度。初時僅止廳事。已漸沿入深閨閫閣門楣。立見一時狼狽。窻櫺墻帶。必令四面通穿。殖殖其庭。廣堆芻糞。有覺其楹。專繫馬騾。此猶其小者也。必使外內無別。百道宣淫。少不遂心。構成大逆。又且借居停之好。多生枝節。無窮。婦孺盡起於日夜盤桓。是以縉紳巨室。反就鄉舍村居。本宅欲圖別賣。又無售主。乘其遷移代去。自行拆毀。棟梁桁柱。拆作柴薪。甃石連甍。委之糞土。數千金拮据而成。數十金零星而盡。毀拆之後。數月便長蓬蒿。一望蕃蕪。黍離傷感。至於邊海房屋。借窩藏奸細名色。務使家家壁落穿通。一則便其搜索財物。一則婦女無所隱藏。諸凡所爲。何慘刻之甚。

奇。莫奇於趙固山之妻。以婦人放衙參。

凡遇有事。高座堂皇。閧門唱贊。標屬長隨。排班參謁。拘提笞責。發放施行。有時出外遊觀。或者親屬燕飲。飛黃熠熠。車馬軒軒。列騎衛行。前驅警道。霜戈耀日。赤幟緋雲。儼然一雌固山也。屬人之綱紀如此。

其餘奸淫萬狀。科派百端。又其罪之最重者。然一部十七史。無處說起。故反闕此二項。他如既納民丁。復輸鹽竈。一人兩役。朝暮值官。見事風生。吹毛索垢。牧養生芻。過

物擄奪。大兵所過。四出騷擾。指稱奸細。搜搶株連。處處皆然。人人飲恨。雖民間究慘號天。然無力俾離水火。又苦筆力短弱。不能繪監門之圖。播道州之詠。奈何。

滅虜之策

滅虜之策。不在他奇。但在事事與之相反。彼以殘。我以仁。彼以貪。我以義。解其倒懸。便已登之衽席。出之湯火。斯爲沃之清涼。則天下之赤子。與天下英雄豪傑。皆我襁褓之子。同

氣之弟。安有不合羣策。舉羣力。以報十七年刺骨之深讐哉。逆虜雖有神謀祕策。亦無所再施。況黔驢之技久窮。山鬼之術盡露。全爲百姓勘破。毫無足懼。故知一敗塗地。必不可支也。彼之所以能據我中國者。原乘我民心之叛。而用以張其威。所以到處望風潰散。未嘗一戰。而已竊取天下矣。今百姓之叛虜。更十倍於前日之叛　明。而民心之思　明。更百倍於前日之望虜。何以知其然也。已亥年

同國藩入長江。南京尚未下。兵律尚未嚴。而江右江北。蘄黃漢沔。已雲合響應。翹首而望時雨。即家室妻孥軀命。事事可捐。而惟望大明之光復。民心之迫切。亦甚可憐矣。儻能不燬其家室。不汚其妻女。不戕其軀命。民心之愛戴。不言可知矣。瑜身在行間。親知而灼見。日與各處士大夫相接。已自與耳食而塗說者不同。況瑜又拳拳懇懇。夢寐飲食於此者哉。有人焉。果能以仁義之師。過之枕席之

上。而又雷厲風行。譬則鼓洪爐以燎毛。決衝波而漂炭。咄嗟而辨耳。然而萬有一慮者。即以已亥之秋之故也。攻城不能拔。而去之如棄敝屣。使天下戴香盆。供餽餉之父老。人受毒痛。海上之師。恐不復取信於天下。然國藩入江之初。有識者已先策其必敗矣。今若議定下手喫緊之處。更其絃。易其轍。威之以武。附之以文。誅其殘賊。綏其士庶。玉帛無所貪。子女無所幸。而又號令嚴信。處置得宜。則埀

絶之百姓。忽然更生。民情鼓舞歡樂。何如也。既信而樂之。則數郡之後。遠邇歸心。東征西怨。傳檄而定矣。彼即不量其力。欲與我抗壁之。以卵投石。以指撓沸。至則糜爛爾已。何能有幸哉。前日南都之敗。乃閫師之自潰。非虜能勝之。亦何得藉以爲口實也。即如時俗之見。謂虜弓勁騎勇。何以當之。此未知戰者也。騁檀車於平原孔道。則飆馳電逐。遇五尺之坑。則忽然自陷。轉圜石於高山峻嶺。則雷擊

霆摧。入尋常之谷。則頹焉不出。理勢然也。今江南多河塍溝澮。無成列之道。則馬不得馳。我取敵於數百步之外。敵射我於數十步之近。則箭無所用。即與比力較投。猶以我之所長。攻彼之所短。況我熟其山川。審其要害。據其形勝。結其豪傑。得其民心。鼓我士氣。又且出奇無窮。從天而下。雖有鳥獲。不能奮其力。雖有神鬼。不能測其機。是惟有不戰。戰則必勝。萬萬無疑也。彼逆虜不走不降。則釜中之

魚。惟有焦灼而已矣。若順治不死。取之較易。惜今亂離紛雜。恐江北已致分崩。軍志曰。天道後起者勝。今有其時矣。兵義者王。今有其勢矣。孤臣飲泣十七載。雞骨支離。十年嘔血。形容毀瘠。面目枯黃。而哭無其廷。誠無所格。申包胥其人傑也。能感動讐仇之秦。爲之出五萬之師。統之以三大將。閱國歷都。復既亡之楚。不失尺寸。況此時秦楚歲歲構兵哉。故曰。包胥其人傑也。彼獨非人臣哉。瑜靦顔視息。

能無媿之哉。民之憔悴於虐政。未有甚於此時者也。立功成名。聲施萬世。未有易於此時者也。時乎時乎。遇此千萬年難遇之期。而棄之輕於鴻毛。吾謂智者之所不爲也。仁者義者之所不爲也。有志者之所不爲也。亦甚可惜矣。以前數駁。名曰述畧。述者記其行事。無有粉飾文致。畧者具其梗槩。不能委曲周詳。誅惡者法貴從寬。執筆者理宜存厚。況乎鬼蜮曖昧。敗俗傷風。事難直書。須敦大體。又且

年來酬應既寡，聞見日踈，年衰善忘，轉眼遺忽。偶追那事，數日難尋。一時欲歷叙精詳，其勢不能，捷得是以掛一漏百，畧述大端。然已髮上衝冠，罪不容戮矣。賢契幸爲存之，他日采逸事於外邦，庶備史官野乘耳。

辛丑年六月望日明孫臣朱之瑜泣血稽顙拜述

舜水先生文集卷二十七終

舜水先生文集卷之二十八

門人　權中納言從三位西山源光圀　輯
男權中納言從三位　綱條　校

○安南供役紀事

自叙

媿我中夏淪胥，外夷閏位。天既不賦瑜以定亂之畧，瑜何忍復生其任運之心。是以逋播異邦，流離一十三載。間關瀚澥，茹荼百千萬端。庶幾天日再明，沉洲復陸。乃忽有安南國王檄召。區區相見之際，遂爲千古臣節所關。不死不足以申禮，然徒死亦不足以明心。不得不親至其廷，徃返辯折。況瑜太讐未復，又何肯輕喪於溝渠。故不死不撓，以禮譬曉。國王之識習，局於褊淺，而才氣頗近高明。讒夫鴟張，極力煽其焰。元臣犇口，無或措一辭。獨力支撐，四面叢射，逼勒有甚乎衛律，嗟歎無聞於李陵。雖十二日磨厲之鋒，不敢輕試，而三百年養

士之氣未得大伸。謹將逐日問答行畧書
扎錄爲一卷。芟其諸臣問難。嫌於繁冗也。
隱其行間機務。爲彼愼密也。子卿以奉使
困餓雪窖。洪皓以迎請流遞冷山。節烈尚
矣。瑜則無所奉也。無所奉則不必記。然關
於國也。關於國則不敢不記。因誌之曰安
南供役紀事云爾。

一該府於丁酉年正月廿九日。奉國王檄取
識字之人。故壓不發。至次月初三日。一時捲

捕如擒寇虜。聞音朱與周相近。誤呼周相公。
周述南手足無措。遂以後事囑其妻子而後
徃。故歸如獲更生。其勢燄之懾人也如此。捕
至。不言所以。久之差官面試作詩寫字。瑜不
作詩。但書朱之瑜浙江餘姚人。南直松江籍。
因中國折柱缺維。天傾日喪。不甘薙髮從虜。
逃避貴邦。至今一十二年。棄捐墳墓妻子。虜
氛未滅。國族難歸。潰耄憂焚。作詩無取。所供
是實。餘人槩不作詩。炤瑜具供。但小異耳。不
知何解。

一該府作色厲聲。恐嚇之云。此外更有何人通
文理。速速報來。到上邊去說。做不得。諸人寂
然。瑜抗辭答之云。此是該府事。何人通文理。
何人不通文理。該管者豈有不知。我豈知道。
若上邊覺察出來。自有人承當。何與我事。

一該府令人看守。勢同軟監。瑜語之云。此非一
日之事。豈有不飲食之理。且我寓中誰人炤
管。應帶行李。誰人收拾。語塞。然後放歸。隨差

班役諭令居停伴守。外復差人。竟夜遊徼。瑜
度必不能自脫。毫無所囑。求免之意。此時即
欲自裁。方不受其餘辱。又念愚人無知。謂是
驚懼而死。故須至彼死於國王之前。方得明
白。親友來送者。瑜已作死別。以蘇吾不解。根
究其意。瑜慮其恐怖別生枝節。遂更端其說。

一兩日內連徃占上見翁儀簿。及各該衙門。儀
簿署鎮土王用一欽奉敕書特召恩貢生某
名帖。以下衙門槩不具刺。小官無知。生瑜於

別席亦不與較。

一初三夜半方歸。初四晨去暮返。二皷促行。寓中行李。不容收拾。即一紙別家之書。亦冗不及寫。本寓無人看管。親友不敢受託。後致被盜竊此也。

一初五日先至早泥。各處差官齊集。夜半傳發惟傳瑜一人。餘人禁勿往。至彼衆差官俱坐定。不爲禮。瑜竟入上坐。差官云。茹主（猶華言大王也）徵諸儒如何議論。瑜應聲答云。天子方得言

徵。大王即盡有東京土地。而中國盡復其位號。不過荒服一諸侯王耳。何敢言徵。差官點頭曰。派派派。（平聲。猶華言是是是也）連説八九聲。差官曰。貢士與舉人進士孰大。瑜料其意重在進士。先時有進士至彼。曾受其困辱。故迎機逆折之曰。貴國不知科目之義。故云爾。貢士便是舉人之別名。故稱曰某科貢士。若貢生便與舉人進士有分別矣。至於大小則不在此論。我　朝國初重貢成弘以後單重甲

科。謂之兩榜。即如貢生亦有不同。有選貢。有恩貢。有拔貢。有歲貢。有准貢例貢高下之不等。國初之制。外舍升内舍。内舍升上舍。成均積分。累升率性堂。分數既滿。優者入爲官詹坊諭。劣者出爲科道諫官。又有稅戶人材賢良方正耆儒等名目。除授更優。鄭湜起家爲布政。嚴震釋褐拜尚書。進士初授或爲縣佐尉。似未得與之頡頏。惟成化朝以邊儲匱乏。許令博士弟子員及民間俊秀輸粟入成均。

後來積分之制遂廢。始單重甲科。即有調停之者。曰三途並用。終不勝甲科之貴矣。

或問取士法。答曰。周官鄉大夫察舉。而侯國貢之天子。升之司馬。曰進士。司馬升之司徒曰俊士。然後考德而命爵。因能而授官。其制尚矣。漢朝以選舉。公車貼大經十道。得五爲通。最爲近古。故得人爲最多。而經術之士重於朝廷。唐朝試士以甲賦律詩。始爲雕蟲小技。有志之士鄙之。宋朝試士以論策。此外各

有明經輔餘。宏辭茂才等科。　明朝㠯制義
第一場。四書義三。經義四。合七篇。第二場。論
一首。詔誥表（內科壹道）判五道。三場。策五道。鄉試
中式者。爲解元。經魁。舉人。會試中式者。爲會
元。會魁。進士。廷試策壹道。磨勘進呈台司讀
卷。天子標題第一甲第一名。爲狀元。二名榜
眼。三名探花。第二甲三甲。爲進士同進士出
身。多則四百名。少則三百名。國初亦有中一
百名之時。子午卯酉爲鄉試四科。辰戌丑未

爲會試四科。問曰。旣如此。如何有癸巳科狀
元。曰。此永樂㠯虜儆親征。　皇太子監國於
南都。　太孫監國於北京。避嫌不敢臨軒策
士。故遲廷試之期。原是壬辰科進士。曰。派派
派。旁一人曰。太師眞文武全才。曰。此因下問
而奉答。不過古今掌故耳。若於書無所不讀。
而又知兵善用。方是文武全才。不肖安敢當
此。
一初八日至外營沙（安南音陵甲）爲國王屯兵之所

見翁該艚帖同前。（該艚者專管唐人及總理船隻事務。㠯該伯爲之）
一本日投翁該艚書　之瑜託身貴國。誼同庶
人。庶人召之役則往役義也。但未詣相見大
王之禮。何如。承役而退。㠯不見爲美。所爲君
欲見之。召之則不往見之。亦義也。此兩三國
人之所觀聽。非細故也。之瑜出身自有本末。
遠不必言。近自新曆　大明敕書特召三國
之人之所通知。若使僕僕參拜。儻大王明於
斯義。必且笑之瑜爲非人。惜身畏勢而輕褻

大王。之瑜罪何辭。若突然長揖不拜。雖甚足㠯
明大王之大之高。萬一大王習見拜跪之常。
未察不拜之是禮。逆見嗔怒。必萬口同吒㠯
和之。之瑜異國孤身。豈不立致奇禍。久聞閤
下高明大度。通達國體。曉暢事務。伏乞先爲
申明。然後敢見。之瑜此情。必無一人敢爲傳
達。不得已託之筆札。幸恕幸恕。即日朱之瑜
頓首載拜。愼餘。
一該艚入啓國王。即日命見。文武大臣。盡集太

門內布廂。其餘侍班肅然。持刀環立者數千人。又非九賓見客。萬目共注。奉命之人。傳呼迫促。瑜及門不趨。徐徐步入。侍班大喝。瑜不爲動。見國王立致一名帖。與前帖同。但前加本年正月四字。後加頓首二字。諸大老屏人面見。彼此不相爲禮。

一語同事翁斗曰。見國王及該艚。從來無不拜之禮。今與公各班相見。我今日以死生爭之。愼無隨我以累公。先時欲言。恐公震怖。公若

捨得死。則不拜可耳。於是翁姓者先拜。瑜直立於旁。差官啓事畢。來就瑜令拜。瑜作不解狀。舉侍班之仗。於沙中劃一拜字。瑜即借其仗。於拜上加一不字。差官牽瑜袖按抑令拜。瑜揮而脫之。國王大怒。令長刀手押出西行。瑜毫無顧盼。揮手即行。語同行者曰。爾輩何故隨我。我此去。至好是下監彼國監禁。公行需索所費萬端。我止辦一死。爾輩已拜無事。不須隨行。但遠覘之可也。若此去便殺倒得乾淨。因解身上鮮衣與之。惟整束舊衣同去。不知其赴該艚所也。

一將相文武大臣通國震怒。謂瑜挾中國之勢。欺陵小國。共啓國王。誓必殺瑜。該艚共議。抵暮方歸。同事者拜畢。瑜仍前一揖。因瑜外江人。隨發醫官黎仕尉家。令黎醫官委曲勸諭云。不拜則禍不測。答云。瑜隻身至此。豈敢抗大王。顧誠不可拜。又不敢畏威越禮。是夜徃復再三。夜分不已。云不拜則必殺無疑。此間

殺人極慘酷。何不自愛至此。同行者俱極力排詆。瑜勞倦已極。厲聲答云。前日從會安來。與親友俱作死別。非至此方拌一死。今日守禮而死。含笑入地矣。何必多言。黎亦憤亦憐。乃云。既堅意如此。再不必言。遂復該艚。

一次日黎明而起。自取其牖下水洗沐更衣。撮土向北拜辭訖。竢天明。餘人盡起。將家事囑託陸五。責寓中所有之物。還彌左衛門銀四十兩八錢。寓主權兵衛房租銀參十兩。餘者

與汝作盤費帶來衣服行李盡附蘇五呂內摟供奉勅書拜上仔細收好帶至日本待家下有人來附去囑畢對黎醫官云我大明徵士也此國家百八十年來未舉之曠典公應不解徵士爲何名我於崇禎十七年弘光元年前後被徵二次不就四月間即授副使兼兵部郎中監方國公軍四十八萬復不拜後以虜變逋逃來此詎不可拜王是以不拜我來外國十三年即夢寐中不漏一字所

隨章僕俱非家鄉帶來故各處交遊無一人知者今日死矣不得不一言我死後乞公至會安與外江諸友一言以明之死後料爾輩不敢收骨如可收乞題曰明徵君朱某之墓

一交趾通國大怒磨厲以須即中國之人無不交口嗟罵平素往還親暱者或隨機下石以求媚或縮朒寒蟬以避禍即有二三人不相攻詆然無或敢評騭一語者惟日本諸人嘖嘖稱奇耳本日有李姓字耀浦者適至該艚

迎謂之曰不信世間有如此狂人李云未識其人一見方知此必有故矣所對之言甚直空谷之音此人而已該艚復呼瑜面問徵士云何且云言語不明白授紙筆令寫瑜即寫崇禎十七年被徵不就弘光元年復徵又不就第三次竟除授江西等處提刑按察使司副使兼兵部職方清吏司郎中監荆國公方國安軍復不拜於是閣部勳鎮科道等官交章論劾之瑜倔蹇不奉朝命無人臣禮章甫

上瑜即星夜逋逃瀕海數月不見緹騎已後遂有逆虜之變之瑜不別家人隻身前來日本已十三年至貴國已十二年受苦不可盡言豈敢以藐藐之身驕傲大王自取殺身之禍哉今大王不察不拜之是禮赫然震怒瑜又何言殺之可也監禁可也拘留可也顧獨不可拜耳本年正月欽奉　監國魯王勅書別有謄黃不再贅瑜或書或語談笑而道了無驚怖之色該艚回顧其妻曰好漢子

一本日至次日。國王五次密密差人至會安察
訪事實。隔別前後差人。不許會同牽諸人無
一至該府家計無所施。
一大小官員。紛然問難。逐日踵相接也。其來者
直入攻瑜。絕不及於同事者。同事者因得乘
機逸去。其後習吕爲常。竟遠避吕伺之。瑜始
爲孤注矣。歸則讓瑜云。隨口應附。同他混帳。
何必根極理要。與之往復周旋。終日唇枯舌
燥。那有如許精神。瑜佯謝之曰。已喻然來者
必接吕禮。答者必竭其誠如故也。一日有一
下僚年少。意頗自矜。偕數人來。其人已再至
矣。問曰。天根月窟。先生解來。曰。我不知。我音烏大王及尊者自稱之詞。曰。如何不知。曰。不知便不知。却又
有個如何。伱不知中國之大。學問之深。如海
一般。故曰學海。伱音迷。呼最賤者之辭。中國書籍之多。
汗牛充棟。五車不足道也。豈能盡讀。況去家
十三年。目不覩書史。常編久絕。絃手生疎。其
人改容謝之曰。小可未達其理。唯願先生明

解吕開茅塞。不敢問難。曰。問難何妨。邵堯夫
程夫子託名引喻。固自不知。即如李太白詩
朝遊三山。夕憩五嶽。此亦可解乎。旁一人治
曆局者。私咨之曰。見渠倨傲無禮。故拒絕之。
一曰常編。一曰邵程。一曰詩。豈是不知。其人
固請之。答曰。河圖洛書。方位各居。先天後天。
無欠無餘。又曰。上下四旁。左右前後。少多配
合。各得其九。四九六六。盈城花柳。其人喜曰。
果是不知。治曆者曰。一八爲九。二七爲九。三
六四五皆九。豈非三十六宫。於是逡巡而退。
一十四日。該艚又復差官諭意。瑜引韋祖思拜
夏主赫連勃勃。勃勃怒而殺之爲比。差官沉
吟不信。尋史書與看。將書復該艚。復來索前
所寫者。再寫一紙。瑜不寫。但復云。大王偶得
一士人到此。不能與之商畧天下國家之大
務。而顧屑屑於拜跪之間。竊恐聞之遠方。有
吕窺大王之深也。吕大王下士。千古美名。美
名不居。而必責瑜之一拜。拜畢人誰知之。孰

與美名傳之天下後世之爲大乎瑜守禮而
死死無所恨乞高明亮之其末大書讀聖賢
書所學何事十數而已
一同時又一文官至寫云太師上知天文下知
地理中識人事乎曰不肖寡學薄識烏足以
知天文地理至於三才之實理實事稍稍竊
聞一二儻大王盡禮而來教必能佐大王國
家之大務若不循禮而強以威逼不肖延頸
待戮更無他說也本官咋舌而去前此來者

多稱先生瑜答云足下自稱曰我安南音烏者國王
與上人自尊之辭猶華言本部本院也因其人稱太師瑜自稱
曰不肖已後無不稱太師自稱曰小子小可
惟介弟一人稱瑜曰尊師自稱曰小某
一該府聞其事勃然大怒立時登舟來至外營
沙見國王以欲重賂與援期必殺瑜以快其志
適國王以他事差人相遇於順化去營沙咫
尺矣因有緊急事務星夜促回計不得行及
完事星行來至往返又復數日議禮已定無

可下手銜恨不絶可見死生有命非人謀之
所得施也
一自十五已後各官來見者體貌隆重如見其
國主及尊官之禮止於不拜耳該府泊舟河
下逐日親見無可如何敢怒而不敢言因黎
醫官作通事言語亦不明辨大凡問答俱用
書寫寫畢即將去復王可見俱從王所差來
或將原紙送還或竟持去前來刺探者時刻
不絶瑜去家十餘年久絶歡笑至是同事及

從行莫不怪瑜舛錯無可告訴抑且嗟歎詆
毀之聲不絶於耳怨怒之色時接於目不得
已逢人便笑了無憂疑先是聞彼國載籍杳
然未有印證而不得自旋知其國多書便可
暢意舒發矣
一十七日草疏已就封附王鳳酬對之外別無
他事惟有整衿危坐旦夕候命
一前所差人十八日盡來回復察訪無所得無
可借以爲名

一十日之內。逐日殺人於瑜寓西。莫不先梟其首次將骨肉爲虀。筋骸腸胃。抛撤滿場。以致烏鳶犬豕。競來就食。血染泥沙。肉飽異類。衷風慘刻。惟以張威。其意不過使瑜驚懼耳。一國王雖不知大義。然頗好名。既無名色。不便捶殺。十九日遂致一書。令瑜仕於其國。有太公佐周。而周王陳平在漢。而漢興等語。是日即答之。餘意錯見於答書之中。

復安南國王書　猥辱元臣。賚頒翰札。捧緘

面讀。一再至三。雖中間字義句語。多係安南國書。與中夏自不同文。然前後詞旨明白。洞然俱曉。愧之瑜無德無才。豈敢自比鷹揚之哲。六出之英。至於康濟阜安之畧。堯舜君民之懷。居恒誦習。未見施爲。若夫識時在乎俊傑。多端獎借。無一敢承。竊聞大王超世之姿。動合於道。往年處分諸事。有德有禮。古之賢王。何以過之。近以承命執役來此。旬日。灼知中夜求衣。旰日忘食。簡明機務。精勤訓練。於

以削平大憝。銘勳復辟。在於指顧間已。若所謂用兵之玅。左手軍形。古無其詞。或者師心而獨造。愚所未喻。未敢曲意以相狥。夫軍形者就刺肄簡練處含收藏而言耳。是即所謂軍實而示用之之玅也。用兵之玅。太上以名聲。次之情。次之。形斯下矣。至於形見勢詘。此又其最下者也。即曰形之敵必從之。此正敵不知其所攻。不知其所守。徒因我多方詿誤以爲進退。以爲防禦耳。虛虛實實。變化生心

示之以形。非眞有形之可見也。今大王復讐雪恥之師。眞義兵也。正之即爲名。揚之即爲聲。通於衆志。即爲情。彼之百姓。身居塗炭。自應前歌後舞。以迎王師。若不自量而來戰。則亦角摧而崩爾。何必料簡軍實。五圍倍攻。而後克哉。然其善之善者。則在乎用賢。即舉來諭所云太公陳平。瑜雖未敢當其任。竊得借以發明其說。太公殷之老也。何以周得之而王。陳平魏之産也。亦嘗事魏與楚矣。何以去

猶適漢楚魏隋之。以亡可見天生英哲。旣錫之以神明邁種之才。必資之以感憤豪壯之氣。何能與隕籜共腐。而流沫同消哉。不北走胡。必南走越矣。幸大王加意周諏。毋使其外資敵國也。以大王天授異才。得賢而輔。內歸萬姓。外展故土。則有拱揖指麾而治耳。若瑜旣非其人。亦無其志。徒以天禍明室。遁逃貴邦。苟全性命。別無他圖。如曰中華喪亂。遂欲委質於貴國。皇天后土。實鑒此心。大王不以

無禮誅之。而復以此傷義士之志。是猶與於殺之矣。儻異日者。天厭夷德。神孫良翰憤發敵愾。掃攙搶。靖胡虜。瑜藉大王之靈。遄歸桑梓。獲陪下士之班。當竭其全力。內佐大明。以其餘者。外匡貴國。所爲兩利而俱存者此也。舉貴國攜貳之端。降封之故。以言於朝。致聖主明見萬里。使貴國世修藩維。歲貢終王。寧不賢於瑜之竭蹶貴邦哉。詩曰永以爲好。其斯之謂與。承命裁答。草率不文。未請國諱。

統希原亮。即日朱之瑜頓首再拜

一二十一日代國王答書　別見

一即日拜儀部。彼國之宰相也。元勳碩德。如文潞公然。年八十餘。龐眉皓髮。瑜用一單名帖如前。彼用兩手升於頂。見必披髮加帽。合掌上舉過其額。黎云。斯禮爲至尊而無以加矣。然其大老元臣。俱甚謙謹。即前之欲殺瑜者。所謂食桑葚懷好音也。

一試堅確賦　三月初三日。鬱鬱枯坐。偶以不

入耳之聲。濁亂神思。適國王遣人。寫一確字來問。余意其風之也。聊舉堅確的確確論等爲解。遂將堅確爲題。令余作賦。賦曰

歲在丁酉。三月上巳。余以執役王家。來茲廣漠之野。叢枯穀茂。(寓側修竹盡枯莞維穀榮茂乃彼神叢轉輾相假故云蓬。)非修禊之蘭亭。流清湍激。(寓南涌流迅駛)懷萬壑之泠泠。塊然環堵之中。匏也茅茨之下。異桃李之芳園。奚文章之相假。形凄影其。何對月兮三人。已獨人皆。存流風乎一我。適有白叟

龍鍾躑躅踟躕。抱持樂器就坐簷隅方跗空
中一角直矗拳匏外向。抓絃內腹。彈撥難調。
非絲非竹鹵踈淚浥。疑歌疑哭不足以陶我
神情適足以擾我慎獨。忽逸興之遄飛。慕獻
籌兮相逐。飯蔬水兮愆期。況流觴而聽肉身
枯槁兮神馳。搴芳蘭兮川谷。於焉有客外至。
是非問奇書。掌布畫確字謹持。余迺舉說文
而解義。攷證據兮紛披。志意堅確兮不忒。詁
言明確兮罔移。於是言笑樂樂。乞賦乞詩詩

題確論。意不支離。賦志堅確。不競文辭。朱子
肅襟危坐而答曰。嗚呼噫嘻。客何爲而及乎
此也。確乎確乎。學力所成。微乎微乎。析理斯
精。確則繇堅而致。而堅不能並確而陳。堅之
蔽固。固之蔽陋。而確不與固陋兮爲鄰。歷百
年而非故。忽嬗代而非新。道同德媲。麼之不
丟身。處傾危招之不親。非晰精微於觀火。曷
能當震撼而凝神。涅之緇之莫汚其白。磨焉
磷焉孰漓其淳。硜硜者其象乎。硜硜者言必

信。行必果。確然者言不期而自無遊行。行不
期而自無偏頗。磽磽者其質乎。磽磽者保護
之而僅完。擊剝之而旋鈌。確然者。是非眩之
而益明。東西衡之而不決。然則其貞乎。貞固
足以任事。終不渝而始不諒。意者其眞乎。質
與實而無僞。誠與一而皆當。潦水盡而寒潭
清。煙光凝而暮山紫。吾以探確之源。山高月
小。水落石出。吾以定確之理。澄之不清。淆之
不濁。吾遊夫確之神。逝者如斯而未嘗往。盈

虛者如彼而來。莫消長。吾又莫測夫確之底
裏。往來冲冲。允執其中。不憂不惑。清醒自得。
求之古人。郭林宗申屠蟠庶幾近之。林宗確
乎不拔。爲世宗師。申屠免於評論。超卓之姿。
若夫信之不篤。守之不善。幾何不如棄而如
脂。然而所未至者。毋意毋必。與世推移。變變
化化。聖不可知。蓋可權者與立之深造而至
誠者能化之根基。既已歷善信而充實盡亦
繇光輝。幾聖神而孳孳乃所願者時中之君

子。措之仕止久速而咸宜。　大明遺民朱之
瑜魯璵甫。賦於交趾國外營沙之旅次。
一李姓者。累次諭令取家眷該艚要造府第答
云。去家十三年。絕無婢妾。何有家眷。瑜役畢
告歸。必不留此。甲第何爲。初五日忽致供給。
瑜力辭之。該艚諭云。再辭不便。某亦不敢代
啓第受之。無憂也。次月瑜先期往辭該艚力
禀而止。今按次月疑當作次日。
一榜示文武大小臣工。　中國之儒。大要有二。

其一曰學士。多識前言往行而行誼或有未
至。漢詔所謂淹通墳典。博學宏辭。是也。其一
曰賢士。崇務修身行己。而文采或有不足。漢
詔所謂賢良方正。孝弟力田。是也。二者罕能
兼之。有能兼之者。仁義禮智積於中。恭敬溫
文發乎外。斯誠國家之至寶。而聖帝明王之
上珍也。其君用之則安富尊榮。其子弟從之
則孝弟忠信。是故食祿萬鍾而不爲豐。後車
十乘而不爲侈。衮衣黼黻。章身已不爲華。尚父

仲父。尊已不爲過。何也。道尊德盛。當之而無
媿色。君臣之間。一德一心。都俞喜起。斯得志
於時者之所爲也。若夫天下無道。則卷而懷
之。或耕或陶。或釣或築。無往不可。蓋未有貶
損以狗人者。近以中國喪亂。天崩地裂。逆虜
干常。率土腥羶。遠人義不當死。欲隱無所。聞
之丘文莊公云。安南朝鮮。知禮之國。是以遁
逃至此。太公伯夷。嘗居東海北海以待天下。
非創也。今貴國不能嘉惠遠人。斯亦已矣。奈

何貴國諸君來此。或有問相者。問所非宜。終
不知爲藝客。夫相士星士。何足比數。四民九
流之中。最爲下品。較之德義之儒。不但天地
懸絕。亦且如白黑水火。全全相反。遠人業已
至此。貴國輕之褻之。將如足下。何但義所不
當出耳。使他人聞之。謂貴國爲絕不知讀書
之旨也。況能尊賢敬士乎。即如天文地理。其
精者不過伎術之士。亦非聖賢大學之道。治
國平天下之經。而貴國讀三國演義封神等

記信爲實然。勤勤問此。譬猶舍金玉而寶瓦礫。芟嘉禾而養莨稗也。亦甚失取舍之義矣。又云。天文非臣子之所得問。亦非遠人之所敢言。已後幸勿再及。　四月初吉大明遺民朱之瑜白。

一留札存案　四月初六日。不知是何官職來問古文中義理。因居停黎先生傳說不便索紙筆寫。植橘柚於玄朔。蒂華藕於修陵二句。問義答云。橘植於南方。其性畏寒過淮則化

而爲枳。華藕者芙蕖也。即今之荷花。若栽於高岡之上。豈能榮茂。二語總言託非其所。來官寫云好好。又問折若木而閉濛汜。及鳶飛戾天。一節書義。敷衍條暢。大悦稱誦。復云。安南解釋甚朴畧。答曰。朴畧不妨。只恐全然不是耳。黎云。此公極好學。家有多書。余問云。尊府古書多否。答曰。少少足備觀覽。余問通鑑綱目。前後漢。廿一史。史記。文獻通考。紀事本末。潛確類書。焚書。藏書。及古文奇賞。鴻藻等

書。答云。俱有。惟鴻藻無有。余言安南無書。遠人離家十三年。不見書史。生疎極矣。如此甚好。改日斗膽。借二部來看。以消岑寂。復顧船主汪二官。黎先生笑語云。如此便不孤苦了。來官復寫云。小菓敢請尊師到賤家。以助一樂。余亦允諾。因天雨未往。初八日該府忽令汪二官來索此紙。不知何故。後一二日開船回去。竟不附還。該府素不知書。此等解釋。又絕非所好。討去一看。竟爾帶回。此中必有深

意。若徐庶之母。自誤其身。可鑒也。恐久而遺忘。故書此以誌其巔末云。　四月十三日朱之瑜謹記

一介弟至。國王聞之。謂黎醫官云。這是大人。大才學。大學問。伊小子曉得甚麼。如何敢至其所。有此大膽。伊又章密道理。章密臭貨。（章密者。華言不識也。臭貨者。華言羞恥也。）

一瑜疑大人之說。似未釋然。往問其親暱張醫官。（札名挂官）云無之。嘗對吾等歡喜稱道。曰高人。

我不知其胸中。但去問的。無有不知。這是高得緊的人。我安南自然没有。便是大明。如此人者。恐怕也少。毫無纖芥之嫌。是日張執禮甚謙。而稱謂甚尊。即向之攘臂怒罵。首欲殺瑜者也。

一 四月廿一日。辭別國王書。先一日呂小學請書來問。因及之。

名帖同前。辭謝大王閣下。恭聞治平之本。敎學爲先。即使時有戰爭。亦必兼資文武。漢世祖投戈講藝。息馬論文。大業中興。獨先近古。

魏武帝手嘗橫槊。髀不離鞍。猶謂春夏讀書。秋冬射獵。故知講讀之道。乃是君國之經。卿士亦然。豈惟人主。因國王言武將不讀書。故云然。呂子明中年涉學。遂取荊州。杜元凱左氏癖。終平吳國。博陸精忠浴日。無術貽後世之譏。萊公駿烈撐天。讀傳取益州之誚。是則賢相良將。咸貴習禮知書。況乎成方扶奸。恒陰昌邑。籍非經術。何以晳疑。在乎作新自然丕變。昨者購求遺典。必將養育時髦。於是人文化成。教

興俗厚。洵千古賢王之盛業。而萬代流聞之美名也。瑜謂五經三史。七國六朝。尚可從容游諸異日。或詞旨深奧。或問學淵源。或縱橫捭闔以矜奇。或月露風雲而挨藻。下學上達。近裏攸宜。詳觀目錄諸書。偶見小學一部。彙往哲傳心之秘。洒初學入德之門。儻是十竹齋所鐫。粵陳選所註。最爲善本。洵是國珍。致君顯親。言言金石。敬身明倫。字字蓍龜。若使立教於國中。必多利益於君上。但列孝經。或

乖訓詁。迨夫忠經合刻。益是書賈所爲。語不雅馴。義多舛駁。緣是馬融纂輯。原非先聖遺經。然欲立言。必須考行。馬融爲南郡太守。尚且狼藉贓私。其書竄東閣奎章。豈能感發誠敬。固宜斥絕。勿穢文林。無限依依。敷言代別。即白之瑜頓首再拜。

一 瑜歸至會安。寓中盜竊罄空。視舌雖存。貂已弊。蒼頭遠逝。黔突難炊。色甚慘淡。親友確言是居停所爲。顯有證據。然形跡可疑者二。

鎖鑰交於寓主。今套鎖直入。一也。先日有書。言無人看寓。是夕失盜。二也。瑜一際不究。但遣攝鎮土王云寓主父子。前後遠出經營。單遣一婦看家。鞭短何能及馬。盜賊洞知虛實。張燈竟夜搜羅。顧惟黃卷攸存。更有青氈儼在。諸物俱空。遺失遑故舉此爲笑乇。下絕不及居停一字。復爲申解。諸人笑吕爲癡。後事發。竟與寓主無涉。諸人方纔嗟歎。謂非常人所能。一瑜辭王而歸。各官不及知。歸後。文武百官。無

不傾心思慕。該艚差人競來傳說。譽之每過其實。不敢自舉其辭。咸冀再往。而不可得。然初時皆欲殺瑜。後則各相敬愛。無一人自異向之乘機下石者。咸相驚詫。吕爲異事。維時鴟鴞無伍。不得不化而爲鳩。至於識者。猶憎匡術之眼爾。

一代安南國王書　蓋聞聖哲必因時吕建功。賢智貴正名而戡亂。乘機遘會。溉釜同袍。慨我遺家不造。吕致遺國多艱。先王之冢子。幽之於別宮。蠢賊之宗盟。寵之吕重任。牛骨五具。讀前史而興悲。寧水一盂。豈在今而罔恤。此有志之所切齒。而義士之所撫心也。恭惟某宮。胸羅今古。掌握風雷。上馬擊賊徒。下馬草露布。文事則雍容犧象。武備則首足萊夷。貞命世之逸才。匡時之俊傑。撫茲社稷丘墟。民人塗炭。僞新之篡竊四世。春陵之舉事幾人。即或守雌而伏。自當憤發爲雄。乃者審敵觀變。似圖一舉百全。比得祕函。不禁手額。知

某官惓惓爲國。切切勤王。國祚靈長。臣民胥慶。梁國反周爲唐。汾陽殲安誅史。方之今日。豈讓古人。但何無忌酷似其舅。劉下邳豈非人豪。凡我同盟。咸宜共奮。其動衆興師。矢公非富。幸羣工之協贊。勵率土而同仇。與子偕行。無敢或後。登壇誓衆。競欲爭先。乘茲敵愾之誠。立奏中興之績。靖彼睡齁之卧榻。完茲無缺之金甌。其出奇制勝。彼備多則力分。其官內擾外援。敵防此則失彼。虜聚目中。功成

指顧。使旂常銘翼輔之勳。乾坤正忠義之氣列土分茅。錫圭奠卣。光榮增於祖考。福澤流於子孫。豈非大丈夫之偉烈。而奇男子之愉快哉。倥傯軍務。草率裁緘。會晤非遙。贍言有日。

又節畧　　蓋忠孝者天下之大節。而篡逆者千古之罪魁。故凡含生負氣之倫。莫不共明斯義。其人者地實寒微。心懷梟獍。所養牧圉。尚不類於浙渭之泰。非怙寵矜功。遂自比

於逐戎之襄仲。　晉陽興甲。本不爲臣子之美名。而臺城誓師。正不忍於君父之幽逼。狐穴城而姑息城。其隳矣。鼠近器而弗投器可全乎。　祖父子孫。世濟其惡。封貙狼羆。日長其殘。　久假不歸。烏知非有。凌遲罔恤。振古所無。使斯民不知三統之義。實迺殺萬姓之心。

奉勅特召恩貢生臣朱之瑜奏爲守禮殉節。謹陳始末緣繇。兼謝天恩事。臣於崇禎十七

年蒙恩特徵。不就。弘光元年復徵。又不就。即授江西按察使司副使兼兵部職方清吏司郎中。監鎭臣方國安軍。復不拜。後聞臺省交章論劾。大指論臣偃蹇不奉朝命。無人臣禮。臣即星夜逃避澥濱。及臣在舟山。銓臣按臣見臣不肯任事。又見臣誓不降虜。萬死一生。舉臣孝廉。臣止之而不及。即當按臣前草表懇辭。後輔臣不知。擬旨云朱之瑜果否的係貢生。該部確察具奏。輔臣與臣同里閈。其弟

張王堂與臣同入泮宮。豈不知臣之詳。意蓋有爲耳。臣見此時事不可爲。深自毀匿。絕不與前事上聞。非敢故爲欺隱。辛卯年七月。預避虜難。從舟山復至安南。累年急欲歸覲。多方未遂。每恨衣帶之水。邈焉河漢。去年委曲求濟。方附一舟。意謂秋末冬初。便可瞻拜彤墀。伏陳衷曲。臣數年澥外經營。謂可得當。且報朝廷。當與藩臣悉心商確。不意姦人爲梗。其舩出。至澥口半月。而不果行。復收安南

憤結欲絕。至本年正月十四日。日本船回。賚
有 主上監國魯九年三月。黄綾勅諭一道。
特召臣還。臣以褻服不敢拜命。星夜草刱處
士巾衣。謹擇十六吉日。又不敢於公所行禮。
即於私寓恭設香案開讀。叩頭謝恩畢。欽此
欽遵。臣此時已促裝。擬於廿一日往暹羅。亦
輾轉以求達也。因暹羅更在西南。誠恐 主
上未察臣苦心。疑爲營私背旨。故捧敕驚懼。
即止不行。雖臣無節義文章之重。足副 主
上夢寐延佇之求。至於犬馬戀主之誠。回天
衡命之志。未嘗一刻少弛也。靜候夏間附船
前去日本。復從日本。方達思明。所以紆迴其
道者。臣之苦衷。不便明言。庸人見臣如此競
詆狂惑。不意二月初三日。安南國王於該管
衙門。檄取一二知文識字之人。前去應一時
之役。當塗喜得關要中臣。不念國體。遂將臣
名開送。立逼登舟。衆人不知。多爲慶幸。臣與
平日往還諸人。已作死別。初八日至國王屯

兵之所。曰外營砂。先見該艚手致一書。隨見
國三臣具一 欽奉勅書特召恩貢生頓首拜
名帖。臣屢被詔勅。在國家爲徵士。與尋常官
員不同。何敢屈膝夷廷。以辱國典。故長揖不
拜者。禮也。國王不知是禮。怒欲殺臣。臣挺然
竟行就戮。毫無顧盼遲迴。該艚令人往復勸
諭。懇切詳明。臣言愈遜。臣志愈堅。夜分不已。
終無一字遊移。次日辯折仍前。該艚云。好漢
子。十四日復遣人來。慰臣怵臣。得臣一拜即
止。臣對如初。但言讀聖賢書。所學何事而已。
至今十日。其怒未衰。忌臣者多。料無生理。臣
恐一時白刃加頭。不及拜疏陳情。謹將始末
緣繇。上塵 宸聽。臣即含笑入地矣。所恨者
臣之幡然去國。跡似潔身。今謀之十年。方喜
得嘗意欲恢弘 祖業。以酬君父。以佐勞臣。
一旦迺爲意外之事。而死不能上報 太祖
高皇帝。以及 主上。臣死有餘責耳。至臣祖
宗墳墓飄零。幼女高死忠死孝。最爲幽慘此

臣家事私情。不敢瑣陳。謹將逐日問答行畧
書札別錄附聞。惟祈　　睿鑒。草莽之臣。不諳
章奏之體。罔知忌諱。死罪死罪。臣拜疏後。靜
聽一死。別無他說。昔蘇武尚有一李陵爲知
己。臣之孤苦。何可勝言。十日之內。逐日殺人
莫不先梟其首。從而臠肉。菹肝。夷風慘刻。惟
以張威示知。草菅使臣。驚懼臣死之後。骸骨
無敢收取。自爲鴟鳶犬豕之所咀嚼。臣亦不
憂。伏願　　主上爲國愛身。爲國愛人。勵精肝

食。虛己尊賢。選才任能。勿疑勿貳。直擣盧黃
勤勳長白。大拯陸沉之神洲。修復久汙之
陵廟。始終勿替。君臣一心。臣無任瞻天仰聖
激切屏營之至。謹具疏稱謝以聞。　　監國魯
丁酉年貳月拾柒日恩貢生臣朱之瑜具
奏勅特召恩貢生臣朱之瑜奏爲臣身被拘
留瞻言永號事。臣與安南國王抗禮一事。已
詳具於二月十七日疏中。後二日。始以本事
遣其心腹重臣。就問。臣即據其來意竭誠相

答。遂爾歡然。大加讚賞。因關彼國機密。不敢
聞奏。三月三日。遣人來試。堅確賦已後屢遣
其文武戚屬。就臣寓所。虛心質問。隨手批答。
得答即喜。四月廿一日。臣聞客寓被盜。席捲
衣襆俱空。謁歸會安。十分稱揚羨慕。或者夙
憾已銷。但國小氣驕。學淺識陋。頗能拔萃。於
夜郎不免觀天而坐井。欲屈臣則恐損其名
望。欲就臣。則內慚其從官。并心失人。安知禮
士。是以輾轉持疑。委難自決。至今尚未親見。

又不明言遣行。使臣目送歸舟。血枯腸斷。況
資裝俱竭。肘見履穿。僮僕遁逃。伶仃孤苦。賤
膚憔悴。形容枯槁。遣日如歲。若至明年此日。
誠恐雞骨支離。久填溝壑。況能光輔　　主上。
大業中興。儻　　主上必不忍棄臣於外。乞勅
藩臣。明言索取。彼必不敢再復拘留。臣生則
竟馳。行則忽忽。不知其所往。乖乖草疏再陳
伏祈　　宸鑒。監國魯丁酉年伍月貳拾柒日
恩貢生臣朱之瑜具

續書尾附　自六月初三拜書之後。連日嘔血不止。上林射雁。應已展帛於中朝北澥乳羝。毋使落旄於下國。寥寥數語。耿耿丹衷。楮尾續言。撫膺增痛。

跋安南供役紀事　釋獨立性易

乾坤至覆。慘出奇常。大地羶羣。荷存遁跡。歲癸巳秋。易與先生天涯把臂。共寄足於穎川居士之門。冬杪。先生遽以南服分行。翩翩振手。一瞬目間。竟成八載。甲午冬。易

自改觀安禪。爲容客老。乙未秋。遊行神洛。飄然異國。野鶴孤蹤。不斷東西南北。齒黃髮白。緣難再覯。頃戊戌夏。先生應監國召。問渡長崎。易時曠觀東武。三千里外。尚出慇言縷縷者。不勝肉骨。即欲半面襟期。附之神馳而夢越矣。己亥春。易以養病還崎。又復附書。珍重。山高海濶。地遠天空。而先生惓惓於鄙人者若是。自患脚根病痼。乃爾閉關究心。摸索今夏忽逢先生再臨幾何覿面。非天與作緣。當莫能焉。圓光一下隙。屢屢傾心。至聞有安南紀事。再至請觀幸出披讀。爲不勝嘉歎曰。於戲夫天之正氣。鍾夫君子者是哉。昔子卿持節單于而不屈者。爲有君命也。今先生以連臣客軌執義自高。不爲聾折。死亡不顧。言奪氣筆。錚錚鐵石。今古上下。無其事。無其人。自視孤虛一命。益挫益堅。得俾從容屐蹤。使荒裔知有凜凜大節。不因國破。全斯中外高

風。可稱今古第一義幟。悠悠遐屬。轉盛怒爲歡心。折矜持爲下走。復自作賦答書。全王其徵。不受毫末之塵。飄然逐揖。三聘徵君。先生爲不負明光於一日矣。今者一聲夏屬。裂裁冠而鼠尾。祖左袵而馬蹄。臣其狐貉。視此紀事。能不垂頭而自泣否。子與氏曰。不恥不若人。何若人有。今日爲何如。

舜水先生文集卷之二十八終

桂苑笔耕集

提要

《桂苑筆耕集》二十卷，新羅崔致遠撰，高麗刊本。每半葉十行二十字，白口，四周雙邊。是書為崔致遠自編詩文集，收錄其遊淮南幕府時期為當時淮南節度使高駢代撰的各種表狀書啟及自作詩文。前有中和六年進書表。崔致遠，字海夫，號孤雲，新羅王京人。

桂苑筆耕序

淮南入本國兼送詔書等使前都統巡官承務郎侍御史內供奉賜紫金魚袋臣崔致遠進所著雜詩賦及表奏集二十八卷具錄如後

私試今體賦五首一卷

五言七言今體詩共一百首一卷

雜詩賦共三十首一卷

中山覆簣集一部五卷

桂苑筆耕集一部二十卷

右臣自年十二離家西泛當乘桴之際亡父誡之曰十年不第進士則勿謂吾兒吾亦不謂有兒往矣勤哉無隳乃力臣佩服嚴訓不敢弭忘懸刺無遑冀諧養志實得人百之已千之觀光六年金名牓尾此時諷詠情性寓物名篇曰賦曰詩幾溢箱篋但以童子篆刻壯夫所慙及忝得魚皆爲棄物尋以浪跡東都筆作飯囊遂有賦五首詩一百首雜詩賦三十首共成三篇爾後調授宣州溧水縣尉祿厚官閑飽食終日仕優則學免擲寸陰公私所爲有集五卷益勵爲山之志爰標覆簣之名地號中山遂冠其首及罷微秩從職淮南蒙高侍中專委筆硯軍書輻至竭力抵當四年用心萬有餘首然淘之汰之十無一二敢比披沙見寶粗勝毀瓦畫墁遂勒成桂苑集二十卷臣適當亂離寓食戎幕所謂饘於是粥於是輙以筆耕爲目仍以王韶之語前事可憑雖則傴僂言歸有慙鳧雀既墾既耨用破情田自惜微勞冀達聖鑒其詩賦表狀等集二十八卷隨狀奉進謹進

中和六年正月日前都統巡官承務郎侍御史內供奉賜紫金魚袋臣崔致遠狀奏

桂苑筆耕集一部二十卷

都統巡官侍御史內供奉崔致遠撰

桂苑筆耕集卷

表一十首

賀改年號表　賀通和南蠻表
賀建王除魏博表　賀封公主表
賀殺戮黃巢徒伴表　賀處斬草賊阡能表
賀收復京闕表　賀殺黃巢表
賀降德音表　賀迴駕日不許進歌樂表

賀改年號表

臣某言今月某日得進奏院狀報奉十一日宣下改廣明元年爲中和元年者展義龜城易名鳳紀美號既新於曆象歡聲遍振於寰區臣某誠抃誠躍頓首頓首臣謹案王制云天子西巡狩命典禮考時月定日同律然則三秋啓候萬乘省方金郊興肅殺之風玉壘應巡遊之地遂遵規於舉正爰降命於改元且大戴禮曰中也者天下之大本和也者天下之達道致中和天地位焉萬物育焉故漢益州刺史王襄俾蜀詞人王褒作中和樂職宣布之詩以歌君德者舊傳揚況及聖朝曾編新樂舉二月恬和之節播八風調暢之音永驗休譚實諧昌運伏惟聖神聰睿仁哲明孝皇帝陛下纂承寶位丕闡皇猷將務格苗暫勞避狄風始行於地上易象可徵日再耀於天中休禎斯在是以紀年有裕懸法無虧帝業中興則遠超於前漢後漢物情允洽則近繼於元和太和足可使蠢植昭蘇華夷悅服掩神雀黃龍之瑞應河清海晏之期則彼蕞尒叛徒騷然嘯聚偶縱煙塵之患即歸原野之誅佇迴西幸之儀便舉東封之禮臣今者既獲成師以出必能仗義而行跡泛戈舩心馳劒閣冀陳戎捷永賀堯年臨楚水以魂飛朝天可待望秦雲而目極捧日爲期末獲榮列朝班稱慶行在無任抃躍戰懼屛營之至謹奉表陳賀以聞臣某誠歡誠喜頓首頓首謹言

賀通和南蠻表

臣某言臣得進奏院狀報入南蠻通和使劉光裕等迴雲南通和無進獻國信金銀器物疋段香藥馬等者天威遠振星使遄歸化外癡內黠之徒竭奉贄獻琛之禮德既超於萬古恩已洽於四夷臣某誠歡誠抃頓首頓首伏以聖主卜征既以用和爲貴遠人從化自知犯義不祥是得事尚從權德資含垢言皆吝嚮禮不違經且南蠻嘗懷異謀久稔邊患數年猾夏獨虧控北之誠列鎮徵兵驟動征南之役則築壘可

慮怗亂難防今者鳳口銜書纔飛遠地狼心感德永順皇風有以見皇帝陛下法古爲君視人如子以藏疾匿瑕爲妙策以玩兵黷武爲良箴能昭利害之鄉不失羈縻之道遂使要服修貢賓旅歸仁適當多事之秋已見太平之兆則彼驃信實狗封之族尚華昏逆賊巢迺蟻聚之群何難撲滅佇聆大捷永賀中興必可駈堯舜而殿禹湯苑五岳而池四海盛矣美矣念兹在兹臣頃者禦寇交州董戎蜀郡先則展馬援討除之勢後乃設隨何說諭之機仰托皇威粗申將略喜當今日免負初心限守藩條不獲稱慶行在無任賀聖戀恳欣躍屏營之至謹奉表陳賀以聞臣某誠忭誠躍頓首頓首謹言

賀建王除魏博表

臣某言臣得進奏院狀報二月二十二日恩除建王可開府儀同三司兼太保充魏博節度使者維城茂德列土殊勞遠分閫外之憂實表寰中之慶臣某誠歡誠喜頓首頓首臣聆周歌麟趾漢譬犬牙固須地處親賢方得天垂寵寄伏以建王修善爲樂居高不危好書而既擅多才獻表而肯懃求試今以鄴稱上鎮魏有大名將資磐石之宗遂錫分圭之寵豈獨漳濱之俗遠荷恩威永令海內之人皆歌德業臣限守藩鎮不獲稱慶行在無任踴躍屏營之至謹奉表陳賀以聞臣某誠欣誠躍頓首頓首謹言

賀封公主表

臣某言臣得進奏院狀報春去年十月十四日敕旨皇帝第十一妹封遂寧公主長女封唐興公主次女封永平公主待收復京闕備禮册命者芳舒玉葉寵襲金根鬱佳氣於高天振歡聲於率土臣某誠欣誠抃頓首頓首伏以遂寧公主德資元吉考祥於歸妹之占唐興公主永平公主譽洽肅雍稟慶於降嬪之典伴嫦娥於獨月分婺女於雙星秀發青春光浮碧落伏惟皇帝陛下齊家理國恭己敬親流鳳扆之殊恩舉鸞閨之美命猶以暫勞仙蹕未復皇都留其禮於宮闈待成功於干羽捧日而榮滋九族欽風而喜播四方臣限守藩條不獲陪位稱慶行在無任抃蹈聳踊之至謹奉表陳賀以聞臣某誠喜誠躍頓首頓首謹言

賀殺黃巢徒伴表

臣某言臣得進奏院狀報北路軍前定難軍節度使拓跋思恭保大軍節度使東方逵等奏宜君縣南殺

戮逆賊黃巢徒伴二萬餘人生擒三千人并賊将老又鳳翔節度使李昌言奏據知京中賊徒潰散六月十三日皇帝御宣政殿排仗受宰臣及百僚賀禮畢者睿謀遠叶戎捷遄陳開雉扇而儼皇威舉鶯旌而恭列辟天浮喜氣地匝歡聲臣某誠喜誠抃頓首頓首伏以逆賊黃巢嘯聚兇狂偷生晷刻養姦而惟日不足恃暴而謂天可欺敢驅螻蟻之群累拒熊羆之衆孽唯自作罪欲何逃拓跋思恭東方逵等身居重位手握雄師氣吞蠹彼之徒志解赫斯之怒齊驅於六步七步果剗於左之右之戰于野而騰威戎難伏叅拘諸原而騁勇勢若焚枯不唯剥面舂喉乃得連頭係頸况李昌言鎮於岐下伺彼京中識虞譚鷹集之祥辨師曠烏聲之樂遂飛吉語遠達宸聰佇看大戮之期克踐中興之運伏惟聖神聰睿仁哲明孝皇帝陛下財成三極敘叙九疇出震位而臨人方瞻堯日幸坤維而罪已更闡舜風暫勞導養之師遂委仁賢之将既誅逆黨爰列賀筵濯錦江邊已睹霞舒綵伏蒼龍闕下即聆雷振鑾音永清四海之波遍灑九天之澤臣謬操鈇鉞尚黙鼓鼙未唱凱歌唯知抃舞顒彭野之久妨道路怒髮雖衝望秦原而将滅煙塵愁眉已展臣限拘守鎮不獲稱慶行在無任欣抃聳踴屏營之至謹奉表陳賀以聞臣某誠歡誠躍頓首頓首謹言

賀處斬草賊阡能表

臣某言得進奏院狀報西川都将高仁厚部領兵馬收捉草賊阡能已於十月十八日並處置訖二十一日聖駕出羅城北樓宣慰迴戈將士各賜優賞放歸本營者遠耀日旗高張天網梟師已歸於大戮鴻圖永耀於中興臣某誠歡誠抃頓首頓首臣伏以草賊阡能跡陷迷津心辜聖澤短狐捻射人之毒瘈狗喧吠主之聲高仁厚逐惡志雄擒奸氣勇仰資睿略静剗兇徒伏惟皇帝陛下有罪必誅無思不服歌採薇而遣卒念破竹之成功親降如綸之言遍安被練之卒妖氛息而綿山益翠喜氣浮而錦水先春自此遠振軍聲深摧冦黨覆巢而在即迴法駕以何遥臣方事專征先聆吉語限拘藩鎮不獲稱慶行在無任踴躍屏營之至謹奉表陳賀以聞臣某誠歡誠喜頓首頓首謹言

賀收復京闕表

臣某言臣得河中節度使王重榮牒報四月十日當

道與鴈門節度使李克用及都監楊復光下諸都馬軍齊入京城與賊交戰約殺却賊步軍一萬餘人其馬軍賊便走出城往東南路去其賊軍家口錢帛並皆遺下黃巢亦未知存亡其逃遁賊徒尋差兵馬追奔並已收復京闕訖者天威耀武月捷傳聲望宸階而初奏凱歌舉區宇而咸增抃舞臣某誠喜誠躍頓首頓首臣竊窺曩代旁採前經静理邦家必資以殺止殺保安社稷固在雖休勿休是故不得已而用兵無所私而煦物伏惟皇帝陛下纂臨寶位丕闡宏圖匝四溟而不見揚波安九野而皆能偃草而乃逆賊黃巢暗遘邪徑深入禍門久騰吠噪之聲敢恣穿窬之便穢黷宫闕淹延歲時偷安暫戲於鼎中栽暴難逃於机上今者風行睿略雨集王師楊復光任在信臣李克用名爲勇將各思報効競奮驍雄齊心而覆滅梟巢戮力而尅收鳳里賊巢拒輪不暇亂轍潛奔干戈則霽散風飛金帛則塡街塞巷更展逗遛之勢必擒稔惡之徒自此日月重光煙塵永息唯望宸遊之返鴐佇覩盛禮於登封臣職忝董戎功慙徇難雖手無重柄數年勵奮擊之能而耳得嘉聲遠地倍歡呼之功臣限拘藩鎮不獲稱賀行在無任手舞足蹈慶抃屏營之至謹奉表陳賀以聞臣某誠喜誠躍頓首頓首謹言

賀殺黃巢表

臣某言臣得武寧節度使時溥狀報逆賊黃巢尚讓分隊並在東北界於六月十五日行營都將李師悦陳景瑜等於萊蕪縣北大誡羣兇至十七日遂被賊將僞僕射林言梟斬黃巢首級并將徒伴降部下都將李惟政田球等訖其黃巢函首已送行在者聖日重耀狂氛暗銷戎捷超於古今歡聲振於夷夏臣某誠抃誠躍頓首頓首臣伏以歲有四時則秋行肅殺之令武有七德則兵貴禁戢之能是故歲以無相奪而克成兵所不得已而方用自華結繩之政皆勞祝綱之仁賊巢食土懷頑含沙稔毒深犯天紀廣　地突九州則半致侵陵三輔則久經穢黷擢髮而既難數罪眷喉而只待懲姦今者窮寇迴心元兇授首殺傷老少歸附居多有征無戰之言實符王道以静待勞之勢深叶軍機伏惟皇帝陛下運啓中興功資下武睹天鑒而實爲大警聽風謠而非止少康永當銷干戈之鋒便可鑄耒耜之器况迺西山八國數年飽延幸之恩東岳百神終日謁登封之禮佇迎雲馭俯

納巖音臣密通冠戎撫安疆境不暇爭鋒而進實防代祖之譏慭戲犬馬之勞喜睹鯨鯢之戮手舞足蹈魂飛膽揚臣限守藩條不獲奔走稱賀行在無任慶抃兢越之至謹奉表陳賀以聞臣某誠歡誠喜頓首頓首謹言

賀降德音表

臣某言臣得進奏院狀報司天臺奏六月十六日夜太陰虧伏奉六月二十三日德音應三川管内見禁囚徒並宜委所在長吏五日内疎理決遣其京畿四面暴露骸骨宜委諸鎮切准前後勅旨差人收拾埋瘞者望舒匿影曲赦流恩化洽涯尋義資掩骼擁歡聲於蜀壘蕩妖氛於秦川臣某誠抃誠躍頓首頓首

臣伏以日能順晷而照臨不失其所月以順時而盈缺則維其常況當蓂葉初凋桂輪自減兵銷下土非石麟瞻鬬於東陵謫見上天致玉兔暫虧於西沱既同君子之過乃軫聖人之憂伏惟聖神聰睿仁哲明孝皇帝陛下光闡睿圖保寧區宇仁能及遠德以勝妖爰當展義之辰克舉眚災之典慈傷瘦死牢囚免滯於風霜義貫幽魂道殣皆沾於雨露可使涪水耀千年之色巴山呼萬歲之聲道能繼於垂衣法無妨於委轡佇迴巡幸仰賀登封臣限守戎藩不獲稱賀行在無任抃躍屏營之至謹奉表陳賀以聞臣某誠歡誠喜頓首頓首謹言

賀迴鑾日不許進歌樂表

臣某言臣得進奏院狀報伏審勅旨迴鑾日應沿路州縣切不得輒進歌樂及屠殺者聲除飾喜味減鷹珍遠遵罪己之言深播好生之德凡於蠢動孰不歡呼臣某誠抃誠躍頓首頓首伏惟皇帝陛下日月運行雷雨作解體堯舜之理能咸若法禹湯之興必勤焉退庭舞而撤宮懸惡衣服而菲飲食一慈二儉守玄祖之格言沐雨櫛風稟太宗之至訓今則冕旒東顧控挧西移師乙收心無以逞鏗鍧之曲虐丁斂手何由挫觳觫之形義感六牲恩加萬姓則乃蜀山力士既無煩役之虞漢水老人豈有深譏之事帝業永資於下武物情皆慶於中興臣方擁戎旃阻隨仙蹕遙思盛禮空馳拱北之誠願報深恩但勵鎮南之志無任抃躍屏營之至謹奉表陳賀以聞臣某誠歡誠喜頓首頓首謹言

桂苑筆耕集卷之一

桂苑筆耕集卷之二

謝加太尉表　謝示南蠻通和事宜表
謝立西川築城碑表　謝御製真贊表
謝御札衣襟并國信表　謝訖加侍中表
謝賜宣慰兼加侍中實封表　請巡幸江淮表
請巡幸第二表　讓官請致仕表

謝加太尉表

臣某言今月某日宣慰使供奉官嚴遵美至奉宣聖旨慰諭臣及將校等并賜臣勑書手詔各一封加臣檢校太尉依前充淮南節度使兼東面都統者仰窺鳳詔謂對龍顏寵榮極而何力負山戰灼深而自容無地臣某誠抃誠感頓首頓首臣伏以大司馬之威權百官所仰上將軍之法令十道皆遵豈唯整戢五兵實在諧和七政況當今日宜屬全材如臣者德之潤身智虧周物於儒則筆慙五色在武則劒敵一夫但以荷寵天庭分憂水國擁旄重寄榮冠絶於一時伏鉞專征異折衝於萬里幸逢聖鑒得盡忠誠今者已率雄師將誅巨猾征旗指路遠趍堯日之光戰艦凌波方託舜風之力豈期王人遠降帝命俄臨奬其外鎮之微勞授以上司之劇任未著緇衣之美旋叨錦被之榮況乃兼制利權廣潤軍食瑞節不移於南兗兵符亦綰於東陸將何異能勝此寵寄謹當氷為夕飯蘖作朝飡褰帷則面撫烝黎建旆則身先士卒群寇既蝟毛而起偶恣侜張諸侯必馬首是瞻共成剪滅唯力斯視何必自安必也臨亂忘身見危致命仰觧焦勞之念粗申式遏之功臣既當下瀨屯師佇欲中流設誓枕雕戈而輟寐跡寄轅門瞻帝座以馳誠魂飛輦路未獲稱謝行在無任感恩戀聖抃戰懼之至謹因宣慰使嚴遵美迴附表陳謝以聞臣某誠感誠懼頓首頓首謹言

謝示南蠻通和事宜表

臣某言二月二十六日宣慰使供奉官李從孟至伏奉勑旨入鶴拓使曺嗣王龜年閤門使劉光裕寺迴得驃信表并國信兼布燮揚奇肱與西川節度使書皆備述情誠無不順命其表及書白并荅信物數並令録往此事首末自卿良謀者遠降王言深窺使節跪閱上天之旨坐知外域之心寵飾踰涯憂惶若厲臣某誠抃誠躍頓首頓首臣才非間代智不濟時但以每鎮窮邊粗安荒服免使飽飛飢附欲令前倨後恭頃者忝守成都異申遠略遂憑釋子善諭蒙王仰

禀天威得揚風敎永戢干戈之患俾陳玉帛之儀雖羣議沸騰竟銜鑠金之口而宸衷剸斷早推匪石之心是以暫事西巡或虞南叛爰遣維城貴胄直閤近臣迴聖德以降尊遠傳玄化譯訛言而獻欵偹寫真誠既令抱義戴仁果見奉琛執贄此皆陛下威德臣何力之有焉而迺謂臣有先見之能知未來之事設和鑾之良策偹幸蜀之嚴城倚録勤勞迴垂稱奬睹雕題之章奏書軌既同息猾夏之猜嫌梯航相接驗南脎之贖咎知北極之紓憂雖云五利有餘敢希茂賞唯願四方無事永賛昌期臣限守藩偹不獲稱謝行在無任欣躍感戴兢惕之至謹因供奉官李從孟迴附表陳謝以聞臣某誠惶誠恐頓首頓首謹言

謝立西川築城碑表

臣某言伏奉十一月六日勑旨以臣在任西川節度使日創築羅城昨因有勑嘉奬方進所賜碑詞今已付所司鐫寫建立者一片石文龜初戴立九重天語鳳巳銜来雕銘莫継於色絲龍飾遽超於華衮仰窺恩奬俯抱憂惶臣某誠感誠懼頓首頓首頂者幸蒙三刀久臨孟部遥提一劒得挫蒙兵但以其玉壘可稱金城未設山口則空吞蛮蜑水頭則斜枕獠牂含濼抱谷之形雖云天險比屋連甍之勢實類野居臣是以運度籌謀斟量板築盖從人欲果致子来遂得徒興而草偃川中誠感而土生石上長圍於三十六里高鎮於百千萬年不愧鐵名可將鏵試隼墉烏堞儼若騫飛錦浪綿峯迥然裝飾遂蒙陛下辱褒稱之重許刋勒之榮以爲事實可觀足得詞華不朽臣雖遇泥封激賞豈將油素矜誇非敢彰謙所期避謗今者伏遇皇帝陛下遠巡勝槩親覽微功徵舊賜之碑詞命新鐫之華跡永使卓立琴臺之境平欺劒閣之銘且杜元凱之峴亭無非自衒阮徳規之齊國盖是衆成謾傳身後之虛名豈睹目前之盛事曷若彰毫見奬舉琰斯刋因成下土之功終應上天之意得逢今日别振孫風向非陛下録善恩深酬勞徳厚則何以来有出師之業纂刻叨榮曾無興學之規傳揚竊羨臣限拘鎮守不獲稱謝行在無任感戴欣躍戰懼之至謹奉表陳謝以聞臣某誠惶誠恐頓首頓首謹言

謝賜御製真賛表

臣某言二月二十六日宣慰使供奉官李從孟至伏奉勑旨已令於大慈寺卿真院寫朕真并扈從宰臣等真列卿儀貌俱會此堂今先寄卿真軸并朕親製

贊述賜卿巽表顯恩式彰異禮者銀璫降使玉簡傳
詞受宣而頂踵光輝拜賜而神魂驚越臣某誠感誠
懼頓首頓首臣志欽渭訣業鍊北書敢憑涓滴之勞
自安寵寄願掃氛霧之患永竭忠誠遂在先朝便從
戎役南征北伐豈暇寧居東鎮西藩累叨重任遇陛
下龍飛之後委微臣隼擊之能蜀國防虞則粗申遠
略楚宮捍寇則偶遂良機旋令移節於海門復許建
牙於淮甸是以常拘戎閫未覲宸階唯披天上之詔
書似睹日中之玉宇空增戀闕莫遂歸期頃者虔託
仁祠爲留慶貿豈致去思於舊鎮唯懇取笑於空門
伏遇陛下展義陳詩停鑾駐蹕遂徵繪事俾寫聖容
其於侍從之臣宜居左右豈料孱微之質得淍丹青
愧無鷟領之姿永侍龍顏之側況蒙宸襟顧矚御筆
贊揚高題而素壁爭輝卓立而浮埃不染然後遠飛
寵詔特遣貴臣乍捧絲戕驟竊游揚之譽初開寶軸
深驚刻畫之恩窺看而形影自慙感激而肺腸何極
昔漢朝中興聖帝下念功臣列形像於禁宮載勳名
於史筆雖令贊述不自稱揚豈如陛下暫事巡遊迴
垂奬飾別降絲綸之命親編錦繡之詞俾臣位掛於
鳳凰池中名超於麒麟閣上遐尋故實獨荷殊榮有
何出衆之能見此非常之寵所謂千年嘉遇萬代美
譚唯當志勵風霜永驗松筠之不改身霑雨露免憂
蒲柳之先衰臣限守藩條不獲稱謝行在無任感恩
戀聖榮躍兢懼之至謹因供奉官李從孟迴附表陳
謝以聞臣某誠惶誠恐頓首頓首謹言

謝御札衣襟并國信表

臣某言二月二十六日宣慰使李從孟至伏蒙聖恩
別賜臣御札衣襟并御服衫一領龍腦香一金合金
鈒花散梳一口金花銀榼一隻者　窺神筆恩襲御
衣仙香氣撲於鼻根寶器光騰於眼界仰霑寵錫俯
積憂兢臣某誠感誠懼頓首頓首臣每念業紹弓裘
任叨斧鉞誓傾忠節終報聖朝去年親率驍雄頗殲
兇醜旋承綸音已駐舟師既懇叩檝之言徒切枕戈
之望豈期貂冠傳命龍衮裁書辱宣尼一字之褒過
光武十行之詔加以粉分御笥香滿雕奩花鏤乃麗
水之珍雪　透任山之器捧玩而實驚寮吏緘藏而
永耀子孫雖有幸逢時輝榮驟集而無功受賞愧恥
難居徒荷鴻私何申豹略身依楚水未陳告捷之書
目斷蜀天但灑感恩之淚臣限守藩鎮不獲稱謝行
在無任荷戴激切榮抃兢懼之至謹因供奉官李從

孟迴附表陳謝以聞臣某誠惶誠恐頓首頓首謹言

謝加侍中表

臣某言臣伏奉去年十一月十一日恩制加授臣侍中依前淮南節度使階勳封並如故仍加食實封一百户者有命自天處身無地感深以泣龍極而驚臣誠抃誠懼頓首頓首伏以黜陟分科聖君至教行藏守道達士良規慮受爵以斯亡在持盈而不殆臣自提攉莞便遇兵戈郡邑為征戰之場山海足逋逃之藪既難聚利莫遂成功況乃權有他門刃無餘地動見越庖代祖無非避柱觸楹遂虧漕輓之程僅壞銅鹽之法伏蒙皇帝陛下俯詳直道不寘嚴誅選用良才改移重務而乃察臣在公之節念臣戀主之誠重委將壇更增封邑恕之一時之秀許攀七葉之榮唯慮慙卿或譏竊位然臣今所以自賀者三朝獨立七鎮榮遷每當拜爵王庭不省謝恩私室以茲勵己永免愧人謹當激發壯圖殲夷窮寇粗息四方之患仰寬萬乘之憂臣限守藩條不獲稱謝行在感恩戰灼屏營之至謹奉表陳謝以聞臣某誠慙誠懼頓首頓首謹言

謝加侍中兼實封表

臣某言六月十六日供奉官劉叔齊至奉宣聖旨慰諭臣及將校并賜臣勑書手詔各一封官告一通就加臣侍中仍加食實封一百戶餘如故者自天降命無地安身啓鳳詔而魂驚對貂冠而股慄臣某誠感誠懼頓首頓首臣早因薄效每忝殊榮勤王而素乏實勤受爵而但多虛受負山寡力臨谷戒心況自戎馬生郊陣蛇出穴妖氛蔽闕法駕省方臣久鎮雄藩嘗提重柄一無成績兩拜龍章前者以上將軍為大司馬今則兼納言之任加真食之榮累年虧橫草之功終日抱伐檀之恥且易曰或錫鞶帶終朝三褫之詩云受爵不讓至于己斯亡遍覽格言是懲貪祿不能報國苟欲榮家臣實何心有靦于目但遇王人遠降聖澤傍流仰睹綸音深嘉秖攺以為師徒輯目黎庶安寧俯念忠誠特行懋賞臣也方寸之地可倚咫尺之顏不違豈敢矯俗陳情飾詞讓爵難效一辭而退唯期三命益恭既除勞力於利權終願勵心於閫寄臣伏限守藩不獲奔赴行在稱謝無任感恩戀聖戰汗屏營之至謹附供奉官劉叔齊奉表陳謝以聞臣某誠惶誠戀頓首頓首謹言

請巡幸江淮表

臣某言伏以舜伐有苗修德而終能率服湯征自葛
行恳而競望來蘇斯皆今古之美譚實乃帝王之盛
事固敢蹈天負責向日裁誠仰陳利害之端冀副華
夷之望不量狂瞽遠黷聖聰臣某誠惶誠懼頓首頓
首臣聞日月以運行爲德永麗于天江河以委輸是
期必朝于海上能昭其煦育下方遂於通流況乃天
災非人力能除地分有兵戎不起將獻永安之兆輒
陳可復之詞伏自寇陷上京兵徵外鎮猛銳始從於
鶴列旋致徒歸碩兇尚固於蟻封難成盡殪臣豈唯
投袂實至銜冠昨率舟師暫屯江次必欲朝離楚岸
暮及漢濱旗張商嶺之風劍拂秦川之霧願言薄伐
冀效微勞尋蒙陛下遠許分憂不令離任臣進退惟
命始終無虧寧招曠職之譏敢涉爭功之責又緣淮
海乍息烟塵忽若去兵必當致寇則洒江南沃壤盡
成蠶食之資淮北強鄰暗展鯨吞之勢興賦既無所
倚單頓將必屢空是以仰奉勑書已班師旅四境之
赤眉歸伏八州之黠首謐寧遍布皇恩粗申將略然
而關中縱敵閫外偷安既乖踊躍以事先每切忸怩
於顏厚伏惟皇帝陛下省方展義駐蹕經時龜城壯
麗之形金湯雖固鳳輦巡遊之費桂玉可虞況舊謂

西川富強秪因北路商旅託其茶利賂彼軍儲今則
諸道發表章則半載始迴徵貢獻則經年未達實緣
道路遼敻無值干戈阻艱值剽掠者斯多至行朝者
甚少加以傭雇所費耗蠹不輕每當水運陸般只可
率鍾致石以此征稅則漸成抗弊軍兵則未遂飫饒
伏慮扈從實繁宴犒仍廣盡搜資於三蜀難濟用於
百司苟興旰食之憂實慊庶寮之望又以蜀川僻居
邛棘　人密通蠻戎虺毒潛吹獸心難測儻或乘虛
犯境率衆渡瀘六軍之熊豹騰威縱能制敵八詔之
豺狼作暴不免喧驚事可酌於將來禍須防於未兆
伏惟陛下覽臣忠懇察臣直言暫迴西幸之儀更舉
南巡之禮使處處息後予之怨人人安戀主之心天
下幸甚天下幸甚且如遠狩河陽僞遊雲夢將興霸
王術順權宜況江淮爲富庶之鄉吳楚乃繁華之地
陛下九年理國四海爲家豈比周之東遷非擬晉之
南渡賊巢蔑在久聚殲黷難除縱使收城未宜迴駕
豈如揚都粤壤桂苑名區四夷之賓易朝天九牧之
貢無虛月伏乞陛下俯迴鳳扆略泛龍舟必想山靈
卷三峽之風水伯寢九江之浪遐尋禹跡允叶堯巡
昔也日耀錦川天不傾於西北今則風行澤國地無

缺於東南然後發使請宮舉章司隸振盛儀於歸闕告休績於登封臣雖識昧變通而志勤匡濟敢憑草奏輒貢管窺無任戀聖感恩戰越屏營之至謹奉表陳請以聞臣某誠惶誠懼頓首頓首謹言

第二表

臣某言聞聖人能以天下為一家以中國為一人者必關於其義達於其患然後能為之臣遂自前年繼陳短識請移車駕巡幸江淮討貸於避險就安事叶於暫勞永樂未迴聖鑒再獻瞽言臣某誠懇誠懼頓首頓首臣尚阻擒奸敢言伐善然但顧愚夫之一得難追賢者之三思臣頃鎮成都偶諧遠慮克符天意亟就土功別營雉堞之雄規永壯龜城之峻境爰憑釋子善誘蒙王果悛倔強之慾便付懷柔之信皆資帝力能肅物心伏遇陛下遠耀珠旗高臨玉壘樂降絲綸之旨深嘉毫髮之勞謂臣有先見之機念臣以至誠所感仰銜睿奬倍激忠誠然則當年已往之功粗成籌畫今日未來之事竊有管窺苟或緘辭則為負德不辭鼎鑊輒貢芻蕘臣近者俯察時情仰瞻乾象荊州道路群寇將侵蜀國封疆微災似起儻或未收鳳闕尚駐鑾輿忽有妖氣潛與近境必恐烏合蚕食之徒占據江陵把斷峽路則列鎮貢賦無計流通行在詔書亦難傳降若見東西阻絕固當遐邇動搖伏惟陛下斷自宸衷斥其橫議念江淮之進獻遠誘多虞察鑾延之奸宄乘虛可懼早移仙蹕直幸揚都識星辰交錯之災叶日月運行之理則乃九州斧鉞討伐而齊願風馳四海梯航奉贄而必能雲集感美美矣念茲在茲且逆賊黃巢久黷皇居多成穢跡直到虎收之後須勞繕葺之功更俟二三年之間可興千萬世之業慮不先定事難速成伏乞陛下覽竭節之言聞隨時之義俯從衷懇暫事宸遊天下幸甚天下幸甚臣粗識古今略詳利害自非激以為智豈敢知而不言謹奉表陳請以聞臣某誠惶誠懼頓首頓首謹言

讓官請致仕表

臣言臣伏以聖君御宇必先塞彼倖門良士省躬唯慮妨其賢路苟速官謗是辜主恩況臣關中無定難之勳閫外乏分憂之效強欲晏安寵祿其如玷說刑章永言量力而行固在奉身以退既知無隱寧避有辭臣某誠懇誠懼頓首頓首臣少勵琢磨晚師擒縱不以一經介意粗於三略留心願紹家勳免虧堂搆

先皇帝念臣孤直試以諸難出分大將之威權坐受
上卿之爵秩故得內稟聿修之訓外伸式遏之能壯
掃虜庭則胡雛不敢南牧南請𤄊海則蠻諜無由壯
窺及覩彤墀暫司緹綺俄屬齊郊聚孽鉅野興師臣
也不才謬膺斯任伏遇皇帝陛下纂臨宸極警諭我
藩舉鉞以分勞聽鼓鼙而軫念謂臣有戢兵之奇
略察臣立降寇之微勞遂令位假中台名編外相夢
想既通於鳳沼威稜益峻於龍旌其後瀘水波驚蜀
山霧暗久念雕題之患遍流黥首之灾又蒙命臣曰
俞爲帥於彼爰遵薄伐得解倒懸豈敢貪天之功頗
銘鍾鼎秪能因地之利別建溝隍伏蒙陛下俯獎忠
誠特行懋賞開國授周司徒之貴立家紹漢丞相之
榮臣此時早誡持盈輒思請老必願告休錦里退隱
羅浮不料壠上耕夫盡解揭竿斬木草間惡子競謀
蟻聚蜂飛當荆門失守之時乃楚塞宿兵之際忝趨
戎旆無縮牢盆僶俛而未能報恩駈馳而何敢言病
或揳揄磨牙於原野或鯨鯢噴毒於江湖尋提招討
之權來撫句吴之俗遠憑睿略深推群兇洎解印海
門建牙雄甸上將軍之劇任首冠列藩大司馬之雄
資先沾宥禮揣頂踵而偏濡雨露扼咽喉而莫效涓

埃且自黃冦憑陵翠華巡狩仰天誓力竊嘗服王導
之言終日痛心何止洒袁安之淚及至成軍已出又
緣奉詔却迴行藏雖順於綸詞進退實慙於物論遂
見時逋興壯林戎役周寶致南鄰責言王每慮於俱
焚金亦憂於衆鑠幸蒙陛下涵之以海量炤之以天
光如見肺腸得保首領然臣也先軫以直言逞志曹
植以深過責躬則二年忝都統之名不能誅奸戮暴
四載主銅鹽之務不能富國贍軍是以兵權則屢見
改移利柄則變為分割凡此辱君之命莫非職臣之
由臣猶自知况在陛下擢髮而既難數罪乞骸而誰
顧辭榮今者大憝奔赴上京克復氛祲即當殄滅寰
區永見廓清臣有忝登壇無能報國行當耆齒居亦
胡顏兼以頃鎮蠻陬久棲瘴嶺蒙犯其妖烟毒霧剋
除其封豕長蛇當年而靡憚勤劬晚歲而皆成疾疹
不將筋力為禮既載前經苟或身心自儺難逃後患
雖思強飯實愧素餐廣陵為楚澤上游醴府乃漢朝
大任以臣衰老當此重難必恐終無所成遂希不可
則止伏惟皇帝陛下知人為哲多士以寧遴英才而
代處是邦俾微臣而退居散地闔於菟之迹富固是
忠貞王內史之辭官誠非矯飾幸遇舜風無外漢日

再中陛下既已除旰食之憂微臣亦希免夜行不息
臣無任望恩戀聖懇迫兢灼之至謹奉表陳請以聞
臣某誠惑誠懼頓首頓首謹言

桂苑筆耕集卷之二

桂苑筆耕集卷之三

謝詔狀　謝詔示權令鄭相充都統狀
謝宣慰狀　謝詔獎飾進奉狀
謝詔示徐州事宜狀　謝詔止行墨勑狀
謝郝公甫充監軍手詔狀
謝除鍾傳充江西觀察使狀
謝就加侍中兼實封狀　謝秦彥等正授刺史狀

謝詔狀

右臣伏奉四月十日詔旨黃巢兇逆穢黷宮城罪惡貫盈人神共怒尋東兵合勢剪滅元兇想副朕懷已遵道路行聞克復永耀功名者十行天語萬里星飛捧窺而壯膽初驚跪讀而愁眉頓豁竊以黃巢禍心斯極根力既衰肉已太酸果　將落蔕起烟塵之患則歸原野之誅臣每當永夜枕戈早願中流叩檝自啓行十乘已屯駐五旬伏緣江路多虞風波未便暫淹行色用候良時非敢後於遷延但興懷於矍鑠今則仰覩鳳銜之詔況秉隼擊之秋俯勵軍謀仰遵廟筭即與朝離江北暮到漢南長驅背水之師永破滔天之孽率舊義感恩之衆氣已淩雲殄蔵姧匿暴之徒勢如沃雪伏惟陛下歲巡備禮時邁傳歌將示罪

於三危乃宣威於七德臣遠承獎諭誓盡勤勞身暫寄於戈船心每馳於劍閣唯願西都獻捷早申收復之徽功東嶽告成得覩登封之盛事臣無任感激兢懼之至謹奉狀陳謝以聞謹奏

謝詔示權令鄭相充都統狀

右臣伏奉去年九月九日詔旨卿曾聞道獻章諸鎮飛檄便欲長驅甲馬親議專征未即便來須權制置遂命鄭畋等分為京城四面都指揮諸道師徒應卿偶未委知故茲詔示者伏以書曰無偏無黨王化乃興詩云不識不知帝謀是稟況兵當伐叛事合從權臣去年先因淮北侵疆後值江南阻路久屯師旅未遂戰征陛下妙選群才近分重寄鄭畋等莫不身先貔武手運豹韜既當怒髮爭衡固謂賊胥可揕仰酬睿獎竟勵忠誠臣也遠鎮臨戎強隣結憾唯慙曠職豈望成功伏蒙陛下尚念勤勞曲垂慰諭覩上天之慈意解外地之憂深既許將軍獨舉柳營之令終期叛卒必歸竹町之誅臣限守戎藩不獲稱謝行在無任感激戰懼之至謹奉狀陳謝以聞謹奏

謝宣慰狀

右宣慰使供奉官李從孟至伏奉去年九月九日勅書手詔兼宣恩旨慰諭臣及將士等者伏以感恩効命武士常規徒順推兇元戎素分賊巢偶乘奸便尚逭嚴誅臣願擒彼逆鱗窮其邪膽掃重氛於魏闕迎法駕於蜀都是以去年據馬援之鞍敢矜獨勇扶辛毗之鉞親率諸軍久在江干再承天旨不令離任遂已班師豈料伏蒙陛下念及老臣撫茲衆率特迂星使遠降泥封綸傳萬乘之言纖微不間纊被百夫之體煦暖皆均歡呼而聲已振雷感泣而淚將成雨唯期勵節共願報恩臣限守藩條不獲稱謝行在臣無任感戴榮抃戰懼之至謹因供奉官李從孟迴奉狀陳謝以聞謹奏

謝詔獎飾進奉狀

進奏院遞到恩賜手詔一封

右臣伏奉詔旨以臣先　供軍應接使駱潛等進奉銀事特賜獎飾者伏以效功示賞乃聖主之異恩需物輸誠固藩臣之常事但屬敵滋隣境遐阻道途運綱而既闕先登贄禮而僅倖錫貢早成　滯況波斯微是以雖憑孱水之殊難逭涂山之罪豈料鴻毛比價方申懇悃之心鳳口銜書遠降褒稱之旨感激而懷榮為懼端循而報德何期臣限守藩條不獲稱謝行

在無任荷恩戀聖屛營之至謹奉狀陳謝以聞謹奏

謝詔示徐州事宜狀

右臣先奉詔旨據時溥奏卿本道差兵侵境殺傷令務止遏者臣遂具時溥誣謗事由申奏伏奉二月二十五日詔旨今則寇孽不日勦除藩方務息爭競所宜和叶各保封疆者臣伏以天德旣高側管者固難窺測日恩至廣戴盆者自阻照臨是以遠竭愚誠動違聖慮時溥旣銜膚獎得縱兵威早成熊據之謀更展鯨吞之勢累興師旅來犯封疆焚郭邑於山陽掠資財於淮上臣遂令捍禦略挫兇狂而乃時溥奸計已成根株巧言頗有枝葉不思已過敢惑宸聰今者再奉絲綸仰遵徽纆唯期寬則得衆粗可和而不同臣分閫無功戢兵爲務至於草寇猶許歸降況是隣藩豈謀侵擾彼無此詐此無彼虞臣限拘鎭守不獲稱謝行在無任感激屛營之至謹奉狀陳謝以聞謹奏

謝詔止行墨勅狀

右臣伏奉詔旨去春權降詔命許諸道承制除官已兩度降勅止絶自今後凡有要甄奬者並於急遞奏聞不得更議承制者臣伏以漢朝鄧禹始啓倖門魏室曹瞞敢專重柄欲歛於自家刑國所惜者唯器與名伏遇陛下遠事宸遊慮防爵賞遂降無私之澤遍賫諸道之權不料人人而競弄筆端處處而皆誇墨勅長蛇封豕猶逞暴於神州狗尾羊頭巳成群於列鎭臣前年雖奉詔旨未欲施行却緣親率軍兵遠期征討此時久屯南浦將涉西江忽被鎭海節度使周寶欲惑軍情潛施巧計便以無功將吏悉皆超授官榮臣所領士卒旣多將校不少彼安坐者猶爲甄奬此遠行者豈免怨嗟遞口聲傳從頭憤激臣若不依周寶必恐事生遂准詔書得行軍賞已曾一一具事由申奏訖自奉前年十一月一日勅旨仰遵成命靜守常規至於近日所招賊徒只與往時先賜官告曾無僭越豈可隱藏今者外將忠誠永當無二大君善敎已至再三泣告而天何未聆憂懷而地謂可入臣限拘藩鎭不獲稱謝行在無任戰越屛營之至謹奉狀陳謝以聞謹奏

謝郗公甫充監軍手詔狀

伏奉某月日勅書手詔各一封

右新授當道監軍郗公甫四月十日到伏蒙聖恩賜臣勅書手詔撫慰喻臣及將校等九天降詔萬里宣

恩柳營之列將歡呼桂苑之群寮感泣伏以鄰公甫
素懷材略久撫軍戎漢南之職業可觀江北之物情
獲頓既見寬能得衆必令師克在和臣仰窺五色之
書俯慰三竹之士喜氣高侵於畏日歡聲遠振於薰
風臣與將校等無任感恩激切榮抃屛營之至謹奉
狀陳謝以聞謹奏

謝除鍾傳充江西觀察使狀

右臣先奏請授鍾傳江西觀察使其高茂卿乞别除
廉鎮伏奉七月五日詔旨允許特賜奬飾者天從素
望風遞仙音既諧舉善之誠實叶分憂之寄伏以鍾
傳比從屬郡來援府城撫綏而使洽衆情禦備而能
成遠略高茂卿既多梗阻不免徊翔固難掉鞅而旋
豈許垂櫜而入臣以戒之在鬬事可從權遂具奏論
輒陳利害不料一言之善遽得動天終令二將之才
皆榮列土鍾陵江徼銅柱海隅政成而必有可觀恩
重而各得其所臣限拘鎮守不獲稱謝行在無任感
激競灼之至謹奉狀陳謝以聞謹奏

謝就加侍中兼實封狀

右臣得進奏院狀報伏奉某月日恩制加授臣侍中
餘並如故仍加食實封一百户者九重降命萬里傳
聲側聆雨踊躍忘疲内揣而怔忪失措伏以納言進
秩領邑賞功固須德望鎮時仍有勳勞濟物然後方
可謂君無虚授臣無虚受如臣者謬提旄鉞免墜弓
裘空有志於四方竟無能於一割況自群兇蝟結戰
陣蛇奔狂鮮久戲於鼎中聖駕遠巡於劒外臣也動
不能剗烟塵之患静不能贍山海之資遂蒙改易兵
權分張榷課雖值盤根錯節其如有斧無柯安邦之
計策何成富國之機謀莫就唯甘黜爵以警慢官豈
期陛下恩洽無偏義深宥過特超衆例許賤高資印
標石鵲之祥早慙不次冠聳金貂之飾愈覺非宜況
叨真食之榮實愧素餐之咎但爲狼星未滅鯨浪猶
翻方期抗旆以專征不敢懸車而請老謹當訓兵是
務殄寇爲期粗申武弁之威仰報彤門之賞臣限守
藩鎮不獲稱謝行在無任感恩戀聖戰汗屛營之至
謹奉狀陳謝以聞謹奏

謝秦彦等正授刺史狀　新授和州刺史秦彦
新授滁州刺史許勍

右件官臣先奏請各授管内刺史今月某日得進奏
院狀報伏奉某月日勅旨允許者九天降寵兩地分
榮觀隣將之懷恩喜元戎之獲請伏以秦彦等比者

為梟為獍雖虺維蛇久流螌蠹之災未有誅鋤之便
臣偶令招諭旋自歸投遂假分符皆能守節誠宜獎
勸輒具奏論今者聖澤濡枯皇風盪垢纔擲黃巾之
飾許登皂蓋之資秦彥等既荷新恩永除舊惡必也
蚩榮建隼八効懸魚學其守土之規贖彼滔天之罪
臣限拘藩鎮不獲稱謝行在無任抃戴兢灼之至謹
奉狀陳謝以聞謹奏

桂苑筆耕集卷之三

桂苑筆耕集卷之四　奏狀十首

奏請從事官狀　奏請僧弘鼎充僧正狀
謝弘鼎充僧正狀　謝除姪男瓌授彭州九隴縣令狀
謝弟棁再除綿州刺史狀
謝姪男弘約改名濟除授揚州左司馬狀
奏請姪男勍轉官狀　奏請歸順軍孫端狀
奏李楷巳下叅軍縣尉等狀
奏請楊行敏知廬州狀

奏請從事官狀

營田判官將仕郎殿中侍御史內供奉賜緋魚袋宋絢
右件官相門傳慶詞苑成名退居安東郭之貧就養
奉南陵之詠自忝戎幕備見良籌佐理而星霜屢遷
清勤而風雨不改久稗重任敢覬殊榮伏請轉官改
章服依前充職

攝鹽鐵巡官朝議郎守京兆府咸陽縣尉柱國高彥休
右前件官訓稟儒宗才兼吏術王幾結綬早見勤勞
賓席曳裾頗多婉畫望憑基臺之清秩助推筦之重權
伏請轉官依前充職　以前件狀如前伏以臣子之
所以立身者以孝以忠慎終如始若遂榮親之望必
勤事主之誠且如擇隣卜居斷織勵學至于成立色

養無虧能報慈母之恩則宋鈞有焉又如教以義方
退而學禮至于仕宦力行有規能遵嚴父之訓則彥
休有焉臣是以久籍謨猷仍嘉德行事堪勵俗志切
薦賢伏惟皇帝陛下思流域中孝理天下特迴睿獎
許假賓輿令修已從知晝以歡親務本干黷宸扆無
任兢惶謹錄奏聞伏聽敕旨

奏請僧弘鼎充管内僧正狀

右件僧跡洗四流心拘八政演法於有緣之衆致功
於無　之言伏自翠華遠省於風謡丹詔優徵於月
捷亮羅來誠鏡樵獨勤弘鼎常令僧三十人晝夜轉
念功德兼闡覺道教化闔城所願早覆梟巢使迴鸞
駕輦不關於至理實自發於精誠兼緣當道屬郡既
多仁祠不少香無綱領難肅緇流伏乞聖慈俯詳所
請許充當道管内僧正仍賜紫衣所冀身掛金襴逞
養鷹之雋氣手持玉柄制醉象之狂徒謹緣奏聞伏
聽敕旨

謝許弘鼎充僧正狀

右件僧臣先具狀申奏請充當道管内僧正仍賜紫
衣伏奉敕旨依允者伏以弘鼎久勤轉念輒具薦論
能資十地之因遽荷九天之寵元戎獲請喜三教之
並行法侶歡呼驚一佛之或出唯冀永持功德上報
慈悲苟不能盪盡火宅之餘災則何以稱水田之華服
必可潛燃慧炬助滅妖氛臣限守藩條不獲陳謝行
在無任感戴兢灼之至謹奉狀陳謝以聞謹奏

謝除姪瓊官狀

前守京兆府鄠縣尉高　瓊

右件官是臣姪男令得進奏院狀報伏蒙敕旨除授
彭州九隴縣令仍賜緋魚袋者伏以高瓊早乏藝能
忝從祿仕佐理未閑於吏道列官已陟於王畿昨者
背秦嶺而脫烟塵面蜀川而就雲日雖有心於葵藿
且無托於萍蓬豈料不由薦論便賜超擢纔拋黃綬
遽沾墨綬之榮始佩銅章又竊銀章之貴況乃濛陽
屬邑孟部名區正當巡幸之邦實謂來蘇之地豈伊
殘劣能此勝當臣也必令行慎履氷坐勤飲水勉追
芳於花縣無致辱於竹林臣限守戎藩不獲稱謝天
庭無任感恩戰懼之至謹奉狀陳謝以聞謹奏

謝弟再除綿州刺史

綿州刺史高柷

右件官是臣堂弟令得進奏院狀報奉某月某日恩
制除授金吾將軍被軍州官衆狀舉留續准敕旨依

前授綿州刺史者恩資鳳扆喜集鴒原形影光輝精魂震越伏以高枧早徙稆履免墜箕裘既懸報主之誠得習牧人之術昨者忝膺寵寄粗舉政條銀水金山曹無自潤帶牛佩犢或有可觀振家聲廉慎之名致郡俗舉留之請况乃秩假帝之喉舌官登王之爪牙仕宦既榮分憂又重枧也必遵勗勵更慎撫綏不辜署劍之恩以謝擁轅之衆臣亦申教誨俾贖貪叨俱在朝之盛儀雖慙前哲各為郡之倩譽可畏後生共賚綽綽之詩冀播優優之政臣限拘藩鎮不獲稱謝行在無任感恩抃躍之至謹奉狀陳謝謹奏

謝姪男弘約改名濟除授揚州大都府左司馬狀

朝散大夫前行閬州上元縣令柱國高弘約

右件官是臣姪男先具奏請除授揚州司馬并請改名濟伏奉勅旨依允者九天渥澤萬里塗程沐恩命於堯階泛光輝於阮巷負山既重臨谷何安臣以高濟早列官裳頗聞吏術建業字人之政曾有微功惟揚典午之資敢希薄授始陳丹青驟竊殊榮濟也譽雖讓於王睎名不慙於程昱聖君如父照臨實表於無偏猶子比兒訓勵必遵於匪懈俾申勤效少贖貪叨臣限守藩條不獲稱謝行在無任感恩激切兢灼之至謹奉狀陳謝以聞謹奏

奏請姪男劭轉官狀

前鄂州都團練副使朝議郎檢校祠部郎中

兼侍御史柱國賜緋魚袋高劭

右件官是臣親姪男粗詳吏術早忝官裳始佐理於江陽旋從知於寒壤實得片言以折獄未嘗枉道而事人遂荷寵榮已登班列屢叨命服久倅廉車古當冤益喧驚亦有籌謀施展加以每遵家法願報國恩宗族稱孝悌之名僚友許溫恭之行臣是以輒思內舉敢具上陳引以進之守戴禮之深義惟善所舉憑會書之美譚伏乞聖慈俯鑑忠懇特賜除授峽內刺史劭也必能勵心從政常銘馬援之言竭力分憂不負謝安之舉干黷宸扆無任兢惶謹錄奏聞伏聽勅旨

奏薦歸順軍孫端狀

歸順軍都知兵馬使銀青光祿大夫檢校國

子祭酒兼左武衛將軍御史中丞上柱國孫端

右件官巢鳥知風園葵向日能投善教永戢姦圖既悛抗斧之心可在執殳之列仰希甄奨輒具奏論伏乞聖慈特授一官勒在軍前驅使冀奉感恩之衆永

除𢾆惡之徒謹録奏聞伏聽勅旨

奏李楷已下叅軍等狀

以前件狀如前伏以臣當府淮海奥區州縣多事永言屬吏實藉得人每憂輿賦闕懸漸難責辦若侯銓衡注擬恐失舉賢前件官等皆爲君子儒有古人志學優則仕既知祿在其中見善若驚不愧藝成而下可以叅臣軍事可以代臣邑僚試假銖負願彰殊效況抱班衣之樂異攀黃綬之榮伏乞聖慈允臣所請干冒宸鑒無任兢惶謹録奏聞伏聽勅旨

奏揚行敏知廬州軍州事

右臣伏以武士所先惟忠與勇忠勇兼著行敏有之自假郡符能勤到鋭旅有爭先之志齊毗無背怨之詞蓋乃訓鍊齊戎撫綏周室在於巡屬實越輩流累具奏論請賜正授伏慮道塗艱阻未達宸聰每藉幹能再陳薦舉永言成績可使頒條伏乞聖慈特賜允許干黷宸鑒無任兢惶謹録奏聞伏聽勅旨

桂苑筆耕集卷之四

桂苑筆耕集卷之五

奏狀十首

奏誘降黃巢下賊將成令瓌狀

奏誘降福建道草賊狀

奏姪幼華州失守請行軍令狀

奏論天征軍任從海等衣糧狀

奏論抽發兵士狀　奏請叛將鹿晏弘授興元狀

進金銀器物狀　進漆器狀

進御衣段狀　進綾綃錦狀

奏誘降成令瓌

草賊黃巢下壁隊賊將成令瓌徒伴四萬人

馬軍七千騎

右件賊徒元受黃巢指使占據潼關尋自壁隊奔逃所在燒劫就中蘄黃管内最甚傷殘臣伏以肅齊王者之師必期無戰尊奉聖君之德可恕有瑕暫緩討除先加告諭臣昨者專差押衙丁威賫委曲深入招誘果願歸降兼乞委任郡符展效忠節其成令瓌臣當時補充軍前押衙兼給功名檢校國子祭酒兼御史中丞官告一通權知楚州軍州事以今月二十三日部領手下兵士到楚州倒戈訖伏緣楚州與徐州連水對岸今春曾被寇戎驟來攻刼雖頻討逐未盡

誅擒况漣水賊徒久蓄姦謀潛行偵諜常排戰艦欺
視孤城再欲奔衝終為患害臣以此特將此郡權授
令瓌既能投信義而來必得破頑兇之窟臣久臨戎事
素習軍謀以為患而後則誅兵家所貴遠者懷而近
者悅帝道方興上窺含垢之恩下察纂鞶之志不勞
寸刃唯假尺書成令瓌遂革野心能從天意叛徒四
萬盡為樂業之齊人精騎七千皆作輸忠之烈士既
當恕罪倍見感恩蜂飛之小寇旋銷蝟結之元兇可
殄斯乃陛下祝除三綱舞耀兩階信既洽於豚魚化
能移於梟獍善師不陣敢矜止殺之權至道無私但
仰好生之德其成令瓌下願在軍門及放散人數請
續具申奏謹錄奏聞謹奏

奏招降福建道草賊狀

福建道溪洞草賊何嶠張延鄂瓌悚等徒伴

共八萬人

右件賊徒自去年冬侵刼信州界内臣以其道途阻
閡溪洞險巇若欲討除恐為勞役遂於今年二月内
差節度衙推諸葛成充東面招諭使判官便賫委曲
職牒招誘其賊首何嶠等三人雖行匪有師而卜能
從吉一時應響三窟除姦纔當言下歸投無乞軍前
展效臣　　委曲補職名追赴軍前俾申忠節臣伏
以小人興叛所迷者貪競之心上帝垂恩所惡者殺
傷之事終能燿德固可弭兵與其繼獻捷書曷若盡
收降款是以遠飛折簡便倒群戈塵不假於曳柴風
自行於偃草溪頭洞口免污煙霞閩嶺鄱江豁通道
路况乃各期後效盡願前驅能令八萬餘人永不二
三其意有以見陛下皇威天覆玄德日新四郊之煙
壘將銷萬國之梯航競集則乃軍中士卒安身而永
別戰場宇内生靈攜手而齊登壽域臣無任歌詠屏
營之至其何嶠等下補職名願隨臣征行及放散人
數請續具申奏謹錄奏聞謹奏

奏姪男勍華州失守請行軍令狀

具銜高勍

右臣伏以債軍之將禮所興譏大義滅親傳曾垂訓
將肅安危之本必嚴賞罰之科竊自巨猾增驕王師
致討臣堂姪男勍比在河中司錄得受李　都指揮
領昭義之甲兵收華州之城邑稍申鷹犬之力暫挂
梟狼之聲巳蒙特降殊恩俯旌微效服榮金紫位忝
星郎始離蒲坂之具寮遽假蓮峯之通守誠合率忠
勵勇皷醜摧兇禀進尺退寸之規决萬死一生之計

終申誠節仰報龍光耶者狂孽併來疲兵再戰既絕安西之救難申逐北之威然而不能潤草塗原永慁苟活仰使靡旗亂轍旋見膩歸致諸道之星分縱姦徒之霧結職此之過罪無所逃豈可當二峯保守之時遽沾龍賞及一陣奔亡之後得免誅夷國有常刑軍無貸法懲一勸百念茲在茲伏乞聖恩特行嚴典徇于藩鎮警彼師徒所冀國章永能安於社稷微臣家法亦不昧於神祇干冒宸聰無任責躬泣血戰越之至謹奉狀陳請以聞謹奏

奏請天征軍任從海衣糧狀

天征軍都將任從海及節級軍將并官健摠二百八十七人

右臣得都將任從海及節級狀稱自赴征行已逾五載累曾沿海襲賊上江防虞去年軍都放迴本道從海等且在當府願隨行營者各得家信知西川已停衣粮伏緣從海等皆是貧寒更無營業彼處父母親屬便須委壑塡溝請具奏論乞還衣粮者謹按史記釋云天子車駕所至則人臣爲僥幸賜人爵有級數或賜田租之半故因謂之幸也伏以任從海等萬里從戎五年于役不辭艱險願盡勤勞今者身在東吳職居西蜀此方苦於羈旅彼已停其衣粮遠路音書難傳征人之恨貧家親戚先懷餓殍之憂伏遇陛下暫幸龜城未迴龍闕三川草木别有光榮萬户孫黎永能蘇息而任從海等久離本鎮不睹殊恩望雨露之均沾恨烟波之迥隔固堪傷惘輒具奏論伏乞聖慈允臣所請特令本道却給全糧所冀鳳駕巡遊士卒皆知其有幸鴻慈煦育君親必表於無私謹具錄奏聞伏聽勅旨

奏論抽發兵士狀

當道先准詔旨抽廬壽滁和等州兵馬共二萬人仍委監軍使押領赴軍前者臣當時已各帖諸州令排比點檢次又得進奏院狀報近奉詔旨更於諸州催促兵士者

右臣伏以兵唯餙怒雖尚勇於戰征師克有和固推誠於輯睦苟非得衆何以成功臣當管廬州與和州舊有雠嫌至今疑忌唯謀以怨報怨未遂知和而和孫端新授滁州又與秦彥有隙既是滁和接境動有他虞若於光蔡會軍必酬舊憾事非便穩理合奏論臣自得招降多方控馭粗能禁戢免有動搖如今各出兵戈必恐自相魚肉輒陳利害與愼始終謹錄奏

聞伏聽勑旨

奏請叛卒鹿晏弘援興元節度使狀

右當道賀正子將許令琮等今月日迴得狀稱三月五日陳許軍潰散節級鹿晏弘領兵馬二萬餘人打破金洋等州突入興元府坐節度使牛朂四日夜領隨從人并家累約二千餘人奔投龍州西山谷者伏以天未悔禍地多受災既當易動難安非可懲一勸百鹿晏弘早驅散卒廣集叛夫始聆焚劫東都旋見奔衝西路本道節度使周岌累令招諭終不歸降豈興破浪之風但熾燎原之火今者逆黨則鯨吞盛府元戎則鼠竄危途爪距已成根株難剗儻或未恕亂常之咎別興伐叛之師即恐終成一秦固應不利三蜀且列藩貢獻諸道表章得達刀州皆由劍路況乃鳳城已復鑾輅將旋縱令鵷鷺在天能摧狡寇若更犲狼當道必礙行宮峽路雖通水程多慮不唯險阻實且遐遙兼至上江皆為賊境唯憂進獻莫遂通流臣久竊寵光深懷驚憤遠詳事意輒具奏陳伏乞聖慈審雷霆之威迴雨露之澤速飛寬大之詔特委撫綏之權鹿晏弘免致麏驚使當豹變必當克己永務安人聖主含弘既宥其窮斯濫矣姦臣警悟亦免於尤而效之謹錄奏聞伏聽勑旨

進金銀器物狀

金器　銀器

右臣伏以煙塵向息道路猶虞每慙仗鉞之榮多曠獻琛之禮得申遠貢唯有輕齎前件金器銀器等質變披沙形分鑄礫雖愧易盈之用且資虛受之功固敢竭航波梯嶮之心助麟趾馬蹄之瑞貢金三品空陳任土之宜望闕九重未遂朝天之願感恩何極戀聖徒勤今差押衙王虔隨狀奉進謹進

進漆器狀

當道造成乾符六年供進漆器一萬五千九百三十五事

右件漆器作非淫巧用得質良冀貲尚儉之規早就惟新之製雖有慙於瓊玉或可代於瑠瓶伏緣道路多虞星霜屢換器貢難通於萬里綱行遂滯於三年既失及時唯憂虛月臣今差押銀青光祿大夫檢校太子賓客兼御史中丞上柱國辛從實押領隨狀奉進謹進

進御衣段狀

當道先兼監織使織造中和四年已前御衣

羅折造布并綾錦等除先進納外續織造九
千六百七十八段謹具如後物色
右臣久權筦貨素乏籌謀多虧山海之資莫報雲天之澤前件御衣并綾錦綺等薄慙蟬翼輕愧鴻毛然而舒張則凍雪交光疊積則餘霞鬬彩既成功於鳳杼希入用於龍衣儉德彌彰致美宜先於黻冕皇恩遠燭輸誠必鑒於絲毫其疋段物等臣謹差某官某押領隨狀奉進謹進

進綾綃錦綺等狀

進奉綾綃錦銀綺等一十萬疋段兩謹具色目如後物色
右臣伏以兵戈充熾郡邑凋殘仰思御輦巡遊唯恨賦輿懸闊況乃當道巡屬之內招降頗多皆請占留將充供贍貴息寇戎之患難豐進獻之儀前件綾綃錦綺等雖製自鴛機而價慙鮫室夏謝八蠶之號劣登三品之名秪將中任土之宜豈足備補天之用輕微既甚隕越何安其疋段物色謹差節度散兵馬使王審球等押領隨狀奉進謹進

桂苑筆耕集卷之五

桂苑筆耕集卷之六

都統巡官侍御史內供奉崔致遠　撰

堂狀十首

賀入蠻使迴狀　賀殺黃巢賊徒狀
賀收復京城狀　賀月蝕德音狀
賀內宴仍給百官料錢狀　請降詔旨指喻兩浙狀
謝加侍中兼實封狀　謝落諸道監鐵使加侍中兼實封狀
謝弟栖再除綿州狀　請轉官從事狀

賀入蠻使迴狀

右臣得進奏院狀報入南蠻通和使劉光裕等迴雲南通和兼進獻國信金銀器物疋段香藥信馬等漢使傳詔則星迴象林蒙王奉琛則雲集龍闕能舉羈縻之術果悛倔強之心若非聖上德叶棄瑕化敷柔遠則何以感鏤耳鏤身之衆啓聰肝瀝膽之誠彼越雉呈祥未爲盛觀旅獒入貢徒見良箴曷若正在艱時能安獷俗使雲南酋長再遵奉贄之儀天下賢良免獻征蠻之策斯皆相公魏絳陳利王商振威已令六詔歸投即使八紘清謐某比者南尋銅柱西鎮劍閣曾施上將之謀免辱大君之命今則遠聆盛事倍切歡心陳賀未由無任欣抃云云

賀殺黃巢賊徒狀

右得進奏院狀報定難軍拓跋相公保大軍東方逵尚書奏於宜君縣南殺戮賊徒并生擒賊將又鳳翔李相公奏探知京中賊徒潰散六月十三日聖上御宣政殿排仗受賀者竊以逆賊黃巢稔惡既多就刑非久敢驅烏合之衆屢拒鷹揚之師拓跋相公東方尚書或力微裔孫或旻倩餘慶皆申秘略共彌兇徒能順天誅遂陳月捷軍名定難雅稱開張之聲縣號宜君克符堯舜之德是以聖上高臨紫極遠耀皇威睹百辟之歡呼雷驚蜀國想六師之勇戰電掃秦川即當靜滅氛霾永見均施渥澤此皆相公調鼎中之味運堂上之兵右援抱而得功左執律而至獻勳切相繼稱慶何窮某久阻淮夷尚淹海徼遠聆捷語但切歡聲然必願翊拂狼星旗迎聖日終繼張飛之拒後不懸聶叔之致師限守戎藩末由陳賀下情無任踴躍之至謹奉狀陳賀謹錄狀上

賀收復京城狀

右得河中節度使王司空牒報四月十日當道與鴈門節度使李僕射及都監楊驃騎下諸道馬軍齊入京城與賊軍交戰約殺賊步軍一萬餘人其馬軍賊便走出城黃巢亦未知存亡其逃遁賊徒尋差兵馬追奔並已收復京闕訖者伏以逆賊黃巢藏姦匿暴惡積禍盈久於輦下偷生固是檻中待死揚驃騎受聖君之重寄李僕射傳飛將之雄名既無慮於二心果有成於一力想其霜鋒電擊月羽風驅壓雀卵之威高燎鴻毛之勢猛遂使賊巢困不能鬪亂無所歸雖滈漏網之鱗已是傷弓之翼則期加顯戮永掃群兇加以熊據六宮豕歷九陌今茲克復免致焚燒佇望翠華便歸丹闕稍路上天之怒實除下土之灾此皆相公靜運廟謨遠揚戎略既叶一匡之妙道壯極何憂將流萬古之美談東封可俟其登壇有忝伏鉞無功遠聽歡聲始除慙色限拘守鎮陳賀末由下情無任抃躍之至謹錄狀上

賀月蝕德音狀

右伏見六月二十六日德音以太陰薄蝕曲赦三川管內囚徒及委諸鎮收拾埋瘞京畿四面暴露骸骨者伏以金精隱耀玉扆垂仁答天誡以震驚省風謠而欽恤圓扉宥罪掃彗銷兇近鄙共齊號御因而肆虐遠遵西伯葬枯骨以施恩蜀山之草木先春秦甸之煙塵永息此皆相公功成燮理道洽變通助日月之光輝振雲雷之號令八方翹首萬彙歡心某跡繫

戎旃心馳台室阻隨班列莫遂歡呼下情無任抃躍之至謹奉狀陳賀謹録狀上

賀内宴仍給百官料錢狀

右得進奏院狀報七月一日於内殿宴百官仍令度支各給三箇月料錢并奉勑旨迴駕之日應沿路州縣切不得輙進歌樂及屠殺者伏以聖上繼周達業避狄興憂自幸成都彌資儉德守玄元之三寶達舜帝之四聰徹彼珍肴掛其素服言唯罪己事不勞人今者已復上京將迴大駕致栢梁之高宴盡醉千鍾鄙鍊布之乏財均頒九府然後繼飛綸輸仍命繡衣制郡邑之嚴科節道途之浮費既施令於好生惡殺亦停歡於八列九成王化斯行物情皆泰此皆相公手攜多士躬賀聖君鴛行賦在鎬之章鳳藻詠濟汾之樂一時盛事萬代美談某限守藩條阻攀仙仗心馳蜀棧目斷堯樽下情無任抃躍之至謹奉狀陳賀謹録狀上

請降詔旨指諭兩浙狀

右先准浙西周相公牒杭州與浙東兵十鬪敵某遂具事由申奏請降詔書速令戢斂伏奉二月二十日詔旨已詔兩浙務在叶和者某當時備録王言各移公牒訖兼先差人賫書牒與劉漢宏尚書詰彼起戎之本諭其繼好之規今得迴書其言不讓唯稱周相公與董昌苟恃寵榮妄行威福虐侵近境阻截通津況有不同國之讎嫌又夫無蘊年之誓約必想見貌而戰猶能首鼠幸生已決加兵終期釋憾然則此無和氣彼有鬪心嘗膽者結怨既深抉眼者遺言可驗必恐以吳與越終當有越無吳實所謂夫差之麋鹿興譏范蠡之鼃䵷得便唯憂黎庶枉見殺傷輙再具狀奏陳請更飛詔止遏某徒圍鏖方納避柱觸搵睪陳高鳳之詞莫解子都之怒且讎因手足疾在腹心久練師徒決期戰伐則也衛緣轉亂鄭蔓難除三人是仇百姓何罪伏惟相公贊成睿略施展廟謀俾陳兩武之事端唯仰一言之恩庇謹録狀上

謝加侍中兼實封狀

右得進奏院狀報伏奉十一月十一日恩制加授侍中仍加食實封一百户者伏以某材輸美箭業紹良弓早勤式遏之規敢怠聿脩之訓遂得一分戎閫七搜師壇提漢法之重權陟秦官之極品恩榮獨盛績効何申況自蠆尾之徒蝟毛而起神州傾陷御輦巡遊不能踴躍用兵有類遷延之役雖進退惟命不敢

爭功而行藏相時豈無懐愧而又積山煑海瓜剖豆
分莫成賤國之權徒竊經邦之位唯甘廢棄永見沉
淪敢期渥澤之無私俯念涓埃之有效許登玉署高
戴金璫仍忝真封式加懋賞且如講能棄席諫切引
裾方升鴦鷺之榮俾稱鳳池之望豈伊孱劣所可貪
叨此皆相公仰贊萬機俯安九牧無使怨乎不以能
令可者與之唯當三命益恭一辞無退入則撫安疆
圉出則誓掃氛霧佇成滅寇之功冀續曠官之貴我
鎮有限不獲陳謝下情無任感恩兢懼之至謹奉狀
陳謝謹錄狀上

謝落諸道監鐵使加侍中兼實封狀

右某伏奉去年十一月十一日恩制加授侍中並餘
如故仍加食實封一百戶落諸道鹽鐵使者伏以君
親委任固能捨短從長臣子忠勤唯願從微至著某
一司摧課大擾暄凉正逢多事之秋莫展牢籠之用
况自頻更統師别致租庸既當狝讓千度實見羊分
九牧贍軍富國固絶籌謀熬海鎔山幾隳條貫今者
聖上恕其不逮察以無私將漢法之重權委儒流之
妙術豈料更留宸慮猶念我勳許登亘甯之班賓不
替擁旄之寵寄尚假極品重增實封當主憂臣辱之

時若斯榮盛簪福過災生之理何以遑安此皆相公
曲庇庸虚全忘僣忝俾息躬於負重當銳志於專征
寧無淬礪之功仰荅陶鈞之賜此外以榮為懼至末
如初下情無任感戴兢惕之至謹奉狀陳謝云云

謝弟柷再除綿州狀

右件官是某堂弟今得進奏院狀報奉某月某日恩
制除金吾將軍被本州官吏衆狀舉留續准勑旨依
前充綿州刺史某嘗讀後漢書見寇恂為潁川守後
拜金吾從上經過潁川郡人遮道願借寇君乃留一
年以慰百姓此實國家殊寵郡邑美譚萬代之來一
人而已誰知盛事得屬鄙宗安貧恤孤潁川之政化
雖乏出官入仕子翼之官資略同感深而喜作悲端
效淺而榮為懼本伏以高柷粗閑吏術忝荷君恩分
憂而地壓劒關理俗而塵銷銘閣今者纔升緹綺却
擁朱輪謂施撫育之能特徇衆多之請此皆相公愛
忘其短仁及於微仰贊帝俞俯從群願某唯知提訓
俾慎揣摩同驅軾下之熊但期靜理雖睹堂前之鷰
免恨分飛限守戎藩未由陳賀云云

請轉官從事狀

某官薛礪

右件官閲禎登科良由德行陳琳從職實假詞華林幽而轉識芝蘭木落而方知松桂深敦操尚夙著幹能遠叨分閫之榮唯籍運籌之妙伏請轉官仍改章服轉充觀察判官

某官鄭儆

右件官早登上第久佐大藩能修撿慎之規每助撫綏之政賓筵所重健筆爲先伏請轉官仍賜章服轉充節度掌書記

某官顧雲

前件官東箚孕美南桂抽芳曳謝眺之長裾從衛青之軍幕五羖皮之爲重豈謂䖍譚一百鷙鳥之不如方知實事良資妙畫共展壯圖伏請轉官仍賜章服充觀察支使以前件狀如前伏以某遠率舟師誓除國賊征帆則雲掛行色戰鼓則雷含殺聲留務既繁良籌是托或倚幕中之婉娩或求馬上之翩翩輙具薦論仰希甄奬不拘月限別覬天恩伏惟相公庇護我藩激揚賓席稍超常例特受清資略假潤於丹青許分榮於朱紫所冀元戎十乘速成討罰之功越府三才各得施張之處已具狀申奏訖云云

桂苑筆耕集卷之六

桂苑筆耕集卷之七　　別紙二十首

滑州都統令公三首　　鄭畋相公二首
史館蕭遘相公一首　　度支裴澈相公一首
租庸王徽相公一首　　太原鄭從讜尚書一首
禮部夏侯譚一首　　吏部裴瓚尚書二首
宣歙裴尚書二首　　鹽鐵李都相公二首
盧紹給事一首　　壁州鄭尚書一首
泗州庾常侍一首　　湖州杜孺休常侍一首

滑州都統王令公

狀見制書伏承榮加内史之任暫執元戎之權徃鎮雄藩讐殲窮寇佇復宮闕則歸廟堂九重之倚賴如山八表之歡呼動地而況令公志勤捧日力贍補天三秉台衡兩分戎律入則建蕭何之功業出則振黃霸之恩威此皆群議稱揚不假拙辭贊詠今者聖上以叛徒乘便尚敢侜張諸道徵師互相逗撓蠢彼之姦宄未弭赫斯之憤怒良深遂輟股肱遠資心膂爲敎宰夔設前茅後勁之規管仲相齊致九合一匡之譽是以榮轉西臺左相請爲東道主人儒武全材古今罕遇伏想近承睿略嚴令諸侯誠知白馬封疆幸而獲賴必料蒼鵝群黨困不能飛即當立剗梟巢去

迎鑾駕海晏而永興龍德池清而再睹鳳儀允在含靈皆增傒望某静思奮擊動見悔尤四隣多是異心十道竟誰同力今所以自賀者得逢知己親捴貞師巧曆無所搆之端壯膽有可傾之處唯冀遥稟大將軍之命用勵驍雄仰憑真宰相之威永除妖孽末由陳賀下情不任欣慰瞻攀虔祝云云

第二

伏睹制書伏承榮膺龍命正鎮雄藩伏惟感慰竊以動惟佐聖静乃優賢百穀垂成則暫停霖雨八紘向泰則貴息兵戈詎勞有道之人久練不祥之器群情既葺帶命斯行令公獨竭忠誠克扶厄運當六師扈從司南之制度無虧及十乘啓行遂壯之威稜有裕但屬王事靡盬人心不同祖豫州志在誓江行申壯節蕭相國力謀佐漢或致游詞今以小寇必殲大臣于後慮失華夷之望倍興宵旰之憂遂乃鳳紙傳恩遠離西蜀龍旗卷影却到南燕指蹤既稟於成謀搏噬佇看於衆旅坐馭十道卧理百城顯爲出入之寵榮保兢始終之勳業某夙銜深奬繼奉好音覽古人賀滿之言睹君子持盈之節忭慰攀戀不任下情伏惟云云

第三

伏承旌幢已到鎮上訖伏惟感慰令公手傾霖雨身耀福星三入廟堂已超仲父一匡寰宇更屬何人昨者十乘啓行九重軫慮以爲螢不勞海灌邪何假山摧遂請元臣却臨重鎮今則徐迴龍節静撫雄師下車而恩澤均沾攀扇而仁風廣振南燕受賜壯極紓憂某早荷奬知倍增欣慰云云

鄭畋相公二首

伏見二月六日制書伏承相公正居宏父光弼聖君兼捴蘭臺再調梅鼎凡云遠者近者莫不舞之蹈之伏以相公碩德茂勳雄才奥學播在四方之口沃於萬乘之心固絶黄揚但增瞻仰况自關中聚寇岐下屯兵率先諸侯累展奇略是以才超鳳輦便陵鸞臺遠涉山川行就九天之寵克平水土坐升百日之榮竹宫既託於清規芸館更歸於雅望則乃孫叔敖之慎守愈貴愈恭胡伯始之累遷有倫有要永懸上德佇賀中興使仲父執鞭鄭侯捧轡驅蠢動入華胥之域格蛮夷歸虞舜之風某早沐深知遠聆殊拜末由陳賀抃躍倍深云云

第二

伏承太保相公累陳章表懇讓鈞衡暫輟任於股肱果優賢於羽翼緇衣纘美青綬加榮守難進易退之規叶居安慮危之道莫不宸衷欽矚搢紳詠歌而況相公比者統冠句侯深攻國賊唱義聲而飛羽檄官爵賞而練甲兵方驅破浪之風佇滅燎原之火而乃腹心有疾牙爪無功何君子之見欺實小人之難養然而灾爲福始小往大来再秉洪鈞遠安仙蹕調鼎中之實味運堂上之奇謀决勝漢籌彊灾魏闕皆憑蕭承相指蹤之力豈假鮑尚書統集之兵咸推第一之功能賛登三之業今則奉身有裕止足無虧將尋踈傳之高蹤乃訪留侯之故事用黄石公之妙略蔚爲帝師從赤松子之勝遊别作仙侶雖云獨樂其奈衆情氣曀餘妖方願靜銷於天下陶鎔重望豈宜久滯於山中必計才返鸞旋請歸鳳闕永使蜩螗罷噪仍令鹿馬分形深荷眷私况聯親懿依攀禱望可鑒遠誠拜賀未由悚戀增切云云

史館蕭遘相公

昨睹制書恭承高辞大計正陟中台兼升史館之榮實副儒門之望竊以冊書所重筆削爲難别成一代之楷模追掩百王之規矩是得宸衷妙選朝列具瞻而況相公真君子儒老成人德允釐百揆顯賛萬機今者邦計既豊國經斯整東西臺之極位揚歷無遺左右史之直言裁成有類莫不動華表德游夏緘詞能施補袞之功備載垂衣之化必使褒真貶僞彰發傳之體有三激濁揚清勵事君之心無二古今盛美遐邇欽依某遠守藩維忝資陶冶每慎六條之理敢希一字之褒抃躍所多啓陳無及伏惟俯賜俞察

度支裴徹相公

伏睹除書伏承相公再履台席榮均賦與凡在生靈莫非欣躍某今之所賀者莫以天上之福與大國之幸不欲更率俗禮強飾繁詞然而歡心有餘祝史無愧敢陳賛詠冀畧懇誠伏以相公德襲清通道資恭儉歷遊華貫高陟台衡當聖君巡幸之初見賢相燮諧之業而乃鴒原陷難鳳閣辞榮暫屈跡於外藩尋秉權於大計今者天將悔禍日待外平果請英才却歸舊位躡周司馬統兵之秩聘晉尚書較運之謀四方所傳一意相賀某每慙薄伎偏荷殊私再逢調鼎之期實切彈冠之望未由陳賀但增攀戀聳抃之至云云

租庸王徽相公

伏睹制書伏承榮膺寵命伏惟感慰伏以萬乘巡遊最難留事百官晀倚允屬持綱況當返駕之時尤重清宮之禮膺茲寵寄實在賢能司空相公靜抱長材動施餘刃報主安人之業早冠鼎司束奸楚璧之名已諧輿輪今者鳴鳩命氏鷹隼揚威內清輦轂之塵外肅闤闠之地聖君新命永託中庸司隸舊章行觀大禮某忝承春獎欣抃實深云云

前太原鄭從讜尚書

得河中王相國書報伏承相公榮膺寵命將赴京國伏惟感慰伏以宸遊既遠居守是難須倚元臣方安聖慮是故昔漢帝曰吾輿僕射何異則知重寄別表顯恩而況相公岳立儒宗川流相業頃辭鳳闕遠擢龍旌郭伋示信之鄉廣沾恩化周舉移書之地遍活疲羸肅軍令於貔貅振兵威於玁狁求安邊境胡雛不敢南侵遽值妖氛周馭久勞西狩今以玉京雖復鑾輅未迴輟戎略於藩垣託繁機於宮闕必討中和樂職已繼雅音司隸舊章即興盛禮然後重調梅鼎永對蓂階贊成天下之春固是轂中之事凡云品彙莫不欣歡某早忝恩知倍增抃慰末由陳賀但切依攀云云

禮部夏侯譚侍郎

伏承榮膺寵命伏惟感慰侍郎秦初朗鑒日月難踰孝若英慈風塵莫染儒室別開其戶庸相門必繼其弓裘是以始於憲府宣威便見儀曹主貢屢歷而皆遵仙路操持而永振貞風栢列朝霜昨日揖登臺御史柱開夜月今朝選入室生徒採珠而蓬島待空搜玉而藍峯寡色副天下正人之顒望息場中藝士之呆聲某早沐春私不任欣抃云云

吏部裴瓚尚書二首

伏承榮膺寵命伏惟感慰竊以勛華聖代唯務舉能郡泰賢流共推取實用捨既歸於重柄古今皆託於長材人望所諧主恩斯在尚書情踈宦路性悅道風月高而霜鶴數聲雲卷而蓮峯萬仞早知厄運久避囂氛洋川之瑞草仙花幾牽蝶夢閬苑之朝嵐暮靄深測豹姿然而陶鈞難住於山中塗炭待平於天下遂辭肥遁來謁宸遊果登銓管之司允洽簪纓之望昔年掌貢搜海嶽以皆空今日掄材酌淄澠而不混清通所莅淆乱必除歷居六郡之峻資終補三台之缺位遠祈通禱匪夕伊朝某早仰仙標遠欽懿範抃慰瞻望不任下情云云

第二

伏以禮稱選士實貧秀孝之科書貴知人允屬銓衡之職君命既將歷試物情固得僉諧而況侍郎雲鶴性情天驥行止瓌窓近日髙批帝語於筆端絳帳生風妙選群才於門下洎湖湘察俗瀍洛尹都便宜入秉化權坐主聖略直以手能持滿心切避榮唯求勇退之謀久阻懸徵之詔萬乘夢惠於隱霧四方渴望於為霖今者移黜陟之司託清通之鑒何假山濤之客啓能遵李重之良箴永期涇渭分流必使輪轅適用某每思玉昆金季皆辱眷知松茂竹苞深敦交契禱祝瞻戀並同衆誠伏惟云云

宣歙裴虔餘尚書二首

伏承榮奉徵詔將赴闕庭伏惟感慶無極今者妖氛向息聖運重興諸葛亮之用兵已非急務叔孫通之制禮方藉賢才以尚書望積臯夔政成宛句三年察俗以仁義為先四境懷恩俾寇戎自戢是得傅巖結夢宣室飛書黎庶傾心莫遂攀轅之懇君王聳耳待聽曳履之聲況乃親侍安輿榮趍帝輦佇聆調鼎永使建櫜豈獨闗中乂安實為天下幸甚某久隣仁境深飽德風抃慰瞻攀不任誠懇云云

第二

特垂手筆榮函兼示陳情表藁捧尋無斁欣賀有餘且近者時風僅訛孝道多鈌事親則薄奉已為先只將奔競榮身不以違離介意今睹尚書遠辝徵詔懇致奏章叙向來為國分憂不矜茂績請從此於家就養實稟格言況尚書若赴行朝必登相位而乃不親梅鼎願奉板輿是逃台衮之榮唯戀班衣之樂永使李虔之表萬古齊名仍令束晳之詩千秋長價有以見聿修令問横勵時流豈唯上德之美譚實乃中興之盛事拜賀末由但切攀依之至云云

鹽鐵李都相公二首

伏承榮膺寵命兼掌漕運伏惟感慰伏以鑄山煮海既摽富國之權紫帳皂譜固是安邦之彥況從多事諒託全才相公中庸日彰大任天降舟楫暫妨於撥溺棟梁必俟於扶危今者三年禮成萬乘恩至假途端揆正位司元憑孔僅之智謀繼齊桓之霸業必也廣施奇計適致豐資答上帝之殊恩振中興之盛事凡云品彙孰不欣歡某每懸糠粃居前久阻鹽梅入用主張多失固難稱老成人交代叨榮無以告新令尹抃慰兢惕不任下情拜賀末由攀戀空切云云

第二

每辱榮緘即垂虛譽周顗齊名於欒廣固是懷慙韓非接傳於老聃實爲過望荷戴增切兢惶益深伏以相公宋劍倚天魯戈駐日再居重任大洽群情必計海若傾心廣潤煎熬之利山靈効力助成鎔鑄之功便令流馬飛牛終得踰千越萬國用則立期饒羨廣謨則坐致昇平勤王之誠在我而已伏惟遵護用慰禱祠其他下誠已具前狀云云

盧紹給事

近睹除書恭承賢兄左丞榮膺寵命伏惟感慰竊以國有司直野無遺賢蓋前代之所難實我朝之獨盛況乃上可以糺彈八座下可以整肅百官永言其才固屬全德賢兄左丞中庸處厚大雅含清柱晴空而嶽頂無雲瑩秋色而潭心有月是得歷游華貫輝綽令猷頃遇分憂暫作甘棠太守尋聆徵詔請爲仙桂主人此時也歡聲則風振儒林喜氣則雲鋪筆陣有口皆賀無心不歸蓬島靈珠想離頷下荊山瑞玉待入掌中而屬鶯谷藏春鳳城陷冠不見孔門盛事唯傷魏闕餘妄今者遠從行朝久臨憲府既躡清資於侍極榮升重位於肅機傳咸之畏慎無虧鄭晉之矜莊有裕正當今日必繼芳塵給事避地經時陟崗勞念今聆美拜稍慰遠思然每於絳帳馳心共懷遺恨須到洪鈞八手方洽群情高接鴈行佇迎鳳詔虔禱瞻戀無以披陳云

璧州鄭凝績尚書

伏承自小司馬假大宗伯出刺始寧伏惟慶慰竊以進有致君之志共託阿衡仕無擇祿之言常聆季路綽然遺範宛若合符尚書玉樹一枝金山萬仞雅望全騰於八海華資緩步於五雲漢丞相之傳經永光儒室周司徒之善職固屬高門況乃於國於家曰忠曰孝比者黃巾犯闕翠輦省方尚書暫別鯉庭遠趍鳳扆高提夢筆仰贊宸猷稟大聖之指歸立中朝之張本此實爲人臣之忠於國也今以聖主優賢嚴君遜位尚書固辭武部峻陟儀曹榮掛萊衣俾歌廉袴毛義之喜難自已胡威之清必衆知又爲人子之孝於家也莫不事標雙美譽冠一時今彼郡而昔彼州豈能較盛出傳舍而入官舍未足齊榮佇見風扇揚名雲屛隔位隼旟高建免勞陟岵之詩龍鼎待調即展濟川之業某早銜春獎常切禱祠拜賀未期瞻攀無極云云

泗州鄭使常侍

伏承已到貴鎮上訖伏惟感慰昔鄭弘爲臨淮太守熊初架軾鹿乃挾輈既傳一郡之政聲終陟三公之寵秩果符瑞應永振美譚今則常侍族茂山東感臨泗上實繼巨君之芳跡足分聖主之遠憂况乃沛師戢兵淮氏復業懸一城之愛日振四境之和風群情允諧新命非遠某近封斯接殊眷先垂抃慰瞻攀但切誠抱云云

湖州杜孺休常侍

昨睹除書伏承榮膺寵命再理吳興伏惟感慰常侍比臨雲水大振袁風適聆高握新蘭又見重分舊竹實謂政聲日洽人欲天從徵黃太守之書却隨鳳去借寇使君之衆迎得春來自此煙封茗畦月桂蘋渚不詠洞庭歸客即吟金谷主人再樂三年終蘇一境然後入居青瑣坐演紫泥福庶品而既多掌陶鈞而不曉某早銜殊眷抃慰實深拜賀未由瞻馳倍切云云

桂苑筆耕集卷之七

桂苑筆耕集卷之八　別紙一十首

泗州于常侍　西川陳相公
徐州時司空三首　諸葛爽相公二首
湖南閔尚書　幽州李大王四首
滑州王令公　鹽鐵李相公二首
龍州裴尚書　西川柳常侍
史館蕭相公　三相公
翰林侯學士

泗州于濤常侍

常侍榮戴貂冠遠驅熊軾能施善政遍恤疲甿暫披雄州已安樂國斯乃鄭巨君之甘雨再潤淮邊卜子夏之儒風重興泗上况屬彭門叛亂仍當汴路艱難獨守危城終摧敵壘果成茂績實驗全才且群師悅挾纊之心鄰孽縮吞舟之口仁者有勇信非虛譚某昨奉詔書許令軍賞設爵而唯憑帝命舉賢而實契私誠今則寵授銀璫威兼鐵柱敬申厚禮用報殊功楚岸風聲處處而既傳滅冦隋堤柳色年年而祗望行春拜賀未期瞻思頗切某公牒同封送上云云

西川陳敬瑄相公

伏睹除書伏承相公以祝鳩之榮兼大貂之貴禮登

八命寵冠三台伏惟感慶兼極伏以掌邦教之司無
人則闕負國重之任有德始居昔丁固休徵終叶生
松之夢戴憑奧學曾標奪席之名然十八年而既居
後時五十重而何益於事曷若相公雄臨玉壘榮奉
金輿昔也坐振風謠作一方之慈父今乃立迎天寵
爲萬乘之主人使西夷免怨於後予南詔永知於戀
聖是以秩歸鳳闕化洽龜城躡高蹤於黃閣紫扉耀
偉質於朱衣皓帶豈獨一時之盛事實爲萬代之美
譚某早沐眷知不任欣抃云云

徐州時溥司空三首

竊以誓於晉乘則重其執贄往來諷以楚詞則愧彼
隨波上下永言有義有禮唯在知和而和況乃仁境
接邦之彥考善鄰存國之寶也始終相契今古何殊
去春特辱長牋兼貽厚幣使者乃和門上投貺之以
華牋大宛引夏殷罪已之言鋪陳數幅舉鄒魯息民
之義撫綏近封有以見真男子之用心古諸侯之行
事其於景仰豈可弭忘今遣專人聊馳微信匪足爲
報永以爲好伏惟照察

第二

司空利器倚天忠誠貫日授律而舉無遺策訓戎而
動有成功昨者窮寇驚奔銳師薄伐審麟史追逃之
勢展豹篇決勝之機靜剗群兇曙梟戎首覺冉縣側
雷威騰肅殺之聲季氏山邊天罰示告成之慶久留
盛績終蜀雄才所謂有非常之人然後有非常之事
絳灌亦一時俊傑閑張非累世勳庸鏤姓名於金鼎
玉鍾餘儀形於雲臺煙閣永言盡美孰敢爭先某幸
接德鄰深導義路每增欣賀固異等倫云云

第三

特辱長牋俯傳大捷誘賊將而暗除梟師剗群兇而
遍戢豺聲夫何壯哉誠可畏也且黃巢謂逃天得計
乃揆日偷生書罪則竹乏南山流惡則浪乾東海逞
暴於鋸牙鉤爪挻灾於金闕玉京煙氛所侵塗炭皆
匝諸道遷延相逗撓別自倘張驅兵而未暇搴旗喪律
而先聆返旆養蒸既久凱寇何安若非司空以當春
滋雨露之恩則坐迎龍節及初夏順雷霆之怒則立
昆豹韜遂得纔發銳師果殲窮寇剗國家之積憤弭
州縣之餘殃所謂三年不飛終當一戰而霸況可飲
頭而快意何須擢髮以論辜有以見報聖天子之恩
固須待舉真將軍之令幸聯仁境先聽好音欣抃欽
矚翰墨何寄云云

諸葛奕相公二首

伏承親提師旅遠赴戰征跋履山川蒙犯霜露不審近日尊體何似惡景凋年寒威肅物令行麾下盡忘皸瘃之傷望峻衆中將救瘡痍之患必有百靈薦祉七萃成功遠揚郤元師之高名近繼郭汾陽之雄略則銷氛祲遍活烝黎有心之徒引領而望伏惟每加保重早副禱祈遠誠所望云云

第二

訪聆賊巢自逃商嶺久偪許田蔡師相連狂鋒尚熾當使以道途遠隔行止難知未施掎鹿之能但養斬蛟之勇伏承相公親麾八陣深運六韜將靜掃其群兇已齊驅其銳旅既見三冬擐甲即致殊功方知五月渡瀘誠爲易事諸道固當高枕聖君便可迴鑾而未測鯨奔項防獸搏凡居我閫合審軍機輙遣專人遠偵賊勢幸垂示及冀助討除伏惟照鑒謹狀

湖南閔頊尚書

親故前河西朱大夫到遠垂書示深荷眷私兼將尚書弄馬圖及貴府祥瑞事跡相示閱覽忘倦欣仰有餘且武藝所稱歷朝可數楚之誇徹札魯衛蒙輪彎三百斤之長弓嘗傳漢史掉八十斤之雙戟亦著魏書然而唯守一隅莫能四達長於射而短於御力甚壯而心甚怯永言戎役難遇全才今者尚書術繼白猿名高赤兔既占萬人之敵真爲一代之雄雖居伏鉞之榮不忘擐鞍之勇爰徵粉繪妙寫風儀遍覽左旋右抽唯知目駭神聳彼繫繩逞捷運臂服勤實謂區區瑣瑣者尒況乃夢符捧日政洽觀風花竹呈祥果驗中興之運龜龍薦感皆標上瑞之姿若非望重行春歌喧來暮則何以三軍效勇永諧欽化之名七郡懷恩盡表殊常之應必期渥澤繼入瀟湘此則但睹其電擊雲飛鷹騰鶻視每勞企想無以諭言唯望慎舉政條仰酬寵寄方值四郊多壘實憑萬里長城其他中心藏之永以爲好幸垂諒察云云

幽州李可舉大王四首

不審自履初夏尊體動止何如伏想趙盾日威雄臨壯塞袁宏風化遥助南薰固當九郡懷恩百靈薦祉符提白玉儼摽萬里之長城基築黄金遍啓四方之賢路豈止應掛絲之夢自然超衣錦之榮伏惟精慎寢興別迎寵册永扶昌運大洽群情今遣諸葛果卿假以郵巡脩聘既愧未成好幣又慮或失良材無限遠誠各具別狀云云

第二

雲龍在想風馬異區未由傾盖之誠空切著鞭之望雖傳鱗翼莫寫肺肝况某俯顧家門忝同里閈每詠維桑之什即懷喬木之恩幸蒙侍中大王不賤家丘深知國産曲垂厚奬頻辱好音然則苟能知心何假會面以斯佩荷可鑒依攀今緣國患未除鄰讐不戢甚欲愼言結舌其如憤氣填胷略假牋毫具陳事實恃惠子之知我望明王之鑒賢伏惟恩私遠察誠素云云

第三

伏以蜂蟻巢窠猶能稔惡熊羆隊伍未見摧兇在於義士忠臣莫不痛心疾首某盖謂去年奉詔遂於近境旋師然今若終不自行必恐竟無所就巳從中夏過閱大軍待剋淮戎即登泝道但以揩其百勝決此一行人不異心事希同力侍中大王族榮周姓爵貴漢封固多報國之誠常貯安邦之術見茲禍難忍不憂勤某既事征行輒申控告伏望差借兵士助平寇戎得貴藩精騎五千勝諸道羸師十萬佇收京闕尅在旬時亦已先具奏陳所貴免成專輙申包胥之告隱與此雖殊趙充國之請行于今可試幸垂亮察必賜允從不敢獨擅茂勳所冀均分重賞忠誠之切實在於斯伏惟永存始終早示可否未聞顯望可想春翹云云

第四

別奉榮緘遠搜古籍其於降歎無以喻陳且近者列土諸侯盈庭多士唯以窟塋銳志少於儒術留心而乃侍中大王博古通今去華取實燕碣石之接土巳繼考蹤漢維城之好書遠符仁旨是以訪遺編於汲家尋墜簡於魯宮然則荊軻易水之歌徒矜壯氣召伯甘棠之詠虚播政聲豈若博釆聖人之書用光君子之道但懷鑽仰敢覬切磋况某久擁戎旃難親講席耽讀闕五千卷之數藏貯無三十車之多自奉指蹤願申誠懇遍令列肆廣集異書冀資日益之功寧憚風詠之過必可徵名東觀承乏西齋伏惟俯賜鑒察云云

滑臺王令公

某家忝官不任感懼某粗傳堂構謬荷國恩然而術略素貧勳勞甚淺早分祖印累陟師壇每遇福遇災生盖爲材微任重一自四郊多壘萬乘蒙塵宋施毫髮之功深負咽喉之寄羊皮孤賸空思趙簡子之

言尾釜黄鍾寧免楚大夫之歎既難展用唯願退閑
方欲瀝血拜章奉身請老豈料更隨衆例亦忝殊榮
遷登常伯之高貸復益實封之異寵伐檀可懼横草
何申伏緣遍路不通制書未到先垂榮問過辱獎詞
既聆天上之音不愧月中之夢未由陳謝但切兢惶
云云

鹽鐵李都相公二首

某蒙恩忝官不任感懼伏以納言峻秩真食殊榮有
扶持社稷之功有燮理陰陽之術方居正位允洽群
情如某德乏潤身智慙周物況逢多事未展壯圖動
無効於啓行靜有能於卧理加以久司筦貨實寄壽
謀既虧於富國贍軍深愧於木牛流馬唯甘黜削永
遂優閑豈料聖澤無偏戎藩有忝輸飛盡鹿昔年而
莫見休徵冠聳豐貂今日而愈慙非據仍加班邑何
報聖朝此皆僕射每賜保持得榮交代唯期勵節共
願佳時陳謝末由依攀益切云云

第二

竊以世途易變時事難言泛泛如水中自安淊淊者
天下皆是雖董卓已燃巨腹衆切歡呼而桓彝若有
忠魂潛應慟哭每窺師律空激壯圖今則大駕未旋
外藩多難獲利者唯謀潤屋握兵者誰解清宮當道
錐之供須但勤貢獻願早迴於御輦難空倚於賦輿
割占所因指撝斯在必希朗鑒深察鄙誠其他即遣
專人異具後狀云云

龍州裴峴尚書

遠勞專介特枉華緘發函睹不滅之蹤滿幅示相憂
之旨其於佩惠何以寄言且國步猶艱天心難測忠
直者韜聲戢影姦邪者鼓舌簸脣彼既一時此須三
黜唯當竭節豈足興言尚書偶值危時暫淹雅望將
期歷試無限早栖龍廈若驚周柱史非無意也行藏
自保曾司寇有是言孚多謝故人勉報聖主分憂救
瘵爲政非輕志操不虧恩榮斯在伏惟諒察云云

西州柳常侍

某頃鎮龜城別營雉堞蓋符天意得就土功今者幸
遇巡遊謂申績効久留御輦俾立豐碑杜元凱方愧
勳名李玄盛敢言德政雖忝當功受賞其如見龍若
驚常侍直道而行樂人之善遠垂華翰過辱獎詞以
永傳不朽之譚先見未來之事可使美掩蜀都之賦
高齊劍閣之銘荷戴兢慙無以指喻伏惟照察云云

史館蕭遘相公

某日無勞効天降寵光雖雨露常均不辭潤物而丘山漸重莫遂安身况蒙相公察以獨立聖朝勤行直道逈垂茂賴免使湮沉既闕洪爐陶鎔之厚賜仍揮彩筆煩刻畫之妍詞以爲動有成功前無強敵撫寧淮甸靜戢煙塵繼陳任土之儀遠瀝望雲之懇遂使榮升畫室特解牢盆更增班邑之恩尚假統兵之位仰窺華輪俯揣凡材未能息多壘之灾何以竊長城之譽唯期激勵少報生成拜賜未前懷仁益切云云

三相公

某蒙恩忝官不任感懼伏以風后古官是聖代弼諧所重國僑美賞非賢才負荷固難必也挺秀儒林鈞深學海方可叅槖席占五十重之譽享秩稱二千石之榮如某任重咽喉功微毫髮早提兵柄不能靜剗寇戎久握利權無以廣資經費雖進退每從於帝命而否臧實愧於軍謀以茲責躬無所逃罪但願罷歸林藪絕望雲霄豈料宸襟猶傷墜履自上安下方懃畫廡之幡居高飲清忽戴附蟬之冕解煩難於平准增寵祿於實封此皆相公啓導膺慈庇安戎律使貞金鍊火免銷耗於毒煙直才摧霜更敷榮於聖日唯當親驅銳旅遍討群兇冀成破竹之功少贖伐檀之刻未由陳謝悚惕增深云云

翰林侯翺學士

某材略素貧勳勞甚薄謬蒙膺渥累陟華資今者拜以古官加之真食伏蒙學士親奉宸睠過垂獎詞煩郭璞之彩毫榮勝軒冕使夷吾之瑣器頓異斗筲遭逢實契於百生銘鏤豈唯於一字但冀仰憑華陣更鍊戎韜充國壯心早遂征行之望無鹽陋質免慙刻畫之恩荷戴兢惶不任誠懇未由拜賜但切依攀云云

桂苑筆耕集卷之八

桂苑筆耕集卷之九　　別紙二十二首

都統王令公三首　　浙西周司空　首

宣歙裴尚書三首　　壁州鄭尚書二首

鄭太保相公一首　　鄜護軍三首

衛常侍一首　　泗州于尚書二首

都統王令公三首

近者專馳賀狀伏計已覽申誠久絕來音但多景戀令公始終陶冶表裏經綸王商能止於訛言謝萬暫提其勁卒棄窮寇姦宄之魄活疲甿震懾之魂行既順天捷當克日某比承詔旨久緩師期今伏見令公命許君親身先將校幸叶彈冠之望倍驚投袂之心已闕全師既離獎鎮雖自稱岸上之虎或謂當仁而不畏水中之龍實歸重德唯期助役非敢貪功欲取來月上旬決謀進退直衝宋野先會梁園謹遣專人咨探行李輒覬迴信聊紓遠懷伏惟恩私深賜鑒察云云

第二

某專寓狀粗得輸誠繼奉榮緘益銘殊眷不審近日尊體何似夏星沒火秋琯飄灰佇妖氣之雪銷想軍聲之雷振伏計振振君子之德仡仡勇夫之誠足可憑有慶之威奮無譁之衆功期一舉勢必萬全謝太傅之智謀預知大捷飽翁軍之歌詠唯佇中興伏惟愼保節宣用諧時望某常銜屬顧況捧溫言朝禱暮祈可量卑懇云云

第三

某自承令公親率銳師佇殲窮寇便謀訓鍊欲赴戰征願折豺牙仰瞻馬首履山川而犯霜露久決心期擐甲冑而峙糗糧早成力辦不料徐戎忽聚黃巾猶陳未露征途難通饋輦以此早申誠懇但切憂惶伏想萬夫爭彈弩之先八表望建瓴之令佇見龍歸魏闕却迎鳳舞荀池雖居豸息跋行盡解口祈心禱某早窺偉量遙稟壯圖仰視旄頭漸覓奔藏之處俯看蠆尾唯懷斷折之虞恭竢捷音專申賀禮未前祝望不暇啓陳云云

浙西周寶司空五首

昨奉緘翰兼寄示書碑搨眷私既深披閱無倦其於榮抃無以諭陳某每念久握兵戎累移節制雖續弓裘之業未揚鐘鼎之勳況乃來暮歌稀行春化拙豈期膺奬特采微勞許標不朽之規遠降非常之寵至如仲居儒術始流芳於沂水之涓元凱戰功方掛美

於峴山之頂愚實何効遂叨此榮司空念切憂忘事諧響應根垂恩力妙選書工所謂知臣者莫若聖君成我者固須良友有始有卒念茲在茲彼雖未起雕鐫此已先深銘鏤今者干戈務擁筆硯事疎不及别請他人敬遵来命唯望早成刋勒實賴奬憐其碑詞同封呈上云云

第二

録温者已葳異謀玷污玄化螻蟈暫成聚窟鴟梟貫欲同梟誠謂天高可欺不知日遠能照果彰罪跡遂舉刑書既絶憲於竊鈇俾成規於用鉞言堪自賀事必相侍豈料司空染五色毫飛一函紙徽美詞於曽史辱虚譽於劉戡列土除兇不負國章在手臨風拜賜其如戎律拘身未啓素誠但銘殊貺

第三

揚示詔書仰窺聖旨佇攀高躅倍激壯懷司空寄綰吴門敢懸魏闕况奉臣哉之命必興王者之師但希水蔟舟舡幸遵舊俗山堆戈甲早振雄威副大君旰食之勤慰下走朝飢之望某秪看風信便泛江程五兩翩翻解指朝天之路三軍踴躍待申破竹之功許接後塵遠示行日儻可從心所欲必希攜手同行王道有言無作楚囚相對劉琨養勇以誅逆虜為期事可榮今功何讓古既銜帝語勿老師徒願因江漢之征得遂瀟湘之遇云云

第四

伏以山岳降靈尹吉甫之全德風雷奮氣竇世寧之異祥况乃是值新秋時當聖代間生英傑高建勲庸伏惟相公名可掩瑜志堪奪璧魏公子春霆振響旨有物皆驚晋大夫冬日流輝無人不愛深蘊安劉之業終成佐漢之謀今則又慶生辰永資景福出握元戎之柄既播嘉聲入持宰相之權則迎恩詔禱祝攀戀不任下情有少續壽之儀謹具别狀寄獻云云

第五

尊使押衙傅遜至啓閲華緘奉承珍貺光輝奪目荷戴銘心况承已奉尭言永除田恐繼好息民之義遠耀麟經輸忠報主之誠頻傳鴈訊喜氣連鋪於兩岸嘉聲遍振於四鄰敬仰成規深敦曩契唯願内防蝟譖外息狐疑必期勠力於公家不敢欺心於闇室伏惟深賜云云

宣歙裴虔餘尚書

今月十六日裴校書至伏蒙深追曩顧迥點違言損

之以榮㦝辱之以好幣情褒刻畫無非譽過之詞事繫琢磨究是愛忘之春既多受賜永切銜知不審自履閏秋尊體何似伏想蟬噪暮景鶴呼晴空樓下長溪閱政聲而不息窗中遠岫引詩思以無窮伏惟侍膳之餘公退之暇精加保愛佇俟龍徵某早願攀嵇近蒙善鄭深視瞻望豈任下情云云

第二

去年因景氏子有小人言讒誣之事多興噂沓之詞不少動成忌器久阻親仁昨以戎首既摧禍胎自剖遂脩舊好聊達微誠伏蒙尚書特請嘉賓遠賚厚幣俾息四方之笑永通兩地之歡捧嘉貺而增榮窺雅言而竊抃況對蓮池之客寔逢桂苑之仙自此句諸清波已能流惡隋河遠派亦得洗瑕鍊多而既識金精燒罷而共知玉冷伏惟仁鑒俯察愚衷云云

第三

當司宣歙院被浙西越局侵權差官奏集務以強自恃謂暴無傷仰計通仁備詳深弊今者饒務却仍舊貫已有詔書浙西雖近宋聾固殊魯瘠只解租庸副職尚提招討兵符宜懲已往之非用結將來之好竊知猶尋亂轍愈弄雄權再署周正圖思唐令宣歙院上違聖旨下阻群情實虧臣子之誠豈逭鬼神之怒既失用和爲貴唯知長惡不悛伏望尚書洞察事情俾全理體雖知秦鏡固無遺鑒之虞或恐齊竽猶有濫吹之者能摧狡妄遠托威嚴亦慮官吏驚疑必望深加撫恤幸甚

壁州鄭凝績尚書二首

賢尊相公不聞庸虛早垂眷顧每念攀鴻之懇頻傳繫鷹之書動皆陶偎之手蹤曾非陳遵之口占寶玩而字終不滅何翅三年輝榮而恩有所從倍賢十部況與尚書頃依鳳里已覩龍章清談深仰於阿戎異禮得攀於侯昱高山仰止何日忘之今者遠辱榮緘過垂虛譽永言抃荷但務鐫銘云云

第一

某素無材術謬荷寵章頃握兵權方舉上將軍之令爰沾厚渥叨承大司馬之榮仰覩鳳書深慙豹略此時未審尚書躡八花塼之影綴五色筆之詞刻畫恩深游揚意重不獲早申感激遠謝褒稱又奉華緘方知麗藻雖早榮紙貴固無愧於士安而每想筆乾實有慙於玄照既多闕禮何贖深辜伏惟眷私終賜恕察云云

太保相公鄭畋

自承相公大郎再持廟筭大旆藩條況蒙特假陶鈞正歸權莞雖則曾爲長府仍舊貫之言行其如晉閥被廬作新軍之意切未能措手尋見移權凡所阻囏目能審度遠垂批示倍荷恩私如愚者焉所獲多矣敢速官謗有負親知伏惟鑒察謹狀

護軍鄭公甫將軍

某用含行藏唯遵帝命始終去就輿洽群情仰酬萬乘之知豈計一朝之恣昨者繼窺天旨更勵氷心遂令專介傳書顧得近鄰釋憾周相公似能遵稟免致悔尤既知蘧瑗之非必息廉頗之怒一帶水永除多梗九重天實鑒忠誠自此日聆雞犬之音風識馬牛之性往來無壅彼此相成斯皆將軍遠贊膺慈旁均和氣共成美事但荷深仁特辱芳緘過垂虛奬銘戴懇惕豈任下情

第二

特垂寵示過辱奬詞竊知將校官寮三軍百姓共陳衆狀請發奏章以爲煙塵自起於四郊塗炭遍加於九野唯有斗牛之境稍無戎馬之交此實地分所招天心見庇盖承黎之福也何功力之有焉豈料將軍過聽衆詞助成美事欲煩録奏特賜傳言然以拙政而誘群情以虛言而干聖鑒固爲不可實所難當伏惟終寢奏論俾速官謗便同受賜非敢矯言伏惟允察云云

第三

特辱華緘猥傳吉語初驚善讓終荷深仁某每省庸虛過沾寵寄未能報主豈至封王雖漢代諸侯亦流恩於異姓而周書列爵須示賞於殊勳曾無剖竹之聲詎有分茅之望既非實譽必恐虛傳但慙眷私兼敢陳謝云云

前左省衛增常侍

忽奉榮緘特垂善謔宣父則欽遵三益老君則唯贈一言仰銜成我之恩但抱起予之歎自常侍遠勞仙騎俯顧弊藩竊承久陟道途倦乘軒蓋戀德而披雲尚阻懷誠而啓露未期每憶笑談莫勝飢渴其也早以勤行至道唯希翊贊聖朝張良正遇於漢恩敢言絶跡范蠡未除其越耻誰欲逃名非求八百歲以成春但讀五千言而勵節幸無大故且恕小瑕方顧惠然肯來豈將率尒而對云云

泗州于濤尚書

蠢彼徐戎聚茲餘燼敢侵貴境再逞姦謀只應夾就誅夷固可立期撲滅況尚書德超定國威跨栗磾妙略防危實知孺子可教强隣結憾是表忠臣不和去年既振雄威今日更資茂績此已徵駈衆旅赦援仁封永言牙爪之勤須託指蹤之妙願諧群望暫屈長才輒敢請充都指揮使仰俟一呼之命同成九拒之功冀擢兵權早熸寇黨得脫齊桓之耻唯憑郤縠之賢伏惟眷私深賜照察

第二

昨者竊聆有拔城之議遂申忠告冀保遠圖伏奉迴緘得窺深旨且徐戎肆虐固非楚子之能泗俗懷忠不比蕭人之怯欲謀自潰何謂克終雖云有慮於防川豈可潛思於坐井某近奉詔旨頗促軍期即得經過貴州便可剗除寇壘未見殷輪之苦且更勉旃其於浚釜之言已承命也他具前狀此不繁陳云云

桂苑筆耕集卷之九

桂苑筆耕集卷之十　別紙二十首

魏博韓侍中一首　鄂州崔大夫一首
考功蔣郎中一首　前泗州鄭常侍一首
新羅使朴員外一首　蕭相公二首
田軍容一首　都統王令公一首
浙西周相公一首　前宣歙裴尚書一首
幽州李太保五首　徐泗時司空一首
田軍容一首　振武赫連尚書一首
幽州李大王一首

魏博韓簡侍中

一自黃巾壮侵翠輦西幸蝗無避境蟻已壞堤內無宮闕之灾外結藩維之耻諸葛爽者豕食難飽豺聲易驕却躡迷途敢凌貴園侍中手駈虎隊心閱豹韜一陣纔施三城遂復雄功始建冊命俄臨永爲壮士之盛談别作諸侯之美事某昨欲剖巢燻穴久爲滓甲勵兵及出師徒又蒙詔旨且令利權山海鎮壓江淮一狃國讐先資邦賦然其奈夜眠軍幕寤想横扰上之戈曉掛戎衣雷吼匣中之劍終願親揚勇略靜滅兇徒伏惟鑒察

鄂州崔紹大夫

遠蒙仁私特示表薦其於歎仰無以喻陳其夙練戎韜願裨王略不愧於管天雖地猶勤於撮壤道消遂敢累貢忠誠冀迴聖鑒儻或六龍下峽豈同五馬渡江中朝之禮樂無虧下武之功猷斯在果蒙天恩於宗族贊以表章過垂華袞之褒益睹彩毫之妙古詩云不惜歌者苦但傷知音稀今日知音幸遇之矣然榮示中媿茂弘之德業齊越石之機謀自顧瑣才何當虛譽今則王導清望已推於首座相公劉琨至誠亦付於襄陽僕射必期英鑒永察愚衷云云

考功蔣詠郎中

特勞專介忽辱榮緘過垂軒冕之褒永寘巾箱之寶實慙彼已豈敢當仁郎中學士暫避艱時偶勞僑跡今者官清司績職峻集仙麟趾殿中久侍鵷鸞之客鼇頭階上則親吐鳳之才豈唯舉四善之精詳蓋必倫九重之顧問鋪陳組繡演暢絲綸則也虞夏商周之書重行聖代蕭曹魏邴之位更屬何人詎可守三徑之寂寥慮千山之險阻許垂訪別專冀祗迎伏惟眷私幸賜鑒察

前泗州鄭廉常侍

竊以寇戎未殄士卒多驕凡曰郡侯實難政理纔得上和下睦猶爲朝是夕非況福乃儻來禍惟不測但無慙於屋漏亦何累於國恩然而常侍蓋切奉公匪踈撫士雖云驚擾終免侵傷有以見爲政無私當仁有裕伏承已離泗水始及淮山捧閱来緘備諳徃咎其於瞻仰胡可弭忘然則郡守懸魚既繼古人之節塞翁喪馬可寬達士之懷云云

新羅探候使朴仁範員外

忽奉公狀備睹忠誠慰愜欽依但增衷抱員外芳含雞樹秀禀鼇山來登天上之金牌桂分高影去陟日邊之粉署蘭吐餘香今者仰戀聖朝遠銜王命捧琛執贄棧險航深能獻欵於表章欲致誠於官守雖無奉使難在此時九州之侯伯傾心萬國之臣僚沮色幸来熒鎮得接清規況奉貴國大王特致書信相問将成美事不惜直言儻員外止到淮壖却歸海徼縱得上陳有理其如外議難防無念東還決爲西笑聖主方深倚望賢王佇荷寵榮道路亦通舟船無壅勿移素志勉赴遠行峽中寇戎或聚或散此亦尋令防援必應免致驚憂且過鬱蒸可謀征邁館中有闕幸垂示之所来探候事已令録表中奏敬惟鑒察

蕭遘相公二首

其累貢表章請議巡幸忠誠屢罄宸聰未迴輿保始
終再陳利害匪望河陽之狩願迎汾水之遊竊以諸
道賦輿皆遵峽路多是僦五致一蓋已萬水千山後
綱不繼前綱所貢不如所費況近者西從蜀國南至
荊門似有微虞恐遺巨患忽若草冠侵擾江陵阻艱
則榛梗既多苞茅莫入或更蠻戎伺隙必令越嶲勞
兵逆柱觸楹防微可誡行舟墜劒執滯固難某以孝
子不諛其親忠臣不諂其主遂陳狂瞽遠黷聖聰唯
望略迴龍舟暫遷鳳里庶使九州修貢不愆任土之
宜四海歸仁盡遂朝天之望且賊巢兇狂聚衆熾黷
經時縱能早覆妖巢豈可便迴法駕淮南乃寰中俗
富閫外名高喻以金甌永無虧缺比於玉壘實異繁
華伏惟相公居注意之朝處沃心之位周成王之卜
洛始託姬公晉元帝之渡江終資仲父早申決議仰
贊宸衷能成可久之規盍表無私之德某頃在西川
制置及於南詔通和雖爲先察於微豈欲驟稱其伐
但緣相公皆垂目驗不敢面欺則今日荊蜀灾星未
能退舍吳楚福地實可遷都事歸從權化資垂拱永
致一家之理必輸萬里之誠某言不近誣志唯遠慮
非棄日官之業冀乘天子之恩幸望國僑無譏裨竈

謹以具表陳請訖伏惟

第二

伏以物忌太盛器滿必傾自古有言至今爲誡苟或
不能知止但欲貪榮則有折鼎足之虞炊劒頭之險
某每念遭逢聖運紹續舊勳北定羌戎南征蠻蜑東
降齊盜西建蜀城高提三尺之權粗展四方之志然
自煙塵聚孽原野宿兵邑無敢闚之全材先叨統師
詎有縱橫之令榮兼領利權而乃不能首唱義聲身
先銳旅殲奔鯨於海澤逐猘犬於秦關遽及火熾祠
篝塵驚御輦遠聆巡幸便議征行但以每當誓衆之
時即奉止軍之詔雖自始終勵節其如進退失圖華
元興城者之謳子產致國人之謗乃有漸侯構隙沛
將加兵三年已來二憾不釋蜩螗競噪蚌鷸相譏厚
誣而巧弄舌端顯奏而亂搖心曲求刺舡而不暇想
投杼以難逃伏賴相公照以秦臺調之伊鼎察郗公
之愬鄭伯解晉帝之疑石苞免桂刑章尚釋寵秩既
蒙明洗誠合淬磨更修克己之心永竭勤王之力直
以松筠不改雖自保於堅貞蒲柳先秋遽已傷於衰
暮筋骸漸憊志氣潛摧縱欲自強終憂不逮今者幸
遇上京已復大駕則迴麟閣龍吟固息興妖之慮故

牛歸馬實迎偃武之期某也既在清時誠爲棄物况縈沉痼深負壯圖攬鏡無憀投簪是念豈慕祈奚請老尚處宂負唯思范蠡覺閑得行素意乞解所職自卜爲宜伏惟相公選士惟賢退人以禮俯矜羸某特賜允從雖慚未遂報恩免更久爲尸祿仰干陶冶敬託箴毫始知調悉聲哀唯愧詞窮理盡伏惟俯賜恩鑒

田軍容

某慙無術略久竊榮寵提漢法之重權陟秦官之極品莫申展效何贖貪叨况自冦盜奔侵京都陷覆久守咽喉之寄不成毫髮之功雖兵柄既多固難措手而君恩未報實切靦顔况乃室怒潛興鄰讐競起陸遜徒稱其佳吏崔暹終慽於癡人顯奏相誣多言可畏幸蒙軍容推心庇護極力保持雖遭貝錦之詞免陷織羅之罪祗合以戀軒恩幄榮寨磨鉛畢命爲期在公無倦但緣攝生罕妙從役久勤齒髮既衰精神亦耗少私寡欲敢言君子者乎多病覺閑方謂古人是也智力不可強進寵章不可濫行實覺妨賢只宜求退今者爾清鳳闕撲滅梟巢櫜弓矢以銷兵永除戎備垂衣裳而致理廣任賢才如某者寒灰罷燃晉井誰顧往歲之南征壯伐雖忝當仁此時之尸祿素飧逾慙非據既失行驅十乘豈能卧護六軍輙貢表章懇辭爵位伏惟軍容察以有犯無隱之義難進易退之規仰贊帝俞俯從愚願敢有脅肩諂笑固無沒齒怨言幸逢四海之昇平願指一丘而養老干黷清德兢惕實深伏惟云云

都統王令公賀冬

伏以律管潛吹星躔改候觀臺望瑞雲物呈祥伏惟令公每布祥雲常懸愛日三軍彍弩挾楚纊以忘寒五夜枕戈擁㺚衾而達曙必資景福早建殊功雅當肅殺之時便遂討除之勢四方聳耳佇聆大捷之音萬乘傾心永致中興之運某末由陳賀但切禱祈

浙西周寶司空

伏以禮慶履長傳標視朔夷夏契混同之運乾坤叶交泰之期伏惟司空相公浙水流恩吳山變俗既睹趙良之日永洽物情願親傳說之星早環帝座末由拜賀但切禱祈云云

前宣歙裴虔餘尚書

伏以禮稱迎日傳載書雲當裳中賀聖之晨是水外寢兵之際宜陳善祝仰薦殊祥伏惟尚書政報褰帷

慶賫渥席已捧徵黄之詔固諧夢説之期人仰板輿羡老萊之榮養帝留金鼎待伊尹之來調某雖戎律拘身而清覲在想未由拜賀但切禱祠

幽州李可舉太保

碾玉排方腰帶壹條并金魚袋壹枚金花銀合盛重一百六十兩

右件腰帶體資廉潤功就琢磨雖慙鄂坂之金稍勝延陵之縞珪璋比德宜親佩劒之腰霜雪呈華願近生松之腹動則金童躍鯉静乃寶匣盤龍既當屈以求伸唯望服之無斁謹專寄獻遠表依攀伏惟恩私特垂檢納

銀結條燈籠一枚承燈盞白盛荷葉一茶木匣盛金銅鏁鑰並全

金花平脱銀裝硯臺一具垂鈉香囊五枚茶木匣盛金銅鏁鑰全具

金花平脱銀裝硯匣并硯几一具銀硯水瓶等四事硯几在第二內

右伏以持異物而奉異人嘗聆斯語覽遠書而愧遠客亦驗古詩志常切於攀鴻事不慙於獻鵠每逢珎玩則繫懇誠前件燈籠硯臺並鑄鑠成功披砂潤色運巧而靈絲綴藻標奇而霞纂雕華高懸謂雲蓋浮風遥視疑露盤含日龍膏豹髓偏宜卜夜於歡筵鳳

筆鵝牋亦可依仁於末席加以謝囊分掛孔硯深藏虗心而只待含香蘊器而終能處默是敢徵羡言於舉燭寄微慊於濡毫伏惟無恩宋發葛籠僻敦儉約或逞張地草聖許近恩輝必可遠耀九光深滋五色賜飛蛾而救物仁化弥彰研含麝以傳書德馨增馥非無所揀粗有可觀必望眷私俯垂容納幸甚云云

金花陷銀柘裹合大小共三具

銀接頭紅牙匙筯一十對

犀托子四隻已上大合內盛銀裝茶椀四隻在中合內盛

犀楪子二十片在小合內盛金花銀脚螺盃一隻

右件匙筯犀合茶椀螺盃等雖愧金璽粗勝棘七鈿玫瑰之表異固讓魏銘詠玳瑁之摽奇敢徵潘賦所貴者煙排翠點霞染纖條掌握增榮不慮劉使君見失指蹤任意或希柳御史自攜况乃水族殊姿天成雅器永免蜘蛛寄跡能將鸚鵡齊名稍謂珎奇遠思寄獻伏惟静籌帷幄許接罇罍對郭隗於高臺深傾露液遣甘需於仙關勝醉霞漿伏惟恩私特賜檢納幸甚云云

織成紅錦緞壁兩條　駿子錦三疋
被錦兩疋　西川羅夾纈二十疋
真紅地綃夾纈八十疋
右件緞壁錦纈等龜城傳樣鳳杼成功張廣幅而宛
見虹舒疊綵繒而免懸鮫織雖五千里之誇步障則
難可爭先而四十疋之製衣則或堪入用亦異偕
會稽守晝行之服擬平津侯夜寢之衾不咎輕微特
垂容納干浼斯甚兢懼實多云云

安南開海路圖一面

西川羅城圖一面　并八幅紫綾縁

右竊以事畏人知功懃自銜孟側奔殿終著美於魯
論鄒至騶稱果興譏於晉乘妍蚩可鑒今古何殊頃
者銅柱南標金墉西建開八百里之險路則雲將驅
石雷師劈山築四十里之新城則水神湊泉地媼供
土蓋乃感忠誠於上鑒標壯觀於外藩敢言簡在帝
心實匪率由人力今則八蠻歸化萬乘省方既能有
備無虞亦所當仁不讓去年嘗傳雅旨欲覽微功乃
徵於墨妙筆精遍寫彼長途峻壘宛如縮地不止移
山遠遣寄呈略希展閱必謂桂陽衛颯誠瑣瑣焉亦
知蜀國張儀是區區者恃深眷而不拘小節邀壯圖
而無謗大言伏惟云云

徐泗時司空

物色

右伏以縞帶紵衣魯史乃先其所出投桃報李周詩
用表於相知永言沼沚之毛豈讓琅玕之寶蓋防闕
禮只貴申誠前件物等雖曰土宜亦由波及實慙華
麗況至尠微難把八行盡寫傳心之語唯憑一介聊
陳藉手之儀伏惟眷私特賜撿納云云

田令孜軍容送器物

右竊以氣噎未銷道途尚梗久乖專信略達微誠每
憂於遠莫致之不敢以多爲貴者前件器物貨非難
得器實易盈雖慙鏐銑之名願接鑄罍之列輙將寄
獻遠表依攀伏望無掛意於四知幸流恩於一諾特
垂容納云云

振武赫連鐸尚書謝馬狗

右特蒙眷知遠有惠賫無庾亮的顱之害有陸機黃
耳之能敢謂倫於左牽右牽實爲馴於執勒執緤寧
唯致遠況解防姦既驅策之有期固指蹤而無失仰
承重貺倍荷殊私末有報酬益多愧悚伏惟云云

幽州李可舉大王

青氈帳一口　金銅裝鉸具

右伏蒙恩私特賜惠賚委之專介衛以壯夫遥陟危途得張官舍不假棟梁交構能令户牖令開出觀則一朶蓮峯入玩則千重錦浪加以頂標曉日額展晨霞静吟而翡箔摇風俯視而地衣鋪雪舒卷皆成其壯觀行藏永佩於深仁莫不衒沙漠之奇摸駭江淮之衆聽卧龍竊譽固當高枕無憂虜豹成功必可運籌決勝唯期尅捷全賴庇庥荷戴所深啓陳何及伏惟

桂苑筆耕集卷之十

桂苑筆耕集卷之十一

都統巡官侍御史内供奉崔致遠撰　檄書四首書六首

檄黄巢書　招趙璋書
告報諸道徵會軍兵　告報諸道徵促綱運
荅浙西周司空書　荅江西王尚書
荅徐州時溥書　荅襄陽郄將軍書
浙西周寳司空書　浙西護軍焦將軍書

檄黄巢書

廣明二年七月八日諸道都統檢校太尉某告黄巢夫守正修常曰道臨危制變曰權智者成之於順時

愚者敗之於逆理然則雖百年繫命生死難期而萬事主心是非可辨今我以王師則有征無戰軍政則先恵後誅將期尅復上京固且敷陳大信敬承嘉論用戢奸謀且汝素是遐甿驟爲勍敵偶因乘勢輒敢亂常遂乃包藏禍心竊弄神器侵凌城闕穢黷宫闈既當罪極滔天必見敗深塗地噫唐虞已降苗扈弗賓無良無賴之徒不義不忠之輩爾曹所作何代而無遠則有劉曜王敦覬覦晉室近則有禄山朱泚吠噪皇家彼皆或手握强兵或身居重任叱咤則雷奔電走喧呼則霧塞烟横然猶暫逞奸圖終殲醜類日

輪閣輾豈縱妖氛天網高懸必除宄族況汝出自閭閻之末起於壠畝之間以焚劫爲良謀以殺傷爲急務有大愆可以擢髮無小善可以贖身不唯天下之人皆思顯戮抑亦地中之鬼已議陰誅縱饒假氣遊魂早合亡神奪魄凡爲人事莫若自知吾不妄言汝須審聽比者我國家德深含垢恩重棄瑕授爾節旌寄爾方鎮爾猶自懷鴆毒不斂梟聲動則齧人行唯吠主乃至身負玄化兵纏紫微公侯則奔竄危途警蹕則巡遊遠地不能早歸德義但養頑兇斯則聖上於汝有赦罪之恩汝則於國有辜恩之罪必當死亡

無日何不畏懼乎天況周鼎非發問之端漢宮豈偷安之所不知爾意終欲奚爲汝不聽乎道德經云飄風不終朝驟雨不終日天地尚不能久而況於人乎又不聽乎春秋傳曰天之假助不善非祚之也厚其凶惡而降之罰今汝藏奸匿暴惡積禍盈危以自安迷而不復所謂燕巢幕上漫恣騫飛魚戲鼎中即看燋爛我緝熙雄略糺合諸軍猛將雲飛勇士雨集高旌大旆圍將楚塞之風戰艦樓舡塞斷吳江之浪陶太尉銳於破敵楊司空嚴可稱神旁眺八維橫行萬里既謂廣張烈火爇彼鴻毛何殊高舉泰山壓其鳥卵

即日金神御節水伯迎師商風助肅殺之威晨露滌昏煩之氣波濤既息道路即通當解纜於石頭孫權後殿佇落帆於峴首杜預前驅收復京都剋期旬朔但以好生惡殺上帝深仁屈法申恩大朝令典討官賊者不懷私忿諭迷途者固在直言飛吾折簡之詞解爾倒懸之急汝其無成膠柱早學見機善自爲謀過而能改若願分茅列土開國承家免身首之橫分得功名之卓立無取信於面友可傳榮於耳孫此非兒女子所知實乃大丈夫之事早須相報無用見疑我命戴皇天信資白水必須言發響應不可恩多怨

深或若狂走所牽酣眠未寤猶將拒轍固欲守株則乃批熊拉豹之師一麾撲滅烏合鴟張之衆四散分飛身爲齊斧之膏骨作戎車之粉妻兒被戮宗族見誅想當燃腹之時必恐噬臍不及爾須酌量進退分別否臧與其叛而滅亡曷若順而榮貴但所望者必能致之勉尋壯士之規立期豹變無執愚夫之慮坐守狐疑某告

招趙璋書

都統大尉馳問趙璋古人有言曰大廈成而燕雀相賀湯沐具而蟣虱相弔審其賀之與弔由彼依之與

違且爾同惡相成興謀斯搆遽爲犯順尚敢偷安今我水陸徵軍天人助信久審風雲之會遠揚雷電之威即當行展豹韜立擒梟師剋收城闕靜剗烟塵想計爾曹具知吾意但以先春而後秋者天之道重賞而輕罰者君之恩遂乃馳吾咫尺之書問爾方寸之事爾等依憑大憝猾亂中朝罪已貫盈理須誅剪然若黄巢狠性能改雄心自新望其國封建彼家社數葉可超今邁古恩榮可付子傳孫必爲致之速相報也如或螗蜋努臂猰貐磨牙輒欲拒張必當撲滅爾須審詳至理勸誘元兇欲令天下知名早申忠節柰何草間求活終作叛徒况居成巢之中即在覆巢之下死生有命禍福無門唯審是非可知成敗所謂燕雀相賀蠛蠓相吊實在於知與不知順與不順良時易失嘉會難逢生爲有害之人死作無知之鬼深可恥也深可痛也勉惟去就早剖指蹤悉之

告報諸道會兵書

中和二年五月十二日具銜某謹告某州府節度使逆賊黄巢自亂天常亟移星律縱使擢其賈髮諸罪難窮未能眷彼狄喉稔奸斯極神誅可俟鬼怯何遁而敢鴟張鳳城熊據龍闕至於五尺童子猶欲請纓况在四方諸侯忍爲授袂偶屬朝廷密施廣畫先倚甸侯不勞十道徵驅必謂一麾蕩定豈料軍令雖殊於兒戲將名莫驗於童謠未暇搴旗旋聆反旆遂使犬猶狂吠猿不驚號徒招亂寇之譏孰擅弭兵之譽聖上蹔飛日馭親省風謠蔭睸行恩睿慮則雖勞罪己纂蹕結望羣情則却恐後予然而自幸龜城久停鑾輅秦雲遠隔蜀柳再芳每興霜露之懷聖情可想未滅烟塵之患臣節何安某去年羽檄先馳牙璋後舉唱義聲於遐邇養勇氣於偏裨於是廣徵陶侃之舡久握辛毗之鉞畫鷁齊飛於雪浪檣烏高轉於烟空必欲帆張曉風旗褰夜月纔離楚岸便到漢江直驅背水之師永破滔天之孽而乃未施豹略頻降鳳書已知諸道進軍不許遠藩離任詔旨云爲朕全吳越之地遣朕無東南之憂是以再閱綸音遂回組甲盖乃仰遵帝命固非敢緩師期今則萬里專征誰能奮翼三年縱敵尚許磨牙賊巢雖戲鼎中已居机上掘尾狗子輒曾發狂斷頭將軍雖可釋嫌某幸忝握兵之要固當仗義而行近奉詔條遍徵戎旅一呼巡屬四集驍雄不唯被練三千實有控弦十萬已取今月十八日部領兵士發離本鎮必得直趨泝道徑入潼關立

剗梟巢去迎鑾駕引舜風之無外覩漢日之再中況
都統王令公暗運智機別揚戎柄已提勁卒即展奇
功足可相應軍謀共興王略諸道自從賊盛皆峻官
榮尸爲食上之毛盡思効命翊乃荷天之寵豈合安
身且大丈夫之在世也壯氣難申良時易失苟或美
事讓他人之手殊恩負聖主之心則莫測肺肝何施
面目固應各勤訓練同願誅鋤瞻帝輦而魂飛擁戎
軒而膽裂早着行色勿懐兒女之悲須把戰勳永作
子孫之福謹告

告報諸道徵促綱運書

謹告某州節度使夫忠於國者無以家爲是故漢代
徵臣有傾産助邊之請魏朝烈士有舉宗陳力之言
況乃邊寄榮身兵符在手遇大朝之多難見上宰之
蒙戎而不能役致泛舟令行挈畚使戰士猶多飢色
將軍未獻捷書但忝分憂實爲忍恥某昨從中夏再
集大軍不憖素飽之名已讋無譁之衆仍差都押衙
韓汶先賚金帛百萬疋救援都統令公軍前既紫運
舡將扣飛檝言遵汴道徑指圃田必值徐戎來侵淮
口扼斷河路攻圍郡城近者又擁兇徒直衝近境敢
憑蝟結欲恣鯨吞當道既見阻艱暫須停駐遂乃揀
徵驍勇往討頑兇佇靜封疆便登道路必可豁通綱
運廣備供輸行稱東道主人非無意也立斬南陽太
守竊有志焉諸道久荷深恩各居重任縱以家門寶
貨猶合贍軍況將州縣賦輿豈宜壅利其宜武忠武
天平昭義泰寧平盧河陽等道盡獲雄師咸從統命
其依饋運各已通流其浙東浙西宣州江西鄂州荊
南湖南嶺南福建等道今欲踰年未聆發運若由水
路須入汴河如此稽留何因濟集必計杜鑯美化適
得人必任峻奇謀兼施兵力速請同勤饋輦繼發綱
舡齊至都統軍前早期收復京闕其徐州實爲國蠹
豈止鄰讎盍以天暫容奸地猶聚悪昔爲寵勛叛亂
早合瀦宮昨因時溥猖狂更宜塗地偶屬朝廷未誅
大憝不問小瑕貴悅軍情驟加爵賞而乃時溥因遵
詔旨尚搆奸謀去年曾犯淮山今夏又侵泗水乃作
黄巢外應久妨諸道進軍先須剗當路之豺狼後可
殄壞堤之螻蟻冀使隋皇新路楊柳含春無令漢祖
舊鄉荊榛撲地凡承寵寄共察悃誠謹告

答浙西周司空

某自忽覽來示驚憤兩深是何見事之乖如此發言
之過且趙公約者背軍逃走行怙追擒還投跡於貴

藩遂偷生於逋藪今則異端斯搆細作爲名若能懷上士之心豈可信下人之口譚何容易事不酌量來示云位極上公權尊都統別興異見遽起他謀以何悔尤欲爲燒劫此乃稍殊雅責僅涉譏詞鼠尚有皮蓋譏無禮駟難及舌亦誠慎言豈是不爲虐乎誠非所可道也司空晚歲縱不以學識爲從事儁才亦合以智謀相贊虛成唱飯難望和羹未諭是非須陳本末具標五信無貯一疑且此三世立功無非報國四方出鎮曾不安家身持將相之權手握恩威之柄豈獨撫淮邊之俗終期安海内之人方切緝綏何言侵伐其可信而不合疑者一也況今黃巾尚熾翠輦未歸方驅貔虎之師欲破豺狼之窟遠離樊鎮深託善鄰臨危而猶冀依憑守靜而更除損害其可信而不合疑者二也司空早聯中外永保初終言既馥於芝蘭操彌貞於松桂曾無釁隙每有音書偏深魯衛之情永絕張陳之事其可信而不合疑者三也浙西始爲交代未得多時陶公之官柳誰移召伯之遺棠不讓至於賊壘猶將信義招降況是舊藩豈以兵戎侵逼其可信而不合疑者四也昨自師過江浦令肅雪霜軍門則擊柝夜嚴行路則銜枚晝靜豈有任從海則登舫趙公約則隔籬通報既不難爲揩麾又何易得直至上流嘉客不暇接迎是何下等健兒敢來親近其可信而不合疑者五也粗中大較可察中心何乃憑叛卒之讒詞失賢人之事體以此陳奏聖主以此傳告諸侯非我無辭是誰有過細尋來旨莫測責懷爲當老耄所侵末年多變爲復狂速偶作忠節遽乖夫耳不辨五聲曰聾目不分五采曰昧司空久當重寄已謂元臣因何妄發誇言或似自懷逢性不知彭寵此時有按劍之疑却恐廉頗他日無負荊之處噫將帥則空榮列土君王則尚遠蒙塵更無匡復之誠唯有猜嫌之事祇隔一條水脉便興萬種風言必討心虛遂成口實大凡獻酬以禮來往爲書理失其中事生非小且須審諦勿恣豪強於此難盡私誠其他備載公牒無遺後悔併棄前功某白

答江西王尚書

十二月六日某白閤下遠損長書深貽善諭一覽而發皇耳目再窺而驚越神魂是何詞彩之彬彬能致言端之懇懇既知約我以禮方信起予者商況乃事徵於羑里聖人道媿於首陽義士切磋雖全刻畫何勝敬佩良箴專銘鄙抱然慮虛聲易應真寶難知矣

唇吻以鑠金衆皆妙手拭瞳眸而辨玉多是情言苟非原始要終則必唱予和汝是以略陳梗槩用察根源匪欲廣援古今所希暫曉左右僅同伐善豈免與懟君其審之僕所望也僕與浙師周司空早於鳳里相識亦爲鴒原往還接載咲載言之時展如兄如弟之分況作建旟交代真爲結綬相知既睦比鄰羅窩外戶江南江北祇闕行春三楚三吳盡喧來暮方謂憑我友歲寒之節解吾君宵旰之憂豈料蒼鳥高飛翠華遠狩僕以久叨重寄便泱專征偶緣兵力未加人心尚彌遂於春首先發羽書仍請都統判官頓雲協律議共成之事謀相見之期固非闕被廬之軍徵夾谷之會實欲親謀歃血方寫痛心若能接濟師徒粗得振揚聲勢而乃周司空却自棄同即異不能捨短從長忽疑惑於羅池謂矜誇於踐土便見戒嚴城壁阻塞津塗攤猜嫌而信有小人遺故舊而曾無大過僕雖逢彼怒但守吾真及至中夏出軍外方多事冀安襲鎮剏倚近鄰又合幕客過江請爲都統副使豈衒弓旗之禮邀辟元戎祇憑鈇鉞之威撫綏迸境周司空確乎阻意莞爾興譏不從囙請之言自悟有餘之刃頡移曩頗但積沉猜見此初屯下瀨之師未設中流之誓猶淹水道久候天風軍聲既振於四鄰人意自防於兩岸偶有背軍官健趙公約者走投浙西鈎以巧言搆爲細作便豁長牒妄說異端其書云位極上公權尊都統别興異見遽起他謀以何悔尤欲爲燒刼僕以趙襄子之忍辱念茲在茲藺相如之愼微有始有卒遂馳書牒具述事情聞司空尚簽惡言自懷怍色與宣護景虔貞孫師時溥者暗資積釁相應密謀各興梗路之兵戈遞告沿江之郡邑以至練成戰陣鎖斷征途僕若不辭險阻之虞必致殺傷之患坐甲而未期破竹迴車而用待負荆尋屬縱奉綸綍不令離鎮遂驅組練却已班師雖云帝命斯遵實乃鄰兵所阻彼宣州者亦有所因春初寇犯黟州勢侵旬水況值前廉已去新帥未來既無禦捍之權恐落奸兇之便遂差押衙馮綬暫令安撫郡城蓋緣曾奉詔書特許便宜從事凡於制置得以指麾景虔貞常侍菽麥不分蘭蕕莫辨謂言專輙遽有侵凌殺害軍人刼掠財物憑綬幾臨死所劣得生還自此晴國惡興謝城信絶將援彼鼠其如有礙之時欲僨於豚又是無端之事且爲含忍未及通和必知構彼織羅巧成貝錦傳之于遠誰曰不然噫滔滔者天下皆

同君子所恥泛泛如水中自樂壯夫不爲但問事之
若何則知曲之在彼今則特垂教督益驗奬憐自緣
有理可申豈便無辭以對固非飾過不敢憑虚莊生
不云乎其智適足以知人之過而不知其所以過若
非辱殷勤之旨何以息睚眦之詞僕也不能嫉惡如
讎唯以用和爲貴但以賢愚共惑本末未彰復書而
不覺詞繁比事而終慙理短身修三省勉尋曾子之
規心敬一言永裿伯陽之惠幸垂鑒志某頓首

答徐州時溥書

六月十六日某白僕射足下特辱長牒仍移公牒細
詳來旨頗涉多端有同戲以前言無乃驚於衆聽雖
倚兵強力壯其如作僞心勞且泗州舊隸仁封新標
使額固非郡守專輙葢是朝廷指揮爲在頃年獨全
忠節遂編名於防禦永傳賞於驍雄近者久結鄰讎
葢遵國典獨行直道固守危城嘗膽爭先斷頭非吝
此亦古人云寧爲忠鬼不作叛臣之義也況于尚書
有定國恩威有栗磾武勇自安疲俗甚洽羣情每將
勾踐單醪均沾無黨不獨臧洪薄粥分啜有餘固當
散三年之儲充一日之費宜能敵衆安可待勞豈比
於緊室反耕杜門却掃者哉忽覩來示云泗州獨阻
淮河自牢城壘使四方多阻諸道莫通而又每於朝
廷妄爲訕謗今有城中將校潛來計圖請少振兵戎
即便期開奏者大凡人事莫若自知足下去年忍携
不禁求榮煩切暫奮横行之氣果成順守之權是以
累受國恩遽膺藩寄豈可尊身忽物是已非人偏致
嫌於蘭生終歸過於季氏其於淮河久阻道路不通
皆因貴府出兵不是泗濵爲梗是非可辨遠近所聆
去歲夏初早蒙侵伐呼蟻軍於漣水拒虎旅於准山
此縁將援親仁難逃善戰爰謀薄伐用救倒懸君異
荀吳莫振受降之譽僕慙吕布有鬭解鬭之言泗州
以實奏陳豈爲謗讟僕也雖慙知已嘗敢薦賢亦曾
錄詔寄呈必合垂情見悉誰料既踰望始翻起釁端
甲兵繼興疆場頻駭所云泗州城中將校頻來計圖
此乃巧飾虚辭徧行長牒盡知譎詭孰肯詭隨朝廷
以足下身處雄城又多餘地委摧綱運興濟權宜但
自戢斂兵車必得通流饋輦今則却云奉朝廷意旨
收徐泗封疆廣出師徒難窮事意必若足下訓戎勇
銳報主忠勤何不親總全軍往殲巨憝早立非常之
効以酬不次之恩而乃知僕再次西征即謀壯渡便
侵泗境來犯淮壖負國家之寵榮擗州縣之患害幸

其賊勢阻此師期未諭雅懷何辜聖獎言但繫於技
藝事莫究於根源來示又云比皆廬州海州皆爲背
叛累來投欵不遺措詞者強謂恩情形於書札顏雖
不厚心且何安彼東海廬江偶聚奸惡異端斯起既
非鄭有人焉同氣相求盡是跖之徒也足下已居重
任不徇危謀自守詔條何煩飾說僕累將軍食頻救
臨淮爲分逆順之蹤令保始終之志實以泗州曾非
犯予之無禮亦類展禽之有詞每當告急告窮唯以
行仁行義唯望足下暫息餘怒深量遠圖且先報國
之誠無忘伐鄰之後兼觀詔書獎諭請與忠武協和
足見厝情俾銷微憾在於臣子合更慎思求將安撫
氓黎速自追迴士卒苟或上負君命下違物情隅礙
征途侵凌近境則亦難辭借一用試當千必見傷禽
易驚困獸猶鬬悔須防後險已居前矧乃泗州以扼
御爲命貴鎮以戢兵爲務泗州則唯遵王化貴鎮則
虛搆牒詞以較否臧可知曲直是敢遠申忠告冀絕
後誣正當聖主蒙塵未除禍難何忍諸侯列土更起
兵戎猛發忠言懶爲諂笑勉思大體勿暴小瑕必因
此日所箴卻得後時見謝幸從誠信無損功名某官
某頓首

答襄陽郄將軍書

中和二年七月四日具銜高某謹復書于將軍閤下
某側窺前史嘗慕古賢贈人以至言則老聃垂誡成
我者良友則管仲知恩但恨季俗寖訛芳規僅喪豈
期今日得覩餘風將軍唯恐掩瑜欲令磨玷特勞彩
翰遠辱長牋初尋歸美之獎詞汗驚淚背後覽扶危
之箴諭淚迸沾頤既乃粲然可觀焉敢率爾而對輒
憑臺素仰疏血誠終冀恩私略垂採覽幸甚幸甚某
自去年春知寇侵秦甸帝幸蜀川欲會兵於大梁遂
傳檄於外鎮練成軍伍選定行期便被武寧忽興戎
役先侵泗境後犯淮壖聲言則狼顧舊封實意則鯨
吞鄰鎮長驅猛陣直犯近疆是以分遣偏裨果殲兇
醜及當中夏乃出大軍既知其壮路阻艱遂決於西
征利涉尋奉詔旨云卿手下甲兵數少眼前防虞處
多但保淮南之封疆協和浙右之師旅爲朕全吳越
之地遣朕無東南之憂言其垂功罔亦不朽某以兵
機固難自滯君命有所不從已事征行必期進發占
風選日只欲奮飛又奉七月十一日詔旨云諸道師
徒四面攻討計度收剋旦夕可期卿宜式遏寇戎饋
輦粟帛何必離任則是勤王或恐餘孽逋逃寂要先

事布置以此再承綸旨遂駐舟師唯廣利權宜供戎費殊不知進退唯命是從無虧却被近鎮讒誣聖朝猜慮食駃騠之良肉何敢望馬絆騏驥之駿蹄無能爲也遂使忠誠未展睿獎難期非敢自辜海內之人心但養淮壖之兵力詢之於理良有所因將軍以泗州舊屬彭門謂某妄爲占護必慮未詳狡計或探浮詞且徐州昨自倘張更無戢斂威權既盛暴虐轉深見某自五月初再謀征討已排勁卒欲援令公兼差都押衙韓汯先喪一百萬貫救濟都統軍前盡載舟舡將臨道路又與兵甲來擾疆隅把斷淮河簇成寨柵是以行計猶阻羣情莫安細察徐州所爲是作黃巢外應不然則何以每見當軍臨發即將兇黨奔衝又乃執稱泗濱阻絕汴路且臨淮則城孤氣憤劣保疲羸彭門則地險兵強恐行狂悖以茲斟酌可見端倪況無諸道綱舡曾過泗州本路今則皆因此寇却滯諸綱近則浙東浙西遠則容府廣府並未聆饋運何濟急難某見蕤楚師俾誅餘孽一則遵行詔旨救援鄰封二則得靜長淮欲登征路固非貪泗民之租稅排徐師之兵戎蓋分曲直之端將保初終之節泗州二年閉壘一境絕烟織婦停梭耕夫釋耒滿城軍食猶仰給於鄰藩關郡賦與固難徵於疲俗將軍謂其籍其地利構此鄰讎細閱來言難知深意泗州不獨咸通之際得振雄聲曾於天寶之中亦遵直道況于濤尚書政條既舉武略兼精收百姓之歡心得三軍之死力將軍便令棄而不問理復如何徐州實有大憝固非小患若將助虐豈謂輸忠某今所俟者截當道之豺狼奮乘秋之鵰鶚星言夙邁雷擊專征必與王令公腹心見知首尾相應齊驅蛇陣豁展豹韜剋復上京奉迎大駕亦不敢負秣陵之節度爭強弩之功名所冀得繼前勞自防後患使藺相如之謙德不損雄威賈無極之讒徒皆歸顯戮捨此之外餘無所云敬佩良箴豈離愚抱伏惟鑒察某再拜

浙西周寶司空書

昨奉公牒云當道臨淮叛卒過江來投集衆廣場已受降訖三復來示言難不酬且降之爲名其理甚大虞舜之七旬苗格晉侯之三日原歸此皆以干紀亂常起兵動衆緩之則稔成患害急之則摧致殺傷遂假小慈終施大信能敷德化俾革奸兇若有偶聚萑蒲散爲榛梗者共須撲滅勿使晏安今相公牽此鄰寇樂其軍禍莫能嫉惡翻欲惠奸恐乖拔鉞之威虐

衙倒戈之捷且如去年陳儒徒伴唐筭貴鎮封疆僅有六萬餘人宣州日告危慼此時相公何不招諭致令侵淩却見瑣瑣頑兇即自勤勤誘引莫測高旨實辜衆心傳不云乎召 外盜書不云乎爲逋逃主稍詳至理無信虛詞昔漢朝匈奴叛黨來附景帝便欲侯之封周亞夫曰彼背其主而見賞何以責人臣之節以小喻大可量事情況臨淮一郡早從泗上行營及淮邉戰敵每有優賞曾無偏頗自是臨財則競起貪心遇賊則皆無鬬志旋爲逗撓猶與矜寬昨又請換都頭已依衆請殊不知犬易興於狂瘈豕難制於喧豗未盡誅擒便謀奔竄幸且未離近境固合同塞奸源在此既已不忠於彼亦應非利石祁子所云天下之惡一也惡於宋而保於我保之何補其在茲乎況凡鄰府事宜一彼一此互相救援同致安寧是以前年六月中貴鎮有天平潞府元從兵士背叛奔逃數僅百人爲患非小遂蒙移牒請爲追擒當使差都將梁楚部領馬軍所在討襲幷各帖管内諸州令差精兵同力捕逐尋即諸鎮及東塘遊奕使相次收獲三十八人纔見擒來便令押送續得梁楚狀報到濠州界趂及殘孽殺得三十餘人其餘漏網之徒盡以傷弓而走所生擒之兇黨皆就戮於貴藩能致彼之快心實賴此之勞力今則却見臨淮叛卒特向沿江招呼便稱受降仍 補職累牒咨請不送過江寬慝何多養奸斯甚敢言以悉報德實恐在安忘危詩云投我以木瓜報之以瓊琚匪報也永以爲好此乃國風遺訓昭晰可觀相公通仁略賜詳度無自貫天下之戮笑也其他已具迴牒伏惟俯賜炤察

浙西護軍焦將軍書

昨有臨淮背叛兵士誅擒不盡奔迸過江便蒙貴鎮相公特許歸降遍加補署兼移公牒頗搆虛詞既乖七縱之謀誰謂三驅之禮蓋是幸灾樂禍固非撫士安人自古受降之爲義也叛而伐之服而捨之忠信能敷德刑乃就或以賊數則動盈千萬奸謀則難測二三若欲戰爭恐多傷殺或吹噓感動或書箭招呼免致膏鋒俾從肉袒其或蕞尒兇狡率然叛離免奔閩而終必自顛鼠失穴而欲將安往在於接境合與同擒不料豁開叛換之門深作逋逃之藪慰安螻蟻雖欲好生訓練熊羆有何用處纔招稔惡之輩遽銜受降之名蘊豹韜而略不施張對龍節而恐須慙愧魯史云晉楚設誓無相加戎同卹灾危備救凶患君

有害楚之則晉伐之在晉楚亦如之交贄往來道路無
壅謀其不協而討不庭此則古時敵國猶保詰言今
日善隣豈傷師律况晉楚則各在遠地揚潤則只隔
長江曾無交惡之端豈有相欺之事實驚衆聽甚爽
遠圖已無蚕女爭桑永安兩境宜效農夫去草静剗
本根伏惟將軍遠護兵符共成王事必不欲和之如
響知而不言唯望稍致良箴終除巨獘永使必誠必
信諺云莫往莫來此既無嚀咨以背憎彼亦免忸怩
於顔厚幸毋採聽特惠終始伏惟云云

桂苑筆耕集卷之十一

桂苑筆耕集卷之十二

委曲二十首

滁州許勍　昭義成璘
廬江縣令李清　淮口鎮李質
光州李罕之　楚壽兩州防秋廻戈將士
歸順軍孫端　楚州張雄
楚州張義府　滁州許勍
壽州張翱　廬州楊行敏
和州秦彦　廬傳
戴廬　光州王緒
楚州營田判官蔡毋蘋　鄆州耿元審
海陵鎮高霸　淮口李質

滁州許勍委曲

勑許勍得狀知妻劉氏將從征討願效勤勞嘉尚之
懐諭言不及吾嘗覧後魏書見楊大眼者武伎絶倫
戰功居冣其妻潘氏頗善騎射至於攻戰遊獵之際
潘亦戎裝齊鑣並驅及至遠營同坐幕下對諸寮佐
笑言自得大眼時指諸人曰此潘將軍也吾思見若
人爲日已久不期今夕得擧妙才此亦可謂劉將軍
矣想鼓鼙方振琴瑟相随既在同心可知竭力效戰
則必歎孫武觧圍則可假陳平勉致殊功即行懋賞

悉之不具云云

昭義成璘

報成璘大夫晉史云臣一主二漢書曰一心可以事百君則知下有離心盖爲上無全德姪孫僕射夙虧家訓驟荷國恩累忝藩方曾微績効每於撫俗略不隨時恩威豈得並行寬猛無由相濟況近關西之賊窟特山壯之兵權戰伐既勞緝綏莫至固知軍情潰散物議喧張大夫名既超倫事能從衆息貔貅之憤怒慰黎庶之疲羸實謂有三雋才誰云犯五不避古之所有今也何疑遠遣專人迎取家口儻或行程趄趑且令彼處婆娑如能斷送出來便與支持發遣一蹄隧覆猶能牽念舊之心百口孤孀何忍見含愁之色必應慰暖免至飢寒倚望所多諭言無及彼但勤修政理佇荷寵榮不令外盜侵凌必見大君委寄冬寒慎爲將息節級各與安存悉之

盧江縣令李清

報李令昔有桓榮祖者少曾學武或曰何不學書答云上馬橫槊下馬談經方可謂不負飲食矣若無自全之伎何異於犬羊乎昨見所申衆情可奬昔也一百里之疲俗託在神君今則十八砦之義兵請爲軍師若非寬猛濟惠與威行則何以鼉鯢懷仁各能遂性熊羆聚黨盡得降心姑抛堂上之琴便握匣中之劍所謂文一變而至於武者也況李令族聯天派名比水源才機爲一代之雄心術是萬人之敵足得以指麾銳卒掃蕩叛徒不惟除郡邑之灾亦可定國家之難然而軍務既常獨理職銜須有可稱未見所求固難抑致爲復頗兼知戎役却守縣曹爲復欲改轍從知乘機立事察斯二者決取一途專期奏論早與飛報且如班超投筆蒯恩捨芻當池蛟得水之秋有天驥追風之便古詩云寧爲百夫長羞作一書生信知倜儻之人懶守低佪之節勉成勳業永荷寵光戎務方殷善自將息諸寨將士各與慰問悉之

淮口鎮李質

報李質覧所申狀慰愜良多李再興未華狼心敢張蜂目搆稱妻事違負本軍初憑逐寇之名却設起戎之計賴質深懷智策善審兵機一唱義聲四圍逆黨狀疾風之掃危葉如烈火之爇飛蓬再興將見誅夷果當懾竄然既是傷弓之物必爲釁鼓之資兼知質男裕黃口小兒血氣未定偶虧嚴父之訓以涉叛夫之謀質又徇公絕私捨曲取直愛而知惡義以滅親削

其舐犢之吉遵彼烹梟之理若非忠勇何得如斯古語有之蝮蛇在手則壯士斷其節是乃忍小痛而除大患也況石碏傳芳於魯史日磾載美於漢書故事斯存令名不朽足以見質有大丈夫之氣有真君子之心權兵而動必成功鎮境而靜能守節前勞後効日就月將固當榮盛可期勿以滯淹爲恨勉安軍旅善保勳名以古況今惟吾知汝悉之

光州李罕之

報李罕之成覽有言彼丈夫也我丈夫也然則成功立節不獨古人扙順輸忠正當今日近奉勅書手詔無非激勵衆心兼除王令公充都統西門軍容充都監此乃藩鎮功勳朝廷計畫遂將大任專付老儒雖漫傳聲必難濟事此去年齊驅猛銳將掃頑兇尋奉絲綸俾安淮海詔書云爲朕全吳越之地遣朕無東南之憂遂乃旋師不敢違命然則審詳物議參酌軍期關中有執斧之徒閫外無枕戈之志誰能竭力實可痛心吾若不行衆將焉往今欲直趨汴路便入潼關佇復鳳城奉迎鑾駕永使流傳萬代終能肅靜四方罕之已處分憂父爲養勇必欲揀精練銳以期伐叛摧兇今錄勅書手詔白寄往仰窺聖旨必勵忠誠便決征行共圖富貴時不可失吾子勉之故此告知速宜飛報悉之

楚壽兩州防秋迴戈將士

報王承問等久勞防戍又役戰征知得遠歸良多慰愜詩稱東楚不免怨思傳載及瓜亦嘗憤恚古之難事今見忠誠況承問限過三年訓齊一旅值國家之多難息鄉井之懷歸言下忘身軍前効命遂得永別伍符之列高登八座之榮固知實勤豈虛擲且往年被練而去今日衣錦而迴孫權努力之言已成顯驗王祖寶身之誠更慎操持深秋遠行善自將息節級將士遍與安存遺此不具

歸順軍孫端

報孫端將軍自從歸投久處閑散想多鬱悒不暫弭忘但以端職秩已高官資循稱使司累具奏薦朝廷則有指揮且仰安撫師徒佇迎恩命古人貴其晚達君子誠其速成王化既無偏無頗寵章必盡善盡美勉期順守勿念躁求秋晚其涼切慎將息節級遍與慰問悉之

楚州張雄

報張雄中丞得狀知已點練兵士兼請出軍西去討

逆賊徒憤氣勃興忠詞懇切覽之嘉歎深寘于懷且每值寇戎稍侵疆圉雄必心騰勇略首唱義聲去年已建殊功今日又申丹請不辭危於馬革願使用於豹韜實謂起予者雄始可與言兵已矣則帝委之以郡侯吾待之以國士永揚茂績固在良時然彼州司事力猶困未可便謀征役且宜更候指揮兵士各與慰安秋深善自將息馳此不具

楚州張義府

敕張義府得狀無送罰錢引咎自責此驗用心古語有之人誰無過過而能改善莫大焉饋餉之儀春秋所重在於屬部豈可外交勿爲飢則附人別欲申於知己將滅白圭之玷遂以金作贖刑細覽來詞似懷他慮膺受之懇固不行焉但慎始終永圖富貴悉之

滁州許勍

敕許勍語曰兵食可去無信不立則知守信之道乃是立身之本歟苟若壞隳自爲顛覆訪知近日浙西周相公頻差上元鎮使馬暨專賫書曲無將金銀送到和州說誘秦彥令歸浙岸許授霅川信使繼來事情甚細則未知秦彥終欲如何且浙西素乏勳勞驟沾恩寵謂得長久遂爲驕矜殊不知人盡指擿鬼多瞰室惡既天稔道唯日亡令更阻絕我通津動搖我蜀郡已垂衆議可見前途以勍直木千尋精金百鍊固無憂於邪曲終不改於貞剛况乃邦媛相隨家肌是保永除異慮必享同榮或恐未審浙西所爲先此告示悉之

壽州張翱

敕張翱知已部領兵士將赴令公軍前言念遠征倍所加念且杖鉞者皆誇閫外分珪者略滿寰中而乃頋家產爲遠圖劉國雠爲閑事唯矜肉食孰肯身先今則翱首唱義聲躬提銳卒騁大丈夫之志氣副上宰相之指蹤况知素蘊機謀久施訓鍊行伴壯節必樹奇功當五馬離鄉遠地之芳聲獨振及六龍歸闕前程之變化難量暫此苦辛善爲將理今附衣段銀器茶藥等往到宜撿領春寒愼爲行李將士倍與慰安馳此不具云云

廬州楊行敏

報楊行敏使至得狀送逆草圖一軸覽之嘉歎喜有餘懷且草木之祥異也雖自天成皆因地秀物有所應吾何以堪行敏始假郡符已彰瑞諜天其誠爾爾宜愼之况鄉號千年村名穀祿是驗一百年之壽與

二千石之貧固保前程之富貴兵將酬美既更勵忠誠非恡奬詞慮驕銳志悉之夏熱切好將息使迴附此不具云云

和州秦彦

報秦彦尚書使至得狀兼送羊五百口勤誠斯展其數實繁所謂尒羊来思我愛其禮况彦雖縈建隼能効懸魚遠傳廉慎之名深舉撫綏之政而乃特申懇悃倍所歎嘉既無慮於觸藩勉致功於荷箠使迴附此不具

盧傳

報盧傳殿中監裴尚書將到洪州武寧縣人吏百姓及僧道等狀舉論傳前後戰敵賊徒保全縣邑功績一十五件細覧事實慰愜滿懷傳不云乎公侯子孫必復其始傳能資餘慶無怠聿修自值危時便揚壯節一呼義旅四討兇徒兄弟二人義聲俱唱遂得疲甿獲賴廉使見知始提百里之權尋假六條之寄忠誠所至寵命非遥勉慎始終穩圖富貴所希薦舉必不弭忘悉之

戴盧

報戴盧殿中監裴尚書經過彼縣日得百姓僧道等狀舉論盧自乾符五年主鎮兼知縣事課績一十三件事皆據實情切舉能詞理燦然良增慰愜盧竭誠報國傾產安家糺集義軍訓齊宗族撫寧羸瘵捕襲寇戎六年于兹一邑獲賴有功不伐唯善是從遂領縣事水安鄉黨古者田稱續命邑號義興求之於盧未爲多也既增嘉歎不忘薦論勉保忠誠終邀美命悉之

光州王緒

報王緒天不容好人唯助順苟違至理必亂常刑知緒昨因顔璋久蓄禍心果致衆怒璋既誅戮緒乃奔逃何不束手戎場投身義域而敢更謀嘯聚尚恣喧張自招相鼠之譏莫識牽羊之禮未知爾意終欲奚爲此乃先惠後誅武經所重好生惡殺王化斯行豁開誘善之門俾躡歸仁之路遂加誨諭試問端倪速仰割指本情指陳他望待詳来狀即與指麾禮云志不可滿傳曰惡不可長緒之今日其意若何勿驅齊甿枉入罪綱秋冷切好將息節級各與慰問悉之

楚州營田判官綦毋頻

報綦毋評事夫欲均調兵食固須妙選公才供億既多料量非易評事自崖郡政甚洽物情剸割而案無

滞詞淬磨而筆有餘刃今委無判順國軍粮料舉牒同封寄往孔聖猶為委吏蕭何亦作功曹唯託幹能無辭猥屑欲令小人懷惠佇看君子勞心悉之

鄆州耿元審

報耿元審古來名將多是耿家恭賈秉弇徽音相継永言爾裔固贍機謀元審雖名異霍聲而志能獨立佇申忠勇別俟恩榮况逢危難之秋實建勲業名望勞之日勉存終始慎守行藏其他並令樊谷面述今寄衣一副為嘗茶二斤到宜一一領之秋涼切好將息悉之

海陵鎮高霸

報高霸得進奏院狀報知轉授右散騎常侍永言欣愜濡然滿懷昔周盤龍破虜有功繼露爵賞齊世祖戲之曰卿着貂蟬何如兜鍪對曰此貂蟬乃自兜鍪中出耳當時以為名對前史標之美談今此官榮實彰君寵唯在專勤戍遏固守邊隅更俟大來永揚忠節知之

淮口李質

報李質得進奏院狀報知質轉授右衛大將軍且自數年君恩溥合官榮職賞可謂均沾然而成功可為受爵無愧者屈指而數能復幾人唯質久戍淮壖遠防寇孽勤勞最至品秩尚卑今授大將軍之名乃滿烈丈夫之望更宜慎守無虞湮沉慰愜欵嘉不離懷抱遣此不具云云

桂苑筆耕集卷之十二

桂苑筆耕集卷之十三　舉牒廿五首內行墨勅牒詞五首

授都將右散騎常侍

授盱眙鎮將鄒唐兼御史中丞

授楚州刺史張雄將軍　授高霸權知江州軍州事

許勍妻劉氏封彭城郡君　請節度判官李琯充副使

請副使李大夫知留後　請高彥休少府充鹽鐵巡官

請泗州千濤尚書充都指揮使　王棨端公攝右司馬

右司馬王棨攝鹽鐵出使巡官

前郎州錄事參軍顧玄夫攝桐城縣令

海陵縣令鄭杞

前宣州當塗縣令王翱攝揚子縣令

柳孝讓攝滁州清流縣令

前浙西館驛巡官鄉貢三傳張咸又攝山陽縣丞

前婺州金華縣尉李涵攝天長縣尉

前潁上縣主簿鄭綬攝盛唐縣丞

諸葛殷知榷酒務　李昭望充奉國巡官

柴嚴充洪澤兩塘巡官　許權攝觀察衙推充洪澤巡官

王棨端公知丹陽監事　臧瀚知鹽城監事

趙詞攝和州刺史

行墨勅授散騎常侍牒詞

勅淮南節度鹽鐵轉運等使東面都統兼指揮京西京北神策諸道節度兵馬制置等使牒某官乞右可檢校右散騎常侍餘如故如將軍須言貟外置同正貟牒准今年二月九日詔應諸州有功刺史及大將軍等如要勸奬者從監察御史至常侍便可墨勅授訖分析聞奏者大君降命元帥從權但云能立勤勞特許先申奬勸漢祖則手無刓印不阻論功武侯則心若懸衡必能舉職用示軍中之賞式資閫下之恩前件官夙蘊壯圖久從戎事將救奔沉之患固憑擒縱之能桓榮祖之馳名不唯馬稍周盤龍之受爵允稱貂冠事須准詔授檢校右散騎常侍仍具申奏并牒如者故牒

廣明二年六月十二日使兼都統檢校大尉平章事燕國公授盱眙鎮將鄒唐御史中丞

牒准詔云云將軍介胄大夫出疆可專未請之權況奉已成之命高懸懋賞用報奇功前件官術繼白猿名齊赤兔夙歸信義備察忠良雖遷柱下之官尚慊軍中之望宜昇專席更勵枕戈爾其心保清廉好對暌淮之月力誇驍銳無懟破浪之風事須准詔行墨勅授御史中丞

楚州刺史張雄將軍

牒准詔云云見功必賞漢高祖之殊恩承制無疑鄧司空之故事前件官材標磊落韻禀錚錚自假使符已揚政績理股肱之名郡聳耳目之高官信義相從功名愈振佇檀外臺之寄宜昇大樹之資爾其益勵忠規仰銜成命用副劉弘之善舉無嗟李廣之難封事須准詔行墨勅轉授右武衛將軍員外置同政

授高霸權知江州軍州事

牒准詔應諸州刺史如有軍功鄉量加爵賞如有罪把鄉宜書罰別差人知州具狀申奏者大元帥之權既資成命古諸侯之任宜選良才前件官蛟躍池中虎蹲岸上用軍以義守節唯忠不辭白刃之危累挫黃巾之衆或短兵鬬勇或圓陣呈奇動有所成往無不利今以九江闕牧一郡思春將活疲甿固憑幹吏爾其遏強撫弱剷弊蠲苛無登庾亮之樓空知翫月好把袁宏之扇且學移風稍展政聲佇沾恩命事須准詔行墨勅差知江州軍州事仍具事由申奏并牒知者

許勍妻劉氏封彭城郡君

牒奉處分古者官至大夫室稱命婦遂有從夫之貴乃爲處世之榮而況靜則能慎內言動則克從外役躬擐甲冑志凌雲霜功名既異於常流封拜豈拘於成命以滁州刺史許勍妻劉氏英才天授貞節日彰平欺後魏將軍洛陽失行仰慕聖朝公主司竹興兵一胙專命良夫討除叛卒遠陳丹赤固願同征手驅組練之羣遠攻城壘身脫綺羅之色久犯氛埃四德有餘六韜可試豈獨家之肥也實謂邦之媛兮夫既冠其銀鐺婦宜榮於石窌豈可使松標峻影早致凌雲蘿抱柔姿猶嗟委地先行茂賞用報前功軍中之舍爵策勳與人從欲天上之錦成鈿軸待鳳銜來事須准詔行墨勅封彭城郡君仍表狀錄奏并牒知者

請節度判官李綰大夫充副使

牒大夫天芝稟秀霜挂含貞蔚尓芳猷每見用和爲貴凜然直氣終能嫉惡如讎信知賢良實救凋弊頃者再握一同之政曾標三異之名既發縣花佇分郡竹而乃鵾鵬自滯羔鴈相從鄙野卑栖劍川遠役寮浴而唯資婉畫犒師而不乏豐儲果得入奏玉墀出懸金印洎其暫臨江陸旋鎮海門永言移節之難咸假運籌之妙一來淮甸四換星霜判官德以潤身固爲已任恩能濟物不欲人知莅事實繁在公匪懈筆

直而吏多畏色難輕而獄絕冤聲見君子之盡心實古人之用意十二年之弘益久而彌芳千萬里之追從永以爲好雖將徐揚別致猶恐爲基未高今已假小秩宗兼大司憲不遷職位何稱官榮幸屈跡於劍車典揚威於戎幕陳寵宣詔條無失曹賴功曹呂虔致郡俗永安亦憑別駕若言今日彼在下風事須請攝節度副使表次錄奏

請副使李大夫知留後

牒大夫劍橫天外珠媚水中雄稜則仰映浮雲温潤則旁無枯草深藏利器久佐遠藩每施姚姚之謀共化蚩蚩之俗五鎮相倚一紀于茲嘗於折獄按刑唯遵直道縱至旬休節假不離公門敢言知己之難實荷成人之美今已三年謊冦尚恐倆張十道徵師遠相逼撓若不專征鈇鉞何因倒載干戈遂驅養勇之鋒佇破稔奸之窟代行拙政留託長才慰八郡之疲羸察四鄰之勛勸異使表宏黎庶粗識詠謌無令陶侃賓僚只耽閑戲數年卧理今日出行皆資裨助之功事保始終之惠事須請知觀察留後

請高彥休少府充鹽鐵巡官

牒少府學麟成角詞鳳傳毛偶輕桂客之遊暫樂梅仙之白鶴唳而月籠寒野萬里清音鵬飛而雲斂長天九霄高蹈幸聯宗黨得接徽猷敢興念於維駒無見辭於絆驥稍假縱橫之術終資幹運之權雖慙燕國之金臺願接謝家之玉樹同姓必親於異姓今人何讓於古人事須請攝鹽鐵巡官表次錄奏

請泗州于尚書充都指揮使

牒尚書洞究儒經旁探武緯指清途於萬里牧遠羣於三年旗肴隼飛輈待鹿挾慰疲甿以仁政捍寇盜以智謀克歸合浦之珍曾散曲堤之衆今者徐戎遺燼敢恣侵凌楚卒精鋒佇期掃蕩終免致包胥之哭況非奪晉鄙之軍但以鷹犬呈功態羆就列須俟指揮之命仍申搏噬之能實託威權遠希統攝俾驍馬首皆知進退之宜永滅梟聲用審否臧之律事須充都指揮使其應援諸都及寧淮盱眙淮陰等三鎮將士悉受指揮

王櫟端公攝右司馬

牒端公烏衣茂族鶴鷺清流早列官榮頗精吏術口中金石常聆宣韻之高手下銅鹽曾展長才之妙事既同於外舉理無愧於旁求今則秩桂方書職叅典午雖云承乏且欲試能憲府威稜他日見豺狼懾伏

郡庭閑散此時樂魚鳥留連事須差攝右司馬

右司馬王棨端公攝鹽鐵出使巡官

牒奉處分且權筦之設也李貨戎事將贍軍須既當薄伐之期實藉均輸之利能成重務固選良才端公韻振維山慶流淮水靜處五常之域勤尋六義之門每覽緣情偏知守節繼委當仁之任皆傳幹吏之名已爲歷試諸難可謂多能鄙事今以佇裨國用旁濟兵儲權課方殷句稽匪易官居典午既已優閑志在推公無辭冗屑佇縻纂職立展籌謀雖見王晞長寄心於方外何妨裴楷暫勞力於俗中事須請攝鹽鐵出使巡官句勘當司錢物

前部州錄事參軍顧玄夫攝桐城縣令

牒前件官善水無𧈧譏山自高腹飽詩書口含鋒刃學利唯勤於耕道閑情素懶於釣名爲跡奔競之門尚處卑栖之地既能潔己何惜愛人州主簿之提綱昔嘗留意邑大夫之製錦今可呈功永言不憚勤勞方謂克承闕乏稍念時危而慎守勿云俗獘而難除一門多詠雪之才衆推儒慶百里渴象雷之理勉振政聲事須差攝舒州桐城縣令

海陵縣令鄭杞

牒奉處分字人之政爲吏所難欲俟三年有成同須一日必葺永言委任實藉賢能前件官深於詩敏於行不近劉輿脂膩唯資謝朏膏腴累假一同備彰三善睠彼東吳之近境實爲南兗之奥區昔也承乏多勤去思猶在今可以舉舊令尹之政修真君子之誠均調政刑遍慰黎庶展驥終希於得路割雞無憚於發硎行乎敬哉勿藐乃力事須請攝海陵縣令

前宣州當塗縣令王翺攝揚子

牒奉處分宰字之術若驅羣雞緩之則散急之則亂此言雖小其理甚中知者非難行之不易況乃隋城近邑楚岸通津螟蝗則久待消除鱦魠則每思養育前件官相門積慶儒室推賢早登廉孝之科嘗歷句稽之任雖棲下位不墜令名果達連帥之知再假字人之秩雞誰忍捕鵲自停喧陶潛之腰腹整 孔奮之膏腴下潤今以揚子一同繁劇四達要衝每當使命交馳實託宰僚勤幹遂重責成之寄況逢多事之秋而乃有令患風請告踰月若言考秩亦合替移固選長才俾修闕政其在上瞻夏日下視春水宜無憚於徒勞佇有成於歷試苟有經年沉醉必虧莅事之能如將終夕清談亦失相時之理勉於二説慎自三

思事須差攝揚子縣令

柳孝讓攝滁州清流縣令

牒奉處分令世之獎邑大夫也多以河陽花彭澤柳爲美士永言至理我則不然唯其在其視人如傷絜己以仕能懷氷蘗之操迥掩花柳之名實難其才得副吾意前件官展禽苗裔言偃政能曾宰濟陰克安屬邑久依江徼靜守窮居數年而雖甚食貧直道而未嘗改節今將歷試俾假缺員無興喧鵲之譏勉致驅雞之術事須差攝滁州清流縣令

前浙西館驛巡官鄉貢三傳張咸又攝山陽縣丞

牒奉處分前件官族資鵲印業練麟經未躬壯圖嘗從辟職既精簡牘之事寧辭州縣之勞習傳之體有三能詳正義在公之心無二宜慎爾官往矣敬哉賞罰斯在事須差攝山陽縣令

前婺州金華縣尉李涵攝天長縣尉

牒奉處分夫縣尉之設也其官雖卑其務甚重動則推詳滯獄靜則慰撫疲甿是以佐僚能無其直聲寧尹亦懷其畏色永言至理實繫長才前件官性習五常身資一命嘗佐金華劇邑頗傳玉絜高名久見退修誠思進取俾助養鯤之政且昇化鮪之資其在蘗作朝飡氷爲夕飲高懸曺棒靜和宓琴譽能息於鵲喧勢必登於鴻漸云云

前潁上縣主簿鄭綬攝盛唐縣丞

牒奉處分凡城一邑皆列六曹雖云具體而微豈可徒心所欲況縣丞之佐理也令長憚其糾摘猾吏稟其規程苟能自強何患不立前件官康成求己李智奉公曾申潁上之勤勞遂見渭陽之論舉桓譚貳政且宜肅彼奸豪殷浩吟詩無用傷其貧賤事須差攝壽州盛唐縣丞

諸葛殷知榷酒務

牒奉處分榷酤之權起於漢代會計之利著在周經既當預備闕懸難可不從改作將成重務固選良才前件官隱豹含章卧龍襲慶絜已則隋珠無纇在公則庖刃有餘昨分孔僅之重司已成歷試今蹑曺宣之良策何憚專勤無辭鄭驛之卑棲早致卓壚之餘利能資美禄必贍雄師所期百姓無譁非阻三軍告辭事須差攝舘驛巡官專知榷酒務

李昭望充奉國巡官

牒奉處分昔孔子誡伯魚學曰其先祖不足稱其族姓不足道然而大以流聲後裔者豈非學之所致乎

若然則先祖之輿族姓也不唯時世所榮亦乃聖人所重前件官搢紳上品結綬中朝方襲芸香遽飄蓬跡遠逃庯口猶絆驥蹄今以一言爲賢三代可數但渭陽之族坐振重名漂流淮徼之居来永辞職遂茲鑾應用試才能既知各有司存唯在聿修厥德事須補充楚州營田奉國巡官

榮巖充洪澤雨塘巡官楚州榮田

牒奉處分三農就稔一溉推功苟非　降雨之渠何以致如雲之稼俾無隳惰固藉專勤前件官壯志不渝公才可任承之而善祭軍事慎終而益見吏能今以洪澤近封雨塘美號徹小榆大昇高自卑爾其靜勗氷心潛窺水脈勉稟龔黄之令遠繼田曹無懟鄭白之名有虧地利高懸賞罰用試否臧事須差充楚州營田院洪澤雨塘專知官

許權攝觀察衙推充洪澤巡官

牒奉處分撫俗所先勸農爲最是以鄭渾則奪其獵具溫嶠則請置田曹仰順天時俯徹日力俾督耕夫之業須憑幹吏之才前件官歷試已多忠勤可獎令尹之功成製錦督郵之政克提綱但承闕之之時皆有緝綏之譽今以山陽沃壤淮畔奥區地占三巡田逾萬頃非乏決渠爲雨尚虧多稼如雲盖爲編甿不勤功於麓篸縱當稔歲皆失利於稻粱知爾奉公勸民務本若使耰而不輟必期敏則有功委以農時假之使職永言從政實可興權無取潤於膏腴苟徇私於毫髮勉施乃力廣諭衆心事須差攝觀察衙推充洪澤巡官兼都巡勘指揮奉國謝陽等巡務者

王綮端公知丹陽監事

牒前件官蹈氷守節飲水安貧靜吟而篋有新詩寂坐而門無雜客卓爾君子宛然古人今以將濟軍須誠資吏術少輟琢磨之業俾專鼓鑄之權想夷甫之不言無虧祖德思仲宣之未遇勉俟官榮事須差知丹陽監事

臧澣知鹽城監事

牒奉處分若官無直道則利有多門凡歷任於牢盆或成資於潤屋而乃就此繁劇守其潔廉心誅則不惹脂膏智刃則能分髋髀嘗聆斯語罕覩其人前件官雅浹裝懷清勤綰務嘗握由拳之榷課唯遵止足之規模休替未遙功勞可驗更資歷試必濟重難展才於近監之鄉守節於作鹹之地不須對雪空中吟謝朗之詩只在棼波言下見張融之賦事須補充權

糴使巡官知塩城監事

趙詞攝和州刺史

牒奉處分昔張緒子充少好遊獵右臂鷹左牽犬緒見而謂曰一身兩役無乃勞乎充跪答曰丈夫三十而立今二十九矣請至來歲緒曰過而能改顏氏子焉其後折節修身終爲賢達則古之豪俊今可規摸前件官脫跡迷途拔身義　永除惑志可獎悛容既能資父事君是得居官理務俾叅上佐用試忠誠況當　榮之時好縱安居之樂詞其勉輸後効善補前愆已銷九族之憂無起一朝之忿事須差攝和州刺史

桂苑筆耕集卷之十三

桂苑筆耕集卷之十四　舉牒二十五首

淮口鎭將李質充沿淮應接使

淮陰鎭將陳李連充沿淮應接副使

宋再雄差充水軍都知兵馬使　蘇聿補衙前虞候

曹威轉補散兵馬使　許勍授廬州刺史

孫端權知舒州軍州事　朱鄘補討擊使

郝定補衙前兵馬使　客將哥舒瑫兼充樂營使

王處順充塩城鎭使　張晏充廬州軍前催陣使

歸順軍補衙前兵馬使　安再榮管臨淮都

呂用之兼管山陽都兵馬使　獅勇都將

宿松縣令李敏之充招討都知兵馬使　張雄充白沙鎭將

安再榮充行營都指揮使　徐蕃充榷酒務專知

柳孝讓知白沙榷酒務　行營都虞候

曹鵬知行在進奏補節度押衙　朱祝大夫起復

上都昊天觀聲讃大德賜紫謝遵符充淮南管內威儀指揮諸宮觀制置

淮口鎭將李質充沿淮應接使

牒奉處分用兵之難擇利而動不論遠者近者須賴掎之角之在安思危有備無患前件官名超廣利勇繼雄飛自提外戍之軍每當中權之要彼徐寇以屢侵吾圉莫戢其鋒惡之則鼠竄彭壚緩之則豕豗楚

岸遂徵衆旅俾剗穿凶豈從援溺之權將助焚枯之
勢尒其指呼順命擒縱成功終令入海之波偏能流
惡乃使睽淮之月早見洗兵浅賞高懸良時倏往勉
思委寄勿負利終事須差充沿淮都應援使便仰量
出兵士討除賊徒

淮陰鎮將陳李連充沿淮應援副使

牒前件官勇於戰賊樂在從軍操戈而只待春暎蔓
前而曾無曠日自居遠戍久練雄兵每聆捍蔽之勞
飲息奔衝之患令則未殲彭孽猶役楚軍將資看犀
之權是成虵陣固藉爪牙之利共展豹韜爾其跡脫
伍符身居貳職專防險道佇靜長淮雖云迴遠之川
未是縈紆之地坐思前哲猶傳膝下之蹤立取奇功
好豁胷中之氣勉期竭節實謂逢時事須差充沿淮
都應援副使便仰量出兵士討除賊徒

宋再雄差充水軍都知兵馬使

牒奉處分舟檝施利干戈騁威自古為難在今所悉
固托縱横之略始成捍蔽之功前件官學綰有成鑾
弧自許嚼蕤而當年逞俊甩牛而是處爭雄高列軍門
深遵義路久居江戍妙練舟師今以泗上流災淮中
聚寇既犯觀風之境頗□□之流爾其摠握雄兵
逺張秘策陸殲虵豕水截蛟螭早令賊壘皆平永使
驚波不起用官物而討官賊吾不為難探虎穴而拔
虎雛尒當自勗事須差充水軍都知兵馬使部領諸
兵馬討除淮内賊徒

蘇聿補衙前虞候

牒奉處分古之有言以小諭大則祁奚之請老也既
當問嗣能自舉親情不涉於阿私事何妨於委用前
件官早從吏役久習武才父也暮年既思休退子之
壯氣可代勤勞且令職在於早趨乃欲功歸於歷試
無忝聿修之訓勉成負荷之規事須補充衙前虞候

曹威轉補散兵馬使

牒前件官勇而好禮勤以從戎比者逞陳衆之言詞
傳郭維之訊問果驅險浪皆赴順風尋值沛戎來侵
楚壤首登鶴列深挫豺牙摩壘而每能率先餃輪而
不欲言病忠誠勵己壯節驚人今則郡守論功材官
受賞俾昇峻級用報前功事須轉補散兵馬使

許勍授廬州刺史

牒奉處分良二千石古難其人屬郡之中吾有所試
勤修靜理令得人焉前件官自舉六條已踰四載邑
無吠犬境絶飛蝗外令丘井乂安内致閭門肅睦政

鼙則有口者謌詠仁譽則無翼而奮飛遠達宸聰果
靈珠寵美秩已題於龍劒雄威愈振於隼旟既銷滌
水之災來作廬江之福分憂救瘼能諧聖主之心紅
旆碧幢豈藉他人之手事須准勑授廬州刺史

孫端權知舒州軍州事

牒奉處分昔李弼有言大丈夫生世須履鋒刃以取
功名安可碌碌依階求仕是乃蓄志能壯謀身克成
夕脫羔裘朝驅熊軾不憖往哲其在茲乎前件官族
繼興公術傳武子能揚後氣久練雄師常安仡仡之
徒果就循循之誘今則委之郡政試以公才既達豹
變之秋善守龍舒之境爲邦致理必見三年有成向
國輸忠勉令百姓無患即迎帝賞更峻官榮事須差
權知舒州軍州事

朱鄘補討擊使 納助軍錢遂加職賞

牒奉處分漢有卜式者輸家財助軍費遂乃出自牧
羊竪子終爲司憲大夫忠誠所施其利甚博前件官
石非硌硌鐵實錚錚知義重而財輕顧忘家而報國
天龍地馬不藏私室之中尺籍五符可列軍門之下
俾昇峻級以諷頑吝既有賴於金多無自驚於銅臭
事須補充討擊使

郝定補衙前兵馬使 能手射七十步

牒奉處分弧矢之利武藝所先號猿而永播嘉聲落
鴈而能傳妙技况乃只憑五指能伐六鈞豈非邁古
超今可謂神功聖術前件官早攻手射善應心機不
彎三百斤弓能發七十步箭紀昌若見必想弢弦呂
布相逢固慙撚箸既抱非常之伎佇成可久之功換
滑臺之舊資陟隋苑之高級事須補充衙前兵馬使

容將哥舒璫兼充樂營使

牒前件官勤彰毅勇靜保兼中早成學劒之功不墜
爲裘之業頗經歷試無怠率修久委賓司既見與言
之可使俾兼樂職必期飾喜之克諧爾其有禮爲先
無荒是誡迎送於燕臺鄭驛指蹤於迴雪遏雲勿使
英賢或發養痾之誚須令艷麗先緘笑躄之聲事須
兼充樂營使

王處順充鹽城鎮使

牒奉處分大藩鎮之爲制也中屯銳師外列諸戍用
備腹心之患固憑爪牙之勤前件官深蘊壯圖挺生
勇氣萎維若在赤占雄兒焦度相逢應饒健物每展
報恩之節累申伐叛之功眷彼壇城居于海岸苟或
一同失理實爲四遠多虞遂徵處順之才俾守防奸

之任爾其效勇夫之重鬧致危俗之安居暫固封疆
無忿及爪之限但逢寇孽勉揚破竹之聲事須補充
塩城鎮使
張晏充廬州軍前催陣使
牒奉處分師克在和兵貴在速若許緩其善陣誠爲
拙彼奇鋒用之則行時不可失前件官志能傳略名
可止啼待逢盤錯之難頗展縱横之術今則舒猶叛
楚衛已伐邢雨雖潤於興師雲未銷於結陣遂使魚
麗猛勢阻掃氛埃蟻聚頑徒敢安窟穴爾其驅之以
馬箠訓之以豹籥事唯託於一麾功必成於百勝將
迎軍賞佇送捷書事須差充廬州軍前催陣使
歸順軍補衙前兵馬使
牒奉處分前件官身榮豹飾志習龍韜奮心於擊鼓
其鏃騁力於挾輈以走早歸信義無憚勤勞去正冦
據屬城兵徵諸郡共諫微孽各誓前驅既遵令於牙
璋宜陟名於甲騎聊遷職秩用報軍功爾其勿替忠
誠更邀上賞事須補充衙前兵馬使
安再榮管臨淮都
牒奉處分西魏王羆率衆拒冦乃杖白梃大呼而詬
曰老羆當道卧貉子那得過敵見威勇果自驚奔則

知猛將之名能奪叛徒之魄前件官夙精韜略歷試
機謀嘗犯重圍决成獨戰實可謂神出鬼没豈唯
左旋右抽今之武力雖衰壯心益勵臨事而猶能強
飯即戎而寧欲素飡蠢彼頑兇醜然侵擾雖徵衆旅
未建奇功眷彼臨淮處于要地其在訓之以三令激
之以一呼審詳於彼竭我盈成就於先難後獲老驥
免嗟於伏櫪無令駑馬爭先秋鷹既逐於下韝勿使
妖狐得便事須差管臨淮都
吕用之兼管山陽都知兵馬使
牒奉處分仲尼云寛則得衆信則任人焉嘗聆斯語
今見其人前件官慶襲玉璜業精金版遵直道而利
有攸往奉公家而知無不爲是以晉作新軍權資處
右齊行勇爵象許居先乃禪察俗之規動叶安民之
策遂得晨羊罷飲夜犬停喧永除奸濫之源深得撫
綏之道今以屬城多難散卒無依窮猿既切於投林
飛鳥猶思於擇木羣情所附戎畧可嘉俾安其猜聳
然來實倚其多多益辦無辭兩役用展長才事須兼
充山陽軍都知兵馬使
獅勇都將
牒奉處分凡㮚軍額須警衆心如指喻之非宜則訓

齊而何在況乃均霑好爵共荷殊恩跡雖限於柳營秩盡昇於柏署宜加一等俾異三行前件官壯氣挺生忠誠卓立彍弩則前無强敵荷戈則動有成功累建戎勲遂霑爵賞今以狼星未滅鯨浪猶翻將申戮暴之能用示觸邪之獬爾其勉思一角永息二心佇銷封豕之灾勿失神羊之性事須補充獬豸軍都知兵馬使

宿松縣令李敏之充招討都知兵馬使

牒奉處分昔耒護者立性卓犖初讀詩至擊鼓其鏜踴躍用兵焉衆㒵飾孔武有力乃捨書歎曰夫人在世固當如是會因滅賊以取功名安能區區專事筆硯其後累申壯志累逢殊勲則知奇才所爲何代不有前件官精詳吏道旁習戎機假百里之威則疲甿獲頼作萬夫之長則義旅知歸遂得縣道肅清鄰藩倚賴欲破蘄春之狡窟遥分江夏之兵權罷從役於驅雞佇承乏於建隼聊加職賞俾振軍聲是乃丈夫雄飛君子豹變勉驅甲騎遠應羽書既設援於他邦必保安於吾圉事須補充節度衙前兵馬使兼充西南招討都知兵馬使

張雄充白沙鎮將

牒奉處分昇高自卑君子所以勵素志辭大就小古人所以傳令名但能守節不虧固在相時而動前件官容懷義勇深貯謙和頒條而政有嘉聲馭衆而軍無愠色今以新恩未降鋭旅何安春彼古津實爲要路是成鎮務乃在江壖既居使府之要衝宜假公才而管轄況兼塲貨可贍軍須且卷豹韜共養斬蛟之勇佇迎鳳詔别遷建隼之榮事須差攝句當白沙鎮務兼知塲司公事

安再榮充行營都指揮使

牒奉處分昔曹公爲樂府歌云老驥伏櫪志在千里烈士暮年壯心不已今猶古也我得人焉前件官百戰成功一麾出守曾安海俗永振風聲而乃不求更握虎符唯願終申豹略豈覺老之將至毎俟用之則行今以大憝未殲外方多難諸藩命將無非竹簡探名遠道徵師或是葵丘代戍苟虧忠勇何蕩妖氛遂付重權佇觀奇策其在身先行伍須指軍兵勉揚鸞鑣之名無致遷延之役時不可失往矣欽哉事須差充行營都指揮使赴壽州西面備禦討逐黃巢徒黨者

徐篝充榷酒務專知

牒奉處分前件官蕟跡戎行研心吏道忠勤一㪽至幹濟可觀今則舉漢代之權宜搜杜康之利潤贍吾軍用藉爾公才既非若處先登無與衆人皆醉事須差句當天長縣榷酒務

柳孝讓知白沙塲榷酒務

牒奉處分前件官直道立身公途勵志學已窺室家之富任嘗致州縣之勞今以備食三行裨資六物豈使蠹歸於下只令利在其中勉稟條章早申績効俾不斁於醲具無自陷於醉鄉事須差知白沙塲榷酒務

行營都虞候

牒奉處分前件官勇而好禮敏則有功膂力甚强腹心可委今以齊驅勁卒俾剗羣凶爾其糺摘行間防虞境外宜拘小節善事上官勿謂忠貞有并轄睦能成勤効不怯甄酬事須補充行營都虞候

曺鵬知行在進奏補充節度押衙

牒奉處分藩侯所任邸吏爲先能傳萬里之音不墜九霄之命固憑幹濟方付重難前件官曾劇長材魏仁雄族雖處干戈之列早閑刀筆之能遂使遠赴行朝專司遞務覲六龍之仙蹕每審巡遊傳九鳳之三言曾無阻滯以兹歷試深可奬酬今已秩亞憲卿官昇典午身得趨於華路職未稱於棘門俾假牙璋遥分甲騎慎達上天之旨以安外地之心爾能竭誠吾不悋賞事須改補攝節度押衙依前知行在進奏

朱祝大夫起復

牒奉處分事繁金革禮奪苴麻曾公制之於前晉侯行之於後盖乃從權順變是爲移孝就忠苟不忘家將何報國前件官方從戎役每藉公才遽鍾風樹之悲永違霜稚之養能勤泣血唯懼奪情然以羣寇未殲列藩多事礭執三年之愛仰辜萬乘之恩况承勅命指揮已許軍前驅使出如綸之睿旨旣俟成功衣夫錦之格言豈同前哲時異事異念兹在兹揚名顯親竭力從命孝之終也往矣敬哉事須牒舉起復差往五嶺已来類會軍前公事

上都吴天觀贊讚大德賜紫誦遵符充淮南管內成儀指揮諸宮觀制置

牒大德真璞混成靈源廣潤蓟俗態於心水瑩仙女於面氷蓬島神仙應待銜杯之樂茅家兄弟敢攀執袂之遊猶思救苦於寰中尚阻追歡於物外屬以陣虵出穴戎馬生郊每勤齋敬之心深假護持之力達聖聰而有謂施醮禮以無虧今則秦嶺烟昏難尋四

老楚淮月畝幸伴八公但以桂苑繁華揚都壯麗既見星壇月殿處處荒摧難期鶴駕霓旌時時降會欲設精嚴之備須資揚統之權白馬將軍方役大朝之元帥青牛道士暫充下界之仙官比年既遂於攀留他日必同於輕舉事須請充淮南管內威儀兼指揮諸宮觀莊田等務

桂苑筆耕集卷之十四

桂苑筆耕集卷之十五

齋詞一十五首

應天節齋詞三首　上元黃籙齋詞
中元齋詞　下元齋詞二首
上元齋詞　中元齋詞
黃籙齋詞　讓火齋詞
天王院齋詞　故昭義僕射齋詞二首

應天節齋詞三首

道士某乙言伏以聖人降生王者嘉應包天地之大德啓日月之殊祥是以電繞虹流克符龍質握乾披震允叶龜書伏惟聖神聰睿仁哲明孝皇帝紫府真宗丹陵寶命孝理而勤修一德化成而胥悅萬方偶以犬戎竟威熊驚漢御猶軫泣辜之念暫勞展義之行今者風振南薰方在長贏之節星瞻北極乃當誕慶之辰莫不山靈供萬歲之歡聲河伯獻千年之瑞色仰資聖壽敢設仙齋廣成子之微言既傳衆妙華封人之善祝實繫摩誠伏願德乃日新祸當天悔暫興時雨遍洗妖氛高整鸞旗早迴鳳輦然後披瀝汾之詠撰封岱之儀傳芳於玉葉金枝積慶於天長地久使蠻戎率服蠢植咸蘇仰沐華胥之風齊登仁壽之域普天率土永賀昇平

又

道士某乙言伏以父天母地帝道所以爲尊貫月繞星靈符於是乎在況覩一人有慶固知萬壽無疆伏惟皇帝陛下龍握丕圖鳳資聖紀播休聲於里社標盛禮於高禖今者風調舜琴日緩羲轡曆草舒芳於八葉丹陵降瑞於千齡謹設仙齋仰陳善祝伏願塵銷九野波息四溟早廻西幸之儀便擧東封之禮一千年之休運高建武功三十世之昌期倍延福祚允諧大定永賀中興

又

伏以瀨鄉白鹿既掛仙蹤函谷紫雲果資王氣積慶於天長地久傳華於聖子神孫耀玉京而我李長春演金籙而莚椿永茂伏惟皇帝陛下三無稟德萬有覃恩叶感星夢日之祥掩四乳八眉之瑞上天降聖爰乘解慍之風列士修齋況值晏陰之月伏願崆山順軌汾水廻鑾迎萬歲之岩音歸九重之天闕享七百年之休運寰宇中興守五千字之格言兵戈大定仰祈玄鑒永護皇居

上元黃籙齋詞

年月朔啓請如科儀伏以有德不德無名可名自施倏忽之功莫究希微之旨是以紫府乃修心可到玄關非用力能開臣志慕眞風躬行正道但以漢良前筯猶勞戰伐之謀越蠡扁舟未遂優閑之望既榮人爵須報主恩譬蟣無賴之徒久練不祥之器動拘俗役屢犯玄科今則節已及於上元災未銷於下界謹修常醮仰貢微誠所願梟覆頑巢鳳廻仙駕帝座與三台永耀王畿與九牧皆安雷驚而蟄戶全開風歸而妖氛靜息俾臣靈根日茂至業天成而符提闠外之權終安澤國虹節指壺中之境竟得認家山臣無任虔肅禱祠懇悃之至謹辭

中元齋詞

年月朔啓請如科儀伏以道本強名固絕琢磨之理身爲大患深驚寵辱之機能審自然而然必知無可不可是以雕詞賁美則乖妙旨於混成矯志求眞則爽奇功於積學冀標玉籍在守金科臣才謝半千雖慙賢路心凝正一早扣玄關齋誠於八節三元鍊志於龍緘鳳蘊但屬鯨翻逆浪蜮噴毒沙數年興蠱螫之災萬姓抱瘡痍之苦三尺劒高提在手須救危時六銖衣輕掛於身未諧夙願今謹因中元素節太慶良辰依寶壇而醮設常儀企仙闕而拜申精懇伏願

眞風蕩滌玄澤滂流吾君享萬歲於巖音賢相耀六
符於渭訣調舜絃之美化永復昌期灑湯網之先徒
咸歸顯戮然後戴髮含齒鱗潛羽翔不知日用之功
各遂天成之樂俾臣代歎善繼眞位高遷留形於烟
閣雲臺繼賞於芝田蕙圃鑄金追想終榮聖主之恩
叱石開遊得敎仙人之術儻非過望敢不精修臣某
無任祈悬謝過虔禱懇悃之至謹辭

下元齋詞

年月日啓請如科儀伏以教貧妙用無爲而無不爲
道在勤行不厭是以不厭苟得捧持三寶必能擁護
萬靈須憑善建之根株始覩混成之閫閾故曰大丈
夫處其厚而不處其薄居其實而不居其華者也臣
雖塵役拘身而雲裝挂志大成是望上達爲期每依
郭璞詩中精調玉石顧向葛洪傳上得寄一名所以
仰欽象帝之先豈在他人之後聽爛柯翁之說則倍
惜光陰覧抱朴子之言則不虧忠信但以早榛俗累
深握兵符政刑之得失難調賞罰之重輕易忒膽惶
僁咎莫補精修況叨眞位之榮恐負玄科之責是以
三元八節顯醮遙祠唯期致力於九層未晉妨功於
一簣今則天吏扣應鍾之候水官攬玄轡之時月數
就盈日辰在望仰投靈地敬設寶壇備儀於琳几瓊
盤注想於金臺銀闕冀感通於良夕能濟援於危時
伏乞太上三尊十方衆聖曲垂玄鑒俾遂丹誠早迴
翠輦於長安復振皇風於正始秉陶鈞者永諧德化
仗節鉞者共戢兵戎波濤靜寢於四濵氛霧豁開於
九野樹下有推功之將草間無求活之徒至於翔翼
躍鱗跂行喙息偕登仁壽之域不躡昏迷之途使臣
深結道緣遙申齋願望三清於通路資一溉於良田
此時枕越石之戈暫妨高卧他日把浮丘之袂豈訝
後來臣某無任瀝懇投辭虔禱惶切之至謹辭

又

年月日啓請如科儀臣伏以測管窺天雖垂曠望揮
戈駐日蓋感精誠苟爲山之力不虧則至海之期何
遠仰玄門之善閉導妙道以勤行但以爲子爲臣曰
忠曰孝旣增榮於國祿願無忝於家勲手握玉符且
救寰中之難志棲金籙唯思象外之遊每慮政失務
三法虧晝一雖慎撫綏於南兗尚多僁咎於坵鄽況
當蔔冦爲期弭兵未暇今則月就盈數日臨下元遙
倣眞儀敬陳齋法儼星壇而稽首想風馭以馳魂伏
乞太上三尊十方衆聖玄慈見矜良願克諧翠華早

耀於秦雲皇祚永興於漢日百官多慶八裔同歡冠
戎則銷燧象之灾幽滯則假燭龍之照然後使臣世
官貞吉道業滋成遺榮待退於五湖企想潛通於三
島作人間之都尉蒯訓無心拜天上之侍郎沈羲有
望唯願在家必達終能直道而行臣無任祈恩懺罪
虔切惶恐之至謹辭

上元齋詞

年月日啓請如科儀臣仰察玄經乃見道資衆甫俯
稽聖典則知神應至誠是以早詳病病之言每勵賢
賢之行五音五色實除耳目之娛六甲六丁潛致爪牙
之役頤躡輕飛之路常敲衆妙之門但屬戎馬生郊
陳蛇奔穴無苟免而臨難不得已而用兵蓋報主恩
慮虧臣節只誓顯誅冤孽寧知暗積愆殃雖軍律克
申而眞科是懼今以日延和景月薦初元謁吸新吐
故之辰懺豚腐吞腥之罪儼陳醮禮敬薦齋誠燈耀
九光爐焚百和寂寥塵外幡幢靜設於星壇髣髴雲
中環珮似傳乎風馭眞銷妖祲仰告威靈伏乞大降
玄慈下從丹懇萬乘永資於萬壽百官皆荷於百祥
戰場則荊棘叢生農壤則麥禾花茂凡云蠢動盡獲
胎藴然後俾臣援溺功成奉身以退冲靈道遂鼓腹
而遊飽瓊蘂之糇粮就瑶臺之蹊徑遇圯上者終諧
素志自有前蹤入壺中者蓋感專心寧無後望既殊
捕影敢憚勞形臣無任悔過祈恩虔切惶恐之至謹
辭

中元齋詞

啓請如科儀域中之四大難名字之日道物外之三
清在想心以爲齋豈圖滋福於一身唯願洽恩於萬
彙臣生逢聖日志慕眞風寧貪久視之門有覬輕飛
之路但以行先不殆德貴有餘每虔一氣以存思非
止三元而展敬今則雲摧火影風戛金聲當中元積
慶之辰謹修常醮以下界罹灾之事仰告玄慈一昨
夏景既闌秋成甚邇而乃曠野則飛羊斂翅深泉則
黑蜧藏鱗嗷嗷之黔庶何依烈烈之蒼穹莫訴雖近
沾美澤而尚懍農郊伏乞太上三尊十方衆聖下從
精懇大庇生靈使風雨常調煙塵永息輿聖祚於千
秋萬歲振歡聲於四海九州然後俾臣功名則與國
同休道業則在家必達水中泛泛謝時態之澆浮雲
外飄飄逐仙蹤而騫翥既探珠而有望寧種玉以無
因臣不任祈恩救灾懇禱虔惕之至謹辭

齋詞

啓請如科儀伏以混成至道本在勤行衆妙玄門唯資善閉故曰修之身則其德乃貴修之國則其德有餘既能寧小功多可謂暫勞永逸臣雖手提金鉞而心寄瑤臺飄飄然自有良期擾擾者誰知積學是以三元致敬一氣存思佇天上之雞聲潛懸素望符海中之鶴信每瀝丹誠終冀用之則行豈言深不可識今者謹賫薄禮仰黷玄慈所願轉茂靈根漸抛俗界餌崦嵫之奇草飲沆瀣之仙漿漢代淮王終遂仙遊之樂周時柱史何妨吏隱之名苟保天成寔言日損景仰於其中有象頗知於此外無求臣無任投辭懇迫虔禱兢越之至謹辭

黄籙齋詞

啓請如科儀臣身拘俗網志仰真筌雖宻勿寅賓至道則無形可扣而勤勤懇懇精心則有感必通是以每勵葵修敢安晷刻所冀學海而終歸巨海好龍而不懼真龍豈貪輕舉之名但效勤行之旨然以早分相印久握兵符當扶危靜亂之秋有戮暴誅奸之役伏慮政條失所刑律乖宜愆違暗積於玄司殃咎難逃於黒籍今則景銷木德節啓火威稽首昊天叩心靈地跼蹐而謹陳薄奠禱祠而仰獻微誠伏乞太上三尊十方衆聖俯矜丹懇深降洪慈使電滅千災雲興百福永資玄蔭漸茂靈根掃闠外之烟塵早成勲業玩壺中之日月免役夢思臣無任悔過祈恩懇迫惶恐之至謹辭

禳火齋詞

年月日啓請如科儀於紫極宫内修建洞淵妙齋三日四夜轉經行道爲禳當府火災祈恩投辭上誥虚無元始天尊伏以波蕩四濵塵昏九野遂見綿區匝宇未能滅祲消氛臣雖志悦道風而身沾膏澤早託山河之誓久臨淮海之封每慎撫綏不遑寧息粗安一境已涉五年齋誠仰貢於上玄妖氣頗銷於下界豈料天心悔禍必俟時期地分羅殃難逃曆數方當暮月始起融風遂興鄭國之災難施瓘斝將救成都之患誰噀酒杯所燃既多俱焚是慮衆力猶勤於撤屋羣心免駭於燎原今則每念傷人唯知罪己仰投靈宇敬醮寶壇拔禳變異於四郊寧拘古禮祈禱遠瞻於三島但獻精誠伏乞太上三尊十方衆聖曲流玄澤火挫陽精使回禄知非祝融請罪閭閻撲地皆除火宅之災道路生風永作水鄉之福烝黎樂業師旅懷安搆陰謀者自就消亡歸善化者各資榮泰齊

登壽域仰望仙鄉臣無任歸罪乞恩虔禱懇迫惶恐之至謹辭

天王院齋詞

唐中和二年大歲壬寅正月望日具銜某敬請僧某乙設齋于法雲寺天王院謹白言舍利佛大慈大悲觀音菩薩伏以欲界將傾魔軍競起九野塵昏於劫燼四溟波蕩於狂飈諸侯志慕於宋公星無三徙聖主德齊於漢帝日未再中不知天養鵰集地容蝗蝻力鬪之羣兇得便義征之衆旅摧威其也手握兵符心抱將略欲展焚枯之力願成拯溺之功是以景仰三歸勤行十善深憑護念敢啓邀迎宇內瘡痍略假醫王之術世間疲瘵遍希慈父之恩今則幸遇初元精修美供春露洒琉璃之境曉風吹薝蔔之香想其舍衛城中長老盡携弟子水精宫裡天王便作主人伏願舍利佛大慈大悲觀世音菩薩教既東流跡能西降遠拔閻浮之地暫離兜率之天問疾語言不競維摩之說稱名功德可逃羅刹之灾唯願共泛慈航齊揮智劍寢鶩濤於苦海掃妖氛於昏衢則乃慧燈照天帝之心法鼓破波臣之膽靜銷諸惡暫開方便之門廣庇衆生無惜慈悲之室謹疏

爲故昭義僕射齋詞二首

中和二年七月二十三日爲故昭義姪孫僕射及二孫子敬設齋于法雲寺聊憑法疏用寫悲詞以昭義姪孫幼蘊壯圖長居重任不掃一室有志四方手運豹韜既是吾家之事身持龍節累沾聖代之恩至於越海征蠻對河分陝立戰功於遐徼傳理化於近藩慎守詔條能諧物議遂移上黨實委外權尋屬戎馬生郊陣蛇出穴遽聆寇孽直犯京華頻興伐叛之師稍懸訓戎之令上將則雖期徇難欲竭忠誠小人則多是幸灾潛興狡計叛徒忽至橫禍斯侵弘演納肝其誰能繼豐舒傷目所不忍言噫道則日彰志惟天奪征旌永卷飛旐負來言念彫零莫勝悲慟但以推尋佛理抑割俗情既知前世因緣粗觧此時冤痛况乃父立忠節子揚孝名古賢所稱今我何恨俾資冥福敬設妙齋所願慧炬照迷慈航援溺早推誠於貫日終致樂於生天子子孫孫永絕悲歸之本生生世世常逢安泰之期謹疏

又

中和二年七月二十七日某官某乙奉太尉處分爲故昭義僕射於法雲寺設三百僧齋并寫金光明經

五部法華經一部永充供養盖聆佛修慧力普濟羣迷人發信心終成善願苟得影從至教必能響荅虔誠伏以昭義僕射鳳振雄圖繼分重寄將軍投袂練兵而方切尊征天子翦衣飛詔而唯憑妙略佇建彀中之勳業忽罹意外之灾殃不吊昊天奪我良僚今則敬投蓮宇處設乘門仍　具葉之真跡仰奉法華之妙義伏願乘茲功德解彼冤讎灾星昔照於預州已推定分慧日今懸於覺路永絕良緣謹疏

桂苑筆耕集卷之十五

桂苑筆耕集卷之十六　祭文書疏記十首

都統巡官侍御史内供奉崔致遠撰

祭文四首

祭五方文　築羊馬城祭土地文

祭楚州陣亡將士文　寒食祭陣亡將士文

書二首

移浙西陳司徒廟書　手札一首

記二首

西州羅城圖記　補安南録異圖記

疏一首

求化修大雲寺疏　求化修諸道觀疏

祭五方文

年月日具銜某謹以清酌庶羞量幣之奠敢昭告于五方神之靈傳不云乎五行之官是謂五官封爲上公祀爲貴神社稷五祀是尊是奉木正曰勾芒火正曰祝融金正曰蓐收水正曰玄冥土正曰后土是以禮云共公氏之霸九州也其子曰后土能平九州故祀以爲社然則神主順天靈功莫測諸侯列土祀典宜行惟夫人寔統陰祇廣含坤德身爲萬物之母首冠五方之君職奉軒皇功據　社殷湯罷改遷之議

漢武陳祠祭之誠是知神鑑則無偏無頗物情則以享以祀昔平九土既能疏決江河今處五方豈不庇安淮海靈其調和於金木水火驅役於風雨雪霜使春夏秋冬永息灾殃之氣東西南北靜除氛祲之源牢幣具陳庶羞甚潔致敬不虧於中雷施恩幸滿於大藩唯候豐穰異神報塞尚饗

築羊馬城祭土地文

年月日具銜某以兵戎未息禦備是勤乃命修築羊馬城遂遣某官某乙告于土地之神曰夫城郭之設邑居所憑陋之則狡者或　義之則寡能固守況今豺聲競發虺毒遍吹易動難安何處能爲樂境暫勞永泰此時須建良功遂乃揣高卑議遠近使令百堵皆作終可三旬而成徵名於伏櫪觸搖接勢於長雲斷岸不假龜行之跡豈須龍見之期衆既叶心事無費力神其德惟博載道實流謙勿辭扳築之喧勉致金湯之固使雲鍬雷杵遠振歡聲爲堞隼墉高標壯觀壯吞淮月南吸江烟平欺鐵甕之名迥壓金甌之記有備無患神其聽之

祭楚州陣亡將士

爾等尺籍從軍寸心報國焉褒武飾既以力稱馬革雄圖早將身許爰有徐孽來侵楚封春喉之壯氣未申失手之寃聲遽起始見荷戈就列翻爲復矢成行然而功其可稱死且不朽有狼瞫之君子無羊斟之小人昔時之重義輕生不求苟活今日之名存身喪豈貯遺悲魂其有知各歆薄酹

寒食祭陣亡將士

嗚呼生也有涯古今所歎名之不朽忠義爲先爾等彍弩勞身蒙輪逞力奮氣於熊羆之列忘形於鵝鸛之前能衍勇於干戈固免慙於牀第今也野草綠色林鸎好音杳杳逝川空流恨而無極纍纍荒塚誰驗魂之有知我所念兮舊功勞我所傷兮好時節俾陳薄酹用慰冥遊共謀抗敵於杜回無效懷歸於溫序能成壯志是謂陰功

移浙西陳司徒廟書

滔滔逝水幽顯雖殊凜凜雄風古今何讓苟或同心立事必能異代論交司徒壯節奇功備載外孫之碣靈恩顯驗高傳太伯之鄉譚揚而不假再三徵引而難窮萬一今則異動玄鑒寘書素誠既當可舉而行固在不言而信且此誓除國難齊命舟師將泛西江即離北岸練鋪一水指疆界以雖分黛列千山望威

靈而如在今於弊境已立嚴祠敬迓來儀迺酬前願
幸移玉趾無戀石頭挂檝蘭檣早決遷居之計鸞絲
鳳管佇申迎奉之儀況乃近境無虞芳筵不絕但得
禍淫福善何妨捨舊從新北渚烟花休起別離之恨
東塘風月好追歌舞之歡必能依統帥指揮永可振
司徒勲業特差專介用啓至誠昔之青骨標奇已謂
陰陽不測今也赤眉稔惡豈宜征戰無功將申烈烈
之威實假冥冥之助所冀八公山上遍設雄師五里
霧中能呈異術則必陰子春之破賊吳大帝之封王
共立功名若合符契無誤會稽之軍備有慙即墨之
神謀早詳禴祭之言永副里仁之義某白

手札

風烟雖邇雲霧難披景仰靈威遥申誠願今已靜掃
勝地高創壽宫永可安居謹令咨迓便請挈家速至
專當掃席相迎且鐵甕城低金陵地狹能施百福無
滯一方此欲翊拂妖星旗迎聖日必期大捷永致中
興幸其來助陰兵共成王事目極東流之雪浪心馳
北顧之煙峰神兮移来哀江南某白

西川羅城圖記

西川羅城四仞高三尋闊周三十三里乃今淮海太
尉燕公所築也粤若梁州別壤蜀國雄都内辟犍牂
外聯蠻蜑左臨百濮右挾六戎咽喉之控引寔繫唇
齒之輔依難保自昔蠶叢流異龜跡標奇藩籬始建
其一城扃鐍猶虧於四郭苟子則既忘重閉衛人則
唯慮徒居蠢彼狗封恣其狼吠每至草乾樊道浪縮
瀘河則必推紛橫侵攙羣驅隊緜毗懾竄巷哭街號
戎兵以援旆爲中權府尹以閉關爲上策稔成氛祲
積有歲時洎乾符初偶絶羈縻大興叛换白虎之狂
災漸盛黄龍之舊約難尋兵力莫申帝心有寄以公
慶傳渭葉業練把書交趾銘勲則永威八詔鄆城報
政則不待三年屬蜀蠻寇加置邑王師告老遂飛表詔請
救倒懸由是自東徂西以晝繼夜走單車於外境豈
煩龔遂獻書受戎輅於中塗冥掩晉侯稱伯公鄭行次咸陽
除授西川節制遣衛齊略條達成都于時驛信屯兵逼郊隊
而纔踰一舍黔黎失業焚里閭而何啻萬家彼則舉
國而濟師此則閴城而受弊外熾昆岡之焰哭酒無
能内枯疏勒之源指梅何益莫非枕倚墻壁誰堪擐
執甲兵公至止之日豁啓城扉若開籠檻威振而寧
撈利器邪騰皆摧化行而如嗅新香驚魂盡返蠻王
以據耳飽聆其異略鏤膚畏挂於嚴誅惴然觀電懾

雷欻爾烏飛魚散公尋令選銳暫使追逃乘其垂翅
之時展我燎毛之勢數俘莫記執馘居多爾後因閱
地圖得搜天險是猿狖養高之窟爲豺狼伺隙之蹊
乃令一矧雄關一摽巨防修功峽關置平夷鎮蠻賊要路固守無虞危堞
則憑巒助峻長溝則導澗資深宛成善閉之機實扼
閫行之徑丸泥可固斷知無得而踰爟火罷驚坐見
不爭而勝仍尋水道別建河營大渡河側置防河營遠方猾夏
之徒難謀舭葦均發戍申之卒免詠流薪疆陲永保
於覆盂塵閑唯矜於列㫒卿雲邦彥閑吟搜吐鳳之
詞卓鄭鄉豪靜坐貯蹲鴟之利公以寢處戎闈夢想

扁舟將申遠慮於無窮豈立空言爲不朽乃曰彼蠻
之習也外凝內黠朝四暮三雖逕叔此時功已成於
長秋而季孫他日憂必在於顓臾詎可虛擲錦城尚
無羅郭守民之制非我而誰啓抱而神欽至誠飛章
而帝允丹請時有賓督進難將校獻疑皆云公孫述
躍馬雄臨非無意也諸葛亮卧龍崛起亦有志焉但
以曩築子城猶資客土九年方就百代所難蜀土昔無張
儀築子城葺土於學射山日役往返九載後始成況令將興廓落之基恐致
遷延之誚公曰術　先定事當速成必能終簡天心
豈謂虛穿地脉於是郡　俟奔告邑尹樂從乃使揣高

卑議遠邇慮材用量事期揆時候於會書俟規模於
周令引長江而剗長塹夏禹懃能對高巘而劃高墉
秦皇失色矧乃命五丁而傭侶運六甲以驅種天吳
則謠水於寒泉地媼則變沙爲美土蜀地穿宋盈天泉湧張起至是
土出沙中城缺如舊實謂百靈幽贊萬姓悅隨鍤聚雲鋒杵騰
雷響不見烈風凌雨又令篋飽觴酣登登而只競歡
呼屹屹而便如湧出百堵皆作三旬而成然後郢匠
勞功素材變質優人展妙顏壤凝華攢空而烽櫓高
排架險而閫閣聳起橫分八尺結雕甍而彩鳳聯飛
檻徹四隅擁繡堞而晴虹宜挂罩一川之佳景籠萬

户之歡聲遠而望焉則巍巍峩峩若雲中之疊嶂錦
霞穀霧隱映乎其上迫而察也則赫赫爗爗想海畔
之仙山金臺銀闕焜燿乎其間始自庀徒終於解役
不假朽縉於官稅無資剖粒於軍租築板所費錢一百五十六貫未
一十九萬石皆由智計不破上供皆聚羨財儼成壯觀遂使蠻酋旅
魄賓旅歸心不敢言摩壘而旋無因致入郭之役爰
徵繪事仰貢九重旋降綸言過褒一字宣層旨於翰
林才子綴妍辭於黃絹外孫築城碑令狐庸王相公承旨撰詞公雖
迎金鳳銜書未議石龜戴版蓋乃謙沖自牧恥其功
伐驕稱及蒼烏高飛翠華遠狩儼仙遊於玉壘安聖

慮於金墉故得親覽宏規孟欽忠節特傳瑤檢徵進
碑詞遂命雕鐫永揚威烈實萬古未聆之事乃四方
無比之榮美矣哉龍以雲興魚因水樂誰不仰公智
周物表事照機先凡施權謀若合符契則昔全蜀未
城也天留盛績日待英才所謂有非常之人然後有
非常之事有非常之事然後有非常之功是以非常
者固非常人之所覬也致遠雖丘堂觀輿師晃何知
而泰國欽賢由余不棄謹成實錄敢記殊庸所冀四
海掃航閱雄圖而稽顙九州旄鉞望法駕而安心中
和三年龍集癸卯八月二十五日記

補安南錄異圖記

交趾四封圖經詳矣然而管多生獠境邇諸蕃略採
俚譯用摭方誌安南之為府也巡屬一十二郡峰驩演愛
陸長郡諒武定武安蘇茂虞林羈縻五十八州府城東至南濱四百
餘里有山橫亘千里而遙邃穴深巖為獠窟宅蠻蜑
之衆六種星居鄰諸蕃二十一區管生獠二十一輩
水之西南則通闍婆大食之國陸之西北則接女國
烏蠻之路曾無亭堠莫審塗程跋履者計日指期況
浮者占風定信二十一國雖大傳聲服食所宜大較
相類管內生獠多躡山蹤或被髮鏤身或穿胸鑿齒
詭音嘲哳蕪態睢盱其中尤異者卧使頭飛飲於鼻
受豹皮裹體龜殼蔽形擣木絮而為裘獠子衣木皮熟擣有如
纖纊編竹苫而作翅生養則夫妻代患長成則父子爭
雄縱時有傳譯可通亦俗無蠶桑之業唯織雜彩挾
布多披短襟交衫或有不縫而衣不粒而食死喪無
服嫁娶不媒戰有排刀病無藥餌固恃險阻各稱酋
豪遠自漢朝迄于隋季蕃興邊患頻役遐征馬將軍
標柱歸時寸分地界史總管倒碑過後略靜海隅洎
咸通初驃信延災元戎喪律鵰嘯於跕鳶之地豕豗
於束馬之塗摧兇欲快於搤喉拯溺唯思於援手先
帝以今淮海太尉燕公宣威大漠政洽上都時公防禦秦城
剗平醜虜才歸輦下出鎮安南乃請出鎮龍編立身豹略剗彫題而
卯碎活黔首以肌豐復壁壘於一麾披封疆於萬里
有蠢皆劑無寃不伸朱道古榦蕪於外杜存瓌慈虐於內皆為安南巨患公乃誅滅
無遺故褚令公遂良竄歿日南子孫雕零公時表洗雪然後使電毋雷公鑿外
域朝天之路山靈水若偃大澤沃日之波安南經峰口天威神
功所開播在遠邇遂得絕蠻謀之址窺紆漢軍之南戍乃鳳
傳徵詔鵠返歸程至於洞獠海蠻莫不醉恩飽義遠
投聖闕請建生祠則知善政所行殊方可誘既見馬
如羊而不敢縱令蟻若象而何虞乏以驗四夷之時

或不實九牧之任不得所也有柔遠軍從事吳降嘗集是圖名曰録異叙云久觀遐畨目擊殊形手題本事然則信以傳信斯焉取斯　閲前詞退而嘆曰愚之所以爲異者其諸異乎人之所異曰六合之內何物則無至如鼠肉萬斤蝦鬚一丈既知南土所産永釋古今之疑則彼獸性羣分鳥聲類聚誠不足異也頃太尉燕公受三顧恩用六奇計使獷悍歸服邉陲晏然今聖上省方蒙王獻欵不敢美吠堯之口永能除猾夏之心皆由燕公收交州鎮蜀郡威振於犇魑走魅功成於金疊湯池所謂藴先見之能察未來之事呼吸而陰陽不測指蹤而神鬼交馳實爲天工人其代之斯實可爲異矣聊補所闕敢貽將來時翠華幸蜀之三載也

求化修大雲寺疏

大雲寺募緣求化重修建瓦木功價等詳夫教列爲三佛居其一其如妙旨則暗禪玄化微言則廣諭凡流開張勸善之門解摘執迷之網然則欲使衆心歸敬須令像設莊嚴有感必通無求不應墾情田而種福游法海而洶然不可思議於是乎在當州城西大雲寺雖臨楚甸實壓蜀岡舊創仁祠高標危位雨洗烟窓之色萬朶前山風敲月動之聲千株古木在一郡乃稱爲勝境於四時則最稱芳辰至如春水綠波雜花生樹都人士女以遨以遊不勞聽法之緣自得消憂之所則與城東禪智寺甕背對聳兩耳齊張夾煬帝之遺宫擁淮王之仙宅壯兹樂土倚彼福田前年偶值飛蝗未能避境旋憂聚蟻或欲毁堤故護軍特進以將隣妖氛忽興猛焰遂使瑠璃之界翻成煨燼之餘雖菩薩焚身固爲常事而菟葛住足盡失安居可惜祇園便同隙地今幸遇太尉將驅衆旅佇滅羣凶既逃過去之災或補未來之福欲安盛府許葺精廬欲使爐續朝香鍾迎夜梵樹宿獮猴之友林栖鸜鵒之王盖尋貞觀之中曾傳帝語豈效太清之末酷信伽譚所願廣運慈航徐提法鼓深資功德静剗妖魔百官榮從於鸞旌萬乘遄歸於象闕次願太尉廓清寰宇高坐廟堂演伽葉之眞宗龍堪比德舉儒童之善教麟不失時克興上古之風永致大同之化凡於戴髮含齒鱗潜羽翔皆荷慈悲盡能解脱但以一毛可援先求信義之心百足不僵須賴扶持之力既難獨辦同託衆緣無吝羡財合資洪福富者不仁之説自古所譏積而能散之覥于今可誠謹疏

求化修諸道觀疏

紫極宫重修城下諸宫觀求化庀木等價伏以菩縣誕靈神州演法眞性乃聖朝之祖强名爲至道之宗玉葉金柯耀芳陰於萬代瑶函瓊笈傳妙旨於四方遂得齋醮有歸科儀無墜神宫靈宇宛爲諸天秘殿精壇嚴修勝地當州東吴麗俗南夜雄藩鮑祭軍則賦銜精妍揚執戟則箴諍夭矯而乃至道步勤行者玄門無善閉之味濬口中動成大笑義深目外誰信上昇福庭則草凌塵侵仙室則雨傾風壞況值梟聲競噪虺毒强吹到處星飛但見羽書之急經年霧集唯聆甲騎之勞俗既喧驚教增寂黙未有葺修之暇非無捨施之緣今幸遇太尉德繼猶龍道深有象黄石公之妙訣雅稱帝師赤松子之勝遊佇迎仙友是故出則以六奇制敵入則以九轉服勤静除閫外之烟塵閑對壺中之日月三元遵敬一氣精修杲見眞位髙遷殊祥薦降彩雲片片飛來楚岫之風玄鶴雙雙唳向隋宫之月又乃前年則江寇南逼去歲則淮戎壯侵蟻皆恃於成羣虵欲矜於結陣伏頼太尉雄威坐振衆壁奔亡四鄰戴信於桓公八郡感恩於邵父覩耕農之蔽野聽歌吹之沸天古人有言爲可爲於可爲之時則可其城下宫觀今欲旋集良工增修舊址擬金室銀堂之制處處騰光俾星冠月帔之徒人人潔跡徽功若就良願克伸龍圖早耀於中興虎旅永摧其大盜次願太尉運籌佐漢逈掩張良拊掉遊湖静追范蠡石留馬跡臺挂鳳音蓬島花開春醉而閑乘白鹿芝田雨過曉耕而長任青牛罷吟小桂之句獨邁大椿之壽然後仰從翔翼俯至潛鱗凡曰含靈悉能蒙福但以所修宫觀荒摧既久經費甚多無因獨辦資種唯仰衆成功德迦譚之難捨能捨猶見樂輸道教之自然而然幸無輕諾謹疏

桂苑筆耕集卷之十六

桂苑筆耕集卷之十七

初投獻大尉啓　再獻啓
謝生料狀　獻詩啓
詩三十首　謝職狀
謝借宅狀　出師後告辭狀
謝令從軍狀　謝借舫子狀
謝許奏薦狀

初投獻大尉啓

某啓伏以嶽之高與海之深物所歸而人所仰迥拔千仞平呑百川其如巘崿孼天波瀾蘸日谿四方之眼醒萬族之䰟是宇内之所歌謡匪毫端之能賛詠伏惟司徒相公獨抱神略一匡聖朝譽洽於良哉康哉名標於可久可大龔黄德政則郡民有遺愛之碑韓白功勲則國史有直書之筆况其旁同窺豹淺比傾螺雖將篆刻之詞輒頌陶鎔之業但以間生賢哲年當五百之期廣集英豪客滿三千之數既納之似水則来者如雲斯乃司徒相公鏡於心而寛兮綽兮秤於事而無偏無黨網羅雋彥籠罩驍雄於儒則沈謝呈才於武則關張效力遂使弓旌招隱士巖谷為之一空介胄降叛夫烟塵為之四息豈獨分憂於閫外實惟稱慶於寰中莫不信齊於春夏秋冬恩播於東西南北但日月照臨之所是風雷變化之時然則尼父堂中亦有他鄉之子孟嘗門下寧無遠地之人片善可稱前賢不讓永能執大邦之政豈欲遺小國之賓是以敢寫微衷輕投朗鑒某新羅人也身也賤性也愚才不雄學不贍雖形骸則鄙年甚未衰自十二則别雞林至二十得遷鸎谷方接青衿之侶旋從黄綬之官既忝登龍敢言絆驥今者乍離一尉欲應三篇更顧進脩且謀退縮獨依林藪再閲丘墳課日攻詩虞訥之詆訶無避積年著賦陸機之哂咲何慙俟其敦閲致功琢磨成器求魚道在垂竿而不挂曲鉤射鵠心專撚筈而與銜後鏃端操勁節佇望良時竊見萬物投誠八紘嚮德不謁相公賓閤不遊相公德門者詞人之所懐慙羣議之所發誚某固敢隳肝瀝膽進牘抽毫不避嚴誅輒申素懇謹録所業雜篇章五軸兼陳情七言長句詩一百篇齋沐上獻冒犯尊威不任戰懼之至謹啓

再獻啓

某啓某今月五日謹以所學篇章五通貢于賓次雖慙獻豕輒覬攀龍脩客路以心摧望仁風以目斷乍

覩春雲之態或似美人細看燕石之姿恐爲棄物伏蒙司徒相公光逾愛日煦及寒灰念以遠別海隅久沉江徼特垂豐餼俾濟朝飢自驚擇櫟之材已荷稻粱之惠雖龜魚授水驟喜命蘇而蚉蝱負山深憂力敗且某也免絲雖絡蛛網自營萬計尋思不如學也百年勤苦猶恐失之所以未競宦途但遵儒道筮仕而懶趨塵土卜居而貪憶林泉人間之要路通津眼無閑處物外之青山緑水夢有歸時所願更淬鈆刀終求鐵印斂跡而詮藏學藝安身而跌宕詞林嘗誦古詩還符此意云志士惜日短愁人知夜長某既懷志士之勤又抱愁人之苦聊憑毫牘敢述肺肝且如蹋壁寅搜杜門寂坐席吟而窓風攦雪筆乾而硯水成氷欲爲尼父之絶編無柰羲和之促轡即可知指萬卷之經史恨三冬之景光及其凍枕傷神孤燈伴影寒漏則滴殘别淚遥碪則擣破羇心空勞寤寐之悲歌莫繼陸機之安寢亦可想貯千端之鬱邑過五夜之寂寥然則志士之勤也既如彼愁人之苦也又如此況某家遥日域路隔天池投客舍而方甚死饑指何門而欲安生計唯慮道之將廢豈言人不易知不敢以陋質凡姿覬相公清嚴之德不敢以片言隻字希相公採録之恩所望者或以其萬里地遠來十餘年苦學稍垂惻憫得濟困窮則必堅背水之心終爲勇士決移山之志不讓愚公伏以某譯殊方之語言學聖代之章句舞態則難爲短袖辯詞則未比長栝舌無三寸之能空緘壯氣腸有九回之懇但戀深恩干冒尊嚴下情無任感戴兢惶涕泗之至謹啓

謝生料狀

某啓某昨日伏蒙仁慈再賜生料恩垂望外喜集愁中安貧而已贍晨炊感德而惟知宿飽遂使范家釜甑免恨長閑顔巷單瓢倍加其樂伏以某雖揚鲁穿葉而蓮且斷根空把利錐寘遇大賢之鑑豈將長鋏先興下客之歌一昨輒貢蕪音累塵尊聽竊窺德宇而燕雖相賀望威風而鷁恐退飛豈料司空相公俯念海人久爲塵吏特垂記録繼賜沾濡生前之溝壑無虞飢寒雖濟頭上之丘山漸重負戴難勝依投而既類窮猿展效而願同病雀下情無任云云

獻詩啓

某啓某竊覽同年顧雲校書獻相公長啓一首短歌十篇學派則鯨噴海濤詞鋒則劍倚雲漢備爲讚頌永可流傳如某者跡自外方藝唯下品雖儒宮慕善

每嘗窺顔冉之墻而筆陣爭雄未得摩曹劉之壘但以幸遊樂國獲覩仁風久貯懇誠巽伸歌詠輒獻紀德絶句詩三十首謹封如別定王拙舞適足自嫵嫫母濃粧轉爲人哭不足賛揚休烈翻憂浼黷尊威然聖人以激勸誠深不間互鄉童子學者以揣摩志切皆投鬼谷先生伏惟特恕荒蕪俯垂采覽所巽趣仁化於江壯終得傳美譚於海東唐突藻鑒下情無任戰慄之至謹啓

七言記德詩三十首謹獻司徒相公

兵機一

惟將志業練春秋早蓄雄心剋國讐二十年來天下事漢皇高枕倚留侯

筆法

見說書窻暫卧龍神傳妙訣助奇鋒也知外國人爭學惟恨無因乞手蹤南朝蕭子雲善書百濟使人求手蹤以爲國寶

性識

波澄性海見深源理究希夷闢道門詞翰好傳雙美跡何須更寫五千言

雪詠

五色毫編六出花三冬吟徹四方誇始知絶句勝聯句從此芳名掩謝家

射鵰

能將一箭落雲鵰萬里胡塵當日銷永使威名振沙漠犬戎無復吠唐堯

安化

班筆由來不暗投旋驅熊隼待封侯郡名安化能宣化更指河湟地欲收

練兵

隴水聲秋塞草閑霍將軍暫入長安太平天子憐才略曾請陳兵盡日看

磻溪

刻石書蹤妙入神一迴窺覽一迴新況能早遂王師業桃李終成萬代春伏覩相公磻溪詩云及到王師身已老不知辛苦爲何人又經虢縣詩云手栽桃李十餘春今日經過重建勳

射虎

鉅牙鉤爪礙王程一箭摧班四海驚白額前驅萎膽碎方知破石是虛聲

秦城

遠提龍劍鎮龍庭外戶從茲永罷扃掃盡邊塵更無事暮天寒角醉吟聽

生祠

古來難化是蠻夷文政何人得去思萬代聖朝青史上獨傳溪洞立生祠

射鞭

休說戟枝非易中莫言揚葉是難穿須看立節沙場上永得安邊為射鞭

安南

西戎始定南蠻起都護能摧驃信威萬里封疆萬戶口一麾風雨盡收歸

天威徑

鑿斷龍門猶勞身擘分華嶽徒稱神如何劈開海山道坐令八國爭來賓

崔口徑

濟物能迴造化心驅山偃海立功深安南真得安南界從此蠻兵不敢侵

收城碑

功業已標征壯賦威名初建鎮南碑終知不朽齊銅柱況是儒宗綴色絲碑令度支裴僕射撰詞

執金吾

一陣風雷定八蠻來趨雲陛悅天顏王孫仕宦多榮貴心為匡君不憚閑

天平

海岱烟塵匝鄆城遥揮一劍落攙搶征旗不動降旗盡永使天平地亦平

釣魚亭

錦筵花下飛鸚鵡羅袖風前唱鷓鴣占得仙家詩酒興閑吟烟月憶蓬壺伏覩相公在鄆州詩云酒滿金舡花滿枝雙娥齊唱鷓鴣詞又釣魚亭詩云水懸魚難釣風吹柳易低

相印

早說休徵應佩刀台星光接將星高欲迎霖雨歸龍闕看滅妖氛展豹韜

西川

遠持龍旆活龜城威懾蒙王永罷兵應笑蠻巴噀盃酒雨師風伯自歸行

平蠻

邛峽關東蠻塵絕平夷鎮扼蠻地裂又築羅城蠻錦城蠻兵永滅功不滅

築城

一心能感衆心齊鐵甕高吞劍閣低多上散花樓上望江山供盡好詩題

荆南

虎吼龍驤出峡来福星才照陣雲開遥思屈宋忠魂在應向風前奠一杯

漕運

濟川已展為舟葉煮海終成富國功能與吾君綏宵旰為資心計四方通

浙西

九江賊膽墜風摧萬户愁眉向日開楚舞吳歌一何樂相逢相賀相公來

降冦

唯將德化欲銷兵長笑長平恣意坑更想太丘行小惠何如言下濟羣生

淮南

八郡榮超陶太尉三邊静掩霍嫖姚至皇終日留金鼎應待淮王手自調（劒南荆南淮南乃天下名鎮相公累授節制西戎南蠻東都賊起相公皆自討除）

朝上清

齊心不倦自朝真豈為修仙欲濟人天上香風吹楚澤江南江北鎮成春

陳情

俗眼難窺氷雪姿終朝共詠小山詞此身依托同雞犬他日昇天莫棄遺

謝職狀

右某今月二十五日伏奉公牒特賜署充館驛巡官者恩降台階光生旅舍承命而吟魂乍懾叨榮而病骨能蘇攀依有心荷戴無力伏以某樗生曠野蓬託荒田豈惟良匠不窺抑亦農人見棄風欺弱植雖舉勢於凌雲塵織纖莖但懷愁於委地昨者不慙猶者輒效狂生累貢巳詞仰瀆秦鑒伏惟司徒相公念以来從異域遠寓樂郊俯受似龍不嫌非鳳拔衰奭於糞上捜滯刃於獄中許厠嘉賓仍沾厚俸神仙見顧猶親郭隗之臺駑蹇何施得主鄭莊之驛况乃念子襟之志業辱華衮之褒詞刻畫恩深已能長價琢磨志切終願成功修身則飲水懷氷鍊思則吟烟嘯露唯當勵節以謂報恩謹詣衙門祗候陳謝下情無任感激彷徨榮懼之至謹狀

謝借宅狀

右某昨日客司奉傳處分借賜官宅安下者仰聆尊旨俯省庸才既榮投跡之有門唯恨救身之無路伏以某自趨龍旆免泣牛衣職奉非輕書糧頗贍嘗讀

魯論語曰學而優則仕仕而優則學是以壁東開之閤永誓依仁坐壯面之窻唯期隸業非敢隱居而不嫁秪將直道而自媒今者幸寓樂郊況栖静室登驕則不勞涉遠簞瓢則永遂安貧豈謂愛閑誠堪養勇三年就學非 慕爾之心一日成功願濡依劉之志下情無任感恩激切兢惕之至謹詣衙門祗候陳謝謹狀

出師後告辭狀

右某伏念來從異域託在德門昔曾名列桂科未知稱意今忝職居蓮府始覺榮身恩既厚於稻粱跡能安於萍梗日增學植月贍書糧豈期市駿之金傍沾駑蹇唯愧封侯之印未效禎祥今者蜀以大憝逋誅中朝多難頃煩豹略佇滅豺聲伏惟太尉相公身耀福星均臨庶類手傾霖雨遍洗妖氛遠命舟師重興國祚華夷則望風競抃蠢植則尅日當蘇若某者空有肺腸方重檮祝恨無羽翼一遂奮飛望龍節以魂銷窺虎威而股慄雖則熊羆之力共喜安人其如犬馬之心常增戀主下情無任攀依激切涕泣之至謹狀

謝令從軍狀

右某適見客司俸傳處分令借舟舡隨從行李者深恩既降壯氣潛伸勵心而願效驅馳感德而難勝踊躍伏以某塵中走吏海外腐儒五能非自濟之資一割無可施之處唯增慷慨已分沉淪豈無投筆之心時應未偶空有請纓之志力且難成誰謂忽被殊私不遺賤跡許隨旌旆借賜舟航塞之無堪敢望維駒之念蔭姿何幸遽叨泛鷁之榮況當涉路之時永荷濟川之賜下情無任感戴欣躍兢惕之至謹狀

謝借舫子狀

客司奉傳處分借賜舫子安下者某方脫窮鱗得攀畫鷁自慙跡在塵吏忽訝身為水仙則彼甘寧割錦纜而呈奢顧愷毀布帆而無恙豈若榮栖德宇又泛仙舟風波無失所之憂烟月有搜吟之暇況清流滿望暑氣銷威每當定志安神則乃銘肌刻骨謹課七言長句詩一首齋沐上獻 干瀆台堦下情無任荷戴兢惕之至謹狀

謝許奏薦狀

右某昨日見衙前兵馬使曠師禮奉傳處分特賜慰問兼許奏薦今自修狀夲來者倚慙蓬跡仰聽蘭言喜抃而身輕欲飛兢惶而心戰難過何者某職叨鄭

驛已謂極榮名達堯階實爲過望憑何展效佩此恩
光況乃朗鑑氷開英才霧集府宜倒屣則先迎王粲
築臺則次接劇辛如某者輟耕海上之田來迹塵中
之路雖云游學尚未成功豈料勤勞莫副於指蹤將
念已全於卵翼許令代善將使警愚每思郄子之曬
稱深慙速謗欲效黃公之多讓又恐失時冀緝拙詞
仰遵嚴命南宮造之問宣父實有所歸東方朔之對
漢皇寧辭自責旣忝風雷之變化佇期雨露之沾濡
下情無任感戴榮抃兢灼之至謹奉狀陳謝謹狀

桂苑筆耕集卷之十七

桂苑筆耕集卷之十八　書狀啓二十五首

賀破淮口賊狀　賀高司馬除官
謝職狀啓二首　謝加料錢狀
謝衣段狀　謝借示法雲寺天王記狀
謝示延和閣記碑狀　謝改職狀
謝探請料錢狀　與恩門裴秀才求事啓
獻生日物狀五首　端午日獻物狀二首
謝新茶狀　謝櫻桃狀
謝冬至節料狀　謝寒食節料狀
謝社日酒肉狀　謝匹段狀

賀破淮口賊狀

右某昨日竊聆淮口鎮狀報今月八日諸軍合勢殺戮狂賊已盡者伏以徐州賊黨偶因嘯聚敢恣喧張鴟梟同巢勢必不久蟻鳳相吊生能幾何猶懷拒轍之心未有返轅之意伏賴太尉相公雄聲遠振妙略潛施謀安四方決勝千里遂使淮山樂境長承虎豹之威泗水孤城免作鯨鯢之餌功著於輜勞永息計資於彼竭我盈小盜旋除中興可望三軍之勇氣方振百姓之驚魂再蘇但仰恩威咸增抃躍謹祗候陳賀謹狀

賀高司馬除官

某啓伏承司馬二十五郎榮膺寵命伏惟感慰伏以
漢朝美仕稱太傅少傅之榮晉代高流許大阮小阮
之譽然而但欲脫身於利禄無非縱志於歌吟於臣
則虧報主之誠爲子則失榮親之節豈期太尉相公
重言天應美命風行遂令司馬二十五郎挂綠衣披
朱紱動高堂之喜色振德宇之嘉聲佐理多閑詞餘
芳於玉樹連官獨貴掩前哲於竹林某每愧小儒忝
梱大廈覩鵾鵬之逸勢貯燕雀之歡心下情無任抃
躍之至謹奉啓陳賀謹啓

謝職狀

右某志雖求己藝不及人伏蒙太尉相公仁慈内被
推嚴翼成𪆟卵難飾片言隻字粗伸感德懷恩今則
久貯血誠敢憑毫素先甘鼎鑊仰黷旌幢謹具長書
咨陳下情無任戰灼之至伏惟特寬罪誅俯賜念察
謹狀

長啓

某啓某伏以短綆不可以汲深頑鋒不可以剸滯是
故不能者止周任有言自宜量力而行豈可徒心所
欲某東海一布衣也頃者萬里辭家十年覿國本望
止於齒尾科第江淮一縣令耳前年冬罷離末尉望
應宏詞計决居山暫爲隱退學期至海更自琢磨俱
緣禄俸無餘書糧不濟輒攜勃帶來掃膺門冀料太
尉相公迥垂獎憐便署職秩跡趨鄭驛身寓陶窻免
憂東郭之貧但養北宫之勇去年中夏伏遇出師忽
賜招呼猥加驅策許隨龍旆久倚鷁舟每恨布鼓音
凡鉛刀鈍縱傾肝膽莫副指蹤還蒙念以慕善依
仁特賜奏薦重言天應忝獲超昇若非九重倚賴於
功名十道遵承於法令則其恩命亦豈肯許其自江
外一上縣尉便授内殿憲秩又兼章綬且見聖朝簪
裾烜赫子弟出身入仕二三十年猶挂藍袍未趨蓮
幕者多矣況如某異域之士乎昔有一日九遷無以
及斯榮盛某嘗讀魯論見仲尼使漆雕開仕對曰仕
進之道未能究習善其深志夫子致悅某雖魁不敏
竊有慕焉昨蒙恩慈特賜轉職尋已具狀陳讓無納
所賜公牒伏奉批誨即有勅命但請收之某既蒙未
允至誠固且仰遵嚴旨立愧形影坐驚神魂每當夜
對寒釭曉窺清鏡感激而頭橫淚雨憂惶而背決汗
攀雖榮攝脫於風塵倍赧污瀆於門館伏以太尉相
公雄名峻望碩德茂勳不唯雲覆九州抑亦風揚萬

國寓目傾耳佇爲指南儒武所歸一人而已是以諸道景附馬首是瞻其如都統巡官須選人材稱職外塞四方之望内資十乘之威若今某塵玷恩知尸素位但恐買戎狄之笑沾史傳之譏昔漢朝金日磾常在武帝左右帝欲別加寵遇日磾辭曰臣外國人且使匈奴輕漢某今日之請實在於茲諸廳郎官早陳公議盡以賤無妨貴欲令夷不亂華某伏自前年得在門下更無知識唯謁諸廳幕中無情幸而獲宥窃聆太尉相公去年夏於東塘顧問某之時諸郎官同力薦揚和之如響遂沾厚遇遽窃殊榮昨者繼陳讜言不徇尊旨實乃惜太尉相公之名望存淮南藩府之規儀事體不虧裨贊斯在冬末面奉處分欲使別開院宇雖承恩諾轉切憂懷何者六韜曰人才大小猶如斗也不可盛石滿則棄矣故孔子云孟公綽爲趙魏老則優不可以爲滕薛大夫今者甘寘嚴誅輒傾真懇乞解所職官謗可也伏惟太尉相公特賜允從令得其所儻蒙未垂擯棄猶許依栖則望成別補冗員或薄支虛給一技數粒可養羽毛斗水尺波得安鬐鬣固非矯飾廉讓爲名實願揣量分涯免成負累恩德春秋傳曰齊侯使敬仲爲卿辭曰羈旅之臣免於罪戾施於負擔所獲多矣敢辱高位請以死告使爲工正不失令名故事昭彰卑誠悃愊守道而得無慚矣登門而免見睚之但願藥臼留恩終有凌雲之望蓍簪挂念永無委地之愁干冒台威下情無任懇迫憂兢之至謹啓

謝加料錢狀

右某今日某官奉傳處分每月加給料錢二十貫者某厚沾職俸過贍書糧紙筆之角且不羸鼹鼠之腹飲易滿唯憂福盛難報恩深豈料筆端乏白鳳之詞日無可效囊底獲青蚨之術月有所增但懷臨谷之心恐敗負山之力唯願除供陋巷之食分濟遠鄉之親同感厚恩永傳遐俗或成浮費必速幽誅下情無任荷戴兢惶涕泣之至

謝衣段狀

某啓伏蒙恩慈賜及生衣段一十疋者伏以風雖解慍日可畏威始當烝鬱之時忝受鮮華之賜敢效八公之侶欲銜六銖但隨百姓之歡同歌五袴況乃某幸趨台階榮託德門實資千載之遭逢每濟四時之服飾慙念而情踰父母稱揚而禮異賓僚今者輕縠衫材細縑構制俾趨偸幕許曳鄒裾雖恩耀遠人是

呈姸於鮫室而名懸奇士甘致刺於鵜梁下情無任感戴之至

謝借示法雲寺天王記狀

某啓昨日伏蒙恩慈借示修法雲寺天王碑綠毫乍閱俗眼初醒唯懸鐵印之慵流忽覩銀鉤之妙迹既成國寶豈許家藏竊聆將勅貞碑始揮神筆風停臧暑天酒呈祥固知垂露之蹤便成甘露況假崩雲之勢永耀法雲宜乎琬琰之詞鎮彼瑠璃之地共傳嘉瑞遠振芳聲然則隋煬帝之故都永爲寶龕謝將軍之舊宅終作福田下情無任捧讀師禱榮懼之至其碑謹專詣納謹狀

謝示延和閣記碑狀

某啓昨日觀察衙推邰宗奉傳處分賜及延和閣記碑本一軸者跪展眞蹤仰窺巨節對銀鉤而手舞足蹈望玉篆而魂飛賸揚伏以太尉力贍補天心勤捧日遂啓遷都之議佇聆徙蹕之期恭候宸遊儼成壯觀但以尋章摘句索非吳主之心進牘抽毫唯在陳王之命爰令幕客謹撰碑詞支使侍御丘門顏回獻帳廬植能揮眞筆妙寫尊襟敘三年望幸之丹誠則鼓傳衆聽述一片勤王之忠節則鏡照羣迷實乃酣飫德馨備陳事實永使奇功秘略皆令陋古榮今太尉相公志切迎鑾喜勝覽撤既贊美於凌雲百尺將掩能於入水八分遂乃親染綠毫俾鐫翠琰隨手而龍蛇旋活迎鋒而劍戟交橫畫玉點珠豈可比蘭亭醉本撥雲挑霧只宜示蓬島眞仙誰料末儒亦叨殊貺輒敢覬覦將碩是知謗論孱庸何則名題桂宮跡隸蓮府雖忝一時之有遇實無萬代之可稱今者支使侍御以好善心得稽古力騁眞才子之藻思辱大丞相之筆蹤唯爲賓席殊榮別是儒家盛事則彼郭隗受黃金厚禮虞卿沾白璧深恩強欲比方却成逸瀆然則四方舐墨含筆之士也莫不競效顰眉之態潛希嚥口之恩仰脩脩然勤慥慥爾如某者學海至海雖云有心執柯伐柯猶恐傷手持弊帚而徒增健羨遇神錐而便欲投降唯願讀五千卷之書庶幾入室把十九年之刃無愧發硎每覩仙書更敦壯志稍希異闕薰童子何敢望儒林丈人其所賜碑唯愼捧持敢矜披閱待過天池之外遍誇日域之中想彼驪龍頷下之珠永當減價巨鼇頭上之客必欲偷眷下情無任寶玩師仰之至

謝改職狀

右某伏蒙仁恩特賜公牒改署館驛巡官令隨䋣旆西去者雖命重難荷而身輕欲飛稱心懷捧檄之榮滿口詠從軍之樂唯慙幽客有辱獎憐感恩而既識海深舉步而但憂氷薄況無孫搴之精騎自比顏峻之小兒將何以剖拼事機游揚德業然所願者得睹龍飛玉劍豹掣牙旗風雷振大捷之聲日月照中興之運則某也有望於一言長價或爲天上之人萬里徑知免作池中之物行唯踴躍坐則禱祠下情無任榮抃兢灼之至謹齋沐祗候陳謝

謝探請料錢狀

某啓某頃者西笑傾懷南音著操蓬飛萬里迷王京之要路通津桂折一名作金牓之懸疣附贅乃是常常之事徒云遠遠而來海隅未覺於榮家江徼況勞於佐邑由是詠南陔而引咎望東道以知歸伏蒙太尉念掃德門許遷代舍濡毫滌牘深慙雪苑之清才項劣腰魚遽忝霜臺之峻秩傳天上披衷之命榮日邊垂白之親以宣父見知則實同陳隼以遠人多幸則不讓漢貂雖乖就養無方久想宗族稱孝然而煙波阻絶雖申負米之心風雨凄凉空灑梁山之泣既疎溫凊又闕旨甘但切責躬敢言養志況又無鄉使難附家書唯吟陟岵之詩莫遇渡濵之信今有本國使船過海某欲買茶藥寄附家信伏緣蹄涔易竭溝壑難盈不避嚴誅更陳窮懇伏惟太尉念以依門館次三千客別庭闈已十八年既免行傭有希及哺特賜探給三箇月料錢所冀禄逮及親遠分光於異域志能求己永揚跡於仙鄉干瀆台階下情伏增感泣兢悸懇迫之至其請錢狀別具上呈云云

與恩門裴秀才求事啓

某伏念身托德門光生異域雖池蛟得雨無沉埋末路之憂而海燕含泥有點污畫梁之罪跡賊而兢惶倍切恩深而展效何期豈合更寫卑誠仰塵尊德但以事非獲已情或可哀不辭鈇鉞之誅冀諭手筲之望伏緣某昨聆座主侍郎主銓東洛道路不通且在襄州行李極困早欲發遣專使切緣力未副心今有諸兄弟裴僮遠將窮懇相告輒具別狀干瀆台階下情無任戰灼之至

前湖南觀察巡官裴璙

右件人是某座主侍郎再從弟某去乾符三年冬到湖南起居座主侍郎之時見於諸院弟兄中偏所記念自數年繼遭剽劫生計蕩盡骨肉凋零久在江南

近捘當府頗披情懇泣告尊慈駐留多時不幸疾苦
遂且扶持發去云欲遅往襄陽迎接侍郎今得書云
行至滁州前去未得道遂既阻溝壑是虞兇乃孤孀
三十餘口更無產業未卜定居伏緣某家寄日邊路
踰天外杳無來信固絶他圖既無寸土以分耕寧有
尺波而假潤是以不量僭越輒具薦論命懸沸鼎之
中目斷台階之下非不知捋虎鬚之險非不知探龍
頷之難但緣既忝門生豈論賓貢鴛鸞之與螻蟻感
恩皆同多士之與遠人報德何異伏乞太尉相公念
以程窮計盡　其柱促聲哀特賜於廬壽管内塲院
或堰埭中補署散職所冀月有俸入便獲安家裴璙
即自到襄州令身躊仰副驅策不度涯分浼瀆尊嚴
下情無任感泣兢懼之至

獻生日物狀

某啓伏以降跡仙山爲行恩於俗界挺神維嶽期定
亂於危時是以杞梓材長松椿壽永名字已標於金
籙兵符暫理於玉鈐伏惟太尉相公負嶠稟靈尼丘
誕質大任天降中庸日彰四夷識傾膽之門遠栖仁
蔭萬姓歸返魂之域盡飽德馨况今秦甸僣氛鎬京
聚孽息虎旅奔沉之患望豹韜擒縱之機暫施決勝
之謀永致昇平之運則必坐寧環海後當去會瑤池
五色輕雲鎮隨行止千年素鶴競效驅馳獨保長生
却登眞位調鼎佐玉皇之命銜盃聽金母之歌自此
漢室公卿仰羡而空知望斷仙家朋友相逢而不訝
來遲某居近鼇峰遇深驥坂每睹張良之術唯吟郭
璞之詩喜對令辰敢陳善祝龜蛇病骨叨承救活之
恩雞犬癡心竊有奮飛之望下情無任虔禱依攀欣
抃之至輒以海東藥物輕黷尊嚴謹具別幅伏惟俯
賜念察謹狀

又狀

某啓某聆天降賢人濟天下之人也是以材合地寶
性契天和高闢德門深匡帝室伏惟太尉相公漢師
仙格魯聖儒機推心於三代之英鍊氣於五行之秀
今者正融韶景共慶誕辰四方飽闢閎之恩萬族獻
稱觴之懇伏惟龍韜暫展靜卷妖氛鳳輦遄歸永與
清運然後誠白石生之妙術逕赤松子之勝遊鼇頭
聳五色之雲久勞西望豹尾指二京之路整事壯征
佇揚滅寇之勳便舉朝眞之禮某抃身大厦祝壽中
春下情無任禱祠歌詠欣躍之至謹具別狀輒申微
誠伏惟恩慈俯賜念察謹狀

物狀

海東人形蔘一軀　銀裝龕子盛

海東實心琴一張　紫綾俗盛

右伏以慶資五福瑞降三清中春方盛於香風上德乃生於暹日凡荷獎延之賜合申獻賀之儀前件人蔘并琴等形稟天成韻含風雅具體而既非假貌全材而免有虛聲况皆採近仙峰携乘遠地儻許成功於藥臼必願捐軀如能入用於蓬壺可知實腹誠懇菲薄冀續延長塵黷尊嚴培增戰灼伏惟俯賜容納下情幸甚

蓬萊山圖一面

右伏以重陽胎景仙界降眞雖長生標金籙之名而衆懇祝玉書之壽前件圖千堆翠錦一朵青蓮雪濤蹙出於墨池鯨噴可駭雲嶠湧生於筆海鼇戴何輕不愧瑣微輒將陳獻望卧龍而股慄隨賀燕以䰟飛伏惟略鑒心誠俯賜容納冀近台座而永安寰海展仙齋而便對家山許沾一顧之榮預報三清之信輕黷視聽下情無任禱祝歌謡兢灼之至

人蔘三斤　天麻一斤

右伏以昴宿垂芒尼丘降瑞始及中和之節爰當大慶之辰仰沐尊慈合申卑禮前件藥物採從日域來涉天池雖微三椏五葉之名慙無異質而過萬水千山之險貴有餘香不揆輕微輒將陳獻冀與海人之藥或同野老之芹伏惟特恕嚴誅俯容情懇續靈壽則後天而老駐仙顔而與日長新下情無任禱祝忻躍兢惕之至謹狀

端午節送物狀

織成韋幞一條

右伏以晷陰將定令節俄臨遇天地之仁時睹江淮之樂境伏惟大尉應五百年運用八千歲爲春仰賁薰風高揚畏日不假渡瀘之役自成定漢之謀其奈在末睿合陳微禮前件鞍幞鴛鸞呈妙獸錦成華當慙影於追風或資光於照地伏願鞍也助百福永安之慶幞也表四方率服之誠干瀆尊嚴下情無任禱祝兢惶懇激之至伏惟俯賜容納謹狀

雪扇一柄

右伏以星火揚輝雲峰聳影遇陳大守饗遂祠之節效華封人祝仙壽之誠前件扇細𦋐飛綿輕鋪凍練雖假丹青之跡實含潔白之姿裁規則不學齊紈空誇圓月委質則願依孫閣得振仁風謹獻台堦無任

悚慄伏惟俯賜容納百生榮幸謹狀

謝新茶狀

右某今日中軍使俞公楚奉傳處分送前件茶芽者伏以蜀岡養秀隋苑騰芳始興採擷之功方就精華之味所宜烹綠乳於金鼎泛香膏於玉甌若非靜揖禪翁即是閑邀羽客豈期仙貺猥及凡儒不假梅林自能愈渴免求萱草始得忘憂下情無任感恩惶懼激切之至謹狀陳謝謹狀

謝櫻桃狀

右中軍使俞公楚奉傳處分伏蒙賜及前件櫻桃者伏以三春之下始閱群芳百果之中獨誇仙達綴仙露而堪教鳳食被德風而肯許鸎含遂令摘自喬枝分其美實豈期末品亦荷深恩捧持而色奪楚萍咽嗢而味欺蘇橘何必貯赤瑛盤上最宜對白玉樽前匀排萬顆之珠不唯眼飽似服一丸之藥便覺身輕下情伏增感戴之至謹奉狀陳謝謹狀

謝冬至料狀

右伏蒙仁恩特賜前件節料者伏以某忝棲德宇不愧異鄉萬里滄波雖恨絕東來之信三冬愛日且歡迎南至之辰豈料尊慈別垂厚賜玉粒既資於同頴霜華乃出於兩岐不勞大嚼之言却懷中聖之慮莫識酬恩報德唯知飽食醉吟下情無任兢懼之至謹狀

謝寒食節料狀

右伏蒙仁慈特賜前件節料米麵羊酒等者伏以人舉令回祿沮威正吟化俗之仁風又對順時之甘雨仰沾豐饋遇賸新炊況乃蟻慕芳羶蛆浮清醖捧恩光而飽飫豈止三朝玩春色而醺酣可期千日秪知歌詠何報陶鈞下情無任感戴之至謹奉狀陳謝謹狀

謝社日酒肉狀

右伏蒙恩慈特賜前件酒肉等者伏以候燕應期句龍受祀一年之韶光欲老千般之旅思相攻只知吟樂國之春豈料捧仙家之賜陵分甘臙准減香醲想田夫醉舞之場起海客狂歌之興敢效陳平壯志便發大言唯尋徐邈前蹤略判中聖其肉并酒謹跪領訖下情無任感戴之至謹狀

謝疋段狀

紫平紗　黃平紗　黃綾　黃絹

緋羅　紫綾　紫天淨紗

熟綿綾袴段

右伏蒙仁恩特賜前件疋段霞舒鳳縷雪疊鮫綃猥分絳帳之餘俾換褐袍之飾不學玉尼巧說遽叨盧志殊榮唯慙螻蟻之姿不稱蜉蝣之什但顛勵食蘗飲氷之節報披朱拖紫之恩下情無任感戴兢惕涕泣之至謹奉狀陳謝謹狀

桂苑筆耕集卷之十八

桂苑筆耕集卷之十九　狀啓別紙雜書共廿首

上座主尚書別紙　賀除吏部侍郎別紙
賀除禮部尚書別紙　濟源別紙
迎楚州行李別紙二首　五月一日別紙
謝降顧狀　與金部郎中別紙二首
與客將書　謝宋絢侍御書
荅裴攝巡子書　謝高秘書示長歌書
謝李琯狀　謝元郎中書
謝周繁秀才以小山集見示　與壽州張常侍書
賀楚州張義府尚書　與假校書

上座主尚書別紙

不審近日尊體寢膳何似適惟滌慮德以潤身致五福之併臻迎百靈之所薦伏惟節宣無爽時從有歸某窃窺曩史之傳芳備載遠僑之晦跡疏太傅登其祖帳僅涉沽名陶朱公泛彼扁舟未忘邀利豈若尚書中庸守志大隱存神表獨見之能察未萌之事遂得高揚素節夙避危時到處煙塵不汚指鴻之目終年雲水能怡夢蝶之心然而宸鑒屢回物情猶鬱欲作山中宰相其如天下蒼生即期大駕還京必赴上台虛位斯乃萬乘瞻矚四方禱祈某海嶠含泥吞栖

雲屋池蛟得雨早脫塵塗感恩自比於丘鄉仰德但思於闕里唯願泥沙賤質永資陶冶深恩卑情不任攀戀處祝浄泣之至謹狀

賀除吏部侍郎

某啓伏承榮膺寵命伏惟感慰張司空之一匡西晋則藻鑒無倫謝太傅之忽起東山則烝黎是念苟欲幽栖悅志獨處忘懷緘輝而恥耀秦臺蘊味而懶調殷鼎則乃智者仁者止傳樂山水之名賢才俊才盡失脫塵泥之望羣情久欝美命遂行今者侍郎静揖巖扉高提銓管萬族仰清通之譽一時進寒素之徒致使關中之冦孽宎消海内之英雄道泰近又竊聆風議仰測天心必謂文司再歸重德然則任賢得地既叶五百年之期好學趨門必盈七十子之數繼集仙遊於蓬島盛傳儒禮於杏壇既搜虹玉驪珠皆成國寶佇見臺鸞閣鳳永作家禽某伏思萬里無依久勞漂蕩十年有遇奉遂奮飛異鄉榮垂白之親達路忝披朱之飾昔名士爲李公御者喜於猶多今遠人稱尼父生徒光輝無比陳至懇而彖輸三尺望深仁而賜結九回下情無任抃賀踊躍感激之至伏惟俯賜念察謹狀

賀除禮部尚書别紙

伏承天恩榮膺寵命伏惟感慰昔子貢曰夫子之文章可得而聞夫子之言性與天道不可得而聞也然則至於四科弟子窺測尚難況是萬里遠人鑽仰何及固不效尤於篆刻請益於琢磨強搜類鶩之詞是贖猶龍之德今者遠聆美命俯切歡心望峻中臺迥冠鴛鷺之列恩深大厦空傾燕雀之誠伏惟捨念雲泉拯民塗炭輔弼契千年之運奸雄避七日之誅某跡忝諸生身拘倅職末由陳賀下情無任抃躍兢惶禱祝之至伏惟俯賜念察謹狀

濟源别紙

不審近日尊體何似伏想孟津别壤沇水清源風晴而歆枕泉聲雲曉而卷蔟山色既見境含秀麗固當道脫冲和伏惟每慎寢興早歸燮理顯驗月中之夢賚成天下之春卑情無任攀戀禱祝之至謹狀

迎楚州行李别紙　二首

不審近日利涉長淮尊體寢膳何似伏以源滋桐栢浪接蓬萊雖漸臨欝懊之期而宛對清虛之境開樂鏡而眞同月睒泛膺舟而況值風調誰言避地之行實叶濟川之葉伏惟緩飛仙棹静運眞筌庶納休禎

每加遵護卑情懇望謹狀

又

某啓今月某日專使至伏蒙恩慈特降尊誨跪讀欣抃不任下情伏審尚書遠赴天庭將遵水道整蘭橈而思郢泰指桂苑而訪劉安睹神仙則楚俗皆驚聞雅頌則魯儒相賀况某村實慙於栝矢跡嘗列於蓬壺爲倚德門獲棲候府今者佇迎鶴駕即覲龍章既知天幸遭逢唯切日深踊躍且曾晳陳浴沂之志只見虛談仲由悦浮海之言終非實事輒以管窺蓬擊眞爲古陋今榮卑情無任攀戀欣抃兢惕之至云云

五月一日別紙

某啓伏以黃雀風高蒼龍星耀美雨而梅雖應夏鋪烟而麥已驚秋時定晏陰　資全德伏惟尚書處身無躁深守禮經視履考祥雅符易道恬澹則老聃讓美清虛則周顗懷慙氷光長泛於玉壺豈須獨映天意久留其金鼎唯望親調方當鷁泛仙舟必見鳳銜睿筆入康帝室永福寰區下情無任虔禱懽戀激切之至謹狀

謝降顧狀

某啓某未遂山栖尚從塵役所居官舍深在軍營雖異衡門實同陋巷既乏君章之蘭菊可襲馨香空餘仲蔚之蓬蒿徧資寂寞春日則蝶牽晝夢秋風則蛩助夜吟以此爲娛無他所覬今者方經離亂再獲起居但喜攀父母之恩却慙下兒女之淚况某叨榮泰爵就學漢儀姜維之膽氣雖麁鄧艾之口詞甚訥唯深感激莫備啓陳伏蒙尚書念以遠方察其獨立俯憐素志每煦溫顏聽及階及席之言佇銘骨銘肌之懇早來又蒙降三清之僊駕領一畝之窮居方慙隨入室之賢豈料忝軾廬之念非所敢望將何自安莫不恩光遠耀於殊鄉卑迹永超於末路揣庸賤則華夷有隔較輝榮則古今無倫數年垂豹隱之期常低俗眼此日覩鳳儀之後豁展愁眉下情無任感戴欣抃兢惕之至謹祗候起居陳謝謹狀

與金部郎中別紙二首

不審近日尊體寢膳何似既明且哲則詩美賢人視履考祥則易稱君子既樂持盈之道固安養素之機况屬遲日載陽光風遍煦燕歌鸎舞深資酌桂之歡智水仁山靜悦攜梧之興伏惟永資景福早副悳徵擲玄賞於烟霞濟蒼生於塗炭羣情禱望天下幸甚謹狀

又

某啓某仰審拾言側窺性行人能弘道賢臣以致堯舜爲先世實須才俊士以效巢由是恥古者只傳於方策今也共仰於德門伏惟郎中大雅含清中庸處厚既以高名肅物能持金德鎮時柱睛空而嶽頂無雲瑩秋色而潭心有月比者蘭拋粉闈竹領朱轓出分天子之憂來慰海人之望況彼郡也户吞越水宦列吳山得袁宏舉扇之風靈濤縮怒使謝運枉帆之路釣渚含春及其五袴傳歌百錢流譽尋迎審逕邀陟華資懷寶令名誰發迷邦之問司珍正位佇成崖國之謀而乃得之若驚直而不倨選勝於巖軒潤户貪歡於酒賦琴歌夂聆萬乘虛懷忍見四方失望今者梟聲向息鳳紀重興晉傳長才待示指南之制魏年積變佇申拱土之誠入覲黄墻坐調梅鼎豈止應月中之夢必期成天下之春然則致堯舜之大猷承宦宸扆效巢由之小節不介尊襟某遠責鮫綃懸非重價仰趨馬帳吞預生徒下情無任攀戀禱祝兢惕之至云云

與客將書

某啓今無依斷蓬自役長走而未離塵土獨行而轉困路歧昨者遠抱危誠專趨朗鑒竽聲恐濫琴調空悲伏蒙將軍念以來自異鄉勤於儒道曲垂提挈得遂獻投指喩情深師冕不爲瞽者奬知言重卞和免作罪人荒淺何堪輝榮已極但以某無媒進取有志退居以詩篇爲養性之資以書卷爲立身之本却緣雖曾食禄未免憂貧趙囊則到處長空范甑則何時暫熱況乃家遥四郡路隔十洲窮愁則終夜煎熬遠信則經年阻絶時情冷澹俗態澆訛買笑金則易求讀書粮則難致天高莫問日暮何歸始知學者之心須託至公之力今幸遇相公山包海納雨潤風行有片言可奬者稱譽出羣有小技可呈者隨材入用是以無一物不歸美化無一夫不荷深恩然則舉中國之人咸承煦育豈可令外方之士獨見棄遺某不揆庸才敢投清德豈料將軍許垂拯拔每賜吹嘘他人之得喪榮枯皆推命分小子之昇沉進退只在恩私儻或特假重言終榮賤質唯托針能入線則同錐得處囊某已倚宦途粗諳吏道如能驅策未必蹉跎終當富見室家豈憚職縈州縣實以流年易邁壯氣難申唯望庇庥得期變化所冀燕栖雲屋永無巢幕之危鶴出塵籠稍識乘軒之便今欲專脩啓事再獻相

公少申感謝之懷預寫辭違之懇未知可否先取指麾且某也妻維之膽氣雖麁鄧艾之口辭甚訥緩申拜謁雖具啓陳聊托賤毫代披肝膈未能患己先切求仁將軍之心若鏡焉無幽不察小子之身猶箭也唯命是從千涚既頻慙惶益切伏惟終始俯賜念察謹狀

謝宋絢侍御書

伏蒙殊造俯念移居借賜官車得離旅館簦笈則免勞自負簞瓢則各識所安如承命駕之恩但勵抹輪之志今者卜鄰甚靜學植可成唯喬表翠之門不掃陳蕃之室雖秉機立事輸他附勢之榮而守道安貧竊得愛閑之樂既諧素志但感深恩伏惟終始俯賜念察謹狀

答裴拙庶子書

某遠離海島旅宦江皋比者暫願退居稍期隸業來投樂國 冀濟窮途本望少贍山資便諧谷隱伏蒙太尉念以雀有多病鶴自遠來特署職名俾趨恩化尋緣狂花有失腐芥無依轉知山鹿野麋唯宜退縮永謂鴻儔鵠侶不合攀瞻況乃𥈭比斗筲之人身隨刀筆之吏旅舍既拘於雉堞關門可設其雀羅自前年伏承庶子暫阻朝天偶來避地便欲托金牌之幸會叙王季之獎憐專候起居願披誠懇蓋慮跡賤而動多悔忝才微而易見棄捐強自微攀舊恩是為玷涚清德以此跧藏形影綿歷歲時雖知提篙有門唯恐負荊無路豈料庶子恕以未陳彌剌先降劉戣閱溫言而楚統覆身捧華翰而隋珠耀掌兼蒙賢弟起居未移襄頓遠賜榮緘不遺異域之人特厚同年之字金膏珠粉既忝摩拂之恩驥尾龍髯重有依攀之望莫不驚駘長價頜龐生光不唯誇衒於親朋實所輝榮於遠俗謹當占筮撰日齋沐拜塵覯肝而盡瀝卑誠擢髮而少逃厚責其他所奉尊旨謹具別狀啓陳云云

謝高秘書示長歌書

伏蒙特飛榮誨寵示長歌玉海金山難測高深之本士方有國定觀美璺之姿賛詠無堦師資有路但如青蓮居士唯誇散誕之詞白石山人只騁荒唐之作但以風月琴罇為勝槩不以君臣禮樂為宏規遂使千年萬年所流傳皆嗟大雅小雅之論輿今觀四十三叔行出人表言成世資美才子之筆端寫忠臣之襟抱在今行古既為儒室之宗憂國如家固是德門

之事天有耳而必當悔禍雲無心而亦可銷兵一言自此興危邦六義於斯歸正道則所謂陳平宰社爾曹何知鄧艾畫營其志不小永言他日足驗前程某畏影雖逑倫光匪懈既知閱寶直若發蒙唯願將鵬舉篇章傳於異域豈獨以伯魚對答詐向同聲下情但增感戴欽仰降歎之至續專祇候陳謝

謝李瑄書

某啓某今月十日得祗候見太尉渤澥風息蓬萊路通懇非席上之珍謬作壷中之客伏蒙溫顔見貺陋質增榮鳳翼龍鱗終容攀附癡鷹鈍犬特許指呼勉其撿慎之心諭以獎憐之意此皆副使不遺薄藝累發重言始當獨卧壯懷如蛙跳井豈料榮趨東閣似鶴乘軒風雲既識於因依氷谷不遑於安處感唯泣誠止無言伏緣既忝從軍難為乞假不獲祇候陳謝

謝元郎中書

某啓伏蒙太尉恩慈特賜轉職不任歡慶某玄兔微儒焦螟瑣質早因慕善偶獲成名爾後客路多愁候門審援麻衣始除於藍色竹簡尋推其桂香伏自去年刺謁燕臺職叨鄭驛皆蒙郎中推心獎念假力薦揚使孤根無委地之虞短翮有凌雲之望今者忽忝非常之遇深慙不稱之譏雖樂從軍敢安尸祿且鷃披隼翼已覺非宜鷄處鶴羣固當自責時日已具狀辭讓以此未敢祇候陳謝伏蒙恩私特降榮誨奉讀欣抃不任下情

謝周繁秀才以小山集見示

昨日早謁玄成晚歸槃止覺户庭之發光彩閱机案之散馨香遂因驚訊僕夫果得捧承留示溫辭一幅粲然受益之規雅什九篇蔚矣惠多之思莫不振紀綱於六義飾冠冕於七言既崇大雅之基實播中和之響伏以諸從事鴻儔鵠侶鳳翥鸞翔集桂苑之名都占蓮池之雅望二十三官即先輩備觀周樂深閱楚材各陳贊詠之詞能展縱橫之作筆皆實錄機不虛張始窺八首之前只謂衛多君子終覽九華之後方知魯出聖人某今所以檮望者翠鑾早過東巡日環免勞西獻二十三官百步穿葉一飛冲天姮娥則迎入桂宮王母則引歸蓬島然後輟勝遊於御氣展長策於濟時來登郭隗之臺坐美陳琳之筆則乃今朝麗藻已掩八仙公之名他日賓筵必盈　才子之數見丘門之請禱待陳搨之解懸其使欲銜璧乞降摳衣請益但以志勤詞戰雖將槑室反耕道拙世塗

僅類杜門却掃未獲面申感謝謹專修狀啓陳云云

與壽州張常侍書

當今聖天子在上賢丞相在下然而宿德令望而推
者唯我上公暨滑臺中令兩地而已初常侍靜笑前
欒權握使符我上公以理狀聞請爲眞守帝惟曰俞
後常侍撫安郡俗振肅兵威大元師以雄才薦請貳
前驅帝亦唯曰俞是得美印分榮剖符行化踰月報
政盡活疲甿實謂壽之人永居壽域矣則乃常侍遇
賢丞相之知入聖天子之用乃武乃文多才多藝固
以播在四海某豈敢一二而談詠也今所禱頋者碧
幢紅旆高引前途相幕將壇别張勝地謂予不信神
之聽之

賀楚州張義府尚書

國家自兵興已來爵賞既多官榮甚峻然而常恐授
受之未能宜稱盡善盡美固當有待今則尚書以累
世勲望以數年戰功始假使符旋迎眞命某将趨清
德獲聽好音欣抃之來雀躍而已則非獨喜尚書展
龔黄之美政實乃賀聖天子之得良二千石也伏惟
云云

與假牧書

伏以近日俗尚書題言矜賁祝苟非全德多是愧辭
某執性近愚處身斯直以目所覩以耳所聆方敢詠
歌固無諂笑某自達仁境如歸故鄉見百姓之安則
知三軍之樂也見鄉閭之泰則知郡邑之肅也若非
常侍寬猛相濟恩威并行則何以至村落之居室家
相慶自近及遠嬉嬉然喜遇慈父然則政成一境名
達九重即計冠聳豐貂旗翻建隼榮膺眞拜大洽羣
情某每聽謳謡深增禱祝伏惟照察謹狀

桂苑筆耕集卷之十九

桂苑筆耕集卷之二十　啓狀別紙祭文詩共四十首

謝許歸覲啓　謝行裝錢狀
謝再送月料錢狀　謝賜弟棲遠錢狀
上太尉別紙五首　祭巉山神文
陳情上太尉詩　奉和座主尚書絶句三首
吟歸燕詩　酬楊贍秀才送別詩
行次謝太尉衣段詩　留別女道士詩
酬進士楊贍送別絶句　楚州張尚書謝相迎詩
酬呉巒秀才絶句二首　石峰詩
潮浪詩　沙汀詩
野燒詩　杜鵑詩
海鷗詩　山頂危石詩
石上矮松詩　紅葉樹詩
石上流泉詩　和友人除夜見寄詩
東風絶句　海邊春望絶句
春曉閑望絶句　海邊閑步詩
將歸海東巉山詩　和金員外贈巉山絶句
題海門蘭若柳絶句

謝許歸覲啓

某啓早來員外郎君奉傳尊旨伏蒙恩慈念以某久別庭闈許令歸覲者仰銜金諾虔佩玉書雖尋海島以榮歸古今無比且望煙波而感泣去住難安伏緣某自年十二離家今已二九載矣百生天幸獲托德門驟忝官榮仍叨命服一身遭遇萬里光輝是以遠親稍慰於倚門遊子倍榮於得路唯仰趙衰之冬日深暖旅懷豈吟張翰之秋風遽牽歸思且緣辭鄉歲久泛海程遥住傷烏鳥之情去懷犬馬之戀唯願暫謀東返迎待西來仰託仁封永安卑跡今即將期理
但切戀軒下情無任感戴兢灼涕泣之至謹奉啓
陳謝云云

謝行裝錢狀

伏蒙仁恩特賜錢二百貫又令辦行裝者謹依處分捧領訖伏以某學慚力行事遇心期燕嘴銜泥黙污常慙於廣廈鼇頭抃嶽低佪瞎避於連鈎每慎行藏深規躁靜豈謂謙而受益或希屈以求伸今者果逢尊慈令將遠命榮歸故國免挈空囊比陸生南説之橐裝倍多輝焕異孔氏東還之輜重豈慮焚燒且彼虞卿白璧郭隗黄金徒欲耀名終非濟事是若念其就養慰以食貧減二十日之堂封濟數千里之家信累載莫申其勞苦一朝頓贍於旨甘寧親而既佩銀

章倍榮衣錦戀德而但垂珠淚顛效賣綃下情無任
感恩榮抃涕戀兢惕之至云云

謝再送月料錢

某啓昨日軍資庫送到館驛巡官八月料錢伏緣某
將命遠方已奉公牒暫離俟館即指歸程既蒙別賜
行裝宴令　職俸　雖領受遂便送還不知庫司
具狀申上上伏奉　者筆飛雲鳳顯示深恩緡躍
天龍仰資厚　遂還家之望實驚潤屋之言遠地
賤微雖有懇於　故鄉親識必致敬於金多通神
則益驗魯褒執辯則　伏以尊卑禮隔辭讓
無由謹依處分跪領訖下情無任感恩戀德激切徘
徊兢灼之至云云

謝賜弟棲遠錢狀

某啓某堂弟棲遠比將家信迎接東歸遂假新羅國
入淮海使錄事職名獲詣雄藩將歸故國昨者伏蒙
仁恩特賜錢三十貫者伏以崔棲遠遠涉烟波大遭
風浪僅存微命唯有空身雖志切鶺鴒竊慕在原之
義而誓懇騏驥難期得路之秋銜蘆而但喜聯行泛
梗而免虞失所今者某已榮奉使則遂寧親貸泉沾
潤之名實稱子母歸路光榮之事皆屬吾人下情無
任感恩欣躍兢惕之至

上太尉別紙五首

某啓昨以鄉使金仁圭員外已臨去路尚闕歸舟懇
求同行仰候尊旨伏蒙恩造俯允卑誠今則共別淮
城齊登海艦雖慚李郭之譽免涉胡越之言遠路無
虞不假琴高之術巨川能濟唯憑傳說之恩下情無
任感戀之至云云

又

某啓伏奉手筆批誨一行人並善將息穩風濤者俯
頒微流仰窺尊念望淮海則陟遐自邇指風波則視
險如夷遍洒溫言盡叨恩於挾纊　敷至懇顛無愧
於賣綃下情無任感激攀戀兢灼之至云云

又

伏奉尊誨欒俗子懸於舡頭不畏風浪慎勿開之者
仰掛青囊遠踰碧海必使天吳息浪水伯迎風既無
他慮於筏津可訪仙遊於蓬島唯願往來無滯忠孝
克全萬里安流永　濟川之力百年着節不欺臨谷
之心下情無任感戴兢灼之至

又

某舟舡行李自到乳山旬日候風已及冬節海師進

難懇請駐留某方忝榮身唯憂辱命乘風破浪既輸
宗懿之言長楫短篙實涉惠施之說雖仰資恩煦不
憚險艱然正值驚波難踰巨壑今則已依曲浦暫下
飛廬結茅茨以庇身摻藜藿而充腹候過殘臘決擇
行期若及春日載陽必無終風且暴便當直帆得遂
榮歸謹具別狀咨申伏惟云云

又

某啓自叨指使唯欲奮飛必期不讓秋鷹便能截海
豈料翻成跂鼈尚類曳泥雖慎三思而行且乖一舉
之傳既勞淹久合具啓陳某嘗讀國語見海鳥爰居
止於魯東門之外展禽曰今茲海有災乎夫廣川之
鳥獸常知而避其災是歲也海多大風冬蠕伏見今
年自十月之交至于周正月略無纖發覺溫燠必恐
魯修濫祠飆改成詩靜思漢祖之興歌大風可懼遙
想田橫之竄跡絕島難依遂於登舟近浦止泊蘢鵠
無失番手自安唯顧時然後行必當利有攸往返艆
艘而不滯指瀣澥而非遙冀申專對之能早遂再來
之望伏惟

祭巉山神文

維年月日新羅國入淮南使檢校倉部員外郎守翰
林郎賜緋銀魚袋金仁圭淮南入新羅兼送國信等
使前都統巡官承務郎殿中侍御史內供奉賜緋魚
袋崔致遠等謹以清酌牲牢之奠敬　懸于巉山大
王之靈竊以昔辨方圓始分清濁融作江海結爲山
岳石戴土而土戴石小者磯而大者礐然而穹有威
神靜無筏角與堆阜而相接見丘陵之可學惟靈磊
磊落落高臨鯷壑巉巉嵒嵒俯壓鯨潭上則爲雲霧
縈纏之骨下則爲波濤激射之窟朝則迎金烏而前
出夜則送銀蟾而後沒是以峻德能彰乎東夏西夷
玄功不假乎南儻北忽則彼織女之機倚河漢秦帝
之橋架溟渤徒銜其名莫勞我形每謂蘊藏其片玉
豈唯匣列於雙瓊遂使往來者虔虔英靈祈禱者盡
瀉精誠既顯蘩之可薦信黍稷之非馨今者仁圭等
久銜遠命致遠也始奉殷聘喜歸舟之既同佇遊轡
之能并不患胡越之意殊寧慚李郭之名盛去歲初
冬及東年東嚮以滄流尚遠玄律將窮浪形匌匒而
鷁難浮艦風響颼颾而鵠恐辭籠遂艤刳木聊安斷
蓬一昨雖迎端月猶懼俊風延頸而待遙候殲回眄
而送盡歸鴻方期利涉龜從筮叶直指雞林輕浮芥
葉豈輸馳馬之號頒較秋鷹之捷遠諳靈峰難尋壽

宮但覩其青蓮倒蘸於巨浸碧螺高拄於晴空仰感靈之聳塵外想影響之飄雲中於是潔饋饎擇肸釀酒醴斯醹牲牷粗豐謹賁薄禮敢覬陰功伏惟大王潛施呼噏密降指蹤使波神拱手川后歛容楚師之南風且競鄭伯之東道豁通照水鏡之心既分妍醜擘土囊之口無雜雌雄則可朝穿汗漫暮截鴻濛去採石華必同謝運行吟肉脯免效張融加以某臨川自審登木增懷憶昔雪作夜光氷爲夕飲幾年獨勵於鼓篋今日方期於扇枕將問荆州之絹忝披會稽之錦見寵若驚心如捧盈雖智有不逮而時然後行況賁御筆慮滯王程今則畏裝既飭儼有行色翫淑景以歌吟況安流於瞬息唯托大王之風早歸君子之國俾傳帝命無曠神職尚饗

陳情上太尉

海內誰憐海外人問津何處是通津本求食祿非求利只爲榮親不爲身客路離愁江上雨故園歸夢日邊春濟川幸遇恩波廣頤濯凡纓十載塵

奉和座主尚書避難過維陽寵示絕句三首

年年荆棘侵儒苑處處烟塵犯戰場豈料今朝覲宣父豁開凡眼睹文章

亂時無事不悲傷鸞鳳驚飛出帝鄉應念浴沂諸弟子每逢春色耿離腸

濟川終望拯湮沉喜捧清詞浣俗襟唯恨吟歸滄海去泣珠何計報恩深

歸燕吟獻太尉

秋去春來能守信暖風涼雨飽相諳再依大廈雖知許久污雕梁却自慙深避鷹鸇投海島羨他鸞鷺戲江潭只將名品齊黃雀獨讓銜環意未甘

酬楊贍秀才送別

海槎雖定隔年迴衣錦還鄉愧不才暫別蕪城當葉落遠尋蓬島趁花開谷鸎遙想高飛去（時楊生有隨計之計）遼豕寧慙再獻來好把壯心謀後會廣陵風月待銜杯

行次山陽續家太尉寄賜衣段令充歸覲續壽信物謹以詩謝

自古雖誇晝錦行長卿翁子占虛名既傳國信兼家信不獨家榮國亦榮萬里始成歸去計一心先筭却來程望中遙想深恩處三朶仙山目畔橫

留別女道士

每恨塵中厄宦塗數年深喜識麻姑臨行與爲真心說海水何時得盡枯

酬進士楊塍送別

海山遙望曉烟濃百幅帆張萬里風悲莫悲兮兒女事不須惆悵別離中

楚州張尚書水郭相迎因以詩謝

楚天蕭瑟碧雲秋旟隼高飛訪棄舟萬里乘槎從此去預愁魂斷謝公樓

酬吳巒秀才惜別二絕句

榮祿危時未及親莫嗟歧路漸勞身今朝遠別無他語一片心須不愧人

殘日塞鴻高的的暮烟汀樹遠依依此時回首情何限天際孤帆窄浪飛

石峰　中和甲辰年冬十月奉使東泛泊舟於大珠山下凡所入目命為篇名嘯月吟風貯成十首寄高員外

巉嵒絕頂欲摩天海日初開一朵蓮勢削不容凡樹木格高唯惹好雲烟點蘇寒影粧新雪戛玉清音噴細泉靜想蓬萊只如此應當月夜會羣仙

潮浪

驟雪翻霜千萬重往來弦望躡前蹤見君終日能懷信慙我趨時盡放慵石壁戰聲飛霹靂雲峰倒影撼芙蓉因思宗慤長風語壯氣橫生憶卧龍

沙汀

遠看還似雪花飛弱質由來不自持聚散只憑潮浪皷高低況被海風吹煙籠靜練人行絕日射疑霜鶴步遲別恨滿懷吟到夜那堪又值月圓時

野燒

望中旋旆忽繽紛疑是橫行出塞軍猛焰燎空欺落日狂煙遮野截歸雲莫嫌牛馬皆妨牧須喜狐狸盡喪羣只恐風驅上山去虛教玉石一時焚

杜鵑

石罅根危葉易乾風霜偏覺見摧殘已饒野菊誇秋艷應羨巖松保歲寒可惜含芳臨碧海誰能移植到朱欄與凡草木還殊品只恐樵夫一例看

海鷗

慢隨花浪飄飄然輕擺毛衣真水仙出沒自由塵外境往來　洞中天稻梁滋味好不識風月性靈深可憐想得漆園蝴蝶夢只應如我對君眠

山頂危石

萬古天成勝琢磨高高頂上立青螺永無飛溜侵凌得唯有閑雲撥觸多峻影每先迎海日危形長恐墜潮波縱饒蘊玉誰回顧舉世謀身笑卞和

石上矮松

不材終得老煙霞澗底何如在海涯日引暮陰齊島樹風敲夜子落潮沙自能盤石根長固豈恨淩雲路尚賒莫訝低顏無所愧棟樑堪入晏嬰家

紅葉樹

白雲巖畔立仙姝一簇烟蘿倚畫圖靨色也知於世有關情長得似君無宿粧含露疑共泣醉態迎風欲待扶吟對寒林却惆悵山中猶自辨榮枯

石上流泉

琴曲雖誇妙手彈遠輸雲底響珊珊靜無纖垢侵金鏡時有輕颸觸玉盤嗚咽張良言未用潺湲孫楚枕應寒尋思堪惜清泠色流入滄溟便一般

和友人除夜見寄

與君相見且歌吟莫恨流年挫壯心幸得東風已迎路好花時節到雞林

東風

知命新從海外來曉窻吟坐思難裁堪憐時復撼書幌似報故園花欲開

海邊春望

鷗鷺分飛高復低遠汀幽草欲萋萋此時千里萬里意目極暮雲翻自迷

春曉閑望

山面嫩雲風惱散岸頭頑雪日欺銷獨吟光景情何限猶賴沙鷗伴寂寥

海邊閑步

潮波靜退步登沙落日山頭簇暮霞春色不應長惱我看看即醉故園花

將歸海東巉山春望

目極煙波浩渺間曉烏飛處認鄉關旅愁從此休凋鬢行色偏能助破顏浪蹙沙頭花撲岸雲粧石頂葉籠山寄言來往鴟夷子誰把千金解買閑

和金員外贈巉山清上人

海畔雲菴倚碧螺遠離塵土稱僧家勸君休問芭蕉喻看取春風撼浪花

題海門蘭若柳

廣陵城畔別蛾眉豈料相逢在海涯只恐觀音菩薩惜臨行不敢折纖枝

桂苑筆耕集卷之二十